团云南有限公司

昆明无线城市建设协议签署仪式现场

“农村移动网络教学培训系统”免费为偏远贫困地区小学提供网络教育支持

信息化助力农民致富路越走越宽

独龙江文面部落也打上了电话

蔬菜种苗培育场移动“温湿度监控报警仪”实时为蔬菜检测温度和湿度

云南工业和信息化年鉴

2012

云南省工业和信息化委员会　编

云南出版集团公司
云南人民出版社

图书在版编目（CIP）数据

云南工业和信息化年鉴. 2012 / 刘绍忠主编. -- 昆明：云南人民出版社, 2012.12
ISBN 978-7-222-10546-1

Ⅰ.①云… Ⅱ.①刘… Ⅲ.①工业经济—云南省—2012—年鉴②信息产业—云南省—2012—年鉴 Ⅳ.①F427.74-54②F49-54

中国版本图书馆CIP数据核字（2012）第314214号

责任编辑　范晓芬
装帧设计　蔡志欣
责任印制　洪中丽

书　名	云南工业和信息化年鉴（2012）
作　者	云南省工业和信息化委员会　编
出　版	云南出版集团公司　云南人民出版社
发　行	云南人民出版社
社　址	昆明市环城西路609号
邮　编	650034
网　址	www.ynpph.com.cn
E-mail	rmszbs@public.km.yn.cn
开　本	889 × 1194　1/16
印　张	28.25
字　数	1000千
版　次	2012年12月第1版第1次印刷
印　刷	昆明富新春彩色印务有限公司
书　号	ISBN　978-7-222-10546-1
定　价	396.00 元

《云南工业和信息化年鉴》编委会

编辑部电话 0871-63341171

邮 箱 yngxnj@126.com

地 址 昆明市东风东路209号（云南省工业和信息化委员会）722室

《云南工业和信息化年鉴》撰稿人名单

（以姓氏笔画为序）

丁富涛　寸福清　万金廷　马　鹏　马延平　马国耀　马敏前　马德生　王　琼　王　嫱
王刚华　王明坤　王泽昊　牛林华　尹　杰　尹义峰　左志斌　卢云良　史建云　冉国青
付　余　付　晖　冯云昭　冯学信　毕家兴　朱　雁　朱兴睿　朱宏疆　刘　洋　刘文品
刘永胜　刘达伟　刘应春　刘鹏程　江素春　汤丽娟　许凤成　孙静宏　苏燕妮　李　云
李　伟　李　莉　李　鹏　李自强　李庆银　李茂志　李茂荣　李明海　李建秋　李祖云
李宽海　李瑞楠　杨　淑　杨永宁　杨宏垠　杨国基　杨国谦　杨家恒　杨朝伟　吴　刚
吴明方　吴政刚　吴荣桃　吴思学　何　平　何丽芳　何耿强　何清敏　邹红芳　沈　航
宋云明　张　凤　张　成　张　镜　张小平　张仕能　张秀珍　张明德　张忠泽　张春华
张品秀　张钦国　张雄辉　陇　玉　陈　旭　陈广云　陈丽平　陈国美　陈学强　陈载忠
范家德　欧阳春艳　易　辉　罗　生　罗　燕　罗全华　罗明业　罗海清　金玉泽　金和开
周　炜　周　婷　周世慧　周兴富　郑万珍　孟继泽　赵庆楠　赵志东　赵应权　赵所良
赵思良　赵恒元　胡　玉　胡　强　胡亚龙　钟荣慧　段文泽　姜　杰　姜　梅　贺清洲
泰林青　袁云鹤　袁海芹　钱启良　钱俞伶　徐凤晴　徐永章　徐秀华　徐剑锋　徐莉萍
郭有权　郭绍祥　席向阳　唐　芸　唐颜富　陶开能　陶安尧　黄卫琴　黄定仙　曹　宇
盛　魁　寇德明　彭晓燕　董　春　董　俊　董　峰　董振斌　韩继芬　程　遥　鲁光才
鲁倩南　谢　玲　谢贵华　雷文生　鲍　凯　解近昌　蔡树立　廖毅红　谭利东　谭明华
谭金海　谭春燕　熊冬良　缪素睿　滕　飞　潘先俊

编 辑 说 明

一、由云南省工业和信息化委员会编辑出版的《云南工业和信息化年鉴》创刊于2010年，2012年卷为第三卷，每年出版一卷。

二、《云南工业和信息化年鉴》是综合性年刊，它客观、全面、系统地记录云南省工业和信息化系统在产业结构调整、技术创新、节能降耗、工业园区建设、中小企业发展、信息化建设、无线电管理等方面的信息资料，旨在向社会提供云南省工业和信息化系统逐年可比、可查的年度发展数据，展示云南工业和信息化建设成就。是宣传云南工业和信息化系统的一个窗口。

三、《云南工业和信息化年鉴》（2012）设特载、大事记、云南省工业和信息化发展、云南省工业和信息化重点行业发展、地方工业和信息化发展、工业园区建设、重点大中型企业、云南工业和信息化系统行政、企业单位风采展示、云南工业和信息化统计数据和相关法律、法规共九个部类。

四、《云南工业和信息化年鉴》（2012）的体例分为一、二、三级目和条目。一级目为大部类，如云南工业和信息化发展、重点行业发展、地方工业和信息化建设、重点大中型企业等，其标题在版内占三栏；二级目设在一级目内，其标题在版内占两栏；三级目设在二级目内，其标题在版内占一栏，三级目下为条目，以黑体字加方括号标示。

五、本年鉴稿件由省工业和信息化委员会相关处室、国防科工局、州（市）、县（区）工信委、经济委（局）、重点大中型企业、工业园区和部分企事业单位提供，稿件均经供稿单位审核。

六、《云南工业和信息化年鉴》（2012）在组稿、编辑、出版工作中得到了各级工业和信息化委员会（经济局）、省工信委各处室及系统各企事业单位和社会各界的支持和帮助，在此一并致谢。

七、《云南工业和信息化年鉴》（2012）在编辑过程中难免出现缺点和不足，恳请读者提出宝贵意见。

云南工业和信息化年鉴编辑部

二〇一二年十一月

《云南工业和信息化年鉴》协办单位

（排名不分先后）

云南锡业集团（控股）有限责任公司
中国移动通信集团云南有限公司
云南铜业（集团）有限公司
云南煤化工集团有限公司
云南冶金集团股份有限公司
中国工商银行股份有限公司云南省分行
中信银行昆明分行
昆明高新技术产业开发区
曲靖国家经济技术开发区
云南嵩明杨林工业园区
云南楚雄经济开发区
昆明海口工业园区
富民工业园区
昆明中豪新册产业城管理有限公司
云南省能源投资集团有限公司
华能云南滇东能源有限责任公司
云南云酒投资（集团）有限公司
沈机集团昆明机床股份有限公司
云南省小龙潭矿务局
南网调峰调频发电公司鲁布革水力发电厂
云南德春绿色食品有限公司
云南侨通包装印刷有限公司
云南省后所煤矿
云南云维集团有限公司
富源县煤炭工业局
华坪县煤炭管理局
威信县大湾煤矿
泸西县兰益酿造有限公司
昭通市滇云酒业有限公司
云南黄金矿业集团股份有限公司
云南玉林泉酒业有限公司
云南恩洪煤矿

领导关怀

2011年4月14日，省长秦光荣视察文山三七科技园，副省长孔垂柱，省政府秘书长丁绍祥陪同

2011年3月26日，省委副书记李纪恒视察昭通镇雄工业园区华电镇雄电厂

领导关怀

2011年4月27日，省委常委、副省长李江（前左二）到云锡控股公司视察

2011年8月17日，副省长和段琪到云南白药呈贡产业园区视察

领导关怀

2011年3月24日，省长秦光荣到省工信委视察，省工信委主任刘绍忠，副主任许云、王兴宁，纪检组长周睦邻，副主任周赤、王祥陪同

2011年3月24日，副省长和段琪到省工信委视察，省工信委主任刘绍忠（左一），省工信委党组书记李文荣（右一）向和段琪副省长汇报工作

重大活动

2011年12月12日，工信部与省政府在北京共同签署《加快建设我国面向西南开放重要桥头堡战略合作协议》。工信部部长苗圩，省委书记秦光荣，省委副书记、代省长李纪恒，工信部副部长苏波，副省长和段琪出席签字仪式，省工信委李文荣书记，宋嘉林、王志东、许云、周赤副主任参加签字仪式

2011年3月24日，"十二五"全省工业发展座谈会在省工信委召开。省委副书记、省长秦光荣到会并作重要讲话，会议由副省长和段琪主持，省老领导孟继尧、苏正国，省政府秘书长丁绍祥出席座谈会

重大活动

2011年6月15日，省政府与中国储备粮管理总公司在昆明签署战略合作协议。中国储备粮管理总公司包克辛，省委常务、常务副省长罗正富代表双方签署战略合作协议，省央企入滇领导小组专职副组长牛绍尧出席签字仪式

2011年8月22日，省政府与中国有色矿业集团有限公司签署战略合作框架协议，副省长顾朝曦，中国有色矿业集团副经理李筱英，省老领导、省央企入滇工作领导小组专职副组长牛绍尧出席签字仪式

重大活动

2011年8月28日，全国产业转移指导目录编制工作座谈会在昆明召开，省工信委刘绍忠主任参加座谈会

2011年1月17日，全省工业和信息化工作会议在昆明召开

重大活动

2011年4月15日，省工信委在昆明召开2011年党的建设和党风廉政建设工作会议

2011年7月27日，省工信委在昆明召开创先争优活动暨学习型党组织建设工作交流推进会

重大活动

2011年10月21日，省工信委召开党员代表大会

2011年8月18日，省工信委与驻滇银行签订“云南省工业与金融业合作”战略合作协议

目　录

第一编　特　载

第二编　云南省工业和信息化发展

第三编　云南省工业和信息化重点行业

第四编　地方工业和信息化发展

昆明市

昭通市

曲靖市

玉溪市

保山市

楚雄彝族自治州

红河哈尼族彝族自治州

文山壮族苗族自治州

普洱市

第六编　重点大中型工业企业

第七编　附　录

第八编　专辑目录

州市风采

企事业风采

第一编

Te Zai

特 载

转变发展方式　调整优化结构
加快推进云南新型工业化

——在2011年全省工业和信息化工作会议上的讲话

副省长　和段琪

（2011年1月17日）

同志们：

今天，省政府在这里召开2011年全省工业和信息化工作会议，学习贯彻省委八届十次全会和省政府第六次全体会议精神，回顾总结“十一五”的主要工作，研究谋划“十二五”的主要任务。刚才，刘绍忠同志作了工作报告，总结了“十一五”及2010年的工作，安排了“十二五”及2011年的工作。下面，我再讲三点意见。

一、克难攻坚、砥砺奋进，“十一五”工业和信息化发展目标全面实现

“十一五”是我省工业发展史上极不平凡的阶段，是共克时艰的五年；同时，也是云南工业取得全面进步的时期，是硕果累累的五年。在国际金融危机以及旱灾、泥石流、雨雪冰冻等自然灾害次第发生的情况下，全省工业和信息化系统坚决贯彻落实党中央、国务院和省委、省政府的决策部署，调结构、创特色、快发展、上水平，成功扭转了有色、钢铁、化工等支柱产业面临极大压力的被动局面，交出了化危为机、抢占新制高点的合格答卷，圆满完成了“十一五”云南工业发展的主要目标任务。

（一）积极应对危机，工业经济快速发展。面对国际金融危机对实体经济的严重冲击，省委、省政府认真贯彻落实党中央、国务院的部署，出台了一系列政策措施，工业经济实现了快速发展。初步预计，2010年全部工业增加值2600亿元左右，增长14.5%，工业对GDP的贡献率达到了50.8%，拉动全省GDP增长6个百分点。其中，规模以上工业增加值2247亿元左右，增长15%，规模以下工业增加值360亿元左右，增长12.1%；全省规模以上工业主营业务收入6100亿元，利税1250亿元，利润410亿元，分别是2005年的2.4倍、1.9倍和1.8倍。“十一五”全省工业增加值9837.76亿元，比“十五”4636.42亿元，增加5201.34亿元，实现翻番；“十一五”工业增加值年均增速14.5%，比“十五”年均增速8.4%提高6.1个百分点，比“十一五”全省GDP年均增速高3.2个百分点；2010年全省工业化率36.1%，比2005年提高2.3个百分点；“十一五”期间，全省规模以上工业利税突破5010亿元、利润突破1710亿元。

（二）积极调整结构，重点产业培育成效明显。坚持大项目带动大发展，调结构、增后劲，先后组织实施了重点工业项目计划和重点工业项目建设计划。初步预计，2010年全省工业投资1765亿元，增长16%；其中有色、黑色、化工等工业投资1050亿元，增长28.3%。“十一五”工业投资6293亿元，年均增长22.1%，其中有色、黑色、化工等工业投资3303亿元，年均增长26.5%。

大企业发展迈上新台阶。初步统计，2010年红塔集团、红云红河集团、云南电网、昆钢控股、云铜股份、云天化、云南煤化、云南冶金集团、云锡集团等9户销售收入过百亿企业的主营业务总收入达到2900亿元以上、户均超过300亿元。继烟草、电力、有色、钢铁、化工等产业后，装备制造、煤炭产业增加值均突破百亿元，成为了工业的支柱。中石油中缅油气管道及年产1000万吨炼化项目开工，光电子、新材料、生物医药等新兴产业正在成为新的经济增长点。

央企入滇快速推进。2010年中核集团、中石化集团、兵装集团、哈电集团、中广核集团、北车公司、南车公司以及中智公司等16户央企与我省签署合作协议，协议投资额达3206.26亿元，已有6个项目开工建设，超额完成省委、省政府确定的目标任务，为我省产业结构调整注入新动力。

（三）积极推动科技进步，创新能力明显增强。围绕烟草及配套、电力、有色、化工、建材、装备制造、生物创新、新能源、光电子及新材料等重点领域，加强关键共性技术研发和推广应用，传统产业创新能力得到提升，数控机床、锗铟硅新材料、有机发光显示器、湿法冶金、新型生物疫苗、新型中药制剂开发等一批生产关键技术取得了较大进展。

积极开展云白药技改搬迁、云南钛业股份有限公司年产2万吨冷轧钛板卷生产线、昆钢重装龙港基地二期技改、云南煤化集团信息化改造等一批重点工业项目建设。

组织实施企业技术创新工程，以完善技术创新体系为重点，大力推进企业技术中心建设。到2010年末，全省省级企业技术中心达到164家，比“十五”末增加124家；国家级企业技术中心达到12家，比“十五”末增加6家。“十一五”前4年，全省企业申请专利500件，专利授权251件，制定标准260项。

（四）积极加快工业园区建设，工业聚集发展水平不断提高。按照特色产业集聚区、区域经济带动区、技术创新先行区、循环经济示范区、城镇建设拓展区的工业园区发展方向，狠抓重点项目入园发展。建设电力装备、机床、汽车、家具、三七、普洱茶等产业园区，推进光电子、机场物流、铁路养护装备、有色金属、磷化工、煤化工、石油化工基地建设。启动省级新型工业化产业示范基地建设工作。

工业园区蓬勃发展。出台了加快工业园区标准厂房建设的意见，明确了企业特别是非公有制企业和中小企业入驻园区标准厂房实行免租、零费、列支补助和就业定补的政策。2010年40个省级重点工业园区销售收入3010亿元左右，增加值645亿元左右，利税249亿元左右，分别比上年增长30.3%、30.1%和26.6%；完成标准厂房建设面积300万平方米以上。“十一五”期间，40个省级重点工业园区完成固定资产投资592亿元，招商引资入园项目1660个，园区规模以上企业达到1020户。

非公有制经济持续发展。推动银、政、企、保合作，建立融资超市，集合金融、信用担保、融资租赁、风险投资、产权交易、小额贷款公司等机构，构建多方合作融资机制，缓解融资困难。认定500户省级成长型中小企业，培育成长型中小企业加快发展。实施中小企业成长计划，推进中小企业成长工程，以创业带动就业。云南锗业、沃森生物等非公有制企业成功上市。初步预计，2010年全省非公有制经济增加值在“十五”末的基础上增加2.4倍，占全省GDP比重由2005年35%提高到40.6%。

（五）积极落实责任，节能降耗协同推进。坚持把节能降耗作为转变发展方式的重要抓手，管理节能与工程节能并举，实施“双百”企业节能行动、重点企业节能对标管理、主要工业产品能耗限额标准，全面开展工业固定资产投资项目节能评估审查，实施“以水代火”节能发电调度，每年组织实施100项重点节能示范项目。

着力推进工业循环经济试点工作。认真组织落实10个县（市）、10个工业园区和100户工业企业的循环经济试点，积极推进100个循环经济重点建设项目。

深入推行清洁生产。在钢铁、有色、电力、煤炭、化工、建材等重点工业行业和旅游饭店等服务行业，建立了一批清洁生产示范企业，探索生态工业、绿色工业的良性发展路径。“十一五”全省累计认定资源综合利用企业1222户、开展清洁生产审核的企业1425户、通过清洁生产审核评估的企业1208户。

全面完成淘汰落后产能任务。2010年淘汰落后产能炼铁200.3万吨、炼钢15万吨、焦炭681万吨、铁合金5.22万吨、电石1.25万吨、铜冶炼7.44万吨、铅冶炼7万吨、锌冶炼0.8万吨、水泥789万吨，造纸1万吨，已全部关停并拆除落后装置及设备，全面完成2010年国家下达的落后产能淘汰任务。

初步统计，“十一五”单位工业增加值能耗累计下降28%以上，圆满完成了目标任务。

（六）积极深化工业化与信息化融合，信息化发展迈上新的台阶。推进工业化与信息化融合，应用信息技术改造企业生产工艺和管理取得积极进展，设计研发、资源管理、市场监控等计算机控制系统、决策信息系统在大型企业广泛应用。煤矿瓦斯数字化远程监控系统建设步伐加快，曲靖、昭通及云南煤化集团完成150对矿井瓦斯动态监管。国家认定软件企业124户，7户电子信息企业建立省级企业技术中心。多晶硅、主动式有机发光显示器、新型碲锌镉探测材料等实现了产业化，玉溪蓝晶公司半导体照明衬底材料蓝宝石基片年生产能力突破100万片。

推进社会领域信息化，构建了省、州（市）、县及部分乡镇纵向联通的全省电子政务网。建成了信息公开网站10742个，政务信息资源库55个。“十一五”期间，着力加快数字通信、互联网和3G网络建设。在昆明设立了全国首家区域国际通信出口局，建成了以昆明为中心，通信光缆、数字微波、卫星通信为一体的干线传输网络。全省光纤长度达到27万多公里，移动电话、宽带用户累计超过2100万户，建成TD网络基站1743个、CDMA基站1176个，行政村互联网覆盖率达到100%。

这些成绩的取得来之不易，凝聚着工业和信息化战线全体同志的心血和汗水。在此，我代表省委、省政府，代表白恩培书记、秦光荣省长，向全省工业和信息化战线全体同志表示崇高的敬意和诚挚的慰问，感谢你们对推进新型工业化做出的重要贡献！

二、把握全局、深入分析，充分认识“十二五”新型工业化面临的新形势

“十一五”以来，云南工业经济综合实力显著增强。但我们必须看到，云南新型工业化水平低，转方式调结构任重道远。为此，要认真关注、深入分析、切实把握“十二五”面临的新形势，大力推进新型工业化。

从国际经济角度看，有三个方面需要认真关注：

一是全球化快速发展，国际竞争日趋激烈。“十二五”时期，世界经济地理格局将会逐步调整，各国发展战略取向也会有所变化，但经济全球化的总体趋势不会改变。一方面，全球化让各国在越来越宽的领域里开展合作；另一方面，全球化加剧了各国之间的竞争，一些发达国家推行“再工业化”，跨国公司利用全球生产和组织模式优势，抢占未来发展制高点。

二是资源约束加剧，资源效能提升凸显。高油价趋势影响了全球经济成长，促进了新能源的研发与应用，生物质能、石化能源净洁利用等技术，将成为各国积极投入的主要方向。在此轮全球经济周期性和结构性调整过程中，围绕石油、铁矿石等的资源抢夺将更加突出，国际资源战略将会进一步强化。

三是新兴科技加速渗透传统产业，产业转移层次提高。信息技术等新兴科技广泛渗透于传统产业，不同产业或产业内部的不同行业相互交叉、渗透、融合，不断催生出新的融合产业或新型产业形态，实体经济比重上升，产业融合进一步加速，国际产业转移的层次也在不断提高。跨国公司开始了新一轮全球产业布局调整，资本技术密集型产业、高端服务业向新兴市场国家转移的趋势也渐趋明显。当前，新一轮的全球生产要素优化重组和产业转移加快，以信息技术为代表的高新技术产业生产制造环节，大规模向优势地区转移，国际贸易和国际投资快速增长。

从国内经济形势看，有四个方面需要深入分析：

一是资源环境约束显现，更加注重协调发展。长期以来，我国工业经济发展更多地表现为粗放式增长，资源瓶颈对国内经济增长的制约已经显现，人民群众对改善环境的迫切要求日趋强烈。伴随着国内逐渐摆脱危机影响，国家将加快经济结构战略性调整，推进资源节约型、环境友好型社会建设。投资将进一步转向节能、环保产业，更加注重发展现代生产性服务业和高新技术产业。

二是自主研发能力较弱，更加注重科技创新。从总体上看，我国产业自主创新能力仍然较弱，与发达国家相比还有相当距离，多数产业处于国际产业价值链下游。“十二五”期间将更加注重技术创新，推动产业结构升级，加快从制造业大国向制造业强国的转变，中国制造向中国创造转变。国家加快发展新一代信息技术、节能环保、新能源、生物、高端装备制造、新材料、新能源汽车等战略性新兴产业，将带来一大批产业升级投资项目的开工，将促进产业结构进一步优化。

三是过渡性措施积极调整，更加注重宏观政策延续。“十二五”时期，根据形势变化，国家将对已出台的政策进行适度调整，使其更具针对性和效率性，但宏观政策的延续不会改变，仍会继续实施积极的财政政策和稳健的货币政策。这是在面对严峻的外部环境下，实现经济平稳较快发展的基础。

四是城镇化快速推进，更加注重工业发展内需拉动。“十二五”是我国城镇化快速发展的时期，我国发生的城乡人口转移规模是空前的。城镇化是我国经济社会发展的主要推动力，是扩大内需的重要依托，是提高自主创新能力、建设创新型国家的强大动力，是解决“三农”问题的根本出路，是促进区域协调发展的有力杠杆。工业化创造供给，城镇化创造需求，坚持工业化与城镇化互动，将工业发展建立在主要依靠内需拉动的基础上，是今后经济社会发展客观规律的必然要求。

从云南新型工业化发展看，有三个方面需要切实把握：

一是处于工业化加快推进城镇化的关键时期。工业化是一个长期不断变化的过程，一方面由传统的农业部门占主导地位向工业占主导地位转变；另一方面工业部门的内部结构也处于不断的演进之中。城镇化作为一种社会历史现象，既是物质文明进步的体现，是一个城镇数量与规模扩大的过程；也是精神文明前进的动力，是一种城镇结构和功能转变的过程。城镇化，一方面表现在人的地理位置的转移和职业的改变以及由此引起的生产方式与生活方式的演变；另一方面则表现为城镇人口和城市数量的增加、城镇规模的扩大以及城镇经济社会现代化和集约化程度的提高。

工业化与城镇化相互依存、共同发展。工业化是城镇化的经济内涵，工业发展加快了城镇化；城镇化是工业化的空间表现形式，城镇化服务了工业化。2009年全省工业化率为33.9%，比全国平均水平40.1%低6.2个百分点，比西部平均水平36.8%低2.9个百分点。工业就业人员占全省就业人员的比重为10%，比全国平均水平23%低13个百分点，比西部平均水平15%低5个百分点，在西部12个省（区、市）排倒数第2位。如果2015年工业化率比2010年提高10个百分点左右，将有效推进城镇化率的加快提高。

二是处于工业化加快推进国际化的攻坚时期。国际化有利于生产要素在全球范围内的优化配置，一方面要主动进入全球的分工体系，获得全球分工链条的收益；另一方面要主动挖掘自身潜力，实现重点产业的赶超和发展。工业化催生了国际化，国际化是工业化在世界范围内的延伸和深化。

据分析，近年来我省工业品进出口总额占全省进出口总额的比重在95%左右，全国占到98%左右，比全国低3个百分点左右。虽然工业品进出口总额的占比不算低，但工业品总量小、品种少。如果到2015年全省工业品进出口总额占全省进出口总额的比重达到全国平均水平，将实现工业化加快推进国际化。

三是处于工业化有力支撑桥头堡的重要时期。2009年7月胡锦涛总书记在云南考察工作时作出了“把云南建设成为我国向西南开放的重要桥头堡”的重要指示。省委八届八次全会提出了“建设绿色经济强省、民族文化强省和中国面向西南开放的桥头堡”的战略目标。

桥头堡建设必将加快云南经济社会发展，必将拓展云南沿边开放层次，必将提升云南工业化水平。新型工业化是桥头堡建设的重要内容。要充分利用我省区位优势，充分利用国内外的资源、能源和市场，建设一批国家级的承接东部地区产业转移基地和面向东南亚、南亚的工业出口加工基地。

根据世情、国情、省情的工业发展趋势，必须适应需求变化，充分发挥比较优势，加快推进新型工业化。

三、转变发展方式、调整优化结构，创造“十二五”新型工业化的新辉煌

今年是“十二五”规划的开局之年，是我省新型工业化攻坚突破、加快推进的起步之年。白恩培书记在省委八届九次全会上明确要求：“大力推进新型工业化进程，充分发挥云南沿边、山区、多民族、资源丰富的优势，选准产业和项目，加大资金和政策支持力度，坚持走具有云南特色、符合省情特点的新型工业化道路。在发展理念上，坚持工业化与环境生态的和谐；在发展方式上，坚持工业化与信息化的融合、与城镇化的互动；在发展特色上，坚持工业化与资源优势的结合。着力推进产业结构优化升级，大力发展轻工业，优化提升重工业，加快培育新兴产业，统筹发展配套产业。积极鼓励企业加强新技术、新工艺、新产品研发，提升自主创新能力。坚持走产业入园、要素集聚、集约发展的路子，努力把园区建成高新技术和特色产业的基地。鼓励发展原料、市场、能源三头在外封闭运行的沿边经济区”。

这是在深入把握新形势下国际国内经济发展的内在规律与特点后，对云南新型工业化发展的又一次深化与提高。我们要深刻领会、提高认识、准确把握。

在发展理念上，坚持工业化与环境生态的和谐。要更加注重生态建设和环境保护，进一步加强可持续发展能力。切实做好节能降耗、淘汰落后、资源综合利用等工作，坚决不上违背科学发展、破坏资源、污染环境的项目，坚决不走先污染、后治理的老路。大力发展清洁安全的工业，生态建设产业化、产业发展生态化，加快推进传统资源型产业向精细化深加工方向发展，建设具有云南特色、符合省情特点的新型工业体系。

在发展方式上，坚持工业化与信息化的融合、与城镇化的互动。推动工业化与信息化融合，是我国加快经济发展的战略举措，是走新型工业化道路的必然要求。我省工业发展正面临越来越严峻的资源、能源和环境压力，实现科学发展的任务繁重而艰巨。面对新形势、新要求，必须切实加强信息技术应用，以突破核心关键技术为中心，以构建信息基础设施为依托，深度开发生产、流通和其他领域的信息资源，大幅度提高信息化对经济发展的贡献率，降低自然资源消耗，最大限度地发挥信息化在知识生产、应用、传播和积累方面的优势，加快发展技术进步，附加值高的工业。

在发展特色上，坚持工业化与资源优势的结合。要突出特色，发挥优势，着力发展结构优化的产业，构建竞争力强的工业产业群。加快形成以高新技术产业为先导、先进制造业为主体、现代能源产业为基础、生产服务业为保障、绿色制造为方向的工业体系。推进结构调整和产业升级，大力发展轻工业，优化升级重工业，加快培育新产业，促进产业由高消耗向高效率转变，由粗加工向深加工转变，由低端产品向高端产品转变。坚持把保持经济平稳较快发展与促进科学发展上水平结合起来，既追求经济的增长速度，更注重经济增长的结构、质量和效益，优化结构、自主创新、提高质量、增加效益、降低消耗、保护环境，注重增强发展后劲，形成新的竞争优势。

充分发挥工业在现代化进程中的重要作用，不断为国民经济各部门提供先进技术和装备，带动整个国民经济的发展；利用工业化带动城镇化，加快发展吸纳就业能力强的工业，充分解决就业和农村劳动力转移问题，全面带动第三产业的快速发展，从根本上改善人民生活水平，全面建设小康社会。引导企业自觉履行社会责任，主动承担利益相关方的责任，积极回馈社会，努力做受社会尊重的企业公民，推动企业与社会、环境的和谐发展。

机遇稍纵即逝，挑战不克愈艰。白恩培书记在省委八届十次全会上指出：“云南压倒一切的中心任务，始终是在科学发展观指导下千方百计加快发展”。秦光荣省长在省委八届九次全会上提出：“工业快，则全省发展快”。发展是解决一切问题的关键，加快发展对我省工业发展意义更为重大。能走快就不要慢，走得好就不能坏。

根据省委八届十次全会和省政府第六次全体会议的要求，围绕加快推进云南新型工业化，我认为有若干问题需要我们认真的研究讨论。

一是实现工业增加值翻番。“十二五”末全省工业增加值6000亿元以上，年均增长20%以上，实现翻番。

二是实现非公有制经济增加值翻番。“十二五”末全省非公有制经济增加值6000亿元以上，年均增长20%以上，实现翻番。

三是实现工业投资超万亿元。“十二五”有色、黑色、化工等工业投资超万亿元，年均增长25%以上。

四是实现节能降耗目标。“十二五”全省单位工业增加值能耗累计下降20%左右。

五是提高工业化率。力争到2015年全省工业化率达到45%左右。

六是培育优势产业群。“十二五”培育烟草、电力、有色、钢铁、石油炼化、磷化、煤化工、装备制造、电子信息及新材料、医药生物等10个以上销售收入超千亿元的产业群。

七是加快发展省级以上工业园区。

40个省级工业园区“十二五”主营业务收入，5个1000亿元以上，10个500亿元以上，25个100亿元以上。研究出台工业园区标准厂房建设的配套政策，实行行政审批、财政税务、商业银行等部门、单位驻园服务。请省工业和信息化委牵头研究提出意见，2011年6月份以前报省人民政府。

八是做强大企业集团。到2015年100户重点工业企业年销售收入超过1万亿元，利税总额超过2000亿元。

九是实施创新型工业行动。到2015年大中型工业企业研发经费支出占工业企业销售收入的比例达到1%以上。冶金、化工、烟草等行业重点产业技术和装备保持全国领先水平，工业标准化工作总体进入西部前列等。

十是实施信息化发展行动。到2015年全省信息化发展总体综合能力水平进入西部前列。

十一是加强工业人才队伍建设。到2015年全省工业人才总量达到250万人左右，年均增长20%以上。

“十二五”时期，根据省委八届十次全会和即将召开的省十一届人大四次会议的部署，要紧紧围绕建设绿色经济强省、民族文化强省和中国面向西南开放的桥头堡的战略目标，走具有云南特色、符合省情特点的新型工业化道路，实现科学发展。

实现科学发展，加快推进新型工业化，要以转变发展方式为主线，把结构调整作为主攻方向，把科技进步和创新作为重要支撑，把保障和改善民生作为根本出发点和落脚点，把建设资源节约型、环境友好型社会作为重要着力点，把改革开放作为强大动力；要更加注重以人为本，更加注重全面协调可持续发展，更加注重统筹兼顾，更加注重保障和改善民生。

在加快推进新型工业化、努力实现科学发展的过程中，必须坚持加快发展，坚持创新发展，坚持开放发展，坚持安全发展，坚持节约资源、持续利用，坚持统筹兼顾、以工促农，坚持保护环境、生态立省。

加快发展——就是要充分发挥云南沿边、山区、多民族、资源丰富的优势，增强工业核心竞争力；就是要抓好战略性新兴产业的培育，形成新的经济增长点；就是要培育优势产业群，做大做强企业集团；就是要加快中小企业和非公有制经济发展，优化工业内部结构。

创新发展——就是要提升自主创新能力，推进工业经济内涵发展；就是要加强工业人才队伍建设，切实开展创新型工业行动。

开放发展——就是要力求在工业化加快推进国际化方面实现突破；就是要力求在工业化有力支撑桥头堡方面实现突破。

安全发展——就是要强化经济运行调节，推进工业经济协调发展；就是要推动工业化与信息化深度融合，提高信息化水平。

节约资源、持续利用——就是要增强发展后劲，大力推进工业循环经济；就是要走产业入园、要素集聚、集约发展的路子；就是要推进工业园区工业集群发展；就是要狠抓节能降耗，推进工业经济可持续发展。

统筹兼顾、以工促农——就是要工业化加快推进城镇化；就是要加快发展农副产品加工业。

保护环境、生态立省——就是要坚定不移地走经济生态化、生态产业化的发展道路；就是要坚持发展与保护并重，进一步推进生态文明建设。

关于“十二五”以及今年的工作，省委八届十次全会提出了明确要求；即将召开的省十一届人大四次会议还将作全面部署，我们要认真学习、抓好贯彻。关于今年工业和信息化的具体工作，刘绍忠同志已经从10个方面作了具体安排，我都同意，大家要落实好。

同志们，“十二五”时期推进新型工业化责任重大，使命光荣。让我们紧密团结在以胡锦涛同志为总书记的党中央周围，在省委、省政府的坚强领导下，深入贯彻落实科学发展观，认真贯彻落实省委八届十次全会和即将召开的省“两会”精神，积极开展创先争优活动，承担责任、不辱使命，齐心协力、开拓创新，求真务实、锐意进取，加快转变工业发展方式，调整优化工业结构，努力开创云南新型工业化的新局面，为推进全省经济社会更好更快发展作出新的更大的贡献！

调整优化结构　加快转型升级
推动全省新型工业化跨越发展

——在2011年全省工业和信息化工作会议上的报告

省工信委党组书记、主任　刘绍忠

（2011年1月17日）

同志们：

全省“两会”召开前夕，省政府决定召开全省工业和信息化工作会议。这是一次承上启下的重要会议，主要任务是深入贯彻党的十七届五中全会、中央经济工作会议和省委八届十次全会、全国工业和信息化工作会议精神，落实省委、省政府的工作部署，总结“十一五”新型工业化取得的成绩和经验，研究“十二五”新型工业化的思路、目标和任务，安排部署今年的工作。省政府领导高度重视，和段琪副省长出席会议并将作重要讲话，希望大家认真学习领会，抓好贯彻落实。下面，我代表省工业和信息化委员会作工作报告。

一、“十一五”全省新型工业化取得显著成绩

“十一五”期间，在省委、省政府的正确领导下，全省工业和信息化战线高举新型工业化大旗，坚持实施“工业强省”战略，着力化解冰雪灾害、国际金融危机、特大旱灾等不利因素的严重影响，全力保持工业经济平稳较快发展，努力推进新型工业化进程，主要取得了以下8个方面的成效。

（一）工业经济快速发展。“十一五”期间，全省工业经济增加值年均增长14.5%，比“十五”提高了6.1个百分点。2010年全部工业增加值达到2606亿元，占GDP比重达到37.1%，在2005年的基础上翻1.15番。2010年十种有色金属产量达到240万吨，矿产业完成增加值810亿元，是2005年的2.8倍。

（二）质量效益大幅提升。2010年，预计全省规模以上工业实现主营业务收入6100亿元、利税1250亿元、利润410亿元，分别是2005年的2.38倍、1.92倍和1.8倍。大企业集团发展迈上新台阶，烟草5年实现工商利税3535亿元，是“十五”的1.74倍。电力销售收入实现760亿元，是2005年的2.53倍。红塔集团等9户大企业集团销售收入占全省规模以上工业销售收入50%。

（三）结构调整成效显著。五年累计完成工业投资6199亿元，是“十五”的3.8倍，年均增长21.7%，其中，扣除电力的工业投资完成3230亿元，年均增长27.7%。烟草工业大企业重组和品牌优化发展战略取得突破。不含烟草的工业比重由“十五”末的62.7%提高到69.6%。电力装机达到3700万千瓦，新增2396万千瓦。铜、铅锌、铝、锡等有色金属产业链进一步延伸。先进装备制造、光电子、新材料等新兴产业成为新的经济增长点。

（四）园区发展全面提速。全省各类工业园区达119个，1020户规模以上工业企业实现进入省级重点园区发展，形成了电力装备、机床、汽车、家具、三七、普洱茶等一批特色产业园区。40个省级重点工业园区五年累计完成固定资产投资592亿元，招商引资入园项目达1660个；销售收入、增加值、利税年均保持25%以上的增速；完成标准厂房建设面积400万平方米以上。

（五）创新能力明显增强。全省省级企业技术中心达到164家，比“十五”末增加124家；国家级企业技术中心达到12家，比“十五”末增加6家。数控机床、锗铟硅新材料、OLED显示器、湿法冶金、新型生物疫苗、新型中药制剂开发等一批共性关键技术推广应用取得了重大进展。全省大中型工业企业科技经费投入占销售收入的比例达1.5%；高新技术企业达到300多户。

（六）信息化建设上台阶。“十一五”末，全省光纤长度达到27万多公里，移动通信（电话、宽带）用户累计超过2100万户，建成TD网络基站1743个、CDMA基站1176个，行政村互联网覆盖率达到100%。构建了省、州（市）、县及部分乡镇纵向联通的全省电子政务网，建成信息公开网站10742个，政务信息资源库55个。曲靖、昭通及云南煤化集团完成150对矿井瓦斯动态监管网络平台建设。网络安全和无线电保障能力进一步加强。

（七）绿色制造协调推进。节能降耗2008、2009连续两年被国家考核为“超额完成”等级，预计累计单位生产总值能耗下降17%以上，超额完成“十一五”目标任务；其中单位工业增加值能耗累计下降28%以上。全省累计认定资源综合利用企业1222户、通过清洁生产审核评估的企业1208户。钢铁、水泥、铁合金、焦炭等14个行业淘汰落后产能4796万吨。

（八）非公经济快速发展。政策体系更加完善，实施中小企业成长计划，推进“成长型中小企业培育工程”，服务体系建设取得积极进展，“政银企保”多方合作融资收到实效。“十一五”期间，全省非公有制经济增加值年均增长19%，2010年达到2850亿元，为“十五”末的2.4倍，占GDP比重由2005年35%提高到40.6%。

2010年，全省工业经济高开稳走、持续向好。一年来，我们主要做了以下工作：

（一）全力保持工业平稳较快发展。加强日常监测分析和预警调度，有效应对金融危机和特大干旱不利影响，指导受灾企业生产自救，稳定企业生产经营，保障经济社会用电。全力以赴抓好增煤保电，强化节能电力调度，完成发电量1364.85亿千瓦时，增长16.3%，其中水电813.81亿千瓦时，增长30.1%。推动百户重点企业销售收入增长上台阶，加强规模以下工业企业的达规培育，全年新增达规工业企业200户。强化路地运输计划协调保障，全年铁路出省物资完成3349.5万吨，增长10.8%。加强煤炭行业管理和安全技改，生产原煤9730万吨。推进煤炭资源整合、企业重组，全年关闭小煤矿160个。

（二）努力加大工业固定资产投资。建立了全省工业投资重点项目库，组织实施“212”重点工业项目建设计划。经筛选向金融机构推荐402个工业项目，涉及投资672亿元，积极落实省政府与国开行合作设立的200亿元产业专项贷款。冶金集团80万吨/年氧化铝、60万吨/年碳素、3000吨/年多晶硅，煤化工集团褐煤洁净化利用试验示范、昆明中铁200标准台/年大型铁路养护设备、云内动力20万台/年轿车柴油机、云景林纸9万吨/年纸浆技改等一批重大项目建设顺利推进。中国石油中缅油气管道工程（中国境内段）开工，云南1000万吨/年炼油项目奠基。实施“央企入滇”战略，中核、中广核、中石油、兵装集团等16户央企与我省签署战略合作协议。全年完成扣除电力的工业投资1050亿元，增长28%。

（三）扎实推进企业技术改造创新。以有色冶金深加工、先进装备制造、生物医药、电子信息、节能环保、资源综合利用、企业信息化等为重点，推动实施了2万吨/年钛板材等一批重点技改项目。推进企业技术中心建设，促进科技成果转化。新增国家企业技术中心1家，新认定省级企业技术中心32家，德宏州、迪庆州实现了省级企业技术中心零的突破。铅冶炼、三七制剂等科技成果产业化项目得到国家支持，数控镗床项目列入国家科技重大专项。重点培育20家质量管理和标准化示范企业，耐酸钢、高压真空断路器等30个产品通过省级新产品鉴定。全面完成了2010年年度165户企业、273座装置（生产线）1708万吨落后产能的关停任务。

（四）着力抓好节能资源综合利用。强化节能目标责任落实和考核，做好节能统计监测分析和预警调控。加强节能监督管理，开展固定资产投资项目节能评估审查62个，对124户企业进行了能源审计，编制了15个主要工业产品的能效对标指南。对限制类、淘汰类高耗能产能严格执行差别电价政策。组织实施了100项节能示范项目，完成800万只节能灯推广任务。建筑、交通、公共机构、商业、农村等重点领域节能取得明显实效，全民节能行动在全社会产生了广泛影响。预计全年单位GDP能耗下降3.8%以上，单位工业增加值能耗下降7.73%。完善清洁生产“两证一库一评估”工作机制，发布了38个行业的清洁生产合格企业指标体系，培训清洁生产审核员579名。新增资源综合利用认定企业188户，资源综合利用产品和再生资源利用范围进一步拓宽。40个省级重点工业园区全面启动了工业循环经济工作。

（五）全面加快工业园区建设步伐。推动出台了《云南省人民政府关于加快工业园区标准厂房建设的意见》，制定出台了实施意见，超额完成年初省政府确定的标准厂房建设目标，达到400万平方米以上。制定印发了省级重点工业园区发展综合考核评价办法及具体实施方案，启动了省级重点工业园区统计体系建设工作。40个省级重点工业园区预计完成工业总产值2780亿元，增长32%；工业增加值645亿元，增长30.1%。基础设施建设完成投资60亿元。新入园工业企业298户，完成项目投资172亿元。开展新型工业化产业示范基地创建工作，个旧有色金属（锡）深加工基地被认定为国家级新型工业化产业示范基地，公布了省级新型工业化产业示范基地11个。在完成境内外铁矿资源调查的基础上，初步编制完成“三头在外”腾钢工业园规划纲要及近期建设年产500万吨钢铁项目建设方案。

（六）大力促进中小非公企业发展。完善政策扶持体系。推动出台了国发〔2009〕36号文件的实施意见及云发〔2009〕9号文件的7个配套政策文件，分解落实了鼓励和引导民间投资健康发展的重点工作，成立了省加快非公经济发展督导组。制定了省级成长型中小企业筛选认定办法，认定了500户省级成长型中小企业。加大扶持力度，省非公经济发展专项资金安排139个项目，扶持资金6365万元；争取国家中小企业发展专项资金项目54个，扶持资金6150万元；申报扶持国家重点产业振兴中小企业技改项目70个，扶持资金9000万元。深化与国开行、浦发行等金融机构合作。完善了中小企业上市培育政策措施，组织了100户企业上市培训，沃森公司、鑫圆锗业公司成功上市。继续推进服务体系建设，加强中小企业综合素质提升培训，运用3G技术进一步完善了中国中小企业云南网功能。

（七）稳步推进信息化和寓军于民。确定了“两化”融合1个省级试验区、3个省级试点园区、20个试点企业（项目）。全省“效能政府四项制度应用系统”、“政企公共服务平台”等项目进入实施阶段。推进了国民经济和社会领域一批公共服务平台和管理信息系统建设。政务信息网络查询系统覆盖10473个省市县三级部门，全面推进了96128专线建设。新认定计算机系统集成企业2家、软件企业13家、软件产品45个。进一步强化了网络与信息安全和无线电管理工作。军民结合成效明显，节能炊事灶具、冷藏等产品研发生产取得较大进展。云南民爆集团规模和技术水平居全国同行业第一。国防科技工业全行业工业增加值增长17.6%。

（八）积极推进工信系统职能转变。推动出台了省委、省政府《关于进一步加强工业人才队伍建设的决定》和《云南省工业人才开发行动计划》。省工业和信息化“十二五”44个综合与专项规划编制进入征求意见阶段，各州、市34个综合规划、157个专项规划正在抓紧完善。加强了电力、盐务、无线电、墙改、节能等领域行政执法，组织了2000多人的执法培训。《云南省发展新型墙体材料条例》获省人大审议通过，《云南省盐业管理条例》（修订草案）已经省政府常务会议通过。清理、修改、制订、废止、审核了煤炭行业管理、清洁生产等一批规范性文件。强化了煤炭企事业单位管理。推进了法制、责任、阳光、效能政府四项制度建设。开展了学习型党组织建设和创先争优活动，进一步加强了党风廉政建设。委属企事业单位和行业协会在生产服务、人才培养、对外联络、调查研究、行业自律等方面做了大量卓有成效的工作。

回顾“十一五”全省新型工业化工作，我们有以下五点体会：

第一，省委、省政府的坚强领导和正确决策是新型工业化取得显著成效的根本保障。省委、省政府始终高度重视工业发展问题。定期召开全省加快推进新型工业化大会、非公经济发展大会，适时出台加快推进新型工业化、加快非公有制经济发展、进一步加强工业人才队伍建设等重大政策文件，不断统一全省上下的思想，明确了工业发展的思路及目标任务，为推进全省新型工业化提供了强有力的政治保障。第二，创新发展思路，抢抓发展机遇，不断完善加快云南新型工业化进程的政策措施。我们针对不同时期的工作重点，推动出台了工业“双万亿”工程、节能降耗、园区及标准厂房建设、中小及非公经济“三创两到位”、工业人才队伍建设、重要工业产品储备、电价扶持、地产工业品促销等一系列政策措施，积极推进“央企入滇”战略实施，最大限度降低金融危机的冲击、节能减排的压力、煤电油运等要素的制约，化危为机推动产业结构调整，攻坚克难保持工业平稳较快发展。第三，加强规划引导，强化协调服务，在职能转变中推动工作落实。我们制定并实施12个重点行业五年行动计划，每年出台重点工作指导意见，加强行业指导和产业政策导向，充分发挥市场机制的基础性配置作用。推进政务公开，不断提高行政效率。帮扶困难企业，推动政银企保合作，着力协调解决企业发展、项目建设中的融资、审批、要素配置等问题，坚持面向基层、服务企业的工作宗旨。第四，全省上下形成了重视工业、支持工业、发展工业的合力，创造了加快发展的条件。围绕贯彻省委、省政府的决定，各地各部门结合实际，加强了对工业发展工作的领导，召开了推进新型工业化大会，出台了一系列政策措施，创造了重视工业、善抓工业、比学赶超、加快发展的良好局面。第五，广大企业加强管理，奋力开拓，顾全大局，奠定了实现工业经济平稳较快发展的坚实基础。在金融危机冲击、自然灾害影响面前，广大企业主动应对，调整产品结构，积极开拓市场，稳定企业生产和就业，大力实施技术改造，淘汰落后生产能力，加强基础管理，为云南工业健康发展提供了强有力的支撑。

二、努力实现“十二五”云南新型工业化跨越发展

“十二五”时期是云南调结构、转方式，加快推进新型工业化进程的关键时期，也是全省加快工业发展大有作为的战略机遇期。有利因素方面：一是省委、省政府高度重视云南工业的发展，始终坚持把加快推进新型工业化，实施工业强省战略放在加快国民经济发展的重中之重。二是我省总体上进入工业化、城镇化加速推进时期，工业实力稳步提升，城乡居民消费升级，将为全省工业持续快速发展提供强大动力。三是深入推进西部大开发和实施“两强一堡”战略，云南工业发展将获得前所未有的政策支持和更为广阔的发展空间。四是“十一五”期间全省基础设施极大改善，工业项目的大量投资，结构调整、技术创新、“央企入滇”取得的重大进展，为“十二五”工业发展奠定了坚实的基础。不利因素方面：一是受国际经济增长放缓的影响，我国防通胀政策措施的约束，货币和信贷政策日益趋紧，原材料、燃料动力和劳动力等工业生产要素成本呈上升趋势，将进一步压缩企业利润增长的空间。二是工业结构性矛盾十分突出。企业创新能力弱，缺乏具有知识产权的核心技术和国际知名品牌。传统产业仍处于产业链、价值链的低端，粗放的发展方式亟待改变，高新技术产业比重低，新兴产业发展慢，拉动力不强。生产性服务业发展滞后。淘汰落后生产能力任务艰巨。煤电油运等生产要素仍是制约云南工业发展的瓶颈。三是节能减排与工业增长的矛盾日益突出。目前支撑工业快速增长的钢铁、有色、电力、化工、建材、煤炭等传统优势产业，越来越受到资源、能源、环境的约束。四是非公有制经济发展还不够快。非公经济投融资难、政策落实难，服务体系建设滞后，扶持力度弱，各种限制多，企业负担重，项目审批难、落地难等问题亟待解决。

面对新的国内外形势，我们既要看到面临的历史机遇，也要清醒地看到面临的各种风险和挑战，主动适应国内外经济发展环境新变化，增强大局意识、忧患意识、进取意识，珍惜机遇、抓住机遇、用好机遇，采取更加有力的措施，以更加扎实有效的工作，着力解决工业发展中的突出矛盾和问题，促进我省工业和信息化更好更快发展。

（一）“十二五”全省工业和信息化工作的总体思路

坚持以科学发展为主题，以加快转变发展方式为主线，紧紧围绕省委、省政府“两强一堡”的战略目标，坚定不移走云南特色新型工业化道路，实施工业强省战略。以结构调整为主攻方向，科技进步和创新为重要支撑，推进工业化和信息化深度融合为重要途径，绿色制造为重要着力点，促进中小、非公有制经济健康发展为重要抓手，深化改革开放为强大动力，实施工业跨越发展计划，打造四大增长极，推进六项重点行动，加快构建现代产业体系，大力提高工业核心竞争力和可持续发展能力，大力提高工业经济发展质量和效益，大力提高工业合作开放水平和整体素质，实现工业经济平稳快速发展。

（二）主要发展目标、重点和措施

“十二五”全省工业和信息化工作的初步考虑是：实施“186721”发展计划，打造四大工业增长极，推进六项重点行动，实现工业跨越发展。

1. 实施“186721”发展计划，实现工业跨越发展

工业跨越发展计划。力争通过5年努力，全部工业销售收入超过18000亿元；增加值6000亿元以上，年均增长20%以上（现价）。非公经济增加值7000亿元以上，年均增长20%（现价），占全省GDP比重的50%。

工业能效提升计划。规模以上单位工业增加值能耗年均下降4%，“十二五”期间全部工业单位工业增加值能耗累计下降20%左右。

非电工业投资万亿计划。力争“十二五”期间非电力工业投资累计超过10000亿元，年均增长25%以上。

2. 打造四大工业增长极

一是加快培育优势产业群。到“十二五”末，力争培育烟草、电力、有色3个销售收入超两千亿元的产业；钢铁、石油炼化、磷化工、煤化工、建材及家具、装备制造、电子信息及新材料、医药食品饮料、农林产品深加工等9个销售收入超千亿的产业。二是做大重点工业园区。在“十二五”期间，把昆明高新区、昆明经开区、安宁工业园、红塔工业园培育成为主营业务收入超1千亿元的园区，同时培育杨林工业园、红河工业园、玉溪研和工业园、禄丰工业园、曲靖西城工业园等5个超500亿元，曲靖煤化工工业园、大理创新工业园、祥云财富工业园、寻甸工业园、宣威工业园等20个超100亿元的工业园区，形成园区发展的梯次结构和工业聚集发展的主要平台。三是做强大企业集团。到2015年，力争全省前100户重点工业企业销售收入超过1万亿元、利税总额超过2千亿元。其中，形成6户1千亿元以上（红云红河集团、红塔集团、云南电网、中石油云南公司、云南冶金集团、昆钢集团），4户500亿元以上（云天化集团、云南煤化集团、云铜集团、云南长安），4户300亿元以上（云锡集团、云白药集团、云南天士力公司、华能澜沧江集团），6户100亿元以上（德钢集团、力帆骏马公司、南磷集团、祥云飞龙公司、昆明中铁集团、北方夜视集团）等一批大企业集团。四是加速打造工业强县。到2015年，力争40个重点工业强县中工业增加值超200亿元的县（市、区）5个以上；100亿元以上的县（市、区）10个左右；50亿元以上的县（市、区）20个左右。大部分工业强县工业增加值占当地生产总值的比重超过50%。

3. 推进六项重点行动，加快工业转型升级

一是工业结构优化行动。推动以全民创业为动力、东部产业转移为契机、劳动力吸纳为目的轻工业结构调整，大力发展生物产业、农产品加工、特色食品和饮料、家具、日用化工、服装、家电产业。推动以央企及国内外知名大企业入滇为牵引的重工业结构调整，建设石油、有色金属、钢铁、磷化工、煤化工、清洁能源、汽车、先进装备制造、电子信息、建材等产业集群，增强重工业及能源战略地位。推动以工业园区为载体和平台的产业布局调整，搞活机制，强化服务，营造环境，建设好50个省级工业园区、12个特色园区和4个边境贸易加工园区。推动以矿产、制糖、汽车、钢铁、铅锌等行业为主的企业联合重组，促进产业集聚，培育一批工业支柱产业。推动以矿采选技术、冶炼回收、新材料、数控机床、物流装备、大型铁路养护、夜视及显示技术为重点的企业技术工艺升级，推动以质量和价值提升为核心的产品结构调整，增加品种、打造品牌、提高效益。

二是企业技术创新行动。强化创新驱动，制订发布重点产业技术政策和技术指南，编制项目导向目录，引导技术改造投资。推动大中型企业技术中心建设，着力突破制约产业、产品升级的关键核心技术。大力推进科研成果转化，支持企业技术改造和技术进步，建立健全以市场为导向、以企业为主体、产学研用相结合的技术创新体系。推进信息技术在工业各领域的广泛应用以及生产经营各环节的综合集成，形成全行业覆盖，全流程渗透，全方位推进的格局。制订工业产品质量品牌发展规划，着力抓好行业质量标准体系、企业质量保障

体系建设，组织企业开展质量攻关、质量提升和质量管理活动。推进优势特色产品品牌建设。到2015年，烟草、冶金、化工等重点产业生产技术和装备保持全国领先水平；大中型工业企业研发（R&D）经费支出占工业企业销售收入的比例达到1.0%；新产品产值率达15%，省新认定企业技术中心150家左右。

三是绿色制造发展行动。继续组织实施燃煤锅炉改造、电机变频节能等十大重点节能工程；实施1000项节能示范项目、推广节能灯2000万只、推广LED灯100万只、推广节能型电机等机电设备1万台。在钢铁、化工、有色等重点行业建设20个企业能源管理中心；组织开展能耗管理和对标达标管理、重点企业能源审计、节能监察（监测）、节能目标责任评价考核。推进建筑、交通、公共机构、商业、农村和全民节能行动。创建200户“两型”企业。以40个工业园区和工业强县为重点推行工业循环经济。加强资源综合利用，强化节水、节材、节能、节地工作。到2015年，共伴生矿产综合利用率达到33%；工业固体废物综合利用率力争达到72%，工业固废生产的新型墙体材料占墙体材料总产量超过80%；单位工业增加值用水量降低到110立方米；工业用水重复利用率达到92.5%；主要再生资源回收增长率达到10%；木材综合利用率80%。水泥窑余热、焦炉煤气、高炉煤气得到有效利用。在省级工业园区和大中型企业全面推行清洁生产。

四是信息化发展行动。推进信息化和工业化深度融合，积极发展软件产业，大力发展电子信息制造业。加快推进经济社会各领域信息化和基础信息资源开发利用，积极发展电子商务，促进物联网研发应用。实现“三网”融合。以信息共享、互联互通为重点，大力推进全省电子政务网络建设，提升政府公共服务和管理能力。加快无线电事业发展。充分利用和保护无线电频谱资源，建立起服务云南经济社会发展的无线电频谱资源支撑体系。到2015年，建成全省国土面积有效覆盖率达到95%的自动化、智能化无线电监测网络。

五是开放型工业发展行动。贯彻落实《云南省关于促进央企入滇发展的意见》，借助央企的技术、品牌、人才、市场网络和资金优势，遵循政府推动、企业主体、市场运作、形式多样、互利共赢的原则，以先进装备制造、新能源、新材料、生物产业、高新技术、现代服务业和基础设施等为重点，开展形式多样的合作，建立长期紧密的合作关系，共同建设我国面向西南开放重要桥头堡的产业基地，促进云南传统产业的转型升级和新兴产业的发展壮大，推动产业结构的优化调整和经济发展方式的转变。2010~2012年，每年引进10户以上央企到云南投资兴业。经过3~5年的努力，在石化、汽车、新能源、新材料等产业培育一批销售收入超过千、百亿的企业集团。抓住桥头堡建设的机遇，推动工业企业、工业产品、富余产能走出去，充分利用沿边和东南亚、南亚的“两种资源、两个市场”，积极参与国际分工与合作。积极探索矿产、能源和市场“三头在外”的发展模式，在滇西沿边一线建设外向型钢铁、有色、摩托车、红木家具等产业基地，推进老挝钾盐矿、越南老街钢铁厂等合作项目的实施，加快瑞丽、河口、磨憨等出口加工区建设。

六是人才强工行动。认真贯彻落实省委、省政府《关于进一步加强工业人才队伍建设的决定》和省政府办公厅《云南省工业人才队伍开发行动计划（2010~2020年）的通知》，紧紧抓住培养、吸引、使用三个环节，以高层次人才、紧缺型人才、创新创业型人才和实用型人才为重点，培养造就一大批适应全省新型工业化发展需要的党政干部、企业经营管理、技术和技能人才。力争通过10年努力，实现云南工业人才规模、素质、结构和管理机制有较大突破；工业人才资源开发的社会化、市场化、职业化水平明显提高，人才的素质、能力、贡献力明显提升，人才成长的政策环境、创业环境、市场环境明显改善，人才的专业结构、层次结构、区域结构以及产业结构明显优化。到2015年，全省工业人才总量达到222万人，年递增16%以上。

三、确保完成2011年各项工作任务

今年是“十二五”起步之年，抓好各项工作的落实，对实现“十二五”良好开局、奠定今后的工作基础具有十分重要的意义。我们要把思想和行动统一到省委、省政府的决策部署上来，认真抓好各项工作的落实，以优异的成绩迎接建党90周年。

（一）发展目标

——全部工业增加值超过3000亿元，现价增长20%。其中，规模以上工业增加值2550亿元，现价增长20%左右（新口径，下同）；主营业务收入7200亿元，增长22%；利税1500亿元，增长20%；利润480亿元，增长17%。

——工业投资（扣除电力）1300亿元以上（原口径），增长25%。

——单位工业增加值能耗下降4%。

——非公经济增加值增长20%。

（二）重点工作任务

一是加强经济运行协调，确保工业平稳快速发展。落实工业经济目标责任制。加快推进工业经济综合管理系统网络建设。建立重大事项专项调查报告制度。加强月度、季度经济运行分析，做好重点行业重点产品生产、销售、价格和库存等微观指标的监测分析，密切关注经济运行中出现的新变化，及时发现苗头性和倾向性问题，提高预测预警和应急保障能力。结合规模以上工业企业统计标准调整，开展统计培训，抓好规下企业的监测分析和促进成长达规工作。努力提高工业经济运行的质量，实施大企业增加值率提升计划，力争增加值率提高1个百分点。积极推进煤炭、电力、铁路运输等运行要素需求侧

管理，增强煤、电、油、运、资金等生产要素的综合协调保障能力。加强煤炭行业管理和煤矿技术改造工作，提高煤矿安全生产和增产扩供能力。继续搞好“增煤保电”，力争原煤产量超过1亿吨，完成发电量1600亿千瓦时。继续推进生产性现代物流体系建设，协调好路地运输保障，完成出省物资运输3358万吨。

二是加快发展先进制造，推动工业结构转型升级。抓好战略性新兴产业重点项目建设和技术突破。组织开展稀土、金属、非金属、化工新材料和复合材料联合技术攻关，实施新材料示范工程和产业化工程。制定原材料工业企业兼并联合重组指导方案，引导和鼓励钢铁企业实行同业间上下游、跨行业、跨所有制联合重组，组建水泥行业区域性集团，以骨干企业为龙头联合重组焦化企业。制定原材料产品结构调整目录和扶持政策，推进钢、铜、锡、铝、钛、镍、镁、锗、煤等产品结构调整，提高市场竞争力。促进汽车及内燃机、大型铁路养路机械、数控机床、光电子、电工电器、自动化物流成套设备及烟草机械、重型矿山化工通用设备和铸造等行业做强、做大；汽车零部件、机床功能部件等行业做专、做精；生物资源加工和环保装备等行业做出特色。加快消费品工业发展，支持太阳能热水器、家具制造、工艺品、造纸、丝麻、林化工等行业做大规模。继续推进烟草原料基地建设，强化品牌建设，推进“卷烟上水平”。扶持“云药”、“云酒”、“云茶”、“云糖”等企业实施技术改造、行业整合、品牌提升，做特做强。加快发展肉制品、咖啡、木本油料等深加工产业。扎实推进“云南食盐健康工程”。

三是扩大工业项目投资，加速培育新的增长点。加强基础工作，强化产业引导，创优投资环境，推动银企合作，解决投资难题。继续实施工业重点项目“212工程”，着力抓好省政府20项重大工业项目、省工信委100项重点项目、州市200项重点项目。协调推进中石油中缅油气管道项目和云南1000万吨/年炼油项目、中国兵装长安集团商务车乘用车制造、昆船机场物流装备、昆机数控机床基地等一批重大项目。完善投资项目库，建立项目基础台账和分析制度。加强项目的协调服务，着力解决重点工业项目审批、落地和融资等问题。建立项目推介机制，推动园区、大企业与省内金融机构的战略合作，吸引民间资本入滇兴业，争取新引进15户央企入滇合作发展，争取更多资金投向传统产业转型升级、战略性新兴产业发展。

四是推动企业技术进步，提升产业核心竞争能力。以创新品种、提升质量、创建品牌，增强核心竞争力为着力点，组织实施企业技术改造、技术创新和产品质量提升3大工程；围绕传统产业的转型升级，实施100项重点技术改造项目；围绕生物医药、先进装备制造、光电子及信息产业、新能源、新材料、节能环保等新兴产业的发展，实施100项重点技术创新项目。实现60个工业新产品产业化。围绕构建平台提升质量，建设20个省级企业技术中心，培育20个技术创新示范企业，开展20项质量技术攻关。积极推广采用国际先进的质量管理标准和方法。力争全省大中型工业企业研发（R&D）投入占销售收入比例达到0.4%，新产品产值率达到8%，重要工业产品质量监督抽查合格率达到85%，新创建120个工业省级名牌产品和著名商标。

五是推进标准厂房建设，着力提高园区发展水平。以标准厂房建设破解要素制约，推进企业集中、产业聚集和生产方式集约发展，全面提高园区规范化、现代化管理水平。推动出台《云南省工业园区建设管理办法》。组织开展省级重点工业园区考核评价，建立优进劣退的动态管理机制。抓好国家和省级新型工业化产业示范基地创建工作，支持40个工业强县加快发展特色产业集群。加快推进电力装备、汽车制造、石油化工以及家具产业基地建设。强化园区招商引资工作，推动和承接产业转移。省级重点工业园区全部建立投融资公司。建立工业园区统计调查制度，加强园区经济运行分析监测。力争40个省级重点工业园区和特色产业园区实现工业增加值增长25%以上，新入园项目达到320个以上，建成标准厂房300万平方米以上。

六是扎实推进节能降耗，提高资源综合利用效率。以提高能源利用效率为核心，降低能源消耗强度为重点，健全法规政策、落实目标责任、强化监督管理，大幅提高能效水平。按照“十二五”总体目标要求，分解2011年及“十二五”全省节能目标任务。大力推进企业节能技术改造，实施200项节能示范项目。进一步加大节能投入，积极争取中央财政资金支持，加强银政企合作，推广合同能源管理等节能新机制，推动企业实施节能技术改造。围绕钢铁、化工、有色、建材、电力等行业，组织实施一批节能重点项目。开展能效对标管理，实施新一轮能源审计。进一步完善节能统计、监测、考核三大体系，构建全省节能预测预警信息平台。培育一批专业化节能环保服务公司，加强基层和企业节能能力建设。全面推进建筑、交通、公共机构、商业、农村等重点领域节能和全民节能行动。进一步完善淘汰落后产能的长效机制，完成年度落后产能任务。创建5户“两型”企业。300户工业企业实施清洁生产审核；工业固体废物综合利用率达到63%；单位工业增加值用水量118立方米；工业用水重复利用率达到91%；主要再生资源回收增长率达到5%。水泥窑余热、焦炉煤气、高炉煤气得到有效利用。

七是强力抓好服务体系，加速中小非公经济发展。着力推进“三创两到位”，加强督导检查，切实解决政策落实不到位的问题。新筛选认定100户成长型中小企业，力争成长型中小企业增加值、利税、利润增长30%以上，其中10户企业成长为大企业，200户企业成长为规模以上企业。积极推进中小企业与大企业的协作配套，建立以大带小的产业集群发展机制。组织实施中小企业“专精特新”行动计划，制订产品技术项目指导目录，认定并支持50项开发生产项目。推动中小非公企业合作交流，组织省内500户中小企业参加中博会、昆交会等全国性会展。推进政银企保合作，实施“中小企业融资增信计划”，加快推进云南省中小企业“金融超市”建设，全年召开银企对接会不少于5次；发挥中小企业信用担保体系服务功能，全年新增担保贷款总额50亿元。推进中小企业上市培育，力争2~3户企业上市融资。加快云南省中小企业服务中心建设，组织管理咨询服务机构开展向中小非公企业“送管理、送咨询、送服务”活动。加强小企业创业辅导基地建设，全年创办小微型企业5000户以上，开展中小非公企业职业经理人资质培训认证。结合工业人才队伍建设，继续搞好“中小企业银河培训工程”。实现16个州市建成中小企业信息网络服务平台。加强重点企业监测，建立中小企业统计、监测、分析和发布制度。抓好企业治乱减负工作。

八是推进两化深度融合，提高信息产业经济总量。大力扶持金融电子、现代物流装备、光电子及电子材料、软件和信息服务业加快发展。抓好一批企业经营管理网络化、研发数字化、生产装备智能化、生产过程自动化改造与应用的企业信息化建设项目。重点推进昆明市，曲靖西城、玉溪研和、大理创新3个工业园区，昆钢、云天化、北方夜视等20个企业“两化融合”试点示范工作。进一步推进3G网络、三网融合、物联网、无线及数字城市、农村无线覆盖、宽带网进村等信息化基础设施建设。进一步深化“96128”政务查询专线建设，提升服务能力，完善服务功能，打造服务品牌。推进人口、法人、空间地理、宏观经济等基础信息库建设。抓好政府信息系统安全检查，推进全省信息安全基础设施项目建设。加强无线电监督管理，提高无线电安全保障能力和频谱资源利用水平，加快建立服务云南经济社会发展的无线电频谱资源支撑体系。加快培育优势企业，推进军民融合发展。

九是提高开放合作水平，推进人才强工战略实施。抓住桥头堡建设重大机遇，支持云南企业加强对外合作，积极推动我省资源型企业到周边国家开展经济合作，建设产业基地，提高利用“两种资源、两个市场”的水平。推动烟草、生物制药、五金机电、农机具等工业企业走出去，支持钢铁、有色、化工、建材等重化工业富余产能向东南亚、南亚有序转移。围绕烟草、食品饮料、家具、珠宝玉石、有色、磷化工、石油炼化、装备制造、汽车制造、摩托车制造、新能源、碳素材料、电子信息、新材料等领域，推动建设一批开放型工业合作项目。制定贯彻工业人才队伍建设决定的实施意见，编制年度人才开发培养计划，落实培训和实训基地，实施“百千万”人才培训工程，完成培训3万人。鼓励和支持高等院校、职业技术院校、科研院所和大中型企业参与工业人才培养。

十是加强队伍和作风建设，着力提升管理服务水平。各地机构改革工作正深入推进，部分州市机构调整已经完成。全省工信系统要着力加强队伍和作风建设，主动适应形势变化，积极改进工作机制，强化调查研究和理论学习，提高干部队伍的思想政治素质、理论素质和业务素质，更好地服务企业，树立团结、廉洁、务实、高效和充满活力的工信系统良好形象。继续深化“创先争优”活动，建设学习型组织，巩固先进性教育成果。不断加强基层党组织和党风廉政建设，全面落实反腐倡廉措施。继续推进法制、责任、阳光和效能政府“四项制度”的实施。加强法制宣传教育，进一步完善法规制度体系，提高依法行政能力。加强综治维稳和信访工作。提高老干部服务水平。加强工青妇工作，活跃机关文化生活。推进委属事业单位绩效工资改革，深化企事业单位改革发展。加强委管行业协会的管理和建设，积极发挥行业协会的桥梁纽带作用。

同志们，“十二五”期间工业和信息化任务十分艰巨，但也十分光荣。我们要在省委、省政府的正确领导下，在各级各部门的大力支持下，团结一心，奋发向上，开拓创新，扎实工作，实现“十二五”新型工业化跨越发展，为桥头堡建设和全省经济又好又快发展作出新的更大的贡献!

第二编

Yun Nan Sheng
Gong Ye He Xin Xi Hua Fa Zhan

云南省
工业和信息化发展

2011年全省工业和信息化发展综述

2011年，面对错综复杂的国内外经济环境，在省委、省政府的正确领导下，全省工业和信息化工作坚持以科学发展观为指导，着力转方式、调结构，积极应对国际经济环境新变化和国内经济运行新情况，努力克服煤、电、油、水、气紧张局面，各项工作取得显著成绩，超额完成年初省政府确定的工业发展目标任务，全年工业经济运行总体呈现出增量较大、速度较快、质量较高、保障较好、运行较稳，实现了“十二五”良好开局。

一、工业经济保持较快平稳增长，规模总量再上新台阶

面对宏观经济形势日趋复杂多变的局面，全省工信系统认真贯彻落实省委、省政府正确决策，着力解决重点难点问题，强化动态监测和综合分析，切实加强和改善经济运行调节，工业经济在去年企稳回升的基础上，保持了平稳较快增长，为新世纪以来云南省工业经济发展最快的一年。全年全省工业增加值突破3000亿元，达到3205.85亿元，比2010年增加601亿元，相当于“十五”期间年均增量的6倍，“十一五”期间年均增量的2.1倍。全年全省工业增加值增速达到17.6%，比2010年加快2.9个百分点，比“十一五”期间平均增幅快3.1个百分点。工业对全省经济增长贡献率达到46.2%，比2010年提高1.5个百分点，拉动GDP增长6.3个百分点。其中，规模以上工业完成增加值2753.64亿元，增长18.0%，比上年加快3.0个百分点；主营业务收入完成7505.77亿元，增长21.4%；利税完成1525.03亿元，增长22.3%；利润完成523.55亿元，增长24.5%。非公经济占全省GDP比重达到42%。单位GDP能耗下降3.2%以上。超额完成省人大和省政府年初确定的工业和非公经济等发展目标。

二、以煤电油运综合协调为重点，要素保障有力有效

2011年，强化目标责任分解落实，加强州市、重点行业、重点企业的运行监测分析。全力组织电煤生产供应，推煤炭供需有效衔接，强化蓄水存煤监测督促，全年生产原煤9957万吨，组织电煤供应3224万吨；加强电力调度协调，确保了省内经济社会用电平稳供应，发电量1555亿千瓦时，工业用电达到930亿千瓦时，增长23%，完成云电外送363亿千瓦时；加强物流运输计划协调，深入开展甩挂运输试点工作，完成铁路货物运输量6354万吨，出省物资运输3450万吨，请车满足率达到98%；加大对规模以下企业的培育力度，挖掘存量，扩大增量，新增规模以上企业103户。修订出台了《云南省盐业管理条例》，有效应对了“3·17”抢盐风波。

三、以结构调整为方向，重点产业培育成效明显

充分发挥规划和产业政策在结构调整中的引导作用，组织编制了“十二五”工业和信息化发展规划和53个专项规划。推进重点产业调整振兴，加快战略性新兴产业发展，推进工业结构优化升级。积极推动汽车、电机电器、钢铁、水泥、制糖等行业重组整合，出台促进锗、铟产业发展的指导意见。支柱产业不断得到提升，继烟草、电力、有色、钢铁、化工等产业后，装备制造、煤炭增加值均突破百亿元成为工业支柱产业；轻工业发展步伐加快，家具、服装、茧丝绸、塑料、家电、造纸等一批消费品工业项目建设相继启动。以先进装备制造、新材料、光电子、现代生物为重点的战略性新兴产业集群正在形成，不含烟草的工业增加值占全部工业增加值的比重达到71.1%；国防科技工业军转民迈出新步伐，民爆行业保持全国领先水平。

四、以投入创新为驱动，后劲与活力不断增强

加大工业投入力度，全力推进工业重点项目“212工程”，努力协调融资难、用地难、审批难等问题与国土部门建立了定期联席会议制度。中缅油气管道控制性工程建设启动，昆钢结构调整搬迁改造项目、杨林数控机床制造基地等一批重大项目建设有序推进，昆明经开区军民结合基地、昆明高新区稀贵金属新材料基地列入国家新型工业化产业示范基地。2011年，全省工业投资完成1950.53亿元（新口径，下同），增长30.0%，占全省固定资产投资的比重为32.9%。其中，非电力工业投资完成1194.34亿元，增长33.8%。

围绕装备制造、生物创新、新能源、光电子及新材料等重点领域，全面实施企业技术改造、技术创新和产品质量提升计划，深入推进工业标准化体系建设。新材料产业培育取得新进展，昆钢年产2万吨全国最大钛材生产线、云南冶金3000吨多晶硅项目等投入运行，云锡100兆瓦太阳能多晶硅片、云南永葆30万吨镁合金、云南锗业国家锗材料基地、玉溪蓝晶半导照明用衬底片开工建设；装备制造呈现新亮点，北方夜视OLED显示器、玉溪研和数控装备制造基地、南车集团轨道车辆制造、云南白药搬迁改造项目等已投产。2011年，沃森生物、沈阳昆机通过国家级企业技术中心认定、云天化集团成为国家技术创新示范企业，全省新认定省级企业技术中心35家，工业产品质量控制与技术评价试验室15家。

五、以工业园区为载体，产业集聚发展水平提高

不断健全管理体制机制，完善扶持政策体系，改善基础设施条件，强化招商引资力度，推进标准厂房建设。2011年，全省全部工业园区完成工业总产值5431.86亿元、工业销售收入5304.86亿元、规模以上工业增加值1590.52亿元，分别占全省工业总产值的70.48%、工业销售收入的70.68%、规模以上工业增加值的57.76%；完成基础设施投资180亿元，生产性投资850亿元，在建标准厂房533万平方米，竣工352万平方米，招商引进工业项目1050个。强化省级工业园区的考核评价和服务体系建设，出台了《云南省人民政府关于进一步加强工业园区综合服务体系建设的意见》。

六、以合作开放为契机，央企入滇取得新进展

抓住“桥头堡”建设重大机遇，与工信部签署了《加快建设我国面向西南开放重要桥头堡战略合作协议》，积极加强省部合作；组织编制了瑞丽国家重点开发开放试验区产业发展、园区建设规划；央企入滇战略取得新进展，与中国大唐等17户中央企业签订了战略合作协议，协议投资达2965.25亿元，其中11户企业已开工或在开展前期工作，到位投资额122.98亿元。借助中国南亚商务论坛、泛珠三角区域合作暨经贸洽谈会、中国国际工博会等平台，加强与周边国家、港台地区及国内省市间的交流合作，引导云南工业企业实施“走出去”战略，广西北部湾经济区云南临海产业园建设顺利推进。

七、以节能降耗和循环经济为抓手，经济增长质量和可持续能力不断提高

细化节能责任，加强监测分析、预测预警和监督检查，持续推进重点领域节能降耗，组织实施以余热余压利用、电机系统节电、能量系统优化等节能改造工程为重点的节能技改项目116项。预计全年单位GDP能耗下降3.2%以上，单位工业增加值能耗下降5%以上；大力实施节能发电调度，科学实行有序用电，电力行业全年实现节能400万吨标准煤。组织推广600万支财政补贴节能灯。全年共淘汰炼铁、水泥等落后产能516.51万吨，电力装机8.05万千瓦，全面完成国家下达我省的目标任务。深入推进全民节能、建筑交通运输、农业和农村、商务和民用、公共机构等领域节能工作。

推进40个工业园区、20户工业企业循环经济工作。拓展了资源综合利用领域，启动磷石膏制酸中试生产线建设。制定了20个行业清洁生产评价指标体系。完善清洁生产专家库管理办法。推进清洁生产审核评估和合格企业验收工作，全年共完成企业清洁生产审核评估110户，清洁生产合格企业验收8户。修订《云南省资源综合利用认定管理办法》，认定资源综合利用企业65户，综合利用固体废物700万吨。资源综合利用试点示范工作稳步推进，个旧市列入全国固废综合利用示范基地。编制了《云南省工业“十二五”节约用水规划》，启动了云南省工业用水定额修订工作。全省万元工业增加值用水量下降到108立方米，工业用水重复利用率达到92%。

八、以中小企业为中心，非公经济快速发展

从完善配套政策入手，推动中小企业加快发展，积极解决中小企业融资难问题，加快中小企业服务体系建设。建立省政府非公经济督导组，出台《云南省政府关于加快中小企业公共服务平台建设的意见》，推进成长型中小企业培育工程，新认定成长型中小企业150户。中小和非公企业上市工作出现较大突破，6户企业进入审核程序；“政银企保”多方合作融资收到实效，全省银行业金融机构对1180户中小企业协议贷款金额67.47亿元，推动开展中小企业集合票据和集合债发行工作。全年我省非公经济实现增加值3600亿元，增长25%以上，从业人员达到510万人左右，比上年新增70万人，增长15.5%，新增就业人数和增幅均创2000年以来最高水平。

九、以信息化建设为支撑，“两化融合”进一步推进

着力完善信息基础设施建设，加快数字通信、互联网和3G网络建设，电子政务建设取得显著成效。昆明区域国际通信出入口局，连接缅甸、老挝、越南等国的国际光纤网已经形成，全省光纤网总长度达到27万公里，5条出省光纤汇入国家8纵8横光网；电话用户达到2807万户，行政村实现电话“村村通”；宽带用户超过224万户，移动互联网用户超过1584万户。全省广电传输网络整合加快，有线电视用户超过486万户，234万户完成数字化改造，广播电视综合覆盖率达到95%。电子政务承载和应用能力大幅增强，经济和社会领域信息化水平全面提升。开展“无线城市”和“无线园区”试点，全力保障昆明新机场和轨道交通无线电频率需求，完成新版无线电台站数据库建设。昆明市被国家确定为国家级“两化”和“三网”融合试验区。昆明、玉溪被列为国家数字城市试点，社区信息化、城管数字化建设取得新进展。

十、以高校交流培训为依托，人才兴工加速推进

大力贯彻省委、省政府“人才兴工”战略，印发了《贯彻落实云南省委省政府关于进一步加强工业人才队伍建设的决定和云南省工业人才队伍开发行动计划的实施意见》，加大工业党政人才、企业经营管理人才、专业技术人才3支队伍建设。省工信委与清华、北大、人大、北航、浙大等高校建立了人才培训合作机制，在昆明理工大学、云南财经大学、云南工业技师学院等6所院校建立了工业人才培养基地，建立了工业人才在线学习平台，全年组织省内外研修培训1万余人次。

（综合处供稿）

云南省工业和信息化委员会任职领导名单

【任职领导名单】

党组副书记、主任　刘绍忠（兼任省中小企业局局长）

党组书记、副主任　李文荣

副主任（正厅级）　宋嘉林

副主任　许　云

党组成员、副主任　王兴宁

党组成员、副主任　周　赤

党组成员、副主任　王　祥

党组成员、驻委纪检组长　周睦邻

党组成员、副主任　曹　刚

党组成员、副主任　曾桂林

巡视员　吴　洪

巡视员　尹俊明

副巡视员　张世雄

副巡视员　段　洪

副巡视员　马丽萍

【各处室任职领导名单】

办公室

主　任　姚　翔

副主任　李先祥

徐云亮

吕军丽

政策法规处（研究室）

处　长　王洪新

副处长　陆学泽

邹学伟

综合处

处　长　令狐昌兵

副处长　秦毅弘

发展规划处

处　长　宋海龄

副处长　史　枫

产业政策处

处　长　毕书明

副处长　殷照平

经济运行处

处　长　商　伟

副处长　魏树平

夏志敏

电力保障处

副处长　张永红

段学民

交通与物流处

处　长　陈钟耕

副处长　何群毅

孔令海

原材料工业处

处　长　王宜国

副处长　黄育新

装备工业处

处　长　汪云生

副处长　罗志业

消费品工业处

处　长　白　杰

副处长　冯　影

食品药品工业处

处　长　朱　玲

副处长　周建新

盐务管理处

处　长　宋雪梅

副处长　倪红志

工业园区处

处　长　浦丽合

副处长　黄治胜

技术创新处

副处长　胡时耀

陆家凡

节约能源处

处　长　马良驹

副处长　张　兢

储从江

资源综合利用处

处　长　余映宏

副处长　曹立芳

中小企业处

处　长　李　艳

副处长　史震坤

沈润年

企业服务体系处

处　长　董　超

副处长　吴　宏

网络和信息资源管理处

处　长　吴道华

副处长　张　兵

信息化推进处

处　长　聂里宁

副处长　游　春

李　剑

信息安全协调处

处　长　伍　楠

副处长　张建崇

无线电管理处

处　长　陈云生

副处长　姜　滢

无线电监督检查处

处　长　金肇元

副处长　周　刚

煤炭行业管理处

处　长　林　勇

副处长　祝　强

康新云

煤炭生产安全技改处

处　长　付爱明

副处长　李国华

煤炭企事业管理处

处　长　刘兴进

副处长　刘中俊

冯进团

央企入滇协调处

副处长　陈幸子（主持工作）

人事处

处　长　王建雄

副处长　马国耀

高红梅

机关党委

专职副书记　杨灿辉

副　书　记　李建社
副书记、纪委书记　何　斌
离退休人员办公室
主　任　马国耀
副主任　王忠平
　　　　栾成春
　　　　王忠新
监察室
副主任　程永豪

【各专职办公室】

云南省加快非公有制经济工作领导小组办公室
专职副主任　李泽栋
中缅油气管道办公室
副主任　马赛荣
云南省政府节能工作领导小组办公室
专职副主任　王　荣
云南省黄金管理局
副局长　杨正林
云南省履行禁止化学武器公约事务办公室
主　任　魏传洪
云南省非公有制经济投诉中心
专职副主任　罗安华
省工信委驻京联络处
处　长　张　明

【委管事业单位任职领导名单】

云南省国防科学技术工业局
党组成员、副局长　孙维霜（主持工作）
云南省人民政府驻广西办事处
主　任　卢安江
云南省省政府驻湛江办事处
主　任　沈海波
云南省政府驻攀枝花办事处
主　任　石　岗
云南省节能技术服务中心
主　任　李　平
云南省工业和信息化委员会信息中心
主　任　许应强
云南省工业和信息化委员会散装水泥办公室
主　任　胡易明
云南省工业和信息化委员会墙体材料革新办公室
主　任　杨贵芳
云南省工业和信息化委员会机关服务中心
主　任　左跃国
云南省经济技术发展中心
副主任　谢　胜（主持工作）
云南省工业和信息化委员会培训中心
主　任　赵森林
云南省盐业产品质量检验站
站　长　吴　鸣
云南省企业联合会（企业家协会）
常务副会长　李若林（正处级领导干部）
秘　书　长　李建疆（副处级领导干部）
云南省工业经济联合会
会　　长　杨树蔚
常务副会长　李继成
秘　书　长　方志毅（正处级领导干部）
云南省地方煤矿事业局
局　长　杨　浩
云南煤炭工业社会保险中心
主　任　王绍基
云南省煤矿精神病医院
院　　长　马　刚
党总支书记　张贵荣
云南工业技师学院
院　　长　赵兴学
党委书记　徐凡坤
云南能源职业技术学院（云南省煤矿干部学校）
党委书记　胡广安
院　　长　毛加宁
云南省煤田地质局
局　　长　王源明
党委书记　胡克宁
云南省信息技术发展中心
主　任　刘建阳
云南省无线电监测中心
主　任　陈德章
昆明煤炭科学研究所
所　　长　许　阳
党总支书记　方伯成
昆明煤炭设计研究院
院　　长　孙　涛
党委书记　李　丹

大 事 记

1月

4~7日　省工信委副主任王祥率检查组先后对曲靖、昭通、昆明3个市的矿产资源开发整合工作进行检查验收，听取自查情况汇报，查阅相关资料，抽查了富源县、鲁甸县和东川区的工作开展情况，现场检查了富源县富村铅锌矿整合区、鲁甸县火德红铅锌矿整合区和东川区铜矿整合区。

7~8日　中国合格评定国家认可委员会委派专家评审组，对云南省无线电监测中心实验室进行现场评审。

16日　省工信委主任刘绍忠应邀为省工商联十届五次会议作非公有制经济发展专题报告。

17日　2011年全省工业和信息化工作会议在昆明召开，省工信委主任刘绍忠作工作报告，省政府副省长和段琪出席会议并讲话。和副省长充分肯定了全省工业和信息化工作在“十一五”期间取得的重大成绩，他指出：“十一五”是我省工业发展史上极不平凡的阶段，是共克时艰的五年，全省工业和信息化系统坚决贯彻落实党中央、国务院和省委、省政府的决策部署，调结构、创特色、快发展、上水平，圆满完成了“十一五”云南工业发展的目标任务。在肯定成绩的基础上，和副省长分别从国际、国内、省内三个层级深入分析了“十二五”期间工业和信息化工作面临的新形势，并在此基础上向全省工业和信息化系统提出殷切希望，希望大家再接再厉，转变发展方式、调整优化结构，创造“十二五”工业和信息化工作的新辉煌。大会结束后，省工信委又召开了各州市工信委领导座谈会、无线电管理年度工作专题会、工业园区发展专题会和工业园区发展专题会。

18日　省工信委党组副书记、副主任、委综治维稳工作领导小组副组长宋嘉林主持召开委综治维稳工作领导小组第一次全体会议，研究布置维护社会稳定工作，制定出台《关于做好“两会”及春节期间上访职工信访接待工作方案》，同时，决定在省工信委企业服务中心设立信访接待室。

22日　省工信委和昆明铁路局联合召开云南省2011年第一次路地企铁路运输联席会议，通报2010年云南省铁路运输及工业经济经济运行情况，分析形势，并就做好春运期间及下步全省铁路运输工作提出要求。昆明铁路局与昆钢等17家铁路运输大客户签订了2011年铁路运输互保协议。省工信委副巡视员张世雄参加会议。

2月

15~18日　全省无线电管理台站数据库建设工作培训班在昆明举办，省工信委副巡视员马丽萍到会讲话。

15~18日　省工信委会同省发改委、省侨办组成“瑞丽国家重点开发开放试验区产业培育和发展调研组”赴瑞丽开展专题调研。

19~20日　省工信委与省统计局在大理州组织召开园区工业统计培训会，对《云南省工业园区经济指标统计体系建设实施方案》及园区工业统计报表进行讲解。

22日　省政府就范道同等4位省政府参事报送的《关于云南省“十二五”期间着力发展装备制造业的建议》召开专题会议，研究“十二五”期间云南省发展装备制造业有关问题，听取省政府参事、有关部门及企业的意见和建议。省委常委、常务副省长罗正富，副省长和段琪出席会议并讲话。罗副省长指出，省委、省政府历来高度重视发展装备制造业，在各级、各部门的共同努力下，“十一五”期间我省装备制造业实现快速发展，成为全省第五大工业产业。他要求各级、各部门要认真按照省委、省政府的决策部署，紧紧抓住国家深入实施西部大开发战略和桥头堡建设的有利时机，解放思想，转变观念，改进方法，加大扶持，努力把云南打造成为面向东南亚和南亚的装备制造和出口加工基地。

23~27日　由省委组织部牵头，省委统战部、省工信委、省工商联共同组织实施的首次民营企业家培训班在省委党校举办。部分百强民营企业、非公有制代表人士参加了培训。省工信委副主任宋嘉林参加开班仪式并介绍了全省非公经济“十二五”规划编制情况。

25日　工信部办公厅印发《关于开展工业固体废物综合利用基地建设试点工作的通知》，云南省个旧市列入全国第一批工业固体废弃物综合利用基地建设试点。

28日　省工信委组织云南电子工业行业协会、云南工业园区协会及相关企业，赴广西学习考察桂台工业合作。

3月

1日　省人大常委会组织召开省十一届人大四次会议代表建议批评和意见统一交办会，省工信委副主任周赤围绕“强化工作责任、办理程序、开门办理、督查督办，确保办理工作制度化、规范化、实效化、经常化”等方面，向与会人员介绍了我委在办理人大代表建议中重实际、办实事、抓落实、求实效的主要做法和成功经验。

3日 国家发改委、财政部公告全国第二批节能服务公司备案名单，云南电投通华节能科技有限公司、云南阳光基业能源管控技术有限公司、昆明云威节能科技有限公司、云南德勤环保节能科技有限公司、云南兆明丰泰投资有限公司、云南鑫鹏昌达节能科技有限公司、云南万富行节能有限公司、云南金自绿电科技有限公司等8家节能服务公司通过国家审核备案。

3~14日 全国“两会”期间，云南省无线电监管部门认真开展无线电监测保障工作，有力保障了重点区域、重点频段、重点业务的无线电通信安全。

6~10日 省工信委副主任许云、郎利辉率工作组调研了瑞丽、芒市、陇川工业园区和后谷咖啡、乔瑞水泥、源洋生物等公司，考察了姐告、畹町、弄岛等口岸，并就完善《瑞丽开发开放试验区工业产业发展规划》及《瑞丽开发开放试验区工业产业发展若干政策意见》提出建议。

8日 省工信委正式启动了以“崇尚见义勇为弘扬社会正气构建平安云南共享社会和谐”为主题的综治维稳宣传月活动。

8~10日 省政府副省长和段琪一行到红河州石屏、个旧和建水三县市，以“工业的科学发展”为主题进行调研。和副省长指出，红河州工业经济发展形势很好，要始终坚持以科学发展观为统领，立足资源优势，科学谋划工业布局，在工业发展的质量上下功夫、在科技上下功夫、在规模上下功夫、在品牌效应上下功夫。省工信委副主任宋嘉林参加调研。

9日 省政府与大唐集团公司在北京签署战略合作框架协议。云南省委副书记、省长秦光荣，集团公司董事长、党组书记刘顺达出席见证签字仪式；云南省委常委、常务副省长罗正富，集团公司总经理、党组成员陈进行代表双方在协议书上签字。云南省央企入滇工作领导小组专职副组长牛绍尧，集团公司党组成员、大唐国际发电公司党组书记、总经理曹景山，集团公司总经济师吴静出席签字仪式。仪式由云南省政府秘书长丁绍祥主持。根据协议要求，双方将在水电开发、新能源开发、装备制造业发展及上下游产业项目上，在资金、人才和技术等方面加大合作及投入力度。大唐集团公司将充分利用云南省丰富的可再生资源和区位优势，着眼于转化发展方式和优化配置，加快资源优势向经济优势转化，以优势互补、互惠互利、共同发展的原则，促进云南省的经济社会发展。省工信委主任刘绍忠参加签字仪式。

9日 省政府在北京举行央企入滇顾问聘请仪式，聘请全国政协原副主席、中国企业联合会会长王忠禹担任央企入滇工作领导小组总顾问，财政部原部长金人庆、全国政协港澳台侨委员会副主任杨崇汇、农业部原部长刘江、国家发改委原常务副主任叶青、原国家经贸委副主任石万鹏、原外经贸部副部长龙永图、铁道部原副部长蔡庆华、中国企业联合会常务副会长兼理事长李德成受聘担任我省央企入滇工作领导小组顾问。秦光荣省长为受聘的央企入滇工作领导小组顾问颁发聘书。云南省委常委、常务副省长罗正富出席聘请仪式，省老领导、省央企入滇工作领导小组专职副组长牛绍尧主持仪式，省政府秘书长丁绍祥出席。

9~10日 云南省政务服务96128专线品牌化建设工作会在昆明召开，省工信委副主任王志东对全省“十二五”及2011年电子政务建设工作进行安排，吴洪巡视员就96128专线品牌化建设提出要求。

16日 省委副书记、省长秦光荣在《国家统计局办公室关于部分地区工业统计数据质量核查情况的通报》上批示：“送段琪、绍忠同志阅。”省工信委主任刘绍忠于3月23日批示：“送兴宁同志阅。”省工信委副主任王兴宁于3月24日批示：“经济运行处：工业经济数据统计问题，一直是经济运行工作所重点关注和协力去抓的一件实事。总体看，多年来我们会同统计部门在这方面的协调与推进效果是好的，我省工业统计数据的质量也是好的。但对国家此次检查中发现的个别问题也应重视。我意以此为鉴，结合国家和省对工业经济发展思路调整完善的大背景要求，对有关工业运行监测分析工作及时研究、完善思路。具体可主动商请统计局近期专门研究一次。”

18日 楚雄州政府与中国医药工业研究总院签订战略合作框架协议，省工信委副主任曾桂林参加签字仪式。

21日 省工信委副主任、省墙材革新协调领导小组组长宋嘉林在昆主持召开推进盈江地震灾区墙材革新工作座谈会，与会专家对盈江大量使用小型混凝土空心砌块倒塌致人死亡进行了客观、全面、准确和科学的分析。

22日 由国家知识产权局副局长贺化任组长，中国证监会、中国软件评测中心等部门一行7人组成的国家软件正版化工作第六督导组来云南进行督导检查，在听取省政府相关部门的汇报后，在省政协副主席顾伯平的陪同下，分别对云南铜业（集团）有限公司、云南省农村信用社联合社、昆明钢铁集团有限公司、昆明星耀集团实业有限公司4家企业进行了现场检查。

23日 云南省盈江县3月10日发生5.8级地震后，省工信委号召广大干部职工发扬“一方有难、八方支援”的传统美德，踊跃捐款，共捐助现金130166.60元。

24日 “十二五”全省工业发展座谈会在省工信委召开。省委副书记、省长秦光荣到会并作重要讲话，会议由副省长和段琪主持，省级老领导孟继尧、苏正国，省政府秘书长丁绍祥出席会议。会上，省工信委主任刘绍忠汇报了全省工业发展情况及“十二五”工业发展初步思路，昆明市、昭通市、曲靖市、玉溪市、楚雄州政府及省科技厅、省财政厅、省国土厅、省环保厅、省国资委、省统计局主要负责同志分别就“十二五”期间加快工业发展作了发言。“十二五”期间，云南工业发展将围绕“一个计划”、“四大增长极”和“七项行动”展开。“一个计划”，即通过5年努力，力争全部工业销售收入超过18000亿元，增加值达到6000亿元以上，非公经济增加值7000亿元以上，单位工业增加值能耗累计下降20%以上，非电力工业投资累计超过10000亿元；“四大增长极”：一是加快培育优势产业群，围绕3个产业销售收入超2千亿元，9个产业销售收入超千亿元的目标，采取切实有效的支持措施，推动云南优势产业群加快发展。二是做大工业园区，围绕4个园区主营业务收入超1000亿元、5个超500亿元、20个超100亿元的目标，以支持园区企业发展为重点，引导企业转型升级、做强做大，切实增强园区发展的综合实力。三是做强做大企业集团，到2015年云南省前100户重点工业企业销售收入超过1万亿元、利税总额超过2千亿元，带动和支撑云南工业经济又好又快发展。四是加速打造工业强县，着力增强县域经济发展的活力；“七项行动”，即工业结构优化行动、企业技术创新行动、绿色制造发展行动、信息化发展行动、开放型工业发展行动、加快非公经济（中小企业）发展行动和人才强工行动。

24日 在“十二五”全省工业发展座谈会上，省政府秘书长丁绍祥宣读了《云南省人民政府办公厅关于成立云南省加快发展非公有制经济工作督导组的通知》，秦光荣省长为督导组成员孟继尧、苏正国、许坚、曾荣基、姚建友、赵钟岳、段捷庆颁发了聘书。

25日 省工信委党组成员、驻委纪检组长周睦邻主持召开会议，研究布置全委进一步深入开展向杨善洲同志学习、纪念建党90周年活动等。

28日 云南长安汽车生产基地奠基仪式在嵩明杨林工业园区举行，其中一期工程占地1000亩，投资20亿元以上，形成20万辆/年商用车、乘用车产能，预计于2013年3月底前建成投产，可实现年销售收入80亿元以上。

28~29日 2011年第一次内地与香港无线电业务频率协调会谈在昆明举行。省工信委主任刘绍忠会见参会代表，周赤副主任致欢迎辞。

29日 工信部装备工业司在昆召开西南片区装备工业发展情况座谈会，云南省工信委副主任许云、曹钢、郎利辉参加会议。

30日 经省政府批准，省煤炭资源整合工作领导小组办公室在《云南日报》公告了全省2010年第二批整顿关闭小煤矿名单共19个。

30日 省工信委副巡视员张世雄主持召开成品油铁路运输协调会，通报近期云南省成品油调运情况和需求情况，要求有关各方要组织货源，科学调度好运输，保证成品油供应，保障人民群众生活以及经济社会的稳定。

30日 省工信委牵头组织昆明铁路局及17家铁路专用线企业进行座谈，通报2011年以来各铁路专用线企业装卸车作业效率情况，并就铁路配套物流设施改造相关工作达成共识。

30~31日 第五届中国中小企业协会联席会议在昆明召开，云南省政府副秘书长赵慧侠代表省人民政府致欢迎辞，中国中小企业协会会长李子彬作工作报告。会议期间，省政府副省长和段琪，省工信委主任刘绍忠会见了李子彬会长一行。

4月

1日 省工信委副主任周赤主持召开委管协会调研座谈会，要求协会加强自身建设，主动工作，突出特色，提高服务质量。

6~7日 全省中小和非公企业上市培育工作会在玉溪市召开，省工信委副主任王兴宁就全省中小和非公企业上市培育工作作报告，省财政厅和云南证监局作了发言，玉溪、昆明、临沧、文山等州市进行了经验交流。

8日 由云南煤矿安全监察局与省工信委联合组织召开东源煤电公司后所煤矿与周边小煤矿生产安全问题专题会议在富源县召开。省工信委副主任王祥表示，将积极支持后所煤矿和周边6对小煤矿加强行业管理、推进资源整合、做好生产安全等工作。

12日 省人大常委会执法检查组在昆明召开会议，听取省政府及有关部门就《云南信息化促进条例》贯彻实施情况的汇报。程映萱出席会议并讲话。她强调，要准确把握时代脉搏，用战略眼光看待信息化工作，从全局的高度把握信息化发展方向，主动作为、顺势而为、乘势而上，为今后的发展奠定坚实的基础。要切实加强对执法检查活动的组织领导，求真务实，建言献策，把检查过程变成全力督促和支持政府加快推进信息化发展的过程，进一步推动《条例》的各项规定落到实处。

12日 来自全省州、市、县供电部门、电力企业的执法人员共3500余人将陆续参加培训，并通过考试取得或换领云南省电力行政执法证。省工信委副主任王兴宁作开班动员讲话。

18日 “十二五”低碳节能减排工作会议在昆召开，省委副书记、省长秦光荣出席会议并讲话，省人大常委会副主任程映萱，省政协副主席顾伯平出席会议。省政府秘书长丁绍祥主持会议。秦省长指出，要抓好加快推进低碳省试点建设、深入挖掘节能降耗潜力、继续加大污染治理和主要污染物减排力度、强化技术创新与推广“四大关键”，把低碳发展和节能减排与产业结构调整结合，切实抓住东部产业转移、央企名企入滇的契机，大力推进标准厂房和工业园区建设，强化县域经济发展；把低碳发展和节能减排与推进桥头堡建设相结合，把发展绿色产业作为桥头堡建设的重要支撑；把低碳发展和节能减排与主体功能区划相结合，引导产业合理聚集，有序发展；把低碳发展和节能减排与生态文明建设相结合，促进生产、流通、消费方式向低碳、绿色、高效方向转变。把低碳发展和节能减排与用电、用地需求挂钩，与审批、核准项目挂钩，与财税、价格政策挂钩，与金融、信贷扶持挂钩，最大限度地发挥政策的引导、促进和激励作用，确保全面完成“十二五”和今年各项目标任务。和段琪副省长代表省政府与16个州市政府签订了“十二五”及2011年低碳节能减排目标责任书。会议表彰了“十一五”节能减排先进单位和先进个人。

18日 全省工业产品质量及标准化工作会议在昆明召开，安排布置今后一段时期工业产品质量及标准化工作。省工信委副主任许云在会上作了题为“深入贯彻实施质量兴省和标准化发展战略提高我省工业产品质量及标准化工作水平”的讲话。

19日 省工信委牵头召开2011年二季度电力行政执法联席会议，通报2010年以来推进电力行政执法工作的情况，并就建立联合执法长效机制、开展执法检查等工作进行安排。

20日 中央政治局委员、广东省委书记汪洋一行赴云南省考察期间，省工信委组织50户企业参加广东产品西南行启动暨粤滇经贸合作项目签约仪式。

22日 省工信委在蒙自县召开了2011年度一季度全省工业经济运行分析会，将二季度工业经济发展目标分解下达各州市工信委。

24~27日 省工信委组织对麒麟区、富源县、沾益县等228户煤炭经营资格证持证企业进行煤炭经营资格证监管法律法规、规章制度及变更、全面检查和到期延期审查工作程序业务培训。

26日 工信部正式批复昆明市成为国家级信息化和工业化融合实验区，标志着昆明市“强力推进工业突破，加快新型工业化进程”迈出重要一步。

26日 省工信委组织召开一季度云南电网节能发电调度工作会议，通报节能发电调度工作情况，分析形势，并对下一阶段工作进行了安排布置。王兴宁副主任作总结发言。

29日 工信部无线电管理局、国家监测中心负责人在省工信委副主任周赤、巡视员吴洪、副巡视员马丽萍的陪同下，调研无线电监测工作。

5月

6日 省工信委副巡视员张世雄率队对曲靖市煤矿企业安全生产停产整顿验收工作进行调研。

6日 省工信委举办首期国家中小企业发展专项资金项目管理系统培训班。

7日 中国林产工业协会、云南省工信委等六方共建中国（昆明）木业家具产业园签约仪式在昆明举行。周赤副主任在签约仪式上讲话。

12日 省工信委与招商银行昆明分行在昆举办“千鹰展翼”创新成长型中小企业金融服务论坛暨项目对接活动。省工信委副主任宋嘉林参加会议并致词。到会的私募投资机构专家与我省创新成长型中小企业进行了项目对接和洽谈。

13日 2011年全省资源综合利用与清洁生产工作会议在昆明召开，会议传达学习了全国工业节能与综合利用及全省工业信息化工作会议精神，总结“十一五”全省资源综合利用与清洁生产工作，部署“十二五”及2011年工作。会上，省工信委副主任宋嘉林作讲话，并为昆明焦化制气有限公司等6家企业颁发云南省清洁生产合格企业证书，为云南电力技术有限责任公司等8家中介机构颁发了云南省清洁生产咨询服务机构等级证书。

13日 全省食品工业企业食品安全工作会议在昆召开。省工信委副主任许云参加会议。

13日 省工信委召开2010年度代表建议政协提案办理暨政务信息工作表彰会。王兴宁副主任参加会议并讲话。

13日 由省工信委、云南煤监局、省安监局、省能源局、省煤炭工业协会主办的第八届中国西南国际煤矿及采矿技术装备博览会开幕式在昆明会展中心举行。省工信委副主任周赤参加开幕式并致辞。

17~19日 省工信委副主任宋嘉林一行对盈江灾后工业恢复重建工作进行专题调研。

18日 省工信委召开节能工作专题会，总结1至4月份节能工作情况，安排部署下一阶段节能工作。

18~20日 省工信委副主任王兴宁、副巡视员张世雄分别带队，对红河州和文山州开展严厉打击非法违法生产经营建设行为专项行动工作情况进行实地督查。

19~27日 省工信委副主任曹钢带队赴昆明市、玉溪市，成都市、西安市，开展承接东部产业转移专题调研。

20日 云南省首个工业园区信息化发展规划——《嵩明杨林工业园区信息化发展“十二五”专项规划》通过专家论证。

21日 云南省2011年上半年全国计算机技术与软件专业技术资格（水平）考试顺利举行。本次考试共开考12个资格，全省共有5459人报名参加考试。

23日 省工信委副主任王志东带领相关处室负责人组成信息产业调研组，到昆明高新区开展工作调研，调研组参观了云南科诚卫远科技有限公司、云南香农信息技术有限公司和昆明安泰得软件科技有限公司，了解了云南软件园软件公共服务平台建设情况，听取了金峰软件云南有限公司和云南鑫园锗业股份有限公司关于软件服务外包和电子新材料发展情况的汇报及企业面临的困难、问题和发展建议。

24日 省工信委会同省民政厅对委管协会进行了2010年度检审，45家协会一次性全部通过年检。

25日 省工信委副主任王志东带队

走访调研了南天股份公司新厂区，双方就南天公司未来的发展进行了交流。

25~26日 省工信委联合省统计局在大理州召开2011年第一批达规工业企业培训班。

26日 由省政协主办的云南企业家论坛“在实施西部大开发和桥头堡战略中加快推进滇中经济区建设”恳谈会在昆明举行。省委副书记、省长秦光荣，省政协主席王学仁出席会议并讲话。省政协副主席马开贤，省政府秘书长丁绍祥，省政协秘书长车志敏及省老领导和占钧等出席会议。省政协副主席王学智主持会议。会议对参与本次论坛征文并获得一、二、三等奖和优秀奖的183篇稿件进行了表彰奖励。

26日 省工信委副主任王志东一行，带着云南省稀有贵金属电子材料、单晶和多晶硅材料、光电子、光伏太阳能发电产业链发展现状、存在困难和未来5年发展规划等调研重点，深入曲靖开发区南海子工业园区实地调研多晶硅项目现状。

31日 省工信委在昆明组织召开重点企业经济运行座谈会，王兴宁副主任作了会议总结。

6月

1日 省工信委召开会议，传达学习省委省政府推进桥头堡建设主要精神，并就贯彻落实工作进行动员和安排。

7日 国家发改委、国家统计局发布“十一五”全国各地区节能目标完成情况公布，云南省超额完成2.41%，全国排名第十位。

13日 省工信委牵头，组织省物价局、省能源局、省电监办、云南电网公司等单位，研究讨论我省节能发电调度经济补偿办法的制定等相关事项。

15日 省政府与中国储备粮管理总公司在昆明签署战略合作协议。协议签署前，在晋宁县工业园区青山片区举行了国家储备粮昆明粮油中心库建设项目开工仪式。中国储备粮管理总公司党组书记、总经理包克辛，省委常委、常务副省长罗正富代表双方签署战略合作协议。中国储备粮管理总公司党组成员、副总经理刘新江，省央企入滇领导小组专职副组长牛绍尧出席签字仪式。

16日 省工信委召开离休干部、副厅级以上老干部老同志纪念中国共产党成立90周年座谈会，党组副书记、副主任宋嘉林参加座谈。

16~17日 由工信部消费品工业司主办、云南省工信委承办的全国食品工业企业诚信管理体系标准培训班（西南片区）在昆明举行。刘绍忠主任参加开班仪式并讲话，许云副主任主持会议。来自云南、贵州、重庆、湖北、吉林、广西、海南、西藏8省（市区）工信部门及行业协会、食品工业企业代表250余人参加培训。

24日 省工信委召开大会，庆祝中国共产党成立90周年，会上表彰了一批先进党组织、优秀共产党员和党务工作者。

7月

4~6日 省工信委主任刘绍忠率队赴工信部汇报云南省工业和信息化领域桥头堡建设有关情况，上报《关于请求支持云南加快建设面向西南开放重要桥头堡有关工作的请示》，建议请工信部与省政府签订支持云南省加快建设面向西南开放重要桥头堡战略合作协议。

11日 2011年上半年工业经济运行分析会在省工信委召开，和段琪副省长出席会议并讲话。

14日 省央企入滇工作领导小组组织召开协调会，专题研究协调长安汽车云南整车项目推进及云南内燃机厂国有股权划转等有关问题。省央企入滇工作领导小组专职副组长牛绍尧出席会议并作重要讲话，省工信委主任、省央企入滇工作领导小组办公室主任刘绍忠主持会议。

14~15日 和段琪副省长率省工信委、昆钢集团、云锡集团、云天化集团、云南冶金集团有关负责同志到中国钢研科技集团有限公司、北京有色金属研究总院座谈。

15日 省工信委、省安监局联合召开全省煤矿瓦斯深化专项整治暨煤矿安全质量标准化煤矿机械化推进会。会议由省工信委副主任周赤主持，王祥副主任通报了上半年全省煤炭经济运行情况，总结了我省煤矿瓦斯防治、煤矿机械化改造等煤炭行业管理工作情况，分析了目前存在的主要困难和问题，就采取有力措施、切实加强煤矿瓦斯防治和抽采利用、全力推进煤矿机械化改造等工作作了安排布置。

18日 省工信委副主任王兴宁一行赴会泽县金钟镇水城村指导帮助新农村建设工作，并为水城村协调解决新农村建设资金及物资5万余元。

20日 省工信委会同云南电网公司等相关单位，分析当前和今冬明春我省电力供需面临形势，研究应对措施，安排布置下一阶段工作。王兴宁副主任主持会议。

21日 省工信委在昆明召开2011年全省淘汰落后产能工作会议，周赤副主任到会作讲话，他要求各有关部门要进一步增强淘汰落后产能工作责任感和紧迫感的认识，完善激励、约束政策措施，全力以赴开展工作。

26日 省政府副省长和段琪在《上海市着力推进中小企业服务体系》、《陕西省以服务体系为抓手促进中小企业又好又快发展》、《青岛市着力打造“小企业之家”》（国务院促进中小企业发展工作领导小组办公室《中小企业》总第36期）上作出批示：绍忠同志：对我省中小企业发展中面临的新情况、新问题，如何加强和改进服务工作，我们应适时研究出台新措施。结合我省实际，学习上海市、陕西省、青岛市等部分地方的做法，很有必要。8月6日，刘绍忠主任批示：嘉林同志：请组织有关处室学习贯彻和副省长重要批示，并就我省如何改进和加强中小企业社会化服务工作提出意见和措施，并将工作情况反馈办公厅。

26日 全省企业技术进步工作座谈会在昆明召开，省工信委副主任许云在会上作了题为“大力推进企业技术进步增强自主创新能力促进工业结构优化调整和转型升级”的讲话。

26日 云南省通用航空产业发展规划及产业园建设合作协议签字仪式在省工信委举行，曹刚副主任与北京北航先进工业技术研究院有限公司负责人在合作协议上签字。

27日 省第十一届人大常委会第二十四次会议通过了新修订的《云南省盐业管理条例》。

27日 省工信委在昆明组织召开全省稀有金属产业发展工作会议，许云副主任参加会议作并要求，明确监管责任，强化监督问责，加强统计监测，促进稀有金属产业持续健康发展。

28日 2011年全省节能降耗工作座谈会在昆明召开，省工信委副主任许云主持会议并作总结讲话。会议简要总结了“十一五”全省节能工作的成效和经验，通报了2011年上半年工作进展情况，着重安排布置了下半年确保实现年度节能目标的重点工作措施。

28日 省工信委召开创先争优活动暨学习型党组织建设工作交流推进会，委党组成员、驻委纪检组长周睦邻参加会议并讲话。

29日 省工信委与昆明铁路局联合召开云南省2011年上半年铁路运输路地企联席会议暨第八十六次铁路运输联席会议。会上表彰了2011年上半年铁路装卸车作业效率考核先进单位和个人。王兴宁副主任主持会议并作总结。

8月

1日 省政府副省长和段琪在《云南省工业和信息化委关于贯彻落实白恩培书记和和段琪副省长对我省木材加工综合利用工作重要批示的报告》上批示：同意工信委按“报告”中提出下步工作的安排抓紧抓实。8月5日，绍忠主任批示：当前要抓好专项规划、专项政策的拟定上报。一定要快。8月4日，许云副主任批示：请武俊同志、消费品处、资源处按照和副省长批示要求，结合我委“报告”中所提下步5个方面工作，按照近期委内安排，抓紧工作，按期完成。

1日 省工信委会同省环保厅组成联合调研组，由宋嘉林副主任带队就马龙、寻甸工业园区以及云南常青树化工有限公司等“三废”排放及综合利用情况进行调研，并与相关部门和单位就“滇池—牛栏江引水工程”水质保护工作进行座谈。

2日 省工信委副主任王祥主持召开煤炭行业行政审批办公例会，研究布置进一步精简程序、规范行政审批相关审查行为，加快行政审批的具体措施。

3日 省工信委组织省国土资源厅、省安全生产监督管理局、云南煤矿安全监察局、昆明市工信委、红河州工信委、曲靖市煤炭工业局、昭通市煤炭工业局等单位和部门，召开了加快煤矿复产验收保障电煤供应的专题会议，分析研究加快煤矿复产验收工作存在问题和措施建议，并就切实做好煤矿复产验收保障电煤供应工作提出意见。

4日 省工信委副主任王兴宁主持召开安全生产工作专题会议，安排布置工信委系统参加全省为期三个月的“治大隐患，防大事故”安全隐患排查治理专项行动工作。

5日 省老旧汽车更新领导小组办公室在昆明召开云南省报废汽车回收管理工作暨2009~2010年度先进表彰会议。省工信委副主任、省老旧汽车更新领导小组组长王兴宁到会并作了题为“加强报废汽车回收拆解管理努力提高行业发展整体水平”的主题报告。

7~11日 省人大常委会组织部分在滇全国人大代表对“昆明—河内经济走廊”建设情况进行专题调研。调研涉及沿线的原材料工业、现代物流产业、生物产业以及工业园区等方面，省工信委副主任王兴宁参加此次调研。

8日 省工信委在昆明召开中小企业融资难问题分析座谈会。省非公经济督导组成员孟继尧等出席会议，会议由宋嘉林副主任主持，省财政厅、人行昆明中心支行、省工商联等相关部门及企业参加会议。

10日 省委常委、常务副省长罗正富率领发改、能源、工信委、财政等部门负责人组成考察组，到昭通市镇雄、威信、彝良、昭阳四县区调研火电、电网建设。他指出：要充分发挥电网在资源配置中的作用，为促进全省经济社会又好又快发展，为国家实施西电东送战略，为加快推进桥头堡建设提供有力支撑。

12日 工信部在昆明组织召开云南省推广应用高强钢筋试点工作研讨会。

16日 省工信委副主任王兴宁一行深入昭通市，就镇雄电厂、威信电厂电煤生产供应情况进行调研督查。

16日 省工信委“小金库”专项治理领导小组召开“小金库”专项治理阶段工作专题会议。党组成员、驻委纪检监察组长周睦邻主持会议，要求创新工作方法，注重实效，把“小金库”治理工作落到实处。

17日 省工信委副主任王兴宁主持召开会议，会同云南电网公司进一步分析形势，对我省电力生产供应工作作出了具体安排部署。这是继7月20日、29日我委会同云南电网公司召开有关电力供需形势分析协调会后，再次就今冬明春电煤电力生产供应工作进行安排。

18日 省工业和金融业合作签字仪式在昆举行，旨在加强与金融业合作，加快建立政、银、园、企四方合作机制，创建产业发展贷款融资模式，着力破解工业项目融资难题。省工信委主任刘绍忠参加签字仪式，周赤副主任致辞，郎利辉副主任主持。

18日　云南省治理工程建设领域突出问题工作领导小组办公室、省工信委在昆明召开全省工程建设领域项目信息和信用信息公开共享专栏平台部署使用培训会议，要求2011年底前全省县级以上政府（部门）利用全省统一的平台公开工程建设项目信息和信用信息，实现与国家平台的互联互通和信息共享。

19日　全国政协经济委副主任、原工信部部长李毅中到云南，就新兴产业、新能源、新材料、生物医药、农产品深加工等产业发展状况进行专题调研。省工信委主任刘绍忠就全省工业发展情况、在桥头堡建设中推进工业和信息化主要工作情况及下步工作思路作了汇报。李毅中指出，要高度重视当前物价和电力供应问题；对云南产业发展要高起点、高水平、差别化，选准、选好特色产业，定位好优势产业；要用“桥头堡”建设来统领“十二五”期间云南工业经济发展。

22日　省政府与中国有色矿业集团有限公司签署战略合作框架协议。根据协议，双方将本着优势互补、互利共赢、共同发展的原则，广泛深入开展战略合作，促进云南企业“走出去”，促进中国有色集团发展。副省长顾朝曦，中国有色矿业集团副总经理李筱英，省老领导、省央企入滇工作领导小组专职副组长牛绍尧出席签字仪式。

22~26日　省工信委联合云南电网公司，组成电力行政执法检查组，到曲靖市开展电力行政执法督促检查工作。

30日　省工信委副主任郎利辉带队赴工信部相关开展对口汇报工作，表示将积极支持云南桥头堡建设，全力支持瑞丽开发开放试验区建设工作。

9月

5日　省工信委组织快速查处了一起民航云南空管干扰源，确保民航飞行安全。

6日　省政府副省长和段琪在曲靖市主持召开煤电保障专题会议。和副省长要求，要千方百计确保全省经济社会又好又快发展用电，电力企业要积极主动，切实担当企业的主体责任；曲靖市、红河州、昭通市、昆明市要切实担当起管理和监管责任，采取有力措施，力保安全生产，确保电煤供应；省级经济运行、宏观调节、行业主管等部门要切实担当起监管和管理责任，积极主动做好协调服务，为企业排忧解难，做到早主动、早安排、早布置。

14~15日　省工信委副主任宋嘉林到综治维稳挂钩联系点会泽县开展综治维稳工作专项调研和指导。

14~16日　省工信委在玉溪举办云南省汽车更新和报废汽车管理行政执法培训班，经考试合格，颁发了报废汽车监管云南省行政执法证。王兴宁副主任到会作了题为“加强培训和学习努力提高行业行政执法水平”的讲话。

15日　云南省工业和信息化前沿知识巡回讲座在西双版纳州委党校开讲。此后，该知识讲座在各州市巡回开讲。省内外有一定知名度的专家学者围绕新型工业化、两化融合、桥头堡建设和中小企业发展等方面进行讲授。听讲范围覆盖各州市工业经济主管部门及重点骨干企业。

18日　省工信委正式启动煤矿瓦斯治理专家会诊工作。

19日　省工信委、人民银行昆明中心支行、省银监局联合举办的全省中小企业融资服务对接会在昆明召开。省委常委、省统战部部长黄毅，省政府副秘书长赵慧侠出席会议，并启动开通了“云南省中小企业网上融资服务平台”。对接会上，省工信委副主任宋嘉林与工商银行云南省分行等8家银行以及国家开发银行云南省分行分别签署了中小企业融资服务平台合作协议，与招商银行昆明分行、第一创业证券有限公司签署了中小企业集合债券发行合作备忘录。

20日　云南省数字证书认证中心（云南CA中心）挂牌成立，省工信委副主任王志东参加挂牌仪式。

20日　广西壮族自治区政府与云南省人民政府签署《合作设立广西北部湾经济区云南临海产业园框架协议》。

20日　国家煤矿安监局督导调研组对我省煤矿安全隐患排查整治工作进行督导调研。省工信委副主任王祥向督导组一行就云南省煤矿安全隐患排查整治工作进行了专题汇报。

20日　省政府组织四个督查组对各州市、重点企业节能减排工作情况开始进行专项督查。

21日　省工信委副主任王祥赴弥勒县调研，主持召开跨竹矿区煤炭生产保障协调专题会议。

26日　省政府与华润（集团）有限公司在昆明签署《推进桥头堡建设战略合作投资协议》。省委书记、省人大常委会党组书记秦光荣，省委副书记、代省长李纪恒，华润（集团）有限公司董事长宋林，华润（集团）有限公司总经理乔世波，省委常委、省委秘书长杨应楠，副省长和段琪，省央企入滇工作领导小组专职副组长牛绍尧，省政府秘书长丁绍祥，华润（集团）有限公司副总经理周俊卿出席签字仪式。李纪恒和乔世波代表双方签署战略合作投资协议。根据《协议》，“十二五”期间，围绕云南桥头堡建设和“十二五”规划，华润集团拟投资1000亿元，在能源开发、生物资源开发、现代服务业发展等领域与云南省开展合作。

26日　省人大常委会召开新闻发布会宣布，新修订的《云南省盐业管理条例》将于今年10月1日起正式施行。《条例》的颁布实施，标志着新形势下我省盐业管理、食盐保障和盐资源的保护、开发、利用工作步入法制化轨道。省人大常委会副主任程映萱出席发布会并讲话。她要求各级各部门，特别是盐业管理部门要切实准确领会《条例》的精神实质，加强领导、齐抓共管、统筹协调、强化监管、严格执法，确保《条例》的贯彻落实取得实效，确保我省盐业持续、健康、有序发展，切实保障食盐安全、保护人民群众身体健康。

26~29日 省工信委副主任王祥带队对曲靖市煤炭资源整合、煤矿安全隐患排查治理和电煤供应保障工作进行了监督检查。

27日 省政府与中国钢研科技集团公司在昆明签署战略合作框架协议，决定进一步深化合作层次，共同致力于传统冶金工业、矿冶材料等领域的技术创新、技术改造和节能降耗等工作，为云南省建设桥头堡提供产业支撑。受省委书记秦光荣委托，省委副书记、代省长李纪恒在签约仪式前会见了中国钢研科技集团公司董事长、总经理才让一行。省委常委、常务副省长罗正富，副省长和段琪，省央企入滇工作领导小组专职副组长牛绍尧等参加会见并见证签约。和段琪、才让代表双方签署战略合作框架协议。中国钢研科技集团公司副总经理王臣分别与昆钢集团、云锡集团、云冶集团、云天化集团负责人签署合作协议。省政府秘书长丁绍祥主持签字仪式。

27~30日 省工信委联合云南财经大学在昆明举办“云南省现代物流发展专题培训班”，对有关工业和物流企业管理人员近130人进行了现代物流知识培训。

29日 省工信委副主任宋嘉林主持召开会议，专题研究布置国庆节、党的十七届六中全会、省第九次党代会期间维稳工作，要求做好煤炭困难企业职工信访工作，确保企业和谐稳定。

10月

8日 代省长李纪恒主持召开省政府常务会议，审议《云南省产业结构调整和升级“十二五”专项规划》，明确促进集聚发展、调整空间布局、优化组织结构、强化创新驱动、推动绿色发展、积极承接产业转移6项主要任务，以及实施产业链群打造、品牌培育壮大、大企业培育、城镇企业搬迁、传统产业技术装备升级、优势资源转化、承接产业转移促进7大工程。提出要培育新的经济增长点是，重点发展清洁能源产业，加快清洁载能、石油炼化等新兴优势产业发展，做大做强医药工业，加快发展现代物流业，积极发展消费型产业，积极培育发展战略性新兴产业，加快建设进出口加工型产业。会议强调，必须把产业结构调整和升级作为全省经济工作的重中之重，采取切实有效的措施加以推进，着力实现重点产业突破、着力增强自主创新能力、着力培育战略性新兴产业、着力深化开放合作、着力强化政策扶持，逐步建成以现代农业为基础、基础产业和先进制造业为支撑、高新技术产业为先导、服务业全面发展的产业新体系，构建一、二、三产业协调拉动的战略格局，走出云南特色的优势产业发展道路。

10日 省政府副省长和段琪在省工信委主持召开三季度工业经济运行分析会议，研究分析当前工业经济形势，安排部署四季度工业经济工作。在听取省工信委和省级有关部门的汇报发言后，和副省长要求各级各部门要进一步增强工作紧迫感和责任感，认真贯彻落实8月30日省委常委扩大会议秦光荣书记和9月1日省政府工作会议李纪恒代省长的重要指示精神，不折不扣执行好省委、省政府既定的安排和部署，准确把握工业经济运行态势，力争实现“三个确保”，抓好“六项重点”：三个确保：一是确保超额完成全年工业生产的目标任务，全年全部工业增长16%以上，规模以上工业增长17%以上，规模以下工业增长15%以上；二是确保超额完成全年工业投资目标，全年工业投资完成1300亿元，增长30%以上；三是确保超额完成全年节能降耗目标，全年单位GDP能耗下降3.2%以上，工业能耗下降4%以上。六项重点：一是切实抓好工业经济运行调节，以煤、电、水为核心，确保工业经济平稳运行；二是切实抓好工业投资目标；三是切实抓好央企入滇；四是切实抓好标准化厂房建设；五是切实抓好节能减排；六是切实抓好安全生产。

11日 省工信委牵头召开2011年四季度电力行政执法联席会议，明确围绕计划用电、供电营业许可、用电检查等工作展开行政执法活动。

11~12日 全省无线电管理台站数据库建设工作总结表彰大会在昆明举行，省工信委副巡视员马丽萍在会上作了题为“统一思想加强领导努力开创全省无线电台站管理工作新局面”的讲话。

13日 省工信委副主任王兴宁带队前往昆明市，就中小和非公企业上市培育工作进行专题调研。调研组在对上市进展较快的昆明滇虹药业、龙津药业进行实地走访的基础上，与相关企业进行了座谈交流。

17~20日 省政府副省长和段琪率省级有关单位、企业和规划设计单位负责人，到北海市、钦州市、防城港市就云南临海产业园选址、规划及投资环境进行实地考察。20日，广西壮族自治区政府主席马飚与和副省长就云南临海产业园建设的有关问题进行会谈，并交换了意见。

18日 云南曲靖钢铁集团有限公司在曲靖举行挂牌仪式，这是我省第一个民营钢铁企业兼并重组的范例，标志着我省钢铁企业兼并重组取得实质性进展。

20日 云南工业人才在线培训委托协议签约暨在线学习平台开通仪式在云南广播电视大学举行，标志着全省工业人才在线教育培训工作正式启动。省工信委副主任周赤参加签约开通仪式。

20日 全省煤炭工业统计专业年报会议在昆明召开，会上表彰了2010～2011年度全省煤炭工业3家统计先进单位及20位先进个人进行表彰。

25日 全省中小企业工业产品质量

及标准化工作推进会在楚雄州召开。会前，全省100户成长型中小企业共同发起承诺，表示坚决践行质量诚信准则，努力发挥示范带头作用。

25~28日 省工信委副主任王祥率队对曲靖市开展“治大隐患防大事故”安全隐患排查治理专项行动进行督查。

26~27日 全省三季度经济运行分析会在保山市召开。会议重点贯彻落实和段祺副省长在三季度工业经济运行分析会的讲话精神，总结三季度工业经济运行情况，深入分析经济运行中缺水、缺电、缺煤、缺钱、缺大项目和缺增长亮点等问题，研究提出有针对性的对策措施；同时，下达四季度工业经济运行计划指标和重点工作。省工信委副主任王兴宁到会讲。

30日 省政府在宁蒗县召开泸沽湖水污染防治现场办公会，强调要采取更加有力的措施，切实保护好、治理好泸沽湖，确保实现地表水稳定保持Ⅰ类水质标准的目标，为流域经济社会可持续发展和各族群众脱贫致富提供有力保障。省委副书记、代省长李纪恒出席会议并讲话。省委常委、常务副省长罗正富，省委常委、副省长李江，省人大常委会常务副主任晏友琼，省九大高原湖泊水污染综合防治督导组组长牛绍尧、副组长高晓宇，省政府秘书长丁绍祥出席会议。副省长和段琪主持会议。会议听取了丽江市、泸沽湖管委会关于泸沽湖保护与治理工作情况汇报，与会的省领导及省水利厅、发改委、工信委、财政厅、国土资源厅等部门负责人发言。

11月

1日 云南煤业能源股份有限公司完成资产重组，借壳“*ST马龙”成功在上交所挂牌上市，成为我省煤炭行业第一家上市企业。

1~2日 全省贯彻实施《云南省盐业管理条例》暨盐务管理工作会议在昆明召开，省工信委副主任宋嘉林到会。

4日 由人行昆明中心支行和省工信委联合举行的“云南省中小企业集合票据推介会”在昆明举行，我省80多家中小企业和金融系统30多人参加了会议。

5日 迪庆州委书记张登亮、州长黄政红、副州长王天喜一行访问省工信委，刘绍忠主任、王志东、周赤副主任与他们进行座谈，双方就共同促进迪庆州今后一段时期工业经济发展和信息化建设交换了意见。

7~11日 由工信部无线电管理局主办，云南省工信委承办的“西部地区暨部省协议地区无线电管理业务培训班”在昆明开班。周赤副主任参加开班仪式并致辞。

10日 师宗私庄煤矿发生煤与瓦斯突出事故，井下43人当班，无一人升井，全部被困井下。事故发生后，省委书记秦光荣率省委常委、副省长李江、省委常委、省委秘书长杨应楠、副省长和段琪，省政府秘书长丁绍祥及升级相关部门组成工作组迅速赶赴事故现场，指挥抢险救援工作。省工信委第一时间启动应急预案，刘绍忠主任、王祥副主任当日率事故救援工作组合技术专家组赶赴现场，指导、参与事故救援、调查工作。

17日 省工信委组织召开“推广先进质量管理方法座谈会”，参会人员就如何深化推广先进质量管理方法进行交流。

18日 “云南国家锗材料基地”项目奠基仪式在昆明高新区举行，标志着我省锗金属又一重大深加工项目开工建设。

18~19日 省工信委联合上海证券交易所举办2011年云南省中小和非公企业上市融资培训暨交流对接会。王兴宁副主任要求，要努力形成推动企业上市工作的整体合力，积极推进我省中小和非公企业上市培育工作，为云南加快推进新型工业化作出新贡献。

19日 由省工信委、省商务厅、省贸促会、昆明市政府联合主办的“2011昆明泛亚家居家具博览会暨2011昆明泛亚红木家具与工艺品展览会”在昆明国际会展中心开幕。本届博览会以“突显泛亚商机、促进产业发展、推广时尚消费、延展市场效益”为主题，设置了家居家具用品馆、雨龙家具全国百强品牌厂价直销馆、红木家具及红木工艺品馆、现代家具及古典家具馆4大主题展馆，参展达2.6万平方米。

19~23日 由工信部、国土资源部、环境保护部、商务部、海关总署一行6人组成的国家联合检查组对云南省稀土专项整治工作情况进行现场检查。

21~23日 由工信部副部长苏波任组长，国家发改委、监察部、财政部相关司局组成的国家重点产业振兴和技术改造专项投资项目第二检查组到云南省检查调研项目实施情况。检查组听取了省工信委主任刘绍忠关于云南省产业结构调整和技术改造专项投资项目实施情况的专题汇报和省发改委、有关企业的补充汇报。苏副部长对国家专项实施在加强监督管理，做好项目重点检查工作常态化等方面提出了具体工作要求。随后，检查组对云南钛业股份公司、昆船集团、云南白药、云内动力、云南铝业和昆明中铁大型养护机械制造基地项目等6户企业7个项目进行了实地检查。

21~25日 省工信委联合云南电网公司，到玉溪市开展电力行政执法督促检查工作。

24日~12月1日 省工信委加强对重要无线电频段的保护性监测，全力做好省第九次党代会期间无线电安全保障工作。

28日 省煤电油运保障工作领导小组办公室在省工信委召开第一次全体会议。省工信委党组书记、副主任李文荣、副主任王兴宁参加会议。

12月

1日省工信委召开干部大会，传达

学习省第九次党代会精神。

6~15日 省工信委在清华大学举办云南省投融资高级研修班，各州市分管工业投融资的干部、工业强县的县级领导、工业园区主任及部分国有大中型企业管理人员参加培训。

12日 工信部与省政府在北京共同签署《加快建设我国面向西南开放重要桥头堡战略合作协议》。工信部部长苗圩，省委书记秦光荣，省委副书记、代省长李纪恒，工信部副部长苏波，副省长和段琪出席签字仪式。按照《协议》，省部合作的目标是：充分发挥云南省连接越南、老挝、缅甸，与东南亚、南亚多国邻近，以及拥有丰富矿产、水能、生物等资源优势，积极改造提升传统产业，培育发展战略性新兴产业，强化信息基础设施建设，优化产业发展空间布局，构筑坚实工业和信息化基础，把云南建设成为西部地区重要的外向型特色优势产业基地，支撑和推进云南面向西南开放重要桥头堡建设。工信部将在五个方面加大对云南的支持力度：一是支持云南加快工业转型升级。二是支持云南培育战略性新兴产业。三是支持云南打造外向型特色优势产业基地。四是支持云南中小企业发展。五是支持云南建设国际性信息枢纽。《协议》中还明确了合作机制。工信部有关司局负责人以及云南省工信委李文荣书记，宋嘉林、王志东、许云、周赤副主任参加签字仪式。

13日 以工信部产业政策司副司长潘爱华为组长的第三检查组一行，到云南省进行能耗限额标准执行情况和落后机电设备（产品）淘汰情况检查，省工信委副主任许云陪同检查并介绍了全省节能降耗工作情况。

16日 云南省政府与中国建筑材料集团有限公司在昆明签署战略合作框架协议。受省委书记秦光荣委托，代省长李纪恒代表省委、省政府，对中国建筑材料集团有限公司董事长、中国医药集团总公司董事长宋志平一行的到来表示欢迎。副省长和段琪和宋志平代表双方签署战略合作框架协议。省央企入滇工作领导小组专职副组长牛绍尧，中国医药集团副董事长王丽峰，中国建材联合会副会长、中国水泥协会会长雷前治，中国建材集团董事、中国建材股份有限公司总裁曹江林，中国建材集团副总经理郭朝民出席签字仪式。省政府秘书长丁绍祥主持签字仪式。

16日 省工信委组织核定昆明冶金研究院、云南铝业股份有限公司等15家单位的实验室为首批省核定工业产品质量控制和技术评价实验室。

22日 省绩效办对省工信委2011年度行政绩效管理重点项目——“省级重点工业园区建设项目”和“加强节能减排工作中做好节能降耗工作子项目”开展年终检查考评。

24~25日 省工信委联合省人力资源和社会保障厅、省总工会，委托云南工业技师学院举办电工、钳工、焊工三个工种的职工技能大赛，9名同志和3支代表队分别荣获个人和团体的一、二、三等奖。

25日 云南白药产业基地落成典礼在呈贡举行。云南省委书记秦光荣，省委副书记、代省长李纪恒等共同按动云南白药产业基地启动激光球，标志着云南白药整体搬迁一期工程顺利完成。

27日 保山德森人造板有限公司中（高）密度纤维板项目一期工程年产10万m3生产线在保山市隆阳区举行竣工投产仪式。省工信委副主任曾桂林参加投产仪式并调研企业。

28日 省政府煤电保障工作专题会在省工信委召开，和段琪副省长出席会议并讲话，省政府副秘书长赵慧侠、省工信委党组书记、副主任李文荣等参加会议。

28日 省工信委副主任周赤主持召开部分工业园区发展座谈会，研究布置当前及今后一段时期全省重点工业园区科学发展、和谐发展、跨越发展有关工作，要求各园区要进一步提高认识、理清思路、明晰目标、自加压力，坚决完成省委九次党代会确定的“打造10个销售收入超千亿元的产业园区”的目标任务。

30日 省政府常务会议研究讨论广西北部湾经济区云南临海产业园建设的相关问题，确定了临海产业园的选址方案，并对相关工作进行安排部署。

30日 省工信委召开党风廉政建设工作专题会议，传达相关文件精神，对党风廉政建设提出具体要求，党组书记、副主任李文荣，党组成员、驻委纪检组长周睦邻参加会议并讲话。

30日 省工信委在昆明召开社会管理综合治理工作会议，总结2011年工作，表彰先进个人，安排布置2012年社会管理综合治理维稳工作任务。委党组副书记、副主任宋嘉林到会作了讲话，并与各处室、直属企事业单位代表签订了2012年社会管理综合治理维稳工作目标管理责任书。党组成员、驻委纪检组长周睦邻主持会议并总结。

（张春华）

技术改造和技术创新

【企业技术改造】 一是组织实施重点技术改造项目计划。围绕传统产业转型升级和新兴产业发展，重点推进100项应用高新技术和先进适用技术改造提升传统产业项目。二是会同省发改委组织开展2011年重点产业振兴和技术改造专项项目申报工作，筛选推荐昆钢重装集团特殊锻件、云南滇红集团整体搬迁扩建工程等18个项目上报，获国家专项扶持1.486亿元。三是抓紧做好技术改造财政专项资金安排。筛选推荐云南瑞宝生物科技有限公司杨林生物科技园等24个项目列入农业产业化重点技术改造项目，安排扶持资金5140万元。与省财政厅联合下达了2011年第一批省级财政企业技术改造重点项目计划和专项资金13960万元、第二批3040万元。四是扎实抓好一批年内重点竣工投产项目。筛选确定了119个项目列入2011年工业重点竣工投产计划，力争年内建成一大批工业项目，为经济发展注入新的增量。五是进一步规范省级财政技术改造补贴专项资金的使用和管理，积极开展2010年度省级财政技术改造补贴专项资金项目绩效评价工作。

【企业技术创新】 一是组织实施技术创新项目计划。围绕新兴产业发展和企业技术中心创新能力建设，重点推进100项新产品及高新技术产业化、企业技术中心创新能力建设项目，并从中选择昆钢新型复合材料开发有限公司不锈钢复合板卷产业化、云铜高效节能电动机专用铸铜转子产业化等20个项目作为我省重点实施的重大技术创新项目。二是推进企业技术中心建设。积极帮助并组织企业申报国家认定，会同省发改委、科技厅向国家推荐了沈机集团昆明机床股份有限公司、云南瑞升烟草技术（集团）有限公司、云南沃森生物技术股份有限公司、云南路桥股份有限公司、勐海茶业有限责任公司等5家企业技术中心，其中沈机集团昆明机床股份有限公司、云南沃森生物技术股份有限公司获得国家认定。组织开展本年度省级企业技术中心认定工作。在各州市和有关企业集团推荐59家企业技术中心的基础上，按程序认定了35家省级企业技术中心。三是会同省财政厅组织推荐2011年国家重大科技成果转化项目申报工作，组织红河锌联工贸有限公司10万吨/年炼铁高炉烟尘综合回收、贵研铂业股份有限公司失效汽车尾气净化催化剂中铂族金属再生循环利用产业化、云南大红山管道有限公司西部复杂地形长距离矿物管道输送关键技术研发及产业化等4个项目上报，贵研铂业项目获得财政部和工信部200万元补助。四是推进“技术创新示范企业认定”工作。按照工信部、财政部有关要求，推荐云天化集团有限责任公司、昆明船舶设备集团有限公司、云南弛宏锌锗股份有限公司、昆明滇虹药业有限公司、云南瑞升烟草技术（集团）有限公司等5家企业申请国家认定。云天化集团被认定为首批国家认定的国家技术创新示范企业。会同财政厅选择云天化集团有限责任公司、昆明船舶设备集团有限公司等20家企业作为我省2011年度重点培育的技术创新示范企业。

【工业产品质量建设】 一是及时组织召开全省工业产品质量及标准化工作会。研究分析了工业产品质量及标准化工作面临的新形势，安排部署了下一步工作任务。在“云南日报”刊登了“质量兴省助推工业产品质量上水平”专版，重点宣传了我委“政府推动、部门协作、企业主体、社会参与”开展工业产品质量及标准化工作的情况。100家省内知名企业登报发起了工业企业质量诚信倡议，在全社会营造了关心重视质量和诚实守信的氛围。二是组织召开了全省中小企业工业产品质量及标准化工作推进会。召集省内100家中小企业在楚雄召开会议，参会企业签署了云南工业企业产品质量承诺书，增强了我省中小企业对产品质量及标准化工作的认识。三是组织实施工业产品质量技术攻关项目计划，重点推进云南铝业股份有限公司轮带式铸造铝合金质量控制技术攻关项目等20个质量提升攻关项目。四是完成工业产品质量控制和技术评价实验室工作。研究下发了《云南省工业产品质量控制和技术评价实验室管理办法》，择优核定了昆明冶金研究院等15家单位的实验室，印发了《关于公布第一批省核定工业产品质量控制和技术评价实验室名单的通知》。五是建立工业产品质量专家库，年底已收到推荐人选280余人。

【技术进步政策研究】 一是会同省财政厅、省法制办，按照中央财政支持企业技改政策、现行信贷政策以及云南省广大企业发展实际，修改完善《云南省技术改造省级财政补贴专项资金管理办法》，已由省政府办公厅正式发布。二是按照省人民政府专题会议纪要（第8期）《省属企业负责人座谈会议纪要》的相关要求，开展了加快新兴科技与传统产业融合政策措施的专题研究，形成了《加快新兴科技与传统产业融合政策措施研究报告》，起草了《云南省加快新兴科技与传统产业融合的指导意见》，提出新兴科技与传统产业融合的总体思路、主要目标、发展重点、重点任务以及保障措施上报省政府，由省政府印发全省贯彻执行。三是加强规划研究，编制完成了《云南省“十二五”企业技术改造与技术创新规划》和《云南省"十二五"工业产品质量及标准化发展规划》。四是加强企业技术改造工作总结，研究提出《云南省"十一五"技术改造总结及成果汇编编写提纲》。

【加快转变经济发展方式监督检查工作】 一是根据中央纪委、中央加快转变经济发展方式监督检查工作领导小组《印发<关于开展加快转变经济发展方式监督检查的意见>的通知》（中纪发〔2011〕21号）和《云南省关于开展加快转变经济发展方式监督检查的实施办法》要求以及我委工作安排，牵头起草《云南省工业和信息化委开展加快转变经济发展方式监督检查工作方案》、《云南省工业和信息化委开展加快转变经济发展方式监督检查工作计划》和《关于成立省工业和信息化委加快转变经济发展方式监督检查工作领导小组的通知》3个文件。二是围绕我委牵头负责的省级财政技术改造专项资金项目、省级财政非公经济暨中小企业发展专项资金项目、节能政策措施落实情况、省级财政节能专项资金项目、淘汰落后产能完成情况、煤炭资源整合政策措施落实情况、中央财政整顿关闭小煤矿专项资金、省级财政煤矿安全隐患排查治理配套资金项目组织各州市和企业集团开展了自查工作。三是组织了5个监督检查组到全省各州市和相关企业开展了集中重点检查工作。四是向省加快转变经济发展方式监督检查工作领导小组办公室上报了《云南省工业和信息化委关于开展加快转变经济发展方式监督检查工作情况的报告》。

【增强服务企业能力】 及时把握国家为加强宏观调控出台的一系列发展规划与产业政策，进一步增强服务意识，改进工作方式，提高服务水平。一是在项目的核准、备案、技术中心认定等具体工作中，积极协调帮助企业完善各项手续，尽量简化审批手续，减少办事程序，缩短办理时限。同时，对重要事项进行公示，对重点工作进行通报。二是贯彻国家和我省产业政策，加强对产能过剩行业技术改造投资方向的引导，加强项目核准和备案管理。三是推进自主创新产品研发，开展省级新产品鉴定。四是积极与国家发改委、昆明海关等部门沟通和联系，为我省企业技术改造项目享受进口设备减免税收优惠提供及时有效的服务，促进企业技术装备水平的提升。

（杨　淑）

工业园区建设

【综述】 2011年，全省在建并纳入统计的101个工业园区完成全部工业总产值5431.86亿元，同比增长31.98%，其中规上企业完成5110.85亿元；规上企业完成工业增加值1590.52亿元，增长25.74%；全部企业实现主营业务收入5304.86亿元，增长33.35%，其中规上企业实现5021.17亿元；全部企业完成利润323.98亿元，增长30.49%，其中规上企业完成294.3亿元；全部企业实现税金560.44亿元，增长28.49%，其中规上企业实现545.87亿元；全部企业安排68.37万人就业，增长7.14%。

其中，省级40个工业园区全部工业企业完成工业总产值3947.03亿元，同比增长29.39%，其中规模以上工业企业完成3745.13亿元；规上企业完成工业增加值1071.98亿元，增长22.87%；全部工业企业实现主营业务收入3924.53亿元，增长29.99%，其中规上企业实现3743.39亿元；全部工业企业实现利润204.15亿元，增长31.3%，其中规上企业实现190.64亿元；全部企业实现税金335.18亿元，增长26.17%，其中规上企业实现325.4亿元；全部企业安排41.1万人就业，增长6.41%。

2011年40个省级工业园区完成工业总产值占101个工业园区的72.66%，101个工业园区完成工业总产值占全省规模以上工业总产值的70.48%。

2011年，101个工业园区中有53个园区税收增幅超过30%，其中省级40个工业园区中有15个税收增幅超30%。101个工业园区共吸纳就业人数68.37万人，比上年增长7.14%，其中40个省级工业园区吸纳就业41.1万人。

【基础设施建设】 2011年，101个工业园区完成基础设施投资172.04亿元，其中40个省级工业园区完成88.16亿元。其中完成基础设施投资在1亿元以上的园区有36个，其中昆明市有15个，分别是昆明经开区、高新区、呈贡、杨林、海口、安宁、东川、寻甸、五华、晋宁、官渡、石林、富民、禄劝、宜良工业园区；昭通市有2个，分别是昭阳、鲁甸工业园区；曲靖市有6个，分别是曲靖煤化工、宣威、陆良、师宗、会泽、罗平工业园区；玉溪市有3个，分别是红塔、研和、通海工业园区；红河州有3个，分别是红河、泸西、建水；楚雄州、文山州、普洱市、版纳州、保山市、迪庆州和临沧市各有1个，分别是楚雄、砚山、景谷、景洪、腾冲、香格里拉和临沧工业园区。101个园区中基础设施投资比上年增长30%以上的园区有32个。

【园区工业项目引进、投资情况】 2011年，101个工业园区有工业企业4464个，有规模以上工业企业1481个（新口径）。全年101个园区招商引进工业项目1109个，完成工业企业固定资产投资914.96亿元，其中，招商引进工业项目超过5个的园区有43个，其中23个是省级工业园区；完成企业投资超过5亿元的园区有47个，其中有27个是省级工业园区，40个省级园区招商引进工业项目数和完成的企业投资分别占101个园区的68.08%和61.61%。全年工业园区在建标准厂房面积508.9万平方米，建成351.6万平方米，完成标准厂房投资44.74亿元。

2011年工业园区引进和在建项目较多，比较突出的园区有昆明经开区、杨林、安宁、晋宁、官渡、富民、宜良、昭阳、彝良、宣威、通海、新平、临沧工业园区等，在建工业项目都在20个以上。投资超5亿元的工业项目较多的园区有：杨林、安宁、寻甸、宣威、陆良、禄丰、研和、新平、建水等工业园区，5亿元以上的项目都在3个以上。

（张 凤）

节能降耗

【综述】 2011年，云南省人大审议通过的节能目标是单位GDP能耗下降3.0%，省政府确定的工作目标是单位GDP能耗下降3.2%，上报国家的考核目标是单位GDP能耗下降3.2%。

通过向全社会公告淘汰落后产能名单，强化州市和企业责任，组织开展专项检查，限制落后产能用电，争取中央财政资金支持，增加省级配套补助资金投入等措施，全省淘汰落后产能工作进展顺利，列入《云南省2011年淘汰落后产能公告名单》的11个行业、63户企业、102条生产线（装置）、共516.5万吨和8.05万千瓦落后产能，2011年底全部淘汰，全面完成了国家下达我省的目标任务。

2011年，云南省节能目标完成情况持续向好，在国家发展改革委每季度发布的全国各地区2011年节能目标完成情况晴雨表中，云南省一直处于“进展基本顺利”的三级预警级别，节能降耗大大促进了全省经济又好又快发展。根据统计核算，2011年全省能源消费总量9540万吨标准煤，同比增长9.98%，完成生产总值8750.95亿元，同比增长13.7%，万元GDP能耗1.09吨标准煤（现价），同比下降3.22%（最终以国家核定数据为准），降幅超过年度计划指标0.02个百分点。完成“十二五”节能目标进度20.14%。

【全面落实节能目标责任】 在全面总结“十一五”工作基础上，及时研究提出了全省“十二五”节能目标分解方案，科学合理地将全省的节能目标分解到了16个州市政府。2011年4月18日省政府组织召开全省“十二五”低碳节能减排工作会议，总结“十一五”工作，部署“十二五”及2011年度工作，会上省政府与各州市政府签订了“十二五”及2011年节能目标责任书。9月28日，省政府召开第62次常务会议，学习贯彻落实全国节能减排工作电视电话会议精神，对“十二五”和2011年节能减排工作进行再部署、再安排。主管节能工作的省工信委积极履行节能减排工作领导小组节能办公室职责，会同节能减排领导小组成员单位积极推进全省节能降耗，组织召开全省节能主管部门节能工作座谈会、重点行业部门节能工作座谈会等专题会议，认真贯彻落实国家和我省节能政策措施。为进一步强化基层节能目标责任、强化企业节能主体责任，各州市将“十二五”及2011年度节能目标责任分解落实到各县（市、区）、主要行业和重点企业，全省形成了层层分解、逐级落实、共同推进的节能目标责任分解落实机制。省委、省政府组织开展2010年度集中检查考评，对全省各州市人民政府、重点行业和有关企业等58个省政府重点考核的责任单位“十一五”及2010年度节能目标责任进行现场评价考核，所有考核单位全部完成目标任务。根据考核结果，省政府对57个节能先进单位、145名节能先进个人进行了表彰奖励。

【加大资金投入，大力推进节能技术进步】 一是以余热余压利用、电机系统节电、能量系统优化等节能改造工程为重点，在钢铁、化工、有色、建材等行业组织实施116项省级重点节能示范项目，项目投产后预计年可实现节能200万吨标准煤。二是通过加大财政资金投入推进重点项目建设，2011年省级财政安排1.2亿元专项资金支持企业实施节能低碳技术改造、淘汰落后产能等，资金投入比上年增加4000万元。州市财政同步加大节能资金投入，支持企业节能技术改造。积极争取中央资金支持我省节能降耗，向国家有关部门组织申报了一批重点节能项目，全省工业节能、淘汰落后、建筑交通运输节能等共有28个项目争取到中央财政资金4.21亿元支持，为推进我省节能降耗和产业升级发挥了积极作用。三是以企业为主体，加大节能技术研发和示范推广力度，云锡公司、云南冶金集团、云铜等企业生产工艺集成创新成效显著，单位产品能耗不断下降。节能型变压器、汽车发动机等节能机电设备实现大批量生产应用，高原变频器、二氧化碳热泵等新型节能产品应用前景广阔。四是通过推广合同能源管理加快项目建设，积极组织第三批、第四批合同能源管理节能服务公司向国家发改委等部门申请备案。截至目前，我省共有24家节能服务公司通过国家审核备案。2011年实施完成22个合同能源管理项目，其中3个项目通过验收。五是积极组织推广财政补贴节能灯，提前开展需求调研，及时分解全省推广任务，加强过程监督管理，全省推广600万只节能灯的任务顺利完成。玉溪市逐年推进1元灯示范县建设，在峨山县开展“绿色照明进彝乡”活动，县财政安排100万元专项资金进行再补贴。

【固定资产投资项目节能评估审查工作】 严格执行固定资产投资项目节能评估审查。全年开展固定资产投资项目节能评估和审查800余件，对不符合国家产业政策、行业准入条件、产能过剩和严重影响当地能源消费的项目，不予通过。通过节能评估审查，对项目的工艺优化、设备选型、节能措施等方面提出了针对性、操作性较强的意见，从源头上有效控制了高耗能行业低水平重复建设。

【节能价格政策管理】 认真落实促进节能的价格政策。对电解铝、铁合金、电石、烧碱、水泥、钢铁、黄磷、锌冶炼等8个行业严格执行差别电价政策，自2010年6月1日起，限制类企业执行的电价加价标准由原来的每千瓦时0.05元提高到0.10元，淘汰类企业的电价加价标准由原来的每千瓦时0.20元提高到0.30元。按照国家居民阶梯电价试点工作的统一安排，积极组织开展省电网及地方独立电网成本监审、数据测算，研究制定了居民阶梯电价初步方案，待省政府审定后，按规定召开听证会，加快推进居民阶梯电价政策出台。

充分发挥小湾等大型水电站的调节作用，实施“以水代火”，汛期水电多发多用，有效弥补火电出力不足，2011年水电发电量占全省发电量比重达64.8%，比上年提高5.2个百分点。优先安排高效火电机组发电，统调电网发电煤耗降为311.48克标准煤/千瓦时，比上年下降2克标准煤/千瓦时，全年直接实现节能10万吨标准煤。五是及时实施有序用电措施，受干旱影响，进入9月份，云南电网供电缺口较大，每20天下达一次有序用电指标，按照有保有压的原则，限制高耗能低附加值行业用电，淘汰类企业一律停止供电，黄磷、电石限时停产让电，铁合金、工业硅、电解铝及铅锌冶炼等行业严格调减用电负荷，水泥、钢铁和化肥等行业加大错峰用电力度，有效提高了电力利用效率。

【节能指标监测分析和预测预警】 上下联动，切实加强节能指标监测分析和预测预警。省政府高度重视节能指标运行和分析工作，分管节能工作的副省长每季度定期主持召开全省经济运行分析会，把节能降耗指标与经济发展指标一并进行监测分析，把节能降耗工作与经济运行工作一并进行安排部署。省工信委、省统计局等部门全面加强节能指标监测分析，每月定期发布《节能专报》--能耗统计监测信息通报。及时向省委、省政府报告全省节能形势和工作进展情况，及时指导州市加强节能运行管理，实施节能预警措施。针对部分州市节能指标下降困难、工作进展不力的问题，下半年以来分别对7个州市发出督办函，要求有关州市针对严峻的节能形势，果断采取强有力措施，坚决扭转不利局面。针对3个州市1–9月单位GDP能耗上升的严峻形势，省工信委、省统计局及时约谈了3个州市工信委和统计局，督促州市采取整改措施，确保完成年度节能目标。同时，强化节能指标倒逼机制，通过分析测算能源消费与经济增长关系，制定工业企业能源消费总量调控指导目标，并将全省能耗指标分解到各州市，指导州市进行适时调控。各州市围绕本地节能目标任务，及时对重点县、重点企业的能源消费与节能指标进行监测，对存在问题的及时采取措施，保证了节能指标平稳运行。

【重点领域节能降耗】 一是狠抓工业企业节能降耗。组织年综合能耗1万吨标准煤以上企业参加国家万家企业节能低碳行动，“十二五”实现节能500万吨标准煤。积极推进“资源节约型、环境友好型”示范企业创建，推进工业化和信息化融合促进节能减排示范企业建设，推进钢铁、化工、有色行业企业能源管理中心示范点建设。组织企业及时报送能源利用状况报告，实施重点企业能源管理负责人备案管理，督促和指导企业按照《用能单位能源计量器具配备和管理通则》规定加强能源计量工作。开发完成重点企业能耗监测管理信息系统，并投入试运行。2011年全省工业企业节能降耗成效明显，全省规模以上工业企业单位增加值能耗下降6.96%，超额完成工信部下达的下降4%的目标任务。二是加强建筑节能。加快推进绿色建筑示范工程，万科白沙润园获国家绿色建筑三星认证，全省完成太阳能热利用与建筑一体化使用面积11.5万平方米，完成全年目标任务115%。我省共有6个县市、13个光热光伏示范项目列入了国家试点示范，共得到可再生能源建筑应用国家补助资金3亿元，8个光伏光热项目通过了验收。组织实施大型建设项目初步设计审查75项，项目建筑节能的审查率达到100%。对全省新建、改扩建建设工程项目施工图设计文件建筑节能进行严格审查，共计完成审查7267项次，审查率达到100%。三是加强交通运输节能。省交通厅发布《云南省交通运输行业“十二五”节能减排工作规划》，明确了交通行业节能目标任务，与56个基层单位签订了2011年交通运输行业节能减排目标责任书。加强公路节能改造，组织开展公路隧道LED照明、沥青路面就地冷再生技术应用等示范项目。以昆明市为试点，在各运输企业加快推广节能与新能源汽车，已推广节能新能源汽车622辆。加快淘汰老旧汽车，加强交通运输调度，全省实现营业性公路运输载客货汽车汽、柴油综合燃料单耗每百吨公里为7.9升，低于年度计划目标0.02升，与上年同期的7.95升相比下降0.63%；内河船舶运输燃料单耗每千吨公里为34.58公斤，低于年度计划目标0.02公斤，与上年同期的34.65公斤相比降低0.20%。四是加强商业和农村节能。在全省住宿行业大力开展绿色饭店创建工作，全年共创建52家绿色饭店，超额完成了目标任务，丽江市加快推进国家旅游标准化试点城市建设，共创建47家绿色饭店，给予丽江市10万元奖励。积极推进城市再生资源体系建设，玉溪市创建成为再生资源体系建设试点城市。大力开展农村沼气建设、省柴节煤灶改造等农村节能和替代能源工作，全年新建农村户用沼气15.2万户，完成年度目标101%，全省完成省柴节煤灶改造13.5万户，完成年度目标135%。五是积极推进公共机构节能，强化公共机构节能基础管理，完成全省公共机构能耗状况基本调查，政府机关带头节能，积极采用高效照明产品、电器等节能产品，认真执行节能产品强制采购目录，对公务用车实行一车一卡加油，每月实行油费定额管理。各行业节能工作推进有力，为全省节能目标顺利完成发挥了坚实的支撑作用。

【完善节能政策法规】 完善节能配套法规和技术标准。起草了《云南省公共机构节能管理办法》，制定实施了《云南省淘汰落后产能中央财政奖励资金及省级财政专项资金管理使用实施细则》、《云南省可再生能源建筑应用国家级示范管理办法》、《云南省建设工程施工图设计文件审查实施细则》、《云南省建筑节能施工图设计文件审查要点》、《云南省民用建筑节能设计标准》（DBJ53/T-39-2011）等管理办法和技术标准。二是及时转发落实《国务院关于印发“十二五”节能减排综合性工作方案的通知》（国发〔2011〕26号）等国家有关文件，及时研究起草《云南省“十二五”节能减排综合性工作方案》、《云南省千家企业节能行动方案》等文件。

【机构设置】 云南省节能监察中心机构改革方案已经通过省编办审查，即将批准挂牌成立；曲靖市、红河州、大理州等重点州市，沾益县、个旧市、隆阳区等10余个重点县区已经成立节能监察机构，还有一批州市级、县区级节能监察机构正在加快组建。省统计局成立能源统计处、各州市统计局均成立了能源统计科室。建筑、交通、农业、政府机构等重点领域的节能管理机构和工作人员得到进一步加强。全省还成立了一批节能研究机构和节能服务公司。云南省从事节能管理、监察、监测、节能研发和技术服务的组织机构和人员队伍体系基本形成。

【节能监督检查】 省政府连续5年将节能减排工作作为年度专项督查的20项重点工作之一，2011年9月至10月省政府督查室牵头会同省工信委、省环保厅、省住建厅、省统计局等部门组织4个节能减排专项督查组对全省16个州市人民政府进行实地督查，督促地方政府和重点企业落实节能目标责任。认真落实中纪委、监察部关于开展转变经济发展方式监督检查的要求，把节能降耗作为重要督查内容，在省纪委、省监察厅领导下，2011年8月至10月省工信委组织5个督查组开展全省专项督查，督促各项政策措施落实到位。对重点行业企业的电石、合成氨、黄磷、水泥、电解铝、工业硅等重点耗能产品能源资源消耗进行检查，向全省通报结果，对能耗指标超标的进行黄牌警告，通报结果作为实施有序用电措施的重要依据。按照工信部要求，组织对241家工业企业开展单位产品能耗限额标准执行情况和高耗能机电设备（产品）淘汰情况专项检查，共查处25家未达标企业，154台在用淘汰型机电设备，督促有关企业制定整改计划，及时进行整改。工信部能耗限额检查组对我省进行了专项检查，现场抽查了5户企业，对我省的工作给予了较高评价。各州市和省属企业结合本地本单位实际，针对重点县区、重点企业和重点项目组织开展了大量现场监督检查工作。

【节能专项规划】 为理清工作思路、明确工作重点、强化工作措施，确保完成“十二”全省单位GDP能耗下降15%的目标，《云南省“十二五”节能减排规划》，《云南省“十二五”节能专项规划》即将发布，全省、州市、行业、企业等各个层面的“十二五”节能规划编制工作全面推进。全省公共机构、交通运输等行业节能规划、大部分州市节能专项规划已经发布，钢铁、有色、化工、建材、煤炭、电力等重点行业节能专项规划编制工作基本完成，重点企业节能规划编制工作全面推进，全省将形成确保目标完成的规划体系。

【节能培训】 组织开展重点用能企业能源管理负责人培训、能源管理干部和能源统计人员专题培训、公共机构节能管理培训、绿色饭店创建培训等一系列培训，累计培训2000余人。

【节能减排宣传】 成功举办2011年度节能宣传周活动，围绕“节能我行动、低碳新生活”宣传主题，组织开展了一系列节能宣传活动。省级各部门积极行动，广泛动员行业系统单位深入开展节能减排专项行动。通过《云南日报》宣传我省节能工作成效和政策措施，通过《云南经济日报》系列报道来自州市、行业和企业节能工作一线的最新情况，通过云南广播电台定时播出节能公益广告，积极倡导节约型生产方式和消费模式。

工业循环经济

【清洁生产】 2011年，修订出台了云南省清洁生产相关管理办法，建立完善了推进清洁生产的“两证一库一评估”各级联动管理机制。《云南省清洁生产专家库管理办法》自2010年7月实施以来，有112名专家入库。发布了新的《云南省清洁生产专家库管理办法》，新办法降低了入选专家库的专家条件以及进一步完善对专家监督管理制度。组织各州（市）工信委、科研机构、行业协会和企业推荐清洁生产技术专家候选人，并从中遴选了173名清洁生产专家库候选人。起草了大型合成氨、锰行业、内燃机以及甘蔗制糖行业清洁生产评价指标体系，征求了相关单位的修改意见，将在组织行业专家进行评审后发布。

推进云南省清洁生产合格企业验收工作，制定完善相关行业清洁生产合格企业验收规程。昆明焦化制气有限公司、红塔烟草（集团）有限责任公司玉溪卷烟厂等8家企业通过了验收。

开展清洁生产审核员培训工作。分别委托昆明、曲靖举办了三期清洁生产审核员培训班，共计培训573人。培训班的举办，为昆明、曲靖两市推进工业企业开展清洁生产奠定了基础。

清洁生产咨询服务机构资质评审工作。按照《云南省清洁生产咨询服务机构管理办法要求》，对申请清洁生产咨询服务机构资质的22家咨询服务机构进行了评审。20家通过评审的机构获得了资质证书，其中，8家机构获得甲级资质，11家机构获得乙级资质，1家机构获得丙级资质。

按照国家工信部和财政部《关于申报2011年工业清洁生产示范项目的通知》（工信厅联节函〔2011〕125号）的要求，向国家工信部、财政部上报了7项2011年工业清洁生产示范项目。云南建水锰矿有限责任公司“锰系合金电炉烟尘矿粉制备复合球团项目”、云南驰宏锌锗股份有限公司“从锌冶炼废渣中综合回收镉生产精镉产业化项目”分别获得580万元、680万元的专项资金支持。

【资源综合利用】 按照财政部国家税务总局国家发展改革委的有关规定，结合认定工作实际，对《云南省资源综合利用认定管理实施细则（暂行）》进行了修订、完善。新修订的《云南省资源综合利用认定管理实施细则》已于2011年3月份正式下发执行。

资源综合利用认定日常工作。严格按照《国家鼓励的资源综合利用认定管理办法》和《申报国家发展改革委审核的资源综合利用电厂认定管理暂行规定》以及我省的《云南省资源综合利用认定管理实施细则》的要求，认真按照程序进行，严把资料审查和现场查验，集中审定，网上公示，严格规范操作，确保认定质量。完成了2011年资源综合利用认定以及认定变更工作；完成了资源综合利用认定企业基础数据统计工作，我省通过资源综合利用认定的企业共64户，我省在认定有效期内的资源综合利用企业共255户，综合利用固体废物749.6万吨，回收再生资源17.6万吨。

组织编制工业行业《“十二五”资源综合利用规划》。按照国家工信部和委工作的安排，组织编制了云南省工业行业《“十二五”资源综合利用规划》，该规划经征求有关部门以及委内相关处室的意见和建议，进行修改完善后已印发。该规划是贯彻落实《云南省资源综合利用规划纲要》的具体规划，规划了我省“十二五”期间工业领域资源综合利用的主要工作。

组织上报固废综合利用示范基地项目。组织个旧市向工信部上报列为全国十大固废综合利用示范基地工作。工信部已正式下文明确个旧市列为全国固废综合利用示范基地。按照工信部要求组织个旧市编制了工业固废示范基地建设实施方案，向工信部报送了实施方案正式文本。

开展资源综合利用工作调研。一是为提高我省木材资源综合利用水平，促进木材加工产业加快发展，对我省木材加工及资源综合利用情况进行了深入调研，在掌握有关木材企业综合利用工作的基础上起草了《关于加强资源综合利用促进木材加工产业加快发展的指导意见》。二是为推进我省磷石膏资源化利用工作，提高磷石膏综合利用率，解决好磷石膏大量堆存问题，对昆明、玉溪、曲靖、红河湿法磷酸生产企业进行了实地调研，对磷石膏的处理和利用进行了深入研究，为较好地解决我省磷石膏因大量堆存带来的环境污染隐患问题寻找一条可行之路，推进了磷石膏制酸的工作。

【工业循环经济】 促进工业园区积极发展循环经济。在省级40个工业园区全面推进工业循环经济工作。要求40个工业园区2011年启动工业园区清洁生产、节约降耗、资源综合利用和工业环保的循环经济工作，完成工业园区的工业循环经济“十二五”规划。工业园区循环经济工作按照工作安排进行，启动了相关工作，组织编制“十二五”循环经济规划。

上报工业循环经济工程项目。按照国家工信部的要求，组织有关企业向国家工信部报送了云南云铜锌业股份有限公司湿法锌冶炼工艺技术创新应用工程等9个示范工程。

【工业节水和污染防治】　参加《云南省节约用水条例》的起草编制工作。积极配合省人大环资工委起草制定《云南省节约用水条例》的工作，在编制工作中报送了有关工业领域工业节约用水工作情况，参加了起草论证会议，就有关条款提出了修改意见。

为贯彻落实好《中共云南省委云南省人民政府关于加快实施“兴水强滇”战略的决定》、《中共云南省委办公厅云南省人民政府办公厅关于落实加快实施“兴水强滇”战略决定有关政策措施分工的通知》关于“兴水强滇”的一系列重大安排部署，将涉及我委协助、配合做好的任务分解到委有关处室，积极配合做好兴水强滇工作。

编制《云南工业“十二五”节约用水规划》。在省水利厅的统一安排下，我委组织节能技术服务中心编制《云南省节水型社会建设“十二五”规划》的《云南省“十二五”工业节水规划》子课题。规划征求了相关部门和企业意见，并报省水利厅统一印发。此规划是我省在“十二五”期间开展工业节约用水的基础。

开展九大高原湖泊水污染防治。按照云南省九大高原湖泊水污染综合防治工作的要求，积极组织九湖流域及滇池-牛栏江补水水源区企业全面实施清洁生产。对马龙工业园区、寻甸工业园区以及云南常青树化工有限公司、寻甸龙蟒化公有限责任公司的“三废”排放及综合利用情况进行了调研。对昆明、曲靖两市工信委提出了加强牛兰江流域工业园区、企业加强水污染防治的具体要求，并向滇池督导组报送了《云南省工业和信息化委关于贯彻落实省政府滇池水污染防治专家督导组滇池水污染防治工作第十五次联席会议精神的报告》。在调研的基础上制定下发了《云南省工业和信息化委关于切实加强牛栏江流域水源区工业水污染防治工作的通知》，就加强牛栏江调水水源区工业水污染防治，提出了工作要求。

通过在全省开展清洁生产、资源综合利用、工业循环经济、工业环保工作，促进了工业经济发展方式的逐步转变，工业企业节约利用资源的水平逐步提高，工业污染防治工作在逐步加强和推进。

（张钦国）

服务体系建设

【制定政策】　2011年，研究制定了《关于加快推进中小企业公共服务平台建设的意见》（云政办发〔2011〕218号）。文件从指导思想、建设目标、积极推动服务平台建设、保障措施四个方面加快推进中我省小企业公共服务平台建设，推动中小企业转方式、调结构、上水平，着力构建起中小企业公共服务平台网络，统筹各类服务资源，健全服务协同机制，营造良好发展环境，为中小企业发展需求提供有效的服务支撑，促进全省中小企业又好又快发展。计划用3~5年的时间，在全省范围内基本建成以各级中小企业综合服务机构——中小企业服务中心为核心，以专业服务机构和行业协会（商会）等为依托，运作规范、功能健全、支撑力强、业绩突出、信誉良好、公信度高的服务平台，逐步形成覆盖省、州（市）、县（市、区）三级的中小企业服务体系网络，为中小企业提供找得着、用得起、有保证的服务，有效满足中小企业不同发展阶段服务需求。

【编制规划】　2011年，编制完成了《云南省中小企业服务体系建设“十二五”规划》力求在“十二五”期间，力争用3到5年时间，基本完成服务体系“一二三四五六”的建设架构，即：1. 实现一个目标。建立形成一个全省统一、开放、协调的中小企业社会化服务体系网络；2.突出两翼推进。着力强化公益性服务与商业性服务的协同推进；3.形成三级联动。加快推进省、州（市）、县（市、区）三级服务体系建设，形成上下联动、覆盖面广、资源共享的服务支撑网络；4.坚持四个结合。坚持政府引导与市场化运作相结合、统筹规划与分步实施相结合、培育主体与完善机制相结合、示范带动与全面推进相结合的建设原则；5.服务五类企业。坚持国家产业政策导向，优先对创新型、科技型、优特型、低碳节能型、现代服务型中小企业提供低价优质服务；6.建设六大平台。按照服务需求的紧迫性和平台建设的可操作性，重点推动公共服务、融资担保、创业辅导、公共信息、人员培训、减负维权“六大”服务平台建设。

【融资服务工作】　于9月15日在昆明联合举办了高规格、大规模的全省中小企业融资服务对接会，与工商银行云南省分行等8家银行签署了中小企业融资服务战略合作协议，与国家开发银行云南省分行签署中小企业融资服务平台合作协议，与招商银行昆明分行、第一创业证券有限公司签署了中小企业集合债券发行合作备忘录；全省银行业金融机构对1180户中小企业协议贷款金额为67.47亿元，其中18家银行与52户中小企业现场签约贷款金额为3.84亿，为中小企业提供了及时有效的信贷资金支持。

开通了“云南省中小企业网上融资服务平台”。至2011年底，已登录发布金融服务产品的金融机构达20多户，发布融资需求的中小企业达500余家，融资需求总额达200多亿元。为广大中小企业实时发布融资需求信息和自主选择金融服务机构，实现政府、企业、金融服务机构3方的信息互动和对接，有效帮助中小企业及时获得贷款支持，搭建了服务平台。

组织编制了《云南省中小企业融资服务手册》。较为系统地介绍了政策性融资、信贷融资、融资担保、上市融资、集合债券、集合票据、风险投资、产权交易、租赁典当等方面的知识，为中小企业了解和运用适合自己特点的金融产品将提供较大的帮助。

继续推动中小企业集合票据和集合债券发行工作。积极与浦发银行昆明分行推动中小企业集合票据发行工作，目前由云南英茂集团和云南哨鑫电力器材有限公司作为发行人联合发行的我省首期集合票据已获得中国银行间市场交易商协会批准，在进一步完善相关资料后，有望在年底或明年初成功发行。同时，正在按计划与招商银行昆明分行、第一创业证券有限公司合作推动中小企业集合债券发行工作。

【争取项目扶持】 2011年，共有13个服务体系项目获得国家专项资金2970万元的支持。

【网上百日招聘工作】 组织全省中小企业参加2011年全国中小企业网上百日招聘高校毕业生活动。我省共有238户中小企业在网上发布了人才需求信息，提供就业岗位共1296个，需求人数1475个。

【服务中心组建工作】 完成云南省中小企业服务中心组建工作。积极帮助完成云南省经济技术发展中心变更为云南省中小企业服务中心各项审批手续，指导和推动省中小企业服务中心初步完成内设机构和岗位分工，并开展了中小企业素质提升培训和我省首批创业辅导师的培训工作。

（丁富涛）

网络和信息资源管理

【综述】 2011年，省、州（市）、县（市、区）三级工业和信息化部门的机构改革接近尾声，全省自上而下信息化的组织体系基本建立。初步形成了电子政务和政务信息化主管部门大约半数在政府办、半数在工信部门的工作格局。为了理清思路、统一思想、明确任务，省工信委组织举办了云南省信息化建设和电子政务专题培训班，采取以训代会的形式，召集各州（市）和省级部门信息化主管部门负责人，对如何解决和克服当前困难，科学合理地确定本地区、本部门的信息化和电子政务发展目标、实现路径和工作重点进行了培训交流，明确了工作的思路和要求。不论电子政务的主管部门和支撑单位的隶属关系有何不同，都要把思想和行动统一到省委、省政府关于信息化建设的总体部署要求上来，增强做好电子政务建设工作的使命感，形成纵向与横向的合力，按各级政府的有关部署和各级信息化领导小组工作总体安排协调做好各项工作。要在全省规划指导下，对本地区信息化和电子政务现状进行充分调研，按照全省规划提出的目标任务，结合自身实际，盘点历年建设积累下来的各种资源，作为“十二五”期间各地、各部门信息化建设的重要基础和依托。将当前工作和长远规划结合起来，将政务信息化平台建设和电子政务、信息化建设整体部署结合起来。

【网络基础设施建设】 2011年，云南省电子政务基础网络建设利用国家电子政务外网一期工程云南省电子政务外网建设的契机，整合我省多年建设的基础网络成果，使我省自建的网络按国家统一规划进行改造和完善，成为全国政务外网体系的一个重要组成部分，使国家和省垂直部署到基层的信息系统得到有效支撑。由省工信委牵头组织的电子政务网络电路招标，首次引入三家电信运营商，既保证了原有电路的稳定又形成了新增电路的竞争，解决了财政资金有限但电路需求不断增长的矛盾，为“十二五”期间电子政务应用系统的网络需求预留了很大的扩展空间，省、州（市）、县（市、区）三级骨干网络已完成，形成了三横二纵的基础网络体系。省级横向网络的提速扩容正在实施中，一个新的适应当前电子政务发展要求的高速网络正逐步形成。

【96128政务服务专线品牌化建设】 96128专线省级（含昆明）平台与昆明市12345平台深度整合，成效明显，形成了省工信委、昆明市政府市长热线电话办公室、中国电信云南分公司的联席会议制度，召开了多次96128专线省级平台（含昆明市）建设专题会议，解决两线整合过程中出现的问题和困难，确保两线整合工作顺利开展，使专线的应用和服务能力得到大幅提升。

截至2011年12月31日，云南省政务服务96128专线平台全省累计共接通电话1177263次，平台直接解答724359次，转接电话452904次，转接成功371856次，平均转接成功率为92.44%，满意率98.40%。96128专线开通至今已两年多时间，从100多万次的话量和查询了解的问题分析可以看出，群众对于政府的政务信息服务是有需求的，这座百姓与政府沟通、互动的桥梁，起到了方便群众、服务群众的作用。

【政务公开】 以做好《云南省政府信息公开工作评估报告》和为省政府代拟《云南省政府信息公开年度报告》为抓

手，以评促建，深入推进《中华人民共和国政府信息公开条例》的实施。主动公开内容不断丰富，各地、各部门主动公开了行政法规、规划政策、财政预算决算、民生保障、行政许可事项办理等内容，基本覆盖《条例》规定应当主动公开的主要方面。2011年，全省各地、各部门通过各种方式累计主动公开信息1415904条。依申请公开工作稳步有序开展，本年度全省共收到政府信息公开申请12498件，90%以上的申请按规定得到办理并予以公开。全年我省政府信息公开网站页面浏览量达4160万次；

按照省委、省政府的工作安排，我委负责组织了全省统一的“工程建设领域项目信息和信用信息公开平台”的建设工作并部署使用。在省内分二期对省级部门和16个州市的监察和工信部门人员进行了培训，全省与工程建设领域有关的项目信息和信用信息基本都得到公开，使用部门达1000余家。

【政务服务中心信息化平台建设】 根据省政府统一安排，省工信委不断完善网上行政审批和电子监察系统，在条件具备的州（市）提供部署，并加强培训，截止2011年12月底，全省24个省直行政部门服务大厅、10个州（市）政务服务中心、68个县（市、区）政务服务中心以及40个乡镇（街道）为民服务中心采用了信息化平台办件，实现了对12955项行政审批及服务事项的电子监察，全年通过全省统一平台办理的事项为319401件（不含各州、市自建平台）。为了更好地推进网上行政审批和电子监察工作，通过集中培训与上门培训的方式，为省级部门和16州市培养技术和业务骨干120多名，业务操作员2000余人。

【公共资源交易中心信息平台建设】 根据省政府实施四项制度联席会议的安排，省工信委与省招标采购局总结已开通运行的省级平台的建设和运行经验，共同编写了《云南省州（市）、县（市、区）公共资源交易中心信息化建设指导意见》，对全省公共资源交易信息化建设的原则、目标、建设内容、职责和资金筹措方式等提出了原则意见，明确了州（市）、县（市、区）公共资源交易中心信息化特别是交易平台建设的模式和规范要求。省招标采购局承担全省公共资源交易信息平台的建设和公共资源交易软件的开发，项目正式启动。

（贺清洲）

网络与信息安全保障

【政府信息系统安全检查】 由省工信牵头会同省公安、安全、保密、机要等职能部门开展了2011年度全省各级政府部门网站及信息系统的安全检查。委托技术检测机构对全省44个委办厅局、9个重点行业企业、16个州市和129个县政府的门户网站进行了深度检测，随机抽取16个部门进行了现场检查和远程渗透扫描。

据统计，本次信息安全检查涉及的省级部门、重点行业企业以及重点信息系统运维单位共有53家，州（市）级政府部门533家，县区级政府部门3288家。通过年度安全检查，帮助被检单位发现一批信息安全问题和高危漏洞隐患14132个。

【部级试点工作】 自2010年起，积极配合工信部在云南省开展了两项部级试点工作，一是党政机关网站信息安全专项整治试点；二是政府部门互联网统一安全接入工程。年底，第一项试点工作已经基本完成，在与有关职能部门的共同配合下，对全省党政机关网站安全情况进行了全面清查，对存在的突出问题进行了专项重点整治，下一步将协同有关部门有针对性地制定相关工作规范，在提升我省党政机关网站安全管理水平上狠下功夫。第二项为政府部门互联网统一安全接入工程试点。结合国家下达的试点任务，深入开展调研、研讨、咨询，结合我省实际，编制项目可研报告，完成项目申报与立项。该项目已获得省发改委和省财政厅下达的项目批复，确定省财政厅等6个部门为试点单位。

【网络与信息安全事件应急演练】 根据《云南省政府办公厅关于印发云南省网络与信息安全事件应急预案的通知》（云办发〔2009〕211号）关于每年组织一次预案演练的要求，于2011年12月6日在省质监局开展了2011年度网络与信息安全事件应急演练。本次演练由省信息安全测评中心进行模拟攻击，省质量技术监督局模拟防守，演练了模拟黑客对某政府部门进行了门户网站入侵攻击和分布式拒绝服务攻击的过程以及事件研判应急处置流程。通过演练，进一步检验预案的可执行性，进一步增强我省网络与信息安全事件应急管理工作，提高网络信息安全防范水平和处置突发应急事件的能力。

【专项规划编制工作】 根据委统一安排，我处积极组织力量完成了《云南省网络与信息安全“十二五”专项规划》的编制，并聘请省内有关领域专家及相关职能部门就《规划》进行了评审，结合“十二五”期间我省将要建设国际性的通信、信息枢纽以及区域信息汇集中心的战略部署，提出了构建与之桥头堡战略相适应的信息安全保障体系建设目标、任务及保障措施。规划已进入报批阶段，我处将在下一阶段抓好规划的贯彻落实工作。

【成立云南省数字证书认证中心】 信息安全基础设施建设是全省信息安全保障体系的重要基础，2010年以来，将云南省数字证书认证中心（云南CA）等重要基础设施建设作为重点工作来抓。通过前期的多方努力，在保证合法及市场为主导的前提下，促成了北京与云南本地企业的合作，云南省数字证书认证中心于2011年9月20日正式挂牌成立。

【“扫黄打非”和综治维稳工作】 我省地处边疆，面对2011年综治维稳的严峻形势，一是利用信息安全测评中心平台，在重要时期对加强对舆情的监控和不良信息的封堵；二是作为全省“扫黄打非”领导小组成员单位，加强对党政机关网站的监控，确保政府网站不刊载非法出版物；三是按照全省打击非法“网络共享”网站及设备产品专项治理行动的安排部署，根据职责分工，对省内企业研发、生产、销售非法“网络共享”设备产品的情况进行排查和清理，确保我省不出现非法生产的现象，控制源头。

【成立云南省计算机网络与信息安全促进会】 云南省计算机网络与信息安全促进会已于2011年7月顺利获得省民政厅颁发的社团法人资格证，正式进入运行阶段。促进会成立以来，编发了4期《云南信息安全》，在2011年开展的政府信息系统安全检查、网络与信息安全事件应急演练、工业控制系统信息安全管理等多项工作上发挥了积极的作用。

（陇　玉）

无线电监督检查

【执法检查】 2011年，继续巩固全省广播电视无线台站专项执法检查成果，对117台广播电视调频发射机进行了测试，根据检测结果，责令33台检测不合格的调频发射机停播整改，要求检测合格的台站在完善相关设台手续后方可重新播出。组织开展了为期三个月的全省无线局域网专项行政执法检查。组织州（市）清理违法使用对讲机近700台。组织查处非法设置使用的移动通信干扰器近80台。此外，加大对边境地区违法违规设台的查处力度，对德宏瑞丽、红河河口等边境地区开展无线电专项执法检查，共没收了21套GSM网络手机信号放大器、2台大功率无绳电话、7台越南GSM信号固定终端、4300张越南手机SIM卡、18副天线、若干小吸盘天线和发射终端，立案查处了12家谋利商家。

【日常监测和干扰查处】 认真组织开展“两会”、春节、春运、建党90周年等节假日，以及敏感时期的无线电安保工作，并高度重视藏区维稳，全力推进“平安云南”建设。开展重大考试保障，累计派出人员471人次、车辆133辆次，启用技术设备265台（套），严厉打击了利用无线电设备进行考试作弊等非法活动，得到了考试主办方及社会媒体的高度评价。

组织州（市）按计划对20~3000MHz进行全频段常规扫描监测，并对重要频段进行重点扫描分析。2011年共受理并及时查处了无线电干扰40多起，干扰排查反应快速、启动迅速、查处有力、反馈及时，有力保障了航空、铁路、森防、广电、公安、军队、公众移动通信网等无线电业务安全，有效维护了空中电波秩序。特别是9月份，及时查处了昆明管制区民航无线电专用频率地空通信严重干扰，切实保障了民航飞行安全。

【技术设施建设】 按照“建设好、管理好、使用好”的目标稳步推进无线电监测网技术设施4期建设，共完成了33个项目的招标采购工作，占四期项目总投资的55.65%，即将完成的“无线电空中监测平台”课题成果在行业内领先，填补了国内相关研究领域的空白。在检测业务标准化方面，云南省无线电监测中心正式获得中国合格评定国家认可委员会（CNAS）颁发的实验室认可证书，成功列入国家获准实验室认可机构名录。

【频率占用费征收】 顺利完成了2011年无线电频率占用费征收工作，全省累计征收429.625万元。为规范财务核算程序，重新修订完善了《云南省无线电管理机构固定资产管理办法》、《无线电专项资金使用管理办法》，编写了《云南省无线电管理机构无线电频率占用费使用情况绩效评价》。在财政部和工信部对2002~2010年无线电频率占用费中央转移支付资金使用情况的核查中，我省专项资金管理规范、使用高效，得到了检查组的充分肯定。

【无线电宣传活动】 依托媒体力量营造声势、依托通信企业展开攻势、依托内外网站督导助势，以“服务发展、共建和谐”为主题，多形式开展了6月宣传周和9月宣传月活动，全省累计发放无线电宣传资料25000余份，为数千名普通群众提供了相关咨询，宣传效果显著，为无线电管理工作开展营造了良好的法制氛围和舆论环境。

【岗位培训】 在州（市）机构改革完成、竞争上岗结束后，及时举办了130余人参加的“云南省无线电管理岗位培训班”，明确各岗位的设置原理、业务流程和操作规范，保证省、州（市）在无线电管理岗位设置、职责履行、业务操作上标准统一。

（鲁倩南）

无线电管理

【基本情况】 2011年，云南省共有各类无线电台站9.6万个。其中无线电广播电视台站1200座，卫星地球站70座，微波站624座，短波电台300部，超短波电台44000部，蜂窝无线电通信基站45000个，公众移动通信用户数量发展迅猛。

【桥头堡通信基础设施建设】 2011年，认真贯彻落实《国务院关于支持云南省加快建设面向西南开放重要桥头堡的意见》，加强与周边各国的通信合作，加快面向周边国家的通信基础设施建设，组织报送通信网络建设、“无线城市”建设、外语及小语种无线呼叫服务中心建设、物联网工程建设、无线电安全与维稳建设、无线电应急通信平台建设、应急通信网建设等方面的重点项目；及时启动并完成了《桥头堡通信便利化建设对策研究》工作；组织开展我省边境地区无线电频率调查工作。

【新一代移动通信基础网络建设】 认真落实省政府与三大运营商签订的合作框架协议精神，加强督促检查，进一步明确和细化了全省新一代移动通信基础网络建设的各项任务，将新一代移动通信基础网络建设纳入全省无线电事业“十二五”发展规划，完成新一代移动通信基础网络建设投资80余亿元，建设基站15000余个。省政府办公厅下发了《关于2010年度推进第三代移动通信网络建设工作进行奖励的通报》，对领导小组成员单位和三大运营商进行奖励。省工信委领导代表省政府与三大运营商分别签订“2011年度新一代移动通信基础网络建设目标责任书”。建立完善的公众移动通信网络建设和管理制度。通过对昆明、曲靖、玉溪市工业园区无线电通信基础设施建设情况进行调查，研究确定示范园区开展“无线园区”试点工作，将无线电通信基础设施纳入工业园区规划统筹建设，推广应用无线电业务和技术，满足工业园区发展需要。通过“无线城市”建设试点工作的开展，加快推进滇中城市群“无线城市”建设，将曲靖市列为全省无线城市建设试点和经济技术开发区为工业园区无线数字示范园区建设试点。

【编制无线电规划】 完成无线电规划编制。按照国家无线电管理“十二五”规划的要求和安排，积极建立云南省无线电规划管理体系，组织完成了《云南省“十二五”无线电事业发展规划纲要》和《云南省“十二五”无线电管理规划》、《云南省“十二五”无线电频率规划》、《云南省“十二五”城乡无线电基础设施建设规划》、《云南省“十二五”无线电电磁环境保护规划》、《云南省“十二五”无线电安全应急保障规划》、《云南省“十二五”无线电产业发展规划》。

【无线电频谱保护】 按照国家相关要求，组织150MHz400MHz频段专用对讲机频率规划编制工作；进行了800MHz数字集群频率使用规划修编工作，对各行业各部门对频率的需求作了深入的调研，对无线电技术和业务的发展作了分析，为频率规划打下了良好基础；加强对民航无线电专用频率的保护，深化铁路无线电专用频率保护机制。在与昆明铁路局建立频率保护机制的基础上，云南省工信委与成都铁路局联合文，召开保护铁路无线电专用频率工作会议，并认真查处多起铁路专用频率受干扰事件，确保铁路列车的安全运行；加大对森林防火无线电通信网专用频率的保护。针对去冬今春以来，云南全省降雨量持续偏少，森林火险等级持续较高的严峻形势，及时下发了《关于进一步加强无线电监督检查和监测工作的通知》，要求各州（市）主动加强与当地森防部门的联系和沟通，加强对森林防火专用通信网工作频率的保护性监测，及时协调和处理各种有害干扰，确保森林防火无线电通信网的安全畅通；主动服务，完成昆明新机场和轨道交通800MHz数字集群系统频率申请的初审工作，保障了昆明新机场和轨道交通建设对频率的需求；加大对国家重点工程使用频率的保护力度，组织、协调、部署了“嫦娥二号”月球探月工程云南天文台电磁环境保障工作。

【无线电台站和设备管理】 完成新版无线电台站数据库建设工作。根据工业和信息化部无线电管理局要求，按照新版无线电台站数据库建设的工作部署，全面开展全省无线电台站数据库建设工作。组织开展培训和数据收集、整理、录入、及管理系统开发工作。全省共举办培训班18次，培训人数近500人，动员设台单位参与数据库建设人员1000余人，已入库的无线电台站数近9.4万个。

【积极开展日常无线电监测工作】 按照《云南省无线电监测工作规范》，有计划地对20~3000MHz进行全频段常规扫描监测、信号分析识别，并对民航通信导航、调频广播、开路电视等频段进行重点扫描分析；按无线电通信应急保障预案的要求做好在137~167MHz、450~470MHz频段的应急通信和重大活动频率资源储备工作；完成了1400~1427MHz、1427~1525MHz、1900~1920MHz频段等多项专项监测任务，为3G等新业务在我省的顺利开展提供了技术保障。全省监测月报工作制度的建立，实现了日常无线电监测工作的制度化、规范化。全省各累计监测时间192920.91小时，平均每月监测16076.74

小时，上升8%。共接到干扰投诉24起，查处23起，主动发现并查处非投诉干扰4起。

加快检测业务向标准化方向发展，进一步完善质量管理体系。省无线电监测中心初启动了申报国家实验室认可的相关工作，现场评审通过。无线电监测中心正式获得中国合格评定国家认可委员会（CNAS）颁发的实验室认可证书，列入国家获准实验室认可机构名录。CNAS认可资质的获得，标志着检测实验室的硬件设施、软件条件以及检测能力均达到国际认可的水平，不仅提升了自身质量管理水平和技术能力，同时也充分体现了检测工作的规范性、公正性、科学性和权威性。

【重大考试保障工作】 2011年，与省教育厅、省人事厅、省公安厅等单位密切配合，在全省重点考区，对重大考试等组织开展了无线电安全保障，累计派出人员471人次、车辆133辆次，使用固定站130台次、便携式监测设备135台次。

【法规制度建设和行政执法检查工作】 积极完善无线电管理法规制度体系，促进依法行政水平。对《中华人民共和国无线电管理条例》、《云南省无线电管理条例》和《云南省无线电电磁环境保护条例》行政处罚自由裁量权的细化内容认真加以落实。开展修订《云南省无线电管理条例》的前期调研工作，提出了指导性、政策性、前瞻性的修订建议。

强化行政执法和监督检查工作，维护良好管理秩序。开展全省无线局域网专项行政执法检查，认真督查问题整改情况，促进无线电新业务的健康和谐发展；巩固清理违法使用对讲机活动成果，全年共清理对讲机近700台，对进一步规范对讲机管理、打击擅自设置使用无线电台站作用明显、效果突出；组织开展移动通信干扰器专项执法检查，累计查处非法设置使用的移动通信干扰器近80台，保护了公众移动通信合法用户的权益；共受理并及时查处无线电干扰40多起，保障了公众移动通信网、航空、广电、公安、森防、铁路、军队等无线电台站通信安全；加大对边境地区违法违规设台的查处力度，确保边境无线电事业有序发展。通过对德宏瑞丽、红河河口等边境地区开展无线电专项行政执法和监督检查，严厉打击了边境地区违法违规设台的嚣张气焰，保护了国内电信运营企业的利益，促进了边境地区无线电事业健康有序发展，为边境口岸、沿边重点开发开放试验区的建设营造良好电磁环境。

【基础设施建设】 云南省无线电监测网技术设施三期建设项目于10月由云南省发展和改革委员会组织了验收。三期建设进一步充实、完善了监测、检测和信息系统，建成了技术先进、功能齐全、管理完善、自动化程度高、覆盖面广，数字化、网络化、智能化为一体的无线电技术监管体系。为适应无线电管理工作面临新的形势和任务，将继续按“建设好、管理好、使用好”的目标积极稳步推进监测网技术设施四期建设工作。累计完成Ⅰ级遥控监测站，Ⅰ级遥控监测站配套设施，Ⅱ级高山遥控站，Ⅱ级高山遥控站配套设施（普洱、红河、大理），Ⅱ级固定监测站，Ⅲ级小型监测站配套设施，船载可搬移式Ⅱ级监测站，曲靖固定监测站机房购置及搬迁费，州市指挥控制分中心建设，州市指挥控制分中心建设配套设施，互联集群通信子系统，电磁环境移动监测系统，移动干扰压制系统，3G基站、数字集群现场测试系统，原检测系统升级（3G基站和数字集群测试等），手持模拟电台综测仪，便携式监测测向仪，信号源、接收机校准测试系统，3G直放站、移动终端实验室测试系统，SSB自动检测系统，实验室建设配套费，测试附件（省中心），补充测试附件（16州市），野外作业设备，省监测中心信息系统升级，更新、升级州市信息系统设备，地理信息系统完善，无线电智能监管综合运用信息系统，无线电应急指挥调度系统，电子政务应用及移动办公系统，建设备份、恢复系统，防病毒系统更新、升级等33个项目的招标采购工作，占四期项目总投资的55.65%。

【涉外和军地无线电协调工作】 一是积极协助国家无线电管理局成功举行了2011年内地与香港无线电业务频率协调会谈。二是配合国家无线电管理局与越南进行“中越无线电管理局长会谈”，做好边境频率协调工作。三是根据国防需要积极参与并配合部队，先后完成了边境地区“电测11”及“猎狐11”行动。

【无线电宣传】 传达学习《全国无线电管理宣传纲要（2011～2015年）》和《2011年全国无线电管理宣传工作实施方案》，制定下发了《云南省2011年无线电管理宣传月活动实施方案》，组织编印了《漫画解析——云南省无线电电磁环境保护条例》，内容鲜活充实，形式新颖生动，宣传效果良好。在宣传月活动中，依托媒体力量营造声势、依托通信企业展开攻势、依托内外网站督导助势，以“服务发展、共建和谐”为宣传主题，采用广播、电视、报纸、短信、条幅、电子显示屏、漫画、展板、现场咨询、网络在线等宣传形式，为无线电管理工作开展营造了良好的舆论氛围。累计发放无线电宣传折页20000多份，为数千名普通群众提供了相关咨询。针对社会广泛关注考试公平问题，在各类考试无线电安全保障中，积极向考生和家长宣传无线电管理法律法规和无线电科普知识。

【教育培训】 认真贯彻落实国务院《国家中长期人才发展规划纲要（2010~2020年）》。通过完善培训制度，全面提高人才发展水平为指导全省无线电管理岗位人员准确把握本岗位的业务内容、范围、关键环节及办理程序，明晰管理责任，规范管理行为，提高工作效率，保证各岗位职责的规范、完全和高效履行，在州（市）机构改革完成、竞争上岗结束后，及时举办了“云南省无线电管理岗位培训班”，按照不同的管理岗位组织培训，明确各岗位的设置原理及各部分业务流程和标准操作规范，保持省、州（市）在岗位设置、岗位职责履行、业务操作上标准统一，加强了我省无线电管理人才队伍建设。来自全省无线电管理各岗位的130余名同志参加了此次培训。组织全省在职人员学历教育，目前有10人在读，到2011年研究生班课程全部结束。开展了5次无线电监测技术培训，内容涉及无线电监测、检测、电磁环境测试、信息网络及设备运行维护。聘请专家、教授及中心中、高级专业技术人员讲课。积极开展监测技术的应用研究，完成了《云南省边境地区无线电监测网建设研究》、《RFID技术在固定资产管理上的应用》、《监测网信息化建设规划》课题的研究工作并通过了专家评审会的验收，《边境地区无线电电磁环境评估》，《无线电空中监测平台》、《无线电技术监管应急体系研究》等课题的大部分工作均已完成，其中《无线电空中监测平台》等课题不仅填补了国内相关研究空白，在行业内具有国内领先水平。

【应急通信管理】　一是为确保省、州（市）、县（市、区）人民政府无线电短波应急通信畅通，成功开展了全省无线电短波应急通信演练。二是为建设好我省无线电应急通信平台，更好地应对自然灾害和突发事件，减少损失和影响，启动了我省无线电急通信平台建设工作。

建立云南省无线电应急预案三级响应机制，建立联络员制度，确保沟通渠道畅通，并立即采取临时措施，建立联动排查机制，对干扰严重的重点扇区、沿航线区域内使用的大功率高山调频广播发射机进行轮停，排查干扰源。

（宋云明）

工业投资

【综述】　2011年，为完成省政府下达的确保1200亿元、力争1300亿元的年度非电力工业投资目标，一是明确工作思路和重点。在认真总结全省2010年投资工作，结合工作实际，起草印发了《云南省2011年工业固定资产投资工作指导意见》，明确了年度工业投资工作的总体思路、目标任务和重点工作。二是强化责任落实。按照省政府确定的目标任务，把全省工业投资目标任务分解到各州市、重点企业和园区，省政府与各州市签订了目标责任书，明确目标责任。三是建立健全分析监测体系。加强与省统计局的沟通合作，进一步完善全省工业投资监测体系，使重大工业投资项目能及时纳入统计范围。认真做好全省各行业、各州市的非电力投资月度、季度分析，通报进展情况，跟踪了解投资完成情况，及时协调解决问题。四是完善重点项目库。对全省在建、拟建工业企业重点项目进行调研，更新充实后的工业投资项目库项目达到1359个、投资额5004亿元。五是加强交流沟通。编辑13期《工业投资专报》，指导创办《工业投融资》内部交流刊物，及时准确地反映了工业投资领域政策和工作经验做法，搭建全省工业投资交流平台。

通过实施一系列的措施，云南省工业投资（不含电力）实现快速增长。按新统计口径，全省完成固定资产投资5927.01亿元，同比增长27.6%。其中，完成工业投资1950.53亿元，同比增长30.0%，占全省固定资产投资的比重为32.9%。完成工业投资（不含电力）1194.34亿元，同比增长33.8%，占全省工业投资比重为61.2%。按老统计口径（即省政府考核口径），全年完成工业投资（不含电力）1416.72亿元，同比增长34.8%，超过省政府下达的责任目标216.72亿元。

【重点行业投资完成情况】　烟草制品业：完成投资36.43亿元，同比增长50.2%。

原材料工业：完成投资707.58亿元，同比增长26.5%。其中：建材行业完成投资130.41亿元，增长34.5%；钢铁行业完成投资121.18亿元，增长39.2%；有色金属行业完成投资221.74亿元，增长24.5%；化工行业完成投资80.34亿元，增长19.9%。

装备工业：完成投资169.87亿元，同比增长37.5%。其中：金属制品业完成投资30.34亿元，增长67.4%；通用设备制造业完成投资21.03亿元，增长36.0%；专用设备制造业完成投资12.66亿元，增长40.7%；交通运输设备制造业完成投资19.63亿元，增长36.4%；电气机械及器材制造业完成投资29.15亿元，增长33.2%；通信设备、计算机及其他电子设备完成投资7.27亿元，下降7.9%。

医药食品行业：完成投资155.36亿元，同比增长56.8%。其中：医药制造业完成投资25.19亿元，增长55.0%；农副食品加工业完成投资67.22亿元，增长55.1%；食品制造业完成投资33.74亿元，增长84.4%；饮料制造业完成投资29.20亿元，增长37.9%。

消费品工业：完成投资78.31亿元，同比增长74.9%。其中：家具制造业完成投资6.15亿元，增长161.2%；木材加工及竹藤棕草制品业完成投资18.44亿元，增长88.7%；印刷业完成投资9.01

亿元，增长76.2%；造纸及纸制品完成投资13.54亿元，增长10.4%；塑料制品业完成投资16.35亿元，增长88.1%。

煤炭行业：完成投资94.90亿元，同比增长31.3%。

【规划编制工作】 投资引导，规划先行。按照省政府统一部署和我委安排，2011年重点推进了“十二五”各类规划的论证衔接和审批发布工作。一是认真组织规划编制工作，《云南省工业与信息化“十二五”发展规划》已以省政府文件下发执行，《云南省“十二五”工业投资规划》、《桥头堡建设工业与信息化产业发展与空间布局规划》、《瑞丽开发开放试验区工业发展规划》等一批重点规划陆续发布。二是完成了委内各处室规划的汇总、通稿和组织上报工作。已收集整理了第一批43个规划，经报省政府同意冠以“经省政府同意”字样由我委印发全省实施。三是组织完成了各州市“十二五”新型工业化和信息化规划的论证衔接工作，正在抓紧组织印发。

【重大项目实施】 一是认真筛选“212”重大项目。在认真组织各州市推荐212重点项目的基础上，完成了212项目的初选、组织相关行业处室筛选及上报工作，最终确定了2011年的212重点项目。项目确定后又对项目推进工作进行了分解，下发了《关于2011年“212”工程重点工业项目任务分解、落实责任的通知》，将工作目标、责任分解到了各州市工信委、相关工业园区和企业；制定了“委内推进方案”，将任务分解细化到各相关处室，跟踪项目进展情况，协调解决问题。二是认真做好项目审批工作。在认真分析研究的基础上，完成了云南锡业公司年产100MW太阳能多晶硅片建设项目、哈电集团西南水电制造基地、中科鑫圆公司高效太阳能电池用锗单晶及晶片生产线等18个项目的备案工作。三是积极协调重大工业项目用地问题，与省国土资源厅会商落实了25个重点工业建设项目用地指标，建立了季度联席会议制度，专题研究当期重大工业项目用地问题。四是积极搭建银政企交流合作平台。在深入调研基础上，及时向省金融办、驻滇金融机构推荐符合产业政策、具备贷款条件的项目133项（总投资381亿元、申请贷款181亿元）。8月中旬组织了“全省工业和金融业合作签字仪式”，我委与省工行、农行、建行、交行、华夏银行、浦发行、富滇银行等7家金融机构签署了《战略合作协议》，安宁工业园、杨林工业园、研和工业园、昆明经开区等9家园区分别与6家银行的分支机构签订了21份《金融合作协议》。

【产业培育发展】 围绕新兴产业的培育和发展，一是加强指导，印发指导意见，明确了年度全省工业和信息化系统加快新兴产业培育和发展的工作目标、任务和措施。二是规范审批，在认真落实《省工信委省级新兴产业化重大项目备案规程和标准》《省工信委重大新兴产业基地项目省级备案规程和标准》的同时，为加强对信息化项目的服务，起草出台了《软件及信息服务业、无线电产业重大项目省级备案规程和标准（试行）》，进一步规范了新兴产业的审批、监管。三是推进示范基地建设，组织了高新区有色和稀贵金属基地、经开区军民结合基地申报国家级产业示范工作，制定省级产业示范基地建设指导意见和评审标准，并开展省级示范基地申报工作，为新兴产业搭建了发展平台。四是推进产业贷款合作，认真落实省政府要求，会同省财政厅继续向国家开发银行推荐了新兴产业重点项目，采取贴息、补助方式，为新兴产业争取了更多贷款支持。

【完善项目和资金管理】 一是按照《省工信委关于加强专项资金监督管理工作的补充规定》，进一步明确了委内各专项资金管理原则、适用范围、有关制度、审批程序等内容。完成了专项资金的绩效评价工作。二是争取在技术改造专项资金中安排补助了规划类项目9项，全省专项规划编制补助经费、工业投资奖励、工业投资管理工作经费等3项，长安汽车生产基地建设、宣威云河年产2万辆专用汽车生产项目等新建重大项目配套补助等2项。三是完成了农业产业化项目资金安排的牵头组织工作。四是完成国家2011年重点产业振兴和技术改造专项资金的申报工作，共申请资金1.321亿元（不含物流和电子信息专项）。

（袁云鹤）

煤炭行业管理

【煤炭资源整合】 2011年，全省煤炭资源整合工作在全面总结“十一五”工作的基础上，针对全省煤炭资源整合现状特别是存在的问题，确定了“全面落实方案、突出攻坚克难、坚决完成任务”的工作思路。省煤炭整合办报请省人民政府调整了省煤炭资源整合工作领导小组成员单位，并相应调整了办公室成员；加大协调，盯着重点、难点、热点问题做工作，先后6次召开工作会议，研究“十二五”期间淘汰煤炭落后产能、煤矿矿井“建一关一”政策执行、煤炭资源整合方案调整等事项；公告了全省2011年整顿关闭小煤矿名单；积极争取国家对云南省煤炭行业的差别化政策。省工业和信息化委在省委的统一组织安排下，对全省煤炭资源整合和煤矿整顿关闭工作进行了现场考核；

与省财政厅联文下达了2010年度中央财政整顿关闭小煤矿补助（奖励）资金。有11对新建矿井执行了“建一关一”政策。

【煤矿安全事故】 2011年全省煤矿共发生死亡事故79起，死亡183人。与去年同期（2010年的57起，死亡104人）相比，事故起数和死亡人数多22起79人，分别上升38.5%和75.9%。其中：一般事故发生66起，死亡74人，同比（2010年的47起，死亡54人）事故起数和死亡人数多19起20人，分别上升40.4%和37%；较大事故发生11起，死亡54人，与去年同期（2010年的10起，死亡50人）相比，事故起数和死亡人数多1起4人，分别上升10%和8%；重大事故发生1起，死亡12人，与去年同期（2010年的0起0人）相比，多1起12人；特别重大事故发生1起，死亡43人，与去年同期（2010年的0起0人）相比，多1起43人。全省煤矿百万吨死亡率1.838，比去年同期的1.066增加0.772，上升72.42%。我省煤矿安全生产从2005年以来事故起数和死亡人数连年下降，安全生产形势连续好转的情况下，出现了大幅度的反弹，2011年还发生了一起特别重大事故，给我省煤矿安全生产形势造成了极为紧张的局面。

【生产许可监管】 截至2011年12月31日，全省应参加年检的矿井为1124处，实际参加年检矿井1124处。其中，年检合计和基本合格矿井947处（其中，合格的矿井560处，基本合格的矿井387处）占参加年检矿井总数的84.3%；未上报复检意见或前置证照过期列入暂缓的矿井176处，占参加年检矿井总数15.7%；不合格矿井1处。

【推进煤矿机械化改造】 成立了以王祥副主任为组长的领导小组及其办公室，迅速向全省转发了国家四部委《关于推进小型煤矿机械化的指导意见》，随即拟定下发了《云南省推进煤矿机械化发展规划编制工作方案》，组织全省有关产煤州（市）、县（市、区）行管部门领导及主要煤矿负责人100余人于2011年3月份先后赴广西、重庆、四川调研煤矿机械化开采技术，并形成了调研报告，普遍反映感触很深。组织编制了《云南省推进煤矿机械化发展规划》，鼓励和引导全省煤矿采用先进适用的新技术、新工艺和新装备，大力推行机械化改造，坚决淘汰落后生产工艺，提高技术装备水平，提升安全保障能力。

经初步规划，全省适合机械化改造的生产矿井共664对，其中，采煤机械化矿井462对，掘进机械化矿井266对，连续运输机械化矿井459对，在“十二五”期间应达到如下目标：2012年底完成对已实施机械化改造的矿井进行验收；2013年底，全省有条件实施机械化改造的煤矿全面启动，机械化程度达到60%以上；2015年底，全省有条件实施机械化改造的煤矿机械化程度达到100%。新建、异地接替矿井必须推行机械化改造。列入规划的煤矿必须在2015年前分年度列入机械化改造。（煤炭生产安全技改处供稿）

【教育培训】 重视抓好煤矿矿长培训和各级各类专业人才培育工作。先后在昆明、曲靖委托矿长培训机构组织举办6期培训班，培训矿长826人，提高了矿长抓好企业安全生产的能力。注重发挥云南能源职业技术学院、云南工业技师学院培养煤炭专业人才的主渠道作用，大力培养各级各类专业人才，先后举办煤矿开采技术、矿山机电、矿井通风与安全、瓦斯监测等各类培训班32期，为煤矿企业培训培育专业人才4219人，为煤炭企业安全生产和可持续发展提供了人才支撑。

【大企业（集团）培育】 重视做好大企业（集团）培育工作。根据相关要求印发了《关于加快推进煤矿企业兼并重组的指导意见》（云政办发〔2011〕137号），在全省启动了培育大企业（集团）的工作。

（吴思学）

淘汰落后产能

【综述】 2011年，根据国务院统一安排部署和工信部要求，在全省淘汰落后产能工作领导小组的统一领导下，各地各有关部门协调配合，各司其职，形成合力，开展了大量工作，为全省淘汰落后产能工作的顺利开展和目标任务的如期完成发挥了重要作用，如期全面完成了2011年国家下达的淘汰落后产能目标任务。

分行业淘汰的落后产能为：炼铁179万吨、炼钢35万吨、焦炭194万吨、铁合金6.15万吨、电石11.2万吨、电解铝1.3万吨、铜冶炼3.2万吨、锌冶炼8.78万吨、水泥102.6万吨、造纸0.28万吨、电力8.05万千瓦。淘汰的落后产能涉及11个行业、66户企业，共计106条生产线（装置）。关闭煤矿为19对矿井、66万吨/年生产能力。

【分解落实目标任务】 工信部《关于下达2011年工业行业淘汰落后产能目标任务的通知》、国家能源局《关于印发2011年电力行业淘汰落后产能目标任务的通知》下发后，省工信委及时商有关地区和部门研究提出了目标任务分解方案，形成了我省2011年淘汰的水泥、炼铁、炼钢、铁合金、焦炭、电解铝、铜冶炼、锌冶炼、电石、造纸、小火电11

个行业落后产能、落后工艺设备及企业名单，报经省政府审核同意后，分解下达有关地区，并在2011年5月11日、6月7日以《云南省工业和信息化委员会公告》2011年第3号、第5号在云南省人民政府门户网站、云南省工业和信息化委员会网站上进行了公告。2011年关闭煤矿情况也在3月30日《云南日报》上进行了公告。

【完善淘汰落后产能政策措施】 2011年，按照《云南省人民政府贯彻落实国务院关于进一步加强淘汰落后产能工作的实施意见》、《云南省人民政府转发国务院关于抑制部分行业产能过剩和重复建设引导产业健康发展若干意见的通知》、《云南省人民政府办公厅贯彻落实国务院办公厅关于进一步加大节能减排力度加快钢铁工业结构调整若干意见的实施意见》、《云南省发改委云南省工信委关于贯彻落实加强高耗能高排放和产能过剩行业固定资产投资项目管理坚决制止违规建设行为文件的通知》等文件精神，围绕2011年淘汰落后产能任务目标，制定了《2011年全省淘汰落后产能工作指导意见》。根据指导意见精神，全省各级各有关部门按照职能分工，针对淘汰落后产能重点行业企业开展了一系列引导、鼓励和限制工作。在严格市场准入方面，省发改委、工信委、环保厅、国土厅、安监局等有关部门切实加强投资项目审批管理，强化安全、环保、能耗、物耗、质量、土地等指标的约束作用，严格环评、节能评估、土地和安全生产审批，严格控制产能过剩行业增长，严禁向落后产能和产能过剩行业建设项目提供土地，遏制低水平重复建设，防止新增落后产能。在限制落后产能生产方面，对列入淘汰计划的落后产能，铁路、电力、金融、财政等有关部门在电力供应、铁路运输计划安排、项目用地、信贷融资和财政资金扶持等方面严格控制。同时充分发挥差别电价、资源性产品价格改革等价格杠杆的作用，提高落后产能企业和项目使用能源、资源、环境、土地的成本。在支持企业淘汰落后产能方面，省级财政、发改、国土、地方金融在资金扶持、项目核准备案、土地开发利用、融资等方面对落后产能淘汰任务完成较好的地区，给予倾斜支持。这些工作进一步完善了淘汰落后产能领导机制和工作机制，提供了必要的工作条件和经费，提高了淘汰落后产能工作效率，形成了强大合力，保障了全省淘汰落后产能工作任务目标的全面完成。

【多渠道推动淘汰落后产能工作】 通过促进企业兼并重组，加快钢铁等重点行业淘汰落后产能。2011年，省工信委按照《国务院关于促进企业兼并重组的意见》（国发〔2010〕27号）精神，结合云南实际，加快了促进企业兼并重组方面的政策性文件出台工作，编制企业兼并重组方案和计划，选择我省产业集中度不高、企业“小、散、弱”问题突出、社会化专业化水平低、缺乏规模化企业集团的钢铁等一批行业，加快企业兼并重组步伐，加速淘汰落后产能，切实改变我省工业经济结构不合理的状况，推动全省工业转型升级。对部分国家确定的“两高”行业和产能过剩行业，通过淘汰等量或超量的落后产能，积极争取国家对新建项目的核准，促进我省产业结构调整和升级。积极探索将已淘汰的落后产能作为“产能指标”，与新上项目核准挂钩，在一个地区和全省范围内统筹使用。

【专项资金的申请使用】 根据财政部、工信部、国家能源局印发的《淘汰落后产能中央财政奖励资金管理办法》（财建〔2011〕180号），为规范中央淘汰落后产能奖励资金和省级专项资金管理，提高资金使用效益，省工信委会同省财政厅，广泛征求各地、有关部门、企业和相关行业协会意见基础上，制定了《云南省淘汰落后产能中央财政奖励资金及省级财政专项资金管理使用实施细则》。同时，省级财政筹措3000万元淘汰落后产能专项资金，支持各地区开展淘汰落后产能工作。同时统筹安排淘汰落后产能资金和关闭小企业资金，两块资金各有侧重，相互补充，共同促进企业淘汰落后产能。

【职工安置】 省工信委联合省人社厅等7个部门转发了《人力资源和社会保障部等部门关于做好淘汰落后产能和兼并重组企业职工安置工作的意见》，要求各地按照坚持淘汰落后与保障职工权益相结合、政府安置和企业安置相结合、内部转岗转移与社会再就业相结合的原则，把职工安置工作摆在重要位置，通过加大职业培训力度，切实做好促进职工再就业、转岗职工社会保险关系的接续转移，依法妥善处理关闭企业的职工劳动关系解除或终止劳动合同工作。妥善安置淘汰落后产能企业职工、积极主动消除不稳定因素，避免大规模集中失业，防止发生群体性事件，努力确保社会和谐稳定。

【省级考核验收】 按照工信部等18部委联发《淘汰落后产能工作考核实施方案》要求，省工信委制定了《云南省淘汰落后产能工作考核实施方案》，经省级人民政府审核同意，下发各地执行。并组织相关行业专家和人员，对列入《云南省2011年度计划淘汰落后产能企业名单》的63户企业进行了考核验收。

（产业政策处供稿）

交通物流建设

【综述】 2011年，云南省社会物流需求规模持续增加。全省社会物流总额为13042.9亿元，同比增长12%，增幅比上半年下降2个百分点，回落幅度有所扩大，比全国平均水平低0.3个百分点；2011年社会物流总费用继续增长。全省社会物流费用为1683.05亿元，同比增长72%，比全国平均水平明显偏高。但社会物流总费用占GDP的比率为19.2%，比前一年下降了1个百分点，比上半年下降0.7个百分点，比全国平均水平则高近1.5个百分点；2011年物流业增加值稳步增长。全省物流相关行业实现增加值505.56亿元，同比增长32%（核算口径有调整），增长幅度比上半年上升近18个百分点。

【铁路运输】 2011年，昆明铁路局全年共完成货物发送6354.0万吨，比上年同期的6267.5万吨增长1.4%，多运86.5万吨；其中：准轨完成货物发送量5897.4万吨，比上年同期的5555.5万吨增长6.2%，多运341.9万吨；米轨完成货物发送量456.6万吨，完成年计划的101.5%。

昆明铁路局全年完成货物周转量369.7亿吨公里，比上年同期的358.3亿吨公里增长3.2%，增加11.4亿吨公里。

全年准轨日均装车2626车，比去年同期日均多装136车，增幅5.5%。日均卸车2623车，比年计划2560车日均多卸63车，比上年同期日均多卸222车。

昆明铁路局全年完成旅客发送2968.3万人，比年计划2960万人增加8.3万人，比上年同期增长9.6%，增加260.3万人。

外运出省物资全年完成3450.0万吨，为年计划3358万吨的102.7%，比上年同期的3349.5万吨增长3.0%，多运100.5万吨。

【报废汽车】 省级机构改革后，州市机构改革也已经基本完成和到位。为加强和提高报废汽车回收管理行政执法人员执法素质和水平，于9月份组织召开了报废汽车回收管理行政执法培训班，对国家及省级有关报废汽车回收管理方面的政策法规，汽车更新、报废回收和拆解等各个环节的运作程序，以及执法程序和工作中的技巧方法进行了培训，经考试合格后，由省政府法制办向100名各级报废汽车管理部门人员颁发了“云南省行政执法证件”，全省报废汽车管理行政执法水平有了极大的提高。

8月，组织开展了全省报废汽车回收管理先进表彰大会，对全省工信、公安、工商、协会及企业的25个行业先进集体和91个先进个人进行了表彰，极大地鼓舞了行业士气，提高了行业整体战斗力和服务能力。

汽车以旧换新政策将于2011年1月31日结束，我省共完成汽车以旧换新补贴车辆9042辆，列全国第20位，发放补贴资金10649.5万元，带动新车消费资金114679.5万元。

【现代物流】 一是由我委牵头组织起草的《云南省“十二五”工业物流发展规划》，经多次征求相关部门意见，并报经委领导审定，已于8月正式印发。

二是为进一步企业降低物流成本，促进节能减排，提高经济运行水平，省工信委2010年会同省交通厅开展了甩挂运输试点工作。2011年4月省工信委再次会同省交通运输厅和试点企业，沿甩挂运输试点线路进行了检查调研。检查调研中对存在的问题进行了及时整改，对下一步工作提出要求。

三是按照国家有关物流企业营业税差额纳税的通知精神，省工信委在全省范围内组织了4次全省物流税收试点企业申报工作，截至年底全省已有18家企业获得试点，享受到了税收减免优惠政策。同时，还积极做好试点企业的追踪问效工作。

四是与云南财经大学联合举办“云南省现代物流专题培训班”，解读国家物流新政、发展趋势、相关政策；介绍制造业与物流业联动发展态势；探讨桥头堡建设背景下的云南物流发展，使我省物流人才队伍建设得到了进一步提升。

（交通物流处供稿）

央企入滇

【综述】 2011年，央企入滇工作以推动我省经济结构调整和发展方式转变为目标，以“政府推动、企业主体、市场运作、形式多样、互利共赢”为原则，加大与中央企业的合作力度，取得了明显成效。

2011年，我省与中国大唐集团公司、中国有色矿业集团有限公司、华润（集团）有限公司、中国钢研科技集团有限公司等17户央企签订了合作协议，其中11户央企的项目已开工或正在开展前期工作，全面实现省政府制定的“2010~2012年，每年引进10户以上央企到云南投资兴业”的年度目标。涉及清洁能源、通用航空、生物医药、建材、农产品加工及粮食安全、旅游、进出口贸易等产业，协议投资3141.25亿元，到位资金166.52亿元。截至2011年底，国务院国资委监管的117户央企中，在我省发展的共有55户，占国务院国资委监管央企的47%。

2011年，我省积极与有合作意向的央企进行洽谈协商，起草、修改、完善了省政府与中国大唐集团公司、中国储备粮管理总公司、华润（集团）有限公司、中国钢研科技集团有限公司、中国建筑材料集团有限公司、中国航天科工集团公司、中国林业集团公司、中粮集团有限公司的战略合作框架协议文本，经省政府审定同意；在多次商谈、修改并征求相关部门意见的基础上，拟定了省政府与中国医药集团总公司、中国电力建设集团有限公司、中国铁路工程总公司、中国节能环保集团公司、中国南车集团公司的合作协议文本；深入协商与珠海振戎公司、中国航天科技集团公司的合作；开展了与中国电子科技集团公司、中国航空工业集团公司、中国中化集团公司、中国中材集团公司等央企的对接洽谈工作。

【省委、省政府高度重视】 央企入滇是我省“十二五”时期一项重要的发展战略，自实施以来受到了省委、省政府的高度重视。省委、省政府多次在北京举行活动，为央企入滇营造良好的环境和氛围。省委书记、省长多次带队拜访央企，接见来我省洽谈合作的央企高层，并亲自协调解决项目中的困难和问题；省政府有关副省长、省央企入滇工作领导小组专职副组长牛绍尧多次到央企及州市进行调研和洽谈，为央企入滇工作打牢了基础。省委、省政府各级领导的关心和支持，使央企入滇工作得以迅速推进，取得明显的成效。

2011年3月9日，省政府在北京举行央企入滇顾问聘请仪式。聘请王忠禹担任央企入滇工作领导小组总顾问，聘请财政部原部长金人庆、全国政协港澳台侨委员会副主任杨崇汇、农业部原部长刘江、国家发改委原常务副主任叶青、原国家经贸委副主任石万鹏、原外经贸部副部长龙永图、铁道部原副部长蔡庆华、中国企业联合会常务副会长兼理事长李德成担任央企入滇工作领导小组顾问。省委副书记、省长秦光荣为央企入滇工作领导小组顾问颁发了聘书。

2011年，顾朝曦副省长、和段琪副省长、牛绍尧专职副组长等领导先后带队到中国储备粮管理总公司、中国有色矿业集团公司、中国钢研科技集团有限公司、北京有色金属研究总院、中国兵器装备集团公司、中国林业集团公司等央企进行拜访和考察。在拜访和考察过程中，与央企进行了广泛的交流，在推动已签约项目落实的同时，积极向央企介绍我省的基本情况、资源优势、区位优势、良好的投资软环境以及当前建设中国面向西南开放桥头堡的大好形势，真诚表达与央企加强合作、共促发展的强烈愿望，与央企负责人达成了较多的合作共识，为下一步深入合作奠定了基础。

【省级部门、州市、企业大力支持】 省级有关部门对央企入滇工作予以密切配合，为央企入滇和项目落地提供了保障。省工业和信息化委多次召开协调会，成立重点项目协调推进工作组，明确专人负责，并安排专项资金推进重点项目；省国土资源厅对央企入滇项目用地实行统筹协调、重点保障，多次召开协调会落实央企入滇项目土地指标；省发展和改革委、省工业和信息化委、省科技厅在项目备案、项目审批、项目协调等方面做了大量工作；省环境保护厅、省林业厅积极协调解决央企入滇项目主要污染物排放指标和林地指标；省财政厅、省国税局、省地税局等积极落实央企享受国家西部大开发政策和省政府优惠政策；昆明高新技术产业开发区、昆明经济技术开发区对央企入滇项目优先调剂项目及配套设施用地。

2011年，昆明、楚雄、德宏、版纳、临沧等州市分别与有关央企签订战略合作协议，有效地促进了央企入滇工作。昆明钢铁集团有限责任公司、云天化集团有限责任公司、云南锡业集团（控股）有限责任公司、云南冶金集团股份有限公司、云南世博旅游集团有限公司等企业，发挥自身优势与央企进行项目合作，实现了强强联合，共赢发展。

【沟通联系进一步加强】 2011年，随着央企入滇工作的深入推进，特别是《国务院关于支持云南省加快建设面向西南开放重要桥头堡的意见》出台后，越来越多的中央企业开始关注我省的央企入滇战略和桥头堡战略。除与我省签订合作协议的17户央企外，中国林业集团公司、中国航天科工集团公司、中国中化集团公司、中国中材集团公司等央企均多次与我省主动接洽，表达了强烈的入滇发展的愿望和意向。

2011年10月12日，李纪恒省长率省政府工作组，拜会并与国务院国资委王勇主任等有关领导进行座谈，双方就适时在北京或云南举办央企入滇专题推介会，帮助云南省加强与各央企的沟通，推动更多中央企业到云南发展，支持和推动已入滇企业的项目落地和建设等达成共识。

【注重技术、管理方面的合作】 2011年，我省在引入央企时，除了与央企在资金、品牌、市场等方面进行合作外，更加注重借助央企在技术、管理、人才、创新等方面的优势，提高我省企业的技术创新和研发水平，实现结构调整和转型升级，促进产业可持续发展。如省政府与中国钢研集团的合作，将依托钢研集团雄厚的科研开发实力和产业转化能力，共同致力于传统冶金工业、矿冶材料等领域的技术创新、技术改造、科技成果转化和产业化，在云南设立先进钢铁流程及材料国家重点实验室云南资源综合利用实验室、混合流程工业自动化系统及装备技术国家重点实验室云南工业自动化实验室；与中国建材集团的合作，在共同整合云南水泥产业，提高水泥产业集中度，建设水泥生态园，开展建材行业的技术研发等方面合作的同时，还将在云南设立绿色建筑材料国家重点实验室、云南工业废弃资源再利用实验室，推进云南建材行业技术进步、结构调整和产业升级。

【带动产业结构优化调整】 2011年与我省签约的17户央企，涉及新能源、新材料、资源综合利用、节能环保、建筑材料、生物医药、农产品加工及粮食安全、旅游、进出口贸易、通用航空业、现代服务业等多个领域。新能源、新材料、资源综合利用领域的突破，生物医药、旅游、农产品加工、进出口贸易的引领带动，特别是通用航空业的首次进入，使我省在产业结构优化调整方面迈出了坚实的步伐。

【促进产业链延伸】 通过央企的大项目，带动延伸产业链条，培育产业集聚优势，促进产业优化升级。如哈尔滨电气集团公司以昆明电机厂为基础投资建设的云南水电装备制造基地项目，总投资13.8亿元，建成后将成为年产380万千瓦以上水力发电成套设备和交直流电动机生产基地，对于推动我省电力装备制造业的集群发展将发挥重要作用。昆明轨道交通产业园以昆明南车城市轨道交通车辆有限公司城轨装备基地建设项目以及昆明南车电气设备有限公司轨道交通装备关键部件和新能源装备产业基地建设项目为主导，带动上下游产业发展，吸引配套企业进入，促进轨道交通产业的发展壮大。

【项目落地有序推进】 中石油集团公司油气管道和炼化基地建设项目。2011年底，中缅油气管道已全部获得滇、黔、桂三省的规划选址意见书，以及土地预审、环评报告、建设工程文物保护、矿产压覆等批复意见。云南1000万吨/年炼油项目核准工作所需的支撑性文件材料共53项，已经完成50项。中石油云南成品油销售网络建设取得阶段性成果，企业与州市政府一级的协议已经全面完成签订，截至2011年底，全省批复中石油新建加油站162座。

南车轨道交通产业园建设项目。南车城市轨道装备基地建设项目占地409亩，计划总投资8.85亿元，建设内容包括城轨车辆联合厂房、车辆动态调试线等，建成后具备年产200辆城轨车辆总焊、涂装、组装、静调、动调、关键部件配套生产能力。该项目于2011年4月8日正式动工，已实现投资1.6亿元，联合厂房车体组焊、组装、静调工序达到投产状态。南车轨道交通装备关键部件和新能源装备产业基地建设项目占地50.9亩，计划总投资2.4亿元，建设内容包括新建生产厂房及配套设施，形成电气牵引系统、信号系统、屏蔽门系统等产品的组装、试验能力。该项目于2011年5月开工建设，已实现投资0.36亿元，设备安装已完成。

云南长安汽车生产基地项目。云南长安汽车生产基地（一期）奠基仪式于2011年3月28日在嵩明杨林工业园区举行。为推动项目的顺利动工，省央企入滇工作领导小组牛绍尧专职副组长、省工信委刘绍忠主任分别就长安汽车云南整车项目召开多次协调会。省工信委专门成立了长安汽车云南汽车产业基地项目协调推进工作组，并安排1000万元专项资金用于云南长安汽车生产基地的土地收储、补偿、地质灾害、矿产压覆评估、场地平整以及优惠零地价差价部分的补助。2011年底，杨林工业园区管委会在前期平整200亩土地的基础上，已启动场地平整工作。

哈尔滨电机厂（昆明）公司西南水电制造基地项目。项目建设时间2011~2013年，总投资18亿元。项目选址在昆明市经开区，占地462亩。2011年3月初，哈电集团投资的2.5亿元已经到位。截至2011年底，项目可研已编制，并已在省工信委及省发改委备案；已和昆明市经开区签订投资入园协议；昆明市规委会完成对项目用地的调规；经开区和村委会完成土地预收储协议的签订；正在开展林业评估、环境评价等前期工作。

中广核风电场项目。楚雄州牟定风屯项目于2011年12月28日投产；楚雄州牟定大尖山项目2011年12月7日经省发改委核准，2011年12月28日开工建设；西双版纳州勐海项目2011年9月14日核准，2011年12月开工建设；玉溪市华宁磨豆山项目已经取得省发改委核发的路条文件，可研报告、环评、水保等相关报告正在编制上报；楚雄州大姚茅稗田项目已经完成风资源报告的评审。

（唐　芸）

党建工作

【思想建设】 一是加强对学习型党组织建设工作的领导。按照省委和省直机关工委的要求，我委成立了委党组学习型党组织建设工作领导小组及办公室，由刘绍忠同志任组长，亲自抓学习型党组织建设工作。委各级党组织均成立学习型党组织建设工作领导小组，党委、党总支还成立了办公室，各支部明确1名党员为联络员。按照中央《关于推进学习型党组织建设的意见》和省委的《实施意见》以及省直机关工委的要求，结合我委实际，委党组下发了《中共云南省工业和信息化委员会党组关于印发云南省工信委学习型党组织建设工作方案的通知》和年度工作安排计划，对建设学习型党组织、学习型处室和单位、学习型党员干部的工作进行了具体安排，深入推进学习型党组织、学习型机关、学习型党员干部活动的开展。二是持续开展“三读”活动。机关党委制定下发了《关于组织开展“爱读书读好书善读书”活动的通知》。仅机关党委就投资5万余元、购买了2500余册书籍下发给党员干部，组织开展了读书演讲比赛等活动，形成了良好的读书学习氛围。机关各处室和企事业单位结合自身的业务工作，认真落实学习制度，组织专题讲座，抓好个人自学、学习讨论、在职培训、在线学习、外出学习考察。各单位注重创新学习方式方法，着力把学习的成果转化为实践的成效。三是深入开展以党支部为重点的学习型党组织建设主题实践活动。结合2010年各单位学习型党组织建设活动实际，对2011年的新任务进行了具体安排。开展了学习型党组织建设主题实践活动，加强学习型领导班子建设，重点在支部开展“一个支部一个堡垒”主题实践活动。突出抓好机关第二党支部等9个基层党组织学习型党组织建设活动示范工作，及时总结推广其经验，推动全委学习型党组织建设工作深入开展。委党组还召开了全委各级党组织主要负责人参加的“学习型党组织建设工作经验现场交流推进会”，有关单位和个人介绍了经验做法，委领导对下一步深入开展学习型党组织建设工作进行了再部署、再动员，有力地促进了全委学习型党组织建设工作。四是加强对党员的经常性教育。按照中央、省委和省直机关工委的要求，为规范和强化学习型党组织建设，我委整合原省经委、省信产办、省煤炭工业局学习制度成果，制定下发了《云南省工业和信息化委员会学习制度》。明确了包括理论学习在内的学习的内容、时间、方法、保障措施等问题，从制度上保证了全委学习可持续发展。委党组建立健全了中心组理论学习制度，在2011年党建和党风廉政建设工作意见中，对理论学习作了专门安排。2011年，我委党员参加教育培训的时间均在40学时以上，党组以及基层党组织领导班子成员参加教育培训的时间均在60学时以上。做好“六五”普法工作，组织开展学法、知法、懂法、用法活动，提高依法行政能力。开展反邪教宣传教育工作，重大时节进行摸底排查，及时做好转换工作，切实维护了机关和企事业单位的和谐稳定。五是深入开展思想政治工作。加强思想政治工作队伍建设，认真落实思想政治工作分析报告制度，积极开展谈心交心活动，深入了解党员干部和职工的思想动态，注重人文关怀和心理疏导，把做思想工作与解决实际问题结合起来，及时化解矛盾，维护和谐稳定。按照委党组的要求，机关党委先后3次对干部职工的思想状况进行分析，并安排了有针对性的教育。按照省社会管理综合治理管理委员会的要求，我委及时召开专题会议，研究安排综治维稳工作。宋嘉林同志率队深入挂钩扶贫、综治维稳挂钩县和乡镇，开展扶贫和群众工作，受到当地党委政府和群众的好评。委党组十分重视开展精神文明创建活动，着眼于提高干部职工文明素质，大力加强机关文化建设和干部职工道德建设，动员广大干部和职工积极参与创建活动，组织全委各单位参与的春节联欢和文艺汇演以及庆祝建党90周年文艺汇演、唱红歌卡拉ＯＫ大赛、书法和美术摄影展览比赛等活动，活跃机关和企事业单位文化生活，建设文明和谐机关和单位，提升全委创建文明单位的层次和水平，全委已有2个省级文明单位。

【组织和制度建设】 一是建立健全各级基层党组织。全委各行政单位均建立健全了党组织。截止到2011年12月31日，全委有党员1735人，98个基层党组织。做到了有行政单位就有党组织，党员都在组织中，有基层党组织就有上级党组织。基层党组织的书记均由党员行政负责人担任，实行“一岗双责”。各级基层党组织委员分工明确，认真履行职责。出缺时都予以及时增补。二是坚持民主集中制原则和会议制度。委党组按照建设队伍、服务中心的基层党建的基本要求，围绕我省新型工业化建设的战略目标谋划安排机关和企事业单位的党建工作，建立健全议事规则，坚持人事调整、项目资金安排、重大经费开支、重大事项等重大问题集体讨论，实施有效领导。委党组对基层党建工作年初有总体安排部署，指导机关党委制定下发全委基层党建工作实施意见，企事业单位党组织的党建工作做到年初有具体计划；委党组对基层党建工作进行半年分析总结和交流，指导机关党委安排布置和检查年终工作总结。委党组指导机关党委坚持民主生活会等会议制度，坚持民主集中制原则，对年度工作安排、出席上级党代会代表的选举、党费收支等重要事项坚持召开机关党委会集体讨论决定，每季度分析研究基层党组织和党员队伍建设工作和重要事项，注重完善党建会议和活动记录。三是严格党的组织生活。基层党组织注重增强党内生活的原则性和实效性，坚持民主集中制，坚持“三会一课”制度，按照机关党委的安排召开了民主生活会和民主评议党员工作。在2011年民主评议党员中无不合格党员。四是积极做好机关和企事业单位党内民主建设以及具体的基础党务工作。深入贯彻《中国共产党党员权利保障条例》和中共中央办公厅印发的《关于党的基层组织实行党务公开的意见》，委党组制定下发了《关于基层党组织实行党务公开的意见》，充分发挥党员在党内生活中的主体作用，及时向党员干部通报党建和党风廉政建设以及行政工作的重要事项，通过谈话、民主推荐等多种形式广泛听取任用干部等方面的意见，切实保障广大党员的知情权、参与权、选举权、监督权。积极参加省直机关党建工作分类指导管理研讨活动和机关党建理论研讨工作。按照中组部规定的标准收交党费，公布了2010年党费收支情况，接受广大党员干部的监督。组织党内统计培训，按时统计上报党内统计。机关党委精心组织、圆满完成了我委出席省第九次党代会代表的选举工作，顺利选举出2名省九次党代会正式代表。严格规范地完成了推荐我省出席党的十八大代表候选人初步人选工作。按照发展党员的规划和措施，加强对入党积极分子的培养、教育和考察，及时审批13位同志入党和39名预备党员转正申请；机关党委加强基层党组织建设和党员教育管理服务，高度重视基层党组织班子建设，充分发挥党组织各委员的作用和党支部战斗堡垒作用。各级党组织对党员经常教育、严格管理，同时关心党员的身心健康和成长进步，帮助党员解决实际困难，对3名有特殊困难的党员进行了重点关心和帮助。五是认真做好新形势下群团工作。加强对党员干部群众观点的教育，把以人为本、执政为民的理念贯穿于新型工业化建设的全过程，落实到本职工作中，体现在党员干部的一言一行上。调动全委干部职工的积极性，发挥各单位的优势，做好扶贫帮困工作，切实抓好挂钩扶贫工作。组织全委向盈江地震灾区捐款13万余元。委机关和企事业单位给两个挂钩扶贫点下拨和捐赠了40万元，支持当地抗旱救灾工作。委领导深入挂钩扶贫和综治维稳挂钩县和乡镇，开展扶贫和群众工作，受到当地党委政府和群众的好评。委党组指导机关党委充分发挥群团组织的作用，加强对群团工作的领导，指导和支持群团组织依照各自的章程独立自主地开展工作，坚持党建带工建、带团建、带妇建，指导群团组织进一步加强自身建设，努力营造有利于群团组织建设的工作环境和制度环境。工会组织开展送温暖、创建“合格职工之家”、职工医疗互助、金秋助学以及参加2011年省直机关职工健身体育等各类活动。机关党委和工会看望慰问患病住院干部职工50余人次，为4名干部解决了子女上学问题。共青团组织坚持服务党政中心工作、服务青年成长成才，组织有关人员参加团干部培训，充分发挥了共青团组织党的助手作用。六是在加强党员干部教育培训上狠下实功夫。委党组按照《2010~2020年干部教育培训改革纲要》的精神，继续抓好委党组《2009~2013年云南省工业和信息化委员会机关党员教育培训工作实施意见》的落实，各单位多渠道、多方式加强对党员干部的教育培训。各单位科学调整工学矛盾，按照省直机关工委的要求，积极开展和组织参加党员干部培训，重视加强对基层党组织负责人的培训，着力提高党务干部的政工业务能力。我委2011年分别在中国人民大学、浙江大学、北京航空航天大学举办了8期省外培训，共培训委属机关和企事业单位、各州市县工信部门领导及工业企业高层管理人员等各类人才500余人。根据省委组织部的要求，重视抓好机关干部的在线学习。今年以来我委共有199名干部参加了省委组织部组织的干部在线学习。在组织学习中，委党组高度重视，提出了具体要求，把在线学习情况作为年终机关考核的重要内容，有效提高了机关干部的学习积极性，取得了明显效果。七是加强党风廉政建设。认真学习贯彻十七届中纪委第六次全会和省纪委八届六次全会精神，学习胡锦涛同志的重要讲话，把实现好、维护好、发展好最广大人民根本利益作为一切工作的出发点和落脚点。深入开展党性党风党纪专题教育，突出开展加强政治纪律教育，要求党员干部在思想和行动上与党中央保持高度一致。围绕改革发展稳定大局，加强对党员干部的教育、管理和监督，组织党员干部认真学习贯彻《中国共产党党员领导干部廉洁从政若干准则》并制定了实施意见，深入开展示范教育、警示教育和岗位廉政教育，加强廉政文化建设。切实抓好新修订的《关于实行党风廉政建设责任制的规定》的贯彻落实，逐级签订党风廉政建设责任书，严格执行党风廉政建设责任制和党政领导干部问责制，认真落实党内监督条例，抓好廉政风险防控机制建设，认真做好信访举报工作。组织处级以上干部按要求上报个人重大事项和收入状况。认真落实群众来信来访和举报，严肃查处违纪案件。对四名干部涉嫌违纪违法问题进行了立案调查。八是加强机关作风建设。按照委党组的要求，机关党委认真梳理和分析2010年度群众评议机关作风中对我委提出的意见和建议，提出了整改建议，委党组高度重视，要求机关和企事业单位按照省直机关工委的要求，参照2010年群众评议机关作风的主要内容，切实转变机关作风，树立工信委的良好形象，相关处室和单位也按照职能职责制定了相应措施。各级党组织大力培养干部职工实事求是的思想作风、扎实高效的工作作风、学以致用的学风、严谨高尚的生活作风，有力地促进了我委的作风建设。各级领导干部深入企业、深入实际，调查研究，解决实际问题，努力实践个人形象一面旗、工作热情一团火、谋事布局一盘棋的要求。

【创先争优活动】　委党组始终把开展创先争优活动作为保持党的先进性的一项经常性重要工作，以学习杨善洲同志先进事迹、争做优秀共产党员活动为载体，把创先争优活动与完成本职工作相结合，与为实现我委工作目标任务勤奋努力相结合，与为推进工业强省战略任务做贡献相结合，努力使我委的创先争优活动转化为物质力量。一是落实点评和民主评议制度。首先是适时开展领导点评。每个委领导负责联系分管处室、单位及其组成党支部的创先争优活动，负责对其创先争优活动进行指导，每季度点评一次。党支部委员会负责对党员创先争优活动每月点评一次。委党组对全委创先争优活动进行了半年点评。点评工作有力地推进了各单位的创先争优工作。其次是开展民主评议。各级党组织和各单位采取多种方式，组织干部职工或服务对象评价本单位开展创先争优活动的成效，加强了对本单位创先争优工作的监督和促进。二是注重培养和宣传推广典型。深入总结推广云南省煤炭地质勘查院党建经验，在该院召开了创先争优和学习型党组织建设现场经验交流推进会。委党组在庆祝建党90周年大会上表彰了一批先进基层党组织、优秀共产党员、优秀党务工作者，有力地推动了我委创先争优活动深入开展。三是“四亮四创四评”和联系点的创先争优活动取得实质性进展。按照中共云南省委深入开展创先争优活动领导小组《印发〈关于在窗口单位和服务行业深入开展“四亮四创四评”活动的实施意见〉的通知》、国家工信部党组《印发〈关于工业和信息化系统窗口单位和服务行业深入开展“为民服务创先争优”活动的指导意见〉的通知》，我委在工业和信息化系统窗口单位和服务行业认真组织开展了“四亮四创四评”活动、“为民服务创先争优”活动和“授旗评星”活动，有力地提高了工业和信息化系统窗口单位和服务行业的服务质量和工作效能，受到了广大企业和其他服务对象的欢迎和充分肯定。基层党组织和党员每季度对照创先争优承诺书，查找不足，切实整改。各基层党组织召开民主生活会，充分发扬党内民主，制定深入持久开展创先争优活动的措施。各党支部开展了民主评议党员工作，对党员在创先争优活动中的表现进行评议。按照省委的要求，我委加强了对红河州、文山州两个联系地区非公有制经济组织创先争优活动的指导，全委创先争优活动迈上了一个新的台阶。

【纪念建党90周年系列活动】 在委党组的领导下，机关党委和各级党组织把纪念建党90周年作为党和国家政治生活中的一件大事，作为我委党建工作的一件大事，组织开展了一系列热烈欢庆、隆重俭朴的纪念庆祝活动，促进了党建工作，推动了全委的中心工作。一是开展宣传教育活动。组织广大党员干部深入学习党的理论、党的知识、党的历史、党的优良传统和宝贵经验，增强党员知党、爱党、兴党意识，强化了党员干部忠诚于党、为民奉献的思想观念。大力宣传党的光荣历史和丰功伟绩、党的建设是党领导的伟大事业不断取得胜利的重要法宝、先进基层党组织和优秀党员事迹，广泛开展向杨善洲、龚曲此里、普发兴、刀会祥、郑垧靖等先进典型学习活动。二是组织了丰富多彩的纪念庆祝活动。我委组织召开了庆祝建党90周年暨表彰先进大会，举办了庆祝建党90周年文艺汇演、卡拉OK大赛和书画展览。各单位和各级党组织结合实际，组织纪念征文、知识竞赛、主题报告、主题实践、主题党日、走访老党员老干部等主题突出、特色鲜明、丰富多彩的活动，营造良好氛围。开展“读红色经典、唱红色歌曲、讲红色故事”活动，把“读红色经典”与开展“三读”活动结合起来，把“唱红色歌曲”与组织各类群众性文化活动结合起来，把“讲红色故事”与组织各类演讲比赛结合起来。组织参加省直机关工委“读红色经典”暨纪念建党90周年征文活动和省直机关“七一”歌咏比赛；组织广大党员干部积极参与本单位、全委、省直机关工委开展的各项纪念活动，唱响共产党好、社会主义好、改革开放好、伟大祖国好、各族人民好的主旋律。三是引导党员干部争当先进模范。激励广大党员立足本职岗位，振奋精神，勇于进取，乐于奉献，在“十二五”开局之年和实施“两强一堡”战略中创造一流业绩，向党的生日献礼。

【创新创优工作】 委党组注重党建理论和实践创新，努力为完成中心工作提供坚强的政治保证。按照委党组的要求，机关党委认真做好党建调研工作，积极开展党建理论研究工作。在省煤田地质局召开了学习型党组织建设和开展创先争优活动理论研讨会，交流经验，探讨深入推进的有效措施和方法。机关第十党支部开展廉政建设谈话的做法被《云南机关党建》刊用。委党组在注重以与时俱进的精神抓好落实省委、省政府和省直机关工委关于党建工作的一系列要求的同时，按照国家工信部党组《印发〈关于工业和信息化系统窗口单位和服务行业深入开展“为民服务创先争优”活动的指导意见〉的通知》，在全省工业和信息化系统窗口单位和服务行业认真组织开展了具有工业主管部门特色的“为民服务创先争优”活动，得到了国家工信部的充分肯定。一年来，委党组始终不渝地坚持加强党的建设不放松，始终不渝地坚持加强各级党组织班子建设不折腾，始终不渝地坚持加强党员队伍建设不动摇，一以贯之地把服务和保证工业和信息化建设发展作为基层党建工作的主线，有力地推动了我省新型工业化又好又快发展，受到了省委和省政府充分肯定和多次表扬，得到了全省广大人民群众的好评。

（机关党委供稿）

老干部工作

【基本情况】 2011年，云南省工信委有离退休人员412人，其中：（1）按来源分：原经委171人、原煤炭局231人、原信产办13人；（2）按离休或退休分：离休人员56人，退休人员358人；（3）按级别分：享受副省级单项待遇2人，厅级干部45人（其中，离休人员12人，退休人员33人），处级205人（其中，享受副厅单项待遇2人），科以下及工勤人员163人。

2011年，离退休人员办公室有15名工作人员。其中：主任1人（兼人事处副处长），副主任3人（2人为正处级），调研员3人，副调研员1人，主任科员1人，事业单位工作人员2人，驾驶员2人，另返聘驾驶员2人。

【全面落实离退休人员的两个待遇】 政治待遇。主要体现在，落实政治理论学习、组织生活、阅读文件、情况通报、走访慰问、参观考察、参加重要会议和在职领导联系老干部等制度。一是组织学习。每月定期组织三次活动，即每月1日，以党支部为单位组织离休干部学习，报销医药费；每月10日，组织全体退休人员学习文件政策或以党支部为单位组织党员开展活动；每月20号组织厅级干部阅读同级干部参阅学习文件材料。二是坚持情况通报制度，保证每年两次情况通报会，使老干部了解掌握全党工作大局、国际国内的重大事项和我省经济运行及社会发展情况，使老同志们在政治上自觉与中央保持一致。三是参加重要会议，组织老干部参加省“两办”召开的，要求厅以上老领导参加的重要会议和重大政治活动；委内重要会议、重大活动和民主测评干部请老同志参加，听取他们的建议和意见。四是充分发挥老同志的专长，鼓励或聘请已退下来的老领导、老同志、老专家到委内相关部门协助、帮助工作，让他们发挥余热、搞好传帮代。五是加强老干部活动中心建设，开展各种适宜老同志身心健康的文体活动。目前，我委四个活动室，订阅了二十余种报刊，配备了球类、棋类、健身类设备，每天坚持定时开放，鼓励老同志参加相关活动项目，积极组织老同志参加省老体协举办的各种文体赛事活动。不断丰富业余生活，努力提高生活质量，为老同志幸福快乐提供保障。

生活待遇。一是按照要求，确保离休干部离休费、医药费和财政经费“三个机制”的落实。对离休干部的公用经费，我委已全部发给个人，特需费60%发个人、40%由单位统一掌握，用于离休干部的各项活动；对离休老干部因重病住院长期卧床，生活完全不能自理的，每天每人按20元的标准发放陪护费；对生活上确有困难的老党员、老同志，给予适当补助；对已故人员无固定收入的遗属（包括未成年子女）每人/月给90元的生活困难补助。二是切实关心离退休同志的身体健康。积极开展退休人员医疗互助，根据主管单位（省总工会）的有关规定，及时为退休人员进行了医疗互助上报、报销和慢性病的申办工作，按照住院的开支情况给予相应的补助。每年安排一次常规体检，做到有病早治，无病预防。三是节日慰问。逢重大节日如元旦春节，中秋国庆等，近年来均由委领导带队，到厅以上离退休干部、遗属家中进行走访，对住院离退休人员和重病离退休人员进行看望、慰问，让离退休人员感到老有所依、感到组织上关怀、感觉到快乐和温暖。四是安排好老干部用车。对省委、省政府和老干部局组织的会议及各种活动，和我委每月定期组织的一次报销医药费、一次政治学习、一次厅以上干部看文件等活动，都安排车辆接送。五是组织参观考察。每年春天四月份和十月份（即敬老节前后），组织老同志春秋游或到一些工业企业进行考察学习。

【教育培训】 7月12日，离退休人员办公室、机关党委专门组织了离退休9个党支部支委以上成员，采取以会代训的形式，用一整天时间系统学习和讨论了《胡锦涛同志在中国共产党成立90周年大会上的讲话》和《中共云南省委关于贯彻〈中国共产党和国家机关基层组织条例〉实施意见》（云发〔2011〕4号）文件精神。通过学习、各位支委的认识得到进一步提高，表示将按照胡锦涛总书记讲话精神统一思想和行动，按照省委条例开展好离退休党支部工作，坚持做到思想常新、“离岗不离党”，用实际行动积极支持委机关开展各项工作，努力在推动科学发展、促进社会和谐中做出力所能及的贡献。

【隆重召开了老干部纪念中国共产党成立90周年座谈会】 2011年6月16日，我委召开离休干部、副厅级以上老干部老同志纪念中国共产党成立90周年座谈会，会上，全国劳模、原中华全国总工会第九届执行委员、中共第十一届中央候补委员赵学全同志就怎样成为社会主义合格劳动者，省经委原常务副主任、享受副省级医疗单项待遇的单志超同志就工业发展，省经委原副主任、原保山地委副书记、专员（名字）就老同事杨善洲同志的感人事迹，原省煤炭局离休干部王眠就历经党领导人民进行解放战争、建立新中国作了重点发言。通过重点发言和与会人员的座谈交流，老同志纷纷表示，要始终高举中国特色社会主义伟大旗帜不动摇，坚持党的理想信念和纲领路线不动摇，为推动科学发展、构建和谐社会作出积极贡献。委党组副书记、副主任宋嘉林同志出席代表委党组、委领导班子出席了座谈会，向在革命和建设的各个时期的不同岗位为党为国家的作出不懈奋斗的各位老同志表达敬意，同时，感谢老同志的谆谆教诲，表示将认真的接好老同志传下来的接力棒，在党领导下，奋发有为，恪尽职守，百尺竿头，更进一步！

【积极采集和发布信息】 一是在委网站开设“离退休人员专栏”，将中央组织部、省委省政府和全省老干部工作会议公开下发的相关文件材料制成“省工信委离退休人员工作电子信息库”，在我委网站上发布。二是编发简况信息，将离退休人员工作的要点、闪光点分3期在《委内工作要情》和《工业经济信息》刊登，方便各级各有关单位和广大离退休人员查阅和使用。

【信访工作】 及时处理好老同志的来信来访、按政策做好过细的工作，基本做到件件有回音、事事有着落，尽心尽力解决好老同志提出和关心的问题；对老同志反映的带倾向性、有普遍性的问题加强调查研究和分析思考，了解他们的思想动态和生活状况，及时研究反映，积极提出解决的政策建议。

（马国耀）

第三编

Yun Nan Sheng Gong Ye He
Xin Xi Hua Zhong Dian Hang Ye

云南省工业和信息化重点行业

消费品工业

【综述】　2011年，全省规模以上工业完成工业增加值2753.64亿元，增长18.0%，比上年加快3.0个百分点。全省规模以上轻工业工业增加值1245.65亿元，增长17.9%。全省规模以上轻工业增加值占规模以上工业增加值的45.24%。1~12月全省消费品工业完成工业增加值82.98亿元，比2010年增长9.93亿元。消费品工业占规模以上工业增加值的比重为3.0%。得益于全年省内经济环境的总体趋好和市场需求的增加，全年增速超过10%的消费品工业行业有造纸及纸制品业、印刷业、橡胶制品制造业、塑料制品业等4个行业，有力的支撑了全省消费品工业的增长。

印刷业完成工业增加值25.71亿元，增长10.6%；造纸及纸制品业完成工业增加值17.97亿元，增长15.3%；木材加工业完成工业增加值8.31亿元，增长7.6%；家具制造业完成工业增加值0.2亿元，增长-14%；塑料制品业完成工业增加值10.32亿元，增长14.7%；橡胶制品业完成工业增加值1.74亿元，增长24.5%；纺织业完成工业增加值3.22亿元，增长5.6%；服装鞋帽业完成工业增加值0.27亿元，增长-1.9%；化学纤维业完成工业增加值5亿元，增长1.1%；工艺品及其他制造业完成工业增加值10.24亿元，增长4.6%。

【重点产品产量】　2011年，累计生产化学纤维3.57万吨，同比增长0.30%；纱4660吨，同比增长-13.48%；布449.58万米，同比增长8.92%；印染布1636万米，同比增长；丝2108.48吨，同比增长-1.38%；丝织品60.60万米，同比增长1.0%；服装694.11万件，同比增长-11.70%；合成洗涤剂1.58万吨，同比增长-16.66%；卫生陶瓷1.07万件，同比增长195.70%；日用玻璃制品1.60万吨，同比增长6.42%；塑料制品34.91万吨，同比增长2.03%；农用薄膜5.45万吨同比增长7.24%；纸浆23.78万吨，同比增长12.56%；机制纸及纸板49.12万吨，同比增长9.49%；人造板152.95万立方米，同比增长1.84%；复合地板137.69万立方米，同比增长-39.64%；松香17.77万吨，同比增长11.63%。

【固定资产投资】　2011年，轻纺工业完成固定资产投资78.31亿元，同比增长74.9%。其中，造纸及纸制品业完成固定资产投资13.54亿元，同比增长10.4%；印刷业完成固定资产投资9.01亿元，同比增长76.2%；木材加工及木竹藤棕草制品业完成固定资产投资18.44亿元，同比增长88.7%；家具制造业完成固定资产投资6.15亿元，同比增长161.2%。

【重大项目推进】　云南东田科技投资2.95亿元的5000万条新型软包装项目、云南玉溪自强集团总投资1.65亿元的年产专用胶3万吨、迷迭香抗氧化剂300吨、普洱科茂林化公司总投资1.20亿元的3万吨松香树脂项目、临沧卡蒙特纺织服装公司300万件服装加工项目，临沧泛华林业公司的65万立方米人造板材综合生产项目等23个项目被列为重点支持的全省“212”工程项目。2011年，省级财政技术改造专项资金共支持轻纺项目12个，扶持资金为1650万元，带动投资21.49亿元。这批生产规模大、配套项目多、吸纳就业力强、聚集发展水平高的消费品行业重大项目的顺利实施，为消费品工业发展注入了新活力，促进了全行业产业层次提升，带动了新技术、新工艺及先进设备的引进利用和资源综合利用、清洁化生产的推广，有效促进了全省轻工业产品附加值的提高和产业层次的提升。

【龙头骨干企业发展】　2011年，力高（云南）箱包有限公司总投资18760万元、选址在新平县工业园区桂山片区的80条专业相机袋生产线和18条拉杆箱生产线一期生产线顺利投产。整个项目投产后，将实现年生产相机袋3000万个、拉杆箱500万只，用工8000人，预计可实现年产值8亿元人民币，年上缴税金5600万元人民币。力高一期项目投产以来，设备运行正常，吸纳就业300人左右，产品远销美国、加拿大、欧洲、东南亚等地，是戴尔、索尼、惠普、联想等世界500强企业的指定合作伙伴，取得了良好的经济效益和社会效益，加速云南消费品工业产业向集约化、外向型方向迈进。云南高深橡胶有限公司作为国内重要的子午胎专用橡胶供应商、采用最先进技术加工天然橡胶的省级龙头企业，主动研发天然橡胶种植、加工技术，依托我省及东南亚巨大的资源优势，德宏高深橡胶产业发展有限公司5万吨/年子午胎专用橡胶项目，西双版纳高深橡胶有限公司两个3.5万吨/年子午胎专用橡胶加工项目的建设步伐明显加快，有效带动了我省天然橡胶产业进一步调整产品结构，进一步转变增长方式。另外，云南太标太阳能设备有限公司企业、昆明新飞林人造板、玉溪市旭日塑料公司等一大批消费品工业龙头企业继续保持快速增长状态，成为引领行业发展的主要力量。

【技术创新】　2011年，云南省轻工业科学研究院、云南九九彩印有限公司、昆明春叶塑料制品有限公司、云南红塔蓝鹰纸业有限公司、云南绿宝香精香料股份有限公司、云南人羞花化妆品有限公司等17户轻工业企业的技术中心被认定为省级企业技术中心。到2011年底，我省共有92户轻工业企业的技术中心通过了省级企业技术中心认定，占全省199户省级企业技术中心的46%。红云红河烟草、云南滇虹药业、沃森生物等6户企业的技术中心为国家级企业技术中心。随着我省轻工企业技术中心的研发能力和研发资金投入加大，我省轻纺工业行业自主创新能力、研发设计能力有所增强。

我省轻工企业品牌意识逐步增强，加强了品牌建设工作，云南云景林纸的“三针”牌漂白硫酸盐木浆，云南金恒实业公司的“金恒”、“宁塑”牌塑料管材管件，云南一通太阳能科技公司的“一通”家用太阳能热水系统、平板太阳能集热器，云南天达光伏公司的“天达”牌太阳能电池，云南金花针织有限公司的“金花”牌针织服装，昆明新飞林人造板有限公司的“飞林”牌刨花板、浸渍膜纸饰面人造板等产品及品牌被评定为云南省名牌产品，其市场知名度和影响力逐步扩大。

【承接产业转移工作】 2011年5月6日，国务院下发了《关于支持云南省加快建设面向西南开放重要桥头堡的意见》，明确提出云南省要“立足资源和区位优势，建设外向型特色产业基地”。桥头堡建设给云南省的跨越式发展带来重大的历史性机遇，在强大的政策引导下，我省逐渐成为承接东部产业转移的主阵地。我省正通过引进国内外重大战略合作伙伴，提升传统优势产业，加快发展战略性新兴产业，把云南打造成为承接东部产业转移的重要基地和面向东南亚、南亚的出口加工基地。

2011年，我省主动承接的重庆德展集团年产2500万件服装生产加工项目、深圳卡蒙特轻纺服装有限公司年加工700万件服装项目、浙江乔治白服饰有限公司年产100万件衬衫、20万套西服项目，云南梅玲丝纺有限公司年产18万件套家纺项目等一批产业转移项目进展顺利。另外，昭通市政府与广东佛山南海玩具协会于年初签订了《建设玩具加工基地战略合作意向书》，拟由广东佛山市南海玩具协会牵头，在2011年—2014年期间，逐步引领南海玩具企业到昭阳工业园区建设昭通玩具加工基地，最终实现入驻企业50户，累计完成投资10亿元，解决当地劳动力5-8万人，把昭通建成中国玩具城。至2011年8月，已建成厂房面积达15000平方米，已有3家厂商入驻并建成投产，已吸纳当地就业2000余人。

【节能降耗和淘汰落后产能】 2011年消费品行业仅造纸行业有淘汰落后任务，我省按照国务院统一安排部署和工信部要求，云南省宣威市造纸厂的2台1575造纸机、及1台2号锅炉已按规定拆除，共淘汰落后造纸产能0.2万吨，顺利完成国家下达我省的消费品行业淘汰落后任务。2011年轻工业能源消费量为274.15万吨标准煤，占全省能源消费量的比重为5.02%，同比增长10.23%。消费品行业单位工业增加值能耗上升的行业有4个分别是:纺织及服装鞋帽制品业（升3.03%）、木材加工及木、竹、藤等制品业（升7.82%）、造纸及纸制品业（升0.87%）、工艺品及其他制造业（升5.98%）。

（吴荣桃）

装备制造工业

机械设备制造

【主要经济指标完成情况】 2011年全省装备制造业规模以上企业250户，实现销售收入458亿元，同比增长8.7%；完成增加值119亿元，同比增长8.85%。2011年，重点培育14户大企业（集团）实现销售收入超过360亿元，占装备行业销售收入的79%。销售收入超过80亿元的企业有云南力帆骏马车辆有限公司1户，销售收入超过30亿元的企业有昆明船舶设备集团有限公司、一汽红塔云南汽车制造有限公司、昆明云内动力股份有限公司、昆明中铁大型养路机械集团有限公司等4户，销售收入超过20亿元的企业有北方夜视技术集团股份有限公司、云南南天电子信息产业股份有限公司、云南昆钢重型装备制造集团有限公司、沈机集团昆明机床股份有限公司、昆明电缆集团股份有限公司、台正机床装备联盟体等6户，销售收入超过10亿元的企业有云南通变电器有限公司、云南CY集团有限公司、云南变压器电气股份有限公司等3户。

2011年全省装备工业投资完成170亿元，同比增长37.5%，为“十二五”装备工业累计完成1000亿元投资目标奠定了良好基础。

【重点产品产量及经济效益情况】 2011年，云南省装备制造业主要产品中，大型铁路养护机械、金属切削机床、电力电缆等产品产量保持较快增长；汽车、内燃机、变压器、发电设备、交流电动机等产品受市场需求及汽车消费优惠政策取消等多种因素影响，产量出现下滑。

表1　2011年全省重点产品产量表

产品名称	单位	全年累计	增长（%）
变压器	万千伏安	1488	-17.15
金属切削机床	台	74206	104.32
汽车	辆	121984	-1.68
内燃机	万千瓦	1119	-5.42
大型铁路养护设备	台	301	15.02
发电设备	万千瓦	61.3	-14.13
交流电动机	万千瓦	108.64	-27
电力电缆	公里	350683	44.31

表2　2011年重点行业经济效益情况表

行　业	主营业务收入（亿元）	同比增长%	工业增加值（亿元）	同比增长（%）
汽车行业	142.62	8.38	24.7	9.8
电工电器及器材制造业	50.2	-2.25	6	-8.12
金属切削机床制造业	51.4	32.52	20.2	41.59
铁路运输设备制造及器材、配件制造业	23.6	15.02	13.55	14.95
重型矿山机械行业	9.7	-3.04	1.76	-21.1
农业机械行业	5.24	-6.72	0.97	-14.03
工程机械行业	1.65	12.84	0.5	30.58
金属制品业	1.33	8.72	0.42	19.4

【技术创新】 2011年，全行业重点进行产品结构优化，高端装备自主化有效推进，高端装备技术引进力度加大，部分关键部件产品研制保持领先，重点新产品研制成果显著。昆明中铁成功研制了具有自主知识产权的“QJ—280型桥梁检查车”高速铁路养护产品，主要技术性能达到世界领先水平，研发了具有自主知识产权的世界第一台YHGQ-1200数控气压焊轨车交付成都铁路局使用，满足了高速线路对高效、高精度线路养护机械的需要，填补了该领域空白。昆明机床自主研制的FMS柔性制造系统是国内规格最大、精度最高、构造最复杂的柔性制造系统，新近开发的THM46100和THM65160精密卧室加工中心属于国家重大科技专项，将有力促进我国航天、航空、能源、汽车等行业的发展。昆明机床积极引进德国希斯公司先进技术，使生产的大重型龙门镗铣床跃上国际先进水平。昆明云内动力研制

的YN33CRD1发动机，在第十届中国国际内燃机及零部件展览会上荣获“年度技术领先奖”，D16TCI、D19TCI发动机荣获由内燃机协会与《中国汽车报》联合颁发的乘用车柴油机2011年“年度发动机”奖。昆船集团研制的机场行李自动分拣系统和云南通变电器研制的S13型电力变压器被评为云南省第一批重点新产品；一汽通用红塔“解放霸铃轻型载货汽车”等7种产品被认定为云南省第二批自主创新产品。在全省79种自主创新产品中，机械类有14种，占17.7%。

2011年，全行业着力加强自主创新能力建设，企业自主创新机制逐步形成，行业基础共性技术研究不断推进，自主创新产品成果显著，创新人才建设有力极强。全行业共获得中国机械工业科技进步一等奖1项、二等奖1项、三等奖5项，云南省科技进步二等奖1项、三等奖3项。截至2011年底，全省装备制造业有高新技术企业19户，省级创新试点企业9户，上市公司4户，省级企业技术中心20户，其中沈机集团昆明机床股份有限公司2011年获得国家级企业技术中心认定；昆明船舶设备集团有限公司等企业被列为我省2011年度重点培育的技术创新示范企业；昆明云内动力等5家企业的研究中心被认定为云南省工程技术研究中心；昆明电缆集团等6家企业被确定为云南省创新型试点企业；昆船集团获批建立云南省首批院士工作站；昆明中铁获批建立我国第一个大型养路机械国家级博士后工作站；昆船集团完成国家“技术创新引导工程”重点项目“昆明国家自动化物流装备高新技术产业化基地”建设，将依托产业化基地，加速高新技术成果产业化，培育战略性新兴产业。

2011年全行业产学研合作不断深入，合作层次不断提高，合作模式不断创新。昆明机床、昆明理工大学、云南省机械院等16家单位共同组建成立云南省高效精密数控机床技术创新战略联盟。昆明中铁与西南交大、同济大学、昆明理工大学签订了联合培养博士后框架协议。云南西仪股份有限公司与昆明理工大学签订“云南省内燃机重点实验室”合作协议，将共建内燃机零部件技术研发中心和国家级技术中心。

2011年全省装备制造企业争取到国家财政和省级财政资金共15700万元，其中省级技术改造财政专线补贴资金扶持我省装备制造企业20户共计2830万元；云南省非公经济暨中小企业发展专项资金扶持装备制造企业14户共计520万元；昆明船舶设备集团有限公司大型枢纽机场行李处理系统智能成套装备研制开发与昆明新机场应用示范项目获得国家补助资金1亿元（制造商2000万元，示范用户8000万元）；云南蓝晶科技股份有限公司LED半导体照明衬底片产业化项目、云南南天电子信息产业股份有限公司南天移动支付终端及系统平台产业化项目等4个项目获得国家电子信息产业振兴和技术改造项目专项扶持资金1650万元；云南南天电子信息产业股份有限公司信息系统（金融）运行维护支持系统研发及产业化项目等2个项目获得国家电子信息产业发展基金700万元。

2011年云南省工业和信息化委员会积极向国家高档数控机床与基础制造装备重大专项实施管理办公室推荐申报我省2012年度国家“高档数控机床与基础制造装备”科技重大专项课题项目。

【产业结构调整】 产业结构不断优化。2011年全省装备制造业在全省工业经济总量中仅次于有色冶金、烟草、电力、化工等4大资源型行业，排在第五位，产业结构不断优化。

2011年继续加强对技术含量高、发展潜力大、带动作用强、市场竞争优势明显、产业关联度高的数控机床、大型铁路养护机械、机场行李分拣系统等大型物流仓储系统、新能源装备、新能源汽车等新能源装备作为战略性新兴产业来培育和发展。

2011年全省装备制造业大力推进产业结构调整，企业兼并重组扎实推进，重点项目建设步伐加快，关键基础产品研制加强，招商引资成效明显，“走出去”战略稳步实施。2011年2月，哈电集团哈尔滨电机厂（昆明）有限责任公司和昆明经开区在哈尔滨正式签署入驻协议，“哈电集团西南水电制造基地”项目前期工作正式启动。哈电集团投入资金、技术、品牌、管理资源对昆明电机厂进行全面整合，把昆明电机厂打造成为哈电集团在西南地区的重要战略基地；昆钢重装“龙港重型装备加工基地”二期建设顺利实施，将建成为省内冶金、电力、矿山、建材等产业提供成套设备及大型关键部件的生产加工基地；云冶昆重“重型装备研发制造基地”建设顺利开工，将建成年产15万吨重型装备和年产20万吨高精度铝箔材的两个生产基地；昆船集团“民用机场物流装备研发及产业化基地”建设顺利实施，机场物流装备系统实现了国产行李自动化分拣系统在国内大型机场应用的首次突破。昆船集团中标中兴通讯公司“委内瑞拉立体仓储系统本体集成”项目，成为首个昆船集团在海外实施的物流项目，产业布局进一步优化；昆明机床“数控重型精密机床制造及铸造基地”开工建设，将填补云南地区大型高品质铸件生产的空白，使昆明机床发展成为具有国际竞争力的数控重大型精密机床制造基地；玉溪研和工业园区大力推进数控机床产业发展以商招商，新签约项目33项，达成价值累计40亿元的发展协议；昆明中铁大型养路机械集团有限公司在北京成立研发中心和营销分公司，成为昆明中铁走出昆明、布局全国、迈向世界的关键一步。

【汽车工业发展】 2011年，云南省近30家主要汽车工业企业工业总产值141.70亿元，同比增长9.08%；主营业务收入142.62亿元，同比增长8.38%；利润总额43109万元，同比增长4.14%。其中，汽车工业产品产值116.17亿元

（汽车零部件产品产值13.39亿元，同比下降137.64%），比2010年减少5.74亿元，同比下降4.71%。全省共生产汽车121984辆，同比增长1.68%，销售汽车122588辆，同比下降23.59%；其中乘用车生产1辆，销售10辆。

2011年，云南力帆骏马车辆有限公司引入销售精英，组建海外销售团队，加大海外市场业务投入，建立营销服务网络。在巩固缅甸、越南等国家市场的基础上，积极开拓巴基斯坦、吉尔吉斯斯坦等6个新市场，保持与各国大中型企业合作关系，积极在海外建立装配厂。

2011年，云南汽车工业出口交货值10428万元，占云南省汽车工业产品产值的0.74%。其中：云南力帆骏马车辆有限公司出口缅甸商用车1143辆，出口额10428万元；一汽通用红塔汽车制造有限公司出口缅甸、老挝、孟加拉、乌拉圭等商用汽车642辆，出口额2641万元；昆明云内动力股份有限公司出口泰国、越南、马来西亚、巴基斯坦、伊朗、埃及等国家和地区汽车用柴油机7874台，出口额7087万元；云南西仪工业股份有限公司出口美国、日本、巴基斯坦等国家连杆18.77万套，出口额1010万元；昆明方大春鹰板簧有限公司出口东南亚地区钢板弹簧9.21吨，出口额56万元。

【重点项目建设与投资】 2011年省政府确定的18项重大工业建设项目及省工信委重点联系和协调服务的100项工业建设项目涉及装备制造业29个项目，总投资290亿元，2011年计划完成投资103亿元。其中：沈机集团昆明机床股份有限公司数控重型精密机床制造及铸造基地项目、云南省玉溪市太标精工铸造有限公司机床基础件及铸造铁生产项目等5个项目为新开工项目；重庆长安汽车股份有限公司云南长安汽车生产基地（一期）项目、哈尔滨电机厂（昆明）有限责任公司西南水电设备制造基地建设项目、云南变压器电气股份有限公司天威云变搬迁扩能及高原型特高压电力变压器项目等9个项目正在开展项目前期工作；昆明中铁大型养路机械集团有限公司大型铁路养护设备昆明产业基地二期配套工程建设项目、昆明南车电气设备有限公司昆明南车城轨装备基地项目等14个项目为在建项目；昆明市政府与上海汽车集团就昆明整车生产基地项目正在商谈中，目前暂无新进展。

（胡　强）

电子信息设备制造

【综述】 云南省电子信息制造业拥有北方夜视科技集团有限公司、云南南天电子信息产业股份有限公司、云南北方奥雷德光电科技股份有限公司、云南天达光伏科技股份有限公司、昆明冶研新材料股份有限公司、贵研铂业股份有限公司、云南昆船数码科技有限公司、云南临沧鑫圆锗业股份有限公司、云南蓝晶科技股份有限公司、个旧圣比和实业有限公司、云南新威电子工业有限公司等20多家骨干企业。重点发展以硅太阳电池及组件制造、高效太阳能电池用锗晶片、控制器、逆变器等光伏产业；以红外及夜视系统、LED半导体照明、新型显示器、半导体材料、贵金属信息材料、OLED新材料、电子元器件等为重点的电子信息产业；以存折打印机类产品、自主类产品、只能机器人AGV系统、城市轨道交通设备、计算机及数字音视频产品等计算机及数字视听产业；以物联网、移动支付和三网融合技术为主的新一代信息技术产业；以芯片及多功能化合物半导体为主的集成电路制造产业。

【主要经济指标完成情况】 2011年，全省统计的17户电子信息制造企业实现主营业务收入77.84亿元，增长21.7%；累计完成利润总额6.19亿元；上缴税金1.84亿元；从业人员10233人；实现出口交货值4.1亿元。

2011年，全省电子信息制造业累计实现利润6.18亿元，同比下降1.2%。其中：北方夜视实现利润3亿，比去年同期的1.99亿元增长52.1%，云南锗业实现利润1亿元，比去年同期的0.92亿元增长11.7%，南天信息实现利润4500万元，同比增长1.1%，贵研铂业实现利润4038万元，同比增长18%，山灞图像实现利润3701万元，比去年同期的1025万元增加2676万元，金质先锋实现利润179万元，同比增长33.3%；蓝晶科技实现利润1.34亿元，同比下降21.5%，昆船电子实现利润2429万元，同比下降30%。

【重点产品产量及经济效益情况】 南天公司的存折打印机生产10.88万台，同比增长8.58%，销售10.8万台，同比上升7.74%；BST银行自助服务终端生产11058套，同比增长26.9%；销售10953套，同比上升25.69%；云南佳程防伪科技有限公司的税控机生产30423台，同比增长150.25%，销售31107台，同比增长155.88%；贵研铂业的气敏元件生产5.4987万只，同比增长28.12%，销售5.4487万只，同比增长28.46%，电子浆料产销均达到33679公斤，增长33.91%；云南锗业的有机锗产销达到393.6公斤，增长159.68%；红外锗单晶产销3344.41公斤，增长9.36%；个旧盛比和的镍基532生产10吨，同比增长97.23%，销售10.57吨，同比增长504%；天达光伏的硅太阳能电池生产31206千伏安，下降24.5%，销售26494千伏安，下降33.08%；昆船电子的自动化物流系统生产下降50.09%，销售下降63.55%。

【技术创新】 云南北方奥雷德光电科技股份有限公司自主研发、拥有自主核心知识产权的EYE-TOP穿戴式电脑产品，技术性能指标达到或超过了国外水平，填补了国内OLED微型显示器批量生产的空白。云南玉溪蓝晶科技有限公司蓝宝石单晶生长技术、晶体炉研发拥有自主知识产权，是国内规模最大、唯一拥有从长晶体至切割、研磨、抛光、清洗封装完整生产线的LED衬底片生产企业，产能居全球第四。

云南南天电子信息产业股份有限公司以信息产品业务、系统集成业务、软件业务、服务业务和支付业务为主体，兼顾其他领域发展，积极拓展移动支付终端及系统平台产业化业务。南天公司参与和承建中国电信、中国移动、中国联通、印尼电信等运营商移动支付平台建设、终端及设施系统建设、项目软件开发等业务；与银联、支付宝、汇付天下等知名第三方支付企业开展商务用户及账户系统、支付终端和软件等业务合作。同时，南天公司密切关注省内信息产品业务市场，针对昆明轨道交通建设的需求情况，以“轨道交通软件开发与测试实验室”为平台，引进了上海地铁全套票务系统软硬件技术，研发轨道交通信息化系统。

云南玉溪蓝晶科技股份有限公司LED半导体照明衬底片产业化项目、云南南天电子信息产业股份有限公司南天移动支付终端及系统平台产业化项目等4个项目总投资17亿，获得国家扶持资金1650万。云南山灞图像传输科技有限公司山灞社区及乡村远程医疗系统研发及示范平台的建设项目、云南南天电子信息产业股份有限公司信息系统（金融）运行维护支持系统研发及产业化项目等2个项目获得国家扶持资金700万元。

【产业结构调整】 电子信息制造业以新一代信息技术为突破口，向价值链高端延伸。

“三网融合”已布局生产。云南昆船数码科技有限公司与云南广电网络股份公司进行合作，研究开发出具有自主知识产权的“数字电视多媒体信息平台”，该平台集数字电视、视频会议、应急广播、电视短信、信息推送、户户响、音频会议等功能为一体，已成功应用于大理州“兴农村数字电视服务平台”；并研发生产出高清互动、标清互动、无线等系列机顶盒终端产品，并在云南大理、玉溪、红河、昭通、临沧、保山等地广泛应用，用户达20余万，受到用户一致好评。昆船数码公司投入大量资金、人员、设备来开发设计ABS-S卫星接收机产品，所开发生产的产品软件、硬件指标均达到国家广电总局的《中国广播电视直播卫星“村村通”系统技术体制白皮书》中规定要求，经过小批量生产，产品质量稳定可靠，从技术、生产条件已具备大批量生产的能力。南天公司生产的POS产品已入围中国移动等国内各大运营商的手机支付POS终端采购，移动支付终端及系统平台产业化项目建成达产后，实现年产8万台POS终端、类POS终端、外围设备等三类移动支付终端的生产能力。

新型平板显示器已量产。云南北方奥雷德光电科技公司主动式OLED微型显示器产品经测试已达到国际先进水平，共申请国家专利11项，已建成45万片/年的生产线，是目前国内唯一一家能够批量生产的厂家。

光伏产业危机与机遇并存。全省共有1家在建多晶硅企业，3家太阳能电池生产企业，基本形成较为完整的硅石→工业硅→多晶硅→太阳能电池→光伏发电站产业链。2011年，全球经济受欧洲债务危机的影响，欧美各国为解决债务问题，纷纷减少光伏补贴，导致多晶硅价格迅速走低；同时，美国对中国光伏组件提出“双反”调查，导致硅材料及太阳能电池组件价格下跌；而且由于国内重复投资严重，多条生产线建成投产，产品供大于求，恶性竞争严重，我省光伏企业出现严重亏损，企业面临着巨大的生存压力。虽然短期内，受欧债危机和美国“双反”调查影响，光伏行业发展速度有所放缓，但光伏发电作为未来解决能源危机的重要途径，随着行业整合、技术进步，多晶硅价格将稳步走低，光伏组件价格亦随之走低，从而促使光伏发电成本逐步降低，进而刺激光伏发电需求。从中长期看，光伏行业将持续健康稳定发展。

【重点项目建设与投资】 北方夜视科技集团有限公司微光像增强器生产线建设项目桩基础施工完成，已签订设备购置合同160台（套）；云南蓝晶科技股份有限公司LED衬底片产能已达800万片/年，正在实施1300万片/年产能扩建项目预计2013年底完成；昆冶研新材料股份公司3000吨/年多晶硅项目基本建成，已开始试生产；云南乾元光能产业有限公司年产100MW太阳能多晶硅片建设项目已完成生产厂房、倒班宿舍等土建建设及进口设备切片机的采购，项目进展顺利；云南北方奥雷德光电科技公司OLED微型显示器产品已达到国际先进水平，已批量生产；云南省新威电子工业有限公司（陆良）已建成20条生产线，基础设施已经建成，即将投入生产。

（刘鹏程）

有色金属工业

【综述】 2011年，全省有色金属工业完成工业增加值335.3亿元，占全省规模以上工业增加值的12.2%，继续保持全省第二大工业地位。在市场需求滑坡、生产成本上升的环境下，全行业加大投资力度，提升技术装备水平，大力调整产业结构，加快产业优化升级，保持了良好的发展态势。2011年1~9月，有色金属价格总体保持高位震荡整理，第三季度受欧洲主权债务危机的拖累，有色金属价格大幅度震荡下滑，全年呈现先扬后抑制走势。2011年国内市场，铜现货平均价为67241元/吨，同比上涨15.2%；铝现货平均价为16944元/吨，同比上涨7.8%；铅现货平均价为16541元/吨，同比上涨3.4%；锌现货平均价为17095元/吨，同比下降1.3%。

全年有色金属工业增加值占全省原材料行业增加值的37%，共完成工业增加值335.3亿元，同比增长17.1%，其中采选业完成87.62亿元，增长40.7%，冶炼及压延加工业完成247.68亿元，增长10.7%。全年有色金属工业完成主营业务收入1400亿元，增长26.7%，利税总额147亿元，增长71.9%，利润总额95亿元，增长97.8%。

【产品产量】 2011年，全省生产10种有色金属271万吨，位居全国第三位，同比增长12.7%，占全国的7.9%。其中，铜39.1万吨，增长14.6%，占全国的7.5%；原铝88.3万吨，增长30.6%，占全国的5%；锌89.7万吨，增长0.6%，占全国的16.8%；铅43.1万吨，增长13.5%，占全国的9.1%；锡7.7万吨，增长1.6%，占全国的81.6%；锑2.8万吨，增长13.4%，占全国的14.7%。全年生产黄金25.9吨、稀土氧化物（REO）163吨，回收生产铟120吨、锗60吨，有色冶炼加工业产品产销率达到96.3%。

全年全省生产铜精矿含铜26.9万吨，下降5.8%，原料自给率为68.8%；铅精矿含铅11.6万吨，下降12.2%，原料自给率为26.9%；锌精矿含锌51.7万吨，下降14.8%，原料自给率为57.6%；锡精矿含锡4.1万吨，下降14.3%，原料自给率为53.9%；钨精矿折合量4780吨，下降5.8%。

【结构调整】 铜、铝、锡、锑等行业龙头企业主要产品产量稳步提升，产业集中度得到加强。云铜集团（昆明本部）生产精炼铜29万吨，占全省精炼铜产量的74%；云南冶金集团生产原铝53万吨、云南东源煤业集团生产原铝35万吨，合计占全省原铝产量的近100%；云锡集团生产锡4.9万吨，占全省锡产量的70%以上。

我省钛、镍、镁等新的有色金属品种开始起步发展，填补了省内相关产业空白，云南钛业在成功研发生产出了中国第一卷宽幅冷轧钛卷后，创建了我国“钢—钛”结合生产钛卷的生产技术模式，是中国唯一完整拥有冷轧钛卷生产工艺线的企业，宽幅冷轧钛卷实现产业化，成为我国钛材生产加工领域的新兴力量；产业链继续延伸，铜、铝、锡材加工已逐步向高精度、高性能、环保、节能方向发展；相关新材料产品研发和市场开拓已经取得阶段性成果。

云锡股份、云铜股份、云南冶金集团继续对锡、铜、铅熔炼工艺进行改造、提升，使冶炼工艺技术跨入了世界先进水平。云铝股份节能和环保水平继续保持国际先进水平。祥云飞龙公司以难处理含氟氯低品位氧化锌矿和目前国内大量堆积的氧化锌矿浸出渣为原料，在低品位氧化矿直接浸出—溶剂萃取技术上保持领先地位。

2011年，全省共淘汰落后产能铜冶炼3.2万吨，电解铝1.3万吨、锌冶炼8.78万吨，圆满完成国家下达的淘汰落后产能任务。全年有色金属行业消耗970万吨标煤，占整个原材料行业消耗能源4656万吨标煤的20.8%，单位工业增加值能耗为2.89吨标煤/万元，较2010年3.45吨标煤/万元的单位工业增加值能耗，下降16%。

【项目投资】 2011年，有色金属行业完成投资221.74亿元，增长24.5%。下达责任目标的云南冶金集团股份有限公司、云南锡业集团（控股）有限责任公司、云南铜业（集团）有限公司3户重点企业，超额完成了年初下达的目标任务，合计投资137.1亿元，占全省有色金属行业投资的62%，占全省工业投资（不含电力）的9.7%。

省政府确定的18个重大项目中，云南冶金集团源鑫碳素有限公司60万吨/年阳极碳素电解铝配套项目、中铝昆明铜业有限公司22万吨/年板带铜材加工项目、驰宏锌锗公司会泽铅锌冶炼项目按计划有序推进。

其他“212”重点项目中，云锡集团10万吨电铅项目已建成投产；云南冶金集团80万吨氧化铝项目、云锡集团10万吨电铜项目等项目即将进入试生产阶段；丽江永保10万吨金属镁及3万吨镁合金项目、云南钛业2万吨钛板卷的EB炉项目等正加快推进。

【行业管理】 在行业管理方面，着重开展了编制“十二五”规划、开展行业准入公告、进行资源能源公告和加强稀土稀有金属行业管理等工作。

为进一步推进全省有色金属工业转变发展方式、调整优化结构、提升发展水平，依据《云南省国民经济第十二个五年规划发展纲要》和《云南省新型工业化重点产业发展规划纲要》，组织编制了《云南省有色金属工业“十二五”发展规划》。规划明确提出了“十二五”末，有色金属工业实现销售收入2800亿元，工业增加值700亿元，较“十一五”末增长20%左右；十种有色金属产能达到650万吨；铜、铝、锡加工产品比重超过50%等发展目标。

根据《工业和信息化部关于印发钨锡锑冶炼企业准入公告管理暂行办法的通知》要求，在各地申报并严格审核的基础上，上报了云南锡业股份有限公司锡冶炼系统准入公告申请。

根据《电解铝企业单位产品能源消耗限额》（GB21346-2008），全省首次对电解铝生产企业实施了资源能源消耗通报，引导电解铝企业开展资源能源消耗对标。通过对2010年各电解铝生产企业各项指标统计分析，最终对3户6个指标中有3个指标超过可比能耗标准最高限额值的企业，分别实施了黄牌警告通报。

根据国务院关于促进稀土行业健康发展的相关要求和《云南省人民政府关

于加快锗产业发展的指导意见》、《云南省人民政府关于促进铟产业发展的指导意见》，召开了“全省稀土稀有金属产业发展工作会议”，建立了省级重要稀有金属省级协调机制，开展省内稀土专项整治行动，并配合国家检查组深入现场进行核查。根据国家对稀土、钨、锡、锑、钼实行指令性生产计划管理的要求，下达实施我省稀有金属矿产品和冶炼分离产品指导性计划。

（原材料工业处供稿）

黑色金属工业

【综述】 2011年，云南省黑色金属工业总体运行平稳，保障了全省经济社会建设的需求。生铁、粗钢、钢材产量均突破1300万吨，主营业务收入及工业增加值均取得较快增长。但受原燃材料价格上涨及产品价格下挫等因素的影响，钢铁企业生存空间被不断压缩，行业整体盈利能力有所下降。

2011年，全省规模以上黑色金属工业企业实现主营业务收入1070亿元，同比增长19.3%，占全省规模以上工业企业主营业务收入的14.2%；完成工业增加值213.9亿元，增长47.5%，占全部工业增加值的6.7%、规模以上工业增加值的7.8%。黑色金属工业实现了省委、省政府确定的打造千亿产业的目标。

规模以上黑色金属工业企业全年实现利税60亿元，下降4.3%，占规模以上工业的3.9%；利润总额32亿元，下降8.2%，占规模以上工业的6.1%。其中，冶炼企业在市场价格下滑、需求回落和原材燃料价格上涨的多重挤压下，盈利能力大幅下降，虽然矿山采选企业仍保持平稳增长，但黑色金属工业全年销售利润率仅为3%，远低于规模以上工业7%的平均值。

【主要产品产量】 2011年，全省共生产铁矿石2820万吨，同比增长14.1%，占全国的2.1%；生铁1350万吨，增长1%，占全国的2.1%；粗钢1323万吨，增长2.3%，占全国的1.9%；钢材1352万吨，增长11.3%，占全国的1.5%；铁合金84.5万吨，增长7.2%，占全国的2.9%；黑色金属产品产销率达到97.8%。

重点企业中，武钢集团昆钢股份公司生产生铁587万吨、粗钢604万吨、钢材667万吨；云南德胜钢铁有限公司生产生铁132万吨、粗钢140万吨、钢材138万吨，玉溪玉昆钢铁集团生产生铁80万吨、粗钢133万吨、钢材130万吨；安宁市永昌钢铁有限公司生产生铁100万吨、粗钢107万吨、钢材60万吨。斗南锰业股份公司生产铁合金16万吨，产量创企业历史新高。

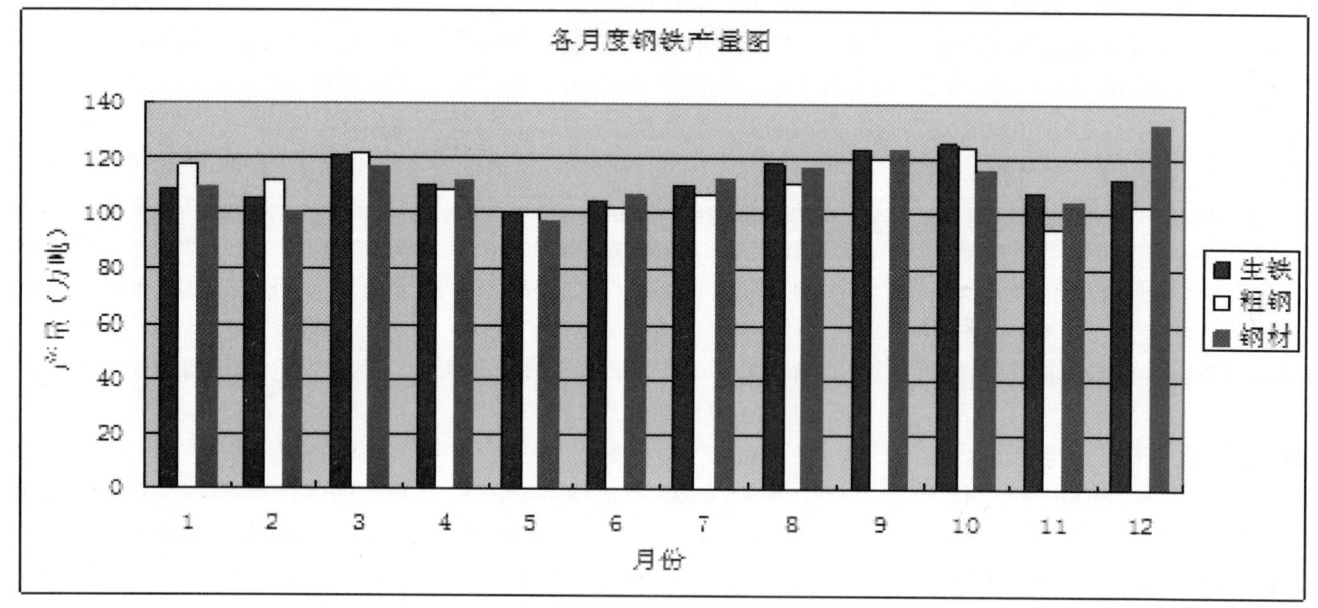

从市场来看，2011年钢铁产品价格总体震荡下跌，高线价格从年初的5200元/吨降至4690元/吨，螺纹钢价格从5440元/吨降至5000元/吨。

从原料价格来看，受进口铁矿石价格影响，国内铁矿石价格持续高位运行，进口矿石年初价格为160美元，最高至180美元，长期处于140~160美元区间，直至10月份之后才有回落，年底回落至120美元左右。同时，冶金焦价格也一直在1750~2000元的高位区间内运行，钢铁企业生产成本持续增加。

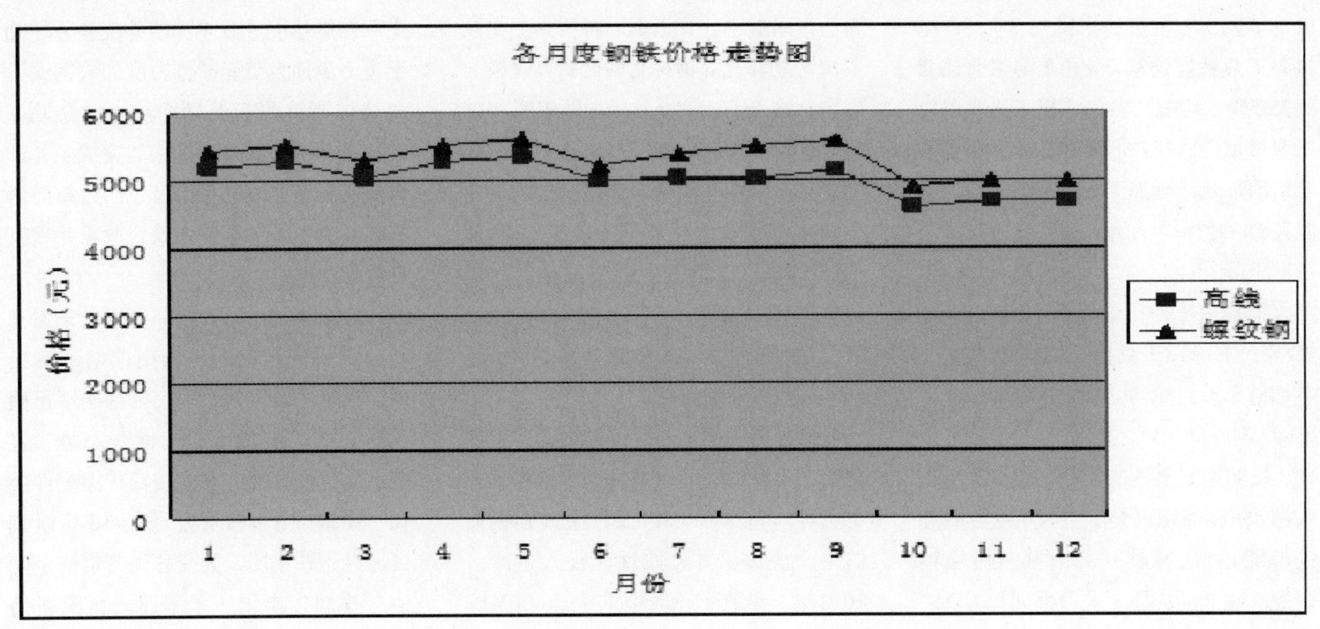

【固定资产投资】　2011年，黑色金属工业完成投资121.18亿元，同比增长39.2%，占全省非电力工业投资的8.55%，主要是节能减排技术改造和填平补齐项目的建设。

其中，武钢集团昆钢股份公司累计完成固定资产投资75.14亿元，重点实施了玉溪大红山铁矿800万吨采选运扩产工程、曲靖师宗98万t/a煤焦化项目、草铺新区、6号高炉改造工程、玉钢钒资源综合利用等项目；斗南锰业股份公司建锰20万吨锰系铁合金技改工程累计完成投资7.58亿元，除铁路装车仓库正在施工外，项目已建成投入生产。

【节能降耗及淘汰落后产能】　随着企业节能减排意识的增强和技术装备的升级，烧结机烟气余热回收和烟气脱硫、高炉煤粉喷吹、高炉及转炉煤气回收利用、高炉煤气余压透平发电（TRT）及煤气透平与电动机同轴驱动的高炉鼓风能量回收（BPRT）余压利用等配套装置逐步在全行业推广使用。大型铁合金矿热炉余热发电开始应用，为铁合金行业节能做出新探索。

2011年，全省黑色金属工业能源消费总量为1392.24万吨标煤（等价热值，下同），较上年下降12.3%，占原材料工业耗能的30.3%和全部工业耗能的25.5%。其中，黑色金属采选业单位工业增加值能耗1.68吨标煤/万元，黑色金属冶炼及压延加工业单位工业增加值能耗8.43吨标煤/万元，按可比价计算，分别下降3.94%、7.5%。昆钢本部吨钢综合能耗完成历史最好水平593千克标煤/吨，下降18千克标煤/吨；斗南锰业本部硅锰合计冶炼电耗4380KWh/吨，下降2.54%。

按照国家下达的任务，2011年全省共淘汰8座炼铁高炉、168万吨落后炼铁产能，2座转炉、35万吨落后炼钢产能。

【结构调整步伐加快】 随着一批填平补齐、技术改造项目的陆续建成投产，全省钢材产品逐步高档化，结构调整进一步加快，400兆帕及以上高性能抗震钢筋、耐酸钢、管道钢、特种异型钢及不锈钢复合材等钢材品种已初具规模。国内铁合金行业的2个标志性工程相继建成，均成为国内同类型矿热炉中的最大装备，其中斗南锰业建锰公司引进南非技术，吸收消化再开发的50MVA矿热炉于8月点火生产，昆钢冶金新材料公司33MVA全密闭矿热炉于7月正式生产，对我说铁合金行业提升装备水平起到了示范和带动作用。

除昆钢和德钢外，玉昆钢铁、永昌钢铁、玉溪仙福、曲靖呈钢等钢铁企业也已经具备了400MPa及以上高强钢筋的生产能力，并开始逐步投入生产。2011年，全省钢铁企业共生产400MPa及以上高强钢筋615万吨，占全部钢材产量的45.5%，占建筑用钢材（棒材、钢筋、线材）产量的51.7%；产品以400MPa级为主，有少量500MPa级。

【兼并重组】 按照《国务院办公厅关于进一步加大节能减排力度加快钢铁工业结构调整的若干意见》（国办发〔2010〕34号）的要求，编制完成了《云南省钢铁企业兼并重组及生产力布局调整总体方案》，全省钢铁企业兼并重组工作稳步推进。

2011年10月，云南曲靖钢铁集团有限公司正式挂牌，由云南曲靖越钢集团、曲靖双友钢铁公司、云南曲靖呈钢钢铁集团、曲靖巨利达钢铁公司、宣威凤凰钢铁公司、马龙首锋矿山配件公司、曲靖市开发投资公司共同出资组建区域性钢铁集团，为我省民营钢铁企业兼并重组走出了一条新路。目前，昆明、玉溪等地的钢铁企业兼并重组正在有序展开。

（原材料工业处供稿）

化学工业

【综述】 2011年，全省规模以上化学工业完成主营业务收入937亿元（含焦化），同比增长26.3%；实现增加值233.6亿元，同比增长44.3%，占全省规上工业增加值8.5%。在省内旱情严重，煤、电、天然气保障不足，国内外经济形势错综复杂等不利因素的影响下，全省化学工业在2010年总体企稳向好的基础上，保持了平稳较快增长势头，实现了良好开局。

【主要产品产量】 一是基础化工原料生产稳中有降：2011年，全省生产原煤9957万吨，同比增长2.0%；标准磷矿石产量2356万吨，增长1.7%；原盐101万吨，下降18.5%；标准硫铁矿37万吨，下降44.5%。二是中间化工原料适度增长：完成焦炭1603万吨，同比下降0.2%；折百硫酸产量1199万吨，增长12.2%；合成氨227万吨，增长12.7%；折百烧碱19.9万吨，增长11.6%；标准电石63.7万吨，减少0.4%；黄磷46.9万吨，增长11.4%；纯碱15.2万吨，增长6.2%。三是支农化工产品调整发展：生产氮肥108万吨，同比减少13.1%；尿素完成145.21万吨，增长19.99%；硝铵完成62.50万吨，增长32.68%；碳酸氢铵完成33.24万吨，增长46.84%；氯化铵完成16.19万吨，增长4.08%；磷肥219万吨，减少8.4%；磷酸一铵下降8.89%；磷酸二铵下降6.52%；重钙完成121.49万吨，增长32.48%；混配复合肥完成37.80万吨，增长113.05%；普钙66.2万吨，下降8.92%；化学农药1195吨，减少1.0%。

【产业结构调整】 一是随着一批延伸加工产品生产装置的投产，全省精深加工产品产量实现了高速增长，产品结构进一步优化。2011年，完成聚氯乙烯19.4万吨，增长14.7%；热法磷酸82.2万吨，增长174.4%；三聚磷酸钠10.2万吨，增长5.4%；甲醛15.6万吨，增长22.9%；二甲醚7.29万吨，增长28.1%；季戊四醇1.22万吨，增长29.4%；聚甲醛完成9.15万吨，增长24.9%；醋酸乙烯2.13万吨，增长43.6%；甲醇、聚乙烯醇分别生产31万吨、2.86万吨，微降1.1%和0.2%。二是部分行业落后产能退出加快，2011年，全省淘汰焦炭落后产能180万吨，涉及14户企业，占“十二五”淘汰落后产能目标的64.3%；电石11.2万吨，涉及2户企业，占“十二五”淘汰落后产能目标的86.2%。

【重点项目投资】 2011年，全省化工行业完成投资80.34 亿元，增长19.9%，其中云天化集团在省内完成投资32.29亿元，煤化集团完成固定资产投资46.8亿元。同时，由于受货币政策从紧，以及焦化行业产能过剩、银行惜贷的影响，全省石油和炼焦行业完成投资

32.41亿元，同比微涨0.5%。

中缅油气管道和炼化基地建设项目项目核准报告已通过国家发改委审查，管道主体工程逐步开工；寻甸褐煤洁净化利用试验示范工程项目主生产线正在按进度实施，将力争2012年竣工试车；晋宁中低品位磷矿利用“835”MDCP项目已完成场地平整和主体平台建设，将于2012年底前竣工试车。晋宁二街采用自主研发工艺技术的450万吨/年低品位磷矿浮选项目建成并成功联动试车，有望打破磷矿石浮选的世界性难题；三环中化120万吨/年磷铵二期工程以及我省首个由民营企业投资的60万吨磷酸二铵高浓度磷复肥项目建成投产，对巩固和提升我省“国家高浓度磷肥基地”地位具有积极意义；天创科技有限公司3万吨/年电子级磷酸项目建成投产，标志着我省精细磷化工产品从食品级、药品级向电子级领域的跨越；云南盐化80万吨/年真空制盐项目、云天化股份水富煤代气技改项目等盐化工、新型煤化工项目也相继试车和投产。

【节能降耗】　2011年，全省化工行业消耗能源总量1131万吨标准煤，万元工业增加值能耗为6.04吨标煤，同比下降9.81%；焦化行业消耗能源总量249.7万吨标准煤，万元工业增加值能耗为5.39吨标煤，同比下降2.65%。通过连续4年对全省黄磷行业，以及连续2年对全省电石、合成氨等重点载能行业的资源能源消耗情况统计通报和对标管理，引导企业采用先进适用技术实施节能和资源综合利用改造、强化生产经营管理、转变行业发展方式，有效提高了全行业节能和资源化利用水平。

【行业管理】　根据行业准入条件和能源消耗定额指标，对黄磷、电石、合成氨3个行业的生产企业2010年资源能源消耗情况进行了通报，引导载能行业企业开展资源能源消耗对标。最终对4户黄磷、6户电石能耗相对严重超标的企业，以及6户黄磷、1户电石、5户合成氨未及时填报资源能源消耗情况的企业，分别予以黄牌警告通报。

根据行业准入条件，继续组织开展准入公告申报工作。2011年，工信部公示了全国第一批拟公告符合《黄磷行业准入条件》的45户企业名单，我省有22户企业列入其中，占到公示企业近一半，这也体现了我省自2004年以来对黄磷行业进行结构调整所取得的成效。2011年，我省有5户焦化企业列入全国第六批准入公告，自2005年以来已有9户企业纳入公告管理。

为加快转变石油和化学工业发展方式，调整产业结构，提高行业整体质量和效益，增强竞争力和可持续发展能力，提升发展水平，依据《云南省国民经济第十二个五年规划发展纲要》和《云南省新型工业化重点产业发展规划纲要》（云政发〔2004〕8号），组织编制了《云南省石油和化学工业“十二五”发展规划》。规划明确了“十二五”期间的经济发展目标：即2015年末，全省石油和化学工业主营业务收入达到2700亿元，在2010年基础上增长5倍，年均增长37%以上；实现工业增加值700亿元，年均增长35%以上。投资发展目标为累计实现工业固定资产投入1800亿元以上，在“十一五”基础上增长3.5倍。结构调整目标：一是企业结构更加集中。到2015年，有1个企业实现销售收入过千亿、2个企业实现销售收入超500亿、3个企业实现销售收入超百亿的目标，中小非公化工企业在延伸产品链方面的作用更加明显。焦化、电石、黄磷等行业通过节能减排产业政策倒逼机制等措施，推进行业技术进步、淘汰落后和联合重组，不断减少企业数量，提高产业集中度；二是产业结构更加优化。突破“一肥独大”的产业发展现状，初步形成多元化化工产业共同发展的格局。石油天然气化工、新型煤化工及盐化工产业成为全省石油和化学工业的主导产业，占全部化工产业的比重达80%以上。磷肥产能和产量占全国30%左右，化肥产业占全部化工的比重调整到10%以内。磷化工、传统煤化工、生物化工及其他化工产业进一步得到优化发展。

（吴　刚）

电力工业

【经济指标完成情况】　2011年，全省规模以上电力工业实现增加值290.53亿元，同比增长18.3%，增速比2010年下降1.6个百分点，电力工业增加值占全省规模以上工业增加值（2753.64亿元）的10.5%，比2010年下降0.9个百分点。规模以上电力工业实现主营业务收入896.4亿元，同比增长16.14%，利税总额104.8亿元，增长10.73%，利润总额42.3亿元，同比下降6.77%。

【电力生产】　2011年，全省发电量累计完成1555.13亿千瓦时，同比增长13.94%。其中，水电发电量1007.41亿千瓦时，增长23.79%，火电发电量536.06亿千瓦时，下降1.89%，风力发电10.05亿千瓦时，增长121.06%，光伏太阳能发电0.23亿千瓦时，46.18%。云南电网统调电厂完成发电量1249.73亿千瓦时，同比增长9.84%，其中水电发电量760.21亿千瓦时，增长18.11%，火电发电量479.59亿千瓦时，下降2.14%。

2011年，全省发电设备平均利用小时数为3843小时，同比提高57小时；水电平均利用小时数为3545小时，同比提高203小时；火电平均利用小时数4719小时，同比降低102小时。云南电网统调发电设备平均利用小时数为4131小时，同比降低146小时；统调水电平均利用小时数为3872小时，同比降低70小时；统调火电平均利用小时数为4732小时，同比降低123小时；统调风电平均利用小时数为2040小时，同比降低151小时；并网光伏太阳能平均利用小时数为1308小时，同比提高163小时。

【电源装机情况】 2011年，全省累计新投产发电装机容量442万千瓦，其中新投产水电407万千瓦，新投产火电3万千瓦，新投产风电33万千瓦。截至2011年底，全省发电装机容量4047万千瓦，同比增长12.3%，其中，水电装机2842万千瓦，同比增长16.7%，占全省发电装机的70.2%，比2010年提高2.6个百分点；火电装机1136万千瓦，同比增长0.3%，占全省发电装机的28.1%，比2010年下降3.3个百分点；风电装机67万千瓦，同比增长97.1%，并网太阳能光伏发电装机2万千瓦，风电和太阳能新能源装机占全省装机的1.7%。云南电网统调装机新增399.7万千瓦，截至年底统调发电装机容量3235.35万千瓦，同比增长14.1%，占全省装机容量的79.9%，比2010年提高1.2个百分点。

【电力使用】 省内用电2011年，全省全社会用电量1204.07亿千瓦时，同比增长19.9%，增速比2010年高7.3个百分点，比全国增速高8.2个百分点。单位GDP电耗1376千瓦小时／万元（按GDP当年价计算），同比上升5.45%（按GDP可比价计算）。电力消费中，第一产业用电量11.69亿千瓦时，同比增长9.6%，第二产业用电量966.0亿千瓦时，增长22.5%，第三产业用电量93.6亿千瓦时，增长43.8%，城乡居民生活用电量132.78亿千瓦时，下降5.1%。第一产业、第二产业、第三产业和城乡居民生活用电量分别占全省全社会总用电量的0.97%、80.23%、7.77%和11.03%。第二产业中工业用电量944.31亿千瓦时，增长22.6%，占全省用电量的78.43%，规模以上工业用电量744.41亿千瓦时，增长12.87%，占全省用电量的61.82%。全社会用电量上百亿的州市有：昆明市（286.26亿千瓦时，同比增长10.67%），曲靖市（190.74亿千瓦时，增长31.31%），红河州（128.66亿千瓦时，增长15.45%），玉溪市（112.78亿千瓦时，增长8.40%）。规模以上工业用电量上百亿的行业主要有：有色金属冶炼及压延加工业（216.75亿千瓦时，增长17.16%），化学原料及化学制品制造业（144.38亿千瓦时，增长5.48%），电力、热力的生产和供应业（108.29亿千瓦时，增长15.21%），黑色金属冶炼及压延加工业（103.33亿千瓦时，增长9.33%）。

云电外送2011年，全省累计输出电量376.31亿千瓦时，同比下降1.5%；累计输入电量25.33亿千瓦时，同比增长19.4%。云电送广东电量累计323.03亿千瓦时，与2010年送电量基本持平，同比增长0.14%；送越南电量39.76亿千瓦时，同比下降28.09%；送老挝电量1.04亿千瓦时，同比增长72.86%。

【电力运行】 2011年，在连续三年持续干旱和电煤供应持续紧张的双重困难下，全省电力运行加强综合调节，不断加大增煤保电和抗旱保电工作力度，全力确保了电力的安全、可靠和稳定供应，全年电力运行总体呈现“前松后紧”的运行态势。7月份以前，在前一年存煤蓄水情况较好（电煤库存达到535万吨的历史高位，在2011年春节前还维持在365万吨，具有年调节功能的小湾电站水库水位维持在1209米较高水位）的基础上，我省电力生产供应基本满足了省内旺盛的用电需求，少有的在枯水期没有限电。并且还在有能力的情况下，增加送广东电量10亿千瓦时，为缓解广东电力供应紧张作出了重要支持。但是，由于4月份和11月发生了几起重特大的煤矿矿难事故，全省大部分煤矿停产整顿，导致煤炭总体产量不足，电煤供应持续紧张，再加上煤炭价格大幅上涨（上涨幅度超过50%），火电企业进煤困难，4月份以后电煤消耗大于购进，库存持续下降，到9月份全省电煤库存最低时仅62.5万吨，只够4天发电用煤，火电缺煤停机容量超过50%。而另一方面，6月份我省进入主汛期，却遭遇了1959年以来不遇的主汛期干旱，气温持续偏高，降雨持续减少，主要流域来水较多年平均偏少47%，水电出力不足，呈持续下降态势。10月份，在统调水电装机同比增加近300万千瓦的状况下，发电量反而同比下降24.7%。由于严重缺水少煤，水电、火电出力都受到严重制约，电力供应不足，而相反用电需求又持续旺盛。因此，进入7月份以后，我省电力供需矛盾逐步凸显，形势发生明显转变，电力供应缺口逐步扩大，9、10月份最为紧张，最高时段电力缺口高达300万千瓦，电量缺口接近6000万千瓦时，最严重时段的缺电率一度高达20%。面对日益严峻的形势，省委、省政府高度重视，成立了省政府煤电油运保障工作领导小组，加强综合协调，采取积极措施，全力增煤保电，全力抗旱保电，在比较困难的局面下，逐步扭转电煤电力供应紧张局面。11月以后，电煤库存明显回升（到年底时达到357.5万吨），电力供应缺口不断缩小，缺电率稳定控制在5%左右。2011年全年电力供应没有出现大的起落，云南电网累计错峰限电量32亿千瓦时，仅占全社会用电量的2.66%，是近10年来的最小电力缺口，充分保障了国民经济社会发展对电力的需求。

【电源电网发展】 2011年，全省电力工业累计完成投资792.61亿元，同比增长23.3%，占全社会固定资产投资的11.15%，占全省工业投资的35.81%。

2011年云南水电继续保持快速发展，金沙江干流水电站开始逐步投运，水电装机占全省装机比例由2010年的67.56%提高到70.2%。金沙江干流首台发电机组金安桥电站4号机组于3月16日正式投产运行，拉开了金沙江干流大型水电站建成投产的序幕。我省最大的水电企业—澜沧江水电有限公司，在继续2010年小湾电站全部投产后，上游功果桥电站（装机90万千瓦）首台机组于10月28日正式投产运行，华能澜沧江公司投产装机容量达到885.41万千瓦，占全省统调水电装机容量比例达到42.05%。2011年，风电进入高速密集投产期，当年新增风电装机33.4万千瓦，新能源装机比例由2010年的1%提高到1.7%，而今后几年风电还将继续保持高速发展态势。火电方面，华电镇雄电厂大容量、超临界、高参数的火电机组于12月进入调试，有力地提高了我省枯期电力供应能力，由于机组正式投入商业在2012年1月1日，因此并未计入当年火电新增装机。

2011年，云南电网建设投资完成109.91亿元，继续保持较高水平。全年投产110千伏及以上电网项目56项，新增变电容量655万千伏安、线路1630千米。建成目前，云南电网已经形成500千伏“田”字形环网，500千伏主干电网不断延伸，已覆盖全省9个州（市），220千伏骨干电网覆盖了全省所有州（市），局部电网结构薄弱、电磁环网运行、电网“卡脖子”等现象得到了有效改善。同时，±800千伏直流双极、500千伏线路4回、220千伏线路2回与南方电网连接；3回220千伏线路、3回110千伏线路与越南连接；1回115千伏线路与老挝国家电网连接，大大增强了跨区电力交换能力。云南电网完成户表改造21万户，无电户通电4万余户，实现了全省行政村“村村通电”，城市供电可靠率达到99.933%，农村供电可靠率大于99.550%。

【节能降耗】 为响应省委、省政府“节能减排，电力先行”的号召，2008年我省开始试行云南电网节能发电调度，并在2010年7月2日，正式启动了云南电网节能发电调度，12月25日南方电网全网节能发电调度正式启动。2011年，云南继续深入推进和实施节能发电调度，不断强化节能发电调度技术支撑，加强一次能源跟踪，加强调度运行管理，紧紧围绕我省水电比重大的实际，优先利用可再生清洁能源，切实开展水电站群联合优化调度和水火电联合优化调度，最大限度提升增发水电的节能效益，最大限度减少火电发电，按照能耗低、排放小的原则安排火电机组发电，节能发电调度成效显著，主要表现在：一是可再生清洁能源发电比例日益提升。2011年，统调电网水电和风电发电量770.1亿千瓦时，较2010年647.7亿千瓦时同比增发18.9%，清洁能源发电量占全网发电量的61.62%，同比提高4.69个百分点；二是能耗控制成效显著。全年同比节约标煤391万吨。其中，因煤耗下降节约标煤9.59万吨，水电增发节约363.14万吨，新能源增发节约18.33万吨。单位发电矿物燃料消耗119.53克/千瓦时，较去年同期平均水平134.71克/千瓦时减少15.18克。统调火电发电标煤耗311.48克/千瓦时，较2010年底（313.48克/千瓦时）下降2克；三是脱硫成效明显。火电厂高度重视脱硫设施的运行管理，脱硫装置累计投运率达到99.54%，平均脱硫效率93.74%，二氧化硫总产生量83.57万吨，总消除77.84万吨，总排放量5.73万吨。

继续完善电力需求侧管理政策措施，推进合同能源管理，为用户节约电量近3000万千瓦时。

（付 晖）

建材工业

【综述】 2011年，全省规模以上建材工业实现现价工业总产值264亿元，同比增长34%。其中，水泥行业实现203亿元，同比增长28%，占规模以上建材工业现价工业总产值76.9%。

全行业（含非金属矿采选业）规模以上企业完成工业增加值124.2亿元，占全省规模以上工业增加值4.5%。其中，非金属矿制品业实现工业增加值89.5亿元，同比增长20.1%。水泥行业实现工业增加值70.3亿元，同比增长17.7%，占全省建材工业增加值78.5%。

2011年，全省规模以上建材工业实现主营业务收入257.4亿元，同比增长32.2%；完成工业增加值（含非金属矿采选业）124.2亿元，同比增长25%，占全省规模以上工业增加值4.5%。“转方式、调结构”步伐进一步加快，但受原料煤价格上涨等因素影响，全行业特别是水泥行业表现出“增产增值不增效”的运行特点。

产品销售率97.5%，同比下降1.84个百分点。其中，水泥产品产销率为98.3%，与2010年基本持平，继续保持供需两旺的态势。

2011年，由于燃料煤价格在2010年基础上提高150元左右，外加劳动力成本增加和产品价格稳中下滑等因素影响，致使全行业增产增值不增效，企业盈利空间进一步受到挤压。全行业实现利税总额24.42亿元，同比下降6.4%；其中水泥行业实现21.6亿元，同比下降7.4%。全行业实现利润11.58亿元，同比下降20.9%；其中水泥行业实现10.9亿元，同比下降19.8%。

通用硅酸盐水泥出厂价格总体稳中小幅波动，最高月份出厂价格为351元/吨，最低月份降至326元/吨，降幅达2.76%。上半年全省水泥平均出厂价格

（含税）335元/吨，同比上扬38元。下半年平均出厂价格（含税）324元/吨，同比上扬32元，环比下降11元。全年平均出厂价格330元，同比上扬36元。昭通、普洱、版纳等州市高出全省平均出厂价格，昆明、玉溪、曲靖低于全省平均出厂价格，水泥出厂价格呈西高南低趋势。

平板玻璃出厂价格从年初81.61元/重量箱逐月下滑至年末64.63元/重量箱，降幅达20.81%。全年整体呈持续下降态势：一季度平均出厂价格79.68元/重量箱，二季度为77.63元/重量箱，三季度为69.96元/重量箱，四季度为67.43元/重量箱。环比分别下降5.31%、2.58%、9.88%和4.15%。全年平均出厂价格73.67元/重量箱，较2010年下降9.77%。

【主要产品产量】 2011年，全省20种主要建材产品持续保持稳步增长态势。其中，水泥、水泥制品、平板玻璃、商品混凝土、石材制品等产量增幅较大。

水泥6789万吨，同比增长17.3%。平板玻璃850万重量箱，同比增长15.5%；其中，浮法平板玻璃687.8万重量箱，增长18.8%。建筑陶瓷4287万平方米，同比增长11.5%。各类砖163亿标准块，同比增长7%。石材加工638万平方米，同比增长21%。商品混凝土1009万立方米，同比增长70.5%。产品产销率达到97.3%。

水泥产量较2010年净增1003万吨，增幅提高2.67个百分点，年净增量首次超过1000万吨大关。散装水泥量2303万吨，较2010年净增506万吨，增长28.2%，散装率达33.9%，增幅提高2.8个百分点。新型干法水泥比重提高到84.2%，增幅提高1.7个百分点。

【固定资产投资】 2011年，随着产业结构调整步伐进一步加快，固定资产投资再创新高。其中：水泥制品、新型墙材、石材等行业成为投资热点，投资结构进一步优化。一批在建项目建成投产，拟建项目相继启动建设。建材行业完成工业投资130.4亿元，增长34.5%，增幅高出全国平均水平2.63个百分点。其中，水泥行业完成固定资产投资63.18亿元，同比增长19.1%，增幅高出全国平均水平27.4个百分点，占全省建材工业固定资产投资44.8%；水泥制品行业完成21.79亿元，同比增长54%，占全省建材工业固定资产投资15.4%；墙体材料行业完成6.48亿元，同比增长26.7%；建筑陶瓷行业完成3.36亿元，同比增长29.2%；建筑用石加工业固定资产投资异军突起，完成11.71亿元，同比增长150.7%，在全省建材工业固定资产投资中达到8.3%。

【重点项目建设】 2011年，全省水泥行业共有15条日产2000~3000吨新型干法水泥熟料生产线在滇中、滇西、滇南、滇西北等9个州市的不同区域竣工投产，新增水泥熟料生产能力1053万吨。其中，玉溪市竣工投产新型干法水泥熟料生产线6条，新增水泥熟料生产能力420万吨。华新红塔滇西水泥在景洪建设的日产2500吨生产线如期投产，填补了西双版纳州无新型干法水泥生产企业的空白，使全省生产新型干法水泥的州市增至14个。

云南云翔玻璃有限公司二线顺利投产，全省浮法平板玻璃生产线规模大幅提高，玻璃日熔化量最大吨位增至700吨。

云南碧奎天然石材开发有限责任公司加工板材600万平方米再生石材项目一期120万平方米进入试生产阶段，全部建成投产后将成为国内最大的再生石材加工企业。

【节能降耗】 2011年，全省共拆除5户、7条水泥熟料生产装置，淘汰落后水泥产能102.6万吨。

全省规模以上建材工业（含非金属矿采选业）消耗能源总量847万吨标煤，单位工业增加值能耗6.82吨标煤，在2010年7.73吨标煤基础上下降11.8%。

资源化利用各类工业固体废弃物2700万吨，在2010年基础上提高17%。

在不考虑可比性情况下，2010年全省150户水泥生产企业平均单位熟料综合煤耗129.8千克标煤/吨、单位熟料综合电耗79.0度/吨、单位熟料综合能耗141.1千克标煤/吨、单位水泥综合电耗105.8度/吨，单位水泥综合能耗110.7千克标煤/吨。

【兼并重组】 尽管到2010年底全省水泥熟料生产企业由2005年的237家减少到153家，减少36.6%，但水泥熟料生产的“小散乱”局面并未得到改善。同时，192条水泥熟料生产装备中仅有41条日产2000吨及以上新型干法生产线符合国家产业政策，产能仅占53.7%。依靠自身力量推进水泥产业调整发展难以满足全省跨越式发展的需求，亟待引进战略投资者参与合作。在“央企入滇”和鼓励国内前10家及省内具有200万吨水泥熟料产能企业参与全省水泥行业兼并联合重组的政策引导下，水泥行业掀起了新一轮兼并联合重组的热潮。中建材、华润、海螺、红狮、华新及省内昆钢建材、拉法基瑞安等水泥企业已成为全省水泥行业兼并联合重组的主体，组建部分区域性建材集团工作也正在酝酿启动。2011年，全省已有17家水泥熟料生产企业分别同整合主体企业签订了兼并联合协议，尚有60多家企业正在开展兼并前的资产评估等工作。

【行业管理】 根据《水泥行业能源消耗定额》，全省首次对水泥生产联合企业实施了资源能源消耗通报，引导水泥企业开展资源能源消耗对标。通过对2010年各水泥生产联合企业各项指标统计分析，最终对35户5个指标中有3个指标超过可比能耗标准最高限额值的企业和25户未及时填报资源能源消耗报表的企业，分别实施了黄牌警告通报。

根据工信部《水泥行业准入条件》和《水泥行业准入公告管理办法》的要求，第一次组织审报了12户、15条熟料产能在60万吨及以上、项目审批手续齐全、能源消耗指标达到标准、产品质量符合要求并配套建设了余热发电系统的新型干法水泥熟料生产线和2户年产60万吨及以上的水泥粉磨站。

根据工信部《关于进一步做好淘汰水泥落后产能工作的通知》（工信部原〔2010〕564号）中“有条件、有限制”暂时保留部分机立窑升级改造的要求，通过企业申请，地方认可、专家认证、公示审批等程序，分三批对24户、29条机立窑确认为“十二五”暂时保留并升级改造的生产线。

结合《水泥企业质量管理规程》（工信部工原〔2010〕第129号公告）宣贯工作，要求各级工业主管部门加强对水泥企业质量管理监督检查、督促企业执行《规程》的同时，对水泥企业提出了“建立健全质量管理体系、强化化验室软硬件建设、严格化验室评审考核管理、加强对比验证检验管理、规范水泥企业化验室检验人员培训工作”等确保水泥产品质量的要求，对37户经省建材协会评审考核的水泥企业化验室进行公示并颁发化验室合格证书。

根据《云南省人民政府关于加快石产业发展的意见》（云政发〔2011〕23号）责任分工省工信委牵头负责“研究提出石产业行业准入条件”的要求，原材料工业处牵头会同相关部门编制了《云南省装饰石材行业准入条件》。《云南省装饰石材行业准入条件》于7月12日正式行文上报省政府审定同意，省工信委于9月20日印发并从2011年11月1日实施。省内编制实施装饰石材行业准入条件在全国范围内尚属首例，为引导全省装饰石材行业科学发展提供了基础。

依据建材工业发展规划和各类产业政策，全年为126个企业办理了项目产业政策认定工作，为协调项目建设和保证企业正常生产经营提供了政策服务。

为进一步推进全省建材工业转变发展方式、调整优化结构、提升发展水平，依据《云南省国民经济第十二个五年规划发展纲要》和《云南省新型工业化重点产业发展规划纲要》（云政发〔2004〕8号），组织编制了《云南省建材工业“十二五”发展规划》。规划明确提出了经济发展目标:即2015年末，建材工业实现销售收入500亿元，年均增长16%；全行业实现工业增加值155亿元，年均增长15%。其中，水泥工业增加值占全部建材工业增加值调整到70%。主要产品增长目标：即2015年末，水泥熟料总产能控制在1.2亿吨以内；水泥产量1.25亿吨，年均增长16.8%。浮法玻璃总产能控制在3000万重量箱以内；玻璃产量2700万重量箱，年均增长30.6%。建筑陶瓷5000万平方米，年均增长6.4%；各类砖800亿标准砖，年均增长19.8%；石材加工2000万平方米，年均增长18%。矿渣微粉总产能达到年产200万吨左右，商品混凝土达到2600万立方米。技术进步目标：即建立4个以上建材企业省级技术研发中心；新型干法水泥比重达到90%以上，散装率提高到60%以上，90%日产2000吨及以上新型干法熟料生产线实现低温余热利用；浮法玻璃比重达到90%以上。节能减排目标：即全省水泥行业可比熟料综合标准煤消耗平均控制在每吨135千克以内，可比熟料综合标准电耗平均控制在每吨78千瓦时以内，可比熟料综合能耗平均控制在每吨145千克标准煤以内，综合水泥生产企业可比水泥综合标准电耗平均控制在每吨120千瓦时以内，可比水泥综合能耗平均控制在每吨118千克标准煤以内。平板玻璃企业的熔窑热耗普遍控制在每千克玻璃液热耗8200千焦以内，每重量箱玻璃平均综合能耗控制在20.5千克标准煤以内。墙体材料每万块标准砖综合能耗小于720千克标准煤。所有企业粉尘排放量控制在每立方米30毫克以内。实施原料替代和窑气净化回收利用工程，二氧化碳排放量降低10%。资源节约与综合利用目标：即年综合利用固体废弃物3000万吨以上，石灰石资源综合利用率达80%以上。行业重组目标：即2015年末，全省水泥熟料生产企业数控制在100个以内，形成2–3个年产水泥2000吨以上企业，排名前10名水泥企业年产量比重超过50%。基本形成10个独居特色的建筑石材加工龙头企业；建筑石材和建筑陶瓷品牌成为省内知名品牌。

（李　莉）

墙体材料革新

【概况】 2011年是“十二五”规划的开局之年，在省墙体材料革新协调领导小组和省工业和信息化党组的正确领导下，省墙改办带领全省各级墙改办，认真贯彻党的十七届五中全会、省委八届十次、十一次全会和《国务院支持云南省加快建设面向西南开放重要桥头堡的意见》精神以及《云南省发展新型墙体材料条例》要求，进一步贯彻落实《云南省新型墙体材料认定管理办法》，以科学发展观为指导，紧紧抓住国家深入实施西部大开发战略、支持云南建设面向西南开放重要桥头堡发展机遇，禁止使用实心黏土砖（以下简称：“禁实”）工作稳步推进，产业结构调整迈出新步伐，新型墙材投资势头强劲，新型墙材产能迅速扩大，全省墙材革新工作呈现出快速发展的良好态势。2011年，全省墙体材料产量达163.10亿标块，其中，新墙材产量101.09亿标块，占墙材总量的比例达到61.98%，比2010年增长4.14个百分点；关闭、转产黏土砖企业67家，新建、改建、扩建新墙材生产企业52家，节约能源62.68万吨标准煤，节约土地1.67万亩，减少CO2、SO2等废气排放量192.62万吨，利用工业废渣1553.2万吨，为全省节能减排作出了贡献，产生了良好的社会效益和经济效益。

【在盈江举行灾后重建捐赠仪式】 7月20日，国家发改委支持盈江灾后重建捐赠仪式在盈江县城举行。盈江“3·10”地震给当地人民群众的生命财产造成重大损失，灾后重建急需大量新型墙体材料，根据盈江县的自然资源条件和建筑结构体系要求，既可以利用当地充足的河沙，也可以利用震毁的建筑废弃物生产绿色、环保、低碳的新型墙体材料，满足盈江灾后重建和长远发展的需求，结合推进盈江县墙材革新工作，省墙改办报请国家发改委环资司，协调福建卓越鸿昌建材装备股份有限公司、瑞图控股（中国）有限公司向盈江地震灾区捐赠两套年产6000万块标砖新型墙材能力的生产线及设备。捐赠仪式由省工信委副主任郎利辉主持，国家发改委环资司李静副司长作重要讲话，盈江县委书记王明山、县人民政府卫岗县长代表盈江县委、县政府接受了捐赠，并分别向国家发改委环资司和2家企业回赠了捐赠匾牌，卫岗县长代表盈江县人民政府作了表态发言。

【举办云南省首届新型墙体材料产品展示会】 7月20日至21日，云南省首届新型墙体材料产品展示会在盈江举行。盈江“3·10”地震出现大量自建简易房倒塌并导致人员伤亡，原因是多方面的，但也暴露了当地新型墙体材料生产落后、产品单一、产品质量不稳定和使用不当等问题。针对上述存在的问题，借国家发改委向盈江灾后重建捐赠新型墙体材料生产设备之机，省墙改办经过充分准备，制作展板、编印宣传材料、购买宣传礼品等，组织全省各州市墙改办、新型墙材企业代表参展。展会上，共布置30个展位，具有全省代表性的砖、块、板三大类17个品种80多个企业产品实物进行了图文并茂、砌筑墙体样板、视频等方式的展示宣传。展会期间，共发放各类宣传资料5万多份，参观群众达到2万多人次，这次产品展示会取得圆满成功。

【开展新型墙体材料产品认定工作】 根据《云南省发展新型墙体材料条例》和《云南省新型墙体材料认定管理办法》规定，在各州市墙改办的配合下，有序开展新型墙体材料产品认定工作。通过指导具备条件的新型墙材企业按程序组织申报材料、各级墙改办对企业申报材料初审、省墙改办审核，对符合条件的，核发《云南省新型墙体材料认定证书》。全年共受理了175家次，有166家新墙材企业通过认定，取得《云南省新型墙体材料认定证书》。

（史建云）

散装水泥

【综述】 2011年，云南省散装水泥供应量首次突破2000万吨大关，累计供应量达到2303.36万吨，同比增加506.03万吨，增长28.15%，全省散装率为33.93%，同比增加2.87个百分点，散装水泥供应量和散装率创历史新高，全省水泥累计生产量为6788.88万吨，增长幅度为17.3%。

散装率最高的州市是昆明市，达到57.71%，其次是西双版纳州，达到50.01%，第三是红河州，达到43.14%。

散装水泥供应量增长量最多的州市是昆明市，同比增加124.25万吨，供应量达到705.56万吨，其次是大理州，同比增加79.27万吨，供应量达到285.04万吨，第三是红河州，同比增加68.36万吨，供应量达到184.67万吨；散装水泥供应量增速最快的是西双版纳州，增速为179.11%，其次是保山市，增速为108.04%，第三是文山州，增速为105.53%。

全年新增散装水泥发放能力24.07万吨，以新建的新型干法水泥生产线为主，增长23.75%，年末发放能力达到124.97万吨。

散装水泥专用车本年新增255辆，额定量新增11416吨，年末拥有量为1202辆，额定量为39279吨。散装水泥流动罐本年新增41个，额定量新增4430吨，年末拥有量为1992个，额定量为54169吨。

全省农村水泥使用量为2513万吨，其中散装水泥使用量为429.41万吨，农村散装水泥使用率为17.09%，农村散装水泥销售点共58个，拥有散装水泥罐83个，容量达到6320吨，农村散装水泥发展相对滞后。

【预拌混凝土加快发展】 2011年在城市城区“禁现”的基础上，预拌混凝土呈现以昆明为主逐步向各州市快速发展的态势。2011年预拌混凝土实际产量1832.24万立方米。同比增加588.59万立方米，同比增长47.33%。其中昆明市供应量为1298.46万立方米，占全省总供应量的70.87%，同比增加356.25万立方米，同比增长37.82%。

全省预拌混凝土生产企业发展到138家，年设计能力达到5635万立方米，本年新增生产企业39家，新增设计能力1302万立方米；混凝土搅拌车1632辆，额定量为15565立方米，本年新增151辆，新增额定量1542立方米；混凝土泵车162辆，泵送能力为14974立方米/小时，本年新增36辆，新增额定量3408立方米/小时，预拌混凝土设施设备建设逐步完善，但地区发展还不平衡。

【立法工作稳步推进】 根据云南省人民政府2011年立法工作计划安排，进行了《云南省促进散装水泥发展和应用条例（草案）》调研论证和起草工作。在省工信委的具体指导下，我省各级散办通力合作，积极协调省人大、省法制办、省财政厅等部门，按照立法程序，多次深入基层企业，听取意见和建议，认真开展散装水泥立法调研论证工作，并认真研究其他省区的立法经验，汇集各方智慧，反复修改完善，完成了《云南省促进散装水泥发展和应用条例（草案）》送审稿的起草工作，并于2011年8月报送省人民政府，同时省散装水泥办积极配合省法制办完成了向有关部门和单位征求意见和条例草案立项论证工作，该条例已被省政府列入2012年一档立法计划。

【专项资金征收入库情况良好】 散装水泥专项资金征收力度进一步加大，针对专项资金征收难的问题，省散办多次到大理、丽江、临沧、德宏、保山等州、市调研指导专项资金征收使用管理工作，并到省属水泥企业督促企业按规定按时缴纳专项资金，进一步规范了省级征收企业名单。全省散装水泥专项资金征收入库率进一步提高，省散办完成全年700万元征收预算任务，全年投入专项资金630万元，重点支持一批省级水泥企业散装水泥设施装备建设，安排70万元，用于全省宣传、培训、示范推广等工作。

【发展散装水泥对节能降耗效益明显】2011年全省散装水泥累计供应量为2303.36万吨，预拌混凝土生产量为1832.24万立方米。实现节约包装材料13.82万吨，节约标准煤59.69万吨，节约水泥146.58万吨，减少水泥粉尘排放23.15万吨，减少二氧化碳排放103.65万吨，减少二氧化硫排放767.02吨，综合利用工业固体废物329.80万吨，实现综合经济效益12.81亿元。

（散装水泥办公室）

食品工业

【综述】　2011年，围绕烟、酒、糖、茶、生物医药、木本油料、畜产品加工、野生食用菌、果品加工及特色食品加工等重点行业，我委通过进一步加强食品行业管理，促进产业结构调整，保障食品质量安全，提升食品工业发展水平。一是编制食品工业行业规划，做好行业发展指导。2011年，完成《云南省“十二五”食品工业发展规划》、《云南省“十二五”制糖工业发展规划》、《云南省“十二五”木本食用油产业发展规划》3个规划编制，其中，《云南省“十二五”酒产业发展专项规划》已以省政府发布实施。二是承接产业转移，积极推进央企入滇战略。充分利用我省丰富的生物资源优势和面向东南亚、南亚的区位优势，加大招商引资，积极引进战略合作伙伴，推动央企入滇和有实力的民企入滇，加快推动中粮、五粮液、蒙牛、光明等大企业在滇合作与投资进度，以提升我省食品工业的产业发展水平，实现规模化发展。三是积极协调，推进重点行业发展。四是加强行业项目管理，增强产业发展动力。

【主要经济指标】　2011年，全省规模以上食品企业共569户，固定资产合计258亿元，从业人员12万余人。其中，食品加工业306户，食品制造业96户，饮料制造业146户、烟草制造业21户。主营业务收入超过10亿元的企业10户，全部是烟草制造企业。主营业务收入在5~10亿元间的企业有6户，1~5亿元间的企业有70户。

2011年，食品工业规模以上完成工业增加值1099.66亿元，同比增长18.24%，占全省规模以上工业增加值40%。其中，烟草938.05亿元，同比增长17.5%，占全省规模以上工业增加值34%。非烟食品工业161.58亿元，占全省规模以上工业增加值6%。非烟食品工业中农副食品加工业87.36亿元，同比增长19.7%；食品制造业26.54亿元，同比增长27.2%；饮料制造业47.68亿元，同比增长25.1%。

2011年全省累计共生产卷烟729.98万箱，增2.3%；糖173.51万吨，增-3.49%；精制茶13.95万吨，增13.61%；饮料酒118.81万千升，增22.08%；乳制品34.84万吨，增10.81%；大米179.23万吨，增61.19%。

【主要行业发展情况】　制糖产业：云南省是全国食糖第二大主产区，占全国产量约20%。受干旱天气影响，2010/2011年榨季，云南省生产食糖176.15万吨，同比少产糖1万吨；生产酒精10.69万吨，同比少产酒精0.74万吨。完成工业增加值44.6亿元，增长20.1%。我省有七个主产糖州市，其中，排名前5位的是临沧市产糖63.41万吨，占全省36%；德宏州产糖45.81万吨，占全省26%；普洱市产糖18.29万吨，占全省10.4%；保山市产糖16.57万吨，占全省12.33%；西双版纳州产糖15.18万吨，占全省8.6%。

制茶工业：全省茶园面积565万亩，居全国第一位；精制茶叶产量14万吨，增长13.63%，居全国第二位；工业增加值13.94亿元，增长21.3%。近年，我省在稳定发展滇绿、滇红的同时，大力挖掘“普洱茶”传统文化，成功将普洱茶推向国内外市场，在“滇红”、“下关沱茶”等传统品牌的基础上，打造了“大益”、“庆沣祥”、“七彩云南”、“龙润”、“龙生”等一批普洱茶的知名品牌，产业的集中度有所提高。

酿酒工业：2011年，省工信委通过加强接待用酒管理、发挥行业龙头示范带动作用，促进酒产业结构调整和升级等一系列措施，我省酒产业呈现出增长快速、结构改善、质量提升、效益提高的良好局面。全省规模以上酒产业工业企业完成工业增加值17.86亿元，增长30.7%。饮料酒累计产量118.8万吨，增长22.1%。其中，白酒产量38.4万吨，啤酒产量76.2万吨，葡萄酒2.5万吨，分别比同期增长-3.2%、39.3%、55.5%。

咖啡加工业：云南咖啡种植面积和产量分别占全国咖啡总面积和总产量的99.3%和98.8%，占世界咖啡面积和产量的0.2%和0.4%，是全国最大的咖啡豆生产基地。目前，我省正在昆明高新技术开发区集中建设咖啡精深加工产业园区。

同时，2011年，食品工业综合能源

消费量更创新低，农副食品加工业单位增加值能耗1.06吨标准煤/万元，同比下降13.62%；烟草制品业单位工业增加值能耗0.04吨标准煤/万元，同比下降2.83%。

【技术创新】 2011年，围绕烟、酒、糖、茶、木本油料、畜产品加工、野生食用菌、果品加工及特色食品等重点行业，加大项目扶持力度，引导行业投资，促进食品药品工业的跨越发展。

制糖工业：在技术工艺方面，一些具有国际国内先进水平的技术如低硫制糖新工艺、烟道气余热利用技术、制糖过程集成控制系统、糖厂用水深度处理与循环利用技术等，在省内部分制糖企业中开展应用，并取得一定成效。在自动控制方面，锅炉全自动控制及能源集中管理、甘蔗压榨自动控制系统、糖厂蒸发过程自动控制系统得到广泛应用，改进了磷浮法工艺，产品质量稳步提高。在糖机装备方面，制糖企业积极采用高效、节能、环保新型设备如全自动离心机、全自动板框压滤机、无滤布真空吸滤机、快速沉降器、高效撕裂机、环保高效燃硫炉、自动调节硫熏中和器、板式换热器、喷射雾化冷凝器等，制糖装备水平比“十五”期间有很大提升。

2011年，我省制糖行业在综合利用方面取得较大进展，全省大部分制糖企业建有综合利用分厂或车间，综合利用的技术也有较大的发展和提高，综合利用产品达10余种，除糖蜜生产酒精，滤泥、蔗屑生产复合肥等传统产品外，还有活性炭、木糖、低聚果糖、纸浆、纸、酵母、麦角醇等产品。企业规模不断扩大，集约化程度不断提高，综合利用产品的产值占糖业总产值的比重也不断上升。五年间，综合利用产品销售收入从5.48亿元增加到9.34亿元，行业经济效益得到提高。

制茶工业：针对近年茶叶市场出现的大幅波动形势，我省通过加强技术改造、结构调整、品牌培育等一系列的强化措施加大扶持，使2011年茶叶产量、茶农收入、企业效益、财政收入、市场份额实现了大幅度增长，云南制茶工业进入了一个快速的发展期。一是一批大项目带动了制茶工业规模化发展。云南天士力生物茶科技有限公司投资23.64亿元建设天士力帝泊洱生物茶谷项目，全程采用现代中药技术，提升普洱茶科学叶组配方和数字化的萃取工艺生产普洱茶珍。七彩云南庆丰祥茶业有限公司投资3亿元新建15万平方米茶叶加工及茶叶衍生品加工厂房，项目建成后可形成1.28亿袋/年袋泡茶、新增普洱茶5000年/吨生产能力。云南滇红集团股份有限公司投资2.17亿元建设工夫红茶、CTC红碎茶、绿茶、普洱茶等四大茶类为主的精制加工生产线，达到年加工精制茶1.5万吨规模。这些项目的实施，为云茶产业快速发展奠定了坚实的基础。二是普洱茶产品从传统的“砖、饼、沱”向袋泡、茶粉、茶膏、茶饮料、茶保健品等拓展。天力士集团成功开发出以速溶普洱茶为主的“帝泊洱”系列茶产品，推进传统普洱茶产业进一步升级。三是技术改造后的制茶生产线茶业建设了苛刻的品控管理制度和产品质量可追溯系统，提高了云茶产品质量安全水平。四是我省在稳定发展滇绿、滇红的同时，大力挖掘“普洱茶”传统文化，成功将普洱茶推向国内外市场，在“滇红”、“下关沱茶”等传统名品的基础上，打造了“大益”、“庆沣祥”、“七彩云南”、“龙润”、“龙生”等一批普洱茶的知名品牌，产业的集中度有所提高。

酿酒工业：2010年底，省政府及办公厅下发了《云南省人民政府关于以名牌建设带动云南酒产业发展的意见》和《云南省“十二五”酒产业发展专项规划》，为我省酒产业的发展创造了良好的环境和氛围，极大地带动了各地发展酒产业的积极性。澜沧江云县20万吨啤酒改扩建项目已建成投产。君和酒业公司原乡酒庄建设项目、香格里拉年产3000吨葡萄酒和5000吨青稞酒生产线技改扩建项目、鹤庆乾2.5万吨白酒生产线技改扩建等一批大项目进展顺利。同时，有基础、有条件的州、市、县纷纷编制酒产业发展专项规划，将酒产业列为本地区的重点产业进行着力打造。杨林肥酒、君和酒业、澄泉古真酒业、九田集团、云酒集团等一批区域龙头企业相继崛起，龙锶源酒业15000白酒及饮料迁建项目改扩建、墨江酒江酒业10000吨/年酒类及饮料改扩建项目、红河矻扎扎酒业有限公司年产6000吨白酒生产线扩建项目、云南则黑酒业有限公司年产4800吨技改扩建项目等一批重点项目相继开工建设。这些企业的崛起和项目的建成投产将进一步带动县域经济发展，使之成为县域经济的又一新亮点。

2011年，我省新增5户食品工业企业省级企业技术中心，截止2011年，我省共有36家企业被认定为省级技术中心。

【盐务管理】 2011年，全省累计生产原盐101.8万吨，同比增加6%。其中食用盐41万吨，同比增加18.9%；工业盐60.7万吨，同比减少1.2%。省内原盐销售达62.2万吨，同比增加7.8%，其中食盐累计销售36万吨，完成了全年计划32.5万吨的110.7%，同比增长10.3%；工业盐累计销售26.2万吨，同比增加4.6%。省外原盐销售23.96万吨，同比减少4.4%，其中食盐销售4.96万吨，同比增长22%；工业盐销售19万吨，同比减少9.5%。产品销售收入7.78亿元，实现利润总额1240万元，工业增加值4.77亿元。

全省合格碘盐食用率为97.1%，碘盐覆盖率为98.09%，碘盐合格率为98.09%，实现全省95%的县消除碘缺乏病人阶段目标。

2011年，围绕完善法规保障，规范市场秩序，推进盐业法规建设。一是按照《云南省盐业管理条例》修订计划，完成省政府程序性审核和提交省政府常务会审议，已由云南省第十一届人民代表大会常务委员会第二十四次会议于2011年7月27日通过，自2011年10月1日起施行。二是对食盐定点生产许可、食盐准运许可、食盐批发零售许可、盐资源开发、制盐企业扩大生产规模等事项，遵循公开、公平、公正、便民、高效的原则，规范行政许可事项工作制度，完善行政许可事项工作内容，严格办理程序。开展窗口服务，实行专人负责，及时办理和公开相关信息，满足了社会对政府行政公开工作要求。共计发放食盐准运证5800份，食盐批发许可证138份。

全省盐业行政管理主体地位逐步明确，行政部门盐业管理和市场监管职能职责进一步强化。州（市）一级盐业管理职能已统一划入工业和信息化管理部门，政府工业和信息化职能部门体系下的盐务管理局已成为州市盐务管理工作的主体。除曲靖市外，普洱、文山也成立了专门的执法机构；到12月底，县级盐务管理机构有116个。

2011年11月召开了全省贯彻实施《云南省盐业管理条例》暨盐务管理工作会。会议明确要求各级盐业管理部门在全面贯彻落实《条例》的过程中，深刻理解盐务管理工作在我省“桥头堡战略”中的作用，积极推进结构调整、优化产品结构、实施科学管理、严格市场监督并完善管理制度。

营销管理。一是加强食盐的价格管理、计划管理、市场管理及代转批管理，加大对各营销分公司、代转批单位月度的销售计划完成情况考核力度，积极争取物价部门支持，实施县以下食盐顺加作价，有效解决了各乡镇食盐配送费用问题。二是加强食品加工用盐管理，严格控制50kg大袋盐的销量，500g小包装食盐销量与上年同比增长3.6%。三是利用“3·15”、“5·15”主题活动日及节假日，深入开展盐产品宣传和防治碘缺乏危害宣传，努力提高消费者辨别真假食盐的能力及自觉抵制私假盐的意识，共发放宣传资料31万份；四是积极配合行政执法部门加强盐业市场监管，加大对食盐制假贩私行为的打击力度，全年查获涉盐违法案件313件，查获违法盐产品531.7吨；五是继续推进城乡食盐营销网络建设，取缔部分经营能力较差的网点，选择符合条件的经销商作为终端网点，全年共设立城乡（镇）食盐营销网点4077个，开展乡镇、村级食盐配送业务，既保证了食盐市场的有序竞争，又能有效遏制私假盐的冲销，促进了500g小包装食盐销售。

应对突发事件。3月16日，受“食用碘盐可防止辐射”、“海盐受污染”等谣言的影响，全国发生食盐抢购事件。各级盐业行政主管部门及时应对，启动应急预案，迅速对食盐生产、销售、运输等做出部署和安排，做好宣传、信息发布和市场监管。协调相关企业实行24小时配送服务，增设临时食盐销售点，及时向全省各大中型超市及经销点补充食盐。加强与运政、交警以及运输单位的联系，开设食盐运输绿色通道，向全省16个地州调运食盐21309吨，在不到3天的时间内，平息了食盐抢购风潮。

盐业结构调整。按照“优化产业结构，改进发展模式，提高产品附加值。引导和支持企业提高盐业资源的合理开发和综合利用水平，注重清洁生产和节能生产；优化产品结构，把盐产品品种从营养盐、日化盐向食品加工、畜牧、水处理、高纯度工业盐等高附加值产品的领域拓展。”的工作思路，推进盐业结构调整。云南盐化完成了80万吨/年真空制盐项目建设顺利，11月16试生产。

质量管理。认真贯彻执行《中华人民共和国食品安全法》、《中华人民共和国产品质量法》，明确盐业质量工作的任务和工作重点，落实食盐安全管理责任，严格控制重大食盐安全事故的发生，确保食盐安全，让老百姓能够吃上合格、放心的食盐。全年一次抽检昆明盐矿、一平浪盐矿、乔后盐矿和普洱制盐分公司盐产品，合格率分别为100%、99.9%、99.9%、和99.8%，计量抽检合格率分别为100%、99.9%、98.6%和99.7%。

4月份，国家轻工业井矿盐质量监督检测中心到我省多个营销场所抽检的20个食用盐样品，结论为合格。7月份，国家盐化工产品质量监督检验中心对我省四个生产企业的食用盐进行了产品质量国家监督抽查，抽检了5个样品，全部为合格。省盐业产品质量监督检验站反馈抽检信息662个，结论为全部合格。

【食品安全工作】 全面部署食品安全工作。一是省工信委召开了《全省食品工业企业食品安全专题工作会议》，组织动员全省食品工业企业加强食品生产质量安全管理，全面部署全省食品工业企业食品安全工作，133户食品工业企业对产品质量安全作出了承诺，并向全社会进行倡议。二是对元旦、春节、中秋、国庆等重大节假日食品质量安全和生产供应工作部署，要求各州市工信委做好保障国庆、中秋、元旦和春节等期间食品质量安全和生产供应，督促企业有序组织生产，切实保障市场供给，并严格按标准组织生产，保障食品质量安全，防止重大食品安全事故发生。

对我省已核发生产许可证的乳制品生产项目（企业）和在建、拟建的乳制品加工项目进行全面彻底审核清理。经审核清理，27户企业符合国家乳制品工业产业政策，14户生产企业因原料来源无保障、不具备生产条件而停产关闭。

为严厉打击食品非法添加和滥用食品添加剂行为，进一步加强对食品非法添加行为的源头治理，省工信委对食品添加剂生产和使用企业、邻苯二甲酸酯类物质、辣椒及其制品、油脂等生产企业进行排查工作，通过排查，截止到目前，我省未发现违法添加的生产经营企业，未发现食品企业非法添加和滥用食品添加剂行为。

对云南省16个州、市工信委（局）诚信体系建设负责人、70户食品工业企业诚信管理体系负责人、相关协会负责人进行培训。通过培训，进一步加强了我省食品行业普法和法制宣传教育，增强企业食品安全意识，营造氛围，有力推动了我省食品行业企业诚信体系建设。

省工信委会同省食安办、省发展改革委、省食品工业协会等16个部门（单位）建立《云南省食品工业企业诚信体系建设工作部门联席会议制度》，研究制定《云南省食品工业企业诚信体系建设工作实施方案（2011~2013年）》，全面推动云南省食品工业企业诚信体系建设工作。并下达了2011年食品工业企业诚信体系建设专项资金安排计划，在全省6个州市选择6个行业选择10户试点企业，以每户补助2万元的方式，对试点地区、试点企业开展食品工业企业诚信建设试点工作。

为形成有效的企业自律机制，督促各有关行业协会制定和完善行规行约，省工信委积极指导行业协会在行业内开展诚信宣言、公约、自查或互查等自律活动。省食品行业协会、省包装行业协会、省糖业协会积极在行业内开展宣传教育活动，倡导食品企业重合同、守信誉、依法生产经营，文明诚信经商，提高企业和员工的诚信意识和诚信水平，形成有效的企业自律机制。

【重点项目与投资】 2011年，围绕烟、酒、糖、茶、木本油料、畜产品加工、野生食用菌、果品加工及特色食品等重点行业，加大项目扶持力度，引导行业投资，促进食品药品工业的跨越发展。省级技术改造专项资金共扶持7个食品工业项目923万元，带动社会投资12.66亿元，项目建成后预计可实现销售收入9.8亿元，利税2.67亿元。酒产业专项资金共扶持15个酒产业重点项目2850万元。带动社会投资26亿元，项目建成后可实现销售收入106.52亿元，利税30.44亿元。

2011年有22个食品工业项目列入云南省工信委联系100个重点项目

（苏燕妮　姜　梅）

医药工业

【综述】 云南省的医药工业主要是以植物药、民族药、化学药、生物疫苗为架构的多门类生产体系和以云南白药系列、三七系列、灯盏花系列、天麻系列、血塞通系列、中药注射液系列、生物疫苗系列、中药提取物系列、贵金属抗癌药物系列、贵金属络合药、生物疫苗、化学药品制剂和中药饮片等系列产品所构成。

2011年，云南省有医药工业企业134户，规模以上83户，规模以下51户，分布在除怒江州外的15个州市，主要集中在昆明、玉溪、红河、楚雄、曲靖、大理和文山7个州市。规模以上企业昆明市有41户，占全省的49.34%；玉溪市有11户，占全省的13.25%；楚雄州8户，占全省的9.64%；红河州7户，各占全省的8.42%；大理州4户，占全省的4.81%；曲靖市和丽江市各3户，文山州2户；昭通市、德宏州、普洱市和保山市各1户，西双版纳、迪庆、临沧三个州市没有规模以上企业。

2011年度我省新增药品生产批文12个，其中，化学药3个，中成药9个。至此，我省现有药品生产批文4387个，其中：化学药生产批文2305个，中药生产批文2069个，生物制剂批文11个，进口化学药批文2个。药品生产品种1480个，其中化学药613个，中成药品种867个。

我省医药工业现有上市公司4家，分别是云南白药在深圳证券交易所、昆明制药在上海证券交易所、云南沃森生物技术有限公司在我国创业板市场、昆明圣火在美国纽约证券交易所上市。

【主要经济指标】 我省怒江州目前没有医药企业，西双版纳、迪庆、临沧3个州市没有规模以上医药企业，2011年，全省医药工业实现产值215亿元，同比增长29.66%，在全国排名24位；工业增加值84亿元，同比增长42.26%；主营业务收入267亿元，同比增长72.96%；利润总额31亿元，同比增长51.06%，在全国排名21位。

云南省医药工业产值排名前十位的产值共129亿元，占全省的60%；主营业务收入排名前十位共186亿元，占全省的69.66%；利润总额前十位的共24亿元，占全省的77.42%；

【民族药发展情况】 云南素有“植物王国”、“动物王国”、“药物宝库”等美誉，药用植物有6559种，占全国药用植物的51%，其中植物药材6157种、动物药材372种、矿物药材32种，药材品种的数量和储量居全国之首。三七、天麻、滇重楼、滇龙胆、灯盏花、云木香等是我省道地药材。其中三七是云南省最具特色的生物资源，是我国能够完全规模化、标准化种植的少数中药材品种之一，种植集中在云南省境内，产量占全国用量的98%，文山州作为原产地和主产地，是中国著名“三七之乡”。

云南省也是多民族聚居的省份，各族人民经过数十年的研究和医疗实践，民族医药有了长足发展。傣、藏、彝、苗等民族药已经成为中华民族医药的重要部分，具有鲜明的地域特色、资源特色和独特的疗效，是中华民族文化的瑰宝。丰富的中药材资源和深厚的民族传统医药积淀，形成了云南医药工业70%以上是中药、天然药、民族药生产企业。

目前，云南省经国家批准的民族药品种共有123个，云南名扬药业有限公司和香格里拉藏药集团有限公司是我省民族药生产企业，云南生物谷灯盏花药业有限公司、云南特安呐制药股份有限公司等是我省民族药生产的龙头企业，云南白药、昆明制药等数十家制药生产企业生产民族药。2011年度全省民族药产值已达11.84亿元，其中单品种过亿元的有3个品种、7000万元～1亿元的2个品种、5000～7000万元的5个品种、1000～5000万元的30多个品种。

【技术创新】　为贯彻落实省政府实施“工业强省”战略，促进我省医药工业发展，2011年度支持云南白药集团文山七花公司、昆明龙津药业股份有限公司和光明食品集团云南石斛生物科技开发有限公司等医药企业进行技术改造，下达技术改造省级财政补贴500万元。同时积极支持云南白药集团物流中心、云南希陶绿色药业股份有限公司技术中心、昆明制药集团、丽江映华生物药业有限公司等企业进行技术中心能力建设和质量提升，给予省级财政补贴330万元。支持药业生产企业建设主要原料生产基地，精选云南白药集团资源重楼系统解决工程项目和普洱健新生物有限公司的铁皮石斛规范化生产及示范基地建设项目上报工信部，争取到国家800万元的扶持资金，为企业建设优质原料基地发挥了积极作用。

【积极培育医药企业上市融资】　为积极培育和促进更多优质医药生产企业利用资本市场实现跨越发展，我委在征求各州市工信委及中介机构意见的基础上，筛选了大理药业股份有限公司、昆明龙津药业股份有限公司、云南生物谷灯盏花药业有限公司和良方制药有限公司等一批医药生产企业作为上市培育重点企业，并根据相关政策会同证券监管部门、交易所及中介机构等单位，加大培育和扶持力度。

【重点项目建设与投资】　省委、省政府为调整经济结构、打造医药产业，将云南白药整体搬迁至呈贡新产业区的建设项目列为云南省20个重大建设项目之一，涉及总投资13.4亿元，项目的建设将实现工业产值和商业销售收入双双超过120亿的规模，成为国内先进的综合医药产业园区之一，为云南白药实施“新白药大健康”战略、探索云南生物医药经济发展新路径奠定了坚实的基础。

2011年10月8日，云南白药生产线从生产了40年的昆明西坝路搬迁至昆明呈贡区。完成了整体搬迁工作。2011年12月25日，举办了“云南白药产业基地落成典礼”，省委书记秦光荣同志、省长李纪恒亲临现场，对云南白药集团持续、快速发展给予了充分肯定和鼓励。

为积极推动云南省医药工业发展，省工信委将昆明滇虹药业有限公司、云南昊邦制药有限公司等8家企业的建设项目列为省工信委重点联系和协调服务的100项重点工业建设项目之一，给予重点支持，项目涉及总投资24.38亿元。

根据各州市工信委的意见，结合医药产业发展情况，省工信委将云南金九地生物科技有限公司、昆明赛诺制药有限公司和云南众天投资有限公司等11个医药工业生产企业的技术改造项目列为州市联系和协调服务的200项重点工业建设项目之一，给予重点支持，项目涉及总投资49.12亿元。

【发展规划编制】　云南省工业和信息化委员会积极发挥行业管理对医药工业发展的引导作用，针对云南省医药工业发展现状编制了《云南省医药工业“十二五”发展规划》和《云南省“十二五”三七产业发展规划》，提出云南省医药工业和发展目标，即依托我省生物资源优势，以市场为导向，科技为支撑，改革为动力，巩固壮大中药、民族药和植物药等优势产品，建设全国的中药、民族药、和植物药生产基地；大力发展以生物疫苗和诊断试剂为主的生物制药，培育新的经济增长点；加快发展化学药、医疗器械和生物材料，拓宽发展领域；积极发展保健药品、保健化妆品等大健康产品，延伸产业链；全面构建以中药、民族药和植物药为主，化学药、医疗器械和生物材料为辅，保健药品、保健化妆品等大健康产品为补充，结构合理、全面发展的云南制药工业发展格局。到2015年，云南医药工业总产值达到460亿元、工业增加值210亿元、年均增长率25%；力争医药上市企业达10个以上；企业技术创新投入占销售收入的3%以上，全省实施新版GMP改造的企业占全部制药企业的70%以上；初步建成中国面向西南的中药及原料药制造基地，中药材种植基地。提出了以我省特色优势三七产业的发展为突破口，以构建三七原料药提取和饮片加工核心基地为重点。用现代发展理念、科学技术、管理方式和经营形式，改造和提升三七种植、收储、运输、加工和营销产业水平，打造完整的三七产业链，促进三七工业、三七商业和三七农业的协调发展。到2015年全省三七种植面积达15万亩，规范化种植面积占80%以上，三七总皂苷等提取物提取能力达到1000吨/年，饮片加工能力2000吨，三七产业产值达到240亿元，年均增长30%以上，实现翻两番。

【行业管理】　为做好基本药物生产供应的保障工作，省工业和信息化委员会委于2011年1月15日下发了《云南省工业和信息化委员会关于转发工业和信息化部贯彻落实国务院办公厅〈建立和规范政府办基层医疗卫生机构基本药物采购机制的指导意见〉的通知》，要求各州市做好基本药物生产企业的生产保障工作，及时帮助企业协调解决生产中遇到的水、电和原辅材料供应问题，保证中标企业按要求生产基本药物，保障供应。

2011年我省遭遇连续干旱，水、电生产供应形势十分严峻，省工信委积极组织和协调水、电生产供应部门，保证了基本药物中标企业的生产供应。昆明南疆制药有限公司是我省大容量注射剂的主要生产企业，产品占我省市场的85%左右，由于我省近期干旱严重，企业连续停水停产1个多月，省工信委接到企业的诉求后，积极协调有关部门，及时解决了企业生产用水供应问题，使尽快恢复了生产，有效保障了全省大容量注射剂基本药物的生产供应。

根据2011年7月18日省领导在《莫让内耗毁了地理标志产品——我省螺旋藻市场乱局调查》（《云南日报》内参）上的重要批示精神，我委领导高度重视，及时研究部署，制定工作方案，组成调研组到永胜县进行调研。调研组认真听取有关部门和企业对程海螺旋藻产业发展、企业整合、地理标志产品保护、市场整顿等方面的意见和建议，深入企业分析研究存在问题，形成《云南省工业和信息化委员会关于加快推进我省程海螺旋藻产业发展意见建议的报告》，上报省人民政府，得到省领导的充分肯定，并作了重要批示。

【医药储备工作】 按照省领导的有关批示精神，省工信委就做好中药材的储备工作进行了调研，在认真分析我省中药材生产需求现状的基础上，提出了在现有中药饮片储备的基础上，进一步建立和完善我省中药材储备机制的具体意见和建议，为省委省政府决策提供依据。

截至2011年底我省医药储备品种23个大类，204个品种，其中常用中成药18个品种，中药饮片33个品种，储备计划资金1000万元，实际储备金额3075万元。2011年度共发运救灾急救储备药品34次、非储备救灾急救115次，重症急救的注射用人免疫球蛋白241次（4932瓶），灾情、疫情及突发公共事件发生时，对医药储备的有效供应，充分发挥了医药储备的积极作用。

承担我省医药储备任务的云南省医药有限公司，2011年10月整体搬迁至呈贡新区后，启用了新的现代化医药物流中心，实现了由传统仓储模式向现代物流的历史性转变。采取环环相扣、无缝衔接的原则，成功完成了20000多个品规批号、25万件商品搬迁和上线，公司专门开发了医药储备管理信息系统，设置了对采购、仓储配送、销售、质量、财务、绩效管理等专门的信息系统账卡和档案，实现了医药储备的信息化管理。

【建立了网上统计直报制度】 根据工信部《医药行业统计制度》要求，全国医药行业统计工作采取向“中国医药统计网”网上直报的方式进行。为进一步做好我省医药行业统计和经济运行监测工作，全省制药企业向工信部网上直报2010年统计年报和2011年定期报表的报送工作，初步建立了我省网上直报制度，省工信委作为全国医药工业经济运行监测暨统计工作先讲单位受到工信部的表彰。

【品牌建设】 2011年6月，云南白药连续五年被深交所考核为信息披露优秀公司，是全国医药类上市公司中唯一一家连续五年考核优秀的上市公司；

2011年6月，云南白药以75.29亿元的品牌价值、排名178位入选“中国500最具价值品牌排行榜”、以69亿元的品牌价值、排名63位入选“2011胡润品牌榜”

2011年7月，云南白药（000538）首次入选中证100指数样本股；

2011年7月，云南白药系列产品荣获首批“传统名优中药”称号；

2011年，昆明制药“昆明及图”和楚雄老拨云堂药业有限公司的“老拨云堂”商标被国家工商总局商标局认定为中国驰名商标。

2011年10月云南金九地生物科技有限公司在昆明承办了“中国—昆明国际生物活性多糖研讨会”，为我省的石斛深加工走向世界具有重要意义。

2011月11月，蒿甲醚原料通过WHO的PQ认证，为多渠道国际销售获得通行证。

2011年11月昆明龙津药业股份有限公司在昆明承办了“中华中医药学会制剂分会世界中联中药药剂专业委员会学术年会暨‘龙津杯’中药制剂创新与发展论坛学术大会”，对推动云南灯盏花产业创新和发展具有重要意义。

（徐秀华）

黄金工业

【综述】 2011年，受益于国际黄金价格高位震荡增长和坚实的产业发展基础，我省低品位、难处理、共伴生金矿资源得到了有效开发和综合回收利用，矿产金产量增加迅猛。全年全省黄金产量25.9吨，创历史新高，占全国360.95吨总产量的7.2%，同比增长16.2%，位列全国第四位。其中，矿产金产量19.6吨，同比增长45%，冶炼副产金6.3吨，同比下降27.6%。全省黄金企业累计实现工业总产值125亿元，实现利润26亿元。

2011年，国际黄金现货价格开盘为1421.38美元/盎司，最低价为1308.37美元/盎司，9月6日创下1920.38美元/盎司的历史最高纪录，收盘价为1565.02美元/盎司。2011年全年平均金价为1571.68美元/盎司。进入四季度后，美元走强及技术性卖压使得国际市场黄金价格大幅回落。但全球经济持续恶化及流动性过剩继续给予黄金价格以强有力的支撑。

【龙头企业带动能力增强】 云南黄金矿业集团股份有限公司、文山隆兴金矿有限责任公司、云南黄金有限责任公司3家龙头企业黄金产量均在1吨以上，产量达到11.3吨。其中，云南黄金矿业集团股份有限公司全年自产金9吨，占全省矿产金产量的46%，实现总收入66亿元、净利润14亿元，已跻身中国黄金十强，辐射带动能力进一步增强。

目前，我省探明黄金保有矿产资源量在500吨以上，具有合法黄金矿产开采企业31户，年处理原矿能力达到600万吨，7个年产1吨以上的黄金矿山基本建成，有色金属副产黄金综合回收能力日益提高，以云南黄金矿业集团和云南铜业股份公司为重点的黄金精炼中心可满足全省及周边地区对黄金精炼的要求，发展后劲十足。

【行业管理】 在全省黄金工业发展规划和促进黄金工业又好又快发展的指导意见引导下，通过强化黄金地质勘查、推进黄金资源整顿整合、打击非法采金行为、建设吨金绿色矿山、依靠科技进步加强黄金资源综合回收和环保、安全等措施的综合应用，科学引导黄金地质勘查、黄金矿产开发及黄金生产、加工、交易等相关产业规范发展，为我省黄金工业持续健康跨越发展奠定了良好的基础。

（原材料工业处供稿）

国防科技工业

【军工经济】 全行业全年完成主营业务收入138亿元，增长13.1%；实现利润14.2亿元，增长7.9%；完成工业增加值38.5亿元，增长5.5%。其中：地方军工完成主营业务收入67.6亿元，增长10.6%；实现利润9.4亿元，增长13.4%；职工人均年收入达到3.7万元，增长19.4%。中央军工完成主营业务收入70.4亿元，增长15.4%；实现利润4.7亿元，下降1.69%；民口配套单位主要经济指标均有不同程度的提高。

【军民结合产业】 全行业大力推动军民结合产业发展，培育新的经济增长点，增强发展后劲。昆船集团积极开拓非烟领域自动化物流信息系统、机场行李分拣系统及相关产业；705所昆明分部军工技术向民用转化初见成效，全年新签民品合同2.6亿元；750试验场加强了科技产业化工作，全年完成民品产值1.04亿元；夜视集团OLED器件工艺稳定，产品销往21个国家和地区；民爆集团完成安宁化工厂、包装厂、燃一厂、燃二厂及其生产点多个项目的技改和建设，提高了工艺水平和生产效率；云开公司完成中低压开关技改项目，并首获昭通鸭子塘220KV变电站全部电压等级产品合同；机三厂积极开发汽车发动机主要铸造件、刹车盘和刹车鼓铸造件等民品，高纯锌粉有望形成规模生产；209大队加大矿业开发力度，实现收入1.02亿元，利润1061万元；模二公司实现汽车燃油箱、重卡贮气筒及支架总成的批量供货；国防研究设计院积极推动工程设计、安防、安全评价和工程咨询等资质的申报，构建军工企业技术支持和服务平台。

【科技创新】 全行业高度重视科技进步与创新，自主创新和新产品开发取得较好成效，核心竞争力明显增强。750试验场荣获2011年度国家科学技术进步二等奖；昆船集团获得省部级科技进步奖7项，获授权专利38项；705所昆明分部盘式电机、高密度存储物流自动化系统等重点民品研发取得阶段性成果；燃一厂通过数码雷管产品定型，实现批量生产；模三厂烟苗移栽机、装盘播种机、地膜覆盖机等产品进入国家和省级农机推广补贴目录；航天公司与总后军需所、中国石油大学共建的“清洁能源科学与技术实验室”成为国家热力工程实验基地；民爆集团成功申报省级民爆产品质量控制及技术评价实验室；安宁化工厂、机三厂、云开公司被认定为省级创新型企业；西仪公司汽车连杆工程技术研究中心、云开公司高压电器产品工程技术研究中心被认定为省级工程技术研究中心；夜视集团和贵研铂业被认定为省级红外光电产业技术创新战略联盟和贵金属材料产业技术创新战略联盟。

【体制机制改革】 地方军工4户破产企业自2007年底进入破产程序后，历时四年，由于各种原因，主要矛盾和问题迟迟不能解决，企业不时发生不稳定事件。对此，局党组遵照上级指示，下最大决心解决此问题，拟定时间表，积极做好请示汇报协调工作，做好艰苦细致的思想工作，该项工作终于在省委省政府的关怀下，在有关部门支持下，在地方军工效益较好企业的帮助下，筹资一亿五千万多元，解决了资产变现、收购重组、职工安置等突出问题，实现了曲靖3户企业破产工作基本终结。4户企业生产经营运转正常，职工情绪稳定，破产重组工作取得阶段性成果。

夜视集团通过了资产评估、财务审计，并上报了上市预案；西仪股份调整内设机构，实行扁平化管理，调整薪酬体系，向主业倾斜；航天疗养院加快楚雄、大理的餐饮、旅游等项目建设，营业收入增长60%；兵器疗养院积极开拓旅游市场，提高管理水平和专业化服务水平，实现总收入5000多万元；民爆集团加强对所属企业的管控力度，取得较好经济效益，全年实现销售收入34.18亿元、利润7.29亿元。

【党建工作】 全行业切实加强党建工作，积极开展精神文明建设，促进和谐稳定。一是认真学习党的十七届四中、五中、六中全会和胡锦涛同志在纪念建党九十周年大会上的讲话精神；二是顺利召开了云南省国防科工局直属单位第二次党员代表大会；三是积极开展“创先争优”和“向杨善洲同志学习”活动，联系实际，在推动全行业发展上见行动、求实效；四是制定了《全系统年度党建工作检查考核办法》，加强党员干部培训教育，落实联系群众、民主评议、“三会一课”等制度，加强民主决策和科学决策，积极推进党务公开、厂务公开，切实提高党组织和干部队伍的凝聚力、战斗力；五是加强党风廉政建设，强化廉政教育，落实党风廉政建设责任制，严格执行领导干部报告个人重大事项、述职述廉、诫勉谈话、经济责任审计等制度，开展小金库专项检查，进一步增强领导干部廉洁意识和拒腐防变能力；六是积极宣传社会主义核心价值体系，弘扬“军工精神”，举办了国防工业系统“纪念建党九十周年文艺汇演”，表彰了一批先进单位和个人，组织开展了形式多样的群众活动和职工技能比赛，精神文明创建活动效果明显，一批企事业单位跃入省级文明单位行列；七是加强和谐稳定工作，关注民生，重视民意，维护职工权益；八是积极开展“送温暖活动”，帮助困难职工解决实际问题；九是争取保障性住房指标，进行棚户区改造和经济适用房建设，改善职工的住房条件。

（徐莉萍）

Di Fang Gong Ye He
Xin Xi Hua Fa Zhan

第四编

地方工业和信息化发展

昆明市工业和信息化委员会

2011年3月24日，省长秦光荣，省委常委、昆明市委书记仇和，副省长和段琪，市长张祖林出席机床制造基地项目开工仪式

园区企业——燕京啤酒

安宁工业园区重点企业云南天安化工有限公司

昆明高新区新城高新技术产为基地云南云投新

华能石林光伏发电项目

昭通市工业和信息化委员会

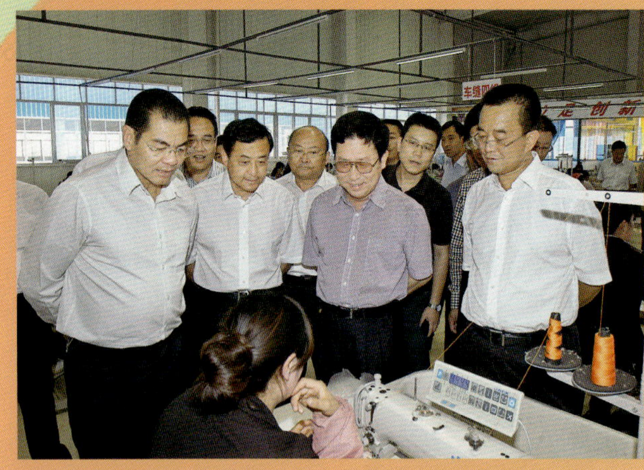
市委书记夜礼斌（左一）、市长刘建华（左三）考察昭阳工业园区玩具生产车间

市工信委党组书记、主任余伟到企业调研

昭通市委、市政府召开全市推进工业跨越发展大会

昭通市召开工业和信息化工作会议

云南天然气化工股份有限公司26万吨甲醇项目生产线

昭通市长江丝绸公司先进的缫丝机

昭通市煤炭工业局

煤矿安全生产专项检查汇报会

召开煤矿机械化改造推进会

2011年6月12日，市煤炭局举行“安全生产日”活动，市局领导等出席活动启动仪式

2011年5月18日，组织开展煤炭行业安全培训

“安全生产日”活动仪式现场

现场为群众讲解煤炭行业安全生产知识并发放相关资料

曲靖市工业和信息化委员会

无线城市签约仪式

云南曲靖钢铁集团揭牌成立仪式

曲靖首个矿山机械制造项目落户富源

云翔玻璃二期投产仪式

曲靖市煤炭工业局

2011年5月19日，市委书记赵立雄到师宗检查煤矿安全生产，图为在朝阳矿下井检查后，乘坐架空乘人装置出井

市委副书记、市长岳跃生和副市长张向明率相关部门领导到麒麟区检查煤矿安全生产工作

2011年4月7日，市人大余荣忠副主任率调查组一行在煤炭管理部门领导的陪同下深入煤矿调查安全生产情况

2011年4月28日，市委、市政府召开全市安全生产工作视频会议

2011年4月15日，市人民政府召开曲靖市煤炭安全生产专题会议

2011年10月25日，市人民政府召开曲靖市煤炭安全生产暨兼并重组煤矿企业安全工作会议

玉溪市工业和信息化委员会

2011年9月16日，国家工信部产业政策司领导到玉溪市蓝晶科技有限公司调研

2011年12月1日，玉溪市工信委与昆明市工信委签署《昆明玉溪工业和信息化一体化发展合作协议》

2011年2月，玉溪市工信委挂牌成立

2011年4月，召开全市2011年上半年工业经济运行分析会

保山市工业和信息化委员会

水长工业园区

保山香料烟公司车间

澜沧江啤酒厂

保山利根丝绸有限公司自动缫丝生产线

施甸水泥厂

龙陵海螺水泥有限责任公司

楚雄州工业和信息化委员会

2011年8月3日，省委书记白恩培在楚雄州委书记张太原、代理州长李红民的陪同下视察云南新立有色金属有限公司技改项目进展情况

2011年1月9日，楚雄州委书记张太原，州委常委、市委书记张之政，州委秘书长汪占毅、副州长李家龙等领导到广泰生物科技开发公司调研、指导工作

2011年1月7日，楚雄州李家龙副州长代表州委、州人民政府在楚雄州工业和信息化委员会成立大会上向州工信委何学明主任授印

2011年12月1日，楚雄州工信委主任何学明与昆明市工信委主任陈浩在“滇中城市群昆玉、昆楚、昆曲工业和信息化一体化发展合作协议”签字仪式上

2011年12月28日，省工信委副主任王兴宁在楚雄州工信委主任何学明的陪同下到南华腾龙物流公司检查考核安全生产责任制落实情况

2011年建党节前夕，楚雄州工信委党委隆重举办“庆祝中国共产党建党90周年文艺联欢暨表彰大会”

红河州工业和信息化委员会

2011年，省委副书记李纪恒莅临红河州开远市卧龙米厂指导工作

2011年3月19日，副省长和段琪到红河州检查调研工业重点项目推进情况

州委书记刘一平和州常委、州委宣传部部长伍皓视察工业重点项目推进情况

省、州领导视察石屏工业园区

州工信委主任包有祥到企业调研

红河州工业发展调研汇报会

文山州工业和信息化委员会

2011年4月14日，省长秦光荣在文山苗乡三七科技示范园考察

2011年7月8日至9日，省委常委、昆明市委书记仇和率昆明市党政代表团到文山市考察

2011年3月12日，州政府召开2011年全州工业和信息化工作会议，会议总结“十一五”及2010年工业和信息化工作，安排部署“十二五”及2011年工作

2011年6月17日，州工信委主任刘云洲（中）指导砚山县开展园区规划工作

2011年11月3日，州工信委党委召开以“讲政治、树形象、促发展”为主题的学习贯彻党的十七届六中全会党委理论中心组学习会

新落成的文山三七国际交易中心

普洱市工业和信息化委员会

普洱天壁水泥有限公司年产120万吨新型干法水泥熟料生产线技改搬迁项目

云南普洱丹州制药股份有限公司

云南普洱茶（集团）有限公司远期规划图

普洱科茂林产化工有限公司

大理州工业和信息化委员会

2011年6月，州委、州政府加快工业发展大会在鹤庆召开

2011年9月1日，大理州工业和信息化委员会挂牌成立

2011年11月7日，召开全州工业经济运行分析会

2011年1月28日，召开大理州迎新春企业家座谈会

德宏州工业和信息化委员会

2011年10月18日，省工信委副主任许云到贡米公司调研

2011年5月7日，德宏州政府与中粮公司签约

2011年2月25日，德宏州政府召开2011年全州工业经济工作会议

2011年12月29日，州工信委主任闫生赞到企业调研

芒市奥环水泥有限公司日产2000吨新型干法水泥熟料生产线

瑞丽德冠红木家具有限公司生产车间

丽江市工业和信息化委员会

全国政协经济委员会副主任、工业和信息化部原部长李毅中一行在丽江南口工业园区参观考察

省领导出席金安桥发电庆典仪式

省、市领导出席绿A生物产业园区废水循环使用工程启动仪式

中国的螺旋藻——丽江的程海湖

加强协调沟通 发展物流经济

煤矿生产

怒江州工业和信息化委员会

州委书记段跃庆深入工业园区调研

州人大主任刘泉到工业园区调研

州政协主席陈建平调研黄登、大华电站建设情况

泸水工业园区入园企业

电锌生产线

泸水硅工业开发区全景

迪庆州工业和信息化委员会

2011年7月31日上午，昆钢维西新材料有限公司年产50万吨还原铁建设项目开工奠基仪式暨矿业开发合作协议签字仪式在维西铁冶工业基地顺利举行

云南昆钢冶金新材料股份有限公司于2011年7月30日隆重举行迪庆年产10万吨锰系铁合金项目（三期）竣工庆典和昆钢香格里拉酒店奠基仪式。州委副书记、州长黄政红在竣工庆典仪式上致辞

香格里拉酒业公司生产车间

香格里拉工业园区格咱片区雪鸡坪铜矿磨浮车间

临沧市工业和信息化委员会

省工信委纪检组长周睦邻到临沧调研

临沧市召开加快发展新型工业领导小组会议

市工信委主任张廷忠向省州领导汇报工作

茅粮酒业集团生产线

糖厂自控设备

滇红茶园基地

红塔区工业和信息化局

2011年，红塔区工业和信息化局紧紧围绕区委、区政府确立的“生态立区、科教兴区、工业强区、农业稳区、文化和区”发展战略，坚定不移地实施“工业强区”战略，始终坚持把工业打造为带动全区经济发展火车头的目标，走具有自己特色的新型工业化道路，加快产业结构优化升级，大力培育发展战略性新兴产业，加快发展园区经济，全力推进节能减排，努力优化企业发展环境，加快了全区工业经济发展方式的转变，工业成为全区创造财富的支柱产业，成为实现全区经济跨越发展的关键产业，工业增加值总量位居全省县区首位。全区全年完成工业增加值394.1亿元，同比增长17.4%，占全区GDP的比重达77%，占全市工业增加值的比重达72.7%；规模以上工业实现主营业务收入721.8亿元，增长19.2%；利税总321.1亿元，增长29.4%；利润总额61.6亿元，增长60.7%；资产负债率28.8%，提高4.3个百分点；完成非公经济增加值90.3亿元，增长13.1%；全区完成工业固定资产投资42.3亿元，增长14.3%；位GDP能耗下降5.03%，超额完成市下达下降4.0%的目标，推广6万只节能灯。

产业结构不断优化。卷烟工业健康发展，全年生产卷烟359.4万箱，同比增长2.2%；完成工业产值403亿元，增长17.6%。钢铁行业不断壮大，全年生产生铁410.5万吨，粗钢421.6万吨，钢材382.9万吨；完成工业总产值238.1亿元。卷烟配套业巩固提升，全年完成工业总产值28.3亿元，同比增长2.7%。战略性新兴产业快速发展，规模以上生物制药企业实现工业总产值7.4亿元，同比增长35.5%；装备工业迅速扩大，形成了年产1万台数控机床生产规模；光电子材料产业迅猛发展，蓝宝石基片生产能力达800万片，全年完成工业总产值3.4亿元，同比增长40.1%；锂电池材料研发取得新进展，产品质量达国内先进水平。

技术创新有新突破。全区拥有高新技术企业36户（其中国家级高新技术企业4家），国家级新产品17个、省级新产品68个、云南名牌产品18个。16户企业技术中心通过市级技术中心认定，其中8户企业通过省级技术中心认定。培植了抗菌水松纸、激光打孔技术、CA粒子增塑剂、抗震钢筋、蓝宝石基片等一大批拥有自主知识产权的核心技术和核心产品。

工业园区建设成效显著。研和工业园区继续按照“高起点规划、高标准建设、高水平管理、高效益产出”的园区建设原则，规划面积22.4平方公里年，引进重点项目187个，全年实现工业总产值154.04亿元，同比增长17.4%。红塔工业园区新增规划大营街黑龙潭至春和刘总旗观音山片区、北城卧牛山及青龙山、洛河玫瑰园、高仓养殖场片区25.86平方公里，修编后的红塔工业园区规划面积增加至52平方公里。红塔工业园区全年实现工业总产值569.95亿元、利税298.61亿元、工业增加值380.02亿元，工业企业就业人数3.62万人。

机构改革顺利完成。按照区委、区政府的要求，完成了区经委向区工信局的机构改革，将区乡镇企业局职能移交区农业局，将原区经委、区中小企业局、政府办的信息产业管理职能移交区工信局。区工信局编制人员48人，内设10个股室。

工业发展环境不断优化。8月28日，召开了全区工业经济发展大会，市委常委、区委书记夏立洪作了题为《坚持科学发展，推进工业强区，努力实现全区工业经济转型升级》的主题讲话。会上，出台了《中共玉溪市红塔区委、玉溪市红塔区人民政府关于一步加快推进新型工业化的实施意见》，区政府将每年工业发展专项扶持资金由1000万元提高到1500万元，并将根据年度发展实际逐步增加；表彰奖励了30户“优强工业企业”、20名“优秀工业企业家”、50名“工业企业技术创新先进个人”，100名“发展工业先进工作者”。

个旧市工业商务和信息化局

2011年8月29日杨敏局长陪同戴劲松市长调研

杨敏局长参加2011年个旧市招商引资项目签约仪式

2011年，个旧市工业商务和信息化局在市委、市政府的正确领导下，按照“以大关小，以新代老，严管严控，三废利用”的产业原则，依托“一园、三基地”发展平台，紧紧围绕实现单位GDP能耗下降3.8%的工作目标，全市工业经济呈现“运行平稳、质量提升、效益较好、转型加快”的良好局面，为“十二五”工业跨越发展迈出了坚实的一步，全部工业总产值达到368.97亿元，同比增加12.5%；全部工业增加值完成94.1亿元，同比增长14.2%；全年单位GDP能耗下降了3.83%，超额完成了州、市政府年初确定的工业经济发展各项目标任务。全年荣获州级工业经济、非电工业固定资产投资、重点项目建设、商务、对外贸易、招商引资工作一等奖；取得了市级党风廉政建设、社会治安综合治理工作一等奖的好成绩。

随着落后产能退出市场和行业先进替代项目的建设投产，工业结构得到逐步优化，形成优势产业为主体，新兴产业跟进发展的新格局。同时，个旧市工业商务和信息化局坚持运用高新技术和信息技术改造传统产业，依托大中型企业科技研发中心，充分发挥企业的主体作用和科研机构、高校的骨干作用，加快构建以企业为主体、产学研相结合、充满活力的工业创新体系。

2012年，个旧市工业商务和信息化局将以“全国工业固废综合利用基地建设试点”为契机，全面实施“工业三年倍增计划”，强力推进重点项目建设，力争全部工业总产值387亿元，现价增长24.1%，促进全市工业完成跨越发展。

个旧市2011年经济工作会议

2011年6月25日，在建党90周年之际，市工业商务和信息化局机关党总支全体党员在茶山果站开展建党90周年庆祝活动

剑川县工业和信息化局

2011年3月，根据《剑川县政府机构改革实施意见》，设立剑川县工业和信息化局，为剑川县人民政府工作部门，正科级，加挂剑川县商务局牌子。剑川县工业和信息化局内设7个股（室）：党政办公室、经济运行股、技术创新股、节约能源交通运输股、中小企业股（县非公办）、煤炭行业管理与技术改造股、信息化管理股（县无电办）。

截至2011年，剑川县已拥有各类工业企业1063户，从业人员近12370人。其中：重点企业15户、规模以上工业企业7户。

冶炼

2011年全县矿冶建材业实现工业总产值157538万元，完成工业增加值39385万元，实现税金9127万元，占财政收入的37.5%。目前我县矿冶业有6家重点企业。建材业有水泥企业1家，年生产能力达100万吨，沙岩板材生产企业2户，石刻石雕个体户近100户。木器木雕产业逐步发展壮大：剑川木雕，历史悠久，工艺精湛，有浓郁的民族文化特色，1996年被文化部命名为“木雕艺术之乡”，2009年被中国家具协会授予“中国民族木雕家具产业基地”，2011年剑川木雕入选“国家级非物质文化遗产名录拓展项目名录”。2011年全县木雕实现工业产值2亿元。

剑川县在工业发展中，逐步形成了以“214”国道和剑兰公路为主轴，构筑矿冶加工和仓储物流为主的上兰矿冶物流片区、建材工业和石材、石刻、石雕为主的梅园建材片区、木器木雕为主的狮河木雕片区、生态产品加工、民族特色产品和生物资源精深加工为主的剑阳生态产品加工片区。高起点、高标准和高质量编制了剑川工业园区产业发展规划和专项规划，加快实施园区基础设施建设和标准厂房项目建设，工业园区基础设施建设和特色产业发展取得了明显成效。工业园区已经成为全县工业发展和招商引资的重要平台，成为产业集群、企业集聚发展、功能突出、资源综合利用、循环发展的重要载体。特别是矿冶物流片区、建材片区和木器木雕片区的建立和完善，将为剑川县在“十二五”时期努力发展成为全省重要的滇西北矿冶基地、石刻石雕集散地、民族木雕家具加工基地奠定了坚实的基础。

农副产品加工

木雕加工

剑川木雕产品

景东彝族自治县工业商务和信息化局

景东彝族自治县工业商务和信息化局设10个内设机构（一室九股即：办公室、综合经济运行股、工业股、工业园区股、中小企业股含非公有制经济、招商股、煤炭和安全管理股含应急办公室、节能管理监察股、商务股及无线电和网络信息化管理股），现有职工23名。

2011年是“十二五”规划的开局之年，县工业商务和信息化局在县委、政府、市商务局及市工信委的正确领导下，以邓小平理论和“三个代表”重要思想为指导，认真学习党的十七大和十七届五中、六中全会精神，全面落实科学发展观，紧紧围绕推进新型工业化和实施“工业强县”战略目标，按照县委、政府和上级确定的各项经济发展目标，不断加快工业结构调整，着力促进工业投资增长和企业技术创新，全面强化节能降耗工作措施，强化生产监管工作，大力发展循环经济，稳步推进工业园区建设步伐，努力营造非公经济发展环境，积极推进城乡市场繁荣。促进了全县工业、非公经济和商务工作平稳、健康发展。

2011年县内工业企业完成工业总产值12.04亿元（不含两个大电站收入），完成年度计划目标12亿元的100.33%，规模以上工业企业完成工业总产值 8.81亿元，比2010年7.19亿元增长22.53%；10户主营业务收入8.69亿元，完成市政府下达责任目标7.09 亿元的122.57%，完成工业增加值3.44亿元，完成市政府下达责任目标2.98亿元的115.44%，实现利税0.65亿元，完成市政府下达责任目标0.47 亿元的138.3%,其中：利润0.24亿元，完成市政府下达责任目标0.13 亿元的184.62%。

2011年度，全县累计完成工业投资2.47亿元，完成县人民政府下达2.2亿元的112.27%，完成非电力工业投资2.16亿元，完成市政府下达责任目标2亿元的108%。

澂江县工业商贸和科技信息局

市委常委、常务副市长谢兴荣到澂江调研金融企业

企业调研

县委、县政府领导深入工业企业调研

签约仪式

2011年1月县政府机构改革组建澂江县工业商贸和科技信息局，为县政府工作部门，加挂澂江县中小企业局、知识产权局牌子。将原澂江县经济委员会除乡镇企业行业管理职责以外的职责、澂江县商务局职责、澂江县科技局职责、澄江县信息产业办公室职责划入澂江县工业商贸和科技信息局。澂江县工业商贸和科技信息局设8个内设股（室），办公室，经济技术股，资源节能管理股，招商引资股，贸易外经市场流通股，科技和知识产权股，信息化股，工业和企业管理股（承担工业园区管理职责）。

2011年是“十二五”规划的开局之年，也是夯实基础、巩固提升、科学发展的关键一年，澂江县工业商贸和科技信息局在县委、县政府的正确领导下，坚定不移地落实县委“两大政治任务”、实施“五大战略”和走“三大经济发展路子”，实施“工业强县”战略，走“磷电结合，做强磷化工，做大建筑建材业，引进发展高新技术产业”的发展路子；营造良好投资环境，进一步加大对内对外开放的广度和深度，提高开放型经济水平，把“引进来”和“走出去”更好结合起来，积极营造良好投资环境，充分利用好国际国内两个市场、两种资源，加强完善开放型经济体系，切实发挥澄江县的比较优势，在更大范围、更广领域、更高层次上参加国际经济技术合作和竞争，拓展了经济的发展空间；坚持“自主创新，重点跨越，支撑发展，引领未来”的科技工作方针，以科技兴澂强县、全面建设小康社会目标和社会主义新农村建设的要求，围绕新农村建设和生态农业产业发展，围绕企业技术创新和磷产品的精深加工，积极发挥科技管理的职能作用，营造良好的科技创新环境，促进科技创新、新产品的研究开发，培育新的后续产业。

政务中心行政审批系统开通仪式

盈江县工业和商务局

县委书记王明山、副县长赵泽宽到工业园区调研

根据盈政发〔2011〕171号文件精神，撤销县经济局和商务局，设立盈江县工业和商务局。同时加挂盈江县人民政府口岸办公室和盐政管理局两块牌子，主要承担工业、信息化发展、商贸流通经济发展等工作职能。内设办公室、工业股、工业园区股、政策法规股、经济运行股、节能股、中小企业股、电力保障股、内贸股、外贸股、外经外资股、口岸办、信息产业股等13个股室。全局共有干部职工39人，其中正科实职领导2人，副科实职领导5人。

2011年我局按照“工业立县、农业稳县、科教兴县、贸旅活县”的发展思路，紧紧围绕“争先进位创强县、一年一大步，五年跃上新台阶”的发展目标和年初制定的各项目标任务，抢抓“3·10”恢复重建和“桥头堡黄金口岸”建设的历史机遇，努力克服地震等带来的诸多不利因素，进一步解放思想、求真务实、开拓进取，使全县工业和商贸经济继续保持持续、快速、健康的发展，实现了“十二五”工业和商贸经济发展的良好开局。

2011年，全县实现工业增加值210090万元，按现价计同比增长19.7%，占GDP的比重为42.8%，拉动GDP增长8.4个百分点；实现工业总产值467038万元，同比增长29.8%，占全州工业总产值的比重为35.2%，超出年初人代会提出440000万元的目标；工业上交税金51744万元，同比增长26.3%，占全县财政总收入的比重达60.5%。工业总产值、工业增加值两项指标增幅都在10%以上，在德宏州排列第一，工业增加值位居全省第34位。

盈江县工业和商务局班子集体参加盈江县工业园区仕明片区道路建设工程开工仪式

富源县煤

2011年3月30日，县委、县政府组织召开2011年安全生产工作暨煤炭工作会

2011年3月21日，富源县煤炭工业局组织召开一季度安全交叉大检查工作部署会

2011年8月11日，云南省安全测控仪器技术服务工作座谈会在富源召开

2011年8月18日，全省煤矿兼职矿山救护队装备建设与管理座谈会在富源召开

2011年，在县委、县人民政府的正确领导和全县各级有关部门的共同努力及大力支持配合下，富源县煤炭工业局在煤炭安全生产、重点项目建设、煤炭资源整合关闭、流通秩序管理、教育培训、应急救援体系建设等方面圆满完成了各项任务。呈现了煤矿安全形势稳定好转，煤炭生产平稳推进，经济效益大幅提高，科技推广应用进程不断加快的良好局面。全县煤炭工业总体安全水平和发展实力明显增强，各项经济指标逐年提高，为全县经济社会稳定发展做出了积极贡献。

—— 安全形势稳定好转。全县地方煤矿共发生死亡事故3起、死亡12人，原煤生产百万吨死亡率0.6，新建、改扩建矿井万米掘进死亡率为零。

—— 煤炭生产保持平稳。全县地方煤矿共生产煤炭2102万吨，与去年同期相比增长11.75%。占年计划2 100万吨的100.1%；生产洗精煤135.5万吨，同比增长17.42%，占年计划135万吨的100.37%；生产焦炭151万吨，同比增长18.7%，占年计划150万吨的100.67%。

—— 经济效益大幅攀升。全县完成煤炭工业总产值140亿元，同比增长48.15%，占年计划111亿元的126.13%；完成销售产值140.5亿元，同比增长152.3%；全县煤炭行业上缴税金4.3亿元，同比增加1.2亿元；按政策上缴各种煤炭规费4.86亿元，占年计划6亿元的81%，同比增加8600万元。

—— 生产销售衔接平衡。全县共调运原煤1862.85万吨，调运洗精煤135.5万吨，焦炭151万吨。其中铁路销售391万余吨，公路销售1 471.85万吨，向滇东电厂销售电煤4 47.3万吨、向曲靖电厂销售17.86万吨。

—— 项目投资和安全投入稳定增长。全县煤矿重点项目建设投资、一般性建设投资和煤矿安全生产投入合计完成51.29亿元，其中，固定资产投资27.8亿元，新建、扩建项目投资13.65亿元，重点项目建设投资7.56亿元，其它技术改造项目投资2.29亿元。煤矿安全投入14.6亿元，占年计划投入14亿元的104.28%。

炭工业局

2011年5月17日，市委书记赵立雄到富源县祥达煤矿二号井检查指导煤矿安全生产工作

—— 重点项目建设稳步推进。全县计划重点建设项目121个，计划投资7.51亿元，完成投资7.56亿元。其中：煤矿系统标准化矿井建设计划88对，完成建设达省一级的8对、省二级17对、省三级63对；计划建设煤矿专用回风井6对，完成建设2对；矿井斜井机械乘人装置计划完成安装17套，全县合计已安装完成32套；计划新增矿井机械化采煤工作面10个，所有矿井必须全部实现壁式工作面采煤，到年底已完成建设机械化采煤工作面14个，其中：已建成综合采煤工作面8个，高档普采工作面6个，有急倾斜煤层柔性掩护式支架工作面6个，正常运行的壁式采煤工作面达160个；矿井机械化掘进8对；实现机械化运输43对；有4个煤矿瓦斯发电项目已建成发电。

—— 煤炭流通秩序逐步好转。实行网络监控，对出（入）境煤焦等进行集中过磅计量和查验票证。通过整治撤并，全县建设煤焦过磅服务站11个，在关键地段设立验票站（点）8个，正在筹建过磅服务站3座，进一步规范了煤炭销售秩序，遏制非法违法生产的煤炭进入市场。共制作发放车辆运输准运卡6500张，煤焦调运计量卡68万张，查处违规调运车辆547余辆，没收违法调运煤产品1800余吨，责令补交偷漏煤炭规费40余万元。

—— 教育培（复）训质量明显提高。全县共举办安全煤矿特员培（复）训班42期，完成培训4 505人。其中，特员培训27期13类工种3 206人，复训15期13类工种1 299人；从行业管理部门选调人员参加国家、省、市举办的各类培训545人，从煤矿抽调人员参加职业危害防治培训和其他岗位技能培训23 472人，新送培矿长17人，煤矿班组长2 258人，培训兼职救护队员通过培训，为煤矿从业人员办理上岗证30 572人。

目前，全县煤矿支护方式的改革已经迈上了一个全新的台阶，大部分煤矿的主要巷道采用了砌碹、锚喷支护，基本取缔了木支护，所有煤矿都实现了壁式工作面采煤，有166个工作面采用了单体液压支护，掘进工作面和巷道维修全部实现金属架子或前探梁支护，有14对矿井已实现了综合机械化开采，8对矿井实现了机械化掘进，43对矿井实现了连续机械化运输。全县实现壁式工作面采煤的矿井已达到了100%。

2011年富源县地方煤矿在基础设施建设和管理上上了一个新台阶，产生了较好的安全效益和经济效益。全县涌现出了吉克煤矿、祥达煤矿等一批质量标准化示范矿井。原煤产量也逐年提高，由2010年的1 881万吨提高到2 102万吨，增长11.75%；工业总产值由2010年的95亿元提高到2011年的140亿元，增长48.15%，煤矿安全质量标准化建设取得了显著效果。

华坪县

省煤监局领导到华坪县检查煤矿安全生产工作

华坪县地处金沙江中段，地质构造复杂，地层发育齐全，形成了丰富的矿产资源，主要有丰富的煤炭和石灰石资源。含煤地层分布广，成煤地质时代多，煤种牌号齐全，有无烟煤、焦煤、气煤、肥煤等。由于华坪肥气煤灰分低，发热量高，化学活性好，是煤炭气化、液化和煤化工及冶炼的优质原料，素有“煤味精”之称，是滇西北地区独有的肥气煤区。全县总面积2200km²，含煤面积1500～1800km²，五乡三镇均有煤炭资源分布，现探明煤炭资源可利用储量1.3亿吨，远景储量3亿吨，现保有煤炭资源可利用储量0.98亿吨。煤种主要有肥气煤、弱粘煤、主焦煤和无烟煤(其中肥气煤占三分之二以上)，具有低灰分(39.7%～43%)、低硫(在0.5%以下)、低磷(0.004%～0.009%)、发热量高(6000～8000大卡／千克)易洗选等特点。通过煤炭资源整合和整顿关闭等工作，截至2011年底全县共有78个煤矿企业，82对矿井，44个煤炭洗选加工企业，56条洗选生产线。

市、县领导到煤管局调研

2011年实现煤炭工业产值36.6亿元，与上年相比增长43%；生产原煤715万吨，与上年相比增长7%；精煤243.6万吨，与上年相比增长5%；收缴煤炭综合税费2.53亿元（含地税），与上年相比增长13.96%。

召开季度煤矿安全生产工作会

2011年全县共有18对矿井通过省级认定，达到了省三级标准。矿井安全避险“六大系统”建设完成了井下安全监测监控系统、井下通讯联络系统、井下压风自救系统、井下供水施救系统、井下人员定位系统的建设，井下紧急避险系统将于2013年底前完成建设。二是积极引导煤炭企业推广使用先进技术和工艺。通过“三推行”工作，改革落后的穿巷采煤、刀柱式采煤等采煤方法，大力推行壁式采煤及切合实际的一些先进采煤方法及采煤工艺，提高煤炭资源利用率；改革传统的支护方式，巷道推广使

煤炭局

用锚杆、锚喷、砌碹和金属支架等支护，采煤工作面推广使用单体液压支柱、自移顶梁液压支柱等稳定性和可靠性较高的支护，限期淘汰使用木支护。对全县煤矿进行合理分类，分别制定新技术、新工艺、新装备推广方案，因地制宜地推广先进的采煤工艺，推广掘进机械化、皮带机连续传输，开展支护改革，采用先进的安全防治技术，发展矿井遥控遥测等技术。稳妥推进全县煤矿走好科技兴矿、科技强矿之路。

2011年安培中心共举办培训班11期，其中培训煤矿工人5966人，特员1682人。同时，还积极配合云南省煤矿安全技术培训中心培训培训煤矿预防职业病危害防治人员4997人，培训煤矿应急救援人员5000人。

2011年县煤管（监）局干部职工累计共下矿2715人次，查出安全隐患3187条（处），下发《现场检查笔录》800份，《现场处理决定书》800份；《撤出人员命令书》31份，《整改意见书》133份，《复查意见书》119份，《行政处罚决定书》7份,《行政处罚告知书》7份，共罚款55.6万元。2011年全县煤矿共发生安全生产工亡事故2起死亡2人，与上年相比事故减少1起，死亡人数减少1人。百万吨死亡率0.28，与上年相比下降0.172，低于全国（0.564）、全省（1.84）平均水平。

根据《华坪县煤炭资源整合方案》和云煤整合〔2008〕37号文件批复，全县煤矿数量79个，矿井数量82对。全县涉及煤炭资源整合矿井49对，2011年完成了44个煤炭资源整合矿井整合技改项目的上报审批。

1.安全质量标准化建设：按照上级部门的统一安排部署，全县82对矿井扎实开展了安全质量标准化建设，2011年通过省级认定达到省三级标准的有18对矿井，共投入资金1.5亿元。

2.井下“六大系统”建设：已完成了“五大系统”建设（即：矿井监测监控系统、通讯联络系统、压风自救系统、供水施救系统、井下人员定位系统），共投入资金1.6亿元。

3.2011年全县有44个矿井整合、技改项目，经上报云南煤监局和市工信委评审备案，同意施工建设，共投入资金1.2亿元。

安全教育培训

救护日常训练

资源出境管理远程监控

廉政文化进企业座谈会

宁蒗县矿产开发管理局

宁蒗彝族自治县俗称小凉山，境内矿产资源丰富，“矿电富县”亦是宁蒗促进经济社会发展的五大战略之一。

宁蒗的煤炭产业开发起步于上世纪90年代，特别是在九届二次县委全会上，矿产业被列入宁蒗县重点培植的“五大支柱产业”之一，同时县委、政府加强了对煤炭产业的组织领导，明确了煤炭产业发展思路和目标，加大了招商引资力度，特别是在“十一五”期间尤为突出。2006年7月26日成立宁蒗彝族自治县矿产开发管理局，其主要职能职责是负责全县矿产业合理开发利用和矿山安全监管救护职能工作，通过该部门的成立，理顺和加强了煤炭产业管理体制，充实了煤炭安全监管专业技术人员，使我县的煤炭产业得到安全快速健康有序发展，短短几年时间，就行成了支柱产业雏形，宁蒗县矿产业历经“十五”的深化专项整治和“十一五”的发展，并通过资源优化重组整合，按照兼大并小、以优并差的原则，现宁蒗县煤炭生产企业户为3户6对矿井，1个基建矿井，2个规划建设矿井，年设计生产能力为75万吨/年。宁蒗煤炭产业现已发展成为了全县发展最快、后劲最足、开发潜力最大、带动面最广、受惠群体最多，对地方经济贡献最大的支柱产业之一，就2010、2011年而言，全县矿产品产量就突破百万吨，税费收入突破亿元大关，切实解决了当地的农民工就业和本地的餐饮业和其他服务行业的快速崛起。宁蒗县矿产开发管理局自成立以来，各项工作取得了明显成效：

从矿管局成立以来共制定了具有操作性的30项煤矿、非煤矿安全生产监管制度和10种管理办法，先后制定了《宁蒗县煤矿安全隐患处罚制度》、《宁蒗县非煤矿山安全隐患处罚制度》、《宁蒗县煤矿瓦斯信息报送制度》、《宁蒗彝族自治县煤矿安全监测监控系统管理办法》、《宁蒗县矿产开发管理局工作规则》等制度建设。

坚持以科学发展观统领全局，创新管理体制，以开拓创新的思路实行局领导技术人员挂钩联系矿山企业的长效管理机制，首次招聘了10名煤矿驻矿安全监督管理员，通过严格培训，全部驻到各煤矿进行技术指导及安全监管工作，实行上下联动，确保了煤矿安全监管工作落到实处。由矿产开发管理局牵头共投资380万元建成了全县煤矿瓦斯远程数字化监测监控系统县域联网工作，对全县煤矿井下安全进行实时监控，为煤矿井下安全生产工作提供了科学的安全保障。

自矿管局成立以来，一共培训了煤矿矿山农民工数万名，煤矿企业矿长、副矿长、瓦检员、安全员等煤矿专业技术特种作业人员上千名，实行煤矿行业100%持证上岗。

切实推进煤矿资源整合工作，实现煤炭规模化、产业化、效益化发展。宁蒗县原有煤炭企业数为12个，分别为5家生产矿井，7家基建矿井，设计生产能力为36万吨，通过资源整合，现宁蒗县煤炭生产企业户为3户6对矿井，1个基建矿井，2个规划建设矿井，年设计生产能力为75万吨/年，到目前为止已有9家煤炭深加工企业已取得了省工信委核准的煤炭经营资质证，为提升宁蒗县煤炭深加工、延长煤炭产业链增加地方煤炭费税收入打下了有利条件。

切实推进煤矿标准化建设和井下避险“六大系统”建设。目前，宁蒗县的煤矿省三级标准已基本通过县级验收，正报请省、市评审备案，井下避险“六大系统”除紧急避险系统外其余五大系统正在加紧建设中，通过此项建设，可大大提高煤矿井下安全，增强煤矿安全事故处置能力，有效杜绝重特大安全事故发生减少人员伤亡。

未来，宁蒗县将按照“南北三区、东西三带”的区域经济新布局和产业发展新格局，依托宁蒗南部丰富的矿产资源以及交通运输区位优势，引进有实力的工业企业（集团）开发白云岩矿产资源，把白云岩矿产业建设成为重要的工业支柱，拉长石膏产业链，建设特色建材产业，壮大冶炼工业，扩大锰硅合金的冶炼，发展磁铁矿的冶炼，重视金、银、铜等金属矿和重晶石、石灰岩等金属矿和非金属矿的开发利用，发展化工、建材等工业，加大白云岩、铝土矿、原煤等矿产品的开发和深加工，引进人才、资金和技术力量雄厚的企业进行规模化开发，到2015年，建成年产值上亿元的大型骨干企业2～3个，煤炭深加工率达80%。加大煤炭资源的整装勘探力度，勘探面积达1700平方公里，为煤炭产业的发展提供保障，争取煤炭产量达到200万吨，助推宁蒗县矿产业实现跨越式发展。

昆　明　市

昆明市工业和信息化委员会

【工业经济运行情况】　2011年，昆明市工业和信息化系统紧紧围绕“工业强市”总体战略，以加快产业结构调整为主线，全神贯注致力工业突破、全力以赴加快园区建设、全民动员参与招商引资，努力克服资金供应紧张、物价上涨压力较大、自然灾害严重等困难，取得了全市工业经济增量较大、速度较快、质量较高、保障较好、运行较稳的良好成绩。2011年，全市工业完成增加值突破800亿元，达848.9亿元，同比增长15.5%。规模以上工业企业完成工业总产值2589.10亿元，同比增长19.7%；完成工业增加值698.22亿元，同比增长16.6%；完成主营业务收入2653.15亿元，同比增长24.4%；完成利税总额389.95亿元，同比增长21.8%；完成利润总额147.61亿元，同比增长21.3%。规模以上工业企业达773户，其中，主营业务收入上亿元的企业有307户，5亿元以上的有77户，10亿元以上的有43户，50亿元以上的有5户，100亿元以上的有4户。

2011年，全市完成工业固定资产投资（含电力）608亿元，创历史新高；完成非电力工业固定资产投资583.8亿元，增长51.4%。云南国家锗材料基地、昆明电缆中小企业技术创新基地、云内动力技测研发及配套建设项目、沈机集团昆机重大型铸铁件、数控机床生产基地项目等85个投资亿元以上的工业项目开工建设；红云红河集团昆明卷烟厂易地技术改造项目、武钢集团昆钢185万吨抗震钢技改搬迁项目、祥丰金麦高浓度磷复肥生产线改扩建项目、南天电子自助产品群研发生产基地（一期）、昆明百事可乐百事系列饮料的生产线等51个亿元项目竣工。

【技术创新与改造】　2011年，全市继续大力推进企业技术创新工作，鼓励和支持企业加快技术中心建设，构建以企业为主体、市场为导向、产学研相结合的技术创新体系。年底，全市共有168家企业建立了国家级、省级、市级企业技术中心（2011年新增45家），其中，国家级12个，省级和市级技术中心均突破100个，分别达到109个和123个。企业技术中心已成为企业产品研发的平台、技术交流的平台、人才培养的平台，有效提升昆明市企业自主创新能力。全市共有64户企业的产业振兴和技术改造项目获得支持，支持资金共计7760万元。其中：28个项目获得国家和省扶持资金5570万元，36个重大工业技改项目获得市级2190万元资金支持。5户企业被省工信委核定为首批云南省质量控制和技术评价实验室。

省级重点技术改造项目进展顺利。2011年，昆明云锗高新技术有限公司“红外光学锗镜头等锗材料高新技术产品产业化建设项目”等23个项目被列入全省100项重点技术改造项目计划。当年竣工项目2个、完成一期工程项目2个，进入收尾阶段项目3个，开工在建项目12个、前期准备项目4个，累计完成投资50.84亿元，占计划投资总额的33.76%，其中：昆明金星啤酒有限公司年产20万吨啤酒改扩建工程项目已竣工投产，完成投资4亿元；昆明理工蜂巢科技有限公司蜂窝板式风力发电机叶片建设项目已投入生产，完成投资2100万元。云南祥丰金麦化工有限公司高浓度磷复肥技改项目已完成一期工程，完成投资8亿元；云南丰瑞油脂有限公司食品加工项目已完成一期工程，完成投资3亿元。

省企业技术创新项目计划得到落实。云南新铜人实业有限公司“热交换器钢板带专利产品产业化项目”等24个项目被列入省100个企业技术创新项目计划，总投资11.18亿元。其中，新产品产业化项目17个，技术开发项目5个，技术中心建设项目2个。当年累计完成投资5.08亿元，完成计划投资总额的45.4%。云南绿宝香精香料股份有限公司出口型药用级香芋精油生产项目、昆明茨坝矿山机械有限公司GK.STM-ARC3070节能振动筛项目、云南新天力机械制造有限公司新一代2D25型卧式双缸柴油机产业项目等3个项目已完成。

省工业产品质量攻关技术改造项目快速推进。云南CY集团有限公司“CY_K系列数控机床质量技术攻关项目”等5个项目被列入省工业产品质量攻关技术改造项目。其中昆明制药集团股份有限公司生产过程质量控制先进技术攻关综合应用示范工程项目，按照计划已完成4000平方米冻干粉针车间改造、血塞通注射剂的质量标准提高等工作，累计完成投资5400万元，占计划总投资的105.1%。云南植物药业有限公司注射级原料药灯盏花素、三七总皂苷关键技术质量攻关项目，2011年投资1300万元，占项目总投资的65%。

【重点行业发展】 2011年，在规模以上工业企业中，烟草及配套行业实现主营业务收入272.59亿元、增加值200.78亿元、利税197.70亿元、利润33.33亿元；黑色冶金行业实现主营业务收入284.27亿元、增加值28.55亿元、利税2.56亿元、利润1.13亿元；有色冶金行业实现主营业务收入624.47亿元、增加值57.77亿元、利税43.15亿元、利润29.94亿元；化工行业实现主营业务收入360.17亿元、增加值90.29亿元、利税31.59亿元、利润24.33亿元；装备制造业实现主营业务收入300.06亿元、增加值80.07亿元、利税20亿元、利润11.24亿元；医药行业实现主营业务收入97.05亿元、增加值34.94亿元、利税24.85亿元、利润17.25亿元；建材行业实现主营业务收入82亿元，增加值25.53亿元、利税4.46亿元、利润1.02亿元；能源行业实现主营业务收入170.1亿元、增加值46.4亿元、利税13.34亿元，利润3.64亿元。

主要产品产量：完成卷烟854.53亿支，同比增长2.1%；钢材448.19万吨，同比增长2.5%；磷矿石2170.35万吨，同比增长7.5%；化肥145.13万吨，同比增长44.1%；中成药15053吨，同比增长12.8%；电力电缆330603千米，同比增长49.1%；水泥1233.82万吨，同比增长26.5%；十种有色金属77.35万吨，同比增长9.0%；数控机床8206台，同比增长12.3%。

装备制造业：2011年，全市装备制造业规模以上企业有187户，占全市规模以上工业的24%。完成工业总产值297.43亿元、工业增加值80.07亿元、利润11.24亿元、利税20亿元，分别占全市规模以上工业的11.5%、11.5%、7.6%和5.1%。从业人员年平均人数为4.88万人，占全市规模以上工业的21.8%。全市装备制造业共有各级企业技术中心49个，占全市的29.3%。一大批装备制造中小企业也进一步完善了研发机构和技术创新体系，行业和企业技术创新水平明显提高。全市共生产汽车发动机1122.6万千瓦、金属切削机床63464台（其中数控机床8206台）、变压器1057.2万千伏安、发电机组56万千瓦、电力电缆33万千米、矿山专用设备2.9万吨、金属紧固件13.5万吨、起重机2.2万吨、混凝土机械165台。昆明船舶设备集团、昆明中铁大型养路机械集团、昆明云内动力股份有限公司、昆钢重装集团、沈机集团昆明机床、云南CY集团和云南变压器电气股份有限公司、哈尔滨电机厂（昆明）有限责任公司、云南南天电子信息产业股份有限公司、云南西仪工业股份有限公司等11户大企业（集团），共实现销售收入162亿元。

原材料工业：2011年，全市规模以上原材料工业企业320户，从业人员10.07万人，总资产1624.35亿元，完成工业总产值1467.93亿元，占全市规模以上工业的56.7%，同比增长27.3%；实现增加值264.54亿元，占全市规模以上工业的37.9%，同比增长22.1%；实现主营业务收入1548.40亿元，占全市规模以上工业的58.4%，同比增长19.1%。

2011年，在原材料工业中：（1）规模以上采选企业有53家，从业人员2.61万人，总资产330.09亿元，完成工业总产值118.9亿元，占全市规模以上工业的4.59%，同比增长42.1%；实现增加值50.12亿元，占全市规模以上工业的7.18%，同比增长24.2%；实现主营业务收入144.42亿元，占全市规模以上工业的5.44%，同比增长23.93%；利税19.65亿元，占全市规模以上工业的5.04%，同比增长41.06%。主要产品产量：原煤637.36万吨，同比增长24.4%；铁矿石289.01万吨，同比增长29.2%；铜金属含量7.16万吨，同比增长18.8%；磷矿石（含五氧化二磷30%）2170.35万吨，同比增长7.5%。（2）规模以上化工企业有111家，从业人员2.89万人，总资产385.18亿元，完成工业总产值465.86亿元，占全市规模以上工业的17.99%，同比增长42.6%；实现增加值102.57亿元，占全市规模以上工业的14.69%，同比增长28.0%；实现主营业务收入413.24亿元，占全市规模以上工业的15.58%，同比增长33.1%；利税40.44亿元，占全市规模以上工业的10.37%，同比增长10.2%。主要产品产量：原盐100.76万吨，同比增长4.6%；焦炭303.4万吨，同比减少4.3%；硫酸（折100%）677.85万吨，同比增长6.8%；盐酸（含30%）11.7万吨，同比增长29.1%；烧碱（折100%）19.24万吨，同比增长15.9%；三聚磷酸钠10.68万吨，同比增长，47.24%；黄磷13.75万吨，同比增长，13.9%；合成氨56万吨，同比增长6.7%；化肥总计（折纯）145.13万吨，同比增长44.1%。（3）规模以上建材企业82户，从业人员1.37万人，总资产122.54亿元，完成工业总产值92.54亿元，占全市规模以上工业的3.57%，同比增长31.64%；实现增加值25.53亿元，占全市规模以上工业的12.36%，同比增长26.10%；实现主营业务收入82.00亿元，占全市规模以上工业的3.09%，同比增长25.1%；利税4.46亿元，占全市规模以上工业的1.14%，同比减少29.65%。主要产品产量：水泥熟料951.15万吨，同比增长23.4%；水泥1233.8万吨，同比增长2.0%；石膏板739万平方米，同比增长，361.9%；砖15.33亿块，同比增长4.3%；天然大理石建筑板材248.75万平方米，同比减少6.2%；防水卷材120.7万平方米，同比增长，12.1%；平板玻璃254万重量箱，同比减少3.4%。（4）规模以上冶金企业74户，从业人员3.21万人，总资产786.54亿元，完成工业总产值790.63亿元，占全市规模以上工业的30.546%，同比增长17.49%；实现增加值86.32亿元，占全市规模以上工业的12.36%，同比增长13.56%；实现主营业务收入

908.74亿元，占全市规模以上工业的34.25%，同比增长12.48%；利税45.71亿元，占全市规模以上工业的11.72%，同比增长84.09%。主要产品产量：生铁392.48万吨，同比减少15.8%；粗钢390.45万吨，同比减少13.8%；钢材448.19万吨，同比增长2.5%；主要产品产量：精炼铜37.73万吨，同比增长15.8%；铅1233吨，同比增长16.6%；锌6.51万吨，同比增长1.59%；镍167吨，同比减少81.6%；原铝32.96万吨，同比增长3.9%。

消费品工业：2011年，全市消费品工业完成工业总产值631亿元，同比增长19.5%，占全市规模以上工业的24.4%；实现工业增加值315.2亿元，同比增长17.6%，占全市规模以上工业的45.1%，拉动全市规模以上工业增加值增长7.9个百分点。消费品工业已成为我市工业发展和产业结构调整的重要支撑。2011年全市规模以上医药工业企业累计生产化学药品原药1114吨，同比增长2128%；中成药15053吨，同比增长了12.8%；完成规模以上工业增加值34.9亿元，同比增长21%。云南白药整体搬迁项目作为省重大工业项目之一，总投资15.97亿元，已于2011年全面竣工投产；云南白药集团被国家工商总局列为国家商标战略示范企业。昆明龙津药业股份有限公司起草的注射用灯盏花质量标准被载入《中国药典》，生产的注射用灯盏花素冻干粉针剂被列为国家重点新产品，“龙津”商标被授予云南省著名商标。昆明圣火药业公司“理洫王”商标获国家工商总局裁定为“中国驰名商标”。全市累计生产卷烟170.9万箱，与上年的167.4万箱相比，增长2.1%；完成规模以上工业增加值200.7亿元，同比增长15.2%，占全市规模以上工业的28.7%，为我市工业经济的第一大产业；占地1177亩，总投资55.6亿元的红云红河集团昆明卷烟厂异地技改项目，经过5年的建设，于2011年5月正式竣工投产，年生产能力150万箱，成为目前中国烟草行业技术最先进、建设规模最大的卷烟工厂。全市食品工业规模以上工业企业完成增加值36.5亿元，占全市规模以上工业的5.2%，其中：农副食品加工业11亿元，同比增长20%；食品制造业8亿元，同比增长8.9%；饮料制造业17.5亿元，同比增长34.4%。

【非公经济及中小企业发展】 2011年，全市非公经济完成增加值1124.29亿元，同比增长20.2%，占全市GDP的44.8%；实现社会消费品零售总额1102.73亿元，占全市的86.7%；累计上缴税金325.9亿元，同比增长20.35%，占全市财政总收入的46.49%；个体私营企业户数达40.49万户，比上年增加3.62万户，同比增长9.8%；个体私营从业人员达172万人，比上年增加27.97万人，同比增长19%。非公经济分别占全市一、二、三次产业的比例为25.1:42.3:49.3。现有非公企业集团61户。私营企业注册资本金达2577.90亿元。形成了大企业主导、中小（微）型企业相互支撑、有序发展的金字塔生态结构。

按照短线保增长、长线调结构，项目吸纳就业和缴纳税收能力并重的扶持方向，昆明市共向上争取和安排非公经济、中小企业项目扶持资金9595万元，扶持130户非公中小企业发展。其中：争取国家发改委、工信部项目30个、资金5173万元；争取省级项目27个、资金1400万元；安排市级项目73个、资金3022万元。同时，加大对企业上市前期费用扶持力度，市财政对8户拟上市企业安排上市前期费用补助438万元，争取省工信委上市企业前期资金扶持270万元，调动了企业上市的积极性。全市已有69户企业进入上市后备库。按照《昆明市小企业创业基地认定办法（试行）》、《昆明市中小企业社会化服务体系服务示范单位确认暂行办法》，2011年分别安排扶持资金94万元、290万元，认定了7户市级小企业创业基地、19户市级中小企业服务体系服务示范单位，并争取国家工信部专项资金320万元、服务体系补助资金50万元，对5户担保机构和1个中小企业公共服务平台（孵化器公共设施）项目进行扶持。

银政企合作取得实质性进展。2011年，8户合作银行对中小企业累计发放贷款1512.61亿元，贷款余额1023.67亿元，余额净增366.05亿元，贷款户数5479户，贷款新增户数1310户，对新客户发放贷款862.47亿元；建立和完善信用担保体系，积极筹建昆明市再担保行业协会，争取国家工信部对5户中小企业信用担保机构资金扶持2090万元，组织7户担保机构申报国家工信部、税务总局对融资担保企业的减免营业税政策等。全市已取得经营许可证的担保机构达204户，注册资本总额202.91亿元；以中国风险投资研究院昆明泛亚分院为平台，组织各类投资机构与成长型中小企业对接，引入私募股权投资基金。2011年，昆明寰基生物芯片开发有限公司、云南绿A生物工程有限公司分别成功募资2900万元、500万美金；牵头组织红塔证券、昆明市产业发展投资公司、亚太会计师事务所、云南八谦律师集团、鹏元资信评估有限公司等机构，推进昆明中小企业集合债券发行工作。

【产业结构调整】 2011年，轻工业完成增加值315.19亿元，同比增长17.6%；重工业完成增加值383.03亿元，同比增长15.7%。轻、重工业比为45.1：54.9，卷烟工业与非烟工业增加值比为28.8：71.2，非烟工业进一步发展壮大。同时，生物产业、光电子信息、新能源、新材料等战略性新兴产业快速发展。

装备制造业结构调整：根据昆明装备制造业的实际，对现有资源进行整合，发挥自身优势，合理规划装备制造业产业布局，重点发展具有市场优势和发展前景的汽车和新型汽车柴油发动机、电工电器、数控机床、成套设备、基础件及零部件配套等行业。发挥云内动力的龙头和带动辐射作用，支持云内通过战略合作、技改、园区研发中心建设等扩大产能；通过采用国际最新柴油机先进技术，开发了具有自主知识产权和国际先进水平的节能环保型及电控高压共轨柴油机等系列产品。大力发展电力装备产业，积极支持企业开拓更高端的产品技术与市场。大力发展高档、数控、精密、大型机床，云南CY集团公司进入云南高新技术企业30强；沈机昆明机床股份有限公司通过充分发挥多年制造高、精、尖大产品的优势，使产品向高速、高精、高效发展，实现了批量化生产柔性自动线，真正迈上了高端制造的新台阶。充分利用国家大力实施基础建设和产业升级的大好时机，重点发展自动化物流设备、现代化大型铁路养护设备、重化矿冶成套设备、制糖成套设备、烟草加工机械设备、轨道交通装备，积极通过技术创新，开发成套设备，发展具有自主知识产权、达到国际先进水平的成套产品。以重点装备产业和产品为重点，提高铸造工艺水平，以适应昆明机床、内燃机、汽车零部件、电工电器、矿山机械等产业发展的需要。以汽车发动机连杆、凸轮轴、汽车制动毂等零部件为重点，积极支持装备制造业专、精、特、新零部件的发展。

原材料产业结构调整：重点在初级原材料优化，中间原材料提升，新型原材料发展，以初中级新材料为原料的延伸和新材料产业培育五个方面进行结构调整。一是调整产权结构，促进产权结构多元化。按照国家、省推进钢铁企业兼并重组政策，科学编制了《昆明市钢铁企业兼并重组实施方案》，重点推进安宁、宜良、晋宁、东川等县（市、区）钢铁企业重组，鼓励和支持安宁永昌钢铁有限公司作为整合主体实施跨地区、跨所有制兼并重组；支持现有水泥孰料年产能200万吨以上、国内前十位或以水泥资产为主上市的水泥企业参与全省水泥行业联合重组。二是调整产品结构，提高高附加值新产品比重，降低资源型、粗加工、高消耗、低附加值的产品比重。支持和鼓励发展新型优质钢材产品，加快发展400兆帕及以上高性能抗震钢、耐酸钢、管道钢及特种异性钢等钢材品种；积极发展高强度结构钢、高档工磨具钢、特殊用途钢等钢材品种；鼓励铜加工企业开发电工用铜线坯、高速电气化铁路接触网导线、高效节能电动机用铸铜转子、超细电解铜粉和电磁线、管、板、带、箔以及铜基合金材料等铜深加工产品，开发机械装备、建筑用铜制品；鼓励发展氯化法钛白粉、钛合金钛制品项目，支持钢铁企业走“钢—钛结合”发展模式，延伸钛产业链；加强锗、铟等稀散金属开发，支持鑫圆锗业、云南天浩等稀贵金属重点企业加快发展；支持新工艺磷酸生产，以磷酸净化分级利用为方向，大力发展规模化、系列化、专用化的磷精深加工产品；鼓励发展超白超薄玻璃、太阳能光伏玻璃、导电玻璃、光伏建筑一体化太阳能玻璃、显示器用超薄电子基板玻璃等产品；鼓励发展特色建筑装饰石材产品；三是调整产业链，加快下游产业的发展。以云铝股份等企业为龙头，延伸“氧化铝—水电—电铝—铝材”产业链，在现有铝合金、电工圆铝杆、铝铸轧卷、冷轧板、铝箔、型材基础上，不断提高铝深加工能力。

消费品产业结构调整：巩固烟草的支柱产业地位，大力发展生物医药、食品、木材加工及家具制造等消费品工业，壮大非烟消费品工业规模。烟草业以红云红河集团为龙头，继续提高品牌一类烟比重，使品牌烟结构重心上移。生物医药企业以专利技术为依托，打造知名品牌，提高企业竞争力。云南白药集团被国家工商总局列为国家商标战略示范企业，品牌价值得到进一步提升。昆明龙津药业股份有限公司研发的注射用灯盏花作为中药注射剂产品，有效成分达到98%以上，基本达到了化学药对纯度的要求；起草的注射用灯盏花质量标准被载入《中国药典》；注射用灯盏花素冻干粉针剂被列为国家重点新产品，“龙津”商标被授予云南省著名商标。昆明圣火药业公司“理洫王”商标获国家工商总局裁定为“中国驰名商标”。消费品行业固定资产投资保持较高速度增长：农副食品加工业14.89亿元，增长87.4%；食品制造业8.69亿元，增长36.2%；烟草制品业16.64亿元，增长18.2%；医药造制业15.2亿元，增长36.9%。

【工业园区建设】 工业园区成为拉动地方经济快速增长的重要增长极。2011年，园区规模以上工业企业完成增加值605.34亿元，同比增长18.2%，占全市比重的86.7%；主营业务收入2267.22亿元，同比增长19.7%；利税总额348.87亿元，同比增长26%。园区市政基础设施不断完善，城市功能不断完备，创新创业体系不断完善，推动了工业化与城市化的互动发展。全市园区基础设施完成投资135.12亿元，同比增长40.3%。其中，三个国家级开发（度假）区基础设施投资正逐步放缓，全年完成投资42.68亿元，同比增长22%；13个省级工业园区完成投资80.96亿元，同比增长32%。全市园区完成土地收储50815.09亩，其中实际收储8744.4亩，预收储土地42070.69亩；新建标准厂房145万平方米。产业基地已成为各园区相关产业集聚集群发展的重要平台，已成为相关企业向园区集聚发展的重要引擎。安宁、高新、经开已成功被工信部列为国家新型工业化（磷化工、稀贵金属、军民结合）产业示范基地；高新区、经开区、杨林、石林、宜良工业园区分别列入第一批省级新型工业化（电力装备、光电子、装备制造、新能源、建材）产业示范基地。同时，结合我市实际出台了《创建昆明市新型工业化产业示范基地管理办法》，启动市级产业基地申报认定工作。工业园区已成为全市招商引资的主战场，引进各类招商引资项目972个，实际到位内资608亿元，实际利用外资7.05亿美元。其中，工业项目501

个，实际到位内资322亿元，实际利用外资2.83亿美元。

【信息化建设与安全管理】　2011年，昆明市信息化建设和电子信息产业规模稳步扩大，取得了较快发展。全市统计内电子信息产业企业116户，其中：电子信息制造业15户，软件企业101户，主营业务收入120.4亿元，同比增长20.4%。年末从业人数1.8万人，同比增长5.3%。以金融电子设备、物流自动化设备、太阳能光伏器件、电子专用材料及设备制造、微电子光学、红外探测产品、电子浆料等产品为主的电子信息设备制造企业不断发展壮大，年产值10亿元以上企业3家，亿元以上企业5家；软件及信息服务业不断发展，进入国家规划布局内重点软件企业1家，2011年认定软件企业25户，软件产品139个；截至2011年年末，全市通过软件企业认定189户，软件产品登记697个，产品涉及金融、证券、公安、农业、社会保障、医疗、管理、交通、教育、商业、邮电、旅游、财务、电力、计算机安全等多行业和领域，形成了一定的产品方向和市场能力。按照集聚发展、产学研结合的基本思路，发展形成了云南软件园、五华科技园等一批集软件研发及孵化、人才培养、产业化生产、市场营销、风险投资等软硬件配套齐全，融"产、学、研"为一体的软件研究开发与产业化园区。

2011年4月，国家工业和信息化部正式批复昆明市为国家级信息化和工业化融合试验区。为大力推进信息化和工业化融合，向各县（市、区）、开发区、工业园区、企业，征集了70余个两化融合、物联网等重点项目和一批市级两化融合试验区建设申请，并通过省工信委向国家工信部推荐了一批物联网发展重点项目，获得国家500万元专项建设资金支持。同时，为加快昆明市国家级信息化和工业化融合试验区建设，促进信息化与工业化深度融合，编制并下发了《关于加快建设昆明市国家级信息化和工业化融合试验区的实施意见》。完成了《昆明市推进"三网融合"发展研究报告》，制定了《昆明市实施"三网融合"工作方案》，推进电信、移动、联通三大通信运营公司与昆广网络的业务合作，新增了IPTV、数字电视、光纤入户等多项融合应用。2011年8月启动实施五华区、西山区两个社区三维数字社区试点建设。2011年12月，被国务院列为国家第二批三网融合试点城市。编制完成《"智慧昆明"总体规划》、《昆明市国民经济和社会信息化发展"十二五"规划》、《昆明市拓展高端信息化的指导意见》、《昆明市物联网产业发展规划纲要（2011~2015年）》、《昆明市国家级两化融合试验区建设实施意见》，规划指导全市信息化建设工作。

【无线电管理与监督检查】　截至2011年年底，全市设置、使用无线电频率、台站的单位（包括业余设台）共有665个，专业无线电台29717部，蜂窝网用户862.2万部。开展行政审批事项59项，核发换发《中华人民共和国无线电台执照》6320份，注销台站86个，行政审批工作做到零投诉。根据国家、省关于开展无线电台站数据库建设工作的要求，开展新版无线电台站数据库建设工作，全市共完成26561个无线电台站数据的收集、核验、入库及修改完善工作，入库台站数量占全省的近30%，建立健全了较为准确翔实的昆明市新版无线电台站数据库。加强了对民航、广播电视、移动通信、森林防火等重点台站管理，保障重要无线电业务的安全运行。全年争取到上级无线电频率占用费29.7万，购置配备相关设备，下拨14个县（市、区），确保县级无线电管理工作能正常开展。加强无线电监督管理队伍建设，有20人通过无线电执法证培训考试，取得了无线电行政执法资格。

【安全生产管理】　2011年，全市紧紧围绕省、市政府对各个时期安全生工作的不同要求，认真抓好贯彻落实安全生产政策，不断提高工业企业的安全生产水平，减少一般事故，严防重特大安全生产事故发生。全面完成了市政府与市工信委签订的《昆明市2011年安全生产责任状》中确定的各项安全生产责任，有效保障了全市工业和信息化系统总体稳定的安全生产形势。由昆明市工信委直接实施监管的煤矿企业实现零事故和零死亡。2011年，市工信委的安全生产工作还被市政府考核评定为优秀。

【节能降耗】　"十二五"期间，省政府下达昆明市单位GDP能耗下降18%，2011年同比下降3.9%。围绕这一目标，2011年，市工信委坚持把节能减排作为加快调整产业结构、转变发展方式的重要抓手，统筹协调节能减排与经济发展的关系，细化责任，落实措施，在保持经济平稳健康发展的同时，节能降耗工作取得显著成效。2011年，全市单位GDP能耗同比下降4.19%，规模以上工业万元增加值能耗同比下降7.44%。为进一步优化钢铁行业结构，做好钢铁行业的节能降耗工作，2011年，我市淘汰了安宁市永昌钢铁有限公司350立方米年产40万吨炼铁高炉1座、昆明呈钢钢铁有限公司年产能共为35万吨的炼钢电炉2座，圆满完成被列入云南省2011年，公告淘汰的落后产能任务。加强节约能源立法工作，截至2011年末，《昆明市节约能源条例（草案）》已通过市人大常委会第一次审议。

全市工业以冶金、磷化工、建材、电力等行业为重点，充分发挥中央、省属大型企业和重点企业发展循环经济的示范带头作用，通过企业产业链延伸，引导产业向关联的生态化转向，构筑规模布局合理、功能互补的生态工业体系，强力推进资源综合利用。当年通过资源综合利用认定企业20户（生产型），全市工业固体废物综合利用率达62.5%，其中粉煤灰综合利用率达100%以上。完成清洁生产审核评估企业105户，占全省完成数的95%。通过清洁生产审核实施无/低费方案和中/高费方案共计2558个，有效地促进了滇池流域和牛栏江流域的保护和综合治理。

【任职领导名单】

党组书记、主 任 陈 浩
党组成员、副主任 刘志贤（11月止）
苟光清
纳建国
易小明
杨新文
罗 云
王月明
谢介民
锁良勇
周正和
程幼昆（11月止）
张晓武（11月止）
副 主 任 张百舸（11月止）
罗 智（11月任）
总 工 程 师 张 岩（11月任）

（王泽昊）

五华区经济贸易局

【工业经济运行情况】 2011年，五华区规模以上工业增加值完成276.43亿元，同比增长15.8%，占全市比重达39.60%；规模以上主营业务收入完成783.21亿元，同比增长14.21%；规模以上利税总额完成261.02亿元，同比增长30.4%，其中利润总额完成78.45亿元，同比增长37.83%。规模以上企业户数为106户。2011年，五华区规模以上工业总产值实现753.57亿元，占全市比重达29.14%，总量上占有相对优势。

【技术创新与技术改造】 2011年，总投资56.32亿元的红云红河集团昆明卷烟厂易地技术改造项目于5月20日竣工并投产，仅余少量后续工程。红云红河集团管理总部及后勤保障设施、云烟科技园项目总投资6.8亿元，截至2011年年底完成投资2.3亿元，总投资完成比为33.88%。2011年五华区有昆明佳晓自来水工程技术有限公司、云南园林绿化（集团）有限公司、昆明优力威尔信息系统有限公司、昆明绿电科技有限公司、昆明九田科技有限公司五家企业获得昆明市企业技术中心认定。有昆明方大春鹰板簧有限公司、云南九九彩印有限公司两家企业获得省级企业技术中心认定。

【重点行业发展】 全区有5个支柱行业，分别为有色金属制造业、烟草制造业、医药制造业、化学原料及制品制造业、印刷业，支柱行业规模以上工业增加值占全区规模以上工业增加值的90%以上。其中，有色金属制造业完成18.18亿元，同比增长12.7%；烟草制造业完成192.14亿元，同比增长16.5；医药制造业完成22.74亿元，同比增长21.4%；化学原料及制品制造业完成7.83亿元，同比增长20.3%；印刷业完成7.48亿元，同比增长11.1%。

【非公经济、中小企业发展】 2011年，五华区非公经济增加值完成264.97亿元，同比增长12.2%，占GDP的比重达43.6%；实现非公经济实收税金42.96亿元，同比增长36.38%；全区个体工商户达39028户，私营企业14776户，实现从业员16.93万人，同比分别增长9.16%、19.65%、16.04%，新增从业人员2.34万人。编制了《五华区服务企业工作制度汇编》，对16家获得国家、省、市级名牌名品的企业进行了奖励，奖励资金达122万元。组织召开了“五华区中小企业融资推荐会”，邀请辖区内有贷款意向的60余户中小企业参加，缓解了企业融资瓶颈。积极组织辖区内的企业参加上市融资培训会，鼓励企业上市融资。同时与多家金融机构对接，为有贷款意向的企业与金融机构牵线搭桥。

协助区内非公企业获得了国家、省、市级的各类专项扶持资金近4000万元；组织开展了“百名律师进百企”活动，进一步增强了企业自身依法经营、依法维权的意识和能力。

组织推荐了红云红河烟草（集团）有限责任公司等80家企业及职工参加五华区2009~2010年劳动模范、先进单位、先进集体、先进生产（工作）者评选，最终有3名企业职工被评为五华区劳动模范、9家企业被评为五华先进单位、20个集体被评为五华区先进集体、48名企业职工被评为五华区先进生产（工作）者。

2011年，协助区内企业获得了国家、省、市级的非公经济、中小企业和企业扩大出口等各类专项资金近4000万元。

【节能降耗】 2011年，万元GDP能耗同比下降4.3%，万元增加值能耗同比降低5.3%。组织实施了昆明七零五所科技发展总公司风光互补发电节能系统示范及产业化开发项目、昆明东燃科技有限公司粪便回收及资源化利用项目，昆明七零五所科技发展总公司风光互补路灯项目等节能项目。积极推广高效照明产品，2011年共推广节能灯143971只。

【工业园区建设】 2011年，五华科技产业园实现工业总产值269.57亿元，同比增长13.6%，实现工业增加值201.92亿元，同比增长16.9%；规模以上工业企业主营业务收入261.55亿元，同比增长15.99%。高新技术产业增加值9.87亿元，占工业增加值的5%。固定资产投资20.85亿元（不含房地产），万元增加值能耗下降4.03%，园区范围国地税税收总额3.56亿元，同比增长21.30%，一般预算收入1.34亿元，同比增长59.3%。完成基础设施投资11.66亿元，收储土地1758亩，土地出让350.78亩，成交额9.13亿元。共有入园企业1892户，就业人数7.2万人

2011年，园区共引进招商引资项目208个；引进外资1182万美元；引进市外境内资金47.43亿元。

组织实施了中船重工第705研究所昆明分部项目、云南理想药品配送中心项目、科伦集团—科域商务中心项目、普洱茶科技文化中心项目等重大项目。

【信息化建设和信息安全管理】 1. 完

成了“三维数字社区”试点工作。2011年五华区被确定为全市三维数字社区建设的两个试点区之一。五华科信局以“两级平台、三个支柱、四级应用”的架构，来构建一个符合五华区区情的能够涵盖社会生活各个方面的综合性的信息服务和管理平台。年底，五华区三维数字社区平台建设项目已按规定完成系统建设任务并投入了试运行。该系统共建成了政府管理、社区服务、三维应用等12个板块，包括人口信息基础管理、地理信息标识、党建管理、计划生育管理等38个应用模块及192个具体应用功能，涵盖了社区管理和服务的十条站线，共采集各类数据24.3万余条，满足了政府、企业和居民对管理和服务的各种要求。

2. 利用政府网站开展公共服务，推进政府信息公开。一是扎实做好“昆明五华”网站升级维护工作。上半年，“昆明五华”网站在全市政府网站（14个县、市、区）测评中排名第一。“昆明五华”网站今年一共发布信息9808条。二是努力推进政府信息公开工作。五华区政府信息公开网站各单位子站共更新信息10408条；96128转接成功率97.37%，满意率99.3%。确实提高了政府信息公开、市民网上咨询回复和“96128”专线的效率和群众满意率。

3. 认真开展信息安全管理工作。我区领导对信息安全工作一直十分重视，由分管信息安全工作的主管领导牵头，信息安全检查责任人负责组织开展工作，按照文件要求，参照国家信息安全技术标准规范，五华区科学技术和信息化局对所使用的“昆明五华”网站系统、电子政务系统、经济运行平台系统及其他政府信息系统开展了信息安全管理及检查工作。对五华区各信息系统安全保障工作进行检测评估，查找隐患、堵塞漏洞、规范管理、完善措施、落实整改。在领导的高度重视及各部门的通力协作下，今年我区未发生过一件信息安全事件。为我区电子政务信息化建设健康发展，维护正常的社会经济秩序打下了坚实的基础。

4. 始终坚持将信息化工作围绕服务民生、服务地方经济社会发展大局进行谋划。一是深入推进农村信息化建设。与中国移动等通信运营企业合作，实施了“136移动富民”工程，在西翥办事处安装了无线广播24套，逐步实现移动通信对边远地区有人居住活动区域的全面覆盖。二是大力支持移动、电信、联通公司信息化推进工作，完善信息基础设施建设。三是加快农村通信基础设施建设，扩大农村通信网络覆盖，实现了100%自然村通电话、通有线电视。行政村通宽带率达到100%。

【无线电管理】 为庆祝《中华人民共和国无线电管理条例》颁布实施18周年，营造做好无线电管理各项工作的良好社会环境和社会氛围，按照昆明市工信委《关于开展无线电管理现场宣传活动的通知》要求，五华区2011年无线电管理宣传活动于9月23日全面启动。

9月23日下午，区科信局组织召开了区属10个街道办事处科技专干参加的无线电管理宣传活动工作部署会议。会上，区科信局荀副局长宣读了《昆明市五华区科学技术和信息化局关于开展2011年无线电管理现场宣传活动实施方案》，并对各街道办事处开展此次宣传活动进行了安排布置。

9月27日上午，区科信局全体干部职工在翠湖北门广场设立咨询台，悬挂布标，散发宣传资料和环保袋，并分别解答了市民提出学的无线电技术和无线电法律法规问题，得到了广大市民的一致好评，希望我们能多组织这样的活动。同时，区属10个街道办事处在本辖区内居民密集场所设立宣传点10个，各社区利用黑板板、橱窗等向群众宣传无线电频谱资源和无线电管理工作的重要性。

此次现场宣传活动，五华区共出动人员300余人次，散发宣传资料2000余份、环保购物袋3000多个，通过本次宣传活动，广大群众更加深入了解了无线电管理的重要性，为无线电管理工作的开展奠定了坚实的基础。

【任职领导名单】

局　长　郭　颖

副局长　徐　滨　徐云华

（董　俊　李瑞楠）

盘龙区经济贸易和投资促进局

【综述】 2011年，盘龙区工业经济全面贯彻实施昆明“工业突破”发展战略、坚持可持续发展，积极调整工业发展思路，注重工业发展速度与结构、质量、效益相统一，调整优化产业结构和工业布局，工业经济平稳发展。全区规模以上工业企业户数共有44户，完成工业总产值153.57亿元，同比增长2.25%；工业增加值完成49.97亿元，同比增长10.1%；主营业务收入完成176.4亿元，同比增长8.82%；规模以上工业利税总额完成22.07亿元，同比增长16.02%；规模以上工业利润总额完成15.12亿元，同比增长21.47%；工业固定资产投资完成10.01亿元，同比增长7.5%。

2011年，盘龙区工业主营业务收入上亿企业有21户，其中，主营收入上10亿的有6户，分别是云南滇金投资有限公司、云南黄金矿业集团股份有限公司、云内动力股份有限公司、沈机集团昆明机床股份有限公司、昆明醋酸纤维有限公司、云南南天电子信息产业股份有限公司。优势行业主要集中在现代装备制造业、化学纤维制造、信息产业、稀贵金属提纯等方面。

盘龙区上市企业有云内动力、南天信息、沈阳昆机3家企业。云内动力是全国机械工业百强企业，汽车工业30强企业，其小缸径多缸柴油机研发能力居全国前列。沈阳昆机是全国机械工业企业经济效益综合指数百强企业，其生产的大型组合数控机床等产品在国内具有优势地位。南天信息连续16次进入国家电子百强企业及信息产业10强行列。云南黄金矿业集团股份有限公司以黄金产业为主导，集团公司目前拥有8个黄金矿山，探明黄金储量居云南省首位，全国前列。昆明醋酸纤维有限公司是我国仅有的3家专业生产烟丝束的企业之一。

盘龙区全区工业产业结构较为合理，无高能耗、高污染、高排放企业，全区规模以上工业企业万元增加值能耗仅为0.3458吨标准煤／万元，达到沿海先进地区水平，在西部地区处于领先地位。

【技术创新与技术改造】 盘龙区2011年云南省技术创新项目共计3项，分别是昆明云内动力股份有限公司D30TCID国Ⅳ排放柴油机研发及产业化项目、昆明茨坝矿山机械有限公司GK.STM-ARC3070节能振动筛项目、云南冶金昆明重工有限公司二十辊液压轧机成套设备的研制及其产业化项目。

云南省2011年工业产品质量攻关技术改造项目1项，昆明紫金实业有限公司涡轮增压器产品性能及质量提升。

【非公经济、中小企业发展】 至2011年底，盘龙区共有各类非公企业47010家，规模以上非公企业466家，其中，乡镇企业（含个体）6929家，亿元企业3家。

2011年，全区非公经济增加值完成139.22亿元，同比增长15.70%；占GDP比重为46.1%；从业人员达到13.84万人，新增2.61万人。乡镇企业增加值完成18.10亿元，完成考核指标的100.56%；农产品加工总产值完成15.63亿元，完成考核指标的100.22%。

2011年，盘龙区有5家管理规范、服务效果突出、运行机制良好的综合性服务机构通过市工信委评审验收，成为“昆明市中小企业社会化服务体系服务示范机构”。即昆明博扬会计师事务所有限公司、昆明阳光安全科技工程有限公司、正帛文化传播有限公司、云南承诺节能科技有限公司、大信会计师事务有限公司云南分所

2011年，盘龙区有云南九彩云蝶生物科技有限公司、昆明飞鹰机床制造有限公司、云南健之佳健康连锁店股份有限公司、昆明市锦苑花卉产业股份有限公司被批准为“云南省第二批省级成长型中小企业”。

2011年，盘龙区共有云南健之佳连锁健康药房有限公司、昆明锦苑花卉产业有限责任公司、云南黄金矿业有限公司、云南九彩云蝶生物科技有限公司4家企业准备上市。其中，两家企业已到省证监局备案，进入上市辅导期。

2011年，对辖区41户煤炭经营企业的年检资料进行认真的登记、整理、核实，并到现场实地进行初审检查，同时将材料及时上报市工信委，经省、市工信委复核，所有企业通过年检。

【节能降耗】 2011年度万元GDP能耗同比降低率为4.6%，超额完成3%的目标任务；规模以上工业万元工业增加值能耗同比降低12.60%，超额完成4%的目标任务；2011年完成4户企业清洁生产审核评估验收。

确定了云南滇金投资有限公司、昆明科曼迪科技开发有限公司等8户企业为2011年节能减排技术改造备选项目、2户企业省级技术改造项目上报市工信委、财政局。全年争取上级扶持资金107万元。

2011年，全区共推广紧凑型节能灯125410支，超出昆明市下达的7万支推广任务。共推广了大功率紧凑型节能灯47057只，超额完成了昆明市下达的4万只的推广任务。

【信息化建设和推进】 2011年，按照区委、区政府要求，组织实施了盘龙区政府行政中心信息化系统工程建设。经调研、上报审批后，组织开展了该工程项目的建设设计、立项审批、拦标价审定、公开招投标及建设施工等相关工作。项目于4月11日开工，实施了包括计算机网络、电话语音、有线电视的综合布线，设备购置和网络中心机房、机要、组工机房建设，会议室及远程视频会议系统建设，视频监控系统建设等在内的工程建设，建设完成了电子政务内网、Internet外网、机要网、组工网等多套计算机网络，并依照规定各套网络严格实施物理隔离，保障信息网络安全。12月7日项目全面通过验收，系统运行正常。

根据省政府实施“信息岛”项目建设工作要求，经调研和统筹安排，8月12日完成了第一批“信息岛”安装部署工作，在区政府机关大楼、区社保局、区图书馆大楼3个安放点安装了设备并投入运行使用，连同在盘龙区政务服务中心、医保中心等办事群众集中的窗口部门已建信息岛设备，进一步拓展了政府信息公开渠道、推进政府信息化建设。

推进农村信息化建设，与中国移动盘龙分公司积极合作，依托企业丰富的基础资源和成熟的信息化技术与产品服务，大力推进“移动信息富民”工程实施，促进和推广“农信通”综合信息服务平台应用，利用移动“信息网”向农民提供各类“三农”服务信息。6月起，与中国移动共同联合推进“农村信息机”赠送活动。

【政府信息公开】 按照规范统一、分级编制原则，在“盘龙区政府信息公开门户网站”上编制并发布了《盘龙区区级政府信息公开指南》和《盘龙区政府信息公开目录》，对向全社会主动公开的政府信息进行了分类梳理并编制目录，在公开目录栏目下予以公布。在盘龙区政府信息公开门户网站首页公布了包括政府组成、规范性文件、发展规划、统计信息、财政预算、决算报告、政府采购、行政事业性收费项目、行政执法项目、重大建设项目、政府年度工作报告、其他重大事项等11类区级政府信息计273条。

区属10个街道办事处、2个托管街

道办事处及44个政府职能部门在网站对应子栏目中公布了包括法律依据、机构职能、发展规划、行政执法、业务及服务、动态信息等项的各类政府信息4128条。全区各部门在区政府门户网站——盘龙区政务公众信息服务网更新和发布各类信息1088条。2011年共发布和更新各类政府信息合计5489条。在全市的政府信息公开监测评估中，得分为84.87分，在全市14个县（市）区中名列第2位。

2011年，共接到96128转接电话3789个，成功转接并处理3595个，平均转接成功率96.61%；网络查询问题受理74个事项，限时结办60个，网络查询限时办结率为81.08%。

【网络资源管理】 2011年，区委办、区政府办联合印发了《盘龙区政务公众信息服务网暨盘龙区政府信息公开门户网站管理维护考核办法（试行）》，进一步规范考核目标对象、量化考核数量指标、细化考核评分办法。为保障《考核办法》的施行，组织了对全区各街道、部门信息分管领导和信息员的业务培训。同年5月进行了区政府门户网站——盘龙区政务公众信息服务网的改版升级，重点突出政民互动和信息服务，加强新闻宣传报道，推进了政府网站建设。

【无线电管理】 9月17日在辖区内组织开展了无线电管理现场宣传活动，市、区有关领导及相关企业参加了宣传活动启动仪式，通过活动发放宣传材料、企业现场宣传等方式，进一步推进无线电使用管理工作。购置了无线电监测专用技术设备，增强无线电监督检查设施装备。

【机构改革】 根据《中共昆明市盘龙区委办公室昆明市盘龙区人民政府办公室关于印发〈昆明市盘龙区人民政府机构改革实施意见〉的通知》（盘办发〔2010〕13号），设立昆明市盘龙区经济贸易和投资促进局，为区政府工作部门，正科级，加挂昆明市盘龙区商务局、昆明市盘龙区加快非公有制经济发展办公室、昆明市盘龙区中小企业局、昆明市盘龙区乡镇企业局牌子。

下设9个科室，分别是:办公室（加挂离退休干部办公室牌子），人事财务科，市场建设和运行调节科（加挂昆明市盘龙区畜禽定点屠宰领导小组办公室牌子），都市经济发展科［加挂昆明市盘龙区发展楼宇（总部）经济领导小组办公室、昆明市盘龙区都市经济发展办公室牌子］，投资管理科，投资促进科，中小企业服务科，工业经济运行监测科，工业经济发展科。

昆明市盘龙区经济贸易和投资促进局机关行政编制15名。其中，局长1名（正科级）、党总支书记1名（正科级，兼任副局长）、副局长3名（副科级）。

【任职领导名单】

党组书记、局长　马文洁
副　局　长　者家惠
　　　　　　李亚婕
　　　　　　史仁川
　　　　　　林水鑫

（沈　航　卢云良　李明海）

官渡区经济贸易局

【工业经济运行情况】 2011年，官渡区规模以上工业增加值完成111.0亿元，同比增长16.6%；规模以上工业企业主营业务收入完成440.39亿元，同比增长21.3%；规模以上工业利税总额完成34.42亿元，同比增长14.3%，其中：利润总额完成19.15亿元，同比增长19.15%；规模以上工业企业达153户，其中新增规模以上工业企业6户。新引进、开工、竣工亿元以上工业项目4个，完成工业固定资产投资34.9亿元，同比增长39.0%。

【技术创新与技术改造】 引导和促进工业企业积极应用先进技术，提高装备水平，改进生产工艺，加快产品升级换代，扩大企业规模，促进可持续发展。2011年已有云南国资水泥东骏有限公司的烟气余热发电技术改造、昆明南疆制药有限公司的能量系统优化工程技改等有9户企业进行项目技术改造备案，项目总投资24391万元。云南邦格农业集团有限公司、云南瑞宝生物技术有限公司和云南官房建筑集团股份有限公司3户企业2011被认定为“昆明市企业技术中心”。培育企业技术中心3户。中铁大型养路机械集团、昆明南疆制药有限公司、云南名扬药业有限公司3项重大科技成果实现产业化。积极推进具成长性中小企业发展，带动中小企业向专、精、特、新方向发展，提高中小企业整体素质和竞争力，逐步解决我区中小企业规模较小、活力不足的问题。2011年全区昆明华曦牧业集团、云南一通太阳能科技有限公司、云海印铁制盖有限公司公司和云南路桥股份有限公司等4户企业列入昆明市民营企业上市规划。

【工业园区建设】 2011年，官渡区工业园区规模以上工业增加值完成22.08亿元，规模以上工业主营业收入完成90.57亿元，规模以上工业利税总额完成6.82亿元；新建标准化厂房26.26平方米，亿元以上工业项目开工4个、竣工2个，入园企业达69户。基础设施完成投资25.81亿元，完成全年目标任务20亿元的129.05%。昆明国际印刷产业基地一期（2042）亩，已完成“五通一平”及绿化、路灯、交通设施等附属配套设施建设。昆明国际印刷产业基地二期（951）亩、螺蛳湾国际商贸城小商品加工基地一期（1425）亩，已完成“五通一平”基础设施建设。

【节能降耗】 组织实施《关于下达2011年官渡区节能工作任务的通知》、《官渡区2011年官渡区清洁生产工作实施方案》。严格国家产业政策和行业准入条件，对新建、改扩建投资项目进行节能评估和审查，并实行登记备案制。推进重点节能工程实施。云南国资水泥东骏有限公司等3户企业节能技改项目被列为2011年度云南省重点节能能量系统优化项目。昆明仙织塑业有限公司等3户企业被列为2011年度昆明市节能扶持项目。以“低碳经济，我行动”为主题开展年官渡区节能宣传周工作。切实做好高效照明产品推广工作，按照市级要求，认真组织落实。2011年万元GDP能耗，对照市级下达4.1%的指标任务，多降0.9个百分点；规模以上工业企业万元增加值能耗同比下降13.6%，对照市级下达4.3%的指标任务，多降9.3个百分点。

【清洁生产】 认真贯彻落实《昆明市人民政府关于进一步加强节能减排工作的实施意见》、《关于下达昆明市2011年清洁生产目标任务的通知》及省、市节能减排工作会议精神，深入街道办事处、企业进行清洁生产知识、《清洁生产促进法》的有关规定和审核方法等方面的指导，传达宣传国家、省、市清洁生产、循环经济、节能减排相关政策、文件，制定《官渡区2011年清洁生产工作实施方案》，引导督促企业按计划进度推进清洁生产审核工作，对编写报告进行把关，组织专家组进行审核验收。2011年，已完成通过清洁生产审核验收户数10户，其中审核评估6户；合格验收4户。通过全面推进清洁生产、节能降耗工作，有力推动官渡区工业经济可持续发展，已完成目标任务。强化推进清洁生产、能源审计工作。

【非公经济】 认真贯彻落实《官渡区扶持企业发展暂行办法》、《官渡区关于加快非公有制经济发展的实施意见》等一系列有利于企业投资创业发展的各项政策措施，有效地促进了非公经济在发展规模、发展领域和企业市场竞争力上取得突破性进展，为非公企业的健康发展提供了良好的政策环境。2011年，全区非公经济增加值完成253.10亿元，同比增长15.0%；非公经济增加值占地区生产总值（GDP）的比重为46.1%；从业人员达22.15万人，其中：新增从业人员1.64万人。

【机构改革】 根据《中共官渡区委办公室官渡区人民政府办公室关于印发<官渡区人民政府机构改革实施意见>的通知》（官办通〔2010〕43号），设立官渡区经济贸易局，为政府工作部门，正科级，加挂官渡区中小企业局牌子。

官渡区经济贸易局设有综合办公室、经济运行科、工业管理科、资源节能科4个科室。年底有在职职工12人。其中：公务员11人，机关工勤人员1人；党员7人；退休干部职工12人。

【信息化建设】 2011年，官渡区对电子政务信息工作进行了认真的调查研究，邀请了省电子政务网络管理中心的领导到我区指导，请教了省、市相关部门的专家和技术人员，对比了同类县区电子政务信息工作的情况，找准了问题所在，重建官渡区新版门户网站。新建的门户网站具有良好的自主性和开放性，为各部门自主宣传、树立政府形象，加强舆论导向，提升服务能力，扩大对外影响力，为公众了解政府工作动态，查阅政府信息，实现网上办事，反映民情民意等提供了良好的平台。在《2011年昆明市政府部门门户网站测评报告》中，官渡区门户网站综合排名由2010年的第10名上升到2011年的第3名。

2011年，官渡区按照规定的范围、依程序主动发布和更新了政府信息，全年共发布和更新各类政府信息合计3358条。在网站公开发布信息2403条，在区政府门户网站更新发布信息1475条；在政府信息公开网站主动公开政府信息928条，其中发布和更新重点公开的政府信息319条，各街道、各职能部门主动公开的各类政府信息609条；其他便于公众知晓的方式发布和更新政府信息955条。在云南省阳光政府四项制度网站发布重大决策听证信息15条、重要事项公示信息248条、重点工作通报信息786条。经统计，2011年共有112345人次查阅浏览了政府信息。

【无线电管理】 2011年是《中华人民共和国无线电管理条例》颁布实施十八周年，为了广泛宣传《条例》实施成效、在区域范围内普及无线电管理知识、逐步提高区内民众的无线电管理法律意识，官渡区科学技术和信息化局于2011年9月30日在官渡广场举办了以“服务发展，共建和谐”为宣传主题的现场宣传活动。活动以“加强无线电管理，促进昆明经济新跨越”为口号，向周边群众宣传了无线电法律法规、无线电科普知识、无线电管理在当今社会诸多方面发挥的重要作用以及无线电干扰产生和无线电违法行为的危害等内容。

为进一步加强和规范通信设备的管理和使用，维护无线电电磁环境良好次序，消除和减少无线电干扰，确实保障无线电使用者的利益，2011年，官渡区科学技术和信息化局配合市工信委对关上街道办事处双桥社区开展了专项检查工作。

【任职领导名单】

书　记　张　顺

局　长　李社琨

副局长　刘一鸣

　　　　杨　茜

（欧阳春艳　张　成）

西山区经济贸易局

【综述】 截至2011年年末，西山区有工业企业总户数2000余户，其中规模以上（主营业务收入2000万以上）72户，主营业务收入超亿的企业24户，主营业务收入超10亿的4户。主要分布在以电缆、机电制造为主的马街片区；以磷化工、光电子、军工机械制造为主的海口片区；以医药、机械、有色金属加工为主的碧鸡片区；以医药制药、光学仪器、印刷、食品加工等企业集群为主的金碧、永昌、福海、前卫、棕树营片区。

2011年，西山区规模以上工业企业72户实现工业增加值32.36亿元，现价增长25.2%（可比价增长13.5%），明显高于往年12.3%~13%的增幅。规模以上工业企业主营业务收入实现149.6亿元，增长10.6%；规模以上工业利税总额实现11.9亿元，增长6.4%，其中，利润总额实现7.2亿元；工业固定资产投资完成38.6亿元，增长40.2%；亿元以上工业项目开工4个，竣工3个。

【非公（中小）经济】 全区非公经济积极适应市场需求，不断拓宽经营领域，发展具有特色的优势产业，不断加大科技投入，企业的科技水平明显提升。已形成磷化工、光学仪器、生物制药、建筑建材、食品加工为重点的优势产业和行业，一批附加值、科技含量和市场知名度较高的产品，使非公经济的竞争实力进一步增强，成为经济发展最强劲的新的增长点和全区财政税收的重要来源。2011年，全区共有非公企业23112个，同比下降6.24%；从业人员20.91万人，同比增长3%；完成税收33.36亿元，同比增长20.99%；完成增加值137.51亿元，同比增长9.06%；完成营业收入575.54亿元，同比增长18.69%。

另外，全区共有乡镇企业23100个，比去年同期24254个下降4.76%；增加值实现1248256万元，同比增长20.04%；实交税金193009万元，同比增长20.30%；工业增加值实现271669万元，同比增长33.98%。农产品加工总产值实现367336万元，同比增长34.22%。

【产业结构调整】 为有效落实“退二进三”政策，促进西山区产业结构升级，优化工业布局，推动主城区范围内工业企业入园集聚发展，加快推进“退二进三”相关工作，按照“五区两带一港”发展空间布局要求，由政府分管领导亲自抓、成立了相应工作机构，按照市级相关文件要求，拟定了“退二进三”工作实施方案，积极引导企业入园集聚发展，并取得突破。2011年，共有8家企业提交了“退二进三”申请和相关材料，有6家企业完成“退二进三”，有两家市政府批复享受“退二进三”政策的企业在全市率先实质启动“退二进三”工作。

【园区建设】 经过数年的努力，海口工业园区已形成以云南三环化工有限公司为主导的磷化工产业和以云南西仪公司、云南光学电子集团公司为主的光机电产业。园区产业方向明确，产业发展稳步推进，初步形成了以磷化工、光机电、机械制造产业三大主导产业的发展趋势，为产业集聚发展奠定了基础。截至2011年年底，海口工业园区已完成新区道路（含地下综合管线）7.571公里、平整场地2196.28亩、绿化面积10478平方米，栽种乔木2428株，共计完成投资约6.82亿元；园区总计预收储土地7380.8亩，已得到省国土厅3个批次用地批复共计1726.81亩；与园区签订入园协议的项目共55个（亿元以上项目24个），计划总投资合计63亿元，落地项目共32个，计划总投资合计46亿元。其中：竣工项目18个（亿元以上项目10个）；在建项目14个（亿元以上项目7个），下步拟开工项目23个（亿元以上项目6个）。自2009年以来，园区实际引进到位内资均以每年25%以上的速度在增长。

【技术创新】 为切实推动实施工业强区战略，加快西山区工业经济发展，2011年进一步加大工作力度，支持企业生产技术提升改造，积极向上级争取工业项目扶持资金。一是协助振华制药、晶华光学、飞隆劳尔、新铜人4家企业完成市级企业技术中心申报及认定工作；二是完成工业企业技改项目备案流程的整理。办理了云南马龙三福科技产业有限公司昆明分公司5万吨磷精细化工植物特种营养素生产线等9个企业技改项目的备案；三是协助兴长江实业、飞隆劳尔、绿辰集团（昆明酿造总厂）3家企业完成省级成长型中小企业的申报及认定工作；四是协助云南云天化国际化工股份有限公司等39家企业申报中央、省、市、区技改、节能、中小企业发展、非公扶持项目49个。共争取上级各类补助资金5227.9万元。

【节能降耗】 2011年，西山区万元GDP能耗同比下降4.23%；规模以上工业万元增加值能耗可下降4.8%，全面完成年度目标任务，而且为“十二五”目标完成打下了良好的基础。

【清洁生产】 西山区在按计划推行企业实施清洁生产的同时，进一步加大清洁生产工作的力度对已通过清洁生产审核的企业进行跟踪检查，落实清洁生产各项措施。各企业根据省、市相关文件要求，积极开展清洁生产审核工作，并按照市工信委审核验收工作要求，逐户进行现场验收，全年共完成20户企业的清洁生产审核验收工作。超额完成市里下达的目标任务数的180%。

【电网建设】 2011年末，西山区拥有110千伏及以上变电站（所）11座，主变压器23台，总容量1060兆伏安，35千伏及以上变电站（所）1座，主变压器1台，总容量8兆伏安，110kV高压输电线路26条，总长度186.881千米，35kV高压输电线路8条，总长度61.199千米，用电负荷445.9千瓦，是中国南方电网公司确定的15个重点城市电网之一的昆明电网的重要组成部分。年售电量累计完成13.8亿千瓦时，综合电压合格率99.73%，供电可靠率99.946%。

2011年，完成市级下达的变电站启动建设1个，完成可研4个的电网建设目标任务。

【信息化建设与安全管理】 提高西山区信息化程度，不断完善西山区电子政务建设，建设了全区统一的电子政务平台，在原有平台的基础上，增加了电子监察系统、OA管理模块分级系统、公文交换系统、信息共享发布系统、区长接访系统、科技项目在线申报管理系统等项目建设，部分实现了部门间信息共享和业务协同，提高了政务部门的工作效率、监管能力、应用与服务水平。

高度重视政府信息公开工作，结合西山网改版，针对网站功能、栏目设置、政民互动等各方面进行了优化和完善，主动对接区政府信息公开各主体单位，及时提醒，并将各主体单位的信息更新数量以月报的形式提交西山区目督办和西山区监察局。2011年7月21日，组织召开了“西山区2011年政府信息公开工作会”，对全区政府信息公开工作进行了安排部署，与27家相关责任单位签订了《区政府信息公开目标责任书》，并作了信息公开专题讲座和操作培训。至10月31日，经省、市有关权威机构评测，西山区党务政务信息公开做到了网站运行情况良好，上网信息确保了时效性、准确性、权威性和完整性。

初步完成“三维数字社区”建设试点工作，自西山区成为昆明市“三维数字社区”建设试点单位以来，根据“三维数字社区”的数据库目录构架，从社区工作需要出发，围绕整个街道办事处社区所需的基础数据，进行入户调查核实、图片采集、数据确认等工作。主要完成了“三维数字社区”的建设模式、数据结构、数据采集、运维模式和开发预算的调研工作；《西山区“三维数字社区”信息化服务平台建设技术方案》的制定、专家咨询；进行了资金安排；项目严格按程序进行了招投标；各部门进行了数据采集；启动了系统研发和调试等工作。截至年底，西山区西苑街道办事处秋苑社区“三维数字社区”信息化服务平台构架已基本搭建完毕，采集到的数据信息也基本录入完成。测试版于2011年9月25日正式上线测试，9月26日进行了区内演示，10月8日、11日、14日再次进行了调试、修改。10月18日，顺利通过市委领导对西山区“三维数字社区”建设试点视察。12月22日，西山区西苑街道办事秋苑社区三维数字社区信息化服务平台通过初验，标志着西山区三维数字社区试点建设阶段性工作顺利完成。

无线电管理和监督检查。有序推进无线电管理工作，根据《云南省工业和信息化委关于无线电台操作资格考试有关事项的通知》，组织区公安、广播、林业、地震、气象等设台单位参加了云南省无线电台操作资格考试和换证工作。根据市工信委《关于开展无线电管理现场宣传活动的通知》，2011年5月16~22日，结合区科技活动周的活动，在10个街道办事处举办了3场大型宣传，发放宣传材料2500份。

（孙静宏　曹　宇）

呈贡区经济贸易和投资促进局

【工业经济指标完成情况】　2011年，呈贡区有规模以上工业企业50户（新增2户），完成目标任务的94.3%。全区规模以上工业企业完成工业增加值23.13亿元，同比增长19.9%。完成考核目标25.39亿元的91%；主营业务收入完成122亿元，同比增长22.34%，完成考核目标134.24亿元的91%；利税总额完成3.98亿元，同比增长10.74%，完成考核目标3.6亿元的110.6%；其中利润总额完成1.51亿元，完成考核目标1.88亿元的80.3%。全区工业固定资产投资完成22.47亿元，同比增长6.5%。

【技术创新与技术改造】　截至2011年年底，呈贡区有7家企业被认定为各级企业技术中心，其中，省级4家，市级3家。全区共有4户企业的产业振兴和技术改造项目获得扶持。云铝、中铝云南铜业和云白药等企业实施了多个重大科技成果产业化项目。一是以云铝为代表的技术创新工作取得新突破。2011年云铝公司本部立项的21个技术创新计划项目中，多个重大关键技术攻关项目效果明显。“石墨质曲面阴极磷生铁浇注工艺优化及创新”项目，攻克了多项技术难题，实现正常生产；“直接用电解铝液铸轧生产宽幅铝箔坯料关键技术研究开发及产业化”项目取得突破。同时，公司被认定为云南省首批创新型企业、云南省知识产权工作示范企业，高新技术企业顺利通过复审。《铝工业烟气脱硫及资源化利用》项目被列入国家“十二五”科技支撑计划，也是该公司承担的第二个国家科技计划项目。2011年，云铝公司本部及控股子公司承担实施科技项目9项，其中国家科技支撑计划项目《低温低电压铝电解新技术》等4个重大科技项目已顺利完成验收。另外，中国铝业总公司昆明铜业分公司的“高速电气铁道用高精电工铜材产业化”项目及“采用CONFORM技术实现2万吨/年高等级铜型材产业化”项目，目前均已投入试生产。

二是以云白药为代表的技术改选项目成效显著。2011年，呈贡区以云白药整体搬迁改选为代表的技术改造项目取得实质性进展。云白药集团的搬迁改造项目自2008年实施搬迁建设以来，通过近4年的建设，2011年10月8日正式转场呈贡区，并于2011年12月25日竣工投产。集团整体搬迁项目总体投资15.97亿元，项目一期工程设计产能100亿，并配套实现商业物流规模100亿，项目建设包括：胶囊剂、散剂、气雾剂、片剂、颗粒剂等14个剂型生产，包含原料、净药材前处理，提取，制剂，外包等全部药品生产的工艺流线和工艺方案，共包含40余条现代化的药品生产线。同时配套建设水、电、消防、环保和生活配套等公附设施，项目建设以“产业、文化、旅游”建设为主题，以“节能、环保、绿色、生态”建设为宗旨，以“国内一流、国际领先，技术创新、产业升级、效率提升、循环发展”为设计目标。项目充分体现“重规划、重设计、重装备”的三大理念，规划设计50年不落后，充分考虑建设成本和运行成本的具备“标准化、模块化、规模化、自动化”的现代制药产业基地，为云南白药集团未来发展，进一步扩大云南白药系列产品规模，增加效益，为做大做强云药品牌奠定基础。

作为云南省20个重大建设项目，20个重点推进的工业建设项目以及云南省重点技术改造贷款贴息资金项目，云南白药整体搬迁项目在实施过程中，始终坚持统筹兼顾这一原则，做到优质高效的完成工程建设和项目实施同时不影响集团生产经营等各项工作的全面开展。

【非公经济发展】 截至2011年年底，全区有私营企业1230户，同比增长43%，本年新增343户，私营企业注册资金47.81亿元，同比增长36.8%，本年新增12.87亿元，就业人数11693人，同比增长9.2%，本年新增965人；全区有个体工商户7981户，同比增长17.6%，本年新增1179户，个体工商户注册资金3.07亿元，同比增长29%，本年新增7600万元，有从业人数16070人，同比增长20%，本年新增3201人；有其他经济类型企业343户，同比增长5%，其他类型经济企业注册资金51.5亿元，同比增长2.6%。

全年非公经济实现增加值34亿元，同比增长18%，完成考核目标21.58亿元的158%，占GDP比重的40.1%，非公经济上缴税金5.18亿元，非公经济从业人数完成2.78万人。

【产业结构调整】 着力优化工业结构和布局，鼓励企业入园发展，大力承接产业转移，培育壮大主导产业，巩固提升支柱产业，加快发展新型产业，工业转型升级不断加快，以云铝为主的有色金属产业和以云白药为主的生物制药产业等支柱产业发展趋势日趋明显。2011年，全区规模以上工业中，轻工业实现工业增加值6.87亿元，同比增长11.7%，重工业实现工业增加值16.27亿元，同比增长23.8%，轻重工业比为29.7：70.3，全区7个主要工业产品中，有5个实现两位数增长。

【安全生产管理】 2011年，呈贡区经投局与呈贡区政府所签订的安全生产目标责任书要求，对所监管的加油站及相关行业开展经常性的安全生产宣传、培训、检查，特别是在节假日、“两会”期间，全力配合区安委会等部门抓好各行各业安全生产工作，在安全生产培训方面，积极组织加油站及企业相关人员参加省、市、区组织的安全培训，在日常监管中，在区安委会的统一协调下，积极配合、部门联动，为全区安全生产工作作出了积极贡献。

【节能降耗及清洁生产】 2011年，全区万元增加值能耗目标为同比下降4%，全年实际同比下降4.53%左右，超目标0.53个百分点；规模以上工业企业万元增加值能耗目标为同比下降4.3%，全年实际同比下降12.45%，超目标8.15个百分点。

淘汰落后生产能力、工艺技术和装置情况。昆明市政府与呈贡区政府签订的责任书要求，昆明呈钢钢铁有限公司2011年10月30日前淘汰所有轧、炼钢生产装置，通过政府和企业的努力，2011年3月前已全部拆除所有轧、炼钢生产线，即35万吨/年30吨电弧炉2座，30万吨/年LF-40型精炼炉1座，轧钢生产线1条。清洁生产工作开展情况：2011年市下达全区实施清洁生产审核企业3户，到2011年12月30日止，通过审核验收2户。2005~2011年（不含托管街道），已累计通过清洁生产审核验收企业37户。

【信息化建设】 2011年3月，在呈贡区政府机关机构改革中，原呈贡区政府信息产业办公室职责，并入新组建的呈贡区科学技术和信息化局，成为该局内设机构之信息化管理科。2011年通过呈贡区政府信息公开门户网和中国呈贡政务综合门户网共发布各类信息1566条，其中，公开政府信息1000条。组织举办全区信息化管理员培训班2次，受训320人次，制定并发布了《呈贡新区信息化管理员管理规定（试行）》。全年政府信息公开工作全部通过保密审核，无涉密泄密事故发生。

2011年11月，呈贡区对中国呈贡政务综合门户网进行升级拓展，新增政务、投资、文旅和公众服务4个频道，并投入使用，发布各类信息566条。

2011年，全区召开政务视频会议107场，参会达8132人次。

【无线电管理】 2011年3月，无线电管理职能划入新成立的呈贡区科学技术和信息化局，与信息化管理科合署办公。3月，制定了呈贡区政府制定《重点无线电台站运行报告制度（试行）》，并开始实施重点无线电台站月报制度。

2011年9月28日，在中心文化广场组织举办主题为“服务发展、共建和谐”的无线电管理宣传活动。活动共出动人员60人次，发放无线电科普宣传资料等9400份，刊出专题宣传栏1期，接待咨询群众3000人次。

【机构改革】 根据《中共呈贡区委办公室呈贡区人民政府办公室关于印发〈呈贡区人民政府机构改革实施意见〉的通知》和《呈贡区人民政府办公室关于印发呈贡区经济贸易和投资促进局主要职责内设机构和人员编制规定的通知》，设立呈贡区经济贸易和投资促进局，为县政府工作部门，正科级，加挂中小企业局牌子。划入原呈贡县投资促进局和原呈贡县发展改革和经济贸易局的经济贸易职责。

根据职责，呈贡区经济贸易和投资促进局设办公室、招商服务科、中小企业科（工业经济科）、商贸科及统计信息科5个内设机构。

【任职领导名单】

局　　长　刘　燚
党委书记　余章俊
党委副书记　李亚京
副局长　张　菊　柴少武

（李庆银　谢　玲　金玉泽）

东川区经济贸易和科学技术信息化局

【综述】 2011年，东川区经济贸易和科学技术信息化局建立经济运行分析联系制度，层层分解目标任务，重点培育规下工业企业，加大工业项目推进力度，着重提高工业经济的增长质量和效益。实现了东川工业经济平稳增长。规模以上工业企业完成主营业务收入137.65亿元，完成目标任务130.55亿元的105.43%；完成增加值26.61亿元，完成目标任务23.24亿元的114.5%；完成利税总额10.87亿元，完成目标任务10.85亿元的100.18%；其中完成利润总额4.39亿元，完成目标任务5.44亿元的80.69%。2011年规模以上工业企业户数达49户，其中，新增1户。2011年工业固定资产投资完成34.12亿元，增长65.15%，亿元以上工业项目开工2个，竣工1个。2011年东川区规模以上工业万元增加值能耗同比下降4.5%；GDP能耗下降4.2%。通过审核验收清洁生产户数6户，其中审核评估5户，合格验收1户。

【技术改造】 2011年，新增技术改造项目10个；积极推进重大技改项目实施，按月及时上报各项目进展情况。其中，云南铜业凯通有色金属有限公司粗铜10.5万吨/年、硫酸30万吨/年技改工程项目、华新水泥股份有限公司日产2000吨水泥熟料技改项目已完工，昆明金水铜冶炼有限公司10.5万吨/年阳极铜、30万吨/年硫酸技术改造项目预计年内竣工。

云南红富化肥有限公司25万吨/年磷酸二铵项目，该项目计划投资3.3亿元，利用当地磷矿资源就地深加工，建设25万吨/年磷酸二铵项目、配套建设12.5万吨/年的湿法磷酸、33万吨/年硫磺制酸。中航磷化工、川金诺、凯通等企业正在建设磷化工生产项目。

【重点行业发展】 2011年，全区主要产业完成工业总产值133.59亿元，占全区工业总产值的95%。有色金属矿采选业实现工业总产值24.37亿元，占全区工业总产值的17.4%。化学原料及化学制品制造业实现工业总产值2.8亿元，占全区工业总产值的2%。化学原料及化学制品制造业是东川发展潜力较大的一个行业。医药制造业实现工业总产值1.85亿元，占全区工业总产值的1.32%。医药制造业是东川鼓励发展的产业。非金属矿物制品业实现工业总产值2.87亿元，占全区工业总产值的2.05。黑色金属冶炼及压延加工业实现工业总产值2.7亿元，占全区工业总产值的1.9%。有色金属冶炼及压延加工业实现工业总产值98.32亿元，占全区工业总产值的70.26%。有色金属冶炼及压延加工业是东川的支柱产业。通用、专用设备制造业实现工业总产值0.7亿元，占全区工业总产值的0.5%。

【非公经济、中小企业发展】 东川区非公经济已形成由初级加工、餐饮、商贸和服务逐步向基础设施建设、公用事业、医药、机械加工、冶炼、重化工等领域拓展的格局。在资本构成上，开始向多元投资主体的公司制企业发展；在局部地区逐步形成一批以专业化、规模化经营为特征的产业集群的格局。2011年全区新增私营企业108户，非公有制经济完成增加值39.3亿元。非公经济增加值占全区GDP的比重达70%。完成非公经济从业人员2.87万人。2011年东川区第一产业、第二产业、第三产业的产业结构为6.6%，67.9%，25.5%，第三产业实力不断壮大。中小企业和微型企业是东川区社会就业的主渠道。

【信息化建设】 新版东川区人才信息数据库管理系统平台，已录入了东川区绝大部分各类人才信息，新版本在管理及使用上更加快捷方便，便于查询，安全性能也得到提升，对抓好人才队伍建设，稳定人才队伍，调动社会各方面人才的积极性、创造性均起到了积极作用。视频会议系统已在全区5镇、1街道安装调试完毕，并已投入使用，极大地节省了往来开支，提高了办事效率。

每年6月份对全区各部门计算机信息系统和办公设备等保密管理规章制度建设情况进行检查。同时，加强与市政府信息中心及区公安分局网安大队的信息沟通，由专人密切关注网页，做好网站浏览日志记录，发现异常立即报告。强化操作人员信息安全管理工作。建立了层层负责的工作体制和机制，做到了管理到位，责任到位，措施到位。严格按照“谁主管谁负责、谁运行谁负责、谁使用谁负责”的原则要求，层层签订“保密承诺书”。认真做好计算机、移动存储介质、纸质文件的保密工作。对信息系统数据进行定期备份，以降低或消除各种灾难对正常工作的影响。

【无线电管理与监督检查】 2011年，东川区围绕《中华人民共和国无线电管理条例》颁布实施18周年、《云南省无线电电磁环境保护条例》颁布实施3周年，根据昆明市工信委《关于开展无线电管理现场宣传活动的通知》（昆工信〔2011〕364号）文件要求，区无委办和区经科信局联合组织开展了为期半天的宣传活动，共制作宣传条幅1条，印发《无线电管理宣传册》500份，发放环保袋1000份。按照市应急办要求，每周定时开通与全市各县区的无线电短波应急电台的呼叫工作，并认真记录电台工作日志。9月份还参加了全省无线电短波应急通信演练，并且保障了演练任务圆满完成。配合市工信委和市无委办，组织开展监督检查工作。按照《条例》规定，对重点无线电台站进行专项监督检查，对公安局、林业局、文体广电旅游局、气象局、防震减灾局、人防办、电信局、移动、联通等重点设台单位进行监督检查。及时受理无线电管理的行政投诉工作和无线电干扰投诉工作，认真组织开展无线电电磁环境综合治理和协调保护工作，依法组织实施无线电管制。

【节能降耗】 为确保实现市政府下达东川区万元GDP能耗下降4.2%；规模以上工业万元增加值能耗下降4.5%的节能减排目标任务，区节能减排工作领导小组及时将目标任务分解下达到各相关部门和企业，并签订了《2011年节能目标责任书》和《十二五节能目标责任书》。2011年规模以上工业企业万元工业增加值能耗同比下降3.78%，GDP能耗同比下降4.23%。2011年，全区共有11户企业通过了市级清洁生产现场审核验收，全面完成了市政府下达的任务，另还有2户企业将在今年内完成首轮清洁生产工作，完成率达183.3%。根据《昆明市节能减排工作领导小组办公室关于举办2011年节能知识竞赛活动的通知》文件要求，区经科信局及时将竞赛试题发放到局各科室和川金诺、凯通铜业、金水铜等重点企业，212名相关工作人员参加了市节能减排办举办的《节能知识竞赛》。在总结2010年推广经验的基础上，结合实际情况研究制定了《东川区2011年度财政补贴高效照明产品推广实施方案》，对节能灯推广任务进行了分解下达，推广工作圆满完成。大力开展资源节约与综合利用工作，积极引导企业开展资源综合利用工作，2011年，全区有12户企业通过资源综合利用认定并取得了资源综合利用证书，华新水泥余热发电项目正在申报当中。

【工业园区建设】　2011年，园区规模以上企业工业增加值21.58亿元，完成目标值15.27亿元的141.32%；规模以上企业主营业务收入124.87亿元，完成目标值102.34亿元的122.01%；规模以上企业实现利税总额7.57亿元，完成目标值5.21亿元的145.3%；工业固定资产投资完成12.03亿元，完成目标任务9.3亿元的129.35%；基础设施完成投资2.22亿元，完成目标任务的111%；园区规模以上工业企业户数35户，比去年新增1户；土地收储共完成1179.72亩，是目标值的119.77%。2011年，园区亿元以上开工工业项目完成1个，竣工工业项目完成1个，开工项目是昆明金平福建筑陶瓷制造有限公司陶瓷项目，竣工项目是云南铜业凯通有色金属有限公司10.5万吨/年粗铜冶炼技改工程。

2011年，园区申报各种资金8111万元，省、市下达园区补助资金1740万元，其中，新型工业化专项资金200万元，昆明市工业化发展专项扶持资金500万元，北发资金1040万元。园区实际现收到各种补助资金共1300万元。

2011年，园区市级重点基础设施项目有东川再就业特色产业园污水处理设施、渣场建设工程（两个项目捆绑实施），项目总投资11978万元，2011年要求完成3300万元投资。1~12月，弃渣场工程完成投资2453万元。完成截留沟工程量的98%，涵洞工程量的98%，拦渣坝、拦污坝完成98%，水池、地磅秤、油库、办公室完成98%。防渗铺膜130000平方米，一期边坡修整完成土石方142000平方米，完成工程量的98%。集中式污水处理厂工程完成投资1200万元。完成前期工作基础上附属工程全部完工，5月启动了主体工程建设，完成调节池、综合楼、脱水机房、机修间主体工程建设，混凝池、集水井建设完成近60%工程量；完成消毒水池、反冲洗水池、废水池地板浇筑；完成生物曝气滤池底板浇筑和池壁钢模搭建，完成了设备采购及订货；组织土地报件，指标待审批。东川再就业特色产业园污水处理设施、渣场建设工程（两个项目捆绑实施）完成投资3653万元。完成市要求全年3300万元的目标任务。

【任职领导名单】

局　长　谢志勇

副局长　李自强

　　　　杜选明

　　　　吴源芳

　　　　高宇才

（李自强）

安宁市工业经贸和科学技术信息化局

【工业经济运行情况】　2011年，安宁市规模以上工业增加值完成87.13亿元，增长16.2%，绝对数完成年度86.65亿元目标的100.5%，增幅低于年度24%目标7.8个百分点；规模以上工业企业主营业务收入583.25亿元，增长13.5%，绝对数完成年度589.58亿元目标的98.92%，增幅低于年度26%目标12.5个百分点；规模以上工业利税总额20.91亿元，下降13.7%，其中利润总额11.29亿元，增长0.3%，绝对数完成年度31.36亿元和15.72亿元目标的66.68%和71.82%；增幅低于年度25%和23%目标38.7个百分点和22.7个百分点；规模以上万元工业增加值能耗下降2.27%，增幅低于年度4.5%目标2.23个百分点；年度单位GDP能耗同比下降5.32%，增幅高于年度4.2%目标1.12个百分点；是年底，年产值超过2000万元以上的全市规模以上企业87户，其中新增5户。已超额完成昆明市下达的77户，其中新增3户的年度指标任务。

【节能减排】　由工信局组建安宁市节能减排工作领导小组，代表安宁市政府接受和分解昆明市政府下达的年度节能目标任务；严格落实节能减排目标责任制，与86家规模以上企业、9个街道办事处和年综合能耗达5000吨以上的18户重点能耗企业签订了《安宁市“十二五”及2011年度节能目标责任书》；制定《安宁市“十二五”（2011年~2015年）节能规划报告书》；建立、并坚持每季度一次，必要时可随时召开的节能减排例会制度；对各企业节能量完成情况时时进行督查，积极推动一批企业技改和节能减排项目的实施，争取国家、省、市的政策扶持和资金投入，2011年有4个节能减排技术改造项目竣工，并得到省节能技改资金扶持；组织申报2011年淘汰落后产能中央财政奖励资金项目2个；获得2010年省级污染减排专项资金扶持项目2个，扶持资金300万元，获得2009年昆明市节能减排专项资金扶持项目5个（跨年），今年获得支持资金30万元。通过上述技改和节能减排项目的实施，为安宁市节能指标任务的完成奠定了基础。接受并顺利通过了昆明市对安宁市“十一五”及2010年节能目标完成情况的考评，考评分为90和95分，圆满完成了各项节能指标任务。

以昆明钢铁控股有限公司、云天化国际化工股份有限公司富瑞分公司、安宁市永昌钢铁有限公司为代表的重点耗能企业，组织实施了光伏发电示范工程项目、余热发电节能减排技改项目、电机系统变频改造项目等，取得了良好的节能效果。如云天化国际化工股份有限公司富瑞分公司15MW硫酸余热发电节能减排技改项目，新建15MW抽汽冷凝式汽轮发电机组，利用天湖搬迁30万吨/年硫酸装置余热锅炉过热蒸汽（74T/H）和一期80万吨/年硫酸低温位热能回收（HRS）装置饱和蒸汽（45T/N）余热发电，年供电量8512万KWH。项目建成后，节能量可达29700吨/年标准煤。

【淘汰落后产能】 2011年，根据云南省2011年度计划淘汰落后产能的通知，工信局对“三高一低”（高投入、高污染、高能耗、低效益）、不符合产业政策和落后产能的情况进行摸底调查，至年底，安宁市永昌钢铁有限公司被淘汰350立方米炼铁高炉一套，年产能40万吨，拆除工作现已进入尾声。

【招商引资工作】 工信局组建招商引资工作领导小组，并拟定全局招商引资工作方案，该小组与工业园区招商引资平台组积极沟通对接，按时上报招商引资报表及相关材料，积极做好招商引资项目的跟踪服务工作，截止2011年12月30日，共引进内资项目9个，到位资金6700万元人民币。

【工业园区管理】 为了加快园区建设步伐，为新型化工业搭建平台。工信局深入各园区和各街道办事处，及时掌握项目投资管理和园区工作进展情况，并按时限要求分别上报昆明市工信委项目投资管理处和工业园区处；完成申报“三个一百”企业的材料收集上报工作，按照规定和权限负责技改项目的备案，及时掌握2011年新开工和年底即将竣工的企业的有关情况，协助推动重大工业项目实施及工业投资运行监测，协调解决园区发展中存在的问题，提出园区扶持项目和资金计划安排意见，指导、帮助工业园区做好相关工作。到12月30日，全市现有亿元以上开工项目9家，竣工项目4家。

【“退二进三”工作】 “退二进三”即第二产业从市区退出，发展商业、服务业等第三产业。工信局根据昆明市人民政府办公厅发布的《关于进一步推动全市“退二进三”相关工作的会议纪要》及相关文件的精神，稳步推进该项工作。至年底“退二进三”的2家企业：昆明风行防水材料有限公司、昆明电工有限责任公司（凯捷利集团）已开工建设。

【“两化融合”工作】 信息化和工业化“两化”的深度融合，是推进工业新型化的核心。工信局积极推进信息化在中小企业、非公民营企业生产经营管理中的融合应用，大力普及推广应用信息化生产经营、管理决策和消费服务，实现“两化融合”，以信息化带动提升工业化，加速新型工业化进程；指导传统产品信息化改造，加强各种嵌入式软件、个性化定制等新技术应用，提高产品附加值；引导电力、冶金、建材、化工等重点耗能行业通过引进、开发和应用节能降耗信息技术，改进生产流程和工艺，减少物耗能耗，促进绿色工业发展。当前，信息技术、科技创新在安宁已成为经济增长、发展方式转变和工业转型升级的助推器。

【非公经济】 2011年，非公企业达16867户，同比增长8%；从业人员74700人，同比增长6%；税收总额完成245454万元，同比增长16%；增加值完成614687万元，同比增长16.4%；销售收入完成1920000万元，同比增长21%；非公经济占GDP比重为36.9%

【信息化建设】 2011年，安宁市工信局按照安办通〔2011〕45号文件的要求，认真贯彻落实《中华人民共和国政府信息公开条例》文件精神。为提升安宁市政府信息公开水平，改进政府信息公开工作质量，市工信局举办2011年度安宁市政府信息公开业务培训班。各政务信息公开单位、街道办事处专职政府信息公开发布员参加培训。培训以《中华人民共和国政府信息公开条例》为主要内容，达到使参训人员掌握主动公开信息的发布工作程序与规则性；掌握申请公开工作的规范程序与规则性；掌握信息发布工作中需要注意的政策、法律和法规等问题的目的。其次工信局举办了“三普”计算机信息高新技术资格培训，全市有80多个单位选送人员参训，总人数达1000余人，通过培训考试已合格的有920余人，现在证书发放工作还在进行中。

按照《云南省政府信息公开条例》和《安宁市政府信息公开条例》暂行办法，工信局努力做好政府信息公开及网络管理维护工作：一是严格信息发布的审批程序，保证政府信息公开的及时性和有效性，做到“公开为原则、不公开为例外”；二是做好政府信息公开网络后台管理及维护工作，从技术上保障全市政务信息的畅通；三是加强全市电子政务网络骨干光纤网络的运行管理和日常维护，不断完善和优化网站，定期排查、检修设备（软件、硬件）及线路上的有关问题，有效提高故障诊断的准确率，掌握整个电子政务网络的运行状况，保障电子政务网络通畅。

【任职领导名单】

党委书记 党治昆

党委副书记 马卫民

局长 汪德华（4月止）

李宝林（4月任）

副局长 余时海

罗先明

（张仕能）

晋宁县发展改革和经济贸易局

【工业经济运行情况】 2011年，全县完成工业总产值108.00亿元，增长15.6%。其中，规模以上工业总产值87.02亿元，增长30.5%。全县完成工业增加值30.12亿元，增长20.7%。其中：

规模以上工业增加值26.92亿元，增长24.1%。规模以上工业增加值占全县工业增加值的比重达89.35%。全县工业增加值占全县地区生产总值（GDP）的比重为44.71%，工业在全县国民经济中的主导地位进一步稳固。

主要工业产品产量：完成磷矿石1379.8万吨，增长1.8%；铁矿石35万吨，下降14.6%；磷肥17.5万吨，增长49.6%；生铁11.7万吨，增长98.3%；光学仪器39.26万台，下降12.3%；硫酸14.9万吨，下降0.9%。

2011年，全县规模以上工业企业户数达49户，全县规模以上工业企业主营业务收入完成85.51亿元，利税总额完成12.41亿元，利润总额完成6.00亿元，分别增长19.74%、25.15%和18.46%。

【非公经济】　2011年，全县非公经济完成增加值32.8亿元，增21.5%，占生产总值比重为48.7%，完成税收总额6.5亿元，增长31.0%。非公经济户数为9283个，个体私营企业总户数达9283户，从业人员达3.3万人，增长3.5%。其中：私营企业534户，增长15.1%，从业人员1.9万人；个体工商8749户，增长6.3%，从业人员1.4万人。

【节能降耗】　2011年单位GDP能耗目标为同比下降4.1%，完成4.43%，超0.33个百分点；规模以上工业企业增加值能耗目标为同比下4.4%，完成3.69%；园区规模以上工业企业增加值能耗目标同比下降4.4%。

2011年，全县有10户企业通过清洁生产审核验收，分别是昆明龙腾生物乳业有限公司、昆明天虹祥农副产品有限公司、昆明众灿塑胶制品有限公司、晋宁铭海塑料制品有限公司、晋宁上蒜明亮选矿厂、晋宁平坝正荣选矿厂、四川科帅外加剂有限公司云南分公司、昆明天瑞钢结构有限公司、云南昆明宝龙肥业有限公司、昆明天阳壹机机械制造有限公司。

【工业园区建设】　晋宁工业园区总体规划按“一园五片”17.55平方公里编制（现已规划修编至61平方公里），完成园区环评、矿产压覆和地质灾害评估报告、各片区控制性详细规划编制，在基础设施建设、招商引资、产业项目建设等方面取得了显著的成绩。截止2011年底，在园投产企业134户，规模以上工业企业个数38户，新开工在建企业104户，亿元以上开工企业32户，有3个被列为省、市人民政府重点建设项目（云磷集团450万吨/年浮选、云天化835项目、云南腾俊物流项目）。2010年园区规模以上工业完成工业总产值46.54亿元，实现主营业务收入36.78亿元，实现工业增加值10.1亿元，实现利税4亿元，实现地方一般预算收入8042万元，万元增加值能耗下降5%，累计收储土地5614.33亩，完成五通一平面积2524.5亩，建成区面积达5.1平方公里，从业人员4262人。

【信息化建设与安全管理】　2011年，全县共有互联网用户2万多户，电信3G网络覆盖能力达95%，除个别边远行政村外实现全覆盖，上网下行速率达3.1Mbps。电信网络电视（IPTV）开通，节目多达90余套，具备直播、点播、进移、回访等功能。圆满完成94场省、市级视频会议调试接收和播放工作，播放PPT92场。完成晋宁县人民政府门户网站（昆明晋宁网）改版工作，网站共开设7个一级栏目，下设34个专栏，链接县内网站36个，县政府门户网站共发布信息2171条。建立健全信息安全管理制度、保密制度、信息审核发布制度。为明确责任，维护网络信息安全，县政府与县属各相关部门签订《晋宁县网络信息安全管理责任书》。完成了昆阳西北环路、普照路、东大河西侧道路、三中北侧道路、永乐大街北延长线、金实路等6条道路光缆城域网建设。建成晋宁县防震减灾指挥中心。2011年5月，完成党政机关电子政务“OA”系统中心机房软硬件的升级改造工作，全面提升“OA”系统的运行速度。县政府信息公开门户网及子站主动公开政府信息2470条，按时编制并发布政府信息公开工作年度报告、政府信息公开指南和目录文件。

【无线电管理】　2011年9月19日成功承办了昆明市暨晋宁县无线电管理宣传月启动仪式。同时，按照市工信委的要求，县科信局紧紧围绕经济社会发展这个中心，认真开展无线电频率和台站核验勘查工作，加强无线电频率台站管理，加大无线电监测力度，依法行政，依法管理，有效地维护了空中电波秩序，为全县经济建设和社会稳定发挥了积极作用。

【机构改革】　晋宁县发展改革和经济贸易局由原县计经委、县物价局、县商业局、县工业局、县乡镇企业局、县粮食局合并而成。主管全县发展改革、工业经济、商贸流通、外贸进出口、价格管理及监督检查、政府性投资重大项目稽查、中小企业等工作，对口的上级部门有市发改委、市工信委、市商务局。主要职能负责牵头晋宁县经济社会发展战略中长期规划、年度计划的编制工作；负责全县基本建设、固定资产投资和新上项目的备案、核准和审批工作；负责牵头做好县级政府性投资项目的包装、储备和推荐等前期工作；负责全县工业经济发展和节能减排工作；负责全县的价格管理工作，依法行使价格监督检查权和处理价格违法行为；对司法机关、行政机关、仲裁机关在办理案件中涉案的扣压、追缴、没收、纠纷等有形财产和无形财产进行价格鉴证；承担电力、成品油等要素保障工作；承担商贸流通管理职能；负责全县政府性投资项目的稽查工作。同时还承担着医改办、企改办、铁建办等14个县委、县政府非常设机构职能。

【任职领导名单】

书　记　李绍荣
局　长　韩富国
副局长　李红兵
　　　　李　勇
　　　　郭绍祥

廖　萍
潘文勇
（郭绍祥　谭明华　刘　洋
谭利东　王刚华）

石林县工业经贸和科技信息化局

【工业经济指标完成情况】　2011年，石林县规模以上工业企业户数达26户，实现工业总产值38亿元，同比增18.7%；工业增加值完成9.68亿元，同比增23.1%；规模以上工业增加值完成6.9468亿元，同比增34.4%；工业固定资产投资完成18.144亿元，同比增39%；规模以上工业企业主营业务收入完成18.3726亿元，同比增44%；规模以上工业利税总额完成1.9344亿元，同比增46.9%。

【工业招商】　工业产业招商分局［县工信局（工管会）、县安监局］2011年共引进入园项目42个，新增入园项目7个，其中，亿元以上工业项目开工3个，分别是：阿诗玛珠宝玉石加工项目、石林食品加工标准厂房、亚通管塑胶管道加工项目；亿元以上竣工项目2个，分别是：云南官房水泥有限公司技改项目、中种云南种子加工中心一期项目。全年实际引进国内（市外）资金6.781亿元，完成目标任务3.8亿元的178.45%；国（境）外资金746.45万美元，完成目标任务330万美元的226.2%，超额完成目标任务。

【园区建设】　截至2011年年底，入园企业42家，从业人员3242人，基础设施完成投资2.6072亿元，同比增27.2%；规模以上工业增加值完成4.3924亿元，同比增56.6%；规模以上工业主营业务收入完成11.0768亿元，同比增67.2%；园区规模以上工业利税总额完成1.0579亿元，同比增54.6%；地方财政一般预算收入完成0.2438亿元，同比增45.1%；工业固定资产投资完成13.7134亿元，同比增63.7%；园区建成区面积达3638亩，新增园区建成区面积688亩，新增88亩；收储土地面积280.313亩，协议收储土地面积866.525亩；建设标准工业厂房6.04万平方米。

【非公经济】　2011年，实现非公经济增加值17.4293亿元，同比增26.1%；非公经济增加值占GDP比重达40.1%；从业人员达4.6424万人，同比增14.4%，新增0.4624万人。

【电子政务建设】　2011年完成15户中小企业信息化改造；扶持培育4户规模以上信息化应用示范企业；完成财政专网的建设工作，接入单位45家；累计新接入协同办公系统终端12台，维护协同办公系统终端300台余次，全年电子政务网没出现重大网络故障。

【政府信息公开】　2011年全县通过协同办公系统累计发文15714份，公众有效留言的回复率达95%以上，有效留言共54条；96128转接次数173次，转接成功153次，成功率97.45%，用户满意评价148次，满意率96.73%。

【网站维护及监管工作】　2011年专门安排业务精湛的技术人员，负责全县电子政务网络的维护管理，加强安全监督，及时处理单机和网络故障，限时办结各终端用户反映的各种问题，加强对全县电子政务网络运行的维护管理和安全的监督管理，确保接入县电子政务网的相关部门与上级部门的信息互通。做好石林县电子政务视频会议的保障工作，全年累计新接入协同办公系统终端12台，维护协同办公系统终端300余台次，保障了全县电子公文和视频会议数据的正常有效传输。

【无线电管理工作】　加强对全县行业信息化建设的协调指导，合理调配全县公共信息资源，积极开展无线电管理宣传、教育、普及相关法律、法规和日常知识。按照《昆明市2010年无线电管理宣传工作实施方案》的要求，配合县招生考试委员会做好石林县高考期间无线通信信号的屏蔽工作，确保消除考区内利用无线通信方式进行作弊的安全隐患。高考期间专门安排两名技术人员，由主要领导亲自带队，在高考期间至考场周围巡查，确保不出现任何通过无线通信设备作弊的安全事故。

【安全生产管理】　2011年年初下发了《安全生产管理工作实施意见》，安排布置全年的安全生产工作，并与重点工业企业签订了《安全生产及消防安全目标责任书》；加强宣传引导，发动企业开展自查工作，针对重点加工企业、重点行业的特点深入企业进行指导检查，确保能够及时发现问题、有效解决问题；以重点工业企业为单位，发挥企业安全监管人员的力量，深入车间、基层有针对性地开展专项检查，对发现的隐患及时下达整改通知，并提出限期整改意见，安全监管人员还要为企业提供必要的安全技术咨询和服务，使各项隐患整改能够落实到位；对重点领域内的重点隐患实行重点踊跃，及时将隐患消除在萌芽状态，促使安全生产工作落到实处。2011年，全县生产加工企业和工业园区未发生安全事故，安全伤亡率为零。

【机构设置】　1983年12月，成立石林县乡镇企业管理局。2004年5月，加挂县经济局牌子。2007年8月，将县乡镇企业管理局变更法人单位为县经济局。2009年2月，加挂石林县工业集中区管理委员会牌子。2010年7月政府机构改革，将原石林县经济局、县科技局和县政府信息产业办公室合并设立县工业经贸和科技信息化局，为石林县政府正科级工作部门，加挂石林县中小企业局牌子。2011年内设9个科室，即：办公室（审计科）、园区管理科、中小企业科、商务贸易科、科学技术科、信息产业科（县无线电管理办公室）、经济运行科、投资管理科、节能安全科，年底有在职职工39人，其中：公务员27人，专业技术人员6人，事业管理人员3人，机关工勤人员3人。

【任职领导名单】

局长、工管会常务副主任　刘琴龙

书记、工管会副主任　李焰熊（9月任）

副书记　史云华（女）

工管会副主任、副局长　洪正富

孔德卿

副局长　段圳宗

（李　伟）

嵩明县经济贸易和投资促进局

【工业经济运行情况】　2011年，嵩明县工业总产值完成106.79亿元，与2010年相比增长43.2%；工业增加值完成19.10亿元，增长38.2%；工业固定资产投资完成33.49亿元，增长51.8%；工业占全县GDP的比重达到37.7%，比2010年提高3.7个百分点。燕京啤酒（昆明）有限公司、昆明银龙铸造有限公司、嵩明高深橡胶有限公司、云南俊宏建筑材料有限公司、昆明子创红外科技有限责任公司、云南宏筑防腐复合材料有限公司等6户企业成功申报为规模以上工业企业，全县规模以上工业企业从年初的39户增加到年末的42户；规模以上工业企业完成主营业务收入67.77亿元，增长72.5%；完成工业增加值16.21亿元，增长56.2%；完成利税总额3.15亿元，完成利润总额1.04亿元。

【技术创新与技术改造】　2011年，昆明华狮啤酒有限公司20万千升啤酒生产线，云南绿宝香精香料股份有限公司生物催化速成发酵工艺生产鸢尾酮，云南合信源机床有限责任公司产品结构调整，昆明源瑞制药有限公司冻干粉针、水针生产线等技术改造项目启动了前期工作。此外，抓好省、市级企业技术中心申报工作，及时做好对企业的宣传、动员、材料审核及报送，共组织6户企业申报省、市级企业技术中心，其中：省级1个、市级5个。经专家评审，云南天创科技有限公司、云南高深橡胶有限公司和昆明水泵厂3户企业的技术中心被评审认定为市级企业技术中心，云南绿宝香精香料股份有限公司的技术中心被评审认定为省级企业技术中心。

【重点行业发展】　全县重点工业行业有化学原料及化学制品制造业、饮料制造业、金属制品制造业、通用设备制造业等。2011年，全县规模以上化学原料及化学制品制造企业完成工业增加值8.51亿元，比2010年增长23.3%；规模以上饮料制造企业完成工业增加值2.71亿元，比2010年增长188.3%；规模以上金属制品制造企业完成工业增加值1.51亿元，比2010年增长2.7%；规模以上通用设备制造企业完成工业增加值0.74亿元，比2010年增长85.0%。

【非公经济（中小企业）发展】　2011年，全县非公经济增加值完成30.76亿元，占全县GDP比重的60.7%。全县工业总产值过亿元的非公企业有12户，分别为嵩明高深橡胶有限公司、昆明曼勐橡胶有限公司、嵩明南西磷化工有限公司、昆明铁骑力士饲料有限公司、昆明华狮啤酒有限公司、嵩明天南磷化工有限责任公司、昆明京京香料厂、云南绿宝香精香料股份有限公司、云南建源电力器材有限公司、云南大力神金属构件有限公司、嵩明明鑫焦化有限公司、云南天创科技有限公司、云南合信源机床有限公司；另外2户为公有制企业即燕京啤酒（昆明）有限公司和云南天创科技有限公司。

【产业结构调整】　全县重点工业行业有化学原料及化学制品制造业、饮料制造业、金属制品制造业、通用设备制造业等。2011年，高深橡胶和曼勐橡胶两公司产销两旺，产能得到充分释放，以合成橡胶为代表的化学原料及化学制品制造业占比进一步提高；2010年末新投产的燕京啤酒产品供不应求，饮料制造业占比也明显提高。

【工业园区建设】　2011年，杨林工业园区共有建成投产工业企业98户，其中规模以上工业企业34户；规模以上工业企业完成主营业务收入62.11亿元，增长79.2%；完成工业增加值14.86亿元，增长59.3%；完成利税总额2.51亿元。园区初步形成了以化学原料及化学制品制造、设备制造、食品饮料等为主导产业的工业体系。园区建成面积达7.2平方公里；地方财政一般预算收入完成7826万元，同比增长34.4%；全社会固定资产完成31.89亿元，增长83.6%；工业固定资产投资完成28.03亿元，增长98.8%；10.11万平方米的泰佳鑫标准厂房竣工投入使用。

【工业投资】　2011年，全县工业固定资产投资完成33.49亿元。其中，杨林工业园区内的昆明银龙铸造有限公司、云南琥正机械有限公司、昆明万里化工有限责任公司、昆明特瑞特塑胶有限公司、云南奥云焊材科技有限公司、云南万控电气成套设备有限公司等项目建成投产；云南丰瑞油脂有限公司、云南德春商贸有限公司、昆明明珠化工有限公司、昆明容纳包装有限责任公司、云南富集生物科技有限公司、云南华再新能源环保产业发展有限公司、昆明市轧钢厂、昆明国松特种涂料有限公司、嵩明美迎和睦家具有限公司等项目主体工程竣工；沈机集团昆明机床股份有限公司、云南冶金昆明重工有限公司、云南美乐福新能源科技有限公司、昆明鑫荣通塑胶有限公司、恒宸标准厂房等项目正在建设。此外，杨林工业园区泰佳鑫标准厂房10.11万平方米竣工投入使用；小街民营经济区内的昆明大路金属制品有限公司、云南盛欣泰人防设备有限公司建成投产，园区道路建成2条；云南萌泰汽车配件有限责任公司（原昆明市东方钢圈厂）、云南远霖标准件制造有限公司等项目正在建设。

【嵩明县科学技术和信息化局机构设置】　2010年，根据政府机构改革，将县科技局、县政府无线电管理办公室、县政府信息产业办公室合并设立嵩明县科学技术和信息化局，为县政府工作部门，正科级。2011年3月，县无线电管理及信息产业职能正式移交县科信局，成立无线电管理办公室和信息产业办公室。

【无线电管理】（一）开展无线电台站统计工作。对辖区相关部门、企业无线电台站进行清理。全县共有10个单位和部门开展无线电业务，共有中继台1台、车载台10台、固定台19台、移动台278台、发射台1台、基站254个。目前，全县无线电台站均按照审批参数、频率正常、安全运行。（二）应急办工作。开通应急无线电短波电台，与市应急办进行通话，保证电台畅通。同时建立了通话台账，做好每一次呼叫通话的相关记录。（三）中高考期间无线电管制工作。配合相关部门，做好2011年高校招生考试信息化监控工作；中高考前，对相关设备进行检修，确保网络及通讯畅通；配合相关部门同时做好考试期间无线电网络、短信的监控及无线故障的申告解释、查处工作，确保了2011年我县无线电管制中普通高校招生考试工作顺利进行。（四）组织开展监督检查工作。按照《条例》规定，对重点无线电台站进行专项监督检查，对公安、林业、水务、文广、气象、防震减灾、人防、应急、中国电信、中国移动、中国联通等重点设台单位进行监督检查。（五）组织开展无线电宣传工作。为纪念《中华人民共和国无线电管理条例》颁布18周年，保护无线电频谱资源。我县以“无线电宣传月”活动为契机，结合工作实际，通过手机短信、宣传栏、标语、横幅、电子显示屏等载体进行宣传；同时组织设台单位，利用街天摆放宣传展板，发放2100多份宣传材料，重点宣传国家及省的规章、办法和制度，使无线电管理宣传工作走上规范化、经常化、制度化的轨道。

【信息产业发展】 截至2011年年底，全县已建成有线广播电视光缆干线600余公里，有线电视光缆联网率及电视覆盖率分别达到90%和100%，全县有线电视用户数40526户；建有基站62个，县城覆盖率达99%，镇村覆盖率达92%，光缆覆盖率为85.04%，固定电话交换机容量达22.11万门，移动电话机容量76.93万户，互联网接入6228户；在全县中小学建立了远程教育，75个村（居）委会建立农村党员电化教育，在各镇（街道）开通了电视电话会议视频系统，投资257.3万元，在全县89各单位开通了嵩明县电子政务协同办公系统。2011年以来，共举办3期领导干部信息知识培训和讲座；举办了嵩明县第一届计算机知识和技能大赛；对全县3000余公务员进行了通讯产业等相关信息化知识培训。通过一系列活动，各级领导干部信息化意识和能力明显增强。

为贯彻落实市委、市政府拓展高端信息化、全面提升信息化水平的精神要求，大力推进信息化和工业化融合，扶持发展高端信息化，先后向市工信委申报《杨林工业园区两化融合建设》项目、云南合信源机床有限责任公司《数控磨床产品设计数字化创新平台开发应用》项目。其中云南合信源机床有限责任公司被市工信委列为2011年昆明市信息化建设重点项目项目进行扶持，《杨林工业园区两化融合建设》项目已通过市工信委组织的专家组的评审，同时通过评审的还有嵩明县两化融合试验县、工业园区装备制造产业试验基地。

【信息化建设】 为全面了解我县的信息化建设与应用及信息系统安全的总体情况，为政务信息整合与共享提供有力依据，2011年，对全县党政机关各委、办、局，各直属单位，行政事业单位，各街道、镇政府等单位信息化基础设施和硬件设备、业务系统、业务数据库、业务文档数据库的建设和使用、信息化结构及人才、电子政务等方面进行了普查，对信息系统安全进行2次自检自查。通过普查和自检自查，截至年底，全县共有9个网站，13个信息系统。

2011年，县政府和嵩明电信共投资257.3万元，建成了一个结构合理、高速带宽、互联互通的电子政务网络系统平台，主要用于政务门户管理、公文处理、日程安排、简报管理、通知管理、值班管理、领导批示办理、专送件传阅件、待办事项提醒、视频会议、档案管理等基本功能。全县89个机关事业单位接入该网络平台。实现了机关大楼、政务服务中心、各个园区的网络联接，使嵩明县行政办公的信息化水平上升到了一个前所未有的高度，2011年县政府网站共公开信息3027条；县政府信息公开门户网站公开信息6206条；96128电话查询339人（次），转接成功297次，转接成功率94.89%；网络查询3人（次），网络答复3人（次）；重大决策听证21次，发布重要事项公示527项，重点工作通报1155项；设立信息公开查阅点2个，查阅人数6009人次；开通手机报，发送短信公开信息1430条。

【年度任职领导名单】

嵩明县经济贸易和投资促进局

党委书记、纪委书记　李德云
党委副书记、局长　王亚芳
副　局　长　孔德勇
　　　　　　邵晓松

嵩明县科技信息化局

局　长　董　辉（女）
支部书记　杨　洪
副局长　李云辉

（蔡树立　张小平）

寻甸县科学技术和工业经贸信息化局

【工业经济运行情况】 2011年，寻甸县实现工业总产值52.6875亿元，比上年增长32%；工业增加值11.9376亿元，比上年增长17.1%。其中，规模以上工业总产值46.2479万元，比上年增长33.3%，占全县工业总产值的80.9%；规模以上工业增加值10.6239亿元，比上年增长17.1%；实现利税3.5582亿元，比上年增长13.3%；实现利润2.0025亿元，比上年增长8.8%；全县规模以上工业企业19户，其中新增3户，即：云南南磷集团电化有限公司、云南南磷集团云岭建材有限公司、寻甸太华橡胶有限公司。2011年，全县完成工业固定资产投资31.29亿元，比上年增长32.1%。

【技术创新与技术改造】　2011年，全县共开展R&D项目23项，参加项目人员110人，项目投入经费12663万元；全县获昆明市科技成果2项，获国家专利22项，其中申请13项、授权9项；云南华卿亿安生物工程有限公司技术中心被认定为省级企业技术中心；全县实施工业技术改造重点项目7个。

【重点行业发展】　2011年，全县水泥生产企业3户，硅酸盐水泥熟料产量36.55万吨，水泥产量80.83万吨；磷肥企业3户，产量17.73万吨；聚氯乙烯树脂企业1户，产量12.54万吨；烧碱企业1户，产量10.38万吨；硫酸企业1户，产量14.97万吨；三聚磷酸钠企业1户，产量2.06万吨；饲料添加剂企业1户，产量24.14万吨；黄磷企业2户，产量3.47万吨；人造板企业1户，生产4.4万吨；中成药企业1户，产量316吨；磷矿石开采企业1户，产量40.04万吨；褐煤开采企业2户，产量325.92万吨；焦炭企业1户，产量6.3万吨。全县有红砖企业31户，其中免烧砖企业7户，黏土砖企业24户。

【非公经济、中小企业发展】　2011年，全县登记注册的个体、私营企业1万3107户，从业人员4万4200人；全县非公经济创造增加值22亿6328万元，比上年增长15.9%，占全县生产总值的比重为49.5%；完成税收4亿2466万元，对全县税收贡献超过80%。2011年，全县完成乡镇企业（含个体工商户）总产值70亿元，完成农副产品总产值（含个体工商户）4.7亿元。

【信息化建设与安全管理】　做好寻甸县固定电话号码升位工作，加强对固定电话号码升位工作领导、协调和指导，成立寻甸县固定电话号码升位工作领导小组。全县固定、移动电话26.4万户，全县因特网用户1.63万户，通过政府门户网站共发布政府信息1446条。

【无线电管理与监督检查】　设立网络资源管理科（无线电监察科），强化网络资源和无线电管理及监督检查工，认真组织开展无线电管理宣传活动，普及无线电频谱资源常识和法律知识，普查统计无线电通信器材应急管理数据。

【节能降耗】　2011年，全县全社会能源消耗量113.8万吨标煤，增长7.33%；全县万元GDP能耗下降4.6%；全县规模以上工业万元增加值能耗下降1.85%。

【工业园区建设】　2011年，寻甸特色产业园区规模以上工业主营收入43.857亿元，规模以上工业增加值10.03亿元，工业项目固定资产投资25.2亿元，规模以上工业实现利税总额4.11亿元。寻甸特色产业园区引进林立方公司在羊街装备制造园建设泛亚国际林业产业园，投资5600万元收储土地1390亩、建设路网4公里；完成金所片区1号路延长线、5号路的亮化和绿化，延伸1号路2公里，收储土地2523亩，推进园区商贸服务中心建设；启动塘子片区红河物流中转站建；开展市级产业园规划2个，柯渡产业园通过市级评审。

【机构改革】　2010年7月，组建县科学技术和工业经贸信息化局。加挂县中小企业局、县投资促进局牌子，将县科学技术局、县经济和商务局、县投资促进局、县政府信息产业办公室的职责整合划入县科学技术和工业经贸信息化局。不再保留县科学技术局、县经济和商务局、县政府信息产业办公室，不再单独设置县投资促进局。

【任职领导名单】

党委书记、局长　梁　永

副　书　记　黄生富

副书记、副局长　马克凯（兼投资促进局长）

副　局　长　杨志鹏

陈庆云

马成翠

王斌魁

知识产权局长　李兴伟

宜良县科学技术和工业经贸信息化局

【工业经济指标完成情况】　2011年，宜良县工业总产值实现69.56亿元，其中规模以上工业总产值实现54.57亿元，增长20.1%。全县工业增加值实现21.85亿元，其中规模以上工业增加值实现14.9亿元，增长16.6%。规模以上工业企业31户。工业固定资产投资20.44亿元，同比增63.2%。亿元以上开竣工项目完成4个开工、2个竣工。

【非公经济】　2011年，全县非公有制经济完成增加值50.29亿元，占全县GDP的47%，非公企业户数达16719户。非公有制经济上交税金已达3.84亿元，同比增长12.9%。

【节能减排】　2011年全县万元GDP能耗下降4.49%，规模以上工业万元增加值能耗预计下降2.95%。通过清洁生产审核验收户数6户。2011年节能减排主要项目有：投资280万元的昆明市巨利达钢铁有限公司50t/h热脏煤气加热炉蓄热式改造项目、投资180万元的昆明市巨利达钢铁有限公司LF钢包精炼炉除尘系统改造项目、投资1100万元的云南盘江炭素有限公司电锻炉废气回收利用技改工程、投资6065万元的宜良红狮水泥有限公司日产4000吨熟料生产线配套9MW余热发电站。

【安全生产管理】　2011年，认真贯彻落实市工信委、县安委关于开展元旦、春节、两会、五一、汛期、十一等重点时段安全生产大检查，共组织系统企业开展例行、重点时段、专项治理系统性安全生产大检查12次，共检查发现整改各类安全隐患225条，投入整改资金45万元。在职工队伍中积极开展群众性“六个一”活动，活动期间全系统共张贴宣传标语200余条幅，更新和补充安全警示牌150余块，组织厂级、车间级检查发现查改安全隐患116条，投入整改资金20万元，系统内金和铸造材料公司等6家企业报名参加了“安康杯”知识竞赛活动，贸易公司积极组织本公司、永昌摩托城员工进行了消防应急演练，共组织参加县安委举办的法人、企业职工强化培训955人次。

【园区建设】 2008年至2011年园区基础设施累计完成投资7.4亿元，2011年新增建成区面积5.6平方公里。2011年9月，新宜九公路全线通车。截止2011年12月，园区累计引进项目58个，协议投资金额77.2亿元，实际到位资金33.99亿元。园区现有企业56家，其中规模以上企业25家。主要有建材、化工、冶金、造纸、农产品加工等产业，其中主导产业为建材、化工、冶金，主导产业GDP占比81.2%。截止2011年底，建材产业GDP9.14亿元，占比31.88%、利税总额1.75亿元、期末从业人员1520人；化工产业GDP5.35亿元，占比18.49%、利税总额0.24亿元、期末从业人员1385人；冶金产业GDP9.09亿元，占比31.42%、利税总额0.27亿元、期末从业人员722人。2008年至今，园区规模以上工业主营业务收入累计完成107.58亿元、规模以上工业增加值累计完成24.81亿元、地方财政一般预算收入累计完成1.57亿元、工业固定资产投资累计完成32.92亿元。园区已经成为宜良新的经济增长点，成为培育产业集聚、发挥产业集群效应和规模经济效益的重要平台。目前，园区已建成全省最大优质水泥建材示范基地和全省唯一建材产业示范基地，在建全省最大的饲料产业加工基地，规划建设全省重要的装备制造基地、板材包装基地。

【工业上山】 2011年10月中旬开始草拟《宜良县工业上山工作实施意见》，初稿出来后，多次召开了专题会议进行研究，2次请国土、规划、发改、林业、人劳社保、环保等相关部门提出修改意见，在11月初将审批稿报到县委、政府。宜良县工业上山的发展思路是：“一上一下一体化”，即：“一上”是“工业发展和城市建设上山发展，尽量使用低丘缓坡土地及未利用地和劣质耕地”；“一下”是“优质耕地（含基本农田）下山，把坝区的优质耕地保护好，实现耕地占补平衡后的耕地质量不但不降低，反而大幅度提高”；“一体化”是“规划建设绿化美化山上山下一体化，山上山下的建设秩序和生态文明建设同等要求，达到‘山水田园一幅画，城镇村落一体化’的效果”。发展定位：利用宜良县耿家营乡石子村委会阿苏村山地，规划宜良县市级特色产业园，打造以北古城为主的省级工业园区，形成以宜九公路为中轴的“哑铃式”发展模式。利用北古城木龙村委会山地，规划建设木龙新型工业园区。实现“造云南山地新城、建昆明东部新区、兴宜良花乡水城”和“城镇工业山坡建、良田留给子孙耕”的目标。

规划建设目标：总规划控制面积50平方公里，其中北古城工业片区山地规划面积22平方公里，耿家营片区山地6平方公里，木龙片区山地10平方公里。“十二五”期间山地开发面积年平均达到3000亩以上。中央电视台、新华社、《中国青年报》、《半月谈》、《云南日报》、人民网、新华社网等媒体进行了采访报道，江西省国土厅、楚雄州、罗平县等14家省内外国土部门和县、市（区）到宜良参观考察。

【电子政务建设】 在加强对已建信息平台的维护、管理、使用和充分发挥好作用的基础上，年内为配合做好云南省电子政务外网建设项目工作第一阶段工程的实施，宜良于11月底完成了县级节点的光纤接入和网络接入设备的安装、调试及验收工作，外网与原电子政务专网实现了并网，专网保持现状。为加速和完善宜良电子政务网络建设，县科信局代县政府草拟了《宜良县电子政务网络建设方案（草案）》，并于4月1日组织相关部门代表召开了听证会进行《方案（草案）》的听证。

【电子政务推广应用】 认真抓好阳光政府“四项制度”中政务查询制度的推进和监管工作。坚持日查制度，对有网络查询提交在线解答的单位进行提醒和催办，做到有问必答及时办理，认真监督各单位开展政务查询中网络查询的办理情况；做好市政府办通过省政务信息查询网络在线解答系统转办件的落实和答复；建立健全政务信息查询96128专线接听情况和网络政务查询办理情况通报制度，每月通过政府目督办印发督察通报对全县各单位运行情况进行定期通报。2011年，96128专线共转接477次，转接成功405次，转接失败72次，转接成功率为96%，群众满意数402个，满意率为99.3%，达到了省、市的相关要求。

【农村信息化推进】 实施“村村通”网络置换工程，完成6个“致富通”CDMA基站建设；行政村宽带接入实现小幅增长，全县范围行政村宽带接入率达93%；城镇无线宽带和3G网络覆盖率达100%，农村无线宽带和3G网络覆盖率达89%。截至12月底，完成PAS全部退网。建有CDMA、GSM基站达500余座，容量达30余万门，城乡用户规模达20余万户。

【网络安全防范】 根据市工信委工作要求，2011年我县制作印发了《宜良县政府信息系统安全检查工作方案》，先后2次联合县公安局网监大队组织对全县50余家信息系统应用单位进行系统安全检查，并指导对各单位开展相关业务，审核各单位材料、表格，及时汇总上报。

【信息技术服务】 2011年共计为全县党政机关、部门提供优质视频会议服务101场次。其中，《云南省领导干部时代前沿知识讲座》8场次，《昆明市领导干部培训日》讲座45场次，中央及省、市部门召开的会议44场次。在做好视频会议服务保障的同时，还先后为市政府在宜良举行的现代新昆明建设通报会，昆明市林产业宜良推进工作会和省国土厅组织召开的全省山地综合开发利用试点现场会等重要会议提供视频保障服务，得到有关领导和部门的好评和肯定。9月，由县纪委牵头组织在县高职中举办了宜良《工程建设领域信息公开共享专栏建设》的应用培训1期，对全县55家单位、60余名技术管理人员进行了业务操作培训。

【无线电管理】 2010年10月，根据《宜良县人民政府办公室关于调整无线电管理领导小组成员的通知》和县政府安排，宜良县无线电管理办公室及其职责，由县政府办公室重新调整后并入县科信局。2011年，县科信局按照昆明市工信委工作要求，组织全县无线电对讲机及相关设台单位人员参加了云南省无线电操作资格考核和换证考试；组织了县内电信运营企业，住建、旅文广体等部门或单位在县城文化广场开展了以“良好电波秩序，你我共同维护”为主题的“宜良县无线电宣传日”活动。共发放各类宣传资料和手册5000余份，中国无线电管理宣传环保袋5000个，接受公众咨询30余人次，广泛宣传无线电管理法律法规，普及无线电科技知识，不断提高公众关心、重视无线电频谱资源的意识，并收到较好社会效益。

【任职领导名单】

局 长 高鹏云

书 记 张丽华

副局长 张振梁

赵福彦

张媛媛（10月任）

李建新（10月止）

（韩继芬 范家德）

富民县发展改革和经济贸易局

【综述】 2011年，富民县紧紧围绕争先进位、富民强县目标，以工业突破，园区建设和招商引资工作为抓手，以工业重点项目推进为着力点，全力推进新型工业化，奋力推进富民科学发展新跨越，工业经济呈现良好的发展态势，工业经济运行平稳，增速明显加快。2011全县工业总产值达37.72亿元，同比增长27.1%，实现工业增加值9.9亿元，同比增长22.1%。年内新增规模以上工业企业3户达25户，为市下达目标任务的108.7%。规模以上工业企业实现主营业务收入29.58亿元，同比增长27%，完成增加值8.1亿元，同比增长26.1%，上缴税收1.43亿元，工业对全县税收贡献达38.1%。全县完成工业固定资产投资11.54亿元，同比增长57.8%。2011年新开工亿元以上工业项目3个，竣工亿元以上工业项目2个。云南大互通钛业、云南国资水泥富民有限公司等7户企业税收超千万，被授予“富民县2011年纳税大户”荣誉称号。年内为云南大互通钛业、泽昌钛业、鸿发机械等三户企业争取到省市专项扶持资金118.5万元。

【重点行业发展】 钛产业：富民县2011年有钛白粉生产企业3户，分别是云南大互通钛业有限公司年产3万吨硫酸法钛白粉，实现产值45576万元；云南泽昌钛业有限公司年产3万吨金红石型钛白粉，实现产值28228万元；富民龙腾钛业有限责任公司年产3万吨硫酸法钛白粉，实现产值22399万元，3户企业2011年生产钛白粉49991万吨，同比增83.4%。2011年在建的钛白粉项目是云南龙隆源钛业有限公司投资5亿元年产5万吨钛白粉。

建筑建材：2011年，规模以上建筑建材工业企业有云南国资水泥富民有限公司日产2000吨水泥熟料及水泥生产线，实现产值29618万元，富民金锐水泥建材有限责任公司日产2000吨水泥熟料及水泥生产线，实现产值8244万元，二户企业2011年生产水泥1250681吨，同比增56.4%。富民博盛达建材有限公司年产60万方商品混凝土生产线实现产值17442万元，富民中博新型材料有限公司年产1万吨钢、铝捆带，实现产值2586万元。

机械制造业：大力推进产业链招商，引进一批大企业集团，加快机械制造产业园建设步伐。2011全县已投产的规模以上机械制造加工工业企业3户，其中，昆明鼎承科技有限公司产值5840万元，云南滇力起重机械设备有限公司产值4458万元，昆明沛霖机械有限公司产值2856万元。

新能源产业：大力发展以风能为主体，以太阳能、生物质能等为补充的新能源产业。积极争取上级部门发展新能源产业的政策、资金和项目支持，完善新能源产业发展的政策体系，鼓励民间资本、国际资本参与新能源产业发展。努力完善风电配套设施建设，建设完成装机33MW的大风丫口风电场，装机4.95MW的百花山庄风电场；加快滇缅石油天然气管道工程富民段建设。积极建设符合环保和资源保护要求的地热供暖、地热温泉、医疗保健、休闲度假等项目。2011年9月15日投资39000万元、装机33MW的大风丫口风电场建设项目建成投产发电，在建的风电项目是投资49500万元的总装机容量4.95MW百花山庄风电场建设项目。

【非公经济】 2011年，全县非公经济完成增加值18.43亿元，同比增长17.1%，占GDP的54.2%，非公企业上缴税收2.5亿元，对全县税收贡献达66.9%。年内为昆明快乐王子、富民大营冶化厂、云之南工艺品厂等6户非公企业争取到省市贷款贴息扶持资金192万元。

【信息化建设与安全管理】 2011年建成并开通《富民县政务公众信息网》，全年在《富民县政务公众信息网》共发布信息1985条，在全市45个市直部门和17个县（市）区网站测评中，在县区序列排名第三。全年在《富民县政府信息公开门户网》共发布信息2780条网站信息，在全市64个市直部门和14个县（市）区政府信息公开网站测评中，我县在县区系列中排名第三。组织开展了2011富民县政府信息系统安全检查工作，提高了各部门的信息安全意识和信息安全水平，确保全县政府信息系统无安全事故。

【节能降耗】 2011年，富民县的单位GDP能耗同比下降4.11%，规模以上万元工业增加值能耗上升5.34%，全面完成节能降耗目标任务。完成云南泽昌钛业有限公司、富民龙腾钛业有限公司等6户工业企业审核验收。2011年建设节能减排项目的有云南泽昌钛业有限公司投资万元的余热发电项目，云南国资水泥富民有限公司投资万元的余热发电项目，云南大互通钛业有限公司投资余热综合利用项目。

【工业园区建设】 2011年，园区收储土地面积1967.3548亩，“五通一平”面积达到650多亩。富民工业园区有规模及以上企业21户，规模以上实现工业总产值27.32亿元，实现主营业务收入28.84亿元，实现增加值7.20亿元，利税总额1.53亿元，地方财政一般预算收入0.33亿元。

按照“工业上山”、向山坡要地的开发建设思路，至2011年底，工业园区已累计收储和开发工业用地6122亩，采取市场化建设方式投入各类建设资金4亿元，完成基础设施项目29个、在建9个；工业园区开发建设面积累计达到6平方公里，建成区面积累计达到4平方公里。投资5350.8万元的东元3.6万平方米标准厂房（一期）和1500米市政道路建设全面竣工。省工信委将富民县列为“省级新型工业化示范县”，并列入省级重点工业园区。

【任职领导名单】

局　　长　毕云强（5月止）
　　　　　李有科（5月任）
党委副书记　李　林
副 局 长　姜　玲
　　　　　沈嘉鸿
　　　　　马延平
　　　　　石正乾
　　　　　李俊波（9月止）
　　　　　李晓林（11月止）
　　　　　王九飚
　　　　　杨　键
　　　　　昂敏辉

（马延平　许凤成）

禄劝县发展改革和经济贸易局

【工业经济运行情况】 2011年，禄劝县完成现价工业总产值174304万元，增长33.6%；完成工业增加值完成76289万元，增长24%，其中规模以上工业总产值完成119204万元，增长46.3%；规模以上工业增加值完成39703万元，增长30.2%；规模以上工业企业完成主营业务收入111700万元，增长37.91%；利税总额完成－3000万元，增长－132.7%，其中利润完成－10086.7万元，同比增长－428.5%。固定资产投资完成325225万元，增长42.1%；年末规模以上工业企业19户。

【技术创新与技术改造】 云南铜业（集团）钛业有限公司对高钛渣厂2、3号炉进行扩能改造，项目投资3300万元；禄劝骏龙矿业有限责任公司对所属团街铁选厂进行技术改造，项目投资700万元。9月21日，禄劝县人民政府与云南瑞安建材投资有限公司在昆明签订合作协议，由该公司投资80000万元对昆明崇德水泥有限公司水泥生产项目进行技改，新建一条日产4600吨水泥熟料生产线。省工信委已同意开展前期工作。

【重点行业发展】 全县重点行业有黑色金属矿采选业、有色金属矿采选、农副食品加工业业、水力发电及供应业、非金属矿物制品业、化学原料及化学制品制造业。产值分别增长20.6%、288.3%、65.8%、17.3%、13.8%、667%。

【非公经济】 认真贯彻落实非公有制经济（中小企业）发展的各项政策措施，促进了非公有制经济（中小企业）发展。2011年全县非公经济增加值完成168092万元，增长14.8%，占GDP的43.3%。从业人员达到5.1万人。

【节能降耗】 县人民政府与全县各乡（镇、街道）人民政府、办事处，四个相关部门和2户重点能耗企业签订了节能目标责任书，通过开展能源审计，清洁生产审核，推广节能灯等节能措施。2010年全县万元GDP能耗同比下降3.92%，完成了目标任务。4户企业通过清洁生产审核验收。推广节能灯9万盏。

【信息化工作】 2011年云南省中华慈善总会捐赠了一套农村综合视讯视频会议系统，1~6月份禄劝在辖区13个乡镇（街道）安装了农村综合视讯视频会议系统。下半年对公众信息服务网进行了改版，并做了网站的改版方案，在政府常务会、县委常委会讨论通过。禄劝公众信息服务网于2011年12月底加挂试运行。因禄劝视频会议室达不到省市的要求，县级财政投入了30多万的经费，对禄劝视频会议室进行了整体搬迁，于5月30日正式投入使用。为加强对无线电管理，9月27日在禄劝民族广场对县城全体市民宣传了《无线电管理办法》，散发了1000多份宣传材料。

【任职领导名单】

党委书记、局长　张仲才（6月止）
　　　　　　　　张宗亮（6月任）
副　局　长　钱启良
　　　　　　郑世祥
　　　　　　杨与顺
　　　　　　耿正如
　　　　　　李子泉

（钱启良　唐颜富）

昭　通　市

昭通市工业和信息化委员会

【工业经济运行情况】　2011年，昭通市实现工业总产值357.7亿元，同比增长26.2%；工业增加值170.9亿元，增长23%，超额完成2011年初市政府下达的167亿元，增长22%的目标任务。其中，规模以上工业实现增加值119.1亿元，同比增长22.9%。主营业务收入236.3亿元，增长33%；利税总额69.1亿元，增长24.4%；利润18亿元，增长34.1%。全市11个县区工业产值总量增加，增速加快。昭阳区工业产值突破100亿元，实现105.7亿元，总量排名第一。镇雄县发展势头迅猛，实现55.1亿元，总量排名第二。鲁甸县工业产值实现35亿元，总量排名第三，比去年前进一位。

【技术创新与技术改造】　贯彻实施“质量兴市”战略，印发了《昭通市工业行业实施质量兴市指导意见》、《昭通市市级企业技术中心评价办法》等文件，2011年有5户企业通过市级企业技术中心认定。大力开展企业技术改造和技术创新工作，推动传统产业向精深加工、延伸产业链方向发展，实现从依托资源优势和低成本优势向高附加值产业转型升级。2011年，云天化水富煤代气技改项目、昭阳得云建材日产4000吨水泥技改项目、盐津红原电石等技改项目分别建成投产。组织省、市、县工业和信息化主管部门的冶炼、食品行业方面的专家组成2个清洁生产审核评估临时专家组，深入2家企业开展清洁生产审核评估工作，评估专家组一致同意巧家奥鑫资源再生利用有限公司、昭通月中桂食品有限责任公司2家公司通过本轮清洁生产审核评估。

【重点行业发展】　2011年重点行业支撑明显，有力拉动全市工业快速增长，煤炭、烟草、电力、化工、铅锌采选五个重点行业产值占规模以上工业产值的82.6%，有力拉动全市工业快速增长。其中煤炭开采业占比27%，烟草行业占比22%，两个行业占了全市工业的半壁江山。2011年，规模以上轻重工业比重为28.2：71.8，仍呈重工业引领全市工业经济快速发展的态势。规模以上轻工业在卷烟行业的拉动下，平稳增长，实现产值71.9亿元，增长16.3%；重工业在煤炭采选业的带动下，实现产值183.1亿元，增长27.6%。

烟草产业：不断优化卷烟结构，在产量基本持平的情况下，产值大幅增长。全年累计生产卷烟53.67万箱，同比增长1.2%，实现产值57.1亿元，比去年增加9亿元，增长16.8%；包装印刷业：侨通公司平稳增长，生产多色印刷品82.8万对开色令，增长7%，实现工业产值4.5亿元，增长10.9%。

煤炭采选业：发展势头良好，随着煤炭价格上扬，产量增加，煤炭产值大幅增长。累计生产原煤1849万吨，同比增长6.4%，实现产值68.1亿元，比去年增加16.8亿元，增长33.4%。

化工产业：实现产值28.2亿元，增长6.6%，累计生产农用化肥31.5万吨，增长17.8%；受电力供应紧张影响，累计生产电石44.1万吨，下降1.3%。

电力产业：2011年我市水电总装机达145万千瓦，在严重干旱的情况下，累计发电58.1亿千瓦时，增长11.8%，电力行业实现产值40.6亿元，增长23.2%；生产水泥328.8万吨，增长10.2%。

有色金属采选业：实现产值16.7亿元，增长33.1%，生产铅选矿2.2万吨，下降28.6%，锌选矿10.5万吨，下降10.9%，金属铅产量1.1万吨，增长104.8%，金属锌10.5万吨，增长30.9%。

【固定资产投资】　昭通市按照“三个一批”的原则，狠抓工业项目建设，着力扩大工业投资规模。2011年，全市完成工业投资248.7亿元，同比增长57.8%；完成非电工业投资62.6亿元，同比增长40%。云天化煤代气、昭阳得云水泥技改等项目实现了顺利投产，威信煤电一体化、彝良旺立达碳素系列产品开发、昆钢大关日产2500吨熟料水泥、鲁甸昊龙年产60万吨电石等项目加紧实施，云冶昭阳年产10万吨电解锌、昭阳工投炭质还原剂开发、昭阳众一褐煤精深加工等项目即将开工建设。一批重点项目的落地、建设和投产，为昭通工业经济发展增加了源源不断的后劲。

【产业结构调整】　2011年，全市非烟工业比重大幅提高，非烟工业增加值在全市工业中的比重为77.2%，工业经济稳定性进一步增强，“一烟独大”的状况大为改观。优势产业较快发展，在规模以上工业中，2011年烟草、化工、电力、煤炭、有色金属矿采选及建材六个重点行业实现的工业增加值占规模以上工业增加值比重提高到92.5%。行业所占比重变化较大，2011年烟草和化工增加值占规模以上工业增加值比重为32.7%和5.5%，分别比2005年的56%和21%下降23.3个百分点和15.5个百分点，电力、煤炭、有色金属矿采选、建材业占规模以上工业增加值比重分别由2005年的8.4%、0.6%、6.5%和2.9%提高到2011年的14.1%、29.2%、7%和3.9%。2011年，规模以上轻工业实现产值71.9亿元，重工业实现产值183.1亿元，规模以上轻重工业比重由2005年的54：46发展为2011年的28.2：71.8，说明轻重工业比重不平衡，重工业发展过快，轻工业发展不足，而且2010年轻重工业比重30：70，2011年重工业比重还在增加，说明轻重工业的结构亟待调整，要通过打造昭通白酒产业基地、亚麻产业深加工基地、天麻产业深加工基地，加快发展昭通农特产品加工业、玩具产业、袜产业等轻工业的培育和扶持发展，进一步优化调整产业结构。

【节能降耗】 2011年全市单位GDP能耗下降2.6%的目标任务全面完成。淘汰落后产能工作任务圆满完成。2011年淘汰生铁落后产能6万吨、铁合金落后产能1万吨、电石落后产能10万吨、落后水泥产能21.6万吨，所有涉及淘汰的落后设备全部撤除。全面完成2011年度国家、省公告的涉及我市的淘汰落后产能目标任务。昭通市狠抓节能降耗目标责任制，把省下达的单位生产总值能耗下降任务分解细化到各县区和各相关企业，层层签订目标管理责任状，切实加强节能降耗管理，确保了节能降耗工作的有效落实。针对全市单位生产总值能耗一度不降反升的严峻形势，迅速启动了应急预案，实施了一系列有针对性的管控措施，逐步缓解了能耗下降压力，圆满完成了省下达的单位生产总值能耗下降任务。紧紧围绕转变工业发展方式、优化工业经济结构这条主线，着力抓好淘汰落后产能工作，全年共淘汰水泥、铁合金、生铁、电石等落后产能38.6万吨。紧扣“节能我行动 低碳新生活”的宣传主题，深入开展节能宣传周系列活动，进一步在全社会营造了人人关注节能、人人参与节能的良好氛围。

【中小企业和非公经济发展】 2011年，全市非公有制经济完成增加值188.3亿元，同比增长26.3%，占GDP比重达40.5%；上缴税金17.5亿元，同比增长15.9%；从业人员24.8万人，同比增长10.2%。一是积极争取国家、省级的资金扶持。2011年争取企业技术改造贴息补助490万元，争取中小企业暨非公经济流动资金贷款贴息补助300万元，争取白酒产业扶持资金550万元，争取国家发改委、工信部中小企业技改贴息资金360万元，省乡镇企业扶持资金140万元。二是制定政策措施，加快中小企业发展。2011年举办全市中小企业发展工作会议，明确今后五年中小企业发展的目标、任务和工作重点，拟制了《昭通市人民政府关于加快中小企业和非公有制经济发展的意见》。开展企业治乱减负工作，维护企业合法权益。三是积极推进中小企业融资。加大中小企业上市培育培训力度，举办企业上市培训班。加大中小企业服务体系建设，开展银企合作，拓宽融资渠道。

【工业园区建设】 2011年，昭通市加大工业园区的规划编制、基础设施建设、标准厂房建设和招商引资力度，全市工业园区呈现出快速发展势头，入园企业、入驻项目、就业人数明显增加，园区已成为产业聚集发展的平台及县域经济的增长极。2011年全市园区工业企业完成固定资产投资52亿元，基础设施建设投资完成9亿元，标准化厂房投资完成9.8亿元，昭阳工业国际玩具城项目全面开工，开工建设标准厂房20万平方米。2011年全市工业园区招商引资项目32个，实际利用外资额2.75亿元；全市8个工业园区入园企业达128户，规模以上企业54户，全年新增入园企业31户；全市园区实现工业总产值106.3亿元，同比增长76%；工业增加值35.8亿元，同比增长62%；主营业务收入97亿元，同比增长90%；利税收14.1亿元，同比增长13.7%；从业人员2.2万人，同比增长37%。

【信息化建设与安全管理】 2011年，昭通市加大信息化工作力度，信息化建设取得明显成效。2011年全市电话用户达到240万户，宽带用户达到15万户，移动互联网用户达18万户，全市通讯企业共实现主营业务收入14.2亿元。一是指导、协调和推进全市政府信息公开工作。联合市直相关部门开展了两次信息安全检查工作；完成网上行政审批系统和电子监察系统建设、工程建设领域项目信息公开和诚信体系系统建设、煤电直报系统建设、市政府信息公开门户网站升级改版和市直部门模板设计工作。2011年全市政府信息公开共发布各类信息2万余条。推进全市政务服务96128专线电话工作，全年共接听各类来电8377个，群众满意率95.2%。加强对政务信息查询在线解答监督、督办工作，全市共收到各类来件1355条，办结率100%。二是加大电子政务网络建设力度。完成国家电子政务外网昭通市市级节点及下辖的11个区县级节点的建设工作；保障电子政务办公平台正常工作，全市累计接入公文交换平台单位2265个，用户总量16355个，2011年全市发文5万余份，收文100多万份；做好市政府门户网站的运行维护工作，网站发布各类信息2千余条，市长信箱收到信件1千余份，回复率93%；完成市直部门及11个县（区）158枚电子印章制作工作。

【无线电管理与监督检查】 指导、督促各县区无线电管理机构和相关设台单位，核实并报送新版无线电台站数据资料，审查并导入台站数据库。配合省无线电管理办公室，完成了新版台站数据库建设验收工作。配合省监测中心对全市调频广播设备进行了测试；完成对全市小型无线电监测站的全面维护和巡检工作；完成全年国家和省下达的监测任务，并按时上报监测月报；完成对全市广播电视的设备检测和数字电视电磁环境测试，共检测调频广播发射机16台、无线电视发射机2台，数字电视电磁环境测试1个；完成2011年度移动、联通、电信基站抽检任务，共抽检基站107个，基站电磁环境测试2个。受理、查处无线电干扰2起。强化无线电安全保障，做好高考及各类资格考试等的现场监测工作。完成2次无线电管理宣传和2次无线电管理培训。

【行业管理】 2011年全市行业管理工作有序推进。全年累计完成推广使用散装水泥130万吨，完成全年年度推散计划80万吨的162.5%，累计推散比例35%；累计收缴散装水泥专项资金780万元，完成年度计划450万元的173.3%。加强食品行业管理，组织食品生产企业开展好为期4个月的严厉打击食品非法添加和滥用食品添加剂专项行动。加强盐业管理工作，采取多种措施迅速平息“3·17”食盐抢购风波，恢复市场秩序，到村社开展“5.15”防治“碘缺乏病”日宣传活动。对全市30余户室内装饰企业进行了资质证年检，推荐有实力的企业进行升级。配合商务局做好“家电下乡”工程，落实摩托车下乡政策。加强对工业经济联合会、企业联合会和企业家协会的领导，发挥了其他组织不可替代的作用。

【机构改革】 按照《昭通市人民政府办公室关于印发昭通市工业和信息化委员会主要职责内设机构和人员编制规定的通知》（昭政办发〔2011〕48号）的精神，职责调整：“整合划入原昭通市经济委员会、原昭通市人民政府信息产业办公室职责。将原昭通市经济委员会承担的乡镇企业行业管理职责划给昭通市农业局”。昭通市工业和信息化委员会机关设16个内设机构和离退休人员办公室，内设机构分别为：办公室、综合科、技术进步与创新科、交通能源科、重工业科（市新型墙体材料革新领导小组办公室）、轻工业科（市盐务管理办公室）、工业园区科、节约能源科（昭通市节能减排领导小组节能工作办公室）、资源综合利用科、中小企业科（昭通市加快发展非公有制经济工作领导小组办公室）、信息化推进科（市国防信息动员办公室）、网络和信息资源管理科（市政府信息公开领导小组办公室）、无线电管理科、人事科、企业改革科、党委办公室、离退休人员办公室，行政编制46名。

【大事记】 1月7日，市政府与广东佛山南海玩具协会签订了《建设玩具加工基地战略合作意向书》，拟由广东佛山市南海玩具协会牵头，在2011～2014年期间，逐步引领南海玩具企业到昭阳工业园区建设昭通玩具加工基地，最终实现入驻企业50户，累计完成投资10亿元，解决当地劳动力5~8万人。

2月23日，市人民政府与省煤化工集团有限公司就开发昭通褐煤资源、发展煤化工产业举行签字仪式，这标志着我市褐煤资源的开发利用进入了实质性阶段。

2月19日，在市工信委主任余伟，副主任王元勋、张宁的陪同下，省工信委主任刘绍忠一行到昭通得云建材有限责任公司检查指导工作。昭通得云建材有限责任公司负责人在工地现场向领导们汇报了新型干法水泥熟料生产线的实施进展情况。省工信委刘绍忠主任充分肯定了项目建设所取得的成绩，并对下步工作提出了建设性的指导意见。

2月23日，省工信委无线电监督检查处金肇元处长一行到昭通就机构改革以来无线电管理工作的情况进行调研。座谈会上金处长还传达了国家和省无线电管理工作会议的精神，并对无线电管理机制的建设问题、管理方面的问题、无线电执法、无线电安全保障以及宣传工作、资产管理等提出了要求。金处长一行还深入到无线电监测站、各科室全面了解开展无线电管理和技术监管的工作情况，并对一些相关的业务进行指导。

2月28日至3月2日，昭通市工业和信息化委员会（无线电管理办公室）在昭通召开了2011年无线电管理暨新版无线电台站数据库建设工作培训会。全市各县区无线电管理机构负责人和专管人员、市直设台单位分管领导和管理人员、市无线电管理办公室有关人员，共计72人参加会议。会议，市工信委党委副书记、副主任、无线电管理办公室主任沙琴柯对2010年无线电管理工作进行总结，安排部署2011年无线电管理工作任务。

3月17日，市政府召开食盐供销专题会议，研究部署全市食盐供销工作。市委常委、副市长何刚，副市长张绍雄，市政府副秘书长张景松，11位县区长，市直相关部门领导参加了会议。会议听取了市工信委、市发改委、市工商局、市盐化公司及十一个县区长工作情况汇报，张绍雄副市长作了工作安排。市委常委，副市长何刚作了会议总结。会议指出：食盐抢购现象一出现，我市各部门和各县区迅速启动应急机制，成立应急领导组，确保市场供给充足，人民群众情绪稳定。

3月29日，市政府召开全市工业和信息化工作会议。市委副书记、市长刘建华作了重要讲话，市工信委主任余伟作工作报告。会上，刘建华市长对我市“十一五”工业发展取得的成绩给予了充分肯定，要求各级各部门要强化措施，真抓实干，确保2011年工业增加值完成167亿元，增长22%，抓好六项重点工作。市委常委、常务副市长何刚总结讲话，对贯彻落实会议精神作六个方面的安排部署。会上，何刚代表市政府与各县区签订了2011年工业经济发展目标责任书。

3月30日，市工信委组织召开了全市工信系统工作座谈会。市工信委各科室负责人，各县区经贸局长、工业园区管委会主任，各县区信息产业办负责人参加了座谈会。会上，各县区经贸局长作工作汇报。市工信委各位领导安排部署分管的工作。会上，余伟主任分析了当前我市工业发展面临的形势，强调了今年工作目标任务，并就重点工作作了安排。

4月13日至15日，市工信委主任余伟、副主任张宁带领相关科室同志到威信云投粤电厂和云南华电镇雄电厂进行调研。调研期间，在县经科局负责人的陪同下，余主任和张副主任实地查看了两个电厂的工程进展，了解两县煤炭产量及煤质等相关情况，并对两县煤电结合工作提出指导性意见。

4月23日，昭通市“十二五”工业经济发展研讨会在市政府会议室召开。会上，市工信委党委办主任、市工经联秘书长马鹏就昭通市“十二五”工业发展规划作了介绍；部分企业和县区经贸局、工业园区管委会负责人作了发言。会议主持人、市工经联副会长刘书贵在会议小结中提出四点建议。

4月29日，市工信委组织市发改委、市财政局、市国土局、市环保局、市规划设计院和委内相关专家，对《永善工业园区可行性研究报告》和《永善工业园区总体规划》进行了评审。会议由昭通市工信委张宁副主任主持，经各位专家研究决定，原则同意通过评审。

5月7日，昭通市政府召开全市低碳节能环保工作会议。参加会议的市级有市委副书记、市长刘建华，市委常委、常务副市长何刚，市人大副主任张华贵和市政协副主席郎学稼，市节能减排工作领导组和七彩云南昭通保护行动领导小组成员单位、各县区政府主要和分管领导等也参加了会议。会议由市政府秘书长肖本敏主持。会上，市委副书记、市长刘建华作了重要讲话。对贯彻落实好会议精神何刚提出三个方面的要求。会上，何副市长与各县区政府主要领导签订了2011年目标责任书。

5月8日，全市盐务工作会议在昭通召开。会议对2010年全市盐务管理工作进行了总结，分析了当前盐务工作面临的形势，部署了2011年工作任务。市工信委、市盐化公司、质检等部门，各县区经贸局、盐化公司等部门负责人出席了会议。

5月14日，省工信委园区处处长浦丽合在市工信委王元勋副主任的陪同下，深入到我市昭阳、水富、盐津、鲁甸等工业园区进行调研。对工业园区发展提出五点要求。

5月27日，市工业和信息化委员会在水富县召开了“全市食品工业企业食品安全工作会”。各县区工信委（经贸局、经科局）的主要领导和有关业务人员、全市30户重点食品工业企业主要负责人参加了会议。会议邀请了市食品安全委员会办公室、市质监局和市工商局的有关领导到会指导。

6月29日，中共昭通市工信委党委组织召开庆祝中国共产党建党90周年暨“创先争优”表彰大会，大会在庄严的《国歌》声中开幕，市工信委党委书记、主任余伟作了重要讲话。会议由工信委党委副书记、纪委书记董西平主持。会上，市工信委党委对在工作中做出突出成绩的10个先进基层党组织、18位优秀共产党员、9位优秀党务工作者进行了表彰奖励，举行了颁奖仪式。

7月9日至12日，市委副书记、市长刘建华率市委常委、常务副市长何刚，副市长成联远，市政府秘书长肖本敏及市国土局、市工信委、昭阳区政府、昭阳区工业园区、昭通浙江商会等负责人远赴浙江诸暨进行考察招商，并成功与浙江诸暨袜产业协会签订了合作协议。根据协议，预计未来3年内将承接11家以上浙江诸暨袜产业企业转移到昭阳工业园区。

7月19日，由省工经联主办，市工信委、市工经联、云南昊龙集团协办的云南企业社会责任和中小企业发展座谈会在鲁甸昊龙集团公司昊龙大酒店召开。会议由省工经联杨树蔚会长主持。原省政协副主席李明德、原省政府经济研究所所长胡桐元、云南财经大学李淳燕教授以及省工经联、省中小企业协会、市工信委、市工经联、鲁甸县政府、昭阳区工信局、鲁甸经贸局、昭阳工业园区、鲁甸工业园区的领导和昭通18户企业负责人参加了会议。会议就企业践行社会责任以及“桥头堡”建设背景下加快中小企业发展进行研讨。

8月31日，昭通市委、市政府在彝良县召开彝良县工业发展暨天力碳素项目推进会。市委副书记李勇主持会议。参会的市领导还有市委常委、常务副市长何刚，市委常委、市委秘书长张绍雄，市政协副主席普安银，市直相关部门领导，彝良县委、人大、政府、政协的领导及县直相关部门领导参加会议。在听取彝良县政府汇报及市直相关部门意见的基础上，市委书记夜礼斌强调指出：推进彝良工业发展要“坚定一个信心，明确两个目标，坚持三条原则，做好个重点工作，落实五项要求”，着力把彝良打造为工业强县示范区。

8月至9月，市人大专题调研中小工业企业发展。由市人大副主任陈绍余带队，深入我市昭阳、鲁甸、大关、盐津、水富等县区对中小工业企业发展规模、发展速度及所有制结构、承接产业转移等情况进行专题调研，并对今后促进中小工业企业发展提出指导性意见。市工信委副主任陈平及相关科室负责人陪同调研。

8月12日，省工业和信息化委员会副主任王志东深入昭阳工业园区调研。王副主任重点对昭阳工业园区玩具产业基地进行了调研，他对昭阳工业园区管委会的工作给予了充分肯定，并指出：昭阳工业园区要进一步加大标准化厂房的建设力度，保证企业的需求。同时，要加大招商引资力度，吸引大企业大集团到园区落户。陪同王副主任调研的有省工业和信息化委员会电力保障处副处长段学民，昭通市工业和信息化委员会副主任王元勋，昭阳工业园区管委会主任夏维勇。

8月29日，市政府召开全市中小企业发展工作会议。市委副书记、市长刘建华，市委常委、常务副市长何刚，市人大常委会副主任陈绍余，市政协副主席陈奇出席会议；市政府秘书长肖本敏主持会议。会上，刘建华市长作重要讲话，他强调各级各部门要坚定信心、明确目标，千方百计推动全市中小企业实现五个重大突破。何刚就贯彻落实这次会议精神和加快我市中小企业发展工作作部署。市工信委主任余伟汇报了我市中小工业企业发展工作。会议期间，何刚还率领出席会议的各县（区）负责人及有关人员和30户中小工业企业负责人等深入鲁甸、昭阳工业园区，参观、学习中小企业发展中的典型经验和做法。

9月1日至9月2日，由省工信委牵头，省政府、省环保厅、省工业园区协会等部门的专家组成省级重点工业园区考评组，考评组一行在市工信委副主任张宁陪同下，深入到彝良工业园区、鲁甸工业园区进行实地考评。考评组对彝良、鲁甸工业园区取得的成绩，给予充分肯定。会上，考评组组长、省工信委工业园区处副处长黄治胜介绍了考评省级候选重点工业园区的基本程序和工作重点，并对我市工业园区建设工作提出四点要求。

11月22日，市政府召开昭通市亚麻产业发展座谈会。市委常委、副市长在会上作重要讲话。中国亚麻协会会长许吉祥以及浙江金达集团公司董事局主席任维民等七户省外企业领导参加座谈会。昭阳区、鲁甸、永善县以及市工信委、农业局、科技局等部分市直部门的领导参加会议。会上，金成亚麻董事长李亚楼介绍昭通市亚麻产业发展情况，中国亚麻协会会长许吉祥作重要讲话，浙江金达集团公司董事局主席任维民发言，昭阳区、鲁甸县、永善县领导分别在会上就亚麻产业发展发言。

【年度任职领导名单】

书记、主任　余　伟

副书记、副主任、无线电管理办公室主任　沙琴柯

副书记、纪委书记　董西平（11月止）

副　主　任　王元勋

张　宁

陈　平

陆世华

何　萍（11月止）

（马　鹏）

昭阳区工业和信息化局

【工业经济指标完成情况】　2011年，昭阳区实现工业总产值1057227亿元元，同比增长16.8%；实现工业增加值690168万元，同比增长16.2%，其中规模以上工业增加值完成535807万元，同比增长15.2%；主营业务收入839628万元，同比增长15.2%；利税总额460002万元，同比增长19.8%，其中，利润总额80236万元，同比增长27.9%。

【技术创新与技术改造】　鼓励和支持企业进行技术改造，推进企业节能降耗及现代化建设。昭通得云建材公司投资3亿元建设日产4000吨新型干法水泥熟料生产线技改项目已通过省工信委核准，主体工程已完工，设备安装已结束，正在进行试生产。

【重点行业发展】　新型墙体材料：昭阳区是省政府列为禁止使用实心黏土砖的县区之一。为发展新型墙体材料，推动新型墙体材料革新和建筑节能工作，2011年昭阳区政府成立清理整顿制砖行业工作领导组，对实心黏土砖厂进行清理整顿，取得了阶段性成绩，黏土砖企业要求转产和新建新型墙体材料的企业积极踊跃。区工信局根据昭通市《关于加快推进新型墙体材料革新工作的通知》要求，对一些上规模、发展前景好、综合利废的企业进行考察、调研，对符合国家产业政策的新型墙体材料企业给以市场准入，已批复宏发房地产开发有限公司建设30万立方蒸压加气生产线，中晟建材有限公司建设20万立方米新型混凝土免烧砖生产线，富广混凝土有限公司建设年产20万立方米建筑垃圾新型混凝土墙砖生产线三家企业。

亚麻产业：充分利用昭阳区的高寒冷凉山区适于种植亚麻的自然资源优势，以扶持龙头企业为重点，走可持续发展的道路发展亚麻产业，进行亚麻深加工，延伸产业链，把昭阳区建成全国最大的亚麻种植和深加工基地。2011年成立了昭阳区亚麻产业发展工作领导组，下设办公室在工信局。已编制《昭阳区亚麻种植及加工一体化产业发展规划》。2011年昆交会上，区人民区政府已和江苏桃园纺织有限公司签订了总投资5亿元的亚麻纺织及系列产品加工投资协议。组建昭通金成亚麻有限公司，以土地流转的方式2011年种植夏季雨露亚麻7000亩，加工制成打成麻1300吨，销售额2600万元。公司已建成投产碳黑加工厂，正在筹建两个加工分厂，亚麻籽油加工厂正在建设中，已初步形成一个集夏季雨露亚麻种植、加工于一体涉农龙头企业。并且有很多纺织企业到昭阳区考察，拟投资建厂。该产业已经呈现出了良好的经济、社会和生态效益。

【非公经济和中小企业发展】　坚持“抓大不放小”原则，推进中小企业和非公经济发展。2011年全区非公经济增加值实现491400万元，同比增长15.6%，上缴税金72793万元；从业人员40415人。2011年，积极为中小非公企业申报非公经济暨中小企业发展专项资金扶持项目8个，目前已经获得省级扶持项目2个，扶持资金85万元。

【无线电管理与监督检查】　2011年，完成了昭阳区辖区1403个各类无线电台站的清理核实、数据库建设和年检工作，下发了无线电台站执照，对2011年新建设的187个移动通信基站开展选址建设初审工作，规范了对讲机、广播电视无线台站、移动通信基站等无线电台站的管理。强化了对民航、铁路、建筑施工企业、矿山企业、移动通信企业等单位使用无线电台站的保护和管理工作，防止无线电干扰造成安全生产事

故，查处了1起无线电干扰，逐步建立和完善了应急通信保障机制。落实3G通信基础设施建设有关政策扶持，推进3G基础设施建设，开展昭阳中心城市移动通信基础设施建设专业规划前期工作，逐步解决昭阳中心城市无规划、无序建设、基站落地难、群众工作矛盾突出的问题，不断提升中心城市宽带无线通信服务功能。

【安全生产管理】 按照安全生产管理的有关要求，认真组织辖区内重点工业企业生产经营单位加强学习，提高安全产业意识，配合相关部门开展严厉打击食品生产环节非法添加和滥用食品添加剂专项行动工作，组织企业自查和张贴食品生产安全承诺书。落实目标责任，认真贯彻“安全第一、预防为主”的方针和“生产经营单位的主要负责人对本单位的食品安全生产工作全面负责”的原则，实现食品安全生产与文明经营，预防食品安全事故的发生，确保人民群众食品安全和企业长远发展，建立健全食品生产食品安全生产有利机制。通过努力，工信系统全年没有发生过重大安全责任事故。

【节能减排】 2011年区万元GDP能耗同比下降2.65%，圆满完成市政府下达的同比下降2.64%的目标任务。积极推行清洁生产，华新水泥（昭通）有限公司清洁生产一期工作已通过评估，开展了清洁生产二期评估工作，昭通月中桂食品公司的清洁生产评估于2011年年初通过省工信委专家现场评估，昭通烟厂、侨通公司的清洁生产评估工作也正在进行中。积极开展水泥行业资源综合认定、行业准入公告、重点能耗企业的节能审计审查工作，组织企业参加省市工业系统的节能知识培训等。积极引进能耗低、产值大、附加值高的企业落户昭阳区，推动我区节能降耗工作。2011年全区推广高效节能灯近2万只。2011年7月前，关闭了得云建材公司落后立窑水泥生产线，2011年12月31日在区直各部门的监督下顺利拆除了10.8万吨立窑生产线。

【工业园区建设】 工业园区快速发展，园区在建项目27个，纳入园区管理的24户企业实现工业总产值12.11亿元，增长42.3%；实现工业增加值3.29亿元，增长37.08%。先后引进了中国?昭通国际玩具城、昆钢钢结构、浙江诸暨袜产业等14个重大项目，得云建材、云南中骏科技等入园企业陆续建成投产，园区标准厂房、办公科研用房和职工保障性住房开工建设，驰宏10万吨电解锌冶炼、省工投利用褐煤生产炭质还原剂和曲靖众一化工褐煤精深加工等25户企业即将入园，“一园五区”的园区布局基本形成。

【机构改革】 根据《中共昭阳区委昭阳区人民政府关于印发昭阳区人民政府机构改革实施意见的通知》（昭区发〔2011〕3号）要求，组建工业和信息化局，为政府工作部门，将经济贸易局除乡镇企业行业管理外的职责、人民政府信息产业办公室原电子政务中心的职责，整合划入工业和信息化局，根据《昭阳区工业和信息化局主要职责内设机构和人员编制规定的通知》，昭阳区工信局人员编制26名，实有人员32名。内设机构有办公室、党委办、人事科、综合科、经济合作科、工业发展科、内外贸易科、企业改革改制科、信息化推进科、无线电管理科、网络和信息资源管理科11个科室。

【年度任职领导名单】

局　　长　杨洪斌
书　　记　刘　刚
副 书 记　崔　瑜
副 局 长　张　斌
　　　　　杨　波
纪委书记　王昭莲

（周世慧）

鲁甸县经济贸易局

【工业经济运行】 2011年，鲁甸县完成生产总值309541万元，同比增长17.8%，完成工业增加值135803万元，同比增长30.8%，占生产总值比重为43.9%，比去年提高了2.7个百分点，拉动经济增长12.7个百分点，对经济增长的贡献率达71%；实现工业总产值350247万元，增长40.5%，规模以上工业企业实现产值284427万元，增长32.8%，规模以下工业企业实现产值65820万元，增长97%；规模以上工业企业实现增加值99288万元，增长32.8%；主营业务收入225112万元，增长25.5%；利税总额31029万元，增长57.4%；利润总额13419万元，增长529.4%。工业总产值总量列全市第三位、增速列全市第二位。

【重点行业发展】 有色金属采选业实现产值112146万元，增长27.3%；冶炼业实现产值94065万元，增长69.9%；农副产品加工业实现产值23245万元，增长22.7%；水泥制造业实现产值22243万元，增长23%；化工业实现总产值10002万元，下降3.4%；电力行业实现产值22726万元，增长10.7%；

【非公有制经济和中小企业】 全年非公经济增加值180087万元，占全县GDP的比重为58.2%，比上年增加2.5个百分点，完成市任务数的107.2%；上缴税金33596万元，完成市任务数的390.6%；从业人员15440人，完成市任务数的100.3%。

【节能降耗】 单位GDP能耗下降2.82%，完成市下降2.58%任务目标。全社会能源消费总量（等价热值）250558.34吨标煤，同比增加31698.65吨标煤，增长14.48%；万元GDP能耗按可比价计算为0.8472吨标煤，比上年同期0.8717吨标煤，下降2.82%，全面完成市政府下达的节能降耗目标任务。

【工业投资】 全县非电力工业固定资产投资完成31198万元，完成县目标31100万元的100.3%，完成市目标25000万元的124.8%。重大项目建设扎实推进，亿城建材年产18万立方米加气混凝土砌块于11月8日正试投产；昊龙80万方混凝土搅拌站于11月18日竣工投产；20万吨磷酸氢钙已进行设备安装；昊龙60万吨电石进行项目设计和场地平整；同鑫农产品公司技改项目已进行设备安装；宏盛铁塔镀锌车间项目已开展基础设施建设；八宝银矿日处理1000吨生产线项目设备已订购，进行基础设施建设；昊龙2万吨精馏锌项目设备已在调试；水磨鼎鑫长石粉采选项目三通一平及厂房建设已完成。

【产业结构调整】　2011年，全县第一产业完成增加值70026万元，同比增长6.2%；第二产业完成增加值161650万元，同比增长28.3%；第三产业完成增加值77865万元，同比增长8.6%；三次产业比例由上年的23.1：49.6：27.3调整为22.6：52.2：25.5，继续呈现二、三、一产业结构发展格局，产业结构得到进一步优化和调整。

【工业园区建设】　鲁甸工业园区总规面积17.33平方公里。其中，文屏工业片区规划面积为4平方公里，主要以农特产品加工业为主，茨院工业片区规划面积为7.29平方公里，主要以矿冶建材业为主，桃源工业片区规划面积为6.04平方公里，主要以化工业为主。2011年末，工业园区入驻企业达36户，其中规模以上10户，产值超亿元企业8户，园区企业实现工业总产值28亿元，占全县工业经济总量的80%，实现工业增加值10亿元，实现主营业务收入22亿元，实现利税2.95亿元，吸纳农村富余劳动力1.2万余人。

【信息化建设与安全管理】　2011年，鲁甸县信息化紧紧围绕“健全网络、资源整合、信息共享、服务发展”的工作思路，一是以提升政府网站应用水平为重点，大胆创新，开拓进取，通过加强在线互动和网络拓展应用，全面提升了政府网站应用和服务水平。二是继续推进政府信息公开工作规范有序开展，通过加强政府系统信息网络安全管理水平，及时安全公开各类政府信息1000余条。三是继续做好电子政务网络应用平台安全运行和视频会议系统正常运转，大大节约了办文办会成本；四是积极组织开展行政审批平台、工程建设领域项目信息平台等系统技术培训，为鲁甸县信息化建设打下了坚实基础。

【无线电管理与监督检查】　认真贯彻落实年初市无线电管理工作会议精神，不断加大法规宣传、对讲机管理、无线电监测、台站建设的规范化管理力度，积极转变管理方式，强化服务意识，以公开透明和高效便民为目标，不断探索和健全管理体制，促进无线电事业健康发展。一是积极组织电信、移动和联通三大运营商开展无线电法规知识宣传，并发送无线电法规宣传短信2万余条；二是做好基站日常监督检查，年检等工作；三是按市无委的要求，认真做好小型监测站的选址工作，配合市无委做好拟新建飞机场周边电磁环境监测工作。

【任职领导名单】

党委书记　杨贵勇
局　　长　余朝坤
副 局 长　王云江
　　　　　孙吉明
　　　　　钟世宪
纪委书记　刘　毅

（冯云昭）

巧家县经济贸易和科学技术局

【工业经济运行】　2011年，巧家县工业总产值完成13.3亿元，同比增长31.6%。其中，规模以上工业总产值实现10.83亿元，同比增长37%；实现工业增加值3.17亿元，同比增长37%；实现主营业务收入8.75亿元，同比增长33.1%；利税总额2130万元，同比下降77.5%；利润总额-4211万元，同比下降179.26%。

【技术创新与技术改造】　2011年，巧家县向省、市申报了《巧家县优质种养业科技示范》、《巧家县甘蔗科技示范基地建设》、《巧家县科技服务能力建设》等项目和全力抓好老店镇红土村《优质马铃薯种植示范》、《奥鑫公司转移弧直流电炉合金锌粉生产实证系统》两个项目的实施。二是成功申报了奥鑫资源再生利用有限公司为县高新技术企业。三是白鹤滩食品有限公司投资1300万元的红糖加工项目技改完毕，于2011～2012年榨季投入试运行。

【重点行业发展】　矿冶业：2011年，规模以上3户矿冶企业共实现总产值5.77亿元，同比增长18.96%；实现主营业务收入4.4亿元，同比增长7.3%。

水电业：2011年，我县发电量达到43146万千瓦时，同比增长210.9%，主要是滇能集团天花板电站6月份开始发电，拉动了全县电力产品产量大幅增长。

农产品加工业：2011年，规模以上2户农产品加工企业共实现总产值2.66亿元，同比增长14.6%；实现营业收入2.07亿元，同比增长10.7%。

建筑建材业：县原恒达建材有限公司生产线属淘汰落后产能之列，于2011年10月26日至10月31日，在相关部门配合下，组织人员对原恒达建材有限公司10.8万吨立窑生产线进行了拆除。总投资2.8亿元的昊龙实业集团巧家白鹤滩建材有限公司于2010年1月正式启动土建工程，2011年6月中旬开始生产，到年底共生产出水泥11万吨、销售水泥8万吨。实现产值3064万元；实现销售收入3064万元；实现利税总额1342万元。

【非公经济和中小企业发展】　2011年，巧家县非公经济共实现增加值13.62亿元，完成年度目标任务数13.6亿元的100.1%；上缴税金12385万元，完成年度目标任务8400万元的147.4%；从业人员19295人，完成年度目标任务15800人的122.1%。非公经济的发展，为巧家县财政增收作出较大贡献。2011年，全县共有中小企业176家，同比增长12.2%。从业人员4056人，同比增长

4.6%。实现主营业务收入9.48亿元，同比增长91.1%；上缴税金7860万元，同比增长57.9%。

【节能降耗】 2011年，围绕市政府下达我县单位GDP能耗下降2.6%的节能目标，加大对重点企业的监管力度，采取限电、差别电价等措施，强化对高耗能、高排放、资源型行业的调控，圆满完成市下达我县单位GDP能耗下降2.6%的目标任务。根据省、市有关淘汰落后产能和2011年县政府与市政府签订的淘汰（立窑）10.8万吨水泥产能责任状的要求，于2011年10月26日至10月31日，在相关部门配合下，组织人员对原恒达建材有限公司10.8万吨立窑生产线进行了拆除，拆除的设备残骸已移出，并吊装到指定地点堆放，再无恢复可能。

【工业园区建设】 按照“一园三片区”的布局，加快推进白鹤滩大坪建材工业园区和蒙姑十里坪重工业园区规划建设，积极引导中小企业向工业园区集中发展。白鹤滩大坪建材工业园区内100万吨水泥厂已建成投产，正在加快推进砂石料及水泥制品、商品混凝土搅拌站等项目建设；蒙姑十里坪重工业园区电子地形图测绘已经完成并通过验收，地质灾害评估工作已完成，已通过省级专家评审和省国土资源厅备案。可研报告及总体规划编制工作已基本完成，县政府于今年9月14日召开了可研报告及总体规划编制的初评会议，初步通过了可研报告和总体规划方案，待县政府初评会议纪要发出后即可上报组织市级评审。土地整理工作已完成，通过了市级初验、省级核查和省级验收。由蒙姑乡政府负责的十里坪工业园区征地工作已启动，并与被征地单位——蒙姑村及蒙姑村民小组长签订了征地协议，随时可开展实地丈量及安置补偿等工作。同时，为加强推进白鹤滩工业园区规划建设步伐，拟定了《巧家县工业园区管委会职能配置、内设机构和人员编制方案》，提出了管委会组成部门及人员建议名单。主要负责工业园区布点布局、规划建设和重大政策的审定，研究解决工业园区发展和管理中的重大问题，协调解决园区规划、建设和管理中的日常工作。

【信息化建设与安全管理】 2011年，巧家县电子政务工作，以“网站”建设为重点，以办公应用系统为支撑，切实做好电子政务工作。一是对县政府网站进行了较大改版。注重开辟领导关心、公众关注、内容权威的栏目，从网站构架、栏目内容、信息发布等方面进行了整合和优化，力求实现政府网站“政务公开、公共服务、公众参与”等功能。按照省、市网络管理中心的要求和部署，本着“政务公开，公众参与，提高服务”的政府网站建设宗旨，建立以县政府网站为门户的网站群，要求各部门、各单位建立政务公开网站，整合和发布政府各部门的信息，实现政务公开。二是推广应用。巧家县目前共开展了“视频会议系统、政务内网的电子邮件系统、县委办信息报送采编系统、市政府办公系统和组织部电子公文交换系统”等系统的推广应用。三是加强电子政务公开工作。县委政府门户网站——白鹤滩之窗，专门设立了政府信息公开栏；各乡镇、各部门设立政府信息公开子站点，通过网络、电视以及黑板报、公开栏等载体进行公开，使政府信息公开形式不断丰富。以县政府信息公开网站门户作为示范，严格坚持行政许可、行政审批、行政收费“一清理、两集中”管理，坚持把人民群众普遍关心和涉及群众切身利益的问题作为政府信息公开的重点内容，全面推进政府信息公开工作；公开办事内容，公开办事程序，公开办事时限，公开办事结果。建立健全了限时办结制、办结告知制、办件承诺制、互联审批制、投诉责任追究制，充分运用公示制、听证制和信息公开等制度规范行政行为，加大政府公开力度，增加政府工作透明度，不断规范政府信息公开工作。全年在电视台通过新闻发布政务公开信息6条，2010年，通过政府信息公开网“巧家县政府信息公开门户网站”发布各类信息6100余条。

【无线电管理与监督检查】 积极履行“服务、协调、管理、监督”职能，认真开展辖区内无线电管理工作，较好地维护了正常的电波秩序。一是积极协助市无委办完善无线电监测制度。充分利用现有设备和技术力量，强化科学技术手段，突出“查处各类有害干扰”这一重点，切实发挥技术设备在无线电管理工作中的作用，不断提高各种无线电波和频率使用情况的技术监测能力，完善我县无线电监测制度；二是认真开展对讲机和业余电台的清理核查工作。按照市无委办的要求，认真组织人员对全县的对讲机和电台进行了仔细核查，对违规使用的及时予以纠正清理，规范了无线电发射设备销售市场管理，较好地维护了空中电波秩序；三是强化宣传，营造良好氛围。6月和10月举行了相关宣传活动，加大了对《中华人民共和国无线电管理条例》、《云南省无线电管理条例》、《云南省无线电电磁环境保护条例》的宣传，并通报了有关地区由于广播和电视无线电发身设备老化，频率偏多，杂散发射超标等原因，造成多起广播或电视干扰民航、铁路等无线电通信导航和调度的事件。

【机构改革】 2011年10月，根据巧家县委、县政府《关于印发巧家县人民政府机构改革实施意见的通知》文件，巧家县经济贸易局和巧家县科技局合并，成立巧家县经济贸易和科学技术局。根据巧家县人民政府办公室《关于印发巧家县经济贸易和科学技术局主要职责内设机构和人员编制规定的通知》（巧政办通〔2011〕178号）文件，巧家县经济贸易和科学技术局为巧家县人民政府工作部门，负责调节近期国民经济运行，主管全县城市经济、工业经济、非公有制经济、中小企业、内外贸易、对外开放、经济合作、科技综合管理，正科级，加挂巧家县知识产权局牌子。原巧家县经济贸易局承担的乡镇企业行业管理职责划出给巧家县农业局。招商引资职能独立，成立巧家县招商局。

【任职领导名单】

党组书记、局长　荣昌华

副　局　长　罗　标

刘卫东

胡开繁

（陈国美）

镇雄县经济贸易和科学技术局

【概述】　2011年，镇雄县大力实施“工业强县”战略，举全县之力强势推进新型工业化进程。全县实现工业总产值55.1亿元，比全市增速加快14.1个百分点，同比增长40.3%，占全市工业总产值的15.4%，在全市排名跃居第二；工业增加值完成26亿元，比全市增速加快18.5个百分点，同比增长40.3%，在全市排名跃居第二，占全市工业增加值的14.4%。产业的比例由2010年的30.2:35.7:34.1调整为2011年的24.8:43.1:32.1，比2010年提高了7.4个百分点。工业经济总量显著扩大，经济效益明显提高，工业经济对全县经济的支撑和带动作用更加显著，工业经济在县域经济中的主导地位已经显现。

【工业经济运行】　2011年，全县累计完成工业总产值55.1亿元，同比增长40.3%（增幅按可比价计算，下同）。其中：规模以上工业产值完成46.3亿元，同比增长42.7%；规模以下工业产值完成8.8亿元，同比增长17.9%。累计完成工业增加值26亿元，同比增长40.3%。其中：规模以上工业增加值完成23.3亿元，同比增长42.7%；规模以下工业增加值完成2.7亿元，同比增长17.9%。

【重点产业发展】　煤炭产业：2011年，煤炭产量完成1011.8万吨，同比增长16.4%；实现产值47.5亿元，占全县工业总产值的86.2%；实现工业增加值22.5万元，占全县工业增加值86.5%。

电力产业：2011年发电量18172.4万度，同比下降0.08%；实现电力产值2.1亿元，占全县工业总产值的3.8%；实现工业增加值0.9万元，占全县工业增加值3.5%。建材业：实现产值2.5亿元，占全县工业总产值的4.5%；增加值1.2亿元，占全县工业增加值的4.6%。

化工产业：实现产值0.8亿元，占全县工业总产值的1.3%；增加值0.3亿元，占全县工业增加值的1.2%。

生物资源加工产业：2011年，全县生物资源加工业实现产值2.1亿元，占全县工业总产值的3.8%；实现增加值1.1亿元，占全县工业增加值的4.2%。

【工业固定资产投资】　2011年，全县工业固定资产投资完成28.8亿元，占全县固定资产总额的51.6%，同比增长47.2%。云南高能水电开发有限责任公司白水江梯级电站开发项目坪子电站、东源集团（朱家湾、长岭）煤矿、华电镇雄发电公司一期等项目已投产。

【工业园区建设】　镇雄煤电煤化特色工业园区辖“一园五片”，总面积31.5平方公里。五德大火地片区、芒部松林片区、坪上片区1:500数字化地形图测绘和控制性详细规划全面完成并通过评审验收；110KV变电站项目申请已经省发改委核准；水厂施工图设计已完成，在近期内启动建设；安置小区修建性详细规划及设计工作已完成并通过评审；标准化厂房、园区道路、污水处理厂项目设计招标工作已全面完成，现已进入施工图设计阶段；园区内通讯、电视网络等配套设施已完成项目规划。目前，入园企业5家，2011年，园区实现工业总产值1.62亿元，实现工业增加值0.72亿元，主营业务收入1.5亿元，上缴税金520万元。

【中小企业和非公经济发展】　2011年，全县非公经济实现增加值28.6亿元，同比增长36.4%，占全县GDP的42.2%，比上年上升了2.5个百分点；上缴税金36100万元，同比增长24.2%；从业人员32441人，与去年基本持平。

【节能降耗】　2011年完成万元GDP能耗下降2.6%的目标任务。镇雄县三和建材有限公司低温余热发电项目进展顺利，预计2012年8月可正式投产；投资12000万元的黎明化工有限责任公司年产10万吨电石生产线技改项目正在办理前期相关手续；投资23455万元的云南赤水源酒业有限责任公司10000吨白酒生产改扩建项目于2011年年底正式启动。

【信息化建设与安全管理】　对政府门户网站、政府信息公开、96128政务信息查询网站进行建设、管理、维护；对全县涉项单位政府信息公开、政务信息查询等工作进行业务指导、技术支持和监督管理；对全县重要会议、重大活动的网络宣传报道以及县内重大事项的新闻信息、图片资料进行采集。依法对工程建设领域项目信息公开和诚信体系建设技术后台每月进行信息检查，并将各单位工程建设领域项目信息公开和诚信体系后台信息发布情况适时向县监察局进行情况反馈。

【无线电管理与监督】　镇雄县无线电管理工作严格执行国家和省、市有关无线电管理工作的文件要求，进一步加强了对无线电管理工作的领导，使无线电管理工作正常有序开展。2011年，播放无线电管理法律法规的宣传和无线电基础知识音频1000余分钟、发放折页10000余份、摆放宣传展图200余幅、咨询人员3100余人次。

【机构改革】　2011年，组建县经济贸易和科学技术局，将原县经济贸易局除乡镇企业行业管理外的职能、县科学技术局的职能、原县知识产权局职能、原属县政府办承担的无线电管理办和信息产业办职能整合划转县经济贸易和科学技术局管理。承担全县推进新型工业化、非公经济发展、煤电油运、科技管理、知识产权保护、节能降耗、新型墙体材料推广与应用、报废汽车回收拆解、盐务管理、市场贸易（含“昆交会”等）、信息产业发展、无线电管理、企业改革后续工作及牵头组织全县工程技术人员职称评定等各项工作。下属三个事业单位（经济技术开发研究所、科技开发服务中心、信息产业办），内设12个股室（办公室、经济管理股、人事政工股、科技管理股、市贸股、节能办、交通能源股、墙体材料革新办公室、盐务办、无线电管理办公室、成品油市场办公室、企改办）。

【年度任职领导名单】

书记、局长　曹卓昭

专职副书记　陈丕勇

副　局　长　申时平

苏先敏

杨中启

向明辉

岳远国

（尹　杰）

彝良县经济贸易和科学技术局

【工业经济运行情况】　2011年，彝良县实现工业总产值33.52亿元，比上年增长31.40%，实现工业增加值14.36亿元，增长27.5%，其中：规模以上完成工业总产值16.86亿元，同比增长39.4%，规模以下完成工业总产值16.66亿元，同比增长26%。工业园区实现工业总产值17.26亿元，占全部工业的51.48%；重工业完成33.15亿元，同比增长45.72%，占全部工业总产值的98.88%，轻工业仅占1.12%。规模以上工业增加值完成10.54亿元，增长39.4%，完成高级考核目标任务的138.64%，主营业务收入完成16.74亿元，增长62.02%，完成市级考核目标任务13.00亿元的128.77%；利税总额3.64亿元，增长56.07%，完成市级考核目标任务2.70亿元的134.75%；利润总额1.79亿元，增长89.06%，完成市级考核目标任务8000万元的224.62%。

【重点产品产量】　铅锌：2011年累计生产铅锌原矿25.10万吨，同比增长24.8%；原煤：2011年生产原煤238.7万吨，增长29.5%；红砖：全年生产红砖9940万块，增长2.99%；发电：由于受干旱的影响，发电量仅44817万度，下降22.1%；水泥：又由于受电力供给的影响和推进技术改造，水泥完成3.78万吨，下降62.3%；电石：电石虽然同比增长32.7%，但仅完成考核目标任务13万元的53.88%。电力对电石生产和水泥生产企业的供给只能满足53%的生产负荷。

【安全生产管理】　彝良县经科局也内设了安全管理办公室。主要指导发电、供电企业的安全生产管理，完善发电企业防洪度汛措施，负责对本系统建材、矿冶企业安全生产和食品安全生产的检查工作，同时商贸流通如生猪屠宰、成品油经营、盐业经营、酒类经营、食品安全等行业安全进行监督管理。对规模以上工业企业或矿山井下作业，为了安全生产，都是采取电子远程监控。特别是有26对煤矿企业生产的全过程，都可以在煤炭工业局监控中心全程监控，并可对CH4、CO、水位监测作出报警反应。同时，在天力公司、旺立达公司、驰宏公司、电力公司，其生产全过程都已经实现了全自动化网络控制，从而实现了工业产品质量和安全管理的正常运行。

【工业投资】　2011年，全县完成新增工业固定资产投资17.17亿元。其中，非电工业（含采矿和制造业）固定资产投资13.88亿元，占工业投资总额80.8%，电力（含电站和电网）投资3.87亿元。非电工业固定资产投资完成市级考核目标任务10.5亿元的132.84%，2011年，全县完成招商引资22.95亿元。其中：工业招商10.55亿元，城建招商10.9亿元，农特产品加工和旅游招商1.5亿元，招商引资完成协议到位资金16.64亿元，完成市级考核目标任务16.5亿元的100.8%。强有力推进了工业企业的技术进步。

【技术改造与技术创新】　2011年，全力加强“三个一批”工作方案，加快推进重点工业项目的建设。按“储备一批、开工一批、竣工投产一批”开展工作。加快云南天力煤化公司5万吨/年碳电极工程项目、旺立达30万吨/年高密度增温还原剂项目、水泥厂75万吨/年水泥干法熟料技改项目、泽云鼎120万吨/年煤炭洗选项目、苍源科工贸6万吨/年萤石矿（氟化钙）洗选项目建设进程等，同时推进东泰云港硅业20万吨/年碳化硅技改项目、腾耀工贸20万吨/年新型不定型耐火材料项目、龙宇新型建材公司4000万块/年煤矸石页岩节能环保烧结承重多孔砖项目的前期工作，形成新的工业经济发展增长点，增强县域工业经济发展后劲。

【中小企业和非公经济发展】　2011年，全县中小企业进一步发展，要集中在铅锌、煤炭、化工、电力、矿冶、建材、食品加工等行业，全县私营企业达326户，其中，规模以上（销售收入2000万元）工业企业14户。非公经济总产值完成28.16亿元，占全部工业总产值33.52亿元的84.02%。实现非公经济增加值15.49亿元，增长32.5%。非公经济对GDP的贡献率达40.62%，非公经济上缴税金2.62亿元，占全县地方税收总额3.22亿元的81.48%，从业人员19500人。

【产业结构调整】　全县工业结构门类齐全，各有特色，主要以铅锌采选、石英矿开采及冶炼、煤炭采选、煤化工、电力生产与供电、建筑、建材、房地产、自来水供应、酒类酿造、木材加工、缝纫加工、农副产品加工等十二个工业经济体系。2011年彝良县三次产业结构调整为35.59：45.02：23.36，工业增加值对GDP的贡献率达37.66%，工业占第二产业增加值的83.06，工业对地方财税的贡献率达70.09%。2011年彝良县继续推进改革开放，主抓招商引资和工业项目建设，把“抓大放小”、“三改两加强”，淘汰落后生产能力、重大工业项目建设及重大基础设施建设紧密结合起来，作为我县调整产业结构的主要抓手。以招商引资和科技支撑为动力，着力调整推进产业结构。大力开发洛泽河、白水江流域水能资源，大力发展电力产业；以开发铅锌、煤炭、硅矿等矿产资源，大力开发煤化工、矿冶、建材产业；以天麻、花椒、核桃、竹笋等发展生物产业。主要发展以“矿—电”结合为主矿产业和以“碳素硅谷”为主的煤化工产业，以及以世界天麻原产地，打造“云药之乡”的天麻等生物资源深加工产业。这些产业的发展，从2011年全县工业、城镇、交通、水利、电力、农业产业化等28个重点项目相启和开工建设，将有力地促进我县工业经济结构和产业结构的大调整，努力实现“十二五”规划目标。

【节能降耗与淘汰落后生产能力】 彝良县2011年的节能目标任务是单位GDP综合能耗下降2.58%。通过《昭通市统计局2011年1～4季度能源消耗情况通报》，彝良县2011年节能降耗为下降2.61%，超额完成了市级下达目标任务的101.06%。2011年，完成了淘汰生铁落后产能6万吨，拆除了100m^{3}和50m^{3}高炉设备。同时，县政府通过招商引资，引进了黑龙江七台河华奇经贸在彝良成立龙宇新型建材有限公司，拟建4000万块/年节能环保煤矸石页岩烧结承重多孔砖项目。

【工业园区建设】 县委、县政府对工业园区建设高度重视。围绕工业布局调整和产业结构优化升级，把招商引资来发展的重点企业、重点项目划归工业园区管理，作为工业产业发展的最主要平台。2010年8月25日，县委在工业发展专题办公会议上，同意将工业园区内所辖企业每年上缴非税收入规费县级部分的60%返还给工业园区，用于园区水、电、路、通信等基础设施建设。到2011年底，彝良县工业园区（一园五区）中，新场工业园区初具雏形，工业园区招商引资累计达200多亿元，入园企业增到23家，已到位资金50多亿元。彝良工业园区已建成产业集聚，产出率高，用地节约，节能减排持续发展，辐射带动力强的工业聚集区。2011年，工业园区实现工业产值17.26亿元，占全县工业总产值的51.48%，实现税费总收入2.27亿元，完成固定资产投资12.94亿元，同比上升41%。工业园区已成为县“矿—电”结合产业，“碳素硅谷”产业，“云药之乡”天麻产业的重要载体。

【无线电管理与监督】 一是积极开展法律法规宣传、增强法律意识。采用电视、广播等方式，宣传《无线电管理条例》，在每周新闻播出后播1次，每次播15分钟；开展无线电法律法规知识宣传活动，展出无线电科普知识宣传画20多幅，散发宣传资料800多份，播放声音宣传资料10小时。二是加大行政执法力度、不断提高执法效率。为防止高考期间利用无线电设备技术作弊行为，主动配合教育、公安及等部门，提前做好应对突发事件技术前的准备，对各考点进行电磁环境预测，保证高考期间指挥通信畅通，利用移动频率扫描仪和金属探测仪，在各考点进行了监测监听，保证了考点环境的公正性，圆满完成了无线电安全保障工作。为进一步加强卫星地面接收发射设备的管理。由县无委办牵头和相关部门分别深入到角奎镇、毛平、龙安、驰宏公司和天源公司等25单位及电器商行进行全面清理，当场取缔5个非法销售窝点，没收设备25套。三是强化台站管理、严格审批程序。依行政，使非法设台、滥用频率资源、先建后批和瞒报等现象明显下降，并从多样化、多渠道着力提高台站管理水平，对新设台站严格按照一审查、二论证、三报批、四检测、五核表、六上报的工作程序进行初审。四是加强监测监听、维护良好电磁环境。特制定了《无线电监测监听制度》，每天监听不少于8小时，及时掌握频率使用和电磁环境情况，在重要节庆期间，实行24小时昼夜值班制，并对相关信息作详细记录，逐步建立和完善监测监听制度。

【机构改革】 2011年5月，根据《中共彝良县委办公室、彝良县人民政府办公室〈关于印发彝良县政府机构改革实施意见〉的通知》，文件精神，撤销彝良县经济贸易局和彝良县科技局，设立彝良县经济贸易和科学技术局，为彝良县人民政府工作部门，正科级，加挂彝良县中小企业局牌子。内设股室：办公室、工业发展办公室（加挂中小企业发展与企业改革办公室牌子）、节约能源办公室（加挂彝良县节能减排工作领导小组节能工作办公室牌子）、商务股（加挂彝良县盐务管理办公室）、对外经济合作办公室（加挂彝良县招商引资领导组办公室牌子）、电力监督与安全管理办公室、科学技术发展办公室。机关行政编制18名。

【任职领导名单】

局　　长　文　勇
　　　　　（县政协副主席兼局长）
党组书记　张　毅
副 局 长　姜　杰
　　　　　田景万
　　　　　蒋仲武
　　　　　郭友刚
节能减排办主任　赵绍华

（姜　杰）

威信县经济贸易和科学技术局

【工业经济运行情况】 2011年，威信县实现现价工业总产值262353万元；实现现价工业增加值80279万元。全县规模以上工业企业增加值完成33619万元；完成产品销售收入69867万元；实现利税总额12239万元；完成利润总额4466.9万元，上交税金7772.4万元。新增固定资产投资完成16928万元。

【主要产品产量】 2011年，原煤完成130万吨；发电量完成17470万度；供电量完成38420万度；块石完成341万方；粗细沙完成344万吨；白酒完成2759吨；砖完成17470万块。威信县已在林凤镇建设一个2×60MW火电厂，电厂主体工程将于2012年6月份完工。

【非公经济（中小企业）发展】 2011年，全县非公经济实现经济增加值15.94亿元；上缴税金15007万元；从业人员17843人。

【安全生产管理】 2011年，原煤开采业发生3起伤亡事故，共造成9人死亡，经济损失811万元。

【节能降耗】 紧紧围绕市政府考核目标，大力推进企业清洁生产，开展资源综合利用，发展循环经济，全面落实节能降耗工作。一是开展了全县能耗调查，摸清了能耗情况，建立了节能指标体系。二是修订完善了全县“十二五”节能规划，确定煤炭、电力、化工、建材四个行业和麻园水泥厂、供电公司、融星化工公司为全县节能降耗的重点行业和企业。三是推行节能降耗目标管理责任制，与重点耗能行业、企业签订目标责任书，明确奖惩，严格考核。四是加强全县能耗监督检查，确保节能降耗工作有效推进。

【工业园区建设】 2011年年底，由中国西部城乡规划设计研究院完成《威信县工业园区总体规划》通过了昭通市工信委的评审，认为林凤片区、双河片区、三桃片区、高田片区的道路、给排水、供电、电信、环保、安全防灾等设计合理，强调了城乡统筹、社会经济和生态环境的协调发展，体现了循环经济和可持续发展的要求。

【机构改革】 2011年，威信县经济贸易局与科学技术局合并为经济贸易和科学技术局，主要对全县工业经济运行情况进行分析、预测、监测，并按照国家产业政策提出鼓励、限制和淘汰的生产能力、工艺和产品目录；负责食品安全等生产要素的管理和监督；招商引资项目研究与储备工作，推进信息化工作，统一配置和管理无线电频谱资源，知识产权保护等工作。

【任职领导名单】

局　长　唐　俊
书　记　余　挺
副局长　张贵方
　　　　王德勤
　　　　白庆阁
　　　　杨兴权
　　　　陈正波

（潘先俊）

盐津县经济贸易局

【工业经济运行情况】 2011年，盐津县实现工业总产值270166万元，同比增长32.5%。规模以上实现工业增加值48054万元，比上年同期增长17.4%；实现主营业务收入114000万元，比上年同期增长26.1%；实现利税总额21000万元，比上年同期增长46.9%；实现利润总额12000万元，比上年同期增长31.2%。非电工业固定资产投资（不含水电新增工业固定投资）完成39062万元，同比增长57.1%。

【非公有制经济（中小企业）发展】 2011年，非公经济增加值完成122889万元，完成全年目标的107.8%；全年非公经济上缴税金17838万元，完成全年目标的187.8%。根据我县工商登记的市场主体信息，今年私营企业361户，从业人员6306人，今年个体工商户6349户，从业人员14602人。两项合计，我县现有非公经济从业人员20908人，完成全年目标数的108.9%。

【招商引资】 2011年，盐津县立足县内资源，精心编制了20个推介项目，印制了项目册，项目总投资135.5亿元，还利用昭通福建商会换届之机单独对水田新城项目进行了推介，拟将水田新城打造为“位居川滇结合部，辐射带动乡镇村，影响两省数县市，依山傍水、错落有致、风格独特，是集商贸、旅游为一体的现代化生态宜居森林县城”；同时经过充分准备，组织参加了2011年6月上旬在云南昆明举办的昆交会，广泛宣传了盐津的资源和特色优势，扩大了盐津的影响，提高了知名度。共设立6个展位，完成五个项目签约，协议总投资16亿元，签订1.3亿元销售订单，为盐津招商引资再创佳绩；外来投资项目进展顺利，全年签约项目8个，协议投资246800万元，引进市外到位资金100059万元，完成目标任务的156.6%，引进省外到位资金70154万元，完成目标任务的123.1%，超额完成全年目标任务，招商引资到位资金全市排名第3位。

【工业投资建设】 为了确保全县固定资产投入目标的圆满实现，同时为建设单位搞好服务，创造一个良好的施工环境，县委、政府年初提出了全力推进重点工程建设，将今年的在建和拟建项目确定责任单位和责任人。任务明确后我局高度重视此项工作，召开专题办公会，成立了协调办公室，主要领导亲自抓，确定一名副局长主要抓。重点项目建设稳步推进，我局负责的在建重点工程有：红原电石技改（完成投资16320万元）、万年桥电站（累计完成投资额46310亿元，2011年完成7432万元）、燕子坡电站（累计完成投资29650万元，2011年完成8200万元）、余热发电（项目总投资9200，2011年完成1620万元）和滇云酒业（累计投入资金1263万元）5个项目。拟建项目有伊力100万吨电石项目、云液1.5万吨优质白酒生产项目、物华0.2万吨白酒生产项目。

【节能降耗】 2011年，根据市委、市政府下达的节能降耗指标任务。一是进一步加大产业结构调整优化力度，积极构建节能环保型产业体系，对新上项目做好能源消耗的审计和环评，对不符合节能环保标准的项目坚决不准开工建设，严格控制新上高耗能、高污染项目，大力发展低投入、低能耗、低污染、高效益产业，同时，压缩和淘汰高投入、高能耗、高污染、低效益产业，积极走新型工业化道路，提高高新技术产业在工业中的比重；二是抓好重点企业节能减排工作，严格落实目标责任制和监督考核，严格治理、监控超标排放的污染企业。淘汰红原电石有限公司4×12500KVA电石炉4台，淘汰电石落后产能10万吨，技改为4×25000KVA生产线，协议总投资21100万元，第一期技改工程1号、2号两台25000KVA内燃式电石炉已于2011年7月25日点火投产，运行正常，已经启动3#、4#炉拆除及技改工作。

【安全生产】 2011年，制定下发了《盐津县经贸系统2011年安全生产工作要点》，与重点企业签订安全生产责任书，制定了《盐津县经贸局2011年度安全生产应急预案》，成立安全生产专项检查组，实行领导挂钩制。共开展企业负责人安全培训班2期，36人参训，督促企业开展员工培训13期，共有1269人参训。积极参与"安全生产活动月"的宣传教育活动。针对厂房设施共开展安全检查2次，出动69余人次，现场提出现场隐患治理意见30余条，发出整改建议20余条。针对中小水电站安全生产特点，加强对库区防洪设施的检查，严防各类事故、灾难发生。对中小水电站汛期安全检查2次，提出隐患治理建议18条。

【年度任职领导名单】

局　长　廖俊务

书　记　周旭明

副书记、纪委书记　万贵强

副局长　刘元均

严　青

杨　斌（3月止）

李祥敏（7月止）

夏天贵（6月任）

武德群（7月任）

（谭春燕　罗明业）

大关县经济贸易和科学技术局

【工业经济运行情况】 2011年，大关县有工业企业52户，实现工业总产值105022万元，占年计划的105%，同比增长31%；工业增加值完成27000万元，占计划的100%，同比增长34%。9户规模以上企业完成工业增加值17450万元，占责任目标13000万元的134.2%，同比增长10.6%；营业收入35955万元，占责任目标26000万元的138.2%，同比增长16.8%；利税总额7080万元，占责任目标7000万元的101%，同比增长31.7%，其中，利润完成4100万元，占责任目标4100万元的100%。非公经济增加值完成57750万元，占责任目标55000万元的105%；上缴税金完成4850万元，占责任目标2700万元的179.6%；乡镇企业从业人员10741人，占责任目标9300人的115.5%。工业固定资产投资完成28109万元，占全年计划的100%，占市政府责任目标2亿的140.5%。

【重点产品产量】 原煤完成42.33万吨，同比增长15.9%；发电量完成41117万度，同比下降3.2%；水泥完成16.02万吨，同比增长4.9%；生铁完成2.52万吨，同比增长93.8%；快餐盒完成17686万只，同比增长27%；电石完成6.9504万吨，同比下降11.6%；洗精煤7.8万吨，同比下降4.9%。

【非公经济和中小企业发展】 积极帮助企业争取中小企业发展资金支持，帮助明磊公司、茶叶公司向市级相关部门申报了项目。按照《云南省人民政府关于加快工业园区标准厂房建设的意见》精神，争取省工信委工业园区项目扶持，明磊公司6000平方米标准厂房建设补助60万元，工业园区软环境建设财政补助资金60万元，合计120万元。指导天达公司申报节能补助项目及申请生产能力鉴定等工作。

【工业投资】 2011年，工业固定资产投资完成28109万元，占全年计划的100%，占市政府责任目标2亿的140.6%。分项目投资完成情况分别为：煤矿技改、扩建工程投资完成9778万元，占计划9000万元的108%；玉碗铁厂技改完成3110万元，已完成实物投资100%；昆钢水泥项目完成投资14742万元，占计划2亿元的79.7%；碳化硅技改项目479万元，完成实物投资100%，项目已投入生产运行。

【节能降耗】 加大与环保、统计等相关部门的协调配合力度，严格按照市政府与县政府签订责任目标，抓好重点企业的节能减排监控工作，2011年万元GDP能耗下降2.58%指标的完成。

3月15日，相关职能部门对云南省大关县电力矿业冶炼有限责任公司小河分公司进行了现场关闭。云南省大关县电力矿业冶炼有限责任公司小河分公司始建于2005年，生产规模为1万吨，属高耗能、高污染企业，公司的关闭，可降低能耗近15万吨标准煤/年，我县淘汰落后产能工作已全面完成省、市安排的目标任务。积极争取中央财政关闭小企业补助资金支持，争取到2010～2011年补助资金318万元，充分发挥资金效益，确保关闭企业职工安置、设备拆除工作顺利进行，保障社会稳定。

【煤矿安全管理】 一是强化煤矿安全"两个主体"责任，与煤矿签订安全生产目标责任书7份，煤矿递交安全生产承诺书7份，将安全生产责任制落实到生产一线。二是强化监管，以开展煤矿安全百日"零死亡"活动和"六月安全月"活动为契机，以开展煤矿安全专项整治和防汛安全为重点，继续加大安全生产宣传和监管力度。三是强化安全培训。7家煤矿共派送9人到省安全培训中心和曲靖能源职业学院参加矿长、副矿长资格的培训或复训学习；31人到市安培中心参加特种作业人员培训或复训；煤矿从业人员460余人通过岗前培训。局机关开展百日安全"零死亡"活动培训21人次24学时，煤矿从业人员培训467人。四是强化隐患排查治理。全年，共深入煤矿企业排查隐患和督促整改隐患共80余次，下达整改通知书39份，查出隐患205条，落实隐患整改资金189.2万元。其中，隐患现场整改31

条，限期整改174条，隐患整改结束经复查验收合格197条，整改率达96.1%。五是加大全县煤炭资源整合力度，抓好高桥铜厂沟煤矿异地新建工作；积极处理协调好上高桥民族煤矿、玉碗阿多罗煤矿、玉碗肖家沟煤矿与当地群众的历史遗留问题，抓好煤矿正常生产的同时做好稳控工作；根据各个煤矿企业面临的困难和问题，有针对性的加大帮助力度和调整帮助措施，使煤矿尽早完成技改扩能工作。2011年，7对矿井共生产原煤42.33万吨，完成市政府下达任务目标的106.8%；发生顶板事故1起，死亡1人。

【工业园区建设】 2011年，工业园区实现总产值完成5.81亿元，主营业务收入完成5.6亿元，规模上企业完成工业增加值1.65亿元，利税总额完成0.4亿元.工业投资完成0.3亿元，园区标准化厂房建设完成13900平方米。园区新建、续建项目9个，其中水电项目5个，工业项目4个。截至2011年，工业园区共引进重点工业项目8个，农业项目1个。其中已建成投产运营的项目4个，分别是宜宾天原公司年产20万吨电石项目、鑫河电力公司、寿星水泥厂、吉利水电开发有限公司。新引进正在开展前期工作有5家，计划总投资21亿元。依托资源优势，引进四川东泰集团公司投资3亿元，整合技改年产10万吨的碳化硅项目；引进昆明钢铁控股有限公司投资6.6亿元，建设年产50万吨还原铁项目；昆钢水泥集团投资4亿元，建设日产2500吨熟料水泥项目，该项目各项前期工作已近尾声，目前正进行场地平整；云南驰宏锌锗有限公司投资3亿元，开发悦乐铅锌矿，现在正进行风险性勘探；引进昆明财兴盛集团投资3亿元开发建设农业综合示范园，目前该项目正在开展各项前期工作。工业园区共收储土地900余亩，即：麻柳湾工业片区收储工业用土500余亩，目前第一期工业用地征地撤迁工作已近尾声；天星工业片区收储标准化厂房建设用地400亩，现正在进行征地撤迁工作，全年投入工业园区基础设施建设资金1300万元。

【信息化建设】 大关县政务公开和96128专线查询工作按照"党委领导、政府主抓、纪检监察部门监督检查"的总体思路和要求，主要突出了"三个抓"：一是抓制度建设，切实做到有章可循、规范运行；二是抓信息公开，全县共建立政府信息公开网站平台81个，政务信息查询网络平台81个，重大决策听证、重要事项公示、重点工作通报网络平台38个，96128专线查询电话84部，政务信息查询点3个，政府门户网站1个，部门网站18个；三是抓监督管理，将政务公开工作和96128专线查询工作纳入党风廉政建设责任考核的重要内容，一起部署，一起检查督促；四抓经费投入，县政府将政府信息公开工作经费纳入财政预算，且在财政十分困难的情况下，政府信息公开工作经费逐年增加，切实保障了政府信息公开工作必要的经费开支。

【无线电管理与监督】 大关县机构改革后，无线电管理职能由县经贸科技局负责，为确保无线电管理工作不受机构改革工作影响，经贸科技局及时明确分管领导和具体工作人员，积极主动与市工信委相关业务管理办公室和原县无委办进行汇报及联系业务工作，着力抓好各项工作，确保无线电管理工作的延续性和连贯性。一是新版无线电台站数据库建设完成200个基站、20套频率的录入审核工作；二是参加了市无委办对县移动联通新建基站验收抽检5个；三是完成了移动公司新建27个无线电台站选址及初审上报工作；四是组织相关单位及部门7名人员参加无线电台站操作资格考试报名等工作，派出本单位2名工作人员参加无线电执法培训。

【机构改革】 根据《大关县委办公室大关县人民政府办公室关于印发〈大关县政府机构改革实施意见〉的通知》（大办发〔2010〕33号）要求，设大关县经济贸易和科学技术局，为大关县人民政府工作部门，正科级，加挂中小企业局牌子，原承担的煤矿安全监管职能划给大关县安全生产监督管理局。经贸科技局内设行政办、经济运行股（中小企业股）、对外经济合作股、市场经济股、节能股、科学管理股、信息产业股。行政编制26名。原科技局下属事业单位大关县科技情报研究所划归大关县经济贸易和科学技术局管理。设立大关县煤炭工业局，为大关县经济贸易和科学技术局管理的部门管理机构，副科级。内设办公室、政策法规股、生产技术股。编制8名，其中，局长1名（副科）。

【年度任职领导名单】

党组书记、局　长　吴登文
党组成员、副局长　戴友华
唐　琨
肖　亮
贾　鸿
张　平

（马敏前）

永善县经济贸易和科学技术局

【工业经济运行情况】 2011永善县完成工业现价总产值93639.8万元，比上年同期70084万元增加23555.8万元，同比增长33.6%，其中，规模以上企业实现工业现价总产值37516.8万元，同比增长33.5%；规模以下企业完成工业现价总产值56123万元，比上年同期41989.5万元增加14133.5万元，增长33.7%。2011年，全县工业增加值实现35050万元，比上年同期26624万元增加8426万元，增长31.6%，完成市目标任务34000万元的103.1%。其中规模以上工业企业实现增加值17013万元，比上年同期12753.5万元增加4259.5万元，增长33.4%，完成市目标任务17000万元的100.1%。2011年全县规模以上工业企业实现主营业务收入25160万元，比上年同期21031.4万元增加4128.6万元，增长19.6%，完成市目标任务24000万元的105%。2011年全县规模以上工业企业实现利税总额5636.9万元，比上年同期4538.6万元增加1098.3万元，增长24.2%，完成市目标任务4000万元的141%。其中：利润1642.5万元，比上年同期1426.9万元增加215.6万元，增长15.1%，完成市目标任务1500万元的109.5%；上缴税金3994.4万元，比上年同期3111.7万元增加882.7万元，增长28.4%。

【主要产品产量】　2011年，全县发电量生产19089万度，比上年同期16071万度增加3018万度，增长18.8%；铅锌精矿生产8088吨（含汇源矿业试产26吨），比上年同期6792吨增加1296吨，增长19%；煤炭生产175237吨，比上年同期150541吨增加24696吨，增长16.4%；砖生产3487万块，比上年同期1989万块增加1498万块，增长75.3%；魔芋精粉生产341吨，比上年同期352吨减少11吨，下降3%；水泥生产63715吨，比上年同期66026吨减少2311吨，下降3.5%。

【重点工业项目建设与投资】　2011年，重点工业建设项目累计新增固定资产投资16712万元（不含永善工业园溪洛渡片区首期项目建设投入659.7万元和中石油公司加油站建设385万元），完成市任务16000万元的104.4%，完成县任务16200万元的103.2%，同比增长19.4%。

【技术创新与技术改造】　2011年，永善县溪洛渡水泥制造有限公司机立窑技改建通窑项目正式启动建设，规模为年产60万吨新型半干法建通窑生产线计划总投资4000万元，2011年累计投入资金1818万元。2011年在开展创新型云南行动计划工作中，完成了专利申报12件，其中发明专利5件、实用新型专利5件、外观设计专利2件；通过授权专利的有6件，其中实用新型专利4件、外观设计专利2件。万人年专利申请量0.27项/万人，万人发明专利拥有量0.11项/万人。

【中小企业和非公经济发展】　2011年，全县非公经济实现增加值111800万元，比上年90679万元增长21121万元，同比增长23.3%，完成市下达的责任目标108000万元的103.5%；企业户数9148户，比上年8254户增加894户，同比增长10.8%；从业人员23679人，完成市下达的责任目标23000人的102.9%；注册资金104350万元，比上年73393万元增加30957万元，同比增长42.1%；上交税金16901万元，比上年13833万元增加3068万元，同比增长22.2%，完成市下达的责任目标16500万元的102.4%。

【节能降耗】　2011年，全县4户规模以上工业企业综合能源消耗合计8932.8吨标准煤，其中：消耗原煤7239吨折合标煤4894.4吨，电力3213.5万度折合标煤3913.4吨，柴油87吨折合标煤125吨。完成工业产值3.75亿元，工业产值能耗0.2382吨标煤/万元，同比下降28.3%，实现工业增加值1.7013亿元，工业增加值能耗0.5251吨标煤/万元，同比下降13.9%。全年全县实现生产总值32.14亿元，综合能耗174941吨标煤，单位GDP能耗为0.54吨标煤，较上年下降2.61%，顺利完成市下达目标任务。

【安全生产管理】　一是精心组织，全力开展煤矿隐患排查治理工作。2011年以“隐患排查治理”、“六月安全月”活动、“百日安全零死亡”活动为主线，由县煤炭工业局牵头，联合相关部门对煤矿进行了27次安全检查，出动人员140人次，共查出煤矿事故隐患128条，目前已全部整改完毕，整改率100%，下达执法文书14份，处罚煤矿2家，处罚人数2人，罚款1300元，投入隐患治理资金2500万元。二是强化煤矿员工安全培训，增强安全生产意识。2011年年送培干部11人，订阅相关资料24套。我县组织了三个煤矿的矿长、副矿长6人前往省安全培训中心参加复训班培训，由县安监局组织对煤矿工人进行全员培训，全年共组织了3期培训，培训工人279人次，并督促煤矿企业对工人进行岗前培训，严格做到不培训合格不准上岗，并建立了员工培训登记卡制度，培训率达100%。三是扎实开展“安全生产宣传月”和“煤矿百日安全零死亡”活动。采取制作固定标语、会议、印发宣传资料图片等多种形式宣传煤矿安全生产工作法律法规。2011年6月1日，县政府分管领导发表了“安全生产月”活动电视动员讲话，13日在县城工农广场举行“安全生产月”宣传咨询日活动，发放宣传资料800余份。制定县“煤矿百日安全零死亡”活动方案，细化工作措施。四是扎实做好全县小水电站防汛工作，确保各水电站汛期安全运行和安全度汛，遏制各类安全事故的发生。我局根据省、市、县相关文件精神，以《关于加强2011年全县小水电安全管理工作的通知》（永经贸〔2011〕13号）对全县已建电站汛期安全运营工作进行了安排和部署。为加大对全县已建电站安全生产的督促力度，我局于今年5至6月对已建小水电站汛期安全运营情况开展了专项大检查活动3次，共发出整改通知书3份，查出安全隐患25条35处，现场整改11条16处，限期整改14条19处。

【工业园区建设】　根据永善产业布局和地形地貌实际，按照因地制宜、实事求是，大分散、小集中，统一规划、分步实施，多方融资、市场运作的原则和“一园四片”的布局理念，积极吸纳发达地区转移产业，采取“以园招商，以商建园”的方式，争取在“十二五”期间完成1至2个片区建设，打造好工业企业集聚发展平台，改变县工业用地不足的局面。2011年永善工业园区建设项目《总体规划》和《可行性研究报告》顺利通过市级评审，被列入市级重点工业园区建设项目。溪洛渡片区干海子组团位于县城以南溪洛渡镇干河村干海子，首期标准化厂房项目占地面积60272.87平方米（折合90.4亩），计划在年内建设标准化厂房10000平方米以上；该项目计划总投资6567万元，2011年完成投资659.7万元，其中包括规划、征地、地上附着物补偿、房屋拆迁补偿及“三通一平”建设等；该项目为平台式建设，拟建轻工产品加工、食品加工和交通集散等功能区，首期工程“三通一平”项目采用BT融资模式正式启动建设，拉开了永善工业园区建设的序幕。截至2011年末，已有永善天山食品有限公司、永善顺达农贸有限公司和重庆投资商投资花椒深加工项目建设三家企业提出入园申请，拟采用自建自用方式，建设标准化厂房面积8000平方米以上。

【信息化建设与安全管理】 永善县在全省统一的政府信息公开门户网站上共接入64个部门，紧紧围绕县委政府的中心工作，围绕干部群众关心的热点、难点问题，积极主动地在网站公开和发布有关信息，正确引导舆论，带动和促进各项工作。2011年县政府信息公开门户网累计发布各类信息659条。县政府网站发布信息658条，其中新闻信息436条、政府领导讲话13条、其他209条。对政务服务中心、档案局、图书馆分别配置电子显示屏、电脑等设备，作为政府信息公开的公共查询点，使政府公开信息查询方便快捷。不断加强对“96128”等政务信息查询热线话务人员的教育培训，做到有问必答，微笑服务，热情认真做好每一次来电查询的回复。全县2011年累计接到“96128”转接群众来电126次，实现成功转接105次，成功率为83.33%。作为全市电子政务办公平台的试点县，永善县严格按照“标准统一、功能完善、安全可靠”的要求，扎实抓好电子政务各项工作。建立了永善县电子政务QQ群，将全县15乡镇和县直部门管理员收入该群，并邀请市级专家入群，通过在线咨询、交流，及时妥善解决电子政务办公平台出现的各类问题。对平台使用单位、管理员、用户、电子印章等进行调配、更换，有力地保障了机构改革后办公平台收发正常。全县电子政务办公平台实现收发文87382余次，其中发文4981次，收文82401次，提供技术支持75次。2011年先后两次组织电信技术人员深入15乡镇，对全县视频设备、管理人员、管理制度进行全方位、多角度地检查维护，发现整改问题20余个。积极配合省、市电子政务中心做好会议系统的调试，确保省、市各级召开的视频会议正常召开，做到了声音清晰、图像清楚，一年来未发生一起技术保障故障。全年共召开视频会议62场次，其中省、市召开47场次，县级召开视频会议15场次。对各单位政务信息系统的账户、口令等进行了一次专门的清理检查，并及时将软件更新和升级，消除安全隐患。强化网络安全管理工作，对所有接入政府内部网络的计算机设备进行了全面安全检查，对发现有操作系统存在漏洞、防毒软件配置不到位的计算机进行全面升级，确保网络安全。严格禁止涉密计算机与互联网相连。进一步完善计算机及网络的保密管理制度，分别对数据资料和信息安全管理、计算机及网络保密管理、网络安全管理、网站维护责任等各方面都作了详细规定，全年未发生一起信息安全事件。

【无线电管理与监督】 一是为进一步加强全县无线电管理工作，针对县级人事变动情况，县人民政府及时对县无线电管理委员会进行了调整充实，成立了由县人民政府副县长侯志怀兼任主任的永善县无线电管理委员会，并下设办公室在县经科局，由局长杨晓林兼任办公室主任。二是严格按照全市无线电管理暨新版无线电台数据库建设工作会议精神，精心组织，周密安排，强化督促指导，按时按质圆满完成了新版国家无线电台账数据库录入和上报工作。三是高考期间，全程协同县教育局、公安局一道抓好考前检查、考中巡逻，考后总结等各项工作，确保了“高考”秩序井然。四是认真开展监测站的维护、保养和管理工作。明确1名工作人员具体负责监测站管护，千方百计确保设备的安全和正常运行。先后两次参与省市两级组织的维护保养更新工作。五是认真抓好无线电台站选址初审工作。严格按照《昭通市工业和信息化委员会关于做好无线电台站选址初审工作的通知》（昭工信无线〔2011〕125号）要求，从严把关，认真初审，切实当好市级行政审批的参谋。全年无线电秩序井然，没有发生一起违法案件。

【机构改革】 2011年5月顺利完成了机构改革工作。按照县委、县政府机构改革方案，由原永善县经济贸易局、永善县科学技术局两个单位合并为永善县经济贸易和科学技术局（加挂永善县知识产权局牌子），内设8个机构，分别是办公室、工业经济发展股、中小企业技术创新股（加挂企业改制办公室牌子）、对外经济合作股、商务股、科学技术管理股、知识产权办公室、信息产业办，另设有煤炭工业管理办公室。永善县经济贸易和科学技术局行政编制17名，现有干部职工32名。

【任职领导名单】

党组书记、局长　杨晓林
副　局　长　韩维坤
　　　　　　肖伦琴
　　　　　　古　云
　　　　　　邹　浩

（刘达伟）

绥江县工业和信息化局

【工业经济运行情况】 2011年，绥江县完成工业总产值82129万元，同比增长25%；轻工业完成工业总产值5131万元，同比下降20.58%，重工业完成工业总产值76998万元，同比增长29.96%。重工业比轻工业快50.54个百分点。规模以上实现工业总产值40404万元，同比增长15.1%；全年主营业务收入41594万元，同比增长27.2%；实现利润2814万元，同比增长40%；利税总额实现

10311万元，同比增长11%。总资产贡献率26%，同比提高1.72个百分点。规模以下工业总产值实现41725万元，同比增长35.61%。全县工业增加值完成33295万元。三次产业结构比为17.3：42.1：40.6。

【主要产品产量】 全年煤产量115万吨，增长0.88%；机制纸1568吨，增长5.59%；发电量3769万千瓦时，增长26.39%，售电量15684万千瓦时，同比增长43.88%；水泥45万吨，增长80%。2011年受修建移民安置房的影响，水泥行业高耗能企业发展势头迅猛，其作用在全县工业经济中越来越大。全年水泥行业实现的现价增加值4835万元，占全部规模工业的25.47%，比同期提高5.16百分点。

【工业园区建设】 绥江县工业园区总规模为10.65平方公里，根据地形地貌规划为“一园五片”。年底，园区已通过环境影响评价，可研和总规已通过市级评审，并被市政府确定为市级重点工业园区。华峰片区和槽湾片区详细规划已完成。成立了园区管委会，落实了工作机构、人员和工作经费。拟定出台了《绥江县新集镇规划区外征地拆迁补偿安置暂行办法》，为淹没企业搬迁、园区招商项目和各项工程建设整体推进奠定了基础。2011年工业园区签约项目3个，分别是：向家坝水电站云南库区绥江县中信纸业迁建技改项目，一期投资1.2亿元；绥江县矿泉水开发建设项目，总投资1亿元；南岸煤炭分选及储运中心项目，总投资2000万元。

【年度任职领导名单】

党组书记	陈宗礼
局长	王金华（兼招商局局长）
副局长	邓家龙
	李林艺
	王周贵
	张家艳
招商局副局长	王　琴

（何清敏）

水富县经济贸易和科学技术局

【工业经济运行情况】 2011年，水富县完成工业总产值338042万元，现价增长（下同）30.0%，扣除价格因素实际增长24.18%。在全部工业中，县属工业完成产值156473万元，增长22.9%。规模以上工业总产值299768万元，增长30.0%；规模以下工业产值38274万元，增长30.0%。实现全部工业增加值108850万元，同比增长22.8%，完成全年目标任务11.3亿元的96.28%。其中规模以上工业增加值完成83448万元，同比增长29.54%，完成全年目标任务9.1亿元的91.65%。规模以上工业完成主营业务收入29.48亿元，同比23.90亿元增长23.35%，完成全年目标任务26亿元的113.38%。由于国家税收政策变化，能源、原材料价格上涨，导致成本费用大幅增加，规模以上工业仅实现利税总额21237万元，同比下降11.1%，完成全年目标任务2.7亿元的78.65%；完成利润1.43亿元，同比1.45亿元增长-1.38%，完成全年目标任务1.6亿元的89.38%。

【重点行业发展】 水富县着力实施“工业强县”战略，大力推进产业结构调整，逐步形成了化工、电力、建材、煤炭、农副产品加工等行业。

化工行业：重点企业主要是云天化股份有限公司、金明化工有限公司和国营包装厂水富分厂。2011年，3户企业实现工业产值214958万元，同比169389万元增长26.90%；完成工业增加值37331万元，同比37806万元下降1.25%；实现利润8087万元，同比6775万元增长19.36%。全年生产化肥（折纯）289518吨，同比增长16.64%，生产碳化钙（电石）86134吨，同比下降18.30%，生产乳化炸药10000吨，同比下降9.1%。

电力行业：县域内重点电力企业张窝水电站、杨柳滩水电站和水富供电公司。2011年实现工业产值72374万元，同比55123万元增长31.29%；完成工业增加值37984万元，同比37051万元增长2.52%；实现利润6329万元，同比8513万元下降25.65%。全年完成发电量166536万千瓦时，供电量49394万千瓦时。

建材行业：县域内重点建材企业朝阳混凝土搅拌站、昊龙集团水富绿色建材有限公司和水富富达水泥有限公司，2011年实现工业产值3611万元，利税完成356.70万元。全年生产商品混凝土40723立方米、水泥26150吨。

煤炭行业：水富县有“六证”齐全的合法煤矿1户和探矿企业1户。2011年，全县煤矿在确保安全的情况下，共生产原煤及工程煤4.5万吨，同比4.01万吨增长12.22%，完成全年目标任务4.48万吨的100.45%；实现工业产值1032.9万元，同比801.61万元增长28.85%；实现税收135.96万元，同比108.2万元增长25.66%。

农副产品加工行业：水富县重点农副产品加工业水富县虹启制綦有限公司，2011年实现工业产值2413万元，同比2226万元增长8.40%，实现利税285万元，同比272万元增长4.78%。

【工业投资】 2011年，全县完成工业固定资产投资（不含涉电项目）7.61亿元，同比8.10亿元增长-6.05%，完成全年目标任务7.5亿元的101.47%。

【非公经济（中小企业）发展】 全县非公经济完成增加值6.61亿元，同比5.52亿元增长19.75%，完成全年目标任务6.6亿元的100.15%；上缴税金5850万元，同比2400万元增长143.75%，完成全年目标任务5700万元的102.63%；从业人数为13500人，同比12300人增长9.76%，完成全年目标任务13200人的102.27%。

【节能降耗】 围绕年度单位GDP能耗同比下降2.6%的目标，与重点耗能企业签订了节能目标责任书，督促、强化各重点耗能企业加强节能工作。围绕“节能增效、低碳发展”主题，开展了节能宣传周活动，发放宣传资料3000余份，解答群众咨询500余人次。继续深化重点用能企业宣传活动，云天化股份有限公司开展了以节约能源、保护环境为主要内容的学一门新技术、提一条合理化建议、做一件有意义的事、参加一项技术攻关、传授一项技艺、参与一项革新发明的“六个一”活动，动员广大员工围绕生产经营中本岗位热点、难点问题，开展提合理化建议、技术攻关等技术创新活动，在员工中组织开展节能小窍门、环保小措施、产品小设计、工艺小改进以及技术小绝招等“金点子”竞赛活动；水富金明公司在节能宣传周期间制作宣传横幅2幅、制作宣传板报一期、组织相关知识培训一次、张贴节能宣传画2份、组织节能工作演讲比赛一次、组织大中专生召开节能工作座谈会一次。加强对重点能耗企业的监测，督促企业加快技术改造，大力推行对标管理、清洁生产。突出抓好节煤、节电、节油、节水和降低重要原材料的消耗工作，提高资源利用水平，增加企业经济效益。2011年，全县纳入监测的6户规模以上工业企业，单位工业产值能耗同比下降10.54%，单位工业增加值能耗同比下降16.34%，完成市政府下达的能耗下降2.6%的节能目标。

【工业园区发展】 2011年，水富工业园区实现工业总产值29.50亿元，主营业务收入28.80亿元，规模以上企业实现增加值9亿元，实现利税总额2.8亿元。

【信息化建设与安全管理】 一是加强对信息化建设工作的领导，结合人员变动的实际，及时调整了县信息化推进工作领导小组及办公室。根据政务信息查询工作涉及到96128专线电话、网络查询在线解答、查询点建设等几项工作，县政府办会同县监察局、县政务服务中心、县档案局、县图书馆等部门组建了相应的工作组，并牵头建立政务信息查询工作联席会议制度，召集县政府督查室、县政府电子政务中心、县监察局、县政务服务中心等部门每季度召开一次联席会议，研究解决工作中的困难和问题。二是为确保我县信息化工作扎实推进，根据省、市信息化主管部门有关要求，结合我县实际，对信息化各项工作制度修改完善。同时要求县内各级各部门建立相应的配套制度，为保证全县信息化推进工作的顺利开展打下了坚实的基础。三是继续做好政府信息公开和政务信息查询平台监督管理工作。全年全县政府信息公开网站主动公开信息156条，网络查询答复48件，96128电话查询答复94人次。自今年12月水富县工程建设领域项目信息和信用信息公开门户网站开通以来，全县各相关部门主动公开信息共109条。四是进一步做好政府信息系统安全工作。按照市工信委文件要求，全年分上、下半年两次，安排部署全县政府信息系统安全自查工作，并及时将自查情况收集汇总后上报市工信委信息化推进科。

【无线电管理与监督】 一是加强法律法规和科普宣传，无线电知识普及率得到进一步提升。2011年，分别在6月初和9月底，通过网络、电视、发放宣传单等形式，联合县电信、移动、联通三家公司开展对无线电管理的法律、法规、政策的宣传，进一步深化了公众对无线电领域知识的认识，强化了依法使用无线电资源的意识。二是积极配合市无线电管理机构顺利完成了联通、移动两家公司2010年所建设基站的抽检工作及县广电局93.1MHZ电台检测工作。针对云天化股份有限公司对讲机受干扰问题，及时开展对其周边环境监测排查，并对存在的问题，进一步加强督促整改。三是对全县的对讲机使用用户按照相关规定依法收缴了111部对讲机频率使用费共计1.11万元。同时，对云南水富港口有限责任公司未办理无线电对讲机使用执照事件，按照无线电对讲机使用有关规定，及时向业主进行了政策宣讲，并督促、指导业主如实申报无线电对讲机相关材料，促使业主依法、合法使用无线电对讲机。

【安全生产管理】 全年全县煤矿未发生安全事故，与去年同期持平，实现了煤炭生产零死亡目标。县经贸局按照上级行业主管部门的总体安排部署，进一步深化行业主管部门职能职责，创新工作思路、理顺管理体制，把依法监管和铁腕整治煤矿安全生产各项措施落到实处。始终坚持“安全第一，预防为主，综合治理”的安全生产工作方针，认真贯彻落实省市有关文件和会议精神，严把煤矿复工复产验收关。继续深化煤矿安全整治，打好瓦斯治理、顶板管理攻坚战。以“一通三防”和水患治理为重点，相继开展了煤矿安全隐患排查整治专项行动、煤矿百日安全零死亡活动、煤矿安全生产月活动、煤矿治大隐患、防大事故专项行动，切实做到煤矿安全隐患100%排查，对排查出的隐患进行100%的整改。推进煤矿从业人员全员培训，全面提升煤矿从业人员综合素质。一年来，开展各类检查15次，共排查出安全隐患和问题32条，下达执法文书3份，煤矿共投入隐患排查治理整改资金55万余元。督促煤矿开展全员培训班3期，共培训和轮训一线工人250余人次，做到对职工进行100%的培训合格，特种作业人员100%的持证上岗。在年内，配合水利防洪办、安监等部门开展了已建、在建水电站、经贸局联系服务工商企业的防洪、安全生产监督检查，全年未发生安全生产事故。

【机构改革】 根据《中共水富县委水富县人民政府关于印发水富县人民政府机构改革实施意见的通知》（水发〔2010〕29号）和《水富县人民政府办公室关于印发水富县经济贸易和科学技术局主要职责内设机构和人员编制规定的通知》（水政办发〔2011〕82号）精神。11月4日，撤销水富县经济贸易局和水富县科技局，组建水富县经济贸易和科学技术局。到2011年12月底，有在职在编职工26人、临时工1人、退休职工19人。

【任职领导名单】
党组书记、知识产权局局长　朱昌华
党组副书记、经贸和科技局局长　周凌锋
局党组成员、副局长　彭志湧
副局长　冯学忠
　　　　苏晓莉（女）

（冯学信）

昭通市煤炭工业局

【主要经济指标】　2011年，昭通市煤炭行业累计完成固定资产投资19.79亿元，比上年增加6.64亿元、增长50.49%；共生产原煤1852.5万吨，比上年增加114.39万吨、增长6.58%；实现工业产值86.62亿元，比上年增加28.49亿元、增长49.01%；实现工业增加值44.59亿元，比上年增加13.76亿元、增长44.63%；累计洗精煤77.7万吨，实现产值7.43亿元，分别比上年增长2.45%、51.32%。全市合法煤矿共发生24起事故、死亡37人，比上年增加7起、上升41.18%，多死亡3人、上升8.82%；其中较大事故3起、与上年持平，死亡13人、下降23.53%。原煤生产百万吨死亡率为1.99，比上年上升0.03。

【安全监管】　一是以完善和推行"煤矿安全生产承诺制"为抓手，强化制度监管。通过进一步修改、充实和完善，将矿井"一通三防"管理、井下双控、矿领导下井带班等制度的贯彻执行纳入承诺内容，督促所有煤矿企业于申请复工前向所在地县区政府递交了《安全生产承诺书》，在此基础上，对违反承诺内容的煤矿企业收缴了1289万元违约金，有效促使煤矿企业履行安全生产主体责任，加大安全投入，实施安全改造，强化安全管理，促进了安全生产。二是狠抓煤矿节后复工复产安全监管。制定下发《昭通市2011年煤矿春节后复工复产验收方案》，明确复工复产检查验收标准和工作程序，并开展专项督查检查，抽查了7个重点产煤县区14个煤矿，责令对存在问题及时进行整改。各县区认真贯彻执行复工"三要素"（人员培训、复工方案、安全保障措施）和复产"六要素"（六证齐全有效、隐患排查治理通过验收、特员配齐并持证上岗、采掘工作计划经审查批准、安全保障措施可靠、安全监管整改指令执行完备），严把安全"关口"，2011年全年共有44对矿井未批准复工、33对煤矿未批准复产，煤矿达不到安全要求不准复工、达不到安全生产条件不准复产的要求得到较好落实。三是从严防范和打击煤矿事故瞒报行为。认真吸取镇雄县刘家坡煤矿"11·18"瞒报事故教训，将"煤矿发生死亡事故瞒报，一律自愿关闭矿井"纳入"安全生产承诺"内容，由煤矿企业向县区政府作出书面承诺。设立了煤矿瞒报事故举报电话，向社会公开，接受社会监督。及时通报曲靖宣威市海岱镇杨梅山煤矿"4·15"重大瓦斯爆炸事故和黑龙江鸡西市滴道区桂发煤矿"4·26"等六起瞒报迟报谎报事故，警示各县区和各煤矿企业，进一步规范了煤矿事故报告程序，有效消除和减少了事故瞒报现象。四是强化监管检查和联合执法。充分发挥市、县区煤矿安全监管执法队的"拳头"作用，抓住重点时段，整合工作力量，开展定期监管检查和联合执法，严查安全隐患，严处违法行为，有力促进了煤矿生产安全。

【安全集中整治和隐患排查治理】　一是深入开展煤矿安全隐患排查整治专项行动。按照省领导指示和省、市安委会部署，成立领导机构和工作机构，下发《关于扎实抓好煤矿安全隐患排查整治专项行动工作的通知》（昭煤发〔2011〕28号），细化各个阶段的工作内容和工作重点，于4月下旬开展专项督查，督促、指导各县区组织煤矿企业开展全面自查，对查出的安全隐患严格按照"五定"（责任人、完成时限、工作任务、措施经费及预案）要求及时进行整改，并于4月底前进行了逐矿检查验收。在此基础上，由市煤炭工业局牵头与市安监局、能源局、国土局、煤监分局于5月下旬开展市级检查验收，按15%的比例对40个煤矿进行了抽查；于6月中旬迎接并通过了省安委办组织的省级检查验收。专项行动期间，全市煤矿企业共投入6.35亿元，排查整改各类安全隐患3843条，有效消除了一大批安全隐患。二是组织开展煤矿"百日安全零死亡"活动。深刻吸取威信县南风煤矿"5·17"较大煤与瓦斯突出事故和彝良县昌能煤矿"5·20"较大瓦斯窒息事故教训，认真贯彻市政府昭政发〔2011〕27号文件和5月24日动员大会精神，从6月1日至9月8日在全市开展了煤矿"百日安全零死亡"活动。各县区组织煤矿企业按照"宣传动员、吃透政策"、"排查整改、统一验收、逐矿过关、消除隐患"、"回头查看、督查指导、恢复生产、巩固成果"的三个阶段工作安排，紧紧围绕矿井通风系统改造完善、瓦斯抽采和防突措施落实、打"非"治"违"、现场管理等9项措施的落实，全面深入排查整改安全隐患，迅速扭转了全市煤矿安全生产的被动局面。三是认真开展"六月安全月"活动和雨季"三防"工作。以开展"六月安全生产月"活动为契机，集中开展煤矿安全生产法律法规的宣传教育，进一步提升各级各部门和煤矿企业贯彻落实煤矿安全生产法律法规的责任意识，安全生产各项措施进一步落到了实处。组织和督促煤矿企业认真开展矿井"防水、防洪、防雷电、防垮塌、防滑坡"检查，有针对性地制定并落实汛期安全防范措施，确保了安全度汛。四是认真开展了重大活动和节假日安全整治。结合"治大隐患、防大事故"和"打非治违"专项行动，牵头组织或配合开展了"五一""十一"和省、市党代会、"两会"期间的煤矿安全大检查，推进隐患大排查、大治理，有力确保了重大活动和节假日期间的煤矿生产安全。曲靖师宗私庄煤矿"11·10"

特大事故发生后，按照市政府领导指示，派出工作组赴镇雄进行煤矿安全常驻督查，另组建3个工作组分赴未派常驻督查组的绥江、盐津、大关3个重点产煤县进行指导和督促，确保守住了安全防线。

【瓦斯防治】 市煤炭工业局与市能源局、煤监分局联合制定下发《昭通市煤矿瓦斯治理工作方案》，强力推进各项治理措施落实。一是开展了瓦斯治理专项资金提取工作，全市共提取了煤矿瓦斯专项治理资金7389.42万元，2011年已投入使用7370.17万元。二是狠抓矿井“一通三防”、瓦斯适时监控和现场检查、井下人员和工作面控制、矿领导下井带班等制度和措施落实，切实加强了瓦斯现场管理。三是组织开展了矿井瓦斯等级鉴定工作。全市应进行瓦斯等级鉴定的243对井工矿中，61对矿井因停产等原因沿用2010年鉴定结果，182对矿井开展了鉴定工作。243对井工矿中，低瓦斯矿井195对，高瓦斯矿井8对，煤与瓦斯突出矿井26对、按突出矿井管理14对。四是深入开展高瓦斯、煤与瓦斯突出矿井诊断治理工作。威信县对与突出矿井开采同一煤层的14对矿井按突出矿井管理，镇雄县对瓦斯相对涌出量超过8m^3/T的32对矿井按高瓦斯矿井管理；两县分别制定了专门的瓦斯治理工作方案，扎实开展了煤矿瓦斯治理专家会诊等工作。根据省政府的统一部署，从4月30日起对高瓦斯、煤与瓦斯突出矿井一律停产整顿，督促落实瓦斯抽采和“两个四位一体”综合防突措施，限期达标。2011年全市共有43对矿井完成了专用回风井建设，15对矿井完成了专用回风巷建设，40对矿井完成了突出危险性鉴定，47对矿井完成了瓦斯参数测定，33对矿井安装了瓦斯抽放系统，13对突出矿井完成了区域和工作面防突措施制定并开展了突出危险性预测、效果检验和区域验证工作。五是加大力度推进煤矿瓦斯远程监控联网工作，截至2011年市级监控平台与省实现了瓦斯实时监控数据联网传输，有2个县112个煤矿实现了矿、县、市、省四级联网，4个县区144个煤矿实现了县、矿联网。

【安全生产基础建设】 一是继续推进矿井支护改革和安全质量标准化建设。全市所有煤矿全部推行了支护改革，其中182对矿井采用了锚喷、钢架、砌喧等支护巷道，占243对井工矿的74.9%；110对矿井的采煤工作面淘汰了金属摩擦支柱和木支柱支护，采用了液压支架、液压支柱、悬移支架、柔性掩护支架等先进支护方式，占45.27%；164对矿井安全质量标准化建设达到省级标准、占矿井总数的66.67%，其中：达省二级标准矿井21对、达省三级标准矿井143对。二是强力推进煤矿井下安全避险“六大系统”建设。截至2011年全市煤矿瓦斯监测监控系统实现了应装尽装，242对矿井安装了井下通信联络系统、占243对井工矿的99.59%，238对矿井安装了井下供水施救系统、占97.94%，218对矿井安装了井下压风自救系统、占88.62%，156对矿井安装了井下人员定位系统、占64.2%，20对矿井安装了井下紧急避险系统、占8.23%。

【煤矿安全培训】 2011年，全年共开展各类安全培训111期、13346人次，其中：特员培训18期2744人，监管执法持证培训1期127人，群众监督员培训6期441人，煤炭专业函授班3期513人，指导煤矿开展新工人岗前培训83期15521人次。

【煤炭资源整合】 坚持把煤炭资源整合作为优化产业结构、淘汰落后产能、推进安全生产的重大举措来抓，进一步督促各县区加快推进整合技改项目申报和矿井生产地质报告、初步设计编制报批等工作。截至2011年底有45对矿井申报开展项目前期工作，其中24对矿井已经审查批准；136对矿井上报采矿权变更登记资料，其中125对矿井已受理，87对矿井获得了划定矿区范围批复，52对矿井取得了新采矿许可证；179对矿井启动生产地质报告编制工作，其中72对矿井完成编制并上报审批，65对矿井通过了审查备案；58对矿井上报了项目核准材料，其中43对矿井获得了核准批复；17对矿井上报了初步设计方案，其中10对矿井通过审查并获得批复；6对矿井上报了安全设施设计方案，其中5对矿井通过审查并获得批复；5对矿井申请开工备案并获得了开工备案回执。与此同时，认真贯彻国务院、省政府关于加快推进小煤矿兼并重组工作的部署和要求，积极宣传政策，加强调研，指导各县区稳步推进兼并重组工作。到2011年底，镇雄县已启动实施集团化发展战略，有20多家煤矿达成初步协议，组建7家煤业集团公司；威信县已启动煤炭组团发展工作，全县40对矿井拟组建为9个或以下企业集团。

【煤矿技术改造】 认真落实“技术改造攻坚年”要求，对照《昭通市煤炭工业局关于规范煤矿技术改造项目建设管理的通知》（昭煤发〔2010〕114号）规定，对全市煤矿技术改造项目进行了全面清理。在此基础上，与云南煤监局昭通分局联合下发《关于进一步规范煤矿技术改造项目管理的通知》（昭煤发〔2011〕20号），进一步规范了煤矿技术改造项目管理流程，简化了审批、审查环节和手续。并于4月19日召开全市煤矿技术改造推进会，全面提速煤矿技术改造工作。截至2011年底共有42对矿井上报技术改造项目核准材料，41对矿井已审查批复；29对矿井上报初步设计方案，其中25对矿井已通过评审、15对矿井已审查批复；10对矿井已获得开工备案回执并启动了项目建设。

【煤矿装备建设和机械化改造】 认真贯彻国务院办公厅《关于推进小煤矿机械化改造工作的通知》精神，组织开展矿井机械化程度和装备水平现状清理，并于4月20日召开煤矿机械化改造推进会，全力推进煤矿装备建设和机械化改造工作。各县区根据省、市工作部署，结合煤矿整合技改工作，及时确定示范矿井，加大力度推进矿井装备建设，启动实施矿井机械化改造。截止2011年底全市246对生产矿井中，有200对矿井实现了壁式开采、占矿井总数的81.3%，其余矿井因停产原因未布置工作面；3对矿井安装了井下视频监控系统、占1.22%，95对矿井安装了地面视频监控系统、占28.62%；109对矿井装备了刮板运输机、占44.31%，50对矿井装备了皮带运输机、占20.33%，59对矿井使用了电瓶机车运输、占23.98%；14对矿井装备了采煤机（综合采煤机5对、小型割煤机9对）、占5.69%，13对矿井装备了掘进机、占5.28%；9对矿井启动了综合机械化采煤改造、占3.66%，53对矿井启动了普通机械化采煤改造，8对矿井实现了综合掘进，3对矿井安装了综采设备。

【行业管理】　以《煤炭生产许可证》、《矿长资格证》、《煤炭经营资格证》管理为抓手，切实加强煤炭行业管理，有力促进了依法办矿、规范办矿。一是认真开展开办煤矿行业准入审查工作，完成了5个“关一建一”建矿项目申报资料的审查报批工作。二是认真组织开展《煤炭生产许可证》年检工作。246对合法矿井中，243对应参加煤炭生产许可证年检，通过现场抽检和资料审查，有223对矿井复检合格，2对矿井基本合格，12对矿井不合格，6对矿井暂缓年检。三是组织227个煤矿矿长参加省工信委组织的矿长资格培训、复训，并审查转报了其《矿长资格证》申领、变更手续。四是加强《煤炭经营资格证》管理。按照省工信委云工信煤行〔2011〕108号文件精神，组织对全市煤炭经营企业的经营资格条件、经营状况进行了全面检查。开展了煤炭经营资格证到期延续审查，全市合法煤炭经营企业65家，全部经复检合格后上报省工信委审查。五是积极参加重大煤电煤化工项目相关服务工作。积极配合推进昭阳褐煤化工、彝良煤化工等项目建设，及时提供了相关服务。积极参与、配合电煤供应工作督查，配合有关县区、部门加强煤炭调运管理，组织电煤供应，截至2011年底共组织煤矿企业向镇雄电厂供煤72万吨，年末存煤57.6万吨，超额完成了省、市下达55万吨的年末存煤任务。

【机构改革】　根据《中共昭通市委昭通市人民政府关于印发〈昭通市人民政府机构改革实施意见〉的通知》和《昭通市人民政府办公室关于印发昭通市煤炭工业局主要职责内设机构和人员编制规定的通知》，设立昭通市煤炭工业局，为昭通市人民政府工作部门，正处级。设5个内设机构为办公室、安全管理科、生产技改科、安全技术培训科、煤矿井下信息监测管理科。行政编制23名。其中，局长1名（正处级）、副局长3名（副处级），正科级领导职数6名（含总工程师1名）、副科级领导职数3名。

10个产煤县中，昭阳区、镇雄县、威信县、盐津县、绥江县、彝良县设煤炭工业局，负责煤炭行业管理和煤矿安全监管；大关县、永善县、水富县由经济贸易和科学技术局负责煤炭行业管理、安全监督管理局负责煤矿安全监管；巧家县由安全监督管理局负责煤炭行业管理和煤矿安全监管。

【任职领导名单】

局　　长　李绍军

党组书记　杨家能

（11月离职，任调研员）

副 局 长　林成恒

胡永联

副调研员　高玉聪

（付　余）

昭阳区煤炭工业局

【综述】　2011年，昭阳区煤炭系统通过远学习山东华恒矿业公司，近学习永安煤矿一系列的学习考察和现场会及多次煤矿事故分析会的召开，全区煤矿业主依法办矿、安全办矿的理念基本形成，对新材料、新设备、新工艺、新的工艺的应用和上机械设备来保障煤矿安全的措施得到多数煤矿业主的认可和接受。全年煤产量136.16万吨，与去年同比下降1.46%；洗精煤产量为18.69万吨，与去年同比下降46.73%。实现工业产值7.39亿元，与去年同比增加2.49%；固定资产投入达3.02亿元，同比增加100%，实现税费2.2亿元左右。全区合法煤矿共发生安全事故7起死亡12人，百万吨死亡率为8.81。

【安全生产】　一是通过对井下安全避险“六大系统”（除紧急避险系统外）和煤矿安全质量标准化建设完善和督促整改，全区煤矿在2010年基础上有了较大的转变，新建巷道全部淘汰木支护、采煤工作面大量应用单体液压支柱。全区煤矿安全质量标准化验收达标21个煤矿，“五大系统”初验通过20个煤矿；二是通过对兼职救护队人员的培训、机构健全、装备的配备、制度的完善，全区正常生产矿井兼职救护队验收达标全部通过，应急救援能力得到提升。通过实行煤矿企业按季度交换图纸工作制度，审批采掘接替计划和采区设计工作，有效地控制了煤矿的多头点作业，缩头减面，确保了煤矿采掘合理、科学、安全，及时掌握煤矿企业的开采进度，有效杜绝煤矿“三超”现象。对煤矿违约金应收尽收和煤矿安全隐患排查治理的行政处罚上，全年督促事故矿井交违约金300万元，对煤矿行政处罚金177.9万元，合计477.9万元。

【技术改造和技改扩能】　一是全区取得开工备案回执和开工建设批复的有3家煤矿，5家煤矿通过项目评审会，4家煤矿获得项目立项批复。二是我区相邻重组型煤矿全部取得了新的采矿证。三是我区相邻重组煤矿全面完成兼并重组工作，关闭8个煤矿，没有发生因兼并和整合关闭而发生上访的现象。四是全区21个煤矿企业得到生产型地质报告和环评批手续，13个煤矿企业签订初步设计和安全专篇协议（其中9个煤矿完成除机电部门的方案设计）。

【安全管理】 一是进一步建立完善各项安全生产目标责任制度。一方面是细化目标，另一方面是，加大责任追究力度。二是进一步建立完善我区的煤矿安全生产隐患排查治理工作制度和工作机制。三是进一步完善煤矿安全生产承诺制。四是进一步完善驻矿安监员管理办法，建立驻矿安监员考核淘汰机制。2011年解聘4名驻矿安监员，4名驻矿安监员被待岗三个月处理，4名驻矿安监员受到经济处罚。

2011年共查出煤矿一般隐患1795条，已整改一般隐患1736条，整改率为97%，重大隐患8条，已整改销号6条，整改率75%，共处罚金177.9万元。

2011年，培训（复训）新、老工人1846人，对全区23个煤矿企业1510人进行煤矿职业危害培训和应急救援知识培训，对全区所有煤矿1725名从业人员进行为期7天的全员培训提高从业人员安全防范意识；对我区24个煤矿216名兼职救护队员进行应急救援政策、法规及应急装备实作操作进行为期一周的学习，并通过考试来全面提高兼职救护队员的应急救援业务技能水平和保障能力水平

由于乐德古“5·27”顶板事故和小水井“6·01”顶板事故的相继发生，给我区煤矿安全生产造成极为被动的局面，为了扭转这种不利局面，根据区政府的安排，全区进行煤矿安全生拉网式检查。我局成立5个检查工作组，对全区27个煤矿进行拉网式排查，查出隐患141条，下达执法文书25份，并针对各煤矿存在问题提出了整改意见和要求。

【任职领导名单】

书记、局长　孙　荣
副 书 记　蒋　飞
副 局 长　刘廷跃
　　　　　高顺华
　　　　　李　玲

曲　靖　市

曲靖市工业和信息化委员会

【综述】　2011年，曲靖市完成工业总产值1523.95亿元，同比增长23.7%，其中规模以上工业完成产值1190.05亿元，同比增长19.7%。规模以上工业完成增加值394.5亿元，同比增长15.9%；主营业务收入1168.8亿元，同比增长20.7%；利税总额182.28亿元，同比增长3.6%。2011年，曲靖市完成工业投资276.11亿元，同比增长11.06%，其中加工制造业完成投资160.53亿元，同比增长8.1%。煤炭完成投资58.3亿元，同比增长4.67%；电力完成投资30.67亿元，同比下降10.4%；电网完成投资8.27亿元，同比下降18.1%。工业投资占全社会固定资产投资877.73亿元的31.5%。

2011年，曲靖市累计发电343.11亿千瓦时，全社会用电205亿千瓦时，圆满完成年初下达的200亿千瓦时目标任务。累计生产原煤4030.84万吨，供应电煤1674万吨。

【技术创新与技术改造】　全面实施企业技术改造、技术创新和产品质量提升计划，深入推进工业标准化体系建设。坚持技术创新与体制创新、机制创新相结合；坚持技术创新与高新技术发展相结合；坚持自主创新与引进技术消化吸收相结合。全面构建以企业为主体、政府为平台、市场为导向、产学研相结合和政企研同心的具有曲靖特色的工业企业技术创新体系。2011年，曲靖市共有15户工业企业获得国家和省级技术改造专项资2350万元，进一步增强企业技术创新能力，不断提升企业的核心竞争能力。构建以企业为主体、市场为导向、产学研相结合的技术创新体系；2011年，曲靖市213户工业企业进行技术改造，实施技改项目267个；共组织认定省级企业技术中心2家，市级企业技术中心3家。自2008年以来，曲靖市共组织开展了4批企业技术中心认定，共认定了市级企业技术中心32家，其中11家获得省级认定，推广和应用新技术、新工艺76项，企业技术创新体系进一步完善，突破了一批对重点产业、重点企业发展有支撑引领作用的关键技术，增强了企业核心竞争力。

【重点行业发展情况】　2011年，卷烟、电力、煤炭、冶金、化工、机械等六大支柱产业占全市工业总产值的比重已达91.8%。超300亿元的产业有1个、超200亿元的有2个、超100亿元的有2个；轻工业比重逐步上升，上升了2个百分点，打破了多年来支柱产业单一、轻重工业失衡的产业格局，结构得到明显优化。

【中小企业及非公经济发展】　2011年，曲靖市共有23户非公企业获得国家、省级专项资金2097万元。非公（中小）企业数达13.8万户，同比增长5%；实现增加值509.8亿元，同比增长23.2%；从业人员达到47.83万人，同比增长13.3%；上缴税金52.44亿元，同比增长16.4%；全市非公经济增加值占全市GDP的42.1%，实现比上年提高1个百分点的目标任务。

【产业结构调整】　围绕全市产业布局和重点产业园区（基地、中心）建设，以技术创新项目建设为重点，实施重点产业创新工程，加快推进产业结构优化升级，提高自主创新能力，增强产业发展后劲，实现产业结构优化升级。重点支持骨干企业培育创新能力，形成若干国内具有比较优势和领先水平的名牌产品群，增强企业的核心竞争力和自主创新能力，确立企业在研发应用中的主体地位。抓好驰宏公司科技研发中心建设，依托云维集团、一汽红塔、越钢等重点骨干企业，建设煤化工、高原汽车发动机、低品位铁矿石还原等技术研发工作。突出区域特色，构建创新体系，提升以科技创新支撑力为目标，通过政府推动和市场驱动，形成以知识创新系统为骨干、技术创新系统为核心、创新系统为保障的“三位一体”的区域创新体系。加快实施重点技术改造项目，优化提升传统产业。充分发挥技术改造在提升企业工艺技术和装备水平，提高产品质量，节能降耗、改善环保、促进两化融合水平中的作用，加快应用高效技术和先进适用技术改造提升传统产业，坚持以新能源、新材料、装备制造、节能环保等新兴产业为重点，围绕100个重点工业项目做好各项服务工作，重点抓好昆明冶研新材料公司7000吨多晶硅、500兆瓦多晶硅、单晶硅硅片研发及生产能力、昆钢富源项目；加快一汽通用红塔公司新车型的开发和引进力度，推进曲靖汽车城建设，推进宣威专用汽车开发力度；加快富源、宣威、沾益和麒麟等地粉煤灰、磷石膏、硫石膏、煤矸石等固废物的综合利用，大力发展新型建材产品。

【信息化建设与安全管理】 曲靖市围绕“数字曲靖”、“数字园区”、“无线城市”、“智慧曲靖”建设目标，积极推进信息产业发展，增强工业信息化技术保障能力。一是完善信息产业发展平台，引导、推动企业信息化建设，提升工业经济发展综合竞争力；二是进一步完善电子政务建设，推动公文交换系统运用，维护网络与信息安全，顺利完成了市、县、乡三级电子公文交换平台建设，取消了纸质公文交换；三是推进“数字曲靖”、“数字园区”和“无线城市”建设。加快视频信息共享平台、城乡一体呼叫服务系统、企业公共呼叫信息系统建设。全面推动“两化融合”，促进产业发展、百姓生活和政府服务效率的提升；四是完善城乡一体化通信设施。2011年，曲靖市主动公开政府信息34230条。96128专线共接受电话呼入7495次，群众满意率96.3%。电信、移动、联通3家公司共建设网络基站1724个；目前，全市基础通信网络覆盖所有县（市、区）、乡（镇）和部分村委会，覆盖率达80%，互联网通村率达60%。

【无线电管理与监督检查】 曲靖市高度重视无线城市（数字园区）的试点工作。为贯彻执行《云南省人民政府办公厅关于加快推进第三代移动通信网络建设的通知》精神，云南省人民政府与中国移动通信集团公司签署了《战略合作框架协议》，云南省工信委决定将曲靖市列为全省无线城市试点、经济技术开发区列为数字示范园区试点，曲靖市委、市人民政府十分重视曲靖无线城市（数字园区）的试点工作，曲靖市第四次党代会的工作报告明确提出：“以建设数字曲靖为目标，抓好无线城市试点工作”。按照“珠江源大城市”的总体目标，明确提出把无线城市建设作为推进“数字曲靖”的重点信息化目标，与之同步推进。曲靖市工信委紧紧围绕工业和信息化发展的思路、目标和措施开展工作。为实现工业化、信息化的“两化融合”，电信网、互联网、电视网的“三网合一”，搞好曲靖无线城市（数字园区）试点工作，认真履行职责。充分利用2G已有的网络资源，积极开展网络优化，推进3G网络建设，统筹2G与3G以及未来网络的演进关系，推进工业化、信息化和城市化的融合。

【安全生产管理】 一是严格落实安全生产“一岗双责”责任制，履行好工业行业安全生产指导管理责任，督促工业企业认真落实安全生产主体责任制，指导企业做好安全生产工作；二是强化现场安全监管，把安全大检查作为强化现场监管的重要手段，防微杜渐，尤其是要做好隐患整改的落实工作；三是切实抓好企业的安全教育培训，全面提高员工的安全意识和自我防范能力，确保安全生产；四是引导企业家、经营管理人员，承担社会责任，协调企业与职工的利益关系，避免出现大规模裁员和辞退工人的情况；五是积极鼓励和支持企业吸纳返乡农民工、农村剩余劳动力，维护社会稳定；六是建立健全安全生产的长效机制，开展安全评估评价，排除重点行业安全事故隐患；七是树立安全发展理念，形成源头预防、企业管理、监督检查的齐抓共管局面；八是继续做好工业应急管理，按照“平时服务，急时应急”原则，提高应急保障能力。

【节能减排】 一是全力抓好淘汰落后产能工作；二是认真做好节能监察能力建设、节能工程建设、合同能源管理、节能灯推广、清洁生产、能源审计等方面工作；三是加强节能降耗预警调控。实时掌握规模以上用能企业能耗变化情况；四是积极推进节能技改项目的建设。重点加强对重点耗能单位、规模以上工业企业的技术改造，组织实施了一批重大节能技改工程；五是配合环保部门做好陆良西桥片区、会泽者海片区重金属污染专项治理工作；六是积极争取各级节能降耗专项资金支持。9个项目获得中央、省级节能降耗专项资金2110万元。全市淘汰落后产能省级目标任务33条（座）生产线，产能195.06万吨。

【工业园区建设】 2011年，市委、市政府出台了《中共曲靖市委曲靖市人民政府关于进一步加快工业园区发展的决定》，《决定》的出台，为全市工业园区发展奠定了坚实的基础。并围绕“十把”抓好工业园区建设工作。

把工业园区作为优惠政策的归属地来贯彻落实。一是为了深入贯彻《云南省人民政府关于进一步加快工业园区建设的意见》精神及新型工业化发展战略，抢抓“桥头堡”建设机遇，加快工业园区发展，牢固树立“抓园区就是抓工业、抓工业必须抓园区”的工业经济发展理念，进一步推动全市工业经济又好又快发展，调研出台统领性文件--《中共曲靖市委曲靖市人民政府关于进一步加快工业园区发展的决定》，《决定》指出，要坚持把工业园区建设作为推动工业经济又好又快发展最主要的平台和载体，进一步解放思想，抢抓机遇，以规划为龙头，以招商引资为重点，以项目为抓手，基础先行，创新机制，做强产业，实现工业园区经济“三年倍增、五年翻两番”目标，把工业园区打造成为最具魅力的现代工业区、最具潜力的项目承载地、最具活力的经济增长极。在全市上下形成讲工业、学工业、干工业、强工业的良好氛围。二是创新融资模式。成立工业园区投资开发公司，由政府授权，投资开发公司参与园区土地收储、融资和土地一级开发，通过经营土地等生产要素广泛吸纳银行、企业、社会资金，扩大融资规模。以土地使用权、基础设施项目所有权和经营权出让为突破口，采用BT、BOT、TOT等模式，鼓励和引导民间资本、社会资金和有实力的大企业、大集团，参与园区基础设施建设。三是建立稳定的园区财政保障制度。以2010年为基数，自2011年起，5年内工业园区内新增地方财政收入地方所得部分的60%、经营性土地收益地方留成、基础设施配套费、城市维护费全部留给工业园区，用于基础设施、标准厂房建设、土地收储和招商引资奖励等。四是建立园区用地保障机制。园区土地利用计划实行单列，优先保障园区用地指标，确保50%以上的年度新增建设用地用于工业园区建设。园区内工业项目用地比例不得低于70%。五是创新政府优先采购机制。对入园企业生产的产品优先纳入政府采购名录，在同等条件下，优先采购使用。

把工业园区作为新型工业化发展的主战场来打造。加快曲靖区域经济发展，工业是重点，园区是关键。曲靖市委、市政府始终把工业园区作为区域经济发展特别是推进新型工业化的主战场以及增长极来打造，在园区集中了大量具有产业关联的企业，使产业和企业间产生互动效应，形成强劲、持续竞争力，获得了内部经济和外部经济的双重效益。园区经济正逐步成为曲靖工业发展的主战场、最主要的增长极和县域经济的主力军。

把工业园区作为特色产业集聚发展的重要平台来构建。特色就是潜力，特色就是竞争力。加快曲靖工业经济发展，必须适应形势，放大优势，培植强势，做亮特色经济。为此，曲靖市委、市政府将工业园区作为特色产业集聚发展的重要平台，以优势特色产业项目为发散点，不断拓展上下游配套项目，延长和完善产业链、产业网，促进产业的集群化发展，园区生产集中度和资源加工度不断提高。

把工业园区作为高新技术的集中区来打造。推进新型工业化，科技创新是关键。曲靖市委、市政府坚持把工业园区作为科技创新和高新技术的主要载体，在园区内集聚了一大批在本行业居于领先地位的企业，这些企业用高新技术改造传统产业，成为技术引进消化吸收再创新、自主创新、集成创新的主体，科技创新和技术进步能力不断加强。

把工业园区作为发展循环经济的示范区来扶持。大力发展循环经济，是贯彻落实科学发展观，实现曲靖经济可持续发展的重要举措。曲靖市委、市政府坚持循环经济理念，以节约能源资源为切入点，建设生态工业园区，使园区资源配置得到优化，资源利用率得到稳步提高，废弃物排放进一步减少，促进了工业经济与资源、环境的协调发展。

把工业园区作为招商引资的平台来搭建。曲靖市通过建设标准厂房以及一系列优惠政策的落实，充分发挥资源、环境、政策等优势，坚持以大开放带动大发展，以东部沿海发达地区为重点，加强与“长三角”、“珠三角”地区企业的合作，以标准厂房建设为招商引资的突破口，以园区项目为桥梁，加大招商引资力度，不断拓宽发展空间，全面把握国家扩大内需的良好机遇，把招商引资作为园区建设和发展的总抓手，充分利用工业园区载体功能，做好招商引资工作，切实落实招商引资责任制和激励机制，推行以商招商、小分队招商、产业链招商、项目定向招商、网络招商，特别要抓好扶持现有大企业、大集团进驻园区发展的承接工作，做到进一家企业就配套建成一条产业链。

把工业园区作为职业教育及人才培养的基地来建设。曲靖市标准厂房建设工作的全面展开使得大量外省企业入驻工业园区发展，外商企业的入驻需要大量的技术人才，这就巨大的促生和促进了曲靖职教园区和职业教育的发展，曲靖职业教育的发展又为园区企业提供了宝贵的人力资源。曲靖市委、市政府领导充分认识到，要想把曲靖工业园区推向“质量型”的快车道，科技是关键，人力资源特别是高级技术人才的本地化配置问题首当其冲，成功实现了曲靖职业教育与园区经济的人才对接。

把工业园区作为各级资金扶持的重点来落实。近几年，曲靖市分别对南海子工业园区、西城工业园区麻黄片区、宣威特色工业园区、曲靖煤化工工业园区、陆良工业园区等申报的推进新型工业化标准厂房建设、基础设施建设及软环境建设项目进行认真审核筛选后，上报省工信委、省财政厅，得到省政府和省直有关部门的鼎力支持，与此同时，市级财政加强扶持，对已建成的标准厂房建设项目给予市级资金补助，全市共补助标准厂房建设项目资金1389.5万元。

把工业园区作为产业集群的落脚点来落实。围绕主导产业，提升入园企业的产业关联度、互补性、配套率，形成相互关联、相互支撑、相互促进的产业链条，构建既竞争又合作的集聚发展格局，加快培育壮大产业集群。一是打造云南重要的煤电及新能源基地。支持符合国家产业政策的环保节能、综合利用电厂技改项目，大力开发风能、太阳能、生物质能、煤层气等新能源和可再生能源发电。二是打造云南重要的现代烟草加工基地。深入推进烟叶复烤企业和卷烟企业的信息化、智能化技改建设，搞好增量、提质、配套和增效。三是打造云南重要的以煤化工为主的新型化工基地。加速改造提升煤化工、磷化工、乙炔化工、农用化工4大化工产业。四是打造云南重要的先进装备制造基地。加快推进汽车及配套产业城项目建设，大力发展与化工、煤炭、电力、建材、军工等产业配套的装备制造业。五是打造云南重要的有色金属及新材料基地。大力发展以铅锌为重点的有色金属精深加工，拉长产业链，提高附加值，努力培育在全省乃至全国具有较大影响力的有色金属冶炼企业；抢抓全省钢铁行业整合机遇，加大钢铁行业整合力度，发展壮大曲靖钢铁集团；大力开发多晶硅及下游产品，构建完整硅产业链，建成全国重要的硅加工基地。六是打造云南重要的以特色优势农产品加工为主的轻工基地。大力发展马铃薯淀粉、魔芋精粉、油菜籽及油脂、生猪、火腿、万寿菊等特色农产品加工业，开发以天然药物为主具备高附加值的现代医药工业，壮大电子、服装、丝绸等轻工业。

把工业园区作为实现工业和信息化融合的主战场来建设。一是围绕“推进信息化与工业化融合，促进工业由大变强”，起草完成了《曲靖市经济社会信息化和信息产业“十二五”规划》。二是同时积极推进曲靖市西城工业园区“两化融合”工作，争取启动“数字园区”项目建设，全面构建园区现代产业体系。三是以通信网络为基础，积极推进以驰宏、云维、电力、烟草企业为主的企业信息化，实现企业生产、管理、经营数字化。四是与中国移动云南分公司签署《曲靖市无线城市建设合作框架协议》，未来5年内投资10亿元在9个县（市）区打造医疗、教育、市政、城管等系列无线信息化工程。2011年，曲靖市工业园区完成工业产值693.26亿元，占全市工业总产值的45.49%，规模以上工业企业完成增加值173亿元；建设标准厂房112万平方米，入驻企业74户，目前园区内企业总数达到414户，从业人员8.49万人。

【大事记】 4月13日，省委副书记、省长李纪恒，副省长和段琪率省直相关部门负责人，深入曲靖经济技术开发区昆明冶研新材料股份有限公司，调研多晶硅产业化项目生产经营及生产供水工程进展情况；

8月25日，中共曲靖市委、曲靖市政府出台《关于进一步加快工业园区发展的决定》。

10月18日，云南曲靖钢铁集团有限公司举行揭牌成立仪式。曲靖钢铁集团的成立，标志着曲靖市钢铁企业兼并重组迈出了极其重要的一步，率先在全省钢铁行业整合中取得了实质性的进展。

【机构改革】 根据《中共曲靖市委办公室曲靖市人民政府办公室关于印发〈曲靖市人民政府机构改革实施意见〉的通知》（曲办发〔2010〕43号）精神，设立曲靖市工业和信息化委员会，为曲靖市人民政府工作部门，正处级，加挂曲靖市无线电管理办公室、曲靖市中小企业局牌子。曲靖市工业和信息化委员会内设24个科室，分别是：办公室、法规科（研究室）、综合科、发展规划科、产业政策科、经济运行科、电力保障科、交通与物流科、原材料工业科、装备工业科、消费品和食品药品工业科、盐务管理科、工业园区科、技术创新科、节约能源科（曲靖市节能减排工作领导小组节能工作办公室）、资源综合利用科、中小企业科、网络和信息资源管理科、信息化推进科、无线电管理科、无线电监督检查科、人事科、效能监察科、离退休人员管理办公室。

【领导任职名单】

党委书记、主　任　王松平
党委副书记、副主任　王富荣
副 主 任　李绍坤
　　　　　姜保成
　　　　　樊　毅
　　　　　张元明
　　　　　胡绍恩
纪委书记　赵剑波

（陶开能）

麒麟区工业和信息化局

【经济运行情况】 2011年，麒麟区工业总产值完成527.08亿元，占年计划520亿元的101.36%，同比增长17.1%。实现规模以上工业总产值470.6亿元，同比增长16.8%。实现规模以上工业增加值173.76亿元，占年计划173.7亿元的100.03%，同比增长12.7%。实现营业收入490.6亿元，占年计划490亿元的100.12%，同比增长24.9%。实现利税总额118.9亿元，占年计划118.7亿元的100.17%，同比增长22.3%。实现利润总额31.5亿元，占年计划30.9亿元的101.94%，同比增长20.7%。

2011年，区域内产值过亿元的有32户，其中产值过20亿元的企业5户。与2005年相比，产值过亿元的企业增加17户，产值过20亿元的企业增加3户；2011年区属产值过亿元的企业16户，其中产值过20亿元的企业2户，与2005年相比，区属产值过亿元的企业增加12户，其中过20亿元的企业增加2户。

【技术创新与技术改造】 一是精心组织企业技术改造，促进企业技改提升，制定企业跟踪问效机制，抓好项目服务，确保项目的顺利进行。2011年，荣恒商贸120万吨/年重介选煤、中建博能太阳能热水器从6万/年套扩产到10万套/年技改相继完工。双友钢铁三期、东源煤电2×15万KW煤矸石发电、麒麟焦化三期120万吨/年焦化及配套20万吨氨醇、气体能源8500Nm^3/h焦炉煤气制LNG（液化天然气）、曲靖卷烟厂120万箱/年卷烟生产线及配套技改、石林瓷业1.6亿件高档日用瓷技改、大唐朗目山风力发电一期4.95万KW发电等7个技术改造项目顺利在建。雄业水泥日产2500吨水泥熟料技改项目相继顺利开工。在做好在建及新开工项目的同时，做好乾坤纸制品5000吨/年新型易回收环保型真空镀铝纸技改、建苍煤业180万平方米/年高档仿古陶瓷地板砖、双友钢铁60万吨/年镍合金制品、林海选煤90万吨/年重介选煤、越钢集团年产40万吨铸造、麒麟煤化5万吨/年苯加氢资源综合利用技改、万承商贸1800万件/年高档日用瓷、500万m^2/年高档墙地砖、石林金曲陶瓷280万平方米/年高档地板砖、众一股份5万吨/年蒽油加氢制轻质蒽油、曲化20万吨/年合成氨、60万吨/年硝基复合肥、巨利达钢铁60万吨/年锰铁技改、双友钢铁镍合金循环经济等项目前期工作。二是加快企业制度创新，努力为企业疏通上市渠道，积极推动企业上市。麒麟焦化、众一股份上市工作有序推进。

【主要产品产量】 2011年，重点行业发展平稳，主要工业产品产量呈现4增6降。焦炭完成341.9万吨，同比增长2.6%，其中，区属焦炭完成285.7万吨，同比增长2.9%；水泥完成106.6万吨，同比增长158.4%；卷烟完成381.7

亿支，同比增长2.1%；生铁完成114.9万吨，同比增长131.4%。下降的是：原煤完成527.6万吨，同比下降4.3%，其中：区属原煤完成405万吨，同比下降6.3%；发电完成46580.7万千瓦小时，同比下降30%；铅完成90247吨，同比下降12.4%；锌完成139740吨，同比下降27.9%；化肥完成13282吨，同比下降20.8%；汽车完成39173辆，同比下降25.9%。

【非公经济、中小企业发展】 2011年，全区非公有制经济达到3.7万户，从业人员10.6万人，同比增长10%；注册资金92.7亿元，同比增长18%；完成增加值114.8亿元，同比增长16.9%，占全区GDP的比重为31%；上缴税金11.2亿元，同比增长31%。规模以上骨干企业经过努力多数取得了国际质量管理体系认证，有5户企业取得外贸进出口经营权，有10户企业的商品获得省著名商标称号并获得市区政策奖励。对科技型中小企业统一纳入区科技进步扶持对象，全区共组织实施专利技术40项，鼓部分企业已到越南等国进行对外投资和合作。2011年全区共争取省市非公经济中小企业扶持资金1206万元。

【信息化建设与安全管理】 一是加强网站日常维护工作，充分发挥网站在信息发布、网上服务、互动交流等方面的作用，深入落实阳光政府四项制度，不断充实政务公开内容，提高政府工作的透明度。2011年，麒麟区电子政务门户网站共发布各类信息1759条，区政府信息公开网站共发布信息1510条。二是做好“96128”政务信息查询专线运行维护工作，及时更新各单位“96128”信息查询专线的基础信息，确保我区“96128”专线电话接听率和满意率稳中有升。2011年，麒麟区各部门“96128”政务信息专线转接成功率87%，群众满意率98%。三是认真做好公文交换信息平台数据资料收集和建设协调服务工作，并邀请电信部门对局机关全体干部职工进行公文交换日常业务使用培训。四是做好政府信息系统安全管理工作。开展麒麟区党政机关网站安全专项整治活动，通过检查，全区所有网站、网页均未出现安全事件。五是针对2011年机构改革部门变动的实际，及时召开通信行业工作联系会。通过召开联系会，加强对各通信公司统计员的业务指导，同时强化部门与公司，公司与公司之间的沟通交流。六是做好信息产业、“两化融合”、社会信息化发展调研工作。对区域内信息产业中发展较好的企业进行调查研究、收集资料，撰写调研报告，调研工作在区人大的督促检查中获得了充分肯定。

【无线电管理与监督检查】 一是认真学习贯彻《中华人民共和国无线电管理条例》、《云南省无线电管理条例》、《云南省县级无线电管理专兼职人员工作职责（试行）》、《云南省县级无线电管理人员监管办法》、《云南省无线电频率台站行政许可实施办法》等法律法规以及省市无线电管理工作会议精神，努力营造全区无线电依法管理的良好氛围。二是参与移动、联通及电信公司移动网基站站址论证会，积极配合市工信委无线电管理部门做好区域内通信公司移动网基站站址论证工作。三是配合市工信委无线电管理部门，协调联系各通信公司，做好区域内无线电保障工作，有效禁止利用无线电设备进行考试作弊的行为，确保各类考试顺利进行。四是做好辖区内无线电台操作人员资格考试报名的相关工作。

【安全生产管理】 2011年初印发了《麒麟区工业和信息化局2011年安全隐患排查治理指导意见》，确定了全年的目标任务和措施；与系统内直属企业签订了《安全生产责任书》；认真开展“隐患排查治理专项行动”的督查检查；积极组织开展“安全生产月”宣传活动；加强汛期安全生产隐患排查力度；高度重视工业废弃物的处置；开展“国庆安全生产大检查大督查”；开展“治大隐患防大事故安全隐患排查治理专项行动”；开展“火患清剿”行动；开展“安全生产风险评估及预警防控”。共出动车辆43辆次，出动检查人员178人次，排查隐患61条，并提出了相应的整改要求，及时消除事故隐患。2011年系统内生产企业未发生重大安全生产事故。

【节能降耗】 2011年万元GDP能耗下降3.75%，完成了下降3.5%的目标任务。完成焦化产能5万吨，炼铁产能30万吨及火电产能1.2万千瓦的淘汰落后产能任务。其中，大沟头焦化有限公司70-II型焦炉至7月31日已全部拆除，淘汰落后焦化产能5万吨；越钢集团华福钢铁有限公司306m^{3}炼铁高炉至8月31日已全部拆除，淘汰落后产能30万吨；恩洪煤矿电厂于12月31日拆除了1.2万千瓦的发电机组。

【工业园区建设】 2011年，麻黄工业园区工业企业实现工业总产值30亿元，完成全年任务的100%，同比增长15.7%；完成固定资产投资5亿元，完成全年任务的100%。同时园区加大招商引资力度，共引进曲靖市粮食物流中心项目、麒麟综合物流中心项目、曲靖双友钢铁有限公司年产120万吨冶炼废渣资源综合利用等3个项目，计划总投资19.1亿元。

2011年越州工业园区规模以上企业完成工业总产值106.9亿元，同比增长37.7%，完成固定资产投资7.3亿元，同比增长6.5%。同时园区加大招商引资力度，2011年昆交会共签订入园项目3个，总投资4.7亿元，分别是：曲靖众一精细化工股份有限公司120万吨/年低变质煤深加工及资源综合利用项目、曲靖市石林金曲陶瓷有限公司280万㎡/年高档建筑瓷生产线项目、曲靖市万承商贸有限公司1800万件高档日用瓷和500平方米陶瓷地砖生产线项目。

【机构改革】 根据《曲靖市麒麟区人民政府机构改革实施意见》精神，组建麒麟区工业和信息化局，加挂区中小企业局牌子。将区经济局、区人民政府信息化办公室的职责，整合划入区工业和信息化局。不再保留区经济局、区人民政府信息化工作办公室。麒麟区工业和信息化局内设10个科室，分别是：办公室、组织人事科、纪检监察室、政策法规科、经济运行科、中小企业科（区非公经济领导小组办公室牌子）、节约能源科、技术创新科、盐务管理科、信息化推进管理科（无线电管理科）。

【任职领导名单】

党委书记、局 长 王国华

党委副书记、副局长 沈燕玲

纪委书记 杨顺勤

副 局 长 毛 刚

杨 成

魏学禹

杨 海

罗湘平

宋再友

王志恒

黄伟雄

（赵庆楠）

宣威市工业和科技信息化局

【工业经济运行情况】 2011年，宣威市共有44户规模以上企业，其中煤炭企业24户，地方煤炭企业20户，非煤企业20户，宣威市工业总产值完成164.41亿元，同比增15.13%；工业增加值完成73亿元，同比增19.7%。（规模以上工业产值完成92.74亿元，同比增11.19%；规模以上工业增加值完成21.9亿元，同比增16.1%。）主营业务收入完成87.3亿元，同比增19%。

在宣威市的主要支柱产业中，煤炭、化工、冶金、食品四大产业保持增长。其中：电力工业完成产值30.12亿元，同比增-0.2%；煤炭工业产值完成11.39亿元，同比增1.33%；化工工业产值完成35.18亿元，同比增22.79%；建材工业完成产值7.52亿元，同比-2.21%，冶金工业完成产值5.52亿元，同比增77.49%；食品工业完成完成产值1.95亿元，同比增15%。规模以上支柱工业完成产值91.68亿元，占规模以上工业产值98.85%，是拉动工业经济增长的主要力量。

全年工业完成投资35.1亿元，完成加工制造业投资16.4亿元，主要工业产品产量五增三降。宣威市黄磷产量7610万千克，同比增51.59%，水泥产量27亿千克，同比增2.2%，化肥折纯产量45570万千克，同比增0.89%。火腿产量4435万千克，同比增0.8%，供电总量27.53亿千瓦时，同比增45.35%。原煤产量96.435亿千克。同比降19.34%，洗精煤产量4.4亿千克。同比降11.66%，发电量73.27亿千瓦时，同比降12.94%。

国电宣威公司发电51.5亿千瓦时，同比降17.6%，完成产值14.08亿元，同比降15.6%；云峰公司化肥折纯产量4.4亿千克；磷电公司生产黄磷7200万千克，同比增45.2%，发电7.87亿千瓦时，完成产值9.7亿元，同比增22.8%；宇恒公司生产水泥19.8亿千克，同比增1%，产值5.73亿元，同比降2.7%。金精公司生产镍铁3640万千克，同比降10.1%。宣威革香河公司发电15096万千瓦时，同比降26%，实现产值1.87亿元，同比增19.7%，恒邦公司生产肥料2159.3万千克，实现产值1亿元，同比增14，7%、21.2%，重点工业企业的支撑作用明显，运行较好。被列为曲靖市的5户重点工业企业（国电宣威公司、云峰公司、磷电公司、宇恒公司、天峰铁合金公司）共完成产值60亿元，同比增11%，占宣威市工业总产值的36.4%，占规上工业总产值的65.9%，重点工业企业的主导作用明显。

【技术创新与进步】 积极做好宣威市宣武木业有限公司50万张/年细木工板建设项目等18个项目备案工作，为宣威市通纳农业开发有限公司1万吨/年白酒生产线技改搬迁项目等3个项目转报上级备案，可拉动投资12亿元。积极做好宣威市企业申报2011年度企业技改贷款贴息资金及补助资金的有关工作，为云南省荣升集团火腿食品有限公司等3户企业争取到500万元的扶持资金。为宣威浦记火腿有限公司争取了曲靖市级技术中心认定，升达食品有限公司争取到省级技术中心认定。为宣威市工业项目积极争取上级支持，认真落实服务意识，为重点项目提供优质服务，加强与宣威市凤凰钢铁有限公司等的联系协调工作，做好项目的前期工作。

全年宣威市26个乡（镇、街道）累计完成工业投资358000万元，完成目标任务350000万元的102.3%，其中加工制造业完成163913万元，完成目标任务140000万元的117%。

【中小企业发展】 宣威市委、政府始终坚持以科学发展观总揽全局，突出非公经济在市域经济发展中的主体地位，把加快发展非公经济作为富民强市的重要举措，切实加大工作力度，狠抓各项工作措施的落实，制定宣威市中小企业非公经济中长期发展规划和编制电力、煤炭、化工、冶金、建材、食品六大产业发展规划。搞好企业融资担保服务，担保公司先后为29户中小企业担保贷款3992万元，积极争取省、曲靖市两级扶持发展资金，2011年争取各种专项资金和贴息资金达2000万元以上。引导非公有制企业调结构，转方式，走科技含量高、经济效益好、资源消耗低、环境污染少、人力资源优势得到充分发挥的新型工业化发展道路。着力培育农业产业化主导产业。实施生猪产业“三百”工程，引导非公经济向商贸业、住宿和餐饮业、房地产业等现代服务业发展，扩大非公经济总量。高度重视招商引资工作。宣威市非公经济保持了良好平稳发展态势。

2011年宣威市有非公经济18600户，比2010年增长20%（其中：个体工商户17000户，比2010年增长20%；中小私营企业1600户，比2010年增长

21%）；注册资金45亿元，比2010年增长20.7%（个体工商户6.3亿元，比2010年增长19.3%；中小私营企业39亿元，比2010年增长20.6%）；实现增加值73亿元，比2010年增长20.4%，占GDP41.9%，比2010年提高了1个百分点，完成曲靖市责任目标的105%；实现税金7.1亿元，比2010年增长30%；从业人员达8.5人，比2010年增长12%，完成曲靖市责任目标的110%。

中小企业（非公经济）年销售收入500万元以上企业有124户，纳入规模以上统计的中小企业36户，占宣威市规模以上企业的81.8%。规模以上中小（非公）企业完成工业产值53亿元，比2010年增长14%，完成工业增加值26亿元，比2010年增长13%；规模以下中小（非公）企业完成工业产值57亿元，比2010年增长20%，完成工业增加值28亿元，比2010年增长23%；个体工商户完成销售收入53亿元，比2010年增长15%，完成增加值19亿元，比上年增13%。中小企业（非公经济）完成固定资产投资51亿元，比2010年增长31%，占宣威市固定资产投资的49%。非公经济完成社会消费品零售总额58亿元，比2010年增长26%，占全社会的88.3%。

【产业结构调整】 2011年积极引导企业调整产业结构，转变发展方式，加快产业升级，促进产业结构优化调整，淘汰落后造纸企业1户，产能0.2万吨；火电企业2户，产能3.15万千瓦；铁合金企业1户，产能1.5万吨。积极发展新兴产业产能。重点培植一批新型工业、生态工业，努力改善宣威市以资源加工、重化工业为主的格局，加快推进风力资源开发、有色金属深加工以及云南云河专用汽车等新兴工业项目建设。2011年规模以上支柱产业平稳发展，主要支柱产业中，煤炭、化工、冶金、食品四大产业继续保持增长。其中：煤炭工业产值完成11.39亿元，同比增1.33%；化工工业产值完成35.18亿元，同比增22.79%；冶金工业完成产值5.52亿元，同比增77.49%；食品工业完成产值1.95亿元，同比增15%，电力工业完成产值30.12亿元，同比增-0.2%。建材工业完成产值7.52亿元，同比-2.21%，规模以上支柱工业完成产值91.68亿元，占规模以上工业产值98.85%，是拉动工业经济增长的主要力量。积极发展新兴产业产能。重点培植一批新型工业、生态工业，努力改善宣威市以资源加工、重化工业为主的格局，加快推进风力资源开发、有色金属深加工以及云南云河专用汽车等新兴工业项目建设。

2011年宣威市规模以上轻工业实现产值2.8亿元，占规模以上工业产值的3.1%，规模以上工业中轻工业比重增速比去年提高1个百分点，产业结构调整成效逐渐显现。

【安全生产管理】 宣威市工业和科技信息化局与市政府签订安全生产目标管理责任书，负责宣威市范围内电力、矿冶、化工、建材、机械、轻纺等工业企业的安全监管工作，督促企业认真贯彻落实安全生产的相关法律法规和方针政策，及时制定安全生产管理制度。按照曲靖市工信委千人重伤率0.25%，千人死亡率0.17%的要求，年内主要开展危险化学品、冶金等八大行业隐患排查治理，打击非法生产经营建设行为专项行动，进一步深化隐患大排查大治理工作。认真贯彻落实《云南省人民政府关于推行安全生产“一岗多责”，进一步强化安全生产责任的意见》，与26个经济办签订了目标管理责任书，对安全管理人员进行2次安全生产教育培训。淘汰技术落后、浪费资源、污染环境、不具备安全生产条件的企业，提前完成省、曲靖市下达的目标任务。

【节能减排】 限定能耗增幅较高的5户企业单位产品能耗和8户高能耗企业单位产品电耗，控制在行业限定标准内，达到节能降耗的目的；对年耗标煤2000吨以上的重点用能企业分期分批进行监察，督促企业加大资金投入，改进生产工艺，使用节能设备，提高企业节能水平。2011年宣威市规模以上工业综合能源消费量（当量热值）为209.45万吨标煤，同比下降19.21%；万元GDP能耗下降3.5%，完成曲靖市下达任务。完成重点用能企业能源审计1户。

【工业园区建设】 工业集聚发展，园区工业经济进一步增强。2011年，园区规划面积由32.17平方公里调整为70平方公里，园区工业总产值实现98.5亿元，同比增30.5%。规模以上工业产值完成71.9亿元，同比增13.2%；工业增加值完成34.5亿元，同比增27.3%；固定资产投资完成30.4亿元，工业投资完成16.2亿元，建设标准厂房16万平方米。

【信息化建设与安全管理】 借助信息高速公路，充分与外界对接，加大对外开放程度，宣威市重点抓了政府门户网站和电子政务应用平台建设。宣威市政府网站于2007年3月开通，网站开设了宣威要闻、经济建设、政府信息公开、通知公告、书记市长信箱、网上信访、便民服务等多个版块。网站开通以来，点击量达到了300余万人（次），日均访问量超过3000人（次），共发布动态新闻信息8000余条，静态便民、利民信息4万余条，在百度搜索引擎中有关宣威的新闻、资料超过600万（条）次，大大提高了宣威的知名度和对外开放度，市政府门户网站被称为宣传宣威的“放大器”，舆论引导的“推进器”，负面信息的“灭火器”。

建立基于电子政务网络的3个应用平台，其中电子公文交换系统正式运行半年来，注册管理用户5400人，实现公文流转应用4万件（次），大大节约了行政成本，促进了效能政府建设；视频会议系统3年来累计服务会议470余场（次），服务6余万人（次），产生了较高的经济效益和社会效益；行政审批与电子监察系统平台，累计接件63922（件）次，办结63657件（次），办结率达99.5%；政府信息公开平台共建设管理政府信息公开网站78个，累计公开政府信息3万余条，网上咨询回复500余

(件)次，满意率超过95%；96128政务专线查询服务2000余人(次)，接通率达90%以上，满意率超过98%。

为加速城市化、现代化步伐，信息化基础设施建设在经济社会生活各个领域得到广泛应用。宣威市在曲靖市各县市中最早实现行政审批与电子监察市、县(市)、乡三级政务服务体系建设，婚姻登记业务宣威市联网办证。按照国家信息化建设“统筹规划、国家主导、统一标准、联合建设、互联互通、资源共享”二十四字方针和奋斗目标，宣威市基本上完成了模拟通信向数字通信的转变，宣威市的通信100M光纤三回路专线接入国家电子政务外网。在基础设施建设上仅电信公司环形光缆总长度23800多皮长公里；交换机总容量达70.6万门，主干电缆线9.2万对，有向社会提供“百兆到大楼、十兆到楼层”的网络实力。其他信息服务业也相继得到迅猛发展，如移动公司，基站570个；联通公司GSM通信基站147个，CDMA基站129个，网络覆盖达到60%，市区基本无盲区。在宣威市信息服务发展中，四家通信运营商(联通、移动、电信、广电)积极拓展业务，逐年加大投资力度，宣威市四家通信运行商固定资产近15亿元，业已形成各自的市场定位模式，开展有序激烈的市场竞争，推动了信息服务行业的良性发展。

近年来，宣威市已建立起一批通信、科技、人才、劳务、中介、信息咨询等机构，为社会提供各方面的服务。通信作为信息服务业的领头羊，服务水平不断提高，电话交换机容量达70.6万门，铺设光缆35000多皮长公里，宣威市固定电话用户10多万户，移动电话52万余户，电话普及率每百人35部，计算机用户3.8万余户，宽带2.7万余户。宣威市行业网站36家，部门网站78家，共计网站114家。宣威市网吧157家，终端机5280台。通信服务业从业人数1800余人。

【无线电管理与监督检查】 圆满完成宣威市无线电频率台(站)清理登记工作。在宣威市开展无线电台站清理登记工作，调用车辆30余台次，分四个组，组织电信、联通、移动公司人员，累计行程上千公里，做到了“听、看、验、定”四标准和“人、机、证”三见面，达到了“严、细、实”的要求，对各类台站数据及地理坐标进行了核实定位，测试、登记台站437个，摸清了宣威市无线电基站情况，初步建立宣威市无线电台站资料库。

在高考、中考期间，联合市招生办、市公安局，对宣威市11个考点进行了实地监听监测，有力地打击了无线电作弊行为。

【体制改革】 按照《中共曲靖市委办公室、曲靖市人民政府办公室关于印发〈宣威市人民政府机构改革方案〉的通知》(曲办字〔2010〕38号)要求，结合宣威实际，宣威市人民政府制定了《宣威市人民政府机构改革实施意见》，《意见》以适应宣威市经济社会发展需要为目标，积极探索实行职能有机统一的大部门体制，调整优化组织结构，规范机构设置，清理和规范议事协调机构及部门管理机构，组建成立了宣威市工业和科技信息化局，加挂市中小企业局牌子，将宣威市经济局、科学技术局、市人民政府信息产业办公室的职责，整合划入宣威市工业和科技信息化局。不再保留宣威市经济局、宣威市科学技术局、宣威市人民政府信息产业办公室。

改革后，宣威市工业和科技信息化局共设17个股室，行政编制47名，其中：局长1名(正科级)、副局长4名(副科级)。

沾益县工业经贸和科技信息化局

【工业经济指标完成情况】 2011年，沾益县工业企业180户，从业人员22000人。完成工业总产值234.09亿元，同比增长24.37%；工业增加值55.5亿元，增19.6%，所占生产总值比重由去年的45.98%上升到47.44%。其中，规模以上工业完成工业总产值190.95亿元，增23.72%；工业增加值43.89亿元，增22.7%。完成工业投资38.92亿元，同比增长35.89%，占全社会固定资产投资的36.32%。全县未发生煤矿安全事故，创建县以来第3次煤矿生产无事故记录年，原煤生产百万吨死亡率为零。

全年生产原煤51.83万吨，增0.39%；洗煤202.36万吨，增10.60%；水泥139.14万吨，增11.28%；生铁9.83万吨，增58.7%；原铝36.60万吨，增79.2%；合成氨43.49万吨，增38.1%。焦炭331.87万吨，减9.22%；合成纤维2.85万吨，减0.2%；电石6.31万吨，减12.1%；发电61.43亿千瓦时，减6.1%。

【技术创新与技术改造】 积极引导企业加大科技投入，培育企业技术优势，提高企业核心竞争力。曲靖铝业投入资金21亿元通过节能升级改造，产能从15万吨扩大到38万吨，年增产值达25亿元。全力抓好曲靖电厂锅炉低氮(脱硝)燃烧器改造，项目建成后将有效减少氮氧化物的排放量。同时关闭了20万吨的焦化落后生产线1条，年减少煤炭消耗量25万吨。引导企业增强创新意识，加大科研投入，培育企业技术优势，创企业品牌，增强核心竞争力。云维集团壳牌气化技术、低压甲醇合成技术、焦炉煤气制甲醇技术、大型化工装备制造安装技术，东源铝业大容量电解槽铝冶炼技术、煤炭精细化加工技术，博浩生物叶黄素油膏萃取技术等均处于全国领先水平。

【重点行业发展】 2011年，4大支柱产业实现产值167.97亿元，占规模以上工业总产值的87.97%。其中，煤化工行业实现产值92.54亿元，增29.83%；有色金属实现产值55.11亿元，增104.04%；电力行业实现产值17.33亿元，增6.25%；黑色金属实现产值2.99亿元，增84.57%。云维集团和曲靖铝业公司工业总产值合计增加49.36亿元，其中云维集团增加21.26亿元，曲靖铝业公司增加28.1亿元。

【非公经济与中小企业发展】　2011年，全县共有非公经济单位7908个，增9.7%；从业人员24198人，增12.96%；实现增加值45.03亿元，增20.21%；上缴税金5.82亿元，增2.61%；注册资金19.63亿元，增29.11%。

【产业结构调整】　在产业区域分布上，形成了花山煤化工、白水能源冶金、城西生物资源和天生桥原煤物流等各具特色的产业群团组合，并逐步从块状向带状区域发展，生产集中度进一步提高。化工、冶金、能源等传统产业稳步提升，机械和生物资源加工等产业迅速崛起。占全县工业经济总量近91%的煤化工、能源、冶金、建材、机械和生物资源六大重点行业，都在各自增长领域保持规模性扩张态势，发展势头普遍高于全市平均水平。随着煤化工产业链进一步延伸，形成了西南地区产业最完整、行业技术最密集、规模效益最大的煤化工产业。

【信息化建设与安全管理】　通信基础设施不断完善，3G网络实现全县覆盖，政府信息化资源得到有效整合，电子政务系统实现部门和乡镇联网，实现了公文交换的无纸化流转，为社会管理、公共服务发挥积极作用。制定政府信息系统安全检查指南和评价指标体系，着力提高信息安全检查的深度和广度，全县信息安全事故率为零。企业两化融合特别是业务融合取得明显成效，信息技术已逐步应用到企业生产、经营、管理的各个环节，极大地提高了企业管理效率和管理水平，促进业务创新和管理创新。以德国SAP公司的ERP项目为载体，在云维股份开展了工业和信息化融合试点。目前，全县共有67个村委会（社区）接通互联网，占全县122个村委会（社区）的54.9%。全县建成3G基站任务为22个。

【无线电管理与监督】　合理利用无线电频谱资源，管好频率、管好台站、管好秩序。加强无线电监测，及时排查无线电干扰，切实保障重大活动铁路、公众通信等重点行业无线电安全。多次召集3大通信公司开会，传达贯彻省市无线电管理工作会议精神，在沾益县电子政务网站上宣传无线电管理法律法规。高考期间在全县高考考场全部安装了无线电干扰设备，同时做好考试期间无线电管理工作，保证干扰设备对正常的无线电通信影响最小。

【安全生产管理】　强化安全基础管理和行业监管，促进安全发展。落实好煤炭管理部门安全监管和煤矿安全生产主体两个责任，继续推行“领导包片、科室挂矿、驻矿监管”制度，实行安全生产风险抵押，重奖重惩。强化矿井技术改造和资源整合，抓好质量标准化矿井建设，加强对安全技术改造全过程的监管，实现矿井规范建设和达到安全标准化建设，从源头上做好安全质量标准化。实现煤矿安全第3个无死亡事故年。

【节能降耗】　严格落实节能降耗目标责任，将重点耗能企业能耗指标纳入年度计划，分解落实到企业，并强化节能目标考核和问责。2011年万元GDP能耗同比下降3.5%。淘汰落后产能20万吨。

【工业园区建设】　以建设“全省重要的煤化工、铝产业基地”为目标，实施产业整合、产业聚集、产业升级战略，发展优势产业，走“一园多区”道路。曲靖煤化工工业园区在全省首家通过“云南省高新特色产业园区”认定，纳入曲靖国家级经济技术开发区建设范围。大力实施“工业上山”战略，园区调整规划面积55.12平方公里，建成面积15平方公里，入驻企业40余户，员工队伍18000余人，产值规模达200亿元。2011年，实现工业总产值186亿元，比2010年增42.55%，占全县工业总产值的80%；实现工业增加值43亿元，比2010年增31.04%，占全县工业增加值的77.48%。

【机构改革】　根据《沾益县人民政府机构改革实施意见》（沾办发〔2011〕5号）文件精神，撤销原经济局、煤炭局、商务局、科技局、信息产业办，组建沾益县工业经贸和科技信息化局，加挂沾益县中小企业局、沾益县无线电管理办公室、沾益县煤炭行业管理办公室牌子，为县政府工作部门。内设26个科（室）。下设节能监察大队、煤矿安全监管执法大队、电子政务网络管理中心、科学技术情报研究所4个事业单位。

【任职领导名单】

局　　长　舒学芳
党委书记　吕吉聪
党委副书记　张　跃
纪委书记　陈　才
副 局 长　刘金玉
　　　　　王　军
　　　　　宁平显
　　　　　李龙升
　　　　　杨晓武
　　　　　陶汝毅
　　　　　张仕祥

（陶安尧）

富源县工业和科技信息化局

【经济指标完成情况】　2011年，全县全年完成工业固定资产投资62.5亿元，占目标任务52亿元的120.19%。其中制造业完成投资18.5亿元，占目标任务17亿元的108.82%。全县44 8 户工业企业（规模以上99户）全年完成工业总产值215.9亿元，同比增长37.2%。其中规模以上工业企业完成总产值166.6亿元、增加值60.05亿元，同比分别增长28.9%、15.2%；主营业务收入170亿元、利税27.1亿元、利润12.3亿元，增幅分别为30.83%、4.99%、－9.58%。规模以上工业产品产销率达102.3%，比上年提高1.62个百分点；规模以上工业中轻工业化比重为2.32%，比上年提高

0.81个百分点。

【技术创新与技术改造】 2011年，共受理技术改造项目行政审批8件，办结率100%。富源县老厂宏发印象水泥有限责任公司60万吨/年水泥粉磨站、云南鑫凤农牧公司1万吨/年“万溪”牌白酒、云南则黑酒业有限公司1700吨/年“则黑”牌系列酒、竹园逼生煤矿瓦斯发电、龙莽公司300万吨/年洗煤厂、后所老炭山洗煤厂、黄泥河大槐树煤业公司洗煤厂、古敢乡古龙洗煤厂90万吨/年洗煤厂。以上8个技术改造项目分别经省、市、县主管部门备案批准建设。

全年共申报国家、省级技术改造项目6项，获得立项4项，补助资金506万元。其中省级技术改造专项资金120万（信发牧业公司），中央投资重点产业振兴和技术改造专项资金160万元（东恒集团），中小企业技术改造中央预算内投资专项资金96万元（精粮坊粮油贸易公司），资源综合利用专项资金130万元（欣欣煤矿瓦斯发电站）。

【重点行业产品产量】 富源依托煤炭资源优势，重点抓住煤、电工业经济支柱，抓好洗煤厂、焦化厂、水电站、火电厂的生产要素供给和安全生产，保证工业经济平稳较快增长。2011年，生产原煤2109万吨、洗精煤170万吨、焦煤151万吨，同比分别增长3.1%、9.9%、19.1%；发电176亿度，同比增长2.9%。煤炭开采和洗选实现产值131亿元，同比增长35.3%，占全部工业总产值的60.6%；电力生产业实现产值47.7亿元，同比增长0.6%，占全部工业总产值的22.1%，炼焦业实现产值23亿元，同比增长8.8%，占全部工业产值的10.6%。

【非公经济发展】 2011年，全县有乡镇企业763户（不含个体工商户）、从业人员47994人、营业收入107.4亿元、上缴税金3.1亿元。非公经济组织13656户、从业人员82847人，同比分别增长17.45%、9.9%。非公经济完成增加值67.51亿元，同比增长21.84%，占目标任务66.5亿元的101.52%。上缴税金16.55亿元，同比增长37.4%。注册资金61.6亿元，同比增长26.64%。非公经济占GDP比重上升为51.5%。推荐富源县雄升农贸有限公司等7户企业申报“2011年云南省乡镇企业重点投资项目”，申报扶持资金共690万元。

【产业结构调整】 富源在发展以煤炭业为主的工业经济的同时，注重发展一、三产业，使形成三次产业相互促进、协调发展。一是依托大河乌猪、富源魔芋和核桃乳等优势产业，发展壮大一批农产品加工龙头企业，带动群众增收致富，逐步建立起种养加、产供销、贸工农、农科教一体化的产业运行体系。二是加快物流基础设施建设（新建贯穿煤矿采区的富江公路、富墨公路），培育物流市场（黄泥河的坤茂物流中心等），打造具有竞争力的现代物流企业（多乐货场），促进内贸与外贸、地区与部门、地区与地区之间的交流。通过物流促进人流，以人流带动资金流、信息流，形成统一、开放、有序的现代市场体系。2011年，三次产业结构比重调整为18:57.3:24.7。

【信息化建设与管理】 富源县电子公文交换网络于2011年3月基本建成并试运行，6月1日正式使用。全县接入104户，采用专网、与互联网物理隔离，安全有保障；通过举办从业人员业务培训，专业技术人员日常指导，使用正常。各单位在政府信息网站共发布信息8406条，超市下达目标346条；在市政府门户网站发布信息214条，超额完成34条。96128专线成功转接率达86.21%，满意率达98.73%。2011年互联网通村率达58%，比上年提高15个百分点。

【无线电管理与监督检查】 2011年，县政府成立了无线电管理工作领导小组，成员单位17个、专（兼）职管理人员17人。高考期间派出人员9名、出动车辆3辆、使用技术设备187台（套），屏蔽各考场的无线电频率，维护了考试正常秩序。对全县86座移动基站、989台（部）无线电设备加强管理，使县域通讯覆盖率达到100%。全面完成MMDS频率清退工作，配合完成监测网三期工程建设任务。

【安全生产管理】 富源始终坚持“安全第一、预防为主、综合治理”方针，树立安全发展理念，落实安全生产“一岗双责”制度，与企业签订安全生产目标管理责任书，定期组织安全生产隐患排查和安全生产风险评估，组织实施“安全标准化”工程建设，打实安全生产基础，全年未发生重大安全生产事故。县工信局全年为破产企业5名“老工伤”（4级1人、5~10级4人）办理了工伤保险，为原手工业社等单位15名符合条件的老职工办理了城镇基本养老保险，接待处理来访件10件，按时办结人大代表建议5件、政协委员提案3件，有效维护了社会稳定。

【节能降耗与淘汰落后产能】 2011年共淘汰落后产能88.88万吨、2.4万千瓦时（焦化85万吨、再生纸0.08万吨、合成氨2.5万吨、电解铝1.3万吨、发电2.4万千瓦时）；清洁生产审核2户；推广使用高效照明产品7万支。单位GDP能耗下降3.5%，超省、市下达目标任务0.3个百分点。

【工业园区建设】 2011年3月，编制完成《富源县工业园区总体规划》，并于同年6月通过省工信委审批。园区总占地面积63平方公里，按“一园四片”（中安—后所片区、多乐片区、老厂—黄泥河—十八连山片区、生物资源加工片区）布局。

截至2011年年底，入驻园区工业企业9户，建成投产2户，完成固定资产投资13.3亿元，完成基础设施建设投资0.3亿元。园区全年实现工业总产值45亿元，主营业务收入40亿元，规模以上工业增加值10亿元，税金2亿元。

2011年10月26日，富源县成立了工业园区管理委员会（富发〔2011〕19号），内设“一室三局”即办公室、招商引资局、规划建设局和投资服务局。管委会主任由县人民政府县长兼任，第一副主任由分管工业的副县长兼任，配备1名专职副主任、1名兼职副主任。“一室三局”分别配备局长、副局长，工作人员从发改局、国土局、林业局、住建局、人社局、民政局等相关部门抽调10人，具体负责工业园区建设、运营、招商引资、管理服务等各项工作。

【机构改革】 2011年1月，根据《富源县人民政府机构改革实施意见》（富办发〔2011〕2号）文件精神，撤并原县经济局、科技局、信息产业办3个单位，新组建富源县工业和科技信息化局。新组建的县工科信局内设办公室、产业政策及规划发展科、经济运行科、盐务管理科、技术创新科、节约能源科、中小企业科、综合科、知识产权与宣传培训科、科技项目与奖励科、信息化推进科、无线电管理科等12个科室，下属事业单位有节能监察大队、科技情报所、网管中心、新墙材管理办等4个。设行政编制21名，其中局长1名，副局长4名，股级领导16名（含4名事业单位负责人）。年底实际有在职在编干部职工51名（书记1名、局长1名、副书记1名、副局长6名、职工42名）。

【任职领导名单】

书　　记　宋永福

副书记、局长　高吉耀

副　书　记　肖本荣

副　局　长　祁永平

　　　　　　高中跃

　　　　　　肖根太

　　　　　　王华丽

　　　　　　巴晓波

　　　　　　陶红荣

（金和开）

会泽县工业经贸和信息化局

【综述】 2011年，是“十二五”开局之年，会泽县工业经济发展面临着骨干企业停产、关停污染企业、治理历史污染、谋求持续发展的困难和挑战，通过正确处理发展与环保、生产与安全、当前与长远关系，有效应对宏观政策调控及市场价格波动的不利影响，集中会泽县力量，淘汰落后产能、加快项目推进、引进新型项目、力保企业生产，全年工业经济平稳发展。工业实现总产值97.47亿元，同比增6.37%。其中：规模以上完成75.37亿元，同比降3%，占目标数70.6亿元的106.8%；规模以上增加值完成43.83亿元（现价），同比增3.3%，占目标数45亿元的97.4%；销售收入完成74.5亿元，同比降0.2%，占目标数65.73亿元的113.4%；利税总额完成38.2亿元，同比增12.1%，占目标数38.65亿元的98.8%；利润总额完成6.58亿元，同比降11.1%，占目标数6.9亿元的95.4%。

【技术创新与技术改造】 紧紧围绕会泽县优势产业，对产业关联度高、带动效应强的龙头企业和具有“专、精、特、新”特点的中小企业，按照“改造一批、投产一批、储备一批”的思路，给予资金扶持，引导和支持企业加强产学研联合和资源整合，推动产学研合作开发，促进企业和工科院校的联系，积极支持企业与高校、研究机构联合技术攻关和开发，研制适销对路的新产品、创建自主品牌，提高市场竞争能力。完善企业技术中心的建设，继续引导有条件的中小企业建立技术中心，会泽滇北工贸公司与会泽东兴实业公司两家的企业技术中心通过市级认定。滇北公司与大专院校联合办学，有效提高技术人才整体素质；电焊机厂IGBT逆变焊机获得专利，进行了整体搬迁扩大生产规模。红云红河烟草集团会泽卷烟厂30万箱就地技改启动建设，滇北公司和东兴公司不断加大技术改造投入，曲靖鹏程公司会泽冶炼分公司技改炼铁高炉，大大提高企业生产能力和市场竞争力。

通过大力改造传统产业，推进企业技术进步，实施产业、产品的升级换代。会泽县已基本形成以烟草、冶金、电力三大产业为主体，建材、磷化工、农特产品深加工、包装、机电、制药、橡胶、食品加工等产业为辅的工业体系。2011年16户规模以上企业中烟草及配套产业实现产值46.65亿元，占全部工业总产值的47.86%。冶金产业实现产值20.24亿元，占全部工业总产值的20.77%。电力产业实现产值2.67亿元，占全部工业总产值的2.74%。建材产业实现产值0.85亿元，占全部工业总产值的0.87%。磷化工产业实现产值1.46亿元，占全部工业总产值的1.5%。农特产品加工产业实现产值3.43亿元，占全部工业总产值的3.52%。

【非公经济、中小企业发展】 通过进一步转变政府职能，将非公经济（中小企业）发展纳入到重要发展规划中，加强引导，加大投入，加快扶持，研究制定符合会泽实际的区域性产业政策和产业集群发展规划。同时，引导中小企业和个体、私营等非公有制企业走联合发展道路，充分发挥各自优势，不断扩大企业发展空间。坚持实施开放带动战略，促进非公有制经济（中小企业）发展提速、水平提高、后劲增强。2011年，会泽县非公有制经济（中小企业）增加值完成44.38亿元，同比增22.3%；从业人员完成31606人，同比增13.47%。

【节能降耗】 2011年，会泽县淘汰云南三源工贸有限责任公司、会泽光明工贸有限公司、会泽伟华锌氧粉有限公司、会泽云宝锌氧粉有限公司、会泽朝宏锌氧粉厂、会泽鑫业工贸有限公司、会泽宏亚锌粉厂、候建新锌粉厂、彭泽昌锌粉厂、会泽金博商贸有限公司、会泽县双跃矿业有限公司、会泽绍林工贸有限公司、会泽县者海元厂新型墙体材料有限公司、舒金文锌粉厂、会泽县东祥锌业有限责任公司等15户锌氧粉冶炼落后产能企业，产能6.98万吨。

会泽县全年综合能耗为272233.52吨标煤，比上年同期的245750.36吨增长10.78%。规模以上工业企业可比价工业增加值为451750.69万元，比上年同期增长6.5%，单位工业增加值能耗为0.6026吨标煤，同比增长4.02%。全年单位生产总值能耗在2010年的基础上下降3.2%。推广高效照明产品7万余只。

【信息化建设与安全管理】 会泽县的信息化工作，本着以充分发挥职能优势，利用社会资源，坚持“统规、共享”原则，积极引导电信、移动、联通、广电等通信运营商加大信息化基础设施建设力度，全面推进信息化基础建设步伐。通过努力，光纤网络和通讯信号已覆盖全县，形成多业务、多功能的信息服务网络，有效满足了各类用户对数据通信的不同需求。到2011年底，会泽县通讯基站在网数达443个，光纤总长1.6万余公里，移动手机用户达28万户，座机用户2.3万户，宽带网络上网用户12879户，手机上网用户8430户，3G上网用户12600户，实现产值1.5亿元。随着移动通信网络的不断完善，光缆、通讯信号覆盖面积的扩大，网络质量进一步提升，有效缩小了城乡数字鸿沟、提高了信息化水平、加快了城乡网络信息一体化进程。

继续加大政府网站建设力度，积极推进电子政务公文交换系统建设。大力推进电子政务建设和信息化应用工作，信息公开进一步规范，信息内容更加实用，网上行政办事范围不断扩大，公众参与途径和机制日益完善。会泽县已有118家单位接入电子政务公文交换系统，从2011年6月1日正式运行，总体情况良好。通过改版升级政府网站，整合阳光政府四项制度听证、公示、通报、网络查询等服务功能，公众反应良好，网站访问量已达1万余人次。强化政务信息服务体系建设，依托省电子政务网络，建立了县政务服务中心网络服务平台，实现了网上行政审批功能。进一步完善视频会议系统，确保稳定运行。有序开展政务信息查询和政府信息公开工作，2011年会泽县各单位政务信息网络查询系统受理事项共149条，各单位录入常规性问题519条，发布各类政务信息8010条。

【无线电管理与监督检查】 2011年，一是大力宣传有关无线电方面的法规和知识，让广大群众了解这方面的内容；二是加强无线电日常监测工作，在中、高考和各类考试期间，利用无线电监测手段，即时屏蔽各考场的无线电频率，确保考试的正常秩序；三是积极配合市无线电管理机构开展无线电执法监管工作，通过对在会泽县范围内使用手持对讲机、车载电台的单位进行检查，对不合法行为依法进行处理。

【安全生产管理】 会泽县紧紧围绕全国“安全生产年”目标要求，坚持“安全第一、预防为主、综合治理”的工作方针，层层签订安全生产目标管理责任书72份，重点抓好工商贸企业、油库、水电站、煤矿、尾矿库等的安全大检查和大排查，全年共组织6次安全大检查，查出隐患742条，当场整改288条，限期整改454条，及时发现和解决安全生产中存在的突出问题和薄弱环节，煤矿及系统其他企业全年无伤亡事故发生。

【工业园区建设】 会泽工业园区原规划空间结构为“一园四片区”，规划面积13.8平方公里。按照省委、省政府“城镇上山、工业上坡”的发展模式及精神，于2011年正式启动工业园区总体规划的修编工作。修编后的规划结合会泽工业现状和综合发展条件，用地性质主要为山区荒坡地和一般耕地，规划总面积69.58平方公里，空间结构为“一园四片区”。即：金钟—五星轻工业片区（27.69平方公里）、驾车重工业片区（27.63平方公里）、者海综合工业片区（9.64平方公里）、迤车磷化工片区（4.61平方公里）。园区支柱产业是卷烟、冶金、磷化工，助推产业为建材、农副产品加工及其他轻型制造加工。

2011年，会泽县工业园区共引进已建成项目3个，即：会泽浩宇生物科技有限公司500吨/年辣椒红色素生产项目、会泽天伟火腿有限公司1200吨乌金猪系列产品生产线技改项目、会泽县恒凯石化有限公司600吨/年魔芋精粉加工项目，共引进资金3.23亿元；引进已签约项目1个，即：云南新天盛矿业科技有限公司200万吨/年磷矿采、选及22万吨/年精细磷酸盐项目，项目总投资预计10亿元。工业园区完成工业总产值14.7亿元，同比增长30%；完成工业增加值6.3亿元，同比增长30%；实现销售收入13亿元，同比增长30%；实现税收0.78亿元，同比增长30%；实现利润1.5亿元，同比增长25%；从业人员就业3087人，同比增长5%；完成固定资产投资19.5亿元，同比增长30%，其中基础设施建设投资1.04亿元，同比增长30%；收储土地178.15亩。建成标准厂房65996平方米。

【机构改革】 根据省、市机构改革精神以及会泽县人民政府机构改革实施意见要求，设立会泽县工业经贸和信息化局，为县人民政府工作部门，正科级，加挂会泽县中小企业局牌子。取消已由县人民政府公布取消的行政审批事项。整合划入原会泽县经济局（乡镇企业局、加快发展非公有制经济工作领导小组办公室）、原会泽县人民政府信息产业办公室、原会泽县商务局（招商引资局、经济合作办公室、外事办公室）的职责。内设15个职能科室，分别是：办公室、信访科、经济运行科、中小企业科、节约能源科、发展规划科、工业园区科、招商引资科、信息科、外事外贸科、安全科、市场管理科、盐务管理科、网络和信息化科、无线电管理科。

【任职领导名单】

书记、局长　权本东（10月止）
　　　　　　杨万坤（11月任）
纪 委 书 记　胡祥
副 局 长　李术千
　　　　　　王　进
　　　　　　陈帮龙
　　　　　　吴予生

（董　峰）

陆良县工业和科技信息化局

【工业经济运行情况】　2011年，陆良县实现工业总产值117.09亿元，增长19.36%。其中：规模以上工业企业实现工业总产值73.53亿元，同比增长18.84%；实现工业增加值18.36亿元，同比增长31.57%；实现主营业务收入72.31亿元，同比增长22.6%；实现利税总额6.32亿元，同比下降10.67%；实现利润3.82亿元，同比下降13.1%。

【技术创新与技术改造】　陆良县工业企业以技术改造和技术创新为核心，在造纸印刷、化工、建材、农副产品加工和生物创新、能源等重点行业，加快了技术创新成果转化和向高新技术产业进步的步伐。一是着力增强企业创新能力，进一步提升现有企业技术中心的研发和创新能力，鼓励和支持具备条件的企业建立技术中心并申请认定。全县已有6家企业技术中心通过省级认定，有11家企业技术中心通过市级认定。二是以企业为主体，与省内外大专院校建立产学研联合创新的合作，有针对性地进行科研攻关，优化企业生产工艺，节能降耗，提高产品质量。三是积极争取各级财政对技改项目的资金扶持，进一步促进和引导企业加快设备改造和技术创新。四是着力推进项目建设，促进企业技改提升，实行重点项目挂钩联系责任制，建立项目推进协调机制。2011年，积极推进云南新威电子年产1.5亿件电子产品项目、云南新千佛年产1万绪自动缫丝技改扩建项目、云南鸿泰博化工年产20万吨磷酸一铵及硫铁矿脱硫制酸项目二期工程、宇东水泥2500吨/日水泥熟料新型干法回转窑生产线等一批重点项目建设。

【重点行业发展】　一是轻工业。云南新威电子有限公司年产1.5亿（件）套电子产品生产线建设项目进展顺利。银河纸业公司年产9.5万吨箱板纸生产建设、年产9.5万吨废纸脱墨生产文化用纸、年产5.1万吨桑条制浆及碱回收系统改造等项目建设顺利进行。在青山工业片区选址建设陆良县丝绸服装工业区，采用缫丝自动化、丝织无梭化、印染无害化等先进技术，推进蚕茧深加工。云南新千佛茧丝绸有限公司与“江苏省茧丝绸产业技术创新战略联盟”建立紧密合作伙伴关系，推进蚕茧收购及烘烤设备改造工程、建设10000绪自动缫丝技改生产线项目和年产5000锭纺、年织绸600万米、年染绸200万米、年生产丝绸服装100万件（套）等项目建设。推动陆良县丝绸中心、陆良东盟茧丝绸商贸城项目建设，努力打造东部地区轻纺产业转移重要承接区和云南省丝绸服装生产交易基地。二是化工。推进鸿泰博化工公司年产20万吨磷酸一铵生产线项目、新鋆峰化工公司年产20万吨磷酸一铵生产线项目等重大项目建设。加快推进景兴煤焦化公司年产100万吨焦化技改生产线、佳星新能源公司年产120万吨焦化技改生产线等重大项目建设，推动全县煤化工向甲醇、汽油、柴油、合成氨等精细化工、精深化工发展。三是建材。以远东水泥、滇东水泥、宇东水泥、云南富强高新材料有限公司等企业为龙头，着力发展和推广轻型节能环保墙材，利用全县丰富的石材资源，整合现有石材加工企业。推进宇东水泥2500t/d水泥熟料新型干法线、5×60万吨/年水泥粉磨生产线、云腾建材公司技改600t/d在线低辐射镀膜玻璃生产线等重点项目建设。四是生物资源加工。加快推进云南大地生态产业开发有限公司年处理核桃12万吨、晨光生物科技有限公司年提取1000吨桉叶油素、爨汇公司苜蓿草植物蛋白萃取工程、万客齐公司年产2万吨朝鲜蓟深加工等重大项目建设，大力发展生物医药、生物制造等产业。五是农副产品加工。进一步做大做强粮油果蔬、马铃薯、豆制品、饲料等农产品加工，以博浩生物、万客齐食品等龙头企业为重点，大力推进运鸿商贸年养殖万头奶牛及加工生产线、七里香食品50万头/年标准化肉猪屠宰及深加工、爨乡绿源菇业公司年加工8000吨食用菌等重点项目建设，促进龙头企业开展有机食品认证和国家绿色食品等质量认定，努力推动我县农业向现代化、产业化转型。

【非公经济、中小企业发展】　2011年，陆良县共有非公经济14443户，其中，私营企业994户，个体工商户13449户，非公经济个数同比增长13.5%。非公经济实现增加值48.96亿元，同比增长27.1%，占我县GDP的比重为42.5%。非公经济从业人员共有39569人，其中，私营企业从业人员16916人，个体工商户从业人员22653人。非公经济注册资金25.03亿元，其中，私营企业19.26亿元，个体工商户5.77亿元，注册资金同比增长28.1%，上缴税金合计3.91亿元。全县非公经济主要集中于第三产业和建筑建材、焦化、冶炼、运输等行业，多数中小企业处于成长初期，企业规模小，产品档次不高，抗风险能力不强。

【信息化建设与安全管理】　2011年，陆良县信息化建设稳步推进，信息安全管理得到进一步加强。全县已建无线通信基站474个，其中2G基站328个、3G基站146个。光缆覆盖100%的乡镇，100%的村委会能上互联网。全县固定电话3.73万户，移动电话用户39.16万户，宽带用户2万多户，有线电视用户9万多户，其中数字电视用户1.6万余户，有线电视覆盖率95%以上。2011年在市政府门户网站发布信息196条，县政府门户网站发布信息232条；全县82家行政单位在政府信息公开网站发布政务信息10039条，累计发布18816条；阳光政府四项制度网站发布重大听证3项，重要事项公示63项，重点工作通报193项；政务查询在线提问系统发布常见问题1793条，受理群众网上提问138件；“96128”专线转接成功率达89.17%，群众满意率95%；全县接入市电子政务公文交换系统124家，开通账户3009户，交换电子公文3236件86次；完成电子政务视频会议保障，其中视频会议54次、常规会议32次。

【无线电管理与监督检查】 进一步加强无线电法律法规宣传和执法力度，深入开展无线电管理9月宣传月活动，利用广播电视、网站、标语、短信、画册、执法检查等方式宣传无线电管理法律法规技术知识，形成全社会重视支持关心无线电事业的良好氛围。认真抓好无线电台站址初审上报工作，建立健全无线电台站数据库。认真抓好无线电波监测管理，及时依法排查非法无线电设台和非发信号干扰。认真抓好高考、中考期间无线电管制，坚决打击利用无线电设备进行作弊的不良行为。年内没有发生无线电安全事故。

【安全生产管理】 2011年，陆良县工业系统按照全县安全生产工作一系列文件和会议精神的安排部署，成立了工业企业安全生产领导小组，并先后下发《陆良县工业和科技信息化局关于切实抓好第四季度安全生产工作的通知》（陆工信发〔2011〕35号），《陆良县工业和科技信息化局关于切实抓好元旦春节期间安全生产工作的通知》（陆工信发〔2011〕45号）等文件，工作中紧紧围绕继续深入开展"安全生产年"活动这条主线，以预防为主，加强监管，落实责任为重点，突出抓好安全生产管理工作。一是建立完善了组织协调机制和联席会议制度，建立完善了各类危险源、事故隐患动态监控及预警预报体系，建立健全了职业危害申报和作业场所职业危害监督检查制度。二是突出重点，先后组织企业开展2次安全生产隐患排查治理工作。三是严格目标管理，强化安全监管，建立了安全生产责任体系，完善了生产经营单位安全生产岗位责任制。四是加强宣传教育和队伍建设，深入开展了以"安全发展、重在落实"为主题的安全生产月活动。五是在企业建立严密、完整、有序的安全管理体系和工作标准，全方位做好基层应急管理工作。六是组织开展了事故警示教育、应急救援预案演练、重点整治隐患、安全生产知识宣传等主题活动，唱响安全发展主旋律，抓好元旦、春节及两会期间、雨季汛期等重点时段的安全生产工作，保证了整个工信系统未发生任何事故。

【节能减排及淘汰落后产能】 2011年，陆良县节能工作保持了较好势头，全县单位GDP能耗下降至1.44吨标煤/万元，同比下降3.5%，工业节能圆满完成了市、县下达的工作目标。淘汰落后产能目标任务提前完成：陆良县银河纸业有限公司3月20日拆除3台（套）固定炉排燃煤锅炉，涉及产能21.6万吨；云南新千佛茧丝绸集团有限公司3月25日拆除ZD681型立缫机264台，涉及产能140吨，K251A型丝织机168台，涉及产能128万米。

云南滇东水泥有限公司"4.5MW纯低温余热发电项目"（总投资3872万元）、云南远东水泥有限责任公司"12MW纯低温余热发电项目"（总投资7200万元）和电能集团陆良协联电力有限公司"供热管网改造二期工程"（总投资1000万元）等收尾工作圆满完成。

【工业园区建设】 工业园区69户工业企业（规模以上30户），完成工业固定资产总投资12.5亿元，同比增27.9%，实现工业总产值54.72亿元，同比增25.8%；增加值15.55亿元，同比增11.8%，其中：规模以上企业实现工业总产值46.68亿元，同比增42.97%，增加值14.01亿元，同比增32.01%；建成标准厂房10万平方米，超4万平方米，企业入住率达100%。

【机构改革】 根据《中共陆良县委陆良县人民政府办公室关于印发〈陆良县人民政府机构改革实施意见〉的通知》（陆办发〔2010〕39号），撤销原来的陆良县经济局、陆良县科学技术局、陆良县人民政府信息产业办公室，设立陆良县工业和科技信息化局，为陆良县人民政府工作部门，正科级。加挂陆良县中小企业局、陆良县煤炭工业局牌子。在原来机构的基础上，共调整（含取消、增加）了18项职责，明确了22项主要职责，内设19个职能科室。机关行政编制39名，其中：局长1名，副局长6名，纪委书记1名（副科级），内设机构领导职数19名。

【任职领导名单】

局　　　　长　程万军
党委书记、副局长　钱毅
常 务 副 局 长　姜红存
纪　委　书　记　张双桥
副　　局　　长　周　健
　　　　　　　　陈昱光
　　　　　　　　范开生
　　　　　　　　陈永康
　　　　　　　　李聪生
　　　　　　　　朱继光

（谢贵华）

师宗县工业经贸和科技信息化局

【工业经济指标完成情况】 2011年，师宗县完成工业总产值51.5亿元，同比增18.8%，其中，规模以上实现工业总产值40.15亿元，占市下达责任目标33.6亿元的119.49%，同比增长44.2%。规模以下工业总产值11.35亿元，同比增7.37%。规模以上工业企业实现增加值9.01亿元，可比价同比降3.5%，占市下达责任目标10.80亿元的83.43%；实现主营业务收入39.48亿元，同比增37.86%，占市下达责任目标32.8亿元的115.42%；完成利税总额3313万元，同比降75.56%，占市下达责任目标2.73万元的12.14%；利润亏损19774万元，同比负增1941.15%。

主要工业产品产量：水泥完成136.5万吨，同比增60.5%。焦炭完成174.2万吨，同比增长22.2%，发电量完成34968

万度，同比下降10.3%。原煤完成269.6万吨，同比下降1.85%，精锌完成4463吨，同比增1.8%，黄磷完成5756吨，同比下降38.9%，砖17221万块，同比增24.3%，糕点622吨，同比下降9.2%，白酒928千升，同比下降21.3%。

2011年师宗县规模以上企业当量值综合能耗45.67万吨标煤，同比增2.39%，万元产值能耗1.1552吨标煤/万元，同比下降10.26%。

非公经济有企业户数9395户，同比增长18.83%；有从业人员33044人，同比增长10.9%；占市下达责任目标3.3万人的100.13%。实现上缴税金31645万元，同比增长31.2%；实现注册资金188472万元，同比增加20.4%；增加值31.2亿元，同比增长24.7%。

【重点行业发展】 冶金机械工业：坚持以控制总量、调整结构、优化布局为重点，以四川金广集团镍合金项目为龙头，项目总投资60亿元，分三期建成。一期投资30亿元，建设一条年产60万吨镍合金生产线和一条年产35万吨锰铁生产线。二期投资8亿元，新建一条年产20万吨铬铁生产线，三期投资22亿元，建设一条年产100万吨热轧生产线和一条年产100万吨酸洗生产线，最终形成一个集镍合金冶炼深加工为一体的冶金加工循环经济体。目前，一期项目建设已进入试运行阶段，引导和鼓励企业建设二期、三期工程，三期项目建成投产后，可实现年产值300亿元以上，年利税15亿元以上，并解决当地2000人就业，将师宗建成西部地区最大的不锈钢制品生产和销售基地。师宗东方红锌业有限公司，2011年精锌完成4463吨，建设3万吨电炉锌粉技改项目顺利进行，项目计划2012年完成，项目完成后，企业将增加销售收入3亿元/年，实现税收2500万元，增加就业200人。师宗富盛磷电有限公司，黄磷完成5756吨，

建筑建材工业：推进企业资产重组，按照总量控制的原则，淘汰落后生产能力，减少污染源。以曲靖昆钢嘉华水泥、师宗明驰水泥为龙头，打造百万吨级的新型水泥熟料基地，规范管理散装水泥和商品混凝土，提高产品质量，水泥行业实现矿石开采→熟料→水泥→预制板材产品链条的延伸。以师宗彩湖建材、师宗泰宇为龙头企业发展师宗新型墙材产业，以推广使用加气混凝土砌块、煤矸石砖为主、充分发挥行业协会作用，按照国家、省、市要求逐步淘汰和整合现有墙材企业，提升建材工业整体水平和素质。2011年全县建材产业共完成工业规模以上总产值86548万元，完成规模以上销售收入47356万元，实现规模以上税金1208万元，水泥完成136.5万吨，同比增60.5%，砖17221万块，同比增24.3%，

煤焦化工业：以抓好煤矿技术改造为核心，以云南煤化工集团为龙头企业发展师宗煤焦化产业，推进煤矿、焦化企业整合重组，组建大型煤矿、焦化集团，建设现代煤焦化产业，实现煤焦油、粗苯和焦炉煤气最大化利用，建立利益共享机制，形成具有师宗特色的煤焦化产业基地；重点延长煤焦化—焦油、粗苯深加工产业链和合成氨—精细化工产业链；引导发展粗苯加氢精制及其延伸产品和煤气制醇醚、甲烷气等煤气深加工为主导的新型现代煤化工产业；发展煤气发电和二甲醚新能源项目，提高焦化企业的综合利用水平和行业经济效益。2011年焦炭完成174.2万吨，同比增长22.2%。

农副产品加工：重点积极培育生物制药、屠宰、粮油深加工和酒类制造四大领域等成长性较好的机会型行业。屠宰及肉类加工行业：以师宗县食品公司、师宗獭兔等企业为龙头，在满足现有需求外积极发展冷却保鲜肉、低温肉制品、保健功能性肉制品，搭建第三方公共低温物流服务平台。加快绿色畜禽养殖加工基地建设，形成以养殖业、肉制品加工、副产品综合利用为主的肉类深加工产业集群，进一步吸引全国性龙头企业入驻师宗；粮油深加工行业：支持师宗鸿林、师宗盛宏等农副产品企业开发下游产品。紧紧围绕师宗气候方面的优势，依托师宗农之子、师宗真味油脂、师宗红盈食品等在本地的产业基础吸引更多企业投资，发展成为曲靖市油脂生产基地；生物制药行业：以师宗普瑞生物产品为主导，做大原料药、制剂、现代中药等品种，积极开发营养、健康和时尚休闲产品、保健食品，支持企业完善产品结构，拓展饮料、乳品等领域，进一步做大做强，加快县城农业产业结构调整步伐；酒类制造业：立足现有企业进行技术改造，扩大生产规模，调整产品结构。抓住曲靖市无品牌酒生产企业的契机，鼓励企业实行跨地区、跨行业的兼并及资产重组，提高酒类产品生产集中度。支持五龙裕酒业完善市场网络，扩大品牌宣传，加快高新技术推广应用。2011年生产糕点622吨，同比下降9.2%，白酒928千升，同比下降21.3%，生产罐头食品4980吨。

【信息化建设和无线电管理】 2011年师宗县政府门户网站目前发布信息192余条，完成市政府下达的任务数180条的106.67%，年访问量达30000余人次，充分发挥政府网站公开政务、服务群众、宣传师宗、展示形象的重要窗口。师宗县现共搭建网站74个，县人民政府信息公开网站发布信息8781条，完成市级政府对我县下达任务数8000的109.76%。2011年县乡视频会议系统正常运行，全年共召开各类视频会议168次，参会人员14562人次。师宗县率先实现政府非涉密公文流转无纸化，全县141家单位接入电子政务网，开展非涉密电子公文网上交换及内部流转处理，截至目前，全县各使用单位登录系统86527人次，共处理发文6352件，收文120975件，发送收文短信提醒通知4000余条，节约纸张30万余张，全县每年可节约行政成本180余万元。

【安全生产管理】 全面贯彻落实《安全生产法》，坚持“安全发展”的指导原则和“安全第一、预防为主”的

方针，确保安全生产和社会稳定，成立了安全生产领导小组，负责对全县“工业”企业排查、督促、检查并落实各项安全生产工作；开展“安全生产月”宣传活动，紧紧围绕“安全责任重在落实”为主题开展活动，提升企业安全意识，全县工贸企业制定永久性标语140条，张贴宣传标语1900条，发放宣传单15000余份，出黑板报、墙报260期，各企业对活动的形式、内容进行了总结，全县工业企业安全生产状况得到了好转；定期或不定期地对重点规模工业企业进行安全隐患排查，全年共查出各类隐患256条，其中现场整改248条，限期整改8条。

【节能降耗】 师宗县积极采取措施，建立了考核责任制，县政府在年初就与30户规模以上企业签订了节能目标责任书，将2011年规模以上工业企业节能工作目标量化到各企业；健全工作机制，在30户规模以上企业设立能源管理人员，强化节能监督管理。加强宣传力度，认真开展节能宣传月和节能宣传周工作，使所有用能单位都参与节能。大力推广节能产品，完成了12万只节能灯推广任务；2011年师宗县全年规上能源消费可用量47.93万吨，全年控制在可用量范围内，全面完成了节能目标任务。

【工业园区建设】 师宗县工业园区紧紧围绕“工业强县”总体战略，立足自身的区位优势和资源优势，按照“富规划、穷建设”的理念，确立了“坚持规划大手笔、建设分步走”的发展战略，将工业园区规划为“一园两片区”，即大同片区和矣腊片区，其中，大同片区定位为轻工区，主要发展新型建材、不锈钢加工、林产品加工、生物制药、农特产品加工、仓储物流和烟叶复烤等产业；矣腊片区定位为重工区，主要发展煤化工、冶金、机械制造和其他加工制造业。为“满足师宗未来20年工业经济发展需求的省级重点工业园区”的目标，高起点、高标准对园区总体规划进行了修编，将园区总面积由原来的12.08平方公里扩展到43平方公里；根据省、市关于加强耕地保护、促进城镇化科学发展的要求，对园区的总规进行了再次修编，修编后的园区规划面积为48.15平方公里，其中大同片区面积为28.15平方公里，矣腊片区面积为20平方公里，吸纳了5.15平方公里的荒山、丘陵坡地。为全县新型工业发展确立了长远目标，指明了发展方向。

为营造良好的硬环境和软环境，搭建一流的投资平台，千方百计筹措资金，扎实推进园区水、电、路等基础配套设施建设，全力打造园区新面貌。共投入资金3.29亿元，建成了矣腊片区4.2公里的市政二级道路，启动了大同片区一期路网建设项目工程，新建110千伏变电站一座，铺设供水管道3.5公里，水、电、路、通信基本满足园区发展需求。在此基础上，启动了园区服务中心建设，努力打造集行政商务区、加油站、物流运输区、汽车修理服务区、金融商贸服务区、员工生产配套区等为一体的现代化工业园区。

【机构改革】 2011年1月根据《师宗县人民政府机构改革实施意见》（师办发〔2010〕36号）文件要求，成立师宗县工业经贸和科技信息化局，为县政府工作部门，由师宗县经济局、科学技术局和县人民政府信息产业办公室整合而成，正科级单位，加挂中小企业局牌子，机关行政编制18名。有干部职工共60人，设有领导干部9人，其中书记1人、局长1人、副书记1人、副局长5人（兼职1人）、工会主席1人；设9个内设机构，即办公室、政策法规与安全科、经济运行科、科技发展和知识产权科、中小企业管理科、节能与资源综合利用科、原材料和装备工业管理科、消费品工业管理科、信息化推进和无线电管理科。单位的主要职责是发展师宗工业经济、科学技术推广、信息化建设，加强对煤化工、冶金机械、建材、电力等行业企业和中小企业的管理指导，对新上工业建设项目立项审查和建设中、投产后的管理指导。管理师宗县煤炭工业局和师宗县商务局。划出的职责有乡镇企业行业管理职责（除规模以下企业统计）划给了农业局，国有企业改革和重组的职责划给了财政局，商贸流通企业管理职责划给了商务局。

【任职领导名单】

局　长　周开祥
书　记　尹毅春
副书记　苏正福
副局长　徐泽林
　　　　徐　飞
　　　　蔡明轩
　　　　梁永军

（陈学强）

马龙县工业经贸和科技信息化局

【工业经济运行情况】 2011年，马龙县工业完成现价总产值570410万元，完成年计划550000万元的103.7%，超目标进度3.7个百分点，同比增长18.6%；实现工业增加值122800万元，同比增长17.3%。全县20户规模以上企业完成现价工业总产值507395万元，完成年计划457000万元的111%，超目标进度11个百分点，同比增12.5%，占全部工业产值的89%；实现工业增加值97004万元，完成目标的100%，同比增15.1%；主营业务收入487215万元，完成目标的103.1%，同比增20.1%，累计现价产销率为98.03%；实现利税24563万元，完成目标的179.3%，同比增124%；实现利润14914万元，完成目标的536.5%，同比增594.6%。

【技术创新和技术改造】 马龙县紧紧围绕坚持走新型工业化道路，以提升企业技术创新能力、促进科技与工业经济紧密结合为目标，充分发挥企业主动性、积极性，推动信息通信技术、新材料、先进制造等高新技术领域科技成果产业化，支撑重点产业向高端化发展，积极研究开发新技术、新工艺。年内，共完成科技成果18项，获市科技成果奖三项，申报国家专利16项。成果转化为生产力5项，直接产生经济效益56858.5万元。

云南曲靖呈钢钢铁有限公司立足于本地区的焦炭资源和铁路运输优势，将逐步建成“炼铁—炼钢—轧钢—煤气发电”的钢铁联合企业。一期工程投资15000万元建设2×316m^3高炉及1×105m^2烧结项目已投产，并取得了良好的经济效益和社会效益；技改二期2×612立方米镍铁高炉并配套建设1×180平方米烧结项目及附属设施，总投资51532万元。2×1080立方米的镍铁高炉及配套建设2×180平方米的烧结项目和附属设施。总投资为92229.61万元；民营企业仁和福利冶金化工厂，通过自主创新，研发的“一步法”生产高纯锌粉，获取国家专利后，对该专利技术项目进行产业化的开发及推广应用，从经济、技术、节能降耗、环境保护方面取得了很大成功；云南东玉工贸公司，围绕建设150建设万米/年预管桩生产能力，自主研发了满足不同建筑物要求的应力管桩快速接头系列产品，使资源得到充分利用，实现了企业产品的技术创新和升级换代，提升了市场竞争力，加快了企业的技术进步。

【重点行业发展】 轻工产业：2011年引进轻工项目10户，总投资3.9亿元，预计全面投产后，预计可实现年产值20亿元；建材行业：2011年，全县建材行业紧紧围绕提质增效的发展目标，加大行业整合力度，积极引进新型墙材生产企业，整个行业取得了较快发展。共有生产企业4户，水泥管桩生产企业1户，水泥生产企业1户，玻璃企业1户，墙地砖企业1户。完成产品产量水泥管桩82.99万米；生产水泥61.4万吨；商品混凝土11.953万立方米；蒸压加气混凝土砌块7749万块；生产平板玻璃433.8122万重箱；墙地砖333万平方米。实现主营业收入48738万元；产值57768万元。

目前开展前期工作的建材项目主要有云翔玻璃有限公司日产290吨光伏超白超薄（太阳能）玻璃生产线及150万平方米/年玻璃深加工项目及余热发电项目；钢铁行业：2011年，全县共有冶金工业企业6户。完成主要产品产量：年产生铁53.27万吨；钢坯37.27万吨；钢筋24.72万吨；年产精锌0.475万吨。共实现主营业收入236754万元；产值270218万元。

【非公经济、中小企业发展】 马龙县非公经济由2000年时的餐饮业、零售业等个体户占主导地位，逐步向运输业、其他服务业等更多、更广的行业和领域发展，私营企业已占主导地位，非公经济在全县经济发展中的地位日益突出。2011年共有私营企业及个体工商户3711户，完成年计划3700户100.3%，同比增5.8%；从业人员16015人，完成年计划16000人的100%，同比增9.7%；完成增加值124023万元，占区域GDP比重为45%，比上年提升1个百分点，完成年计划124000万元的100%，同比增15.9%；上缴税金18806万元，完成年计划18619万元的101%，同比增13.1%；拥有注册资金88224万元，完成年计划88200万元的100%，同比增5%。

【产业结构调整】 马龙县一、二、三产业比重，2010年为：24：46：30，2011年调整为23:48:29，第二产业在国民经济中所占比重比2010年上升了2个百分点。非公经济的比重从2010年的44.8%上升到2011年的45%，比上年提升1个百分点；支柱作用明显，冶金产业的产值达269702万元，占全部工业的47.3%，同比增67.1%；机械制造产业的产值达73080万元，占全部工业的12.8%，同比增8.9%；煤化工产业的产值达40915万元，占全部工业的7.1%；建材产业的产值达57768万元，占全部工业的10.1%，同比增29%，四大支柱产业的产值占全部工业总产值的77.4%。马龙工业由粗放工业向新型工业转型，产业结构得到优化。

根据省委、省政府“保护坝区农田，建设山地城镇”、实施城镇上山、工业项目上山和保护牛栏江流域及滇池调水环境保护的要求，马龙县人民政府决定在东光冶金机械制造片区内以“园中园”的形式规划建设8.1平方公里轻工产业园区。2011年底，轻工产业园共引进10户轻工企业，（饲料项目8户，食品加工1户，药品加工1户）。

【信息化建设与安全管理】 一是充分利用好公文无纸化传输平台。以政府系统公文无纸化传输平台为载体，加强政府部门间公文交换，进一步提高网上公文收发效率，加强电子政务建设。二是积极开展应用电子政务外网和部门政府网站。定期在电子政务外网公开全县工作动态。进一步完善政府网站，充分利用政府网站已有的栏目公开政务工作动态，为公众了解我县工作提供信息平台。积极完善维护“县领导信箱”“办事指南”等栏目，认真开展网上调查工作，加强与公众的互动交流。做好网站维护工作，规范网站版面及技术标准，及时报告网站错连、死链。三是克服各种困难，保证了省市有关视频会议的顺利召开。继续完善全县67个部门阳光政府四项制度信息发布平台（网站）；继续完善“96128”信息查询专线电话平台建设，并将专线电话与政务服务中心电话进行了整合，同时，做好专线电话的时间、地点、内容三延伸工作，方便了广大市民的查询。切实做好信息系统安全保密工作。严格按照相关保密规定审查预公开的信息资料、文件，确保“涉密不公开，公开不涉密”。认真做好政府网站安全防护工作，加强移动存储介质、内部计算机、外部计算机使用管理，电子政务内网与互联网进行物理逻辑隔离，杜绝失泄密安全事件的发生。

【无线电管理与监督检查】 一是继续完善和巩固无线电台站核验的成果，切实加强对台站的管理。联合相关部门对全县使用对讲机的情况进行了清理检查，并限期进行申报审批。二是加强调研，摸清设台单位情况，为开展行政执法打下基础。经深入各通信企业和县直有关部门调研，对个别单位不按规定使用相关设备的情况进行了查处。三是确保高考、中考的顺利开展。按照上级要求积极配合县教育局、保密局，配合市相关部门对高、中考期间的通信信号实施了屏蔽和管制，确保了高、中考公平竞争的环境。

【安全生产管理】 高度重视系统内安全生产工作，成立了安全隐患排查专项治理小组，制定安全生产隐患排查实施方案，认真开展了工商企业和挂钩联系通泉镇的安全生产隐患排查治理工作。从4月到9月不定时对明龙等16户工业企业、中石化城南水泥厂、交通加油站及云立、华联两大超市进行检查，检查的重点是企业贯彻落实当前生产工作情况，同时对企业开展“六查六看”，通过现场检查发出检查记录21份，共排查出各类安全隐患61处并及时要求企业做出限期整改。通过检查，各企业安全生产意识明显提高，贯彻落实安全生产工作到位。

【节能减排】 2011年，列入省级重点减排的项目有3项；马龙县宏伟工贸有限公司已经关停。马龙县三维轻轨制造有限公司目前处于停产状态；通过减排关停的企业有5家，完成4家企业管理减排工作，经核算，削减二氧化硫排放量98.35吨，氮氧化物排放量1.21吨；到6月，完成了马龙县污水处理厂建设工程，于8月投入试运行。全县规模以上工业企业综合能源消费量692229.32吨标准煤；万元产值（可比价）综合能耗1.517吨标煤，比上年同期1.65吨标煤下降8.03%；万元增加值（可比价）综合能耗7.52吨标煤，比上年同期8.27吨标煤下降9.1%；节约各类能源折合标煤6.93万吨标准煤。全社会单位GDP能耗下降3.5%。淘汰落后产能企业4户（马龙县宏伟工贸有限公司、马龙县锦龙砖厂、马龙县旧县镇九龙红砖厂、马龙县榕发真空红砖厂），淘汰落后产能生铁30万吨，黏土红砖2800万块。完成清洁生产审核验收2户，完成能源审计1户。推广节能灯4万只。

【工业园区建设】 按照“规划建设旧县片区、巩固提升小寨片区、重点打造东光片区、强势推进轻工产业园区”的思路，继续调整完善工业园区修编和轻工园区规划，为项目引进、企业发展提供良好平台。对工业园区规划进行调整，由原来的68.6平方公里调整为78平方公里，重新规划为“一园四片”，即：小寨循环经济片区6平方公里，东光片区30平方公里，旧县片区40平方公里，马过河片区2平方公里。采用园中园的方式，在东光片区规划了11平方公里的物流园区和8.1平方公里的轻工产业园，在旧县片区规划了30平方公里的物流园区。2011年园区实现工业总产值48亿元，同比增长24%；实现工业增加值9亿元，同比增长16.3%；实现销售收入45亿元，同比增长22.3%；实现利润1.44亿元，同比增长62%。园区内建设标准厂房90200㎡，超目标任务40200㎡。县内工业企业完成固定资产投资13.2万元，同比增13.6%。

【机构改革】 根据《马龙县人民政府机构改革实施意见》（马办发〔2010〕63号）文件精神，设立马龙县工业经贸和科技信息化局，同时加挂马龙县中小企业局牌子，为县人民政府工作部门，正科级。划出的职能：乡镇企业行业管理职能。整合的职能：组建马龙县工业经贸和科技信息化局，加挂马龙县中小企业局牌子。将原马龙县经济局、马龙县中小企业局、马龙县乡镇企业局、马龙县非公有制经济发展办公室、马龙县商务局、马龙县招商局、马龙县便民（投资）服务中心、马龙县科学技术局、马龙县知识产权局、马龙县科技服务中心、马龙县人民政府信息产业办公室职责，整合划入马龙县工业经贸和科技信息化局。不再保留马龙县经济局、马龙县乡镇企业局、马龙县非公有制经济发展办公室、马龙县商务局、马龙县招商局、马龙县便民（投资）服务中心、马龙县科学技术局、马龙县知识产权局、马龙县科技服务中心、马龙县人民政府信息产业办公室。

根据工作职责，马龙县工业经贸和科技信息化局设12个股（室）：办公室、中小企业和非公经济股、工业企业股、国内贸易和市场流通管理股（整顿经济秩序办公室）、科技和知识产权股、信息产业股（无线电管理委员会办公室）、招商投资股（对外开放办公室）、园区规划管理股、外事外经外资外贸股、政策法规安全股、经济运行股、能源协调股。行政审批事项有7项。共有行政编制23名，为机关服务的事业编制5名。领导职数1正4副：局长1名，副局长4名。

【年度领导名录】

党委书记　李志坚
局长　汪德斌
副书记、纪委书记　唐树云（6月止）
副局长　杨溪源
　张宝富
　尚玉明
　尹朝良
　张云焕

罗平县工业经贸和科技信息化局

【综述】 2011年是“十二五”的开局之年，罗平县工业发展认真贯彻落实科学发展观，坚定“工业强县”理念，坚持走中国特色新型工业化道路，强化大局意识，创新工作思路和服务方式，与时俱进，开拓进取，不断加大经济运行、项目服务、项目建设、科技发展、信息化建设等工作力度，推进了全县工业、科技和信息化平稳、较快发展，全年完成工业总产值71.6亿元，同比增6%；规模以上工业总产值49.4亿元，同比增3%；完成规模以上工业增加值15.9

亿元，按可比价增13.5%。

【工业投资】 2011年，工业投资完成15.14亿元，同比增长29%，其中工业制造业完成投资6.15亿元，同比增长127%。其主要工业投资项目有：阳洋姜业小黄姜综合加工项目累计完成投资4000万元；云南君和酒业酒庄建设累计完成投资5000万元；众成爨玉石材累计完成投资22300万元；阿东矿业有限公司累计完成投资6000万元；万兴隆公司小黄姜综合加工项目累计完成投资15000万元；其他砂场、矸石分选厂等小型工业项目累计完成投资5100万元。

【重点产业发展】 能源产业：能源产业稳步发展。罗平的水电能蕴藏量109万KW，到2011年年底，已建设电站19座，装机97.535万KW，在建电站3座，装机容量2.82万千瓦，全年发电量达16亿度；原煤产量182万吨，洗精煤23万吨，焦炭产能45万吨，并实现全部机制焦。能源产业年产值达18亿元。

冶金产业：冶金产业趋稳回升。拥有2条6300千伏安铁合金生产线，生产能力1.8万吨。具有电解氧化锌生产线1条，电解硫化锌矿生产线3条，产能达12万吨。冶金产业年产值达17亿元。

化工产业：化工产业多元推进。拥有12万吨的氮肥生产线一条；3条黄磷生产线，2.6万吨的黄磷生产能力；2条硫酸生产线，14万吨的生产能力；1条普钙生产线，20万吨的生产能力；1条电石生产线，10万吨生产能力。形成了煤化工、磷化工、硫化工齐头发展的局面，化工产业年产值达5亿元。

建材产业：建材产业健康发展。拥有2条30万吨、60万吨的水泥新型干法生产线，多条石材加工生产线，其他新型墙体材料不断发展壮大，拥有新型墙材企业10户。免烧砖、煤矸石砖等已成建筑用砖主体，黏土砖逐步退出历史舞台。2011年9月，罗平正式推广应用商品混凝土，建有生产80万立方米混凝土生产线4条，城市规划区内使用预拌混凝土达90%。建材产业年产值达5亿元。

生物资源加工产业：生物资源加工产业与时俱进。目前我县有菜油加工企业大小17户，其中规模较大的有2户，云南罗平丰瑞油脂加工有限公司，规模为加工油菜籽15万吨/年；罗平县恒飞粮油加工有限公司，规模为加工油菜籽2万吨/年，20万吨的菜油压榨能力；三条黄姜深加工生产线；2条鱼片加工生产线；一条木材加工生产线；一条生猪机械化屠宰分割加工生产线。生物资源加工产业年产值达10亿元。

【非公经济发展】 非公经济发展态势良好。2011年非公企业及个体工商户数达15214户，同比增3.9%，其中非公企业有719户；从业人员45225人，同比增14.2%；增加值完成38.1亿元，同比增22.3%；上缴税金1.5亿元，同比减2.7%；注册资金26.9亿元，同比增67.3%。

【盐务管理】 罗平县食盐由云天盐业公司负责专营，全年50千克加碘食盐销售了188吨；10千克畜牧用盐销售了66吨；500克纸塑袋食盐销售了3200吨，完成任务数的100%；500克平衡营养盐销售了17吨，完成任务数的113%；工业用盐销售了500吨，比上年减少了15%。盐政执法人员共有9人。全县建立了15个经营网点，盐业公司对辖区零售网点适时配送。全年开展了二次大型检查活动，分别为：3月22日至25日、8月16日至19日，共出动16台车次，56人次，重点检查了批发市场、零售点、超市、农家店、学校、餐饮店等223户，同时走访调查了50多户农户的食盐使用情况，在这二次的检查过程中，没有发现不合格碘盐的经营和使用情况。我县有4家企业使用工业盐，分别是锌电公司、锌电股份公司、磷化工公司和暨广顺公司，全年没有出现工业用盐违规使用的情况。

【信息化建设】 截至2011年年底，全县信息产业系统固定资产总投资9100万元，建设光缆长度3775公里，电缆5967公里，新建通信管道35公里，形成了以光缆为主要手段的信息传输网络。基础通信网络覆盖了全县的所有乡镇、村委会和大部分自然村；基础通信网络覆盖率达到92.7%。发展固定电话用户35389户，建设无线通信2G、3G发射基站390座，移动电话用户达235185部，比上年新增3万余部；电力交通、森林防火、人工增雨防雹等无线通信网络运行良好，全县边远少数民族地区不通电话的问题基本得到解决。全县已建成有线电视通信光缆1300公里，电缆3200公里，发展了有线电视用户23925户，其中，数字电视用户13020户。有线电视用户比上年减少1875户。数字电视转换后广大用户已收看到100余套基本节目和付费节目、可收听有线广播节目21套、无线广播节目5套。投资90余万元在县城新建的无线电视差转发射正常，解决了1500余户、3500余人看电视难的问题。全县计算机信息网络高速发展，3G网络发展迅速，形成了以电信、广电为主的计算机信息网络，截止2011年底，全县互联网用户达25311户、宽带用户比去年增长13571户，促进了互联网业务的高速发展。信息产业系统2011年共收入1.3亿元。

【电子政务门户网站】 罗平县电子政务门户网站运转良好。罗平县政府网站信息平台自2004年3月开通，先后进行了5次大的版面改动，共设12个主栏目，20余个子栏目，已建立二级网站14个。提供政务信息、政府公告、政策法规、人事任免、决策参考、规范性文件、视频新闻、图片新闻、文字新闻等信息资源，较全面地反映了全县各个方面的最新工作动态。全年罗平县电子政务门户网站共发布罗平新闻、图片新闻、视频新闻、公示公告、领导论坛、政务信息、人事任免、乡镇及部门动态等各类信息1400余条，网站访问量30万次，日均访问量822次，实现历年来年度访问量的新高。全年，我县在曲靖市电子政务门户网站发布信息340余条，名列全市前列。

【96128政务专线及政务信息在线查询】 96128政务专线建设稳步推进。96128专线电话于2009年7月1日正式向公众开通，为公众提供政务信息查询指引和转接服务。罗平县96128接入部门78家，其中乡镇9家明确各单位的96128专线服务电话137部，明确联络员156名，投诉电话78部。为更好提供专线服务质量，2010年7月各单位配备专线手机一部，为96128专线提供了工作保障。全年96128专线共接转475次，接转成功318次，接转成功率67%。公众参与评价满意253次，不满意6次，满意率98%。政务信息在线解答平台取得实效，目前，全县共有87个单位开通了政务信息网络查询平台，全年24个部门录入并发布常见问题379条，受理公众提问69个，限时办结35个，超时办结33个，限时办结率51%。

【电子政务视频会议系统】 电子政务视频会议系统高效运转。投资120余万元的电子政务视频会议系统已达到高清标准，实现了省、市、县、乡四级会议互通，能满足各种会议的正常召开。2011年共召开各种会议50余次。其中，国家级12次，省级会议30次，市级10次，节约会议成本40余万元。

【网上公文传输】 2011年，全县网上公文传输系统前期共投入经费13.19万元，其中：光缆13.8千米，县委政府的综合布线3.8万元，光纤收发器47个；共接入101家横向网络客户端，其中乡镇12家，前期先装的单位有84家，其余单位因机构改革也于5月底全部安装完毕；目前全县共录入接入点超过1300个；自运行以来，节省行政成本50余万元，真正实现信息共享，提高办公自动化水平；6月1日以来，各乡镇、各部门均指定专人负责上网查看、接收电子公文，在正常工作时间内要每天上下午二次上网查看、接收。全年全县共发文505份，收文1210810份。

【信息公开】 信息公开工作本着“推进依法行政，推行电子政务”、“完善各类公开办事制度，提高政府工作透明度和公信力”的原则，依托电子政务平台，结合实际，采取多种措施，大力推进政府信息公开工作，不断规范政府信息网站公开内容，突出政府信息公开重点，提高政府信息公开工作水平，有力促进了各项工作的开展。全年86个单位（乡镇）网上信息共发布8000余条（篇）。

【无线电管理】 2011年，共出动车次12次15余人，查处、排除通信干扰源2处；出动车次20余次20余人，保障高考无线电屏蔽监测工作正常开展；共悬挂横幅10余条、发放无线电宣传手册120份、利用电子显示屏播出宣传标语100余条，对无线电法律法规进行宣传；共出动车次10次8人，清理违法使用对讲机80余部。

【安全生产管理】 认真贯彻落实《安全生产法》，对全县非煤矿山企业，易制毒特殊化学物品经营、使用、运输企业和直属企业进行不定期安全检查外，要求企业建立健全安全台账、档案和规章制度，每季度开展一次安全生产大检查，对查出的安全隐患，督促企业进行整改，指导企业实行科学化、正规生产，对安全投入不足，不具备安全生产条件的进行关闭，切实做到安全生产警钟长鸣、常抓不懈，树立安全就是稳定、安全就是效益、安全就是政绩、安全就是发展的安全观。

【节能降耗】 2011年，罗平县规模以上企业综合能源消费量466285.16吨标准煤，同比增7.91%；单位增加值能耗2.32吨标准煤/万元，同比下降5.92%。淘汰15万吨焦化生产线一条，单位GDP能耗下降3.5%的节能降耗目标任务圆满完成。

【工业园区建设】 2011年9月成立了罗平县工业园区管委会，由工信局局长兼任园区管委会专职副主任（副处级），专职抓园区建设。坚持“南轻北重工业规划布局，围绕集团引领、项目支撑、园区化承载”的发展思路，采取“长远规划、分步实施”的措施，打造罗平新兴能源基地、生物资源加工出口基地、石文化产业基地和商贸物流基地。按照“两地”上山要求，已完成园区修编调规工作。加快工业园区供排水、供电、通讯、交通等基础设施建设。用足用好用够工业园区标准厂房优惠政策，采取企业自建、代建、共建、园区或投资公司先建等方式，全年共完成88700平方米标准厂房建设（罗平众成馨玉石材公司31500平方米、锌电股份公司10000平方米、恒宇汽车修理厂7500平方米、君和酒业公司39700平方米）已完工，超额完成2011年50000平方米标准厂房建设任务，实现了厂房聚园、退城进园和招商入园，形成园区聚集发展。2011年，园区入园企业23家，其中规模以上企业11家。完成工业产值42.38亿元，增加值16亿元，税金0.85万元，就业人数5407人，入园工业企业完成固定资产投资15亿元，累计完成园区基础设施投资1.5亿元。全年园区成功引进亿元以上投资项目6个，总投资19.26亿元。

【机构改革】 2011年2月10日，罗平县工业经贸和科技信息化局（简称工信局）由原罗平县经济局、罗平县科技局、罗平县人民政府信息产业办公室组建而成。5月12日在罗雄镇万峰路新办公楼举行了揭牌仪式。新办公楼占地11.98亩，建筑面积4700平方米，总投资1200万元，新办公楼的投入使用，大大改善了罗平县工信局的办公条件。

工信局成立后，实有在职干部职工52人，内设15个职能科室（办公室、综合科、经济运行科、中小企业科、工业发展规划科、盐务管理科、政策法规科、节能科、电力保障科、工业园区科、科技发展科、知识产权科、通讯管理科、信息化推进科、财务科）。下辖3个直属事业单位（市场服务中心、节能监察大队和电子政务网络管理中心），其中，节能监察大队、电子政务网络管理中心与工信局合署办公。另外还加挂中小企业局、罗平县非公有制领导小组办公室、罗平县节能减排领导小组办公室、罗平县无线电管理领导小组办公室牌子。

【任职领导名单】

局长、园区管委会专职副主任　王启华
党 委 书 记　李光柱
常务副局长　保树培
党委副书记、纪委书记、工会主席　雷爱香
副局长　王声涛（兼中小企业局局长）
李华俊（兼园区管委会招商引资局局长）
熊小明
保有德
余　娟
何　琼

（黄定仙）

曲靖市煤炭工业局

【综述】　2011年，曲靖市生产原煤4024.18万吨，占年计划4550万吨的88.44%，同比降7.06%；实现总产值309.62亿元，占年计划210亿元的147.44%，同比增32.90%。虽然原煤产量有所下降，但总体上保持平稳，有力保障了全市乃至全省的能源安全和经济安全，基础性作用得到进一步发挥。

安全生产形势严重反弹。全市地方煤矿共发生事故16起、死亡88人，原煤百万吨死亡率2.41，与去年同期相比各项指标均明显上升，特别是师宗县私庄煤矿“11·10”特别重大煤与瓦斯突出事故，共造成43人死亡，给人民生命财产造成巨大损失，同时也暴露出全市安全工作中还存在煤矿安全基础脆弱、瓦斯治理任务艰巨、企业安全生产主体责任不落实、基层部门安全监管执行力弱等问题。

固定资产投资成效明显。国投富煤一矿、89个地方重点骨干煤矿等6个重点续建项目建设顺利推进；细冲煤矿、鲁依煤矿等7个重点前期工作项目的地质勘探、项目核准、专篇设计审查、可研编制及评审等前期工作有序开展。全行业累计完成固定资产投资58亿元，占年计划56亿元的104%。

【行业管理】　市煤炭工业局结合实际上报了“三定”方案，进一步规范和优化机构设置和人员配备，并制定内设机构和下属事业单位科级领导干部竞争（聘）上岗方案，对科级以上岗位全面实行竞争（聘）上岗，构建规范高效、运转有序等的管理体制。进一步完善制度建设，建立健全全市煤炭系统重大事项社会稳定风险评估、煤矿安全风险预警防控、廉政风险预警防控管理、兼并重组煤矿安全生产、煤矿建设项目安全监管、煤矿事故现场救援指导意见等制度，强化行业管理。

【安全监管】　一是各级煤矿安全监管部门按照《曲靖市地方煤矿2011年安全监管执法活动计划》要求，分片挂钩，各司其职，沉到一线，下到矿山，对辖区内所有矿井开展密集监管和不间断检查，及时排查和从严查处各类事故隐患，及时发现和从重打击各种违法违规行为，维护了安全生产。2011年，市煤炭局共召开1次党委会、5次办公会、8次安全工作会、11次安全工作例会研究和安排布置安全工作。在对各县（市）区加大督促指导的基础上，共组织安全生产工作督查、检查、抽查、专查11次，实地共检查矿井198井次，查处安全隐患1274条，对存在较大以上隐患的16对矿井责令停产整改；累计下达执法文书172份、监管建议书31份。二是建立安全风险预警防控机制。按照《曲靖市煤矿安全风险预警防控办法》，对安全检查督查中排查出的重大隐患和重大问题，以风险预警督办的方式，督促下级行业主管部门和煤矿企业抓好整改落实，同时将预警内容抄送同级人民政府。针对掌握了解的情况，2011年市煤炭局共向各县（市）区人民政府和行业主管部门下发风险评估预警督办通知9份，对8个产煤县（市）区及86个煤矿影响安全生产的问题进行预警和督办，重大隐患市级挂牌督办2起。

【专项整顿工作】　针对2011年1至4月煤矿安全事故反弹的严峻形势，全行业认真贯彻国家和省、市各级指示精神，按照“查处与预防相结合，安全与生产同兼顾”的原则，深入开展以“安全问责、隐患排查治理、打非治违”等三个专项行动为主要内容的煤矿安全生产整顿工作。工作中，坚持将整顿工作与贯彻落实国务院165次、167次、173次常务会议和国务院安委会全体会议、全国安全生产视频会议、国务院办公厅《关于继续深化“安全生产年”活动的通知》相结合，与省级相关部门治大隐患防大事故煤矿安全隐患排查治理专项行动相结合，与深入实施“三型五化六个一百”工作建设、推进固本强基工作相结合，统筹兼顾，严管重罚，强势推进，深化煤矿安全专项整治。

安全生产问责行动。综合运用行政的、法律的、经济的、技术的等手段，督促煤矿企业认真落实《国务院关于进一步加强企业安全生产工作的通知》、《煤矿领导带班下井及安全监督检查规定》等文件精神，做到依法办矿、依法管矿、加大投入、健全制度、严治隐患、提升素质，狠抓现场管理、基础管理、隐患治理、标准化建设和班组建设。严格落实政府领导责任、部门监管责任和领导干部“一岗双责”，建立煤矿安全风险评估和“黄牌”预警机制，完善安全生产“一票否决”制，对安全责任不落实或酿成事故的，从严从重从快问责。

隐患排查治理行动。全市地方煤矿自4月18日起，坚持以瓦斯隐患、顶板、水患的排查治理为重点，采取企业自查、部门检查、政府督查的方式，全覆盖、拉网式、全方位、全过程查找和解决安全生产中存在的隐患和问题。进一步完善和落实隐患排查、整改、验收、分级管理、报告等工作制度，坚持做到“一井一策”、对症下药。对排查出的隐患，认真落实煤矿企业安全隐患排查治理的主体责任，严格按照整改方案、责任人员、整改资金、整改期限和应急预案“五到位”要求整改。对存在以停代整、以学代整、停而不整、排查走过场、整改不彻底、敷衍了事等现象的煤矿企业坚决依法依规进行查处，最大限度地解决了一些长期积存的问题。

打非治违行动。按照《曲靖市人民政府关于开展煤矿打非治违专项行动的通知》要求，在全市范围内严打“三非”、严治“三违”、严查“三超”，重点打击手续不齐进行违法建设、超层越界开采以及超能力、超强度、超定员生产等15种违法违规行为，并按照“四个一律”（即对非法生产经营建设和经停产整顿仍未达到要求的，一律关闭取缔；对非法违法生产经营建设的有关单位和责任人，一律按规定上限予以经济处罚；对存在违法生产经营建设行为的单位，一律责令停产整顿，并严格落实监管措施；对触犯法律的有关单位和人员，一律依法严格追究法律责任）的要求严肃查处，进一步规范安全生产秩序。组织对矿界重叠、超层越界、证照不全、证照过期等23种违法违规问题进行全面清理，共查处问题2000余个。下发了《关于预防和惩治未经复产擅自组织生产的紧急通知》、《关于加强煤矿安全监管确保电煤供应的紧急通知》，对未复产矿井督促各县（市）区派专人24小时盯守，防止违法违规组织生产。

【瓦斯专项治理】　坚持治大隐患、防大事故，认真落实《国务院办公厅转发发展改革委安全监管总局关于进一步加强煤矿瓦斯治理工作若干意见的通知》，把瓦斯治理摆在首要位置，组织召开了瓦斯防治工作专题会议，制定了《关于切实加强煤矿瓦斯专项整治坚决遏制煤矿瓦斯事故的通知》、《曲靖市“十二五”期间煤矿瓦斯综合治理工作体系建设实施方案》，切实抓好瓦斯治理。针对瓦斯事故多发实际，全市对凡有动力现象的矿井、开采发生过突出的同一煤层的相邻矿井、开采煤层瓦斯压力达到或者超过规定参数的煤矿，一律先停产排查，并进行突出危险性鉴定，在未鉴定之前，严格按照突出煤层进行管理；所有煤与瓦斯突出矿井、高瓦斯矿井，一律停产排查，对照瓦斯治理方针、工作体系和“两个防突措施”等规定，一项一项检查，一项一项落实；所有煤矿在煤巷掘进、石门揭煤、过断层采掘及“老矿开新煤”过程中，必须严格执行先探后掘、不探不掘、先抽后采、抽放不达标不采的要求，不按要求落实的，一律停产整改；把全市131对高瓦斯矿井、8对煤与瓦斯突出矿井、25对按煤与瓦斯突出管理矿井列为整治重点对象，凡发现未落实瓦斯防治措施、两个“四位一体”防突措施、未认真落实领导下井带班制度或存在其他重大瓦斯隐患的，一律停产整顿并严格验收。

【煤炭资源整合】　一是严格落实市政府关于资源管理和配置的政策规定，始终坚持“建大关小、建一关一”原则，严格控制矿井的数量和规模，凡是规模达不到30万吨/年、不符合省级批复的《煤炭资源整合方案》、不符合“建一关一”政策、不符合产业政策的煤矿，一律不得准入，切实加强煤炭资源源头控制。二是认真贯彻落实国家煤矿整顿关闭、资源整合、技术改造等政策，按照“整合优化一批、技改提升一批、新建壮大一批、关闭淘汰一批、勘查储备一批”的思路，扎实推进煤炭工业结构调整和优化。全市“十一五”期间累计关闭小煤矿186对。三是鼓励和支持煤矿企业实行股份制改造或兼并重组，完善法人治理结构，增强企业实力，提高管理水平，实现集约化、规模化发展，促进煤矿企业规模化发展。近年来，枣庄集团、鲁能集团等24户知名企业相继兼并了全市80对地方煤矿矿井。

【技术改造】　一是推进机械化矿井建设。市煤炭局分别于10月18日、11月8日，组织各县（市）区行业主管部门分管领导、相关科室人员以及地方骨干煤矿企业负责人，到广西百色、河南郑州等地学习考察小煤矿机械化建设经验。根据国家安监总局等四部委《关于推进小型煤矿机械化的指导意见》文件精神，对推进小煤矿机械化水平工作提出了要求，并于2011年10月31日召开全市推行小型煤矿机械化开采实施方案讨论会议，集中进行研究。全市已确定了100对示范矿井，力争在2015年前建成，并实现全市地方煤矿采煤、掘进装载机械化率分别达55%和80%。二是推进安全质量标准化矿井建设。结合地方煤矿实际制定了《曲靖市煤矿矿井安全质量标准化建设标准及考核评级办法（试行）》，2011年又与曲靖煤监分局联合下发了《关于2011年曲靖市地方煤矿安全质量标准化建设工作的意见》，坚持从安全意识、投入、科技、装备、教育、管理等方面着手，持续开展标准化矿井建设活动，努力实现煤矿采、掘、机、运、通、防治水等系统及地面设备设施的标准化，推动煤矿专业达标、岗位达标和企业达标。2011年，建成达省二级标准的矿井100对。三是加大井下安全避险“六大系统”建设力度。市煤炭局与曲靖煤监分局联合下发了《关于加快煤矿井下安全避险“六大系统”建设完善工作的通知》，研究提出建设井下紧急避险系统的措施和工作要求。2011年全市建成20对“六大系统”示范矿井。全市所有高瓦斯矿井必须于2012年年底前建成，其余煤矿必须于2013年6月底前全部建成，逾期达不到标准的，一律责令限期建设或提请地方政府关闭。四是加强煤矿科技装备建设。加大煤炭新技术、新工艺、新装备的推广运用力度，加快新建、改扩建项目建设推进速度。目前，全市地方煤矿已建成综采工作面8对、普采工作面6对、机械化掘进矿井16对、连续机械化运输矿井73对、机械化运送人员矿井67对。

【"三型五化六个一百"工程】 按照国家推进煤矿标准化、机械化、井下紧急避险"六大系统"建设等政策要求，探索提出了"三型五化六个一百"工程建设思路，从规模、装备、技术、管理、人才等方面入手，力争在"十二五"期间，全市地方煤矿建成资源节约型、环境友好型、矿村和谐型的"三型"示范矿井100对，建成达国家二级以上标准的质量标准化示范矿井100对，建成达21万吨以上产能的规模化示范矿井100对，建成达国家规定标准的机械化示范矿井100对，建成具有完善法人治理结构的现代公司化示范企业100个，培养造就掌握现代管理知识和先进适用技术的专业化带头人100名，全面加强和提升地方煤矿安全保障能力，夯实煤矿安全基础。全行业认真落实《曲靖市人民政府关于实施"三型五化六个一百"工程促进煤炭产业安全发展的意见》要求，按照具体《实施方案》，将项目安排到具体煤矿，责任落实到具体单位和人员，确保项目建设顺利推进。

【应急救援体系建设】 切实加强救援预案、队伍、物资储备、培训教育、演练、信息管理、指挥等七位一体的应急救援体系建设，做到"平战"结合，打造指挥有力、协同作战、反应快速、技术过硬、纪律严明的煤矿救援队伍。全市已建立了"一个中心、四支队伍"的煤矿应急救援机构体系，现有专职救护队员151人，兼职救护队482支4760人，初步建成了以专业矿山救护队伍为骨干、兼职矿山救护队伍为辅助、职工队伍为基础的应急救援队伍。加强应急救援物资储备，各县（市）区配备了一批应急救援指挥车、专用车、救护车，配备了一批呼吸器、灭火器、瓦检仪、生命探测器等应急救援物资；市矿山应急救援指挥中心计划投入260万元建设应急救援平台和物资储备。制定了《曲靖市地方煤矿事故现场救援工作指导意见》，就事故报告、事故应急响应、救援处置等工作予以规范，提高事故现场应急救援处置能力。

【安全教育培训】 按照《曲靖市煤炭工业局关于进一步加强煤矿安全技术教育培训工作的通知》要求，进一步强化对职工安全、采煤、地质、测量、机电等知识的教育培训。全年全市各级培训机构共举办各类培（复）训班118期、培训15051人（次），其中：特员培训92期10763人（次），煤矿管理人员6期718人，班组（井）长5期532人，煤矿安全监控系统管理操作人员6期1100人，矿长（法人）、副矿长瓦斯防治及井下安全避险"六大系统"知识强化培训班9期1823人。积极与专业院校合作，以国民教育方式，采取"政府组织，煤矿出钱，因用施教，定向分配"的模式大力培养煤矿实用人才。从2007年以来，累计从初、高中应届毕业生中招录4786人到专业院校学习，其中：2011年1180人。

【电煤供应】 2011年，全市各级各部门累计组织生产供应电煤1863万吨，电煤供应量占全市原煤总产量的46.29%，比上年供应量1782.7万吨增4.54%，顺利完成了保煤增电任务，有力地保障了全市乃至全省的用电安全，助推了全市、全省的经济稳定和发展。

【大事记】 4月7日至14日，市人大常委会组织调查组，调查组由市人大常委会副主任余荣忠及财经委、市人大预算工作委等委、室负责人组成。先后到罗平、师宗、富源、麒麟等县（区），对煤炭安全生产进行专题调查，目的在于总结近几年来我市煤炭安全生产取得的成绩，查找存在的困难和问题，向市政府提出建议，切实加强煤炭安全生产的领导，杜绝重特大安全事故的发生。

4月26日至27日，召开市人大常委会第二十三次会议。市人大主任刘海芳、副主任毕志峰、李玉雪、李洪辅、余荣忠、苏永宁、李桂珍、秘书长马克利等领导出席会议。市政府张向明副市长列席会议。会议听取和审议了市煤炭工业局局长张勇代表市政府作的关于《曲靖市煤矿安全生产工作情况的报告》。会议肯定了近年来全市煤炭产业发展及安全生产工作取得的成绩，指出了存在的困难和问题，对进一步加强和改进煤矿安全生产工作提出了五条意见：一是统一思想，提高认识，形成共识，做到警钟长鸣、常抓不懈；二是加强领导，积极协调，落实政策，进一步优化煤矿安全生产环境；三是落实责任，加强监管，严格执法，进一步整顿和规范煤矿生产经营秩序；四是健全机构，强化培训，提高素质，进一步加强队伍建设；五是增加投入，科技振兴，落实规划，积极推动煤矿安全生产再上新台阶。

3月24日，曲靖市委、市人民政府召开2011年工作会议（安全国土煤炭开发区专题会议），全市安全、国土、煤炭、煤监和开发区的有关领导干部参加了会议，市人民政府朱开荣副秘书长主持会议，张向明副市长作重要讲话，并提出"三项"重点工作：一是开展一项行动，全力以赴保安全。强化现场管理，在全市范围组织开展一次安全生产现场管理专项整治行动，要以标准化建设为抓手，以重大危险源管理为基础，以监管执法为手段，以"3568"安保双基工程为统领，切实提高企业本质化安全水平。二是推进一个机制，全力以赴促和谐。把2011年定为矿村共建资源开发机制全面推进年，是市委、市政府的一项重大决策，是转变经济发展方式、促进全市经济又好又快发展的重要举措，更是化解矿群矛盾、实现矿村和谐发展的重要载体，要正确处理好矿村共建与新农村建设、发展公益事业和城乡统筹的关系，牢固树立"共建共赢"的理念，找准共同利益的结合点和纽带，全面推进矿村共建机制，实现矿村共同发展，促进矿村和谐。三是启动一项工程，全力以赴调结构。2011年要在全力抓好煤矿安全生产监管的基础上，重点启动实施"三型五化六个一百"工程，加快推进煤炭产业转型发展，转变开采方式、调整产能结构，转变发展方式、调整产业结构，转变经营方式、调整组织结构，通过“三型五化六个一百”工程建设的带动和结构调整的战略作用，推动煤炭产业的安全发展、科学发展、和谐发展。

4月15日，市人民政府召开了全市煤炭安全生产专题会议，进一步安排部署全市的安全生产工作。省安监局、省工信委、云南煤监局的有关领导出席了会议，市人民政府李建军秘书长支持会议，张向明副市长作了重要讲话，并提出“四点”工作要求。一是要以最敬畏的精神，时刻绷紧“一根弦”。各级各部门和煤矿企业要进一步提高对煤矿安全生产极端重要性和长期性、复杂性、艰巨性的认识，常怀敬畏之心、戒惧之意，敬畏生命、敬畏自然、敬畏法律，决不能过高估计安全生产形势和当前安全生产水平，要以如履薄冰、如临深渊的心态，时刻绷紧安全生产这根弦。二是要以最过硬的手段，坚决打好“一场仗”。在专项行动中，要突出瓦斯治理，以铁的手腕“严治”；突出“三非、三违、三超”，以铁的决心“严查”；突出监管执法，以铁的纪律“严惩”。三是要以最务实的措施，努力筑牢“一根本”。要在全力抓好煤矿安全生产监管的基础上，重点启动实施“三型五化六个一百”工程，努力筑牢安全生产基础这“一根本”。四是要以最严明的纪律，全力构建“一道网”。要按照“政府统一领导，部门依法监管，企业全面负责，群众参与监督，社会广泛支持”的安全生产监管原则，以强化责任落实为核心，进一步严明纪律，加大追责力度，不断健全和完善安全生产监管责任体系，构建一道“安全生产人人有责、个个负责”的责任网络。

10月25日，张向明副市长在全市煤炭安全生产暨兼并重组煤矿企业安全工作会议上，作了题为《攻坚克难标本兼治确保全市煤矿安全生产形势平稳》的重要讲话，一要坚持隐患治理不动摇，认真研究监管的办法和措施，重点加强对未复产和已复产矿井的监管，督促煤矿企业认真落实主体责任，扎实抓好隐患排查治理；二要坚持打非治违不松劲，进一步突出打击重点，强化动态监管，严格工作标准；三要坚持责任落实不含糊，实行严格的目标责任考核，建立完善风险评估预警机制，加大问责力度，完善社会监督机制；四要坚持固本强基不犹豫，进一步加大安全投入，积极推进标准矿井建设，不断强化煤矿安全基础，提升煤矿安全水平；五要坚持警钟长鸣不懈怠，采取一切管用措施，攻坚克难，标本兼治，全力以赴抓死抓实今年最后三个月的工作，千方百计确保全市煤矿安全生产形势平稳，严防发生煤矿伤亡事故。

安全事故：3月16日0时54分，富源县黄泥河镇戛拉煤矿主平硐C7+8煤层上山掘进工作面发生一起煤与瓦斯突出事故，当班共有85人入井，其中74人安全升井，导致9人遇难、2人受伤，直接经济损失856万元。

4月3日13时50分，宣威市宝山镇包村煤矿包村井发生一起较大瓦斯爆炸（隐瞒）事故，造成6人死亡，直接经济损失493万元。

4月6日10时14分，云南东源罗平煤业有限公司阳光煤矿建设项目人行斜井+1870m水平车场掘进工作面发生一起煤与瓦斯突出事故，造成6人死亡，1人受伤，直接经济损失560万元。

4月15日11时50分左右，宣威市海岱镇杨梅山煤矿发生一起重大瓦斯爆炸事故，造成12人死亡，3人受伤，直接经济损失1353万元。

9月24日15时19分，云维集团麒麟区祠堂坡煤矿一采区西翼煤残采工作面运输巷发生一起顶板事故，造成5人死亡，2人受伤，直接经济损失407万元。

11月10日6时25分左右，师宗县私庄煤矿二号井+1748m水平掘进工作面发生一起煤与瓦斯突出事故，43人遇难，直接经济损失达5千多万元。

【任职领导名单】

党委书记、局　　长　张　勇
党委委员、纪委书记　李　勇
党委委员、副 局 长　李全和
　　　　　　　　　　李晓毅
　　　　　　　　　　陈　志
党委委员、办公室主任　李　云
总工程师　吕龙祥
调 研 员　郭文平
副调研员　赵顺波
　　　　　唐训东

（李　云　易　辉）

富源县煤炭工业局

【综述】　2011年，富源县煤炭工业局狠抓煤矿安全基础管理，扎实推进技术进步，严厉打击违法违规生产建设行为。在煤炭安全生产、重点项目建设、煤炭资源整合关闭、流通秩序管理、教育培训、应急救援体系建设等方面圆满完成了各项任务。呈现了煤矿安全形势稳定好转，煤炭生产平稳推进，经济效益大幅提高，科技推广应用进程不断加快的良好局面。全县煤炭工业总体安全水平和发展实力明显增强，各项经济指标逐年提高，为全县经济社会稳定发展做出了积极贡献。全县地方煤矿共生产煤炭2102万吨，与去年同期相比增长11.75%。占年计划2100万吨的100.1%；生产洗精煤135.5万吨，同比增长17.42%，占年计划135万吨的100.37%；生产焦炭151万吨，同比增长18.7%，占年计划150万吨的100.67%。

全县完成煤炭工业总产值140亿元，同比增长48.15%，占年计划111亿元的126.13%；完成销售产值140.5亿元，同比增长152.3%；全县煤炭行业上缴税金4.3亿元，同比增加1.2亿元；按政策上缴各种煤炭规费4.86亿元，占年计划6亿元的81%，同比增加8600万元。

全县共调运原煤1862.85万吨，调运洗精煤135.5万吨，焦炭151万吨。其中铁路销售391万余吨，公路销售1471.85万吨，向滇东电厂销售电煤447.3万吨、向曲靖电厂销售17.86万吨。

全县地方煤矿共发生死亡事故3起、死亡12人，原煤生产百万吨死亡率0.6，新建、改扩建矿井万米掘进死亡率为零。

【项目投资和安全投入】　全县煤矿重点项目建设投资、一般性建设投资和煤矿安全生产投入合计完成51.29亿元，其中，固定资产投资27.8亿元，新建、扩建项目投资13.65亿元，重点项目建设投资7.56亿元，其他技术改造项目投资2.29亿元。煤矿安全投入14.6亿元，占年计划投入14亿元的104.28%。

【重点项目建设】　全县计划重点建设项目121个，计划投资7.51亿元，完成投资7.56亿元。其中：煤矿系统标准化矿井建设计划88对，完成建设达省一级的8对、省二级17对、省三级63对；计划建设煤矿专用回风井6对，完成建设2对；矿井斜井机械乘人装置计划完成安装17套，全县合计已安装完成32套；计划新增矿井机械化采煤工作面10个，所有矿井必须全部实现壁式工作面采煤，到年底已完成建设机械化采煤工作面14个，其中：已建成综合采煤工作面8个，高档普采工作面6个，有急倾斜煤层柔性掩护式支架工作面6个，正常运行的壁式采煤工作面达160个；矿井机械化掘进8对；实现机械化运输43对；有4个煤矿瓦斯发电项目已建成发电。

【煤炭流通秩序逐步好转】　实行网络监控，对出（入）境煤焦等进行集中过磅计量和查验票证。通过整治撤并，全县建设煤焦过磅服务站11个，在关键地段设立验票站（点）8个，正在筹建过磅服务站3座，进一步规范了煤炭销售秩序，遏制非法违法生产的煤炭进入市场。共制作发放车辆运输准运卡6500张，煤焦调运计量卡68万张，查处违规调运车辆547余辆，没收违法调运煤产品1800余吨，责令补交偷漏煤炭规费40余万元。

【教育培训】　全县共举办安全煤矿特员培（复）训班42期，完成培训4505人。其中，特员培训27期13类工种3206人，复训15期13类工种1299人；从行业管理部门选调人员参加国家、省、市举办的各类培训545人，从煤矿抽调人员参加职业危害防治培训和其他岗位技能培训23472人，新送培矿长17人，煤矿班组长2258人，培训兼职救护队员通过培训，为煤矿从业人员办理上岗证30572人。

【安全生产监督管理】　一是严格落实监管责任，坚持做到“三到位”和“六做到”。“三到位”，即：煤炭工业局和各煤炭分局在主要议事日程上，每召开会议，必须对阶段性工作进行研究安排和部署，确保安全的思想不能放松，强调部署必须到位；在各级安全责任人的工作安排上，安全必须摆在第一的位置；在安全责任者的主要精力上，安全第一必须优先。“六做到”，即：做到安全第一责任者要亲自主持召开会议，及时研究解决安全生产中存在的重大问题；做到安全生产第一责任者要紧紧抓住煤矿存在的重大隐患不放，凡是挂钩（矿）职工和煤矿无法解决和解决不了的，必须由第一责任人亲自过问、出面解决；做到在考察使用系统内干部时，把安全绩效作为选拔任用的准则来考核，凡是安全意识不强、安全绩效差的，一律不予评先评优和提拔任用；做到在安全与生产、与效益、与其他工作发生矛盾时，要坚持一切为安全生产让路，一切服务于安全的原则。把安全工作放到“重中之重、首中之重”的位置上；做到惩罚不讲情面，安全生产“一票否决”。二是严格重奖重惩考核，把安全责任落实在奖罚中，首先是制定月奖、季奖、年终奖和活动奖惩措施，按不同责任和风险实行风险抵押，报县人民政府批复后执行；其次是把煤炭安全生产与局挂钩领导、各分局局长、局机关各科（室）负责人、分局挂片（驻矿）职工的经济利益挂钩，与煤矿企业法定代表人的经济利益和社会声誉挂钩，把是否安全作为重奖重惩、年终考核奖惩和煤矿企业年终评先评优的先决条件。三是成立煤矿安全生产工作领导小组，由局主要领导担任组长，其他党政班子、各煤炭分局长为成员，局党政班子成员全部挂钩到10个产煤镇，明确职责任务，实行挂钩负责制。四是通过竞聘上岗和实行末位淘汰，局技术检查组和安全监管检查组人员进行重组调整，实行挂镇和分片检查、监管服务。五是局领导班子成员和科（室）负责人实行安全挂钩负责，安监局干部职工实行分片监管，各煤炭分局班子实行挂片、职工挂（包）矿、安全监督员驻矿负责，做到分工明确、责任到人。六是严格落实“一岗双责”制，严格责任追究，对煤矿采取严处重罚、教育与惩治相结合的手段，坚决查处违法违规生产建设，对责任心不强、疏于管理、监督不力、隐瞒隐患、整改不力、玩忽职守的行为从严追究，全方位全过程来全面加强煤矿安全生产监督管理，采取强有力的措施，努力改善煤矿安全生产状况。七是严格落实矿领导带班下井和特员现场跟班作业制度，认真贯彻国家安监总局关于煤矿领导带班下井的有关规定，督促煤矿企业严格落实矿领导带班下井、特员跟班作业制度，逐级落实安全监管责任和煤矿企业安全生产主体责任，确保各项责任和制度得到有效落实。七是扎实开展煤矿节后复工复产和“两会”期间安全工作，特别是深刻汲取戛拉煤矿“3·16”煤与瓦斯突出和杨家沟煤矿“4·28”、“9·11”顶板事故的惨痛教训，认真贯彻落实“安全生产年”和继续深化安全生产“三项建设”、“三项行动”的有关要求，认真抓好煤矿安全生产隐患排查治理，全年开展安全生产大检查、大排查、大整治期间，共出动人员16062人（次），检查矿井3033矿（次），检查工作点11768个，共排查出各类隐患22047条，责令及时整改18935条，限期整改3112

条，检查停止作业点52处，从危险区域撤出人员243人，查处“三违”人员3人，对286对（次）矿井进行了停产整改，罚款158万元。

【煤矿瓦斯综合治理】 3月16日，戛拉煤矿发生较大煤与瓦斯突出事故后，为认真吸取事故教训，严格按照省、市和县委政府的监管要求，及时制定和重新修改《富源县煤炭工业局瓦斯治理工作实施方案》，切实把重心放在瓦斯治理上。一是加强瓦斯综合监测监控系统管理。保证全县煤矿瓦斯综合监测监控系统能有效实现煤矿、乡镇、县城三级联网传输，确保高瓦斯矿井、双突矿井、参照突出管理的矿井数据正常上传，同时，重点对瓦斯监控系统传感器配备数量不足、安装不到位、不定期校验、运行不正常的问题进行了集中解决，通过与省煤矿安全监察局合作，在全县设立了4个矿用仪器设备检校点，加强仪器检校。二是制定和完善瓦斯综合监测监控系统超限报警处置制度措施。一旦发现上传数据报警，由县瓦斯总控室及时下达排查和停产整改指令，及时报告分管领导进行调度处置，并安排人员第一时间深入现场进行指导整改，有效地避免了煤矿瓦斯超限作业。三是进一步完善矿井瓦斯综合监测监控系统、瓦斯远程监控联网系统，加快瓦斯抽放系统建设。积极配合省级和国家有关资质单位，抓好矿井采区布局、瓦斯等级鉴定、瓦斯“四项参数”测定、煤与瓦斯突出危险性鉴定以及瓦斯抽放设计和“四位一体”防突措施的落实，采取强制措施，构建“通风可靠、抽采达标、监控有效、管理到位”的煤矿瓦斯综合治理工作体系；四是加快完善井下安全避险“六大系统”建设。为深入贯彻落实国发〔2010〕23号文件精神，富源县煤炭工业局成立了井下安全避险“六大系统”建设实施领导小组，编制了《富源县地方煤矿井下安全避险“六大系统”建设实施方案》，确定了井下“六大系统”建设的总体目标、建设内容和实施步骤，计划到年底前所有煤矿建设完善煤矿瓦斯监控系统、人员定位系统、压风自救系统、供水施救系统和通信联络系统，建设完成9个煤矿紧急避险系统。据初步统计，至2011年底，全县共投入瓦斯治理专项资金4.6亿余元，对矿井瓦斯综合监测监控系统、瓦斯远程监控联网系统、矿井通风系统进行再完善。在上级测定的82对高瓦斯矿井、双突矿井和参照突出管理的矿井中，已完成了72对高瓦斯矿井、双突矿井和参照突出矿井管理的瓦斯抽放系统安装完善工作，安装改造率占该类矿井数的87.8%，有11对矿井前期设计安装已基本完成。

【技术革新】 继续推进采煤工艺的革新。按照国家安监总局“三推行”的要求，把推行壁式工作面采煤、矿井支护改革、顶板管理、降低顶板事故作为煤矿安全监管的又一项重要工作来抓，首先是建章立制。督促煤矿建立健全顶板管理机构和顶板管理专业队伍，明确管理职责，制定顶板管理方案，完善顶板管理措施，积极推行支护方式改革。其次是抓好落实。特别是杨家沟煤矿“4·28”、“9·11”顶板事故连续发生后，为避免类似事故的再次发生，从抓制度落实入手，严格落实顶板管理各项制度，加大了顶板事故隐患排查和治理力度，从源头上预防和减少了顶板事故的发生。全县煤矿支护方式的改革已经迈上了一个全新的台阶，大部分煤矿的主要巷道采用了砌碹、锚喷支护，基本取缔了木支护，所有煤矿都实现了壁式工作面采煤，有166个工作面采用了单体液压支护，掘进工作面和巷道维修全部实现金属架子或前探梁支护，有14对矿井已实现了综合机械化开采，8对矿井实现了机械化掘进，43对矿井实现了连续机械化运输。全县实现壁式工作面采煤的矿井已达到了100%。

【安全质量标准化建设初见成效】 深入贯彻国家煤监局、中国煤炭工业协会《关于在全国煤矿深入开展安全质量标准化活动的指导意见》（煤安监办字〔2003〕96号）文件精神。在对全县地方煤矿逐矿进行井上、下调查分析的基础上，县人民政府多次召集各乡镇人民政府、煤炭工业局、发改局等部门专题研究煤矿安全质量标准化建设，制定出台了《关于在全县煤矿开展矿井安全质量标准化建设的通知》，按照“典型引路，以点带面，循序渐进，全面提高”的工作方法，要求全县所有煤矿必须向安全质量标准化要安全、要管理、要效益，迅速在全县煤矿展开了安全质量标准化建设工作。2010年8月县人民政府又印发了《富源县地方煤矿系统标准化创评实施意见》（富政办发〔2010〕137号），在建设安全质量标准化矿井的基础上，将系统标准化建设作为质量标准化建设的一项重点，开展“四个创评”活动，明确了全县地方煤矿实施安全质量标准化建设的工作目标、任务和重点，并将目标任务层层分解落实到各产煤乡镇和煤矿。至2010年底，已全面启动煤矿安全质量标准化矿井建设，累计投资达15.6亿元。其中：2007年建设投资2.2余亿元；2008年建设投资3.3余亿元；2009年建设投资3.2余亿元；2010年建设投资6.9余亿元。截至2011年年底，经市、县煤炭工业局组织验收，全县地方煤矿共有88对矿井达到省三级以上安全质量标准化标准，其中，经初验达省一级安全质量标准化矿井8对（在省三级基础上建成的6对，新建矿井直接建设2对）；达到省二级标准的矿井17对；达到省三级标准的矿井63对。通过几年来狠抓矿井安全质量标准化工作，富源县地方煤矿在基础设施建设和管理上上了一个新台阶，产生了较好的安全效益和经济效益。全县涌现出了吉克煤矿、祥达煤矿等一批质量标准化示范矿井。原煤产量也逐年提高，由2010年的1881万吨提高到2102万吨，增长11.75%；工业总产值由2010年的95亿元提高到2011年的140亿元，增长48.15%，煤矿安全质量标准化建设取得了显著效果。

【电煤供应】　县煤炭工业局广大干部职工坚决贯彻执行省、市、县有关电煤供应的文件会议精神，积极协调煤炭企业保证电煤供应。一是全局上下统一思想，提高认识，转变作风，真抓实干，局领导按照安全生产挂钩负责制实行电煤挂钩负责，深入到煤炭生产第一线，认真做好煤矿的思想工作，督促煤矿企业积极向电厂供煤，缓解煤电之间的矛盾，帮助煤矿解决生产及调运中的实际困难和问题，采取强制措施千方百计确保电煤供应；二是积极与电厂和县级有关部门协调，形成合力，落实“保油、保电、保畅通”的相关措施，积极制定供应计划，把供煤任务及时分解到煤矿，实行强制供应。今年以来，按照市人民政府下达给县550.95万吨的电煤供应任务，通过努力，已完成向滇东电厂供应电煤447.3万吨，占下达计划任务的81.18%；向曲靖电厂供煤17.86万吨。

宣威市煤炭工业局

【概述】　2011年，宣威市煤炭工业局党政领导班子团结和带领行业广大干部职工深入贯彻落实科学发展观，齐心协力，顽强拼搏，紧紧围绕市委、政府关于“依法生产、安全生产、文明生产、高效生产”的目标要求，按照“强监管、保安全，建骨干、打基础，兴科技、上水平，抓整合、促发展，活流通、增效益”的工作思路，切实强化安全监管，加大煤矿技改投入，强化内部管理，促进全市煤炭工业健康发展。

2011年，全市乡镇煤矿164对井，从业人员18939人，共生产原煤821.78万吨，实现工业产值358271万元，与上年同期相比分别降22.53%、38.92%；共完成基建技改投资9.11亿元，完成全年计划任务6.8亿元的133.9%；完成规费收入1.34亿元，完成年计划1.34亿元的100%；上缴税金3.6亿元（国税3.16亿元，地税0.44亿元）；局属经营企业共完成营业、代销收入46590.37万元，上缴税金563.69万元，亏损76.3万元。

【安全管理】　始终按照市委、政府“依法生产、安全生产、文明生产、高效生产”的目标要求不断创新安全监管方式，强化安全监管，努力实现安全生产。

一、建立健全安全生产责任体系和“一岗双责”责任制，狠抓责任制的落实。全局上下始终牢固树立“以人为本、安全为天”的理念，把煤矿安全工作作为第一要务，建立健全安全生产责任体系和“一岗双责”责任制，狠抓责任制落实。市政府与煤炭局、市煤炭局与各煤管所、各煤管所与各煤矿、各煤矿与班组和职工层层签订了安全生产目标责任状，进行风险抵押，严格考核奖惩。各煤管所实行分片或包矿责任制，形成自上而下，自下而上，横向到边，纵向到底，一级抓一级，一级保一级的安全生产监管机制。市煤炭局成立3个督导组和9个挂片检查组，所有班子成员和安全监管人员对15个产煤乡镇（街道）的煤炭安全生产实行分片挂钩负责，缴纳安全风险抵押金，实行目标考核奖惩。

二、切实抓好监管主体责任的落实。坚持每月24日召开局挂片组监管人员会议，每月25日召开煤管所长调度会议，进行安全生产情况汇报，认真总结分析和研究煤矿安全生产中存在的突出问题，安排部署下步工作。同时，定期不定期召开安全生产办公会议，帮助煤矿解决存在的重大隐患和突出问题。在监管过程中，采取常规检查、突击检查、重点抽查、跟踪督查、夜查等多种监管检查方式深入矿山井下，全面细致地进行监管检查，做到不留死角，不漏一点一面，对未经检查验收擅自组织生产、以整改为名组织生产、无矿领导带班和特员跟班、瓦斯超限作业等违法违规及管理不到位的煤矿一律依法依规从严从重处罚。对安全技术措施、作业规程、技术操作规程和规章制度执行不到位的、法人或矿长不在煤矿组织指挥煤矿安全生产工作的一律责令停产整改。全年共组织开展全面的安全监管检查12次、夜查11次、重点跟踪督查12次，检查矿井1826井（次），查出各类安全隐患29161条，处罚96井（次），累计罚款219.5万元。

三、强化企业主体责任的落实，严格规定煤矿主要负责人和生产经营管理人员必须下井带班指挥安全生产，特员必须现场跟班作业，对不按规定执行的严格按照有关法规从严从重处罚。严格执行矿长外出请销假制度，矿长外出必须向乡镇分管领导和煤管所请假，经批准后方可外出。严格教育管理和培训制度，凡是安全第一思想树立不牢或是现场管理严重不到位的，实行强制培训。存在重大安全隐患或主体责任落实不到位的煤矿，一律实行停产整顿（改）或挂牌督办，并进行行政处罚。

四、狠抓“责任问责、隐患排查治理、排非治违”等专项行动，紧紧围绕安全发展目标，着眼于“治大隐患、防大事故”，牢牢抓住隐患排查治理这根主线，着力打好“瓦斯治理、水害防治、顶板管理”三个攻坚战，以容易导致事故发生的瓦斯、顶板、水害、防灭火为重点切实开展隐患排查治理工作，做到重大隐患盯住不放，跟踪问效，较大隐患不过夜，小隐患不过班。认真落实安全风险评估预警机制，严格执行存在较大隐患的煤矿“黄牌预警”，存在重大隐患的煤矿“挂牌督办”制度。对证照过期、超层越界、多井口多系统出煤，井证不符的矿井一律依法依规严肃查处。对采矿许可证过期矿井一律责令停产，对超层越界矿井一律责令退回矿界并密闭封实，报国土部门处理。对多井口多系统出煤的一律责令按“一个矿井一套系统一个井口出煤”的标准并停产一个系统，井证不符的矿井一律责令关闭井口。

五、抓煤矿安全投入，强化整治，

夯实煤矿安全生产基础。“4·15”事故后，全市所有乡镇煤矿一律停产整改，并按相关要求“一井一策”停产整治，共投入整治资金7.6亿元，对煤矿的“五大生产系统”和“六大安全保障系统”等进行深入整治，矿井安全生产条件得到有效改善，淘汰了国家明令禁止使用的设备和工艺，杜绝了裸巷和木支护巷道，工字钢、锚喷、锚杆、“U”型拱架等支护工艺得到推广应用，倾斜、缓倾斜和近水平煤层基本实现单体液压支柱壁式采煤，急倾斜煤层基本上实现了柔性掩护支架和密集支柱采煤，皮带运输、可弯曲刮板运输机得到推广应用。全市现有单体液压支柱壁式采煤工作面120个，柔性掩护支架采煤工作面8个，连续机械化运输12对矿井。155对矿井安装了监测监控系统，152对矿井安装了压风自救系统，147对矿井安装了供水施救系统，155对矿井安装了通信联络系统，152对矿井安装了人员定位系统，3对矿井正在建设紧急避险系统，安全生产基础得到进一步夯实，安全生产形势呈现出平稳向好的发展态势，114对矿井申请验收，批复生产和建设110对矿井。

六、强化瓦斯治理。按相关要求，全市所有高瓦斯矿井全部责令停产整顿，制定“一井一策”瓦斯治理方案和停产整治方案，完成了瓦斯治理专家会诊现场工作。27对高瓦斯矿井的突出危险性鉴定完成6对（上报审批2对），5对正在鉴定，未签订协议的3对，已签订协议未开展鉴定工作的13对，所有高瓦斯矿井均安装使用了瓦斯抽放系统。认真开展瓦斯等级鉴定，安全评价、通风能力核定、机电检测等工作，150对矿井进行了瓦斯等级鉴定，做瓦斯等级鉴定报告67对矿井，因未正常生产请示沿用2010年鉴定结果的83对矿井。安全评价138对矿井，进行通风能力核定137对矿井，进行机电检测140对矿井。

七、以标准化、规范化矿井建设为目标，强化达标意识，全力抓好安全质量标准化矿井建设工作。按照要求，全市乡镇煤矿必须达三级安全质量标准化矿井建设要求。2011年对145对进行了验收，14对矿井达省二级标准，131对矿井达三级。

八、加强救护队伍建设，强化战备训练和装备建设。加强煤矿兼职救护队伍建设，共有102对矿井组建了兼职救护队，47对矿井正在组建，有兼职救护队员1872人。全年全市共发生事故5起，死亡21人（较大事故1起死亡6人，重大事故1起死亡12人，一般事故3起死亡3人），安全生产形势严峻。

【矿井建设】 针对全市煤矿安全生产基础普遍薄弱，装备水平不高的实际，始终把加大煤矿安全投入，推广应用先进工艺、技术作为提高矿井装备水平提升矿井安全生产保障能力的重要手段。一是加大矿井技术改造力度，提高安全生产科技含量。全市乡镇煤矿共投入基础设施建设、技术改造资金9.11亿元，重点改造扩大矿井采掘巷道断面、巷道支护工艺、采掘支护方式、回采工作面采煤方法及运输方式等，建成单体液压支柱工作面120个，急倾斜煤层柔性掩护支架工作面8个，实现机械化掘进矿井2对，连续机械化运输矿井12对，实现机械化运送人员矿井6对，矿井全面实行锚喷、锚网、工字钢支护或砌碹翻拱支护。二是抓好全市整合矿井技改、新建和改扩建项目建设工作。按照批准的宣威市煤炭资源整合方案要求，整合后保留矿井164对，整合后矿井规模必须达9万吨/年以上，矿井改扩建任务重、投资大。全年全市建成投入验收矿井30对（本年新增3对），完备开工建设手续齐全矿井38对，本年新增6对矿井正在进行投产前期工程建设，已完成核准，进入设计阶段矿井60对，部分矿井初步设计审批结束，进入安全专篇审批和开工备案领取阶段，36对矿井正在办理核准前期工作。

【教育培训】 强化教育培训，努力提高全员安全素质。全年共培复训煤矿职工24651人，培复训特员及管理人员29期4091人，组织矿长、副矿长、总工程师、技术负责人502人按时参加省级组织的培复训。针对矿井技术力量薄弱，技术管理水平偏低的现状，委托能源技术学院开办学制一年的机电和采煤技术员培训，送培机电技术员61人，采煤技术员48人。全员安全技术素质得到有效提高。

【机构设置】 2011年，宣威市煤炭工业局（简称市煤炭局）有在职职工761人，其中公务员21人，事业编制人员181人（其中煤管所85人），临时工63人，局属企业在职职工496人；有先养后退人员13人，离退休人员96人。有党员226人（其中女党员53人，少数民族党员23人，预备党员3人），党员总数占职工总数的29.7%。市煤炭局下辖电煤开发公司（集体）、煤炭供销公司、煤炭运输公司、矿山机械总厂、煤炭经贸公司（集体）5个企业、15个产煤乡镇（街道）的煤管所。局党委下设机关、开发服务中心、矿山救护中队、调度科、老年、煤炭供销公司、煤炭运输公司、矿山机械总厂、煤炭经贸公司共9个党支部。

（胡　玉）

沾益县煤炭工业局

【基本情况】 沾益县煤炭资源总量预计42780.8万吨，其中探明（普找、普查、详查、精查）储量8918.8万吨（罗木矿区7529万吨、鲁海矿区593万吨、卡居矿区576万吨、松韶矿区139万吨、大明槽矿区81.8万吨），保有储量8748.9万吨（罗木矿区7366.5万吨、鲁海矿区593万吨、卡居矿区576万吨、松韶矿区131.6万吨），预测储量33862万吨（罗木矿区深部5031万吨、卡居矿区外围800万吨、松韶矿区外围1000万吨、大明槽矿区外围10231万吨、鲁海矿区外围8000万吨、水田矿区800万吨、菱角矿区8000万吨）。全县已动用资源量8918.8万吨，我县煤炭资源以烟煤为主（动力用煤），也有少量无烟煤。

沾益县煤炭资源分布散，不集中，各区均有煤炭资源，总量不大。我县煤炭资源多为高灰、高挥发分、低硫磷动力用肥气煤，也有少量1/2中粘煤和无烟煤。

全县共有煤矿7个，矿井7对，设计生产能力45万吨/年，核定生产能力47万吨/年，有从业人员1200多人，2010年实际生产原煤51.83万吨。我县区域内无国有煤矿，7个煤矿全属地方煤矿，7个煤矿全为乡镇集体煤矿。播乐乡有煤矿5个，矿井5对，分别为：沾益县播乐煤矿（设计9万吨/年、核定9万吨/年）、大海煤矿（设计9万吨/年、核定9万吨/年）、小冲沟煤矿（设计9万吨/年、核定9万吨/年）、新村煤矿（设计6万吨/年、核定6万吨/年）、乐利煤矿（设计6万吨/年、核定6万吨/年）；炎方乡有煤矿2个，矿井2对，分别为：沾益县猴路沟煤矿（设计3万吨/年、核定4万吨/年）、松韶煤矿（设计3万吨/年、核定4万吨/年）。

2011年：全年生产原煤51.83万吨，较2010年51.63万吨增0.4%；生产焦炭331.8万吨，较2010年365.57万吨减少10%；生产洗精煤204.89万吨，较2010年182.97万吨增11.98%。原煤完成现价工业总产值12510万元，同比增长了24.18%；焦炭完成现价工业总产值489980万元，同比增长了22%；洗精煤完成现价工业总产值75787万元，同比增长了169%。

【技术改造与创新】　到2011年年底，沾益县播乐煤矿、大海煤矿、小冲沟煤矿、新村煤矿、猴路沟煤矿、松韶煤矿等六个煤矿，全部采用壁式采煤工作面开采，工作面采用单体液压支柱支护，刮板运输机运输，提高了矿井安全保障，降低了职工劳动强度，提高矿井经济效益。

沾益县乐利煤矿煤层倾角较大，无法进行壁式采煤，2008年，经过多方考察，沾益县乐利煤矿投资500万元，实现柔性掩护支架采煤，从这几年的生产情况看，柔性掩护支架采煤非常适用于乐利煤矿，大大提高了煤炭产量，改善了安全生产条件，提高了经济效益。

自2007年以来，沾益县大力提倡支护方式改革，普遍采用“U”型钢架支护、砌碹支护及锚喷支护，实现坑木替代。到2011年年底，已实现沾益县播乐煤矿、大海煤矿、乐利煤矿、小冲沟煤矿、猴路沟煤矿、新村煤矿等六个煤矿坑木替代。

为进一步完善矿井的生产系统，提高矿井的安全保障能力，沾益县积极推进矿井技术改造，2009年6月，经曲靖市煤炭工业局批准，启动沾益县大海煤矿专用风井建设；2011年4月，经曲靖市煤炭工业局批准，启动沾益县播乐煤矿人员运送（猴车）井建设，已完成井筒建设650米，计划于2013年上半年完成全部建设任务；2011年4月，经曲靖市煤炭工业局批准，启动沾益县小冲沟煤矿皮带运输井及人员运送井建设，已完成井筒建设300米，计划于2013年下半年完成全部建设任务。

【安全生产管理】　一是落实责任。严格落实安全监管和煤矿安全生产主体两个责任，严格落实“领导包片、科室挂矿、工作人员驻矿监管”制度。二是强化达标。严格按照安全质量标准化建设要求组织生产作业，未达要求的一律停产整治，至2011年年底，全县七个煤矿，3个达省二级质量标准化矿井，4个达省三级质量标准化矿井。三是重点防治。以“一通三防”为重点，做好通风、水患、顶板、瓦斯等灾害的防治工作。四是作业审批。强制推行煤矿矿井采区规划、水平延伸开拓审批和图纸交换制度，规范编制和落实采、掘作业规程为突破口，推行煤矿生产现场的精、细、严管理，严格实行井下“双控”，杜绝“三违”，严防“三超”。五是隐患排查整治到位。认真执行定期报告、重点监控、挂牌督办、公告公示、限期销号制度，健全重大危险源监控制度，强化重大危险源监督管理。加快应急救援体系建设，提高应急救援预案质量，加强应急救援管理，开展应急救援演练，进一步提高应急救援能力。全面排查安全生产基本条件、基础设施、技术装备、作业环境、规章制度、劳动纪律、现场管理各个环节，深入开展煤矿隐患排查治理工作，做到“无盲区、无盲点、无空档、无缝隙”。加大隐患排查治理整改力度，做到责任、措施、资金、时限和预案“五落实”，确保隐患销号，杜绝事故发生。采取专家会诊、现场参观、技术研讨会等形式，积极开展安全技术服务活动。严格落实“先抽后采、监测监控、以风定产”瓦斯治理综合方针；坚持“预测预报、有掘必探、先探后掘、先治后采”的原则，落实“防、堵、疏、排、截”综合治理措施，切实提高水害防治能力；加强顶板管理，坚决遏制顶板事故发生；加强火工品储存、领退、运输和使用的全过程管理；加强机电设备管理，杜绝淘汰设备入井。五是保证执法监管到位。严格生产管理，严禁未经批准组织生产；严格安全技术措施审批管理，严格技改项目全过程监督管理，确保规范建设和达到安全标准，对未按批复要求完成的技改项目，由局规划发展科收回批复并下达停建停产整改通知书。

【安全生产培训】　坚持“以人为本、教育先行”的原则，采取“送出去，请进来”的方式聘请省煤矿安全培训中心、曲靖市煤炭技术培训中心专家举办培训班培训特员330人、培训煤矿职工785人，参加省煤矿安全培训中心举办的矿长培（复）训班4人次；在全县煤矿放假停产期间，各煤矿采取多种形式，在驻矿专职监督员的指导下，重点对从业人员进行了《煤矿职工安全手册》、“三违”现场、瓦斯管理基本知识、顶板管理基本知识、如何开好班前会议及职工自救互救安全知识等为主要内容的安全生产培训工作，共培训特种作业人员、煤矿职工1875人次，进一步强化了职工的安全生产意识。2011年，由市政府法制办组织煤矿行政执法人员培训6人；云南省工业和信息化委员会组织经营资格证业务培训85人；云南省安全生产监督管理局组织执法人员培训3人；云南煤矿安全监察局组织煤矿总工程师培训6人；云南省工业和信息化委员会组织矿长资格证到期复训8人；云南煤矿安全技术中心组织煤矿从业人员安全教育暨职业病防治培训781人；云南煤矿安全监察局救援指挥中心组织煤矿兼职救护队员培训90人；曲靖市煤矿安全技术中心组织组织煤矿特种作业人员培训、复训214人。全年累计完成煤炭行业培训、复训1098人次。

【资源整合】 按照国家、省、市的要求，2008年5月，沾益县编制上报了《曲靖市沾益县煤炭资源整合方案》，2008年7月18日，云南省煤炭资源整合领导小组下达了《云南省煤炭资源整合领导小组关于曲靖市沾益县煤炭资源整合方案的批复》。

按照批复意见，沾益县所有煤矿企业整合为一个企业，即沾益县煤炭工业总公司，建立公司章程，按照统一规划布局、统一生产管理、统一安全管理、统一技术管理、统一产品销售。理顺内部管理体系，健全完善各项管理制度等；整合分三种类型进行，一是零星资源型，即零星资源型的松韶煤矿二号井2010年年底前关闭，要求煤矿严格按照整合关闭的时间，认真做好资源开采、设备安置、人员安置等工作，妥善处理好相关事宜，保持矿区稳定，整合关闭工作已于2009年完成。二是异地接替型，包括沾益县新村煤矿异地建设水田煤矿和沾益县松韶煤矿异地建设鲁海煤矿。要求上述两个煤矿按照有关规定，积极办理建设手续，待建设项目完成后，对原矿井实施关闭，上述两个项目由于手续办理太难，进展较为缓慢。三是单独保留型，包括沾益县播乐煤矿、大海煤矿、小冲沟煤矿、兴源煤矿、乐利煤矿、猴路沟煤矿等6个煤矿。单独保留矿井必须实施整合技改，提高生产能力。具体为：沾益县播乐煤矿、大海煤矿、小冲沟煤矿等3个实施9改15万吨/年整合技改；沾益县乐利煤矿、兴源煤矿等2个实施6改9万吨/年整合技改；沾益县猴路沟煤矿实施3改9万吨/年整合技改。改扩建项目进展较缓慢，各项目均在办理相关手续。

【机构改革】 2011年2月，沾益县撤销了经济局、煤炭工业局、科技局、商务局及信息产业办，共同组建了沾益县工业经贸和科技信息化局，对煤炭行业实施行业管理，主要从事煤炭行业管理的人员仍由原煤炭工业局工作人员组成。按照沾益县委、县政府的要求，沾益县工业经贸和科技信息化局下设沾益县煤炭工业管理办公室，负责煤炭行业监管任务，由原煤炭工业局工作人员组成。

（赵所良）

陆良县煤炭工业局

【综述】 陆良县煤炭资源量6000～8000万吨，主要分布在召夸和活水两个乡镇。至2011年底，陆良县煤炭行业拥有2户煤矿企业、6户洗煤企业、1户焦化企业和9户煤炭批发零售经营企业。其中煤矿设计生产能力36万吨，煤炭洗选生产能力160万吨，焦化设计生产能力100万吨，煤炭经营能力200万吨。煤矿企业固定资产9338万元。2011年，县完成原煤产量（含工程煤）17.3万吨，产值3763.3万元15户煤炭经营企业经营煤炭93.33万吨，产值63869.41万元，其中，6户洗精煤企业生产销售46.4万吨洗精煤。产值48430万元。全行业上缴税金892万元，完成固定资产投资1000万元。

2011年周边县市发生多起煤矿安全事故，为认真吸取煤矿事故教训，按照曲靖市政府和县政府要求，分别于4月和11月严格执行停产整顿工作指令，全年共排查煤矿安全隐患377条，整改隐患341条，整改率达91%，累计投入安全隐患治理资金102.8万元，未发现重大隐患，连续5年未发生重伤。

【技术创新与技术改造】 质量标准化建设是煤矿安全的根本，煤矿企业必须按规定扎实抓好安全质量标准化建设。师宗县沪兴煤矿陆良县兴旺井于2010年12月30日上报安全质量标准化矿井三级验收申请，陆良县经济局于2011年1月8日组织相关人员对采煤、掘进、机电、运输、通风和灾害防治等六个专业项目进行了核查、打分和考评，总得分为74.93分，认为达三级安全质量标准化矿井，已报市局备案。

兴旺井完成了井下安全避险“六大系统”中的五大系统建设。煤矿安全监控系统：设施有主机、备用机各1台，安全监控分站5台，瓦斯传感器12台，负压传感器2台，风速传感器4台，温度传感器3台，开停传感器8台，水位传感器1台，CO传感器2台，烟雾传感器1台，远程断电仪3台。人员定位系统：主机、备用机各1台，数据接口2套，避雷设备1套，读卡器分站8台，读卡器120个。压风自救系统，供水施救系统：2YJ矿用压风供水自救装置各4套。通信联络系统：通信主机1台，通信接口1套、数字程控调度机1台、调度话机2部、终端防爆电话机8部。五大系统各项规章制度齐全。

【瓦斯治理】 县兴旺井2011年经云南省煤矿矿井瓦斯等级鉴定为低瓦斯矿井，最大相对瓦斯涌出量为5.99m^3/T，最大绝对瓦斯涌出量为0.69m^3/分，最大相对二氧化碳涌出量为7.3m^3/T，最大绝对二氧化碳涌出量为0.84m^3/分。虽是低瓦斯矿井，但仍按高瓦斯矿井的标准进行管理，煤矿2011年5月份完成了监控系统升级，共有KJ90的主机2台，监控分站4台，烟雾传感器1个，一氧化碳传感器1个，风速传感器3个，瓦斯传感器7个，温度传感器3个，水位传感器1

个，开停传感器5个，监控线3000米。购买报警仪20台，瓦斯监测仪6台。建立了瓦斯检查制度，井下瓦斯检查实行三班作业，采掘工作面每班做到3次检查瓦斯，同时每班对硐室、停风地点栅栏外也进行了1次检查。有瓦斯检查手册，无空班漏检，基本做到"三对口"、"三签字"，瓦检员实行了现场交接班制度。瓦斯日报按规定报送安全技术负责人或矿长审查处理并签字。

【教育培训】 2011年邀请市煤炭局培训中心教师兴旺煤矿培训116人，石槽河煤矿培训46人，共计162人，经过考试全部合格，都获得相应证书，提高了从业人员的安全意识和安全技术素质，为煤矿的安全生产把好了第一关，并且煤矿与相关职工签订了劳动合同，缴纳了工伤保险。

【安全隐患排查治理和打非治违专项行动】 2011年因周边县市发生多起煤矿安全事故，为认真吸取煤矿事故教训，我局认真按照曲靖市政府和陆良县政府要求，分别于4月和11月严格执行停产整顿工作指令，深入开展煤矿安全隐患排查治理和打非治违专项行动，取得一定成效。2户地方煤矿相继充实了矿安全隐患排查治理领导小组，明确了各成员职责，加大内部检查频次，加强现场管理力度，查缺补漏，进一步夯实了煤矿安全基础。煤矿企业在加强日常安全管理的基础上，组织职工学习了《国务院关于进一步加强企业安全生产工作的通知》（国发〔2010〕23号）、《云南省人民政府贯彻落实国务院关于进一步加强企业安全生产工作通知的实施意见》（云政发〔2010〕157号）和新版《煤矿安全规程》，完善了相关管理制度，提升了煤矿安全意识。停产（停建）整顿期间，我县2户地方煤矿分别针对各自实际，有针对性制订了隐患整改工作方案和纠违行动计划，对煤矿各大系统及各环节进行了全面的隐患排查。

【煤矿复产验收】 在加强煤矿隐患排查治理的同时，分别于6月中旬和11月底，积极对煤矿停产（停建）整顿后的煤矿复产（复工）进行指导，在扎实开展煤矿隐患整改的同时，努力加快煤矿复产（复工）验收进度。经过煤矿企业的努力，2户煤矿均具备了安全生产条件，根据煤矿企业申请，我局会同当地乡镇人民政府分别对2户煤矿安全隐患排查治理情况和复产（复工）条件进行了现场检查验收，检查组通过严格对照曲靖市煤炭局和云南煤矿安全监察局曲靖监察分局联合下发的验收标准逐项检查，煤矿均已达到隐患整改相关工作要求，具备安全生产条件，报县政府审核后及时批准煤矿复产复工。

【煤矿质量标准化建设】 质量标准化是煤矿安全的根本，煤矿企业必须按规定扎实抓好安全质量标准化建设。县煤炭工业局于2011年12月16日对采煤、掘进、机电、运输、通风、灾害防治、安全管理和地面设施与矿容矿貌8个专业项目进行了实地检查、打分，项目具体得分为：采煤86分、掘进82分、机电85.5分、运输83分、通风84.6分、灾害防治90分，安全管理85分、地面设施与矿容矿貌90分，矿井总得分为85.82分。省二级安全质量标准化矿井验收申请已上报，

【"六大系统"建设】 由于我县煤矿少和财政困难，煤矿安全监控系统联网一直没能完成，经过多次与市煤炭局和师宗县煤炭局联系协调，在各级领导的大力支持下，陆良县兴旺井安全监控系统现从师宗县煤炭局专网通过，市煤炭局帮助监控。除固定紧急避险系统到2013年完成外，其余建设都已完成。总计投资128万元。

【资源整合】 2011年年末，陆良县境内分布有2户煤矿企业2对井（坑），为单独保留型煤矿，符合云南省煤炭资源整合工作领导小组对陆良县煤炭资源整合方案的批复要求。

【重点项目建设与投资】 2011年，陆良县源丰矿业开发有限公司继续推进"30万吨/年褐煤开采"露天煤矿项目建设，完成年度投资1000万元，剥采工程、设备及运输、排土工程、安全等工程已接近尾声。

【任职领导名单】

工信局局长　程万军

分管副局长　陈永康

（牛林华）

罗平县煤炭工业局

【综述】 2011年是罗平煤炭工业发展步履艰难、历经坎坷的一年。1~4月，全市接连发生多起煤矿生产安全事故，安全生产压力空前加大，从4月9日开始，全县所有生产矿井停止生产、建设矿井停止建设，一律实行停产整改。师宗县私庄煤矿"11·10"特别重大煤与瓦斯突出事故发生后，全县煤矿企业开展了全面、彻底、细致的隐患大排查大整治专项行动，罗平县8对矿井全面停产整改。受安全形势及铬渣污染事件影响，全县煤炭企业一直处于停产、半停产状态，煤炭产能严重收缩。2011年，全县完煤焦产品总量190.8万吨，同比减少24.6%，其中，生产原煤156万吨，同比减少21.6%；生产洗精煤16.1万吨，同比减少32%；生产焦炭18.7万吨，同比减少38.6%。完成煤炭工业产值11.7亿元，同比减少13.7%。完成税费收入11587万元，同比减少8.7%，其中：税收完成9555万元，同比减少3.7%，规费完成2032万元，同比减少26.7%。全县有证矿井发生安全事故3起，死亡3人。事故起数比去年增加2起，死亡人数与去年持平，原煤生产百万吨死亡率为1.92。

【固定资产投资】 紧紧围绕县委、县政府确定的"项目落实年"各项工作要求，以技改扩能建设、文明矿山建设、安全质量标准化建设、井下安全避险"六大系统"建设、支护方式改革和矿井基础设施建设为切入点，加大重点项目建设投入力度，全年完成固定资产投

资48783万元，完成目标任务3.6亿元的135.5%，同比增长3.96%。

【电煤供应】 坚持一手抓安全、一手抓生产、一手抓电煤供应，积极动员煤矿业主讲政治、顾大局、作奉献，切实将全年各阶段电煤供应任务细化分解落实到各煤矿企业，并与煤矿复产验收、技改扩能、证照年检等相关工作挂钩，局所联动齐抓电煤供应进度的督促落实，2011年，全县煤矿企业累计供应电煤26.628万吨，电煤供应完成情况居全市第四。

【技术改造】 2011年，全县建成壁式工作面22个，25对矿井建设完善了监测监控、通信联络、压风自救、供水施救系统，24对矿井安装完善了井下人员定位系统，18对矿井装备了刮板运输机，5对矿井安装了架空乘人装置，2对高瓦斯矿井安装了抽放系统，25对矿井主要运输巷道、新开拓和维修改造巷道全部淘汰了木支护；4对矿井通过验收达省二级质量标准化矿井，18对矿井通过验收达省三级质量标准化矿井，4对矿井已建成省二级质量标准化矿井，等待市级验收，煤矿安全生产条件进不断改善，安全保障能力进一步增强。

【安全监管】 立足“查大系统、治大隐患、防大事故”，集中力量、集中精力，在2~3月开展了节后复产验收活动，4~5月开展了隐患大排查、大整改活动，6月开展了“安全生产月”活动，7~8月开展了“一通三防”、防治水、顶板管理专项整治行动、8~11月开展了“百日安全生产”活动、11~12月开展了隐患大排查大整治专项行动，全年共组织开展了28次煤矿安全大检查（局组织8次，两所各组织10次）和36次重点督查，共查出各类安全隐患7459条，其中“一通三防”2608条，机电525条，提升运输645条，顶板管理2465条，水患226条，其他969条，现场整改5239条，限期整改2220条，对存在重大安全隐患和隐患突出的煤矿累计处罚54万元，及时消除了一大批生产安隐患，避免了较大以上事故发生。

【教育培训】 深刻吸取全市煤矿发生的安全事故教训，举一反三，以事故教训推动各项防范措施落实，让矿主和业人员从事故中得到警示和教育；切实开展应急管理教育培训活动，进一步督促企业完善应急救援预案，进行应急响应、应急逃生、应急救援演练等活动，全面提高全县煤矿企业应急管理水平；着力开展安全技术教育培训活动，委托省安培中心在罗平开展副矿长培训1期40人、特员培训4期539人、从业人员培训1期1180人，切实提高了煤矿从业人员安全技术水平和实际操作能力。

【队伍建设】 认真贯彻落实《罗平县人民政府办公室关于印发罗平县派驻煤矿企业安全生产专职监督员制度实施细则的通知》精神，我局精心组织了全县煤矿企业驻矿安全监督员公开招聘选拔工作，通过公告、报名、资格审查、笔试、面试、公示、体检、岗前业务知识培训、执法资格取证培训，10月1日，最后选拔聘用的30名驻矿安全监督员全部派驻到各煤矿企业开展驻矿监管，进一步加强和充实了全县煤矿安全监管力量。

（李茂志）

会泽县煤炭工业局

【综述】 会泽县是全省重点缺煤县之一，煤炭资源极为匮乏，全县煤炭需求量在90万吨/年，其中工业用煤60万吨，生产生活用煤30万吨。全县原煤产量8万吨/年，现有的煤炭供应量严重不足，供需矛盾十分突出，缺口煤炭从宣威、富源、昭通购进，价格较高。有煤乡镇包括迤车、马路、纸厂、矿山、火红等11个乡镇，探明的煤炭可采储量约2538万吨，但资源整合后仅保留了4对矿井，产煤乡镇3个，且煤层薄，储量小，无烟煤平均厚度约1M，烟煤平均厚度40-60CM，煤矿开采地质条件复杂，断层较多，开采难度大，难以形成规模。

2012年，会泽县煤矿工业生产总值合计约1600万元，因储量小、煤层薄、煤质差，经济效益较差；但由于会泽县属缺煤大县，煤矿的社会效益极大，它解决了大部分农民锅上有、锅下无及烤烟用煤的问题，对稳定县内煤炭市场价格，对森林保护、水土流失治理起着巨大的作用。此外，煤矿还不忘社会公益事业，积极参与矿村共建、支持当地乡镇的教育事业，捐资捐物、支持困难学生、帮扶贫困家庭、出钱出力为当地修路、架电线、出钱出力为村民修建人畜饮水设施、为政府打击取缔私挖滥采出钱出力等。大井芦坪煤矿、银坪煤矿出资百万元，扶持当地农民种植蚕桑树养蚕，为农民增收多一条路子，解决当地农民300余人的再就业问题。

【安全生产】 2001年至2011年，煤炭生产实现了0死亡，未发生一般或重大事故。2011年，火红煤矿、芦坪煤矿完成了省三级质量标准化验收，固定资产投入完成500万元，其中矿井巷道、机电建设投资480万元，地面公共设施建设投资20万元。通过多年的安全投入，煤矿的办矿水平有了长足的进步，安全生产能力得到了进一步提高。同时，完成了所有煤矿的所有制改革，即所有煤矿完成了由集体所有制企业改变为私营企业，提高了煤矿的安全投入积极性，企业安全主体责任的落实能力得到了提高。投资30余万元的县级瓦斯监测监控中心建成，结合管理上的月检制度，县煤炭局对煤矿的监管能力得到进一步加强。

【技术进步】 会泽煤矿都是由上世纪七八十年代的私挖滥采过渡而来，先天基础条件差，但经过多年努力改造，现在的煤矿已经上了几个台阶，从过去低矮的独眼井、煤石灯照明、铁镐采煤、人力背煤运输到现在的机械通风、爆破采煤、机车运输，煤矿的办矿水平已经有了极大的提升。

【教育培训】　通过请进来，走出去的方式，组织煤炭管理局、煤矿的矿长、副矿长、特种作业人员、技术工程师、安全工程师等相关人员参加各种培训50余人次；同时还深入开展好煤矿职工的安全技术培训工作，实行强制培训、复训，尤其是全员培训持证上岗，确保了培训合格，持证上岗率达100%，通过培训，煤炭从业人员的职业素养有了明显进步，“三违”现象大幅减少。

【机构设置】　煤炭局属会泽县工业和信息化局下属的二级局，属参公管理的事业单位，负责全县煤炭行业管理和煤炭生产安全监督管理，核定事业编制18名，在职在编14人。局机关内设机构6个：办公室、执法队、技术科、安全科、法规科和财务科。

（罗全华）

玉　溪　市

玉溪市工业和信息化委员会

【工业经济指标完成情况】 2011年，玉溪市工业经济高开稳走、高位运行、主要行业持续快速增长，工业生产较快增长。全市完成工业总产值1337亿元，增长21%；完成规模以上工业增加值538亿元，增长16.6%；规模以上工业实现利税352亿元，增长22.6%；实现利润79.7亿元，增长38%；实现主营业务收入1050亿元，增长19.8%，超额完成省年初下达的各项目标任务。工业的地位更加突出。全部工业增加值占GDP的比重达62%，对GDP的贡献率达79%，拉动GDP增长9.6个百分点；工业创造税收284亿元，占全市财政总收入的83%。工业的地位和带动作用更加突出。

【技术创新与技术改造】 2011年，继续加快企业建立以技术中心为主要模式的技术创新体系建设步伐，构建自主创新平台，加强关键共性技术研发及推广，培育自主创新产品，加强宣传培养，促进工业产品质量和品牌建设，以贯彻实施产品质量标准为重点，以开发品种、提升质量和品牌建设为主要内容，实施工业企业技术创新工程。围绕产品质量提升、节能降耗、资源综合利用、淘汰落后产能、标准化建设等工作重点，组织实施50项重大技术改造项目和40项重点技术创新项目。验收认定云南德新纸业公司、云南恩典科技有限公司、云南太标太阳能设备有限公司、玉溪铝箔纸厂、云南滇雪粮油有限公司等5户市级企业技术中心。全市企业技术中心达20个，云南省著名商标43个，高新技术企业21户，12户企业的产品被认定为省级新产品。

【工业项目投资】 2011年，大力实施工业项目“531”投资计划，努力推进一批新开工和在建重点项目建设，形成新的投资增量。大红山800万吨铁矿采选扩建、太标公司100万套太阳能、玉钢钒资源综合利用、通印股份整体迁建技改、猫哆哩系列休闲食品等续建项目进展顺利。红塔集团烟叶仓库、沃森三期、盘虎公司利用黄磷尾气发电、自强集团整体迁建工程等新建项目顺利开工建设。烟草薄片、环球彩印搬迁、1300万片蓝宝基片扩建等前期项目加快推进。中粮集团、中电投集团等央企与玉溪市成功签署合作协议，为全市工业发展注入了活力。2011年全市完成工业投资124.6亿元，增长17.5%，占全社会固定资产投资的30%。

【重点行业发展】 2011年，全市多数行业快速增长，整体呈现平稳较快发展的运行态势。全市规模以上工业企业从年初的236户增加到248户。其中销售收入100亿元以上1户；50亿元以上2户；10亿元以上11户。大企业支撑作用突出，红塔、云铜、云天化、云锡、昆钢、电力6大集团在玉溪独资、合资的企业共实现产值607亿元，增长17%，占全市工业总产值的46%。在龙头企业的带动引领下，涌现出了太标太阳能、沃森生物、维和制药、蓝晶科技、宏斌绿色食品等一批规模不断壮大，创新能力明显增强，掌握行业核心技术，具有自主知识产权的企业，成为玉溪市产业发展的“领头羊”。

烟草制品业：2011年，红塔集团呈现产销同步增长，产品结构优化提升，低焦卷烟快速发展，效益大幅增长的良好发展态势。生产“玉溪”卷烟突破100万箱，实现39%的快速增长，销量稳居一类烟第三名；生产“红塔山”卷烟突破300万箱，增速趋缓，完成14%的增长，销量为行业第一大品牌。红塔集团全年生产卷烟359.4万箱，同比增长2.2%；销售卷烟345.27万箱，同比增长0.55%；年末卷烟库存33.26万箱，同比增加14.15万箱。受销量增加、品牌结构调整的影响，红塔集团2011年在玉溪实现产值403亿元、增长17.6%，实现增加值344.2亿元、增长17.1%，为全市工业经济的发展作出了巨大贡献。

钢铁行业：2011年，玉溪市钢铁产量保持较快增长，但原材料价格持续攀升，钢铁价格“前高后低”、波动较大，行业利润率进一步下滑。全年生产生铁451.5万吨，同比增长20%；生产钢材506.7万吨，同比增长16%；钢铁行业主营业务收入增长较快，同比增长27.43%，但成本上升过快使得行业利润率进一步下降，钢铁行业利润同比增长2.15%，比主营业务收入增速低25.28个百分点。铁矿石和焦炭作为钢铁行业主要原材料，年内价格长期稳居高位。铁矿石价格1~11月稳定在770~830元/吨，至12月末降至740元/吨，比2010年同期涨了100~200元/吨；焦炭价格从年初的1568元/吨，持续上涨到第三季度的1918元/吨，第四季度稳定在1800元

/吨，比2010年同期上涨了500～600元/吨。

有色金属：2011年，有色金属价格波动较大，市场需求持续疲软。精炼铜从年初的7.3万元/吨，每月以21%左右的速度下跌，到年末下降至5.8万元/吨，与上年末相比每吨低了8000元；电解镍价格从一季度21.5万元/吨的最高价位一直呈直线下滑，跌至年底的13万元/吨，与上年末相比每吨低了5万元。生产铜选矿产品4.8万吨，增长1.8%；生产精炼铜491.7吨，下降22%；生产粗铜699吨，下降32%；生产镍1344吨，下降1%。实现产值51.4亿元，增长21%，有色金属行业实现增加值19亿元，增长20%。

化工行业：2011年，规模以上化工行业累计完成增加值13.5亿元，增长13.1%。生产黄磷12.6万吨，下降1.7%；生产磷酸9.1万吨，增长46.8%。黄磷价格9月份以前一直维持14300元/吨波动，同比上涨900元/吨左右，9月份全省限电后，价格维持在16000～18000元/吨。

建材行业：2011年，生产水泥823.6万吨，增长12.1%；生产瓷质砖2862万平方米，增长1.7%。规模以上非金属矿物制品完成增加值7.5亿元，增长21.8%。水泥（425#）市场价格较为稳定，保持在每吨320元左右。

生物医药制造业：2011年，全市共有20户生物医药企业，年产值12亿元，拥有药品生产批准文号250多个，生产药品品种100多个。沃森生物成功巩固上市企业地位，维和制药已经发展成为云南三七总皂苷提取能力最大的制药企业，玉溪在全省生物医药产业格局中特色进一步显现，地位进一步增强。

制糖业：2011年，全市生产食糖6.86万吨，比上个榨季减少5.2万吨，产量减少了43%。虽然甘蔗减产，食糖产量大幅减少，但由于国内食糖市场需求长期旺盛，糖价年内持续高位运行，食糖价格一直维持在7000元/吨以上，价格比上年上涨47%，全市制糖企业完成产品销售收入44804万元、工业增加值12499万元、利润5200万元，成功实现了减产不减效。

装备制造业：2011年，全市规模以上装备制造工业企业共37户，初步形成以数控产业园、峨山铸造产业核心区、通海五金特色园区为主的3大装备制造聚集区。通过“以商招商”，依托云南正成工精密机械有限公司，围绕打造光机电一体化的数控机床产业链，先后引进15户企业，在研和工业园区建设数控机床产业园，组建数控机床联盟体。集产品研发、铸件加工、零部件组装、光机制造、数控系统装配、数控机床整机生产运输、市场营销、售后服务为一体，形成年产1万台数控机床的生产能力。2011年规模以上装备工业完成产值42亿元，增长43%；实现工业增加值13亿元，增长35%。

【非公经济、中小企业发展】　2011年，全市非公经济户数达到9.5万户，比上年增加0.9万户，从业人员41.6万人，增加5.2万人；实现增加值284.4亿元，增长20.4%，占全市GDP的32.4%（扣除卷烟占53.4%），上交税金32.5亿元，增长14.4%；完成固定资产投资189.2亿元，增长31.7%，占全市固定资产投资总额的44.8%；实现进出口额4亿美元，增长40.2%，占全市进出口的100%，其中出口3.6亿美元，增长35.1%。非公中小企业技术中心由2010年的16个增加到20个，“云南省著名商标”43个，高新技术企业21户，12户企业的产品认定为省级新产品。从业人员、增加值两项指标分别完成省政府下达目标任务的104.8%和115.6%，超额完成省、市政府下达的目标任务，实现了“十二五”非公经济和中小企业发展的良好开局。继续加大对省、市级成长型中小企业的培育工作，先后向工行玉溪分行推荐32户有贷款需求的市级成长型中小企业，发放贷款1.4亿元。以玉溪工业宣传长廊、玉溪日报为平台，展示企业形象，宣传成长型中小企业发展远景，提高企业的社会关注度，营造关心支持成长型中小企业的良好氛围。2011年，市级100户成长型中小企业实现销售收入106.1亿元，比上年增长38.6%。

【产业结构调整】　2011年，全市牢固树立“工业强市”和“三优一特”经济发展思路，围绕烟草及配套、矿电、有色、化工、建材、装备制造、生物制药、新能源、光电子、新材料等重点领域，加快结构调整步伐，编制了玉溪市工业经济“十二五”规划和玉溪市新能源、新材料重点产业“十二五”发展规划等18个专项规划。轻重工业发展齐头并进，双双实现两位数增长。轻工业完成增加值372亿元，增长18%；重工业完成增加值167亿元，增长15%。钢铁工业结构调整取得明显成效，企业户数精减到22户，形成布局相对集中的800万吨以上钢铁生产基地。整体实力不断增强，产量大幅增长，产品结构明显优化提升。全市铁、钢、材产量分别为452万吨、523万吨、507万吨，铁、钢、材比例由2005年的10：3：1调整为0.9：1：1。烟草制品业完成总产值403亿元、增长18%；矿电产业完成总产值710亿元、增长22%。作为全市支柱的两大产业合计完成增加值504亿元，占规上工业增加值的94%。巩固提升了烟草及配套、矿电两大支柱产业，发展壮大了食品加工、陶瓷建材、塑料及纸制品包装三大传统优势产业，着力培育了装备制造、生物医药、新能源、新材料四大战略性新兴产业。形成了轻重工业协调发展、新兴产业与传统产业齐头并进、大企业大集团与中小企业优势互补、国有与民营工业共同发展的新格局。一、二、三产业结构比重由上年的9.4：62.2：28.4调整为9.2：64.4：26.4。

【信息化建设与安全管理】　2011年，玉溪市信息化基础设施建设初具规模，全市光纤总长度达到26万芯公里，电话用户达到214万户，行政村实现电话村村通，宽带用户超过23万户，移动互联网用户超过88万户，互联网出口带宽超过50G，有线电视用户达到40万户，27万户完成数字化改造，20户常住居民以上自然村全部实现移动通讯广播电视“村村通”，电子政务的业务应用不断扩大。行政审批电子监察、公共资源交易、财政一体化、农村气象公共信息服务等一批便民、惠民信息平台投入运行，政务信息公开、96128政务服务专线、政务信息岛建设稳步推进，数字地理空间框架被列为国家数字城市试点，研和工业园区被列为全省“数字园区”试点，工业化和信息化“两化融合”进程加快，信息化推广应用逐步深入，经济和社会信息化水平全面提升。无线电四期工程全面推进，基本建成覆盖中心城区、县城和工业园区的集网络化、自动化为一体的无线电监测网，各种无线电业务全面应用，无线电管理步入全省先进行列。强化基础信息网络安全检查，制定网络案值规章制度，对用户访问网络资源的权限进行严格认证和分角色有效控制，进行网络隔离防护，执行信息过滤、容错、数据定期备份机制和审计制度。部署防火墙，利用规则确保内网共享的便捷性和外网访问的安全性。

【无线电管理与监督检查】 2011年，受理无线电频率台站行政许可事项11件，指配无线电频率6条，审查批准台站1127台（座），不予许可设台1座。其中一般无线电频率台站申请事项8件项，审查各类台站52台，蜂窝移动通信基站4件，共审查基站1105座。2011年是以3G（第三代）为代表的公众移动通信建设快速发展的一年，全市3家运营商共新建移动通信基站1105座。在全省率先完成了新版无线电频率台站数据库建设，收集、整理和录入各类无线电台站参数近30万条，于10月顺利通过国家工信部的验收并受到了表彰。数据库显示，目前全市共有需审批后设置使用的无线电台站7186台座，其中广播电视台站119台、短波电台20台、公安集群通信基站13座、集群通信终端1549台、无线数据传输电台21台、卫星地球站9座、超短波对讲机2660台、对讲机中继台94台、电信村村通450MHz无线接入基站35座、微波通信台113座、雷达站2座、业余无线电台10台，数据库的数据质量在全省处优秀水平。《玉溪市无线电事业发展十二五规划》于12月通过专家论证。

【安全生产】 2011年，全市安全生产和消防形势稳定，未发生特重大安全生产和火灾事故。开展煤炭生产经营企业清理整顿，加大治非打非力度，遏制非法生产和无证经营煤炭产品行为，规范生产经营秩序。共发现隐患104条，下达停产整顿、停止作业和隐患整改通知书17份，已督促整改100条，整改率达97%。2011年共生产原煤50万吨，经营煤炭155万吨，煤炭安全生产指标控制在责任范围。加强电力生产运行协调，全市大网供电首次突破百亿千瓦时大关，达102亿千瓦时，增长11%；地方自发电量达14亿千瓦时，增长9%；日供电量、最高负荷再创历史新高，分别达3344万千瓦时、149万千瓦。铁路货运量达到335万吨，增长17%。全力强化食盐市场的供给保障，及时化解“3·17”抢盐风波。全年共销售500克小袋盐11300吨，食品加工用盐19500吨，工业盐产品3200吨。

【节能降耗】 2011年，全市单位GDP能耗下降4.16%，超额完成省下达3.5%节能目标；万元工业增加值能耗下降7.41%。完成节能灯推广87万只；开展固定资产投资节能评估项目18个；启动清洁生产审核17户，完成审核评估15户；完成工业企业资源综合利用认定5户。在钢铁、化工、建材等重点耗能行业，重点开展余热余压利用、燃煤工业锅炉、电机系统节能改造、能量系统优化和绿色照明六大重点节能工程，组织申报省节能技改示范项目10项，申报省级财政节能专项资金补助项目11项。实施市级节能示范项目28项，节约标煤34万吨。强力推进淘汰落后产能工作，圆满完成省下达的淘汰炼铁高炉5座，落后产能68万吨，淘汰水泥机立窑1座，落后产能13.5万吨的目标任务。

【工业人才队伍建设】 2011年，举办玉溪市第6期职业经理人培训班，市内45户国有、民营企业的147名企业老总、部门经理参加了培训。引进清华大学与海天国际合作的企业管理远程课程，实施远程课程与现场教学相结合的教学模式，举办“企业战略管理”大型讲座及其他管理类讲座共十二场，参训人数达2000人次。组织工信委干部及重点骨干企业负责人111人参加二期“玉溪市新型工业化与信息化融合培训班”，组织250人参加省工信委第一期巡回知识暨“企业精细化管理与宏观经济形势”讲座，组织85人参加省工信委组织的省内及人大、浙大、北航大等各个专业培训班的培训，为工业强市提供人才保障。12月，举办了首届玉溪市工业企业职业技能大赛，在全省企业职工技能大赛中，取得了3个工种2项第1名和代表队获团体第3名的优良成绩。

【工业园区建设】 2011年年底，全市10个工业园区总体规划和可研报告已完成编制，园区规划面积达257平方公里，建成面积59平方公里，建成率达27%。红塔、研和、通海五金机电3个省级园区发展加快；易门、新平2个园区通过晋升省级工业园区考评验收，正在努力争取进入省级园区；峨山、华宁2个工业园区通过省级审查；澄江、江川、元江3个工业园区通过市级评审。初步形成以烟草及其配套、有色金属、钢铁、装备制造、五金机电、陶瓷、磷化工、新能源新材料、生物制药、绿色食品等为特色主导产业的10个产业集群。2011年全市工业园区完成基础设施建设9.1亿元，完成工业总产值982亿元，占全市工业总产值的73%；工业增加值达455亿元，占全市工业增加值的84%；建成标准厂房50万平方米；吸纳就业9.7万人，累计入园工业企业583户。

【大事记】 2月18日，玉溪市工业和信息化委员会举行揭牌仪式，市人民政府有关领导及部分重点企业参加了仪式。

5月30日，举办“以商招商项目推介及签约仪式系列活动”，共签约33个入园项目项目，投资总额达37亿元，其中数控生产型签约27户企业投资27.5亿元，工程将占地1600亩，建设标准厂房40万平方米，形成年产3万台数控机床生产能力。

6月，中粮集团燃料乙醇（南方）项目组经多方考察，选址确定在玉溪峨山化念工业园区。12月21日上午，高劲松市长代表玉溪市人民政府与中粮集团有限公司生化能源事业部在北京签订了《玉溪年产15万吨燃料乙醇建设项目合作意向书》，峨山县方正春县长代表峨山县人民政府与中粮集团有限公司生化能源事业部签订了《玉溪年产15万吨木薯燃料乙醇项目投资建设合作协议书》。协议书的签订标志我市又成功引进1户央企落户玉溪。

12月1日，玉溪市工信委与昆明市工信委在昆明市签署了《工业和信息化一体化发展的合作协议》，这标志两市工业一体化和电信同城化合作发展迈出了坚实的一步。

【机构改革】 2011年，顺利完成了机构改革，原市经济委员会和市信息产业办公室合并，成立了市工业和信息化委员会。根据《中共玉溪市委 玉溪市人民政府关于印发〈玉溪市政府机构改革实施意见〉的通知》和《玉溪市人民政府办公室关于印发玉溪市工业和信息化委员会主要职责内设机构和人员编制规定的通知》，设立玉溪市工业和信息化委员会，正县级，加挂玉溪市中小企业局、玉溪市无线电管理办公室牌子。整合划入原玉溪市经济委员会除乡镇企业行业管理以外的职责、玉溪市信息产业办公室的职责。将指导煤矿生产、技术改造、煤矿安全监管职责和玉溪市国有资产监督管理委员会承担的指导国有企业管理和改革工作职责划归玉溪市工业和信息化委员会承担；将原玉溪市经济委员会承担的乡镇企业行业管理职责划给玉溪市农业局；将原玉溪市经济委员会承担的能源管理有关职责划给玉溪市发展和改革委员会。2月18日，举行玉溪市工业和信息化委员会揭牌仪式。新成立的玉溪市工业和信息化委员会设20个内设机构（正科级）和党委办公室、离退休人员办公室。5月，完成科级领导干部竞争上岗、职工双向选择，任命科长23人，副科长1人。

【年度任职领导名单】

主　　任　李长金
书　　记　谢光平
副 主 任　高宏伟
　　　　　李　实
　　　　　尹　鹏
　　　　　张贵祥
　　　　　王　辉（5月止）
副书记、纪委书记　袁昆宁

（滕　飞）

红塔区工业和信息化局

【工业经济运行情况】 2011年，全区完成工业总产值803.1亿元（含红塔集团），同比增长19.2%。不含红塔集团，完成工业总产值403.1亿元，同比增长19.7%，比全市21.3%的增速慢1.6个百分点，占全市937.2亿元的43%，完成区政府确定目标390亿元的103.4%，超目标任务13.1亿元。规模以上工业完成总产值370.6亿元，增长22.9%。

与“十一五”末的2005年相比，全区工业总产值翻了1.54番；工业增加值翻了1.45番；工业增加值占GDP的比重由30%提高到36.8%，工业对GDP的增长贡献率达49.1%，拉动GDP增长6.1个百分点。工业税收占财政总收入的比重由38.2%提高到62.4%。

2011年，工业创造税收12.8亿元，同比增长25.5%，占全区财政总收入的比重达62.4%。规模以上工业实现销售收入372.1亿元，同比增长24.8%；利税总额27.6亿元，增长8.0%；利润总额19.4亿元，增长9.4%；成本费用利润率5.5%，同比下降0.7个百分点；资产负债率59.2.8%，同比降低1.6个百分点；从业人员32724人，同比增加4365人，增长15.4%。

实现利润总额上亿元的行业有4个，分别是钢铁行业、卷烟配套行业、生物制药行业和光电子行业，分别实现利润9.2亿元、3.3亿元、2.1亿元、1.5亿元，以上4个行业实现利润总额16.1亿元，占全区规模以上工业利润总额的比重达83%。

2011年，全区规模以上工业产销率达100.1%，同比提高2.6个百分点。有10种主要工业品产量增幅在11%以上，分别为：生铁同比增长25.8%；粗钢增长22.8%；钢材增长12.2%；金属切削机床增长8.7倍；滚动轴承增长54.6%；铸铁件增长1.1倍；水轮发电机组增长1倍；滤嘴棒增长25.4%；耐火材料制品增长86.4%；纤维板增长49.4%；蓝宝石基片增长11.8倍；水泥增长28.8%；纤维板增长90.4%；精制食用植物油增长8.3倍。

2011年，全区规模以上工业企业84户，其中：工业总产值上亿元的企业有43户，比上年增加1户，实现产值351.7亿元，占全区工业总产值的比重为87%；工业总产值上5亿元以上的有企业15户，比上年增加2户，实现产值288.2亿元，占全区工业总产值的比重为72%；工业总产值达10亿元以上的企业有8户，（与上年相同）实现产值240.2亿元，占全区工业总产值的比重达60%；工业总产值达50亿元以上的企业有2户（比上年增加1户），实现产值115.4亿元，占全区工业总产值的比重29%。

玉溪新兴钢铁有限公司（61.5亿元）、玉溪汇溪金属铸造制品有限公司（40.3亿元）、云南玉溪玉昆钢铁集团有限公司（53.9亿元）、玉溪市华盛钢铁有限责任公司和云南昆钢制管有限公司7户企业实现产值204亿元，占全区工业总产值的51%。

2011年8月28日，中共红塔区委、红塔区人民政府召开红塔区工业经济发展大会出台了《中共玉溪市红塔区委、玉溪市红塔区人民政府进一步推进新型工业化的实施意见》（玉红发〔2011〕20号）；对2008年以来为红塔区工业经济发展做出突出贡献的30户优强企业、20名优秀工业企业家、50名工业企业技术创新先进个人、100名发展工业先进工作者进行了表彰奖励。

【各项指标完成情况】 2011年，全区规模以上工业增加值完成392.3亿元，按可比价格计算，同比增长16.9%，占全市538.3亿元的73%。其中：不含红塔集团规模以上工业增加值完成72.0亿元，增长19.7%，比全国13.9%、全省18%、全市16.6%的增速分别高5.8个、1.7个、3.1个百分点，占全市218亿元的33%。

2011年，全区规模以上工业实现增加值84.9亿元，完成目标73亿元的116.3%；销售收入372.1亿元，完成目标388亿元的95.9%；利税总额27.6亿元，完成目标36亿元的76.7%；利润总额19.4亿元，完成目标19亿元的102.1%。

2011年，全区完成非电力工业投资38.4亿元，完成目标40亿元的96%。

2011年，非公经济全区实现增加值95.0亿元，同比增长13.5%，完成目标95亿元的100%；上交税金12.9亿元，完成目标的113.5%；工商登记从业人员18.6万人，增长11.6%，完成目标18万人的103.3%。

全年淘汰炼铁高炉6座，生产能力86.3万吨、淘汰机立窑水泥生产线13条，生产能力99万吨；完成能源审计企业4户，审核验收清洁生产企业4户，分别完成目标的133.3%。单位GDP能耗下降4.06%，完成市下达的下降3.8%的目标。

2011年，全区完成工业投资42.3亿元，比上年增长14.3%，占全社会固定资产投资规模的33%。其中，非电力工业投资完成38.4亿元，同比增长21.9%。

【技术创新】 2011年，全区拥有高新技术企业36户，其中国家级高新技术企业4家，国家级新产品17个，省级新产品68个，云南名牌产品18个。16户企业技术中心通过市级技术中心认定，其中8户企业通过省级技术中心认定。培植了一批拥有自主知识产权的核心技术和核心产品，企业自主研发的防伪金拉线、抗菌水松纸、抗菌油墨、激光打孔技术、CA粒子增塑剂、抗震钢筋等产品覆盖了全国大部分市场。当年争取到玉溪市下达工业发展专项扶持资金595万元，其中，3户市级企业技术中心市补助资金90万元（每户30万元），2010年12月7日玉溪市工信委下达工业项目技改贴息资金50万元。

【节能降耗】 2011年单位GDP能耗下降5.03%，清洁生产3户，2户已验收，其中1户是审计合格验收。积极推进重点企业开展节能改造。针对今年新上投产项目较多，能耗增长，节能降耗形势严峻，召开重点能耗企业节能改造现场，鼓励企业加快节能改造，督促企业降低消耗，提高产出。今年有两户企业余热余压发电改造项目投产，并申报省节能示范项目。2011年全区完成推广6万只节能灯的任务。调整产业结构，降低能耗。大力发展战略性新兴产业和低耗能产业降低工业能耗。推进淘汰落后产能工作。2011年列入淘汰的3户企业4座高炉共54万吨落后产能，区政府7月向相关乡（街道）下发了淘汰落后产能通知，乡（街道）告知企业并做了大量的政策宣传工作，年底拆除完毕。

按照生态城市建设和节能环保，积极开展节能改造，采用变频调速改造电机系统，利用高炉余压发电，利用高炉煤气进行水泥的烘干、烧结，推广使用水煤浆锅炉、节能锅炉等，收到了明显的效果。玉溪新兴钢铁公司投资3200万元建成高炉煤气余压发电，年发电2570万千瓦时，年节约标煤3160吨，年创效益1280万元，节能减降耗成效明显。玉溪水松纸厂投资4000余万元，实施印刷车间酒精废气回收改造，年回收酒精4500吨，回收率达90%以上，年回收酒精价值达1900余万元

【非公经济】 2011年非工经济户数达到29781户，其中，私营企业3387户，个体工商户26394户。从业人员141275人。全年非公经济增加值完成95亿元，增长18.75%。上交税金113.76亿元，增32.82亿元，消费品零销售额达到55.11亿元，同比增长11.99%。

【中小企业成长工程】 2011年，红塔区工信局积极做好成长型中小企业的培育工作，认真组织企业申报省市成长型中小企业，在上年的基础上有13户被认定为省级成长型中小企业，有18户被新认定为市级成长型中小企业。全区共有20户被认定为省、市成长型中小企业。

【工业园区建设】 2011年9月，依托红塔工业园区，启动了光电子、生物资源、新能源及电动车、冶金铸造机电4个分园区的规划，4个园区规划面积达18平方公里。完成了“十二五”全区工业发展规划纲要、铸造产业、装备制造业、卷烟配套产业、特色生物制药产业、食品加工业、光电子、太阳能等专项发展规划，10月25日通过了省工经联合会的专家评审。

2011年，按照园区建设“高起点规划、高标准建设、高水平管理、高效益产出”的原则，认真贯彻落实科学发展观，积极倡导“开放、创新、生态、和谐园区”的建园目标，坚持以园区开发为依托，以招商引资为先导，以加快高新技术产业培植为重点，以科技创新为动力，以制度创新为保障，进一步树立和强化忧患意识、大局意识、责任意识、创新意识，切实转变作风，提高服务水平，在园区建设、招商引资、产业培植、科技创新、管理增效等方面取

得了突出成效，实现了园区经济社会又好又快发展。2011年，研和工业园区共引进重点项目187个。实现工业总产值154.04亿元，同比增长17.4%。规模以上工业总产值18.51亿元，同比增长11.98%；本年累计税收5.25亿元，同比下降3.85%，本年累计利润7.39亿元，同比增长13.17%；建成标准厂房57万平方米；本年完成完成工业投资10.76亿元。工业企业就业人员19779人；园区规划面积31.86平方公里，建成面积5平方公里；玉溪红塔工业园区是全省40个省级工业园区之一，规划范围由“一园五片区”组成，包含红塔集团片区、高新技术园片区、大营街片区（玉溪经济开发区）、高仓片区和九龙片区，总规划面积为25.44平方公里，建成面积13平方公里。2011年园区含红塔集团，完成工业总产值569.95亿元，同比增长14.5%；规模以上工业总产值380.02，同比增长17.7；入园企业127户，本年完成工业固定资产投资10.76亿元。税收253.74亿元，同比增长37.3%；利润44.87亿元，同比增长15%；本年完成工业投资10.76亿元，基础设施建设累计完成投资2.57亿元；工业企业就业人员36200人。

【机构设置】　根据《玉溪红塔区人民政府办公室关于印发玉溪市红塔区工业和信息化局主要职责内设机构和人员编制规定的通知》（玉红办发〔2011〕74号）精神，设立红塔区工业和信息化局，为玉溪市红塔区人民政府工作部门，正科级，加玉溪市红塔区中小企业局牌子，整合划入原红塔区经济委员会除乡镇企业管理以外的职责和玉溪市红塔区人民政府办公室承担的红塔区信息化工作领导小组办公室（红塔区无线电管理工作领导小组办公室）的职责。红塔区工业和信息化局设两个办公室、八个股室（党工委办公室、局行政办公室、综合股、经济运行股、工业股、技术进步股、资源利用股、中小企业股、信息产业股、人事股）。

澂江县工业商贸和科技信息局

【工业经济运行情况】　2011年，全县完成现价工业总产值39.79亿元，同比增长15.18%，增速比上年加快0.22个百分点，自5月份开始持续两位数平稳增长。完成工业增加值14.55亿元，按可比价计算增长10.7%，对全县GDP的贡献率为25.4%，拉动GDP增长3.3个百分点。18户规模以上工业企业完成产值26.78亿元，同比增长10.72%，完成增加值8.58亿元，增长9.1%；实现主营业务收入23.35亿元，增2.31%；利税总额1.91亿元，减0.5%，其中利润总额1.1亿元，减6.45%。应交增值税7351万元，增7.77%。

主要产品产量有增有减，饲料和磷酸大幅增加，发电量和黄磷、氨肥明显减少。生产配混合饲料4.78万吨，同比增加1.91倍；磷酸7.07万吨，增45.54%；水泥熟料116.71万吨，增41.34%，水泥产量110.25万吨，增8.22%。发电量1.72亿度，减38.75%；生产黄磷7.11万吨，减16.22%，磷酸铵肥5.34万吨，减54.8%。

完成工业项目固定资产投资4.79亿元，比上年同期增12.74%。其中非电工业投资4.6亿元，同比增10.93%。

【信息化建设与安全管理】　积极开展电子监察系统建设，按照市、县政府的安排部署，积极开展电子监察系统及全县行政审批系统的前期准备工作，完成了行政审批系统建设中的网络建设调研，并根据市行政审批系统建设方案初步提出我县的网络建设方案，协调督促县电信公司尽快按照市级方案要求完成县政务服务中心信息化建设，经过努力，我县电子监察系统在6月25日完成安装调试，全市于6月29日正式开通运行

做好澂江信息网的运行维护，针对服务器及网站的安全制定了相关的安全保障制度；定期对网站服务器进行异常文件检查，并对重要数据进行定期备份。2011年共更新各栏目信息共2370余条，完成了对澂江概览、抚仙湖水下探密等相关栏目的改版工作，其他工作正在进一步推进。

继续做好政府信息公开工作，按照政府信息公开工作的要求，通过各种渠道督促各政府信息公开义务主体单位认真开展政府信息公开工作，完成2011年政府信息公开年度工作报告，并按照要求进行了公布。截止10月20日，全县通过政府信息公开门户网站主动公开的信息为3950余条。

维护好全县112家电子公文交换系统安全稳定运行，完成各相关单位电子印章的调整及制作，并按照相关要求做好各部门的电子政务运用培养，保障县委、县政府政令畅通，并高效运行。

【无线电管理与监督检查】　按照《云南省无线电管理条例》、《云南省无线电电磁环境保护条例》及省、市无线电管理工作的相关要求认真做好我县无线电管理的日常工作。对澂江电信公司、澂江移动公司、澂江联通公司2011年度3家合计69个基站站址进行了勘验，落实相关数据及建站要求。在9月19～21日，按照全省统一安排部署，配合县政府应急办完成了全省短波应急通讯系统的演练。

【工业投资】　2011年，继续深入贯彻落实科学发展观，以项目建设为载体，实施大项目带动大发展战略，按照走新型工业化道路的要求，积极推进工业项目建设，工业项目投资实现平稳增长。在建工业项目20个，其中续建7个、新开工13个，全年完成投资47873万元，比2010年增加5410万元，增长12.74%，扣除两个输变电工程项目，非电工业完成投资46010万元，同比增10.93%。县污水处理厂扩建工程于5月19日竣工投入试运行，东溪哨工业废水处理站增建工程7月份完工投入使用，澂泉古真酒庄有限公司（地道酒厂）异地技改一

期基本完工，35kV海口输变电工程12月14日圆满完成竣工验收及投产工作，富强工贸公司500万只磷酸包装桶、华业磷化公司黄磷尾气综合利用等项目重新开工续建，黄磷尾气利用项目完工投入调试，当年开工并建成盘虎化工公司黄磷尾气发电节能减排综合利用、德瑞化工公司2万吨食品添加剂系列磷酸钠盐、昌安机械7000吨机床树脂砂铸件铸造项目，开发利用蛟龙潭和花园磷矿开采点，配套建成华荣水泥厂尖峰山四号石场、义锋砂石料场、诚成砂石料场，云南竹龙投资集团宏建达混凝土有限公司澂江金诺分公司商品混凝土搅拌站建设基本完工，启动大树村营区家具厂建设；积极推进几个重点拟建项目前期工作，广龙实业公司、德春藕粉厂、红塔卷烟胶厂异地搬迁技改、恺达塑胶公司直缝管、螺旋管项目、毅利锋工贸公司气体充装服务中心建设、冶钢水泥有限公司2500t/d新型干法水泥熟料生产线技改等项目完成征地工作。

【技术创新与技术改造】 2011年，澂江县继续以科学发展观为统领，强化技术进步工作，加大结构调整力度，加快产业升级步伐，着力发展循环经济，深入实施节能减排。加快传统重化工业提升改造，加大传统优势产业技术改造，实施2个黄磷尾气节能减排综合利用项目、一个水泥低温余热发电项目，盘虎化工有限公司黄磷尾气发电、华业有限责任公司黄磷尾气综合利用两个项目调试基本成功，华荣水泥有限责任公司水泥熟料低温余热发电项目预计2012年3月竣工；加快推进磷化工深加工步伐，建成云南德瑞化工有限公司2万吨/年食品添加剂系列磷酸钠盐项目，通过改变工序和温度控制，在单一生产食品添加剂三聚磷酸钠的基础上，增加磷酸二氢钠、磷酸氢二钠、磷酸三钠、焦磷酸二氢二钠和焦磷酸钠等精细磷酸钠盐产品生产，实现一机多能，灵活顺应市场需求；进一步做好机立窑水泥落后产能淘汰工作，强力推进云南澂江冶钢集团水泥有限公司异地技改扩建日产2500吨新型干法水泥熟料生产线前期工作，顺利完成核准及征地手续；以发展壮大“云酒”产业为契机，加快酿酒业的发展，完成云南澂泉古真酒庄有限公司10000吨白酒搬迁改造一期工程建设。

加快技术创新、消化吸收、运用推广，云南宝泰轻化机械有限公司取得3件实用新型技术专利，云南德春绿色食品有限公司产品获云南省著名商标、取得4件发明专利，云南澂江云工建筑机械制造有限公司取得1件外观设计专利、1件实用新型专利。以自主知识产权保护为动力，着力提高创新支撑能力，共组织上报科技项目10项；引进新品种、新技术4项，专利申请6项；促成云南红塔卷烟胶厂、云南宝泰轻化机械有限公司两家企业挂牌成立科学技术协会。

【非公经济（中小企业）发展】 2011年，澂江县非公工业企业经济运行平稳。一是全县实现工业总产值39.79亿元，同比增长15.18%，其中17户规模以上非公企业实现产值24.35亿元，同比增长11.43%；增加值7.86亿元，同比增长10.54%；主营收入20.93亿元，同比增长2.11%；利润总额1.06亿元，同比减少6.74%；利税总额1.78亿元，同比减少2.14%。二是全县非公经济发展考核目标完成情况良好。完成非公经济增加值28.17亿元，完成目标任务的100.62%；工商登记从业人员29895人，完成目标任务的101.31%。三是非公工业企业项目投资保持增长。建设项目18个（续建6个新开工12个），累计完成投资4.6亿元，比上年增10.93%。

【产业结构调整】 2011年，我县加快转变经济发展方式，科学调整产业结构，积极发展新兴产业，适时淘汰落后产能。巩固提升传统产业，两个黄磷节能减排项目完工投入调试，为黄磷生产节能减排、提档增效奠定良好基础，示范带动作用显著；建成2万吨食品添加剂系列磷酸钠盐项目，实现一机多产品，有效推进磷化工深加工发展步伐；启动建设华荣水泥有限责任公司水泥熟料生产线配套低温余热发电站，为节能降耗及行业准入打下坚实基础。强力推进日产2500吨新型干法水泥熟料生产线异地技改扩建前期工作，顺利完成核准及征地手续，为进一步做好机立窑水泥落后产能淘汰工作做好准备。大力发展新兴产业，建成年产7000吨机床树脂砂铸件铸造生产线和一座商品混凝土搅拌站，启动大树村营区家具厂建设，7000吨铝铸件加工、气体充装服务中心、东溪哨石油液化气储配站直缝管（螺旋管）等项目前期工作有序推进，建成投产后将填补县内空白，进一步促进产业、产品结构的丰富和优化。

【节能降耗】 2011年全县万元生产总值能耗下降5%左右；规模以上工业企业能源总消费（当量热值）690000吨标准煤，与上年同期的666000吨标准煤相比增加24000吨，增3.6%；全县能源消费总量（当量热值）950000吨标准煤，与上年同期的914971.84吨标准煤相比增加35028吨标准煤，增3.82%。

产品单位能耗：黄磷产品单位能耗为3461公斤标准煤，比上年同期的3546公斤标准煤减少85公斤，减2.39%；水泥产品单位能耗为107.9公斤标准煤，比上年同期的110.5公斤标准煤减2.6公斤，减2.35%。

2011年能源总消费上升的主要原因是全县GDP的增长和华荣水泥厂的正常生产。万元生产总值能耗下降的主要原因：一是淘汰西浦水泥厂两台炉子落后产能的影响；二是高耗能企业轧钢厂的搬迁；三是气候干旱，实行计划用电的影响。

【机构设置】 2011年1月县政府机构改革组建澂江县工业商贸和科技信息局，为县政府工作部门，加挂澂江县中小企业局、知识产权局牌子。将原澂江县经济委员会除乡镇企业行业管理职责以外的职责、澂江县商务局职责、澂江县科技局职责、澂江县信息产业办公室职责划入澂江县工业商贸和科技信息局。澂江县工业商贸和科技信息局设8个内设股（室），办公室，经济技术股，资源节能管理股，招商引资股，贸易外经市场流通股，科技和知识产权股，信息化股，工业和企业管理股（承担工业园区管理职责）。

【任职领导名单】

局　　长　李家德

党委书记　郭水平

副 局 长　李家元

　　　　　罗　强

　　　　　曾　伟

　　　　　吕　平

峨山县工业商贸和科技信息化局

【工业经济指标完成情况】　2011年，峨山县全县工业企业实现总产值52.63亿元，同比增长14.81%。其中，规模以上工业企业实现总产值44.08亿元，同比增长14.81%；实现产品销售收入39.37亿元，同比增4.47%；实现增加值16.34亿元，同比增11.04%；实现利税总额5.34亿元，同比减28.71%；实现利润总额3.28亿元，同比减32.63%。全县工业完成固定资产投资9.17亿元，同比增0.7%。其中，非电工业固定资产投资完成7.59亿元，同比增4.8%。2011年淘汰落后产能峨山宏峰建材有限公司ф3.2×13M产能13.5万吨机立窑一座。全年单位生产总值能耗为3.466吨标准煤/万元，按可比价计算单位生产总值能耗比上年下降4.75%，实现了“十二五”节能目标任务的良好开局。

【重点项目建设】　重点工业项目年内累计完成投资4.99亿元。1. 云南峨山矿冶（集团）有限责任公司100万吨菱铁矿磁化分选项目、化念铁矿深部开采技改项目累计完成投资13550.6万元。2. 云南玉林泉酒业有限公司1.5万吨基酒技改项目累计完成投资704万元。3. 峨山宏峰建材有限公司60万吨/年新型干法水泥熟料项目年内累计完成投资14300万元，于12月31日投料试生产。4. 峨山沐荣镁业有限公司金属镁及镁合金项目累计完成投资2953.9万元。5. 峨山志远玻璃有限公司5万吨高硼料日用玻璃制品器皿技改扩建项目累计完成投资635万元。6. 峨山移民再就业工业园区化念核心片区基础设施建设项目：完成2号路、3号路、1号桥的建设工程，完成投资700万元。7. 玉溪敦煌铸造原料有限责任公司年加工100万吨石灰石项目累计完成投资5604.5万元。8. 云南玉溪新银河化工有限公司迁扩建项目完成项目可行性研究报告、节能评估报告的编制工作，正在开展地震安全性评价、环评大纲、安全专篇、水保方案等前期工作，正在开展地质勘查工作，年内完成投资520万元。9. 峨山天恒通泰腐殖酸有限公司劣质褐煤深加工项目年内完成投资2088万元。10. 玉溪市汇溪建筑工程有限公司峨山分公司1.2万吨建筑钢结构系列产品项目年内累计投资615.9万元。11. 峨山和盛实业公司年产8万立方米木质刨花板项目完成《水土保持方案》和《项目环境影响评价书》的评审工作，继续办理土地征用手续。12. 云南翔展精密机械有限公司年产5万吨数控机床铸件及精加工项目已完成项目节能评估、节能审查工作，准备勘测定界。13. 峨山县诚远工贸有限公司年产8000套数控机床附件项目完成项目备案工作，正在开展其他行政许可工作。14. 玉溪荣信农业有限公司年产500吨魔芋精粉加工项目正在编制可行性研究报告，完成项目备案工作。15. 中粮集团年产15万吨木薯燃料乙醇项目，项目预核准材料上报国家发改委后，项目组继续编写《云南玉溪原料基地建设实施方案》（2011～2015），做好玉溪项目原料基地建设的准备工作；12月21日举行了玉溪燃料乙醇项目战略和投资合作协议签约仪式，中粮集团分别与玉溪市政府、峨山县政府签订了燃料乙醇项目战略和投资合作协议。

【工业园区建设】　峨山移民再就业工业园区化念片区2号路、3号路和1号桥于7月竣工，完成投资700万元。完成了规划面积达2.13平方公里的《玉溪铸造产业基地（双小）核心区控制性详细规划》和《可行性研究报告》的编制工作，并于8月31日顺利通过市级评审。同时，完成了铸造产业核心区主干道的可研、施工图设计及招投标、环评、土地预审、水保方案的审批等前期行政许可工作，项目于9月20日正式开工建设，计划总投资5000万元。县城及双小片区第二自来水厂供水管道和水处理车间即将完工。计划投资1.25亿元的220KV峨山变电站于8月底正式开工建设。

【煤炭安全生产工作】　一是继续加强对从业人员的教育培训，根据煤矿行业的特殊规定，委托玉溪市煤矿安全培训中心对全县所有煤矿从业人员进行培（复）训2391人；爆破工培复训61人，安全检查员培训14人，复训18人，电钳工6人，信号把钩工培训24人，安全生产管理人员培复训22人，补办从业人员资格证154人，从业人员全员教育培训1509人，新工人培训583。参训率达100%，有效地提高了煤矿从业人员的自身安全素质。二是扎实推进煤矿企业井下“六大系统建设”。在全面完成煤矿矿井监测监控系统、压风自救系统、供水施救系统和通信联络系统的基础上，投资120万元，于8月份在全市率先完成井工矿人员定位系统建设。投资20万元，完成县级数字化瓦斯远程监控，实现煤矿、县、市三级联网，在促进工业化与信息化的融合方面迈出坚实步伐。加强对各煤矿企业安全生产运行情况的24小时监控，进一步提升煤矿安全监管质量，有效防范煤矿事故。三是加强日常检查监管。配合红河监察分局、玉溪市工信委联合执法检查4次；县工信局、煤炭局日常检查中共查出事故隐患127条，下达煤矿现场检查笔录19份，现场处理决定书25份，复查意见书25份，对所有应该整改的事故隐患做出整改指令，责令及时整改123条，限期整改4条，复查整改率100%。全县煤矿企业年内发生安全事故一起（10.24），死亡1人，在控制指标内。

【淘汰落后产能和节能降耗】 认真开展重点耗能企业的节能降耗管理培训工作。为进一步落实我省重点用能企业能源利用状况报送制度，确保“十二五”节能工作的有效开展，配合省节能办、市工信局举办重点耗能企业能源利用状况网上填报培训班。督促重点用能企业建立能源管理机构，明确能源主管领导、机构负责人及能源管理统计员，规范节能降耗统计管理工作制度，建立健全统计台账。积极组织全县重点耗能企业开展项目节能审查。峨山万茂工贸有限责任公司年产60万吨活性石灰生产线建设项目和天恒通泰腐殖酸有限责任公司劣质褐煤深加工综合利用项目进行了省节能审查。督促企业加强节能降耗管理工作，推进清洁生产。完成对天大工贸有限公司和峨山矿冶（集团）有限责任公司的清洁生产审核评估的前期工作，督促企业加大节能技术改造，提高资源综合利用率，提高企业综合效益。组织确定节能宣传周活动方案。根据国家、省、市“关于2011年全国节能宣传周活动安排意见”的相关精神，围绕“节能我行动低碳新生活”的节能宣传周主题，把倡导节能、低碳、绿色的生产、生活方式和消费模式作为宣传重点，在桂峰桥头悬挂节能宣传周宣传标语、发放节能宣传手册2000余册、环保购物袋1000余个，大力推广使用节能产品，引导公众科学消费、绿色消费，形成更加浓厚的节能社会氛围。按期完成上级下达的淘汰落后产能任务。按期淘汰落后产能峨山宏锋建材有限公司年产13.5万吨3.2×10M机立窑水泥生产线。认真落实2010年淘汰落后产能4户企业中央财政奖励资金483万元，有效解决了淘汰企业的实际困难和问题。

【信息化工作】 积极与政府原信息办的工作对接，与市工信委的协调。积极参与县政务服务中心建设和保密专项检查工作。会同有关部门对全县31个行政机构的政务审批服务平台管理系统操作人员进行了业务培训。及时受理了峨山县电信公司、峨山移动公司2011年拟建基站站址勘验。认真做好《政府信息公开工作月度统计报表》，及时更新《峨山网》政府信息公开门户网站栏目信息。适时开展对政务信息网络查询系统及96128政务服务专线的维护查访。积极组织我县企业参加“全市中小企业信息化建设”培训工作。

华宁县工业商贸和科技信息局

【工业经济指标完成情况】 2011年，华宁县工业完成现价工业总产值382000万元，占县下达目标任务365000万元的104.7%，比上年增76989万元，增长25.2%；完成工业增加值100372万元，占县下达目标任务100000万元的100.4%，比上年增16445万元，增长20%；实现销售收入378042.7万元，比上年增长28.8%；实现利润4545.7万元，比上年增长61.8%；上缴税金8280.4万元，比上年增长0.8%。

年末，全县共有规模以上企业15户，其中8户企业亏损，亏损面达53%，亏损企业亏损额3092.7万元，比上年同期的6343.2万元减亏51.2%。完成现价工业总产值98267万元，比上年增14283.7万元，增长%，占全部工业总产值的17%；工业增加值32026.3万元，比上年增4681.8万元，增长17.1%；实现销售收入99416.9万元，比上年增20088.9万元，增长25.3%；实现利润-780.7万元，与上年亏损4739.8万元相比减亏3959.1万元；实缴税金4601.2万元，比上年减少926.3万元，降16.8%。

全年矿电、建材和生物资源三大产业实现工业产值31.5亿元，占全县工业总产值38.2亿元的82.5%。其中：矿电产业实现工业总产值15.8亿元，占全县工业总产值的41.4%；建材产业实现工业总产值8.8亿元，占全县工业总产值23%；生物资源实现工业总产值6.9亿元，占全县工业总产值18.1%。

全年重工业实现工业产值242589.1万元，占总额的63.5%，同比增长30%，轻工业实现工业产值139410.9万元，占总额的36.5%，同比增长17.7%，重工业增速快于轻工业增速12.3个百分点。

【信息化建设与安全管理】 推进行政审批和电子监察系统建设，协调解决系统运行中存在的问题，于6月23日对39个单位的83人举办系统应用培训，11月16日通过市级初验。

推进泉乡网站改版升级，制订工作方案，充分征求对栏目设置的意见，全面收集资料，完成主页、栏目模版、子站模板的制作和后台程序的开发。

配合省、市相关单位做好电子政务外网100M光缆扩容工程，完成主干路联通和服务器、交换机、路由器安装调试工作。

对县委政府办公楼、人大、政协办公楼办公单位的上网账号、密码进行清理规范，解决了网速慢、经常掉线问题，保证开展工作的需要。

政府机构改革后，及时对政府信息公开网站、公示、通报、听证信息发布和政务信息查询平台单位名称作了相应更改，共有59个政府信息公开义务主体单位，各相关单位及时发布2011年政府信息公开年度报告。要求机构改革中新建、调整、更名的9个单位重新发布信息公开指南和目录，督促59个政府信息公开义务主体单位按照政府信息公开的相关规定及时公开信息，全年在政府信息公开网站上公开信息2148条。

加强对96128政务信息查询专线的宣传和管理，采取多种方式开展宣传，进一步提高公众的知晓度和拨打次数，努力提高转接的成功率和满意率。共悬挂宣传标语105条，播放宣传口号261次，发手机短信26122条，在266块天气预报电子显示牌上发信息进行宣传。群众拨打96128电话转接220次，转接成功161次，转接成功率89.44%，满意数155次，满意率96.27%。群众在华宁县政务信息查询网上提问3项，办理回复3项；群众到档案馆、图书馆两个政务信息查询点查询政务信息1863人次。

【煤矿安全监管】　一是年初完成了上年煤矿安全生产责任考核，并将2011年煤矿安全生产责任分解落实到位，层层签订了煤矿安全生产责任状，形成横向到边，纵向到底的煤矿安全生产格局；二是认真贯彻落实节假日值班制度，严格值班纪律和值班检查，严格执行煤矿节后复产验收制度，落实整改措施，杜绝煤矿重特大安全事故的发生；三是健全煤矿安全生产管理机制，加强协调指导和服务，针对全县煤矿安全薄弱环节，以“一通三防”、顶板防护、雨季水患三防为重点，加强煤矿各项安全系统的建设和改造，健全管理制度和作业规程，杜绝违反作业规程的行为；四是切实抓好特种作业人员和“安全生产年”、“安全生产月”的宣传教育培训，配齐配全专项管理和专业从业人员，严格执行执证上岗制度。全年组织煤矿职工进行全员教育1次，培训292人；组织煤矿新工人培训2期，培训118人，组织煤矿矿长资格及特殊工种安全技能培训共计46人，组织煤矿运输机工人员培训1期，共培训管理人员27人。培训安全矿长、副矿长共10人，安全工程师3人，阻扇操作工6人，安全管理员7人，爆破工复训4人，组织1人参加省级煤矿总工程师专题培训。五是建立并严格执行煤矿安全月检制度，严格执法和事故隐患排查，强化煤矿安全监管和整改措施的落实。全年共煤矿安全监管检查85次，查出各类安全隐患157条，制作现场检查笔录33份，下达现场处理决定书33份。

【煤炭资源整合】　在2008年全县煤炭资源整合为2户的基础上，通过做了大量工作，将全县煤炭资源整合方案重新进行调整。根据《云南省煤炭资源整合工作领导小组办公室关于玉溪市华宁县调整煤炭资源整合方案的批复》（云煤整合办〔2011〕12号）文件精神，华宁县煤炭生产企业由2户调整为3户。于4月完成了松树地煤矿的依法关闭工作，5月完成了新白龙河煤业有限公司的组建，按期完成了全县的煤炭资源整合任务。

【无线电管理与监督检查】　开展无线电基站站址勘验，对县移动、电信公司2011年拟建的41座基站，用GPS实地勘验，对基站的详细地址、建站方式、经度、纬度、海拔、用地情况、是否符合城乡建设规划、200米内无线电设施和其他设施情况等进行调查落实，按时上报市工信委，为基站站址选择提供论证依据。

协助县政府办公室做好应急短波系统演练，事前熟悉掌握无线电台短波演练频率调整方法，全面检查电源线路和设备情况，保证了演练取得成功。

开展无线电基站普查，对县移动、联通、电信公司244座基站海拔、坐标、周围无线电设施和其他设施情况进行收集汇总，并对移动、电信公司基站进行抽样检查，核实各种数据，建成全县无线电基站信息数据库，为无线电事业发展规划提供参考依据。

【非电工业项目建设】　2011年，全年完成非电工业固定资产投资67023万元，完成全年目标67000万元的100.03%，占全社会固定资产投资356150万元的18.8%。全年新开工和续建非电工业项目共20个，其中新开工1000万元以上工业项目6个，投资1000万元以上工业项目竣工6个。

【技术创新与技术改造】　云南华宁汇鑫磷化工有限公司“磷酸盐乳浊剂配套产品技术开发”项目于2008年立项，实施期限为2年。项目技术开发获发明专利授权1项，发表论文1篇，制定了工业级五氧化二磷企业标准，磷酸盐乳浊剂产量达300吨/年，各项技术经济指标在项目实施期内全部完成，2011年12月通过结题验收。

【非公经济（中小企业）发展】　年末，全县共有非公企业6568户，比上年减少12.7%，其中个体工商户6233户，私营企业335户；工商登记从业人员24973人，比上年增26.6%，实现增加值216903万元，完成目标210000万元的103.3%，比上年增21.4%，占全县GDP的54.2%；上交税金6402万元，比上年减少30.4%。

【服务中小企业】　申报了省级非公经济暨中小企业发展专项资金项目2个，申报贷款贴息和项目资金扶持120万元；为11户中小企业申报了玉溪市非公经济暨中小企业发展专项资金项目，申报市级成长型企业3户；5月份在中国中小企业信息网申报了中小企业技术改造专项资金项目2个。争取到云南省级非公经济暨中小企业发展专项资金无偿补助70万元。中轻依兰（集团）有限公司华宁分公司（马龙产业华宁磷化工公司）、云南华宁汇鑫磷化工有限公司、云南省天赢磷化工公司、云南省万兴磷业有限公司列入黄磷行业准入公告管理的磷化工企业。华宁玉珠水泥有限公司已申报列入国家水泥行业准入公告管理。

根据《玉溪市市级成长型中小企业认定暂行办法》的有关规定，全县有5户企业被认定为玉溪市市级成长型中小企业（玉经中小〔2011〕144号）。即：华宁宁州香食品有限责任公司、云南华宁鑫辰食品有限公司、玉溪华宁昊兴纸业有限公司、云南省中泰鼎越陶瓷有限公司和华宁玉珠水泥有限公司。

【银政银企合作】　按照银政银企合作方案，继续开展银企银政合作，组织全县工业骨干企业进行企业信用等级授信评定基础，采取多种形式向各金融机构推介贷款项目。全年共有49户中小企业获得27454万元贷款支持，玉溪通保融资担保有限公司华宁办事处共为华宁县14户中小企业提供了4065万元的贷款担保支持，缓解了中小企业的项目建设和生产所需资金。

【做好企业改制遗留工作】 为贯彻落实《中共玉溪市委玉溪市人民政府关于继续做好落实国有企业改制政策工作的通知》（玉发〔2010〕12号）文件精神，根据《关于各县区国有和城镇集体改制企业占用市级财政周转金处置的通知》（玉国资〔2011〕15号）精神及要求。积极配合华宁县政府、县财政转报《关于豁免云南华宁珠山水泥厂欠市级财政周转金的报告》、《华宁县白塔山建筑陶瓷有限责任公司延期偿还市级财政周转金申请的请示》。经努力，全县涉及到的9户改制企业占用市级财政周转金（股本金）共计2937.4万元，按“免七还三”处置政策，全县9户改制企业豁免资金2258.38万元，需收回财政周转金679.02万元，使华宁县改制企业度过经济上的难关，确保社会稳定和经济发展。

【质量兴企】 根据工业产品质量工作组、服务质量工作组的主要职责和有关文件要求，制定了《关于提升工业产品质量的实施意见》和《关于进一步加强服务质量工作的实施意见》，积极推进质量兴县战略的有效实施。按照《华宁县人民政府关于实施标准化发展战略的意见》要求，积极引导企业走“内提质量、外拓市场”的路子，确定了云南华宁宁州香食品有限公司、云南高原辣嫂子食品有限公司2户企业为标准化试点企业，2户企业均取得生产许可证和产品质量认证。其中云南华宁宁州香食品有限公司被玉溪市工业信息化委员会列为2011年“小商品、大市场”培植企业。

【节能降耗和清洁生产】 2011年，市政府下达华宁县审核验收清洁生产企业1户，节能降耗责任目标为单位GDP能耗下降2.9%。华宁县工业商贸和科技信息局紧紧围绕目标责任，认真贯彻落《中华人民共和国节约能源法》、《云南省节约能源条例》、《工业行业主要产品能耗限额》及全市发展循环经济暨节能工作会议精神。按照“减量化、再利用、资源化”的原则，以磷化工产业和建材产业为重点，加强宣传和指导，重视节能管理，大力推行清洁生产工作，加大产业结构调整和技术创新力度，认真贯彻黄磷行业准入条件，发展循环经济，转变工业增长方式，强化各项节能工作措施的落实。2011年，全县万元GDP能耗下降3.3%，完成了目标责任。7月8日，玉溪市东方煤业有限公司启动了清洁生产审核工作，于11月30日，玉溪市东方煤业有限公司清洁生产审核通过玉溪市工业和信息化委员会的验收。

【工业园区建设】 2011年，园区完成工业总产值78000万元，同比增长40%；工业增加值21539万元，同比增长25%；实现销售收入67000万元，同比增长40%；利润总额-2148万元，同比减亏30%；上缴税金1800万元，同比下降35%。从业人员2072人，同比增长11.9%。新增入园企业5户，入园企业达47户。全年完成固定资产投资56000万元，同比增长7.1%；项目签约4个，总投资6.5亿元；园区内招商引资完成6465万元。超额完成新庄轻工业片区土地收储550亩任务，同时完成莲花陶瓷建材产业片区23.5亩土地收储。

华融投资公司共完成投资3347万元，其中：新庄片区土地收储614亩，投资2900万元；莲花塘片区收储土地23.5亩，投资106万元。莲花塘、新庄片区土地平整、道路工程、供水管道、广电网络、土地勘测、压覆矿产资源评估报告等基础设施建设及软环境建设项目完成投资200万元，招商引资工作经费141万元。

【机构设置】 按照《华宁县人民政府办公室关于印发华宁县工业商贸和科技信息局主要职责内设机构和人员编制规定的通知》（华政办〔2011〕19号）等文件要求，组建华宁县工业商贸和科技信息局，为华宁县人民政府工作部门，正科级。加挂华宁县中小企业局、华宁县知识产权局牌子。将“华宁县经济委员会”除乡镇企业行业管理职责以外的职责、“华宁县商务局”除经济合作发展规划以外的职责、“华宁县科学技术局”的职责、信息产业行政管理职责，整合划入“华宁县工业商贸和科技科技信息局”，撤销“华宁县经济委员会”、“华宁县商务局”和“华宁县科技局”。

华政办〔2011〕19号文件核定华宁县工业商贸和科技信息局机关行政编制32名。其中，局长1名、副局长4名。局机关设办公室、经济运行股、工业股（华宁县国企改革办公室）、商务股、信息产业股等10个内设机构和党委办公室。核定行政审批事项14项。年末，华宁县工业商贸和科技信息局实有公务员共计27名。其中：领导9名，分别是局党委书记、副书记、局长各1名，副局长6名，职工18名，工勤人员共6人。

【任职领导名单】

书　记　李　丹
副书记　梁云伟
局　长　杨志林
副局长　杨永恒
　　　　张秀全
　　　　李志忠
　　　　陈　强
　　　　张呈峰
　　　　李　瑛

新平县工业商贸和科技信息局

【综述】 2011年，新平县委、县人民政府坚定不移地实施“工业强县”发展战略，牢固树立工业第一战略、第一目标、第一任务的首位意识，把工业发展作为推动全县经济社会发展的第一要务来抓，进一步调整产业结构，工业经济增势强劲，发展水平再上新台阶。全县完成现价工业总产值142亿元，增33.9%；增加值45亿元，增51.3%，占GDP的比重达62.6%；实现工业税收12.3亿元，增39.8%，占全县财政总收入的68.3%。重点项目扎实推进，发展质量得到提升，完成工业固定资产投资20.8亿元，同比增27.6%。工业园区建设步伐加快，园区总规和可研通过省级审查，争取列入省级重点工业园区通过现场考评。招商引资成效明显，全县共实施省外国内资金项目13项，实际到位省外国内资金12.5亿元，增4.4%。

信息化工作稳步发展，稳步推进政府信息公开工作，全县公开政府信息累计14884条。“新平网”累计点击人数已近100万，累计发布信息9428条。“96128”政务信息查询满意率95%以上。建成县乡视频会议系统，并利用该系统顺利召开以“云南省领导干部时代前沿知识讲座”等为主要内容的视频会议41次。完成对3座基站的站址勘验，有效地维护了正常的空中电波秩序。积极推进县行政审批和电子监察系统建设提供技术支持和技术培训。

【工业经济运行情况】 2011年，新平县完成工业总产值14.2亿元，同比增33.94%，完成现价工业增加值45亿元，同比增51.3%。其中：规模以上工业完成工业总产值138亿元，同比增34.4%；完成现价工业增加值44.5亿元，同比增32.5%；实现销售收入132.9亿元，同比增长30.8%；实现利税总额22亿元，同比增长23.9%，实现利润13亿元，同比增16.2%。

主要工业产品“八增六减”。“八增”：一是铁矿石1042.6万吨，同比增28.1%；二是铁精矿480万吨，同比增22.6%；三是棒材41万吨，同比增261.9%；四是发电量6.4亿度，同比增19.7%；五是耐磨材料1.97万吨，同比增138.6%；六是供电量11.4亿度，同比增11.7%；七是生活用纸1.3万吨，同比增97.6%。八是铜金属含量3.68万吨，同比增6.7%；“六减”：一是钢坯89.8万吨，同比减2.8%；二是线材40万吨，同比减7.3%；三是水泥20.7万吨，同比减2.2%；四是球团矿86万吨，同比减1.5%；五是食糖3.59万吨，同比减32.5%；六是松香897吨，同比减74.3%。

【工业投资】 2011年，举全县之力认真贯彻落实“工业强县”战略，进一步树立工业“首位意识”，加快招商引资和工业园区基础设施建设步伐，积极营造工业发展环境，狠抓项目建设。全年续建、新建工业项目35个，其中：投资1000万元以上项目17个，全年竣工1000万元以上项目5项，完成工业固定资产投资20.8亿元，比2010年16.3亿元增27.6%。

【技术创新与技术改造】 2011年，全县实施重点技术改造项目11项，其中：新平鲁奎山水泥有限责任公司日产2000吨新型干法水泥熟料生产线、云南大红山管道公司铁精矿管道扩能技改、新平鑫福矿产资源开发有限公司比里河煤矿3改9项目、玉溪仙福钢铁（集团）有限公司50吨转炉技改、云南南恩糖纸有限责任公司综合利用蔗渣年产2万吨生活用纸、昆钢耐磨材料二期项目竣工投产。仙福公司198平方米烧结生产线、1080立方米高炉、制氧站项目、玉溪大红山矿业公司井下技改项目、鲁电矿业公司深部采矿项目正有序推进。通过技术改造，企业产能得到提升的同时，节能减排指标得到有效控制。

【非公经济、中小企业发展】 认真组织企业申报中央、省、市各级扶持和奖励，鲁奎山水泥有限责任公司、仙福公司获得淘汰落后产能中央扶持资金246万元。华兴食品有限公司等8户企业继续列为市级成长型中小企业，美坚新型竹材有限公司获省级成长型中小企业。全县中小企业、非公经济企业户数完成9066户，同比增长10.6%，其中：工商登记从业人员29250人，同比增长5.6%，完成增加值23.3亿元，同比增长31.2%，占全县GDP的32.3%，对GDP增长的贡献率达30.4%；上交税金25290万元，同比增长15%。非公经济已成为城乡居民就业的主要渠道，对社会的贡献日益突出。

【产业结构调整】 2011年，加快推进新型工业化进程，不断优化工业结构，积极承接东部沿海产业转移，引进劳动密集型企业力高（云南）箱包有限公司落户新平；加快资源优势转变为经济优势，加大招商引资力度，大力发展铸造、矿冶深加工，不断延长产业链。一、二、三产业比重由2010年的14：59：27，调整为2011年的12：65：23，二产业比重远远超过一、三产业，工业在县域经济中的地位和作用十分突出。

【重点行业发展】 矿冶业：全县上规模的矿冶企业有9户，其中，年销售收入上亿元的有6户，6户企业实现的经济占全县工业的91.5%。2011年实现工业总产值129.9亿元，同比增36.7%；实现增加值42亿元，同比增34.7%。

电力产业：至2011年为止，共建成24个水电站和5个火电站，全县装机15.66万千瓦，其中：水电装机13.26万千瓦，火电装机2.4万千瓦。2011年实现工业总产值5.16亿元，同比增10.4%；实现增加值1.65亿元，同比增10.5%。

制糖产业：已形成漠沙、河口、戛洒三条设计甘蔗入榨量各为2000吨/日的制糖生产线。2011年实现工业总产值1.98亿元，同比减3.2%；实现增加值0.6亿元，同比减3.2%。

【节能降耗】 通过采取将节能目标任务分解到重点企业等措施，有效推进全县节能降耗。全年全县单位GDP能耗下降3.5%。年内验收新平供电有限公司和云南新景电业有限公司清洁生产审核。启动仙福公司25兆瓦高炉煤气余热发电站等节能技改项目建设。我县加大监督检查力度，积极开展淘汰落后产能工作，仙福公司按要求完成了淘汰落后产能220m^{3}炼铁高炉1座。

【工业园区建设】 1月6日，园区总规和可研原则通过省级审查，5月27日正式通过审查，9月19日，省工信委园区处牵头组织相关部门组成考评小组对县工业园区进行现场考评，考核合格后将确定列入省级重点园区。组建新平工业投资开发有限公司，园区建设融资能力得到提高。县财政投入4872万元，园区基础设施建设步伐加快，桂山片区基本具备“五通一平”条件，启动戛洒、扬武片区水电路网建设。预计收储土地1261.27亩，建设用地土地流转面积332亩。建设标准化厂房1.3万平方米，累计完成投资11738万元，建设标准化厂房89087平方米。入园企业达53户，建成投产41户。力高箱包一期生产线建成投产，生产国际品牌电脑包3.5万个、电脑电线包13万个。实现园区工业总产值134.1亿元，同比增长38.7%，占全县工业总产值142亿元的94.4%；完成增加值39亿元，同比增长21.5%，占全县工业增加值44亿元的88.6%。

【信息化建设与安全管理】 2011年3月建成“共青团志愿者报名系统”，8月建成“新平县工业商贸和科技信息局”网，12月建成“工程建设领域项目信息和信用信息公开”栏，并对“政协网”进行改版，“新平网”全年累计发布信息1969条。

2011年9月完成对机构改革后信息公开主体单位网站的更名、删除和增加工作，由原70个调整为63个。全县主动公开政府信息数5977条，其中：通过政府信息公开网站平台公开信息数4008条，通过政府门户网站公开信息数1969条。

2011年9月，机构改革后撤销8个96128主体单位，更改8个主体单位名称。2011年96128政务查询专线电话转接服务，共转接96次，转接成功70次，转接成功率86.42%；满意66次，满意率达95%以上。

全年有6个单位新接入电子政务网，全县共有136个二级局以上单位和部门（含部分企业）接入了“云南省电子政务公文交换及传输系统”，全年共发文13868次，收文407536次；11月通过移动公司100M光纤接入电子政务国家外网；12月底建成11个乡（镇、街道办）和1个县中心会议室的县—乡高清视频会议系统，并已通过初验；新平县电子政务视频会议系统全年共召开各类视频会议41次，参会人员1618人次。

2011年4月，开展了党政机关网站安全调查，域名总数14个，网站建设经费24.35万元。对全县1191台计算机系统正版软件的调查，其中：装有正版操作系统软件计算机914台，占76.7%；非正版操作系统277台，占23.3%。正版办公软件829台，占69.6%；非正版办公软件362台，占30.4%。正版杀毒软件1069台，占89.8%；非正版杀毒软件122台，占10.2%。

【无线电管理与监督检查】 8月，完成对12座中国电信玉溪分公司移动通信基站站址进行勘验；11月将对中国移动玉溪分公司移动通信基站站址进行勘验及对县政府办公楼移动WLAN建设情况进行检查。开展无线电执法检查，有效地保护了我县无线电电磁环境，维护了正常的空中电波秩序。

【任职领导名单】

局　　长　陈　强
党委书记　邱兴国
副 书 记　普　明
　　　　　姚焕琼
副 局 长　杨彦祥
　　　　　尹士明
　　　　　皮海静
　　　　　陈　斌
　　　　　任永福
　　　　　李红亮

易门县工业商贸和科技信息局

【工业经济指标完成情况】 2011年，易门县规模以上工业实现产值43.9亿元，同比增长20.9%；全县工业增加值16.8亿元，可比价增长16.9%；规模以上工业企业完成工业增加值12.8亿元，可比价增长18.9%，完成市考核目标数12亿元的106.7%；规模以上工业企业实现销售收入43.7亿元，同比增长36.2%，完成市考核目标数36亿元的121.4%；规模以上工业企业实现利税总额7.75亿元，同比增长120.7%，完成市考核目标数4亿元的194%；规模以上工业企业实现利润65469万元，同比增长257.8%，完成市考核目标数1.9亿元的344.5%；规模以下实现产值19.1亿元，同比增长16.6%。

【工业重点项目建设】 制定了重点建设项目督查考核办法、招商引资考核奖励办法、2011年工业经济指标计划等措施办法，有力地促进工业经济发展和项目引进；认真抓好县委、政府确定的重点建设项目的落实和推进，重点抓好贵金属二次资源高效循环利用产业化示范项目、白钨矿采选项目、碾挡山石灰石建设项目、泰山石膏板有限公司石膏板生产线技改项目、中瑞（集团）二期水泥熟料生产线和余热发电项目、云铸工贸公司铸件机床生产项目、东源水泥有限公司日产2000吨粉末生产线等新上项目，加快工程进度，尽快竣工投产。年内有日丰公司管桩生产线、强红高晶石膏板两个项目建成投产。

【工业投资】 全县工业固定资产投资保持了增长势头，工业投资完成16.9亿元，比上年同期增42.3%，占全县固定资产投资39.8亿元的42.6%。超额完成市政府下达11.4亿元的目标。

【技术创新与技术改造】 一是云南铜业冶炼中试基地技改。易门铜业有限公司淘汰原有两座12.59m^{2}密闭鼓风炉，新建一套氧气底吹熔池熔炼炉生产工艺，即3.8×13.5m底吹炉，15t蒸发量的余热锅炉及2500KVA的贫化电炉各一座。项目投资9625万元，技改后粗铜、制酸综合能耗均大幅度下降，粗铜单位品综合能耗能由1038kgce/t下降到156.3kgce/t，粗铜，硫酸电耗由251kWh/tH2SO4下降到93.4kWh/tH2SO4。

二是易门县造纸厂技改。一期工程计划投资4200万元。其中造纸主设备及流动资金3000万元，“热电联产”投资1200万元。一期工程投产年产5万吨，竣工投产后年可实现销售收入13915.4万元/年；销售业务总成本12645.4万元/年，实现利润1500万元/年（造纸利润900万元，热电联产节能600万元），上缴税金560万元。

三是易门县龙泉酒厂年产4000吨白酒技改扩建。项目总投资2000万元。项目进度安排2011年3月～2013年3月。项目建成投产后，按年设计生产规模计算，基酒产量达4000吨，瓶装酒产量15万件，工业总产值4000万元，工业增加值1200万元，营业收入4500万元，创利300万元。新增就业人员150余人。

【非公经济、中小企业发展】 2011年，非公经济增加值21亿元，同比增21.4%，完成市下达21亿元的100%的任务；工商登计从业人员2.27万人，同比增103%，完成市下达2.23万人的102%。

2011年5月，易门县云南易门意达陶瓷有限公司、云南易门山里香食品有限责任公司、云南林缘生物制药有限公司、云南易门丛山食用菌有限责任公司、易门大春树水泥有限公司、易门县康源菌业有限公司、易门大龙口酒业有限公司、易门云铸工贸有限公司、云南易门华盛瓷业有限公司、云南易门益生绿色食品有限责任公司、云南易门县造纸厂、云南佑生药业有限责任公司12户企业被玉溪市工业和信息化委员会调整为玉溪市市级成长型中小企业。同时，易门丛山食用菌有限责任公司、易门象山食品有限公司、易门益生绿色食品有限责任公司、易门山里香食品有限责任公司、易门华盛瓷业有限公司、易门聚龙坊民俗陶艺有限公司等6户企业被玉溪市工业和信息化委员会调整为“小商品、大市场”培植企业。

同年7月，易门县康源菌业有限公司、易门云铸工贸有限公司、云南林缘香料有限公司等三户企业被列入第二批云南省省级成长型中小企业名单之中。

【节能降耗】 为完成市政府下达的2011年单位GDP能耗下降3.3%节能降耗目标任务，一是每月对15户重点耗能企业实施监测。二是加大节能技术改造力度。各企业在节能方面采用先进技术和工艺，对高耗能老设备进行技术改造、提高产量、降低能耗。加大对规模以上重点耗能企业的跟踪、指导、监督，突出抓好高耗能行业的节能改造，2011年对丛山公司实施清洁生产审核。继续对铜业公司，亚钛环保公司，泰山石膏板厂资源综合利用进行认定，不断提高能源综合利用水平。三是完善机制，奠定节能统计分析基础。建立了规模以上工业企业能耗月报制度，为掌握能耗情况、开展节能分析奠定了良好基础。四是积极做好淘汰易门铜业公司鼓风炉工作，局领导多次到省、市工信委协商易门铜业公司技改问题，帮助企业办理取得了省工信委的技改备案批文，为明年淘汰落后产能工作打基础。二氧化硫排放总量单位下降3.5%，超市下达我县的目标任务3.43%的0.07%。单位GDP能耗能完成市下达我县3.3%的目标任务。

【工业园区建设】 按照“新型工业化和发展循环经济工业园”的总要求，围绕安—易—峨公路沿线构建六街—龙泉—浦贝“三点一线”的经济发展轴，坚持科学布局、土地集约、产业集群、环境优先，工业与环境和谐发展的原则，从易门的区位、交通、资源等比较优势入手，以现有产业为基础，以壮大工业经济总量为重点，完成了易门工业园区总体规划修编、六街数控机床产业园控制性详规、曾所生物资源加工片区控制性详规。新修编的园区规划为“一园五片”的空间结构形式，总规划面积为36.6平方公里，2010年12月15日通过了省市专家评审。2011年8月16日园区环境影响评价通过专家评审。园区水、电、路等基础设施建设明显加强，省市下达626.5万元资金支持工业园区基础设施建设及中小企业发展。工业园区顺利通过了省工信委组织的考核，在全省20个被选县中，考核名列前10名，有望进入省级特色工业园区。

【无线电管理与监督检查】 及时填写报送“玉溪市县（区）无线电管理体制建设情况统计表”、“玉溪市各县区无线电管理机构编制及人员情况统计汇总表”以及本县管理人员相关情况统计表。专门组织力量对玉溪市2011年度玉溪电信分公司在县境内拟建的18个基站站址情况进行了实地勘测（包括每个站址的经度、纬度、海拔、200米以内无线电设施情况、200米内其他设施情况、是否符合当地建设规划、是租地还是征地等情况）上报。还对2011年玉溪移动在我县境内25个基站入网情况进行勘测核实。

按市工信委要求参加云南电信玉溪分公司计划在玉溪市范围内拟建CDMA移动通信基站的选址论证会。受理群众投诉一件，发出了整改通知，责令其停止施工，并要求其按法定程序进行报批，及时制止违法行为一件。

按要求组织“无线电台操作人员资格考试申报”和“无线电台操作人员换证考试申报”。认真履行对高考考场无线电信号的监管职责

【安全管理】 继续“深化安全生产年”的总体部署和安全生产一岗双责的要求，充分发挥职能作用，开展安全隐患大排查活动五次，共发现隐患110余个，下发检查指导建议书32份，隐患整改率90%以上。狠抓安全生产责任制的落实，大力开展宣传教育，悬挂横幅36条，粘贴宣传画108张、出黑板报9期、举办知识竞赛6场、参观图片展览101人次、培训职工2050人、安全文艺宣传1场、发放宣传材料1453份、组织安全检查83次，在全区营造了“关爱生命、关注安全”的浓烈氛围，通过开展安全隐

患排查和宣传教育，确保了全县工业企业、水电、供电企业安全生产形势总体稳定。

【机构设置】 易门县工业商贸和科技信息局是易门县人民政府工作部门，正科级。加挂易门县中小企业局、易门县知识产权局牌子。局机关内设13个股室和党委办公室。局机关行政编制30名。其中，设局长1名、副局长4名。2011年末有干部职工40人。领导11人，其中：局长1人、副局长8人、党委书记1人、纪委书记1人。

【领导任职名单】

党委书记 王选科

局　　长 周黎明（11月止）

刘　政（12月任）

纪委书记 期顺才

副 局 长 刘　政（11月止）

周全安

简　单

王雪征

王连富

严　福

李曙东

马云涛

高　云

元江县工业商贸和科技信息局

【工业经济指标完成情况】 2011年，元江县实现工业总产值20.79亿元，工业增加值7.44亿元，同比分别增长9.9%、6.8%。其中，规模以上工业企业4项指标工业增加值、主营业务收入、利润和利税分别完成4.84亿元、12.44亿元、-0.28亿元和0.54亿元，四项指标分别完成市级目标的96.8%、73.1%、-20.1%和17.8%，同比分别增长1.5%、-16%、-118.9%和-79.8%。工业固定资产投资完成4.93亿元，同比下降13.5%，其中非电力投资1.68亿元，完成目标的41.9%，同比下降62.2%。非公经济增加值16亿元、工商登记从业人员2.609万人，同比分别增长21.9%、10.9%，分别完成目标任务的100%和103%。

【重点工业项目建设】 积极配合云锡元江镍业公司加快元江镍矿资源的开发，加快年产3000吨镍铁一期生产技术改造和二期工程前期工作；全力推进达亚公司做好1500吨选厂各项前期工作，力争开工建设，尽快把资源优势转化为经济优势，实现资源规模化、规范化开发；加强协调服务，促进蛇纹石开发、铜厂冲铜矿选厂、石材开发及咪哩镍矿项目尽快开工建设，尽快形成产能。完成永发水泥有限公司2500t/d新型干法旋窑水泥生产线扫尾工作，年内达产达标；促成栋梁公司开工建设75万吨旋窑水泥项目核准，促进建材产业的发展。全力推进红河流域元江境内桥头、罗垤两座梯级电站建设，加快罗垤电站建设进度。做好110kV武洒变电站工程建设及220kV元江变二期输电线路工程建设，协调推进110kV安定、咪哩变输变电站建设。完成红塔集团有限公司元江烟叶醇化仓库建设。促成景谷大有为食品有限公司元江县甘庄分公司、昆明瑞丽江食品饮料有限公司元江分公司芒果汁加工项目开工建设并投产。鼓励金珂公司自主创新，加大技改力度，提高产品市场竞争力和企业综合效益，依靠技术提升产品档次，延长产业链。狠抓项目收集整理和论证、包装和推介工作，加大项目储备和招商力度。

【工业园区规划建设】 元江县在充分调查研究的基础上，委托专业机构编制了《元江镍产业特色工业园区建设可行性研究报告》和《元江县镍产业特色工业园区总体规划》，并于2009年5月12日通过了市级评审。园区规划占地总面积19.49平方公里，园区土地和基础设施投入概算182074.7万元，其中，购置土地估算投资131530.5万元，基础设施（水、电、路）估算投资50544.17万元。项目拟建在元江县因远镇的安定、澧江镇的江东、青龙厂镇的甘坝和甘庄等三个地区，形成“一园三片区”的元江镍产业特色工业园区，总规划用地面积为19.49平方公里。2010年3月，投资60万元委托云南省环境科技开发中心对元江镍产业特色工业园区规划进行环境影响评价。2011年4月，组织省、市专家进行了园区环评并通过评审。县委、县政府出台了《元江县镍产业特色工业园区企业入园促进政策》。2011年12月完成了4平方公里控制性详细规划与园区内9.08平方公里1：500地形图测绘。积极做好园区土地调查核实及起草收储园区2086亩低丘缓坡土地利用规划方案。截至年底，已完成的园区基础设施项目投资达23499万元。同时，认真落实项目责任制，加快入园项目建设步伐。通过优质、高效、便捷的服务，云锡元江镍业公司3000吨镍/年镍铁合金工程项目一期建成投入试生产，永发水泥有限公司2500t/d新型干法旋窑水泥生产线、芦荟高级工业原料生产线扩大产能技术改造项目、红塔集团元江烟叶醇化仓库建设等入园项目建设正稳步推进。上述项目建成投产后，在园区内可新增工业产值8.1亿元以上，新增税金5000万元以上，有力地促进工业经济的发展。

【中小企业与非公经济发展】 认真组织申报中小企业专项扶持资金项目。1~12月，共组织申报符合国家产业政策、优势特色明显、技术进步、节能环保的项目20项，其中，省级扶持资金项目5项、市级非公经济暨中小企业发展专项资金扶持9项、中央投资工业中小企业技术改造项目扶持6项，有效缓解企业资金不足的压力，增强企业的发展后劲。二是帮助企业积极申报云南省著名商标2个（永发公司、栋梁公司）、玉溪市上知名商标3个（永发公司、瑞丰民特食品公司、盛帮植业有限公司）。三是加强培训，提高企业经营管理水平。全年共组织各乡镇及成长型企业19人参加市工信委组织的新型工业化培训。

【节能降耗】 及时调整节能降耗工作领导小组，强化对节能降耗工作的管理。将任务层层分解至各重点规模工业企业，并分别与相关规模企业签订了节能目标责任书，明确要求规模工业企业积极配合，认真完成节能降耗任务。继续完善节能降耗的统计、监测体系。严格制定统计监测方案，安排专职人员负责节能降耗的具体统计、监测分析工作，认真做好跟踪、指导、服务工作。加强节能宣传与培训。组织各企业开展经常性的节能宣传与培训，定期组织能源计量、统计、管理和操作人员业务学习和培训，全年圆满完成了市政府下达的节能降耗目标任务。

【安全生产管理】 成立了元江县工信局安全生产工作领导小组，并制定了相关的工作方案，为企业的安全生产管理工作提供有力的组织保障。认真组织开展安全生产大检查活动。经常性地深入重点工矿企业和重点行业进行安全检查，特别是在春节、“五一”、“安全生产月”、“两会”期间，组成安全生产工作小组或配合有关部门到工矿企业、煤矿、屠宰场、加油站、商场（超市）等进行安全生产大检查，发现问题的及时下达整改通知书，责令限期整改，并督查整改落实情况。同时经常督促企业教育员工增强安全生产意识，加强内部安全管理，经常性地开展安全生产自查自纠工作，促进企业安全生产形势的好转。通过加强企业安全生产管理，有效地防范了重特大事故的发生，今年以来，没有发生任何安全生产责任事故，促进了全县工业企业经济稳步发展，确保了社会和谐稳定。

【招商引资工作】 利用“金芒果节”、“昆交会”等各种平台机遇，开展形式多样的活动宣传我县的招商引资相关政策，扩大招商引资宣传渠道，捕获招商信息。在载体建设上创新，突出项目载体建设、优选和包装一批优势项目，储备一批发展前景好、合作空间大、拉动能力强的项目。依托元江在矿产、水电及农产品等产业优势，推介适应市场需求的项目，使招商引资工作由随意招商变为目的招商。实行以商招商等形式，有力推进招商工作。2011年以来，红河流域第五级（桥头）水电站以及第六级（罗垤）水电站、烟叶自然醇化仓储库、都贵水电站、热带水果商贸城、太阳能光伏发电以及风力发电等一批重点招商项目建设得到顺利推进。2011年，市政府下达全县招商引资引进省外国内资金考核目标任务为8亿元，外资考核目标任务100万美元。全县累计投资项目38项，其中新引进项目28项，上年结转项目10项；合同引进县外资金82447万元；实际到位县外资金88007万元（其中：省外国内资金74680万元，市外省内资金12952万元），完成市政府年初省外国内资金目标任务8亿元的93.4%。引进外商投资企业户数为零，引进外资金额为零。

【信息化建设】 做好机关办公楼的局域网维护工作和办公楼内部的电脑维护。管理和维护好县电子政务网，对接入的110家单位做好服务，及时排除网络故障，做好运行维护管理工作，保障电子政务网的正常运行，指导好各单位电子公文交换系统的操作应用，从技术角度保障了全县电子公文的高效流转。为各部门单位更新和制作电子印章25枚。认真做好视频会议系统建设完善工作，圆满完成了视频会议系统每次试机任务和应用管理，全年利用视频会议网络顺利召开视频会议和知识讲座共25次。做好“元江网”和“元江县政府信息公开网站”的信息更新与日常维护工作，适时更新网站信息，发布元江对外宣传的大部分信息。全县共主动公开政府信息2085条。配合县保密局做好元江县专项保密检查工作，对政府信息公开情况进行定期保密检查。对政府信息公开义务主体单位工作开展了两次大规模的检查和抽查，发现涉密情况、安全措施问题责令及时整改，切实加强了我县政府信息公开工作的保密管理。

【机构改革】 根据《中共元江县委元江县人民政府关于元江县县人民政府机构改革实施意见》（元发〔2010〕23号），设立元江县工业商贸和科技信息局，为县政府工作部门，正科级，加挂元江县中小企业局，元江县知识产权局牌子。机关内设9个职能股室，分别为办公室、经济运行股、工业股（加挂元江县国企改革办公室牌子）、中小企业股（加挂元江县工业园区管理办公室牌子）、商贸股、招商引资股、信息产业股、科技股（加挂元江县知识产权管理办公室牌子）、节能与安全生产股、机关党委。机关行政编制26名，年底机关实有干部职工41人。

【任职领导名单】

党委书记 杨斌
副书记、局长 宗崇有
党委副书记 刘春
副局长 张建文
杨云安
周春强
王艳萍
张一冬

通海县工业商贸和科技信息化局

【工业经济运行情况】 2011年全县工业经济发展比较平稳。工业总产值、销售收入、利润实现了平稳增长。全县完成工业总产值143.6亿元，增长19.8%（现价）。实现销售收入141.57亿元，增长21.42%；实现利润4.17亿元，增长2.84%；税金2.16亿元，增长4.3%。规模以上企业呈现“三增二减”，实现工业总产值50.6亿元，增长13.1%；实现工业增加值13.1亿元，增长22.2%；实现销售收入51.1亿元，同比增17.4%；利税总额3亿元，同比减8%；利润总额1.7亿元，同比减12.3%。

2011年，五金机电、彩印包装、

食品加工3大支柱产业实现工业总产值118.2亿元，增长19.53%，占全县工业总产值的82.31%；实现销售收入115.35亿元，增长22.36%；应交税金14290.64万元，增长5.32%；实现利润34109.16万元，增长1.77%。其中：五金机电实现工业总产值93.46亿元，增长19.95%，占全县工业总产值的65.07%；实现销售收入91.08亿元，增长23.32%；应交税金7865.4万元，增长4.09%；实现利润22689.2万元，减少0.11%。彩印包装实现工业总产值17.04亿元，增长17.12%，占全县工业总产值的11.86%；实现销售收入16.97亿元，增长16.69%；上交税金5912.2万元，增长6.99%；实现利润6073万元，增长9.58%。食品加工业实现工业总产值7.73亿元，增长19.76%，占全县工业总产值的5.38%；实现销售收入7.29亿元，增长24.28%；上交税金513万元，增长5.56%；实现利润5346.96万元，增长1.67%。

【固定资产投资】 2011年，全县完成工业固定资产投资100896万元，同比增29.02%，占全社会固定资产投资额的29.6%；完成与市政府签订责任目标8亿元的126.12%。全县500万元以上项目29个，其中，续建项目10个完成固定资产投资17059万元；新开工项目19个，完成固定资产投资37931万元。1000万元以上新开工项目16个，完成与市政府签订责任目标6个的267%。1000万元以上竣工项目10个，通海县斯贝佳食品有限公司巧克力豆末糖及开发双歧因子食品生产线、云南杨广红达食品有限公司年产面粉12.6万吨面条9万吨生产线、通海秀山水泥有限责任公司新建年产60万吨水泥粉磨生产系统技改项目先后建成投产，完成与市政府签订责任目标6个的166.7%。全年备案的项目72个，比上年的41个增加31个，计划总投资146848万元，比上年的37819万元增加109029万元；其中1000万元以上备案项目34个，工业投资项目库不断充实，为2012年工业经济的发展奠定了坚实的基础，工业发展后劲进一步增强。

【非公经济快速增长】 2011年通过出台政策、优化服务环境、加大资金扶持力度等措施，非公经济发展迅速。2011年全县非公经济完成增加值33亿元，增长21.8%；工商从业人员42569人，完成责任目标4.05万人的105.1%，同比增14.21%；实现税金1.94亿元，同比减少7.18%。加强非公、中小企业专业技术人才和技能型人才的培养，做好非公中小企业专业技术人员的继续教育培训考试工作。2011年共409人参加专业技术人员《目标与时间管理》继续教育培训考试报名。

【节能降耗】 2011年，通海县认真执行《固定资产投资项目节能评估和审查暂行办法》，全县有5个年耗能2000吨标煤以上项目通过省级节能评审。完成了2户企业的清洁生产审核评估验收工作。在宣传周期间共发放宣传手册4000多份、宣传画、宣传袋200多份，推广财政补贴高效照明灯40000多只。2011年在节能项目顺利进行及清洁生产工作有序开展的情况下，圆满完成2011年单位GDP能耗下降2.9%目标任务。

【工业园区建设】 园区产业集群初步形成，整合提升加快，特色突出。2011年，园区64户企业（新增项目6个），在建的31个项目新增固定资产投资达3.84亿元、同比增107.6%；建成的33个项目实现产值11.06亿元、同比增43.45%，利润3000万元、同比增30.43%，税收2400万元、同比增41.18%。以通变电磁线、电器配件、电线电缆等为代表的企业通过园区平台调整了企业产品结构，扩大了生产规模，提升了技术革新能力；以通印集团、红达食品、方圆工贸、宏兴机械、灿达实业等为代表的在建项目通过整合提升，获得了更多的资金、技术和市场资源，为加快建设发展打好了基础。三是园区成为五金机电、彩印包装、食品加工三大地方优势产业发展的重要基础，园区主导产业总产值占到了70%左右。

【任职领导名单】

主　任　沐华斌
书　记　孔黎明
副书记　柏家德（12月任）
副主任　王汝良
　　　　王富波

江川县工业商贸和科技信息局

【工业经济运行情况】 2011年，江川县工业经济步入向好发展的态势。全县现有工业企业1276户，其中，规模以上工业19户。全部工业企业实现现价工业总产值33.81亿元，同比增长24.2%，完成市目标任务33.7亿元的100.33%；实现工业增加值8.69亿元，同比增长19.5%；其中，规模以上企业实现销售收入17.4亿元，同比增长20.7%，完成市目标任务18亿元的96.4%；实现工业增加值7.1亿元，同比增长19.7%，完成市目标任务6亿元的117%；实现利税总额2.6亿元，同比增长11.5%，完成市目标任务2.9亿元的87.68%。非公经济从业人员28366人，完成市目标任务28000人的101%；实现非公经济增加值23.1亿元，完成市目标任务23亿元的100%；工业固定资产投资完成7.06亿元，完成市目标任务6.5亿元的109%。

【工业园区建设】 2011年，江川县按照省级生态示范工业园区要求，根据江川龙泉山生态工业园区规划实施方案制定的“功能分布合理，基础设施共享，产业相互融合，循环经济示范”的原则，合理划分产业发展区域，促进园区科学发展。园区内30米龙泉主干道征地8.6276公顷，征地费2180万元；基础路面工程建设于4月1日开工建设，9月底圆满完成路基铺垫平整建设工作，总投资1300万元，完成工程量的95%。园区供水工程（水池及相关配套设施、供水设备和管材采购安装）2011年7月1日组织开工，年底水池及相关配套设施建设项目基本完工，供水设备和管材采购全部到位安装，总投资1200万元。

2011年，江川县着力引进一批税源型、科技型、环保型项目。经审查符合条件超亿元的项目已达3个，计划用地1000多亩，计划总投资7.107亿元。其中玉溪市丰宇科贸有限公司250套/年1.5MW～2.5MW风力设备增速器总成项目，计划投资2.688亿元；云南联塑科技发展有限公司年产10万吨新型塑料管材项目，计划投资4亿元；云南特固电气有限公司1000件（套）/年智能电网控制设备及附件生产项目，计划投资4190万元，预计2012年初可入园建设，2年内项目主体工程竣工；除以上3个项目外，还有2~3个投资上亿元的在谈项目1~2年内可进入园区建设发展，力争这些意向性入园项目2012年上半年开工建设。

2011年9月6日《江川龙泉山工业园区环境影响评价报告》通过了省级专家评审验收。

【重点项目建设】 2011年，江川县工信局加快项目的引进步伐，培育和形成新的以加工和深加工为主的磷化工产业体系。一是抓好江磷集团、实龙化工、江达化工等企业尾气利用，特别是江川县水泥厂同江磷集团合作利用磷炉尾气作燃料建设日产2000吨新型干法水泥熟料生产线和江磷集团供气技改项目，帮助江川县水泥厂办理该项目核准手续，该项目预计2012年上半年可开工建设，可完成投资1亿多元。二是抓好江磷集团黄磷尾气环境整治综合利用—500吨/日石灰生产线建设工作。该项目占地面积5400平方米，建筑面积3200平方米，计划总投资1920万元，其中土建投资700万元，设备投资1220万元，项目建成后日产石灰500吨。目前该项目已开工建设，预计2012年7月即可建成投产，投产后可实现产值6000万元，利税2000万元。

【节能降耗】 2011年，江川县细化目标，县政府分别与7个乡镇（街道办事处）和6个相关部门及22个重点耗能企业签订了节能降耗目标责任书。全县能源消费总量608959.66吨标准煤，单位生产总值能耗下降4.59%，超额完成年度单位生产总值能耗降低2.9%目标任务。全县规模以上工业企业综合能源消费量137363.03吨标准煤，同比173726.22吨标准煤减36363.19吨标准煤，综合能耗减少20.93%。万元产值综合能耗0.7165吨标准煤/万元（现价，下同），比上年同期1.1079吨标准煤/万元下降0.3914吨标准煤/万元，同比下降35.33%。

2011年，江川县完成2户企业的清洁生产审核。节能灯推广任务完成1.5万只。

【行政审批和电子监察系统建设】 2011年江川县按《玉溪市人民政府办公室关于开展行政审批和电子监察系统建设工作的通知》（玉政办发〔2011〕53号）文件要求，成立了江川县推进行政审批和电子监察工作领导小组，由副县长刘振环任组长，纪委副书记、监察局局长范江应任副组长，政府办、法制办、工信局、政务中心、电信局等领导组成的工作领导机构，明确了工作职责，按期按质完成了行政审批和电子监察系统建设。该系统于2011年6月底建成，7月底调试正常进行试运行，11月13日完成了行政审批和电子监察系统设备租用移交和电子监察系统运行参数测试等工作，通过了市行政审批和电子监察系统建设领导小组的验收，该系统运行正常。

【移动通信建设】 2011年，江川县为保障移动通信建设顺利有序进行，江川县工信局分别对拟选站址周围无线电台站、易燃易爆设施、风景名胜、学校等方面的情况进行了勘察论证，并报送市工信委审批，由中国电信、移动及联通江川分公司加强了公众移动通信江川设施建设，分别建设了60多座GSM、CDMA2000和WCDMA系统移动通信基站。

【工程项目建设领域信息和信用信息公开共享专栏建设】 2011年为推进工程建设领域项目信息公开和诚信体系建设，江川县按省、市要求，以政府网站——江川网为依托，于2011年12月12日建成了江川县工程建设领域项目信息和信用信息公开共享专栏。年底，该专栏集中公开项目信息157条，信用信息27条，信息内容基本覆盖了项目管理的各个重要环节和从业单位的信用状况。

【机构设置】 根据江发〔2011〕14号文件精神，2011年3月17日新组建江川县工业商贸和科技信息局，加挂江川县中小企业局、江川县知识产权局牌子。将县经济委员会除乡镇企业局管理以外的职责、县科学技术局的职责、信息产业行政管理职责，整合划入县工业商贸和科技信息局。不再保留县经济委员会、县商务局、县科学技术局。共设置10个内设机构和党委办公室，分别是行政办公室、经济运行股、工业股（江川县国企改革办）、中小企业股、商务股、招商引资股、信息产业股、科技股、节约能源股、安全生产股和党委办公室。

【任职领导名单】

局　长　曲绍庭

副局长　李天贵

顾　秋

张多颖

付树彬

李必忠

保 山 市

保山市工业和信息化委员会

【综述】 2011年，保山市完成工业现价总产值226.3亿元，同比增长33%（可比增长26.2%）；实现工业增加值75.55亿元，增长21.6%（可比价）。规模工业完成工业总产值140.95亿元，同比增长38.95%；实现增加值51.8亿元（不含小湾电站分成），同比增长27.5%；累计完成非电力工业投资51.15亿元，同比增长52.94%。轻工业总产值102.4亿元，同比增长28.75%；重工业总产值123.9亿元，同比增长37.08%。全年工业生产增长提速明显，重点行业支撑作用突出，重大项目建设扎实推进，节能降耗工作全面展开，非公经济平稳增长，信息化建设推进加快，实现了“十二五”的良好开局。

【主要产品产量】 轻工业：大米9.32万吨，增长9.76%；小麦粉9.67万吨，增长1.24%；鲜冷藏冻肉0.74万吨，增长16.69%；食糖19.64万吨，增长22.57%；酒精17377千升，增长0.29%；饮料酒33841千升，下降22.4%（其中白酒13564千升，增长8.6%；啤酒20177千升，下降35.17%）；软饮料4.73万吨，增长14.44%；精制茶2.51万吨，增长16.23%；瓶（罐）装饮用水3.43万吨，增长30.25%；咖啡0.39万吨，下降51.13%；香料烟2.08万吨，增长49.16%；复烤烟叶4.11万吨，增长31.2%；丝317吨，下降39.39%；丝织品60.6万米，增长1.0%；实木地板0.84万平方米，下降70.66%；家具81.06万件，增长2.12%；机制纸及纸板1.07万吨，下降18.97%；中成药2488吨，增长6.19%；人造板29.69万立方米，增长26.82%。

重工业：原煤41.01万吨，增长1.67%；天然气656万立方米，增长7.19%；铁矿石原矿量265.64万吨，增长26.63%；发电量52.72亿千瓦时，增长60.98%（其中水电52.29亿千瓦时，增长61.31%）；铜选矿产品含铜量415吨，下降36.64%；铅选矿产品含铅量6373吨，下降35.76%；锡选矿产品含锡量639吨，增长6.68%；锌选矿产品含锌量18307吨，下降26.92%；硫酸2.9万吨，增长22.07%；磷肥0.18万吨，下降30.76%；水泥276.67万吨，增长38.63%；砖7.39亿块，增长9.07%；大理石板材19.63万平方米，下降6.21%；耐火材料制品0.42万吨，下降35.16%；石墨及碳素制品1.64万吨，增长14.58%；粗钢为0；钢材为13.61万吨；电锌1.65万吨，增长6.03%；金属硅11.96万吨，增长23.82%；硅铁1.63万吨，增长3.57%；碳化钙（电石）5.46万吨，增长101.6%；全社会用电量35.65亿千瓦时，增长20.54%；大宗工业用电量28.07亿千瓦时，增长21.23%；硅工业用电量13.18亿千瓦时，增长34.96%。

【重点工业建设项目】 在建项目42项：2011年内槟榔江松山河口电站、苏家河口电站、龙陵等壳电站、施甸冠胜矿业铅锌选厂、云天化国际化工10万吨含硫尾矿综合利用项目、腾冲古林木业公司年产21万立方米中高密度纤维板建设项目、双友钢铁股份有限公司年产50万吨轮胎钢丝基材项目、龙陵龙山硅业有限公司技改扩建项目、昌宁勐亚日产2000吨水泥熟料生产项目、昌宁桦东木业公司年产9万立方米中高密度纤维板建设项目、昌宁稳隆茶叶公司温泉、漭水红茶生产线建设项目、保山德森人造板公司年产10万立方米中高密度纤维板建设项目等先后建成投产。龙陵汇合水泥日产2500吨新型干法水泥熟料项目、腾冲工业园区火山石加工项目、昌宁立德硅一期5万吨工业硅项目进展顺利。新建项目35项：云维电石渣综合利用日产3000吨水泥熟料项目、路华能源科技锂离子二次电池及配套项目、永昌硅业公司10万吨/年化学级金属硅节能环保翻番项目、福润肉类加工有限公司新建年屠宰加工150万头生猪项目等重大项目相继开工建设，进展顺利，2012年可建成投产。前期项目14项：云维电石渣综合利用日产3千吨水泥熟料生产项目、永昌硅业公司年产10万吨化学级金属硅节能环保产能翻番项目、福润肉类加工有限公司年屠宰加工150头生猪项目、昆钢嘉华第二条水泥熟料生产项目、腾冲县“腾药”生物医药产业改造升级项目、保山城市燃气管道建设项目、中缅油气管道建设等一批重点项目的前期工作进展顺利。重点推进猴桥200万吨钢铁项目、水长80万吨铝材集群发展项目、保山海螺日产4500吨水泥熟料生产项目前期工作。

【工业园区建设】 水长、保山、腾冲、龙陵、昌宁5个工业园区共完成基础设施建设投资4.08亿元，比上年增0.24亿元，新入园企业19户，总户数达192户，入园企业年度内完成固定资产投资12.69亿元。其中：累计建成各类标准厂房30.21万平方米，完成投资6.06亿元。全年入园企业累计完成工业总产值70.26亿元，同比增长45.74%，完成工业增加值21.26亿元，同比增长40.15%，实现主营业务收入63.65亿元，同比增长58.8%，实现税收6.11亿元，同比增长37%，实现利润5.5亿元，同比增长42.31%，园区就业人数20542人，同比增长41.62%，

【节能降耗】　2011年万元GDP能耗下降4.39%，超额完成省政府下达下降2.6%的目标任务。一是强化节能目标责任的分解落实和考核，着力保障重点和行业、重点企业的用能和节能目标任务完成。二是加强节能监督管理，对需要开展节能评估的工业投资项目，全部进行了节能评估和节能审查，对重点用能企业进行了能源审计，对19户重点用能企业的能源消费量进行了动态监控，适时进行预警调控。推进重点企业节能降耗工作，实施了云南永昌硅业股份有限公司工业硅生产烟气余热发电和腾冲县腾越水泥股份有限公司2500吨/日水泥熟料生产线余热发电项目。三是大力推进节能技术进步，继续组织实施好低效锅炉节能改造、高效照明产品推广运用等六大节能工程。全市累计推广节能灯92万只；四是抓好节能宣传，建筑、交通公共机构、商业、农村、政府机构等重点领域节能取得明显成效，全民节能行动在社会产生了广泛影响。

2011年保山市淘汰水泥熟料生产线4条，淘汰落后水泥熟料产能50万吨，圆满完成省政府下达的目标任务。

【项目资金争取】　2011年共争取国家、省级各类专项资金扶持36项，扶持资金5432.5万元。其中：列入中央预算内投资计划项目4项，资金646万元；省级技改专项3项，资金530万元；淘汰落后产能中央财政奖励资金5项，资金953.5万元；国家中小企业发展专项资金2项，资金200万元；中央财政整顿关闭小煤矿补助项目1项，资金209万元；省级新型工业化发展专项资金6项，资金890万元；省级节能降耗专项资金5项，资金194万元。省级新型工业化发展专项资金（农业产业化整合重点项目）1项，资金300万元；省级非公经济发展专项资金5项，205万元；省级酒产业发展专项补助项目2项，资金250万元；省级淘汰落后产能专项资金1项，资金255万元。

【非公经济发展】　2011年，保山市非公经济完成增加值126.55亿元，同比增长25.3%，占全市现价生产总值的39.6%，完成省考核目标的113%；企业户数61933户，同比增长8.3%，从业人员17.99万人，同比增长29%，完成省考核目标的120%；上缴税金11.6亿元，同比增长1.53%，占全市财政总收入的25%；实现社会消费品零售总额71.53亿元，同比增长12.74%，占全市社会消费品零售总额的70.5%。

【信息化建设】　2011年，保山市政务信息公开渠道和载体建设稳步推进。在市、县区的共同努力下，市、县两级政务服务中心已全部建设完成，对外办公、政务信息96128查询专线已形成市、县、乡三级覆盖网络，全市338个部门开通96128电话专线，拓展了服务功能。数字通信、互联网和3G网络建设加快，经济和社会领域信息化水平全面提升，保山市光纤网总长度达到1万公里，固定电话用户达到30万户，移动电话达1332872部，电话普及率达到70部每百人，行政村实现电话“村村通”；宽带用户超过10万户，移动互联网用户超过9万户；广电传输网络整合加快，有线电视用户超过23万户，2.06万户完成数字化改造，广播覆盖率达到96.6%，电视覆盖率达到94.4%。

【无线电管理】　一是抓好“三个《条例》”宣传，营造无线电管理良好社会环境。2011年，通过报纸、宣传单、读报栏等共发放宣传材料17000多份，广播电视宣传20余次，普及了无线电管理法规和无线电科普知识，扩大了社会影响。开展新版台站数据库建设工作，对全市无线电台站数据库进行全面清理和录入，数据库建设顺利通过省验收，提升了保山市无线电管理工作水平。二是加强监测工作。完成对移动、联通、电信三大运营公司3%的基站监测。受理无线电干扰投诉两起，经认真测试、查处，均已消除干扰。加强对广播电视、航空导航等重点频段的监测和保护，确保航空无线电专用频率安全，有效保障无线电广播电视、移动通信、森林防火、抗灾救灾等无线电业务的正常运行。圆满完成了高考、公务员考试等无线电监测任务。三是抓好部门行政管理效能建设，健全完善各项规章制度，管理工作逐步规范化。完成《保山市无线电事业发展五年规划》编制工作；完善原有的无线电应急预案，协助完成市政府无线电应急网的调试工作。把无线电稽查执法工作贯穿在无线电台站年检、干扰查处、无线电宣传等工作中，提高了用户遵守无线电管理法律法规的自觉性。

【任职领导名单】

书　记、主　　任　叶超社
副书记、纪委书记　云文灿
副　　主　　任　龙海涛
　　　　　　　　魏勇华

（董　春）

隆阳区工业和信息化局

【工业经济运行情况】　2011年，隆阳区完成现价工业总产值90.13亿元，按可比口径计算，同比增长27.7%；完成工业增加值33亿元，同比增长29.7%；其中：规模以上工业完成产值56.68亿元，同比增长52.19%，完成工业增加值21.3亿元，实现主营业务收入46.35亿元，同比增长43.4%；实现利税总额8.4

亿元，同比增长44.8%。

【重点行业发展】 2011年，全区6个重点行业均保持增长态势，完成工业总产值67.82亿元。其中农产品加工业完成17.9亿元，同比增长23%；矿产采选及冶金工业完成13.23亿元，同比增长162%；生物制药业完成9979万元，同比增长44.37%；建材加工业完成3.1亿元，同比增长20.1%；烟草加工业完成9.33亿元，同比增长42.9%；能源工业完成23.26亿元，同比增长55.1%。

【非公经济、中小企业发展】 截至12月底，全区有个体工商户18844户，比去年同期增加1581户，增长8%；私营企业1358户（含分支机构395户），同期增加268户，增长19%；注册资本金分别为7.8亿元和27.12亿元，同比分别增长70%和66%；共安置从业人员64010人，同比增加13950人，增长21%，已超额完成市考核目标任务；全年完成增加值57.55亿元；非公经济上缴税金32677万元，同比增长28%，占全区财政总收入的38%。

【安全生产管理】 隆阳区经济系统涉及安全生产管理的企业共有10户，其中，老工业企业9户。煤炭企业整合后有1户企业6对矿井。2011年，全区生产原煤3.3937万吨，实现工业总产值521.104万元。全年召开大小安全生产会议19次，共参会212人，开展安全检查15次，共出动人员92人次，出动车辆38台（次），检查项目49项，排查隐患49条，共发出现场处理决定书13份，提出整改建议意见61条，隐患整改率达92%。并开展了“六月安全生产月”活动，涉及企业10户，召开安全生产宣传教育会议10次，张贴各类宣传标语76条，受教育人数651人。指导企业组织应急救援演练，并印发加强安全生产相关文件共196份，下发各级培训文件65份，安全生产主体责任培训一期，共计93人。同时，按照省煤监局、省工信委2011年度的相关要求，目前辖区内煤矿的安全现状评价均达B类矿井，符合安全生产条件。其中：清水沟煤矿矿井“六大系统”现已完成监测监控系统、供水施救系统、通信联络系统，预计在2013年6月底前完成井下人员定位系统、压风自救系统、紧急避险系统；并按要求关闭了蒲缥煤矿。

【节能降耗】 2011年，全区单位GDP能耗下降目标为2.75%，1~12月全区单位GDP能耗下降2.75%；工业能耗总量控制在20.8万吨标煤以内，万元工业产值能耗为0.23吨标煤，万元工业增加值能耗为0.69吨标煤，均比去年同期下降3.4%；已完成全年节能目标。

【招商引资】 2011年，超额完成了区委、区政府下达的招商引资考核目标，在相关部门的协调下，引进了海螺水泥有限责任公司4500吨/日新型干法水泥熟料生产线、翡翠青花年产万吨白酒生产项目、昆钢钢结构加工建设项目等重大项目，为地方经济的发展增添了新动力。

【机构改革】 隆阳区工信局原为隆阳区经济局，根据2011年《中共隆阳区委隆阳区人民政府关于隆阳区人民政府机构改革的实施意见》（隆发〔2011〕13号）精神设立，由原来的13个股室增设至16个股室，分别为行政办公室、党工委办公室、政策法规股、发展规划股、综合股、要素保障股、原料工业股、轻工业股、中小企业股、企业服务体系股、技术创新股、节约能源股、信息化管理股、煤炭行业管理股、企业改革股、老干部工作股16个股（室），机构人员编制29人，其中设局长1人，书记1人，副书记1人，副局长4人，一般工作人员23人，工勤人员4人，实有在职人员33人。并将原来保山市隆阳区经济局承担的乡镇企业行业管理、煤矿安全生产监管、非药品类易制毒化学品监管等职责划分出去。原保山市隆阳区经济局、隆阳区人民政府办公室的信息化工作职责、保山市隆阳区水务局“三电”（安全用电、节约用电和计划用电）办公室以及全区电力工业发展规划编制工作职责及已建电站管理职责划入保山市隆阳区工业和信息化局。

【年度任职领导名单】

书　　记　李德军
副书记、局长　张晓华
副　书　记　汪顺才
副　局　长　张自洪
　　　　　　刁文麟
　　　　　　张　波
　　　　　　孙　彦

腾冲县工业和信息化局

【综述】 截至2011年年底，腾冲县共有工业企业2707户，从业人员26813人。从经济类型上看，国有经济占0.1%，非公有制经济占99%。按轻重工业划分，有轻工业1738户，重工业969户。有规模以上工业企业21户，其中上亿元企业8户，上5000万元企业5户；上缴税金上千万元企业3户，上百万元企业9户。

2011年全县实现工业总产值57.24亿元，同比增32.75%；完成工业增加值22.9亿元，同比增27%。实现工业税收4.1亿元以上，同比增52.27%，对财政的贡献率为28.71%，比去年上升0.38个百分点。其中，重工业实现产值28.93亿元，同比增51.1%；轻工业实现产值28.31亿元，同比增18.1%。规模以上企业实现产值37.22亿元，同比增32.2%；完成工业增加值14.1亿元，同比增34.67%；规模以下企业实现产值20.02亿元，同比增51.05%。按行业分轻工业:饮料制造业产值2.91亿元，增长10.29%，木材加工业产值2.26亿元，增长27.89%，医药制造业产值1.34亿元，增长13.77%；工艺品及其他制造业15.56亿元，增长15.47%；重工业:铁矿石采选产值12.47亿元，增长66.77%；有色金属矿采选业产值0.53亿元，下降20.1%；非金属矿采选业（水泥）产值2.83亿元，增长1.49倍；有色金属加工业产值1.44亿元，增长49.78%；电力工业产值2.12亿元，增长1.1倍。

2011年5大支柱产业实现产值56.13亿元，同比增33.1%，占全县工业总产值的96.3%。其中，矿电产业产值20.83亿元，增长33.1%；建材产业产值10.92亿元，增长37.19%；生物产业产值7.85亿元，增长20.4%；旅游产业产值16.4亿元，增长21.12%；煤化工产业产值0.13亿元，增长30%。

【主要产品产量】 轻工业:精制茶9098吨，增长13.6%；中成药2489吨，增长6.2%；果脯1518吨，增长0.6%；人造板70319立方，增长15.2%；食用植物油1599吨，增长22.7%；

重工业：铁精矿2128150吨，增长18.6%；锌选矿产品含锌量862吨，下降70.5%；铅选矿产品含铅量386吨，下降76.7%；锡选矿产品含锡量635吨，增长24.51%；金属硅12391吨，增长41.6%；水泥732875吨，增长1.2倍；普钙1769吨，下降30.8%；硫酸（100%）11610吨，增长96.9%；自来水供应量705吨，增长6%；发电量25.27亿千瓦时，增长1.4倍。

【重点项目建设】 2011年，腾冲县重点推进的新型工业化项目17个。其中，续建项目7个，新开工建设项目7个，开展前期工作3个。全县完成非电力工业投资8.6亿，同比增6.25%。先后建成古林木业有限责任公司21万立方米中高密度纤维板生产线、四馨坊食品有限责任公司扩建1500吨果脯生产线、恒丰矿业有限公司1200吨/日铅锌线、云南台茶有限公司高山乌龙茶开发、10万吨/年含硫尾砂综合利用循环经济项目、楚雄永兴100万吨混凝土搅拌站生产线、滇科100万m^3预拌混凝土搅拌站第一条生产线、恒丰佳鑫矿业公司1200吨综合选厂等8个重点工业项目。

【工业园区建设】 腾冲工业园区总规划面积22平方公里，已开发面积2.68平方公里。2011年工业园区完成一园三片区总体规划，入驻企业达54户，就业人数达0.564万人，实现工业总产值18.06亿元，工业增加值7.4亿元，主营业务收入17.9亿，实现利税2.16亿元。

【节能降耗】 2011年，单位生产总值能耗降低4.44%。推广使用节能灯6万只

【项目申报】 2011年，筛选上报国家中小企业固定资产建设项目2个，省级非公经济项目4个，省级技改贴息项目4个，节能项目2个，新型工业化发展专项资金3个。累计争取各级资金支持1710万元。其中：中小企业固定资产建设补助资金110万元；技改贴息资金扶持80万元；非公经济补助资金80万元；节能项目扶持资金40万元；新型工业化发展标准厂房建设专项资金1400万元。

【项目备案】 2011年完成项目备案13个，其中省级备案1个，县级备案12个，总投资28662.4万元。

【人才队伍建设】 启动腾冲县“十二五”百名企业家培训工程，2011年5月14日至26日，组织23户企业的负责人到浙江大学进行学习培训。

【淘汰落后产能】 2011年完成淘汰落后产能工作目标，5月30日前完成了腾冲县金龙电冶硅有限责任公司矿热炉的淘汰关闭工作，12月21日批复了云南云天化国际银山化肥厂原1万吨/硫酸和2.5万吨/化肥装置关闭停产申请。

【非公经济】 2011年末，腾冲县共有非公企业17623户，比上年增长7.56%，从业人员56527人，比上年增长12.58%；完成增加值31.2亿元，比上年增长23.2%，占全县生产总值的35.68%，比上年提高1.23个百分点；上交税金11.7亿元，比上年增长61.9%，占全县财政总收入的81.93%。非公经济已成为支撑工业发展的主导力量。在全部工业总产值中，2011年非公企业完成工业产值55.12亿元，增31.4%，已占全县工业总产值的96.31%。通过产权制度改革，非公经济已涵盖一、二、三产业各个领域。2011年全县有个体工商户16509户，从业人员28807人；私营企业1114户，从业人员27720人。

【国有企业改革】 腾冲县新一轮列入省市考核验收的企业共17户，共安置职工1725人，其中，调整职工身份894人，办理退休及社会化管理人数831人。共支付改革成本8812.47万元，其中职工安置成本5401.24万元；改制制作中介成本1616.73万元，债务处理成本1794.5万元（处理金融部门债务6189.5万元）。截至2011年12月，全县共实施改革改制企业96户，妥善安置各类职工8100余人，支付改革成本4.1亿多元。

【工业人才培训】 2011年8月28~30日，腾冲举办桥头堡建设新型工业化专题培训班。邀请了浙江大学孙家良教授到腾授课“宏观经济问题与区域经济发展”，县经济局、工业园区管委会主要领导结合腾冲工业发展情况就新型工业化相关知识作了专题培训，培训期间还参观了古林公司、四馨坊、高黎贡山茶厂等企业。参加这次培训的人员有各乡镇分管工业领导、企业办主任、全县重点工业企业主要负责人，工业主管部门全体干部职工。

2011年5月14~26日，由腾冲县经济局牵头，园区管委会配合，组织我县23户企业主要负责人到浙江大学进行学习考察，正式启动腾冲县“十二五”百名企业家培训工程。在为期11天学习考察中，学习了“宏观经济问题与企业发展”、“企业创新与突破”等8个专题的内容，实地参观考察了绍兴冰海工业园区、海宁皮革城、娃哈哈集团和华立集团。

【机构改革】 2011年11月14日，中共腾冲县委、腾冲县人民政府下发《关于印发腾冲县人民政府机构改革实施意见的通知》（腾发〔2011〕44号）。根据文件精神，组建腾冲县工业和科技信息化局，为政府工作部门，加挂腾冲县知识产权局牌子。将腾冲县经济局、腾冲县科学技术局的职责和腾冲县人民政府办公室管理承担的信息化管理职责，整合划入腾冲县工业和科技信息化局。不再保留腾冲县经济局、腾冲县科学技术局。

腾冲县工业和科技信息化局内设13个机构。办公室、党委办公室（加挂人事股、纪检监察室、老干部工作股、工青妇办公室牌子）、规划发展股（加挂重工业股、散装水泥办牌子）、技改科技股（加挂轻工业股、资源综合利用办公室牌子）、经济运行股、网络和信息资源管理股（加挂无线电管理股牌子）、综合股（加挂非公办、园区办、企业服务体系办公室牌子）、科技管理股、科技普及股、知识产权股、财务股、安全生产监督管理股、企业改革股。

人员编制51名。其中，行政编制39名，工勤编制6名；事业编制6名。

设领导职位9名，其中，局长1名，书记1名，副书记1名，副局长6名，股室领导26名。

（罗　燕）

昌宁县工业商务和科技信息化局

【工业经济完成情况】 2011年，昌宁县完成现价工业总产值30.05亿元，同比增长32.91%，其中：轻工业总产值20.54亿元，同比增长41.96%，重工业总产值9.51亿元，同比增长16.83%；全部工业实现增加值8.9亿元，同比增长31.95%；累计完成非电力工业投资7.61亿元，同比增长46.96%；18户规模以上企业完成现价工业总产值13亿元，同比增25.85%；规模以上企业实现增加值4亿元，增长33.33%；实现主营业务收入11.89亿元，增长32.55%，实现利税总额1.67亿元，增长30.47%。工业占GDP的比重达20.6%。工业经济的快速发展，对增强昌宁经济实力，促进群众增收、财政增长、企业增效、带动就业发挥了重要的支撑作用。

【主要工业产品产量】 食糖49919吨，同比下降0.64%；酒精4050千升，同比下降18.10%；机制纸8055吨，同比下降31.27%；精制茶14071吨，同比增长31.33%；蔬菜43777吨，同比增长137.91%；木材产品178490立方米，同比增长34.68%；坚果及核桃11330吨，同比增长15.12%；原煤343963吨，同比下降15.46%；墙体材料（砖）15260万块，同比增长0.5%；水泥81037吨，同比增长11.89%；工业硅16173吨，同比增长4.94%；锡精矿含锡99吨，同比增长10.00%；发电量11965万千瓦时，同比增长36.09%。

【重点项目建设】 重点项目建设持续推进，年内竣工投产的项目：一是湾甸勐亚水泥公司2000t/d水泥熟料技改扩建项目；二是桦东实业公司年产8万立方米刨花板生产线项目；三是雄达木业公司年产2万立方米室内装饰板生产线项目；四是稳隆茶叶公司漭水明德年产400吨名优茶生产线项目；五是建星纸业公司脱墨生产线及卫生纸生产线建设项目。在建项目稳步推进：一是立得硅业公司年产10万吨工业硅项目，一期3×2.55万KVA冶炼炉建设工程，主厂房及附属设施基本完成，其中1台2.55万KVA冶炼炉已完成安装工程90%，其余2台2.55万KVA冶炼炉底座安装已启动；二是“昌宁红”茶业集团总部建设项目，一期56.6亩用地已挂牌出让，温泉松山CTC红碎茶及名优茶生产线正在建设；三是福润公司年屠宰加工150万头生猪项目，于7月18日奠基开工，项目前期及“三通”一平工作全面结束；四是卡湾梯级电站建设项目建设进度加快，二级水电站导流洞开挖支护完成，年底实现截流；五是笑果果食品公司二期工程进展顺利，已完成冷冻库建设16000平方米。前期工作有序推进：一是柯街220kV输变电工程项目已通过省发改委核准，正在办理用地报批手续；二是保山核桃加工贸易园区一期170亩用地已上报省国土资源厅，用地补偿工作已完成；三是雨润集团在昌宁新增的3个10万头生猪养殖项目、1个1000头曾祖代种猪养殖项目、1个20万吨饲料加工项目投资协议签订，项目规划选址、勘测定界工作全面结束。

【重点行业发展】 冶金矿产业：昌宁县有冶金矿产业重点企业3户，即贞元硅公司、盛吉硅公司和锡矿产业开发公司，昌宁贞元硅冶炼有限责任公司，设计规模为年产工业硅3万吨、年产硅微粉2万吨；昌宁县盛吉硅业有限责任公司，设计规模为年产工业硅1.4万吨；昌宁县锡矿产业开发有限责任公司，设计规模为日处理原矿100吨。2011年，3户冶金矿产业重点企业共实现销售收入22718万元，实现增加值7345万元，占全部工业增加值的8.3%，实现利税2625万元。

优势生物资源加工业：昌宁县有优势生物资源加工业重点企业20户，制糖企业有3户，共有制糖生产线5条，生产规模为日处理甘蔗7000吨/日，其中昌宁恒盛糖业有限责任公司（下属3个分厂）生产规模为日处理甘蔗4800吨/日，主要产品为白砂糖、绵白糖。柯街糖厂生产规模为日处理甘蔗1400吨；湾甸糖厂生产规模为日处理甘蔗1200吨；卡斯糖厂生产规模为日处理甘蔗2200吨。昌宁康丰糖业有限责任公司，生产规模为日处理甘蔗1700吨，主要产品白砂糖、绵白糖。昌宁县红庆糖业有限责任公司，生产规模为日处理甘蔗500吨，主要产品红糖。其他茶叶加工、木材加工、林果加工等企业17户。2011年底，20户优势生物资源加工业重点企业共实现销售收入82569万元，实现增加值27975万元，占全部工业增加值的31.5%，实现利税15020万元。

能源产业：昌宁县有能源重点企业8户，昌宁县红星煤矿设计规模为年产15万吨，云南省湾甸农场崩龙田煤矿设计规模为年产9万吨，云南阜琨煤业有限公司设计规模为年产4万吨，卡斯镇金伟煤矿设计规模为年产4万吨，柯街镇星鑫煤矿设计规模为年产3万吨，柯街镇桑林煤矿设计规模为年产3万吨，柯街镇华侨煤矿设计规模为年产3万吨，卡斯镇德清煤矿设计规模为年产3

万吨。2011年底，8户优势能源重点企业共实现销售收入8237万元，实现增加值3203万元，占全部工业增加值的3.6%，实现利税1647万元。

建材产业：昌宁县有建材重点企业2户，昌宁县映山水泥有限责任公司设计规模为年产20万吨，云南省湾甸勐亚水泥有限公司设计规模为年产77.5万吨。2011年底，2户重点建材企业共实现销售收入2936万元，实现增加值594万元，占全部工业增加值的0.7%，实现利税87万元，

【非公经济、中小企业发展】 2011年，昌宁县非公经济增加值15.23亿元，同比增长15.20%；个体私营企业发展到15093户（含未注册个体工商户6245户），增长9.02%，其中，私营企业559户，增长7.05%；个体私营企业从业人员达28826万人，增长2.73%；个体私营企业上缴税金30317万元，增长37.18%以上，占县级财政一般预算收入的72.68%。

【安全生产管理】 以煤矿为主的安全生产工作扎实开展。通过实施2010年煤炭资源整合关闭工作，2011年昌宁县保留六证齐全的煤矿生产矿井8对，从业人员600多人。为加强对昌宁县煤矿安全生产的监管，昌宁县工信局与辖区内各煤矿签订了安全生产责任状，煤矿安全工作主要围绕“安全生产年活动”、春节后复产验收、整合技改前期工作、六大系统建设、年度安全评价、管理人员及从业人员培训、安全生产许可证延期、“安全生产月活动”、打击违规违法开采、煤矿质量标准化建设、瓦斯等级鉴定、生产许可证年检变更及延期、通风能力和通风阻力核定、设备检测、兼职矿山救护队建设等专项行动进行，全年共检查煤矿79矿次，实施停产整顿4矿次。由于监管到位，责任落实，年内未发生重大安全生产事故。

【节能降耗】 2011年万元GDP能耗下降4.44%，超额完成了市政府下达下降2.3%的目标。淘汰落后产能工作扎实推进：勐亚水泥公司2000t/d水泥熟料技改扩建项目已建成投产，淘汰落后水泥产能10万吨；建星纸业有限公司年产5.5万吨非木浆生产技改升级改造项目，主要完成部分工艺和1#锅炉的改造，脱墨生产线建成投产，污水处理站建设前期工作等，节能推广示范项目节能量审核顺利通过省级验收，年节约标煤为7459吨。积极推广节能灯，累计完成节能灯推广31180只。围绕“节能我行动，低碳新生活”主题宣传活动，广泛宣传国家节能法律法规，增强了全社会做好节能工作的紧迫感和责任感。

【工业园区建设】 2011年年底，园区累计入园工业企业达48户（规模以上企业8户），全年完成工业总产值10亿元，工业增加值3.5亿元，其中规模以上企业完成工业总产值8.5亿元，工业增加值3亿元，完成固定资产投资4.8亿元，从业人数达到4200多人，约占全县工业经济总量的40%。工业园区项目承载能力、配套服务能力和聚集带动能力进一步增强，逐步成为推进全县新型工业化发展的重要载体和平台。

【机构改革】 2011年11月30日，昌宁县人民政府办公室下发《关于昌宁县工业商务和科技信息化局主要职责内设机构和人员编制规定的通知》文件，批准组建昌宁县工业商务和科技信息化局，为县政府工作部门，加挂县知识产权局牌子。将原昌宁县经济贸易局、昌宁县科学技术局的职责和县人民政府办公室承担的信息化管理职责，整合划入县工业商务和科技信息化局。不再保留原昌宁县经济贸易局、昌宁县科学技术局。原昌宁县经济贸易局承担的乡镇企业管理的职责，整合划入县农业局。原昌宁县经济贸易局承担的煤矿安全生产监管职责划归县安全生产监督管理局。昌宁县工业商务和科技信息化局编制总数42名，其中行政编制数32名、暂定编制数5名、工勤编制数5名。行政领导职数5名，其中局长1名（正科级），副局长4名（副科级）。内设机构股所级领导职数17名。内设股室12个，即：办公室、党委办公室、发展规划股、要素保障股、轻工业股、节能创新股、工贸园区股、信息化管理股、对内贸易股、对外贸易股、科技发展股、科技成果股。2011年末，全局有干部职工36人，其中，公务员30人，机关工勤人员6人。

【年度任职领导名单】

书　　　　记　施军宁
副书记、局　长　赵光义
副书记、纪委书记　张洪平

（杨朝伟）

施甸县工业商务和科技信息化局

【工业经济运行情况】 2011年，施甸县完成现价工业总产值126571万元，同比增长48.67%，其中重工业完成产值88333万元，同比增长29.88%，轻工业实现产值38238万元，同比增长123.28%，轻、重工业比重为70：30。全县实现工业增加值47442万元，同比增长33.3%。全县6户规模以上工业企业工业总产值完成97913万元，同比增长36.50%；工业增加值完成35898万元，同比增长37.62%；主营业务收入完成92208万元，同比增长42.46%；利税总额完成27734万元，同比增长54.71%；利润总额完成20062万元，同比增长53.27%。

2011年，全县工业税收首次突破亿元大关，全年收缴税金11941万元（国税10526万元、地税1415万元），同比增加3635万元，占本年度县财政收入的34.6%。主要纳税企业保山昆钢嘉华水泥建材有限公司和施甸康丰糖业有限责任公司分别上缴税金6467万元、2624万元，累计占全县工业纳税总额的76.13%。

2011年，施甸县坚持发展基础产业，扩大主导行业，按6大工业行业分，有4大行业产值突破亿元，其中以

嘉华水泥为主的建材工业实现产值5.9亿元，以云维化工为主的化学工业实现产值1.6亿元，以康丰糖业、大山合和坤茂公司为主的食品工业实现产值3亿元，乡镇工业实现产值1.8亿元，建材、化工和食品加工业的支撑作用非常明显。

主要工业品产量屡创新高，昆钢嘉华水泥产量持续增长，全年生产水泥153.5万吨，同比增长1.66%；云维电石生产逐步进入正轨，全年生产电石5.46万吨，实现翻番；联缘天石再上台阶，全年生产大理石板材15.1万m^2，同比增长20.22%；食品加工业发展尤为迅速，凤尧食品生产泡椒13629吨，同比增长254.92%；坤茂公司生产冷冻蔬菜20105吨，同比增长1119.22%，且成功成为省级“南菜北运”试点工程。

【工业固定资产投资】 2011年，全县工业固定资产投资项目10个，累计完成投资33911万元，同比增长18.97%。占全县社会固定资产投资总量的20.16%，同比增长18.97%。

【非公经济发展】 2011年，全县个体私营户数5183户，从业人员17142人，实现总产值56480万元，实现总收入70600万元，上交税金4236万元，完成年度任务3800万元的111.47%，占全县财政收入34508万元的12.28%。2011年，为3户非公企业争取市级扶持资金35万元，成功申报1户企业进入成长型中小企业之中，精心组织6户企业参加省、市各类展销活动。

【产业结构调整】 2011年，深入贯彻落实调结构、转方式、加快转变经济发展方式等宏观政策，工业产业结构得到了进一步优化，从原来的以蔗糖业为主的单一模式向以建材、化工、食品加工为主的多元化格局发展，轻、重工业并驾齐驱。2011年，全县三大产业结构已由“十一五”初的45：13：42，调整为38：24：38，工业增加值占GDP的比重从上年的21%提高到24%。

【节能降耗】 2011年，在国家宏观节能政策下我县积极开展节能减排工作，其中：施甸康丰糖业有限责任公司投资90多万元购置、改造节能设备，节汽节水效果明显；昆钢嘉华水泥建材公司预计投入2700多万元对高压变频器、水网、篦冷机和照明灯等进行改造，节能降耗成效显著；施甸县建材公司淘汰Φ3.2×12机械化立窑，并获得中央财政补助资金162.5万元。

2011年，强化节能预警、监控，认真组织开展节能宣传，全县工业能耗得到有效控制，能源利用效率有所提高，全县全年能源消费量49.31万吨标准煤（等价热值），同比上升10.42%，单位GDP能耗1.7174吨标准煤/万元，同比下降4.23%，圆满地完成下降2.1%任务。

【工业园区建设】 至2011年底，工业园区入园企业共13户，园区累计实现现价工业产值81939万元，同比增长27.33%。

2011年，园区基础设施建设完成投资4645万元。其中，一道桥水库建设项目2011年完成投资1671万元，累计完成投资5234万元；朝阳水库扩建项目，

2011年完成投资2624万元，累计完成投资2733万元。

【机构改革】 根据《中共施甸县委、施甸县人民政府关于印发施甸县人民政府机构改革实施意见的通知》（施发〔2011〕37号）精神，设立施甸县工业商务和科技信息化局，为县人民政府工作部门，正科级，加挂施甸县知识产权局牌子。将原施甸县经济贸易局承担的乡镇企业管理职责，整合划入施甸县农业局，将原施甸县经济贸易局、施甸县科学技术局的职责和施甸县人民政府办公室承担的信息化管理职责，整合划入施甸县工业商务和科技信息化局。内设机构：办公室、企业运行股、蔗糖生产办公室、商务股、非公经济股、项目规划股、信息化和无线电管理股、组织人事股共八个股室。

【年度任职领导名单】

局　　长　李朝健

党委书记　段建强

纪委书记　赵贵银

副 局 长　杨培江

　　　　　蒋红梅

　　　　　刘树海

（朱兴睿）

龙陵县工业商务和科技信息化局

【工业经济运行情况】 2011年，龙陵县工业经济工作始终围绕龙陵建设硅工业基地县和面向南亚东南亚物流、出口产品基地县两大目标，遵循新型工业化发展要求，按照“矿电结合，科学发展”的思路，以抓园区助动、项目带动、投资促动、龙头拉动、服务推动为着力点，工业经济工作成效明显。工业经济呈现平稳增长、产值稳步增加、经济效益快速提高的良好格局。

2011年，全县实现工业总产值37.67亿元，比上年增长23.4%，比“十五”末7.13亿元，增长4.28倍，年均增长31.97%；实现增加值10.7亿元，增长20.3%，比“十五”末2.44亿元，增长3.38倍，年均增长27.94%，工业增加值占全县GDP总量从20.4%上升到30.7%，使龙陵县从一个以农业经济为主体的县份跃入了一个以工业经济为支撑的县份；实现税金2.52亿元，增长51%，占全县财政总收入的60%。

近年来，龙陵县积极实施“矿电结合”和“工业富县”战略，大力实施资源整合和产业结构调整，使矿冶、电力、制糖、建材产业结构得到优化，产能不断扩大，（如：电锌生产能力从1.5万吨扩到2万吨，硅生产能力从3万吨扩大到15万吨，水泥生产能力从10万吨扩大到100万吨，制糖企业日处理甘蔗的能力从4500吨扩大到1万吨），规模企业市场竞争力得到稳步提升，培植了康丰、永昌铅锌、永昌硅业、龙山硅、科源硅电、兴鑫硅腊寨水电、黄龙玉开发等产值上亿元的企业，创建

了"龙珠"牌白砂糖、"龙珠"牌金属硅等产品品牌，并成为国家免检产品。2011年我县11户规模企业实现工业总产值24.24亿元，占全县比2005年增270.01%，年均增长24.36%；实现工业增加值9.37亿元，比2005年增284.01%，年均增长25.13%。产业实现工业总产值19.48亿元，比2005年增296.7%，年均增长31.73%；实现工业增加值5.60亿元，比2005年增225.3%，年均增长25.7%。全县规模以上工业企业实现税金1.65亿元，占全县财政总收入的39.3%。

【资源整合成效明显】 几年来，龙陵县在产业结构调整和资源整合过程中，始终以引导优势资源向优势企业相对集中为原则，引导企业实施了蔗区资源、矿产资源、电力资源的收购整合。引导云南康丰糖业集团公司通过承债式并购、收购企业产权、收购蔗区资源等3种方式整合了施甸糖业企业、昌宁勐统糖厂、腾冲县荷花糖厂，使资产从改制时的3.2亿元扩大到6.3亿元，制糖生产线从2条扩大到6条，生产能力从日处理4500吨扩大到10000吨，蔗区面积扩大到28万亩，成为保山市跨县域覆盖、扶持农户面最广的农业产业化龙头企业，经济效益得到进一步提高，发展活力不断增强；引导永昌铅锌公司实施铅锌矿资源整合，公司共拥有铅锌矿探矿权13个，面积为450.34平方公里，拥有铅锌矿采矿权5个，面积为6.5221平方公里。引导永昌硅业公司实施了硅矿资源整合，整合了县内的象达小米地硅石矿和象达亮山林场白石头山硅石矿、龙山白家寨硅石矿，探明硅矿石量600万吨左右。引进安徽海螺集团到龙陵投资，收购了龙陵汇合水泥有限公司，整合了腊勐中岭干石灰石矿山和镇安白石头坡石灰石矿山，使公司矿区面积达到1.3853平方公里，总储量达到3210.59万吨期，投资8.3亿元，建成日产2500吨新型干法水泥熟料带余热发电生产线，年产水泥生产能力达100万吨，为龙陵海螺水泥有限公司的发展打下了坚实的基础，该项目的引进实施，既完成了龙陵县水泥厂的破产重组和职工安置，又实现了龙陵县水泥厂破产不破业的目标，使龙陵建材产业结构调整迈出关键的一步。引进曲靖珠源瓷业有限公司收购整合龙陵县美端瓷器厂全部资产，通过原有生产线进行改扩建，建成年产日用瓷器2600万件的生产线，使龙陵日用瓷器这一传统产业得于改造和提升。

【技术创新与技术改造】 2011年，龙陵县推进实施了永昌铅锌公司矿山深部资源接替项目，云南康丰集团公司利用制糖废弃物年产6.5万吨有机肥项目及节能减排技术改造项目，龙陵县云红茶业有限公司1000吨CTC红碎茶技术改造项目，龙陵县大坝褐煤提质改造项目、龙陵海螺水泥有限公司日产2500t/d水泥熟料带余热发电项目、永昌硅业公司10万吨化学硅项目，电炉余热发电项目，保山科源硅电有限责任公司2×12500KVA电炉改造项目，云南永年高新科技有限公司冶金法年产5000吨高纯硅技术改造项目，龙陵天潭水公司矿泉水迁建项目以及龙陵硅工业园区基础设施建设项目等，2011年完成工业固定资产投资9亿元，同比增58%。

【重点行业发展】 硅产业：龙陵县境内硅矿资源十分丰富，县内共发现矿产地12处，其中小型矿床6处，矿点3处，信息点3处，主要分布在龙新、象达、平达等地，根据现有小矿简测及地质报告资料统计，县内C+D级资源储量为610×104吨，矿石含sio2平均在98%以上，通过有关专家实地踏勘估算，远景储量在2500万吨以上，均冠滇西之首。目前我县共有批准的硅石采矿权证19个，实际开采的矿点18个，已发现但未开采的矿山、矿点还有象达亮山林场白石头山硅石矿，象达勐蚌银汞山硅石矿和平达安乐村火草塘硅石矿。根据龙陵县的资源状况，县委、县政府决定把龙陵的硅产业作为重要的支柱产业要抓，规划设立龙陵硅工业园区，将龙陵县硅产业建成云南优质硅生产基地，规划到2015年，硅铁生产能力达到10万吨，金属硅生产能力达到16万吨，高纯二氧化硅生产能力达到1万吨，太阳能级多晶硅生产能力达到2000吨，硅产品产值达到50亿以上。2008年10月22日，《龙陵硅工业园区总体规划》和《龙陵硅工业园区建设可行性研究报告》，通过了省级专家评审。县委、县政府出台了《龙陵硅工业园区建设工作实施方案》，组建了硅工业园区管理委员会办公室，理顺了园区管理机制。整个园区按"一园五片"布局，规划用地面积19平方公里，园区置业地款概算25.2亿元，2015年达50亿元，2020年达100亿元，2011年12月，我县已有硅冶炼企业5户，硅产品生产能力为15万吨，2011年生产硅产品9.61万吨，实现工业产值11.4亿元，实现工业增加值3.28万元。目前正在实施的项目有永昌公司10万吨工业硅（产能翻番）项目，云南永年高科技有限公司多晶硅试生产项目，保山科源硅电有限责任公司1#、2#炉扩容等项目，加快改造和扩大工业硅生产能力。正在进行项目前期准备工作的项目有龙山硅有限责任公司7.5万吨工业硅建设项目和永昌硅业公司5000吨太阳能极多晶硅建设项目。

蔗糖产业：蔗糖产业是我县的传统产业，从1985年龙塘糖厂建成投产到现在的龙陵县康丰糖业有限责任公司，不仅完成了县内的改革整合，还对施甸县龙坪糖厂、施甸县旧城糖厂，出资获得了施甸县由旺糖厂蔗区甘蔗永久收购权和蔗区道路永久使用权，出资收购昌宁县勐统糖厂和腾冲县荷花糖厂，到目前为止，公司现有资产总额5.1亿元，年创产值4.5亿元，年缴税金近5000多万元。公司以制糖业为主，下设龙塘、勐糯、旧城、龙坪、勐统、荷花六个制糖公司，生产规模为日处理甘蔗10000吨，日产酒精11.8万升，同时还拥有二条绵白糖生产线和一条木薯酒精生产线。拥有蔗区面积31.7万亩，带动着保山和临沧两市七个县（区）近18万群众的经济发展，是保山市跨县域扶持农户面积最广的农业产业化龙头企业。2011/2012榨季，康丰糖业有限公司共入榨甘蔗99.05万吨，同比增长32.15%，综合产糖率12.79%，同比增长0.45个百分点，产糖12.67万吨，同比增长36.38%。生产酒精0.99万吨，同比增长41.6%，实现工业产值8.7亿元，同比增长32%。

水电产业：龙陵水能资源丰富，理论蕴藏量达173.28万kW（龙、怒两江过境量按一半计），可开发装机159.38万kW，其中境内可开发量43.98万kW，两江过境段可开发115.4万kW（按一半计）。截至2011年年底，已建成水电站29座，总装机47.64万千瓦，实现境内发电量21.2亿度，同比增长14.6%，实现供电量14.47亿度，同比增长18.2%，实现产值4.66亿元，规划到“十二五”末，全县装机容量达到64.7万kW，县内统计发电量15亿kWh，年用电量为32亿kWh；2020年预计县内统计发电量56.8亿kWh，年用电量为40亿kWh。

铅锌冶炼业：龙陵县的冶金工业，始于1958年，前身是龙陵县勐糯铅锌矿，1998年12月由云南冶金集团总公司控股兼并，2000年12月实现债转股，成立云南永昌铅锌公司，总股本1.5699亿元。2004年完成了高铁硫化锌加压浸出技术产业化项目，使电锌年生产能力扩大到2万吨，2006年生产规模达到采矿12万吨、选矿12万吨、粗铅5000吨、电锌2万吨、硫酸1万吨，普钙肥料1.6万吨；拥有资产6.074亿元，员工1410人，是一个集采、选、冶、化工、矿产品综合利用和经济作物种植为一体的省属国有控股中二型冶金企业。目前，公司本区保有122b+332+333铅锌矿石量达到404.89万吨，铅金属量16.9773万吨，锌金属32.6499万吨，提前完成了十一五规划中本区新增探明并保有50万吨铅锌金属的目标。到2010年，公司共拥有铅锌矿探矿权13个，面积为450.34平方公里，拥有铅锌矿采矿权5个，面积为6.5221平方公里。2011年生产电锌16548吨，同比增长6%，生产硫酸17431吨，同比下降2.6%，实现工业产值2.91亿元，同比增长1.1%。

建材工业：龙陵县建材产业发展相对滞后，主要建材产品有砖、瓦、石灰、水泥及水泥制品，生产企业主要有勐冒砖厂、勐糯红砖厂、龙山砖厂、龙陵县水泥厂、龙陵县水泥厂制品厂等，勐冒砖厂、勐糯红砖厂、龙山砖厂、龙陵县水泥厂制品厂均为小型企业，规模小，只有1989年建成投产的龙陵县水泥厂，生产能力为年产水泥11.7万吨。在2007年的国有企业改革中，把龙陵县水泥厂的破产重组与产业结构调整有机结合，建设一条日产2500吨水泥熟料带余热发电生产线，使龙陵建材产业结构调整迈出关键的一步，通过招商引资，该项目由安徽海螺水泥股份有限公司投资建设，项目于2010年9月底正式开工建设，估算投资7.38亿元，截止2012年5月，累计完成投资97923万元，其中：2011年完成投资83128万元，2012年1~5月完成投资14795万元。项目于2012年3月27日建成并投入试生产，5月18日第一批合格产品出厂，目前还在进行的扫尾工程主要是厂区道路及厂区绿化工程。

【非公经济（中小企业）发展】 2011年，我县认真贯彻落实中央、省、市、县关于加强非公有制经济发展的有关文件精神，切实把非公经济各项优惠政策落到实处，放宽市场准入，扩展非公有制经济发展空间，加大非公有制经济发展的扶持力度，提升非公有制经济总量，完善服务体系，营造良好的外部环境，非公有制经济得到了有序、健康、快速发展，形成了县域经济的重要支撑，在县域经济发展中发挥着十分重要的作用。2011年，完成总产值17.1亿元，同比增18%；增加值5.64亿元，同比增15%；上缴税收1.26亿元，同比增12%。

【节能降耗】 龙陵县2010年的节能管理工作，一是通过建立健全企业能源管理机构，建立健全能源管理台账，实行节能目标考核；二是推动企业实施电机系统节能技术改造，锅炉节能改造及电炉余热发电等技术措施，提高能源利用率；三是限期淘汰落后产能，通过对龙陵县水泥厂水泥生产线和龙陵硅冶炼联营厂的硅冶炼炉实施了限期淘汰，推广使用节能设备和节能技术，实现全县工业生产设备的节能降耗；四是在全县机关事业单位、企业及城乡居民中推广使用节能灯；通过采取结构节能、技术节能、管理节能“三管齐下”的综合节能方式，全县节能工作取得新成效，2011年万元GDP能耗降低2.1%。

【工业园区建设】 龙陵县硅工业园区2011年，完成园区开发面积5平方公里，新增入园企业3个，累计入园企业达22个，实现工业总产值16.6亿元，同比增长45%，工业增加值3.28亿元，同比增长16%，完成固定资产投资5.92亿元，同比增长50%，其中，规模以上企业8个，工业总产值15.6亿元，占94%，工业增加值3.06亿元，占93%，固定资产投资5.92亿元，占100%。

积极为入园企业协调办理环评、水保、林地报批等手续，解决了入园企业审批手续繁杂的问题，切实为入园企业解决了实际困难。协助企业做好厂矿征地、拆迁、搬迁、补偿以及在建厂和征地过程中产生的一系列土地、林地、水源等矛盾纠纷问题，妥善解决了入园企业与失地农民因征地问题而引发的信访问题，切实为企业解决了后顾之忧。2011年，重点协助海螺集团完成20余项相关报批手续，先后协助解决厂区及相关矿区征地700余亩，统筹解决了涉及3个乡镇、4个村民委员会的农民耕地、林地补偿及纠纷问题，服务企业成效明显，切实体现了园区办为企业服务的宗旨。

【年度任职领导名单】

局　　长　杨新华
党委书记　杨进跃
副书记、纪委书记　姜鹏琴
副局长　陈重彩
　　　　刘安昌
　　　　陈仟山

楚雄彝族自治州

楚雄州工业和信息化委员会

【工业经济发展综述】　2011年是楚雄州工业和信息化委员会组建的第一年，全州坚定不移地实施"工业强州"战略，工业经济呈现平稳较快增长，实现了工业和信息化发展"十二五"的良好开局。规模以上工业完成产值353.3亿元，比上年增长22.5%；实现增加值126亿元，比上年增长14.7%，完成省下达年度任务120亿元的101.7%；实现主营业务收入338.8亿元，比上年增长22.7%，完成年度任务340亿元的99.7%；实现利税总额79.4亿元，比上年增长15.6%，完成年度任务83亿元的95.7%；实现利润总额21.9亿元，比上年增长11.7%，完成年度任务22亿元的99.7%。重点工业企业发展壮大，规模以上企业（年销售收入超过2000万元）户数达到123户。产值超亿元的企业达到51户，其中：超10亿元的企业达到6户。原煤、铜、中成药产量大幅增长，其中：农用化肥（折纯）、中成药产量的增长幅度分别达到了12.7%和40.7%。牟定、南华、姚安、永仁、元谋、武定、楚雄经济开发区规模以上工业增加值的增长幅度超过20%，楚雄开发区和姚安县的增长速度达到30%。

【重点产业稳步增长】　2011年，楚雄州把培强做大优势特色产业作为推进工业结构升级、提升工业竞争力的重要抓手，强化行业指导、加大资金扶持力度，认真做好贷款、电力、运力等方面的协调保障工作，促进了重点产业发展。烟草及配套、冶金化工、绿色食品加工、生物医药、机电装备制造、新能源新材料等6大重点产业实现产值达330.5亿元，比上年增长23.8%。其中，烟草及配套业实现产值84.6亿元，增长17.2%；冶金化工业实现产值193.8亿元，增长21.0%；绿色食品加工业实现产值28.6亿元，增长21.0%；生物医药业实现产值10.7亿元，增长45.7%；新材料业实现产值3.3亿元，增长182%。

【重点项目建设】　2011年，楚雄州扎实推进50个重点工业项目的实施。41个续建项目中已有楚雄昆钢奕标新型建材有限公司年产90万吨水泥粉磨站和120万立方米商品混凝土建设、老拨云堂药业有限公司医药研发中心建设、华鑫化工有限公司年产30万吨过磷酸钙生产线建设、禄丰江达磷化学有限公司年产7.7万吨精细磷酸盐系列产品生产线、金恒宇电源有限公司年产50万只启动用铅酸蓄电池生产线一期工程、禄丰正江工贸有限公司年处理2.5万吨含稀贵金属废渣综合开发利用一期工程等项目竣工投产；新立公司禄丰钛业分公司年产6万吨氯化法钛白粉、1万吨海绵钛生产线建设、昆钢钛材深加工基地建设钛锭生产线工程等项目正在推进实施。计划新开工项目中，永仁县珈泰经贸公司年产70万吨球团生产线建设，楚雄矿冶股份有限公司六苴矿床"刀把"ⅢⅣ期找探矿、云南兴棱矿业有限公司年产10万吨钛铁系列耐磨材料技改扩建、永仁众合钒钛公司利用三废资源生产优质钒钛铸造件产品生产线建设等项目已开工建设。完成工业投资112.9亿元，同比增长33.6%，完成年度考核目标109.84亿元的102.8%。

【工业项目扶持】　2011年，楚雄州工信委共向国家、省上报扶持项目124个，争取到扶持项目41个，获得资金5343.1万元。其中，中央扶持项目11个，资金2042.1万元；省级扶持项目30个，扶持资金3301万元。州级财政安排3873.64万元工业专项资金支持企业技改、中小企业发展、重点产业建设、工业园区规划和标准厂房建设。

【盐务管理】　2011年，楚雄州盐务管理部门积极采取多种形式开展盐业法制宣传，进村入户，深入厂矿企业、田边地头、校舍厨房做好食盐专营政策、盐业法规和碘缺乏病防治的宣传工作，发放各类宣传资料20400余份，开展现场咨询服务1130余人次。盐务执法人员认真履职，进一步完善了"两商两户"管理系统，严格行政许可审批和食盐零售许可证管理制度，对辖区市场进行定期不定期的执法检查，组织重大节日和销售旺季专项整治行动，对食盐零售商店、食品加工用盐企业、学校食堂、餐馆、超市和副食品批发市场、农贸市场进行了拉网式检查，保证了辖区内人民群众的食盐消费安全，查处盐业违法案件36件，没收违法盐产品27.15吨，有效打击了盐业违法行为，净化了盐业市场。

2011年3月11日，日本东海岸发生9级地震，核电站发生核泄漏，受食盐可防核辐射谣言影响，3月17日，发生食盐抢购现象，对此，州工信委及时召集云南盐化楚雄分公司经营班子开会，分析研究应对策略措施，立即启动了楚雄州食盐应急预案，下发了《关于稳定食盐市场保证居民食盐供应工作的紧急通知》，在做好宣传解释，加强食盐市场监管，严厉打击囤积居奇、哄抬盐价违法行为的同时，积极组织货源，做好市场供应工作。正常情况下，楚雄州食盐月销量为500吨，3月17日发生食盐抢购现象后，全州原有的656吨库存食盐几乎被抢购一空，食盐供应告急，对此，州工信委沉着应对，及时调运食盐492吨，保证了大型连锁超市食盐销售，平抑了食盐价格，维持了正常的销售秩序。

【新型墙材和散装水泥推广应用】 2011年，楚雄州新型墙体建筑材料和商品混凝土推广应用工作稳步推进，全州城市规划区内新型墙体建筑材料得到大范围的推广应用，新型墙材应用面积108万平方米，商品混凝土使用量110万立方米，散装水泥推广使用量32万吨。新型墙体建筑材料产品结构得到进一步改善，粉煤灰砖、蒸压加气混凝土砌块等节能、环保的产品得到更多的推广应用。

【服务体系建设】 2011年，楚雄州工信委站在讲政治的高度，积极开展维护社会稳定工作，化解矛盾纠纷，努力为企业发展营造和谐的发展环境，处理企业职工及群众来信来访358人次；参与了禄丰德钢公司、禄丰工投能源有限责任公司、江南制丝有限公司、宏源化工有限公司等单位的维稳工作；认真抓好减轻企业负担工作，积极指导企业维护自身合法权益，及时协调有关部门和单位处理企业投诉案件，参与了打击侵犯产权和制售伪劣商品专项行动，维护了企业的合法权益和正常的生产经营秩序。向银行业金融机构推介68个贷款项目，申请贷款21.5亿元。通过贷款担保融资公司担保贷款7.45亿元，涉及项目160多个，担保贷款金额和项目数量均比去年增长1倍。

【机构改革】 楚雄州委、州政府于年初宣布成立州工业和信息化委员会，将原州经济委员会、州信息产业办公室、州委企业工作委员会的主要职能职责划归州工信委。2011年11月10日至12月30日，州工信委在接到州编委关于州工信委“三定方案”的批复后，及时根据《州委、州政府关于楚雄州人民政府机构改革的实施意见》和《关于印发楚雄州工业和信息化委员会职能配置内设机构和人员编制规定的通知》文件精神，按照州委组织部《关于在政府机构改革中推行内设机构领导干部竞争上岗工作的通知》文件要求，进行了内部机构改革，重新调整划分了内部科室、工作岗位、人员编制及其职能职责，开展了科级领导职位“竞争上岗”和普通职工“双向选择”工作，经思想动员、公布方案、民主测评、公开报名、资格审查、笔试、演讲、组织考察、党委讨论、任前公示、正式任命和双向选择等程序，有25人走上了25个科室编制的科长岗位，15人走上了副科长岗位，35名职工通过“双向选择”到了相应的岗位工作。

【党建工作】 2011年，州工信委党委直属38个基层党组织，其中党委13个，党总支5个，党支部20个；在38个基层党组织中，国有及国有控股企业党组织2个，股份合作制企业党组织1个，非公有制企业党组织20个，退离休人员管理工作站党组织5个，破产、停产、歇业企业党组织9个，机关党组织1个；包括党委、总支所属党支部在内共的基层党支部138个，党员总数3506人，其中在岗党员1647人，占47%，离退休党员1603人，占45.7%，其他256人，占7.3%。在党员总数中，女性党员716人，占20.4%。在全年的工作中，紧紧围绕“工业强州”战略实施，确实抓好党的路线方针政策在直属基层党组织的贯彻落实，认真实施党建工作目标责任制，切实推进“创先争优”活动的开展，做好基层党建工作示范点创建工作，推进学习型党组织建设，加强党员的教育管理，做好发展党员、党员组织关系接转等工作，充分发挥基层党组织的政治核心作用和共产党员的先锋模范带头作用，为我州工业和信息化发展提供了坚强的政治组织保障。培训入党积极分子176名，发展新党员76名，有95名预备党员转为正式党员，为3554名党员办理了党员组织关系的接转手续。

在中国共产党建党90周年之际，州工信委党委举行庆祝大会，参加纪念大会的直属基层党组织党员干部职工600余人。会上表彰了先进基层党组织10个、优秀党务工作者10名，优秀共产党员32名，大会还举行文艺演出。此前，奕标水泥公司党委副书记张晓丽同志被中共云南省委表彰为全省优秀党务工作者；吕合煤业公司党委、汇东实业公司党委被州委表彰为先进基层党组织；州汽车运输公司党委书记张军、禄丰黄土坡工作站党总支书记李静被州委表彰为优秀党务工作者；德胜钢铁公司原料厂党支部书记、厂长季承志，楚雄交通运输集团公司培训站站长普伟被州委表彰为优秀共产党员。

【工业园区建设】 2011年，按照“工业上山”的总体部署，着力于工业园区规划的调整，10县市规划调整方案已经通过初审，调整后的工业园区控制面积达343.13平方公里。加大园区基础设施建设力度，强化招商引资工作，积极推动项目入园，着重于标准厂房建设，进一步完善制度体系，认真做好责任目标考核工作，努力化解园区土地督查带来的不利因素，园区经济得到全面发展，超额完成了各项目标任务。10个工业园区共实现工业总产值231.57亿元，同比增长41%；实现销售收入219.6亿元，同比增长38%；实现税收7.88亿元，同比增长15.6%；入园企业工业投资完成40.3亿元，建成标准厂房面积27万平方米。

2011年，楚雄州继续以楚雄、禄丰两个省级重点工业园区建设为重点，加快园区基础设施建设，不断拓宽融资渠道，以BT、财政专项资金、抵押贷款、园区开发投资公司融资等多种模式吸引多元资金投入园区水电路等设施建设。10个工业园区完成基础设施建设资金投入4.15亿元。禄丰土官片区“云钛路”及主供水管线等基础设施建设项目验投入使用，土官片区老鸦关水库扩容建设、金山片区棠海物流建材加工区工业大道建设、禄丰火车站物料场搬迁至棠海新建项目前期工作，以及勤丰片区钛产业基地南、北进场道路后续工作等正在推进；南华、姚安、大姚、元谋、双柏、牟定的工业园区基础设施建设速度加快，园区软硬环境的改善，为工业的规模化、集群化发展创造了条件。

2011年，楚雄州积极推进项目入园工作，以产业和企业招商为重点，不断创新招商引资模式，引进了大批项目入驻各工业园区，全年10个工业园区新引入园区项目59个。主要有：华电永仁太阳能项目、湖北一致魔芋生物科技魔芋深加工项目、云南民宇钢结构5万吨钢构项目、云南积华药业项目、云南金七制药滴丸项目、云南楚源药业项目、楚雄慧丰林业开发项目、大姚核桃机械加工项目、楚雄再生资源回收综合利用建设项目、楚雄和创药业生物制药产业化项目等。

【工业固定资产投资】　2011年，楚雄州以上大项目、好项目，努力“提高工业经济质量效益，推进新型工业化进程”为目标，有效地推进了工业固定资产投资的快速增长。全州完成工业投资112.9万元，比上年同期的84.49万元增长33.63%，完成州政府下达责任目标109.8万元的102.8%，其中：楚雄市23.8万元，比上年同期的14.9万元增长59.6%；双柏县5.07万元，比上年同期的4.54万元增长11.82%；牟定县6.43万元，比上年同期的2.91万元增长121.01%；南华县3.82万元，比上年同期的2.44万元增长56.66%；姚安县5.65万元，比上年同期的1.68万元增长236.05%；大姚县10.82万元，比上年同期的8.16万元增长32.61%；永仁县5.14万元，比上年同期的3.22万元增长59.68%；元谋县11.17万元，比上年同期的5.26万元增长112.4%；武定县6万元，比上年同期的3.54万元增长69.23%；禄丰县34.95万元，比上年同期的37.8万元增长-7.53%。“50项重大工业建设项目”中续建项目41个，新建项目9个（列入云南省“212”工程的工业项目15个、重点技术改造项目计划8个）计划总投资327.56亿元，2011年计划投资62.81亿元，实际完成投资50.55亿元。

【产业转移承接】　2011年，楚雄州产业转移承接合作迈上了新的台阶。与中国国际技术智力合作公司签订了战略合作协议。2010年7月18日，中智公司与楚雄州人民政府在北京华桥大厦签订了战略合作协议，拉开了央企入楚序幕。协议的签订为培养楚雄州各领域所需人才，促进楚雄州重点产业发展和与国内500强企业合作创造了良好条件；与中国广东核电集团有限公司合作投资建设的牟定县风电项目一期工程总投资5亿元，装机容量为4.95万千瓦，年发电量1.07亿千瓦时，于2011年底建成投产；与中国华电集团公司签订太阳能光伏发电项目合作协议，根据合作协议，华电集团永仁公司拟在永仁县维的乡建设太阳能并网光伏发电项目，预计项目总投资12.2亿元。一期建设装机容量5万千瓦机组，占地1356亩，计划建50个1MW（兆瓦）的固定式太阳能电池方阵及相关逆变升压设施。项目筹备处已于2011年5月6日正式挂牌成立，项目电网接入已于7月29日取得省电网公司批复，相关手续现在正在办理中。

进一步加强与大企业大集团的合作，在与红塔集团、云冶集团、云铜集团、云天化集团、四川德胜集团等大企业合作的基础上，加快与昆明钢铁控股有限公司的战略合作，在楚雄州建设2万吨／年钛材深加工项目一期工程已竣工投产，云南昆钢重型装备制造集团有限公司年产20万吨民用住宅钢结构及配套生产线一期已建成投产；与云南工业投资控股集团有限责任公司合作，计划投资55亿元，对禄丰县仁兴镇褐煤资源整合开发，拟建年产500万吨原煤及深加工项目正在推进，其中：年产10万吨炭质还原剂项目已于2009年12月19日开工，预计2012年上半年竣工投产。

【石油天然气勘探】　2011年，楚雄与中国石油化工集团公司勘探南方分公司签订战略合作协议，力争在楚雄盆地的石油天然气勘探工作取得实质性突破。2009年6月18日，楚雄州政府与中石化勘探南方分公司在成都正式签订了《关于加快楚雄盆地石油天然气勘探战略合作框架协议》，使中断多年的楚雄盆地石油天然气地质调查工作得以延续发展。自1957年以来，中石化勘探南方分公司曾对楚雄盆地石油天然气地质资源进行了勘探，先后投入资金5.3亿元，钻探参数井及区域探井5口。虽未取得重大突破，但最终证实了楚雄盆地有良好的油气地质条件，具备较好的生油成气物质基础和存在较大的资源潜力，是南方油气勘探的战略准备地区之一。协议签订以来，中石化勘探南方分公司对楚雄盆地进行了两次地质调查，开展了油气保存条件等相关项目的研究，确定了楚雄盆地石油天然气勘探工作的思路。

【节能降耗】　2011年，楚雄州工信委根据有关精神，研究制定了节能降耗和淘汰落后产能工作意见及清洁生产、能源审计、评估审查工作计划，将节能工作目标责任分解落实到了10县市、7个行业主管部门和47户重点耗能企业，加强节能基础管理，强化节能监测分析和指导。申报省级重点节能示范项目11个，组织26户企业参加了省级培训。推广使用国家财政补贴高效照明产品30万只；对13个项目进行了节能评估，有14户企业开展了能源审计，通过清洁生产审核验收的企业3户，6户企业开展了节能对标管理活动、5户企业评为能源计量示范单位。争取淘汰落后产能补助资金707万元，完成了滇中有色金属有限公司年产3万吨粗铜生产线、一平浪星宿江煤矸石2×3000kW发电机组落后产能淘汰工作任务。2011年，全州单位GDP能耗下降4.17%，全社会能源消费总量450万吨标准煤（等价热值），全州规模以上工业单位增加值能耗下降14.97%。全面完成2011年淘汰落后产能的目标任务，淘汰3万吨粗铜生产能力，煤矸石电厂2×3000KW机组。

【煤炭工业】 2011年，楚雄州煤炭工业始终坚持走资源利用率高、安全有保障、经济效益好、环境污染少和可持续发展的新型煤炭工业发展道路，积极推进煤炭资源整合，不断调整优化结构，加快推进煤矿机械化和信息化建设，不断夯实煤矿管理基础，全州煤炭工业总体运行平稳。共生产原煤169.82万吨，生产洗精煤55.54万吨，生产焦炭65.92万吨。培训特员4期28班，培训人员841人；举办煤矿兼职救护队员培训班1期，培训人员397人，建成煤矿兼职救护队伍31支；培训新工人979人，复训上岗工人2314人，做到了全员持证上岗。

煤矿安全生产。2011年，楚雄州煤炭行业深入贯彻落实国家、省关于煤矿安全生产的指示精神和方针政策，严格执行煤矿安全生产许可证制度，强化煤矿企业安全生产主体责任，层层签订煤矿安全生产暨关闭非法煤矿矿井责任状。加快推进煤矿安全质量标准化和安全避险“六大系统”建设，深入开展煤矿瓦斯专项治理，狠抓煤矿“雨季三防”各项措施的落实，认真组织开展煤矿“打非治违”专项行动，严厉打击煤矿非法违法生产经营行为，认真开展隐患排查治理，及时消除事故隐患，全州煤矿安全生产呈平稳态势。全年发生煤矿安全生产事故3起，死亡3人，事故起数和死亡人数分别比2010年下降25%，死亡人数控制在州人民政府下达的控制指标（3人）范围内。百万吨死亡率为1.77，比2010年的2.4下降了0.63。继续深入开展以防大事故、治大隐患为重点的隐患排查治理活动，全面深入地开展水害防治、顶板管理、机电设备、劳动组织等方面隐患排查治理工作，使隐患排查治理制度化、规范化和经常化，建立和完善煤矿三级隐患排查治理监管控制体系，真正实现全员、全方位、全过程隐患排查治理工作机制。共查出较大隐患2条，整改2条，整改率为100%，一般隐患340条、整改336条、整改率为98.8%。狠抓煤矿安全避险“六大系统”建设完善工作。全州35对煤矿矿井“监测监控、压风自救、供水施救、通信联络”四大系统已建设完善；除禄丰大窝煤矿星小二号矿井、楚雄大迤能桂花箐二号矿井、双柏鄂嘉阳太煤矿和密架煤矿外，所有井工煤矿人员定位系统已建成投入使用。

煤炭资源整合。2011年，根据省级部门批复的整治方案，积极推进煤炭资源整合，完成西屯煤矿五号井整合西屯煤矿二号矿井等5对相邻矿井整合工作，补充了11对矿井的地质报告。完成了2011年以前关闭的大窝煤矿中平一号井、羊桥箐煤矿四号矿井、大迤能煤矿腊耳朵矿井、野猪塘煤矿多依树矿井、西屯煤矿二号井、麻栗树煤矿岩子头矿井6对矿井，圆满完成省煤炭资源整合领导小组下达的任务。

【冶金矿产业】 2011年，楚雄州规模以上冶金工业实现工业总产值136.63亿元，同比增长21.2%；主营业务收入139.27亿元，同比增长27.1%；实现利润8.58亿元，同比下降14%；实现利税13亿元，同比下降7.3%。其中重点骨干企业：德胜钢铁公司完成现价工业总产值57.65亿元，同比增长3.4%，完成主营业务收入62.67万元，同比增长13.9%，实现利润5亿元，同比下降37.6%；楚雄滇中有色金属有限公司完成现价工业总产值35.17亿元，同比增长43.2%，完成主营业务收入34.17亿元，同比增长52.1%，利润4007万元。

【机械工业】 2011年，楚雄州机械工业抓住国家西部大开发和云南桥头堡建设的有利时机，结合国家和地方“十二五”发展规划编制，根据企业自身实际，以市场为导向，突出主业，优化结构，实施技术改造，加快推进企业和产品的转型升级，不断提高企业核心竞争力，生产经营状况继续回暖。全州规模以上机械工业实现工业总产值9.51亿元，同比增长3.6%；主营业务收入9.12亿元，同比上升5.7%；实现利润3240万元，同比上升6.2%；实现利税6263万元，同比下降48.9%。

【轻纺工业】 2011年以来，受宏观调控、人民币升值、劳动力成本上升以及生产资料高成本的影响，加上纺织业增长放缓和外国产品的竞争，以及全球金融危机的影响，我国纺机企业面临着严峻的挑战。2011年，随着国民经济的稳步回升，卷烟、食品、包装印刷、纺织及塑料制品、木材及林化等企业生产销售得已回升，以农副产品为原料的产业得到进一步发展。2011年工业总产值分别增长18.7%、36.1%、3%、75.9%、7.2%。

【化工工业】 2011年，楚雄州规模以上化学工业实现工业总产值57.14亿元，同比上升35.4%；主营业务收入52.35亿元，同比上升27.2%；实现利润2.15亿元，同比增长65.2%；实现利税3.12亿元，同比增长18.3%。其中：德胜煤化工公司完成工业总产值19.4亿元，同比增长21.3%，完成销售收入17.57亿元，同比增长21.2%，实现利润4381万元，同比下降35.3%。

【食品加工业】 2011年，楚雄州把发展食品加工业作为“三农”工作的重要内容来抓，按照全省农村工作会议的要求，结合本地实际，突出农业资源的特点和优势，加快推进农业产业化建设步伐，促进农村经济稳步发展和农民持续增收。在继续巩固提升无公害蔬菜、特色畜禽养殖等产业的同时，着力建设核桃，食用菌等一批规模化的特色农产品加工产业。坚持扶优、扶强、扶重点的原则，围绕优势农产品加工和深度开发，积极引进和扶持农业龙头企业，大力发展农民专业合作经济组织，着力培育一批竞争力强、带动面广、与优势产业带相配套的农业产业化龙头企业。充分发挥农特产品和丰富的生物资源优势，积极培育和壮大食品加工产业，初步形成了以绿色食品为主的产业和基地共同发展格局。全州食品加工业企业完成现价工业总产值112.21亿元，完成现价增加值32.40亿元，完成工业销售产值94.95亿元，南华县的云南澜沧江啤酒楚雄有限公司总产值超过亿元大关，实现总产值4.59亿元、增长12.89%。云南元谋闽中食品有限公司蔬菜产量达到6953吨，实现总产值2.50万元。南华宏怡野生菌开发有限公司累计加工野生菌1206845公斤，实现产值8109.4万元，同比增长101.11%；

【天然药业】 2011年，楚雄州加强对天然药业的领导，各项经济指标全面增长，天然药业实现总产值15.88亿元，比上年增长29.9%；实现增加值3.96亿元，比上年增长4.9%（可比价）。全州生产中成药3157吨，比上年增长41%。纳入统计监测的19户药品生产企业中，除太阳药业仍处于停产状态外，其余18户企业运行良好，实现总产值15.55亿元，比上年增长31.3%；完成销售收入13.85亿元，比上年增长29.8%；实现应缴税金6272.4万元，比上年增长1.74%。产值达1000万元以上的企业有15户，比上年增加6户，其中：上亿元的有3户，比上年增加1户，分别为种源繁育公司、盘龙云海药业公司和广泰生物科技开发公司；产值达5000万元至1亿元的有5户；1000至5000万元的有7户。销售收入达2000万元以上（即规模以上）的企业有11户，比上年增加了4户。应缴税金达500万元以上的有3户，比上年增加了1户，分别为盘龙云海药业公司、种源繁育公司和广泰科技开发公司。新纳入统计监测的云南极粹生物科技公司、云南新世纪中药饮片有限公司和云南邦桥节能科技有限公司3户企业投产当年产值均达1000万元以上，前2户已达到规模以上，为我州生物医药产业发展增强了后劲。

【新药研发】 2011年，楚雄州医药企业加强新产品的研究和开发，积极申报相关资料，年内获得国家药品批准文号1个，即云南盘龙云海药业的“盐酸羟甲基唑啉喷雾剂”；获得保健食品批准文号1个，即云南本草精素科技有限公司的“参缘牌参缘胶囊”。到目前为止，全州医药企业共拥有国药准字批文329个，其中全国独家药品生产品种31个，国家中药保护品种8个；拥有保健食品批准文号6个。

【彝族医药体系建设】 2011年，云南省彝族医药研究所、云南省彝医医院（州中医院）在编著出版《中国彝医基础理论》、《中国彝族药学》的基础上，对彝族医药古籍文献、口碑文献、文字资料和近三十年的临床科研资料系统研究整理，编著《中国彝医方剂学》和《中国彝医临床学》，《中国彝医方剂学》目前已编著完成交付出版社出版发行，《中国彝医临床学》正在进行初稿的会审。楚雄州中医院在彝族民间验方的基础上，经过多年研究和试验观察并研制的系列院内制剂开发工作有序推进，目前，“化毒灵胶囊”正在进行长期毒性试验，“解毒灵胶囊”、“降脂灵胶囊”正在进行急性毒性试验、长期毒性试验和稳定性试验，“咽舒宝滴丸”已完成100例慢性咽炎患者临床观察。

【中小企业、非公有制经济建设】 2011年，楚雄州中小企业及非公有制经济完成增加值208亿元，同比增长15.1%，占全州GDP比重43.1%，完成省考核的目标任务208亿元的100%。全州非公经济完成固定资产投资220.56亿元，比去年同期增长67.85%，占全州固定资产投资总额的62.21%。规模以上非公企业实现工业增加值39.7亿元，同比增长12.1%，占全州工业增加值的比重31.52%。其中，私营企业完成工业增加值29.39亿元，同比增长7.8%。实现社会消费品零售额122.35亿元，同比增长19.3%，占全州社会消费品零售总额的比重达77.28%，其中个体私营经济实现社会消费品零售额达116.65亿元，同比增长22.6%；实现外贸进出口总额1.51亿美元。上缴税金14.75亿元，比上年同期增长3.15%，完成州下达指标16亿元的92.19%。

至2011年年末，全州非公经济户数达74921户，同比增长8.03%。其中：个体工商户68113户，同比增长7.89%；私营企业6618户，同比增长9.86%；外资企业190户。非公经济从业人员达25.95万人，同比增长8.9%，完成省下达指标25万人的103.8%。其中：个体工商户从业人员12.27万人，同比增长1.5%；私营企业从业人员13.68万人，同比增长16.52%。非公经济注册资本达142.45亿元，同比增长28.33%。其中：个体工商户注册资本22.93亿元，同比增长34.1%；私营企业注册资本119.52亿元，同比增长27.23%；外资企业注册资本金2.27亿美元。

2011年，楚雄州州级财政投入非公经济扶持资金2073万元，争取中央、省级财政扶持中小企业和非公企业发展专项资金18292万元，其中：中央资金11233万元，省级财政资金7059万元。州工信委争取到扶持项目41个，扶持资金5343万元；州非公办上报重点企业建设项目36户，争取到上级扶持资金1088万元；州发改委争取落实项目17个，争取到扶持资金4353万元；州环保局帮助滇中有色金属公司等5户企业争取污染治理资金350万元；州农业局争取州级财政100万元专项资金，扶持9户企业改建、扩建生产线，向上争取农业产业化扶持资金1980万元。禄丰县表彰奖励21户中小企业98.8万元，武定县财政奖补13户非公企业443.47万元。国税系统减免非公企业税金4650万元，增值税免税销售额33.49亿元；地税系统累计减免各项地方税收1.7亿元。

【帮助中小企业解决“融资难”】 2011年末，楚雄州5大产业贷款余额228.41亿元，占贷款总额的76.07%。通过落实营业税减免、准备金税前提取、资本金注入、担保费用补贴等扶持政策，使中小企业信用担保机构已发展到6家，能正常开展贷款担保业务的已有3家。现有小额贷款公司14户，新增7户；注册资本金2亿元，贷款金额13亿元。推荐上报8户初具条件的中小企业申请发行企业债券（票据），勤攀磷化工有限公司被纳入云南省集合债券（票据）发行备选企业名单。及时召开企业贷款需求项目推荐会，共向银行业金融机构和贷款担保公司推荐企业贷款需求项目68项；指导企业制定改制上市计划，稳步推进云南路桥股份有限公司上市辅导服务工作，完善上报证监会的相关材料，加快上市融资进度。

【信息化建设】 2011年，楚雄州加快推进信息化平台建设，州政务服务中心和公共资源交易中心已建成使用，州政务服务中心与全省电子政务专网连通，国家电子政务外网云南省楚雄州电子政务外网项目一期建设工作顺利完成，州级和十县市与国家、省电子政务外网的整合贯通，构建了纵向连接省—州—县市，横向连接州县市各部门和乡镇的全州电子政务专网平台。加快城市地区“光纤入户”改造进程，推进宽带网络向农村地区延伸，新增3G基站239个，3G基站总数达到1045个；加强电信硬件系统日常维护和运行监管，接入使用电子政务网络系统的单位1265家，做好阳光政府四项制度信息网上发布指导和政务信息网络查询工作，加大96128品牌化建设力度，全年接听电话达3399次，专线答复3399次，专线转接2026次，转接成功率93.13%。政府信息公开指南、目录及网上发布更加完备，政务信息查询进一步规范，全年发布政务信息126164条；积极宣传州委、州政府重大决策和部署，做好重要会议和重大活动的宣传报道，发布各类文字、图片信息6700余条（幅）；政务服务中心网络平台受理事项112224件，办结110269件，办结率达98.25%。完成各类无线电台站新版数据入库建设5927个，无线电监测达4363小时，检测无线电设备108台（套）。

建设信息点400多个，培训人员180多人。全州政务服务中心网络平台受理事项59896件，办结58270件，办结率97.29%。通过电子政务协同办公系统实现收文1613741份，发文58849份。重大决策听证发布信息36项、重要事项公示206项、重点工作通报975件。全州共受理网络查询206件。96128政务信息查询专线接听电话2713次，专线答复1024次，专线转接1689次，转接成功率93.5%。

【网络运行维护】 年内加强了对电子政务网络省至州，州至十县市传输线路、州县市核心设备和州级近200家接入单位节点设备的日常维护和运行监管和接入情况监测，确保全州协同办公系统，党委信息报送系统，财政、医保、社保、工商、统计、审计等专网的安全、高效运行，全年未发生任何网络安全责任事故。全州政务网接入单位1265家，通过VPDN认证系统开通使用政务网接入账号3091个，比上年同期增长14.9%。除楚雄市、永仁县外，其余8县已完成县乡视频会议系统建设并投入正常运行；全州通过电子政务视频会议系统召开会议66场（去年58场），比2010年增长14%，其中，州级召开27场。

【年度任职领导】

党委书记、主任　何学明

党委委员、副主任（正处）　程宗文

党委副书记、纪检书记　罗绍辉（2011年6月起任）

党委委员、副主任　康　喜

李联平

何正祥

罗怀云

（雷文生）

楚雄市经济贸易和信息化局

【工业经济发展概述】 2011年，楚雄市紧紧围绕建设滇中特色大城市和“桥头堡”发展战略要求，紧扣“保增长、稳运行、抓项目、调结构、促发展”这一主题，强化细化工商经济运行调控措施，抓好抓实各项政策措施的落实，努力克服通胀压力等不利因素的影响，突重点，强帮扶，抓骨干，促发展，全市工商经济保持平稳增长，经济运行质量和效益有所提升。全市实现工业总产值208.08亿元，同比增长24.6%；实现工业增加值96.35亿元，增长16.4%。其中，43户规模以上工业实现产值177.89亿元，增长24%；实现工业增加值79.48亿元，增长17%，完成州政府下达年度目标77.96亿元的101.95%；实现主营业务收入164.78亿元，增长21.8%，完成州政府下达年度目标162.91亿元的101.15%；实现利税60.78亿元，增长23.2%；完成州政府下达年度目标57.59亿元的105.54%；实现利润10.28亿元，增长48.9%，完成州政府下达年度目标7.81亿元的131.67%。

【亿元工业企业】 2011年，楚雄市规模以上工业企业总产值超亿元的企业20户，同比增加4户（广泰生物、楚雄思远投资、树苴煤炭、宏桂绿色食品），实现产值166.29亿元，占规模工业总产值的93.5%。其中：工业总产值超过10亿元的企业3户（楚雄卷烟厂77.28亿元、滇中有色金属35.17亿元、楚雄供电局12.98亿元）；10亿元~1亿元的企业18户；1亿元~5000万元的企业9户；5000万元~2000万元的企业13户。

【非公有制经济】 2011年，全市非公有制经济保持平稳较快发展，注册登记的非公经济户数达19859户（含开发区，下同），增长8.7%，其中，个体工商户17244户，增长8.1%，私营企业2615户，增长12.4%；从业人员达77708人，增长0.44%，完成州、市下达目标计划数79000人的98.36%；注册资本金65.43亿元，增长24.53%；上缴税金4.64亿元（不含民营股份制企业），增长12.4%，完成州、市下达目标计划数5.1亿元的90.98%；完成非公经济增加值82.69亿元，增长14.5%，占GDP的比重达42.5%，完成州、市下达计划数75亿元的110.25%；完成社会消费品零售额64.06亿元，增长19.3%。

【重点工业项目建设】　楚雄市加大对被列为全州50个重点工业项目的推进力度，力促在建项目早竣工、已建项目早达产、拟建项目早启动。至年底，红塔集团楚雄卷烟厂搬迁技改扩建项目，计划投资27.1亿元，已累计投资19.42亿元，主体工程已完成；岭东印刷年产35万大箱卷烟条盒商标生产线搬迁技改扩建项目，计划投资2.2亿元，已累计投资2.02亿元，主体建设工作已完成，项目各分部工程已全面进入收尾阶段；楚雄宏桂绿色食品公司综合农副产品种植及深加工建设项目，计划投资0.48亿元，已累计投资0.4亿元，主体工程2.04万平方米标准厂房基本完工；鑫华化工年产30万吨过磷酸钙项目已进行生产；云南云开电气股份有限公司中低压成套开关技改项目，已累计完成投资0.51亿元，预计2012年投入生产；楚雄昆钢奕标新型建材有限公司年产100万立方米拌合站建设项目设备安装已完成，预计2012年2月投入试生产；云南白药集团楚雄经济开发区健康产品产业化项目，已完成计划投资0.04亿元，待取得卫生许可证就可投产；云南邦桥节能科技有限公司LED医用照明系统建设项目已投入试生产。

【工业园区建设】　2011年，楚雄市紧紧抓住全省建设30个重点工业园区的机遇，按照“一园五区”的总体规划，围绕以园招商、以商建园的思路，以资源优势为依托，持续抓好产业园区平台建设，增加投入，加强基础设施建设，不断整合提升园区功能和提升园区产业承载力，大力推进园区产业项目建设，提高各类新建、技改、扩建产业项目的开工率、完成率和达产率，“一园五区”建设初显成效。至年底，楚雄工业园区全部入园工业企业达59户，其中，规模以上入园工业企业25户。2011年，园区完成工业总产值75.58亿元，增长47.76%；实现主营业务收入70.29亿元，增长45.4%；实现税收1.7亿元，增长70%；实现利润2.3亿元，增长47.4%；从业人员5859人。

【工业标准厂房建设】　2011年，楚雄市建成完工标准厂房近20万平方米，其中，市本级9.04万平方米（下同）（富民机电加工区7万、宏桂公司2.04万）；开发区7.73万平方米（管委会自建医药园区1.53万、广泰生物1万、东宝生物1万、楚雄和创药业0.7万、云开电气1.8万、楚雄昆钢奕标0.7万、鑫华化工1万）。

【节能工作】　重点抓好建材、化工等重点行业和年综合能耗在3000吨标准煤以上重点企业的节能工作，淘汰落后产能，积极推进重点耗能企业的技术改造，推广节能技术和产品，促进了企业减少能源消耗、降低成本、增加效益。搞好建筑节能技术推广，强化建筑节能管理，大力推广节能灯、太阳能技术、实施城市路灯节能改造工程，抓好资源综合利用，积极推进清洁生产。2011年，43户规模以上工业企业能源累计消费量为261534.87吨标准煤（等价热值，下同），同比多消费31263.59吨标准煤，上升13.58%；万元工业增加值能耗同比下降2.92%。全市共推广节能灯26万余支，圆满完成州人民政府下达的节能灯推广任务。

【煤矿安全监管和能源行业管理】　2011年，共对全市10矿12井进行安全检查22次，排查安全生产隐患350条，下发煤矿安全监管执法文书40余份，组织煤矿从业人员培训5期，750人次，全市煤矿未发生伤亡事故，保持了0伤亡的良好势头。年内，全市原煤产量为27.67万吨，增长48%。完成工业总产值16313万元，增长41.65%；利税总额2904万元，增长41.3%；利润总额107万元。各煤炭报到点共查验调运专用单9097份，车辆9097车（次）；矿产品累计197166.8吨（不含吕合镇），其中：煤炭产品194883.8吨，金属矿（铅锌矿）2283吨。依法查处非法经营无烟煤案件4件，没收无烟煤111.36吨，收缴罚没款110748元并已上缴市财政罚没款专户，有效打击了非法经营煤炭矿产品违法行为。

【任职领导名单】

党委书记　金　宏
副书记、局长　尹　华
副局长　董智强（正科级）
王克实
刘　婷
纪委书记　李明星
副局长　金向光

（李建秋）

禄丰县经济贸易和信息化局

【工业经济发展概述】　2011年，禄丰县把保持工业经济平稳较快发展作为经济工作的重点，倾力打造“实力工业”，狠抓全县技改、新上工业项目建设和节能降耗等工作，积极应对工业项目推进中出现的新情况、新问题，克难奋进，全县工业经济总体保持平稳发展。全县完成工业总产值143.75亿元，同比增长20.6%。其中，16户规模以上工业企业实现工业产值102.33亿元，同比增长14%；实现工业增加值25.4亿元，同比增长6.2%；实现主营业务收入100.5亿元，同比增长17.7%，首次突破100亿元大关；实现利税总额11.42亿元、利润7.68亿元。主要工业产品铁精矿、高钛渣、钛卷、冰铜、铸件、玻璃瓶等产量有较大增长，同比增幅均在20%以上。

【机构改革】 根据《中共禄丰县委禄丰县人民政府关于禄丰县人民政府机构改革的实施意见》，禄丰县经济贸易和信息化局为县人民政府工作部门，加挂县中小企业局牌子。将原禄丰县经济委员会除煤矿安全生产监督管理外的其他职责、原县商务局的职责、原县人民政府办公室协调管理信息产业的职责整合划入县经济贸易和信息化局。禄丰县经济贸易和信息化局内设机构10个，即办公室、政策法规股、行业管理及电力交通保障股、综合股、工业股、发展规划与技术创新股、节能与资源综合利用股、信息资源管理与信息化推进股、市场流通股、外贸股。

【冶金制造业】 禄丰不断加强与昆钢、云冶等大集团大企业的合作，大力发展以铁、钛、铜等为主的冶金制造业，积极调整产品结构，提高产品科技含量，增加产品附加值，着力发展钛、铜产品精深加工，有效带动煤焦化工业、采选矿产业等相关产业的快速发展。2011年，全县冶金制造业实现工业增加值13.6亿元，同比增长8.6%，占全县工业增加值的比重达41.5%。其中，云南德胜钢有限公司实现营业收入62.68亿元，云南钛业股份有限公司2万吨／年钛材精深加工项目一期工程已建成投产，实现营业收入2.1亿元，云南冶金集团禄丰钛产业基地1万吨／年海绵钛等重点工业建设项目正有序推进，成为支撑全县冶金制造业的骨干，也是全县推动工业经济乃至县域经济快速发展的主导力量。

【能源化工业】 禄丰县充分发挥风能、水能、煤炭、钛矿、磷矿等资源优势，着力构建焦炭、炭质还原剂、煤气为主的煤化工和磷肥、磷酸盐系列产品等制造为主精细磷化工，同时积极发展水能、风能发电行业。2011年，全县能源化工业实现工业增加值9.16亿元，同比增长21.4%，占全县工业增加值的比重达28%。其中，楚雄德胜煤化工有限公司实现营业收入17.58亿元，云南禄丰勤攀磷化工有限公司实现营业收入2.92亿元，禄丰供电有限公司实现营业收入2.06亿元，禄丰江达磷学有限公司实现营业收入1亿元，云冶集团年产6万吨钛白粉项目、云南工投集团年产10万吨炭质还原剂项目、云南天宝磷化工有限公司年产30万吨磷酸盐等重点工业项目正在快速推进，通过“矿化结合”，将全面提升禄丰县能源化工业的整体竞争力，并成为全县工业经济持续、快速发展的重要支柱和亮点。

【煤炭工业】 禄丰县煤炭资源总量为7.18亿吨，其中累计查明地质资源量4.53亿吨，预测资源量2.65亿吨。按煤种划分：褐煤保有地质资源量为6.6亿吨，占全县煤炭资源总量的92%；烟煤保有地质资源量为4980万吨，占全县煤炭资源总量的6.9%；无烟煤保有地质资源量为779万吨，占全县煤炭资源总量的1.1%。禄丰县的煤炭资源主要分布在一平浪镇、广通镇、彩云镇、恐龙山镇和仁兴镇等5个镇，其中褐煤主要分布在仁兴镇古城村、三家村，碧城镇温泉，中村乡等地区；烟煤主要分布在一平浪镇、广通镇旧庄清水等地区；无烟煤主要分布在彩云镇、恐龙山镇。2011年，全县共有11对矿井和1个露天煤矿，年设计生产能力93万吨，核定生产能力73万吨，全县原煤产量69.69万吨，洗精煤产量55.11万吨，其中，一平浪煤矿原煤产量36.96万吨、洗精煤产量30.686万吨。

【非公有制经济】 2011年年末，全县共有非公企业12992户，同比增长10.81%，其中私营企业861户，同比增加108户，增长14.3%；注册资金达20.53亿元，同比增长34.3%；从业人员达39385人，同比增长10.7%；上缴税金5.33亿元，占全县税收总收入的53%；完成现价增加值56.68亿元，同比增长8.7%，占全县生产总值的比重为56.7%。其中，工业是拉动全县中小企业、非公经济持续快速发展的主导力量，2011年非公经济中的工业增加值已达30.12亿元，占全县非公经济增加值的比重为53.1%。

【产业结构调整】 禄丰县着力优化工业布局，大力承接产业转移，培育壮大主导产业，巩固提升支柱产业，加快发展新兴产业，工业转型升级不断加快，工业多支柱发展趋势日趋明显。2011年全县规模以上工业中，轻工业实现工业产值11666万元，同比增长14.3%；重工业实现产值1055909万元，同比增长11.6%；全县第一、二、三产业增加值占生产总值的比重为19.9:38.3:41.8呈现出“三、二、一”的产业结构类型。工业结构不合理的局面有所改变，县域工业快速增长。

【信息化建设】 2011年，禄丰县政府信息公开网站增设了《工程建设领域项目和信用信息公开共享专栏》和《无线电管理专题》栏目。全县各单位通过政府信息公开网站发布信息2922条，其中，县级门户网站发布信息575条。禄丰县电子政府门户网站发布信息541条，累计发布2455条，访问量达82543人（次），累计访问量330503人（次），是目前县内访问量最大的政务信息网站。禄丰县书记、县长信箱回复群众留言11条。禄丰县电子政务用户人数达1766人，工作时段内在线人数达76人以上，各单位累计发文5370份，收文218307份。全县共召开视频会议66场，比去年增加13场，其中：州、县视频会议58场，县、乡视频会议8场。禄丰县阳光政府四项制度相关网站累计发布各类信息483条，其中：政务信息查询系统发布常见问题解答信息286条，处理群众提问信息19条，发布听证12条、公示91条、通报75条；全县转接96128专线电话247个，转接成功204个，接听率82.6%，群众满意率96.6%。

【无线电监督管理】 禄丰县的无线电管理工作始终站在服务全县经济社会

发展的高度，在抓工作落实方面出实招，求实效，科学化、规范化管理，坚持严格执法，依法行政，大力搞好技术设施建设，切实保障县委、县人民政府重大活动、重大任务的应急无线电使用工作，为无线电业务的正常开展提供了良好的服务。开展了无线电频率、台（站）年审和对讲机执法检查工作。按照《中华人民共和国无线电管理条例》、《云南省无线电管理条例》及无线电台执照管理相关规定开展年审工作，进一步规范单位和个人合法使用无线电发射设备。按照管理规定对机房内的GPS导航系统等设备进行定期检查维护，确保设备正常运转；运用原楚雄州信产办配发的无线电监测干扰装置等新设备新技术，对非法使用无线电行为进行有效跟踪监控，确保了2011年中（高）考、国庆等重要时段内的无线电使用安全。

【节能减排】 2011年，全县16户规模以上工业企业综合能源消费量累计为1264623.15吨标准煤，同比下降5.58%；单位工业增加值（现价）能耗4.9790吨标煤/万元，同比下降11.09%。全县6户企业通过清洁生产审核验收，4户企业通过能源审计评审，8个项目通过节能评估审查；完成一平浪煤矿星宿江煤矸石电厂2×3000KW机组的淘汰关停工作；推广节能灯84429只。

【工业园区建设】 2011年，禄丰县对工业园区规划进行了修编调整，工业园区将形成“一园四片区”的发展格局，包括金山、勤丰、土官、碧城四个片区，总体规划面积78.76平方公里。金山片区位于县城所在地金山镇，规划面积15.71平方公里，规划定位为以冶金、钢铁产业为主体，集物流和建材业为一体的大型工业聚集区，是面向全省乃至东南亚的现代冶金产业片区。勤丰片区位于禄丰县东部的勤丰镇，规划面积33.51平方公里，规划定位为以冶金、化工产业为主体，发展新型物流产业为生产配套服务的新型产业片区。土官片区位于禄丰县东南部的土官镇，规划面积20.74平方公里，规划定位为以金属钛深加工产业为主导，集饮品和轻型制品加工为一体的特色产业片区。碧城片区位于禄丰县东部的碧城镇，规划面积6.82平方公里，规划定位为以集数控研发、加工、销售及数控配件加工为主导，发展新型物流产业为配套服务的新型片区。2011年，入园企业达35户，园区内工业企业实现工业总产值92.14亿元，较2008年增长63.17%，年均增长17.7%；工业增加值15.66亿元，较2008年增长48.3%，年均增长14%；主营业务收入89.16亿元，较2008年增长66.28%，年均增长18.5%；利税总额10.26亿元，较2008年增长53%。园区企业集群发展初步形成，呈现出规模、总量不断扩大，质量不断提高，产业特色鲜明，龙头带动作用突出，成为禄丰经济发展的重要增长极。

【任职领导名单】

党组书记 周建功
局　　长 华启学
副 局 长 李有忠
　　　　 周福春

（李祖云）

武定县经济贸易和信息化局

【工业经济发展概述】 2011年，武定县完成现价工业总产值280290万元，同比增长39.03%；实现工业增加值74996万元，同比增长20.8%，占全县GDP比重的25.5%。其中9户规模以上工业企业实现总产值84237万元，比上年同期59064万元增长42.6%；实现增加值25222万元，按可比价计算增幅为20.0%，完成州下达目标任务21200万元的119%；实现销售收入72032万元，比去年同期54962万元增长31.06%，完成州下达目标任务69300万元的103.9%；实现利税总额8244万元，比去年同期6149万元增长34.06%，完成州下达目标任务8100万元的101.8%；实现利润4339万元，比去年同期3715万元增长16.8%，完成州下达目标任务4300万元的100.9%。

【非公有制经济】 2011年，武定县非公有制实现增加值123869万元，占全县GDP的比重为42.1%，完成州下达目标任务110000万元的112.61%；实交税金13142万元，同比增长4.7%，完成州下达目标任务12000万元的109.52%；从业人员27001人，同比增长44.1%，完成州下达目标任务27000人的100%。

【工业园区建设】 2011年，武定工业园区原《总体规划》和《可行性研究报告》通过省级审查，《园区规划环评》已通过州级审查。经县十五届人民政府第十七次常务会议决定，将武定工业园区《总规》面积由11.2平方公里修编为76.12平方公里，将“一园三片区”修改为“一园五片区”。即：武定工业园，大坪子冶金化工循环经济片区、长冲石材特色加工片区、九厂绿色食品天然药业加工片区，禄金新型工业片区，猫街综合工业加工片区。园区内工业企业总产值达63500万元，完成州下达任务63000万元的100.7%，同比增长42%；新入园企业3户，完成州下达任务的100%。

2011年，武定县加大了工业园区基础设施建设力度，投资5651万元进行园区水、电、路等基础设施建设。其中，投资3000万元完成了大坪子冶金化工片区水、电、路新建、改造工程；投资42万元完成了园区《总体规划》和《可行性研究报告》编制工作；投资23万元编制园区《规划环境影响评价报告》并通过评审；投资40万元测绘禄金片区一期14平方公里1:500数字化测图并通过县级初步审查，报请省级组织专家审查；投资120万元治理长冲片区废土、废渣堆放点已建成投入使用；投资194万元新建大坪子片区入园公路已投入使用；投资20万元新建九厂片区园区沙石公路已投入使用；投资181万元收储长冲石材片区一期土地已完成；投资20万元编制长冲石材片区《控制性详细规划》和1:500数字化测图已完成；投资55万元新建长冲石材加工片区一条进场公路已投入使用；投资20万元搬迁长冲石材加工片区内电信、移动、联通、广电网络线路工作已完成；投资10万元架设长冲石材片区电力线路已投入使用；投资50万元编制园区《总体规划》修改工作，设计单位已完成初稿，即将进行县级初步审查；投资1050万元的球团矿厂变电站已完工；投资490万元的猫街入园公路已建成投入使用，投资336万元的猫街高压电力线已完工。

【工业固定资产投资】 2011年，武定县为促进工业经济又好又快发展，加大了工业固定资产投资力度，完成工业固定资产投资60040万元，比上年同期36879万元增长62.7%，占州下达考核任务46123万元的130.17%。实现招商引资资金5300万元，完成招商引资目标任务5000万元的106%，成为增加工业固定资产投资的重要资金来源。

【节能降耗】 2011年，武定县对节能减排工作领导小组成员进行了调整充实，进一步细化分解了目标任务，分别与11个乡镇、6个行业主管部门、10户重点工业企业签订了《2011年节能目标责任书》，同时下发了《武定县人民政府关于下达2011年全县节能责任目标任务的通知》，制定了《武定县节能工作目标责任评价考核办法》、《武定县节能奖励办法》和《武定县2011年节能监察工作方案》等政策措施。积极组织相关部门以“节能我行动、低碳新生活”为主题，开展了一系列全国节能宣传周活动，共粘贴标语50余条、发放节能宣传小知识1000余份、发放节能环保宣传袋1300个；组织开展了“我为节能减排献一策”征文活动，积极推荐4篇文章上报到州节能办。

【争取扶持资金】 在2011年工作中，武定县经信局牢固树立“发展企业就是发展经济、培植企业就是培植财源”的理念，一年来，为企业技改扩建项目共争取补助资金30万元，其中为年产60万吨蓖链机——回转窑氧化球团矿生产线争取州财政补助资金10万元；为1万吨食用钛白粉生产线争取州财政补助资金20万元。为玉飞达公司和兴棱公司上报材料争取项目补助资金；为滇武水泥厂和华翔公司上报2012年重点产业振兴和技术改造专项项目投资计划，努力争取国家资金支持。

【协调服务】 2011年，武定经信局努力营造良好发展环境，积极为企业做好协调服务工作，落实好相关政策，加强与电力公司的沟通协调，了解上年度全县电力保障情况，对重点企业用电情况进行调查了解，做好有序用电工作，使企业用电得到有效保障。协调实施国营云南安宁化工厂武定分厂搬迁建设年产4.5万吨炸药生产线项目；武定华翔经贸有限公司年产60万吨球团矿项目累计完成投资16000万元，已于12月13日进行试生产；武定德胜矿业有限公司年产600万吨水泥项目已完成可研，正积极向省州申报前期开工；勐果河流域四级五级水电站建设正在积极筹备中。

【清洁生产】 积极推广清洁生产示范节能技术，开展高耗能落后机电设备改造，督促企业及时淘汰落后机电设备，严格行业准入条件，加强新建、改建企业的节能审查，控制“两高一低”行业的增长。华翔公司年产60万吨球团项目通过州工信委专家组的节能审查，年产1000吨高纯氧化铍生产线建设项目正在编制节能评估报告。积极鼓励企业开展清洁生产，及时向企业传达州工信委相关文件精神，动员企业开展清洁生产和能源审计工作，已有少数企业和能源审计服务中介公司取得联系，新立公司完成能源审计报告。

【招商引资】 在县政府确定的80个重点建设项目和20个招商引资重点项目中，列入县经信局的有22个项目，其中招商引资项目9个，在列为县经信局的重点建设项目中，前期工作项目4个，新开工项目6个，在建项目3个。

【企业改革改制】 国有企业改制工作基本结束，2011年，县改制办对机修制钉厂6名已达内退年龄职工和企业停产期间去世的4名老职工按相关政策分别进行内退和补发了丧葬抚恤费；对已改制11户企业35名留守人员进行妥善安置处理；对已改制的水泥厂、贸易公司共52户房改职工补办了产权证；对破产企业淀粉厂未达退休年龄的8名职工协调纳入社会养老保险统筹；协调清收县水泥厂资产处置欠款48.75万元补缴托管费；按政策认真为局系统内150余人办理集体企业职工基本养老保险，其中超龄参保人员130余人，未参保集体企业职工9人，中断缴费人员4人；配合人事部门对本系统内35名工伤人员补齐伤残等级鉴定相关手续；配合县总工会审定慰问困难职工81人，发放慰问金40500元。

【机构改革】 武定县经济贸易和信息化局成立于2011年1月，前身为武定县经济委员会。2011年1月，商贸职能划转入后更名为武定县经济贸易和信息化局，属政府工业经济、商务流通、信息产业的综合性部门。肩负着全县工业经济、乡镇企业、非公有制经济、商务流通、信息产业管理及企业改革等职能。内设4办10股，即党委办公室、纪检监察室、办公室、网络信息产业办公室及中小企业股、工业股、能源股、乡镇企业股、无线电管理股、内贸流通股、涉外管理股、

工业园区股、企业改革股和老干部管理股。

【任职领导名单】

党委书记、局长　贺明华
党委副书记、纪委书记　张兴于
副局长　马恒慧
　　　　花群光
　　　　陈光奇

（周兴富）

姚安县经济贸易和信息化局

【工业经济运行情况】　2011年，姚安县紧紧围绕“兴工强县，开放活县”战略和年初确定的目标任务创造性地开展工作，工业经济持续较快发展。全年完成工业总产值280073万元，同比增长36.85%，其中，轻工业175740万元，同比增长38.4%，重工业104333万元，同比增长34.3%。4户规模以上工业企业（年销售收入在2000万元以上企业）完成产值22349万元，同比增长48.7%；增加值完成7751万元，同比增长34.6%（可比价）；销售收入完成22630万元，同比增长63.8%；利税总额完成279.2万元，同比下降62%；利润-605.2万元，同比下降410.7%。纳入监测的9种主要工业品产量有增有减，麻袋285.63万条，同比增长0.2%；白产丝229.92吨，同比增长84.5%；铅精矿3310吨，同比增长1.1%；酱油2224.35吨，同比下降29.5%；橡胶粉3216吨，同比下降13.4%；魔芋精粉51吨，同比下降58.5%；菖河蜂蜜176吨，同比下降1.7%；铝箔纸440吨，同比下降23.5%；发电量43.8万千瓦时，同比下降78.2%。规模以上工业共消耗能源总量5544.88吨标煤（等价热值），单位增加值能耗同比下降25.3%；全社会单位GDP能耗下降3%。

【非公经济和乡镇企业】　2011年，姚安县非公经济从业人员20011人，同比增长2.3%，注册资金37875.36万元，同比增长24.4%；上缴税金3402.8万元，同比增长15%；非公经济增加值10亿元，同比年增长26%。全县乡镇企业实现增加值14.41亿元，同比增长32%；实现农产品加工总产值11.79亿元，同比增长32%；实现乡镇企业工业总产值27.57亿元，同比增长36%。

【重点工业企业】　云南海润茧丝绸有限公司实现产值8737万元，同比增长128.8%；实现销售收入8691万元，同比增长161.6%；实现利税总额208万元，同比增长24.7%；实现利润100万元，同比下降9.1%。姚安飞龙矿业有限责任公司实现产值7197万元，同比增长28.7%；实现销售收入7244万元，同比增长40.3%；实现利税总额43.1万元，同比下降92.4%；实现利润-328.2万元，同比下降309.7%。姚安供电有限责任公司实现产值4356万元，同比增长13.9%；实现销售收入3517万元，同比增长13.8%；实现利税总额-135.1万元，同比增长12.2%；实现利润390.8万元，同比增长1.1%。云南省姚安县麻纺织厂实现产值2059万元，同比增长14.9%；实现销售收入3178万元，同比增长41.8%；实现利税总额163.2万元，同比增长5.6%；实现利润13.8万元，同比增长38%。

【工业固定资产投资】　楚雄润丰塑业有限公司新建年产15000吨塑料管材、10000吨塑料型材项目、楚雄正兴包装彩印有限公司新建生产线项目、姚安县飞龙矿业有限公司投资1650万元新建库容为245万立方的尾矿库建设项目以及姚安县佳祎云莱科技发展有限公司新建项目已建成投产。投资8.2亿元的姚安县东山风电场装机99MW的一、二期建设项目，投资6401万元的姚安县污水处理厂等建设项目稳步推进。全县共完成工业固定资产投资54060万元，同比增长221.6%。新签约招商引资项目6个，续建及新开工招商引资4个项目到位资金2460万元，其中省外资金1000万元。

【工业园区建设】　2011年，姚安县调整完善了工业园区管理委员会，原草海工业园区控制性详细规划、环境影响评价报告初稿已完成待评审。按照工业上山政策要求，调整后的工业园区总体规划初稿已完成待评审。协调楚雄监狱移交了五、六监区1604亩土地使用证，用地指标第一、二批次327.96亩建设用地已批准。除因差欠楚雄监狱8765万元而未整体移交土地证、建设用地指标审批难两大难题外，又增加了工业上山政策制约，草海工业园区近3800亩的国有农用地审批更加困难。草海工业园区完成工业总产值5010万元，园区基础设施建设投资302万元，入园企业工业投资3202万元。招商签约项目4个，分别是投资6000万元年产10.5万吨果蔬保鲜及脱水蔬菜厂项目，云南楚雄天利药业有限公司投资6000万元的中药饮片厂项目，投资3000万元的商品混凝土搅拌站项目，投资800万元的加油站项目。

【天然药业】　天然药业实现销售收入1033万元，同比增长232.9%。全县中药材种植企业和种植户种植金银花、玄参、木香、桔梗、板蓝根、附子、石斛等中药材共975亩，初步建成了前场镇150亩金银花、210亩玄参、栋川镇20亩石斛中药材示范种植样板和种苗基地。云南楚雄天利药业有限公司投资6000万元建设中药饮片厂项目已签订协议。

【争取项目资金】　通过向省、州上报项目和积极对接，2011年共争取到姚安县麻纺厂技改扩建年产807万米黄麻纺织品生产线项目中央预算内投资125万元，润丰公司、玉簰公司、鑫盛公司州级工业园区标准厂房补助资金115.2万元，工业园区建设规划及前期工作经费75万元，楚雄润丰塑业公司省级中小企业发展贷款贴息资金45万元，姚安县鑫盛实业有限公司山药精粉加工植物碱酸碱中和开发项目州级财政专项扶持资金20万元，云南海润茧丝绸有限公司技改污水处理项目、楚雄润丰塑业公司新建项目州级补助资金各10万元，楚雄州医用器具有限公司州级扶持资金8万元。云南海润茧丝绸有限公司被认定为云南省省级成长型中小企业，姚安县鑫盛实业有限公司的“彝康”牌姚安山药粉被中国绿色食品发展中心认证为绿色食品，云南玉簰食品有限公司的“玉簰”商标经云南省工商局认定为云南著名商标。

【信息化建设】　实现移动通信、互联网城乡全面覆盖，3G网络建设稳步推进，三网融合按照规划稳步实施，逐步实现资源共享，信息互通。到2011年末，程控电话装机容量1.6万门，用户1.24万户，互联网用户0.9万户，移动通信用户9.8万户，3G网络覆盖城乡95%，有线电视接入3万户，实现村村通7037户，境内中波发射塔1座，广播站一个。

【无线电管理】 依法依规加强对境内无线电台站进行监督管理，对设台单位工作人员持证情况进行检查，加强无线电管理人才队伍建设，加强信息安全建设，为国家安全和经济建设保驾护航。

【电力事业、盐政管理及安全生产】 加强协调电力事业管理工作，电力设施保护工作依法进行，确保了全县经济社会发展供用电需求，供用电同比增长11.8%。依法行政工作规范进行，盐政管理稳步推进，稳妥处理了3月份食盐抢购事件。狠抓工矿企业安全监管，年内无重大安全生产事故发生。

【机构改革】 2011年2月，按照县委政府文件精神，撤销姚安县经济委员会，划入无线电管理的职能，划出煤炭安全生产监管职能，成立姚安县经贸易和信息化局，加挂姚安县中小企业局。

【任职领导名单】

局　　长　汪光亮
党委书记　赵发春
纪委书记　郭柱任
副 局 长　徐　军
　　　　　陈　斌
　　　　　徐红军
　　　　　韩有明

（罗　生）

大姚县经济贸易和信息化局

【工业经济发展概述】 2011年，大姚县工业经济面对通胀压力明显，原材料价格指数高企，企业融资难度加大等复杂的内外环境，在重点项目建设、经济运行分析调控、改善投资环境、节能降耗等方面狠抓落实，工业经济呈现持续较快增长。全县实现工业总产值29.58亿元，完成县人代会确定目标29.5亿元的100%，同比增加4.65亿元，增长18.7%。其中：14户规模以上工业企业实现产值22.57亿元，同比增长20.3%；实现工业增加值7.33亿元，同比增长21.4%。规模以下工业实现产值7亿元，同比增长24.6%。全县工业企业上缴各种税收1.15亿元，同比增长19%。

【工业园区建设】 2011年，大姚工业园区实现现价工业总产值26.7亿元，累计入园企业达41户。园区各项重点建设工程快速推进，带动效应明显，核心竞争力得到进一步提升，综合实力明显增强。一抓规划修编调整。结合县情，把拓展工业用地空间的潜力放在对山区和县城周边低丘缓坡土地资源的开发利用上。在离县城11公里的金碧镇七街新规划了6478亩的南山坝工业片区。二抓用地保障。完成南山坝工业片区林地流转4378亩。三抓基层设施建设。完成了南山坝工业片区生活用水、10kV输电线路及I期长2.5公里的主干道路建设；启动了片区内35kV变电站建设；完成了片区内生产用水工程设计预算，即将启动建设。2011年累计完成基础设施投资6120万元。四抓招商引资。县委、县政府始终将招商引资作为工业园区发展的生命线工程抓紧抓好。新入园企业5户。2011年大姚县被列为全国低丘缓坡土地综合开发利用试点县。

【重点企业】 云南楚雄矿冶股份有限公司2011年完成工业总产值120811万元，同比增6.1%；实现增加值46246.5万元，同比增6.1%；实现销售收入157022万元，同比增20%；利税总额达25354万元，同比增33.2%。云南金碧制药有限公司2011年完成工业总产值10137.9万元，同比增46.4%；实现增加值2066.1万元，同比增46.4%；实现销售收入8170.8万元，同比增49.6%；利税总额达190万元，同比增11.6%。大姚彩印有限责任公司2011年完成工业总产值7555.6万元，同比增15.1%；实现增加值3527.7万元，同比增15.1%；实现销售收入5803.6万元，同比增5.4%；利税总额达885.8万元，同比增36.1%。云南大姚机械配件厂2011年完成工业总产值9748万元，同比增94.6%；实现增加值1810.2万元，同比增94.6%；实现销售收入9351.4万元，同比增128.2%；利税总额达431.6万元，同比增58.6%。云南嘉宏纺织集团有限公司2011年完成工业总产值5114.7万元，同比增87.1%；实现增加值1128.3万元，同比增87.1%；实现销售收入3949.6万元，同比增47.9%；利税总额达518.2万元，同比增68.7%。大姚县供电公司2011年完成工业总产值5294万元，同比增17.3%；实现增加值2456.4万元，同比增17.3%；实现销售收入5294万元，同比增17.3%。大姚亿利丰农产品有限公司2011年完成工业总产值35335万元，同比增12.2%；实现增加值7070.5万元，同比增12.2%；实现销售收入36021万元，同比增13.5%；利税总额达580万元，同比增28.9%。大姚广益发展有限公司2011年完成工业总产值6139.9万元，同比增98.3%；实现增加值1228.6万元，同比增98.3%；实现销售收入5610.2万元，同比增110.3%。大姚华通印刷包装材料有限公司2011年完成工业总产值2466.7万元，同比增2.1%；实现增加值1151.7万元，同比增2.1%；实现销售收入2075.1万元，同比增3.7%；利税总额达93.4万元，同比增26.6%。大姚县利英特色食品有限公司2011年完成工业总产值3950.5万元，同比增77.3%；实现增加值790.5万元，同比增77.3%；实现销售收入3284.5万元，同比增64.1%；利税总额达542.8万元，同比增153.8%。大姚县兆鹏食品有限责任公司2011年完成工业总产值7882万元，同比增34.4%；实现增加值1577.2万元，同比增34.4%；实现销售收入

7845.2万元，同比增17.9%；利税总额达436万元。大姚锦亿土特产有限公司2011年完成工业总产值5480.5万元，同比增89.7%；实现增加值1096.6万元，同比增89.7%；实现销售收入4381.6万元，同比增41.5%；利税总额达288万元，同比增27.1%。大姚县森盛木业有限公司2011年完成工业总产值2894.9万元，实现销售收入2844.8万元，利税总额达358.7万元。大姚百草岭蜂业有限公司2011年完成工业总产值2903.7万元，实现销售收入2457.9万元，利税总额达96.7万元。

【工业固定资产投资】 2011年，大姚县新投产了12个重点工业建设项目，全县共完成工业固定资产投资10.8亿元，同比增长32.6%，完成州目标任务10.6亿元的102%，完成县目标任务8亿元的135.3%。

【非公经济和乡镇企业】 2011年，大姚县通过认真落实支持中小企业、非公企业和乡镇企业发展的各项优惠政策，大力实施“中小企业成长工程”。2011年全县非公企业达6767户，同比增长9.9%；实现增加值15.8亿元，完成州下达目标14亿元的112.9%。全县乡镇企业实现农产品加工总产值12.1亿元，完成州下达任务目标11.9亿元的100.9%。

【工业软环境建设】 2011年，大姚县认真实施《大姚县工业企业发展奖励办法》，2011年兑现奖励扶持资金43万元；加大银政、银企协调力度，进一步缓解了中小企业融资难的问题；积极为企业申报争取省、州贷款贴息及中小企业发展扶持资金574万元；实行县级领导干部联系重点工业企业制度，全县上下谋工业、抓工业、促工业的发展氛围日趋浓厚。

【年度任职领导】

党委书记 赵云
党委副书记、局长 金彩云
副局长 赵光彦
李雪飞

（李鹏 王琼）

元谋县经济贸易和信息化局

【工业经济概述】 2011年，元谋县工业实现总产值29.77亿元（现价），同比增长35.8%，其中：规模以上工业实现产值8.73亿元，同比增长47.4%；实现增加值2.15亿元，按可比价计算，同比增长41%；实现主营业务收入8.61亿元，同比增长46.02%；实现税利总额0.76亿元，同比增长55.16%；实现利润总额0.38亿元，同比增长98.24%。规模以下工业实现产值2.1亿元，同比增长30%。工业项目累计完成固定资产投资109039万元。

【机构改革】 根据《中共元谋县委元谋县人民政府关于元谋县人民政府机构改革的实施意见》，2011年1月26日，整合县经济委员会、县商务局的职责和县人民政府办公室协调管理信息产业的职责，组建县经济贸易和信息化局，为县政府工作部门，加挂县中小企业局牌子。内设办公室、乡镇中小企业股、宏观经济运行股、工业经济发展股、政策法规股、非公经济办公室6个股室。有在职干部职工21人，党委下辖16个党支部，其中机关支部1个，退休职工支部3个，“非公经济组织”支部12个，有党员211人。

【工业园区建设】 2011年，元谋县已全面完成工业聚集区的可研和规划编制工作，总规划用地面积3.65平方公里（小那别片区2.93平方公里，小雷宰片区0.72平方公里）的元谋县工业聚集区的可研报告和总体规划的编制工作于5月31日通过州级评审。园区基础设施建设加快，完成道路、给排水、电力等建设投资3914万元，完成总建筑面积29600平方米标准厂房建设项目10个。园区重点项目建设进展顺利，工业固定资产投资完成2.1亿元，其中，楚雄源谋仁食品有限公司年产5000吨果糕、果脯、果蔬汁、果酱等果蔬系列产品建设项目已完成投资2200万元；元谋闽中食品有限公司投资480万元，完成年加工600吨冻干扩建项目；元谋利明脱水蔬菜有限责任公司投资2804万元，完成烘干蔬菜生产线项目建设；云南龙川江生物开发有限公司投资490万元，完成污水处理项目建设；元谋金沙绿色食品有限公司投资1597万元，完成年产1500吨小番茄果脯项目；元谋艾莱克食品有限责任公司小番茄加工项目完成投资496万元；元谋云牛生物科技有限公司500吨果脯生产线项目完成投资260万元。工业园区2011年实现工业总产值97600万元，完成州责任目标88200万元的110.7%，同比增长55.5%；园区基础设施建设投资3914万元，完成州责任目标3846万元的101.77%，入园企业工业投资21000万元，完成州责任目标20943万元的100.27%，新入园区企业户数4户，完成州责任目标3户的133%；工业园区企业户数达到37户，其中农产品加工企业31户。

【工业项目申报】 项目是集聚生产要素的载体，是支撑元谋县工业经济发展的基础。2011年，县经信局积极储备申报质量高、产业链长、市场前景好、辐射带动力强的建设项目。根据州工信委、州财政局《关于申报2011年企业技术改造省级财政专项资金计划的通知》文件精神，对符合申报2011年企业技术改造贷款财政贴息资金的云南元谋闽中食品有限公司年增2000吨脱水蔬菜生产线扩建项目、楚雄源谋仁食品有限公司年加工5000吨果糕系列产品精深加工技改扩建项目向州工信委、州财政局上报。根据省工信委技创〔2011〕96号《关于申报2011年工业产品质量技术攻关项目计划的通知》和州工信委的通知精神，把楚雄源谋仁食品有限公司芒果糕系列产品精深加工技术开发项目、云南元谋闽中食品有限公司新型冻干蔬菜加工工艺示范项目、元谋金沙绿色食品有限责任公司小番茄深加工技术研究及产业化发展项目、元谋林峰绿色食品有限责任公司烘干加速冻西红柿生产工艺研发及产业化项目上报省州工信委，力争给予项目扶持。全年共为7户工业企业办理了项目备案，为云南元谋闽中食品有限公司争取省州级财政扶持资金225万元用于年增产2000吨脱水蔬菜生产线扩建项目。

【节能减排】 按照州政府下达元谋县2011年度3%的节能目标任务，抓好重点高耗能行业和企业的节能工作，加强跟踪检查和指导服务，积极推进“三废”综合利用，构建“资源—产品—再生资源”的循环经济体系，增强可持续发展能力；贯彻实施《清洁生产促进法》，制定清洁生产规划，加强重点区域和重点企业的环境治理，实施节能减排方案，依法淘汰设计不合理、性能落后、高耗低效的产品，建立节约型社会，增强工业企业可持续发展的后续力量。现已引进国电云南电网公司到元谋凉山投资发展风力发电站，协助8户重点工业企业开展了《清洁生产审核》的阶段性工作；组织开展全国节能宣传周活动，共发放宣传材料4000份，发放环保袋500个，为150多人提供了咨询服务。

【工业发展“十二五”规划编制】 元谋县经信局按照县政府要求完成了“十二五”工业发展规划以及相关专业规划的编制和完善工作，规划编制突出了元谋工业发展特色，成为指导工业发展、规划重大工业项目、制定工业相关政策的依据，具有指导性和操作性，将在未来5年及更远时间内有力地指导元谋县工业的长远发展与布局，促进全县工业经济又好又快发展。

【煤电油运】 为切实做好煤电油运安全与保障工作，县经信局首先加强电力生产运行调控，做好电力电量综合平衡预案及电力需求侧管理，实施错峰避峰、移峰填谷，提高电能利用效率。规范电力行政执法，确保电力生产、建设顺利进行和电网安全稳定运行；加强政策研究，促进矿电结合。其次是协调成品油供应，密切关注重大工业建设项目、重点工业企业的成品油需求，制定保供方案，设立保供通道，努力增加油源投放，保障重点行业和企业生产建设用油。第三是继续推进生产性现代物流体系建设，加强物流管理，推动现代制造业与现代物流联运发展；加强铁路运输装卸车作业效率考核，挖掘运输潜力，保障重点物资运输。

【非公有制经济】 至2011年底，元谋县实有非公经济组织5819户，从业人员15357人，同比增加238人，增长1.57%。其中：私营经济304户，从业人员5934人；个体经济5515户，从业人员9423人。全县非公经济增加值完成121139万元，同比增加31139万元，按可比价计算增长15.1%；上缴税金4899万元，同比减少612万元，下降11.1%；从业人员达到15357人，同比增加238人，增长1.57%；注册资金66367.5万元，同比增加14795.5万元，增长28.69%；社会消费品零售总额完成63041万元，同比增加11410万元，按现价增长21.1%。

【任职领导名单】

党委书记　文绍龙（至7月）
　　　　　杨建付（7月任）
局　　长　杨春茹
党委副书记、纪委书记　李智鸿
副 局 长　郭金雄
　　　　　白志忠
　　　　　李经伟

（程　遥）

牟定县经济贸易和信息化局

【工业经济运行情况】 2011年，牟定县实现工业总产值23.83亿元，同比增长33.3%，其中，规模以上工业企业实现产值5.71亿元，同比增长28.2%；规模以下工业企业实现产值18.12亿元，同比增长35%。实现工业增加值5.37亿元，同比增长28.8%，全县实缴工业税金9018.5万元（含乡镇企业税收），同比增长34.4%。全县规模以上工业企业实现增加值1.93亿元，同比增长21.4%，完成州下达任务数1.93亿元的100.1%；实现主营业务收入4.79亿元，同比增长37.4%，完成州下达任务数4.78亿元的100.2%；实现利税总额5609.7万元，同比增长39.5%，完成州下达任务数5600万元的100.2%，其中：实现利润总额2455.1万元，同比增长33.4%，完成州下达任务数2300万元的106.7%。

【机构改革】 2011年，根据县委、县政府机构改革实施意见，成立牟定县经济贸易和信息化局，划入牟定县经济委员会、牟定县商务局及县人民政府信息产业办承担的无线电管理和信息产业促进和管理职责，为牟定县人民政府工作部门，正科级，加挂牟定县中小企业局牌子，中国共产党牟定县企业工作委员会与牟定县经济贸易和信息化局合署办公。牟定县经信局现实有干部职工25人，内设办公室、统计运行股、中小企业股、能源股、市场流通股、外经外贸股、信息产业股、无线电管理股、企业改革股、工业园区股。

【非公有制经济】 2011年，牟定县非公有制经济户数已发展到4554户，同比增长10.8%。其中，私营企业171户，同比增长7.6%；从业人员达21160人，同比增长7.6%，完成州下达任务数2万人的105.8%；实现非公有制经济增加值124907万元，占全县生产总值的48.4%，同比增长22.9%，完成州下达任务数11亿元的113.6%；上缴税金4003.9万元，同比增长11.3%，完成州下达任务数4000万元的100.1%。

【工业投资】 2011年，牟定县经信局紧紧围绕“抓项目、增后劲、调结构、促发展”的目标，积极做好在建和新建项目的协调服务工作，支持企业上技改、扩规模。组织星焰公司、彝山工贸公司、星贸食品公司、金塔经贸公司等重点技改项目上报省、州，争取上级部门给予资金扶持，全年共争取到无偿扶持资金3232万元，完成县下达任务目标1300万元的248.6%，促进了重点项目的顺利实施。积极推进重点工矿项目实施，星焰有色金属有限公司牟定郝家河铜矿深部开发项目推进顺利，累计完成投资11654万元；业胜公司资产重组已完成，安益钒钛铁矿年产100万吨铁精矿生产线建设正在进行前期工作，云南新南方实业公司开发戌街乡高岭土矿，东运钒钛制动鼓有限公司年产3万吨汽车制动鼓项目，兴宏铜业公司深部采矿工程推进顺利，年产1000吨紫胶生产线正式投入生产。2011年，全县完成工业固定资产投资65442万元，同比增长157.4%，完成州下达任务数37874万元的172.8%，完成县下达任务数6.54亿元的100.1%。

【产业结构调整】　2011年，积极引进巧家奥鑫公司对业胜公司停产3年多的金属综合回收生产线进行了盘活，整合了安益钒钛铁矿、高岭土矿等资源，努力实现优势资源向优势企业集中；切实加大对油腐乳、喜鹊窝酒、玫瑰系列产品、生猪屠宰、特色蔬菜加工、紫胶深加工、食用菌加工等农产品加工项目的扶持力度，带动农民增收，促进工业经济发展向“绿色”转型；强力推进中广核楚雄牟定风力发电有限公司牟定风屯风电场建设项目，总投资为4.83亿元，至2011年12月底，已建成并网发电，实现了新型能源产业发展从无到有的新突破，牟定大尖峰风电场投资4.26亿元，建设总装机容量为49.5MW项目，于2011年12月28日开工建设。

【特色产业发展】　2011年，牟定县经信局切实加大对龙头骨干企业的帮扶工作，及时帮助企业解决发展中的困难和问题，积极引导和支持重点企业技改扩能，随着有色金属市场价格的回升，县铜采选龙头企业星焰有色金属有限公司上缴税金达1702.3万元，同比增加755万元，增长79.7%，实现了牟定工业发展史上单户企业年上缴税金上千万的历史性突破；腐乳企业12户，生产腐乳达2000吨，实现产值3800万元，上缴税金已达127万元，“牟定腐乳”地理证明商标已在国家工商总局网站进行公示，腐乳行业标准制定的有关工作正在开展之中，彝山工贸公司年产2万吨分割肉生产线项目建成投产，并争取到1000万元中央预算内滇撒猪养殖基地建设项目资金，基地建设正有序推进。

【企业改革】　2011年，在根据中央、省、州、关于解决集体企业下岗职工超龄未参保人员参加社会保险的相关精神，我局积极组织原县服装厂、新田铁矿、五金社、民族瓷器厂等6户企业67名超龄未参保人员核实了职工身份，按政策纳入了养老保险；对36名集体企业下岗职工未达政策标准未享受相关待遇职工进行了安抚，建立健全了职工个人档案；对上年改制的县农机修造厂改制后欠缴养老保险等遗留问题进行了妥善处置；认真做好已改制企业的信访、维稳及安保工作，一年来接待信访案件29件，185人次，群众信访落实答复满意率达90%，有力地维护了社会稳定。

【信息化建设】　2011年，牟定县信息化建设工作扎实开展。一是及时更新政府门户网站。一年来，共收集、整理，更新门户网站信息402条，发布通知公告31条，同时在网站上对牟定县“两会”及时进行了宣传报道。二是做好电子政务协同办公系统的管理和维护工作。全县共有84个单位接入、使用电子政务协同办公系统，全年通过电子政务协同办公平台发送文件2372份，收文68033份，发送通知72份，专送传阅6385份。三是全面推进96128政务信息查询工作。截至年底，县级及7个乡镇共103家部门开通了96128政务信息查询专线，全年共接到查询电话81次，接转成功60次，成功率90.91%，用户满意率95%。四是投资48万元建设的全县8个视频会议室（乡镇6个）正式投入使用，并成功召开各级组织的视频会议31场，较好地保障了信号的质量，降低了会议成本。五是做好政府信息公开工作。2011年全县共有82家单位通过政府信息公开网站发布政府公开信息206条，其中工程建设领域信息公开和信用信息公开114条。六是做好信息系统培训工作。2011年，共组织行政审批系统和工程建设领域信息公开系统培训各一场，参训人员90多人，有效促进了行政审批的规范运行和提高工程项目透明度。

【无线电管理与监督检查】　2011年开展以“服务发展，共建和谐”为主题的无线电管理宣传活动，围绕中心，服务大局，结合无线电管理各项重点工作，普及无线电科普知识，营造公众关心、重视无线电频谱资源，有效维护空中电波秩序，支持无线电管理各项工作健康有序开展，为加快我省“桥头堡”建设提供无线电安全保障的良好社会氛围。协调解决移动、电信、联通三家运营商经营中出现的问题，对无线局域网进行了调查了解，对非法使用的无线电台站进行查处，到一中进行高考无线电干扰和屏蔽工作。

【安全生产】　2011年，始终把安全生产作为经济发展、社会稳定的前提，作为构建和谐社会的重要工作来抓，认真组织开展治大隐患防大事故安全隐患排查治理专项行动工作，对已关闭小煤窑，时时进行检查，对已关闭小煤窑洞口进行了填埋处理，杜绝了小煤窑私挖乱采的情况发生，坚决防止了小煤窑的死灰复燃。全年共投入安全经费上万元，共开展安全生产大检查20次，召开安全工作会议5次，各类宣传材料500份，参加宣传人数3人次，组成安全生产检查组10个，出动检查人数100人次，查出事故隐患2项，整改2项。由于安全生产工作开展扎实有效，年内安全生产工作明显好转，无重特大事故发生。

【节能降耗】　2011年，制定下发了《牟定县2011年度节能工作意见》，与7乡镇人民政府签订了节能工作目标管理责任书，加大对乡镇及重点能耗企业进行督促检查，大力宣传节能知识，对新上企业，先进行能耗审核后，再进行备案登记，以此促进了节能工作有效开展。2011年，全县单位GDP能耗预计下降3.2%，圆满完成了州下达我县单位GDP能耗下降任务目标，我单位还被州人民政府授予“十一五”节能减排先进集体。

【工业园区建设】 2011年，《牟定县工业园区环境影响评价报告》通过州级审查（评审）。根据发展需要，规划增加庄三母树林片区，开展了庄三核心区控制性规划编制调整，增加了戌街冶金水电工业片区，目前，戌街片区已有1户企业入驻，10kV电力专线架设工作已完工，庄三片区可行性研究报告已完成，入园公路已经修筑，正在进行水土保持方案、土地复垦、勘测定界、地灾评估和矿产压覆报告编制，林地置换等相关工作正有序推进，戌街片区入驻企业项目加紧实施，结合省、州、县关于“城镇上山、工业上山”的部署要求，现对原有《牟定工业园区总体规划》进行调整工作正有序开展，一园二片区的格局初步形成。

【重点工业项目】 2011年，牟定县经信局切实加大对重点工业项目建设的协调服务工作，促成了安益钒钛铁矿资源向云南德胜钢铁公司整合，现已组建了牟定德胜矿业有限公司，云南星焰有色金属有限公司牟定郝家河铜矿深部开发项目顺利推进，已累计完成投资7349万元，云南新南方实业公司新建高岭土矿精选生产线、牟定县东运钒钛制动鼓有限公司汽车钒钛制动鼓生产线正在建设，有望2012年上半年投入生产，云南牟定恒德水泥制品公司生产车间搬迁改造已完成，云南星贸食品有限公司食用菌加工和特色蔬菜加工生产线技改、牟定金塔经贸有限公司腐乳生产线技改、楚雄彝山工贸有限公司生产车间技改、楚雄德尔思紫胶有限公司新建紫胶深加工生产线等一批重点项目已完成一期投资，投入生产。

【电力行政管理】 2011年，牟定县经信局认真履行电力行政主管部门职责，积极向上争取用电指标、加强计划用电的调度供应及电网建设的指导协调工作。全年完成购电量11317.93万kWh，同比增长15.84%，实现综合线损率3.87%，同比下降0.41个百分点。完成主营业务收入净额5197.55万元，同比增长12.10%；固定资产原值5414.28万元，同比下降4.25%；电费回收率100%。城区供电可靠率（RS1）为99.842%，同比提高0.04个百分点；农村供电可靠率（RS1）为99.54%，同比提高0.1个百分点；综合电压合格率96.31%，同比提高0.31个百分点；10kV线路综合功率因数完成0.952，在考核指标范围内。完善工程前期手续办理，完成了35kV古岩变电站林勘、水保、环评、压覆矿报批，35kV余丁、古岩变电站土地手续获得省国土资源厅批复。云南省首个电力行政联合执法办公室在牟定成立，配合县政府完成《云南省县级政府执行电力法规模式机制研究项目》软课题研究，顺利通过云南电网公司中间评审。2011年连续安全运行365天，实现三个百日安全长周期。

【任职领导名单】

党组书记 邓华云
局　　长 夏天星
副 局 长 普恩明（至9月）
　　　　 李书松
　　　　 杨　虹

（朱　雁）

南华县经济贸易和信息化局

【工业经济运行概况】 2011年，南华县工业经济平稳增长，完成工业总产值24.9亿元，同比增长34.8%。其中，规模以上工业企业实现产值146611.73万元，同比增长39.43%，占工业总产值的比重达59%；实现工业增加值38366.25万元，同比增长36.83%，完成全年目标任务31800万元的120.65%；实现主营业务收入140788.312万元，同比增长45.49%，完成全年目标任务121900万元的115%；实现利税总额13493.818万元，同比增长46.67%，完成全年目标任务12100万元的111.52%，其中，实现利润7496.988万元，同比增长67.17%，完成全年目标任务5200万元的144.17%。

【机构改革】 根据《南华县人民政府办公室关于印发〈南华县经济贸易和信息化局主要职责内设机构和人员编制规定〉的通知》，设立南华县经济贸易和信息化局，为南华县人民政府正科级工作部门，加挂南华县中小企业局牌子。将煤矿安全生产监督管理的职责划归南华县安全生产监督管理局，将原南华县经济委员会除煤矿安全生产监督管理外的其他职责、县商务局的职责和县人民政府办公室协调管理信息产业的职责，整合划入县经济贸易和信息化局。按照全州工业园区会议精神及县委、县政府推进沙桥工业园区建设的部署要求，加强了工业发展平台搭建工作，推进工业园区建设和新型工业化的职能职责。南华县经信局现有在职职工36人，离退休职工26人，下设2室8股。党总支下设经信局机关、县医药公司、南华茂森公司、华阳百货公司、印刷有限公司、县糖酒食盐商贸公司、县物资民爆器材公司、一街无烟煤开发有限公司、南华县春晖有限公司等9个党支部，共有党员82名。

【技术创新与技术改造】 根据国家产业政策导向，有序推进云南烟叶有限公司楚雄烟叶复烤厂打叶复烤线技改扩建、南华松香厂扩能技改、楚雄安友公司生猪屠宰线等建设项目，用高新技术改造传统产业，不断提高现有产业技术装备水平，不断提高企业的核心竞争力和对外影响力。2011年，积极为企业上报技改项目，争取省州贷款贴息和奖补资金2084万元。

【重点行业发展】　一是继续支持云南澜沧江酒业集团楚雄有限公司稳定生产。2011年，累计生产啤酒13.06万吨，实现产值4.6亿元，同比增长12.89%，销售啤酒144392吨，实现销售产值45956万元，同比增长36.09%；二是加快煤炭资源整合步伐，严厉打击私挖滥采违法行为，积极化解矿邻矛盾纠纷，规范煤炭生产秩序，促进煤炭产业持续健康发展。2011年，全县煤炭产量达72万吨、同比增长10.41%，实现产值2.5亿元、同比增长47.1%；实现利税总额8279.5万元，同比增长98.6%；实现利润总额2833万元，同比增长121.3%；三是加快矿产资源开发利用，帮助茂森公司开展节能降耗和发展循环经济，加强成本管理，扩大生产规模，提高企业效益，积极发挥公司参与境外资源开发和企业加强自身经营管理方面积累的先进经验等优势，加快企业技术更新改造步伐，加大锗、铟、铅、镉等有色金属元素的回收和综合利用力度。全年生产各类产品3534.41吨，实现产值6186万元，同比增长4.95%；四是加快林产品加工业发展，林产品加工业是我县的又一重点产业，以南华松香厂、云南华香源香料有限公司为代表的林产品加工企业通过技改，倾全力加以培育和扶持，产业不断发展壮大，产能不断提高。2011年，南华松香厂实现产值50747.7万元，同比增长68.63%，实现增加值10530.15万元，同比增长68.63%，成为我县产值超5亿元的企业；云南华香源香料有限公司实现产值11639.5万元，同比增长117.31%，实现增加值2415.20万元，同比增长117.31%，成为产值上亿元的企业，有力地带动了全县工业经济的快速发展。

【非公经济】　认真落实非公有制经济各项优惠政策，努力构建中小企业融资平台，解决中小企业融资瓶颈问题，促进非公经济总量上规模、质量上水平、管理上台阶。2011年，全县非公经济实现增加值10.7亿元，同比增长33.75%，完成州下达计划数10亿元的107%；从业人员达20795人，同比增长7.83%，完成州下达计划数20000人的103.98%；企业个数5783户，同比增长7.73%，注册资金88813.5万元，同比增长27.68%；上交税金8174.1万元，同比增长38.65%，完成州下达计划数6300万元的129.74%。

【信息化建设与安全管理】　一是做好信息的统一链接与集中发布。在县级地方政府信息公开门户网站设立信息公开共享专栏，统一链接到本地区公开的项目信息和信用信息平台；二是推进行业、地区间信用信息的互认共享，按照《工程建设领域项目信息和信用信息公开共享规范（试行）》确定的“信用等级评价结果公开表示规则”，公布从业单位等级评价结果，互认共享行业间信用等级信息；三是探索建立工程建设项目的统一编码，实现基于统一编码的项目全过程信息查询服务。四是严格按照县保密局的相关文件要求，执行县委政府相关决定，加强网络信息管理，做好上网监管工作。

【节能减排】　严格按照州人民政府下达的节能降耗目标任务，及时将目标任务进一步细化分解到重点工业企业。2011年，全县规模以上工业企业万元产值综合能耗同比下降23.7%，万元增加值综合能耗同比下降22.2%。其中3户重点监测企业：云南澜沧江酒业集团楚雄有限公司节能量2084.36吨标煤、南华茂森综合利用有限责任公司节能量505.55吨标煤、南华松香厂节能量569.14吨标煤，三户企业均按要求完成了节能任务。

【工业园区建设】　2011年，园区工业企业实现产值73560.4万元，同比增长91.4%，完成目标任务5.5亿元的133.75%；完成基础设施投入530万元，同比增长45.2%，完成目标任务493万元的107.5%。园区新增项目3个，完成目标任务3个的100%；建成标准厂房1.66万平方米（未验收），完成目标任务10000平方米的166%。积极开展招商引资工作，先后同省内外20多家企业进行了洽谈，签约项目6个，目前，6户企业已完成项目选址和勘测定界工作。

沙桥片区《总规》、《可研》已通过州级评审，完成近期建设区域5000亩（$3.3km^2$）数字化地形图（1：2000，1：500）测绘工作，完成一期建设区域水、电、路基础设施建设的踏勘、规划测设工作并形成规划建设方案，提出《南华工业园区沙桥片区近期建设区域土地收储补偿标准》送审；积极开展招商引资工作，形成能源设备制造企业入驻初步选址方案。

根据《云南省人民政府关于加强耕地保护，促进城镇化科学发展的意见》（云政发〔2011〕185号）精神，按照要求对南华工业园区《总体规划》进行修编。

【任职领导名单】

党组书记	孔跃文
党组副书记、局长	杨玉华（3月止）
	高应刚（3月任）
副局长	吴金海
	李和林
	叶丽任
	李学友

（彭晓燕）

永仁县经济贸易和信息化局

【工业经济发展概述】　2011年，永仁县经济贸易和信息化局紧紧围绕“四个三”的工作思路，突出“服务企业、园区建设、招商引资”三个重点，以建设“工业大县、富民强县”为奋斗目标，坚定不移走新型工业化道路，圆满完成年初预定的各项目标任务，实现永仁“十二五”工业经济良好开局。完成工业总产值121652.8万元，比上年9.37亿元增长30%，完成县目标的101.3%。规模以上工业：规模以上工业总产值3.13

亿元，比上年的2.38亿元增长31.15%；工业增加值8371万元，比上年的6395.6万元增长30.9%（可比价增长21.7%），完成目标的102.1%；主营业务收入2.9亿元，比上年的1.93亿元增长50.1%，完成目标的119.4%；利税总额1813.7万元，比上年的1185.3万元增长53.1%，完成目标的106.7%；利润总额203.7万元，比上年的164.5万元增长23.8%；税收1610万元，比上年的1020.8万元增长57.7%，完成目标的107.4%。

【非公经济发展】 2011年，永仁县非公有制经济户数达3177户，同比增长7.3%；从业人员8063人，同比增长1.7%，完成州计划的100.8%，非公有制经济注册资本金完成4.83亿元，上缴税金完成4502万元，同比增长28.26%，完成州计划的112.6%；实现增加值6.48亿元，同比增长24.6%，完成州计划的107.2%。

【工业园区建设】 永仁工业园区于2006年开始谋划，2007年2月正式全面启动，2008年10月完成了工业循环经济园区规划并通过州政府的评审而升级为州级工业园区，是除楚雄、禄丰省级工业园区外开发较早的工业园区之一，2009年又将机械加工片区、生物产业示范片区和苴却石艺加工片区纳入永仁工业园区规划，面积由最初的1.35平方公里增加到10.43平方公里。2010年3月通过州级评审，形成了“一园四片区”规划布局。累计入驻企业28户，正常生产19户，9户正在建设中。2011年工业园区工业总产值完成6.12亿元，同比增长144.8%，完成州考核目标任务3.5亿元的174.8%；园区税收完成2468万元，同比增长139.3%；园区工业投资完成48218万元，同比增长80.6%，完成州考核任务40511万元的119%；园区基础设施投资完成1138万元，同比增长127.6%，完成州考核任务675万元的168.6%；园区新入驻企业6户，总入驻户数28户，完成州考核任务3户的200%；园区完成标准厂房建设13700平方米，完成州下达任务10000平方米的137%。

2011年，根据“工业上山、城镇上山”的要求，永仁县对工业园区（一园四片区）中的四个片区进行调整。其中，工业循环经济示范片区在现有1.35平方公里的基础上向周围扩展达到5.697平方公里的规模；机械加工南片区未使用3.46平方公里，与机械加工北片区合并，规划面积5.72平方公里；生物产业示范片区调整为2.24平方公里、苴却石艺加工片区调整为0.21平方公里。

新规划建设两大工业片区，一是永仁新型工业园区，拟规划在莲池乡老南永公路四棵树丫口两侧及羊旧乍河两岸，主要利用荒山荒坡和沟箐，面积22.011平方公里，主要建设发展新能源产业和轻工业。二是白马坪工业园区，拟规划在永兴乡白马河村委会的白马坪、灰打麻、灰朗箐村背后一线，总规划面积2.24平方公里，利用荒山荒坡和沟箐，主要打造成承接攀枝花工业产业和钒钛磁铁加工企业的基地。

【节能工作】 2011年，永仁县单位GDP能耗下降3.26%，完成了州下达下降3.2%的目标任务。规模以上工业万元增加值能耗下降12.16%，完成了州下达下降4.4%的目标。强化节能目标责任落实和考核，年初县人民政府与7个县级部门和6户能耗高的企业签订了目标责任书，兑现了节能工作目标考核奖励12000元。加强节能监管，对6个项目进行了节能评估，完成永仁铸造厂、永仁众合钒钛技术有限公司两户的节能考核工作，推广使用国家财政补贴高效照明产品11000只，对2户企业开展了能源审计。认真抓好节能宣传周活动，以宣传《节约能源法》、节能灯推广、限制使用塑料购物袋等为重点，发放各种宣传资料500份。

【重点项目建设】 永仁盛源钛业有限公司年产3万吨高钛渣项目，2011年3月开工建设，9月9日点火试生产，实现了当年招商，当年建设，当年投产；永仁凯杰工贸有限公司年产4万吨钒钛铸钢件项目2011年1月投产；永仁县壮农农业科技经贸有限公司年产600吨脱水蔬菜项目2011年1月投产。永仁天彝苴却石艺有限公司技改扩建项目、永仁县赛丽茧丝绸有限公司技改扩建项目、永仁磊泰矿业有限公司技改扩建搬迁项目、永仁宏宇工贸有限公司还原铁技改项目等技改项目部分已经完成投产。正在建设项目如华电永仁维的太阳能并网光伏发电项目现已基本完成维的场址的征地工作，征用林地报告已上报至省林业厅和国家林业局。永仁和立葡萄醋酿造有限公司已完成厂房建设，正在开展进购设备和安装调试工作。永仁县农产品批发市场建设项目总投资5250万元，目前已完成投资3300万元，冷库、分捡加工车间已基本完工，正在开展电力电信设施迁改工作。永仁县农资物流配送中心建设项目总投资3158万元，正在开展征地和场平工作。永仁县农村日用消费品及药品物流配送中心项目总投资3000万元，占地29.4亩，正在开展详规修改完善和场平工作。

【争取项目资金扶持】 2011年，永仁县经信局积极向省州争取扶持专项资金、技改扩建、中小企业发展、酒产业发展项目专项补助419万元，向上申报工业园区项目3个，目前到位资金8.8万元，部分缓解了工业园区建设资金较为缺乏的困难。

【任职领导名单】

党委书记　文方聪
局　　长　杨仕清
副 局 长　李升吉
　　　　　许明翠
　　　　　冯禹伟

（钱俞伶）

双柏县经济贸易和信息化局

【工业经济发展概述】 2011年，双柏县实现工业产值116154.4万元，同比增长29.6%。实现工业增加值29115万元，同比增长17.6%。7户规模以上（年销售收入2000万元以上）工业企业实现工业总产值76196.1万元，同比增长29.4%；实现增加值19403万元，完成州下达计划18200万元的106.6%，实现主营业务收入82861.7万元，比上年增长12.2%；完成州下达计划93100万元的89%；实现利税总额8890.6万元，比上年增长133.8%，完成州下达计划5000万元的177.8%；实现利润总额5894.1万元，比上年增长403%，完成州下达计划1300万元的453%。规模以下工业经济也发展较好，实现现价产值39958.2万元，增长28.7%。

【重点企业生产经营情况】 2011年，双柏县民营企业麻栗树煤矿现有职工135人，开采煤2万吨，总产值958万元，营业收入958万元，利润201万元，上缴税金163万元；台商办私营企业松原化工有限公司现有职工50人，生产松香800吨，总产值14004万元，营业收入13827万元，利润852万元，上缴税金250万元；私营企业森源化工有限公司现有职工97人，生产岐化松香10161吨，总产值32025万元，营业收入41239万元，利润总额1875万元，上缴税金1389万元；民营企业民用爆破器材有限公司现有职工5人，固定资产原值15万元，营业收入247万元，上交税金4.6万元；私营企业双柏县煤矿水泥厂现有职工53人，生产水泥3万吨，总产值626万元，营业收入531万元，亏41万元，上缴税金43万元；私营企业华兴人制造板有限公司现有职工276人，生产人造板131785立方米，总产值16004万元，营业收入14641万元，利润总额2492万元，上缴税金216万元；私营企业正阳矿业有限公司现有职工23人，生产铜精矿1700万吨，总产值4005万元，营业收入4040万元，利润总额7万元，上缴税金439万元；双华电业有限责任公司现有职工25人，发电量5880万度，总产值643万元，营业收入643万元，利润总额467万元，上缴税金86万元；私营企业妥甸酱油有限公司现有职工66人，生产酱油1140吨，总产值1240万元，营业收入950万元，利润总额110万元，上缴税金112万元；私营企业良源茧有限公司有职工26人，生产丝棉被443条，总产值745万元，营业收入643万元，利润总额43万元，上缴税金15万元；县机械厂、汽车大修厂现已停产。

【非公有制经济】 2011年，双柏县共有非公经济企业3850户，同比增长20%；注册资金达53827万元，同比增长15%；从业人员达9910人，同比增长27.5%，完成州责任目标8000人的123.8%；实现增加值6万元，同比增长20%，完成州责任目标6亿元的100%；实现上缴税金3100万元，同比增长8.3%，完成州责任目标3100万元的100%。

【工业投资】 2011年，双柏县牢固树立以大项目促进大发展，大产业促进大发展、大协作促进大发展、大落实促进大发展的理念，坚定不移地实施“引资活县”，切实依靠外资拉动激活经济社会发展全局，取得了较好的引资实效，共实现招商引资到位资金18000万元，占县人民政府下达计划目标任务18000万元的100%。实施工业项目31个，完成投资金额50760万元，完成州人民政府下达考核任务59015万元的85%。县经信局100%地完成了县政府下达的26100万元的固定资产投资目标任务。

【水电开发】 至2011年年底，双柏县共已建成电站14座，总装机容量达9.66万千瓦，在建电站7座（纳嫩一级2#、纳嫩三级、空龙河一级、大湾电站前期工作、小江河一级、龙门、雨果电站），总装机12.82万千瓦，估算总投资11.6亿元；拟建电站14座（小江河二级、戛洒江一级水、和平、盘龙、太和、界牌河二三级、麻旺河四级、红山河二级、榨房河二级、马龙河一二级、沙甸河一二级电站），装机22.55万千瓦，估算总投资21.1亿元。累计安置水电开发移民8户17人，兑现补偿资金10万余元，发放扶持资金0.51万元。

【机构改革】 县委、县政府根据省、州相应机构改革经验，结合本县实际，将原双柏县商务局职责、原双柏县人民政府办公室协调管理信息产业职责、原双柏县人事劳动和社会保障局出境就业管理、境外职业介绍机构资质认定的初审和上报职责划入原双柏县经济委员会，成立了双柏县经济贸易和信息化局。将原双柏县经济委员会承担的煤矿安全生产监督管理职责划给双柏县安全生产监督管理局。县经济贸易和信息化局现内设机构14个，共有在职职工33人，离退休人员30人，下属机械厂、汽车大修厂2户企业。

【企业改革】 2011年，双柏县继续认真贯彻落实中央及省、州有关企业改革工作精神，坚持以产权制度改革为核心，把深化企业改革与全县的经济结构调整相结合，与扩大开放相结合，与机制体制创新相结合，与完善社会保障相结合。县皮革厂改革工作全面结束；借助元双公路建设的有利契机，适时启动了龙泉酒厂的改革，现已完成清产核资，改革方案正在拟定之中，有望在2012年年末改革结束；完成了对汽车大修厂、机械厂改革前期的调查摸底测算工作，为启动改革打下了基础。

【煤矿安全管理】 2011年，双柏县始终把煤矿的安全生产工作放在首位，与三个煤矿企业签订了《煤矿安全生产责任状》，把安全责任落实到矿井、班组；成立了矿井领导带班下井组织机构，明确了职能职责及考核要求，抓好制度落实；认真吸取“12·28”事故教训，把瓦斯治理作为煤矿日常安全管理的重中之重，加强矿井通风管理，认真落实瓦斯管理“一通三防”措施；切实加大矿井顶板管理力度，加强巷道检修和维护，落实超前支护，积极推行支护改革，利用工字钢、锚喷支护，一碗水矿井基本实现了主运输巷工字钢、锚喷支护，密架煤矿和阳太煤矿正督促做主运输巷以钢代木提升改造工作，执行“一炮三检”、“三人连锁”放炮、“敲帮问顶”、隐患定期排查、重大隐患报告、领导下井带班等18项制度；为3个煤矿培（复）训138人，使上岗持证率达100%。组织27名矿山兼职救护队员、87名特种作业人员参加州工信委培训，特员持证率达100%；组织煤矿矿长、副矿长及安全技术负责人5名到省、州参加培（复）训；借助“六月安全生产月”开展形式多样的安全生产宣传活动，出黑板报3期，粘贴标语30多条，悬挂布标1条，放映录像3场次；成立了“煤矿雨季三防安全检查组”，编制防治水及雨季“三防”措施，明确水患重点及负责人，配备了救灾物资；成立“打非治违”领导小组，认真实施专项行动方案，查出隐患13条，其中重大安全隐患3条，责令停产整顿企业1户。

【节能减排】 2011年，双柏县工业企业节能成效明显，全年单位增加值能耗同比下降3.08%；高效照明产品推广工作稳步推进，完成州政府下达推广紧凑型高效照明产品任务数的148.6%；推广高压钠灯1012只，完成任务数的101.2%；推广双端荧光灯2500只，完成任务数的83%；中西部农网完善、无电地区电力建设工程深入实施，项目计划总投资6745万元，目前已完成投资6745万元，完成计划的100%；工业固体废弃物综合利用率不断提高，指导支持企业开展清洁生产，能源审计，煤矿水泥厂和华兴人造板有限公司（原中密度纤维板厂）开展了清洁生产，华兴人造板有限公司首轮清洁生产审核已经通过了州级验收，高耗能企业节能效果初显；全民节能意识显著提高，单位GDP能耗下降3.08%。

【盐务管理】 2011年，一是加大对盐政管理法规的宣传力度。组织全体干部职工学习《食盐专营办法》和《云南盐业管理条例》等法规规章。同时，深入乡镇利用街天，宣传食盐知识和科学用盐知识科普宣传8场（次），发放宣传材料2500余份；二是加强食盐市场监管。全年共出动执法人员14人（次），车辆4台（次），对城区21户食盐经营户、5镇3乡14个配送点、72户食盐经营户和4个中小学校食堂进行了食盐市场检查；三是加强对县食盐配送中心的食盐调供日常协调和管理，确保食盐供应。共批发销售食盐750吨，畜牧用盐250吨。

【年度任职领导】

党 委 书 记　苏旺生
副书记、局长　杨　海
副书记、纪委书记　者秀芝（女）
副局长　刘文玲（女）
　　　　张国能（兼中小企业局局长）
　　　　韦　伟

（鲁光才）

红河哈尼族彝族自治州

红河州工业和信息化委员会

【综述】 2011年是实施“十二五”规划的开局之年，是国际经济环境复杂多变的一年，也是红河工业加快结构调整、实现跨越发展的关键之年。红河工业战线全面落实科学发展观，认真贯彻国家宏观调控各项政策措施，加快工业经济发展方式转变，加强自主创新、推进节能减排，全年工业经济在优化调整中实现较快增长，呈现经济效益显著提升，主要经济指标继续保持较快增长，实现了红河工业“十二五”的良好开局，为全州经济又好又快发展作出了积极的贡献，进一步巩固了工业在红河州经济发展中的主导地位。

全年工业增加值完成363.4亿元，增长16.5%；全州规模以上工业完成增加值、主营业务收入、利税总额、利润分别为321.6亿元、823.4亿元、172.4亿元和55.2亿元，分别增长17.1%、24.1%、23.3%和21.3%；全年单位GDP能耗下降了3.91%；非公经济占全州GDP比重达33.6%。超额完成了省、州政府年初确定的工业经济发展各项目标任务。工业占全州GDP的比重达46.5%，比2010年提高了0.7个百分点，工业拉动全州GDP增长7.6个百分点，工业对全州GDP增长的贡献率达56.3%，规模以上工业企业完成税收达全州财政总收入的60%，全部工业企业上缴税收已超过全州财政总收入的80%，工业在全州经济社会发展中的主导地位进一步巩固、引擎作用进一步增强。

【经济运行情况】 2011年，红河州工业经济绽放精彩，实现工业总产值超越千亿元大关，达到1047.64亿元，比“十一五”末的2010年增长15.8%。

1. 工业经济总量上台阶，支柱产业优势凸显，拉动明显。2011年，全州实现工业总产值1047.64亿元，较上年增长15.8%；其中规模以上工业总产值也突破800亿元，对全州工业的拉动作用十分显著，特别是作为我州主要支柱产业的有色金属、烟草、电力、化工、建材、钢铁等行业，一方面总量占全州的近75%以上、另一方面几大行业平稳、较快增长，成为推动和支撑全州工业增长的主导力量，对全州工业的拉动作用十分明显。

2. 国有及国有控制企业、股份制企业引领增长。2011年，全州国有控股企业、股份制企业紧紧依靠科技进步，促进了结构的优化升级，生产经营呈现出快速发展的生机和活力，有力支撑了全州工业的快速发展，增速领先其他经济类型。国有控股工业实现工业增加值207.57亿元，比上年增长14.2%，占全州规模以上工业增加值的64.5%；股份制企业实现增加值258.35亿元，比上年增长17.6%，占全州规模以上工业增加值的80.3%；其他经济类型中，股份合作企业增长7.3%、集体企业下降6.4%、三资及外商企业下降2.2%。

3. 重工业快于轻工业，其主导地位和拉动作用明显。2011年，全州重工业实现增加值208.13亿元，占全州规模以上工业增加值的64.7%，同比增长18.2%；轻工业实现增加值113.44亿元，比上年增长12.4%；全州重工业生产快速增长，对全州工业的增长贡献越来越大，成为拉动全州工业经济增长的主力军。

4. 主要工业产品产量平稳增长，高耗能产品产量增速有所回落。2011年我州主要工业产品中，大部分工业产品产量实现增长。其中：十种有色金属66.21万吨、增长20.0%；铅29.64万吨、增长27.6%；锌12.32万吨、增长8.7%；原煤1637.64万吨、增长12.1%；焦炭158.09万吨、增长2.4%；发电量183.19亿千瓦时、增长9.0%；企业用电量109亿千瓦时、增长12.3%；卷烟90.6万箱、增长2.1%；葡萄酒4207千升、增长15.2%；合成氨46.39万吨、增长11.8%；化肥89.71万吨、增长13.4%；黄磷5.78万吨、增长26.3%；硫酸193.28万吨、增长5.0%；水泥524.69万吨、增长21.9%；粗钢186.69万吨、增长9.7%；钢材183.51万吨、增长8.7%；铁合金10.27万吨、增长44.8%；人造板53903立方米、增长16.5%；平板玻璃1370307重量箱，增长3.2%。

下降的产品分别是：锡7.65万吨、下降3.0%；锰矿石成品矿85.55万吨、下降25.6%；成品糖3.99万吨、下降52.8%；啤酒8008千升、下降24.6%；机制纸及纸板3.08万吨、下降14.1%。

5. 工业销售形势良好，产销衔接、产销率继续保持较高水平。2011年，全州规模以上工业产销率在生产较快增长的同时保持较高水平，累计完成工业销售产值824.28亿元，同比增长23.8%，产销率达94.1%。

6. 多数县（市）工业运行良好。2011年，全州13个市县中，除红河县下降8.7%外，其他12个县市工业增加值都出现不同程度的增长，其中增幅超过全州平均水平的有：蒙自增长20%、开远增长17.4%、屏边增长18.4%、建水增长18.9%、泸西增长19.7%、元阳增长76.9%。

【信息化建设与安全管理】 2011年，红河州着力完善信息基础设施建设、加快推进数字通信、互联网、3G网络和电子政务工作，信息建设取得显著成效。一是基础传输网纵横贯通，已建成连接昆明和周边州市、覆盖各县市、各乡镇的光缆网络，城区的主要政府和企事业单位、新建小区都已通达光缆，到2011年底，全州光纤网总长度达到4.4万公里；二是电话（含移动）用户达到291万户，每百人拥有电话（含移动）64.2部，行政村实现电话"村村通"；三是宽带用户超过21.9万户。有线电视用户达48万户，32万户完成数字化改造，广播电视覆盖率分别达到96.1%和96.7%。四是"无线城市"、"智慧红河"、"宽带普及提速工程"建设不断加快，推进了全州现代通信服务业、电子商务、电子政务的发展，改善了投资环境，促进了产业发展，提高了政府服务效率，推动了全州经济和社会领域信息化应用水平全面提升，工业化和信息化融合进一步深入。

【无线电管理与监督检查】 提前完成全年的基站检测任务，全年共检测移动分公司GSM900/1800基站86个，州电信分公司PHS小灵通30个，州联通分公司GSM基站28个。及时排查处理了二起蒙自空师航空导航频率受干扰事件，成功查处了一起盗打国际长途的案件。共暂扣GSM基站信号放大器一台、越南GSM信号固定终端7台共56个接口、无线路由器一台、网关控制电脑一台，备用的越南手机SIM卡4300张、小吸盘天线和发射终端若干。无线电通讯事业迅猛发展，各种无线电新技术和新业务广泛应用于经济建设和社会生活的各个领域。

【机构改革】 全州工信系统机构改革自2011年3月份开始，按照"规范机构设置，优化人员配备，完善岗责体系，提高队伍素质，激发干部活力"的要求，抓好机构改革及改革后续管理。一是规范机构设置，确保运转顺畅到位。州人民政府关于对《红河州工业和信息化委员会主要职责内设机构和人员编制规定的通知》，明确了州工信委主要职责有13项。按照新定的各项职责和州委、州政府的批复要求，新组建的工业和信息化委内设机构22个，人员编制59名。二是优化人员配备，盘活现有人力资源。这次机构改革，对部分岗位干部进行了调整和配备。全委共有11名副科级以上干部和9名一般人员得到了岗位调整，做到了人尽其才，才尽其用，体现了人力资源的合理利用，每个人的长处和优点得到发挥。

【技术进步与创新】 加强了对重点企业技术中心建设的指导，积极组织云南红塔蓝鹰纸业有限公司、个旧红河锌联科技公司、云南云铝润鑫有限公司等企业开展了省级企业技术中心创建申报认证工作。2011年，云南红塔蓝鹰纸业有限公司、个旧红河锌联科技公司、云南云铝润鑫有限公司被州科技局、州工信委、州财政局等部门联合认定为州级产学研结合中心、州级企业技术中心。云南红塔蓝鹰纸业有限公司还被省工信委、省科技厅等部门联合认定为省级企业技术中心。同时，组织拟定了《红河州人民政府关于加快新兴科技与传统产业融合的实施意见》，引导企业加快新兴科技与传统产业融合，促进我州传统产业整体素质和竞争力提升，推动战略性新兴产业发展。

【中小企业发展】 2011年，我州各级政府不断加大政策扶持，改善发展环境，增强服务意识，促进中小企业和非公经济总量上规模、结构上档次、质量上水平。一是出台相关政策措施，优化非公（中小）企业发展的外部环境。在继续抓好国家及省、州相关政策贯彻落实的基础上，制定了《红河州人民政府贯彻落实国务院和省人民政府关于进一步促进中小企业发展若干意见的实施意见》和《红河州人民政府办公室关于鼓励和引导民间投资健康发展重点工作分工的通知》，加大财税、金融、土地的支持力度，确保金融支持到位，政策落实到位，为全州中小（非公）企业发展提供有力的支持。二是积极为我州中小企业争取上级部门的项目资金扶持。三是抓好非公经济运行监管，随时掌握并解决非公（中小）企业在发展过程中出现的问题。截至2011年年底，全州非公企业和个体工商户总数共有11.41万户（其中：私营企业8600户），从业人员39.91万人，注册资本金224.85亿元；全年完成增加值239.14亿元，比去年同期增长10.97%；上缴的税金32.18亿元，占全州财政总收入的比例达17%，占全州地方财政一般预算收入的44%。

【产业结构调整】 按照"优化提升重工业、大力发展轻工业、加快培育新兴产业"的思路，我州全力推进工业结构调整和发展方式转变，取得了可喜成绩。一是有效推进了云锡集团4个10万吨有色金属冶炼、沙甸地区三个年产10万吨铅、云冶集团世界先进水平的铝产业项目和国家级工业固体废物综合利用示范基地建设的实施，我州采用新技术、新工艺、新装备对传统有色金属产业的升级发展掀开了新的历史篇章。二是红河卷烟厂搬迁、个旧生物制药异地扩建技改及一批食品加工项目的顺利推进，进一步夯实了我州轻工业发展的基础。三是泸西、个旧、蒙自等县市一批风电项目、蒙自矿冶投资研发的具有自主知识产权的30CM幅宽高效柔性铜铟镓硒（CIGS）薄膜太阳能电池项目及云锡集团同国外科研机构合作研发的最新一代铜锌锡硒硫（CZS3）光伏电池项目加快推进，迈出了我州战略性新兴产业发展的新步伐。四是淘汰落后产能任务全面完成、节能降耗目标顺利实现、清洁生产和循环经济发展加快推进。

【安全生产管理】　2011年，全州工信系统狠抓安全生产，减少各类安全事故发生。一是高度重视系统内安全生产工作，及时成立安全隐患排查专项治理小组，制定实施方案，开展治理工作。二是积极推进煤矿井下安全避险“六大系统”建设，通过检查，各企业安全生产意识明显提高，贯彻落实安全生产工作到位。三是积极做好“打非”和安全生产的督查工作。先后2次配合省安委对辖区1户生产企业、1户销售企业、1户在建炸药库、2户仓储企业进行了督查和执法检查；先后15次对全州所有销售网点进行了督查，对监察检查过程中发现的问题，作出了通报和限期改正或纠正的处理。四是做好生产、储存、运输三个环节的应急演练，确保不出任何差错，争取万无一失。截止2011年年底，全州地方合法煤矿共发生煤矿安全生产事故5起，死亡5人，与去年相比事故起数增加4起，死亡人数减少3人，直接经济损失218万元，同比下降72.75%，未发生较大以上事故。

【节能降耗】　2011年，坚持把节能降耗与产业结构调整相结合，改变主要依靠外延扩张的粗放型增长方式；坚持把节能降耗与技术创新相结合，重视先进适用的节能技术、工艺和设备的推广应用；坚持把节能降耗与强化管理相结合，通过加强重点用能单位管理，推行清洁生产，向管理要节能；坚持把节能降耗与倡导科学文明的生活方式相结合，引导社会树立节能意识，使用节能产品。通过宣传、发动、引导和组织，企业和全社会的资源忧患意识和节能意识明显提高，节能降耗的氛围日趋浓厚。为确保2011年能源消耗目标任务的顺利完成，及时将省政府下达2011年的能源消耗目标任务分解到13县市及重点企业，州政府与13县市政府和22户重点企业签订了目标责任书；州节能办与农业、交通、城建、商务、州机关事务管理局五个行业部门分别签订了目标责任书，每月跟踪督查能源消耗情况，确保按质按量地完成节能任务。截止2011年底，全州全年单位GDP能耗下降3.91%，万元工业增加值能耗比上年下降9.2%。

【工业园区建设】　2011年，全州各工业园区迅速发展，园区在工业经济发展中的集聚作用、整合作用和辐射带动作用逐步显露。至年末，全州已有10个工业园区，其中省级工业园区2个，10个工业园区总规划面积达到218平方公里，现已有150户企业入驻园区。全年各工业园区完成工业总产值316.3亿元，同比增长37.9%；工业增加值60.4亿元，同比增长17.3%；完成税收14.8亿元，同比增长61.2%；完成地方财政一般预算收入9.7亿元，同比增长30.3%；完成固定资产投资62亿元，同比增长7.8%；新增工业企业32户；新投产项目39个。工业园区作为工业发展的重要增长极，产业集聚发展、集约发展的重要平台得到进一步发展。

【任职领导名单】

主　任　包有祥

副主任　伍云峰

杨绍绅

邱　彭

赵　楠

朱成雄

普宝贵

（席向阳）

蒙自市工业商务和信息化局

【工业经济指标完成情况】　2011年，蒙自市实现工业总产值178.95亿元，同比增长15.14%，其中规模以上工业企业完成工业总产值170.57亿元，同比增长15.24%；规模以下工业企业完成工业总产值8.38亿元，同比增长13.99%。全市规模以上工业企业完成增加值38.10亿元，同比增长20%，从轻、重工业看:轻工业完成增加值0.15亿元，同比下降46.2%；重工业完成增加值37.95亿元，同比增长20.7%。2011年规模以上工业实现利税16.82亿元，同比增长29.21%，完成年计划目标任务。其中实现利润10.06亿元，同比增长27.99%。亏损企业8家，亏损额3184.7万元，同比增长34.35%。全市20户规模以上工业企业实现利润总额10.06亿元，同比增长27.99%。

【技术创新】　2011年，全市辖区内共有技术创新项目的企业25户，共有项目30项。其中，在建项目26项；拟建项目4项，预计总投资37亿元。同时，为充分发挥财政资金的示范带动作用，增强企业发展后劲，保持全市经济平稳较快增长，以择优扶强为主，对技术含量高、附加值高的优势产品和资产经营效益好的优势企业进行扶持。2011年，市级财政资金安排1000万元支持中小企业发展，同时，为9户企业（项目）争取上级扶持资金1750万元，其中，国家级扶持资金1195万元，省级扶持420万元、州级扶持资金135万元。在各级资金的带动下，30项技术创新项目的建设，壮大了蒙自市的经济总量，加快了全市产业、产品结构调整步伐，为做强做大工业经济奠定了坚实的基础，促进全市工业经济快速健康发展。

【重点项目建设】　2011年，全市工业企业努力加快重点产业建设。红河钢铁有限公司投资3亿元年产60万吨型材项目，于10月底竣工投产；蒙自矿冶有限责任公司投资3.8亿元年产6万吨铅冶炼技改扩建项目，已正式开工建设，截至12月底，项目土地平整已完成，并完成100万方土石工程，总体工程完成75%，累计完成投资1.5亿元；蒙自太耀泰瑞矿业有限公司投资1.78亿元年产20万吨铁合金冶炼项目，截至12月底，项目厂房主体工程已完成，正在安装电炉及辅助设备，累计完成投资1.5934亿元；云锡集团（控股）有限责任公司投资22亿元年产10万吨铜冶炼项目，截至12月底，项目整体工程已完工，各子项目设备安装已完成，并相继进入联动试车阶段；云南振兴铅业有限责任公司投资2.7亿元年产900万只电动车用铅酸蓄电池项目，截至12月底，项目已完成一期工程，二期限工程已开工建设，项目累计完成投资2.03亿元，完成投资总额的75.19%；蒙自瀛洲水泥有限责任公司投资0.475亿元的余热发电技改项目于3月竣工投产；蒙自市肉类联合加工厂投资0.28亿元的屠宰加工厂于8月竣工投产。同时，随着蒙自南湖缘过桥米线有限公司米线加工厂建设项目、云南省南湖橡胶厂胶鞋自动生产线技改项目、蒙自南华克林糖业有限责任公司扩建生产线项目及蒙自地区电力重点建设项等重点产业项目的建设，将极大地增加我市经济发展的后劲。

【非公有制经济和中小企业发展】 2011年，蒙自市非公有制经济平稳发展，社会贡献成效显著。全市共有非公有制经济户数达16422户，同比增长12.8%，增加1858户；从业人员43550人，同比增长9.8%，增加3878人；注册资金195685万元，同比增长29.7%，增加44832万元。全年上缴税金（含股份公司）12.97亿元，同比增长31.78%，占全市税收的75.33%；实现增加值28.41亿元，同比增长21.12%，

占全市GDP的32.2%；完成社会消费品零售总额13.97亿元，同比增长27%，占全市消费品零售总额的57.81%，非公经济已成为繁荣市场的主导力量。

为加快我省中小企业发展，培育扶持一批中小企业做专、做精、做强、做大，2010年，省工信委制定了《云南省省级成长型中小企业筛选认定暂行办法》，启动了“成长型中小企业”培育工程。我市积极组织辖区内符合条件的企业申报，通过财务指标、创新能力、管理能力、人力资源、融资能力5个方面综合考评。最终，我市的云南省南湖橡胶厂、蒙自南华克林糖业有限责任公司、云南红华包装有限责任公司、蒙自红丰化工有限公司、云南一品红制药有限公司等5户企业被评定为第一批省级成长型中小企业。

2011年，积极组织非公有制企业争取上级扶持资金。全年上报专项扶持资金项目16项，获批7项，获得扶持资金120万元。

【安全生产管理】 2011年，工商信局坚持“安全第一、预防为主、综合治理”的方针，牢固树立安全发展理念，把安全生产工作纳入全市经济社会发展的总体规划，深入开展安全生产百日督查活动，严打安全生产非法违法行为，突出“早”字，对安全生产工作早部署、早发动；狠抓“查”字，定期开展拉网排查；立足“改”字，全面抓好隐患整改；坚持“防”字，重视完善预防机制，安全生产形势保持平稳态势。

2012年2月10日，为全面落实全市安全生产工作会议精神，进一步强化安全生产意识，营造全系统关爱生命、关注安全生产的良好氛围，召开了2012年度蒙自市工商信系统安全生产工作会议。工商信局行政班子成员及全体机关工作人员、安委会领导及62家企业代表参加了会议，会议总结2011年工商信局安全生产工作并安排部署2012工作；表彰2011年安全生产先进单位；与部分代表现场签订《蒙自市工业商务和信息化局2012年度安全生产、消防、交通安全责任状》。

认真开展安全生产大检查，消除各类事故隐患，全面落实安全生产责任制，大检查共出动执法人员近40人次，车辆10台次。通过检查各重点企业（单位）安全措施到位，领导高度重视安全生产，安全生产隐患排查治理工作得力，安全生产投资到位，管理规范，制度健全，安全生产隐患排查工作情况总体较好。

【节能减排】 蒙自以重化工业为主，2012年重化工业占全市工业比重达98.56%。市委、政府把发展经济与节能降耗工作有机结合，全面贯彻落实科学发展观，完善政策措施，全面落实目标责任；强化监管，动员全社会力量，扎实开展节能降耗工作。2011年，蒙自市政府兑现节能降耗工作作出突出贡献的奖励资金38万元，表彰节能先进个人27人，奖励资金3500元。

2011年，蒙自市共消耗综合能源215.5万吨标准煤，其中:规模以上工业企业消费168.3万吨标准煤，规模以上工业单位工业增加值能耗4.416吨标准煤，同比下降7.17%；全市单位GDP能耗下降4.34%，超额完成州政府下达4.3%目标。

2011年，开展能源审计企业3户，分别是云南一品红制药有限公司、云南红华包装有限责任公司和三丰混凝土搅拌有限责任公司，于2011年12月25日通过省级专家组审核验收通过。

6月11~18日的节能宣传周期间和9月22日雨过铺科普街，出动工作人员18人次，设咨询台4个次，编制节能知识宣传展板10块，展出图片20幅、发节能宣传资料4000多份，广泛宣传，提高全民“节能我行动，低碳新生活”的意识。

在116项省级重点节能项目中，蒙自市有2项，分别是蒙自瀛洲水泥有限责任公司的7.5兆瓦的纯低温余热发电项目和红河钢铁有限公司的高炉喷煤节能改造工程项目，两项目均已竣工投入生产使用，总投资7040万元，年计划节能量31737吨标准煤，实际节能量18000吨标准煤。

【工业园区建设】 园区于2009年1月开始申报，2009年2月园区总体规划及可行性研究报告通过专家评审，2010年3月获省工信委审核通过，园区位于蒙自市芷村镇倒马坎，距蒙自城区12公里，规划建设面积10.43平方公里，2011年工业园区已开发面积为3150亩，规划建设时间为12年（2009~2020年），其中，近期2009~2015年为推进阶段，中

期2016~2020年为完善阶段，园区计划投资13.31亿元。园区建成后可容纳就业人员约2万人。园区定位：矿业产业基地，滇东南中心城市的产业支撑，面向西南开放桥头堡的外向型产业基地。以蒙自矿冶有限责任公司为龙头，重点发展发展锌、铅、铟、银等冶金深加工及延伸相关产业链和建材加工，引导仓储物流、交通运输、商业服务等配套产业发展。

园区现有企业2户，2011年，园区实现总产值29.63亿元，工业增加值12.78亿元，利税9.93亿元，从业人数6860人。蒙自矿冶有限公司6万吨铅技改项目于2009年12月开工建设，占地429亩，预计总投资6.38亿元，计划2013年底建成投产，目前已累计完成投资8000多万元。完成场地平整，开挖土石方110万余立方。项目建成后，可实现年产铅锭6万吨，副产硫酸6.6万吨，综合回收银、铟、锌、铜、锑、铋等金属。实现年销售收入（含税）15.13亿元，税金1.23亿元，新增就业300人。

【机构改革】　根据《中共蒙自市委蒙自市人民政府关于蒙自市人民机构改革实施意见》和《蒙自市政府办公室关于印发蒙自市工业商务和信息化局主要职责内设机构人员编制规定的通知》要求，原蒙自县经济贸易局更名为蒙自市工业商务和信息化局。取消已由蒙自市人民政府公布取消的行政审批事项；整合划入原蒙自市经济贸易局（除乡镇企业行业管理外的职责）和政府信息管理的职责；划入原蒙自市人民政府经济合作办公室承担的招商引资职责；划入原蒙自市劳动和社会保障局承担的出境就业管理的职责；划入蒙自市安全生产监督管理局原承担的民爆物品管理职能；增加无线电管理的职责；将原市经济贸易局承担的乡镇企业行业管理职责划给蒙自市农业局；将原市经济贸易局国有企业的管理职责划给市财政局。

机构改革后机关内设科室9个，分别为办公室、综合政策经济研究科、商贸流通与盐业管理科、对外商贸投资科、安全与煤炭管理科、节约能源管理科、工业企业一科、工业企业二科、信息网络与无信电管理科。行政编制确定为23人，领导职数4人，实有25人，其中领导干部5人（领导职数超编1人），副调研员3人（有1人属军转干部），根据编制规定总计超编2人。

【任职领导名单】

局　长　施　斌

副局长　林定伟

　　　　钱克勇

　　　　张权学

　　　　李凤华

个旧市工业商务和信息化局

【工业经济指标】　2011年，全市实现地区生产总值147.34亿元，比2010年增长13.3%；完成工业总产值368.97亿元，比2010年增长12.5%；工业实现增加值94.1亿元，比2010年增长14.2%，快于GDP增速0.9个百分点，对GDP的贡献率为73.77%，拉动GDP增长9.81个百分点。规模以上企业完成工业总产值311.76亿元，同比增长14.3%；实现增加值84.03亿元，同比增加15.8%；实现利税总额19.98亿元，增长41.8%；实现利润9.65亿元，增长49.5%；产品产销率达到89.3%，同比下降5.3%。

年内，市政府对云锡集团等75户上缴地方税均在100万元以上的税收先进企业进行了表彰奖励，奖励金达434.8万元；对银峰公司等22户再生资源经营企业进行了授牌表彰；对个旧市农村信用合作联社等8户银行进行了授予“信贷支持贡献奖”并以资奖励，奖励金达58万元。我市连续四年入围云南省县域经济发展十强县（市），中国西部百强县市县域经济基本竞争力排序由“十五”的34位跃升到第18位，跻身“全国中小城市综合实力100强”、“西部发展特色优势产业先进城市”、“云南省县域经济十强县（市）”、“云南省工业十强县（市）”之列。

【主要产品产量】　2011年，受国内外经济形势的影响，工业生产较为正常，主要产品产量稳定增长。全市完成10种有色金属57.26万吨，比2010年增长25.1%。其中，铅27.43万吨，同比增长33.6%，锡7.65万吨，同比下降3%，铝16.58万吨，同比增长30.5%，铜271吨，同比下降14%，锌5.58万吨，同比增长20.6%。粗铅20.56万吨，同比增长2.2倍；粗铜2.91万吨，同比下降14.6%；锡材1.96万吨，同比增长11.6%；锡化工产品1.43万吨，同比下降7.1%。完成有色矿产品金属总量6.67万吨，比2010年下降10.6%。其中，铜精矿金属量28170吨，同比下降7.6%，铅精矿金属量4142吨，同比增长11.9%，锡精矿金属量3.38万吨，同比下滑14.8%，锌精矿金属量594吨，同比下降21.9%。非有色金属产品稳定增长。硫酸（折纯）66.4万吨，比2010年增长0.8%；钴酸锂452吨，比2009年下滑7.9%；农用化肥（折纯）19.57万吨，比2010年增长55.4%；液体乳1.42万吨，比2010年增长36.2%；糕点440吨，比2010年下降65.8%。

【产业结构调整】　经过十几年的努力，个旧市域经济初步形成了以有色金属为主体的工业体系。2011年，有工业企业563家，其中规模以上企业47家、有色金属加工企业464家，涉及采矿、选矿、冶炼、电力、锡工艺品、印刷、生物资源开发、化工、机电、建材、食品等27个行业大类和71个行业中类，从业人员118829人。锡、铜、铅、锌等是我市采选冶为主的主要有色金属，目前，锡冶炼企业15家、产能13万吨；粗铅冶炼企业60家（鼓风炉67座）、产能近60万吨；电解铅生产企业10家、产能53万吨；锌冶炼企业4家、产能6万吨；铜冶炼企业6家、产能5万吨；现有锡化工和锡材年产2万吨的生产能力；

锡工艺品年产3万多件。个旧有内资企业645户。其中：国有企业161户、集体企业200户、股份合作企业10户、有限公司271户、其他企业3户；私营企业1560户。其中：个人独资企业512户、合伙企业12户、有限公司1036户，从业人员38853人；个体工商户10073户，从业人员18068人。产业涵盖采矿、选矿、冶炼、化工、机电、建材、轻纺、制药、食品、电力、供水、邮政、信息传输、交通仓储等。规模以上企业43户。地区生产总值（GDP）从2005年的57.53亿元增长到2010年的122.49亿元，年均增长11.3%，比2009年增长10.1%。其中：第一产业实现增加值6.98亿元，增长5.6%，拉动GDP增长0.3个百分点；第二产业实现增加值80.96亿元，增长7.9%，拉动GDP增长5.4个百分点；第三产业实现增加值34.55亿元，增长16.5%，拉动GDP增长4.4个百分点。一、二、三产业结构比例从2005年的6.4：67.7：25.9调整为2010年的5.7:66.1:28.2。

【重点项目建设】 2011年，个旧市提升改造传统产业，目标是依托“十个10万吨级产业项目”（即云锡年产10万吨锡、10万吨铜、10万吨铅，红铅年产10万吨铅，沙铅年产10万吨铅，润鑫年产15万吨铝钛基合金，南翔年产10吨锰，南翔20万吨硅锰合金，红河锌联年产10万吨再生锌，华鼎150万吨冶炼废渣回收利用等项目），把个旧建成“国家级新型工业化有色金属锡新材料产业示范基地”、“国家级固废综合利用示范基地”和“云南省稀贵金属高新技术特色产业生产基地”。目前，云锡年产10万吨铅项目已建成投产，年产10万吨铜项目竣工试产，累计完成投资17.95亿元。红铅公司年产10万吨项目的铅电解项目已建成及已完成铅阳极泥处理工程项目，已进入设备安装阶段，累计完成投资2.5亿元。南翔公司年产10万吨电解锰项目正积极编制环评报告，20万吨硅锰合金项目环评已上报评审，完成投资近5000万元，沙铅年产10万吨铅项目进入技术设计、“三通一平”、设备选型采购建设阶段，完成投资1.34亿元，润鑫铝业年产15万吨铝钛基合金材料加工项目已取得《项目建设选址意见书》、《建设用地规划许可证》，累计完成投资5659万元。圣比和公司2000吨/年镍基正极材料技术改造项目总体工程进度达68%，完成投资1.34亿元。锌联公司固废物炼铁烟尘资源化综合利用项目完成可研报告编制、项目备案、购地、拆迁、地勘等工作，累计完成投资3000万元，已进入设备安装阶段。振兴铅业年产900万只铅酸蓄电池项目土建工程接近尾声，设备陆续进场进入安装，累计完成投资1.93亿元。华鼎公司年处理150万吨铅冶炼废渣综合利用项目完成勘测定界报告，地质灾害、矿产压覆报告通过评审，水土保持方案已完成，用地预审已报告省国土厅。同时，培育接续替代产业、新能源等新兴产业开发取得积极进展。重点发展天然药物种植及系列化产品开发，茶多酚、番麻甾体激素药物中间体、紫衫醇、木薯麦芽糖系列产品等生物资源加工项目；云河药业中药现代化技改项目累计完成投资6172万元，第一阶段工程即将进行设备安装，第二阶段工程正在办理施工手续。木棉纺织、高档乳制品、精米加工等一批项目进展顺利。马堵山水电站累计完成投资27.63亿元，3台机组已全部投产发电。莲花山风电场（一期）工程风机及箱变基础施工等已招标，路通工程已开工。重大接续替代产业霞石综合开发利用项目完成了《个旧霞石正长岩综合利用项目概略性研究报告》，已确定浙江海亮集团有限公司、重庆市博赛矿业（集团）有限公司两家投资商，正开展前期工作。

【技术进步】 2011年，个旧组织申报省、州级科技项目12项，获得省州级支持资金399万元。申请专利94件，授权53件，其中发明专利20件，居全州第一；云南云铝润鑫铝业有限公司、红河锌联工贸有限公司技术中心为红河州院校合作技术研发中心、红河州企业技术中心，个旧市冶金研究所为红河州院校合作技术研发中心。7月，红河金易文化产业发展有限公司的“第1019279号图形”商标被认定的中国驰名商标。这是继2009年云南锡业股份有限公司的“云锡YT”商标被认定为中国驰名商标后，个旧市品牌建设和商标保护工作的又一重大历史性突破。同时，红河金易文化产业发展有限公司的“第1019279号图形”商标还成为全省特色工艺美术品行业的第一件驰名商标。根据《云南省著名商标认定和保护办法》的规定，2011年10月底，云南省著名商标认定委员会初审定234件新申请及187件有效期满续展认定的云南省著名商标。其中个旧市的云南金星化工有限公司的“金星”牌，云南锡业股份有限公司的“云锡”牌、个旧锡都实业总公司的“银冠”牌、云锡大屯耐磨设备厂的“砂龙”牌及青龙酒厂的“深沟沙井”牌5家商标认定续展；个旧新申请的著名商标有个旧市光博电冶厂的未加工或半加工的铝、锡、铜的“光博”商标，云南锡业机械制造有限责任公司的磨矿机、浮选机的“云锡”商标。个旧市凯盟工贸有限公司坚持“力创品牌”的管理方针，以“凯盟”、“云象”申请了81件商标，此举不但使企业创办的商标受到法律保护，而且在企业拥有丰富的商标资源后，更有利于企业的长远发展。第三届“中国·蒙自过桥米线美食文化旅游节”期间，蒙自市人民政府组织云南省个旧斑锡工艺美术有限公司制作，结合“天下一碗”打造世界长4.68米，宽11.3分米，筷子上刻有与过桥米线直接关联的对联，“最长的锡筷子”一双，并于9月在新天地商业步行街举行“最长的锡筷子”——上海大世界基尼斯纪录申报及拍卖会，蒙自江氏桥香园集团以36万元的价格拍下了“最长的锡筷”。全市拥有中国驰名商标2件、云南省著名商标24件、红河州知名商标17

件，知名商标和著名商标拥有量居全州前列。

【产业基地建设】　2011年3月，工业和信息化部下发《工业和信息化部办公厅关于开展工业固体废物综合利用基地建设试点工作的通知》，选择了工业固体废物产生、堆存集中，有一定工业固体废物综合利用基础的十二个地区，云南个旧是开展固体废物综合利用基地建设试点，主要是针对尾矿和冶炼渣等工业固体废弃物的全部或大部分进行综合利用，发挥示范基地的带动和示范效应，实现大宗工业固废综合利用规模化和产业集聚，探索大宗工业固废综合利用的有效途径和模式。2011年11月，工业和信息化部联合中国工程院，组织相关院士、专家在山西朔州开展了工业固体废物综合利用基地建设院士专家行活动。通过院士专家行活动，对试点地区工业固体废物综合利用从战略、技术、政策、融资等方面进行了指导，云南个旧在会上做了交流发言。

【特色工业园区建设】　个旧特色工业园区是辐射开远、蒙自、建水的聚合点，规划面积29.71平方公里，园区设计为“一园、三区”。“一园”即特色工业园（占地规划29平方公里），“三区”即八抱树片区（占地21.18平方公里），主要以铜、铅冶炼和二次资源综合回收为主；冲坡哨片区（占地4平方公里）主要以粗铅冶炼和精炼为主；一碗水片区（占地4平方公里），主要从未来发展的增量进行规划，定为核心区，使之形成个旧未来工业经济发展的主战场，有色固废、循环经济的示范基地。规划区涉及鸡街镇（含鸡街、倘甸、乍甸）、沙甸区。以鸡街货运站为中心，规划设计大型物流和仓储中心，以泛亚铁路个旧货站为依托，在鸡街片区和冲坡哨片区靠326国道两侧也布局了部分仓储用地，以建设“特色产业聚集区、循环经济示范区、机制创新试验区”为目标，将打造成为云南最大的有色金属冶炼及深加工中心；云南省重要的霞石综合利用中心，云南省重要的生物资源加工基地，个旧市重要的化工工业、建材工业基地、有色冶金和二次资源综合利用的示范基地。

【资源综合利用】　由于国家加大整治重金属污染、节能减排达标整顿等工作力度，要求企业做到零排放，治理合格才能生产。我市以开展“全国工业固废综合利用基地建设试点”为契机，认真组织编写《云南省个旧市锡尾矿和有色金属冶炼废渣综合利用试点实施方案》，全市资源综合利用企业达47户，核发再生资源回收经营备案登记企业157户，累计争取省级再生资源增值税退税2.6亿元，有力地推动循环经济发展和资源综合利用，拓展资源渠道，降低资源消耗。2011年，我市认真贯彻国家产业政策和节能减排法律、法规，新改扩项目实行节能评估和审查制度。支持重点耗能企业实施节能降耗重大项目和示范项目，以企业为主体，以项目为载体，在项目审核、安排技改资金、电力、运力分配上给予倾斜，抓好节能技术改造，促进企业转型升级和工业提质增效，对红河合众锌业有限公司1#硫酸系统100kt/a工业硫酸生产系统进行技术改造、个旧市金冶矿产有限公司、个旧市自立矿冶有限公司实施年节标准煤7500吨、节标准煤8000吨节能降耗项目。这三个节能示范项目，被列为2011年度云南省重点节能项目。同时，我市制定了《个旧市限制和淘汰落后产能目录》，鼓励企业进行ISO14001标准认证，全市工业企业污染源实施达标排放，市区生活垃圾100%实现资源化利用。对个旧市光穆工贸有限公司铜冶炼鼓风炉6m^2、4m^{2}各一座、产能1963吨实施拆除，取得国家财政补助金40多万元。2011年，云南锡业股份有限公司、云锡集团供水有限责任公司第一批通过省资源综合利用认定委员会认定的资源综合利用企业。

【清洁生产】　根据《云南省能源审计暂行办法》和《企业能源审计技术通则》规定，我市第二批企业能源审计报告为“合格”等级的企业是：个旧市森源有限责任公司、个旧市大通磷化工厂。年内，对个旧市光博电冶厂、云锡集团创源经贸公司、个旧市金冶矿产品加工厂、个旧市成功冶炼厂年综合能耗在2000吨标准煤以上的4户企业开展能源审计工作。红河州红铅有色化工股份有限公司、个旧市凯盟工贸有限公司、个旧市金冶矿产品加工厂、个旧市有色金属加工有限公司、云南云河药业有限公司5户企业开展清洁生产。

【非公经济】　2011年，是我国发展非公有制经济的相关政策氛围和环境出现新情况、新态势的年份。其中最引人注目的主要是《中小企业划型标准规定》、《“十二五”中小企业成长规划》、《关于鼓励和引导民营企业发展战略性新兴产业的实施意见》，以及国务院9项支持小型微型企业发展的政策措施（以下简称“国9条”）。同时，从中央到地方全面贯彻落实《中共中央国务院关于加强和改进新形势下工商联工作的意见》（以下简称“中央16号文件”），大大促进了《国务院关于鼓励和引导民间投资健康发展的若干意见》相关配套措施相继出台，在这些政策措施的指导下，我市主要从组织企业参加企业内部控制规范、中小企业贷款融资、企业经营管理、企业领导力再造与提升专题培训，推荐21人民营企业高层管理人员参加市级组织的清华大学研修班的培训来加强企业人才培养，人才是企业发展的生产力。鼓励支持资质优良，有发展潜力的非公企业到资本市场直接融资，为金星和富祥2户企业进行了融资担保，担保资金2500万元，切实帮助企业拓宽融资渠道，着力改善中小企业的发展环境，提高服务质量和水平。通过非公企业参加上市培育问卷调查，个旧市生物药业已符合上市培育专项扶持资金申报条件，云河和富祥2户企业符合云南省非公企业集合债券“滇中小债”的申报条件。为进一步帮扶中小企业发展，我市不仅为云河药业争取到州级专项扶持金100万元，而且积极发展我市的餐饮文化，个旧宾馆、世纪广场酒店、食全食美饮食店被评为红河州餐饮名店，还做好云南乍甸乳业中央技术改造专项资金、3户企业省级非公企业发展专项资金、3户企业州级非公企业经济扶持专项资金的申报工作。年内，非公有制经济实现增加值52.31亿元，比上年增长13.7%，高于GDP增速0.4个百分点，占GDP的比重达35.5%，比去年提高0.2个百分点，高于全州比重2.1个百分点。非公经济的三次产业结构比为4.6:68.5:26.9，非公企业户数发展到12047户，比去年同期增长3.56%。其中：私营企业1731户，比去年同期增长10.96%；个体工商10316户，比去年同期增长2.41%；从业人员60921人，比去年同期增长7.03%。其中：私营企业42372人，比去年同期数增长9.06%；个体工商户18549人，比去年同期数增长2.66%。上交税金54408万元，比去年同期数增长11.28%。社会消费品零售额完成370100万元，比去年同期数增长95.92%。2011年，云河药业有限公司在第三届中国医药品牌大会上，荣获“全国医药行业优质安全诚信品牌企业”称号，“中国医药协会”理事单位公司董事长刘剑同志荣获“健康中国?全国医药行业百位诚信企业家”称号。个旧市沙甸同富电冶有限公司总经理马安寿被授予首届“云南省少数民族优秀民营企业家”荣誉称号。云南省第6批32家创新型试点企业获授牌，其中云南云铝润鑫铝业有限公司获得授牌。个旧市有色金属加工有限公司、个旧市光博电冶厂、个旧市大通冶炼厂、个旧市群力有色金属有限公司成为第二批跨境贸易人民币结算试点出口企业。

【机构设置】 2011年，个旧市人民政府办公室个政办发了《个旧市工业商务和信息化局主要职责内设机构和人员编制规定的通知》，工业商务和信息化局将个旧市经济局承担的乡镇企业行业管理、国有企业改革和国有中小企业改革的职责划归个旧市农业局和国有资产监督管理局，保留原个旧市经济局承担的乡镇企业运行统计的职责，划入由市人民政府办公室承担的个旧市无线电管理办公室的职责，不再保留个旧市经济局、个旧市商务局。机关行政编制63名，内设12个机构：办公室、经济运行综合科、信息产业科、能源管理科、资源综合利用科、行业管理科、技术进步与创新科、中小企业科、对外贸易科、贸易发展科、招商引资与经济合作科、组织人事科。具有行政审批事项的是食盐零售许可、工业项目登记、《鲜茧收购资格审核》、洗染经营备案、再生资源回收经营备案、酒类经营备案。

开远市工业商务和信息化局

【综述】 2011年，开远工业围绕“加快建设生态型现代化工业经济强市”和“大上项目、上大项目”的发展要求，认真贯彻落实省、州、市工业重点工程项目、以做大做强能源、建材、化工产业为重点，不断开辟和挖掘新的经济增长点，经济总量适度增长，经济运行质量稳步提高。

2011年，全市实现地区生产总值108.7亿元，比上年增长13.6%。完成工业总产值112.2亿元，同比增长20.3%，其中，规模以上工业实现工业总产值103.5亿元，同比增长21.9%。规模以上工业累计完成增加值40.3亿元，同比增长达17.4%，累计实现主营业务收入99.4亿元，同比增长26.2%；实现利税总额11.9亿元，同比增长18.7%，其中利润总额为4.9亿元，同比增长13.8%。工业经济在全市国民经济中的主导地位和作用日益凸显。2011年，我市原煤产量11208万吨，水泥产量233万吨，化肥（折纯）产量65.7万吨，发电量83.2亿度。全市能源、化工、建材三大支柱产业进一步提升，规模以上工业实现利税11.9亿元。全市完成财政总收入13.8亿元，增长23.3%。其中：地方一般预算收入7亿元，增长21.6%。全社会固定资产投资完成75亿元，增长21%。

【技术创新与技术改造】 2011年为云南解化清洁能源开发有限公司解化化工分公司612#0.25MPa低压废热蒸汽回收节能技改项目、云南龙盛能源有限公司，2×300MWe褐煤循环流化床热电气多联产项目等企业积极争取资金，实行技术改造，提升了企业创新能力，从而极大地提高了开远市工业效益。

2011年完成投资5.337亿元。4个项目分别是：云南国资水泥红河有限公司6#窑新增高压变频器装置项目、拉法基红河水泥粉磨站项目、云南解化清洁能源开发有限公司解化化工分公司热电化联产节能降耗技改项目、云南解化清洁能源开发有限公司解化化工分公司带式输送机运煤项目。

2011年完善工业循环经济评价指标体系，加强监测分析。重点抓好电力、化工、建材、造纸等主要行业的清洁生产，开展清洁生产审核认证工作，加大治理污染的力度，建立科学、完善的生态环境监测、评价、管理体系，强化执法监督，提高管理能力。

2011年开远市的工业循环经济项目总投资38.25亿元，分别是：1. 云南解化清洁能源开发有限公司解化化工分公司热电化联产节能降耗技改项目。2. 云南开远市明威有限公司年产5万吨高级文化用纸技改项目。3. 开远市污水处理厂污水再生利用工程。4. 云南国资水泥红河有限公司6#窑余热发电建设项目。5. 云南解化清洁能源开发有限公司烟气脱硫减排综合利用项目。6. 云南解化清洁能源开发有限公司合成氨膜提氢尾气制LNG项目。7. 云南解化清洁能源开发有限公司新增2台碎煤熔渣加压气化炉项目。8. 云南龙盛能源有限公司2×300MWe褐煤循环流化床热电气多联产项目。9. 云南云天化国际化工股份有限公司红磷分公司年产20万吨MAP（磷酸一铵）及配套装置异地节能技改项目。

【重点行业发展】 煤炭工业：煤炭工业是开远市的能源支柱产业，是发展电力、化工、冶金锻造等产业的基础。2011年开远辖区煤矿企业11个，其中大型煤矿1个（云南省小龙潭矿务局国有大型露天煤矿），乡镇煤矿10个（分布于羊街乡、碑格乡和中和营镇，生产的均为无烟煤）。2011年全市产煤1208万吨，同比增长18%，其中云南省小龙潭矿务局产煤1166.4万吨，同比增长19.2%，占96.5%。云南省小龙潭矿务局属国有大型露天煤矿，是云南省重要的煤炭生产基地，1964年至1994年间进行了四次扩建，2004年启动五期扩建工程，项目计划总投资15.8亿元，采用连续工艺、半连续工艺和间断工艺相结合的综合开采工艺，建成后将形成年产煤1490万吨的规模，年利税可达1.5亿元。

2011年，全市10家煤矿企业矿区范围内剩余资源储量总计1849.5万吨，保持正常生产的矿井9个，累计生产煤炭25.2万吨，实现工业总产值7560万元，上缴利税226.8万元。2011年，全市煤矿安全投入累计达3066.1万元，其中矿建1289.9万元、土建12万元、安装54万元、设备购置1458.3万元，其他251.9万元。通过加大投入，改善基础条件，提高了煤矿装备水平和生产效率，降低了工人的劳动强度，为煤矿实施改扩建和规范化开采打下了基础。2011年，全市各煤矿累计为山区农村希望工程、道路建设等捐资242万元，并提供社会劳动就业698个工作岗位。

电力工业：电力工业依然是开远的重点工业，对滇南地区经济社会发展起重要作用。主要企业是国电开远发电有限公司、云南大唐国际红河发电有限责任公司。2011年共发电83.2亿度。

发电企业和供电企业是开远市的重要支柱产业，发电企业有国电开远发电有限责任公司、云南大唐国际红河发电有限责任公司，南桥发电站和飞鱼泽发电站。供电企业由红河供电局和开远供电有限公司向工商企业和居民供电。全市2011年共完成发电量78.8亿度。同时由于经济的快速发展和用电量逐年增加，市政府已将城市电网“十二五”规划和农网改造升级规划纳入国民经济和社会发展总体规划。提前预留变电站站址用地和相应的输配电线路走廊。2011年在城区计划新增3座110kV变电站（泸江变电站、长虹变电站、木栖黑变电站），目前完成了规划、选址、设计等工作，在乡（镇）新增2座35kV变电站（桃树变电站、绿差冲变电站）。2011年农网改造完成了小龙潭“一户一表”改造1364户，总投资1449万元，10月份启动大庄乡1442户和羊街乡110户的改造施工工程，工程完工后我市农户户表覆盖率达到了91.34%。

建材工业：建材工业企业主要有云南国资水泥红河有限公司（国家大二型企业）和羊街水泥粉磨站，全年生产（各型号）水泥233万吨，同比增长1.8%。其中云南国资水泥红河有限公司2011年全年生产（各型号）水泥190.9万吨，同比下降7.1%，实现工业总产值6.4亿元，同比下降9.9%，实现税金3587万元，同比下降28.9%。

化学工业：化学工业是开远的支柱产业，化肥生产企业主要有云南解化清洁能源开发有限公司解化化工分公司、云南云天化国际化工股份有限公司红磷分公司。2011年化肥总产量（折纯）65.7万吨。为加快发展，红河州政府把开远规划为红河工业园区开远化工区，园区占地16.6平方公里，开远化工园区范围将在原基础上增加10平方公里，达到26.6平方公里。目前园区内共有企业18户。

酿酒业：2011年饮料酒产量10512千升，同比下降18.9%。其中：白酒产量2504千升，同比增长6.6%；啤酒产量8008千升，同比下降24.6%。

红河啤酒有限公司是我市具有年产5万吨啤酒规模的啤酒生产企业，资产总额5783万元，净资产5134万元，职工171人，2011年实现工业总产值2472万元，同比下降16.4%，实现销售收入2434万元，同比下降25.9%，实现利润总额亏损726万元，比上年增亏410万元。

开远市果酒厂资产总额1970万元，净资产368万元，职工68人，2011年实现工业总产值293万元，同比下降9.6%，实现销售收入311万元，同比增长11%，实现利润总额亏损24万元，比上年减亏48万元。

制糖业：云南开远市明威有限公司是全省制糖产业链较长、综合利用效率较高的地区农业产业化重大龙头制糖企业，主要产品有成品糖、机制纸、酒精、烧碱等。2010~2011年榨季于2011年2月16日开榨，2011年3月31日结束，入榨甘蔗2.7万吨，蔗糖产量2504吨，同比下降69.2%；食用酒精439吨，自发电821万千瓦时，烧碱1391吨，实现工业总产值3475万元。

造纸业：开远市造纸企业主要有云南开远市明威有限公司和开远市泸江纸业有限责任公司两户，2011年共生产机制纸6593吨，同比下降37.2%。其中：明威公司生产文化用纸3713吨，同比下降50.3%，泸江纸业公司生产的卫生用纸2880吨，同比下降4.6%。

【非公经济发展】 2011年私营企业和个体工商户注册资金16.27亿元，私营企业注册增至10154户（含个体工商户），从业人员增至29334人，上缴税金19493.79万元。2011年汽车市场从业人员约1600人，销售机动车21000余辆[轿车15096辆（包括轿车、微型车、越野车、皮卡车等车型）、各种货车2026辆（包括农用车）]，销售收入14.4亿元，是滇南地区最大的机动车交易市场。

【节能减排】 2011年是“十二五”完成节能降耗约束性目标的开局之年，节约能源、降低消耗，用最少的投入去获取最大的经济效益是节能降耗的目标和要求。全年完成单位GDP能耗下降4.3%，2000吨标准煤以上企业开展能源审计4户。同时聘请省内有资质的中介机构对云南云天化国际化工股份有限公司红磷分公司、云南解化清洁能源开发有限公司解化化工分公司、开远金榜锰业有限责任公司和开远市羊街水泥粉磨站等4户企业开展了能源审计，且通过省级专家评审。

2011年按照州工信委、州财政局的要求，开远市制定下发了《开远市2011年城乡高效照明产品节能灯推广工作实施意见》，并利用广播、电视、墙报等宣传工具进行大力宣传，实际推广节能灯65000只。

【工业园区建设】 红河工业园区开远化工区，是红河工业园区“一园五区”中的一区，位于开远市北市区，占地16.6平方公里，园区内有云南解化清洁能源开发有限公司解化化工分公司、开远市明威有限公司、云天化国际化工股份有限公司红磷分公司等企业18户。2011年，开远化工区实现工业总产值48亿元，占全市工业总产值的42.8%，同比增长36.9%；工业增加值13亿元，占全市增加值的28.4%，同比增长35.1%；主营业务收入47.5亿元，同比增长38.1%；税收1.2亿元，同比增长29.3%；利润0.5亿元；就业职工人数6590，同比增长8%。截至2011年，园区重点企业红磷、解化、明威、金榜、林达、污水厂共完成投资7589万元，前期基础设施项目建设顺利推进。

【任职领导名单】

局　长　严正芳（8月止）
　　　　钟启鹏（8月任）
书　记　戴　勇
副书记　尚熙莉
副局长　李琴芬
　　　　张　群（12月止）
　　　　皮建春（12月任）
　　　　普忠辉（12月任）

弥勒县工业商务和信息化局

【工业经济指标完成情况】 2011年，全县完成工业总产值205亿元，同比增长15.1%。规模以上企业完成173.11亿元，增长17.1%，其中:轻工业完成136.36亿元，增长13.7%，重工业完成36.75亿元，增长31.8%；股份制经济完成171.89亿元，增长17.1%，外商及港澳台投资经济完成0.59亿元，下降6.5%，其他经济完成0.6亿元，增长65.2%。全县实现地区生产总值（GDP）167.95亿元，同比增长11.8%，（现价增长18.3%），其中：工业增加值123.69亿元，同比增长12.4%，占GDP比重的73.6%，比上年提高0.3个百分点，GDP18.3个百分点的现价增速，其中的13.9个百分点是工业创造的。规模以上工业企业完成增加值115.52亿元，同比增长14%；主营业务收入完成165.04亿元，同比增长20.9%；利税总额完成109.34亿元，同比增长21.6%；利润总额完成21.19亿元，同比增长13.7%。

【重点工业项目建设】 在实施“工业强县”战略中，认真贯彻执行“围绕优势资源抓工业、围绕优势企业抓项目、围绕优势项目抓进度”的发展思路，严格项目管理，加强协调和督促，做大做强优势支柱产业，确保重点项目建设顺利推进。2011年，经县发改、工信局备案的工业项目20项，其中：新建11项，技改9项，预计投资规模19607.29万元；上报州级备案2项，预计投资规模13655.70万元。全县完工项目14项（新开工9项，续建5项），实际完成投资8187万元；在建项目14项（新开工9项，续建5项），预计投资规模76236.20万元，累计完成投资47999万元（实际完成投资27041万元），将结转到2012年；开展前期项目17项（不含烟厂、复烤公司、雄风公司技改搬迁项目及风电、太阳能发电项目），预计投资规模446664.10万元。

【节能降耗】 2011年我县万元GDP能耗同比下降3.01%，在城市居民中全面推广高效、绿色照明节能灯共45000只。2011年认真组织县域内的3户企业开展能源审计工作，在2户企业中推行清洁生产，有1户企业创建清洁生产合格单位。3户企业都开展了清洁生产工作，其中清洁生产审核的企业已经完成并通过现场验收。为规范资源综合利用工作，提高企业对发展循环经济和建设节约型社会重要性的认识，对符合资源综合利用的企业，认真做好资源综合利用认定工作。现已通过资源综合利用认定的企业户数为2户。

【非公经济发展】 2011年，全县非公有制经济增加值完成329460万元，同比增长17.64%，占全县国民生产总值的19.61%，完成州下达计划任务322000万元的102.31%；从业人员49864人，同比增长11.0%，完成州下达计划任务48043人的103.79%。全县共登记注册非公企业16006户，2011年新开户2103户，同比增长15.12%，其中：私营企业829户，新注册企业113户，个体工商户15177户，新开户1990户；注册资金344417万元，较上年增加12255万元，同比增长36.8%；完成税收37504万元，同比增长21.13%；消费品零售总额完成125123万元，同比增长32.60%，占全社会消费品零售总额的61.42%。非公有制经济的快速发展，活跃了城乡经济、增加财政了收入、扩大了就业、维护了社会的稳定，为全县经济社会发展作了重要贡献。

【无线电管理】 完善了无线电管理机制。调整充实了县无线电管理领导小组成员，明确了责任人，组织保障到位。深入进行无线电管理法规宣传工作。发放宣传资料3000余份，悬挂宣传布标20条，接群众咨询20余人。宣传活动使广大人民群众更多地了解了无线电管理及电磁环境保护的政策和各项法律法规，明确了自身的权利和义务，收到了预期的宣传效果；同时加大行政执法力度，依法打击非法设台行为。组织工信、公安、工商、质监等部门配合州无委办在全县范围内集中组织开展对讲机清理整顿等专项治理活动，对辖区内的部分设台单位及宾馆、酒店、公共娱乐场所、住宅小区、建筑工地、公司等19个单位进行抽查。

【信息化建设】　按照省、州工信部门对政府信息系统安全检查的统一工作部署，县工业商务和信息化局认真组织开展了对全县32个政府部门信息系统安全检查工作。至12月20日，信息安全自查、信息安全抽查、信息安全分析整改、信息安全总估评估四个阶段工作已全部完成。各部门所管理的信息系统运行情况良好，没有出现任何网络及数据安全事故。

2011年，全县通信网络基础设施建设工程完成投资7816.67万元，新建116个移动通信基站；截至2011年12月31日，我县共有在网运行通信基站639个，宽带用户达20232户，宽带网络覆盖12个乡镇及下辖66个行政村，实现各乡镇及全县65%的行政村通宽带；移动电话用户达316000户，同比增长9.4%，目前移动电话用户数占全县总人口的58%。

【任职领导名单】

局　　长　陈晓斌
党委书记　白永明
副 局 长　高汝珍
　　　　　李志刚
　　　　　王体伟
　　　　　胡　伟

泸西县工业商务和信息化局

【工业经济指标完成情况】　2011年，全县共完成工业总产值（现价，下同）430127万元，同比增长18.1%。其中：轻工业完成42627万元，同比增加59.3%；重工业完成387500万元，同比增长14.8%。国有经济完成45105万元，同比增长3.7%；集体经济完成594万元，同比减少29.4%；港、澳、台经济完成8439万元，同比减少48.1%；股份制经济完成214849万元，同比增加47.1%；个私经济完成161140万元，同比增长2.2%。

【主要工业产品产量】　生产原煤233.46万吨，同比增长12%；洗煤76.88万吨，同比下降11.9%；洗精煤58.7万吨，同比下降2.6%；焦炭104.83万吨，同比增长4%。发电量完成56521万度，同比下降35.4%，其中：水力发电量53541万度，同比下降36.6%；供电量69518万度，同比下降33.9%。化肥（折纯量）11477吨，同比下降42.1%；碳酸氢铵（实物量）1287吨，同比下降69%；尿素（实物量）24154吨，同比下降41%；白酒343千升，同比下降97%；纸板纸1892吨，同比下降17.8%。

【重点项目建设】　一是泸西大为焦化有限公司5万吨/年双氧水项目，总投资1.6亿元，土建工作已完成，第一批生产设备的招标工作也已完成，累计完成投资7000万元，年底可完成基建工作；二是泸西大为焦化有限公司煤调湿项目建设用地也得到了规划和落实，采用BOT模式进行建设，设计、招投标工作已完成，建设工作将逐步展开；三是中枢（天宝）水泥厂总投资3.2亿元的日产2500吨干法水泥熟料项目，生产基建项目厂房建设已经完工，正进行设备安装，11月解决了5000万元的融资难题，年度内完成投资2700万元，2012年上半年可投产。从监测、分析情况看，全县县域工业经济增长较快，运行呈上升趋势，主要指标增幅较大，工业经济与上年同期相比增速平稳。

【非公经济发展】　全县注册登记非公经济总户数达11921户，比去年同期增长11.06%，从业人员41576人，比去年同期增长13.24%，完成考核数的105.83%；上交税金25901万元，比去年同期增长21.01%，完成考核数的118.72%；增加值198452万元，比去年同期增长21.35%，完成考核数的105.52%。

【节能降耗】　2011年万元单位GDP能耗同比下降4.03%。

云南泸西大为焦化有限责任公司，顺达矿产实业有限公司顺利完成能源审计工作，通过州级能源审计评审。分别淘汰泸西县三眼井焦化厂、泸西县圭山煤矿焦化厂、泸西县红山煤矿焦化厂、泸西县三河小团山焦化厂、泸西县宏达焦化厂落后产能5家焦化厂落后产能55万吨。完成推广4.7万只，超额完成15000只。

【清洁生产】　2011年我县组织红河森菊生物有限公司、泸西大为焦化有限责任公司2户企业分别开展清洁生产审核和创建清洁生产合格单位工作，两户企业均按审核要求完成相关工作，现等待省、州验收组组织现场审核验收。

【机构设置】　泸西县工业商务和信息化局是泸西县人民政府下属的宏观工业经济管理职能部门，主要负责推进全县工业化进程、工业产业布局规划、统筹推进信息化工作、规范流通市场、工商企业改制、执行对外经济合作相关政策、盐业行政管理、工业应急管理、能源综合利用、清洁生产规划、指导中小企业发展、统一配置和管理无线电频谱资源等工作，加挂县发展非公有制经济办公室、县盐务管理局牌子。内设办公室、人事教育科、工业经济科、商务科、综合管理科、中小企业科、电力保障科、工业园区管理科、信息化与无线电管理等9个科室。核定人员编制21名，其中行政编制17名，事业编制4名（含工勤人员编制5名）。

【任职领导名单】

书记、局长　李文彰
副 书 记　周建忠
副 局 长　李汝乔

（赵志东）

屏边县工业商务和信息化局

【工业经济运行情况】 2011年，我县全部工业总产值累计完成76281.3万元，增长21.1%；规模以上工业完成增加值18082.4万元，增长18.4%，完成主营业务收入50656.2万元，增长22.4%，完成利税总额8233万元，增长32.5%，其中：利润总额5587.4万元，增长24.5%；完成非电工业投资26415万元，增长99.5%；单位GDP能耗下降4%以上。

【技术改造】 完成云南大围山生物制药有限公司产权转让，先后投资3000余万元进行生产场地的搬迁和GMP改造，建成黄藤素原料药、草乌甲素原料药、黄藤素片、草乌甲素口服液、熊胆川贝口服液等生产线，通过了国家药号申请再注册，2010年8月企业正式投产，为做大做强我县生物医药产业奠定了坚实基础。2011年，云南大围山生物制药有限公司完成产值5357.9万元，其中销售收入3564.5万元，实现利润244.4万元。

【重点行业发展】 电力产业：屏边县蕴藏丰富水能资源，南溪河、新现河、绿水河、那么果河纵贯全境，河流总长330公里，水流湍急，落差大，水能理论蕴藏量56.94万千瓦，可开发利用25万千瓦。目前已引进多家企业在那么果河、南溪河、新现河、绿水河、四岔河、金厂河、西域河上建有28座水电站，总装机容量17.2万千瓦，年发电量9.4亿千瓦时以上，实现电力工业产值2亿元以上。

化工、冶金产业：通过改革、联合重组、技术改造、淘汰落后产能，黄磷、铁合金工业从无到有、由小变大，产能规模和竞争实力明显增强。

矿产业：屏边县矿产资源主要有煤、钒、锑、铁、铅、锌、锰、硅、大理石、花岗石等，其中优质煤矿燃烧值在6000~7000卡之间，高于标准煤的燃烧值，目前已引进云南省煤化工集团进行风险探矿，预计储量约为25亿吨；大理石预计储量15亿立方米，是全国少有的巨型大理石矿山之一；预计钒矿远景资源量30万金属吨，属一个中大型矿山的规模；初步探明46平方公里范围内具有锑矿资源，且储量十分丰富。截至目前，屏边县已先后引进17家企业在县内多个矿点进行勘探开发，目前，正着力有序推进鑫隆达公司在和平乡的锑矿探矿工作和省地矿公司在湾塘乡的钒矿探矿工作，并取得了阶段性进展。部分矿区呈现出了良好的开发前景，有望在“十二五”打造成为新的工业发展亮点。

生物产业：屏边县是全国造林绿化先进县和全省林业基地示范县，全县有森林面积168万亩，森林覆盖率67.8%。境内大围山国家级自然保护区蕴藏着古老而珍稀的野生植物188科3619种，其中属国家级、省级重点保护的115种；各种动物35目111科555种，其中属国家重点保护的25种。生长着东京龙脑香、苏铁、鸡毛松、柏乐树等国家重点保护植物57种，屏边苏铁、多头桫椤、中华蜂猴、中华赤面猴堪称“屏边四绝”。大围山被誉为“科学家的乐园”、“动植物基因库”。珍稀生物资源有熊胆、大黄藤、红豆杉、石斛等，被认定为云南省20个“云药之乡”县市之一。目前，全县累计完成红豆杉种植18500亩；种植药用石斛1000亩，自主选育出“红鑫1号”铁皮石斛新品种；建立大黄藤种苗基地15亩，培育种苗375万株，推广种植13021亩，并对企业进行股权重组，对鱼腥草注射液、黄藤素注射液、黄藤素片、草乌甲素、草乌甲素注射液、灭菌注射用水、熊胆川贝口服液、草乌甲素口服液、黄藤素、熊胆粉10个药号实施GMP改造，2010年8月云南大围山生物制药有限公司顺利通过国家食品药品监督管理局的GMP认证并投入生产。

建材工业：通过招商引资，先后引进了广东、浙江、昆明等三户企业到我县投资开发大理石，现已初步完成了大理石矿权整合。为尽快推动三户企业落地实施项目建设，针对加工用地难以及时配置项目需要的实际困难，经县人民政府分管领导牵头，组织有关部门现场调研，确定了将县生物科技产业基地新现片区的农特产品、林产品加工组团，仓储物流组团调整为建材产业加工区。目前已委托云南省轻纺工业设计院编制项目可行性研究报告，报告基本成型，经综合评价，项目可行。该项目占地47.3公顷，规划为建筑工业陶瓷加工区、石材加工区、新型建筑墙体材料加工区和仓储物流四个功能区。

煤炭工业：在2010年全面完成地质普查并开展蒙自水田矿区钻探的基础上，为加快对我县辖区煤炭资源的勘探工作，经过多方协调努力，目前，由省煤化工集团和红河州国土资源局委托云南省地方煤炭公司完成了对新现期咪矿区洞探设计，并组织开展项目招投标，由省143地质队对该矿区进行勘探设计，设计审查通过后，将由143地质队按规范要求开展勘探，各项要件工作正在有序推进。

【非公经济】 2011年，全县非公经济企业户数3734户，同比增长9.86%；从业人员7998人，完成增加值41529万元。

【产业结构调整】 在推动屏边县科学发展、和谐发展、跨越发展的新征途中，要实现工业发展的大跨越，关键要大力推进新型工业化，坚定不移地实施“绿色经济立县”和“特色工业富县”战略。要突出屏边特色，做大做强优势产业。

发展生物制药产业，既是屏边优势和特色所在，也是加快转变经济发展方式，走特色发展道路的关键。以大黄藤、石斛、红豆杉、黑熊繁养和熊胆系列为重点，在政策、融资、土地使用等方面向生物制药产业倾斜，大力发展生物制药产业。树立生物药业参与国际竞争的意识，加大产品研发力度，加强市场调研和效益分析，提高产品生产附加值，提升产业化生产水平。

屏边县境内矿藏资源丰富，大力发展矿产业，逐步把矿产业培植成屏边县重要支柱产业之一。

【安全生产管理】 2011年，我局始终坚持以“安全第一、预防为主”的方针，狠抓安全生产基础工作，严格落实安全生产责任，强化安全生产专项整治，广泛开展安全生产教育培训，保持了工商信系统安全生产形式的平稳态势。

【节能降耗】 2011年，完成全年单位GDP能耗下降4%的目标，一是及时分解任务指标，确定重点用能企业，加强监管，强化服务，推行企业清洁生产审核2户。二是建立统计、监测和考核体系，与相关部门紧密联合，齐抓共管。定期召开专题分析会议，实行统计数字联审联报制度。三是按时完成淘汰落后产能扫尾任务，废毁了屏边卓尔硅业公司的6300kVA工业电硅炉一座。

【工业园区建设】 屏边县从2007年底开始谋划工业园区建设，2008年屏边县生物科技产业基地得到省工信委批复建设。屏边县生物科技产业基地按照“一带两极五组团”的结构进行空间布局。“一带”是指新现乡至滴水层沿昆河公路两侧面山片通过生物资源种植构成的绿色经济带，规划范围从道路边脚到路边山顶为止。海拔高度在950~1900米之间，总面积为516.75公顷。“两极”分别指新现片区为主体构成的工业增长极和以县城为核心、滴水片区生物工业旅游组团为窗口构成的工业、旅游业互动极。“五组团”分别指生物制药组团，农特产品和林产品加工组团，仓储物流组团，综合服务、居住配套组团，生物工业旅游组团。

基地规划总面积10.65平方公里，建设总投资4.5亿元，分滴水、新现两个片区，采取滚动开发的方式，按近、中、远三期完成。滴水生物医药园区。占地28.49公顷（427.35亩），总投资4500万元。片区规划功能布局融生态美景、新型工业、购物娱乐、旅游美食、仓储物流五位一体，是工业和旅游业紧密结合的区域。我县先后筹资2000万元，完成该片区土地征迁报批手续，并于2011年5月开工建设“三通一平”工程，目前已经完成1、2、3、4、5号路段宽14米、总长1706米的路基基底开挖填方工程，并启动1~5号道路雨水管网等工程建设，整个项目（含征地费）累计完成投资近3000万元。目前，有7户企业申请入园，通过严格筛选，屏边大围山生物制药有限公司已入园并实现投产，批准了红河群鑫石斛有限公司入园，八仙林紫山药加工厂正在筹建和审批中。新现建材产业园区。作为产业基地二期开发，规划面积520公顷（5.2平方公里），规划主要功能为建材加工区、农特产品、林产品加工和仓储物流功能区。根据当前屏边工业发展的现实需要，为尽快促成以大理石为主的建材产业发展，对上述部分功能区域调整出47.3公顷规划为屏边建材产业园，该产业园位于新现乡洗马塘村委会，功能布局为“一中心、四片区”。一中心：即以行政办公、商业金融服务为主的中心服务区；四片区：即建筑工业陶瓷加工区、石材加工区、新型建筑墙体材料加工区、仓储物流区。该建材产业园完成了可研报告，其余工作正在积极推进中。

目前，“屏边县生物科技产业基地”拟更名为“屏边工业园区”，“一园（屏边工业园）两区（滴水生物医药园区和新现建材产业园区）”的构想得到了上级主管部门的认可，调规修编及其他各项工作稳步有序推进。

【机构改革】 1953年7月供销合作社将全县个体手工业组织起来成立生产小组。1954年发展为手工业生产合作社。1956年6月成立手工业联合社。1968年2月成立手工业局三人领导小组，6月成立革委会。1970年8月并入工交局革委会。1971年10月设手工业局。1978年2月更名轻工业局。1981年5月并经济委员会。1983年划出成立轻工业公司。1987年5月，更名轻工业局。1993年改工业局。1995年12月改经济贸易委员会。2002年将商业局、乡镇企业局、体改委划入，更名经济贸易局。2010年11月设立工业商务和信息化局。

【年度任职领导名单】

政协副主席、局长　木　伟
书记、副局长　邢林生
纪委书记　付庭龙
副局长　刘侍能
　　　　黄中胜

（何　平）

元阳县工业商务和信息化局

【工业经济运行情况】 2011年，全县完成工业总产值115330万元，同比增长68%。其中：规模以上工业企业完成工业增加值43241万元、同比增长76.9%，完成主营业收入96791万元、同比增长97%；完成利税总额39873万元、同比增长58%，完成利润总额34578万元、同比增长56.5%。

主要工业产品产量：白砂糖9500.15吨、同比下降34.8%，成品金1107.36千克、同比增长37.6%，含量金1073.91千克、同比增长170%，铅精矿3199.72吨、同比增长75.4%，铜精矿951.34吨、同比增长66.4%，白银5158.42千克、同比增长34.1%，发电量27186万度、同比增长33.7%，自来水产量148万吨、同比下降2.6%。

【技术创新】 2011年，元阳县继续推动企业技术进步，着力抓好一批重点企业的技术改造项目建设，实现以科技进步带动经济增长，组织实施了元阳县华黄金有限公司450吨/日采选厂改扩建及尾矿库、元阳英茂糖业有限公司资源综合利用自备电厂建设等项目。全年累计完成企业技术改造资金28450万元，同比增长18.5%。

【安全管理】 2011年，紧紧围绕“安全生产年”这一条主线，强化组织领导，认真落实企业安全生产责任，工作责任层层分解、层层抓落实，与28户工信系统生产企业签证了安全生产责任书。加强与安监、公安、国土、质监、劳动、工商等部门的协调与配合，在非煤矿山、危险化学品等领域组织开展联合执法，全年共派出安全生产检查505人（次），检查生产经营单位20多家（次），对检查中发现的安全隐患，及时督促进行整改。

【节能减排】 2011年，元阳县继续强化节能管理，积极推进清洁生产审核工作，不断降低企业生产成本，提高资源综合利用率，全县完成单位GDP能耗下降3.55%，实现了单位GDP能耗下降3.5%的目标。组织实施财政补贴高效照明产品推广工作，完成推广节能灯16000只，完成州级下达任务数的100%；积极开展淘汰落后产能工作，关闭拆除了云南慧丰实业有限公司年产3万吨酒精生产线；实施了元阳县云梯大酒店有限公司清洁生产审核工作，并对我县自2008年至2010年实施清洁生产审核的元阳县华西黄金有限公司、元阳县铁合金厂、元阳县天生桥农业开发有限责任公司、元阳县紫燕水泥有限公司、元阳县自来水厂5户企业，省、州专家进行现场评估验收，5户企业验收合格并颁发了相关证照。

【中小企业发展】 2011年，元阳县共有中小企业200户，比去年同期增长21.2%；从业人员2874人，比去年同期增长29.4%；完成生产总值16256万元，比去年同期增长9.5%；实现消费品零售总额为30144万元，比去年同期增长15.7%。

【无线电管理与监督检查】 2011年，元阳县强化无线电监管工作，积极开展无线电监督检查工作，配合州工信委无线电检查组到南沙大酒店、恒源大酒店检查无线电设备的使用和管理情况；认真贯彻落实无线电管理政策法规，加大宣传力度，联合电信、移动、联通开展了2011年度无线管理宣传活动，悬挂布标2条，发放宣传材料200份。

【信息化建设与安全管理】 2011年，元阳县认真抓好信息化推进和建设工作，强化信息安全监管。协同县政府电子政务中心及相关通讯部门，推进OA办公系统及党政机关门户网站建设工作。根据省州关于开展党政机关网站安全专项整治的要求，开展了网站安全专项整治工作，通过清理共有党政机关71个网站，其中：部门自建3个（元阳县教育局网站、元阳党建网、元阳县畜牧兽医局），其他68户的网站均为省州分配域名，本单位只有信息发布、更新维护权限，服务器不在本地，均为非经营性质，对自建网站提出了整改意见。

【产业结构调整】 2011年，元阳县进一步优化升级产业结构，充分利用境内资源优势，大力发展以甘蔗、木薯为主的糖酒、淀粉产业，以水能为主的电力产业开发，壮大以黄金为主的矿产品加工业。重点把传统支柱产业优化升级放在重要位置，用高新技术和先进适用技术改造传统产业，组织实施了元阳县华西黄金有限公司采、选、冶生产功能提升工程，积极推进石膏、硅石等矿产品的开发和深加工，不断提高产品的技术含量和附加值。大力推广应用节能降耗技术，以及资源综合利用项目建设，促进经济发展方式的根本转变，积极推进元阳英茂糖业有限公司资源综合利用自备电厂项目建设、元阳县红泰糖业有限责任公司5.3MW沼气发电站和年产3万吨液态二氧化碳项目筹建等工作。

【任职领导名单】

局　　长　高少云

党委书记　李　源

副 局 长　余锦荣

　　　　　曹安明

　　　　　张春玺

金平县工业商务和信息化局

【工业经济指标完成情况】 2011年，金平县实现工业总产值18.48亿元，按可比价计算比去年同期增长2.14%，其中：规模以上工业实现产值15.92亿元，同比增长1.82%。规模以上工业实现增加值5.69亿元，同比增长4.08%。

【主要工业产品】 2011年，铁矿完成产量101.65万吨，同比增长53.67%；铜精矿完成产量414吨，同比增长1.22%；高冰镍完成产量1387吨，同比下降22.38%；球团完成产量38万吨，同比增长11.34%；水泥产量2.76万吨，同比下降13.26%；发电量199225万千瓦时，同比增长11.29%；黄金59千克，同比增长1.72%；红砖984万块，同比下降30.95%。

为全面清理金平电力公司的资产、债权和债务，于2010年4月成立金平电力公司资产及债权债务清理工作领导小组，组织对金平电力公司及关联公司的资产、债权、债务等进行清理整顿。并于年内成立金平分局，成为云南电网公司的子公司，按照南方电网公司规定执行，纳入云南电网农电一体化管理，目前正在进一步清理整顿中。

【重点项目建设】 红河恒昊股份有限公司金平分公司新安里铜镍矿探采选项目完成930米中段1440米坑内探矿工程目前仍在停工；长安冲铜钼矿探采选工程已经完工；金平昆钢金河有限责任公司高钛渣综合回收利用年产12000吨钛精矿工程在做前期工作；其他各项指标均按州级下达的目标任务逐月完成进度。

【清洁生产】 2011年我县清洁生产工作任务为1户，我县已有3户企业开展清洁生产工作，超额完成州下达任务数1户的指标。

【节能降耗】 年内我县10户规模以上企业累计综合能耗35773.44吨标煤，

比去年同期增加3.9%；单位增加值能耗0.62吨标煤/万元，比去年同期下降1.6%，年内全面完成GDP能耗下降3.5%的目标任务。

【非公有制经济】 2011年州级下达实现增加值任务数65304万元，年内完成州级下达任务数65304万元；州级下达从业人员任务数12377人，年内完成州下达任务12377人。

【招商引资】 2011年金平县共实施经济合作项目13个（2010年结转项目5个），新签项目5个。实施的项目累计协议总投资额393570万元，其中：省外合作投资额374767万元，其他地州合作投资额18803万元。州外到位资金110084万元，完成州下达任务数的100%；省外到位资金92281万元，完成州下达任务数的115.4%。所实施的经济技术协作项目效果显著，带动和促进了全县经济的发展，进一步推动了我县对外开放全面实施西部大开发战略，营造了良好的投资环境，拓宽合作领域，形成全方位、多层次、宽领域的新格局。

【任职领导名单】

党委书记、局长　陈　刚
党 委 副 书 记　王光天
副　　局　　长　吴绍有
　　　　　　　　黄　斌
　　　　　　　　杨学斌
　　　　　　　　李玉辉

（缪素睿）

文山壮族苗族自治州

文山州工业和信息化委员会

【工业经济运行情况】 2011年，文山州工业完成工业总产值311亿元，同比增长24.2%，完成考核目标的103.7%，超全年任务目标11亿元；完成工业增加值113亿元，同比增长21.6%，超全年任务目标3亿元；规模以上工业完成增加值90.1亿元，同比增长24.2%，完成考核目标的100.2%，超全年任务目标0.1亿元；规模以上主营业务收入198.1亿元，同比增长22.2%；规模以上利税总额46.3亿元，同比增长31.9%，完成考核目标的110.3%，超全年任务目标4.3亿元；规模以上利润总额29亿元，同比增长27.9%，完成考核目标的116.1%，超全年任务目标4亿元。非电工业投资完成62.01亿元，同比增长22.6%；单位GDP能耗下降2.71%。

2011年，全州工业经济规模进一步扩大，对经济增长的贡献进一步提高，为国民经济的发展提供了有力的支撑。2011年，全州GDP完成401.4亿元，工业占28.2%，所占比重比上年同期上升了0.9个百分点，工业拉动GDP增长14.2%中的5.9个百分点，比上年同期上升1.6个百分点，对全州经济增长的贡献率达41.7%，比上年同期上升8.5个百分点。工业成为全州财政收入的主要来源和重点支撑。2011年全州整个工业上交税收总额16.8亿元，增长26.7%，占全州财政总收入的34.6%，其中：工业上交国税12.4亿元，增长40.0%，占全部国税收入的58.8%。

2011年，全州加大技术改造、技术创新和节能降耗力度，努力推进新型工业化进程，全州产品产销衔接较好、流动资金使用情况良好、企业获利能力增强、企业资产增值加快、降低成本成效显著，经济运行质量进一步提高，盈利能力不断增强。2011年，全州规模以上工业实现主营业务收入198.1亿元，增长22.2%；利税总额46.3亿元，增长31.9%，利润29亿元，增长27.9%；资产总额282.5亿元，增长14.2%；资产负债率59.7%，与上年同期相比下降1.9个百分点；所有者权益114亿元，增长20%；人均创造增加值35万元，同比净增1万元。

【技术创新与技术改造】 2011年，出台了《文山州企业技术中心管理办法（试行）》，分别完成了2个省级企业技术中心、1个省级质量控制与评价实验室、2个州级企业技术中心的培育和认定。云南华联锌铟股份有限公司铜街—曼家寨矿段采矿能力由100万吨/年扩建至210万吨/年、选厂由日处理原矿2000吨扩建至8000吨扩建项目，丘北县达平食品有限责任公司年产25000吨农特产品生产线技改扩建暨冷链系统建设项目，云南特安呐制药股份有限公司（云南省2010年质量管理与标准化示范企业）三七总皂苷提取质量技术攻关项目，文山通用机械制造有限责任公司LHP500型破碎成套设备开发新产品产业化项目，云南文山七丹药业股份有限公司三七饮片及三七提取物技术开发项目、云南人羞花化妆品有限公司三七系列化妆品男士系列套新产品产业化项目和云南太阳魂酒业有限公司朗姆酒新产品产业化项目，分别列入2011年省重点技术创新项目计划扎实推进。积极推动工业产品质量与标准化建设，在食品、农产品、装备制造、生物制药等行业落实质量与标准化主体责任，在砚山同和和华博2家公司启动了工业产品质量与标准化科技示范和管理规范活动，举办了全州第一届工业企业产品质量与标准化培训班，培训200余人次。积极推行企业技术改造，2011年全州新增扩能技术改造项目15个、新产品产业化项目6个、创新能力平台建设项目6个、企业信息化建设项目5个、质量攻关项目2个，农业产业化项目6个，在企业技术创新领域争取国家、省级资金扶持2300多万元。

【重点行业发展】 2011年，全州规模工业冶金、电力、三七制药、烟叶复烤、煤炭和建材6大行业共完成主营业务收入93.8亿元，同比增长24.9%；实现利税41.8亿元，占全州规模工业利税总额的90.3%，同比增长32.0%。其中，电力行业实现利税总额13.5亿元，同比增长55.2%；煤炭5.4亿元，同比增长40.4%；冶金15.0亿元，同比增长15.4%；烟叶复烤5.3亿元，同比增长15.8%；三七制药1.0亿元，同比增长14.2%；建材1.7亿元，同比增长12.6%。

【非公经济和中小企业发展】 积极主动地为非公、中小企业搞好协调服务，引导、帮助企业不断加强管理，挖潜增效，努力降低生产成本。出台了《文山州促进企业上市奖励办法（暂行）》，并建立了全州非公和中小上市培育后备企业库。加强非公中小企业融资协调，积极推进银企合作，组织53个项目向各商业银行推介，推介意向39.8亿元。2011年，全州非公经济实现增加值198亿元，增长15.9%，占全州地方生产总值的49.3%；上缴税金10.97亿元，增长31.3%；非公经济总户数为68950户，从业人员140530人；注册资金137.9亿元，增长16.5%。

【产业结构调整】 2011年，全州工业在全州经济中的份额进一步扩大，对经济增长的贡献进一步提高。全州地区生产总值完成401.4亿元，增长14.2%，比去年同期13%上升了1.2个百分点，其中，第一产业实现增加值91.5亿元，增长8%；第二产业实现增加值154.2亿元，增长21.5%；第三产业实现增加值155.7亿元，增长10.9%。一、二、三产业结构比由2010年的22.2：37.0：40.8调整为22.8：38.4：38.8。全部工业完成增加值113亿元，同比增长21.6%，比去年同期上升了5.6个百分点，占全州生产总值的28.2%，所占比重比去年同期上升了0.9个百分点，工业拉动GDP增长14.2%中的5.9个百分点，比上年同期上升1.6个百分点，对全州经济增长的贡献率达41.7%，比上年同期上升8.5个百分点。

【信息化建设与安全管理】 2011年，认真组织开展了《云南省信息化促进条例》执法检查工作，起草了“关于推进文山州政务信息岛建设的实施办法”和“文山州工程建设领域项目信息公开和诚信体系建设工作实施方案”。成功处理一起网站被黑客攻击事件，开展全州党政机关网站安全专项整治，对域名注册和管理不规范的网站进行了清理和规范，有效推进了全州党政机关网站安全工作的深入开展。政府信息公开和96128专线建设成效明显，召开了“全州政府信息公开推进工作会议”，全州通过各种媒介共向社会公开政府信息10余万条（次、期）；报请州政府成立了“文山州政务服务96128专线品牌化建设领导小组”，理顺了我州96128专线工作的领导体制，建立了有效的工作机制；下发了《关于进一步做好政务服务96128专线建设工作的通知》，进一步规范了政务服务96128专线工作；更新完善300余家单位的96128专线数据库基础信息近1万条，对各专线服务单位的基础信息全部进行了重新审核；组织召开了96128专线品牌化建设专题培训会，共培训人员500余人次，并为全州各专线服务单位免费安装专线服务电话和专线联络员配置专用手机498部。2011年，文山州96128专线查询中心共接到查询电话5646人（次），转接2899人（次），转接成功1974人（次），转接成功率90.38%；用户满意数1928人（次），用户满意率97.66%。延伸服务时间共接到留言97条，已全部回复办结，留言回复办结率100%。

【无线电管理与监督检查】 充分发挥无线电业务对经济社会发展的重要推动作用，进一步加强了无线电台站管理，促进公众通信、公共安全、交通物流等经济社会领域无线电基础设施的发展。2月23日至3月中旬，积极开展边境口岸现场全频段测试和边境地区无线电频率台站址调查，建立边境监测数据库，及时掌握涉外有关频率、台站、电磁环境状况和无线电信号越界覆盖情况等数据，为“桥头堡”建设和电信企业“走出去”做好前期准备工作，维护了国家通讯安全。扎实推进新版无线电台站数据库建设工作，在规定时间内，按质按量录入台站基础数据4531个，审查并许可中国联通文山分公司新建基站701个；对80个单位下发了《无线电频率占用费征缴通知书》，全年共征收频率占用费11.757万元；积极做好公众移动通信基站的检测工作，对中国电信文山分公司、中国联通文山分公司共60个基站进行了检测；扎实开展了“无线电管理安全月”宣传活动，积极推进4期建设；在重要节日、重要关口时段加大无线电监测力度，保证了无线电监管安全。2011年，全州共有无线台站204.63万部，其中固定无线台站3455座，比上年增长37%；全州蜂窝网移动用户194.3万户，对讲机用户1100户，手持移动用户已超全州总人口的60%；全州农村无线接入网用户9.9万户；全州投入使用的无线局域网（WLAN）热点已达到78个，信息承载和应用能力大幅增强，经济和社会领域信息化水平全面提升。

【安全生产管理】 建立委领导和相关科室挂钩联系企业维稳工作制度，加强与州信访、劳动和社会保障等部门的沟通与联系，加大对改制后企业历史遗留问题的监控和协调解决力度。一是挂钩领导和责任科室经常深入企业，跟踪掌握企业稳定工作情况，增强工作的预判性和主动性，及时协调解决企业和职工反映的困难和问题，变被动接待上访为主动下访，力争把问题处理在基层，解决在萌芽状态。二是认真接访处置。今年以来接访处置华联锌铟公司、化工公司、云荷纸业公司、金塑厂、六河发电公司、云鑫工贸公司、原州织染厂等企业群访24次，接待来访人员292人次。三是对州级领导带案下访的案件，积极做好综合协调工作，按要求起草相关材料报送相关领导和部门，为州级领导带案下访做好准备和服务工作。四是敦促各相关企业及时成立维稳工作领导机构，建立健全各项工作制度，明确责任人，积极主动处理解决出现的不稳定隐患。五是加强安全生产工作。积极履行行业安全监管责任，狠抓安全生产“一岗双责”制度的落实，配合相关部门督促企业开展安全生产整治，督促企业按期整改，全州工矿行业安全生产形势良好。

【节能降耗】 根据省政府“十二五”总体节能目标，研究制定全州节能目标任务分解方案，将省“十二五”及2011年节能目标分解到各县（市）、行业主管部门和重点耗能企业。在上半年单位GDP能耗不降反升3.18%的不利形势下，及时采取措施，加大节能降耗工作力度，联合州统计局召开全州节能降耗工作培训会议，对全州负责节能降耗工作和能源统计人员进行了综合性的业务培训。通过抓好近期和远期节能降耗工作，落实各项措施，完成了全年单位GDP能耗下降2.6%的目标任务。按时限要求顺利淘汰了文山金仪铟业科技有限公司3×6300KVA矿热电炉、文山市兴业矿冶有限公司2条赫氏炉、马关县合源矿业有限公司1×6平方米赫氏炉。以清洁生产、资源综合利用推动节能降耗成果，2011年全州通过资源综合利用认定并享受资源综合利用优惠政策的企业共5户，综合利用硫酸渣、铁合金炉渣、锌精矿含硫等二次资源16.4万吨、回收废旧金属265吨，生产硫酸8.6万吨、复合硅酸盐水泥28.3万吨，余热发电2880万度，供生产用电2578万度，产生效益约710万万元，节约标煤9024吨。综合利用产品实现销售收入1.04亿元、利税总额3651万元、利润2069万元；获减免税350万元，其中，增值税316.5万元、所得税33.5万元。

【工业园区建设】 2011年，文山州委、州政府领导高度重视工业园区建设，多次召开会议，安排部署加快园区建设发展工作，并经常深入园区进行督促指导，开展了“扩权强园区”工作，理顺文山马塘工业园区和文山三七产业园区执法的管理体制，将2个园区移交文山市人民政府管理。按照“工业上山”要求，积极组织做好《文山州“十二五”工业园区建设发展规划》和《文山州“十二五”工业园区规划建设工作方案》，督促指导9个工业园区管委会调整修编工业园区总体规划和具体的功能规划，搞好《环境影响评价报告》的编制，确保坝区优质耕地得到有效保护，实现耕地高效节约利用。与昆明市工信委签订协议合作打造砚山承接产业示范园和富宁边境贸易工业园2个示范园区，共同发展沿线特色产业和边境贸易，吸引省内外大产业、大企业、大集团、大项目进入示范园发展，新引进海螺、英茂、新长征、中豪置业、森仕、美泰等一批企业进入园区发展，辐射带动和聚集效应初步显现。改变服务方式，提高服务效率，加大以水、电、路、标准厂房为主的基础设施建设。抓好省级重点工业园区的申报工作，努力争取将砚山、丘北工业园区列入省级重点工业园区，将马关、富宁、麻栗坡工业园区列入省级重点边境贸易加工园区规划。2011年，全州7个工业园区入园企业190户，完成工业总产值118.7亿元，同比增长33.97%；实现工业增加值36.09亿元，同比增长29.17%；销售收入107.1亿元，同比增长32.27%；税金4.38亿元，同比增长25.5%；利润6.14亿元，同比增长19.69%；完成固定资产投资23.38亿元，基础设施投资15.21亿元，投资4.61亿元建成标准厂房27.74万平方米。

【大事记】 1月31日，州工信委科级领导干部竞争上岗全部结束，20名科长、6名副科长、1名科室负责人以及各科室人员全部就位，委内部机构改革圆满完成。

2月23日至3月8日，州工信委开展2011年边境地区第一阶段无线电频率台站调查工作。

2月24日，州工信委牵头，组织国土、环保、发改、水务、住建等部门和文山电力股份公司人员参与组成2个工业园区扩权强园区调研组，分别深入文山市、砚山县、丘北县开展扩权强园区调研。

2月28日至3月3日，州工信委举办文山州新版无线电台站数据库培训会议。

3月9日，全州2011年工业和信息化工作会议召开，李国沛副州长出席会议并讲话，州工信委刘云洲主任作工作报告。

3月9日，州工信委召开8县市经济商务局局长座谈会，刘云洲主任对贯彻落实全州工业和信息化工作会议精神提出8点要求，对全力完成2011年工业经济发展各项责任目标任务作再动员。

3月10日，州政府、州工信委牵头召开加快推进文山年产80万吨氧化铝项目建设协调推进会，集中研究制约项目按期投产的瓶颈问题，协调文山市、砚山县、西畴县政府，州国土局、交通局、水务局、文山氧化铝公司和铝都物流公司提出了下一步工作的措施和办法。

3月17日中午11时30分，州工信委刘云洲主任主持召开紧急会议，研究措施应对食盐抢购风。下午14时30分，州政府李国沛副州长召集州发改、工信、公安、工商、商务、质监、宣传、广电、交通、盐务、物价、供销、盐化文山分公司等有关部门和单位负责人召开紧急会议，研究部署缓解食盐供应紧张局面、稳定食盐市场秩序工作。当晚，州政府通过新闻媒体发布《关于稳定食盐市场供应的通告》；盐务管理局下发《关于加强市场监管维护食盐市场稳定工作的紧急通知》。

3月18日，州盐务局局长陈太红率领由工商、物价、盐务等相关部门组成的联合检查组，对食盐市场开展巡回监管检查和宣传；云南盐化文山分公司紧急调运2471吨食盐供应全州市场；19日食盐抢购风基本平息。

4月11日至14日，省工信委主任助理安建伟在州工信委刘云洲主任的陪同下，调研文山州工业园区建设发展情况。

4月15日，《文山州“十二五”工业和信息化发展规划及子规划》通过评审。

4月18日，州工信委主任刘云洲与昆明市工信委主任陈浩在昆明签署《关于开展昆明—文山国际大通道建设和边境贸易合作战略意向书》。

5月4至5日，曲靖市工信委考察团至文山参观考察，文山州工信委领导及相关科室负责人与曲靖市工信委座谈。

5月23日，文山州人民政府在州政府会议厅召开全州低碳节能减排工作会议。

5月26日，州政府第52次常务会议讨论通过州工信委起草的《文山州人民政府关于加快文山州酒产业发展实施意见》和《文山州“十二五”酒产业发展专项规划》、《文山州企业技术中心管理办法》，并理顺文山马塘工业园区和文山三七产业园区管理体制，一并移交文山市人民政府。

8月3~6日，云南英茂糖业有限公司调研组入文调研蔗糖产业发展情况，8月6日，文山州人民政府与云南英茂糖业有限公司签署了合作框架协议。

9月22日，在第七届泛珠三角区域合作与发展论坛暨经贸洽谈会上，文山州人民政府与安徽海螺集团签署了总投资30亿元的项目建设协议。

10月12日至13日，省政府督查组对我州节能减排工作进行专项督查。

10月13日，州工信委召开8县市经济商务局（经济商务和外事局）局长工作会议，总结前3季度工业经济工作，分析面临的形势和问题，研究贯彻省政府185号文件的工作措施，安排部署第四季度工业经济工作。

【任职领导名单】

主　任　刘云洲
副书记　许永谦
副主任　沈　碧（壮）
　　　　王维俊
　　　　陈太红（壮）
　　　　杨绍明

（谭金海）

文山市经济商务局

【工业经济指标完成情况】　2011年，文山市完成工业总产值110.2亿元，同比增长28%，完成目标任务的100.1%；完成全部工业增加值47.5亿元，同比增长22.3%，完成目标任务的100%；规模以上工业实现增加值37.3亿元，增长26.4%，完成目标任务的86.7%；规模以上实现主营业务收入72.6亿元，增长21.2%，完成目标任务的100.1%；规模以上实现利税总额16.1亿元，增长35.4%，完成目标任务的100.6%。规模以上实现利润总额9.6亿元，增长21.3%，完成目标任务的101%；万元GDP能耗下降3.51%；非公经济增加值完成59.8亿元，同比增长15.7%，完成目标任务的105%；非公企业户数19434户，比去年增加2305户；其中：私营企业1309户，个体工商户18125户。

【考核奖励】　继续贯彻落实文山市2008年出台的《关于加快推进新型工业化发展的实施意见》，及时兑现了云南文山电力股份有限公司、云南特安呐制药股份有限公司等26户工业企业，国有企业税收奖励、非公企业税收奖励、省级技术中心认定奖励、“倍增行动”计划考核奖励共计158.15万元。

【项目建设】　一是抓紧在建工业项目建设。全力确保80万吨氧化铝项目年底投入试生产，抓好天南冶公司氯碱项目、云科药业公司三七自动化提取生产线、龙欢酒业公司2000吨三七酒及白酒生产线搬迁技改、通用机械公司搬迁技改、文山中泰锰业有限公司矿渣堆放场建设、文山金仪铟业科技有限责任公司锌生产线扩建等一批在建工业项目的建设进度。二是抓好工业项目前期和开工工作。争取复烤厂搬迁、金旺药业公司三七粉生产线、紫文公司三七胶囊生产线、冯家粮油公司面条生产线扩建等一批项目开工建设，积极推进40万吨氧化铝扩建、电解铝、铝型材、赤泥废渣利用、文山糖厂搬迁、化工公司搬迁、林产品综合加工、金光集团公司林浆纤维一体化等重点工业项目的前期工作，为项目及早开工建设创造条件。三是抓好已建项目的达标达产工作。重点抓好壮山公司三线技改、七丹公司、苗乡三七公司、中泰锰业公司二期等一批已建项目的达标达产工作，加强对企业的生产、管理、统计、培训等指导。四是抓住国家关于中西部地区承接产业转移的契机，组织研究和实施一批矿产品精深加工、农副产品精深加工、生物资源精深加工、新能源开发等项目，更加积极主动地对接东部地区产业转移，努力在构建承接东部产业转移的基地上取得实质性进展。

【节能降耗、淘汰落后产能工作】　一是加强对重点耗能企业的监督检查，实施重点企业对标管理，建立重点能耗行业和主要工业产品单位能耗指标考核体系，6月23日，组织规模以上工业企业统计员开展统计培训会，并将节能降耗任务分解到重点耗能企业，明确责任领导和责任人。二是充分利用新闻媒体广泛开展节能降耗宣传教育，积极做好节能宣传月、周活动，加大企业能源计量管理、统计、审计、行业对标管理等工作力度，建立健全能源统计台账等基础工作，加强节能基础培训和节能技术交流，加强节能降耗检查，重点抓好规模以上工业企业和耗能大户节能降耗工作，同时抓好非工业领域的节能降耗工作。三是坚决淘汰落后生产能力，大力发展循环经济，认真对照国家产业政策，深入相关企业调查研究，全面梳理铁合金（含工业硅）、锌冶炼、水泥、造纸等行业产能及现有生产设备情况，及时上报省、州工信部门，为全面完成2011年我市淘汰落后产能任务奠定了坚实基础。根据云南省工业和信息化委员会公告2011年第3号文件要求，文山市共有文山市金仪铟业科技有限责任公司3台6300KVA工业硅生产线矿热电炉，文山兴业矿冶有限责任公司2条赫氏炉简易冷凝法氧化锌粉生产线列入全省淘汰落后产能任务。截至6月底，文山市金仪铟业科技有限责任公司3台6300KVA工业硅生产线矿热电炉炉壳、电极、变压器已拆除完毕，并新建2条锌矿处理回转窑和2台12500KVA锌粉生产电炉；文山兴业矿冶有限责任公司2条氏炉简易冷凝法氧化锌粉生产线炉体、氧化室、尘降室、冷凝系统、引风设备及鼓风设备已拆除完毕，提前半年完成淘汰落后产能任务。

【工业园区建设】 一是根据州委、州政府的要求，及时组织人员深入三七药物产业园区调研，全面摸清园区基本情况，在园区管理体制、运行模式、扩建范围、产业定位、发展重点及配套的政策措施上进行反复深入研究，撰写了翔实的调研报告，制定了文山市成立三七药物产业园区的实施方案，并及时上报市委、政府，为三七药物产业园区的健康、可持续发展打下了坚实基础，为下步我市接管三七药物产业园区理清了工作思路。二是按照“项目建设到那里，基础设施就跟进到那里”的思路，按照“政府引导、政企合作、市场运作”的模式，拓宽投融资渠道，加大资金投入力度，狠抓园区道路、供排水、电力和通信等基础设施建设，进一步优化了投资硬环境。马塘工业园区在原已建成日供水20000立方供水管网工程、220千伏安变电站、110千伏安变电站和园区部分主干道路的基础上，2011年，启动交警考试中心至幕菲和白革龙两段道路建设，现已完成道路放线，占地丈量，施工设计，招标文件编审；氧化铝厂经天生桥收费站至盘龙河排水沟建设，现已完成初步设计方案。园区通讯、水电、道路等基础设施条件得到明显改善。

按照云南省人民政府《关于加快工业园区标准厂房建设的意见》（云政发〔2010〕23号）精神，文山市把工业园区标准厂房建设作为提高工业园区基础设施建设水平、提升园区建设质量、改善招商引资环境、推进产业聚集园区的重要举措来抓。年底，已通过州上组织验收的云南知味园公司、文山州金川生物有机肥公司等标准厂房共有2.2万平方米，圆满完成州下达标准厂房建设任务，并及时组织上报省工信委争取补助资金。

【安全生产管理】 积极开展各种形式的安全生产宣传和检查活动。共发放《中华人民共和国安全生产法》、《云南省危险化学品管理条例》、《云南省易制毒特殊化学品管理条例》等宣传资料500余份，接待咨询人员90余人次；开展8次安全生产大检查，重点对已建电站、冶金化工企业进行了安全生产规章制度及其执行情况、生产经营场所的安全生产状况和工人劳动纪律等进行了检查。2011年，文山市工业企业无重特大安全事故发生。

【任职领导名单】

党委书记 高天禄
副书记、局长 陈新武
副书记、纪委书记 黄静源
副局长 张国银
张光春

（胡亚龙）

丘北县经济商务局

【工业经济运行情况】 2011年，丘北县完成工业总产值13.9亿元，同比增长18.6%。完成工业增加值3.34亿元，同比增长17.2%。规模以上工业增加值完成2.36亿元，同比增长124.6%。规模以上主营业务收入完成6.76亿元，同比增长48.4%。规模以上工业利税完成4800万元，同比下降2.6%。规模以上工业利润完成2938万元，同比下降2.5%。非电力工业固定资产投资完成2.83亿元，同比增长65.1%。主要工业产品产量除水泥产量下降外，其他都有所增长。全县累计注册登记个体工商户及私营企业8032户，注册资金6.98亿元。从业人员年底达13163人。非有制公经济增加值完成14.44亿元，同比增长24.3%。主要表现为5个特点：一是工业生产较快增长。2011年全县完成工业产值139058.7万元，同比增长18.6%。二是工业税收平稳增长，2011年工业上缴税金4008万元，同比增长5.2%。三是规模以上工业平稳运行。2011年规模以上工业完成产值82460.2万元，占全部工业产值59.3%，同比增长19.6%，拉动全部工业产值增长11.5个百分点。四是重点非电工业固定资产投资大幅增长。2011年全县完成重点非电工业项目固定资产投资28343万元，同比增长65.1%。五是工业企业出口贸易大幅下降。2011年全县工业企业完成出口总额771万美元，同比下降26.7%。

【技术创新】 一是加大政策扶持力度。企业研究开发新产品、新技术、新工艺发生的各项费用，不受比例限制，据实列支，按规定予以税前扣除。企业引进高级人才的住房补贴、安家费、科研启动经费等可依法列入成本。对企业在一个纳税年度实际发生的技术开发费用，在按规定实行100%扣除基础上，允许再按当年实际发生额的50%在企业所得税税前加计扣除。鼓励企业争创名牌产品，凡获省级以上名牌产品、著名商标称号的企业，由财政给予奖励。二是加快创新人才队伍建设。建立企业人才引进、培养、使用、激励和合理流动的有效运行机制，有针对性地引进和培养人才，改善企业人才紧缺和结构不合理的状况。充分利用各种教育资源，努力培养一批具有跟踪国际、国内先进技术能力的学术带头人、一批产业化发展急需的复合型人才和一支高素质的产业技术工人队伍，在社会、行业和企业层面，形成良好的人才结构体系，为技术创新提供人才保障。三是拓宽技术创新投融资渠道。建立以市场为导向、企业为主体的多元化、多渠道、多层次的自主创新投入体系。加大政府投入，积极争取国家、省上财政资金，扶持我县支柱产业重大技术改造和创新项目以及共性技术、关键性技术的开发与应用；鼓励企业投入，鼓励企业加大技术进步投入，凡符合国家鼓励发展的项目，从土地、税收、金融等方面给予大力支持。四是营造良好发展环境。各部门完善自主创新的综合服务体系，为自主创新提供政策支持，努力营造有利于自主创新的环境，形成对自主创新的有效激励，为企业集聚资本、人才、技术等生产要素提供及时有效的服务。加强对企业技术进步与创新发展战略的研究，积极贯彻技术创新各项政策与措施，努力营造企业技术创新的良好政策环境。

【非公经济、中小企业发展】 2011年，丘北县以发展为主题，以转变增长方式为主线，以产业结构调整为主攻方向，依托资源优势，全力推进非公有制经济发展平台建设和重点项目建设，切实做好优势特色产业和龙头企业的培育扶持，培强非公有制企业发展后劲，进一步促进非公有制经济健康发展。至2011年12月31日止，全县共有非公有制企业7223户，同比增长2%；注册资金71173万元，同比增长31.8%；从业人员13163人，同比增长10.2%；完成社会消费品零售总额105610万元，同比增长26.5%；完成现价增加值144389万元，同比增长24.3%，占全县GDP的43.8%；上缴税金6314万元，比同增长8.4%。

【产业结构调整】 着力打造电力、矿冶、农特产品加工、建筑建材、制酒、旅游商品开发6大产业。

电力产业：督促业主加快在建的猴爬岩、小龙潭电站建设，尽快启动补党河、石别电站等电站建设。

矿冶业：对已初步探明储量的铁、铜等矿种，要尽快确定开发主体，实现开发的本土化，避免总是走卖资源的老路。同时加快对高岭土、石材等非金属矿产资源的开发。

农副产品加工业：抓好资源优势与市场的对接，扶持壮大一批农特产品加工龙头企业，抓好辣椒、畜牧、红豆杉等特色农产品加工，促进农业增效、农民增收。

建筑建材业：加快建筑卫生瓷厂的破产改制和水泥粉磨站建设进度，开发利用好丰富优质的石材、高岭土等资源。

制酒业：依托云南太阳魂酒业公司，开发高端葡萄酒，依托现有白酒龙头企业，加大技术改造和产品宣传，开发系列化、精品化、品牌化的白酒产品。

旅游商品开发：以国家3A级普者黑风景区为依托，加强旅游商品市场调查，开发辣椒、连藕等地方农特系列产品及民族旅游工艺品。

【信息化建设与安全管理】 信息化基础设施快速发展，加大对通信基础设施建设的有序推进、协调平衡和规范管理，以公众信息网、有线电视网为核心的信息化基础设施建设取得突破性发展，形成以光缆为主，数字微波、卫星通信为辅的大容量、高速率的数字传输网络。到2011年底，县城宽带IP城域网基本建成，公共通信网已联通全县所有乡镇和大部分行政村，移动通信网实现全区无缝隙覆盖。移动通讯共投入资金3000万元，完成基站建设80个，通信光缆建设1432公里，基站增加到168个，用户增加到12万余户，业务收入达到5000万余元，实现乡镇、行政村97%的移动网络覆盖，实施了县县公路、县乡公路的网络全面覆盖，形成以县城为中心，覆盖各乡镇、行政村及部分自然村的移动通信网络体系。电信通讯拥有固定电话用户数16387户，移动C网用户7762户，有线宽带5800户，3G无线宽带350户，我的E家套餐3200户，致富通18151户，公用电话2421户，实现丘北通信市场份额的22.9%，2010年实现总收入2185万元。联通实现公司全业务经营化，互联网、GSM2G和3G网络得到推广运用，公司在通信行业中具备较强的竞争力，服务客户逐步增加，2011年底占丘北通信市场份额的25%，实现业务收入600万元。有线电视加速数字化进程，先后完成一、二期光纤化改造，光缆总长已达750公里，开通了宽带数据综合业务和数字电视，广电光缆通达达到170个村小组，有线电视用户数2.89万户。

【无线电管理与监督检查】 加强无线电管理宣传，利用县城街天，发放《中华人民共和国无线电管理条例》、《无线电管制规定》、《无线电频率划分规定》等资料2500多份，接受群众咨询300多人次。对全县33个部门信息系统进行检查，检查结果表明，能认真落实人员负责信息安全工作，严格管理重要办公区，安全管理文件材料和计算机等，按要求开展政府信息公开工作。

【安全生产管理】 坚持以人为本，牢固树立安全发展的理念，切实转变经济发展方式，调整产业结构，提高经济发展的质量和效益，把经济发展建立在安全生产有可靠保障的基础上；坚持“安全第一、预防为主、综合治理”的方针，全面加强企业安全管理，健全规章制度，完善安全标准，提高企业技术水平，夯实安全生产基础；坚持依法依规生产经营，切实加强安全监管，强化企业安全，产主体责任落实和责任追究，促进安全生产形势实现根本好转。深入煤矿、非煤矿企业和加油站，督促企业经常性开展安全隐患排查，并切实做到整改措施、责任、资金、时限和预案“五到位”，确保各项规定、措施执行和落实到位。

【节能降耗】 切实强化责任，加大对新建、在建项目的节能审查监管，加强节能产品的宣传推广，加快企业技术改造和推行清洁生产。加大规模以上工业企业的培育扶持，提高规模以上工业经济运行质量，降低生产运行成本，促进节能降耗工作的深入开展。2011年万元GDP能耗下降2.62%，完成2.5%的目标任务。

【工业园区建设】 2011年，园区完成工业总产值7.1亿元，完成工业增加值1.84亿元，实现规模以上工业主营业务收入4.9亿元，实现利税0.38万元，提供就业岗位1127个。园区企业累计完成固定资产投资5.7亿元，累计完成基础设施投入1.35亿元，完成道路建设17.2千米，供水工程5452米，场地平整33万平方米，雨污分流排水工程900米，建成110KVA变电站一座。进入园区投资建设的企业有27户，其中建成投产的有太阳魂酒业、达平、云泰、双龙油脂、筑辰、一吃福、金鑫、富亿等13户。

【机构改革】 2011年4月，根据《丘北县人民政府关于印发丘北县经济商务局主要职责内高机构和人员编制的通知》（丘政办发〔2011〕50号）文件，组建丘北县经济商务局，将招商引资、煤炭安全生产管理和无线电管理、信息化管理等职责划入，将乡镇企业行业管理职责划出。县经济商务局改革后，设办公室、企业股、商务股、招商引资股、政策法规股、工业园区股、信息产业股和能源股8个股室，人员编制32人，设局长1名，副局长4名，党委书记1名、党委副书记1名。

【任职领导名单】

局　　　长　许光树

党 委 书 记　毕永俊

党委副书记　彭石培

副 局 长　赵文亮

　　　　　　杨光文

　　　　　　张　庆

（泰林青）

广南县经济商务局

【工业经济指标完成情况】 2011年，广南县完成工业总产值22.66亿元，同比增长29%，完成目标任务的111%；全部工业增加值5.64亿元，同比增长41%，完成目标任务的115%；限额以上工业增加值4.38亿元，同比增长40%，完成目标任务的137%；限额以上主营业务收入13。05亿元，同比增长43%，完成目标任务的118%；限额以上利税总额3.75亿元.同比增长78%，完成目标任务的117%；限额以上利润总额1.68亿元，同比增长64%，完成目标任务的112%。

【工业投资】 2011年，全县共有广南县那榔酒业有限公司2000吨精包装车间、谷多水牛乳业乳制品加工厂项目、正和矿业3.5万吨方解石项目、广南堂上金业提金工程项目等共19个非电工业固定资产投资项目。全年固定资产投资预计完成18385万元，完成目标任务的102%。

【技改改造】 2011年，对全县7户企业实施技改，共完成投资9030万元。通过加强企业自主创新和技术改造，企业竞争力有效提升。通过技改，云南木利锑业有限公司已经实现高、低品位矿品同时开采利用，广南县广固水泥有限公司达到了利用磷渣、锑渣、石灰石矿山剥离物、炉渣作填充物料的技改目标，以广南县宏顺硅业有限公司等为代表的冶炼企业通过实施技改，极大地降低了电能、焦炭、煤等能源消耗。

【重点项目建设】 2011年，完成年产60万立方米混凝土搅拌站、那榔酒业有限公司搬迁扩建、云南木利锑业公司年产5000吨乙二醇锑新建和6000吨锑白粉迁建、大通天然气有限公司LNG储配站和LCNG汽车加站、年产3万吨醇醚燃料系列生产线、玉莫钛砂矿年产25万吨钛精矿扩建、正和矿业3.5万吨方解石、年产9.6万吨化学差别纤维厂8个项目选址、可研编制、项目立项、环评等工作，为项目顺利开工建设奠定坚实基础。

【非公经济、中小企业发展】 2011年，全县非公经济和中小企业继续保持快速的增长势头，完成增加值20.257亿元，完成年度计划的100%，同比增长20%。从业人员18520人，完成年度计划100%，同比增长10%。到2011年末，全县登记注册的非公工业企业176户，其中：建材企业98户，发供电企业20户，矿山、冶炼企业13户，茶叶企业7户，水泥企业2户，酿酒企业2户，制糖企业1户，其他类型企业33户。全县非公工业企业累计完成现价工业总产值20.2亿元，同比增长27%；实现工业增加值4.7亿元，同比增长40%；上缴税金14354万元。全县规模以上工业企业达12户，限额以上工业企业中非公企业已占到91.6%，实现工业总产值11.11亿元，同比增长35%，占全县工业总产值的50%；实现工业增加值4.35亿元，占全县工业增加值的77%，非公有制工业企业已经成为推动我县工业发展的主要力量。

【信息化建设与安全管理】 2011年，新建移动通信基站422个，新增移动通信用户7.29万户，移动电话用户达35.26万户，全县行政村通信网络覆盖率达到100%；互联网普及率80%；数字电视转换率达90%，有线电视入网率为20.68%，全县广播电视人口综合覆盖率分别提高到93.8%；“数字乡村”涉及1个县级，18个乡镇，174个村委会，2659个自然村；实施各类远程教育220个网点，覆盖范围到18个乡镇174个村委会27个村小组。政府信息化建设成效明显，内部办公局域网已经形成，“广南县政务网”运行良好，公众通过internet便可访问广南县电子政务网站，全县电子政务实现网络“互联互通”到省的既定目标，78家政府组成部门、省州驻广单位采用VPDN接入省电子政务主站点。2010年3月全面推开办公自动化运行；2011年4月投资建设政务服务中心和公共资源交易中心，共进驻34个部门、76名窗口服务人员、99项行政审批事项、118为民服务事项、380项行政审批服务办理事项。2011年6月底完成18个乡（镇）174个村委会（社区）为民服务中心（站）建设，各乡（镇）为民服务中心进驻项目74个、各村委员会为民服务站进驻项目18个、各社区为民服务站进驻项目19个、村小组为民代办项目6个，实现机关建设“对内”和行政审批“对外”信息化建设全覆盖。2011年，通过政府门户网站、政府信息公开专网、部门及乡镇网站开辟专栏、档案查阅、公开栏等多种方式发布信息1067条、公开信息52863条、政府信息公开咨询（查询）598人（次），96128专线转接成功率91.93%。同时，利用档案馆、图书馆、政务网等场所和媒体设立信息查询点，极大方便群众就近、便捷查询所需信息。在信息网络安全建设问题上，一是加强互联网宣传管理及舆论信息监管力度，正确、有效地处理网上舆情信息，及时掌握舆情的主动权，营造积极、健康、和谐、有序的网上舆论环境；二是加强网络信息发布监测。实行前、后台同步监测办法，利用“关键词查询”、检对信息发布登记表及各类网络搜索引擎对此各个时期在政府门户网站中所发布的信息进行严密监测；三是坚持正面宣传和引导。要求网络管理技术人员及信息发布员要有高度的政治觉悟及局势洞察敏锐力，在信息发布及采编过程中要紧紧围绕改善民生、保障民生、促进社会经济发展，维护社会和谐稳定等开展网上正面宣传和引导，坚持涉密不上网，上网不涉密的信息发布制度，确保社会稳定。在通信设施安全建设中，除加大以宣传引导为主的方式外，进一步密切与各执法资格部门的协同和沟通，采取不定点、定期回巡检测的办法，严厉打击盗窃、破坏通信设施的违法行为，以确保全县通信设施安全运行。

【无线电管理与监督检查】 2011年，根据省、州无线电管理工作要求，广南县及时成立了由副县长任明担任组长，各相关单位为成员的领导小组，下设办公室于县经济商务局，局长黄照峰兼任办公室主任，各乡（镇）设无线电管理工作联络员，确保无线电管理工作正常开展。按照机构改革三定方案，县经济商务局为无线电管理工作部门。县经济商务局根据职能、职责，及时明确无线电管理股室、人员，积极组织开展无线电管理工作。

2011年，采取多种形式积极开展无线电宣传活动，宣传无线电管理政策法规及相关知识，整个宣传活动共在网上宣传无线电管理法规3部、悬挂横幅4条、在县城区各醒目位置张贴宣传标语共56条、文艺演出一场（次）、分发宣传资料5000份，并通过广南电视台报道宣传月活动实况和宣传无线电管理法规。

【安全生产管理】 2011年，安全工作一是共开展9次安全和消防检查，检查出各类一般事故隐患30件，其中：已整改隐患26件，限期整改4件，整改率达87%。出动车辆3车次，人员15人次，检查出各类一般事故隐患10件，其中：现场整改9件，限期整改1件。下发转发安全生产和消防文件20份，召开安全生产和消防专题会议3次，提高企业员工安全意识和安全防范能力。二是提前布置安排“六月安全生产月”、“5·12防灾减灾”宣传活动，制定了具体的活动实施方案。开展“安全生产宣传咨询日”、“5·12防灾减灾”宣传活动活动。制作宣传标语5条、发放宣传资料200份，培训教育共30次达580余人，开展知识竞赛、演讲比赛1次，深入车间、班组或经营门店宣传10次，召开专题例会3次，接待咨询群众12次。三是积极组织开展“119消防宣传日”活动。发放宣传材料650余份，接待咨询人员100余人次。

【节能降耗】 2011年，州政府下达广南县的节能目标任务为单位GDP能耗下降3%。通过全社会努力，全县生产总值52.39万元，全社会总能耗41.7吨标准煤，单位GDP能耗0.8644吨/万元，单位GDP能耗下降3.00159%，

自2003以来，通过企业自愿申报和推荐，广南县共有7户企业被列入省、州清洁生产重点试点企业（广南县广固水泥有限责任公司、广南冠桂糖业有限公司、广南县凯鑫生态茶叶有限责任公司、广南那榔酒业有限公司、广南县宏顺硅业有限公司、云南木利锑业有限公司、广南腾际化工有限责任公司）

【工业园区建设】 2011年，共完成工业园区基础设施建设投资6000余万元，入园企业16户，注册资金3.75亿元；投资1.7亿元建设标准厂房5.1201万平方米，完成年初计划的100%。积极争取州级批复成立广南县工业园区管委会，着手“文山州农特产品加工及物流园区”规划。采取边建边引办法，在原16户入园企业基础上，新引入云南木利锑业公司年产5000吨乙二醇锑新建和6000吨锑白粉迁建；广南县龙骨山林果科技开发有限公司年产8000吨猪、牛肉加工；广南县健达食品有限公司屠宰、冷藏、加工迁扩建3个项目落户莲城轻工业园区。

【招商引资】 2011年，新签约招商引资项目12个，项目协议总投资28.426亿元，其中，省外投资项目8个，合同协议投资额21.63亿元，省内投资项目4个，合同协议投资额6.796亿元；累计在建招商引资项目19个，其中，结转项目3个，新增项目16个，协议总投资23.64亿元，实际完成到位资金7.5亿元。全年实际利用外资65万美元，完成州级目标任务的100%。

【任职领导名单】

局　　长　黄照峰
党委书记　周光祥
纪委书记　胡　毅
副 局 长　陆启勇
　　　　　郭　伟
　　　　　吴昌华
　　　　　袁叶胜
　　　　　李　健
　　　　　王新艳（女）
　　　　　姚　通

（王明坤）

马关县经济商务和外事局

【工业经济指标完成情况】 2011年，马关县完成工业总产值40.6亿元，同比增长15.4%，占目标任务40亿元的101.5%；完成全部工业增加值15.7亿元，同比增长15.2%，占任务数15亿元的104.7%。其中，完成规模以上工业增加值13.3亿元，同比增长15.8%，占目标任务13亿元的102.3%；实现规模企业销售收入24.2亿元，同比增长9.5%，占目标任务26亿元的93.1%；实现利税总额7.8亿元，同比增长9.3%，占目标任务8亿元的97.5%；实现利润总额5.4亿元，同比增长10.3%，占目标任务5.1亿

元的105.9%。

【技术创新与改革】 云南华联锌铟股份有限公司建立了企业技术中心，公司加大科技研发力度，改进生产工艺，推广回水利用技术和智能节电技术，推进共伴生矿、低度矿和尾矿的综合利用，公司在产品自主创新、资源综合利用、节能降耗、清洁生产等方面的多项技术成果已运用到生产领域，技术创新工作多次受到省政府和州政府的表彰；马关云铜锌业有限公司投入1.96亿元建成年产10万吨锌、60吨铟冶炼技改项目一期工程，真空冶金高效提铟技术达到国内先进水平，具备年产锌锭5万吨、铟锭30吨的生产能力，通过技术改造，公司全面推广电冶技术，大大降低了工业排放；正一生物产业有限公司积极新上燃料乙醇生产项目，采用中温连续蒸煮、双酶分段液化糖化、连续发酵差压连续蒸馏、分子筛脱水技术生产燃料乙醇，公司的生产工艺目前在国内较为先进。马关合源矿业有限责任公司加快淘汰落后产能步伐，对1×6平方米湿法电解锌配套简易冷凝设施2台进行了拆除，淘汰落后产能0.6万吨。金欣铁合金有限责任公司25000KVA电冶炉技改扩容项目已建成投产。电力公司12500KVA硅冶炼炉技改扩容项目前期工作进展顺利。兴建公司采用新型干法旋窑熟料生产工艺生产水泥，生产线全面实现自动化。

【重点项目建设】 紧紧抓住云南省实施“桥头堡”和文山州建设“新高地”等重大战略机遇，继续深入实施大项目带动大发展战略，建立领导挂钩联系责任制，切实帮助企业解决项目建设中遇到的问题和困难，加大招商引资力度，积极推进项目建设，促进全县非电力工业固定资产投资保持了较快的发展速度。2011年非电力工业固定资产投资累计完成5.6亿元，同比增长72.1%，占目标任务5.3亿元的106.5%。其中年产210万吨采矿工程，日选8000吨选矿工程进展顺利，正一公司5万吨燃料乙醇建设项目一期工程基本完工，目前进入调试阶段，天和农副产品加工厂保鲜库建设项目土建工程完工，夹寨箐么龙石材开发项目前期工作进展顺利。

【非公经济】 年末全县非公经济户数达6764户，其中私营501户，个体6263户，注册资金8.2亿元，从业人员11565人，全年实现非公经济增加值24.34亿元，同比增长18.9%。非公经济门类逐步完善，商贸、餐饮、住宿、交通运输等传统行业增势强劲，房地产、咨询与中介服务、信息计算机服务、科技服务、居民服务、经济合作社、仓储物流等新兴产业不断涌现。

【安全生产】 始终坚持“安全第一、预防为主、综合治理”的方针，认真落实安全生产责任制，贯彻落实全州安全生产工作会议精神，先后组织开展了元旦、春节、“两会”、“五一”黄金周、汛期、“国庆”和“春节”期间安全大检查，深入煤矿、电站、加油站、食品流通等行业进行重点专项整治2次，查出事故隐患52条，下发整改通知书21份，现场整改25条，限期整改30条，通过整改，安全生产工作做到宣传到位、制度到位、检查到位、整改措施到位、痕迹管理到位，进一步消除了事故隐患，促进了企业和谐发展、安全发展。

【节能降耗】 大力推动发展工业循环经济，按照“减量化、再利用、资源化、再循环”的要求，加快工业“三废”的回收利用，加快淘汰落后产能和大力推广节能新产品、新工艺、新技术，引导企业节能降耗、节约成本、科学发展、持续发展。2011年全县单位GDP能耗下降3%，全年规模以上企业累计综合能源消费量14.4万吨标准煤，锌铟公司、云铜锌业两家企业节能示点创建成效明显；商场、机关、学校、娱乐场所等社会领域节能灯普遍得到推广。

【工业园区建设】 马关县按照新型工业化发展和“桥头堡”建设的要求，加大请示汇报力度，积极向上级争取园区基础设施建设扶持资金，多渠道筹资，加大工业园区达号片区控制性详细规划编制、总体规划修编等软件建设及主干道路面硬化绿化亮化、饮水、排污管道续建等硬件建设投入力度，提高园区承载能力，改善企业入园环境。2011年，争取新型工业化发展专项资金100万元，用于达号工业片区供排水系统工程建设，同时争取资金150万元，用于补助兴建公司9000平方米标准厂房建设。工业园区达号片区已完成控制性详细规划编制、总体规划修编，边境贸易加工区正在开展规划编制的基础性工作，按照产业布局，边境贸易加工区分为4个片区，即：达号工业片区、花枝格工业片区、都龙口岸经济区、南山轻工业和农特产品加工片区。达号片区主要布局锌铟冶炼及高新技术产业，花枝格片区主要布局冶金、能源、化工、建材产业；口岸经济区主要布局来料加工和中转贸易产业；南山片区主要布局轻工业和农特产品加工产业。2011年底，马关工业园区入园企业达到27户，工业园区全年实现总产值10.3亿元，同比增长33.5%，占全部工业总产值的25.4%，实现增加值2.5亿元，同比增长97.1%，占全部工业增加值的15.9%。

【任职领导名单】

党委书记 谢进荣
局长 钱允祥（9月止）
副书记、纪委书记 杨友光
副局长 陈显荣
谢正波
查以奎
王启刚
王　鸿
田丽华
普明洲
黄震国（5月任）

（万金廷）

砚山县经济商务局

【工业经济指标完成情况】 2011年，砚山县完成工业总产值67.9亿元，同比增长25.75%，完成目标任务的104.37%；完成工业增加值228724万元，同比增长20.1%，完成目标任务的101.66%；规模以上工业增加值187409万元，同比增长22.7%，完成目标任务的101.3%；规模以上主营业务收入537425.3万元，同比增长38.5%，完成目标任务的116.83%；规模以上利税总额65013.4万元，同比增长37.1%，完成目标任务的76.49%；规模以上利润总额37679.7万元，同比增长32.2%，完成目标任务的78.5%；非公经济增加值342230万元，同比增长14.8%，完成目标任务的105.63%；从业人员24757人，同比增长10.75%，完成目标任务的100.68%。

【技术创新与技术改造】　2011年，在砚山县9938户非公经济组织和5户国有企业中，有11户企业被省、州评为农业产业化龙头企业；全县已注册商标的工农业产品53种；1户企业获中国驰名商标；3户企业获云南省著名商标；10户企业通过质量体系认证；8户企业完成“出口基地”认证；32户企业取得自营进出口权。2011年技改投资完成13.11亿元，比2010年增长19.84%。把云南文山斗南锰业有限公司、云南普阳煤化工有限公司、云南兴建水泥有限公司、砚山县同和辣椒有限责任公司、云南津渝天然辣素有限公司、文山华博贸易有限公司等规模以上企业培育成全国具有知名度，全省具有影响力的行业龙头。规模以上企业生产、管理、营销基本实现信息化，进一步完善企业技术创新体系，使各企业技术装备达到同行业国际先进水平。推动了10万吨/年锰系铁合金、20万吨/年电石、4000t/d水泥熟料生产线等各大技改项目建设，在发展高新技术产业和引进技术消化上取得明显成效，实现经济、资源、环境协调发展。

【重点行业发展】　电力：供电量223253万度，同比增长17.3%；发电929万度，同比增长15.8%。

建材：生产水泥143.54万吨，同比增长27.5%；水泥熟料115.85万吨，同比增长68.7%；页岩砖4.8万块，同比增长12.3%。

冶金：生产铁合金27.34万吨，同比增长5.2%；锰矿石产品16.13万吨，同比增长14%。

化工：生产电石4.44万吨，同比增长-13.5%；磷肥0.85万吨，同比增长25%。全县重工业共实现产值394560万元，同比增长17.5%。

农副产品加工：生产食用植物油8126吨，同比下降1.1%；加工销售辣椒系列产品50643吨。全县轻工业共实现产值217355万元，同比增长38.2%.

【非公经济】　2011年，砚山县共有非公企业经营户数9460户，注册资金202375万元，上缴税金29948万元（其中国税5306万元，比上年同期下降了11.36%；地税24642万元，比上年同期增长了27.25%），完成经济增加值342230万元，同比增长14.8%，完成目标任务的105.63%；从业人员24757人，同比增长10.75%，完成目标任务的100.68%。

【产业结构调整】　2011年以来，砚山县树立和落实科学发展观，积极培育壮大支柱产业，大力实施项目带动战略，推进产业结构优化升级，切实把产业结构调整作为经济工作的中心任务来抓，以冶金、建材、化工、农特产品加工为重点，大力调整优化产业结构，全力建设现代物流中心和新型工业循环经济区，推进优势资源向优势产业集聚、优势生产要素向优势企业集聚、优势企业向工业区集聚、优势产品向优势品牌集聚，初步走出一条科技含量高、经济效益好、资源消耗低、环境污染少、人力资源得到充分发挥的新型工业化路子，一批科技水平高、核心竞争能力强、对产业发展拉动大、辐射作用强的企业群体已形成：以斗南公司、阿舍冶炼厂为龙头，滇常、鹏程等冶炼企业为依托，实施年产30万吨锰系列产品项目，建成全省最大的铁合金生产基地；以电石厂为龙头，落实《云南省乙炔化工工业发展规划》，加快建设年产20万吨电石等项目，打造云南重化工基地；以金不换公司为龙头，齐氏、天兴公司为依托，重点发展血塞通滴丸、三七加力提神等项目，建成全国著名的三七加工基地；以同和、华博公司为龙头，凤红、润辉公司为依托，建成西南最大的辣椒加工、销售、出口基地；以津渝公司为龙头，建成全国首个辣椒辣素、色素生产基地；以兴建公司为龙头，铳卡粉磨站、免烧砖厂等为依托，建设年产200万吨水泥等项目，把砚山建成滇东南较大的建材基地。同时，围绕工业发展搞好农业结构调整，推进农业产业化进程，2009年以来，累计带动全县发展无公害三七15万余亩、小辣椒80多万亩、小粒花生60多万亩、蔬菜30多万亩，以工业化理念谋划农业，工业反哺农业的良性机制初步形成。第一产业稳定增长，以特色农业为代表的高效农业快速发展，产业化水平不断提高；农业基础设施建设大为增强，基本建成科学农业示范区。第二产业持续快速发展，水泥等传统产业技术装备水平不断提高，一批高新技术及新兴产业正在发展。第三产业比重继续提高，超市、专卖店、连锁经营等现代商业经营形式迅速发展；电信、邮政和金融保险等产业不断壮大，房地产、信息服务、社区服务等新兴第三产业开始起步。三次产业比例由2005年的29.2：37：33.8调整到2011年的18.54：45.67：35.79。三次产业比例关系更趋协调，资源配置效率进一步改善。

【无线电管理与监督检查】　2011年，县政府专门行文《砚山县人民政府办公室关于开展清理使用无线电台及对讲机专项行动的通知》（砚政办发〔2011〕27号），发文到全县各级各部门进行清理。做到各部门职责明确，县无线电管理办负责活动日常工作部署，情况收集汇报、反馈和协调工作。砚山县无线电管理办人员深入县公安局、林业局、广电局、监狱、教育局、住建、部分乡镇等实地筛查，宣传清理整顿工作重要意义，耐心做好解释说明工作，对原来未纳入管理、在检查阶段主动申报无线电台（站）及对讲机，凡符合频率规划和设置使用规定的，进行登记造册，要求其补办设台手续。2011年底止，砚山县共登记无线电台（站）及对讲机436余台。

【安全生产管理】 2011年，累计共深入各重点工业企业开展安全生产检查150余人次，排查出安全隐患700余条，现场督促整改600余条，限期整改100余条，有效杜绝了各种生产安全事故的发生，为全县工业经济的平稳发展奠定了良好基础。

认真开展煤矿专项整治行动，确保全县煤矿山秩序稳定和煤炭经营规范。在县委、政府的领导下，配合相关部门，深入平远地区开展了煤炭经营清理整治工作，清理出无证（照）煤炭经营户39户，阻止了无证（照）经营煤炭行为，在平远设立了4个正规煤炭经营点，规范了平远地区煤炭经营秩序，确保了煤炭市场经营安全。此项工作得到了州安全生产督查考核组的充分肯定，并列为推广经验。

【节能降耗】 砚山县2011年的节能目标是单位GDP能耗下降3.5%。一季度规模以上工业万元工业增加值能耗同比增长13.67%，二季度同比增长2.4%，三季度同比下降1.52%，到第四季度同比下降7.84%。第二季度单位GDP能耗同比不降反升3.4%，第三季度单位GDP能耗下降0.47%，第四季度，全社会能源消耗总量为92万吨标准煤，单位GDP能耗下降3.5004%，圆满完成州政府下达的节能约束性目标。

【清洁生产】 2011年，全县又有2户企业通过了清洁生产现场评估审核验收，累计达12户。其中云南兴建水泥公司持续开展清洁生产，在全州第二家、全省第十三家通过了"清洁生产合格单位"验收。至年底，全县重工业基本完成了第一轮清洁生产审核工作。兴建水泥公司自2008年8月开展资源综合利用、实施清洁生产以来，累计耗用铁合金炉渣15余万吨。全县工业固体废弃物综合利用率稳定保持在70%以上，工业用水重复利用率在80%以上。

【工业园区建设】 2011年，完成了砚山工业园区总体规划和可研修编，并于2011年10月通过州工信委组织的评审，完成了砚山工业园区承接产业加工示范区工业上山示点项目规划及砚山生物流资源加工区环评报告编制评审工作。投资200万元建成了红舍克至高速公路连接线位于布标物流加工区的道路建设工程；投资160万元建成县城至布标物流加工区的供电线路工程；投资168万元建成县城至布标收费站供水设施项目；投资1703万元建成听湖水库调水至红舍克洗矿厂及承接产业加工示范区铳卡片区工程。截至2011年年底，共有50户企业落户园区，累计完成固定资产8.54亿元；园区完成工业总产值61.99亿元，同比增长47.98；完成工业增加值17.6亿元，同比增长40%；实现销售收入58.83，同比增长43.35%；上缴税金1.72亿元，同比增长14.66%；实现利润2.8亿元，同比增长29%；安排就业8480人，同比增长10%。

【机构改革】 2011年4月，砚山县人民政府发文《砚山县人民政府办公室关于印发砚山县经济商务局主要职责内设机构和人员编制规定的通知》（砚政办发〔2011〕73号），设立砚山县经济商务局，为砚山县人民政府工作部门，正科级，加挂砚山县招商局牌子。1. 划入原砚山县经济合作办公室承担的招商引资和经济合作工作职责；2. 划入砚山县盐业管理局盐业行政管理工作职责；3. 划入砚山县安全生产监督管理局承担的煤炭行业管理职责；4. 划入原砚山县劳动和保障局承担的出境就业管理、境外就业职业介绍机构资格的初审和上报等职责；5. 将原承担的乡镇企业行业管理职责划给砚山县农业和科学技术局。

砚山县经济商务局内设党政办公室、政策法规股、工业股、项目股、节约能源股、煤化工管理股、盐务管理股、商贸管理股、市场管理股、招商引资股、信息股11个职能股室；另设有县无线电管理办公室、县石油市场监督领导小组办公室、县整顿和规范市场经济秩序领导小组办公室、县加快发展非公有制经济工作领导小组办公室、县节能减排工作领导小组办公室、县出口农产品基地质量安全示范区建设工作领导小组办公室、县招商引资工作委员会办公室、县三电工作领导小组办公室。在职职工35名（含下派职工3名）。

【任职领导名单】

局　　长　李国文
党委副书记　黄桂琼
副 局 长　陈维帮
　　　　　张景薇
　　　　　沈顶良
　　　　　陈　莹

（钟荣慧）

麻栗坡县经济商务局

【工业经济指标完成情况】 2011年，麻栗坡县完成工业总产值218650万元，同比增长18.7%（现价），其中：轻工业完成13094万元，重工业完成205556万元，分别同比增长27.1%、18.2%；规模以上工业企业9户，完成产值144563万元，同比增长16.8%，完成工业增加值76613万元，同比增长30%（可比价）；规模以下工业企业完成产值74087万元，同比增长22.5%。实现税收29314万元，同比增长1.2倍，工业实现增加值和税收分别占全县GDP和税收的32.8%和65.4%。

【重点产业发展】 矿业：全县有矿业权169个，面积为902.3平方公里。钨矿矿区面积175平方公里，初步探明储量30万吨，日处理原矿石6500吨，采矿回收率和选矿回收率分别从以前的73%和69.9%提高到85%和83.5%。年产5000吨APT厂投产后，年消耗钨精矿7050吨，因受指标限制，县内钨精矿仅能保障APT厂半年生产能力。锡矿矿区面积1.48平方公里，初步探明储量80万吨，中金共和公司投产后日处理能力达1000吨，年可生产锡精矿4500吨；铅锌矿由天银丰整合投产后矿山年出矿石量110万吨，日处理原矿1000吨，年产铅锌金属1.89万吨；锰矿矿业权12个储量300万吨，天雄公司8万吨电解锰项目建成后年处理能力达60万吨，年产金属锰8万吨；铁钴镍矿矿区面积7.6平方公里，储量6万金属吨，该项目由江锂公司技改扩建投产后，年可生产金属镍1600吨。2011年实现矿业产值67910万元，同比增加20422万元，增幅43%，占全县总产值的31.1%。全县共生产钨精矿3370吨，同比下降3.6%；实现产值5.96亿元，同比增长69.8%；生产铜精矿1384吨，同比增长19.1倍，实现产值0.97亿元，同比增长33.5倍；生产铁矿21133吨，同比下降57.8%，累计实现产值590万元，同比下降69%。矿业实现税收2亿元，占全县财政总收入的37.7%，矿业产业已成为麻栗坡经济增长的重要支撑。

电力：2011年实现电力产值52125万元，同比增长14505万元，增幅38.6%，占全县总产值的23.8%。全县累计建成水电站44座，总装机62.961万千瓦，占规划装机82万千瓦的76.8%，占全州总装机的40%。全县累计发电21.06亿度，同比增长52.8%。

冶炼业：全县具备生产能力的有8户冶炼企业，矿热电炉机械容量11.47万KVA，年能生产能力11.5万吨。其中：铁合金冶炼企业2户，有矿热电炉3台，年生产能力5.5万吨；工业硅冶炼企业6户，有矿热电炉9台，年生产能力6万吨。2011年实现冶炼产值30215万元，同比增长4040万元，增幅15.4%，占全县总产值的13.8%。实现税收987万元，同比增长57.2%。全年共生产结晶硅14174吨，同比增长15.9%，实现产值16258万元，同比增长12.4%；生产铁合金22611吨，同比增长19.5%，实现产值15004万元，同比增长18.8%。

建材：2011年实现建材产值3266万元，同比增加934万元，增幅40.1%，占全县总产值的1.5%。全县共有建材企业11户，共生产水泥79462吨，同比增长27.9%，实现产值1892.9万元，同比增长29.4%；生产石材加工麻面板9721平方米、路沿石8414米、盲道板986平方米、调刻栏杆419.8米，总实现产值279.3万元，同比增长18.3%；生产页岩砖3582万块，同比增长41.5%，实现产值1035.4万元，同比增长63.6%。

轻工及其他：2011年实现轻工产值13094万元，同比增加2788万元，增幅27.1%，占全县总产值的6%；2011年实现合成橡胶产值20184万元，同比减少19376万元，增幅-49%，占全县总产值的9.2。家庭作坊式及零星制造实现产值31856万元，占全县工业总产值的14.6%。

【技术创新与技术改造】 以采选、冶炼为主的生产工艺设施逐步得到更新，以重选为主的钨采选技术已提升为浮选，紫金钨业集团钨矿资源整合后投入技改资金3.2亿元，对118个钨矿重选厂实施技改，变重选为浮选，选厂由118个减少为5个，年生产能力由原来的不足3000吨提高到5000吨，采矿回收率由原来的40%提高到80%以上；督促云南麻栗坡天银丰矿业投资开发有限公司、云南巨金硅业发展有限公司、云南中金共和资源有限公司、云南云镍科技有限公司等4户企业投入技改资金1.7亿元，更新改造生产线4条；同时中信、鸿源、联营铁合金等部分冶炼企业也对冶炼设施进行了技改，单机冶炼炉容量已逐步从“十五”末的3600千伏安提升到了12500千伏安。

【非公有制经济、中小企业发展】 在积极落实省州鼓励、支持和引导非公经济发展的各项政策措施的同时，制定出台了《麻栗坡县关于进一步加快发展个体私营经济实施意见》和《麻栗坡关于鼓励支持和引导个体私营等非公有制经济发展实施意见》等政策措施，在全县兴起大力鼓励、积极支持和正确引导非公有制经济发展的热潮。2011年，全县非公企业达4512户，从业人员达10392人，创造增加值157125万元，非公经济上缴税金18281万元。

截至2011年年底，麻栗坡县在工商注册的中小企业有527户，其中内资企业182户，私营企业345户。分行业看全县有工业企业129户，其中采选企业56户（正常生产8户），采选能力为日处理原矿10000吨；电力企业30户，装机容量62.961万瓦，其中县控装机16.3万千瓦（水电站44座，总装机62.961万千瓦）；冶炼企业18户（8户能正常生产，矿热电炉机械容量10.45万KVA），年生产能力5.5万吨；建材企业11户，轻工企业14户。2011年实现工业产值21.87亿元，同比增长18.7%；完成增加值10.19亿元，同比增长30%；实现电力产值52125万元，同比增长38.6%；矿业实现产值67910万元，同比增长43%；实现冶炼产值30215万元，同比增长15.4%；工业经济实现税收29314万元，同比增长1.2倍，占全县税收的65.4%。

【信息化建设与安全管理】 随着国家对信息产业发展扶持力度的加大以及消费需求的升级和多样化，麻栗坡县信息化基础设施和应用网络建设在快速推进，以公众信息网、数字电视网为核心的信息化基础设施建设取得突破性发展。2011年，县电信公司新设C网基站6个，县移动公司新增基站28个，联通公司新增基站90个，WCDMA基站40个，GSM基站50个。基础通信网络初具规模。同时，以通信光缆、数字微波、卫星通信为辅的数字传输网络正全面推进。全年全县电信通讯拥有固定电话用户数7000户，移动C网用户6875户，有线宽带2558户，3G无线宽带464户，“我的e家”套餐2943户，致富通4000

户。数字电视用户13000户。

据初步统计，全县200多个部门中，已有190多个单位具备了宽带上网条件，占总数的95%以上，有50多个单位建有局域网，占部门总数的30%；有40多个单位建有业务系统，占总数的25%；有30多个单位建有自己的数据库，占总数的20%；并将通过政府门户网建立全县统一的电子政务平台。全县电子政务统一平台正在建设中；各部门的业务应用系统也正在推广应用中，已建成投入运行的主要有金融、金税、金财、金盾、金审以及工商管理、电力管理、公文传输管理、户籍管理、农村合作医疗管理等业务系统。全县电子政务应用发展态势良好。

【无线电管理与监督检查】 2011年，县电信公司新设C网基站6个，县移动公司新增基站28个，联通公司新增基站90个，WCDMA基站40个，GSM基站50个。基站网络维护于2010年7月份由国豪通信技术有限公司移交给云南华信通信技术有限公司维护，负责全县111个基站的维护工作，基础通信网络初具规模。全县围绕2011年无线电管理宣传月的主题“无线电管理法律法规、无线电科普知识、无线电管理知识问答和无线电管理典型案例”及以“管好频率、管好台站、管好秩序”为重点，组织开展了内容丰富的宣传活动，取得明显成效，较好地提升了无线电管理的知名度和影响力。在县城紫金广场设台悬挂宣传标语，发放《云南省无线电电磁环境保障条例》、《云南省无线电管理条例》、《云南省无线电电磁环境保障条例》宣传折页等宣传资料，并在LED电子屏幕滚动播出无线电管理条例内容及无线电干扰的产生和危害。同时对前来咨询的群众热情解答。共发放宣传资料100余份、解答群众咨询30余人次。并制作了《无线电法律法规宣传手册》发放到县政府办公室所有领导干部手中，提高了对无线电电磁环境监测和监管的知晓率，充分认识到无线电频谱资源和无线电管理工作在促进各行各业发展中的重要作用，与我们的生活息息相关，不容忽视。

【安全生产管理】 2011年，坚持“以人为本”的科学发展观和“安全第一、预防为主、综合治理”的方针，从安全生产基层和基础工作入手，狠抓安全生产长效机制的落实。全年与所属分管的已建电站、冶炼企业、加油站（点）、屠宰厂签订安全生产目标责任状40份；全年组织开展安全生产大检查和专项督查工作5次，检查和排除各类安全隐患25处，提出11条整改意见。

【节能降耗】 按照国家产业政策和省、州的安排部署，加大节能新技术推广力度，认真实施节能技术示范项目，确定了联营铁合金、中信硅业、鸿源硅业等为节能新技术推广应用示范企业。积极组织企业推广合同能源管理，将天雄8万吨电解锰项目、云镍1万吨电解镍项目列为合同能源管理推广示范项目。实行重点企业能源利用状况报告制度，加强重点企业用能监测，开展重点企业能源审计，有效防止了“数字节能”现象的发生。以建材、冶炼业为重点，大力推行清洁生产审核，组织20人次参加了清洁生产和节能培训，企业开展清洁生产和节能意识普遍增强，2011年已有中信硅业、鸿源硅业通过了能源生产审核验收；督促麻栗坡县联营铁合金厂、云南麻栗坡天银丰矿业投资开发有限公司、云南巨金硅业发展有限公司、云南中金共和资源有限公司、云南云镍科技有限公司等5户企业投入技改资金1.7亿元，更新改造设备1台、生产线4条，圆满完成州下达我县年度万元GDP能耗下降3%的目标任务。

【工业园区建设】 麻栗坡县边境贸易加工区利用麻栗坡及周边地区的资源特色、产业特色、区位特色和生态特色建设中国西部重要的钨系列产品加工基地，文山州重要的工业硅生产基地，特色农产品加工、机电组装、以服务东盟、大西南和越南为主的国际中转、国际配送、国际采购和国际转口贸易加工中心。重点发展农产品深加工、金属和矿产品深加工和承接产业转移、现代物流、对外贸易加工等产业。加工区在空间格局上将形成“一区四片”的布局形式，其中产业聚集区主要位于天保边境贸易加工区、麻栗坡至下凉水井轻工产业区；基地带动区主要位于麻栗坡至南温河（西南片区天保镇和大坪镇）矿产加工工业区、麻船路沿线县城至豆豉店建材加工区。麻栗坡边境贸易加工区的建设将带动通道沿线地区国民经济社会发展，对文山州，乃至云南省社会经济各方面产生深远而积极的影响。一是边境贸易加工区将成为云南对越的重要沿边经济区，文山州通道经济的重要增长极之一，对周边区域的带动作用明显，将拉动沿线区域的商贸业、运输业、加工工业、旅游业等众多相关、延伸产业的发展，经济社会效益十分显著。二是当地经济将形成以第三产占主体，第二产业为辅的，第一产业为基础的良性发展结构，经济水平将上一个层次，人民生活水平有很大提高。预计规划期末，边境贸易加工区工业产值达20亿元以上，工业增加值9亿元以上；城镇居民人均可支配年均达到22000元，农民人均纯收入达到4600元。现正在做项目前期工作规划。

【机构改革】 2010年11月，根据《中共麻栗坡县委、麻栗坡县人民政府关于印发麻栗坡县人民政府机构改革方案的实施意见》（麻发〔2010〕40号）的规定，保留麻栗坡县经济商务局，为麻栗坡县人民政府工作部门，加挂麻栗坡县人民政府口岸办公室、麻栗坡县招商局、麻栗坡县盐务管理局牌子。麻栗坡县经济商务局内设7个职能股室。即：局办公室、工业和信息化股、商务股、对外贸易经济合作股、边境贸易发展股、招商引资股、口岸管理股。拟定编制领导职数8名，其中：党委书记1名、局长兼党委副书记1名，党委专职副书记1名，副局长5名（1名副局长兼任县招商局局长、1名副局长兼任县人民政府口岸办公室主任，1名副局长兼任县盐务管理局局长）；人员编制49名，现有干部职工41名。

【任职领导名单】

书　记　谭国林

局　长　李　冰

副书记　殷　梅

副局长　王祥义

　　　　刘孝勇

　　　　邓发中

　　　　刘光美（兼招商局局长）

　　　　赵茂洪

　　　　（兼口岸管理办公室主任）

（刘应春　冉国青）

西畴县经济商务局

【工业经济运行情况】　2011年，西畴县完成工业总产值67315万元，完成州下达任务目标67000万元的100.5%；比上年增长13.5；全部工业增加值完成11495万元，完成州下达任务目标11200万元的102.6%，比上年增长12.9%；规模以上工业增加值完成2191万元，完成州下达任务目标2190万元的100%，比上年增长5%；规模以上工业主营业务收入完成8690万元，完成州下达任务目标8600万元的100.9%，比上年增长12.1%；规模以上工业利税总额完成1150万元，完成州下达任务目标1100万元的104.5%，比上年增长18.2%；规模以上利润总额完成312万元，完成州下任务目标310万元的19，比上年增长7.6%。工业非电工业固定资产投资完成28046万元，完成州下达任务目标28000万元的100.2%，比上年增长214.3%。全县共有电站9个，水电装机容量3.41万千瓦，1~12月电站累计发电量9835万千瓦时，实现供电量24724万千瓦时，为全县经济社会发展提供了用电保障。

【技术改造】　紧紧围绕县工贸富县发展要求，年初将董马铝土矿采选厂、转运站等氧化铝配套项目建设、西畴县九股水电站技改、西畴县九股水16500KVA铁合金冶炼炉生产线建设、西畴县莲花塘电站建设等项目列入重点工业发展项目，切实抓好建设措施落实和后续发展服务工作。目前董马卖酒坪铝土矿洗矿厂累计完成投资2.1亿元，选矿厂设备安装调试工作已经基本结束，转运站正在进行土木基础建设，预计近期可进行试生产；西畴县九股水电站技改已经完成基础建设和设备安装，预计2012年3月可建成投入试运行；西畴县九股水16500KVA铁合金冶炼炉生产线建设项目已经基本完成土地征用工作，正准备进行基础设施建设；西畴县莲花塘电站建设项目正在办理土地征用手续。

【非公经济发展】　一是认真贯彻落实《关于鼓励和引导民间投资健康发展的若干意见》、《中共云南省委、省人民政府关于加快非公经济发展的决定》，为非公经济创造良好政策环境。二是深入企业和个体经营户调查研究，探索非公有制经济发展的新路子，对重点企业开展重点帮扶，2011年全县共上报非公有制经济扶持项目1个，争取扶持资金30万元。三是建立重点非公有制企业挂牌保护制度、县级领导挂钩联系非公有制企业等制度，对县内8等户重点私营企业进行挂牌保护，及时查处危害企业的违法违规行为，解决企业存在的困难问题，确保企业轻装上阵，全力谋发展。四是结合"阳光政府四项制度"、"效能政府四项制度"的实施，建立企业服务专线、在县政府服务中心设服务点，为企业设立审批提供一站式服务，同时采取开展企业民主评议部门作风、召开企业代表座谈会、发放问卷调查表等方式，查找部门服务非公有制企业中存在的困难和问题，并限期进行整改，不断提高非公有制经济服务水平和服务效率。2011年全县工商注册登记的非公经济户数4898户，比上年增长6.7%；解决从业人员8002人，完成州下达任务目标7846人的102.5%，比上年增长10.3%；实现税收3264万元，比上年增长2%；实现增加值6.67亿元，完成州下达任务目标6.607亿元的100%，比上年增长20.3%。

【信息化与安全管理】　一是结合县政府部门机构改革，明确信息化管理工作职能，健全信息产业管理机构，选派业务素质好，责任心强的人员充实信息化管理工作队伍。二是积极引导信息产业企业加大信息产业基础设施建设，提升信息行业运行质量。至2011年底，县内电信、移动、联通、电视网络等信息企业共建有信号接收机站253座，通讯覆盖率和电视覆盖率分别达90%和95.8%。三是认真做好各级各部门的信息服务平台建设，不断加强对信息服务的监督管理，完善信息服务机制，促进部门之间、部门与群众之间的信息交流，为全县经济社会发展提供良好的信息服务，推进全县各行业信息化发展进程。目前全县各级各部门均建有服务平台，商务网、招商网、农事"e"网通等为企业、农村群众专设的经济交流平台建设成立，实现正常运转服务。四是认真履行无线电管理职责，积极配合上级部门做好县内无线电使用部门的监测管理，在期间，认真开展无线电信号监测管理，确保重大节日和重要活动期间的社会环境稳定。

【无线电管理与监督管理】　一是加强领导，健全机构认真贯彻执行《云南省无线电管理条例》和《云南省县级无线电管理人员监管办法》，及时调整充实无线电管理办公室工作人员，在全县9个乡（镇）各设无线电管理联络员1名，明确工作职责，依法监督管理无线电台（站），强化全县无线电管理工作，推进工业化和信息化"两化"融合，促进全县经济社会发展。二是宣传贯彻无线电管理法规和政策，面向各有关部门和设台单位、社会大众开展宣传活动，增强全社会遵守无线电管理法规的意识，营造良好的工作氛围；三是认真开展日常监管工作。在无线电频率台站行政许可工作中，指导无线电申请人填写无线电频率台站行政许可格式文书，及时转报申请材料，同时，加大对全县范围内的设台单位和无线电发射设备销售门市进行检查，发现问题，依法查清事实，提出处理意见，报州无线电管理机构批准后，送达行政处罚或者其他纠正违法行为的法律文书，并督促执行。

【安全生产管理】 按照"安全生产、预防为主"的工作方针，一是狠抓安全生产责任制的落实，层层签订责任书，进一步明确了安全生产工作职责，确保安全生产工作扎实有效开展；二是认真学习贯彻省州安全生产电视电话会议精神，以会议精神为指导，推动安全生产状况稳定好转；三是加大检查力度，开展重点行业和领域安全生产隐患排查治理专项行动，抓好已建电站雨季防汛安全工作，落实各项安全生产防范措施，狠抓各类事故隐患的整改，强化事故防范工作。全年共组织各类安全生产大检查26次，查出事故隐患28起，所有隐患均按照"三落实"标准进行了严格整改。

【节能降耗】 一是认真落实产业政策，强化节能降耗工作。按照节能减排工作要求，切实抓好《西畴县关于深入开展全民节能行动实施方案》、《西畴县节能减排综合性工作方案》、《西畴县节能减排工作任务分解方案》的贯彻落实，确保全县节能减排工作的深入开展。二是引导冶炼企业加快节能降耗技术改造，积极协调解决九股水冶炼厂16500KVA锰铁合金生产线技改，鑫泰锌业公司、东鑫冶炼厂节能技术改造项目等重点技改项目建设中的困难和问题，加快项目建设步伐。目前西畴县九股水16500KVA铁合金冶炼炉生产线建设项目已动工建设，鑫泰锌业公司、润熔冶炼厂、东鑫冶炼厂节能技术改造正进行可行性研究工作。三是加强企业节能指导和用能管理，按照节能降耗任务目标，严格执行行业准入和淘汰落后产能，确保目标任务圆满完成。四是认真组织开展高效节能照明产品的宣传推广，结合实际制定《西畴县2011年高效节能照明产品宣传推广工作方案》上报县政府审批实施，采取深入农村设立宣传点，发放宣传资料等形式展开宣传销售，确保群众在得到国家财政补贴实惠的同时增强节能环保生产生活意识，2011年销售节能灯8000颗。2011年全县万元地区生产总值能耗下降2.5%，完成州下达任务目标万元地区生产总值能耗下降2.5%的100%。

【工业园区建设】 一是围绕兴街出口贸易加工区规划建设，全力抓紧工业园区规划建设。工业园区规划布局为重工业区和轻工业区，轻工业区规划占地面积4平方公里，着力培育生物资源开发、新型建材、农特产品加工、家电五金等产业；重工业区规划占地面积2平方公里，重点以本地资源为主，形成以周边省份和越南及东南亚地区资源为依托，培育以冶金、化工、机械制造为主导的产业集群。园区总体规划建设年限为15年，即2011~2015年；预计基础设施投入40.5亿元，其中政府出资16.2亿元，银行贷款8.1亿元，引进民间资本16.2亿元；园区建成投入运行后预计2015年实现工业总产值15.86亿元，2020年实现工业总产值23.32亿元，2025年实现工业总产值76.23亿元。园区规划建设坚持多元投资、市场运作的原则，按照政府引导、市场运作、分步实施、突出重点、稳步推进的思路，加大招商引资力度，积极稳妥地进行建设。

按照州"两委、五区"规划建设要求，结合实际制定出《西畴县兴街出口贸易加工区扩权强镇强区试点工作实施方案》，对兴街出口贸易加工区管理机构设置、人员配置、岗位职能进行明确，确保园区管理工作落到实处，抓出成效。4月9日，西畴县兴街出口贸易加工区管理委员会正式挂牌成立。

【机构设置】 西畴县经济商务局（加挂招商局牌子），内设办公室、政策法规股、工业股、商务股、经济合作股、企业股、信息产业股、能源股等8个股室。核定行政编制11名，工人编制1名，年末在职17人，其中公务员16人、工人1人。核定领导编制3人，在职4人。

【任职领导名单】

局　长　彭　斌

副局长　胥仁兴

　　　　朱光喜

（徐永章）

富宁县经济商务和外事局

【工业经济指标完成情况】 2011年，富宁县完成工业总产值272347万元，比上年增长23.0%；全县工业增加值达100500万元，比上年增长15.8%；其中：规模以上工业企业8户，年度完成总产值133400万元，比上年增长25.7%；完成工业增加值70900万元，比上年增长31.5%，实现主营业务收入122140万元，比上年增长20.3%；实现利税总额72500万元，比上年增长37.9%。利润总额57000万元，比上年增长39.6%。

【黄金生产与管理】 富宁县经济商务和外事局为适时掌握各黄金矿山的生产经营情况，切实抓好黄金矿企的管理，不断推进企业技术创新，加强做好黄金矿山的服务工作，采取不定期的方式深入各黄金矿山取样，掌握各黄金矿山的生产状况和黄金产量；组织各相关部门深入矿山协调解决矿山矛盾纠纷，使矿山企业尽快恢复生产；对未申办《黄金开采批准书》的黄金矿山企业，组织企业积极申办，并为企业审查和上报各种申办材料，使企业尽快办理完善各种相关证照。2011年黄金生产基地建设重点是在原有的基础上继续加大对氧化矿勘探工作的投入，延长矿山服务年限。为使金矿资源得到充分有效利用，云龙金矿、正龙金矿和侨兴矿业已对矿区范围内的原生矿进行详细勘探，初步掌握的资源储量已达50多吨。为确保黄金矿产资源得到充分利用，正龙金矿建设的日处理300吨硫化矿浮选厂已建成投产，全年实现产量25公斤；侨兴矿业计划投资12700万元，建设一条年处理硫化矿13.50万吨的浮选厂，已获得省工信委批准开展前期工作。2011年全县能正常生产的3家黄金企业生产黄金150公斤，比上年增长44.2%；实现产值5581万元，比上年增长105%；应缴税金425万元，比上年增长97%。

【重点行业发展】　2011年，矿冶、电力、生物资源产业等主要行业生产能力不断增强，效益同步增长，拉动了全县工业经济稳定增长。矿冶矿业完成工业总产值166700万元，占全部工业总产值的61.2%；电力生产和供应业完成工业总产值27100万元，比上年增长20.9%；上交税金3100万元，比上年增长47.4%。全年累计购发电7.5亿千瓦时，比上年增长18.6%。其中：累计发电量4.5亿千瓦时，比上年增长26.8%；生物资源完成工业产值26200亿元，比上年增长40.1%。

【重点项目建设】　一是大山木业有限公司完成投资6642万元，已完成基地造林35000亩，厂址已完成征地，设备已订购；永鑫糖厂配套设施完成投资3335万元，生物菌肥厂项目已签约；富州水泥厂日产2000吨新型干法水泥生产线技改项目于2011年6月9日竣工投产点火；海南椰风热果加工厂完成投资4250万元，厂房建设完毕，设备已到位；罗非鱼加工厂已完成投资6000万元，完整场地平整工作，设备已订购；普阳煤化工项目获云南省发展和改革委员会备案，普阳煤矿第5期技改扩建稳步推进，普阳老村搬迁和新村规划建设已全面启动。二是加强与昆钢集团对接，初步达成在我县建设50万吨铁球团项目的意向；强化与汇磊公司的联系，跟踪其与省地质勘查院合作勘探钛矿资源情况，为下步项目加工奠定基础。通过对接，花甲锰粉厂、三鑫集团、汇磊公司、昆钢集团和那马河水电开发公司同意进入园区建设。

2011年，工业固定资产投资（不含电力）完成5.69亿元，比上年下降24.5%，占全社会固定资产投资的12.3%。

【非公经济、中小企业发展】　2011年。结合实际编制出台了《关于加快非公有制经济发展的实施意见》（富发〔2011〕11号），完善招商引资优惠政策，加大督查力度，保证各项优惠政策落实到位；加强投资环境综合整治工作，消除对私营经济的歧视性政策，让非公企业在各种政策上享受真正的“国民待遇”，做到有诉必查，严肃处理。2011年完成非公经济增加值204400万元，比上年增长21.6%；完成州政府下达目标任务195600万元的104.5%。非公经济从业人员18300人，比上年增长15.4%，占州政府下达目标任务18270人的100.2%。

【安全生产管理】　一是与26家重点企业签订《2011年度安全生产目标管理工作责任书》。实行安全生产“一岗双责制”，明确了企业主要领导人就是安全生产工作的第一责任人；二是在雨季来临之前，要求全县21家已建电站开展安全防汛自检自查，并将各自防汛责任制落实情况、电站水库大坝、泄水输水枢纽工程、电站地质条件和水文变化、坝体和边坡稳定情况、防洪抢险应急预案、度汛计划编制及防汛物资储备情况上报我局。牵头组织县安监、水务等部门组成安全检查组，深入全县12座已建电站进行安全防汛检查；三是加强安全隐患排查整治。积极组织人员深入清华洞、黄果树、谷拉天生桥、木垢四座已建水电站进行现场安全检查，共出动人员30人次、车8辆次，共排查已建电站12座，排查存在各类事故隐患7处，现场下达整改意见书7份，限期整改4处；四是抓好清剿火患工作。首先，加强领导，健全组织机构。成立了以局长为组长、副局长为副组长、相关股长和县直企业负责人为成员的开展“清剿火患”战役工作领导小组，切实组织火灾隐患排查和整治工作；其次，在年初与永鑫糖业、花甲锰粉厂等26家企业签订《安全生产目标管理工作责任书》，按照县政府统一部署，迅速落实工作责任、提出整治重点、找出问题关键，调动一切力量，采取有力措施，全面打响“清剿火患”战役，坚决杜绝重特大火灾事故的发生。同时，督促各有关企业签订了安全生产承诺书，确保安全工作落到实处，有效地预防和遏制重特大事故的发生。

【节能降耗】　2011年全县万元GDP能耗为0.7819吨标准煤，比上年下降3.05%。工业能源总消费16.25万吨标准煤，比上年增长12.56%。其中：规模以上（按新标准）工业能源总消费7.24万吨标准煤，比上年增长0.42%；其中实物量消耗电力38719.5万千瓦时，比上年增长22.09%；焦炭消耗20573吨，比上年下降2.81%；原煤消耗987吨，比上年增长48.2%；柴油消耗5401吨，比上年增长53.6%。

【工业园区建设】　富宁工业园区属州级工业园区，于2008年开始启动建设，分为“一园两区”，即：归朝生物资源加工园区和板仑冶金建材加工园区。规划总占地面积12.3172平方千米，其中：归朝生物资源加工园区面积8.2991平方千米，板仑冶金建材加工园区面积4.0181平方千米。2011年末，归朝生物资源加工区有5户企业入驻，板仑冶金建材加工园区尚无企业入驻。归朝生物资源加工园区入驻的企业5户分别是：已投产的云南富宁永鑫糖业有限公司、云南富嘉林产科技有限公司、富宁双富食用油有限责任公司3户，在建的云南大山木业有限责任公司林板一体化项目、富宁县富海农业开发有限公司热果加项目2户。园区年度完成工业产值

13872万元，应缴税金1763万元，创利1336万元。

为使富宁工业园区尽快进入省级盘子，争取更多的资金支持，加快工业园区各项基础设施建设，委托中国西部策划研究院对富宁工业园区总体规划进行编修，板仑冶金建材加工园区控制性详细规划第一稿已编制完成；板仑冶金建材加工园区进场道路已确定为二级公路，施工图设计已完成；通过对接，已有花甲锰粉厂、三鑫集团、汇磊公司、昆钢集团和那马河水电开发公司同意进入园区建设。

2011年全县新引进外来投资项目9个，协议投资总额422200万元，实际到位资金121500万元。

【机构改革】 富宁县经济商务和外事局为富宁县人民政府主要工作部门之一，加挂富宁县盐务管理局、富宁县口岸管理办公室牌子。内设党政办、工业股、黄金工作站、商务股、乡镇企业股、口岸管理股、企业改革股和盐务股。2011年在职干部职工34人（不含委派会计），领导班子职数5人，党委书记1人、局长1人，纪委书记1人，副局长2人。

富宁工业园区管委会已经州委、州人民政府会议同意成立，正在申报正处级管理机构；2011年11月7日，按照政府机构改革要求，富宁县经济商务和外事局承担的乡镇企业管理职能平稳地移交县农业和科学技术局。

【任职领导名单】

党委书记　熊建生
局　　长　潘文明
纪委书记　许广平
副 局 长　郭俊海
　　　　　舒月洪

（吴明方）

普　洱　市

普洱市工业和信息化委员会

【工业经济运行情况】　2011年，全市完成工业总产值165.03亿元，比上年同期增长22.9%，增幅比上年提高了9.1个百分点。全市规模以上工业企业完成增加值54.17亿元，同比增长26.8%，提高了12.8个百分点，为省考核目标的125.98%，增速名列全省第二名。工业经济在整个国民经济中的比重迅速提高，一、二、三产业在GDP中的构成由2010年的29.8∶33.5∶36.7调整到2011年的29.5∶36.2∶34.3。2011年，全部工业经济实现增加值达69.82亿元，占全市生产总值301.19亿元的23.18%，比2010年提高1.8个百分点，工业对全市国民经济增长的直接贡献率为32%，拉动GDP增长4.4个百分点，工业化进程不断加快，工业对地方经济发展的贡献作用进一步增强。011年，全市规模以上工业企业完成主营业务收入111.36亿元，同比增长21.5%，为省考核目标的117.22%；利税总额22.61亿元，同比增长34.1%，为省考核目标的133%，其中利润13.4亿元，同比增长46.1%，为省考核目标的157.65%。利润增幅高于利税总额增幅12个百分点；工业增加值的增幅高于工业产值3.2个百分点；规模以上工业增加值率达44.5%。

【工业投资】　2011年，全市完成工业投资129.53亿元，同比增长30.9%，工业投资占全市固定资产投资305.24亿元的比重为42.44%，其中：电力工业完成投资94.23亿元，同比增长28.0%；非电力工业投资完成35.3亿元，同比增长40.7%，为省、市下达考核目标28亿元的126.07%。

【重大重点项目推进】　2011年，为确保完成省、市下达的2011年全市非电力工业投资28亿元的目标任务。全委上下树立“抓项目就是抓落实，抓项目就是抓发展”的观念，根据企业发展需要，采取相应措施，扎实推进项目建设。全年投资500万元以上非电力重点工业项目共85个，普洱天壁水泥有限公司年产120万吨新型干法水泥熟料生产线技改、云景林纸年产9万吨纸浆技改、思茅山水铜业日处理矿石4000吨项目、普洱科茂林化有限公司年产3万吨松香树脂、1万吨歧化松香深加工项目、普洱尖峰接力水泥有限公司年产90万吨新型干法水泥熟料生产线技改等林浆纸一体化、矿产技改等一批重大重点项目的顺利实施，为全市工业发展注入了强劲动力。

【非公经济】　2011年，全市非公经济实现增加值117亿元，同比增长17%，非公经济增加值占国民生产总值的比例达到39%；企业总户数7.33万户，比上年同期增长18.94%；从业人员23.98万人，比上年同期增长11.77%；上缴税金14.57亿元，增长34.46%。2011年末，全市工商注册中小企业共6076户，同比增长7.39%；注册资金177.41亿元，同比增长13.8%。规模以上工业企业89户，比2010年同口径企业83户净增6户。

【煤炭工业】　2011年，普洱市煤炭工业经济运行呈现产量增长，效益明显提高的良好态势。年内召开了全市煤炭工作会议，强化煤炭行业管理工作，制定了煤矿安全隐患排查治理实施意见，实现了煤炭行业零事故。全年累计完成原煤产量86.24万吨，同比增长率为14.86%；完成现价工业总产值26795.12万元，同比增长率为59.46%，完成全年目标任务82万吨的105.2%。

【节能降耗】　2011年，认真贯彻落实国家、省对节能工作的相关部署，加强领导、加大投入、全面推进、措施有力，实现了单位GDP能耗下降3.84%的目标任务，超额完成省政府下达的全市单位GDP能耗下降2.6%的目标任务。全年共有3个重点项目通过了省工信委的节能评估审查；认真做好财政补贴高效照明产品节能灯推广工作，全年共推广节能灯13万多只；积极组织节能宣传、培训活动，全年共组织各类培训3期，培训人次100多人次，发放宣传材料10000多份；加强报废汽车的回收管理工作，全年共回收报废机动车240辆。

【工业园区建设】　截至2011年年底，经省工信委备案，全市在建工业园区3个。其中，普洱工业园区（包括宁洱片区）和景谷特色林产工业园区为省级重点工业园区，景东工业园区为市级工业园区。按照市委、市政府“思宁一体化”要求，已于2011年普洱工业园区总体规划调整时，将宁洱工业园区合并为普洱工业园区，成为普洱工业园区的一个片区。

2011年，全市工业园区建设有三个主要特点：一是经济总量实现新突破。

全市工业园区累计入园企业221户，比上年累计入园企业增加25户，其中规模以上企业累计入园51户，比上年增加6户。实现工业总产值52.19亿元，比上年同期增长29.05%；主营业务收入45.34亿元，比上年同期增长30.22%；利润总额3.04亿元，比上年同期增长49.86%；税金总额3.90亿元，比上年同期增长43.76%；就业人数15353人。二是基础设施建设有新起色。全年完成园区固定资产投资20.84亿元，比上年增长53.78%。其中，工业投资15.28亿元，比上年增长84.85%；基础设施投资1.70亿元，比上年减少56.10%；在建标准化厂房24.655万平方米，竣工面积7.865万平方米，完成投资3.88亿元。三是产业集聚呈现新亮点。始终按照产业基础和资源优势不断调整和布局生产力，以天士力、康恩贝等为龙头的茶叶、咖啡等生物产业和食品加工业向普洱工业园区集聚，以云景林纸、景谷林化、普洱科茂、景东力奥、普洱天壁等为龙头的林浆、林化、林板、建材等产业向景谷、普洱、景东等园区集聚，初步形成一定规模的产业集群和产业链。四是重大项目取得新进展。天士力生物茶谷、云景林纸、云南高山、思茅建峰、普洱天壁、普洱科茂、普洱福通、澜沧江酒业、景东力奥、云南佳浩等一批重点项目纷纷进驻园区并按计划实施，进展顺利。五是服务环境得到新改善。积极推行项目责任制、服务承诺制、限时办结制等制度，保证全程提供工商登记、项目备案核准、规划、土地、环保、税务登记、项目申报、资金扶持等业务办理优质服务，减少入园企业办事程序，改善服务环境，提高办事效率。

【信息化推进】 2011年度发布信息7473条，网站累计浏览量逾250万人次，日均浏览量2500人次。全市共建立各级各部门政府信息公开网站765个，有专兼职信息员979名，共发布政府信息127297条，其中2011年发布信息20571条（市级发布4899条，各县区发布15672条），努力推行工程建设领域项目信息公开和信用信息公开，着力抓好全市信息化业务平台应用业务的集中培训，截至2011年年底，全市搭建“双信”平台280多个单位，发布项目信息1081条，信用信息314条；全市共有741个行政单位开通了政务信息网络查询平台，建立了政务在线查询通知制度，稳步推进政务信息网络查询工作，开通以来接到公众查询信息1185条，办结回复1151条，其中2011年接到569条，办结回复537条；截止2011年底，全市各级行政机关在政务信息在线解答平台上，录入常见问题解答5406条，其中，市级部门录入1491条，县（区）录入3919条；全市共设立96128专线服务电话758部，联络员1389人，接到公众呼入平台来电31508个，其中96128专线呼入12433个，转接7679个，转接成功6121个，转接成功率95.03%，满意6021个，满意率98.37%；12345、12369专线呼入19075。2011年，接到公众呼入的96128专线来电22985个，其中96128专线呼入3910个，转接2205个，转接成功1760个，转接成功率96.81%，满意1733个，满意率98.47%。处理非工作时间有效来电录音175个。

【电子政务】 2011年，按照“统一网络平台、统一数据库资源、统一应用软件平台、统一标准规范”的原则，加快电子政务外网和平台建设步伐。一是加大电子政务外网建设。已建成覆盖全市的电子政务外网，实现了市、县、乡三级纵向及市、县两级横向的网络连接，全市共752个单位通过光纤接入，其中市直部门接入112家。二是优化整合电子政务网络，提高网络保障能力。制定《普洱市电子政务网络平台优化整合方案》，逐步开展电子政务网络优化整合工作，对运行老化的部分设备更换。以国家电子政务外网建设为契机，积极向省中心争取，新建设一套省、市、县三级纵向网络。其中，省、市纵向带宽100MHz，市、县纵向带宽100MHz，新建线路与原有的电子政务外网形成主备保障模式，提高了电子政务外网保障能力，扩容了电子政务外网带宽。三是稳步推进政务协同办公（OA）建设。与电信公司签订全市电子政务协同办公系统建设协议，建成市级政务协同办公平台，按照试点先行原则，2011年8月1日正是启动了市工信委OA系统，积极推进市委办、市政府办OA系统建设前期工作，下一步将整各县（区）OA系统，实现全市政务协同办公。四是优化整合视频会议系统。在行政中心新建视频会议室，将原视频会议系统搬迁至行政中心，更换老化设备，提高会议保障能力，全年保障国家级视频会议8次，省级视频会议47次，市级视频会议17次，合计保障会议72次。五是积极推进信息化平台建设。完成市政府办安全公文交换系统建设；协助政务服务中心拟定政务服务中心信息化建设方案，推进政务审批系统、电子监察系统；举办全市信息化业务综合培训；协助财政局推进财政一体化报送系统；协助市委政法委推进社会管理创新平台；协助审计局建设审计专网，启用审计协同办公系统；拟订《普洱市政银企电子会商信息化平台建设方案》，推进政银企平台建设等，信息化为巩固和开展“法制、责任、阳光、效能”政府建设服务作积出了极贡献。

【无线电管理】 2011年，紧紧围绕“管资源、管台站、管秩序，服务经济社会发展，服务国防建设，服务党政机关，突出无线电安全保障重点工作”的要求，加强县级无线电管理，确保无线电机构改革的顺利交接，完成了各项既定任务。抓好宣传工作，把无线电知识普及到农村。规范无线电台站管理，完成台站数据库建设工作，截至2011年年底，全市已办理执照的无线电台站数量为4865个，开展无线电监测工作15210小时，收取频率占用费37280元。加大执法检查力度，查封移动公司非法台站

1座，营造良好的电磁环境，有力保障了通信、民航、广电、交通、气象、公安、安全、军队等行业和部门用频需求。

【人才队伍建设】 年内共组织了省内外各级各类工业人才培训29期800余人次；完成了普洱市工程经济系列专业技术职务资格评审工作，认定工程系列技术员19人，助理工程师43人，工程师204人，推荐高级工程师21人、高级经济师3人。

【机构设置】 2011年1月4日，普洱市工业和信息化委员会正式揭牌成立，将原普洱市经济委员会承担的工业行业管理等有关职责和原普洱市人民政府信息产业办公室和普洱市无线电管理处的职责划入普洱市工业和信息化委员会，新组建的市工业和信息化委员会为市人民政府工作部门，加挂普洱市无线电管理办公室、普洱市中小企业局牌子。内设17个机构和1个离退休人员办公室，机关行政编制48名，工勤人员编制5名。市工信委下设4个事业单位，即：信息中心、无线电监测站编制各4名，网管中心、盐业执法（稽查）支队编制各5名。

【任职领导名单】

主　任　朱新建
副主任　王嘉闻
　　　　岩　罗
　　　　唐永平
　　　　杨　斌
　　　　苏　昆
　　　　罗承舜
　　　　邓世武

（黄卫琴）

思茅区工业和信息化局

【综述】 2011年，思茅区通过不断改善投资环境，加大招商引资力度，落实优抚政策，加大工业投入，强化企业管理等一系列措施，思茅区的工业经济得到长足发展，初步形成了茶产业、林产品加工业、金属矿采选业、电力工业、建材工业、食品加工业、生物资源加工业等一批骨干产业群体。2011年全区完成现价工业产值359683万元，同比增长16.10%；完成工业增加值152835万元，同比增长18.70%。其中：规模以上工业企业完成产值314851万元，同比增长22.30%；规模以下工业企业完成产值44832万元，同比下降14.40%。轻工业完成产值41696万元，同比下降7.40%；重工业完成产值273155万元，同比增长28.60%。2011年，全区完成工业投资11.5亿元，完成市政府下达任务的101.84%。

【信息化建设】 2011年9月，思茅区人民政府信息产业办公室和思茅区无线电管理办公室的职责划入思茅区工业和信息化局后。对全区51家单位对信息系统安全工作进行了检查，没有发现信息化安全事件。开展网络虚拟社会管理情况调查，对24家具有独立网站的党政机关及企、事业单位开展清查摸底，按月报送《网络虚拟社会管理情况汇总表》。积极配合区工商局等部门对全区网络虚假违法广告开展专线整治工作。

根据《普洱市政务服务96128专线2011年工作实施意见》和《普洱市政务服务96128专线2011年宣传方案》等要求，制定了《思茅区开展政务服务96128专线宣传工作方案》，并督促各乡（镇）根据方案内容开展基层政务服务96128专线宣传工作，各乡（镇）积极发布墙体广告，在政务公开栏对政务服务96128专线内容、目的、拨打方式等方面进行了重点宣传，积极打造96128专线品牌。

【无线电管理】 2011年是《中华人民共和国无线电管理条例》颁布18周年纪念日，根据《云南省2011年无线电管理宣传月活动方案》的要求，于2011年9月16日，与普洱市工业和信息化委员会组织移动、联通、电信三家公司于普洱世纪广场开展了大型的无线电管理知识户外宣传活动。制作宣传展板6块，张挂宣传横幅35条，发放《无线电管理宣传册》5000份。

【协调解决改制企业遗留问题】 一年来，在区企业改革领导小组的领导下，我局企业改革工作主要围绕解决改制企业遗留问题：一是协调解决了造纸厂老工伤职工缪思源工伤医疗保险费及假肢安装费5.33万元，茶叶机械厂上片区居民住宅区水网改造资金10.48万元，原三木木业集团有限公司43名下岗职工安置经费235.82万元；二是协调解决了思茅糕点厂、酱油厂等企业档案清理加工费6万元；三是协调处理了兴达皮革制品有限公司二次产权制度改革中漏评资产的分配问题；四是认真做好职工来信来访接访工作。热情接待来访人员，认真听取他们的意见和建议，及时化解矛盾，本着客观公正、实事求是的原则，参与源丰汽车修理有限公司维稳，答复了钢门窗厂职工苏学智、翻胎厂、茶机厂等企业职工来信来访，积极协调处理原红旗公司改制遗留问题，做好振兴北路建设的征拆工作。全年接待来信来访15余次，共计50余人次。

【资源综合利用和清洁生产管理】 在资源综合利用方面，现由于国家税收优惠政策的调整，影响到区企业申报资源综合利用认定的积极性，至2011年底，全区仅有2户企业拥有资源综合利用认证，预计全年可完成废物回收利用42907吨，实现利税总额110万元；在清洁生产方面，继续开展规模以上企业实施清洁生产审核验收工作，认真贯彻落实《中华人民共和国清洁生产促进法》和《云南省清洁生产促进条例》，截至目前全区规模以上企业共有14户企业通过了清洁生产审核验收，其中1户获云南省“合格单位”验收。

【中小企业发展】 2011年末，全区共有个体工商户13314户，注册资金54707万元，从业人员47452人；私营企业1289户，注册资金212342万元，从业人员18575人，非公有制经济从业人员达到66027人；实现非公经济增加值254051万元，占全区生产总值的39.4%；非公经济上缴税金26999万元，其中：个体工商户8645万元，私营企业18354万元。

【安全生产管理】 2011年，紧紧围绕安全生产责任制和安全生产控制指标，以预防和遏制各类重特大安全事故为重点，切实强化责任意识，努力加大监管力度。3月召开安全生产专题会议，对2010年的安全生产工作进行了认真总结回顾，对2011年的安全生产工作作了精心安排。8月为认真贯彻落实和体现安全生产奖优罚劣的管理激励机制，与14家规模以上企业签订了安全生产责任状；加强重大节日、重大活动、重要时期的安全监管，认真组织开展“安全生产月”活动，加大宣传力度；在元旦、春节、“五一”、“十一”期间开展了四次安全隐患排查治理工作；为了防止和减少各类伤亡事故的发生，建立紧急情况下快速、有效组织事故抢险机制，结合我局安全生产工作情况，要求各企业制定完善《安全生产应急救援预案》，对出现的不可预见的各种因素作认真的分析总结，为应急预案的不断完善提供了现实依据；一年来，在全区工业企业的共同努力，企业安全生产基础性工作不断得到加强，安全生产的认识得到进一步提高，牢固树立了安全发展的理念，切实做到生产与安全两手抓、两促进、两不误，有力地保障了我区工业经济的发展，全年未发生一起重大安全生产事故。

【节能降耗】 思茅区节能管理工作将紧紧围绕与市政府签订的年度节能目标任务开展工作。6月17日区政府组织召开了全区2011年度节能工作会议，区节能减排领导小组成员单位和11户年标准煤耗在1000吨以上重点用能企业参加了会议，会议通报了2010年思茅区节能工作开展情况，并对2011年节能工作进行了安排部署，同时表彰2010年度全区节能先进单位和先进个人。与全区年耗标煤1000吨以上8户重点用能企业签订2011年节能目标责任书。2011年思茅区单位GDP能耗下降2.6%。

【任职领导名单】

局　长　陈　刚

副局长　李文华

　　　　邓留全

　　　　施　文

宁洱县工业商务和信息化局

【工业经济运行情况】 2011年，全县实现工业总产值161443万元，同比增长11%，其中，规模以上工业企业实现增加值37837万元，同比增长15.7%，完成市考核目标任务37800万元的100.1%；实现主营业务收入86482万元，同比增长22.7%，完成市考核目标任务85500万元的101.1%；实现利税总额13956万元，同比增长29.7%，完成市考核目标任务13700万元的101.9%；实现利润总额4236万元，同比增长24.2%，完成市考核目标任务4000万元的105.9%。

2011年，全县工业企业主要产品产量：松节油完成1993吨，同比增长146.7%；盐产量完成80919吨，同比增长74.3%；松香完成8662吨，同比增长59.7%；发电量完成35909万千瓦时，同比增长7.8%；工业茶完成3875吨，同比下降5%；甲醛完成30727吨，同比下降6%；原煤完成95751吨，同比下降9.7%；水泥完成47万吨，同比下降15.7%；人造板完成119893立方米，同比下降16.8%。

2011年，全县完成非电力工业投资4.34亿元，同比增长29.2%，完成市考核目标任务4.2亿元的103.3%。

【重点项目建设】 高度重视重点工业项目建设推进工作，认真细化项目推进保障措施，优化项目推进环境，实施好一企一策和一个项目一套机构的联系挂钩制度，确保了重点项目的推进。一是总投资1.2亿元的科茂林化项目，截至2011年，累计完成投资11608万元，一期项目已于2011年底实现投产，争取2012年5月至6月完成二期项目建设；二是总投资5.3亿元的天壁水泥技改搬迁项目，截至2011年，累计完成投资47678.77万元，预计于2012年5月进行单机调试，6月投产；三是总投资2.97亿元的福通木业项目，截至2011年，累计完成投资2540万元，正在进行场地平整，为争取2012年内投产打下坚实基础；四是广东天龙收购林缘林产进行技术提升改造，相关工作正在推进。

【技术创新】 为贯彻落实中央提高自主创新能力、建设创新型国家的战略决策，充分发挥普洱市认定企业技术中心在建立我县技术创新体系中的引导与示范作用，2011年，根据《普洱市认定企业技术中心管理办法》，经市工信委组织有关部门和专家对我县普洱茶厂企业技术中心开展调研和评价，该厂技术中心被评审和确认为2011年市认定企业技术中心。

【重点行业发展】 茶产工业：茶叶种植规模不断扩大，产量产值双增长。2011年，全县茶园总面积12.27万亩，其中完成生态茶园标准化建设4.7万亩。通过充分发挥龙头企业带动作用，不断加大产品深度开发力度，全县生产精制茶3800吨，实现茶产业产值2.3亿元。

林产工业：坚持“生态建设产业化，产业发展生态化”的方针，以兴林富民为目标，积极推进集体林权制度配套改革，大力培育商品林和工业原料林基地，加快产业结构调整，强化林板、林化产品精深加工，形成“两翼齐飞”的林产业发展新模式。强力推进林产林化工业项目实施，普洱科茂林化、普洱林缘化工一期项目分别建成投产，二期项目顺利推进；普洱福通木业集团迁建项目开工建设。2011年，全县有林产工业企业52家，其中年产1万立方米以上人造板生产企业4户，年设计生产能力16.5万立方米，实现林产工业产值3.5亿元。

建材产业：年产120万吨的天壁水泥生产线技改搬迁项目进展顺利，主体设备安装完成90%，力争2012年上半年竣工投产；砂、石、砖等其他建材业稳步发展。2011年，实现建材产业产值2.3亿元。

电力产业：石门坎、老石寨、勐先河二级电站建成投产，糯扎渡电站顺利下闸蓄水，勐野江电站、长田电站、勐先河一级电站、大树脚电站开工建设；勐海田220千伏枢纽站和温泉河工业园区110千伏中心站项目完成前期工作。2011年，实现电力产业产值2.5亿元。

矿产业：推进企业深度开发，资源优势向经济优势转化，铅锌矿产量达867吨、精铜产量达193吨。2011年，实现矿产业产值1.8亿元。

【非公经济发展】　2011年，全县有个私企业6551户，同比增长16.48%，其中：私营企业226户，同比增长15.31%，个体工商户6325户，同比增长16.53%；从业人员22590人，同比增长9.61%，完成市政府下达目标任务21633人的104.42%，其中：私营企业8242人，同比减少0.31%，个体工商户14348人，同比增长16.25%；完成注册资金66510万元，同比增长19.81%，其中：私营企业注册资金28802万元，同比增长21.77%，个体工商户注册资金37708万元，同比增长18.35%；完成非公经济增加值97157万元，同比增长11.04%，占全县GDP的37.5%，完成市政府下达目标任务93184万元的104.26%。非公经济健康发展，为全县经济社会平稳较快发展作出了积极贡献。

【信息化建设与安全管理】　一是进一步加强政府信息公开网站发布系统的运行和维护，截至2011年12月31日止，县政府信息公开门户网站共发布信息6497条。二是进一步贯彻落实省、市关于96128专线建设的一系列部署和要求，确保96128专线品牌化建设工作的顺利推进。2011年，共转接96128政务服务电话111次，转接成功88次，转接失败23次，成功率98.88%，满意83次，不满意5次，满意率94.32%。三是全面加强电子政务建设，2011年10月15日成功接入云南省电子政务外网，实现国家、省、市、县四级骨干网络连接；切实保障电子政务OA系统的正常运行。四是组织开展政府部门信息系统安全检查和信息化平台业务应用综合培训，全县58个相关部门参加了培训。五是积极推进“两化融合”工作，加快推进县级政务服务中心信息化建设和工程建设领域项目信息公开平台建设。

【无线电管理与监督检查】　配合上级无线电管理部门做好无线电管理规划和设台单位的协调工作。根据权限审查无线电台（站）的建设布局。加强无线电管理宣传工作，普及无线电管理和无线电科普知识，营造无线电管理工作良好社会环境。开展对讲机清查工作，截至2011年12月31日，全县相关企事业单位、酒店、KTV、建筑施工场地、水电站等共持有对讲机119台；公众无线通信网基站288个。

【安全生产管理】　认真贯彻落实安全生产责任制，将安全生产各类控制指标和责任细化分解落实。一是开展全县煤矿、民用爆破器材行业治大隐患防大事故安全隐患排查治理专项行动，共查出一般安全隐患19条，全部整改完毕，整改率达100%。二是贯彻执行煤矿领导带班下井制度，并将相关情况进行公示，公开接受社会监督。三是开展煤矿瓦斯综合治理，督促煤矿企业完善矿井通风系统，加强对瓦斯监测系统的日常维护检查，确保监控系统装备良好运行。四是认真开展2011年“安全生产月”活动，深入企业开展安全生产宣传教育，张贴安全生产宣传标语2000余条，出安全知识板报5次，使以人为本、安全发展的理念更加深入人心。五是督促相关企业建立和完善重特大事故应急救援预案和体系，年内组织开展应急救援演练1次。2011年，我县工信系统未发生重大安全生产事故。

【节能降耗】　加快推进新型工业化进程，坚持多措并举，在继续巩固已取得成果的基础上，认真开展实施节能工程、清洁生产审核、能源审计、高耗能企业技术改造和工艺创新等工作，把做好节能降耗工作作为构建社会主义和谐社会和促进工业企业持续发展的重要抓手认真抓好落实。2011年，宁洱县实现单位生产能耗同比下降3.99%，超额完成了市人民政府下达的考核目标任务。

【工业园区建设】　宁洱工业园区于2008年启动建设，通过5年的努力，先后完成了《宁洱工业园区总体规划》、《宁洱工业园区可行性研究报告》、《宁洱工业园区总体规划环境影响报告书》以及《宁洱工业园区温泉河片区控制性详细规划》，通过整合交通、电力、通讯、农田水利等基础设施项目，配套完成了部分水、电、路、通讯等相关基础设施，申报了总投资1200万元的温泉河片区供水工程建设项目和1个220千伏变电站输变电站建设项目，铺设给排水及雨污管道5公里，建成通讯光缆6.6公里，园区基础设施建设逐年得到加强。同时，不断加大招商引资工作力度，增强招商引资工作的主动性和积极性，创新招商方式，拓展招商领域和范围，成功引进了普洱科茂林产化工有限公司、普洱天恒市场经营集团公司及广东天龙油墨股份有限公司等省内外知名企业进驻园区，入住产业涉及林板、林化、生物资源、建材、茶叶加工等多个行业，2011年，宁洱工业园区纳入普洱市工业园区进行统筹规划，进入省级重点园区，成为承载普洱市工业项目的一个片区，规划总面积19.25平方公里，是以林板、林化、新型建材、物流产业为主，茶叶及生物资源产业为辅的工业片区，外地企业到园区投资兴业的吸引力显著提高。现入园企业达47户，其中规模以上10个，在建3个；2011年，入住企业（规模以上企业）实现工业总产值6.94亿元，同比增长13.9%；实现工业增加值2.03亿元，同比增长

16.5%；实现销售收入6.28亿元，同比增长25.7%；安置就业2484人，同比增长4.5%；累计完成投资4.95亿元。

【机构改革】 根据2011年政府机构改革文件，组建县工业商务和信息化局，划入原县经济和商务局、县招商引资局、县无线电管理办公室职责以及县安全生产监督管理局承担的民用爆破器材生产和流通的行业管理职责，并将原县经济和商务局承担的乡镇企业行业管理职责和煤矿安全生产监管职责分别划入县农业和科学技术局和县安全生产监督管理局。县工业商务和信息化局为县人民政府工作部门，主管全县工业经济运行、产业政策、产业规划、中小企业、非公经济、内外贸易、招商合作、信息化以及无线电管理工作。县工业商务和信息化局设党委、纪委，内设办公室、人事股、工业股、商务股、招商合作办公室、信息化股、技术创新股和经济运行股等8个股室，人员编制24名。

【任职领导名单】

局　　长　杨启绿
党委书记　李　强
纪委书记　普光梅
副 局 长　杨晓林
　　　　　陈　勇
　　　　　卢　耀
　　　　　孙颖洁

景谷县工业商务和信息化局

【工业经济指标完成情况】 2011年，景谷县实现工业总产值441906万元，同比增长32.2%；实现工业增加值158450万元，增长33.5%，工业对经济增长的贡献率为52.2%，拉动全县经济增长9.3个百分点；其中：14户规模以上工业实现产值267582万元，增长38%；实现工业增加值103254万元，增长41.1%；全县规模以上工业实现主营业务收入157642万元，同比减3.3%，实现利税18768万元，同比减28.7%，实现利润总额6497万元，同比减54.3%；列入统计的10个主要工业产品呈七增三减，其中：纸浆95542吨，下降15.2%；铜1434吨，增长0.6%；食糖25497吨，增长8.8%；酒精2297千升，下降0.7%；松香25450吨，增长6.8%；人造板150160立方米，增长18.8，%；原煤152763吨，增长224.3%；发电量43423万千瓦时，增长110.3%；工业茶165吨，下降17.5%；水泥156627吨，下降21.%。

【技术创新】 景谷县通过多年工业建设和发展，建立了一支素质较高的工业人才和技术工人队伍，积累了一些兴办现代化工业的经验，拥有了一批较为成熟的先进实用技术。全县企业拥有省级技术中心2个，市级技术中心2个。云景林纸股份有限公司技术中心承担完成公司30多项重大技术攻关和产品开发，并且有10多项已经实现产业化。技术中心先后承担了省科技厅4个科技项目，如《思茅松全漂白硫酸盐绒毛浆技术研发》、《滇南混合阔叶木浆研究与产业化应用》等，其中2个项目已经实现产业化。2009年4月，公司《桉树优良无性系引种及丰产栽培集成技术研究》荣获云南省科学技术进步三等奖；12月，公司申报了2008~2009年度景谷县科学技术进步奖，《思茅松全漂白硫酸盐绒毛浆》项目获景谷县科技进步奖一等奖，《浆板机烘缸轴头磨损现场修复技术》获景谷县科技进步奖二等奖。

【重点行业发展】 林产业：林产业是景谷最大的支柱产业，已建立了云南云景林纸股份有限公司和云南景谷林业股份有限公司两大林业龙头企业及76家中小型林业生产加工企业的林产体系。景谷是全省重要的林业大县，全县有林地面积894万亩，占全县国土面积的79.2%；人均拥有林业用地30亩，分别是全省和全国人均水平的3.6倍和15.2倍；森林覆盖率74.72%，是全国的4倍多；活立木蓄积量4832万立方米，人均161立方米，分别是全省和全国人均水平的5倍、23倍。林木年生长量221万立方米，年消耗量145万立方米，木材净生长量76万立方米。景谷县林产工业企业主要有：云景林纸股份有限公司、景谷林业股份有限公司、景谷林化有限公司、林涛木业有限责任公司、宇林木业有限公司。2011年生产木材114.7万立方米，生产人造板17.0861万立方米，生产松香25450吨，生产纸浆95425吨。2011年林产工业实现产值197170万元。

蔗糖产业：景谷县蔗糖产业只有景谷力量生物制品有限公司1户企业，拥有糖厂两座：钟山糖厂和永平糖厂，蔗糖年生产能力：日处理甘蔗3000吨，其中，钟山糖厂1500吨，永平糖厂1500吨。甘蔗种植面积为9.78万亩，2011年入榨甘蔗207494吨，产糖25450吨，工业总产值19207万元。

矿产工业：全县已探明储量（上省储量表）矿种23种，保有储量居全省前5位的有13种，其中金、镍、钴、钾盐、铁、蛇纹石、石棉等7种矿产储量位居全省第一；岩盐、铬储量分别居全省第二、第三位。全县铅、锌、铜等资源储量也非常可观，其储量分别居全省第六、七、十位。已探明岩盐储量30多亿吨，煤储量1000万能吨，石油储量约1200万能吨，（景谷县是全省第一个石油生产县），天然气储量3亿立方米，铜储量30万吨，铁储量近1000万吨。主要企业有：景谷矿冶股份有限公司、福建罗丰集团景谷矿业有限公司、景谷巨鑫矿业股份有限公司、盛强矿业股份有限公司；回煌煤矿、南井田煤矿、芒现煤矿。矿产工业主要生产能力情况1. 原煤年生产能力：13万吨，其中：回煌矿井9万吨；南井田4万吨。（芒现煤矿6万吨矿井正在做建设矿的前期工作，凤和探矿井正在继续探矿中）。2. 铜年生产能力：年生产电积铜3000吨规模，2011年生产电积铜1510吨。2011年全县完成矿业产值25912万元。生产原煤152763吨。实现产值5293万元。

水电产业：景谷县境内客流属澜沧

江水系，全县江河纵横，水源极其丰富、多数河流流程短，境内澜沧江、威远江、小黑江、纵贯全境，全县径流面积超过100平方公里的河流有19条；51平方公里至100平方公里有33条；10平方公里至50平方公里的有42条，累计全长1863.54公里，总径流面积7550平方公里，年总产水量67.2亿立方米，理论蕴藏量为76万千瓦（澜沧江除外），可开发利用的27万千瓦，截止2010年底全县水电已开发10.12万千瓦，据初步调查装机容量在500千瓦以上电站可建39座。水电装机容量10.12万千瓦。水电企业7户，共有小水电站14座。其中：威远江水电站装机容量7.2万千瓦，（2010年第四季度投产发电），景谷供电有限公司2.17万千瓦。2011年发电量44551万度，实现工业总值11193万元。

茶叶产业：2011年全县有10个乡镇111个村1144个村民小组种植茶叶，专业茶农人数25800人，涉茶农户16950余户，5万余人，景谷茶叶种植面积达16.87万亩（新植面积11673亩，采摘面积达113349亩），产量6893.4吨，实现农业产值17233万元，实现农业总产值34944万元。全县共有茶叶企业、茶厂52家，其中工商注册43家，有精制绿茶加工企业14家，普洱茶加工企业12个初制所，精制加工一体的企业8个，全县有19户茶企业已获得QS认证，2011年重检合格17户，2011年生产普洱茶2390吨（生茶1850吨，熟茶540吨），名优绿茶750吨，活跃了茶叶销售市场，茶叶加工已形成了一定规模。

【非公经济】 2011年度，景谷县非公有制经济户数8628户（私营企业434户，从业人员8463人，注册资金126430万元；个体工商户8071户，从业人员13038人，注册资金38637万元；农民专业合作社123户，从业人员1754人，注册资金9860万元），非公经济从业人员23255人。非公经济上缴税金8345万元（其中，个体工商户4357万元，私营企业3988万元）。非公企业实现经济增加值22亿元，占我县GDP的43%。

【信息化建设与安全管理】 一是多次选派业务骨干参加市工信委举办的电子政务建设、信息公开、电子商务和无线电管理知识学习培训，2011年12月27日至28日举办了全县工程建设领域及政府信息公开培训班。二是推行信息公开，努力打造阳光政府。截至12月止，上报工业商务和信息化信息60余条；认真做好96128宣传工作，使群众知晓率达90%以上。目前，全县实施96128粘贴广告提示牌180个。转接总数42个。三是严守信息保密规定，加强信息安全检查。2011年7月，对全县9个乡（镇）和20多家单位的信息安全和保密工作进行检查和抽查，并针对存在问题和不足制定相应的整改措施，确保了全县信息工作的安全高效运作。

【无线电管理与监督检查】 为确保无线电管理工作有序开展，及时调整充实了无线电工作领导小组，做好基站设备无线电台站管理工作，对景谷县电信公司2009年1月至2012年3月以来分期建设的27个CDMA（1X）基站设备进行了初测抽查；对移动公司的GSM无线网民乐大富那河（1G）基站、景谷乡黄乔地（2G）基站、景谷乡（2G）基站、县城石板村（3G）基站等基站进行初测抽查。对电信公司江东基站410，芒冒基站146.1X，南门山基站200，昔喷村基站68进行抽查。

【节能降耗】 按照市人民政府与县人民政府签订的2011年单位GDP能耗下降2.6%的节能目标，分解到县内重点耗能企业，与云景林纸股份有限公司、景谷林业股份有限公司、景谷林化有限公司、景谷力量生物制品有限公司、景谷矿冶股份有限公司、景谷泰毓建材有限公司签订节能降耗责任书。通过艰辛努力，完成了县人民政府与市人民政府签订的2011年单位GDP能耗下降2.6%的节能目标。

【机构改革】 2011年3月13日，根据《景谷傣族彝族自治县人民政府机构改革实施意见》文件精神，组建县工业商务和信息化局，为县人民政府工作部门。将县经济和商务局、县招商引资局、县工业园区管理委员会的职责，整合划入县工业商务和信息化局。编制25名，下设办公室、工业园区管理办公室（副科级）、综合经济运行股、工业股（应急办公室）、商务股、非公有制经济管理股、发展规划与技术创新股、企业改革股、煤矿管理股、网络信息和无线电管理股（无线电监督检查股）、盐务管理股、招商引资股。

【任职领导名单】

党委书记　俸　彬（4月止）
　　　　　陈德良（4月任）
局　　长　张尔能
纪委书记　陶　涛（4月止）
　　　　　程　鲲（5任）
副 局 长　吴学少（4月止）
　　　　　谢　敏
　　　　　郑林江
　　　　　李　睿
　　　　　陶景泉

（陈　旭）

镇沅工业商务和信息化局

【工业经济运行情况】 2011年，全县有工业企业594户，全县累计完成工业总产值86256.4万元，同比增加20466.4万元，增长31.1%，其中，轻工业完成15113.9万元，同比增加3535.2万元，增长30.5%；重工业完成71142.5万元，同比增加16931.2万元，增长31.2%。全县有规模以上工业企业7户，全年完成工业总产值51834.5万元，同比增加12415.2万元，增长31.5%，规模以上工业总产值占全县工业总产值的比重达60.1%；实现工业增加值22352.1万元，同比增加6521.1万元，增长41.2%；实现主营业务收51580.4万元，同比增加9005万元，增长21.2%；实现利税总额

6990.5万元，同比增加4709.9万元，增长206.5%；实现利润总额5292.8万元，同比增加4441.9万元，增长522%。工业产销率为96.5%，同比下降7个百分点。

【非公经济发展】 2011年，全县非公有制经济企业户数5348户，比2010年的4642户增加706户，增长15.2%；从业人员12925人，比2010年的9608人增加3317人，增长34.5%；上缴税金5758万元，比2010年的3665万元增加2093万元，增长57.1%；实现增加值86639万元，比2010年的63846万元增加22773万元，增长19.7%（按可比价计算）；社会消费品零售额55932万元，比2010年的47173万元增加8755万元，增长18.7%。增加值占全县GDP的39%。

【中小企业发展】 2011年，全县共有中小企业5352户，比2010年增加689户，同比增长14.8%；实现增加值100765万元，比2010年增加28338万元，同比增长39.1%，占全县生产总值的比重达45.1%；实际上缴税金7001万元，比2010年增加2157万元，同比增长44.5%。中小企业已成为全县吸纳劳动力就业的主渠道，2011年，全县中小企业从业人员为14231人，比2010年增加3327人，同比增长30.5%。

【产业结构调整】 2011年全县实现国内生产总值（GDP）22.2亿元，第二产业在全县中的比重达到25.2%，三次产业结构从“十五”末的42：21：36调整为2011年末的42.6：25.2：32.2，二产在三次产业结构中的比重逐步上升。2011年镇沅工业从产业看主要由以下几大产业组成：矿产业（金矿、铅锌矿、煤矿、铜矿）、林产林化业（人造板、胶合板、纤维板松香、松节油）、茶产业、水电业、建材业、食糖及木薯酒精制造业。全县有规模以上工业企业6户（矿产工业2户、林产工业1户、林化工业1户、建材企业1户、供电企业1户），规模以上工业总产值占全县工业总产值的60.1%，矿产业和林产林化业工业总产值大约占全县工业总产值的80%左右。镇沅正在按照发展新型工业化的要求，积极开展资源综合利用、清洁生产等工作，并把改造传统工艺，淘汰落后产能，推广使用新工艺，发展高科技产品、清洁能源作为新型工业化的主要内容。

【信息化建设与安全管理】 2011年5月，信息化职能职责划入县工业商务和信息化局后，县工业商务和信息化局着力于推进政务信息公开工作；着力于推动电子政务外网建设和业务系统应用，完善政务系统、信息公开系统、电子商务系统和信访系统的建设；着力于开展工程建设领域信息公开和诚信体系建设工作。截至12月全县共公开政府信息1400余篇。认真做好96128宣传工作，开通96128专线58家，共转接113次，转接成功93次，转接成功率96.88%，满意率98.92%，使群众知晓率达90%以上。加强信息安全检查工作，2011年由我局牵头对全县9个乡（镇）和60多家单位的信息安全和保密工作进行检查和抽查，确保了我县信息工作的安全高效运作。

【无线电管理与监督检查】 2011年5月，无线电管理与监督检查职能职责划入县工业商务和信息化局后，县工业商务和信息化局着力于加强无线电管理与监督检查工作。认真贯彻落实全国无线电管理宣传工作交流会议精神和文件要求，以及《云南省无线电管理条例》的规定，加大无线电管理执法监督检查的力度，严厉查处非法设台、擅自占用无线电频率的行为。开展对非法生产卫星电视接收设备进行专项治理活动，经排查，我县境内无卫星电视接收设备生产企业。掌握辖区无线电台站设置使用情况，参与拟建台站的选址和备案以及台站核验，协助搞好小型站的建设和监护，积极协调、配合好小型站建设，力求监管工作到位，并建立台站数据库，做到台账清，底数明，镇沅境内涉及无线电较大的三家移动、电信、网通共有机站205个，其中移动128个、电信51个、网通26个。积极主动配合市级机构指导设台单位的无线电管理工作，做好基站的检测和专项整治工作，协调处理无线电管理的有关事宜，建立重大事项报告制度。

【安全生产管理】 2011年5月，由于机构改革，煤矿安全监管职能划入县安全生产监督管理局，保留煤矿安全隐患排查治理职责；民爆物资行业仓储安全管理职能从安全生产监督管理局划入工业商务和信息化局。

2011年，镇沅县工业商务和信息化局安全生产工作始终坚持“安全第一、预防为主、综合治理”的方针，切实抓好安全生产主体责任落实，根据行业管理要求，不断加强全县范围内煤炭、发电站及民爆物资仓储经营行业安全生产管理工作，高度重视煤炭企业安全隐患排查治理工作。重点在煤矿领导带班下井制度执行情况监督检查、煤矿建设项目“三同时”制度的落实、安全隐患排查、从业人员及特员培训（复训）、安全资金提取使用及事故预案、应急处置、灾害预防及处置计划、事故上报管理、事故案例宣传教育等基础工作方面强化煤矿安全生产监管及隐患排查治理工作；重视对民爆物资和供电企业及发电站全体从业人员的安全教育及宣传工作，加强日常性安全生产监督检查。2011年，行业管理范围内未发生重伤及以上事故，安全生产形势持续稳定。2011年煤炭企业产销原煤11.98万吨，实现产值（现价）3494万元。三章田煤矿15万吨/年扩建项目、河西煤矿9万吨/年扩建项目各项前期工作正在抓紧办理当中。

【节能降耗】 认真开展节电、节煤技术改造，推行清洁生产，发展循环经济，提倡资源综合利用，推广使用节能高效照明产品，开展全民节能降耗工作，取得明显成效。2011年，镇沅GDP总能耗为158053.3吨标准煤，单位GDP能耗为0.796吨标准煤，比2010年下降2.62%。

【工业园区建设】　镇沅工业园区于2011年3月启动规划，园区总规划面积23万平方公里，规划空间布局分为3个片区，园区规划周期分为两个阶段：近期为2011～2016年，远期为2016～2030年。镇沅工业园区总体规划及可行性研究报告已通过市级评审验收并上报省工信委。

【机构改革】　2011年5月，根据镇沅机构改革文件，撤销“镇沅彝族哈尼族拉祜族自治县经济和商务局”，成立“镇沅彝族哈尼族拉祜族自治县工业商务和信息化局”，将原经济和商务局承担的煤炭安全监管、乡镇企业行政管理职能分别划归县安全生产监督管理局、县农业和科学技术局履行，将原县人民政府办公室承担的信息化和无线电管理职能划归县工业商务和信息化局履行。县工业商务和信息化局设编制人数22人。

【任职领导名单】

局　长　罗正文
党委书　记阳春
副局长　唐登红
　　　　徐世发
　　　　张新发
　　　　邢洪华

墨江县工业商务和信息化局

【工业经济运行情况】　2011年，墨江县工业总产值（现价）实现128008.4万元，比上年同期的98901万元增长29.4%，可比价同比增长29.2%。其中：规模以上企业完成工业总产值116903.4万元，比上年同期的92028.8万元增长27%，可比价同比增长29.2%。规模以上工业企业完成工业增加值61265万元，比上年同期的51773万元增长18.3%；规模以上工业企业实现主营业务收入108734万元，比上年同期的88341万元增长23.1%；规模以上工业企业实现利税总额29324万元，比上年同期的24285万元增加5039；规模以上工业企业实现利润总额15986万元，比上年同期的13680万元增加2306万元。

【技术创新与技术改造】　墨江县鑫煌林业开发有限公司作为林产深加工企业，针对原墨江县松香厂生产设备技术落后、产品单一、中间不可控环节过多、松脂原料回收率低、生产性辅料消耗大和能耗高等重点问题，从2005年逐年进行生产技术改造，从2010年开始实施12000吨/年精制松香树脂深加工生产项目，整个技改项目已通过可行性论证，正处在实施阶段。项目总投资为2376万元，投资报酬率预计将达到23.81%。

【重点行业发展】　结合墨江实际，依托现有产业基础和资源条件，确定矿业以金、镍、铅锌为主；电力以“三江”水电开发为主；林产业重点以林产品加工业、橡胶深加工为主；生物资源开发以茶、糖、蚕桑、虫胶为主；食品加工以黄酒、白酒为主，鱼片及饲料、农副产品加工为辅，作为墨江县工业重点发展的5大主导产业。

【非公经济、中小企业发展】　2011年，墨江县非公经济从业人员18138人，同比增长3.3%，完成目标任务18001人的101%（其中：个体从业人员15140人，同比增长4.4%；私营企业从业人员2998人，同比下降1.5%）。非公经济增加值完成11.7亿元，同比增长27.8%，可比价同比增长21.5%，完成目标任务97493万元的120%。

【信息化建设与安全管理】　积极推行信息公开，努力打造阳光政府。一是进一步落实《政府信息公开条例》，提高政府工作的透明度，让政府的各项工作经得起人民的检验，确保权力阳光运行，提高政府决策的民主化和科学化水平；二是完善政务系统、信息公开系统、电子商务系统和信访系统的内容，加大审核力度，拓宽信息采集渠道。截至2011年12月，墨江县工业商务和信息化局上报工业商务和信息化信息50余条；三是认真做好96128宣传工作，使群众知晓率达90%以上。目前，墨江县实施96128单位62家，2011年10月止，转接总数42个，转接成功数42个，转接成功率100%，满意率100%；四是及时开展工程建设领域信息公开和诚信体系建设工作。

严守信息保密规定，加强信息安全检查。严格按照保密法及网站发布事项规定，进一步规范墨江县工业商务和信息化局信息网上发布程序，强化网站的运用与维护。2011年7月，墨江县工业商务和信息化局牵头对全县15个乡（镇）和50多家单位的信息安全和保密工作进行检查和抽查，并针对存在问题和不足制定相应的整改措施，确保了墨江县信息工作的安全高效运作。

【无线电管理与监督检查】　开展对非法生产卫星电视接收设备进行专项治理行动。一是积极加强与防范办的协调沟通，配合县工商、广电等部门开展此项工作；二是认真组织工商、广电等部门，对辖区内卫星电视接收设备生产企业情况进行排查，经排查，墨江县境内无卫星电视接收设备生产企业。

掌握辖区无线电台站设置使用情况，参与拟建台站的选址和备案以及台站核验，协助搞好小型站的建设和监护，积极协调、配合好小型站建设，力求监管工作到位，做到建立台站数据库，数据清，底数明。积极主动配合市级机构指导设台单位的无线电管理工作，做好基站的检测和专项整治工作，协调处理无线电管理的有关事宜，建立重大事项报告制度。

【安全生产管理】　在生产、食品、消防三个安全工作上，墨江县工业商务和信息化局始终坚持以预防为主、加强监管、落实责任为重点，深化三个安全监管工作，有效遏制重特大事故的发生。全年共出动安全生产检查12次，出动人员74人次。

【节能降耗】　2011年，根据普洱市政

府下达墨江县的节能目标任务，与全县重点工业企业签订目标责任书分解节能指标，完善企业节能各项规章制度，做好节能降耗数据的统计、上报、监督、服务工作，加强办公耗材管理，争做节能典型。一年来，共发放各种宣传资料3000余份，环保袋1500余只，推广节能灯任务20000只。2011年，市级下达墨江县节能目标任务是万元GDP能耗下降2.6%，已圆满完成该项目标任务。

【工业园区建设】 为了贯彻国家、省、市关于工业的一系列发展战略和要求，墨江县积极规划工业园区，着力发展绿色工业。墨江县工业园区总体规划现委托云南开发规划设计院正在编制完善，规划一共分为一园六片，分别是双龙片区、赖蚌片区、者铁片区、癸能片区、碧溪片区以及通关片区，规划总面积17.27平方公里，预计在2012年6月份左右完成规划方案。

园区的规划目标是："生物资源加工示范园区"，以生物资源加工、食品加工、林产业加工为核心，形成具有较高创新水平、信息化水平、产业集群水平、附加值水平的工业园区；以绿色制造、循环利用为依托，形成具有较强集约发展能力的工业园区。"循环经济示范园区"以"减量化、再利用、资源化"为指引，以企业、行业、园区及社会的循环利用为依托，形成具有较高清洁生产能力、废物回收能力、中间产品利用效率的示范园区。"生态环保型示范园区"以绿色发展为指引，以优质规划为基础，以严格管理为依托，以循环利用、节能减排、集约开发为手段，形成自然环保、生态活力的示范园区。

【机构改革】 根据中共墨江县委办公室、墨江县人民政府办公室《关于印发〈墨江哈尼族自治县人民政府机构改革实施意见〉的通知》（墨办发〔2011〕11号）和《墨江哈尼族自治县人民政府办公室关于县政府机构设置的通知》（墨政办发〔2011〕23号）文件精神，自2011年4月1日起，墨江县经济和商务局正式更名为墨江县工业商务和信息化局，正科级。内设机构由原来的一室七股优化调整为一室四股，分别为：办公室、综合经济管理股、商务股、招商合作股、信息化推进股。局机关行政编制19名。其中：局长1名、副局长4名。主要负责全县工业经济发展、内外贸易、招商引资和对外经济技术合作、信息化、无线电管理等工作。

【任职领导名单】

局　　长　宗俊明

党委书记　罗忠华

副 书 记　李朝斌

副 局 长　李　飞

　　　　　黄德翔

　　　　　李　玟

（廖毅红）

澜沧县工业商务和信息化局

【工业经济运行情况】 2011年，全县完成工业总产值162798万元，同比134241万元增长21.3%。工业增加值完成68264万元，同比51701万元增长32.0%。其中，规模以上8户工业企业完成总产值138211万元，同比113405万元增长21.9%；县属工业企业完成总产值107895万元，同比91512万元增长17.9%；重工业完成总产值43639万元，同比32997万元增长32.3%；轻工业总产值21463万元，同比15700万元增长36.7%。规模以下工业企业完成工业总产值24587万元，比去年同期20836增长18.0%。

规模以上工业完成增加值（现价）65102万元，完成市政府下达任务数49000万元的132.86%，比去年同期48697万元增长33.7%。规模以上工业企业实现主营业务收入113068万元，完成市政府下达任务数108000万元的104.69%，比去年同期94228万元增长20%；实现利税总额37497万元，完成市政府下达任务数32000万元的117.18%，比去年同期28203万元增长33%；实交国家税金12462万元，比去年同期10590万元增长17.7%；实现利润25035万元，完成市政府下达任务数18490万元的135.40%，比去年同期17613万元增长42.14%。

2011年，全县累计完成工业投资（不含电力）10541万元，完成市政府下达任务数10000万元的105.41%，比去年同期17388万元下降39.38%。主要是今年没有较大投资项目的支撑。

【主要工业产品产量】 2010/2011年榨季两个糖业公司共入榨甘蔗566868.273吨，比上榨季543912.197吨增长10.42%。共产白糖73782.05吨，比上榨季69117.65吨增长10.65%。共产酒精4516.14吨，比上榨季4602.458吨下降1.88%。两糖公司全年实现工业总产值45417.3万元。比上年同期增长42.35%；生产水泥183661吨，同比188875吨下降2.7%；原煤455839吨，同比340791吨增长33.8%；发电量10035.6万度，同比8749.6万度增14.7%；工业茶叶1725吨，同比1258吨增长37.1%；松香5635吨。澜沧铅矿有限公司因原料严重不足，粗铅工艺停产。生产电铅6919吨，同比10709吨下降35.4%，电锌2417吨，同比3630吨下降33.4%，双马铅锌采选厂铅锌矿含铅562吨，同比402吨增长39.80%，铅锌矿含锌766吨，同比4378吨下降82.5%。

【非公经济发展】 截至年底，全县有个体工商户9225户，比上年同期8676户增长6.32%；注册资金35647万元，比去年同期28089万元增长26.91%；注册从业人员15628人，比上年同期15120人增长3.36%。有私营企业393户，比去年同期370户增长6.21%，注册资金71389万元，比去年同期60782万元增长17.45%；注册从业人员5806人，比上年同期5739人增长2.82%。

全县非公经济完成增加值125327亿元，完成市政府下达任务数101927万元的122.96%；全县非公经济从业人员21529人，完成市政府下达任务数21393人的100.63%。上交税金12737万元，比去年同期10615万元增长19.99%。其中，个体工商户上交税金9095万元，同比6511万元增长39.68%；私营企业上交税金3641万元，同比4104万元下降11.28%。

【节能降耗】 为深入贯彻落实科学发展观，推动澜沧经济又好又快发展。加强各项节能管理，积极推进企业技术改造，努力加大节能降耗的力度，在保持生产快速发展的同时，节能降耗取得显著成效。2011年全县单位GDP能耗下降2.65%。超额完成市下达2.6%的目标。

【无线电管理】 根据市工信委的要求，在9月中旬认真做好无线电管理宣传月活动。此次宣传月活动采取发放宣传资料、手机短信、悬挂横幅、现场咨询、广播电视、宣传车宣传等多种形式。共发放宣传资料2000份，发放资料的对象主要有上街赶集群众、手机销售商、电器销售商，短信宣传2500余条，悬挂横幅9条，广播电视宣传1期，宣传车1台次，出动宣传人员15人次。11月21日参加市工信委组织的无线电管理培训班，12月1日，组织有关工作人员，对澜沧移动分公司选定的GSM基站及TD—SCDMA基站进行了一次实地抽查，主要对站址进行了地理位置、名称、周围环境状况等进行实地抽检核实。

【信息化建设】 认真开展96128专线农村宣传工作，对20个乡（镇）宣传工作进行时时监督，并给各乡（镇）安排了一定的宣传工作经费。11月14日参加市工信委组织的网络信息化方面的业务培训一次，培训内容主要有工程建设领域双信建设和行政审批事项网上审批等。

【煤矿安全生产管理】 一是认真开展煤矿企业安全生产隐患排查治理专项行动。全年共查出隐患73条，其中：井工煤矿58条，露天煤矿15条，下发现场处理决定书10份，责令立即整改19条，责令限期整改事故隐患52条，责令立即停止作业2处。二是抓好煤矿改扩建，促进煤炭工业增产增效。完成了上允竜浪煤矿3万吨/年改扩建成15万吨/年项目整体验收合格工作和锦茂煤矿9万吨/年改扩建项目整体验收合格工作。南弄河煤矿3万吨/年改扩为6万吨/年工程项目正在施工中。芒东二矿属于限采煤矿，12月31日前已关闭，煤矿停止生产。全县6户煤矿企业全年共产原煤455839吨，同比340791吨增长33.8%。工业总产值10484万元，比去年同期6815万元增长53.87%。

江城县工业商务和信息化局

【工业经济运行情况】 2011年，江城县实现工业总产值92010万元，同比增长17.2%。实现工业增加值45555万元，同比增长23.6%，占全县GDP总量154227万元的29.5%。工业增加值在国民经济总量中的比重进一步提高。截止2011年底，全县工业企业共有32户，其中规模以上企业共有6户，占企业总数18.7%。规模企业累计实现工业总产值80433万元，占全县工业总产值92010万元的87.4%。规模以上工业企业行业涉及到水电、矿产、林产、茶叶、蔗糖等县域经济发展的支柱产业，对全县工业经济发展的带动和支撑作日趋显著。2011年，实现工业投资58546万元，其中非电力工业投资完成28803万元。

【技术改造】 2011年，江城县工业领域技术改造主要集中在以江城木业、泰裕钾肥两户企业为代表的林产、矿产业上。江城木制品有限责任公司是我县林产业发展的龙头企业，已形成年产中密度纤维板8万立方的生产能，年产值近1亿元。针对江城及周边国家森林资源非富，林产业发展前景广阔的实际，公司组织实施了年产20万方中密度纤维板生产线技改项目，预计总投资3.8亿元，于2012年底形成产能。届时，江城木制品有限责任公司将成为实现产值近3亿元的大型林产加工企业。江城泰裕钾肥有限公司是2004年从原国有企业江城钾肥厂改制发展起来的钾肥生产企业，经过多年不断的技改和挖潜工作，企业生产能力从8000吨氯化钾/年，提升到4万吨氯化钾/年，年产值近1亿元，成为县矿产业的龙头企业。与2000万吨氯化钾资源储量来讲，4万吨/年的生产能力还远远不能满足企业发展需求。为尽快解决大资源、小产业的生产经营局面，企业组织实施了22.3万吨氯化钾/年生产线技改项目，预计总投资将达10亿元。各项审批手续已基本完成，计划在2014年底前形成产能，实现产值近6亿元。在此基础上，企业还提出了利用氯化钠尾矿生产100万吨氯化铵、100万吨纯碱生产线建设计划。

【重点行业发展】 根据江城的区位及资源优势，县委、县人民政府提出了培育和发展茶、林、电、矿、糖、胶等6大工业支柱产业发展战略。经过多年的培育，支柱产业得到了长足发展。

茶叶产业：全县茶叶种植面积近15万亩，以牛洛河茶业有限公司、江城农场茶厂、明子山茶业有限公司等企业为龙头的茶产业正稳步发展壮大。2011年累计实现产量近5000吨，实现产值7000万元。“十二五”期间，茶产业逐步将工作重点从扩大基地建设转向产品精深加工上来，积极支持企业搞好厂房扩建、生产线技改等项目，实现茶叶精深加工，打造品牌，延长产业链，增加附加值。在产业基地适度扩张的基础上，实现茶产业的大发展。力争全县茶叶面积达20万亩，产值达1.5亿元。

林产业：江城林产加工业主要以江城木制品有限公司为主，企业拥有80000立方/年中纤板生产能力。下一步将重点抓好江城木制品有限公司年产20万立方米中纤板、2万平方米人造板生产线技改。扶持好圣大林业年产5万方胶合板生产项目。力争林产业产值达6.85亿元以上。

电力产业：在李仙江梯级电站投产发电的基础上，继续加大的对水电产业开发的扶持服务工作。重点扶持好大唐公司勐野江电站建设，进而将工作延伸至曼老江、腊户河、土卡河、牛洛河等小水电的开发建设，形成大小水电开发齐头并进的良好格局。力争水电装机容量130万千瓦时，水电产值达6.5亿元。

矿产业：江城主要有泰裕钾肥有限公司、鸿达矿业有限公司、锦晟矿业老苏寨铜矿、康柏矿业猫飞山铜矿几户矿山企业。其中泰裕公司产能40000吨氯化钾/年，产值近1亿元；鸿达矿业500吨铜精矿，产值近2000万元。其他矿山企业将在12年底实现产能。预计矿业总产值将达到1.5亿元。

橡胶产业：全县橡胶种植面积已达30万亩以上，年产标准胶近3万吨，产值近9亿元。下一步工作重点将转向引进橡胶制品深加工企业，使橡胶产业逐步从农业产业向工业产业发展。

蔗糖产业：全力扶持好普洱江城力量生物制品有限公司，主要搞好原料基地建设，十二五期间原料基地始终维持在5万亩左右，为企业发展提供充足的原料保障。同时要支持企业扩建10万吨燃料乙醇生产，力争到2015年实现产值3亿元。

【非公经济发展】 通过深入调查了解主要企业在生产经营中出现的新情况、新问题，并及时加以解决。不能及时解决的上报县人民政府帮助协调解决。积极向上级部门申报技术改造、贷款贴息等扶持项目。先后有江城木业、绿色版纳等企业获得专项资金扶持，其中江城木业20万方中纤板生产线扩建项目获贷款贴息扶持300万元，为历年来江城县金额最大的单笔贷款贴息扶持项目，切实帮助企业解决实际困难。非公有制经济得到快速健康发展，全县累计实现增加值39492万元，从业人员13513人。

【工业园区建设】 工业园区建设是推动工业经济发展的成功经验，是省委、省政府的硬性要求。县委、县政府对工业园区建设高度重视，于2011年11月启动了“江城县边境贸易加工工业园区”的规划工作。规划总面积约为35平方公里，根据区位优势和产业布局，按“一园三片区”格局规划布置，即勐康口岸片区、龙富口岸片区和宝藏重工业片区。

【年度任职领导名单】

局　长　李红安

副局长　周家旺

　　　　李凤梅

　　　　杨　丹

景东县工业商务和信息化局

【工业经济指标完成情况】 2011年，景东县工业企业完成总产值12.04亿元（不含电站收入），完成年度计划目标12亿元的100.33%，规模以上工业企业完成工业总产值8.81亿元，比2010年7.19亿元增长22.53%；10户主营业务收入8.69亿元，完成市政府下达责任目标7.09亿元的122.57%，完成工业增加值3.44亿元，完成市政府下达责任目标2.98亿元的115.44%，实现利税0.65亿元，完成市政府下达责任目标0.47亿元的138.3%，其中：利润0.24亿元，完成市政府下达责任目标0.13亿元的184.62%。

【工业投资】 2011年度，全县累计完成工业投资2.47亿元，完成县人民政府下达2.2亿元的112.27%，完成非电力工业投资2.16亿元，完成市政府下达责任目标2亿元的108%。

【清洁生产及资源综合利用】 为提高我县的资源利用率，减少和防止资源浪费，保护环境，促进企业清洁生产，落实国家资源综合利用的有关税收优惠政策，根据市经委的要求积极开展资源综合利用工作，已有四户企业获得省“资源综合利用”认定，享受税收优惠政策。督促力奥林产集团有限公司等规模以上企业加强清洁生产审核工作。

【煤炭企业监管】 配合煤矿15万吨技改，切实加强对大街煤业有限责任公司的隐患排查治理，把日常检查和隐患整改作为加强安全生产工作的重要手段。做到检查制度化，经常化。全年到煤矿进行安全督查共25次，煤矿自查36次，共查出隐患556条（其中煤矿自查出336条），现已全部整改完毕，整改率100%。

【节能降耗】 2011年全县万元GDP能耗比2010年下降2.6%，确保完成市政府下达的责任目标任务。完成市政府（节能办）下达我县国家财政补贴的节能灯推广任务2万只。

【非公经济发展】 2011年，非公有制经济实现增加值12.65亿元，完成市政府下达责任目标10.98亿元的115.21%；非公有经济从业人员26100人，完成市政府下达责任目标19782人的132%。

【奖励】 2011年在县委、县人民政府的领导下，在上级相关部门的指导帮助下，在全局干部职工团结努力下，圆满完成县委、县人民政府下达的各项任务指标，被县委、县人民政府综合考核为一等奖。

【机构设置】 景东彝族自治县工业商务和信息化局设10个内设机构，即：办公室、综合经济运行股、工业股、工业园区股、中小企业股含非公有制经济、招商股、煤炭和安全管理股含应急办公室、节能管理监察股、商务股及无线电和网络信息化管理股，现有职工23名。

【任职领导名单】

局　　长　唐　勇

党委书记　者华平

党委副书记兼局办公室主任　张　黎

副 局 长　谢应明

　　　　　刘本军

　　　　　郑　勇

　　　　　金　蕾

孟连县工业商务和信息化局

【工业经济发展情况】　2011年，孟连县有工业户数44户，其中，规模以上企业2户，规模以下企业42户。全年完成工业增加值19367万元，按可比价计算（下同），同比增14.20%；完成工业总产值45077万元，同比增长10.65%，其中，规模以上产值26825万元，同比减1.43%；规模以下产值18252万元，同比增30.88%。完成工业投资6120万元，同比增5.48%。规模以上工业完成工业增加值13907万元；完成主营业务收入26338万元；完成利税总额11883万元；完成利润总额8854万元。

【重点工业项目推进】　孟连县列入市工信委“135”重点工业项目有3个：一是年产10万吨燃料乙醇项目一期工程，已完成投资700万元，发展木薯良种基地1000亩，建成年产3600吨淀粉酒精生产线；二是投资6696万元的日处理甘蔗3000吨及配套能源系统优化节能技改项目已全部完成，计划新榨季投入使用；三是投资3000万元的年加工橡胶木原木6万立方米生产线建设项目已完成投资750万元，现正进行办公楼和加工厂建设。

【中小企业、非公经济发展】　一是认真开展企业治乱减负工作。一年来，共开展2次涉企收费检查，重点检查了部门对企业有无“乱检查、乱收费、乱摊派、乱评比、乱罚款”等行为，切实减轻和维护企业合法权益。二是努力营造良好的舆论环境。2011年8月8日，在孟连县海关路、帕当路交叉路口开展了“宣传非公经济政策，努力营造良好发展氛围”为主题的2011年“8·8”非公经济活动，共发放非公经济、招商引资政策等宣传单240份；三是组织孟连县德宝木业有限公司、橡农科技发展有限责任公司申报非公经济贷款贴息资金135.05万元。目前，橡农科技发展有限责任公司已申报得到40万元贷款贴息资金。

【煤炭行业管理】　一是每月按时完成煤炭各类报表统计上报工作，及时传达省市有关煤炭文件精神；二是完成了孟连县景冒煤矿（景信坑、景冒坑）生产许可证网上年检初审上报工作；三是认真做好培训工作，共组织煤炭管理人员参加培训5次20人；五是认真开展煤炭安全生产检查工作。全年开展检查31次，出动车31辆、人员63人，查出安全隐患30条，提出整改意见32条。

【非公经济】　2011年，全县非公经济注册户数4546户，注册资金51259万元。从业人员15091人；完成非公经济增加值59100万元，同比增长21.5%；上缴税金6965万元，同比增长18.2%。

【节能降耗】　一是与娜允红砖厂、玉龙红砖厂、昌裕公司、勐马茶叶公司、海邯矿冶公司5家重点工业企业签订了《孟连县2011年节能降耗目标责任书》；二是加强以工业为重点的重点领域节能降耗工作。为昌裕糖业有限责任公司申报了总投资3636.5万元的能源系统优化节能技改项目，并于11月19日通过了市工信委委托云南中投科技公司对该项目进行的第一期节能量审核。该项目建成后，预计每年可节约标煤量7441.14吨，节电355.56万kWh，节水856.80万m^3，总节能量可达7878.12吨标准煤。三是大力推广财政补贴高效照明产品。我局根据实际，制定了《孟连县2011年财政补贴高效照明产品推广实施方案》，把任务分解到各单位，预计年末能完成推广财政补贴高效照明产品10060只。四是完成单位GDP能耗下降2.6%的目标任务。

西盟县工业商务和信息化局

【工业经济运行情况】　2011年，西盟县完成工业总产值（现价）13304万元；较同期10686.7万元相比增长24.5%；按轻重工业完成产值分：完成轻工业产值8276万元，占全部工业总产值的62.1%；完成重工业产值5028万元，占全部工业总产值的37.9%。完成非电力固定资产投资3660万元，完成市级考核目标3500万元的104.6%。规模以上工业完成销售收入8982万元，较同期7782.3万元增长15.4%，完成市级考核目标8800万元的102%；完成利税总额3072万元，较同期2050万元增长49.9%，完成市考核目标2400万元的128%；完成利润总额2135万元，较同期1814万元增长17.7%，完成市级考核目标2100万元的101.7%；完成工业增加值4197万元，较同期3738万元增长12.3%，完成市级考核目标4100万元的102.4%。

2011年，完成发电量6500万度，较同期6204.44万度相比增长4.8%；产白砂糖11572.35吨，较同期13656.45吨下降15.3%，产酒精768.5吨，较同期896.3吨相比下降14.3%；自来水生产量120万吨，较同期111.9万吨相比增长7.2%。

【重点行业发展】　2011年，全县重点行业的发展主要集中在蔗糖产业和水电企业，全县拥有一座日处理甘蔗1500吨的蔗糖生产线；拥有新厂河电站、莫美电站、永业电站和三河电站四座小微型水电企业，总装机容量为1.25万kW。本年度重点行业实现销售收入8982万元，实现利税总额3072万元，实现发电量6500万度，10/11年榨季产白砂糖，11572.35吨，产酒精768.5吨。

【节能减排工作】　一年来，认真组织开展了节能减排宣传工作，合理有效地利用“节能宣传周”进行节能减排宣传。在县属各主要企业的醒目位置和城区人员较集中的地方及主要街道悬挂张贴宣传标语。推广节能灯10000只。全额完成市级下达的任务数10000只目标完成率100%。加强了企业重点耗能环节的节能监管力度，2011年完成了市级下达的单位GDP能耗下降2.6%的责任目标。

【技术改造】 2011年，全县仅西盟昌裕糖业有限责任公司1家将日处理1000吨甘蔗生产线扩建为日处理1500吨甘蔗的生产线技改项目，除零星的收尾工程外，再无技术改造资金投入。

【非公经济发展】 截至2011年年末，全县登记注册的非公经济1970户（个体工商户1865户、私营企业105户）同比增长28%；私营企业注册资金22399万元，同比增长94%；个体工商户注册资金8044万元，同比增长29%；从业人员7941人（个体工商户4778人，私营企业3163人），同比增长8.7%，完成市考核目标7487人的106%；上缴税金3298万元，同比增长62.5%；非公经济增加值18404万元，比上年同期可比增长14%；完成市级考核目标16968万元的108.4%。

【安全管理】 按照国务院实施“安全生产”的总体工作部署，认真贯彻落实省、市，安全生产工作有关精神和要求，继续加大对“安全生产”各项政策措施的落实力度，为此我局领导班子及相关股室负责人一行，多次深入企业生产工作第一线，积极组织各生产企业认真开展好安全生产检查和管理工作，并召开了安全生产工作会议，在原有基础上继续调整充实了安全生产领导小组成员，给全县安全生产工作提供了强有力的组织保障和坚强后盾。在主汛防洪高峰期来临前，积极配合其他安全生产主管部门一同，认真组织和督促企业做好各项防洪应急前期准备工作，将安全生产的各项责任和措施落实到责、到岗、到人。特别是在“安全生产月”期间我局大力宣传安全生产工作的重要性和必要性，让全县广大群众及企业员工都积极自发、自愿、主动地参加到学习安全生产知识的大军中来，在他们中间牢固树立起“安全为企业、安全为家人、安全为自己”的责任意识，得到了社会的一致好评。2011年，我县所辖生产企业未发生一起重大安全生产事故。一年来，为企业的平稳运行创造了良好的安全生产氛围，也为全县今后能顺利完成各项安全生产工作目标责任奠定了坚实的基础。

【任职领导名单】

局　　长　赵文娟
党委书记　岩　俄
副 局 长　苏　勇
　　　　　岩　兵

（杨国谦）

西双版纳傣族自治州

西双版纳州工业和信息化委员会

【经济运行情况】　2011年，西双版纳州积极应对国际经济环境新变化和国内经济运行新情况，努力克服生产要素紧张局面，工业经济取得显著成绩，超额完成省、州人民政府确定的工业经济发展目标任务，实现了“十二五”良好开局。工业经济总量迈上新台阶。全州全部工业增加值达到40亿元，同比增长20.6%。其中，规模以上工业增加值突破30亿元，达到32.25亿元，其中：轻工业累计完成增加值10.32亿元，同比增长28.8%；重工业累计完成增加值21.93亿元，同比增长14.3%。全州规模以上工业增加值增速达到18.8%，比2010年加快8.7个百分点，高于全省平均增速1.2百分点。工业经济效益明显提升。全州规模以上工业实现主营业务收入53.33亿元，同比增长18.6%；利税总额18.24亿元，同比增长31.5%；利润总额12.61亿元，同比增长45.3%。全州纳入统计的规模以上工业企业37户，亏损企业6户，亏损额0.87亿元，同比增长2.4%。规模以上工业产销率为97.2%，同比提高2个百分点。重点行业支撑作用进一步凸显。2011年，支撑全州工业经济发展的电力、制糖、制茶、矿冶四个重点行业累计完成工业增加值28.24亿元，占全州规模以上工业增加值比重87.5%。

【技术创新与技术改造】　2011年，全州工业技术创新与技术改造工作取得了较大成绩。工业发展后劲不断加强。随着光明食品集团云南石斛生物科技开发有限公司、华坤生物、众联天然橡胶等一批新建项目建成投产，华新红塔水泥、勐棒、景真、勐阿糖厂等一批以产业结构调整和优化升级为主的重点技改项目顺利实施，蓝景新能源、雨林傣香农业科技公司等一批在建项目的积极推进，强有力拉动了全州工业投资的快速增长，全年完成非电工业投资9.5亿元，同比增长32%，完成省下达目标9亿元的105%。

技术进步实现重大突破。培育8户州级企业技术中心，新增产学研合作项目20项，申请专利58项，37项专利已授权，1户企业通过高新技术企业认定，获中国驰名商标1户，实现零的突破，获云南省著名商标企业5户，创历史新高，同比增4户，有注册商标260件。2户企业参与制定地方标准5项、1户企业参与制定国家标准3项、地方农业标准规范项和企业标准7项。新增备案企业产品标准73个，登记企业产品执行标准97个，标准覆盖率为97.2%。有4户企业申报标准化良好行为企业。重要工业产品质量监督抽查合格率达到95.4%以上，食品获证生产企业产品质量监督抽查合格率达到89.8%以上。

【重点行业发展】　制茶业：受去年干旱影响，茶叶产量有所减少。茶叶价格比去年同期上涨10%～15%，普通的干毛茶平均价在25元/公斤左右，古树茶价格依然坚挺，每公斤在100~1800元不等。1~12月，全州精制茶产量21695吨，同比下降7.2%；行业累计完成工业总产值93549万元，同比增长21.6%；工业增加值52921万元，同比增长21.3%；实现主营业务收入82409万元，同比增长27.1%；利润35646万元，同比增长49.4%。

制糖业：2010/2011年榨季，全州累计甘蔗入榨量119.3万吨，同比增长17.2%；生产食糖15.2万吨，同比增长14.4%；平均出糖率12.72%，同比下降0.37个百分点。行业累计完成工业增加值37401万元，同比增长49.1%。在食糖高价位强劲拉动下，行业实现主营业务收入94423万元，同比增长55.7%；利润35210万元，同比增长123.3%。

铁矿石采选业：1~12月，铁矿石原矿产量262.63万吨，同比下降28.5%；行业累计完成工业总产值76696万元，同比下降21.6%；工业增加值40772万元，同比下降21.1%；实现主营业务收入107268万元，同比下降5.3%；实现利润398万元，同比下降96.7%。铁矿石原矿平均销售价240元/吨，比去年同期下降20%。

电力生产与供应业：1~12月，全州发电量541075万度，同比增长11.8%，分别比前一、三季度下降21.3和15.3个百分点。行业累计完成工业增加值151279万元，同比增长24.1%；实现主营业务收入177313万元，同比增长14.7%；实现利润36259万元，同比增长73.7%。规模以上工业企业用电量24183万度，同比增长3.2%。

水泥制造业：1~12月，全州生产水泥35.24万吨，同比增长8.5%；行业累计完成工业增加值3875万元，同比增长

13.9%；实现利润125万元，同比下降54.5%；水泥平均销售价（含税）402元/吨，与去年同期减少28元/吨。

铁合金冶炼业：1~12月，全州铁合金产量8133吨，同比下降27.1%。行业累计完成工业增加值1025万元，同比下降12.7%；实现利润90万元，同比下降86.6%。

【非公经济、中小企业发展】 积极改善投资环境，鼓励民间投资，加大财税扶持力度，开拓融资路子，实施“走出去”战略，提高企业管理水平，促进了非公经济、中小企业发展。截止2011年底，全州非公有制经济组织户数达到4.5万户（其中私营企业0.43万户，个体工商户4.1万户）；当年实现经济增加值71.9亿元，同比增长22.2%，完成省下达目标任务的110.6%，占全州GDP的36.4%，同比上升2个百分点；从业人员10.8万人（其中私营企业4.2万人，个体工商户6.6万人），比上年同期增长4%，完成省下达目标任务的103%；上缴税金13.2亿元，同比增长69%（其中私营企业6.5亿元，同比增长103%，个体工商户3.2亿元，同比增长28%）

【产业结构调整】 2011年，通过坚持科学发展，示范带动，以重大项目建设带动工业投资增长，强化工业投资项目库建设和预测分析，加大培训力度，打牢工作基础，改造提升现有产业，培育壮大后续产业，一批生态、节能、绿色型优势工业产业迅速发展，精制茶、云麻、啤酒等一批工业企业相继建成投产，有力地促进了产业结构的优化调整。全州三次产业结构由2010年末的27.62%、29.61%、42.77%调整为28.8%、30.3%、40.9%。轻重工业的比重由2010年期末的35：65调整为42：58。水电业跃居支柱产业之首。精制茶加工业、矿产采选业、制糖业等重点产业实力进一步增强。

【信息化建设与安全管理】 2011年，全州信息化建设取得长足进步。近400家单位已经采用光纤专线接入电子政务网络，最低接入带宽达到10M。电子公文交换项目建设已经取得成功。144家单位的非涉密文件通过系统传输。截止12月31日，系统共计登记各类发文5986份，收文份数达到14829份，电子公文交换系统存储的交换文件达到8200M。州政府办公自动化系统对政府办日常办公的支撑作用更加明显，通过OA办公自动化系统收文达到16519份，发文4293份。视频会议系统得到充分运用。共召开各类视频会议100余次，参会人数近3万人次。其中省到州县（市）视频会议56次，参会11060人次；州级主办会议12次，参会900人次。工程建设领域项目信息公开和诚信体系建设工作取得进展，派专人参加了省工信委组织的培训，组织了三县市30个部门、约80人的专栏使用操作培训班。同时，与州监察局配合，督促指导全州相关部门较好完成了全州工程建设领域项目信息和信用信息的发布工作。96128电话专线应答次数1453次，转接631次，转接成功率75.8%，满意率为94.9%。

顺利完成了全州电子政务网络平台和州机关互联网接入平台的运维工作。对互联网接入服务器进行了升级改选，更换了部分老旧设备，选用国家电子政务外网工程配备的服务器，提高了互联网网络访问的速率和稳定性。组织政府信息系统安全检查工作，提高了各单位信息安全意识有所提高，建立了信息安全责任制，健全了信息发布体系。涉密计算机设有密码，由专人负责，上外网的计算机均安装杀毒软件和防火墙。

【无线电管理与监督检查】 一是把无线电频率台站数据库（2006版）建设纳入2011年上半年的主要工作。州无线电管理办公室通过组织三大通信运营商及公安、林业、广电、民航等七家重点台站部门举办无线电台站数据填报培训和工作安排会议，并经过两个月的努力工作，完成了各用户数据采集、填报、录入工作，全部工作按时保质完成。二是完成了公务员考试和高考保障。2011年度全省公务员考试和高考期间，先后共派出监测保障人员17人、监测保障车6辆及固定、移动监测设备、无线电干扰设备9台（套），全程参与了考试期间的防无线电设备作弊监测保障工作，经过严密防范和监测，圆满完成了防范和打击公务员考试和高考期间利用无线电设备作弊任务，考试保障期间未发现作弊信号。三是加强边境频率调查和测试，完成了我州中缅、中老边境频率调查和电磁环境测试工作，并根据我们工作中的实际，向省无委提出了我们的建议。四是排除了某县卫星遥控遥测站干扰，确保卫星遥控遥测工作顺利开展。

【安全生产管理】 根据国家、省、州2011年安全生产工作要点，深入贯彻科学发展观，坚持以人为本，牢固树立安全发展理念，全面落实“安全第一、预防为主、综合治理”的方针，从源头治本着眼，从基层基础着手，以继续深入开展“安全生产年”活动为主线，以有效防范和坚决遏制重特大事故为目标，认真排查电力、非煤矿山、民爆行业安全隐患，为促进全州工业经济平稳较快发展创造良好的安全发展环境。一是认真宣传贯彻落实。将省、州有关加强安全生产的一系列指示精神迅速传达到企业，传达到基层，加大宣传力度，要求各县市、各企业树立安全发展理念，并结合我州工业经济运行实际，为确保“十二五”开局之年全州工业经济实现平稳较快增长提出了具体要求。二是加强对工业行业安全生产指导。针对工业经济运行、安全生产工作的特点，主抓安全生产管理指导工作的领导亲自带队，组织各县市采取“听、查、询、看”方式重点对电力、非煤矿山、民爆等工业行业进行安全生产指导，特别是生产车间、电站大坝、尾矿库和矿山等重点领域，要求认真组织隐患排查，坚决防范和遏制重特大事故发生，对指导检查后发现的问题提出整改意见，要求企业限期整改。三是认真落实“一岗双责”责任制，指导全州工业企业做好安全生产工作。认真落实值班制度，完善信息报送渠道，确保信息畅通。

【节能降耗】 围绕确保完成我州2011年单位GDP能耗下降1.7%的目标任务，州、县（市）政府、各部门、重点企业按照国家、省《关于加强节能工作决定》的统一部署，加强领导，统一认识，结合实际，制定措施，真抓实干，务求实效，节能降耗工作取得新进展。2011年，全州组织实施重点节能示范项目3项，项目总投资近亿元，年均节能量折合1万吨标准煤。全州以能源消费年增长8.76%支撑了GDP年增长22.8%，在经济总量翻番的情况下，全社会实现节能量约5.3万吨标准煤，扭转了我州工业化、城镇化加快发展阶段能源消耗强度大幅上升的势头。2011年单位GDP能耗下降4.23%，比省下达目标多下降2.53个百分点，完成“十二五”节能目标进度的52%，规模以上工业企业增加值能耗下降5.06%。

【工业园区建设】 通过完善和落实工业园区土地利用政策，保障园区发展用地。建立园区土地收储制度，优先开发利用废弃、闲置和低效率土地，提高土地利用效率。优化园区投资服务环境，加大财税扶持力度。从2009年起安排州级“新型工业化发展专项资金”按不低于40%比例，重点用于支持工业园区建设发展。按照上缴包干、新增返还的原则，以2009年为基数，5年内工业园区内新增税收，依照现行财政体制规定上缴州级财政的部分，按照一定比例留给工业园区，用于基础设施建设。提高园区管理效能，实行简政放权。授予园区相应的项目核准、审批管理权限，承担项目审批主体责任。实行园区动态管理，强化考核评价。对工业园区固定资产投资、入园企业户数、工业增加值、非电工业投资等实行年度目标责任制考核，工业园区建设取得较快发展。截止2011年末，全州工业园区累计入园企业107户，其中：景洪工业园区24户，勐海工业园区42户，磨憨进出口贸易加工园区41户。累计完成投资30.27亿元，2011年实现工业总产值6.18亿元，同比增长41%；实现工业增加值2.75亿元，同比增长17%；年末实现就业人数2998人，同比增长8.8%。

【机构改革】 西双版纳州人民政府办公室于2011年3月30日下发“关于印发西双版纳州工业和信息化委员会主要职责内设机构和人员编制规定的通知”，组建西双版纳州工业和信息化委员会，为西双版纳州人民政府工作部门，正处级，加挂西双版纳州无线电管理办公室、西双版纳州中小企业局牌子。职责调整8项，主要职责13项，其他事项9项，并明确了州工业和信息化委的行政审批事项18项。委机关设10个内设机构，正科级。委机关行政编制17名，暂定编制10名，后勤服务编制2名，合计29名。其中主任1名，副主任4名，科级领导职数10名。

【大事记】 2月24日，全省墙改工作会议在西双版纳州召开。省工信委党组副书记、副主任、省墙改协调领导小组组长宋嘉林出席会议并做重要讲话。会议回顾总结了“十一五”和2011年全省墙材革新工作情况，对今年工作进行了安排部署，通报表彰了全省墙材革新工作先进单位和先进个人。

3月1日，正式启用西双版纳州电子公文交换系统，全州共计144家单位间的非涉密公文传输交换全部采用电子信息网络传输。

3月，商务部认定公布了第二批中华老字号，我省有15家企业入选，西双版纳勐海茶业有限责任公司勐海茶厂的注册商标“大益牌”榜上有名，成为我州建州以来首家荣获“中华老字号”殊荣的企业。5月9日，副州长李江虹代表州人民政府为勐海茶厂“大益牌”商标获得“中华老字号”这一荣誉授牌。

4月26日，召开贯彻全省低碳经济节能减排、工业产品质量工作会议精神座谈会，传达省工业产品质量管理工作会议精神，安排布置下步工作。

5月5日，全州工业和信息化工作会议在景洪召开。会议表彰奖励了“十一五”期间全州节能减排工作先进单位和先进个人；州人民政府与各县市区、各责任单位和企业签订了2011年度工业经济发展、节能目标责任书。总结了“十一五”全州工业和信息化工作取得的成绩，明确了“十二五”工作要求和目标，安排部署了2011年工作任务，并对干部队伍和党风廉政建设提出了明确要求。

5月10日，西双版纳景阳橡胶有限责任公司勐捧第二制胶厂启动利用太阳能辅助干燥天然橡胶节能示范项目建设，标志着我州利用太阳能辅助干燥零的突破。

6至12月，全州近400家单位分批采用光纤专线接入了电子政务外网，最低接入带宽达到10M，同时州机关办公大楼和景咏办公区高速局域网改造建设完成。

8月18~19日，州工信委举办了银河工程中小（非公）企业经营管理人员培训班。全州中小企业董事长、厂长（经理）、管理人员100参加了培训。

9月15日，“云南省工业和信息化前沿知识巡回讲座”在我州举办。全州中小企业经营管理人员和州直有关部门200余人参加了讲座。

10月9~10日，省政府督查室副厅级督察专员李石松一行到我州，通过实地走访、听取汇报等方式，对全州节能减排工作进行专项检查。

11月10日，召集全州工业企业及节能责任单位参加了工业和信息化部召开的全国工业系统节能减排工作电视电话会议。

11月，西双版纳州无线电监测站协助中国西安卫星测控中心第二活动站成功排除占用卫星测控频率干扰源，顺利完成了卫星测控的安全保障工作。

12月5~9日，全省无线电监测月报工作经验交流暨边境电磁环境监测评估培训会在西双版纳召开。

12月21日，州工信委举行《西双版纳州“十二五”节能规划》听证会。

12月26~28日，州工信委组织有关部门和专家召开州级技术中心申请认定答辩会，西双版纳药业有限责任公司等8户企业通过州级企业技术中心认定。

12月28日，华新红塔水泥（景洪）有限公司日产2000吨新型干法水泥熟料技改项目完成，正式点火投入运行。副州长杨沙、州政协副主席依甩出席了生产线竣工投产仪式。

【年度任职领导名单】

书记、主任　赵洪中

副 主 任　张　腾

赵宇智

郭　勇

兰　燕

景洪市发展改革和工业信息化局

【综述】　2011年，在全球经济不景气、我国经济增速放缓、全省连续三年干旱的影响下，电力供应极度紧张，全市工业企业生产经营受到了很大影响，上半年基本处于停产半停产状态。经州市有关部门积极协调，企业克服困难，精心组织生产，下半年全市工业经济运行止跌起稳。全年完成全社会工业总产值25.62亿元，同比下降3.86%，规模以上工业经济仍保持快速增长态势，全年完成工业增加值15.65亿元，同比增长14.9%；实现主营业务收入24.05亿元，同比增长13.17%；实现利税总额5.75亿元，同比增长18.46%；实现利润3.1亿元，同比增长35.07%。

【工业结构调整】　2011年，全市规模以上工业中，轻工业实现工业增加值0.62亿元，同比增长23.1%；重工业实现工业增加值15.03亿元，同比增长14.6%，呈现轻重工业同步增长的良好态势。三次产业结构比重由2010年的25:32:43优化调整为24:33:43。以工业为主导的经济结构进一步增强，超额完成年初制定的工业

【工业投资】　紧紧围绕项目抓投入，增强工业发展后劲。为确保完成上级下达的非电工业投资目标任务，全局上下树立“抓项目就是抓落实，抓项目就是抓发展”的观念，加强对重点项目的组织领导和监督管理，层层分解落实重点项目责任制，明确职责，强化考核及奖惩。认真扎实地抓好项目规划储备、立项审批及跟踪服务和监督管理，加大项目前期工作力度，根据企业发展需要采取相应措施，全力推进项目建设。切实转变经济增长方式，前面推进新型工业化进程。2011年全市工业固定资产投资在2010年取得较好成绩的基础上继续保持快速增长态势，全年非电工业投资完成3.98亿元，比上年增长20.42%，前面完成州下达的目标任务。

【重点企业培育及企业品牌培育】　景洪市为加快工业经济发展开启新的思路，市政府相继出台了《景洪市工业振兴指导意见》等一系列政策，加快推进新型工业化重点工程的实施。通过推进新型工业化，实施“工农业富市”战略，采取一系列事关工业发展全局的重大举措，全市工业经济出现强劲发展势头。2011年景洪市工业经济步入历史发展最好时期，一批老企业靠新机制催生了新活力，一批新企业乘势腾飞，一批新项目迅速崛起……工业经济发展捷报频传。在矿业、电力、建材等优势产业的强力带动下，工业经济快速增长。抓住工业经济快速增长、企业转型升级和创业板设立的机遇，积极培育达规企业上市。9月27号，西双版纳云丰木业有限公司与国金证券股份有限公司昆明分公司、北京众天律师事务所、中瑞岳华会计师事务所举行了创业板上市签约仪式。云丰木业公司是西双版纳本土企业中第一家启动上市工作的企业，协议的签订，企业正式进入上市通道，为实现我市中小企业上市的梦想迈出了坚实的步伐。高度重视企业品牌培育，针对全市名牌产品带动力弱，名牌产品少的现状，市人民政府高度重视，大力实施名牌战略，在政策、资金、技术等方面加大扶持力度，引导、帮助企业努力争创名牌产品。目前已培育出“易昌”、“昌泰”、“恒丰源”、“百果洲”、“朝圣福瑞”、“旅之马班”、“福临乾坤”等10多个著名品牌产品。实施技术改造，提升竞争实力。经过精心培育，涌现出大渡岗茶叶有限责任公司，昌泰集团等一批核心企业，以景洪恒信公司、西双版纳百果洲天然食品公司为代表的企业不仅在国内占有一席之地，还走出国门，出口创汇，拉动全市工业经济提速增效。

【重点工业项目建设】　一是云南勐象竹业有限公司年产30万吨漂白商品竹浆项目，由于生产能力的改变，所完成的前期工作大部分要重新做，到上半年，在云南省内应办的手续都已经办完，相关的报件已经报到国家相关进行审批。二是华新红塔水泥有限责任公司日产2000吨新型干法水泥生产线的改扩建项目及江北铁合金厂的搬迁项目已竣工投产。三是版纳永发水泥有限公司年产85万吨水泥生产线项目，环境评估报告、水土保持评估报告、地质灾害评估、水资源论证、安全预评估等报告已通过评审，并取得行政批文；土地利用总体规划修改（土地调规）已得到省国土厅批复；节能评估报告已通过评审，大部分前期工作基本完成，目前，正在办理粘土矿山的开采手续。四是西双版纳瑞翔贸易有限公司年产5万吨燃料乙醇的建设项目已经通过省工信委核准，目前，企业已经完成厂房建设，正进行机械设备的安装，但因银行贷款迟迟不到位，资金不足严重影响工程进度。

【非公经济发展】　到2011年12月，景洪市非公有制企业达到20251户；实现吸纳从业人员7.09万人，同比增长28.69%；实现经济增加值37.5亿元，同比增长19%，非公有制经济增加值占全市GDP总量的35.6%，同比上升1.1个百

分点；上缴税金14.49亿元，同比增长279.32%；占全市税收的85%以上。

【节能降耗】 紧紧围绕“节能、降耗、减污、增效”工作目标，贯彻落实有关法律法规，坚持以推进企业技术进步，加强企业基础管理为重点，强化节能监督指导，扎实推进节能减排工作。2011年全市单位GDP能耗下降4.49%。全市工业企业单位增加值能耗下降到0.19吨标煤/万元，同比下降13.6%；公共机构能源消费总量为2740.85吨标准煤，人均耗能为0.9055吨标准煤；

【安全生产】 始终把安全生产工作当作一项大事来抓。成立以局长为组长，分管副局长具体负责的安全生产（消防）领导小组，负责对下属企业及辖区内煤矿企业安全生产（消防）工作的领导。一是年初与下属企业签订安全生产（消防）责任状，同时要求企业内部层层签订责任状，增强了企业干部职工的安全责任意识，进一步落实了安全生产（消防）责任制；二是定期不定期加强对企业的安全生产检查，特别加强重大节假日安全检查，利用“安全生产月”活动之机开展安全生产大检查及安全宣传活动；三是强化日常安全生产检查和抽查工作，依法行政，严格执法，针对部分工矿企业管理松懈，安全措施不到位，安全隐患整改不及时的实际，认真开展安全生产督促检查工作，发现安全隐患及时发出《责令限期整改通知书》督促企业停产整改。全年无重大和特大安全生产事故发生。

【信息化建设及无线电管理】 2011年，无线电和信息化管理工作职能移交我局后，面对新的工作，认真开展无线电和信息化管理的政策、法律、法规及相关知识学习培训，落实机构和人员，建立健全管理制度，提高管理水平，促进工业化和信息化的深度融合。一是重点围绕工业转型升级，推进信息技术在工业各领域的广泛应用以及生产各环节的综合集成，形成全行业覆盖、全流程渗透、全方位推进的发展格局；二是注重新一代信息技术的带的作用，支持战略性新兴产业发展，加快生产性服务业的现代化，推进信息技术在城市、交通、能源、水利、环保等领域的深度应用；三是积极协调推进政府部门重要业务系统建设，实现跨部门信息共享和业务协同，启动全市政务服务协同办公系统平台搭建和使用，大力推进社会领域信息化，推动医疗、教育、社保、文化等领域信息化建设，提高公共服务水平；四是加快国家外网建设，构建有线、无线、融合安全的国家信息基础设施，提升信息技术产业创新能力，科学规划无线电频谱资源，提高支撑两化融合的能力和水平。

【年度任职领导名单】

局　　长　玉娜嫩
党委书记　李正才
副 局 长　罗学良
　　　　　李　时
　　　　　李燕洪

（郭有权）

大理白族自治州

大理州工业和信息化委员会

【经济运行情况】 2011年，大理州工业总产值实现607.9亿元，工业总量突破600亿大关，同比增长了26.8%。其中，轻工业实现产值218亿元，同比增长22.3%；重工业实现产值389.9亿元，同比增长29.4%。规模以上工业实现产值414.6亿元，增长28%；规模以下实现产值193.4亿元，同比增长24.2%。全州规模以上工业累计实现增加值154.1亿元，按可比价计算，增长24.7%。增速高于全国10.8个百分点，高于全省6.7个百分点，列全省16州市第4位，年内在全省7个重点州市中始终保持第一位。2011年全州GDP实现568.5亿元，三次产业比重为21.7：41.9：36.4。二产比重首次突破40%，其中，实现工业增加值197.6亿元，占GDP的比重为34.8%，比去年提高了2.3个百分点，对GDP的贡献率为46%，拉动GDP增长6.6个百分点。祥云工业总产值突破100亿元大关，实现113.3亿元，增长26.1%；鹤庆工业总产值突破40亿元大关，实现42.1亿元，增长37.2%；宾川、漾濞、剑川3县工业总产值同时突破20亿元大关，分别实现24.1亿元、24亿元和22.3亿元，分别增长33.4%、26%、38.5%。全州153户规模以上工业企业中，共有127户企业实现盈利，盈利面为83%。从主要经济指标完成情况看，企业经济效益实现大幅提升，其中，主营业务收入实现384亿元，同比增长28.9%；利税总额实现84.3亿元，增长47.3%；利润总额实现43.1亿元，同比增长80.9%。2011年，工业总产值超过亿元以上企业共有61户，比2010年增加了18户。61户亿元企业实现产值374.8亿元，占全部工业总产值的比重达61.5%，拉动全州工业经济增长18个百分点。其中，产值超过10亿元企业8户，祥云飞龙和大理卷烟厂产值双双突破40亿元，分别达到44.7亿元、44.6亿元；力帆骏马公司产值突破80亿元，达到85.7亿元。

【工业投资】 2011年，全州完成非电工业固定资产投资54亿元，同比增长25%。全州116个重点工业发展项目中，28个续建项目已累计完成投资49.48亿元，本年度完成投资约16.19亿元，其中，鹤庆北衙矿业有限公司扩建4000吨/日铁金选冶节能技改工程及生态环境恢复工程等15项目已完工或单线投产；计划新开工项目52个，全年完成投资约9.89亿元，大理药业股份有限公司针剂生产线技改项目等33个项目已开工建设，其中南涧县凤凰木业有限公司木制品加工等10个项目已完工或单线投产；36个储备项目中已有12个项目开始启动。2011年，非公经济实现较快增长。非公有制经济企业户数达92987户，同比增长7.71%；吸纳就业26万人，增长13.62%；上交税金17.6亿元，增长19.4%；注册资本193.3亿元，增长32.55%。非公经济完成增加值260亿元，可比价增长18.6%，占GDP的比重达45.7%。

【重点产业发展】 2011年，全州6大产业完成总产值439.5亿元，同比增长27.3%，占全州全部工业总产值的比重达72.3%，对全州工业经济的贡献率为73.4%，拉动工业经济增长19.6个百分点。

烟草业：实现产值63.5亿元，同比增长18.5%。其中，烟草制品业实现产值61.6亿元，增长19.7%；辅料及配套产业实现产值1.9亿元。全年共生产卷烟43.5万箱，同比增长1.4%；复烤烟叶4.98万吨，增长14.4%。

矿冶业：产值突破百亿元大关，达109.7亿元，同比增长41.4%，是我州目前唯一一个百亿元产业。其中，黑色金属采选、冶炼及压延加工业实现产值18.8亿元，同比增长29.7%；有色金属采选、冶炼及压延加工业实现产值80.3亿元，同比增长50.2%。全年重点监测的10种矿冶产品中，5种产量增长，5种产量下降。其中，产量增长的有：白银11.8吨，增长187.2%；黄金5.7吨，增长76.8%；铅1.5万吨，增长39.2%；锑1.8万吨，增长29.3%；生铁10.2万吨，增长27.2%。

能源业：实现产值73.2亿元，同比增长29.5%；其中，规模以上电力企业实现产值50.5亿元，同比增长22%。全年共发电104亿度，同比增长22%。其中，水电97.6亿度，同比增长16.9%；风电6.8亿度，同比增长225.6%。全年生产加工经营煤炭362万吨，同比增长8.9%。

生物资源加工业：实现产值58.4亿元，同比增长12.4%。其中，农副食品及食品加工业实现产值35.4亿元，同比增长22%；饮料制造业实现产值9.4亿元，增长16.9%；医药制造业实现产值10.7亿元，增长39.6%。全年重点监测的产品中，生产乳制品21.7万吨，同比增长14.4%；生产啤酒19.6万吨，同比增长17.2%；生产精制茶1.4万吨，同比增长60.5%。

机械制造业：实现产值87.8亿元，同比增长23.8%。其中，力帆骏马实现产值85.7亿元，占机械产业的比重为97.6%。全年机械产业共生产载货汽车80455辆，同比增长23.9%；生产中型拖拉机5.6万台，增长20%；生产农用微耕机1.55万台，同比增长148.9%。

建材业：实现产值46.9亿元，同比增长34.9%。全年生产水泥943万吨，同比增长13.6%；生产石板材98.5万平方米，同比下降26.6%。

【安全生产管理】　2011年，大理州牢固树立安全发展理念，不断强化预防措施，切实抓好重点行业、重点区域、重点环节的安全生产工作。一是层层落实责任。年初，州人民政府在全州安全生产工作会议上，与12县市和11个专项整治部门签订了安全生产责任状，全面落实各级政府及其部门和有关单位的安全生产责任制。二是强化安全培训。分别举办了两期行政执法人员和企业厂矿长（经理）培训班，共培训执法人员128人、企业厂矿长（经理）176人。各县市也积极开展培训，共培训企业领导、管理人员和职工63518人。三是强化宣传与执法检查。强化工业行业安全生产宣传、检查、指导力度，积极参与安全生产联合检查组，对煤矿、非煤矿山、危险化学品、重点建设工程等开展执法检查。其中，共开展非煤矿山专项督查6次，排查企业485户，排查出隐患1463条。共没收非法运输的各类劣质烟花爆竹8664件，危化企业和烟花爆竹开展执法行动381次，排查企业715户，发现隐患787条。四是重点抓好煤矿“三违”、“三超”、“一通三防”、“一炮三检”和矿井装备安全监测监控系统情况等的监督检查，严防煤矿安全事故发生。深入开展煤矿资源整合，矿井数量整合至100对，其中：建成监测监控系统86对，建成通信系统86对，建成压风自救系统32对，建成供水施救系统86对，建成人员定位系统26对。全州累计出动595人次，开展省、州、县安全检查703次，共排查隐患2899条。通过上述举措，有效地防范并遏制了重、特大事故的发生。

【技术创新】　11月29日，清逸堂公司“日·子”商标通过国家工商行政管理总局严格的行政认定，获得“中国驰名商标”称号，这是大理州首家获此殊荣的企业。12月，由云南工商行政总局向公司颁发了“中国驰名商标”的牌匾。荣誉的取得为企业实现跨越式发展，实现来年销售增长40%的目标创造有力的外部环境。

2011年列入州级需要协调解决困难和问题的41个重点项目中，大理卷烟厂50万标箱就地技改等28个项目已开工建设，累计完成投资11.52亿元。其中，祥云县中天锑业有限公司年产1万吨精锑等12个项目整体或单线实现投产，祥云飞龙30万吨浸出渣无害化处理等7个项目年内可以建成投产；各商业银行已对5个项目发放贷款，1个项目达成贷款意向；涉及土地的有2个项目正已办结，7个项目正在办理报批；涉及环评的有2个已办结，1个已评审，1个环评报告编制完成待评审；涉及项目核准的有3个已完成备案，3个已同意开展前期工作；涉及并网、林地占用、其他协调事项的有4个已办结。

2011年工业项目117个技改项目中，大理市恒丰印铁制盖有限责任公司搬迁技改扩建等9项目已完工或单线投产，大理卷烟厂“技改扩建50万标箱生产能力”等15个项目正在抓紧实施；南涧县凤凰木业有限公司木制品加工等10个项目已完工或单线投产。

【产业结构调整】　充分发挥规划和产业政策在结构调整中的引导作用，组织编制了“十二五”工业和信息化发展规划和13个专项规划。2011年，全州三次产业比重为21.7：41.9：36.4，二产比重首次突破40%达41.9%，其中工业占GDP的比重达34.8%，比2010年提高了2.3个百分点。重工业进一步提升，轻工业发展加快，轻、重工业比重35.9：64.1。烟草、矿冶、能源、生物资源、机械、建材六大工业支柱产业实现产值439.5亿元，占全州工业总产值的比重达72.3%。非烟工业比重进一步提高，机械、矿冶、能源三大产业产值均超过了烟草工业产值。全州规模以上工业企业达153户，其中销售收入过亿元企业61户（比2010年增加18户），销售收入超10亿元企业8户，销售收入超40亿元企业2户（祥云飞龙公司、大理卷烟厂），销售收入超80亿元的企业1户（力帆骏马公司）。企业创新能力不断增强，全面实施企业技术改造、技术创新和产品质量提升计划，深入推进工业标准化体系建设，一批技术改造项目相继建成。

【非公经济发展】　2011年，全州非公有制经济保持了平稳较快发展。全年完成非公经济增加值260亿元，比上年增长25%，占全州GDP的比重达到45.7%，比全省高出4个百分点；上缴税金17.6亿元，比上年增长19.4%，占地方一般性预算收入的39%；从业人员达到23万人，比上年增长10%，占全州企业从业人员的80%以上。

2011年，在州级财政安排6400万元工业发展专项资金的基础上，积极向国家和省争取项目扶持资金近7000多万元，支持全州非公企业项目建设。在全州9户通过省级技术中心认定企业中，有8户企业是非公企业，占89%；有1件非公企业商标荣获“中国驰名商标”称号，50件商标荣获“云南省著名商标”称号；17个产品荣获“云南省名牌产品”称号；祥云飞龙公司“难处理氧化锌矿”、“氧化锌矿浸出渣提锌技术”获中国有色金属工业科学技术奖和云南省科学技术奖。

全州有55户非公、中小企业列入省级成长性中小企业名单，在全州61户产值超过1亿元工业企业中，有42户是非公企业，占69%，祥云飞龙、力帆骏马两户非公企业成长为大型非公企业，进入全省“百户优强工业企业”20强行列。

【节能降耗】 2011年全州万元GDP能耗比上年下降4.82%，在全省16个州市中排名第一，超额完成省下达年度责任目标，完成目标任务3%的160.67%，完成“十二五”总体节能目标的34.43%。2011年，州级安排节能专项资金500万元，积极争取省级节能专项资金188万元，支持实施省级重点节能项目6项，实施州级重点节能项目15项。云南红塔滇西水泥股份有限公司水泥窑纯低温余热发电项目1期工程、漾濞县跃进化工有限责任公司年产12万吨硫酸配套3000KW余热发电工程等项目通过竣工验收。大理三德水泥有限公司水泥生产10MW纯低温余热电站建设、大理啤酒有限公司燃煤工业锅炉节能改造等项目建成投入运行。这些节能技改项目的顺利实施，取得了显著的节能效果，发挥了很好的示范带动效应。全年共推广节能灯34.45万只。

【清洁生产、资源综合利用】 认真贯彻《清洁生产促进法》，将清洁生产“节能、降耗、减污、增效”理念贯穿于企业生产经营全过程。2011年，按照“两证一库一评估”的清洁生产工作机制，全面推进全州工业企业清洁生产。全州共有6户企业通过了清洁生产审核验收，全部资金投入3469.44万元，年创经济效益1666.06万元，节约标煤1481.06吨，节水68965立方米，节电7696.08万度。2011年，大理致远新型建筑材料公司粉煤灰混凝土多孔砖项目、红塔滇西水泥公司余热发电项目通过省资源综合利用认定委员会审核认定。

【工业园区建设】 2011年底，全州工业园区总体规划面积达258平方公里，其中已开发面积20平方公里。2011年，全州工业园区入驻企业达255户，同比增长11%，完成工业总产值265.5亿元，同比增长46.9%，占全州工业总产值43.7%；规上企业完成工业总产值253.6亿元，同比增长46.5%，占全州规上工业企业总产值61.2%；园区企业实现利润26.74亿元，同比增长176%，上缴税金10.56亿元，同比增长117.3%，年末从业人员达30681人，同比增长2.4%。2010~2011年建成标准厂房38万平方米，本年建成标准厂房8.2万平方米。收储土地2881亩。

2011年，我州共有6个工业园区、9个项目共获省新型工业化发展专项资金1910万元资金补助。其中：大理创新园区标准厂房项目（一期）建设项目700万元；南涧园区基础设施建设项目300万元；剑川、弥渡、巍山、云龙园区共安排380万元，全州工业园区基础设施更加完善。祥云龙云经贸公司等3户企业共获省标准厂房建设补助资金530万元。当年大理州本级财政共安排工业园区基础设施建设补助资金1000万元，标准厂房建设补助资金850万元。2011年省州两财政共投入工业园区建设补助资金3760万元。祥云财富工业园区公共服务中心项目顺利推进；洱源邓川工业园区焦石片区供水建设项目、邓川片区道路维修项目启动建设；大理创新工业园区道路建设项目基本建成。大理创新、祥云财富、洱源邓川3个省级工业园区标准厂房建设已启动。全州12个工业园区中，大理创新工业园、祥云财富工业园、洱源邓川工业园被列入省级32个重点工业园区和8个特色产业园区范围。2011年，大理创新工业园区、祥云财富工业园区获省政府全省20个“优秀工业园区”表彰。

【信息化建设】 2011年，全州移动电话用户数与互联网宽带用户数在上年基础上分别增至248万户和20.7万户，受市场需求变化等因素影响，固定电话用户数降为42.5万户，数字电视用户35万户；3G建设稳步推进，全州通信业务总量共计完成13.1亿元。2011年宽带中国、城市光网、光纤城乡覆盖等项目相继启动并投入建设，标志着大理州宽带提速正式启动。

2011年10月，州人民政府与中国移动大理分公司签订了建设“无线城市”协议，无线城市的建设对于推进我州现代通信服务业发展、加快信息化进程、改善投资化境、促进产业结构优化和升级、提升政府服务效率，拓宽党委政府与市民的沟通渠道，促进经济社会等都具有重要作用。

【无线电管理】 2011年，州工信委紧紧围绕“服务、保障、进取、和谐”工作方针，抓好无线电管理工作，切实维护无线电波次序。加强无线电日常频段监听监测，按时完成月度监测任务，对重点保护频率和大理机场的电磁环境坚持进行专项监测。年内受理无线电行政许可事项38件，注销无线电台站84个，收回4个频率点；新设无线电台站501个，指配10个频率点；全年共监测15754.6小时，及时查处无线电干扰2次。开展了一系列生动形象、丰富多彩的无线电管理宣传月活动。截至2011年9月30日，全州共散发无线电管理法规宣传资料69000余份；利用短信平台给全州手机用户发送宣传无线电管理法规短信共计960余万条。截至2011年10月，共录入163家设台单位，7625个台站数据资料。全面完成了全州无线电台站数据信息录入工作，在年底的表彰会上州工信委获得全省数据库建设先进单位的殊荣。2011年共检审电台执照6447本，换发电台执照126本，核发新证496本，收取频率资源占用费20.59万元。

2011年6月28日至30日，为确保建党90周年期间广播电视无线电台安全播出，州工信委对大理电视台、大理州人民广播电台、大理苍山电视差转台、云南省广播电视局下关653台、大理市广电局进行了无线电行政监督检查。经查，各单位发射台站管理较为规范，制度基本健全，未发生有害干扰，台站管理情况总体良好，安全播出方面没有出现隐患。

2011年，在县市工信局对新建基站初审的基础上，由州工信委、州规划局、州住建局、州国土局等部门领导组成的专家组，分别对3大电信运营商新建通信基站共计1122个进行了综合评审，其中移动公司723个、电信公司21个和联通公司378个。

2011年大理州无线电监测站加强日常监测工作，完成省监测中心安排的各项专项监测和特殊监测任务，利用大理中心站和移动监测车，顺利完成了春节、国庆等重大节假日无线电安全保障工作；在2011年研究生考试、高考、司法、成人高考等重大考试工作中，查获非法利用无线电发射设备作弊案件1起；及时查处无线电干扰2次，其中大理移动公司GSM900MHz基站受干扰1次，对讲机干扰1次。全年共监测15754.6小时，及时排除干扰隐患，确保了民用航空、广播电视、森林防火、公安、移动通信等重要频段和重点台（站）的正常运行。

【机构改革】　根据中共大理州委办公室、大理州人民政府办公室《关于印发大理州州级政府机构设置方案的通知》（大办发〔2011〕2号）精神，将原大理州经济委员会、大理州无线电管理处、大理州政府信息产业办公室进行了机构改革。设立大理白族自治州工业和信息化委员会，为大理州人民政府组成部门，正处级。加挂大理州无线电管理办公室牌子。是州室内装饰行业协会、州企业家协会、州工业经济联合会的业务主管单位。2011年9月1日，大理白族自治州工业和信息化委员会正式挂牌。

原大理州无线电监测站继续保留，改革后划归州工信委管理，为直属事业单位；原大理州经委下属的事业单位“大理州矿冶开发研究所”经过事业单位改革，更名为“大理州节能降耗监测中心”，为州工信委直属事业单位。大理白族自治州工业和信息化委员会暂定公务员人数59名。

（何丽芳　尹义峰　熊冬良　段文泽　盛　魁　毕家兴　邹红芳　张品秀　赵恒元　张雄辉　杨宏垠）

大理市工业和信息化局

【工业经济运行情况】　2011年，大理市工业企业累计完成总产值245.01亿元，同比增长22.5%。其中：市属工业企业完成173.43亿元，同比增长24.48%。50户规模以上工业企业完成总产值190.35亿元，同比增长21.33%。其中：中央、省、州属7户完成总产值71.58亿元，同比增长17.94%，市属规模企业43户完成总产值118.77亿元，同比增长23.46%。全市工业企业累计实现销售收入209.9亿元，同比增长21.87%。其中：市属工业企业实现销售收入139.5亿元，同比增长21.27%。规模工业企业实现销售收入183.58亿元，同比增长22.25%。其中：中央、省、州属企业实现销售收入70.41亿元，同比增长23.09%；市属规模企业实现销售收入113.17亿元，同比增长21.73%。全市工业企业累计实现税金总额34.11亿元，同比增长21.86%。其中：市属工业企业实现税金总额4.17亿元，同比增长11.5%。规模工业企业实现税金33.2亿元，同比增长23.47%。其中：中央、省、州属企业实现税金29.94亿元，同比增长23.46%；市属规模工业企业实现税金3.26亿元，同比增长23.48%。全市工业企业实现利润总额22.69亿元，同比增长109.12%。其中，市属工业企业实现利润15.72亿元，同比增长103.63%。规模工业企业实现利润总额20.61亿元，同比增长131.57%。其中：中央、省、州属企业实现利润总额6.97亿元，同比增长122.68%；市属规模工业企业实现利润总额13.64亿元，同比增长136.4%。

【重点骨干企业快速发展】　大理啤酒、欧亚乳业、力帆骏马、皇氏来思尔乳业、大理娃哈哈食品、大理药业、清逸堂纸业7户企业，累计完成工业总产值91.1亿元，同比增长37.12%，占市属工业总产值245.01亿元的37.18%；实现销售收入86.72亿元，同比增长25.37%；实现税金2.6亿元，同比增长11.11%；实现利润11.09亿元，同比增长170.49%。

【重点工业项目建设】　大理市及时把握国家的产业扶持导向及资金投放方向，研究和安排好项目建设工作，做到早分析、早谋划、早争取。重视项目的谋划包装，做好项目前期工作，同时在做实项目前期工作的基础上，做好与上级部门的汇报与对接工作，积极争取资金，以项目建设推动工业经济的发展。2011年，全市共确定了27个重点工业项目（12个州对市考核的重点工业项目），总投资75.72亿元，截至12月累计完成投资17.15亿元，全面完成年初制定的17亿目标任务。

续建项目有16项：大理卷烟厂年产50万标箱改扩建项目；大理源畅光电太阳能有限责任公司年产120MW太阳能非晶硅薄膜光电模板生产线项目；云南大理东亚乳业有限公司高端乳品生产线异地技改项目；大理药业股份有限公司醒脑静注射液技术创新项目；云南下关沱茶（集团）股份有限公司年产3万吨精制茶生产线扩建技改项目；大理州医药有限责任公司中药饮片项目；大理瑞鹤药业有限公司黑熊繁殖基地GAP达标技改与原料药基地技改项目；大理来思尔乳业年产2500吨奶酪生产线项目；大理云弄峰酒业有限公司优质大米、饵丝高技术产业化开发项目；大理博云塑料有限公司搬迁技改扩建项目；大理强标塑业有限公司塑编包装袋项目；大理三塔工贸有限责任公司药用安瓿（西林瓶）及聚酯（聚乙烯瓶）项目；云南普尔顿企业集团市政塑料管材生产项目（二期）；云南佳能达医药有限公司美洲大蠊GAP示范养殖项目；大理泰兴实业有限公司活塞生产异地搬迁技改项目；大理药业股份有限公司盐酸千金藤碱注射液、黄藤素葡萄糖新产品开发项目。

新建项目11项，即，华能港灯大理风力发电有限公司大理风电场项目；大理源畅光电能源有限公司180兆瓦太阳能光伏电站项目；云南力帆骏马车辆有限公司高原型重型载货汽车系列驾驶室研发项目；大理啤酒有限公司“20+5”技改项目；大理药业股份有限公司注射剂生产线项目；大理天龙印务有限公司异地搬迁技改扩建项目；大理州燎原久裕照明科技有限公司LED节能灯具（户外照明）项目；云南红塔滇西水泥股份有限公司纯低温余热发电项目（二期）；大理鸡鸣江种鸡有限公司食品加工厂项目；大理创新工业园区标准化厂房建设一期项目；大理金明药业公司中药灵丹草提纯中试项目。

建成投产项目有8项，分别是：大理啤酒有限公司“20+5”填平补齐技改项目；云南红塔滇西水泥股份有限公司纯低温余热发电项目（二期）；大理强标塑业有限公司塑编包装袋项目；大理药业股份有限公司醒脑静注射液技术创新项目；大理创新工业园区标准化厂房建设一期项目；大理金明药业公司中药灵丹草提纯中试项目；大理三塔工贸有限责任公司药用安瓿（西林瓶）及聚酯（聚乙烯瓶）项目；大理博云塑料有限公司搬迁技改扩建项目。

【节能降耗】 根据《大理市节能减排工作实施方案》要求，全市节能减排工作纳入市委、市政府目标管理，实行节能减排目标责任制，将年度目标分解到各乡镇、各部门及各重点用能企业，2011年2月份由我局拟发了“大理市2011年节能减排工作要点”。全面实施全市单位GDP能耗统计和“三个体系”，建设逐步建立科学、完整、统一的“三体系”，确保全市实现2011年度节能目标任务，2011年单位生产总值能耗下降3.2%。年末累计推广13万只节能灯，超额完成目标任务。

【培育扶持企业上市】 大理市认真贯彻落实《大理市培育扶持企业上市实施意见》文件精神，通过加强组织领导，成立领导组和具体办事机构、加强培训、强化服务、为拟上市企业申报办理上市工作前期补助经费和上市培育专项扶持资金等多种措施加大培育扶持企业上市工作力度，切实做好协调服务。截止到2011年底，大理市列入培育扶持上市融资计划的企业有滇西水泥、下关沱茶、大理药业、大理旅游集团、力帆骏马、欧亚乳业、清逸堂、云南远益园林8户企业，且8户企业都被列入云南省上市培育重点企业，其中滇西水泥原力争在2009年完成首次公开发行股票，由于业绩下滑，未能按计划实现上市目标，现滇西水泥将以2009年时点重新计算，做好企业上市的各项工作；下关沱茶已完成辅导期，因2009年起逐年出现经营亏损，上市工作被迫搁浅；远益园林已进行资产重组，启动了上市的相关工作；其他5户企业正积极与券商接触，并按上市公司要求的基本条件，开展前期各项规范准备工作。到目前为止，滇西水泥和下关沱茶2户企业前期400万元工作经费已到位，并已争取到省、州420万元的扶持经费，已投入上市资金820万元，有力支持了企业的上市工作。

【名牌战略显成效】 大理市委、市政府始终高度重视商标战略工作，以“商标兴企，商标富农，商标强市”为目标，积极营造有利于商标培育发展的法制环境、政策环境和市场环境，大理市商标事业得到快速发展。2011年9月，大理市出台《关于推进商标战略工作的实施意见》，进一步明确了商标战略工作的目标、重点、政策措施和组织机构。在全市有关部门和所属企业的共同努力下，大理市商标战略工作取得了骄人业绩，全市有5户企业被认定为高新技术企业，6户企业被认定为省级技术中心，3户15个商标荣获“云南省著名商标”称号，10户13个产品荣获“云南省名牌产品”称号。2011年11月，云南清逸堂实业有限公司的“日·子”品牌荣膺中国驰名商标，实现了全市驰名商标零的突破，成为大理州首件经中国工商总局认定的品牌。

【非公经济发展】 到2011年年底，全市非公经济共有28915户，其中，个体25987户，私营2928户，从业人员达到109298人，比上年增长6.85%，完成州对市考核的104%。全年共实现工业总产值1696700万元，占全市2450000万元的69.25%，比2010年增长22.96%，全年上缴税金166107万元，占全市税收总额的71.29%，其中国税67676万元，占79.6%，地税98431万元，占66.2%。全市私营企业户均注册资本达223.4万元，同比增长20.8%，注册资本100~500万元的有491户，500~1000万元的有228户，1000万元以上的有156户。

【信息化建设】 大理市的信息化推进、信息产业化、“两化”整合工作经过近几年来的不断努力，现已建成覆盖全市的设施，能够为全市的通信传输提供可靠保障。同时，市政府信息公开平台以及大理市政府门户网站、一些职能部门门户网站的建立，96128政府查询系统的开通，党政电子政务网的运行等为大理市的信息化推进奠定了良好的基础。企业在“两化”融合中结合自身需要以信息化带动工业化，工业化促进信息化路上走出了可喜的一步。

大理市两大电信运营商中国移动在大理市内建有大机站373个、小机站78个，铺设光缆2400千米；中国联通在大理市建有GSM机站297个，WCNMA机站202个，铺设光缆1000千米，已建成以光缆通信为主的大容量、高速率，能为政府、市民、企业提供安全、可靠的通信传输网和相应的有线、无线通信服务，形成了覆盖全市100%的乡镇和农村，四通八达的通信网络，为大理市信息化推进及信息产业化建设工作打造了坚实的基础。随着信息及网络技术的不断发展更新，信息化带动工业化，工业化促进信息化逐渐进入大理市大中型企业领导的视野，部分企业（如大理烟草、大理啤酒、大理药业等）出于自身发展及实际生产经营需要已配置相应的信息处理设备，配备相应的工作人员负责企业信息化工作，通过培训使工作人员能够利用先进的网络通信及软件为企业办实事，办好事，提高企业的办事效率，为企业的发展贡献力量。

【无线电管理与监督检查】　2011年，大理市工业和信息化局成立无线电管理办公室，认真贯彻实施无线电管理的法律、法规，全面开展无线电宣传周、宣传月活动，通过张贴标语、悬挂横幅、设立咨询台、散发宣传单、在市电视台刊播宣传广告语、在政府电子政务门户网站上宣传等形式，开展无线电管理宣传工作，提高了无线电管理法规的社会认知度。

做好无线电台站址的复核和初审工作，2011年通过组织大理市相关部门，共同对中国移动通信集团云南有限公司大理分公司在大理市2011年拟建设GSM基站（20个宏站、16个边际基站、20个室内覆盖）和中国联通大理州分公司在大理市2011年拟建设20个WCDMA基站和30个GSM基站建设方案进行初步评审。

宾川县工业和信息化局

【工业经济各项指标稳步增长】　2011年，宾川县累计完成工业总产值（现价）241325万元，同比增长34.3%，居全州第五位，其中：规模以上企业完成107653万元，同比增长22.9%；规模以下企业完成133672万元，同比增长28.3%。完成工业税金12653万元，同比增长37.6%。工业固定资产投资（不含电力）32781万元，同比增长51%。实现增加值58215万元，完成州目标5700万元的102.1%；超额完成了州委、州政府下达的年度目标任务。

【主要工业产品产量】　2011年，宾川县主要工业产品产量大幅增长。电力完成购发电量30791万度，同比增长19.3%，比上年增长4974万度；生产原煤58万吨，与上年持平；生产水泥58.7万吨，同比增11.4%，比上年净增6万吨；生产水泥熟料50.4万吨，比上年净增2.5万吨；生产砖48589万块，同比增15.8%；生产瓦28615万片，同比增3.3%；生产砂石料885万方，同比增长3.1%。

【工业园区建设】　宾川县福源工业园区按照“一园多区”的总体工业发展布局，高起点、高标准对园区进行了规划，规划总面积达到12.74平方公里，一是先后完成生物资源产业区164.5亩土地和加工制造产业区410.8亩土地的收储工作；二是按照“园区向山地布局，工业向园区集中”的思路，福源工业园区规划正进行修编工作，山地工业片区，现正着手进行选址、规划等前期工作。

【规模工业培植】　2011年，由国家提高规模企业准入门槛（即规模企业主营业务收入由500万元提高至2000万元）的情况下，县工信局培植发展了宾川康弘林产品有限责任公司、宾川汇民农机有限公司等2户规模企业。全县规模企业达11户，全年累计完成主营业务收入107421万元，同比增61.7%，产值超5000万元企业达到8户，产值超亿元企业达到6户，主营业务收入超亿元企业达到7户，工业税金超千万元的企业达到4户。累计完成增加值33083万元，同比增55.5%，累计实现利税总额5250万元，规模企业仅有1户企业亏损，经济效益明显好转。

【非公经济发展】　2011年，全县非公经济组织达10652户，同比增7.89%；从业人员达16728人，完成州目标15800人的105.87%；注册资金118961万元，同比增18.73%，上缴税金8214万元，同比减20.11%。其中：个体工商户10154户，从业人员11183人，注册资金36770万元，上交税金3842万元；私营企业498户，从业人员5545人，注册资金82191万元，上交税金4372万元。非公经济的持续发展对扩大社会就业，维护社会稳定，促进县域经济发展等方面起到了积极的助推作用。

【节能降耗】　2011年，通过强化领导，加大工作力度，采取切实有效措施，抓实节能降耗工作。组织了“节能我行动、低碳新生活”、“环保低碳新生活、和谐全靠你我他”为主题的节能宣传周活动，发放宣传资料1000多份；全年共推广节能灯4.95万只，太阳能路灯1557盏。推广太阳能热水器450平方米，累计推广11.545万平方米。建设沼气池360口。建设节柴灶360眼。积极推行能源消耗审计和清洁生产审核工作，宾川宽恳公司、鑫鑫泡塑公司2户企业通过了能源消耗审计和清洁生产审核。万元GDP能耗比2010年下降2.6%，圆满完成州下达能耗下降的目标。

【无线电和信息化管理】　2011年，工信局工作职责新增了无线电和信息化管理工作后。积极组织相关人员参加无线电执法培训。完成了全县信息产业人才资源调查统计，6个已设无线电台的年检审验工作和18个新建无线电机站站台的评审。对全县38个部门和单位的政府信息系统安全检查，开展无线电管理宣传月活动。通过网络发布、手机信息发送、制作宣传版等形式多样的宣传活动，使无线电宣传工作做家喻户晓。

【重点项目建设】　2011年国巨绿色食品公司农产品包装箱及冷库建设项目建成投产，该项目概算投资1710万元，年产加工1500万套。2011年7月，云南省工业和信息化委员会同意大理昆钢金鑫建材有限公司日产3000吨新型干法水泥熟料生产线技改项目开展前期工作。2011年4月，宾川县鑫鑫泡塑有限责任公司概算投资1700万元，年产550万只泡塑箱生线技改项目建成投产。大理州鑫翼机械有限公司概算投资6100万元的年产10000辆农用机械等生产线改扩建技改项目，一期工程于2011年10月27日建成投产。

【机构改革】 2010年12月，按照宾川县十五届人民政府第46次常务会议和宾川县委十届第68次常委会研究通过的《宾川县人民政府机构改革实施意见》要求，宾川县经济局更名为宾川县工业和信息化局，为正科级机构。2011年8月，县人民政府办，正式批准《宾川县工业和信息化局主要职责内设机构和人员编制规定》（宾政办〔2011〕61号）。

（江素春）

洱源县工业和信息化局

【工业经济运行情况】 2011年，全县完成工业总产值37.88亿元，同比增长25.12%，完成州下达任务数的102.38%；完成工业增加值8.02亿元，同比增长17.98%，完成州下达任务数的106.9%；其中规模以上工业实现增加值6.34亿元，同比增长13.09%，完成州下达任务数的105.58%。实现主营业务收入29.03亿元，同比增长22.91%，完成州下达任务数的102.93%。实现利税总额3.29亿元，同比增长80.22%，完成州下达任务数的117.56%。实际上缴税金4383万元，完成州下达任务数的46.75%。实现利润总额2.85亿元，同比增长83.87%，完成州下达任务数的155.89%；全县非电力工业投资完成1.65亿元，同比增长14.58%，完成州下达任务数的55%。

【节能减排】 2011年，全县单位生产总值二氧化碳排放降低3.3%，单位生产GDP能耗1.244吨标煤/万元，比上年降低3.9%，不计新增排放量，全县化学需氧量新增消减量383吨，氨氮56.1吨，二氧化硫0吨，氮氧化物0吨，圆满完成州下达的年度任务目标。

【积极做好企业"升规"工作】 2011年，新增主营业务收入2000万元以上的企业有5家，已达到规模以上企业的标准，分别是邓川泰昌农特产品开发有限公司、邓川锦洋生物工程有限公司、军民彩印包装有限公司、鑫宝石业有限公司、华龙钛业有限责任公司。

【县委、县人民政府明确7项政策措施发展工业经济】 一是加大财政扶持力度。2011年底，县财政安排360万元作为工业发展专项扶持资金，支持工业及非公有制经济发展，努力实现生态工业总量有新突破。从2012年起，工业发展专项基金投入比例不低于地方一般预算收入的3%。同时，整合各项扶持资金，进一步加大对工业园区基础设施、重大工业发展项目、优势龙头企业等方面的财政投入。加大项目资金争取力度，并及时足额拨付到位，提高财政资金使用效益，通过公共财政资金的引导，吸引资金和社会资本加大对工业的投入。二是落实税收优惠政策。加大税收优惠政策宣传力度，强化税收政策咨询服务，认真贯彻落实国家和省州制定的税收优惠政策，用好用活用足国家鼓励创业投资、自主创新、高新技术产业发展、资源综合利用、低碳节能减排、中小企业发展、西部大开发、"桥头堡"建设等促进工业发展的各项税收优惠政策。三是完善园区扶持政策。邓川工业园区"一园三区"土地出让金实行单列，全额返回园区。如园区土地出让金比例低于全县土地出让金总额的2%，不足部分从全县土地出让金收益中返回园区，专项用于园区基础设施建设和扶持入园企业发展。从2011年起，以上年为基数，园区当年比上年新增税收的地方留成部分的50%由县财政补给工业园区，专项用于加快园区建设发展。支持工业园区加快园区标准厂房建设。四是实行工业用地倾斜。按照"十二五"工业发展规划做好工业发展的预留地（包括林地），年度用地指标的40%以上要用于工业发展，让更多的好项目、大项目落户洱源。加大园区依法收储土地力度，在州财政每亩补助1000元的基础上，县财政也给予适当的补助。在年度新增的建设用地中，在确保民生项目、基础设施项目用地的同时，优先上报重点工业用地。工业用地不得擅自改变为非工业用地，违者政府依法收回。五是激励企业做大做强。从2011年起，对财务制度健全并被国家统计部门确认的新增规模以上工业企业，在州奖励10万元的基础上，县人民政府以"以奖代补"的形式一次性奖励1万元；凡销售收入首次突破1亿元、5亿元、10亿元、50亿元、70亿元、100亿元的工业企业，在州奖励的基础上，县人民政府以"以奖代补"方式，分别一次性奖励1万元、2万元、5万元、20万元、50万元、100万元，对当年纳税额占销售收入的比例低于3%的，按奖励金额的50%给予奖励。每年对纳税额居全县前10名和出口创汇前5名的工业企业给予奖励。六是引导企业技术创新。对企业产品被新认定为获得中国驰名商标、中国名牌产品的，县人民政府给予每项一次性奖励10万元。荣获云南省著名商标、云南省名牌产品的企业，县人民政府给予每项一次性奖励1万元。对被新认定为省级及其以上的企业技术中心，县人民政府给予奖励，国家级一次性奖励10万元，省级一次性奖励3万元。对被认定为国家级高新技术企业的，在州奖励的基础上，县人民政府给予一次性奖励3万元。七是支持扶持企业上市。对培育上市的企业给予支持扶持，对成功上市且注册地在县内的企业，在州人民政府给予1000万元奖励的基础上，县人民政府再给予100万元的一次性奖励。（来源于《中共洱源县委、洱源县人民政府关于加快工业经济发展的决定》洱发〔2011〕27号）

【表彰奖励】 2011年7月12日，中共洱源县委、洱源县人民政府决定，对2010年度招商引资工作成绩突出的镇乡和县级招商引资责任单位予以表彰。授予右所镇、邓川镇、茈碧湖镇、三营镇、炼铁乡、乔后镇等6个镇乡一等奖，授予牛街乡、凤羽镇、西山乡等3个镇乡二等奖，授予县商务局、县发改局、县旅游局、县国土资源局、县环保局、县林业局等6个部门完成任务奖。

2011年7月12日，中共洱源县委、洱源县人民政府下发《关于表彰奖励获得省级成长型中小企业称号企业的决定》（洱发〔2011〕29号），对“十一五”期间获得“省级成长型中小企业”称号的大理洱宝实业有限公司、洱源县军民彩印包装有限公司、大理邓川锦洋生物工程有限公司、洱源县邓川农特产品开发有限责任公司、洱源县邓川泰昌农特产品开发有限公司给予表彰奖励。

2011年7月12日，中共洱源县委、洱源县人民政府下发《关于表彰奖励“十一五”期间节能减排工作先进企业的决定》（洱发〔2011〕30号），对“十一五”期间在节能减排工作中成绩突出的新希望邓川蝶泉乳业有限公司、力帆骏马车辆有限公司邓川拖拉机装配厂、华龙钛业有限公司、大理洱宝实业有限公司、云南盐化股份有限公司乔后盐矿等5户先进企业予以表彰奖励。

2011年7月12日，中共洱源县委、洱源县人民政府下发《关于表彰奖励主营业务收入上台阶工业企业的决定》（洱发〔2011〕30号），在州委、州人民政府奖励的基础上，县委、县人民政府决定，对2010年主营业务收入首次超过1亿元的西南红饲料有限公司给予表彰奖励。

【机构改革】 根据《中共洱源县委办公室、洱源县人民政府办公室关于印发〈洱源县人民政府机构改革实施意见〉的通知》（洱办发〔2010〕84号）和《中共洱源县委办公室洱源县人民政府办公室关于印发〈洱源县人民政府机构设置方案〉的通知》（洱办发〔2010〕85号）精神，《洱源县工业和信息化局主要职责内设机构和人员编制规定》（洱政办发〔2011〕73号）已经洱源县人民政府2011年9月26日批准，洱源县经济局更名为洱源县工业和信息化局，为县人民政府主管工业经济和信息化产业的工作部门，机构级别为正科级，核定行政编制15名。

【任职领导名单】

党委书记、局长 杨文平

副　书　记 马丽娅

副　局　长 李革平

李向华

尹明远

（李茂荣）

鹤庆县工业和信息化局

【工业经济指标完成情况】 2011年，鹤庆县工业企业户数733户，注册资本金57601万元，其中：私营企业78户，从业人员3098人，注册资本金25188万元，工业总产值超亿元以上企业5户，其中超2亿元企业1户，超3亿元企业1户，超10亿元企业1户。5户亿元企业完成工业总产值284611亿元，占全县工业产值的比重为67.6%，实现主营业务收入259716万元，上缴税金19308万元，实现利润122298万元；全县完成工业总产值420922万元，其中：规模工业企业完成总产值325885万元，占全部工业总产值的77.4%，规模工业企业产品销售率93.1%；完成工业增加值181374万元，其中：规模以上企业完成169970万元，工业在国民经济中的比重达51.9%；规模工业企业完成主营业务收入301823万元，实现利税总额140163万元，其中，利润总额126571万元。

矿冶、建材、电力、农副产品加工四大行业分别完成工业总产值247429万元、38295万元、26837万元、17931万元，占全县工业总产值的58.5%、9.1%、6.4%和4.3%。

2011年，全县完成工业税收26337万元，其中15户规模企业完成工业税收23510万元。工业上缴税金占全县财政总收入的比重为56.6%。

【技术创新】 近年来，云南省鹤庆锰业公司锰铁合金节能技改项目，大理三德水泥有限公司鹤庆2×2500t/d新型干法熟料水泥生产线扩建工程及配套10MW低温余热发电项目，大理三德煤炭工业有限公司40万吨精煤洗选项目，云南冶金集团股份有限公司鹤庆年产60万吨高精铝板带项目，鹤庆凌云资源综合利用有限公司120万吨/年铁金矿洗选废弃尾渣再生综合利用工程，鹤庆溢鑫铝业有限公司年产50万吨石油压裂支撑剂一期20万吨项目等一批技术改造项目的实施，使鹤庆县许多传统产业进行脱胎换骨式的技术改造，大大提升了产品档次，产值成倍增长，给企业带来了丰厚的经济效益，使企业充满生机活力。

【中小企业（非公经济）发展】 2011年，全县中小企业户数733户，注册资本57601万元，其中；私营企业78户，从业人员3098人，注册资本金25188万元，个体工业620户，从业人员694户，注册资本金2744万元。

2011年，全县中小企业完成工业总产值420922万元，增长40%，完成州下达任务的105.2%，超进度5.2个百分点，其中；规模以上中小企业完成总产值325885万元，增长63.1%，规模以下中小企业完成工业产值95037万元，下降7.8%。规模以上中小企业产品销售率93.1%、上升15.5个百分点。2011年，全县中小企业完成工业增加值181374万元，增长98.4%，完成任务的160.5%，超进度60.5个百分点，其中：规模以上中小企业完成169970万元，增长94%，完成任务的200%，超进度100个百分点。

2011年，全县中小企业完成税收26337万元，增长70.%，其中15户规模以上企业完成税收23510万元，增长70.3%。其中：国税完成税收14341万元，增长43.3%，地税完成税收11996万元，增长118.7%。

【节能降耗】 2011年，鹤庆县节能目标是万元GDP能耗同比下降4.91%，超额完成州下达下降2.9%的责任目标。单位生产总值二氧化碳排放降低3.1%。鹤庆县污水处理厂被列入2011年污染物减排企业。现污水处理厂已进行试运行，运行正常后，化学需氧量可削减50吨以上，氨氮削减量可达10吨以上，完成2011年污染物总量削减目标责任。

【工业园区建设】 鹤庆兴鹤山地工业园区2003年开始规划新建，但随着工业经济的快速发展，原规划的工业园区已不能满足现行发展需求。为此，2011对工业园区重新进行全面规划升级，形成了规划总面积为26平方公里的“一园四片”结构布局。目前，《鹤庆县兴鹤山地工业园区总体规划》和《鹤庆县山地工业园区可行性研究报告》已通过州级评审，并完成了东片工业区、西片工业区、西邑工业片区1：500地形图测绘。

西片工业区规划面积1平方公里，定位为轻工业加工区。具体依托“鹤庆乾酒”、“鹤庆大麦酒”等品牌优势，建设大理州重要的以绿色食品、农特产品精深加工为主的生物资源开发利用产业集聚区；引进高新技术产业，形成集加工、商贸为一体的综合性产业区。

东片工业区规划面积4平方公里，定位为以制造、加工为主的工业区。具体依托鹤庆丰富的铝土矿资源，开发石油压裂支撑剂及铝产品，积极发展建材产业；依托大丽铁路鹤庆火车站发展现代物流业，建设面向丽江、香格里拉等地区的物流中心。

西邑工业区。规划面积5平方公里，定位为载能工业园区。综合利用丰富的共生铁矿和黄金尾矿、铝土矿资源，形成以高精铝板带、碳素生产、铅锌选冶、铁金矿洗选废弃尾渣综合利用等为主的矿冶工业区。

北衙工业区规划面积16平方公里，定位为矿冶工业园区。充分利用北衙金矿资源优势，打造黄金勘探、采、选、提纯、冶炼产业；利用黄金尾矿中的铁、铅、锌金属资源，发展铁、铅、锌资源综合利用产业。

【信息化建设】 到2011年年底，全县固定电话用户数达17276户，普及率达28.98%，移动电话用户数达164112户，普及率达70%，互联网用户数达5389户，普及率达7.08%。

“十一五”期间，在各级政府大力推进政府信息公开，电子政务等信息化战略带动下，建立了全县统一的电子政务网络办公平台。近年来，推动了卫生信息化、税务信息化、

规划建设信息化建设。财政、税务、公安、银行、质监、工商等部门基本实现系统内的自动化办公，建立了局域网、办公网、业务网等。

【无线电管理与监督检查】 无线电管理是无线电管理机构行使国家行政职能，科学合理地利用频谱并依批准设置的合法电台免受有害干扰。我局无线电管理机构是在2010年县级政府机构改革时设置并成立的，行政上受县级人民政府领导，为工信局的内设股室，业务上受州工信委无线电管理办公室的领导，并受其委托依法对县内无线电进行执法管理和监督检查。

【体制改革】 根据《中共大理州委办公室、州人民政府办公室关于印发〈鹤庆县人民政府机构改革方案〉的通知》的要求，组建鹤庆县工业和信息化局，加挂县商务局（正科级机构）牌子。将县经济局除乡镇企业外的职责，无线电管理职责、信息产业管理职责整合划入县工业和信息化局，不再保留县经济局。新组建的鹤庆县工业和信息化局内设办公室、发展规划股、经济运行股、能源安全保障股、信息产业股、中国共产党鹤庆县工业和信息化局委员会。人员编制22人。

【任职领导名单】

党委书记、局长 田冰元
副　书　记 刘湘云
副　局　长 尹源灿（11月止）
李鸿斌
马德生（12月任）

（李宽海　周　炜　寸福清
汤丽娟　马德生　杨国基）

剑川县工业和信息化局

【工业经济指标完成情况】 2011年，剑川县已拥有各类工业企业1063户，从业人员近12370人。其中：重点企业15户、规模以上工业企业7户。1~12月累计完成工业增加值59858万元，同比增长28.9%，其中规模以上工业增加值完成38931万元，同比增长52.7%；累计完成现价工业总产值223184万元，同比增长38.5%；累计完成工业销售收入218420万元，同比增长43.7%，其中规模以上完成127153万元，同比增长44.2%；实现利润总额10091万元，同比增长101.2%，其中规模以上完成6180万元，同比增长623.6%；实交国家税金16302万元，同比增长121.1%，其中规模以上完成10459万元，同比增长71.8%；完成工业固定资产投资30576万元。

【主要产品产量】 2011年，累计完成锌锭13008吨，同比净减992吨；镉1393吨，同比净增133吨；铜2794吨，同比净增11263吨；硫酸28653吨，同比净增7615吨；水泥818558吨，同比净增62416吨；发电量5977万度，同比净减501万度；生铁111623吨，同比净增317061吨；粗铅3000吨，同比净增1200吨；完成木雕小件4832件，同比净增511件；奶粉完成960吨，同比净减118吨；自来水累计完成173万吨，同比净减3万吨；原煤完成11.4万吨，同比净减8万吨；铁矿石原矿完成22.2122万吨，同比净增2.2122万吨。

【技术创新与技术改造】 着力推进企业技术创新积极支持工业和非公企业技术创新活动，帮助其通过项目支持整合科技资源，实施核心技术攻关或技术成果转化，提高企业技术创新能力和市场竞争能力。进一步加大扶持力度，加快建立以企业技术中心为主的技术创新体系，着力推进冶金、木器木雕、农副产品深加工、骨干企业的技术中心建设，引导和鼓励工业和非公企业大力实施品

牌战略，打造知名品牌。对新认定的州以上技术中心或国家高新技术企业，新获得州以上名牌产品、驰名商标的企业，县人民政府将分别给予奖励。加快益云公司、金威公司、活发公司、国资水泥剑川有限公司等企业技改步伐，积极实施新技术推广，提升产品科技含量和精深加工水平。

【支柱产业发展】　矿冶建材业：全县已具备年生产电锌5.5万吨、粗铅1万吨、粗铜2万吨、生铁65万吨、硫酸13万吨的能力，2011年全县矿冶建材业实现工业总产值157538万元，完成工业增加值39385万元，实现税金9127万元，占财政收入的37.5%。目前我县矿冶业有6家重点企业。建材业有水泥企业1家，年生产能力达100万吨，沙岩板材生产企业2户，石刻石雕个体户近100户。

木器木雕业：剑川木雕，历史悠久，工艺精湛，有浓郁的民族文化特色，已形成建筑木雕、家具木雕、木雕工艺品、装饰构件等几大类200多个品种。1996年被文化部命名为“木雕艺术之乡”，2009年被中国家具协会授予“中国民族木雕家具产业基地”，2011年剑川木雕入选“国家级非物质文化遗产名录拓展项目名录”。目前，全县从事木雕产业人员7000多人，专业生产厂家15家（不包括已有一定规模但未注册的木雕大户），有1500多家个体经营户，40多家经营大户，专业人员4000多人。2010年全县木雕工业总产值首次突破亿元大关，实现产值10018万元，2011年实现工业产值2亿元。随着把木雕培植成支柱产业，特别是雕刻艺术的发展，公司+基地+农户的推广，全县涌现出一批像狮河等典型的“木雕专业村”，形成了“人人有巧气，户户是作坊”的产业格局。随着狮河木雕片区建设稳步实施，将为剑川木雕的发展注入了新的活力。

能源业：水电装机容量达4.13万kW，年发电量1.8亿kW／h，年产原煤20万吨。水电资源充分开发利用的同时，启动了总装机500MW的风力发电项目建设工作。

生物开发及农副产品加工：全县有鲜奶日处理能力100吨，龙头企业6户。农副产品加工企业有阿宝生态食品加工厂、车记地参厂等

全县5个特色鲜明的工业产业逐步显现了优势，木器木雕、建材业中的石刻石雕以及其他产业中的民族刺绣既传承了剑川璀璨的文化，又带动了广大农村富余劳动力增收致富，矿冶业随着企业出资人结构的优化表现出了大发展、快发展、科学发展的势头，能源产业则以风力发电项目的启动和输变电工程的全面铺开为标志将进一步加快工业经济结构调整的步伐。

【信息化建设】　加快信息化建设，促进工业化与信息化的有机融合。一是加大信息网络基础设施建设，加快电信、移动、联通3G网络业务、传输带宽建设，进一步优化补点，争取全面完成县乡村网络覆盖，加大固网全无光网络建设，提升信息通信保障和服务水平。二是推动信息化和工业化融合创新工作，推动“两化融合”建设，进一步加快产业结构优化升级，增强信息技术在企业生产、管理、营销等方面的作用，提高我县企业市场竞争力。加大县工业园区信息化建设、对外宣传网站建设工作。

【安全生产管理】　一是与系统内的重点工业企业签订安全生产责任状，二是实行企业安全生产一月一反馈，一季度一上报，半年一次大检查和不定期检查。三是深入开展“全国安全生产月”活动，在全系统开展了安全生产月零带有帮活动。四是深入开展安全生产专项整治工作，根据省、州、县专项行动领导小组的要求，切实抓好安全生产隐患排查专项行动，加强对全县重点工业企业尾矿库存事故隐患排查、检查，进一步巩固安全生产隐患排查治理专项行动的成果。

【节能降耗】　以提升可持续发展能力为目标，加强节能降耗工作，认真落实节能降耗责任制，强化节能基础性工作，进一步完善节能管理制度，成立了全县节能降耗分析预警调控协调领导组，健全了规模以上能源能耗统计制度，启动了沙溪镇节能灯示范镇建设工作。积极开展文明示范建设工程，认真抓好对入湖河流金龙河上游的云南国资水泥剑川公司、大理银河乳业公司创建生产清洁园林生态型企业建设工作，节能减排工作成效明显，实现了万元GDP能耗下降3%的预定目标。

【工业园区建设】　剑川县在工业发展中，逐步形成了以“214”国道和剑兰公路为主轴，构筑矿冶加工和仓储物流为主的上兰矿冶物流片区、建材工业和石材、石刻、石雕为主的梅园建材片区、木器木雕为主的狮河木雕片区、生态产品加工、民族特色产品和生物资源精深加工为主的剑阳生态产品加工片区。高起点、高标准和高质量编制了剑川工业园区产业发展规划和专项规划，加快实施园区基础设施建设和标准厂房项目建设，工业园区基础设施建设和特色产业发展取得了明显成效。工业园区已经成为全县工业发展和招商引资的重要平台，成为产业集群、企业集聚发展、功能突出、资源综合利用、循环发展的重要载体。特别是矿冶物流片区、建材片区和木器木雕片区的建立和完善，将为我县在“十二五”时期努力发展成为全省重要的滇西北矿冶基地、石刻石雕集散地、民族木雕家具加工基地奠定了坚实的基础。

【机构改革】　2011年3月，根据《剑川县政府机构改革实施意见》，设立剑川县工业和信息化局，为剑川县人民政府工作部门，正科级，加挂剑川县商务局牌子。剑川县工业和信息化局内设7个股（室）：党政办公室、经济运行股、技术创新股、节约能源交通运输股、中小企业股（县非公办）、煤炭行业管理与技术改造股、信息化管理股（县无电办）。剑川县工业和信息化局

机关人员编制为16名，其中：部门领导职数4名（局长1名，副局长2名，党委专职副书记1名〈副科〉）。

【年度任职领导名单】

党委书记、局长　赵　聪

专职副书记　何　奇

副局长　杨永宁

赵正元

（杨永宁）

弥渡县工业和信息化局

【综述】　2011年，弥渡县完成工业总产值171794万元，完成计划17亿元的101.06%，同比增长43%；完成工业增加值50638万元，完成计划4.4亿元的115.09%，同比增长34.3%。规模以上工业企业完成增加值13761万元，完成计划1.3亿元的105.85%，同比增长56.6%；完成主营业务收入37274万元，完成计划3.2亿元的116.48%，同比增长44.75%；利税总额完成2541万元，完成计划200万元的1270.5%，同比增长147.9%，实现利润387万元，完成计划100万元的387%；固定资产投资完成34436万元，完成计划3亿元的114.8%，同比增长54.48%。

工业发展取得新突破。一是弥渡县九顶山矿业有限公司、华润水泥（弥渡）有限公司、弥渡县老土罐绿色食品有限责任公司分别实现产值1.5亿元、1.35亿元、1.24亿元，取得了单个企业产值首次超亿元的新突破；二是工业对财政的贡献率提高，全县工业上交税金5562万元，增长95%，占财政收入的比重由2010年的14.2%上升到20.5%；三是三次产业结构由2010年的30.6：28.1：41.3调整为2011年的29.5：30.7：39.8，二产首次超过一产，产业结构实现了历史性突破。

【重点工业项目建设】　2011年6月投产的华润水泥（弥渡）有限公司，完成产值1.35亿元，实现营业收入1.2亿元，成为县第一户产值、营业收入都上亿元的企业。双胞胎饲料有限公司当年投产见效，仅生产4个月完成产值8000多万元，实现收入8072万元。九顶山矿业有限公司技改扩建生产线11月正式运行，产能提高。云南碧香园食品有限公司年产10万吨蔬菜深加工项目计划总投资2.6亿元，当年完成投资7580万元，建成发酵池1300多个及配套的厂房、污水处理设施和相应规模的生产线。以上项目预计2012年将全面发挥效益。

【非公经济】　非公经济完成增加值146216万元，完成计划130000万元的112.47%，同比增长17.2%；非公经济从业人员11395人，完成计划9800人的116.28%，同比增长19.88%。

【召开全县加快工业发展大会】　7月21日，弥渡县加快工业发展大会在弥渡会务中心召开。县委书记邹子卿、县长沙伟风、县人大常委会主任石雄、县政协主席李正能等领导出席会议，来自全县工业系统的200多人参加了会议。会上，邹子卿、沙伟风分别作了重要讲话；大会对7户先进纳税企业，2户申报规模企业，2户效益企业，1户争创名牌企业进行了表彰奖励。会上，县委、县政府出台了加快工业发展的优惠政策。

【任职领导名单】

局　长　郜永贵

副局长　杨晓康

李增平

李姝娟

（陈丽平）

巍山县工业和信息化局

【工业经济运行情况】　2011年，巍山县累计完成工业总产值192461万元，同比增长33.38%；完成工业增加值458936万元，同比增长20.6%；非公经济完成增加值129973万元，占全县生产总值比重达46.9%；规模以上工业增加值完成25828万元，主营业务收入完成64597万元，实现利税总额6872万元、利润总额1167万元。2011年规模以上工业企业经济效益整体持续向好，9月已提前超额完成全年目标任务。主营业务收入、利税总额和利润总额三项主要经济指标均提前超额完成全年州对县考核目标任务。

全年完成工业固定资产投资52382万元，其中：非电力工业投资13718万元，风电投资38664万元。

【主要产品产量】　机制纸及纸板14431吨，同比增长30.36%；锑产品13509吨，同比增长25.68%；砖23038万块，同比增长60.05%；玻璃包装容器31644吨，同比增长29.68%；扎染布96万米，同比增长39.13%；水泥92900吨，同比增长24.2%；饮料酒5300千升，同比增长47.22%；中成药196.1吨，同比下降14.76%。

【重点项目推进】　明兴纸业有限责任公司是巍山县的重点骨干生产企业之一，主导产品再生纸供不应求，销售市场前景好。年内，该企业概算投资1900万元，引进3400型主机生产线，购置配套的制浆机设备、水处理设备、改造供电设施，新建钢结构标准厂房1500平方米，仓储库房2000平方米。此项目实施技术改造后，年生产能力3.5万吨再生纸，经济效益明显，年产值7000万元，销售收入6000万元，税金600万元，利润300万元，新增就业人数50人。

大理州中药制药有限责任公司进行GMP技术改造。该公司有九个剂型45个品种的中成药在生产，为进一步做强做大中药制药产业，年内按新版GMP认证要求，新建钢结构标准厂房1200平方米，购置匹配的生产设备，投产后，新增工业产值430万元，销售收入500万元，利税120万元。

通过技术改造综合回收废渣中的锑铁矿。年内，巍山县红大锑业有限责任公司投资160万元，在本厂区内，通过技术改造，建成日处理100吨的废渣回收锑铁矿生产线，重新对本公司鼓风炉产出的1.6至1.8万吨的炉渣进行回收利用，预计新增产值268万元，实现“高效、节能、低污染”的资源综合回收利用。

大仓文华农产品有限责任公司完成异地搬迁技改扩建投资。该公司是巍山县有代表性的农特产品深加工龙头企业，围绕做精、做强、做大特色产业的发展思路，年内在县甸中工业园区，采用H钢结构框架及轻型建筑材料，投资额2800万元，新建标准厂房15460平方米，建成年加工野生菌2000吨、核桃仁1000吨、红花1000吨的生产线，预计年产值17620万元，利税2036万元，新增社会用工达600人，6月份公司被省工信委列入第一批500户省级成长型中小企业。

【节能降耗】 认真落实好州、县人民政府有关工作会议精神，相关部门对节能减排、清洁生产等工作作了专门的安排部署和要求。一是搞好政策宣传，向企业业主宣传关于节能减排的法律法规和政策规定，督促企业提高节能意识；二是强化日常监督，不断完善对重点企业的能源统计、考评等机制，特别是对与县政府签订责任书的重点企业完善了能源核算统计制度，实时了解掌握节能减排情况。三是落实责任，在今年召开的全县相关工作会议上，县人民政府与规模以上工业企业和有关部门签订了节能减排责任书，为落实好节能减排任务打下了基础；四是积极协同相关部门及乡镇协调指导规模以上工业企业做好节能减排环保工作。

节能降耗成效明显，指标持续下降，规模以上工业单位增加值能耗同比下降32.69%。

【工业园区建设】 巍山工业园区规划布局结构为“一园四片区”即：“巍山县工业园区，五里坡轻工业片区、甸中农特产品加工片区、永建重要工业转移承接基地片区和漾江工业片区”。五里坡片区总体规划面积1.8平方公里，重点发展轻工业；甸中农特产品加工片区总体规划面积1.8平方公里，重点发展农特产品和生物资源加工产业；永建片区总体规划面积20平方公里，重点发展省内外发达地区重要工业转移承接基地、机电制造基地、旅游产品加工基地、高新技术产业；漾江工业片区总体规划面积20平方公里，重点发展金属冶炼产业、氟化工、黄金生产、建材产业。

截至2011年，工业园区共入住企业25户（五里坡片区15户、甸中片区10户），其中本土企业18户，招商引资企业7户。建材企业8户、冶炼企业2户、农林及食品加工企业8户、扎染企业5户、养殖企业1户、啤酒瓶企业1户。就业人员1200人。

2011年，工业园区实现工业总产值4.35亿元，工业增加值1.3亿元，完成销售收入3.8亿元。完成固定资产投资1.178亿元，累计完成园区基础设施投资0.136亿元。

【非公经济发展】 2011年，非公有制经济从业人员111200人，注册资金达73633万元。其中：个体个体工商户6305户；从业人员6351人。注册资金22319万元。私营企业总户数达到339户；投资人539人。雇工人数达到4724人，注册资金51314万元。全县11家规模以上工业企业多为非公有制企业，在全县工业经济中，非公有制经济已成为吸纳就业的主渠道。

【信息化建设】 2011年，根据机构改革的要求，工信局开始履行信息化管理职能，面对新的工作，工信局干部职工努力克服情况不熟，人员不适应等诸多困难，积极应对，及时进入角色。年内，根据上级要求及时开展了对企业通讯机站审查、政府信息系统安全检查等项工作。

【表彰奖励】 2011年，县委、县人民政府表彰了“明兴纸业等10户企业为巍山县2010年工业发展优强企业”、“红大锑业有限责任公司工业销售产值首次突破1亿元”、“县人民政府办公室等10个县级部门，红大锑业有限责任公司等9户企业为巍山县节能降耗先进单位”、“大理鑫湖食品有限公司等5户企业为新增规模以上企业”、“建宏经贸有限公司等4户企业获得及续展为云南省著名商标”以及“巍山县福禄食品有限公司等7户企业为绿色食品认证及无公害食品认证企业”。

【机构改革】 2010年底，根据中共巍山县委、巍山县人民政府《关于巍山彝族回族县自治县人民政府机构改革的实施意见》（巍发〔2010〕27号）精神，组建巍山县工业和信息化局。将县经济局除乡镇企业管理外的职责、无线电管理职责、信息产业管理职责，整合划入县工业和信息化局，不再保留县经济局。将原县经济局承担的乡镇企业管理职责划入县农业局。职能调整后的工业和信息化局从2011年1月起开始履行新的职能。全局年末有干部职工24人，内设办公室、工业股、无线电管理和信息产业办公室、综合股、节能监督股、经济运行股等6个股室。

【任职领导名单】

局　　长　张海洲
党委书记　彭兴伟
副 局 长　陈　斌
　　　　　卜晓卫

（孟继泽　张忠泽　张　镜）

祥云县工业和信息化局

【工业经济运行情况】 2011年，祥云县完成工业总产值113.29亿元，同比增长26.07%；工业增加值38.69亿元，同比增长26.69%；工业固定资产投资9.70亿元，同比增长22.65%。规模以上工业企业实现主营业务收入78.33亿元，同比增长27.63%；增加值33.29亿元，同比增长19.70%；利税总额9.34亿元，同比增长126.05%。其中：财富工业园区完成工业总产值78.45亿元，同比增长33.08%，占全县工业总产值的69.24%；全县工业经济实现了平稳较快发展。促成中天公司年产1万吨精锑二期、飞龙公司年处理30万吨浸出渣无害化处理等7个项目竣工投产，储备工业项目26个，工业发展后劲不断增强，全县单位GDP能耗下降3.2%以上。

【工业项目建设】 一是完成了龙云公司年产10000吨脱水番茄生产线节能技改项目、品位公司农产品深加工技术改造项目、辰宇公司年产1300吨冻干野生菌深加工技术改造项目、恒丰公司年产12万吨高浓度复混肥技改扩建项目、福鑫石灰粉厂年产10万吨环保节能型机械化石灰窑项目等17个工业项目的立项登记备案工作，飞龙公司30万吨/年浸出渣无害化处理项目已经省工信委立项登记备案。二是融兴公司年产3000吨野生食用菌农副产品精深加工、中天公司年产1万吨精锑二期、飞龙公司年处理30万吨浸出渣无害化处理、扬帆公司技改扩建年产5万只水窖及年产5万套沼气发生器、品位公司年产20000吨农产品精深加工等8个项目相继竣工投产。三是加大对重点项目的推进协调力度，对现有续建、新建、储备的工业项目实行跟踪问效，重点推进怀宝公司日产3000吨新型干法旋窑水泥熟料生产、黄金公司难处理多金属矿综合回收技改、万祥公司大箐海1号、2号煤矿异地接替新建年产30万吨煤炭生产线、正邦集团（大鲸科技有限公司）年产24万吨饲料生产线等工业发展项目的实施。

【项目扶持资金申报】 2011年，县工信局累计向国家、省、州各部门争取扶持项目26个，争取到位资金2269万元，其中：国家扶持资金432万元，省扶持资金566万元，州扶持资金1271万元。

【非公经济发展】 2011年末，全县非公企业及个体工商户达9674户，占全县经济组织9702户的99.71%；从事非公经济的人数达26673人，注册资本金249278万元，户均25.77万元，比上年的18.12万元增加7.65万元，比上年增长52.09%；非公经济实现工业总产值89万元，占全县工业总产值的78.56%；非公经济增加值442174万元，占全县GDP比重达56.80%，比上年增长21.18%；缴纳税金46117万元，占全县68723万元的67.11%，比上年增长18.29%；社会消费品零售总额170567万元，比上年增长14.67%。

【节能降耗】 一是与10个乡镇、10个行业节能主管部门和5户重点工业耗能企业签订了年度节能目标责任书。二是推进全社会节能降耗，工业、商业、建筑、民用、交通、农业农村、政府机构等领域的节能工作全面展开，2011年全县单位GDP下降达3.2%以上。同时，加大节能灯推广力度，全年共推广节能灯具7万多只，超额完成上级下达任务。三是实施节能技改和资源综合利用项目，积极争取节能降耗专项资金扶持。组织中天公司、龙云公司、银龙公司全面开展清洁生产审核工作，建材（集团）公司开展清洁生产合格企业验收工作。

【无线电管理】 2011年，在工信局门户公开网站上上传了《中华人民共和国无线电管理条例》、《云南省无线电管理条例》、《云南省电磁环境保护条例》等无线电管理法规，向公众宣传无线电相关知识。组织2名管理人员参加无线电业务和执法培训。年内，共审批中国移动祥云分公司新建基站16座、中国联通祥云分公司新建基站4座，做到程序合法、审核规范。

【安全生产管理】 制定了《2011年工信局“安全生产月”活动方案》、严厉打击非法违法生产经营建设行为专项行动方案、“2011年安全生产专项整治工作的方案”、“安全警示教育月”活动方案和“开展治大隐患防大事故安全隐患排查治理专项行动的实施方案”等一系列安全生产工作制度。在全系统范围内开展了“安全生产月”活动，认真开展企业安全宣传教育培训等工作；组织开展了危险废物环境风险大排查专项行动；开展了矿山化工冶金等行业领域企业污染安全隐患专项检查。年内所属企业无安全事故发生，有效地维护了企业生产经营的正常运行和社会的稳定。

【主要行业发展】 矿冶业：祥云县工业产值在3500万元以上的矿冶企业有7户，资产总额近34亿元。2011年，实现工业总产值（现价）568988万元，同比增长33.06%；销售收入513870万元，同比增长37.37%；实现利税37282万元，同比增长21.18%。建材业：2011年，建材（集团）公司、清华洞、三台坡、太鼎4户水泥企业四户水泥企业资产总额为25312万元，生产水泥1037306吨，实现工业总产值（现价）35308万元，同比增长11.15%；实现销售收入33993万元，同比增长13.81%；实现利税3063万元，同比增长6.21%。化工业：2011年，实现工业总产值（现价）28787万元，同比增长54.06%；销售收入27595万元，同比增长27.07%；实现利税1675万元，同比增长95.22%。能源业：2011年，祥云县共发展规模以上能源生产企业3户，实现工业总产值（现价）28331万元，同比增长1.06%；销售收入27776万元，同比下降0.84%；实现利税1974万元，同比增长59.58%。

【工业园区建设】 祥云财富工业园区于2001年5月启动开发建设，总体规划面积50平方公里，集中建成区面积7.5平方公里，产业布局以矿冶、化工、制造加工为主。目前，园区共入驻企业50户、项目85个，是全国农产品加工产业示范基地、全省30个重点工业园区、10个循环经济园区和大理州重点发展的2个工业园区之一。2008年被评为全省10个优秀工业园区之一。2011年被确定为云南省新型工业化有色金属（铅锌）和云南祥云有色金属循环产业基地。2011年，实现工业总产值78.45亿元，同比增长33.08%，占全县工业总产值的69.24%。完成工业增加值12.75亿元，同比增长36.73%。完成主营业务收入68.21亿元，同比增长36.05%。实现税收1.86亿元，同比增长33.6%。完成工业固定资产投资6.06亿元，同比增长89.38%。

【任职领导名单】
党组书记、局长 自清海
党总支书记 王嘉成
副局长 张永才
李东荣
张琴莲

（赵思良）

永平县工业和信息化局

【工业经济运行情况】 2011年末，永平县工业总户数达1165户，其中，注册为企业的有65户，个体工业有1100户。在65户企业中，国有控股企业2户，私营企业63户，全县规模以上企业有4户，规模以下企业61户，规模以下企业占工业企业户数的比重达93.8%。

2011年，全县实现工业总产值140600万元，同比增长29.3%；实现工业增加值43000万元，同比增长30.3%；其中，规模以上工业企业完成增加值7223万元，按可比价同比增长32%；主营业务收入完成16883万元，同比增长44.8%；利税总额完成3760万元，同比增长24%；利润总额完成2190万元，同比增长28.7%；非电工业固定资产投资完成30173万元，同比增长24%。当年的工业发展速度为29.3%，居全州12县市第7位。

【非公经济、中小企业发展】 县委、县政府制定出台了《关于永平县加快发展中小企业及非公有制经济的意见》。确立了“以非公有制经济为主体，多种经济形式并存，共同发展，全面繁荣”为新时期永平经济社会发展的指导思想，把大力发展非公有制经济摆在全县经济发展的重要位置，2011年末，全县有个体工商户4370户，民营企业272户，其中，私营企业174户，内资企业98户。2011年全县非公经济增加值完成10.5亿元，占全县GDP的50%，全县非公有制经济从业人员8460人。

【无线电管理】 为增强广大群众和设台单位的法制观念，维护无线电使用秩序，根据大理州工业和信息化委员会关于印发《大理州2011年无线电管理宣传月活动方案的通知》（大工信发〔2011〕148号）文件精神，永平县于2011年9月1日至9月30日，采取多种形式开展了无线电管理宣传月活动，取得了较好成效。

【信息化建设】 根据大理州工业和信息化委员会关于印发《大理州工业和信息化委员会关于组织开展2011年度大理州政府信息系统安全检查的通知》（大工信发〔2011〕7号）文件精神，制定了工作方案，由县工业和信息化局负责、网管中心、保密局、公安局配合，对全县48个政府信息系统1738计算机台，其中上网机700台，涉密机（工作机）1038台，进行了全面检查，摸清了家底，取得了较好效果。

【煤矿安全生产管理】 2011年，永平县有煤矿企业1户，生产销售原煤2.97万吨，完成工业总产值653万元，上缴各项税收122万元，从业人员28个。

历年来，县委、县政府高度重视煤矿安全生产工作，制定下发了《永平县煤矿安全生产治理行动实施方案》、《永平县煤矿企业2011年安全生产隐患排查治理工作方案》，把关闭非法煤矿矿井责任落实到村委会，对有煤的博南镇、龙门乡、北斗乡，加大巡查力度，严厉打击取缔非法私挖滥采的小煤窑，全县未发生小煤窑死灰复燃现象。

年初，县人民政府召开了全县安全生产工作会议，分析研究部署了2011年安全生产工作，继续抓好煤矿等12项安全专项整治工作，并与工信局（原经济局）及乡镇签订了安全生产责任状，进一步明确了责任单位和协同单位的安全生产责任，形成各部门协调配合，整体联动的安全监管机制。与羊街煤矿签订了安全生产责任状，龙门乡政府与石家村、官上村、光映村、龙门村签订了关闭非法煤矿矿井责任状，一级抓一级，层层抓落实，任务明确，责任具体。

【节能降耗】 2011年，永平县严格控制“两高一资”项目，鼓励清洁、环保循环经济类项目入驻永平。对新上项目严把国家产业政策关，杜绝“两高一资”项目上马。对重点能耗企业实施了重点监控，根据企业2010年的企业能耗状况，把年能耗2000吨以上标煤企业纳入监控。对万元产值能耗、万元产值电耗、节能投入等指标进行重点监测检查，督促企业改进生产工艺，加强企业管理。

2011年实现单位GDP能耗下降3.00%的节能目标。规模以上纳入能耗统计的4户工业企业完成产值17516万元，耗能12140.98吨标煤，同比减少1377.61吨标煤，全县单位GDP能耗能完成州下达的目标任务。

【工业园区建设】 永平县于2002年启动实施了县城苏屯工业小区建设，该小区总规面积1平方公里、详规面积0.4平方公里，实际用地面积约400亩。目前，已引进泰达公司、三江水泥厂等企业入园发展。但由于苏屯工业小区地处山坡，基础设施开发成本大，发展空间有限，对县域工业发展的带动力不强。2009年，永平县按照“一园两区一带”的发展思路，着力打造一个园区（博南）、两个小区（杉阳、龙门）、一个工业带（厂街—水泄）。2010年，《永平工业园区总体规划》和《博南工业园区控制性详细规划》通过州级专家评审新规划的博南工业园区面积为3.9平方公里、龙门工业小区面积为2.19平方公里、杉阳工业小区面积为1.14平方公里。为认真贯彻省、州保护坝区农田建设山地城镇工作会议精神，积极探索化解城乡建设及工业用地与保护耕地之间的矛盾，稳步推进工业用地向山地发展，永平县对2010年规划的博南工业园区进行了规划调整。新建的博南工业园区位于县城周边的火车站南侧，为山丘山坡地形，园区规划面积1.77平方公里，可开发面积约2655亩，为有效整合土地资源，加快培育园区经济，推动工业经济跨越发展，实现工业强县、商贸兴县战略目标。永平县紧紧抓住国家桥头堡建设和西部大开发的战略机遇，结合城镇上山、工业上山政策，充分利用公路、铁路交通优势，于2011年分别规划了火车站工业园区和物流园区。

【机构改革】 根据中共永平县委、永平县人民政府《关于永平县人民政府机构改革的实施意见》（党发〔2010〕17号）精神，永平县于2010年12月开始实施政府机构改革。2011年7月15日县人民政府批准并印发了《永平县人民政府办公室关于印发永平县工业和信息化局主要职责内设机构和人员编制规定的通知》文件，撤销永平县经济局，设立永平县工业和信息化局，为永平县人民政府组成部门，正科级。将原县经济局承担的除乡镇企业管理、煤矿安全生产监管以外的职责划给永平县工业和信息化局；将永平县政府办公室承担的无线电管理、信息产业管理职责划入永平县工业和信息化局；将永平县住房和城乡建设局承担的推行新型墙体材料的职责划入永平县工业和信息化局；将原县经济局承担的乡镇企业管理职责划给永平县农业局；将原县经济局承担的煤矿安全生产监管的职责划给永平县安全生产监督管理局；将原县经济局承担的非药品类制毒化学品的安全监管职责划给永平县安全生产监督管理局。

永平县工业和信息化局设办公室、综合股、工业股（中小企业股）、能源交通股、无线电和信息产业管理股5个内设机构。行政编制13名

【年度任职领导名单】

书记、局长 杨瑞华（9月止）
李富川（10月任）

副 局 长 王忠林
杨大立
张国柱

（解近昌）

南涧县工业和信息化局

【工业经济运行情况】 2011年，南涧县完成工业总产值15.57亿元，同比增长49.6%；完成工业增加值2.4亿元，同比增长35.08%；完成非电力工业固定资产投资1.46亿元，同比增长39%。规模以上工业企业8户，完成规模以上工业增加值1.51亿元，同比增长76.34%；完成规模以上工业主营业务收入5.45亿元，同比增长53.3%；规模以上工业企业实际上缴税金1030.77万元；规模以上工业利润总额-1057.3万元。2011年全县实现非公有制经济增加值9.92亿元，非公有制经济从业人员达9500人。

2011年南涧工业经济实现了快速增长，各项指标都超额完成了州下达的目标任务，在完成目标任务的基础上取得了“三个第一”的成绩，即：增速第一、项目资金争取第一、园区土地收储第一；工业总产值排名位居第十一，建县46年来第一次甩掉了工业经济在全州倒数第一的帽子。

【创新发展】 创新机制。2011年县委、政府出台加快工业经济发展决定，县财政每年按不低于地方财政一般预算收入3%的比例设立工业发展专项资金。设置考核工作经费10万元，按照“谁挂钩、谁联系、谁负责协调解决困难问题”的原则，把工业发展作为年度经济社会发展重点考核内容进行考核，先后将水泥制品厂、红云核桃加工销售、凤凰木业开发等企业列为县级领导挂钩重点项目。

创新招商模式。出台促进招商引资工作意见，对招商引资项目实行“一对一”全程跟踪推进，项目按合作协议内容实施和协议建设期内建成、达到预期效果的，对项目推进小组给予项目实际到位资金0.2‰的奖励。

创新平台建设。强化园区建设，工业园区当年比上年新增税收的县级留成部分的50%由县财政补助给工业园区，专项用于加快园区建设发展；县财政从土地出让收益金中划出不低于2%的比例，建立工业用地收储建设专项资金，专门用于工业园区土地收储、基础设施建设。

创新激励机制。激励企业做大做强，对财务制度健全并经统计部门确认的新增规模以上的工业企业，在州级奖励的基础上，再给予一次性奖励5万元；对销售收入首次突破5000万元以上的工业企业，在州级奖励的基础上，再分别给予5万元到100万元人民币的一次性奖励。同时，出台优秀民营工业企业、企业负责人和个体工商户评选奖励办法，每年评选产生优秀民营工业企业6户，并分别给予6万元至10万元人民币奖励。

推进科技进步。对企业产品被新认定为中国驰名商标、中国品牌产品和荣获省级著名商标、省级名牌产品的企业，在州给予补助的基础上，县财政再给予相应奖励。为不断提高企业自主创新能力，积极推动企校、企所合作，目前全县2家企业分别与2所高校和2个科研所建立了合作关系。茶叶企业有7个产品通过国家“无公害”和“绿色食品”认证，14家企业通过了“QS”认证；南涧凤凰沱茶厂“鑫凤凰”品牌获得云南省著名商标称号，在中国普洱茶国际评鉴委员会举办的2011年首届“云香杯”名优普洱茶评比会上，“鑫凤凰”牌普洱生沱、普洱熟沱荣获金奖。

【中小企业、非公经济发展】 2011年末，全县共有中小企业法人单位57户，注册资本金2.38亿元，从业人员2350人。分企业规模看，全县工业企业均属中小微型企业，营业收入最高为云南茶花林化有限公司1.61亿元，规模以上工业企业10户。

近几年来，南涧县高度重视非公经济发展，坚持实施“工业强县、非公富县”战略，不断加大宣传力度，积极营造宽松的发展环境，全县90%以上企业实现了民营化，新办企业和招商引资项目绝大部分属于非公经济，经济结

构继续朝着非公经济为主的方向发展。2011年，全县有个体户3623户，私营企业189户，从业人员9500人，台资企业3家，注册资金达56526万元。实现非公经济增加值99200万元，上缴税金3434万元，占全县财政总收入的12.7%。非公经济的快速发展，有效地增加了地方财政收入，缓解了财政困难，非公经济已成为县域经济中最具活力和发展潜力的增长点，非公经济已成为推动全县经济发展的重要力量。

【节能降耗】　南涧县认真贯彻落实省州节能降耗工作会议精神，把节能降耗工作摆在重要位置，坚持把节能降耗作为加快调整产业结构、转变经济发展方式、改善民生的重要抓手，科学谋划，系统推进，强化措施，以工业为突破口，各行业节能降耗工作协同推进，在全县工业经济快速增长的形势下，实现能耗指标持续下降。2011年，全县单位GDP能耗比去年同期下降2.64%，约高于州下达2.6%的目标。推广高效照明产品（节能灯）10万只。

【工业园区建设】　2011年，对南涧县工业园区总体规划进行了修编，修编后的园区面积达7.63平方公里，是修编前的12.4倍，2010年相继成立了南涧县工业园区管理委员会和南涧县工业园区开发投资有限公责任司，为园区长足发展提供组织保证和奠定了经济基础。2011年充分发挥工业园区管委会和投资开发公司职能，把加快工业园区建设作为突破土地“瓶颈”、整合资源、推进产业集群发展、优化工业经济结构的重要举措，进一步加大投入，按照“超前规划、合理开发、严格准入、安全施工”的要求，加快园区建设步伐。2011年共完成征用工业园区规划区内土地1318.998亩；完成工业园区标准厂房建设10000m^2；完成园区基础设施建设投资545.8万元。规范管理园区企业，不符合园区产业定位的企业实施技改搬迁项目；《安定工业园区控制性详细规划》通过州级评审并报请县人大备案，《南涧得胜生态农特产品加工示范小区控制性详细规划》已通过评审。

【信息化建设与安全管理】　南涧县工业信息化平台建设正在规划设计中，2011年全县信息化建设实现了新跨越，全县电话用户突破112409户，其中固定电话用户1900户，移动电话（手机）用户110509户，覆盖率达98%。2011年，电话用户呈现出快速增长的势头，全年新增电话用户12144户，电话普及率达了98%。另外，据不完全统计，互联网宽带用户已达6530户。其中，电信5310户（按一条光纤一户统计），今年净增1670户，广电网络1400户，净增790户。2011年南涧积极推进电子政务工程建设，加快社会事业信息化建设进程；依据国家有关涉密信息系统管理办法和技术规范，完善网络的规范管理，做好网络安全及设备维护，积极开展网络安全保密宣传教育和督促检查工作，建立健全网络运行维护制度，按照“谁主管，谁负责”的原则，建立健全安全保密规章制度，落实安全责任制、责任事件八小时内报告制和泄密责任追究制，确保2011年无重大事故发生。

【无线电管理与监督检查】　一是强化宣传。认真组织开展无线电电磁环境保护宣传活动，宣传《中华人民共和国无线电管理条例》、《云南省无线电管理条例》、《云南省电磁环境保护条例》等法律法规，制作发放《云南省无线电电磁环境保护宣传手册》和无线电管理须知，进一步普及无线电管理法规知识，规范无线电台站管理，维护电波秩序，保障各类无线电通信的顺畅。二是严格监管。2011年对新建24个移动、电信基站建设进行了初评工作；开展清理违法使用对讲机专项执法活动，检查对讲机76部，其中公安部门20部，森防指挥部42部，星势力KTV共使用对讲机14台。

【体制改革】　根据《南涧县人民政府机构设置方案》，将原南涧县经济局承担的除乡镇企业管理外的职责划入县工业和信息化局；将县政府办公室内设信息化建设局承担的无线电管理、信息产业管理职责整合划入县工业和信息化局；县商务局为县工业和信息化局所属正科级机构。局内设6个股室：办公室、县工业园区管理委员会办公室（内设副科级机构）、产业政策和经济运行股、能源交通和节能监督管理股、无线电和信息产业管理股、中小企业股。

【年度任职领导名单】

局　长　段家文

漾濞县工业和信息化局

【工业经济指标完成情况】　2011年，漾濞县工业总产值完成240036万元，同比增长26.02%，其中：规模以上工业企业产值完成80548万元，同比增长10.15%；工业增加值完成55976万元，同比增长22.50%，占全县GDP的127921万元43.76%；工业上交税金4960万元，占全县地方一般预算收入9138万元54.28%；三次产业结构比从2010年的28：49：23调整为28：51：21，工业经济已成为全县财政收入的主要来源。全面完成节能降耗工作，全县万元GDP能耗下降4.71%。

【非公经济发展】　2011年，非公经济实现产值241433万元，比上年，增长19.9%；非公经济增加值完成67000万元，增长12.8%；完成税金5538万元，增长32.6%；全县私营企业达84户，比上年增长3.7%；个体工商户达4270户，比上年增长1.4%；从业人员6988人，比上年增长3.3%。

【信息化建设】　到2011年底，全县拥有基站144个，在网移动用户69500多户，固定电话11000多户，业务收入完成3940万元；数字电视用户5771户，高清互动用户18户，模拟用户1192户，营业收入184万元。

【机构改革】　根据漾发〔2010〕27号、漾发〔2010〕28号文件精神，原漾濞彝族自治县经济局更名为漾濞彝族自治县工业和信息化局。内设7个机构（股所级）：办公室、综合运行股、能源交通股、中小企业股、产业政策和技术创新股、信息产业和无线电管理股、节约能源和资源综合利用股。行政编制14名。

云龙县工业和信息化局

【工业经济运行情况】 2011年，云龙县实现工业总产值（现价）16.8亿元，占计划的105.6%，同比增长34.2%；规模以上企业实现主营业务收入5.58亿元，占计划的155.0%，同比增长93.8%；规模以上企业实现工业增加值1.94亿元，占计划的138.6%，同比增长64.4%；工业固定资产投资完成3.042亿元，完成州下达目标的101.1%；利润总额7329万元，比去年同期增加6912万元，占计划的1465.8%；税收完成5766万元，比去年同期增加3251万元，占计划的186.0%。

【技术创新与技术改造】 积极支持工业和非公企业技术创新。帮助企业通过项目整合科技资源、实行企校合作、争取各级资金支持等方式加大技术攻关或技术成果转化的力度，提高企业技术创新能力和市场竞争能力。着力推进矿冶、建材、生物资源加工、农副产品精深加工、骨干企业的技术创新，引导和鼓励工业和非公企业提升产品质量和实施名牌战略，打造知名品牌。对获得省级以上名、驰、优品牌及被认定为省级及以上的企业技术中心、国家级高新技术企业、新取得ISO9000系列质量管理体系认证、ISO14001环境体系认证及新获得有机食品、绿色食品、无公害食品认证的企业给予重奖。大栗树茶厂和大山头茶厂首批获得2010年云南省成长型中小企业奖。云龙县银铜矿、三江水泥厂、鸿信耐磨连铸有限公司、云极茶厂、鹿龙潭茶厂等一批企业技改步伐快速推进，产品质量和知名度不断提升。

【重点行业发展】 能源行业：完成发电量95523万千瓦小时，同比增长202.5%；供电16460万千瓦小时，同比增长35.65%。矿冶行业：铁矿石原矿14.75万吨，同比减少18.9%；铜板2860吨，同比增长99.16%。建材行业：天然石板材89万平方米，同比减少28.23%；水泥66.98万吨，同比增长117.79%。

【重点项目建设】 云龙县始终坚持大投资拉动、大项目带动战略，扎实抓好项目建设。华能澜沧江公司装机容量90万千瓦的功果桥水电站实现大江截流，首台机组开始发电，苗尾电站建设项目进展顺利；华能新能源公司云龙漕涧梁子风电场建设项目前期工作顺利进行。鲁庄电站、顺荡电站等小水电站开始建设。云龙银铜矿3000吨/年电积铜、600吨/日铅银浮选生产线、26吨/年电解银技改续建项目，完成投资677万元，3000吨/年电解铜生产和600吨/日铅银生产线竣工，云龙县耐磨连铸生产线。完成投资16900万元。30万吨年铸造铁生产线和26万吨／年高档耐磨材料生产线均已竣工。云南三江水泥厂余热发电项目完成投资4000万元。检槽银铜矿、民建铜矿、表村铜矿等的探矿工作不断深入，探明金属储量不断增加。

【非公经济、中小企业发展】 2011年，云龙县以个体工商户和中小微企业为主体的非公经济在上年基础上有了明显的增长，截至2011年年底，全县共有非公经济组织4126户，比上年增长9.4%，其中：个体工商户3877户同比增长8.9%，私营企业249户同比增长17.5%，从业人员8772人同比增长9.3%，注册资金86298万元，同比增长26.4%上交税金16500万元，同比增长50%增加值121159万元，同比增长17.6%、社会消费品零售总额61904万元，同比增长20%。

【信息化建设和安全管理】 建成了电信和广电为主的基础通信网络体系，全县移动电话和互联网宽带用户逐渐增加，3G网络建设有效推进，农村移动信息富民工程建设取得阶段性成效，信息化建设在全县经济社会发展中的重要作用更好的发挥。电子政务平台建设工作有序开展。参与建成了“中国·云龙”网站，并友情链接了人民网、云南网、大理信息港等多家网站。建成了“云龙工业经济信息网”开辟了“政务公开、新闻动态、行业管理、法律法规、企业服务、经济运行”等栏目。同时，严格执行网络信息发布审查制度，按照“谁主管、谁审查、谁发布、谁负责”对网络上发布的信息进行严格审查，确保网络信息安全。

【无线电管理与监督检查】 严格贯彻落实《云南省无线电管理条例》，加强对无线电科普知识和无线电管理的宣传，加深了人民群众对保护无线电电磁环境的认识，注重提高无线电职工队伍的专业技术水平。对无线电台站进行监督检查，不断完善和规范管理无线电管理。配合做好高考、中考中的无线电安全、信息屏蔽等工作，利用无线电通讯信息做好防灾减灾、安全教育、环保知识等的宣传教育活动。

【安全生产管理】 我局按照“安全第一、预防为主、综合治理”的方针，认真落实国家省州安全生产工作安排部署，切实加强安全生产监督管理。一是加强对安全生产工作的领导，成立了由局长任组长，分管副局长任副组长，以各股室为成员的安全生产领导组。二是认真制定工作方案和应急预案，做到“一企一策”。三是定期不定期对企业安全生产工作进行督促检查，全年共组织安全生产检查9次，有效预防了生产安全事故的发生。四是借助“全国安全生产月”活动对企业进行安全教育，提高企业业主和员工的安全生产意识，加强了安全生产制度建设。五是认真落实各级《关于集中开展严厉打击非法违法生产经营建设行为专项行动通知》文件精神，组织力量认真开展“打非治违”专项行动。

【节能降耗】　高度重视节能减排工作，采用多种方式做好节能减排工作，完成了单位GDP能耗下降3%的目标任务。一是围绕年初州下达的节能减排指标目标任务与乡镇和重点企业签订节能减排责任书，层层分解任务，共同狠抓节能减排工作落实。二是加大宣传力度，倡导节水节电，参与节能降耗，推进全社会节能降耗。三是打好重点企业节能减排攻坚战，骨干企业三江水泥厂通过对风机变频、窑尾预热器等实行技术改造、实施余热发电项目等措施进行节能改造。鸿信耐磨连铸公司通过实施余热发电项目来进行节能改造。云龙县银铜矿通过工艺改良，采用现代湿法冶炼，完善循环生产来降低能耗。四是积极为企业争取节能降耗项目资金帮助企业做好节能减排工作，三江水泥厂4.5MW纯低温余热发电被列为省级116项重点节能项目之一，争取到20万元的节能技改项目经费，鸿信耐磨连铸余热发电项目争取到30万元项目经费。五是认真做好企业清洁生产工作。2011年1月，云龙县供电有限责任公司通过州级验收。三江水泥厂也积极投入清洁生产工作。

【工业园区建设】　通过调研论证，明确了工业园区的产业布局和发展方向，界定了工业园区的范围。工业园区内有三江水泥有限公司、鸿信耐磨连铸公司、云龙锡矿、华能新能源漕涧梁子风电公司、海嘉生物有限公司等企业入驻。2011年工业园区工业总产值达到5亿元。成立了工业园区管理委员会，并配备了领导班子和工作人员，工业园区建设工作有序开展。委托昆明建筑科学研究院编制的工业园区控制性规划通过了评审。

【机构改革】　根据《云龙县人民政府机构改革实施意见》，于2010年撤销原云龙县经济局，组建县工业和信息化局，加挂县商务局牌子。将县经济局除乡镇企业管理外的职责、无线电管理职责、信息产业管理职责，整合划入县工业和信息化局。县工业和信息化局为政府工作部门，承担着规划指导协调全县工业发展、非公有制经济发展、能源规范调节、节能工作、信息产业发展统筹规划、参与电子政务建设、指导新型墙体材料的规划发展、促进非公有制经济发展等职能，下设办公室、经济运行股、工业股、非公股、能源股、信息产业股、墙材股7个股室，编制19人。

【年度任职领导名单】

党组书记、局长　徐剑锋
党 总 支 书 记　赵应权
副　　局　　长　赵玉荣
　　　　　　　　宋寒冰
　　　　　　　　杨泽桃
　　　　　　　　吴政刚

（徐剑锋　赵应权　吴政刚　陈广云　寇德明）

德宏傣族景颇族自治州

德宏州工业和信息化委员会

【综述】 2011年，德宏州工业企业完成工业总产值133亿元，同比增长29.4%。全部工业实现增加值47亿元，增长22%，对全州GDP贡献率达到27%，比2010年增长一个百分点。其中，规模以上工业增加值完成39亿元，增长19.1%；主营业务收入92亿元，增长26.2%；实现利税总额24亿元，增长14.3%；实现利润总额16亿元，增长11.9%，超额完成了省、州下达的各项工作目标任务。

制糖、电力、电冶、建材4个重点工业产业规模以上企业完成工业总产值83亿元，实现工业增加值37亿元，分别占全州规模以上工业总产值和增加值的94.32%和94.87%，带动了全州工业经济的快速增长。

2011年，全州完成工业投资23.61亿元（不含电力），增长107%。超额完成省下达全州13亿元的目标任务。

【工业经济运行情况】 2011年，全州工业保持持续稳步增长，实现了“十二五”的良好开局。全州工业企业共完成工业总产值133亿元，同比增长29.6%，超额完成年初人代会确定的128亿元的计划目标，其中：规模以上工业企业完成产值88亿元，同比增长23%。全州工业企业共生产食糖42.37万吨，同比下降6.8%；酒精3.3万升，同比下降2.5%；发电量113亿千瓦小时，同比增长10%，水泥186万吨，同比增长8.2%；工业硅19.61万吨，同比增长46.5%；电解铝1.42万吨，与同期基本持平。全部工业实现增加值47亿元，同比增长22%，占GDP的27%。规模以上工业增加值、主营业务收入、利税总额、利润总额均实现大幅增长，顺利完成省政府下达德宏的目标任务。全州以电力、电冶、建材、食品、制药、竹木加工、化工、珠宝玉石加工等重点工业产业实现工业总产值和工业增加值分别占全州全部工业总产值和全部工业增加值的90%和98%，特别是电力、电冶、建材、食品4个产业发展较快，形成了全州重点工业产业中的主要支柱，其他主要产业在量上也在不断增长，发展的空间和潜力不断加大。

【技术创新与技术改造】 以全省“212”工程项目为重点，抓好一批重点技改项目。完成6户企业技改项目的验收工作，共组织申报省级扶持项目8个，其中：工业技术改造3个，农业产业化技术改造3个，技术创新1个，可再生能源1个。获省级财政补助资金项目3个，补助资金500万元，带动企业总投资2亿多元。后谷咖啡年产10000吨速溶咖啡生产线技改扩建项目被省工信委列为云南上报国家级项目。

【重点行业发展】 截至2011年年底，全州工业发展逐步形成具有德宏特色的工业产业体系：一是科学规划、合理开发水能资源和矿藏资源发展电力和金属硅冶炼；二是以农产品为原料的制造和加工业；三是面向缅甸及周边国家，即东南亚、南亚，发展进出口加工和机械制造装配业。初步形成电力、电冶、食品、建材、制药、竹木加工、珠宝加工和化工等8个产业为主要骨干支柱、符合当地特色的新型工业化雏形的工业体系。

电力:全州已建成并发电的水电站共127座，总装机为324万kW。

电冶：全州已投产硅冶炼企业25户46台电解炉，装机规模为62.33万kVA。

食品：主要有制糖、咖啡、茶叶、食用植物油、粮食及其制品、坚果、柠檬、乳制品、畜产品和饮料及酒类等。制糖业是德宏州的支柱产业，现有制糖企业4户12座糖厂13条生产线，总规模为37500吨/日。

建材：水泥生产企业6户（包括2户粉磨站），总产能为352万吨。竹木加工主要以竹、木为原料的加工业，有木材加工企业及个体工商户599户，其中以红木为主要原料的家具加工企业30户。

8个主要产业2011年实现工业总产值119亿元，占全州工业总产值的90%，实现工业增加值46亿元，占全部工业增加值的98%。

【非公经济、中小企业发展】 2011年，全州认真贯彻落实省委、省政府《关于加快非公有制经济发展的决定》和全省中小企业暨非公有制经济发展大会精神，进一步加强中小企业服务体系建设，全州注册非公经济46280户，从业人员135089人，非公经济完成增加值70亿元，同比增长8.39%，非公增加值占全州GDP的40.6%。向省推荐申报中小（非公）重点培育上市企业8户，获省批准2户。推荐申报成长型中小企业

15户，获省批准14户。推荐申报中小企业集合票据企业4户。有1户企业成功上市，结束了全州无上市企业的历史。举办了一期中小企业管理培训班，培训中小企业管理人员和基层中小企业管理部门工作人员208人。全州非公经济实现增加值70亿元，增长8.39%以上；从业人员达到13.5万人左右，比上年新增2.6万人，增长23.85%。争取到国家、省中小（非公）企业发展专项扶持项目9个，资金687万元。全州中小（非公）企业完成增加值64.58亿元，同比增长28.13%；上缴税金17.36亿元，同比增长30.52%；从业人员10.97万人。

【产业结构调整】 2011年，3次产业比重为26:36:38。全部工业实现增加值47亿元，同比增长22%。全州产业结构调整有序推进，工业经济增长质量和可持续发展能力不断提高。强力推进重点产业培育和重点工业项目建设，注重规划和产业政策指导，继续加大重点产业调整振兴，改造并提升传统产业，加快战略新兴产业发展，推进工业结构优化升级，加大工业投入力度，加快工业重点项目建设，其中，中缅油气管道（国内段）隧道及跨越工程开工，新建并投产水电站8座，新增装机9.1万千瓦，为全州工业经济实现大发展提高厚实的能源保障；德宏后谷咖啡有限公司年产1万吨速溶咖啡生产线，弘安水泥有限公司日产2500吨新型干法水泥熟料生产线，景罕糖厂日处理甘蔗11000吨生产线，盈江昆瑞实业有限公司年产70万吨铅锌矿采选和一批工业硅生产线项目建设相继竣工投产；随着瑞丽景成循环经济园区10万吨金属硅，陇川安琪酵母（德宏）有限公司年产2万吨高效活性干酵母，德宏高深橡胶产业发展有限公司年产5万吨国际标准橡胶加工，芒市年产50万辆宗申摩托车装配，芒市年产30万吨硅铝合金等一批重点工业项目开工建设，将极大地提升全州工业结构的优化升级和工业经济增长质量。

【信息化建设与安全管理】 至2011年底，全州电话用户达到147.22万户，行政村实现电话“村村通”。宽带用户超过6.7万户，全州广电传输网络整合加快，有线电视用户92867户，68127户完成数字化改造。电子政务承载和应用能力大幅增强，全州有852个单位接入了电子政务网，74个州直部门，381个县（市）直部门开通了“96128”服务电话，设立服务电话527部，全州已安装政务信息岛终端10个，经济和社会领域信息化水平全面提升。随着“两化融合”加快和“数字德宏”建设的推进，目前，信息技术在全州工业企业中得到了广泛的应用，电力、食品、制药、家具、珠宝加工等行业积极引进信息化技术，提升自动化办公和生产技术，进一步促进产业结构升级。同时，组织制定信息安全实施方案、加强了信息安全管理、日常信息安全管理、信息安全防护管理、信息安全应急管理等工作，建立健全各项规章制度，分清系统安全职责，进一步规范系统管理权限；加强信息安全教育培训及经费投入，开展信息安全保密形势教育及警示教育，不断提高领导干部和机关工作人员安全保密管理意识。

【无线电管理与监督检查】 一是加强无线电规划职能建设，建立无线电规划管理制度，修改完善《德宏州十二五无线电事业发展规划》；开展新版无线电台站数据库建设工作，按质、按量完成数据库的建设，共录入无线电台站3549个。全年许可无线电台站159个，收取频占费337630元。二是开展无线电行政执法检查，严肃查处非法占用频率、违规设置使用无线电台站的行为，共没收GSM手机信号放大器20套、大功率无绳电话2台、天线18副，立案查处12家。三是开展无线电管理宣传工作，为依法使用、依法管理无线电形成良好的社会环境和舆论氛围。宣传形式主要有：（一）现场宣传。（二）手机短信宣传。（三）利用媒体宣传，在电视台播放反映德宏州无线电管理工作的专题片《维护空中电波安全服务社会和谐发展》；在调频台全文播放《中华人民共和国无线电管制规定》。四是定期对边境地区广播电视、专用通信、公众通信等无线电信号进行监测；建立边境监测数据库，及时掌握境外频率、台站、电磁环境状况和无线电信号越界覆盖情况。在2011年“两会”期间及高考、公务员考试、建造师资格考试中，监测人员利用固定监测系统和移动监测系统对考区进行巡回监测监听，严密防范利用无线电通信手段进行考试作弊的行为，圆满完成各项重大活动的无线电安全保障工作，切实维护社会和谐稳定。

【安全生产管理】 进一步落实安全生产责任制和“一岗双责”，始终坚持“安全第一、预防为主、综合治理”的方针，以落实安全生产责任制为核心，以贯彻党中央、省、州关于加强安全生产工作的一系列指示精神和决策部署为主线，认真履行和落实安全生产行政“一把手”负总责、分管安全生产工作的领导具体抓、其他领导分头抓的领导班子安全生产责任制，按照与州政府签订的年度安全生产责任书要求，扎实有效地做好重点行业领域的安全专项整治工作，查安全、除隐患、保平安，强化安全监管，积极开展安全生产专项行动、安全生产大检查、安全生产月等活动，在全州工业企业中组织开展了2次大的安全生产检查活动和打击非法违法生产经营建设行为专项行动，严格规范企业生产经营建设行为，确保工业企业生产安全。同时，加强对食盐市场的监管，全年组织专项大检查活动4次，共出动执法人员208人次，车辆110车次，直接查处涉盐违法案件17起，查获各类违法盐产品1535千克，维护了盐业市场秩序，保障了各族群众食盐安全。全年没有发生一起本系统职责范围内的安全生产责任事故，为全州工业经济发展和社会稳定创造了良好的安全环境，2011年度被评为全州安全生产工作优秀单位。

【节能降耗】 认真开展清洁生产审核评估、能源审计及资源综合利用工作。加强节能监察，严格执行固定资产投资项目节能评估与审查制度。积极引导推广技术节能，大力实施企业节能技术改造项目。在硅冶炼企业中推广工业硅电炉电极升降智能化控制技术。6户企业通过了清洁生产审核评估，3户企业通过了能源审计，1户企业通过了资源综合利用认证，3户企业项目通过了节能审查，年内共推广节能灯5万余只，实施了1户企业综合节能技术改造、10户硅生产企业热发电工程。争取到国家淘汰奖励资金270万元，省节能奖励资金126万元。万元GDP能耗下降2.72%，超额完成省政府下达年度下降2.4%目标任务的113.33%。全州完成汽车以旧换新补助3辆，发放补助资金4万元。

【工业园区建设】 全州园区基础设施、软硬环境、标准厂房建设得到进一步改善，入园企业逐渐增多，产业集聚发展效应日趋显现。工业园区经济保持较快增长，完成工业总产值54.75亿元，同比增长22.57%；主营业务收入55.08亿元，同比增长47.87%；利润总额10.79亿元，同比增长24.45%；税金总额5.11亿元，同比增长5.8%。已建成并投入使用标准厂房面积18万平方米，园区就业人数13831人，入园企业106户，累计完成基础设施投资13亿元。全年争取到省新型工业化发展扶持项目3个，资金580万元。

【抗震救灾】 盈江“3·10”地震发生后，全州工信系统积极行动起来，组成工作组奔赴盈江开展抗震救灾工作，看望慰问受损企业和职工，做好灾情统计和信息上报，及时把工业企业灾情上报省工信委和国家工信部。按照要求，组织上报恢复重建项目49个，争取到8个，落实资金975万元，并向省工信委争取到两条年产3000万块标砖生产线设备，同时，完成了盈江平原糖厂日处理7000吨甘蔗生产线的整体技改搬迁，有力地支持了受灾企业的恢复重建工作。

【规划编制】 2011年完成了《德宏州“十二五”工业发展规划》和《德宏州“十二五”电冶产业发展规划》、《德宏州“十二五”珠宝产业发展规划》、《德宏州“十二五”家具产业发展规划》、《德宏州“十二五”食品加工产业发展规划》4个专项规划编制工作，并通过了州和省的评审，为进一步促进我州工业产业规范、有序、快速发展明确了方向。

【职称评定】 完成了州工程系列高、中、初级专业技术职务的资格审查、推荐、评定工作。推荐高级14人、中职68人、初称44人，中职参评通过62人、初称参评通过44人。

【表彰奖励】 2011年德宏州工信委被中共德宏州委、德宏州人民政府命名为“德宏州2011～2013年度文明单位”；被表彰为盈江“3·10”抗震救灾先进集体；获2011年全州综治维稳工作二等奖、2011年度党风廉政建设责任制考核优秀单位、2009～2011年三年禁毒防艾优秀单位；被德宏州人民政府表彰为2011年度安全生产目标责任考核优秀单位、2011年度全州督察工作先进集体；被德宏州委组织部、德宏州委老干部局评为2010～2011年度老干部工作目标管理责任制一等奖；被云南省人民政府表彰为云南省“十一五”期间节能减排工作先进单位。

【机构改革】 2010年10月26日，根据德宏州委办、州政府办《关于印发（德宏州人民政府机构改革实施意见）的通知精神》，正式组建德宏州工业和信息化委员会，为州政府工作部门，规格为正处级，加挂德宏州无线电管理办公室牌子。德宏州人民政府办公室《关于印发德宏州工业和信息化委员会主要职责内设机构和人员编制规定的通知》规定，新组建的德宏州工业和信息化委员会，将州经济委员会除乡镇企业行业管理、能源管理外的其他职责和州无线电管理处的职责，整合划入州工业和信息化委员会。2011年11月14日州工信委部门机构改革进入实质性阶段，依照“三定”方案的批复，由原州经济委员会、州无线电管理委员会撤并后新组建的德宏州工业和信息化委员会正式合并办公，

内设机构为：办公室、中小企业科、工业园区科、轻工业科、无线电管理科、网络和信息资源管理科、综合科、重工业科、电力煤炭管理科、节约能源科、经济运行科、无线电监督检查科、信息化推进科共13个科室（正科级），同时单设机关党委和老干办。2011年实有在岗干部职工46人，离退休干部66人，其中离休干部8人、退休职工58人。

【大事记】 1月7日至10日，在省工信委主任刘绍忠及省央企入滇协调处相关领导的陪同下，中国兵器装备集团公司及重庆南方摩托车有限公司领导邓智尤、李华光一行6人到德宏进行边贸考察调研并洽谈摩托车装配制造项目合作有关事宜，考察组一行重点考察了瑞丽开发开放试验区建设情况，对瑞丽工业园区、姐告边境贸易区、畹町曼满口岸等实地进行认真考察调研。

2月15~19日，省政府产业培育和发展政策研究调研组到德宏调研瑞丽开发开放试验区产业培育和发展政策，调研组由省工信委武俊总经济师、省工信委综合处、产业政策处、发展规划处、工业园区处、省发改委产业处、省侨办等部门领导组成。

2月25日，州政府在芒市召开了全州工业大会，会议传达贯彻了全省工业经济工作会议精神，总结了2010年全州工业经济工作，安排部署2011年的工作。会上，各县市工信（商务）局做了交流发言，并与州工信委签订了2011年目标管理责任书，一批在2010年度工作中表现突出的单位和个人受到了表彰和奖励。

3月6日省政府瑞丽国家重点开发开放试验区工业和信息化产业规划和政策研究工作组到德宏调研。调研组由省工

信委许云、郎利辉副主任、总经济师武俊及省工信委办公室、综合处、发展规划处、原材料工业处、装备工业处、消费品工业处、食品药品工业处、工业园区处、发展规划处等领导和处室组成。

3月11日上午，州委组织部领导到州工信委召开全委干部职工大会，宣布中共德宏州委、德宏州人大常委会、德宏州人民政府党组关于德宏州工业和信息化委员会新任领导班子组成人员、主任和副主任、副调研员的任职决定，组成后的德宏州工业和信息化委员会为党组书记闫生赞、成员为成保平、岳太湘、何国山、罗宏榆，领导班子为主任闫生赞，副主任为成保平、岳太湘、何国山、罗宏榆。

3月10日盈江县发生5.8级地震，3月11日上午州工信委召开动员会，号召全委干部职工、离退休干部和全体党员积极向灾区群众捐款。会上通报了盈江县地震受灾情况，传达了州委、州政府和有关部门关于开展向灾区群众捐款的文件精神。委党组书记、主任闫生赞要求全委党员干部职工积极响应党委政府的号召，发扬“一方有难，八方支援”中华民族传统美德，向灾区群众伸出援助之手，奉献一份爱心。动员会上，举行了为灾区群众捐款活动，全委在职党员、干部、职工踊跃向灾区群众捐款，当场收到捐款8500元，单位捐款10000元，共计18500元。

4月29日，州工信委召开2011年度党风廉政建设工作会，州财经纪工委书记应邀到会指导工作。会议全面总结回顾了2010年委党风廉政建设工作，并对2011年的工作作了安排布置。对2010年度党风廉政建设先进科室进行了表彰。

5月7日，德宏州政府与中粮屯河股份有限公司正式签订糖业合作框架协议，中粮屯河股份有限公司将控股或整体收购陇川糖厂。

省工信委曾桂林副主任、省农业厅、省央企入滇协调处、德宏州政府、州工信委、陇川县政府、陇川农场、等省、州、县的领导参加签字仪式。

6月27日，州工信委召开全州工信系统2011年上半年工业经济及项目管理工作形势分析会。会上，州工信委领导通报了1~5月全州工业经济运行情况及下一步工作意见，各县市局对上半年各项工作作了总结汇报，并对下半年各项工作的开展及完成全年目标任务、存在的困难和问题作了交流发言。

7月21～24日，省工信委机关党委副书记、委四项制度办专职副主任何斌为组长的省工信委调研组一行4人，到我州开展政务服务信息化建设专项调研工作。实地察看了德宏州和芒市政务服务中心、公共资源交易中心及96128专线平台信息化建设情况，并与有关部门举行了座谈，听取了德宏州政务服务中心信息化建设情况汇报。调研组对德宏政务服务信息化建设工作给予了高度评价。对我州政务服务中心信息化建设工作中存在的问题提出了意见建议。

8月29日，在省工信委副主任郎利辉，州政府副州长高铁英带领下，由省工信委发展规划处副处长史枫、汤韶芸，州工信委主任闫生赞、副主任罗宏榆组成的工作组赴京开展对口汇报工作。8月30日上午国家工信部规划司肖华司长、顾强副司长、周虎处长等领导听取了云南工作组的汇报，会上郎利辉副主任、高铁英副州长分别代表省工信委和德宏州委、州政府向规划司几位领导同志详细汇报了瑞丽实验区工业产业发展设想规划以及需要国家工信部给予的相关政策支持。国家工信部对瑞丽重点开发开放试验区前期工作给予了充分肯定，表示一定支持瑞丽实验区的工作，并就今后实验区的产业发展提出了意见建议。

9月16日，《德宏州“十二五”新型工业化发展规划》通过省级评审。

10月17日至19日由省工信委许云副主任带队一行8人组成的检查组，对德宏州加快转变经济发展方式工作进行集中检查和指导。检查组在德宏期间检查了2011年竣工投产的工业重点建设项目，并对建设项目验收提出了要求。

10月19日，州工信委、州监察局共同在州委党校举办了全州工程建设领域项目信息和信用信息公开共享专栏系统操作培训会。会上，州工信委主任闫生赞同志作工作安排，州监察局副局长王立东同志提要求，州工信委相关工作人员就工程建设领域项目信息公开和信用信息公开共享专栏的内容设置和系统操作进行了认真培训，并对参训人员的疑难问题进行了认真解答。

【年度任职领导名单】

党组书记、主任　闫生赞
副　　主　　任　成保平
　　　　　　　　岳太湘（正处级）
　　　　　　　　何国山
　　　　　　　　罗宏榆
副 调 研 员　李华光

芒市工业和信息化局

【工业经济指标完成情况】 2011年，芒市完成现价工业总产值44亿元，比上年同期33.21亿元增长32.49%，完成年初下达目标任务40.2亿元的109.45%，其中：规模以上工业企业完成工业总产值33.5亿元，比上年同期增长25.9%，完成工业增加值13.68亿元，比上年同期增长62.86%，完成目标任务10.6亿元的129.06%；完成主营业务收入37.34亿元，比上年同期增长62.35%，完成目标任务35.1亿元的106.38%；完成利税总额7.19亿元，比上年同期增长42.38%，完成目标任务7亿元的102.72%；完成利润3.66亿元，比上年同期增长10.47%，完成目标任务4.54亿元的80.54%。

2011年，芒市非电工业投资完成7.99亿元，比上年同期增长36.35%。

【重点项目建设】 卓信硅厂投资32653万元，1号炉于9月初恢复了生产，2号炉于2011年5月24日开始烤炉，6月2日出产品，3号炉已纳入明年的规划，正在办理土地报批等手续；弘安水泥厂总投资34000万元，2011年计划投资12000万元，完成投资16563万元，完成年计划的138.03%，投资已基本完成，于10月8日点火试生产，目前生产正常；贡米2011年计划投资5000万元，已完成投资3048万元，完成年计划的60.96%，收购整合了陇川粮油公司。云宏茶叶CTC生产线2011年计划投资3500万元，已完成投资3800万元，完成年计划的108.57%，五岔路梁子街CTC生产线已建设完工；高档牛肉深加工2011年计划投资1000万元，完成投资3700万元，完成年计划的370%，建设养殖、加工、旅游为一体的新型工业化企业。

【工业产品产量】 成品糖74781吨，同比减少3.8%；发电量123223万度，同比增长17.2%；水泥924418吨，同比减少3%；人造板10616立方米，同比减少37.3%；酒精8855千升，同比增长15.3%；精制茶5142吨，同比减少17.4%；工业硅55582吨，同比增长57.5%；咖啡2372吨，同比减少12.1%；贡米8413吨，同比增长22.7%；塑料制品3353吨，同比减少17.1%；黄金257千克，同比增长8%；乳制品691吨，同比减少38.9%。

【节能降耗】 2011年度计划完成万元GDP能耗下降3%，围绕这一目标努力开展节能降耗的各项工作。全市节能降耗困难多、任务重，“节能降耗”还达不到规划的总体要求，现阶段芒市能源消费在总体上仍然处于高消耗、低水平的状况，能源利用效率偏低。为顺利实现节能降耗。一是进企业开展节能宣传，向全社会推广使用节能灯；二是引导各级各部门在招商引资上进行结构调整，重点发展耗能低的企业，围绕重点发展轻工业，有选择的发展重工业的思路；三是引导企业进行技术改造，节约能源，如：利用余热发电等；四是积极与统计部门和企业沟通，进行技术方面的节能。

【减负工作】 根据国务院、省、州、市政府纠风办转发《国务院纠风办2011年纠风工作实施意见》的通知要求，于6月8日下发通知，集中开展企业治乱减负工作检查。组织相关单位人员，组成检查组，分别到13个企业进行检查。检查组按照市纠风办的要求，召开企业座谈会，听取汇报，认真了解情况，受到企业的欢迎，对减负工作起到重要的推动作用。

【安全生产】 根据省、州、市安全生产委员会关于转发国务院安委会《关于集中开展安全生产隐患排查治理和督促检查》文件的通知，及州工信委关于开展安全大检查的通知精神，我局非常重视此项工作，结合实际，成立了检查领导小组，对全市冶炼企业9家（金矿2家，铜采2家，硅厂7家、其中在建2家，镍矿1家）；在建电站2家；建材水泥3家；机械加工、矿山等企业进行安全隐患排查。

【非公经济】 2011年非公经济完成增加值199000万元，比上年同期增长41.94%，完成目标任务164000万元的121.34%。从业人员31186人，比上年同期增长55.85%，完成目标任务20100人的155.15%。

【禁毒防艾和新农村建设工作】 为了开展好新农村建设工作，全面了解村情，芒市工信局认真开展摸底排查工作，通过摸底调查后，更进一步掌握了象滚塘村人口状况、农村经济发展状况、文化教育、社会事业、社会治安、禁毒防艾、群众的生产生活和收入等情况，为开展好新农村建设工作奠定了基础。积极组织开展创先争优活动。一是组织局机关党员开展结对共创活动，结对帮扶13户。二是开展进千村入万户民情恳谈活动。三是积极帮助困难学生解决生活和学费困难问题。2011年帮助困难学生解决了8000元学费困难问题。

【爱心捐赠】 3月10日，盈江县发生5.8级地震，造成重大人员伤亡和财产损失，局办公室和妇儿工委领导小组及时组织全局干部职工、局属各支部和各企业向盈江灾区捐款。此次活动共募集到善款1307470.60元，共有7个支部46名党员、8家企业参加了捐赠活动。市工信局及时将善款交到市红十字会。

【任职领导名单】

局　　长　杨国海
党委书记　袁国升
副 书 记　孔早约
副 局 长　滕开华
　　　　　殿忠桥
　　　　　吴　锟

瑞丽市工业和信息化局

【工业经济指标完成情况】 2011年，瑞丽市完成工业总产值（现价）160237.4万元，比上年同期增长23.4%。其中：轻工业产值94，241万元，同比增长43.92%；重工业产值65996.1万元，同比增长2.68%；外商及港澳台商投资企业28925.9万元，同比增长15.19%。

完成工业增加值13336.67万元，同比增长4.4%；主营业务收入完成53047.9万元，同比增长7.06%；利税总额完成11258.1万元，同比增长24.52%；利润总额完成7344.1万元，同比增长18.21%。

规模以上工业企业（含畹町）实现工业总产值39276.7万元，同比增长8.8%。其中，农副食品加工业（制糖）实现工业总产值25745.3万元，同比增长18.9%，实现增加值10710.04万元，同比增长10%；饮料制造业（酒精制造）实现工业总产值1394.6万元，同比增长8.22%，实现增加值319.92%万元，同比增长1.2%；非金属矿物制品业（水泥、石灰和石膏的制造）实现工业总产值1752.9万元，同比下降25.33%，实现工业增加值416.84万元，同比下降22.6%；有色金属冶炼及压延加工业（稀有稀土金属冶炼）实现工业总产值10383.9万元，同比下降4.06%，实现工业增加值1889.87万元，同比下降12.7%。

工业主要产品产量：食糖43485吨，同比下降15.2%；发电量1980万千瓦小时，同比下降4.9%；水泥46093吨，同比下降37.4%；酒精3174千升，同比下降5.1%；实木地板160149平方米，同比下降19%；硅8470吨，同比下降10.4%；饮料酒4405千升，同比增长23%。

【技术创新】　积极为企业争取更多的上级资金扶持，鼓励企业加大技改和环保设施的资金投入，在工业产业中推行清洁生产、推广循环经济，以达到"节能、减排、增效"的目的。年内向省级主管部门申报扶持项目9个，为企业争取得到项目扶持资金100万元。有效地缓解了企业的资金压力，为企业环保设备的更新升级和技改项目的顺利实施提供了强有力的资金保障，从整体上提升了我市工业企业的生产技术水平及抵御市场风险的能力。

【非公经济】　全市非工经济增加值143460万元；在册个体工商户10727户，注册资金59090万元；私营企业1009户，注册资金564988万元；全市非公企业从业人员33086人。

【工业园区建设】　按照园区总规部署，市政府加快了四个片区基础设施建设步伐，已累计投入园区内主干道建设经费16851万元；排水管网工程25522万元；绿化工程6857万元；电网工程9692万元；水网设施建设7858万元，其他建设经费1220万元，总计投资了68000万元。通过工业园区的开发和建设，全市工业经济发展速度明显加快，经济得到了长足发展。截至年底，在园区生产、经营的企业有34户，其中规模以上企业有4户。年内园区企业共实现工业总产值7.48亿元，占全市工业总产值的47%，实现工业增加值2.24亿元，利税0.91亿元。

高档红木家具园区12个红木家具生产项目和3个食品加工项目基本都已竣工投产。2012年上半年园内项目可全部建成投产，预计投产后年产值可达5亿元，提供5000多个就业岗位；瑞丽景成集团有色金属加工园区矿冶项目建设进展顺利，园区占2239.47亩，园内包含10万吨氧化锌、10万吨金属硅及50万吨生铁三个矿冶项目，总投资10亿元人民币。目前10万吨硅冶炼项目建设已进入收尾阶段，待与该园区配套的220KV变电站建成后即可开机试产。

根据云南省委、省人民政府关于"保护坝区农田，建设山区城镇"的要求，结合瑞丽国家开发开放试验区建设总体思路及产业布局，瑞丽市委、市政府将按照"十二五"发展规划部署，打造建设西部环山循环工业园。园区以发展进出口加工业为主。其中，进口方面：以发展林产品、矿产品、海产品、农产品、橡胶制品、生物制品精深加工业为主；出口方面：以发展汽车、摩托车、农用车组装配装业、五金家电业、轻纺产品、日用百货产品、食品等加工业为主。

【节能降耗】　按照全市节能减排工作的总体部署和要求，在完成节能减排目标任务过程中，认真履行部门职能职责，在全市企业中推行以"低消耗、低排放、高效率"为核心内容的清洁生产和循环经济模式，切实推进市域经济增长方式转变，极力应对节能减排的新形势、新挑战。一方面企业积极采取各种措施降低单位产品能耗，加大了对生产设备的技改力度来降低能耗。另一方面我局充分利用各类扶持政策，积极为企业争取扶持资金，确保节能降耗任务的顺利完成。

年内州政府下达节能降耗目标任务为单位GDP能耗控制在0.9567吨标准煤以内（含畹町），全年节能降耗目标任务完成0.6853吨标准煤，同比下降4.04%。

【信息化建设】　在开展政务信息化、社会公共领域信息化、经济领域信息化、城市管理和服务信息化等方面取得新进展。

电子政务快速发展。市委市政府把发展电子政务作为强化政务公开、加强依法行政、提高政府效率的重要手段，成立了市信息化领导小组，组建了市政府信息化工作办公室。目前已完成机房（网控中心）建设，开通了瑞丽市政府门户网站瑞丽江网站（www.rlr.gov.cn），政务内外网，公文传输系统，电子监察系统，电视电话会议系统。网上审批系统目前正在建设当中。电子政务在构建服务型政府上取得成效，信息资源在各个层面得到广泛应用，跨部门和公共的电子政务应用不断深入。

社会信息化步伐加快。交通、科技、教育、医疗卫生、公安、安全、旅游等公共领域加快了信息化步伐。医疗、社保实现信息化管理；宽带已覆盖市区及所有乡镇政府所在地，百姓足不出户，便可享受现代信息技术带来的便利。

工业企业信息化稳步发展。信息化有效支撑了企业研发、生产、营销和管理，提高了企业生产效率和管理水平。我市80%的规模以上企业接入了互联网，实现了办公自动化，建立了管理信息系统，60%的规模企业开始使用电子商务手段进行交易。以德冠红木为代表的一批工业企业通过自身信息化建设，为企业带来了实实在在的效益。其嵌入式控制系统广泛应用于高档红木家具的雕刻环节，大大提高了生产效率，提升了产品的工艺水平。同时在家具的设计、企业的物料管理、公司财务、纳税申报等方面也实现了信息技术支持。

【安全生产】　坚持"以人为本"的科学发展观和"安全第一，预防为主、综合治理"的方针，根据工作职责，对全市工业企业的安全生产工作进行了严密的监督和有效的管理。与辖区内的工业企业、水电站共29家企业签订了《瑞丽市工业企业2011年度安全生产责任书》，明确了具体的安全生产工作责任目标。进一步强化了谁主管，谁负责和属地管理责任；形成一级抓一级，一级对一级负责的安全管理局面，使安全生产责任制得到了很好的落实。

认真开展“安全生产月”活动、严厉打击非法违法生产经营建设行为专项行动、治大隐患防大事故安全隐患排查治理专项行动、安全生产大检查和节假日期间的安全生产检查、督促企业落实安全生产“三同时”制度等工作，有效防范和坚决遏制重特大事故发生。一年来，共深入辖区内的工业企业30家（次）进行了安全生产检查，检查的重点是冶金和重点建设项目等行业领域，共检查出一般隐患4项，均提出了整改意见。

【任职领导名单】

局　　长　杨正瑜
副 局 长　何汶美
　　　　　钟德毅
总支副书记　郭明文

梁河县工业和商务局

【工业经济指标完成情况】 2011年，梁河县实现工业总产值7.8亿元，同比增长32.7%，其中，轻工业实现产值3.35亿元，同比增34.1%；重工业实现产值4.45亿元，同比增31.6%。规模以上工业企业实现增加值24652万元，同比增24%；实现主营业务收入59176万元，同比增29%；实现利税总额15826万元，同比增23.9%；实现利润10127万元，同比增26.2%。主要产品产量：食糖3.72万吨，同比下降4%；硅产量9119吨，同比增长68.2%；发电量4.7亿度，同比下降3.1%；锡金属产量652吨，同比下降7.1%；松香产量709吨，同比下降3.4%；水泥产量17.86万吨，同比增长35.9%。

【重点行业发展】 食品加工业：完成现价工业总产值31503万元，同比增33.7%；生产白糖37257吨，比上年同期减4%；产酒精3157吨，比上年同期减1%；产精制食用植物油717吨，同比增68%。

采矿业：完成现价工业总产值9860万元，同比增27.6%；生产锡精矿652吨，同比减7%；生产煤11294吨，同比增32.1%。电冶行业：完成现价工业总产值10551万元，同比增70.5%；生产金属硅9119吨，同比增68%。

水电行业：完成现价工业总产值8550万元，同比减2.4%；实现发电量46041万千瓦时，同比减3.1%。

建材行业：完成现价工业总产值10365万元，同比增42.1%。生产水泥178636吨，同比增35.9%。

特色药品产业：完成现价工业总产值1530万元，同比增47.7%；生产中成药231吨，同比减42.7%。

竹林加工行业：完成现价工业总产值5089万元，同比增37%；生产松香709吨，同比减3.4%。

【技术创新】 抓好工业项目储备和申报，加快企业技术改造。组织申报项目5个，益坤粮油工业有限责任公司植物油厂改扩建项目已获专项扶持资金35万元。共完成技改项目验收3个，分别为：云南锡业集团梁河矿业有限责任公司采选技术改造项目、梁河县三禾林业有限公司松香技改项目、梁河县永利有限责任公司中高密度纤维板建设项目。

【非公经济、中小企业发展】 2011年，全县共有非公企业3864户（私营企业122户，个体工商户3742户），同比增12.5%；实现增加值47594万元；从业人员7389人（私营企业3007人，个体企业4382人），同比增18.1%；营业收入完成91103万元，同比增7.7%；上缴税金4410万元，同比增8.3%。非公经济已成为支撑全县经济增长的重要力量，为全县扩大就业、增加地方财政收入作出了积极贡献。

【信息化建设与安全管理】 开展了电子政务建设，提高电子政务应用水平。县工业和商务局网进行了全面改版，对各版块进行整合，减少内容交叉。按州纪委、州工信委要求在全县建立了工程领域项目体系建设公开栏目。积极向上级汇报沟通，理顺管理职能，组织协调信息化建设工作。做好推进电子政务发展的组织协调，推动互联互通和信息资源的开发利用。

【安全生产管理】 始终坚持“安全第一、预防为主、综合治理”的方针，制定2011年安全生产工作计划，指导企业安全生产工作，与14户企业签订了《安全生产目标管理责任书》，层层落实责任制，坚持定期对企业安全工作进行检查，对本系统企业进行4次安全生产大检查，督促企业查漏洞、补措施、完善制度，确保安全生产措施落实到位和企业安全生产的平稳运行。

【节能降耗】 在重点耗能企业积极开展节水、节能、节材和资源合理利用工作，与梁河县万鑫硅业有限公司等4户重点耗能企业签订节能目标责任书，完成梁河县万鑫硅业有限公司能源审计。积极开展节能宣传周活动。单位GDP能耗完成1.0313吨标准煤，同比增8.45%。

【工业园区建设】 梁河县工业园区规划于2008年8月委托云南省轻纺工业设计院设计，2009年5月完成《梁河县工业园区可行性研究报告》的编制工作，2009年6月17日通过县级初评，2009年7月3日通过州级评审，2009年8月12日通过省级评审。原梁河县工业园区总体构架为“一园三区”，园区规划总面积6平方公里。根据《云南省人民政府关于保护耕地促进城镇科学发展意见》的要求，2011年县为确保耕地保有量，将工业园区用地全部恢复为基本农田。目前工业园区初步规划总体构架为“一园二区”，园区总规划面积5.4平方公里，逐步建成“项目向园区集中，园区向山地布局”的工业用地新模式。园区建设期限2009年至2023年，计划建设总投资70486万元。

【机构设置】 梁河县工业和商务局内设8个股（室）：办公室、招商引资办公室、工业股、对外经济管理股、内贸市场管理股、经济运行股、信息化及无线电管理股、中小企业股。核定编制人员13名，其中：行政编制11名，工勤2名。2011年实有人数24人，民族6人。大专以上文化程度21人，中专文化程度3人。

【任职领导名单】

局　　长　姜青山
总支书记　克家华
副 局 长　杨茂华
　　　　　叶达和
　　　　　郭云快
　　　　　郭　斌

陇川县工业和商务局

【工业经济指标完成情况】　2011年，陇川县共完成工业总产值182306万元，同比增长36.6%，完成年初预定15亿元目标任务的121.5%。其中，轻工业完成产值104416万元，同比增长25.8%，占全县工业总产值的57.3%；重工业完成产值77890万元，同比增长54.3%，占全县工业总产值的42.7%；规模以上工业完成总产值154097万元，同比增长31.4%，占全县工业总产值的84.5%；规模以下工业完成总产值28209万元，同比增长15.5%。全县工业共完成工业增加值60350万元，同比增长28.3%；工业产品产销率100%。

主要产品产量：生产食糖155264吨，同比下降了6.4%；酒精9601千升，同比下降7.3%；发电量49718万千瓦小时，同比增长43.5%（其中:水电46291万千瓦小时，同比增长50.5%）；工业硅46677吨，同比增长36.3%；抗生素胶囊3875万粒，同比增长15.5%；精制茶974吨，同比增长74.9%。规模以上工业实现增加值54530万元，同比增长23.9%；实现主营业务收入156096万元，同比增长40.1%；实现利税总额40591万元，同比增长50.8%；实现利润总额29988万元，同比增长66.5%。分别完成州政府下达我县规模以上工业增加值、主营业务收入、利税总额、利润总额目标任务的170.4%、112.3%、116%、115.3%。

【非公经济、中小企业发展】　2011年，全县共有个体工商户4365户，比上年增长6%；从业人员6719人，比上年下降0.4%；注册资金14749万元，比上年增长31%。私营企业209户，比上年增长15%；从业人员3508人，比上年增长17%；注册资金62185万元，比上年增长59%。个体及私营企业上缴税金5201.77万元，比上年增长28%。有85户工业企业，其中，中型企业2户，其他小微型企业83户。共完成工业总产值182306万元，同比增长36.6%；完成年初预定15亿元目标任务的121.5%。

【产业结构调整】　2011年全县工业产业结构得到调整，主辅产业明显，形成以制糖、硅冶炼业为主，其他工业为辅的格局。制糖业：全县制糖企业2户，日榨甘蔗能力8500吨，累计生产食糖155264吨、酒精9601千升，共完成工业总产值91665万元，同比增长26.3%，占全县工业总产值的50.3%；硅冶炼业：全县硅冶炼企业5户，拥有125000KVA硅冶炼生产能力，共生产工业硅46677吨，完成工业总产值58526万元，同比增长48.5%，占全县工业总产值的32.1%；电力行业：全县有水电企业5户，发电46291万千瓦小时，共实现工业总产值8822万元，同比增长59.7%，占全县工业总产值的4.8%；制药业：已投入生产的企业1户，生产抗生素胶囊3875万粒，实现工业总产值2886万元，同比下降4.2%，占全县工业总产值的1.6%。粮油加工企业6户，年加工粮油（大米、油菜）17221吨，产值1827万元；茶叶企业5户，年生产精制茶974吨，产值1400万元；竹笋加工企业4户，年生产保鲜笋等2226吨，产值562万元；林竹加工企业21户，年生产实木地板141722立方米，产值4163万元。

【重点行业发展】　医药工业：有2户制药品生产企业，全年共完成产值2886万元。食品工业：有18户食品加工企业，共完成产量188.75万吨。能源工业：有水电企业8户，已投入运行装机容量15.865万千瓦。冶金工业：有硅冶炼企业5户，建成投产115000KVA。

【技术创新与技术改造】　云南德宏英茂糖业有限公司景罕糖厂《日处理甘蔗11000吨技改扩建》和陇川县中晟硅业有限责任公司《硅冶炼炉和环保设施改造》等项目得以实施并投入试生产。

【信息化建设与安全管理】　加强对陇川政府信息、云南商务之窗和云南电子口岸公开门户网站的更新维护工作，并对各栏目进行充实和完善，及时更新维护每个栏目，确实保障信息的及时性和准确性。认真贯彻落实“阳光政府”四项制度，对单位的重要事项和重点工作，在政府门户网上进行公示和通报。做好信息收集、整理、发布等工作。对重要会议，有专人到会场拍照、收集资料、编发信息。在工作中保证“涉密不上网，上网不涉密”，并坚持“谁上网，谁负责”的原则。

【安全生产管理】　成立了安全生产领导小组。并以“安全生产年”、“安全生产月”活动为平台，深入企业实地检查，要求企业提高安全生产意识、建立健全安全生产制度，配足配齐安检人员，落实企业安全生产主体责任。全年共开展3次综合大检查活动，5次专项整治活动，排查隐患23个，已整改22个。

【节能降耗】　2011年全县GDP能耗为1.6871吨标准煤/万元（含蔗渣），同比下降0.05%。并完成了对陇川县搏鑫硅冶炼厂能源审计。

【工业园区建设】　陇川工业园区规划年限2011～2025年，规划总面积67平方公里，投资估算143.85亿元，由特色工业片区、电冶工业片区、蔗糖产业片区、章凤口岸进出口加工区组成，2011年9月30日《陇川工业园区总体规划》通过县级评审。2011年共入园工业企业15户，其中规模以上企业5户；园区内工业企业从业人员2380人，共完成工业总产值14.49亿元，规模以上企业完成工业总产值13.64亿元，实现工业增加值4.97亿元，完成营业收入15.16亿元，完成工业增加值4.97亿元，完成税金1.03亿元，完成利润3.15亿元。

【机构改革】 2010年11月17日撤销县经济局、县商务局，将县经济局除能源和乡镇企业管理外、县商务局除对外经济技术合作外的职责，整合划入县工业和商务局，不再保留经济局、商务局牌子。并在县工业和商务局加挂县人民政府口岸办牌子。

【任职领导名单】

局　　长　彭武镏
党委书记　杨绍龙
副 局 长　孟光明
　　　　　尹发刚
　　　　　张麻三
副 书 记　熊四贵

盈江县工业和商务局

【工业经济指标完成情况】 2011年，盈江县实现工业总产值467038万元，同比增长29.8%，占全州工业总产值的比重为35.2%其中：规模以上工业实现工业总产值293860万元，同比增长16%，规模以下实现工业总产值173178万元，同比增长62.4%；超出年初人代会提出440000万元的目标。全部工业实现增加值210090万元，按现价计同比增长19.7%，占GDP的比重为42.8%，拉动GDP增长8.4个百分点。全县工业上交税金51744万元，同比增长26.3%，占全县财政总收入的比重达60.5%，工业完成固定资产投资162523万元，占全社会固定资产投资总额的比重为35.3%；纳入规模统计26户企业，实现增加值169875万元，同比增长10.4%（可比价），完成州政府考核任务数157100万元的108.1%，主营业务收入292189万元，同比增长15.2%，完成州政府考核任务数324000万元的90.1%；实现利税113769万元，同比增长3.1%，完成州政府考核任务数127300万元的89.4%；实现利润82582万元，同比增长2.5%，完成州政府考核任务数88500万元的93.3%。工业已成为全县经济发展的主要支撑力量。

【技术创新与技术改造】 盈江县不断加快工业先进适用技术改造传统产业和淘汰落后产能的步伐，在快速发展的同时，注重经济增长方式的转变，把节约能源、降低消耗、消除污染、淘汰落后作为改造的重点，今年重点实施了2个技改项目，一是昆润实业有限公司日处理2000吨矿选厂建设项目，该项目于2010年4月开工建设，选厂于2011年8月投产。二是弄璋糖厂7000吨/日技改扩建项目，该项目已经顺利投产，正在准备申报验收，完成投资11000万元。

【重点行业发展】 电力行业：全县已批建水电站107座总装机容量270.7万kW，现已建成投产71座，装机204.35万kW，现在建电站15座，装机容量48.71万kW；已批未建电站有21座，装机17.7万kW，2011年实现发电量92.2亿度，同比增长10.2%，上交税金3.57亿元，占财政总收入的比重为41.7%；实现工业产值16.79亿元，同比增长8.9%，占全县工业产值的比重为35.9%，实现增加值13.32亿元，占GDP比重为27%，占工业增加值比重为63.4%，已成为盈江县第一支柱产业。

制糖业：全县2户糖厂，弄璋糖厂生产规模为日处理甘蔗5000吨、盏西糖厂的生产规模为日处理甘蔗1000吨。2010/2011年榨季甘蔗入榨量96.7万吨，平均出糖率12.7%，同比下降3.1%，产糖11.29万吨，同比下降6.6%；上交税金0.83亿元，占财政总收入的比重为9.7%；完成工业总产值6.64亿元，同比增长29.8%，占全县工业总产值比重为14.2%，实现增加值2.76亿元，占GDP比重为5.6%，占工业增加值比重为13.1%。

矿冶业：全县投产矿冶业19户（铝冶炼1户，年生产能1.42万吨；硅冶炼14户，建成投产生产线22条，投产规模为27.6万千伏安；矿选企业4户，生产规模为日处理2450吨）。2011年铝锭产量1.42万吨、同比增长1.4%，工业硅7.62万吨，同比增长56.7%。全行业上交税金6582万元，占财政总收入的比重为7.7%，完成工业总产值11.52亿元，同比增长47.6%，占全县工业总产值比重为24.7%，实现增加值2.2亿元，占GDP比重为4.5%，占工业增加值比重为10.5%，已经成为盈江县工业第二支柱产业。

建材业（水泥制造）:有3户水泥厂，2011年共生产水泥71.17万吨，同比增长41.5%；上交税金664万元，占财政总收入的比重为0.8%；完成工业总产值2.47亿元，同比增长55.7%，占全县工业总产值的比重为5.3%，实现增加值0.57亿元，占GDP比重为1.2%，占工业增加值比重为2.7%。

木材加工业：有木材加工厂241户，没有一户规模企业，这些企业生产的产品大部分是低档次产品和初级产品，甚至直接销售原料，真正具有一定生产规模和技术装备水平的企业很少。2011年实现产值2.72亿元，同比增长0.9%，占全县工业总产值比重为5.8%，实现增加值0.8亿元，占GDP比重为1.6%，占工业增加值比重为3.8%。

【非公经济、中小企业发展】 截至2011年，全县共有非公经济户数8935户（其中：私营企业726户，个体工商8209户）同比增长8.1%。从业人员27801人，同比增长8.9%。注册资金44.1亿元，同比增长31.3%。非公经济实现增加值24.3亿元，按现价计同比增长22.7%，占全县GDP比重的49.5%，上交税金6.36亿元，同比增长31.9%，占财政总收入比重的74.4%。

【信息化建设与安全管理】 加强县政府门户网站的更新维护工作，加大网上宣传力度。对政府门户网站各栏目进行充实和完善，及时更新维护每个栏目，确实保障信息的及时性和准确性。认真贯彻落实“阳光政府”四项制度，对单位的重要事项和重点工作，在政府门户网上进行公示和通报。同时，按照

“涉密不上网，上网不涉密”、“谁上网，谁负责”的原则，做好日常的信息收集、整理、发布等工作。加强与各部门的沟通协调，建立信息交流、沟通协调机制，充分调动和发挥各部门的积极性，形成工作合力，督促各项工作的落实，确保项目信息公开和诚信体系建设工作顺利推进。

【无线电管理与监督检查】 依据《中华人民共和国无线电管理条例》、《中华人民共和国刑法》、《中华人民共和国行政处罚法》对无线电管理进行监督检查。做好辖区范围内所设置的各类无线电台（站）建立资料数据登记；加强对销售无线电发射设备的单位和个人执行国家技术标准和质量管理。

【安全生产管理】 认真贯彻落实安全生产会议精神。层层签订安全生产责任书，使安全生产责任制落实到企业、车间及个人，形成人人抓安全、人人管安全的责任机制。以“安全生产宣传月”活动为契机，采取专题培训会、板报、粘贴标语、发放宣传资料等形式，广泛开展安全生产宣传，张贴标语3条，悬挂横幅1条。利用各种节日、积极深入电站、电网、硅厂、水泥厂等企业开展安全大检查。全年共开展安全生产检查5次，查出事故隐患26条，现场整改12条，限期整改14条。

【节能降耗】 年初与各能耗企业签订《盈江县工业经济能耗指标责任书》，建立健全能源统计制度，组织7户年综合能耗在5000吨标准煤以上的企业参加省节能培训班学习，组织5000吨以上能耗企业网上直报，组织3户重点能耗企业实施余热发电工程，发放节能灯3万只，协助做好弄璋糖厂改扩建由日榨5000吨改至日榨7000吨节能技改项目建设工作，帮助2条年产3000万块免烧砖生产线的建设。2011年盈江县GDP增加值能耗比2010年增加2.49%，未能完成州政府下达的单位GDP能耗下降2.3%的任务，完成了金源硅厂重点能耗企业的能源审计工作。

【工业园区建设】 盈江县工业园区按照“一园四区”设置，即：仕明边贸加工区、昔马镇水电冶循环经济区、芒允铁合金冶炼区、新城工业硅冶炼区，规划总面积10.79平方公里。截至2011年年底，入园企业达22户；期末从业人员3118人；完成工业总产值20.33亿元；增加值10.32亿元；主营业务收入19.76亿元；固定资产投资额4.95亿元；实现利润总额5.74亿元；税金总额2.81亿元。初步形成了电力、冶炼、制糖、建材和绿色产品加工等为主的工业产业基地。

【机构改革】 根据盈政发〔2011〕171号文件精神，撤销县经济局和商务局，设立盈江县工业和商务局。同时加挂盈江县人民政府口岸办公室和盐政管理局两块牌子，主要承担工业、信息化发展、商贸流通经济发展等工作职能。内设办公室、工业股、工业园区股、政策法规股、经济运行股、节能股、中小企业股、电力保障股、内贸股、外贸股、外经外资股、口岸办、信息产业股等13个股室。全局共有干部职工39人，其中正科实职领导2人，副科实职领导5人。

【任职领导名单】

局　　长　杨永刚
党委书记　刀保盛
副 局 长　荣新军
　　　　　张　林
　　　　　寸维兰
　　　　　排志华
　　　　　杨德库

畹町发展改革和工业信息化局

【工业经济运行情况】 2011年全区完成现价工业总产值17719.3万元，同比增长9.35%；其中：重工业完成11512.3万元，同比下降4.38%；轻工业完成6207万元，同比增长49.05%。在总产值中，规模以上工业企业完成工业总产值10383.9万元，同比下降4.06%。工业主要产品产量有升有降。全区完成啤酒4246千升，同比增长22.93%；大输液677万瓶，同比下降32.97%；自来水供应51.38万吨，同比增长20.19%；木制品539立方米，同比下降18.04%；工业硅8470吨，同比下降10.38%；木薯淀粉3602吨，同比增长25.99%；饲料6901吨；卫生香198吨，同比增长41.43%。

【技术创新与技术改造】 2011年畹町扩建年产十万吨泉力啤酒生产线项目，一期投资4100万元建设2万吨咖啡啤酒生产线已投入试运行阶段。金谷硅业2×13500KVA建设项目，项目总投资7500万元，完成投资2920万元，完成总投资的38.9%。源洋生物科技有限公司木薯种植及年产10万吨燃料乙醇项目，已投资2800万元建成了一个日产100吨（年产1万吨）的淀粉生产线加工木薯淀粉，现已投产运行，民鑫制药厂新建年生产能力3000～3600万瓶塑料瓶包装大容量注射剂生产线项目，项目总投资1800万元，已完成项目建设。

【非公经济、中小企业发展】 2011年全区共有在册私营企业139户，比上年同期增长8.5%；从业人员1863人，比上年同期增长10.31%；注册资金38366万元，比上年同期增长29.5%。全区共有在册个体工商户771户，比上年同期增长1.18%；从业人员1333人，比上年同期增长6.55%；注册资金3213万元，比上年同期增长35.51%。

【信息化建设与安全管理】 畹町有广电HFC网络，网络覆盖城乡15个自然村，1个农场。全区开通2～6芯光接点25个，城区8.4公里光缆干线入地，目前光网连接二级网覆盖用户2000余户，共有55个单位接入电子政务专网，全面完成了电子公文交换系统建设；建立了畹町经济开发区政府信息公开门户网站；建成了连通省、州的视频会议系统；开通了96128政务信息查询专线，设立电话39部，信息联络员41人。全区共有宽带用户900余户，电视、广播信号覆盖全区，农村实现了“村村通广播电视”。

在信息安全工作管理中，一是处理好保密和公开的关系，严格按照保密十二类敏感信息要求，严把上网信息审查关，做到涉密不上网，上网不涉密。二是坚持一手抓信息化发展，一手抓网络安全和信息安全保障工作，从技术、组织、制度方面加强信息网络安全管理，及时有效堵住漏洞，推动信息化建设健康、快速发展。三是将培训内容和实际工作紧密结合起来，加快推进电子政务普及速度，建设一支既懂政务又懂应用操作的公务员队伍。

【安全生产管理】 一是建章立制，加强监督好企业安全规划和制度建设。认真作好企业《安全生产事故应急预案》和安全生产责任制“一岗双责”。二是切实履行好工业企业安全生产指导管理责任，督促工业企业加强安全生产管理，行业准入管理。三是强化安全生产责任制，防范重特大安全事故发生，签订《全生产责任书》。四是加强安全生产宣传和教育工作，不断提高工业企业安全生产防范意识。

【工业园区建设】 畹町新型工业园区由两个片区组成，其中东片区（芒棒片区）面积218公顷，西片区（混板片区）381.74公顷，规划总面积约599.74公顷。规划用地布局为一心一区三园，即服务中心，生产配套服务区，机电装配产业园、轻纺加工园、化工建材园。目前园区基础设施建设已投资12000万元，完成与缅甸105码对接的10.284公里二级公路援建建设工程。“十二五”期间基础设施建设规划投资1.44亿元。

【机构改革】 畹町发展改革和经济局于2010年12月21日根据《畹町经济开发区管理委员会机构改革实施意见》（畹工办发〔2010〕77号），设立畹町经济开发区发展改革和工业信息化局，加挂粮食局、扶贫开发办公室牌子；管理区安全生产监督管理局；代管委管理畹町经纬投资开发公司，为畹町经济开发区管委行政部门，正科级。于2011年10月10日成立畹町经济开发区发展改革和工业信息化局。全局机关行政编制为8名，工勤人员2名。其中，局长1名（正科级），副局长3名（副科级），其他科级领导职数2名。

【任职领导名单】

局　长　刘晋玖

副局长　梅胜虎

　　　　岳太春

　　　　李淑宇

丽　江　市

丽江市工业和信息化委员会

【综述】　2011年，全市工业经济快速增长，工业总产值突破百亿元大关，达到120.75亿元，是“十一五”末（2010年）88.8亿元的1.36倍，是“十五”末（2005年）25.65亿元的4.7倍。2011年全部工业增加值实现46.6亿元，比上年增长30.1%，增幅高于全省12.5个百分点，比“十一五”期间全省工业经济增加值年均增长14.5%高5.6个百分点；比“十一五”期间丽江全部工业增加值年均增长27.4%提高了2.7个百分点，比“十五”期间丽江全部工业增加值年均增长8.4%提高了21.7个百分点。2011年全市规模以上工业企业完成工业总产值95.3亿元，现价增长38.3%，比“十一五”期间丽江规模以上工业总产值年均增长33%提高了5.3个百分点。丽江工业经济增速与省内其他州市相比，排序从“十五”期间的14位、“十一五”期间的前5位跃升为2011年全省16个州市中的第1位。总量位次排名从2010年全省第14位上升到2011年的第12位。

2011年，完成非电力工业投资25.01亿元。全市65家规模以上工业企业实现工业产销率95.47%；完成主营业务收入93.9亿元，比上年增长47.4%，户均14446.2万元，比2010年户均8442.5万元增加6003.7万元；实现利税总额14.6亿元，比上年增长49.5%，利税增幅位居全省各州市前列；实现利润总额7.5亿元，比上年增长50.6%。

【产业结构调整】　围绕建设清洁能源基地的目标，不断延伸产业链，培育壮大特色优势产业，促进发展方式转变，加快实现产业转型升级，推动特色新型工业化进程。2011年全市电力产业完成产值25.38亿元，增长85.8%，电力产业发展迅猛，主要得益于金安桥电站3台机组投产发电，实现产值12.69亿元；煤炭开采和洗选业完成产值34.1亿元，增长34%；非金属矿物制造业完成产值11.9亿元，增长13%。产业结构呈现新格局，三次产业比由2010年的18.1：38.3：43.6转变为2011年的17.1：41.7：41.2，实现了产业结构由三、二、一向二、三、一的转变，第二产业首次超过第三产业和第一产业，实现了历史性转折。2011年一、二、三产业分别完成增加值30.49亿元、74.39亿元、73.62亿元，对经济增长的贡献率分别为：7.13%、60.05%、12.4%。2011年一、二、三产业分别实现税收202万元、76939万元、67280万元，2010年分别实现税收127万元、58167万元、45733万元，二产实现的税收总量超过了一产、三产，对总体税收的支撑作用体现得较为明显。2011年丽江国税税收规模突破14亿元，实现连跳4级台阶的跨越式发展，以工业为主导的第二产业起到了重要的支撑作用。

【节能减排】　紧紧围绕全市单位GDP能耗下降2.6%以上的硬性目标，着力抓好节能减排，全面推进可持续发展战略的实施。一是严格执行节能减排问责制和环境保护一票否决制，关闭并拆除2户淘汰落后产能企业，其中铁合金1.8万吨、电石1.2万吨。二是完成了15户企业清洁生产和3户企业的资源综合利用认定，综合利用资源量56.86万吨，综合利用产品产量118万吨，实现综合利用产品产值4.3亿元，销售收入3.48亿元。截至2011年12月，全市在制糖、化工、建材、煤炭、生物制药、印刷等行业开展清洁生产审核的企业累计54户，验收39户。三是加快推进丽江瓷业有限公司年产5000万件高档乳白瓷生产线技改等5个省级重点节能项目建设。四是有效推进企业节能技改和技术创新工作，积极指导企业及部门申报2011年技术改造项目11个，落实技改资金1143万元。加快以煤炭为主的矿产业、建材、化工、有色等产业改造升级，大力发展低耗能、少污染、高技术含量、高附加值产品。2011年全市单位GDP能耗下降2.92%，圆满完成省下达节能降耗控制指标。

【工业园区建设】　一是2011年市委、市政府制定并出台《关于加快工业园区建设的实施意见》，为重点建设8大工业园区，加快县域经济发展奠定了坚实的基础。二是加快调整完善园区发展规划。各县（区）认真分析自身区位特点、资源禀赋和产业现状，从产业布局、发展方向、资金筹措、土地利用、环境保护等方面，对建设工业园区进行充分论证，编制发展规划。至年底，各园区已基本完成总体规划编制、修编和市级评审工作。三是加快园区基础设施建设。2011年共申报工业园区基础设施建设项目和园区软环境建设项目11项，落实扶持资金770万元。完成了1.9万平方米的标准厂房建设和12万平方米的保尔螺旋藻养殖房建设，基础设施建设累计投资5.3亿元。四是完善园区管理体制和服务体系建设。各工业园区成立了精干、高效、务实的管理机构，并实行园区管委会主任高配，部分园区组建了投融资公司。2011年园区实现工业总产值40.22亿元，比上年增长29%；完成工业增加值18.87亿元，比上年增长25%；实现销售收入40.15亿元，比上年增长36%；经过近几年的发展，全市的工业园区数量由3个增加到了8个，园区规划面积达到183平方公里，是2009年54.2平方公里的3.38倍，园区实现工业总产值44.22亿元，是2009年20亿元的2.2倍，累计入园企业户数达到102户，是2009年65户的1.57倍，工业园区建设成效显著。

【非公经济、中小企业发展】 积极实施中小企业成长计划，推进“成长型中小企业培育工程”，着力优化政策环境，指导中小企业成功申报各类扶持资金、专项资金共计938万元，非公经济继续迅速发展。全年全市非公经济实现增加值89.4亿元，比上年增长28.3%，增幅高于全省10.1个百分点；占全市GDP的比重达50.1%，高于全省比重8个百分点；上缴税金24.97亿元，比上年增长38.8%，从业人员达122858人，比上年增长13.5%，超额完成省下达的目标任务。

【技术创新】 着力强化管理创新和培育企业核心竞争力。一是依托国家中小企业“银河”培训平台，积极组织企业经营管理人员参加培训，提升企业经营管理人员素质，全年培训企业经营管理人员40余人次。二是强化品牌战略的实施。以云南华盛化工有限责任公司、云南省丽江水泥有限责任公司、华坪定华能源有限责任公司、云南永保特种水泥有限公司为主，形成了若干个规模大、竞争力强的企业（集团），着力打造地方品牌，品牌战略初显成效，全市拥有“永保”、“映华”、“乌木春”等17件省著名商标。三是通过实施中小企业技术创新计划项目，具有自主知识产权项目的企业逐步增多。丽江三川火腿有限公司、丽江中源绿色食品有限公司被列入云南省创新型试点企业。丽江市机床有限责任公司被列入云南省高新企业创新型试点企业。四是积极开展企业资本运作和商业模式策划培训，引导企业开展上市培育辅导工作取得新的进展，云南永保特种水泥有限公司、丽江程海保尔生物开发有限公司成为省级上市重点培育企业。五是企业龙头作用更加显现。全市主营业务收入超亿元的规模以上工业企业有18户，其中超10亿元的1户、超3亿元的有6户、超2亿元的有11户。

【推进“两化”融合】 一是积极推动规模以上工业企业开展企业管理信息化改造，完善企业电子商务网络基础、支撑平台和各类信息应用系统的建设，注重发挥企业网站的商务和服务功能。二是加大信息化应用培训力度。年内组织开展了工程建设领域项目信息和信用信息公开共享专栏平台应用培训、计算机客户端维护、网络管理及信息安全管理等培训。三是启动了全市工程建设领域项目信息公开共享专栏平台建设。四是积极推进新一代通讯技术发展，积极协调解决3G网络建设中存在的困难和问题，加快3G网络建设进度和实际运用。五是抓好信息安全保障，开展专项保密、数据安全管理备案等检查，加大无线电频率台站管理和无线电检测、监测、干扰排查力度，有效维护了全市的信息安全。

【安全生产】 一是进一步健全落实安全生产责任制，层层抓落实，不断增强工业企业特别是煤矿企业抓好安全生产工作的责任感和自觉性。二是进一步加强煤矿安全基础设施建设，不断夯实安全生产基础。三是切实加强安全生产管理，全市煤矿安全生产形势进一步好转，全年生产原煤896.9万吨，未发生重特大安全事故，百万吨死亡率降至0.223。四是严格落实综治维稳工作目标管理责任制，在节庆日和重点时段加强对不稳定因素、重点行业安全隐患的排查和治理，积极创建“平安单位”，2011年获得了市级综治维稳先进单位。

【信息化建设】 到2011年年底，全市共建成通信传输光纤长度达14659公里，移动通信基站2398个；电话交换机总容量达到19.8万门，固定电话用户15.97万门，固定电话普及率13.11%；2G、3G移动通信电话946620部，有线互联网用户84255户，无线宽带热点2174个；开路电视18台，中波和调频广播电台20台，专用无线电台站516台。广播电台节目有15个频道，电视节目有16个频道，2011年底全市电视覆盖率为95%；2011年共订销报刊1206.69万份，邮寄函件118.2万件，特快专递293501万件，全市邮政电信业营业总收入达56170.6万元。

【无线电管理】 全市现有设台单位55家，无线电台站2384台站，比去年年底增长了11%。今年，市级审批无线电频率台站2家，转报省无线电管理办公室审批1家。完成42家设台单位应缴频率占用费的征收工作，共收缴频率占用费83400元，收缴率100%。同时，按照全省统一部署，及时、准确、全面地完成了新版无线电台站数据库的收集、核验和入库工作，得到了省工信委的充分肯定，为此，市无线电管理办公室被省工信委评为无线电台站数据库建设“优秀单位”。

全年固定站及小型站开机监测9000余小时，移动监测车移动监测200余小时，涵盖20~3000MHZ频率范围，包括了对民用航空、广播电视、森林防火等重要频段和台站的重点保护监测，以及重要活动、节日、各类重大考试期间的无线电专项监测任务，按时上报监测月报12期。认真开展设备检测和电磁环境测试工作，共检测基站38个，完成电磁环境测试35站。

圆满完成市庆祝建党90周年活动期

间和玉龙纳西族自治县成立50周年庆祝活动期间的无线电通讯安全保障任务，配合有关单位完成了全市公务员考试、医师资格考试和高考期间的无线电安全保障任务，共出动人员24人次，车辆10余辆次，并在医师资格考试中及时发现作弊信号，成功抓获4名犯罪嫌疑人，有效维护了考场秩序。积极支持配合做好丽江机场校飞无线电安全保障工作，及时解决校飞过程中出现的无线电干扰，保证了校飞工作的顺利完成，同时认真履行职责，完成护林防火指挥部、防汛抗旱指挥部、国防动员委员会等成员单位职责范围内的工作。

【煤炭工业】　丽江市煤炭资源主要分布在华坪、宁蒗、永胜三县，其中华坪县是全国一百个重点产煤县之一，全市探明煤炭资源储量1.91亿吨，至2010年底保有储量1.26亿吨，预测资源量5亿吨以上；至2011年底全市保留合法矿井98对，其中生产矿井96对，基建矿井2对，合计核定生产能力395万/年；共有煤炭经营企业67户，洗选、炼焦企业50余户；2011年，生产原煤743.18万吨，其中，华坪706.56万吨，宁蒗17.09万吨，永胜16.73万吨，玉龙县2.8万吨；洗精煤249.46万吨，实现原煤产值30.69亿元；全市验收合格安全质量标准三级矿井33对；全部矿井实现煤炭、材料的机械运输，5对矿井实现人员机械运输，不能自溜的工作面70%实行了刮板机运输，30%左右的矿井实现了掘进机械装载，一部分矿井引进了适合薄煤层开采的采煤机械和金属支护；年度百万吨死亡率0.27人，低于全国（0.56）、全省（1.83）平均水平。

2011年，共计审查批复了39家煤矿技改方案，其中整合技改方案31家，单井安全技术改造方案8家，3户企业在开展项目建设的前期工作，年底除永胜、宁蒗、华坪少数几家整合煤矿由于采矿权合并及其他各种原因正在加紧进行相关工作和进行整合技改、改扩建的核准工作外，全市煤炭资源整合工作全面进入实施阶段。

【建材工业】　全市共有7户水泥生产企业，年水泥生产能力达431万吨。其中：新型干法水泥生产能力371万吨，立窑水泥生产能力20万吨，水泥粉磨40万吨。新型干法水泥生产能力已占全市水泥生产能力的86%。

2011年，省散装水泥办下达给丽江市的推散目标任务是56万吨，2011年全市水泥产量为320.9万吨，完成散装水泥任务57.3万吨，完成全年目标任务的102.3%。

预拌商品混凝土产业发展方面，丽江天雨商品混凝土搅拌站和丽江市共济混凝土搅拌有限公司两个新建预拌商品混凝土项目已开始建设。

到2011年底，全市已有新型墙体材料生产企业24户（玉龙县6户，华坪县14户，永胜县4户），共设计年生产能力4.5亿块标砖，从业人员670人。华坪县已基本实现“禁实”目标，永胜县已开始征收墙改专项基金。华坪县2户，永胜县2户企业已获得新型墙体材料产品认定证书。

【大事记】　3月17~18日，云南省工业投资集团龚立东（董事长）、郑南南（副董事长）、阚友钢（副总经理）一行5人到丽江永胜考察工业园区项目建设，市政府张仁彬副市长陪同。

4月27日，召开丽江市推进特色新型工业和信息化大会，会议由市人民政府市长和良辉主持，市委书记王君正作重要讲话，省工业和信息化委员会主任刘绍忠到会指导并讲话。

8月26~28日，原国家工业和信息化部部长李毅中来丽江考察，市政府张仁彬副市长陪同。

【任职领导名单】

党委书记、主任　王天寿
副　主　任　沙玛伍达
熊建民
晏相陈
陈泽全
施更生

（刘永胜）

古城区工业和科技信息化局

【工业经济指标完成情况】　2011年古城区辖区内工业企业全年实现工业总产值25.6亿元，同比增长39.5%，其中12户规模以上工业实现工业总产值21亿元；完成工业增加值97000万元；完成主营业务收入196000万元；实现利税总额33400万元，完其中利润总额完成20427万元。年内完成非公经济增加值34.2亿元，从业人员达43500人。

【技术创新】　2011年，古城区实施的产业升级技术改造主要项目有：丽江先锋食品开发有限公司《紫苏特色产品精深加工项目》、大研粮油工贸有限公司《优质面条生产扩建项目》、丽江机床有限公司《扩大数控镗床生产技术改造项目》、丽江宾馆太阳能节能灯和节能灶改造项目、云南大学旅游文化学院太阳能节能灯和变频加压泵等节能改造项目。年内争取到企业技改、非公贴息及节能专项资金372.5万元。其中，省级节能专项资金192.5万元；丽江机床有限公司《扩大数控镗床生产技术改造项目》获得省级技改扶持资金100万元；园区规划编制专项资金80万元。

【无线电管理与监督检查】　进一步加强无线电管理与服务工作。积极配合市无线电管理办公室开展调频对讲机清理整治工作。加大对大型超市、物业管理、宾馆饭店、娱乐场所和通信市场的执法检查力度。规范各类台站的设置与使用。及时掌握台站的设置变化情况，达到台站管理动态化的要求。

【中小企业发展】　区委、区政府高度重视中小企业发展，每年安排了500万元工业发展资金和60万元中小企业、非公经济扶持资金，列入财政预算。为实施中小企业成长工程注入了有力的资金支持；全面推进银企沟通联系合作制度，6月23日召开了丽江市银企座谈会，对项目效益好，投资回报率高，符合产业政策，企业诚信好的项目，力争取得银行支持。

【信息化建设及安全管理】 积极推进企业“两化融合”建设。一是推动规模以上企业基本实现企业管理信息化改造，注重发挥企业网站的商务和服务功能。二是完善电子商务的网络基础、支撑平台和各类应用系统，有力的带动工业企业电子商务的开展。

年内对全区73个单位的政府信息系统安全情况进行检查，基本掌握了全区政府信息安全工作开展情况。积极开展工程建设领域项目信息和信用信息专栏建设，创建了工程建设领域项目信息和信用信息专栏，录入区直各部门、办事处、企业共37家，92个信息员，并开展了信息管理培训工作，形成完整、高效的政府信息发布平台。

【安全生产管理】 全面落实《安全生产法》和《云南省安全生产管理条例》。一是狠抓安全生产事故隐患排查整改工作，与重点的15户企业签订了《安全生产目标管理责任书》，逐级落实安全生产责任制，二是先后开展了元旦、春节、“五一”安全检查、食品安全整治。6月安全月活动、防汛抗洪检查、消防安全演练等相关工作。全年共出动车辆105驾次，共285人次，发放有关文件及宣传资料240多份，投入经费达8000元，排除各类安全隐患125个，安全受教育人数超过上千人，修改完善15份安全生产管理制度和操作规程。所属工业企业安全事故为零。切实有效地促进了工业经济系统安全生产形势的稳定和好转，为我区经济发展营造了良好的氛围。

【节能降耗】 古城区太阳能路灯和云南大学旅游文化学院太阳能热水供应系统建设项目获省级补助，丽江宾馆与丽江良华牲畜屠宰有限公司节能改造项目已全部完成并列入省级节能补助备选项目；中央财政补贴“绿色照明”产品惠民工程，古城区完成节能灯推广任务7万支；年内争取到省财政给予古城区太阳能路灯示范项目补助资金20万元；玉峰水泥有限公司落后产能补助资金80万元；农村沼气池项目建设补助资金42.5万元。云南大学旅游文化学院太阳能、节能灯和变频加压泵等节能改造项目扶持资金50万元。

2011年，市政府下达给区节能降耗责任目标为单位GDP能耗下降2.0%，完成单位GDP能耗下降2.1%的目标。

【工业园区建设】 根据古城区人民政府全面启动工业园区建设的安排，设立了古城区金山高新科技创意产业园区管理委员会和七河空港经济区管理委员会。

经相关部门调研论证，委托昆明建筑设计研究院进行园区的总体规划编制和可研报告编制工作，2011年1月5日签订委托协议，2月19日设计单位提交了初步方案报区政府审定，5月17日报市工信委组织专家组进行评审，现按专家组提出的建议进行修订后报省工信委核准，园区总体规划和可行性研究报告编制工作已完成。获得省级扶持专项资金80万元。

园区基础设施建设稳步推进。连接新团片区和文化片区新文二级公路已开工，征地、拆迁工作基本完成，园区内石新路二号、三号路进展顺利。

【重点项目建设】 深入推进交通用铝型材项目建设。项目增加300亩征地工作，云铝丽江公司新录用的56位大中专院校毕业生户口落在丽江，项目安置地“三通一平”工程审计结算基本完成，项目外部供电方案已通过省电网公司批准，进入施工设计工作，项目外部供电线路航线免评估工作已通过。云铝公司已在古城区工商部门注册云南云铝沥鑫铝业有限公司，同时启动项目融资。项目计划投资在5亿元以上。

积极服务永保水泥金山分公司日产4500吨水泥熟料生产线项目，目前项目已进入整体调试阶段。

玉峰水泥有限公司转产项目，得到中央财政淘汰落后产能奖励资金120万元，现玉峰水泥有限公司转产项目（年产60万吨水泥粉磨站、养殖场、纯净水厂、酒厂）运转情况正常，目前拟上一条新型墙体材料免烧砖项目。

古城区良华牲畜屠宰加工有限公司牲畜定点屠宰场和肉品加工生产线项目已建成拥有4条半自动化生产线，先后争取到各种扶持资金252万元，现项目运行正常。

先锋糕点厂紫苏产业项目。先后获得各级财政扶持资金196万元，该项目获丽江市科技进步三等奖。

【任职领导名单】

局　　长　郑辉

党委书记　张天武

副 局 长　赵康援

华坪县工业经贸和科技信息化局

【综述】 2011年，华坪县工业总产值完成511154万元，按可比价同比增长23.6%，比去年提高5.7个百分点。工业增加值完成196312万元，按可比价同比增长23%，比去年提高3.0个百分点，拉动经济增长21.1个百分点，比去年提高2.7个百分点，工业经济增长的贡献率为75.6%。全县经济呈现出了民营经济稳步增长，工业经济逐步壮大，支柱产业不断发展的良好局面。

2011年，华坪县规模以上工业企业21户，实现工业总产值402863万元，比上年增长23.6%；实现销售产值398492万元，比上年增长35.3%；利税总额81267万元，比上年增长36.2%；利润38032万元，比上年增长36.3%。一是将县内重点骨干企业纳入宏观监测。对2010年全县纳税在500万元以上的30户企业进行了表彰奖励。2011年继续将县内销售收入100万元以上的工业企业及年销售收入500万元以上的流通企业纳入全县宏观监测范围并进行考核奖励。二是继续完善和加强工业经济运行监测。在做好规模以上工业企业运行监测的同时，重视规模以下工业和非公企业经济的监测、分析。三是以提高工业经济运行质量和效益为重点，努力实现监测分析和预警预测方式的新突破，把握全县工业经济运行态势，及时解决工业经济运行中的突出问题。四是认真抓好企业基层统计监测分析人员的队伍建设。五是积极引导煤炭、化工、建材、电力四大支柱产业之间的联合、走集团化发展道路。六是进一步规范矿产资源开发秩序，推进煤炭、石灰石等矿产资源整合，提高工业经济的整体效益。

【主要产品产量】 2011年，全县原煤产量715.36万吨，同比增长7.7%；洗精煤243.61万吨，同比增长5.0%；水泥148万吨，同比增长74.1%；碳酸氢氨2.41万吨，同比下降11.1%；尿素14.36万吨，同比下降4.4%；氮肥7.1万吨，同比下降4.8%。

【节能工作】 2011年，丽江市政府下达华坪县的节能目标任务是单位GDP能耗下降3.5%，实际单位GDP能耗下降3.59%，圆满完成目标任务。一是严格执行国家产业调整政策，淘汰落后产能。华坪县石灰土窑113口（120.1万吨）淘汰完毕；2011年关闭淘汰了6300KV矿热炉三台。二是积极推进清洁生产，大力发展循环经济。推进企业清洁生产审核和能源消费审计，2011年共有7户企业启动了清洁生产审核，5户企业开展了能源消费审计工作。三是着力抓好重点企业、重点项目的节能工作。对18户能源消费重点企业进行了节能减排监测、监察；抓好华攀白云石20万吨高镁石灰技改项目建设，丽江水泥有限公司、定华建材公司4.5mw水泥窑余热发电项目等节能项目。对固定资产投资项目进行严格的节能评估和审查工作。2011年有3个石灰技改项目通过省节能办的评估审查。四是认真开展节能宣传工作。6月11~17日开展了主题为“节能我行动，低碳新生活”的宣传活动，共悬挂节能减排宣传标语条幅81条，接受群众咨询200多人次。全年出动宣传车播放《节约能源法》5天，共发放节能知识和相关法律法规知识宣传资料1500多份。五是认真组织节能灯推广工作。2011年推广节能灯4万只。

【信息化建设与安全管理】 一是认真完善充实华坪县门户网站，积极推进政务信息公开，服务广大人民群众，为华坪县实施电子政务提供了一个有效的载体。加强管理，严格执行采编审批制度，参照政府公文发布审核程序，严格审批文稿和图片的发布。二是按照实施“阳光政府四项制度”的各项要求，重点开展了重大决策听证、重要事项公示、重点工作通报和政务信息查询工作，完成了96128政务信息查询专线电话、政务信息在线解答、行政审批事项数据库等平台的建设任务。截至2011年年底，华坪县利用政府信息公开网站发布6227条信息，发布重大决策听证信息39条，重要事项公示信息342条，重点工作通报信息996条，行政审批事项公开52条。办理信息查询3件，回复率100%。三是年内会同保密局组织了2次计算机信息系统安全检查，针对组织管理、日常信息安全管理、信息安全防护管理、信息安全应急管理和教育培训等几方面检查出的问题，各单位采取积极有效的安全保护措施，防止泄密，取得了良好成效。截至目前，华坪县没有出现过一起重大信息安全事故，计算机安全和网络安全状况良好。

【无线电管理与监督检查】 一是成立了由分管副县长为组长，县政府办、县工信局等有关部门为成员单位的无线电管理工作领导小组；二是大力开展无线电政策法规宣传；三是开展全县无线电台站的清查工作；四是配合搞好无线电发展规划。积极推动3G网络建设。

【项目申请】 2011年，县工信局组织企业申报技改贴息、节能专项资金、淘汰落后产能中央财政奖励资金等各类扶持资金共计900余万元。其中，淘汰落后产能中央财政奖励资金489万元（含2010年三个机焦项目255万元），省级财政节能降耗专项扶持资金313万元，其他扶持经费100余万元。

【石灰企业技改整合工作】 按照有关要求，对全县石灰土立窑全部进行了关闭。2011年年底，全县石灰企业基本完成技改的有5户，已完成技改备案，正在进行技改的有7户（由11户企业整合而成）。通过技改引进先进的石灰生产工艺，建设高效节能环保石灰窑，使石灰生产能耗由过去的200~300公斤煤/吨，灰降低到140公斤煤/吨灰以下，同时也使石灰烧成率从30%提高到80%以上。

【中小企业、非公经济发展】 加强对中小企业发展的领导、服务、协调和管理，全力推进“中小企业成长计划”，为全县中小企业发展创造了健康、有序、开放、竞争的良好发展环境。一是经营领域不断拓宽。鼓励和引导中小企业积极参与到产业结构调整和优化中来，引导中小企业以煤炭、石灰石、建筑等产业为基础，积极投资兴办涉农产品加工业、畜牧业、水电产业、营销业，延长产业链条，提高农产品附加值；二是发展环境不断改善。加强对中小企业发展的领导、服务、协调和管理，加大对中小企业业主守法诚信经营的监督；三是建立融资服务体系，着力拓宽融资渠道。

2011年末华坪县共有个体工商户3875户，私营企业140户；从业人员29488人，完成目标任务的103.1%；增加值19.07亿元，完成目标任务的119.2%；上缴税金59868万元。2011年年底，华坪县已成立2家融资担保公司和3户小额贷款公司。

【安全生产管理】 2011年，县工业经贸和科技信息化局紧紧结合《华坪县安全生产责任书》的要求，严格执行《中华人民共和国安全生产法》，牢固树立“安全第一，预防为主，综合治理”的思想，突出“治大隐患、防大事故”的工作目标，进一步强化企业主体责任，以各种专项整治配合全面深入开展安全生产检查，先后成立全县工商企业安全生产大检查活动领导小组、治大隐患防大事故活动领导小组，强化对安全生产工作的领导。年初召开安全生产工作专题会议，与分管的工商企业签订目标责任书，层层落实安全生产责任；年内共对工业企业、乡镇企业、商贸流通企业以及通讯企业进行5次检查。查出存在的问题及安全隐患共72条，下达《安全生产监督检查意见书》24份，并要求各企业对查出的隐患及问题进行限时整改，限时上报整改情况，限时复查。2011年，工信局分管的各工商企业没有发生重大安全事故，事故死亡人数为零。

【任职领导名单】

局　　长　张宁辉

党委书记　牛栎华

纪委书记　江元华

副 局 长　杨泽宾

石志洪

左林华

李　铭

曹　敏

华坪县煤炭局

【综述】　华坪县地处金沙江中段，地质构造复杂，地层发育齐全，形成了丰富的矿产资源，主要有丰富的煤炭和石灰石资源。含煤地层分布广，成煤地质时代多，煤种牌号齐全，有无烟煤、焦煤、气煤、肥煤等。由于华坪肥气煤灰分低，发热量高，化学活性好，是煤炭气化、液化和煤化工及冶炼的优质原料，素有“煤味精”之称，是滇西北地区独有的肥气煤区。全县总面积2200km^2，含煤面积1500~1800km^2，五乡三镇均有煤炭资源分布，现探明煤炭资源可利用储量1.3亿吨，远景储量3亿吨，现保有煤炭资源可利用储量0.98亿吨。华坪煤炭地质变化大，赋存条件差，煤层平均厚度不足0.7米，属典型的极薄煤层地区。煤田分布零散，大小悬殊，煤炭资源主要分布在县城东面的腊石沟矿区和西面的轿顶山矿区及西北面的阿牛坪矿区。煤种主要有肥气煤、弱粘煤、主焦煤和无烟煤（其中肥气煤占三分之二以上），具有低灰分（39.7%~43%）、低硫（在0.5%以下）、低磷（0.004%~0.009%）、发热量高（6000~8000大卡／千克）易洗选等特点。通过煤炭资源整合和整顿关闭等工作，截至2011年年底全县共有78个煤矿企业，82对矿井，44个煤炭洗选加工企业，56条洗选生产线。

【主要经济指标完成情况】　2011年，实现煤炭工业产值36.6亿元，与上年相比增长43%；生产原煤715万吨，与上年相比增长7%；精煤243.6万吨，与上年相比增长5%；收缴煤炭综合税费2.53亿元（含地税），与上年相比增长13.96%。

【技术创新与技术改造】　一是积极推进矿井安全质量标准化建设和矿井安全避灾“六大系统”建设。2011年全县共有18对矿井通过省级认定，达到了省三级标准。矿井安全避险“六大系统”建设完成了井下安全监测监控系统、井下通讯联络系统、井下压风自救系统、井下供水施救系统、井下人员定位系统的建设，井下紧急避险系统将于2013年底前完成建设。二是积极引导煤炭企业推广使用先进技术和工艺。通过“三推行”工作，改革落后的穿巷采煤、刀柱式采煤等采煤方法，大力推行壁式采煤及切合实际的一些先进采煤方法及采煤工艺，提高煤炭资源利用率；改革传统的支护方式，巷道推广使用锚杆、锚喷、砌碹和金属支架等支护，采煤工作面推广使用单体液压支柱、自移顶梁液压支柱等稳定性和可靠性较高的支护，限期淘汰使用木支护。对全县煤矿进行合理分类，分别制定新技术、新工艺、新装备推广方案，因地制宜地推广先进的采煤工艺，推广掘进机械化、皮带机连续传输，开展支护改革，采用先进的安全防治技术，发展矿井遥控遥测等技术。稳妥推进全县煤矿走好科技兴矿、科技强矿之路。

【行业管理】　一是完成煤炭生产许可证、安全生产许可证、煤炭经营资格证的年检、换证工作；二是办理煤矿建设项目设计审批、开办煤矿审批、煤矿矿长资格证颁发的初审工作。三是积极为煤矿井下避险“六大系统”、安全质量标准化矿井建设、改扩建项目等提供技术指导服务。四是强化安全教育培训，提高从业人员素质。2011年安培中心共举办培训班11期，其中培训煤矿工人5966人，特员1682人。同时，还积极配合云南省煤矿安全技术培训中心培训煤矿预防职业病危害防治人员4997人，培训煤矿应急救援人员5000人。

【安全生产】　全年认真开展了“春节复产验收”，矿井安全评价、隐患排查治理和百日安全督查、“六月安全生产月”、“雨季三防”、“顶板管理”、安全交叉大检查等专项执法检查活动，确保了全县煤矿安全生产形势的稳定好转。2011年县煤管（监）局干部职工累计共下矿2715人次，查出安全隐患3187条（处），下发《现场检查笔录》800份，《现场处理决定书》800份；《撤出人员命令书》31份，《整改意见书》133份，《复查意见书》119份，《行政处罚决定书》7份，《行政处罚告知书》7份，共罚款55.6万元。2011年全县煤矿共发生安全生产工亡事故2起死亡2人，与上年相比事故减少1起，死亡人数减少1人。百万吨死亡率0.28，与上年相比下降0.172，低于全国（0.564）、全省（1.84）平均水平。

【煤炭资源整合】　根据《华坪县煤炭资源整合方案》和云煤整合〔2008〕37号文件批复，全县煤矿数量79个，矿井数量82对。全县涉及煤炭资源整合矿井49对，2011年完成了44个煤炭资源整合矿井整合技改项目的上报审批。

【重点项目建设与投资】　1. 安全质量标准化建设：按照上级部门的统一安

排部署，全县82对矿井扎实开展了安全质量标准化建设，2011年通过省级认定达到省三级标准的有18对矿井，共投入资金1.5亿元。2. 井下“六大系统”建设：已完成了“五大系统”建设（矿井监测监控系统、通讯联络系统、压风自救系统、供水施救系统、井下人员定位系统），共投入资金1.6亿元。3. 2011年全县有44个矿井整合、技改项目，经上报云南煤监局和市工信委评审备案，同意施工建设，共投入资金1.2亿元。

永胜县工业经贸和信息化局

【各项经济指标完成情况】　2011年，永胜县工业总产值完成25.9897亿元，同比增长34.40%，增加值9.49亿元，同比增长44.70%；规模以上（规模以上企业15户）工业总产值达21.0855亿元，同比增长40.27%；规模以上工业增加值达8.3亿元，同比增长46.2%。完成“四项目标”增加值7.34亿元的113%；规模以上企业实现主营业务收入20亿元，同比增长46.2%，完成“四项目标”主营业务收入18.11亿元的110.4%；规模以上企业实现利润2.3亿元，同比增长2.5%，完成“四项目标”利润总额1.02亿元的225.5%；规模以上企业实现利税总额3亿元，同比增长1.19%，完成“四项目标”利税总额1.99亿元的150.1%。

全县非电工业投资完成40291万元，完成市政府下达目标任务3亿元的134.3%。

2011年，全县个体工商户达9453户，私营企业达75户，全县非公经济实现增加值13.65亿元，从业人员16262人，分别完成目标任务的101.1%和100.9%，非公经济运行的质量和效益明显提高，已逐步成为转移农村剩余劳动力和促进县域经济发展的重要力量。

2011年年末，一、二、三产业结构比为28.4：42.1：29.5，工业经济占GDP比重由2010年的25%上升到今年的33%，工业对全县经济的贡献率与带动作用进一步增强。

【节能降耗】　加强与统计部门、企业的沟通交流，采取多项工作措施，认真挖掘潜力，全力推进节能工作的开展。上半年申报企业节能技改项目1个，1~10月规模以上企业能源消费总量为88445.21吨标煤，同比上升9.97%，单位产值能耗同比下降6.31%，根据全县工业经济发展趋势和能耗发展特点，全县可以完成全年全社会单位GDP能耗下降2.6%的目标任务。

全县有2户企业的清洁生产工作已完成，完成市下达目标任务2户的100%。

【煤炭产业发展】　一是完成了涉及《整合方案》批复为相邻重组的3对矿井的整合协议签订工作；完成了相邻重组型3对矿井和单独保留型6对矿井生产地质报告的补做编制工作；完成了涉及煤炭资源整合矿界矿权变更的六德乡北华煤矿一号等5对矿井的申报工作；二是加强了两个煤炭出境验票站及工信局中心监控室的软件管理，重点是强化工作人员的职业道德建设和出入境管理制度的完善落实，制定出台了《永胜县工业经贸和信息化局煤炭出入境中心监控室工作人员管理制度》；加强对煤炭出境工作的督查，加大巡查和抽查的力度，对明海煤业有限责任公司弄虚作假偷逃煤炭价格调节基金行为给予了5万元处罚，有效防止了煤炭价格调节基金的跑冒滴漏；完成两个煤炭验票站的硬件更新改造。截至2011年年底，共完成收缴煤炭价格调节资金780万元，比去年同期多完成260万元。2011年，全县“六证”齐全的9对生产矿井共生产原煤22万吨。

按照《云南省工业和信息化委员会关于开展2011年煤炭经营企业煤炭经营资格条件依法经营状况全面检查及煤炭经营资格证到期延续审查的通知》文件要求，对全县已取得煤炭经营资格证的12家煤炭经营企业煤炭经营资格证和9对矿井的煤炭生产许可证进行年检材料初审并上报了市、省煤炭行业部门进行了年检，所辖12家取得煤炭经营资格证的煤炭经营企业全部顺利通过年检。

【重点项目建设】　总投资7200万元的丽江中源绿色食品公司特色农产品罐头生产线加工项目，完成投资1520万元，完成年度计划投资的100%；总投资3000万元的永胜县城农产品综合交易市场，完成投资1000万元，完成年度计划投资的100%；总投资38000万元的永保公司水泥技改工程，完成投资15001万元，完成年度计划投资的100%；总投资4530万元的丽江绿鑫农产品物流园建设项目，完成投资1320万元，完成年度计划投资的100%；云南永宝特种金属有限责任公司年产10万吨金属镁资源综合利用及3万吨镁合金项目，已于2011年10月30日开工建设。

【项目申报】　科学论证，积极争取，切实做好重点项目论证、筛选、储备、上报及资金争取等工作，努力提升企业自主创新能力，增强企业产品科技水平及核心竞争力。2011年申报技改项目4个，其中经市工信委上报省4个，争取省级资金400万元，上报省中小企业项目4个，其中经市工信委上报省2个，争取资金55万元，上报国家中小企业项目3个，争取资金330万元，上报标准厂房项目2个，已争取资金200万元，上报上市培育项目1个，争取资金70万元，配合县发改局申报国家中小企业项目1个，争取资金196万元。争取省级储备白条冻猪肉100吨，争取补贴13万元，争取省级火腿储备200吨，争取补贴30万元，争取省级活猪储备1500头，争取补贴6万元，争取家政服务培训项目，争取1000人的培训计划，争取补贴80万元，争取“万村千乡市场工程”建设补贴11.6万元。全年累计为企业争取资金1541万元。

【任职领导名单】

党组书记、局长　陈元文

党　委　书　记　徐天海
党组副书记、副局长　饶文生

（张明德　周　婷）

玉龙县工业和科技信息化局

【工业经济指标完成情况】　2011年，玉龙县实现工业总产值8.44亿元，比上年增长30.12%，其中规模以上工业完成产值6.55亿元，增长30.74%。规模以下工业完成产值1.89亿元，增长28%。完成工业增加值2亿元，增长22.7%。工业对全县经济增长的贡献率达到11.5%，拉动GDP增长1.84个百分点。全年规模以工业实现利税总额4950万元，同比增长21.04%；全年单位GDP能耗下降1.8%，万元GDP耗能，0.777万吨标准煤同比去年下降1.77%。2011年，在建工业项目16项，完成投资1.12亿元。

【体制改革】　2011年，在原设有内外贸易流通管理股、商务综合执法股（队）、综合股、经济运行股、企业股等股室的基础上增加了无线电管理股（信息化管理办公室）、市场运行调节股、节约能源股、市场体系建设股和市场运行调节股等业务股室，进一步细化了单位职能职责，明确了与上级机构间的业务对口关系。建立健全单位制度，完善单位软环境建设。

【产业结构调整】　为全面落实科学发展观，加强和改善宏观调控，引导社会投资，促进工业产业结构优　化升级，坚定不移走新型工业化道路，以信息化带动工业化，走科技含量高、经济效益好，资源消耗低、环境污染少的发展道路。

围绕建设清洁能源基地的目标，合理开发利用我县丰富的生物资源优势，加快特色新型工业发展，积极优化工业结构，发展壮大产业规模，以生物资源的精深加工作为主导产业，重点发展薯蓣、青梅、芸豆、马铃薯、魔芋、山嵛菜等特色经济产品的精深加工。着力把我县南口工业园打造成以生物资源精深加工为主业的环保观光型高新生物科技工业园区。通过实施产业发展计划和园区建设，我县形成了工业带动农产业，农产业促进工业发展的模式。

【中小企业发展】　积极做好项目储备、培育、筛选和申报工作。一年来共申报项目11个，完成2个投资总额在2000万元以下项目备案登记确认工作并完成县发改委2012年中央预算内投资计划草案，其中丽江得一食品公司新型特色农产品加工节水项目等5个项目已列入计划草案。加强项目管理和监察工作。着重对2010年得到省级扶持的2户非公企业项目资金进行跟踪检查。通过对企业扶持资金跟踪调查，所有企业的扶持资金拨付到位，项目进展顺利。

【安全生产管理】　2011年，对安全生产事故控制目标进行了层层分解落实，年初与河源煤炭公司签订了安全生产责任状，加强对安全生产事故控制目标的动态管理，推行安全生产事故问责制度，严肃查处安全责任事故。通过政策宣传、安全检查等系列活动，预防煤炭安全事故的发生。

【节能减排】　全年单位GDP能耗下降1.8%，万元GDP耗能，0.77万吨标准煤同比去年下降1.77%。

【任职领导名单】

党组书记、局　　　长　杨振清
党委书记、党组副书记　和永善
党委副书记、纪委书记　和学伟
副　　　局　　　长　李石颜
　　　　　　　　　　仁　昌
　　　　　　　　　　李瑞全

宁蒗县中小企业局

【各项经济指标完成情况】　2011年，宁蒗县规模以上工业企业完成工业增加值28703万元，较去年同期20043万元，增长43.2%；全县规模以上工业企业实现主营业务收入58302万元，较去年同期38575万元相比，增长51.1%；实现利税总额9341万元，较去年同期7118万元，增长31.2%，全年实现利税总额11080万元，较去年同期8597万元，增长28.9%；实现利润总额5428万元，较去年同期3590万元，增长51.2%。完成工业固定资产投资20330万元，与去年同期的13727万元相比，增长48.1%。

【重点项目建设】　协助宁蒗县女儿生物工程有限公司做好年生产2000吨速溶苦荞麦产品技术改造项目。预计总投资1786万元，已完成项目可行性研究报告及报批手续，年内完成食品生产许可证认证，申请发明、外观两项专利，目前投资到1200万。

协助泸沽湖酒业公司做好年产2000吨白酒生产线技术改造项目。预计总投资1420万元，已完成项目可行性研究报告及报批手续，年内建设生产线一条，办公楼一幢，机酒库一栋，目前投资到1400万，已基本完成项目建设。

协助泸沽湖酒业公司做好年产5000万块免烧砖生产项目。预计总投资350万元，已完成项目可行性研究报告及报批手续，在前期工作完成时限内完成水保、环保评价，前期资金筹措300万。

【非公经济发展】　全县登记注册的民营企业234户（其中分支机构32户），比上年末的201户增加33户，增长率为16.4%；注册资金48763万元，比上年末的35746万元，增加13017万元，增长率36.4%；全县在册个体工商户3648户，比上年末的3000户增加658户，增长21.6%；从业人员16756人。

尽管近年来宁蒗县的私营企业发展很快，但管理水平不是很高，真正建立现代企业制度的仍占少量，由于多数企业管理者缺乏科学管理意识和技能，企业的融资渠道狭窄依然是制约宁蒗县非公经济发展壮大的首先因素，企业稳定经营系数小，不利于整体监测管理。

【节能降耗】 2011年，宁蒗县工业节能降耗目标任务是完成GDP能耗下降1.8%。通过将上级分配的任务层层分解，并分别与宁蒗县格桑铁合金厂、宁蒗县金江水泥厂等高耗能企业签订了责任状。对高耗能企业用能监督，保持产品单耗在国家标准之内。1~3季度，第一季度实现单位GDP能耗下降3.94%，第二季度实现GDP能耗下降1.16%，到年末，完成GDP能耗下降1.8%的目标任务。

怒江傈僳族自治州

怒江州工业和信息化委员会

【工业经济指标完成情况】 2011年，怒江州工业总产值完成428091万元，同比增长10.12%，其中：规模以上工业总产值完成245814万元，同比下降2.87%；全州工业增加值完成170447万元，同比增长10.5%，其中：规模以上工业增加值完成110241万元，同比增长1.1%。2011年，规模以上工业主营业务收入完成248895万元，同比增长1.7%，实现利税总额42684万元，同比下降15.8%。实现利润总额12176万元，同比下降44.2%。

2011年，全州非电工业开工建设的项目共计26个，完成投资78010万元，同比增长31.8%。

【主要工业产品产量】 2011年，全州主要产品产量增长的有：铜金属含量完成2311吨，同比增长7.79%；铅金属含量完成10555吨，同比增长23.8%；发电量完成216230万千瓦小时，同比增长31.85%；钨精矿折合量完成235吨，同比增长91.11%；砖完成8870万块，同比增长14.07%；饮料酒完成2592千升，同比增长14.59%；自来水生产量完成418万立方米，同比增长25.53%。产品产量下降的有：锌金属含量完成127150吨，同比下降9.52%；锡金属含量完成296.3吨，同比下降21.61%；锌完成103341吨，同比下降6.23%；水泥完成157858吨，同比下降19.35%；瓦完成229万片，同比下降13.91%。

【技术创新】 2011年，重点工业投资项目26项，累计完成投资7.8亿元，比上年增长31%。其中重点技术改造项目5项，技改完成投资9400万元。争取到180万元的技改扶持资金。几年来，建成电锌15万吨；工业硅14万吨；水泥40万吨的年生产能力；生物产业发展以四个百万为基础，积极推动应用先进的发酵、保鲜、无菌加工等技术加工生物产品，重点抓了木腊、茶、核桃、草果等精深加工项目的实施，生物资源开发加工和配套产业发展呈现蓬勃生机。

【非公经济、中小企业发展】 2011年，全州非公有制经济户数达12538户，同比增长16.5%，其中：私营企业1116户，同比增长12.7%；个体工商户11422户，同比增长16.9%。从业人员35337人，同比增长12%，完成目标数的114%。全州非公经济增加值完成232000万元，同比增长18.9%，完成目标数的102%。2011年，全州非公有制经济上缴税金19292万元（除金鼎锌业公司外），同比增长17%，其中：私营企业8869万元，同比增长5.6%；个体工商户10423万元，同比增长29%。非公经济结构调整呈现积极变化，企业数量及从业人员快速增加，上缴税金保持增长，经济运行质量和效益稳步提高。

【产业结构调整】 “调结构、转方式”一直是近年来怒江州工业经济建设的重点工作。三次产业比重逐年优化，二三产业得到快速发展，2005年三次产业为19：34：47，2011年调整为11：36：53，产业结构调整初见成效。

【节能降耗】 2011年全州能源消费总量为744408.39吨标准煤（等价热值，下同），比去年同期688454.69吨标准煤，同比增长8.13%；全州规模以上工业综合能源消费量为269078.75吨标准煤（等价热值，下同），同期增长9.44%；全州规模以上单位工业增加值能耗约2.7187吨标准煤／万元（可比价），同比上升8.78%；全州万元GDP能耗下降1.7%，圆满完成2011年度怒江州节能目标任务。推广财政补贴高效照明产品节能灯5万多只。

【信息化建设与安全管理】 2010年10月机构改革后，政务信息公开工作由州政府办交州工信委正式管理。州工信委高度重视政府信息公开工作，及时明确工作机构，加强组织领导，不断完善规章制度，落实工作措施，抓好政府网站建设，促使政府信息公开平台不断完善，全州政府信息公开工作得以有力推进。截至2011年12月末，全州通过政府信息公开平台累计公开发布信息4589条，与去年同期相比减少243条。其中：州直1679条，同比减少109条，泸水969条，同比增加216条；福贡713条，同比减少494条；兰坪847条，同比增加144条；贡山381条，与去年同期持平。

截至2011年12月末，全州96128政务服务查询工作专线总应答513次，转接295次，转接成功率89.24%。

根据云南省保密委员会办公室《关于对政府信息公开网站和门户网站进行保密检查的通知》要求，由州政府办、州保密委、州工信委组成检查组对州直机关部分单位政府信息公开网站和政府门户网站的安全管理、信息发布审查审批和上网信息涉密情况进行检查。

【无线电管理】 2011年，怒江州共有各类无线电台站1146，其中，74个CDMA基站，63个CDMA2000基站，6个直放站，74个WCDMA基站，693个GSM基站，14个车载台，184个对讲机，1个卫星地球站，公安集群通信系统4个基地台，护林防火集群通信系统21个基地台和12个中继台。

2011年，坚持严格台站审批程序，做好无线电频率台站的监管工作，认真抓好新增台站审批，重点做好3G等新业务台站的审批和频率协调工作。根据云南省工业和信息化委员会《关于开展全省无线电管理台站数据库建设工作的通知》（无管〔2011〕11号）要求，结合实际，3～6月认真开展了全州无线电管理台站数据库建设工作，全州共录入各类无线电台站1146个。在春节、“两会”、公务员考试、高考、建党“90周年”庆祝活动、深圳大运会、州庆、国庆等重大活动和节庆期间，认真开展无线电安全保障工作，实施24小时昼夜值班制度，加强对全州广播电视信号监测力度，对重点频段开展专项监测，利用移动监测车、便携式接收机、便携式测向仪等监测设备开展移动无线电监测，全力保障了全州各个重要时期、重大活动的无线电安全。定期开展边境无线电频率调查，及时掌握边境频率使用情况，维护边境无线电安全。无线电扫描不留死角，严防邪教组织的破坏活动，力保边疆无线电通信安全。将无线电监测工作常态化，持之以恒，不留死角，切实加强边疆无线电通信安全的监测和维护。加强无线电监测网的运行维护，确保监测网正常平稳运行，真正发挥监测网的监测、打击和预警作用。全年共收缴无线电管理频率占用费18.111万元。

【无线电监督检查】 2011年，开展无线电行政执法活动，全年累计外出履行执法检查109天，出动256人次，检查单位38家。3~5月，开展了广播电视无线电发射台站的行政执法检查工作，完成了对全州4县及州广播电视局所设的42个无线发射台站的技术检测。对3大公司的通信基站按3%的比例进行抽查检测，其中，移动公司GSM基站24个（TD-SCDMA基站20个），联通公司GSM基站13个（WCDMA基站24个）；电信公司CDMA1×基站12个（CDMA-EVDO基站30个），确定无线电发射设备是否满足相应技术标准要求和有关规定。认真组织开展了一系列生动形象、丰富多彩的无线电管理宣传月活动，期间发放宣传资料1000余份，接受相关咨询100余人次，收到了良好的宣传效果。

【工业园区建设】 兰坪工业园区是怒江州唯一省级重点工业园区，园区总体规划2006年通过省级评审。兰坪工业园区总体规划布局形态为片区结构，形成“一园三片”的总体发展布局，总体规划面积为12.68平方公里，即：金顶、通甸、啦井3个片区，其中：金顶、通甸两个片区以有色金属采、选、冶，有色金属精、深加工及建材工业为主，啦井片区以绿原酸萃取、酒类、油料等农产品生产加工为主。兰坪工业园区发展定位是建设成为滇西北有色金属产业基地和怒江州主要生物资源加工基地。各片区充分依托相邻城镇的居住、商业服务、文体娱乐、市政公共设施着重发展工业产业园区。工业园区作为兰坪县产业支撑，功能上与相邻城镇形成产业区与生活服务区相互协调的格局，构成居住、工作、交通、游憩等功能相对独立完善的体系，兰坪工业园区入园企业16户，已建成电锌生产能力14万吨，硫酸生产能力6万吨，水泥生产能力30万吨，各类酒生产能力800吨。实现工业增加值8.25亿元，占全州工业增加值的55%，上缴税金2.19亿元，就业人数5508人。

泸水工业园区：为培育工业强县及解决中小水电出路问题，2006年起，在省、州、县政府及相关部门的支持下，泸水县牵头推动，企业积极参与，在老窝乡规划建设泸水工业基地，同年更名为泸水工业园区，2007年该园区总体规划通过省级评审。泸水工业园区按照“一园四片”的发展布局进行规划，总体规划面积为12.69平方公里。即硅工业片区、建材工业片区、农特生物加工片区及商贸物流片区。硅工业片区入园企业9户，建成工业硅冶炼炉18台，工业硅生产能力14.35万吨。2011年，完成工业产值7.3亿元，上缴税金1849万元，就业2000多人。

【大事记】 1月11日，举行怒江州工业和信息化委员会及无线电管理监测中心办公大楼落成揭牌仪式，怒江州人民政府副秘书长柳荣昌先生，州纪委第三纪工委、州发改委、州财政局、州环保局、州国土资源局、州统计局、州工商局、州技术监督局、州公积金管理中心、州机关事务管理局、泸水县工业园区、兰坪县工业园区、四县的发展改革和经济贸易信息化局、大理第一建筑公司等部门的领导以及州工信委全体干部职工参加了仪式。

2月24日，2010年全省节能检查考评组到我委进行实地检查，在五楼会议室举行了汇报会，和泽芳副主任汇报了怒江州“十一五”节能减排目标完成情况。

3月7～9日，云南省中小企业调研组在省非公办专职副主任李泽栋带领下，深入贡山县、福贡县和泸水县进行了实地调研。

3月14～20日李玉树主任随同州委段跃庆书记等州级及县级领导赴江西稀有稀土有限责任公司考察。

3月27～29日，李玉树主任陪同州委的段跃庆书记到兰坪调研考察。

4月29日，2011年全州工信暨节能降耗工作会议召开。会上，州委常委、常务副州长陈建平作了题为《推进结构调整转变发展方式加快怒江新型工业化发展进程》的讲话；州工信委主任李玉树作了题为《调整优化结构促进转型升级实现全州工业经济新跨越》的工作报告；会议宣布了怒江州人民政府关于表彰奖励全州完成“十一五”节能目标任务单位的决定；州人民政府与4县人民政府签订了“十二五”节能降耗、淘汰落后产能和2011年节能降耗目标责任书。

4月，怒江州工信委被云南省人民政府授予“云南省‘十一五’期间节能减排工作先进单位”荣誉称号；李玉树主任被云南省人民政府评为“云南省‘十一五’期间节能减排工作先进个人”。

6月12～14日，李玉树主任参加我州对外友好协会代表团出访缅甸。

7月11～12日，李玉树主任陪同州人民政府侯新华州长随政府主要领导赴片马口岸调研，13日参加怒江州片马口岸“十二五”发展规划征求意见暨“片马口岸调研工作”专题会议。

7月18～20日，省工信委信息化建设调研组到怒江州调研，胡海平副主任就怒江州信息化建设情况作了具体汇报，调研组到政务中心等现场进行了调研。

7月19～22日，和段琪副省长到兰坪调研，李主任陪同州政府领导赴兰坪参加调研活动。

7月25日，三一集团到怒江州调研工业、经济、资源、产业等情况，为“桥头堡”建设投资做准备。

8月3日，在州工信委六楼会议室举行全州上半年工业经济运行分析会。州人民政府副秘书长柳荣昌同志受陈建平副州长委托，作了题为《认清形势狠抓落实确保完成年度工业经济目标任务》的重要讲话；4县人民政府全面汇报了上半年工业经济运行情况；州工信委李玉树主任通报了全州上半年工业经济运行情况；金鼎锌业公司、怒江供电局和怒江州中小水电协会作了交流发言；州直各部门也从各自职能角度，就如何服务好工业企业积极作了表态发言。

8月17日，中共怒江州委段跃庆书记、州人民政府常务副州长陈建平一行到州工信委调研全州工业经济运行情况，于当日上午9时在州工信委六楼会议室召开了座谈会。州委秘书长杨中华、州委副秘书长张皓天、州人民政府副秘书长柳荣昌以及州委政研室、州经研中心、州人社局、州环保局、州金融办、州发改委、州国土局、州工商局、州质监局等部门主要负责人，泸水工业园区和怒江供电局、怒江供电公司、中国电信怒江分公司等企业主要负责人，州工信委全体职工参加了会议。

11月28日，由省工信委组织的全省工业和信息化前沿知识巡回讲座怒江专场在怒江州级行政中心怒江厅举行。会上，中国企业管理咨询委员会委员、河北省管理咨询行业协会副会长王国强教授作了题为“少数民族地区如何转变发展方式及途径”的专题讲座，昆明理工大学信息工程与自动化学院李勃教授作了题为“在‘桥头堡’战略大背景下怒江州的两化融合建设思路探索”的专题讲座。

【任职领导名单】

党组书记、主任　李玉树
副　主　任　胡海平（11月止）
李贵华
和泽芳
史　琳

泸水县工业贸易和信息化局

【工业经济指标完成情况】 2011年，泸水县完成工业总产值20.82亿元，同比增长29.98%，其中规模以上完成7.36亿元，同比增长17.44%。

【重点项目建设】 泸水县金志硅业有限公司3万吨工业硅建设分两期建设，二期2台12500KVA的炉子已建成1台，第2台正在建设；怒江泸水瑞魏实业工业硅生产项目，今年新增1台12500KVA的炉子，已建成投产；怒江宏盛锦盟二期2万吨工程2台16500KVA的工业硅项目已建成投产，现三期工程已完成可研、设计等前期工作，并于11月27日开工建设；泸水县康华硅业年产7.5万吨工业硅，新增了2台炉子，已建成投运；怒江江钨浩源有限公司建设项目为7个，重点为3个，总投资1.47亿元，预计12月底，完成投资0.4亿元。现工程推进缓慢，一方面是移民搬迁推进困难，二是项目设计跟不上，下一步该公司将进一步积极协调当地住户，加快项目设计，把握时机，加快工程进度；泸水县瑞兴农牧有限责任公司无公害饲料加工生产线建设项目已建成投产，总投资586万元，年产1万吨，自用与对外销售并举；

【工业园区建设】 加快园区新增硅冶炼炉建设，推动工业硅生产规模。根据园区2011年计划实现20万吨工业硅生产规模，新增12台炉子的目标，截至目前，园区共计增加了5台炉子，其余正在建设当中。2011年，共生产工业硅60000吨左右，实现工业总产值7亿元，累计完成投资2.25亿元。

一是加快园区配套基础设施建设。园区循环公路已全面完成，主干道公路3公里也已建成；给水工程一期已完成，基本满足现有的企业需要。排水工程现已完成并投入使用；220电网建设已完成，同时，对7家入园企业的电网构架的重新规划、设计已完成，即将进行实施阶段。二是响应国家关于新型墙材革新政策，积极发展新型墙材机制环保免烧砖，目前，泸水境内有三家免烧砖企业，年产生产规模达到4000万块砖。三是加快技术改造，淘汰落后产能。怒江州水泥厂年产2500吨水泥技改扩建项目，8月4日，政府引进昆钢水泥集团与该公司签订了战略合作框架协议。

【非公经济、中小企业发展】 积极向省工信委、省财政厅申报了怒江州东方大峡谷生物城有限责任公司为2011年企业技术改造省级财政专项扶持资金项目；为泸水县盛华老窝火腿经贸有限责任公司、云南森友农林综合开发有限公司等六家公司，申报了省工信委、省财政厅2011年中小企业暨非公有制经济发展专项资金扶持6个项目；与发改局共同努力为泸水县深山石材加工厂上报了省发改委和省工信委的2011年重点产业振兴和技术改造项目。通过多种渠道，帮助企业争取各种资金，尽力帮助解决企业发展资金困难的瓶颈问题。

【节能降耗】 通过"节能宣传周"的开展，印发传单1000份，分发到乡镇、市区。重点针对城镇、农村居民，以及学校、单位向群众推广了10000支高效节能灯具。

【任职领导名单】

局　　长　李泰伟
常务副局长　谢大华
副 主 任　段绍辉
麻凤兰
普求根
杨克武

（徐凤晴）

福贡县发展改革和经济贸易信息化局

【基本情况】 福贡县地处祖国西南边陲，位于云南省西北部横断山脉腹地怒江峡谷中段。东与兰坪县和维西县交界，南与泸水县相连，西与缅甸接壤，北与贡山县相邻。全县地势北高南低，怒江由北向南纵贯全境，形成一个从北向南狭长的"V"字形谷地。全县总面积2756.44平方公里，共有六乡一镇57个村委会。2011年全县工业企业共20家，年末从业人数543人。

【工业经济运行情况】 2011年是实施"十二五"规划的开局之年，也是我县工业经济增长较好的一年。自年初以来，由于水电产业的有功发电出力同比大为提升，促使全县工业经济总量指标一路大幅增长，展现出17亿kW·h（理论发电能力）的水力发电产业，对拉动县域工业经济增长发挥出规模产业的经济增长优势。2011年发电量达103779.1万kW·h，比2010年多发电9276万kW·h，增长9.82%，成为我县水电产业有功发电出力的新纪录。它不久是地方财税收入的源泉，更在于它对福贡社会经济的发展发挥着积极的推动作用。我县工业经济从开年以来，一路呈现出良好的运行态势，各项经济指标都有不同程度的增长，水电产业的"弃水窝电"现象有所缓和。2011年，工业主营业务收入16916.4万元，比2010年增长5.55%；现价产值17391.3万元，比2010年增长6.34%；增加值7297.8万元，比2010年增长12.09%；实交税金1126.1万元，比2010年增长9.1%；利润总额亏损829.9万元，比2010年多亏损274.2万元，比例为49.34%。主要是由于企业的成本增加、平均上网电价偏低和年发电出力时间不足等因素致使电源企业普遍亏损。

【工业产品产量】 发电量103779.1万kW·h，比2010年多发电9276万kW·h，增长9.82%，其中上网电量102704.6万kW·h，比2010年增长10.43%，占全州上网电量总和的39.48%（按可比口径对比）；大理石板材5730平方米，比2010年增长124.7%，开采大理石荒料534立方米，比2010年增长3.49%；生产鸡脚稗酒41.2吨，比2010年增长69.55%。

【重点产业发展】 水电产业：2011年，全县有水力发电企业18家（贡山华龙公司福贡境内三座老电站及再峰公司和乙源公司的亚目河一、二、三级电站），年末从业人数516人，拥有28座水力发电站75个发电机组，总装机容量34.79万kW，占全总装机的37.52%（按可比口径对比）。根据对全县水电产业的发电能力调查表明：自年初以来，境内降雨量普遍偏少，致使水力发电能力大为减少。5月末发电能力就开始下减，到8月末9月初，发电能力就下减到枯水期的水平。据11月9日的调查点：发电能力只有26.81%（折合9.3万kW），其中有功发电22.02%（折合7.6万kW），从11月1日起南方电网线路检修，少数电站的发电能力受限，个别电站停发；12月1日至13日开关站检修，福贡以上片区基本全部停发。

2011年，全县水力发电出力总平均为3226小时，比2010年多224小时，全年平均上网电价（含税）0.1729元/kW·h，比2010年少0.0081元/kW·h。2011年，受降雨量偏少的限制，发电能力弱于往年，而有功出力则有所提升，大大缩短了发电能力与有功发电的差距，往年严峻的"弃水窝电"现象明显缓和。截至11月29日，累计少发电34394万kW·h，其中：弃水窝电29469万kW·h，比年同期减少49.14万kW·h；电网检修少发电4925万kW·h。2011年虽然是降雨量少，水电发电能力减弱，但由于电力的外送和州内用电负荷稳中有升，致使水力发电企业的发电能力得已利用，拉动了全县工业经济总量指标的大幅增长。

大理石产业：建达汉白玉矿有限公司的生产稍好于去年，实现收入64.1万元，比去年增长39.05%；生产大理石板5730平方米，比去年增长114.7%；开采荒料534m^3，与上年持平。虽然国内建筑原材料市场对大理石建筑原材料的需求有增无减，但我县大理石产品因受原材料石质制约及产销运距长等方面的影响，一时难已在石材市场全面发挥出优势。

酒产业：复兴酒厂的生产经营情况要好于去年，实现收入228万元，比2010年增长34.11%，生产鸡脚稗酒41.2吨，比2010年增长69.55%。复兴酒厂是国企改革而成的合伙企业，主要从事鸡脚稗瓶装酒的生产经营，原材料鸡脚稗均产自福贡周边农户，其产品均为中档次饮料酒，主要在本州内销售，2011年取得了较好的业绩。

【技术创新】 福贡德鑫天然石制品有限公司成立于2010年12月，公司注册资本1200万元，是目前怒江州最具规模的石制品公司之一，是一个集矿山开采、石材加工、产品销售为一体的综合性企业。目前该公司拥有优质花岗岩矿山一座，矿山资源储量为388.95万m^3（333），荒料储量84.46万m^3，该项目计划总投资2514.7万元，到2010年末已完成投资1002.2万元，该公司在福贡县上帕镇知子罗村建设加工区，已建成厂房约1000m^2，办公用房及宿舍约500m^2，硬化厂区道路约1200m^2，该公司生产出来的芝麻白花岗岩，色泽艳丽、麻点分布均匀，经云南省核工业测试研究中心检测及《建筑材料放射性核素限量》标准，该产品属于A类建筑装修材料，其使用范围不受限制。产品具有耐酸蠢、抗腐化、抗风化、抗溶冻、质地坚硬等特点。根据怒财企〔2011〕76号文件怒江州财政局、怒江州工业和信息化委员会关于下达2011年第一批省级财政企业技术改造专项资金计划的通知精神，为了该公司大理石花岗岩矿开采及加工技术改造项目，充分利用当地石材资源新增40万平方米的800mm宽的生产线、3万米的路缘石生产线、1万米栏杆和大件雕刻生产线，争取到位上级部门技改财政专项资金支持100万元。

该公司通过技改项目的实施，将为怒江州石材企业的发展起到积极的示范作用，提高企业自身的技术、管理水平，实现企业的规模化、标准化生产。项目建成后，年可实现销售收入5640万元，净利润1289万元，税金1156万元。项目的实施，对当地经济的发展积极的促进作用，增加财政收入，同时能够解决120人左右的就业。

【中小企业发展】 2011年，全县非公经济总户数1902户，比去年同期增长16.2%。其中：私营企业92户，同比增长幅度为21.1%；个体工商户1810户，比去年同期增长16%。从业人员4228人，比去年同期增长12.9%。其中：私营企业1282人，比去年同期增长22.3%；个体工商户2946人，比去年同期增长9.2%。注册资金36448万元，比去年同期增长-0.2%。其中：私营企业29262万元，比去年同期增长-3.2%；个体工商户7186万元，比去年同期增长14.4%。上缴税金3751.5万元，比去年同期增长21.4%，约占全县总税收5485.2万元的68.4%。其中：私营企业上缴税金3199.6万元，比去年同期增长22.3%；个体工商户上缴税金551.9万元，比去年同期增长16.7%。实现增加值11374万元，比去年同期增长16.5%，约占本地生产总值的18.8%（统计局提供2011年度全县生产总值预计60623万元）。其中：私营企业完成7298万元，比去年同期增长21.1%；个体工商户完成4076万元，比去年同期增长9%。社会消费品零售额10100万元，比去年同期增长7.4%。

【节能降耗】 福贡县节能降耗领域包括（含建筑业）、农业和交通运输服务业以及居民消费领域，节能降耗的侧重领域是工业，直到2011年止，在福贡县内落户的企业共有19家，从业人员545人，其中水电企业有17家，非电行业2家，根据统计部门第三季度统计数据显示，工业领域工业综合能源消费量为468.6吨标准煤，工业总产值4886.8万元，产值能耗为0.0959吨标准煤/万元，同比下降2.24%，

【任职领导名单】

局　长　和山林

副局长　何蒋才

　　　　寸汝林

贡山县发展改革和经济贸易信息化局

【工业经济运行情况】 贡山县工业经济在去年“8·18”之后，矿业生产大幅下滑的形势下，电力产业保持了基本平稳的发展态势。2011年，全县完成工业总产值（现价）8820万元，同比增长12.27%，完成年初计划的110.25%，其中，规模以上企业完成工业总产值3726.9万元，占全县工业企业总产值（现价）的42.26%，同比增长13.42%，完成目标责任2800万元的133%；规模以上企业工业增加值完成（现计）1249.3万元，同比增长13.44%，完成目标责任1700万元的73.49%。

【电矿指标完成情况】 2011年度，电力产业一枝独秀。全县完成电力产值5969.25万元，占全部工业总产值的67.68%。完成发电量39392万千瓦时，比去年同期增长32.68%（规模以上发电量21992万千瓦时，比去年同期增长7.67%；规模以下发电量17400万千瓦时，同比增长87.82%）。矿业产值大幅下滑，其原因一是资金，二是矿源（老矿区矿业资源枯竭）。凯鸿公司完成锡矿产量20吨，贡山顺达公司铅锌矿产量1360吨，其余各矿业企业都处于探矿中，特别是玉金公司被2010年的“8·18”特大山洪泥石流灾害冲毁，仍处于恢复重建调试阶段，1~11月份铁精粉生产为27600吨（2010年1~7月份生产铁精粉30240吨），因此，电力产业成为贡山县工业经济增长的亮点。

【工业投资】 2011年，全县工业完成投资18647万元，占工业固定资产投资的24.99%，矿业投资完成8366万元。矿业投资主要是：玉金公司独龙底选厂完成投资4476万元，累计完成投资6996万元；德阳硅业公司嘎拉搏硅厂完成投资3870万元，累计完成投资11470万元。其他中小水电投资完成10281万元，成为拉动全县投资增长的重要板块。2012年计划仅矿业固定资产投资4500万元，完成工业总产值（现价）9500万元。

【非公经济发展】 2011年，非公有制经济从业人员2773万人，比上年同期增长11.4%；上缴税金1308万元，比上年同期增长21.5%；全年增加值实现20634万元，比上年同期增长34.9%。非公经济增加值占全县GDP的比重为45.4%。

非公有制经济在稳定社会、财政增收、保障就业、促进经济发展等方面作出了重要贡献。

【节能降耗】　2011年，贡山县紧紧围绕节能降耗的目标要求，鼓励、引导生产经营企业不断强化内部用能管理，积极开展节能降耗和挖潜增效活动，通过各级主管部门及全县各行各业的共同努力下，全县完成国民生产总值为46000万元，能源消费总量29626.56吨标准煤（即创造一万元GDP需要消耗能源0.6441吨标煤），单位GDP能耗下降1.7%，圆满完成2011年度州下达的节能降耗目标任务。

【电子政务信息平台建设】　一是全县开通了贡山县阳光政府四项制度信息系统，阳光政府四项制度信息系统包含听证系统、公示系统、通报系统。二是全县开通云南省政务信息网。三是2011年全县开通了云南省工程建设领域项目信息和信息用信息公开共享专栏。

【信息化建设】　2011年止，基本建成覆盖全县的基础信息网络体系，已开通移动GSM基站18个，TD-SCDMA基站3个，WCDMA基站3个，移动基站18个，固定电话基站23，无线网2G基站28个，截至2011年年底，全县互联网宽带接入用户5405户，无线宽带接入1068户，移动电话用户数23294户，固定电话用户4307户，3G电话用户380户，模拟电视接入221户，数字电视接入2485户。

由于政府机构改革，各单位的“96128”信息查询电话专线信息都有所改动，如联系人、部门负责人、联系号码等单位信息，1至7月份还出现了电话费欠费、电话接听失败还没人接听的情况，有部门还存在多个号码等问题，为整顿此类问题，一方面信息中心及时向局领导汇报，局领导及时向县政府分管领导汇报，采取有力措施，另一方面及时收集各部门新信息，及时上报州工信委，年底，县“96128”信息查询电话专线运行正常，且没有再发生电话欠费、电话接听失败或没人接听的情况。

【任职领导名单】

局　长　和进义

副局长　和玉东

　　　　车鸿生

　　　　张文菊

（王　嫱）

迪庆藏族自治州

迪庆州工业和信息化委员会

【工业经济运行情况】 2011年，全州工业总产值42.2亿元，同比增长23%；全部工业增加值19亿元，同比增长23%，工业经济占地区生产总值和二产的比重都进一步提高。实现利税5.02亿元，同比增长71.9%，对财政的贡献进一步加大。工业生产要素保障好于往年，昆钢铁合金三期、华新水泥等一批项目建成并初步形成产能，主要工业产品产量大幅提高。全州发电量为231708万千瓦时，同比增长20.5%；饮料酒产量为18886千升，同比增长12.8%；水泥产量为521249吨，同比增长182%；铁合金产量为74532吨，同比增长53.3%；铜金属含量产量为16470吨，同比增长14.66%；铁矿石原矿产量为92.88万吨，同比增长11.6%。工业产品市场有所回暖，工业产销衔接明显好转，2011年工业产销率累计达到98.63%，同比增长2.3%。由于产销两旺，我州规模以上工业企业实现主营业务收入35亿元，同比增长47.4%；实现利税5.02亿元，同比增长71.9%；完成利润2.01亿元，同比增长136%，工业经济运行质量上了新水平。

【工业投资】 在格咱有色金属采选冶、香格里拉经济开发区昆钢载能工业园区、维西铁冶基地等重大工业项目建设带动下，以发展生产能力、调整优化升级为主的工业投资快速增长。2011年，全州工业领域投资完成50.05亿元，同比增长25%，其中非电力工业投资完成17.81亿元，同比增长33.9%。

【节能降耗】 节能减排工作机制进一步健全，云南迪庆矿业开发有限责任公司铜矿选矿浮选柱技术应用节能和电机变频技改、昆钢迪庆铁合金公司电机系统节能和能量系统优化技改等一批工业节能技改项目实施投产，迪庆维西至德钦二级公路改造工程隧道机电LED照明技术等基础设施建设工程节能技术改造竣工投入使用。其他领域节能、重点行业企业节能调控得到加强。香格里拉和维西城市污水处理厂已经建成并先后投入运行，全州首个危废处置场所年内即将建成投入使用，水污染防治和危险废弃物处置取得新的突破。我州单位GDP能耗下降2.7%，化学需氧量新增削减量不低于345吨，氨氮不低于23吨。

【非公经济】 2011年，全州非公经济主要指标均保持较高增速。全年完成非公经济增加值31亿元，同比增长8.4%，占全州GDP比重45.5%。全州非公有制经济户数达13847户，同比增长17.4%。其中：私营企业1031户，同比增长12.07%，个体工商户12816户，同比增长17.85%；非公经济从业人员41000人，同比增长7.88%；非公经济注册资本72.6亿元，同比增长0.4%；完成税收3.97亿元，同比增长54.47%；完成社会消费品零售额79029万元，同比增长19.9%，占全州社会消费品零售总额的59.4%。

【信息化建设】 通过实施通信村村通工程、移动网广覆盖工程、宽带网通信工程和新一代信息基础设施建设工程，实现所有行政村村村通电话、所有乡镇3G覆盖、行政村村村能上网。通信基础设施方面，全州建成基站644座；建成覆盖全州的城域光纤传输网，带宽最高达到10G，并与全国通信光纤传输网高速互连；建成10G的SDH环网，构成了覆盖全州的方便、快捷、安全的信息传送平台。市话通信能力大大增强，城乡固定电话用户超过4万户、移动电话用户超过21万户，电信IPTV用户4357户，全州互联网用户已达13776户，网络出口带宽2×2.5Gb/s。政府门户网站的咨询、投诉、互动等功能得到完善，阳光政府四项制度网站及“96128”政务服务专线的作用得到发挥。无线电管理工作依法推进，圆满完成高考、公务员考试等重要活动和省州党代会等重大会议、重点和敏感时间节点无线电保障，管理水平得到提升。

【工业园区建设】 2011年初，州委、州人民政府作出了“以新型工业化为突破口，培育壮大特色支柱产业，不断把巨大的资源优势转化为经济实力”的重大决策。在迪庆香格里拉工业园区格咱有色金属工业片区、老虎箐工业片区（含新仁区）、维西新兴工业片区基础上，建设格咱有色金属工业基地、经济开发区载能工业基地、维西铁冶工业基地，以三大工业基地建设为突破口，带动我州新型工业化进程。

为加强新型工业化领导，州委、州人民政府高度重视园区管委会机构和班子，将维西新兴工业片区管委会、格咱有色金属工业片区管委会，干部按副处级配备。同时，成立了迪庆州新型工业化建设领导小组，下设领导小组办公室及3个工业基地建设推进组，明确了工作目标和工作重点，落实了责任，并安排了专项经费，有力地促进了重点工业项目建设。

2011年迪庆香格里拉工业园区完成工业总产值18.2亿元，同比增长36.6%；完成工业增加值7.3亿元，同比增长15.3%。其中规模以上企业完成工业总产值15.1亿元，完成工业增加值6.2亿元，消耗能源总量64563吨标准煤。园区工业约占全州工业总产值的40%。入园工业企业42户，完成工业领域投资13.32亿元。

【机构设置】　迪庆州工业和信息化委员会的前身为迪庆州工业和信息化局。2011年底，为规范机构名称，州编办下文批准迪庆州工业和信息化局更名为迪庆州工业和信息化委员会，原隶属关系和机构规格不变，为州政府工作部门，正处级。工业和信息化委员会内设8个科室，分别为：办公室、发展规划科（园区办）、经济运行科（三电办）、投资管理与技术创新科（节能办）、中小企业科（非公办）、行业管理科（墙改办）、信息化推进与网络管理科（迪庆州信息化领导小组办公室）、无线电管理监测科（无委办、迪庆州无线电管理处）。

按照规定，工业和信息化委员会机关行政编制29名。至2011年末，局机关共有干部职工31人，其中公务员27名，工勤人员4名。

【大事记】　2月25日，中共迪庆州委办公室、迪庆州人民政府办公室印发《关于成立和调整迪庆州新型工业化建设等四个工作领导小组的通知》（迪办通〔2011〕12号），成立迪庆州新型工业化建设领导小组。

3月17日，迪庆州人民政府办公室印发《关于成立重点工业项目建设推进组的通知》（迪政办发〔2011〕28号），成立迪庆香格里拉工业园区格咱有色金属工业基地、维西铁冶工业基地、经济开发区载能工业基地3个重点工业项目建设推进组。

3月，香格里拉县委、县人民政府组建格咱工业园区管理局；4月根据州委、州人民政府关于组建维西、格咱工业片区管委会有关精神，批准成立迪庆香格里拉工业园区格咱有色金属工业片区管理委员会。

6月15日，松园绿色工业片区云南香格里拉酒业股份有限公司年产1万吨青稞干红、干白和葡萄酒系列灌装生产线改扩建工程开工建设。

6月30日，迪庆经济开发区昆钢铁合金有限公司3期年产10万吨锰系合金项目竣工点火，7月11日21时顺利生产出第一炉锰系铁合金产品。

7月30日，迪庆经济开发区昆钢铁合金有限公司举行三期年产10万吨锰系合金项目竣工庆典和昆钢香格里拉酒店奠基仪式。

7月31日，维西新兴工业片区昆钢维西新材料有限公司举行年产50万吨还原铁项目开工奠基仪式暨矿业开发合作协议签字仪式，一期年产10万吨还原铁项目开工建设。

11月29日，老虎箐工业片区迪庆鑫源实业有限公司技改扩建项目第一台16500KVA铬系合金矿热炉竣工点火，12月1日生产出首批产品。

11月30日，云南省工业和信息化委对迪庆香格里拉工业园区格咱有色金属工业片区总体规划进行审查，以园区〔2011〕810号文件函复通过，同意予以备案。

12月29日，云南省工业和信息化委对迪庆香格里拉工业园区昆钢载能产业园区总体规划进行审查，以园区〔2011〕891号文件函复通过，同意予以备案。

【任职领导名单】

党组书记主任　赵永明
副　主　任　陈玉光
　　　　　　陈　东
　　　　　　余丽南
　　　　　　马玉华
　　　　　　刘秋生

（刘文品）

临　沧　市

临沧市工业和信息化委员会

【工业经济指标完成情况】 2011年，市委、市政府进一步把工业发展提升到全市经济工作的重中之重，4月份召开了全市加快推进新型工业化大会，出台了全市《"十二五"工业发展规划》、《加快发展新型工业化的决定》，提出了实施"六大战略"、发展"六大产业"，促进临沧经济由农业主导型向工业主导型转变的战略目标，设立了工业发展专项资金和微型企业创业扶持专项资金，并制定了用地保障、财税激励等支持政策，有力地促进了工业经济工作的较快发展。全市完成规模以上工业销售收入131.9亿元，占目标任务100亿元的131.9%，同比增长37.5%，超全年目标31.9个百分点；完成规模以上工业增加值56.5亿元，同比增长24%，占目标任务39.2亿元的144.1%，超全年目标44.1个百分点；完成规模以上工业利税总额31.7亿元，同比增长60.1%，占目标任务23.58亿元的134%，超全年目标34个百分点；完成规模以上工业利润总额22.1亿元，同比增长74%，占目标任务16亿元的138%，超全年目标38个百分点；完成全部工业增加值74.1亿元，同比增长26%，占目标任务70亿元的105.8%，超全年目标5.8个百分点；完成全部工业上交税金15亿元，同比增长58%，占目标任务11.25亿元的134%，超全年目标34个百分点。

【工业投资】 千方百计加强项目资金的争取，组织、指导企业做好项目策划、包装、申报工作，主动跟踪、加强衔接、积极推介，2011年度为企业争取到扶持资金7728.7万元以上。加强项目服务，协助企业完善项目核准（备案）、用地、环评、节能评估等前期手续，尽力解决建设中的征地拆迁、融资等困难，推动项目快开工、快建设、快投产。全年工信系统共向上争取资金4828.7万元，完成市下达责任目标3500万元的138%，超全年目标38个百分点。全市共完成工业投资61.7亿元，完成目标任务60亿元的102.8%。在建项目286个，其中：亿元以上项目19个，完成投资16.1亿元，占26.3%；5000万元以上项目43个完成投资13.95亿元，占22.7%。

【工业招商引资】 围绕责任目标，加强与招商等部门的沟通与衔接，不断推进招商引资工作。一是继续抓好项目招商的基础工作，指导各县（区）及大型企业包装招商项目，积极开展招商。二是进一步建立和完善全市工业招商引资监控机制，及时跟踪和掌握各县（区）工业招商引资工作进度和企业发展动态，为政府制定工作措施提供决策依据。三是进一步加大与相关部门的衔接力度，开辟"绿色通道"，积极帮助业主解决审批、土地、融资等招商工作的瓶颈问题。四是以"桥头堡前沿窗口"为统领，充分利用两个市场、两种资源，不断提升发展层次和水平；进一步优化投资环境，以工业园区为依托。全市共引进工业投资项目82个，实际到位资金26.7亿元，占市下达责任目标15亿元的178%。市招商局平衡行业交叉后确认我委工业招商引资项目72个，引资额为19.19亿元，占市下达责任目标15亿元的127.9%（实际到位外资1330.6万元，占市下达责任目标1100万元的120.96%），超全年目标27.9个百分点。

【工业园区建设】 按照"重规划、讲布局、突出特色"的要求，着力加快临沧工业园区基础设施和标准厂房建设，推动园内工业项目快速推进。充分整合资源，完善园区组织建设，重点推进纳入市级督查的镇康边境特色工业园区、凤庆县滇红生态产业园区、云县新材料光伏产业园区3大园区建设。现3大园区总体规划都已通过市级评审并经省工业和信息化委备案，并于9月底先后举行了开工仪式。按照集中集约、错位发展的原则，加快推进县（区）特色工业园区和规划建设。孟定边境特色工业园区、临翔区博尚镇特色工业园区、沧源勐省工业园区等县域园区各项工作正稳步推进。

【科技创新】 首先紧紧围绕全市工业和产业产品结构调整，传统产业和现有企业的优化升级，发挥财政资金扶持和引导作用，促进民间资本和金融机构资金向企业技术改造集中，发挥技术改造周期短、投资省、见效快的特点，谋划组织好一批传统企业和重点项目滚动实施技改，通过大力推动企业技术改造，不断推动工业经济转型升级。其次以企业技术中心建设为核心，加快建设以企业为主体、市场为导向、产学研相结合的技术创新体系，按照省工信委关于开展2011年度企业技术中心申报及评价工作的相关要求，积极组织各县（区）及6户省级企业技术中心所在企业完成了企业技术中心申报评价工作；积极上报企业创新项目计划，滇红集团、澜沧江酒业集团等5户企业实施的5个项目列入省工信委技术创新项目计划。至年底，全市共有省级企业技术中心6个，市级企业技术中心2个，院士研究工作站1个。

【节能减排】 加强节能统计、监测、考核，积极推进节能管理、执法监察和节能服务三位一体的节能管理体系建设。加强重点耗能企业的节能工作，强化能耗指标的监测、分析、控制，严格执行节能评估审查、能源审计，组织开展全市范围的节能减排专项督查，督促各项政策措施的落实。推进企业节能行动，把能源管理与企业管理、企业技术进步相结合，鼓励支持有色、建材、煤炭等传统产业加快节能改造升级，实施清洁生产，开展综合利用，有效调控能耗过快增长。深入开展全民节能行动，加强节能宣传，积极推进节能灯下乡活动、全市“禁实”和建筑节能工作，持续推动全社会节能。2011年全年单位GDP能耗同比下降3.81%，超额完成省政府下达1.7%的责任目标。

【协调服务】 一是抓电力保障。根据和段琪副省长在临调研时的指示和市加快发展新型工业化领导小组云县会议精神，牵头草拟政府、电网公司、用电企业三方消纳协议样本，配合市发改委做好电价优惠政策申报；围绕全市经济社会发展目标任务，紧扣招商引资、项目落地和工业提速，采取切实措施，千方百计保证企业生产、项目建设用电；协调推动供电局做好电网优化调整建设规划，抓紧规划建设镇康220KV变电站、升级博尚550KV开关站为变电站等一批输变电站，满足全市产业发展、园区建设、区域合作和打造城市增长极用电需求；切实做好有序用电工作，及时下达各县（区）供电公司和市地方电网公司有序用电指标。二是抓融资协调。结合企业流动资金需求情况，通过经常性的银政沟通、适时召开银政企3方联席会等措施，进一步加强银政企合作，推动银行机构积极向上争取信贷规模和资金，拓展票据融资、贸易融资等新业务，加快推广林权抵押、中小企业互助担保等担保方式，加大对工业的支持力度。跟踪落实银政企合作促进会签约项目，促进协议资金尽快到位。落实鼓励金融机构加强金融服务的相关政策，发挥好担保公司、小额贷款公司的作用，整合金融资源，缓解中小企业融资困难。三是建立工信系统重点企业运行监测机制。对规上企业的资产、负债、损益、现金流、产销存等生产经营状况及发展趋势进行全面监测，跟踪分析异动指标、波动因素，及时发现问题，协调解决问题，促进企业稳定运行。

【非公经济和中小企业发展】 全面贯彻落实《中共临沧市委关于实施城乡居民收入倍增计划的决定》，认真贯彻落实国家、省、市支持企业加快发展的相关政策措施，着力实施成长型企业培育工程，从项目支持、资金扶持、要素协调、管理培训等方面入手，加大对中小微型企业培育力度，积极推动一批500~2000万元企业“小进规”，全年全市新增规上企业5户。下拨项目扶持资金1000万元，扶持项目315个，每户扶持资金2~5万元。2011年全市非公经济总量达到5.2万户，同比增长18.1%；从业人员15.1万人，同比增长21.7%，完成省下达责任目标11.7万人的129%，完成市下达责任目标14.6万人的103.4%；非公经济上缴税金8.1亿元，同比增长31.4%，完成市下达责任目标7.4亿元的109%；完成增加值102.3亿元，同比增长18.6%，完成省下达责任目标83.5亿元的122.5%，完成市下达责任目标95亿元的107.68%。

【信息化建设】 积极贯彻落实信息产业发展政策措施和规范技术标准；协调监督全市各类信息应用系统建设和信息资源开发工作；认真开展重大信息化建设项目组织协调、技术论证、监督实施和评估验收工作；指导推进各类网络资源的综合利用和互联互通工作；开展了信息化建设和“两化融合”的调研工作，做好“两化融合”方面的项目申报工作；全面掌握全市8县（区）包括信息化基础设施、电子政务、“三网融合（广电网、电信网、互联网）”等现状及发展状况；积极做好企业信息化经验交流、专题培训等服务工作和推进政务信息资源开发利用和共享；指导、协调政府信息公开工作，认真做好政务信息查询工作建设和96128品牌化建设；全市政务服务96128专线话务量1490次，转接总次973次，转接成功次数834次，转接成功率98.46%，公众满意率97.36%。开展了2011年度临沧市政府信息系统安全检查工作；配合相关部门开展网络环境和信息治理；参与配合做好公共资源交易平台建设工作；配合市纪委共同举办了全市工程建设领域项目信息和信用信息公开共享专栏平台培训会。

【无线电管理】 无线电行政管理工作不断规范化、常态化。根据《中华人民共和国无线电台执照管理规定》，“无线电台执照有效期3年，实行一年一检”，按照无线电台站属地管理原则，完成全市3517个无线电台站的无线电台执照年检。向全市31个应缴纳无线电频率占用费的单位，填发了《云南省财政收入缴款书》，要求各设台单位将应交的无线电频率占用费按时缴入国库，2011年应缴纳的无线电频率占用费14万元。无线电监督检查工作是促进无线电事业安全、健康和可持续发展的重要保证。通过坚持日常监管和专项检查相结合、主动监管与受理投诉相结合，进一步推进行政执法和监督检查工作经常化、制度化、规范化。

【表彰】 2011年8月30日，云南省企业联合会、云南省企业家协会在昆明发布2011云南100强企业排序和2011云南100强企业发展报告上，临沧市进入2011云南100强企业有：临沧南华糖业有限公司（排名第43位）、云南澜沧江酒业集团有限公司（排名第88位）。其中，临沧南华糖业有限公司还进入利润30强排行榜（排名第18位）、利润增长率30强排行榜（排名第3位）、人均利润30强排行榜（排名第22位）。

【机构改革】 根据《中共云南省委办公厅云南省人民政府办公厅关于印发〈临沧市人民政府机构改革方案〉的通知》（云厅字〔2010〕10号）精神，设立临沧市工业和信息化委员会，为临沧市人民政府工作部门，正处级，加挂临沧市无线电管理办公室、临沧市中小企业局牌子。整合划入原临沧市经济委员会除乡镇企业行业管理、能源管理和煤矿安全生产监督管理外的其他职责、临沧市无线电管理处的职责、临沧市信息产业办公室的职责。临沧市工业和信息化委员会内设13个机构（正科级）和机关党委。即办公室、经济运行科、发展规划科、技术创新和园区管理科、交通物流和电力保障科、原材料和装业科、消费品工业科、节能管理科、中小企业科、网络和信息资源管理科、无线电管理科、煤炭行业管理科、老干部管理科。负责管理临沧市信息服务中心、临沧市组织干部管理中心和临沧市无线电监测站。市工信委设有委党组、机关党委，下设两个机关支部、一个老干支部，有工会、妇联组织。2011年年末，全委有干部职工56人，其中，国家公务员41人，事业9人，机关工勤人员6人。

【年度任职领导名单】

书记、主任 张廷忠

副主任 罗正武

廖国强

羊葵

倖忠华

信息产业办主任 张华开

（杨家恒）

临翔区工业和信息化局

【工业经济指标完成情况】 2011年，临翔区完成工业增加值67200万元，比去年同期47600万元增长41.18%，完成年度考核目标任务6.7亿元的100.30%。工业完成上交税金9700万元，比去年同期8100增长19.75%，完成年度考核目标任务0.96亿元的101.04%。规模以上工业企业完成工业增加值57000万元比去年同期42976增长32.63%，完成年度考核目标任务6亿元的95%。规模以上工业企业完成利税总额21400万元比去年同期18380增长16.43%，完成年度考核目标任务20500万元的104.39%。规模以上工业企业完成利润总额15100万元比去年同期12412增长21.66%，完成年度考核目标任务12500万元的12.8%。2011年全区实施非电工业项目25个，（含市工业园区项目11个），1至12月完成投资63659万元，完成目标6亿元的106.1%。

【非公经济发展】 2011年，完成非公经济增加值171000万元，完成目标任务19.4亿元的88.14%。上交税金14066万元，完成目标任务1.4亿元的100.47%。从业人员30121人，完成目标任务2.7万人的111.56%。

【节能降耗】 市政府下达给临翔区的目标为2011年单位GDP能耗比2010年下降2.0%。年内单位GDP能耗比2010年下降2.0%。

向上争取项目资金责任目标完成计划。

【协调服务工作】 根据“三个一百”工作目标的要求，加强对工业经济和工业企业的监测统计。加强对规模以上企业销售收入、工业固定资产投资的统计监测。强化与相关部门的工作衔接，确保统计监测数据的准确性和一致性。强化“大项目支撑大工业、大工业带动大发展”的理念，把项目建设作为重中之重，想方设法引项目，千方百计上项目，集中精力抓项目。一是抓项目管理。抓好需要进一步宣传、推介、洽谈，争取尽快签约的项目；抓好需要加快前期工作，争取尽快开工的项目；抓好需要加快工程进度，争取尽快投产的项目的管理。二是抓项目招商。充分利用区位、资源、产业等优势，积极做好项目包装推介。三是抓项目推进。全面落实项目建设推进责任制，围绕精选一批储备项目、推出一批签约项目、推进一批开工项目、促进一批竣工项目的“四个一批”的工作目标，按照每个项目有一名处级领导挂钩协调、每个项目有一名责任人抓好落实、每个项目有一个服务小组上门服务、每个项目有一套方案推进实施、每个项目有一套规范程序流程、每个困难有一个解决办法的“六个有”工作措施，突出在建项目抓进度，前期项目抓报批，备选项目抓衔接，切实提高项目的对接率、成功率和开工率，加快推进重点工业项目建设。

积极向上争取微型企业扶持资金，2011年争取到省级扶持资金630万元。认真做好2011年临沧市和临翔区两级政府对微型企业创业专项的申报工作，申报50户，市政府审批确定扶持38户。申报区政府扶持68户，区政府审批确定扶持68户。深入中小企业做服务企业发展工作。及时帮助企业协调解决在项目建设、生产经营中存的困难问题。

【调整产业结构】 坚持以结构调整为主线，以提高企业竞争力为核心，不断推动产业结构优化升级。一是培育壮大龙头企业。围绕资源开发和资源整合，努力引进具有自主知识产权、主业突出、竞争力强的大企业、大集团、上市公司，做强做大工业产业。鼓励企业开展品牌创新、研发设计，提升产业竞争力和市场占有率。重点培育以泛华公司为龙头的林板一体化产业，以天鸿公司为龙头的高岭土产业，以鑫圆公司为龙头的锗产业，以现有硅冶炼企业为基础，引进实力强的大企业培育为硅产业的龙头企业。二是实施品牌质量工程。品牌就是竞争力，就是产品质量，就是

耿马县工业商务和科技信息化局

【工业经济指标完成情况】 2011年，全县实现地方生产总值443141万元，按可比价计算，同比增长15%；全部工业实现增加值71842万元，按可比价计算，同比增24.7%，比全县生产总值增速高9.7个百分点，占全县生产总值的16.21%；规模以上工业实现增加值62908万元，按可比价计算，同比增27.6%，增幅较去年同期提高7.3个百分点。全县工业累计完成工业总产值（现价）172430万元同比增34.13%；上缴税金21200万元，同比增71.95%。

规模以上工业企业支撑全县工业经济作用突出，依然是拉动县域经济增长的主要原因。2011年，规模以上工业企业累计完成工业总产值（现价）154269万元，同比增38.65%，占全县工业总产值的89.46%；实现工业增加值62908万元，同比增27.6%，占全县工业增加值的87.56%；实现销售收入170400万元，同比增53.7%；实现利税总额43604万元，同比增49.63%；利润总额31804万元，同比增51.16%；上缴税金16616万元，同比增88.71%，占全县工业税金的78.75%。全县规模以上工业企业亏损1户，亏损额11292万元，比去年同期增亏6583万元。

2011年，全部工业上交税金21200万元，占全县财政收入39626的53.5%。其中：规模以上工业上缴税金16616万元，同比增88.71%，占全县工业上缴税金的78.75%。

【主要工业品产量】 2011年，纳入统计的重点监测工业品6增4减，其中，生产机制白砂糖189487吨，同比增2.96%；生产酒精18065千升，同比增4.88%（鑫承酒精厂生产酒精4822千升，同比增71.59%）；生产化学药品原料药215吨，同比减91.89%；精制茶2158吨，同比减7.39%；发电量12298万度，同比增82.41%（小水电2242万度，同比减9.51%）；原煤28873吨，同比增65.97%；纸浆53883吨，同比增164.56%。

【重点行业发展】 2011年，制糖行业引领重点行业持续发展，在新兴产业浆纸业的注入下，全县工业经济稳步增长。

制糖行业：受益于国内糖价继续高位趋稳及甘蔗产量增长等有利因素，制糖业依然是拉动全县工业经济增长的主力军。10/11榨季共入榨甘蔗153.37万吨，同比增10.18万吨，平均出糖率12.35%，同比减0.5个百分点。产机制白砂糖18.95万吨，同比增2.96%。生产酒精14125千升，同比减8.22%。白砂糖平均销价每吨（含税）7049.8元，比上年同期的5156.18元增1893.62元。酒精平均销价每吨（含税）6770.1元，比上年同期的5881.48元增888.62元，产销率100%。应付蔗款58129万元，兑付率100%。制糖业完成工业总产值130588元，同比增34.32%，占全县总产值的75.73%；完成工业增加值51909万元，同比增29.62%，占全县工业增加值的72.25%。完成销售收入142567万元，同比增46.64%；实现利税总额54183万元，同比增63.51%；实现利润43085万元，同比增83.7%。上缴税金15316万元，同比增78.59%，占全县工业上缴税金的72.59%。

浆纸行业：临沧南华纸业公司2011年完成工业总产值24753万元，同比增117.7%；工业增加值7975万元，同比增142.69%；实现销售收入23038万元，同比162.93%。

【非公经济发展】 2011年，全县非公经济户数达7746户，同比增16.94%，其中，个体工商户7511户，同比增16.7%，私营企业235户，同比增23.7%。从业人员20004人，同比增29.4%，其中：个体工商户12950同比增49%，私营企业7054人，同比增4.2%。注册资金91785万元，同比增42.8%。上缴税金14000万元，同比增79.23%。完成增加值170000万元，同比增31.27%。实现消费品零售额101741万元，同比增20.17%。

【微型企业扶持】 根据《临沧市工业和信息化委、市财政局关于做好2011年临沧市微型企业创业专项资金扶持发展申报工作的通知》（临工信发〔2011〕266号）精神，结合我县微型企业发展状况，我局高度重视，切实把抓好微型企业创业专项资金扶持发展申报工作作为当前工作的重中之重，及时安排部署，并行文下发各乡镇和三个管理区，组织符合条件的微型企业争取创业专项扶持发展资金。经会同县财政局、各乡镇人民政府和乡镇工商所共同审核把关，2011年全县各行业中共有75户企业和个人得到微型企业扶持，市、县共补助资金129万元。通过此项工作的开展可充分激励和引导创业者的创业热情，为我县全面推动微型企业发展营造良好的舆论氛围，奠定坚实的基础。

【安全生产】 为进一步加强煤矿安全生产责任制的落实，年初及时与煤矿签订了2011年安全责任书，在“元旦”“春节”“泼水节”“五一”“十一”等重大节日期间，我们按照安全生产措施严格要求，对生产过程中存在的安全隐患进行认真排查，督促企业制定整治方案，在相关部门的配合下，共深入现场检查安全生产及宣传8次，40人次，出动车辆8台次，转发省、市煤炭安全生产相关文件材料41份。“六月安全月”活动期间粘贴标语30条，悬挂横幅2幅，共印发宣传材料150份；组织参加省、市煤炭安全知识培训120人次，特员培训26人次。云南方圆中正工贸有限公司对矿井进行了瓦斯等级鉴定，鉴定结果为低级。企业及时成立了安全救护队，通过市级验收，组织培训救护队员9人次；我局还组织相关部门对允佑河煤炭兼职救护队装备建设竣工验收。各项工作的开展有力地促进了企业牢固树立“安全第一、安全责任重于泰山”的工作意识。

【重点项目建设】 按照“工业强县”的发展战略目标，我局认真跟踪重点工业投资项目，2011年全县工业重点建设项目有拉法基瑞安（临沧）水泥有限公司2000吨/日水泥熟料生产线、耿马南华勐永糖业有限公司日处理甘蔗2500吨技改为4500吨项目、耿马鑫源水业有限责任公司耿马县城日供水5千立方米改扩建为1.5万立方米项目、耿马泰兴发展有限公司年产10万立方米建筑模板生产线项目、耿马山水木业有限公司年产1000立方米直接拼板加工车间建设项目等31个，项目计划总投资239500万元，累计完成投资84500万元，2011年实际完成投资72800万元。其中：新建项目12个，项目计划总投资14800万元，累计完成投资15200万元；2011年实际完成投资11200万元，技改扩建项目19个，项目计划总投资224700万元，目前累计完成投资69300万元，2011年实际完成投资61600万元。

【工业园区规划】 耿马工业园区按照“一园两片”的思路，坚持地方特色突出、空间架构合理、资源利用充分、产业布局科学、配套设施健全的原则，加快耿马工业园区的规划和建设。耿马工业园区为“一园两片”，即第一园区（耿马镇片区）和第二园区（勐省片区），园区规划面积8.46平方公里（846公顷）。园区建设主要依托羊耿线和耿沧线二级公路的建设，改善物流条件，积极引进符合国家产业政策，与当地特色优势资源相结合的产业、企业向园区聚集，耿马片区重点发展蔗糖、糖蜜酒精、生物药业、矿电、农副产品深加工、木材深加工、新型建材及仓储物流等产业，勐省片区重点发展蔗渣浆纸、林纸一体化、农产品加工等产业，促进产业聚集、集中、集约。目前，《耿马工业园区总体规划》和《耿马工业园区可行性研究报告》已通过市、县两级评审。

耿马（孟定）边境特色工业园区规划建设是根据《国务院关于支持云南省加快建设面向西南开放重要桥头堡的意见》及和段琪副省长在临沧调研时的指示精神，结合《临沧边境特色工业园区主体规划》和《边境经济合作区规划》要求，按照原料在外、市场在外、能源在外“三头”在外的发展思路，充分利用两种资源，两个市场，发挥区位、特色产业、农业产业、林业资源、矿产资源、水电资源及旅游资源等优势，建设一批符合国际标准，面向国际市场的农产品生产和加工基地，加大对重点地区、重点企业、重点产品和重点出口基地的支持力度，形成农产品出口产业群。耿马（孟定）边境特色工业园区初步规划总面积37.14平方公里（境内），按照一园三片区规划设计：一片区为清水河片区；二片区为大水井片区；三片区为南宋里片区。规划单位云南开发规划设计院已驻耿马开展规划设计工作，园区规划工作正有序开展。目前，《耿马孟定边境特色工业园区总体规划》和《耿马孟定边境特色工业园区建设项目可行性研究报告》已通过了市、县两级专家评审。

【信息化建设】 一是配合省、市两级网管中心做好视频会议系统网络的调试工作，顺利完成了云南省通过电子政务视频会议系统召开的《云南省领导干部时代前沿知识讲座》的收看工作，同时做好省、市通过视频会议系统召开的其他会议的技术保障工作；二是做好政府公众信息网站的日常维护，保证网站正常运行，网站信息做到每天更新一次；三是进一步做好阳光政府四项制度信息发布系统的技术保障工作，保证了全县47个单位开通的重大决策听证系统、重要事项公示系统、重点工作通报系统，26个单位开通的行政审批系统，55个单位开通的政务信息网络查询（FAQ）系统和96128电话查询系统能正常运行；四是积极做好政府系统信息安全检查工作；五是认真做好政府信息公开网站技术保障工作，保证全县已开通46个部门的政府信息公开网站运行正常；六是认真做好云南省非涉密电子公务交换系统的维护工作，保证系统运行正常，文件能正常收发；八是完成行政执法与刑事司法平台的维护工作；九是认真做好全县县乡镇视频会议系统和电子公文交换系统的维护工作。

【无线电管理】 一是做好耿马京云民族中学内无线电简易监测站的日常管理维护工作，保证设备运转正常，数据能正常接收；二是圆满完成了无线电频率、台站行政许可申请的前期审查及申请单位材料的初验工作；三是认真开展了设台单位拟建台站的实地勘验工作，对电信公司、移动公司、联通公司在耿马县辖区内拟建的基站进行了初勘；四是积极参与市工信委无线电管理科对耿马自治县森林防火指挥部基地台干扰源的排查工作；五是做好耿马县腾达汽车出租有限责任公司基地台和车载台的管理和维护工作；六是认真组织开展了清理违法使用对讲机专项行政执法活动；七是利用全县科普宣传日活动，积极开展无线电宣传工作。

【机构改革】 耿马傣族佤族自治县工业商务和科技信息化局根据《耿马傣族佤族自治县人民政府办公室关于印发〈耿马傣族佤族自治县工业商务外事和科技信息化局主要职责内设机构和人员编制规定的通知〉》（耿政办发〔2011〕105号）于2011年7月组建。2011年11月县人民政府从新下发《耿马傣族佤族自治县人民政府办公室关于印发〈耿马傣族佤族自治县工业商务和科技信息化局主要职责内设机构和人员编制规定〉》（耿政办发〔2011〕212号）将县外事办公室从工科局连人带编分出，并安排县工业商务和科技信息化局机关人员编制43名，（行政编制14名，暂定人员29名。）其中：局长1名（正科级）副局长3名（副科级，1名副局长兼任县中小企业局副局长）；清水河片区开发办主任1名

大理创新工业园区

大理创新工业园区自2003年9月省政府大理滇西中心城市建设现场办公会之后开始建设，是列入《云南省新型工业化发展规划纲要》的首批省级重点工业园区，2008年被评为“云南省十大优秀工业园区”之一。2011年园区完成工业总产值80亿元，为创建之初3.8亿元的21倍，园区固定资产投资完成8亿元，园区财政收入完成近2亿元，“十一五”以来，园区发展得到加快，并呈现以下六个发展特点。

一是科学规划归类发展：大理创新工业园区规划面积47.32平方公里，涵盖凤仪大部分适宜开发面积及经开区上登工业区，园区范围南至三哨水库，北至上登工业区滇西水泥厂，东西至凤仪镇东西面山脚。园区定位是发展成为大理滇西中心城市建设的产业支撑，产业发展目标是大理市新增工业、搬迁工业的集聚地，物流产业的集聚地。园区采取集中连片式和组团式布局，“两园一区”的架构模式建设，分别用于发展新型工业、现代物流产业。

二是体制改革助推发展：按照州市的有关要求，大理创新工业园区设立园区党委，依法按程序设立一级金库，实现园区财政的独立运行，设立园区土地收储中心，实现在一级市场上对园区土地的收储，通过落实相关的行政授权，实现在园区办理项目用地的相关手续、项目规划审批的相关手续、项目立项备案的相关手续，体现出体制顺、机制新、活力现的良好局面。

三是产业发展有新突破。园区产业发展按照历史传统的发展需要，形成以汽车及机械制造、纺织服装加工、食品及医药生产为主的产业发展方向，其中在汽车及机械制造产业，云南力帆骏马车辆有限公司累计投入近20亿元，成为云南省最大的汽车制造企业，也是园区产业发展方面的主要力量。

四是科技创新提升发展。园区从产业集中度较高的汽车、水泥等行业入手加强此项工作，引导鼓励相关企业加强科技创新能力的提升，加大科研经费的投入，先后有大理滇西水泥股份有限公司、云南力帆骏马车辆有限公司获得省级企业技术中心认定。园区获得省级“载货汽车制造”高新技术特色产业基地的认定，云南力帆骏马车辆有限公司、云南三环车桥有限公司获得产业基地骨干企业的认定，经省工信委确定，园区成为全省首批三个“信息化建设试点园区”之一。2011年，启动了估算投入6亿元的力帆骏马汽车研发中心建设项目，项目建成后，将使云南力帆骏马车辆有限公司的科技创新能力在同规模企业中处于领先水平。

五是物流产业稳步发展：以大理创新工业园区被确定为全省四大物流枢纽园区为契机，在前期完成大理铁路货运站以东仓储项目的基础上，完成了大理物流园区的核心区域2.51平方公里范围的控制性规划。通过加大招商引资力度，完善发展基础条件，实现了一批物流项目在园区的投资建设。

六是标准厂房顺利推进：园区实施的标准厂房一期已建设完成，规划占地108亩，建设标准厂房4.25万平方米，综合服务用房1126平方米，累计完成投资8100万元，并引进中材科技等7户企业入驻，厂房使用率达100%。

云南锡业集团（控股）

2011年12月6日，省委副书记、代省长李纪恒（前右二）到云锡控股公司考察

2011年7月11日，省委常委、昆明市委书记仇和（前左二）到云锡控股公司考察

2011年4月27日，省委常委、副省长李江（左二）到云锡控股公司考察

2011年10月17日，省委常委、组织部部长刘维佳（中右二）到云锡考察

2011年，云南锡业集团（控股）有限责任公司（以下简称云锡控股公司）以科学发展为主题，以转方式调结构为主线，全面贯彻落实云锡第九次党代会确立的“1188656”发展纲要，推进实施“十二五”规划，体制机制改革深入推进，管理水平有效提升，企业转型升级进一步加快，各大产业板块加快发展，资源拓展成效显著，市场营销工作进一步加强，科技创新能力不断提升，人才队伍建设不断加强，人力资源结构进一步优化，企业发展能力、竞争能力和综合实力大幅度提升，企业凝聚力、执行力和自主发展能力进一步增强。在全司干部职工的共同努力下，较好地完成了2011年各项生产经营目标和任务，继续保持了快速发展的良好势头，企业发展迈上了一个新台阶。

2011年完成有色金属总产量24.56万吨，同比增长45.3%。完成产品锡5.62万吨，锡材1.81万吨，锡化工1.43万吨。完成贵金属369吨。实现营业收入205亿元，利税总额21亿元。

深化体制改革，全面推进转方式调结构。深入推进集团化管控体制改革，构建了以云锡股份公司为核心企业的有色金属产业板块组织管理模式，充实调整了云锡控股公司和云锡股份公司的管理职

有限责任公司

能，促进有色金属产业板块更好更快发展。构建了管理高效、运作有序，适应产业多元化、产权多元化、经营国际化新特点的集团化组织管控架构，为云锡控股公司打造国际一流矿业企业奠定了坚实的基础。

按照转方式调结构总体要求，紧紧围绕产业、产品、资产、资金、组织、人力资源六个方面的结构调整，全力推动企业发展方式的转变。以建设资源节约型、环境友好型企业为着力点，大力发展循环经济、低碳经济和绿色经济，不断拓展云锡特色新型工业化发展道路，企业转型升级达到了一个新高度。云锡控股公司被国家列为云南个旧多金属“矿产资源综合利用示范基地”。

持续推进“双创一加强”工作，管理创新成效显著。认真开展了“管理水平提升年”活动，各项管理工作取得了新进展。铅业分公司、贵研催化剂公司等单位的整体管理水平达到了国际同行业先进水平，一大批企业进入了国内、省内、州内的先进企业，企业整体管理水平迈上了一个新台阶。

积极拓展融资渠道，优化资产资本资金结构，提升企业多元化资本运作能力，为重点产业项目建设提供资金保障。锡业股份12亿元公司债券发行工作已完成；40亿元非公开发行股票中国证监会已正式受理。贵研铂业2.7亿元再融资工作已完成。

加快信息化建设步伐，以信息化促进管理现代化，进一步提高管理运行效率。

夯实产业发展平台，加快打造各大产业板块

——有色金属产业板块。个旧东部区域矿山主体框架工程基本形成。1800、1600、1360三大平台建设顺利推进，老厂分矿三个500吨/日硫化矿生产基地、大屯选矿厂8000吨/日硫化矿选厂改扩建工程等矿山采选生产基地建设加快推进，生产力布局不断优化。华联锌铟210万吨/年采矿扩建项目和8000吨/日选矿扩建项目各项工作加快推进。

10万吨/年铅熔炼系统达产达标，10万吨/年铜项目即将竣工投产，10万吨/年锌项目有序推进。加快锡精深加工产品提质提级。郴州锡材深加工产业基地投入试生产。

——贵金属产业板块。“400万升催化剂产业项目”、“多品种、小批量军用贵金属新材料科研

建成投产的10万吨/年铅冶炼厂

即将建成投产的10万吨/年铜冶炼厂

老厂分矿羊坝底3000吨/日硫化矿选厂

云锡控股公司组织职工赴美国斯坦福大学“战略管理与MBA专题研究班”学习考察

通过斯坦福大学专家评审团组织的学习专题论文答辩

表彰2010年度“感动云锡”十大人物

云锡控股公司庆祝中国共产党建党90周年职工大型演唱会现场

生产基地”和“稀贵金属综合利用新技术国家重点实验室”等项目的申报和建设有序推进。

——新能源产业板块。“100兆瓦多晶硅片建设项目”稳步推进；云锡同乐太阳能公司光热一期项目建成投产，正加快市场拓展。圣比和公司被省科技厅认定为“云南省动力电池材料工程技术研究中心”。

——建筑房地产产业板块。沉着应对国家宏观政策调整，寻找机遇，顺势而谋，做好项目推进和项目储备工作；严格资金管理，化解项目风险，提高项目运营质量。

——传统优势特色产业板块。结合传统优势特色产业的实际和特点，系统全面地对传统优势特色产业进行调研，科学分析产业现状及发展优势。

大力实施资源战略，不断提升资源保障能力。加大力度推进实施资源拓展战略，初步搭建起了省内、红河州、玉溪地区、滇西资源平台，深化了四川、内蒙古、新疆、湖南、澳洲等资源拓展工作。加大资源项目的并购和整合力度，在资源拓展上取得重大突破，在资源平台搭建和资源项目拓展方面取得进展。

个旧矿区找矿持续取得好效果，新增有色金

云锡郴州公司锡深加工项目竣工投产

云锡同乐太阳能公司生产的真空管

属资源18.7万吨。老厂东铜锡矿接替资源勘查等三个全国危机矿山项目圆满完成，云锡控股公司被国土资源部评为“全国危机矿山接替资源找矿先进集体”。西区资源整合取得实质突破，整装勘查工作正顺利推进。

红河州内资源整合取得重大突破，与六个县市签订资源整合框架协议。省内资源拓展工作正在积极推进，与文山州人民政府签订战略合作协议，为拓展滇东南资源创造了更加有利的条件。积极拓展省外资源项目。组织了多支专业技术队伍对美国、俄罗斯、玻利维亚等海外资源考察和论证工作。

加强和改进科研工作，较好发挥科技的支撑和带动作用。荣获国家科技进步奖二等奖1项，中国有色金属工业科学技术奖二等奖2项，省级科技进步奖二等奖1项、三等奖2项。被云南省政府授予“十一五”省科技计划组织管理先进集体。

优化人力资源结构，提升人力资源管理水平。编制了《2011～2020年人力资源规划》，明确了“十二五”期间人才工作的目标，全力打造适应云锡跨越式可持续发展需要的人才队伍。加大人才培养力度，加快人才队伍建设，不断提高培训的针对性和实效性。荣获“有色金属行业职教先进单位”称号。

认真做好安全、环保和质量工作，企业社会形象全面提升。云锡控股公司被国家安监总局确定为“安全生产标准化建设示范企业”。完成了《氧化亚锡》《焦磷酸亚锡》等8个企业标准的制订和修订，云锡为主修订的《铸造锡铅焊料》国家标准被评为“云南省标准化技术创新奖”。质量管理QC小组活动持续有效开展，再次荣获“全国质量管理小组活动优秀企业”称号。被评为“中国质量诚信企业”、“云南省企业标准化良好行为4A级示范企业”，荣获“云南省质量效益型先进企业特别奖”。环境保护工作进一步强化，编制了《重金属污染综合防治“十二五”规划》。

“十二五”期间，云锡控股公司将按照新一届省委领导班子提出的“三年倍增、五年跨越”发展目标要求，走云锡特色新型工业化道路，推动新的跨越式可持续发展，打造国际一流矿业企业。

（撰稿人：杨林　单国松）

中华人民共和国
国家科学技术奖励
证书

国家科学技术进步奖
证　书
为表彰国家科学技术进步奖获得者，特颁发此证书。
项目名称：矽卡岩型极低品位难选多金属共伴生矿高效综合回收新技术
奖励等级：二等
获 奖 者：高文翔
证书号：2010-J-252-2-12-R02

云南锡业集团（控股）有限责任公司：
你单位在全国危机矿山接替资源找矿专项组织管理工作中贡献突出，被评为先进集体。
特发此证，以资鼓励。
二〇一一年十月

“云锡YT”商标被国家工商行政管理总局商标局认定为
中国驰名商标
云南省工商行政管理局
二〇〇九年四月

“贵研SPM及图”商标被国家工商行政管理总局商标局认定为
中国驰名商标
云南省工商行政管理局
二〇〇九年四月

云南铜业（集

总经理、党委副书记　杨超

党委书记、副董事长　施维勤

2011年7月18日，中铝公司与省国资委签订云铜集团股权转让协议

云南铜业（集团）有限公司（以下简称“云铜集团”）成立于1996年，经过十多年的改革发展，已成为国内领先、国际知名的集铜金属探、采、选、冶、加为主，涉及锌、钛、钼、磷等资源开发以及金、银和多种稀贵稀散金属综合回收的多金属矿业公司，业务涉及有色金属、地质勘探、工程咨询、化工生产、期货经纪、物流运输、国际贸易等多个行业。

自集团成立尤其是2008年以来，云铜集团遵循企业发展规律，确定“优化结构、突出主业，加强管理、效益优先、做大资源、做强矿山、做优冶炼、做精加工”的发展思路和“两级治理、统分结合、集中管理、分级负责”的管控模式，转变发展方式，推进结构调整，深化管理创新，加强总部管控，实施运营转型，企业走上了内涵式效益型的科学发展之路。

法人治理结构完善。在中铝公司和云南省政府战略合作的推动下，集团股权结构和治理结构得到优化，现有三家股东，其中：中铝公司占股58%，云南省国资委占股24.6%，云南省工业投资公司占股17.4%。

发展布局走向世界。云铜集团以“立足云南、进军国内、辐射周边、走向海外”的胆识，充分利用国内外“两种资源、两个市场”，在四川、内蒙古、新疆、青海、西藏、广东等省区，赞比亚、澳大利亚和东南亚国家以及云南省多个州市投资开发资源。

产业产品结构优化。云铜集团现拥有5座冶炼厂和11座大中型铜矿山，形成了年产精矿含铜近10万吨、矿产粗铜45万吨、精炼铜63万吨的能力，拥有19个系列、180余种产品。“铁峰”牌高纯阴极铜在伦敦

团）有限公司

金属交易所注册交易，荣获“中国名牌”称号。“铁峰”牌黄金、白银在伦敦金银市场协会及上海黄金交易所注册交易。

科技进步行业领先。云铜集团深入实施科技兴企战略，先后获省部级科技成果奖24项，申报国家专利100项。矿山采选、铜冶炼和节能减排技术分别达到国内、国际和行业先进水平。“富氧顶吹铜熔池熔炼技术”获得2006年度国家科学技术进步二等奖，“难处理氧化铜矿资源高效选冶新技术”获得国家技术发明二等奖，“铜冶炼行业低浓度二氧化硫废气治理及设备”项目获国家环保总局颁发的环境保护科学技术三等奖。

综合实力持续提升。2011年12月末，云铜集团总资产达483亿元，净资产181亿元，荣登云南省2011年度百强企业第六位。集团及所属企业先后荣获全国“五一”劳动奖状、“全国模范劳动关系和谐企业”、“全国厂务公开先进单位”、“全国‘十一五’时期社会主义劳动竞赛先进集体”、“中国理财名企”、“云南省国企改革先进单位”、“云南省‘十一五’节能减排先进单位”、“云南省标准化创新贡献奖”、“中铝公司、云南省先进基层党组织”、“云南省‘兴边富民工程’工会行动突出贡献奖”等荣誉。

走进“十二五”新的发展机遇期，云铜集团将深入践行科学发展观，着力打造资源、技术、品牌、资金、人才、管理优势，深入实施结构调整、资本运作、运营转型、精益管理等战略，确保实现“326873”发展目标，为云南社会经济和中国有色金属工业又好又快发展作出新的贡献。

2011年5月14日，省委副书记李纪恒到云铜下属企业迪庆矿业看望职工

云铜集团与富滇银行签订银企战略合作协议

中铝云铜老挝琅勃拉邦国际度假酒店奠基

云南冶金集团

党委书记、董事长　董英

党委副书记、总经理　田永

云南冶金集团于1989年由原云南省冶金工业厅改制成立，是以铝、铅锌、锰、钛、硅产业为主，集采选冶、加工、勘探、科研、设计、工程施工、装备制造、内外贸、金融、物流、房地产以及冶金高等教育为一体的大型企业集团。2008年12月重组改制为混合经济所有制的股份公司，云南省国资委、云南省投资控股集团公司、汕头市百联兴业投资公司持股比例分别为70%、15%、15%。集团现有控股企业77户，其中拥有云铝股份、驰宏锌锗2家A股上市公司，在职职工3万余人。集团连续11年入围中国企业500强，综合实力位居中国有色金属行业和云南省属企业前列。

云南冶金集团坚持以“兴企报国、创造卓越”为使命，以“行业领先、世界一流”为愿景，以“履践先行、勇者无疆”为精神，以“诚信、责任、合作、和谐、创新”为理念，走出了一条科学发展、绿色发展、和谐发展之路。

云南冶金集团多年来保持健康稳定发展，现已形成采矿225万吨、选矿281万吨、冶炼124万吨、深加工42万吨的年生产能力。2006年营业收入首次突破100亿元，实现跨越发展；2007年营业收入166亿元、利税37亿元、利润26亿元，创历史最高水平；2008年、2009年受到金融危机严重冲击，但仍保持盈利并逐步向好；2010年金属产量首次突破100万吨、营业收入达170亿元、资产总额近440亿元，实现恢复性增长；2011年生产金属总产量107万吨，资产总额达到527亿元，营业收入突破200亿元，生产经营迈上历史新台阶，实现“十二五”良

股份有限公司

好开局。

办公大楼

云南冶金集团总体装备技术、生产工艺达到国内领先、国际先进水平，培育出了云铝股份、驰宏锌锗等多家行业标杆企业，成为节能环保的典范。集团拥有国家级技术中心等一批科技创新平台，拥有一大批处于行业领先、具有自主知识产权的专有核心技术，“十一五”期间共获省部级以上科技奖58项，其中国家科技进步二等奖3项，云南省科学技术一等奖6项，中国有色金属工业科学技术一等奖5项；获授权专利186项，其中发明专利52项。

云南冶金集团先后荣获全国五一劳动奖状、全国模范劳动关系和谐企业、中国诚信典型示范企业、中华慈善奖、中国企业社会责任联盟优秀企业、全国有色金属行业AAA级信用企业等荣誉称号，在国内外的影响力和知名度不断提升。

进入新的发展时期，云南冶金集团正在为建设“千亿企业和行业领军企业”的宏伟目标而不懈奋斗。

集团控股企业（云南驰宏锌锗股份有限公司）

曲靖国家经济

市委书记赵立雄率队调研开发区标准厂房建设

招商引资项目签约仪式

美国安费诺首席执行官艾德姆·挪威德先生到开发区安费诺调研

年产3000吨多晶硅产业化项目投产仪式

曲靖经济技术开发区是1992年8月省政府批准成立的省级开发区。2010年6月，经国务院批准，曲靖开发区升级为国家级经济技术开发区，区内有西城工业园区、南海子工业园区2个省级重点工业园区和1个国际合作的曲靖农业食品科技园区。

2011年是开发区借国家级新平台开启“十二五”新征程，推动提速发展、跨越发展的起步之年。全体干部职工以“十二五”期间，开发区要实现“三年倍增、五年跨越”为奋斗目标，努力打造全市“新型工业的聚集区、高新技术的示范区、改革开放的试验区、珠江源大城市新区”，招大选优引项目，责任包保抓投资，配套延伸强产业，做优环境树形象，圆满完成了全年确定的各项目标任务，产业聚集得到大推进，招商引资取得大突破，新区面貌实现大改观，经济社会迈上了发展提速、质量提升、突破跨越的振兴之路。2011年，开发区入园投产企业20户。

2011年，全区实现生产总值（GDP）117.8亿元，按可比价计算，增长30%；工业总产值完成290.34亿元，增长45.02%；工业增加值87.02亿元，增长38.5%；固定资产投资完成80.12亿元，增长31.75%；财政总收入21.76亿元，同比增长10.13%，财政一般预算收入完成7.25亿元，增长14%；社会消费品零售总额可达9.22亿元，增长22.9%；城镇居民人均可支配收入可达19647元，增长16.1%。

2011年，开发区先后组织了2次招商项目集中签约仪式，签约引进了曲靖光学材料基地、江之源数控机床、众力来福手机振动器、云大科技农化、古柏气囊包装、工业气体充装、矿山物联网、烟叶复烤中心和卷烟物流配送中心等一批大项目、好项目，部分项目实现了当年引进、当年建成、当年投产。成功引进并建成了安费诺手机配件、家乐福超市2家世界500强企业，提高了区域经济外向度。先后向国内知名企业发出招商函件140多份，吸引了多家企业前来洽谈，确定了重点在谈项目16个。2011年，开发区到位国内资金22.5亿元，增长30%，实际利用外资1082万美元，增长116.4%，新签约工业项目11个，项目总投

技术开发区

资达52.4亿元。

坚持把抓投入、抓项目作为加快发展的第一要务，成立了六个重点项目包保责任组，采取按月督促检查、定期考核评比、现场协调推进、投资进度包保等方式，大力推行“问事必问人、问人必问责、问责必问效”的项目推进机制，推动了项目投资的快速增长。2011年，开发区22个省、市重点项目完成投资20多亿元。驰宏公司阴阳极板项目顺利竣工进入设备调试，稀贵金属综合回收项目、有色金属物流中心、北方驰宏光学材料基地等项目的前期工作快速推进，以驰宏公司为龙头的有色金属产业进入了配套延伸、做大做强的快车道；南海子工业园区年产3000吨多晶硅项目正式投产，500兆瓦硅片制造项目、三元德隆年产5万吨铝型材项目的征地补偿、地勘、场地平整等工作快速推进，以多晶硅为龙头的光伏电子产业初具规模；恒邦电动车、维克达汽车制动器、长力春鹰钢板弹簧、交通集团车辆保养厂、重机公司车架技改扩能等一批汽车装备制造项目全部竣工投产。20万平方米标准厂房及道路、绿化亮化等配套工程全部完工，安费诺手机配件、先锋印刷、卓异矿山救生舱、众力来福等一批好项目快速建成投产，以标准厂房为载体的特色轻工产业聚集效应进一步增强；云南（曲靖）农业食品科技园完成新增投资5.33亿元，园区场馆建设、污水处理厂等项目平稳推进。烟厂生活小区、多晶硅生活小区、老年颐康服务中心等生产、生活配套项目基本建成，开发区以园区带动产业集聚、以配套促进新区建设的后发优势更加明显。

启动实施了157平方公里的管理范围内的片区总体规划修编工作，严格控规全覆盖，坚持工业化、城市化、城乡一体化“三位一体”，通盘考虑城市规划区、工业聚集区、居民安置区和生态保护区的科学布局，着力实施城乡空间、产业空间、生态空间的统一规划、统筹建设和同步推进，进一步完善了新兴产业示范园、南海子一区控制性详规等产业规划，提高了加快发展的质量和水平。南海子工业基地南海大道中段、南海一号路顺利竣工验收并投入使用，南海新区污水处理厂、新田水库除险加固工程已接近尾声；西片区胜峰路、教苑小区支路、标准厂房配套工程及三江大道、和兴街绿化亮化等基础配套工程全部竣工。进一步加大与省工投的合作力度，采取了统一规划、量身定做、企业自建等方式，建成标准厂房37万平方米，为企业招商入驻提供了更大的发展平台。公租房建设、城市电网改造、高压线迁改、宁州路拓宽等工程的前期工作顺利推进。驰宏公司紧急供水管网快速建成，两江口污水厂至南海子供水管线的抢险救灾工程推进迅速。白石江沿岸截污干管及白石江支流上坝河治理工程顺利竣工，白石江水体环境明显改善。

众力来福手机配件生产

助力千行百业

中国工商银行云南省分行服务我省中小企业实体经济发展侧记

省委常委、省委秘书长曹建方及省政府金融办、人行昆明中心支行、云南银监局主要领导到工行现场调研“小企业绿色通道金融服务周”活动

工行云南省分行许海行长在临沧中小企业金融产品推介会上致辞

工行云南省分行合杰副行长出席云南省中小企业金融服务对接会，并代表工行云南省分行同省工信委签订了《中小企业金融服务战略合作框架协议》

工行参加省财政厅“中小企业融资项目推介会”，有关行领导亲自在工行展台前接受客户咨询，现场回答客户提问，积极宣传工行的金融服务和产品

中国工商银行是全球市值第一、存款第一、盈利第一、品牌价值第一的商业银行，云南省分行作为工商银行的一级分行，积极响应党中央、国务院的号召，从服务实体经济和履行社会责任的高度出发，长期以来都十分重视并积极服务我省中小企业经济的发展，结合云南省中小企业实体经济的实际情况，制定了一系列政策制度，采取各种措施，升级服务模式，积极创新、改进服务，规范操作、提高效率，保增长、促内需，进一步加强和改善了对中小企业实体经济的金融服务，加大了对全省成长型中小企业和微型企业经济的金融服务力度，全力助推我省中小企业经济的发展，成效显著。全省广大中小企业客户从工行获得了快捷、高效、实惠的融资服务，保证了企业的正常生产经营活动，促进了企业的发展，有力地助推了我省中小企业实体经济的发展。

近年来，工行云南省分行累计投放的中小企业贷款已超过1500亿元，中小企业融资余额已突破800亿元，中小企业融资客户数已达数千户，为我省中小企业经济的发展提供了较好的金融服务。工行云南省分行全力服务中小企业客户群体、积极支持地方中小企业实体经济发展所做的工作和取得的成绩多次得到省委省政府、各职能部门以及监管机构的充分肯定和社会各界的一致好评。

一是进一步实施了“两个不分”的政策。即不分经济性质，不分规模大小。对大型企业和中小企业、对国有企业和民营企业平等对待，在依法合规的前提下，按商业银行“三性”原则掌握贷款发放和其他融资业务，推动中小企业发展壮大。

二是进一步建立了涵盖省分行、二级分行、支行的中小企业金融业务专营机构。工行云南省分行进一步完善了中小企业金融业务经营管理模式，整合了行内相关业务，建立了涵盖省分行、二级分行、支行的中小企业金融业务专营机构，明确了专营机构职能，完善了岗位分工，形成了上下联动、专兼结合的中小企业金融服务平台。

三是进一步完善了小企业融资产品体系，全方位、多角度地满足了广大优质中小企业客户的金融服务需求。经过多年的实践和创新，工行云南省分行中小企业融资服务产品已从最初的小企业周转贷款一项扩大到目前的小企业周转贷款、小企业循环贷款、小企业网络循环贷款（网贷通）、小企业经营型物业贷款、小企业标准厂房按揭贷款、小企业网商微型企业贷款，以及小企业国内贸易融资（含商品融资）、代理中小企业设备租赁业务等系列产品，可以全方位、多角度地满足广大优质中小企业客户的金融服务需求。

四是进一步改进服务，全面助推中小企业经济发展。工行云南省分行不断改进对中小企业的金融服务，全力支持符合国家产业和环保政策，从事加工制造、贸易流通、服务业的“专精特

共创无限未来

新”中小企业；积极保证中小企业信贷资金的需要，每年都安排专项的信贷规模来确保中小企业的信贷需求，确保实现中小企业贷款“两个不低于”。

五是进一步加快了业务创新步伐，为不同类型的中小企业提供了多样化、综合化的金融服务。工行云南省分行进一步加快了业务创新步伐，因地制宜地推出了针对中小企业的系列特色融资产品，为优质中小企业客户量身定做了与之相适应的“特色套餐”，提供了多样化、综合化的金融服务。积极拓展了专业市场、产业集群、地区商会、行业协会内中小企业的融资业务，确立了以“点”带“面”的服务格局，实现了中小企业信贷业务由“零散”向“批发”、由“单一”向“集群”的转变；以中小企业融资业务为依托，积极创新金融服务领域，增强了融资、结算、理财、投行、托管等服务功能，为不同类型的中小企业提供了多样化、综合化的金融服务。

六是进一步规范了服务收费管理，切实提高了金融服务水平。工行云南省分行严格按照国务院和银监会的有关要求，进一步规范了管理，全面落实“七不准”禁止性规定，重点加强了对中小企业收费业务的管理，对为中小企业提供的各项服务的收费，严格按照“质价相符、有效服务”的原则，进一步促进了中小企业金融服务行为的持续规范和服务质量的持续提升，切实帮助中小企业减轻了负担、渡过了难关，以规范的金融服务树立了工行中小企业金融业务良好的市场声誉。

七是进一步简化了审批环节，缩短了审批链条，建立了绿色通道业务流程。工行云南省分行以客户为中心，进一步规范了信贷业务操作流程，完善了评级授信管理办法，调整了信贷业务审批权限，简化了审批环节，缩短了审批链条，建立了绿色通道业务流程，提高了工作效率，全力满足了中小企业客户“短、急、频、快”的资金需要。

八是加强了业务宣传，扩大了工行中小企业金融服务产品品牌的知名度和市场影响力。工行云南省分行进一步加大了业务宣传力度，先后同省工信委、财政厅、金融办、人民银行、银监局、行业商会等单位联合主办了系列产品推介对接活动，广泛宣传工行积极服务中小企业发展的重要举措，有力地提升了工行中小企业金融服务的整体形象，扩大了工行中小企业金融服务产品品牌的知名度和市场影响力。

乘风破波会有时，直挂云帆济沧海。今后，工行云南省分行将更进一步着力为全省中小企业提供全面、优质、快捷、高效的金融服务，努力成为全省中小企业的亲密合作伙伴，为实现全省“科学发展、和谐发展、跨越发展”注入新的活力，作出新的、更大的贡献。

工行临沧分行开展“小微企业金融服务宣传月”宣传活动

曲靖罗平支行深入小微企业开展“普及金融知识万里行”活动

工行昭通分行深入中小企业调研，积极推荐工行中小企业的产品和服务

工行贷款支持的优质小企业——昆明铁公鸡物流港

昆明中豪新册产业城

园区全景效果图

标准厂房一层层高5米，二层以上4.5米

园区配套住宅效果图

昆明中豪新册产业城即螺蛳湾小商品加工基地是昆明螺蛳湾国际商贸城项目的重要组成部分，它位于昆明经开区大冲片区，即呈黄公路以东，南昆铁路以北，东南外环以西，昆河铁路以南。项目占地2000余亩，概算总投资100亿元，规划总建筑面积255万平方米，其中标准厂房150万平方、员工配套宿舍20万平方、商业住宅60万平方、教育研发中心及酒店等商业配套等约25万平方。昆明中豪新册产业城全部建成投运后，将形成年销售超百亿，税利超10亿的生产规模，届时产业工人将超过10万人。

园区道路最窄处为12米，构成宽阔有序的交通网

工程将分三期进行建设，其中已建成的一二期总投资约60亿元人民币。作为昆明螺蛳湾国际商贸城的重要产业配套，昆明中豪新册产业城将建设成集研发、生产、加工、外贸、展销为一体的国际化小商品生产加工中心，吸引500家以上的企业入驻，形成辐射南亚和东南亚的重要小商品加工物流区。

16.53%的绿地率打造绿色园区

根据省委、省政府和市委、市政府的指示精

螺蛳湾小商品加工基地

标准厂房单层最小面积800平方米，最大面积1700平方米

“工业上楼”促进企业腾飞

神，在“桥头堡”战略的指引下，早在昆明螺蛳湾国际商贸城项目立项之初，企业就已经确定了“惠一方经济，创百年大市”的长线经营目标。按照主体市场中国门户级商贸口岸的高端产业定位要求，配套小商品生产加工基地，将按国际化标准厂房予以打造，同时配套建设研发中心、商业用房、酒店、宿舍等附属设施。我们将打造一个集商贸、加工、会展、研发为一体的现代化加工产业园区，形成生产加工、商贸交易、物流仓储、电子商务“四位一体”的商贸运行模式，从而实现昆明螺蛳湾国际商贸城项目“前店后厂、以工促贸、工贸联动”的全产业链发展战略格局。

目前，一、二期106万平方米标准厂房已全部投入运营，入驻企业达200余家，涉及的行业有服装、床上用品、工艺品、光电子、鞋类、玩具、民族乐器、茶叶等近40个行业。三期50万平方米标准厂房已断水封顶，预计年底可以交付使用。

昆明中豪新册产业城管理有限公司将秉承追求卓越服务、客户永远是伙伴的理念为每一户入驻企业提供专业、标准、规范、贴心服务。

园区研发中心效果图

园区整齐划一的标准厂房

中信银行 昆明分行
CHINA CITIC BANK KUNMING BRANCH

业务向边境推进，紧跟桥头堡战略

2011年，面对国内外复杂多变的经济金融形势和严峻的宏观调控政策，中信银行昆明分行准确把握趋势，提前谋划全局，围绕“转型、提升、发展”的思路，发扬五敢精神，迎难而上，不断向着规模快速增长、结构不断优化、服务持续创新、竞争优势明显的好分行迈进。

截至年末，中信银行昆明分行各项存款377亿元，其中储蓄存款47.67亿元，公司存款242.3亿元；各项贷款247亿元，其中个人贷款余额43.14亿元。全行总资产达到391亿元。围绕“转型、提升、发展”的发展主题，坚持转型发展，实现各项主要经营指标居中小股份制商业银行前三，部分指标居首的良好发展格局。2011年，中信银行昆明分行坚持规模优先导向，各项业务持续快速增长；坚持加大结构调整，发展质量不断提升，呈现出全面发展新局面；坚持差异化策略，加大创新力度，发展能力得到进一步加强；坚持管理促发展，部门职能建设有举有措，分行决策管理水平再上新台阶；坚持人才兴行，创建学习型组织，努力提升干部队伍领导力，团队建设成效显著。

中信银行昆明分行用金融服务助推科技发展

2011年，中信银行昆明分行在第三届中国银行业“好分行”评选中获评“产品创新奖”，在云南金融百姓口碑榜中获“最佳股份制银行”、“最佳贸易融资银行”、“最佳社会责任银行”，蝉联“百姓信得过品牌影响力银行”，在首届春城金融博览会上获“最佳服务云南贡献奖”、“最佳金融服务创新奖”、“最佳理财银行奖”。

金融服务

服务是银行的发展之源、立足之本，提升服务品质也是中信银行昆明分行长期以来的重要工作，2011年，中信银行昆明分行将服务品质管理工作提到了一个更新的高度，将服务和营销更好地结合起来。

在2011年的服务品质工作中，首先强化服务队伍的整体素质，在《大堂经理考核办法》中，对大堂经理的服务能力做出了明确要求，发挥出网点服务人员的主观能动性，主动与客户进行沟通，在激发客户需求的同时，为客户提供高层次的金融服务。

加强同业合作

为了能更好地为客户提供高品质的金融服务，2011年分行首次申请总行CCWA初级培训班在昆明举行。属地化的培训覆盖面更广，针对性更强，大大提高了我行客户经理金融服务的总体水平。

中信银行的服务一直向着专业化、标准化看齐，在2011年12月，中信银行昆明分行专门邀请到东方航空公司云南分公司的高级培训师，以空乘服务人员的要求对我行大堂经理及柜员进行了服务形象及服务礼仪的培训。

在“2011云南金融百姓口碑榜”评选活动中，中信银行昆明分行零售客户经理凭借自身实力及良好服务，获一项团队奖、四项个人单项奖。分行贵宾理财中心获“最佳理财团队”奖。分行贵宾理财中心杨锦润、国贸支行曾姗获“十佳金牌理财师”单项奖；武成支行王皓、东风东路支行张洋获“十佳明星理财师”单项奖。

在2011年度中国银行业文明规范服务“明星大堂经理”评选中，东风东

庆祝成立十周年

中信银行昆明分行连续五年打造高端品牌赛事

路支行大堂经理张洋成功获评，成为全国981名“明星大堂经理”中的一员。

金融创新

在外部监管环境趋严、内部转型需求递增的行业背景中，中信银行昆明分行依托中信综合金融平台，积极转变思维理念，大胆突破银行传统业务、传统领域和传统模式，以社会融资总量的全景视角，利用极具创新性的投行业务，积极探索现代银行“低消耗、高产出”的差异化竞争、特色化发展之路。

一方面，中信银行昆明分行勇于突破制度约束，大胆变革组织架构和管理模式，率先在全行系统内实施投行业务准事业部制改革，从流程、权责、激励、考核等方面进一步完善以市场化为导向的制度安排，着力在全省打造专业制胜的业务平台和高效能的投行团队，不断为金融创新和长远发展坚实基础。

另一方面，中信银行昆明分行“跳出银行做投行”，沿着“大金融—大平台—大投行”的路径和方向，放眼于资本、货币和产业三大市场，积极整合银行、信托、证券、保险等同业信息、资金、技术、人才、产品等金融资源，构筑了直接融资、结构融资、资产管理、年金托管等特色鲜明、自成一体的投行业务板块，全景式地根据企业的不同发展阶段及需求，提供债权、股权、混合等融资产品和服务，努力扮演着综合金融服务提供商和创新金融解决方案银行的重要角色。

社会责任

中信银行昆明分行认为，授人以鱼不如授人以渔，2010年，在云南省大旱过后，中信银行在捐款、送水、送粮的同时，也在关注和思考着造成此次大旱的深层原因，受灾地区水利基础设施建设的滞后无疑是一个不容忽视的问题。

为了深入了解受灾最为严重地区的水利设施情况，中信银行昆明分行派专人深入抗旱一线，就基础水利设施建设情况进行实地考察，并在第一时间向中信银行总行上报了兴修水利基础设施的方案。此举得到中信银行总行的大力支持，增拨了50万元，用于扶持石屏县、泸西县、陆良县的乡村水利工程建设。目前，各县水利工程建设已初具规模，相信随着后期各项工程的陆续建设，必将为灾区建设带来长足发展。

2011年9月5日，中信银行昆明分行举又面向中信集团定点扶贫的红河州屏边县、元阳县部分考入省外大学的贫困学生开展扶贫送学活动，向来自贫边和元阳的7名优秀大学生赠送了机票和行李箱，解决了他们上大学的后顾之忧，参加现场仪式的屏边县副县长吴滨表示，“中信银行昆明分行热心公益事业，圆了农村学子的‘求学梦’、‘大学梦’和‘城市梦’，功在当代，利在百年”。

2011年，中信银行昆明分行连续两年获得省委省政府“社会扶贫先进集体”称号。

中信银行昆明分行举办职工运动会

大事记

积极创建学习型组织

1月21日，获得“2010年云南省银行卡服务优质奖”奖项

1月29日，兴苑路支行开业

2月15日，与中国进出口银行云南省分行签署战略合作协议

3月初，发行第一单短期融资券

3月上旬，营业部、国贸支行荣获年度文明规范服务示范单位

3月中旬，开展首笔国内人民币保理、信用证代付业务

3月28日，自主研发的第一款理财产品正式发售

4月19日，获外汇管理考核“A类”评级

4月26日，北站支行开业

4月26日至27日，第一次独立承销短期融资券

4月29日，与信达资产管理公司成功开展首笔融资租赁业务

5月4日，与国家开发银行云南省分行签订了全面合作协议

5月10日，大理分行开业

5月19日，七彩华龄卡在云南上市

5月中旬，再次获评云南省“社会扶贫先进集体”

5月24日至6月9日，人民银行联合检查组对分行综合执法检查

5月25日，首次开展代理推介集合资金信托计划

5月27日，与信达资产云南分公司签署了全面合作框架协议

5月28日，隆重庆祝建行十周年

5月下旬，入选第三届中国银行业“好分行”

6月13日，中标云南省省级财政偿债准备金存款管理项目

6月26日，中信银行在昆举行第五届战略客户高尔夫球联谊赛

6月29日，运作首笔票据代理贴现业务

6月29日，举行庆祝建党九十周年观影活动

7月11日，发行云南省第一单浮息中期票据业务

7月中旬，零售客户积分系统全新升级上线

7月19日，清收既存最大一笔个人不良贷款

7月，单月国际业务收付汇业务量创新高

7月28日，发行首款挂钩shibor浮动收益型理财产品

8月22日，发行第一单公司债发行业务，也是年内省内上市公司第一单公司债业务

8月26日，与云南省物流产业集团签署战略合作协议

9月5日，开展“中信圆你一个梦” 爱心助学活动

9月28日，发行首笔金融票据权益投资集合资金信托计划产品

9月，开展征信知识宣传月活动

10月26日，联合昆明工信委助力中小企业上市

11月初，首次与BBVA银行合作代付了四笔进口信用证款项

11月5日，举办第四届职工运动会

10月31日至11月6日，开展反洗钱宣传周活动

12月2日，与省科技厅共建的省内首家科技金融结合试点支行——科技支行开业

12月3日，举办第五届高尔夫邀请赛

12月13日，清收跨度最长、最大额的一单不良贷款

12月18日，获得首届春城金博会三项大奖

12月21日，信福年华中老年电视才艺秀活动拉开帷幕

沈机集团昆明机床股份有限公司

中国高端装备研发制造基地

TK6920五轴联动大型数控落地铣镗床在奥地利在中国的独资公司安德里茨公司加工生产线上

昆机展品吸引了众多的参观者

价值百万美元的大型数控落地铣镗床批量出口到韩国、美国、澳大利亚等工业发达国家，价值数千万元的柔性自动生产线在国内大型企业成功运行，五轴联动高端组合机床在奥地利独资企业运转8个月就使其收回1700万的购机成本，已陆续为三一重工提供上百台数控高档机床，助其实现高速成长……沈机集团昆明机床股份有限公司已成为我国高端装备的研发制造基地。

装配完工待出厂的卧镗产品

为三一重机提供的柔性自动生产线

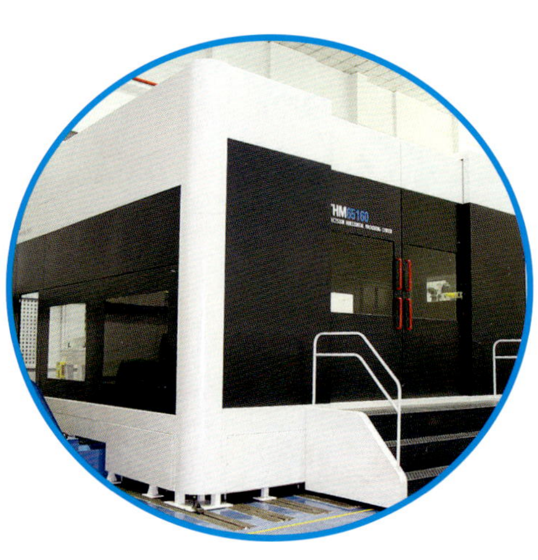

经国家机床质量监督检验中心检测为各项精度性能全面达到世界先进水平的国家重大科技产品THM46100精密卧式加工中心

昆明机床："明珠"是怎样炼成的

185项产品检验项目全部达标、26项几何精度全部达标、13项工作精度全部达标、X、Y、Z、B轴定位精度、重复定位精度全部达标，部分精度接近纳米水平。2011年4～5月，当国家机床质量监督检验中心的三位专家，依据国家下达的科技重大专项课题任务合同书和6项国家、国际标准，对沈机集团昆明机床股份有限公司研发的THM46100精密卧式加工中进行了长达22天检验后，写下这样的结果。数据表明，该精密卧式加工中心精度性能全面达到世界先进水平，而达到这样高水平的机床，在昆机经过改造提升的恒温装配现场已完工的就有4台。

这就是走过75年历程，创造出150多个"中国第一台"的当今的沈机集团昆明机床股份有限公司（以下简称昆明机床或昆机），强大的研发制造能力使这颗中国机床工业的昔日"明珠"重放异彩，在21世纪的今天成为中国大重型数控精密机床的研发制造基地，近5年，昆机共研发制造数控高档机床1144台，实现销售收入39.88亿元。价值百万美元的大型数控落地铣镗床批量出口到韩国.美国.澳大利亚等工业发达国家，价值数千万元的柔性自动生产线在国内大型企业成功运行，五轴联动高端组合机床在奥地利独资企业运转8个月就使其收回1700万的购机成本，首都航天机械公司将昆机评为优秀设备供应商……

明珠依然闪亮，那么，昆明机床这颗"明珠"是怎样炼成的？在经济全球化的今天，又焕发出怎样的光彩呢？

精密立身摘"王冠"

新中国成立不久的1954年，利用从苏联引进的图纸，作为"十八罗汉厂"的昆机就研制出了我国第一台卧式镗床，出展莱比锡国际博览会，为国家赢得了声誉。1957年，昆机又向属于精密机床的坐标镗床发起了冲击，没有恒温车间，就利用昆明四季如春的气候，辅助以电炉、木炭火等土办法自制恒温环境；没有加工镜面轴的抛光材料，当时的总工程师把从美国带回来的呢帽剪开当抛光材料，硬是攻破一道道难关，于1958年研制成功了我国第一台定位精度只有9微米的单柱坐标镗床。此后，昆机把精密机床的研发制造作为主攻方向，从国外引进更先进的双柱坐标镗床样机，对其性能、结构、技术进行认真的分析研究，展开对精密机床刚性、振动、热变形等基础理论及材料变形、机械磨损的试验研究，展开对精密轴系、精密齿轮、精密箱体等关键零件制作的工艺攻关。随着精密加工、精密测量、精密检测等一道道技术难关的突破，1965年，昆机成功研制出了T42100大型双柱坐标镗床，这种有着18887个零件的大型精密机床定位精度达到5微米，是当时世界上规格最大、精度最高、技术最复杂的一种机床，被称为"机床之王"，它的研制成功，标志着昆机摘下了精密机床的"王冠"。

此后，昆机研制出了一个又一个具有世界先进水平的高精密装备，研制出的光电光波比长仪成为国家长度计量基准，高精度园刻线机达到0.2秒的国际先进水平，镀铬玻璃光栅尺精度达到0.76微米的纳米级，研制出的高精度感应同步器、高精度低速转台、高精度数控成像转台、特大型双柱坐标镗床等，为国防工业的发展提供了急需的高精尖装备。多年的技术沉淀和积累，使昆机培育造就了一大批立身精密、传承精密、铸造精密的技术专家和能工巧匠，系统掌握了精密测量和精密制造关键核心技术，形成了昆机特有的制造精密机床的工艺和工装，拥有了精密机床制造全流程所需的各种高精尖装备，昆机真正成为中国机床工业的一颗耀眼的明珠。日本三井精机杂志称，要谈中国的机床工业，就必须以上海机床厂和昆明机床厂为例……

系统创新攀高峰

2011年3月24日，省、市领导为昆明机床数控重型精密机床制造及铸造基地项目奠基，右三为秦光荣省长　（摄影杨世贵）

从上世纪80年代开始，中国从计划经济向社会主义市场经济转变，这使长期生存在计划经济条件下的昆机受到了严峻的考验，由于未能及时有效地适应市场经济，以生产大型精密机床闻名于国内外的昆机在上世纪末期中国经济放缓时一度陷入了亏损的困境。进入21世纪，昆机抓住两次战略性重组的机遇，引入战略合作伙伴，开始了适应市场经济的体制创新、机制创新、管理创新、文化创新、技术创新以及生产方式的创新，在公司上下形成了以技术创新为核心的相互支撑、互为推动的创新体系，大大提升了公司适应市场的能力、自主创新的能力。在新的创新体系的推动下，适应世界制造业向中国转移，以及中国造船业、风电业、工程机械迅速发展对大型机械设备的需求，昆机高起点开发出了大型落地铣镗床，并在全国率先实现数控化，全部达到6轴控制、4轴联动、360度任意旋转，使该系列产品成为众多风电机械、交通机械、建筑机械、钢铁机械、母机制造机械企业的首选产品，形成规模化生产，实现了产业化，至今，该系列产品已实现销售600多台，给企业带来了30个亿的可观经济效益。

2005年，紧盯高端客户的需求，昆机完成对五轴联动机床的一系列技术攻关，在全国率先向市场投放了可实用于生产线的五轴联动大型数控落地铣镗床，这一高端产品的研发成功不仅使我国大型数控落地铣镗床的研制达到国际先进水平，并通过出口在高端装备的国际竞争上占有一席之地，还使公司系统掌握了高刚度滑枕式主轴系统集成技术、附件头自动夹紧更换技术、五坐标联动加工技术、主轴和附件头油、气、电、液自动快换结构技术、主轴和附件头刀具内冷却结构新技术等一系列关键核心技术，推动着公司高端装备的研发制造水平越上了新的高度。

2008年，昆机又向被称为"高端装备的高端"的柔性自动生产线的研发制造发起冲击，集中精兵强将，经过一年的不间断攻关，突破了精度高度一致的多工作台和转台加工及装配工艺技术，多工作台在各主机上交换定位和重复定位的一致性、准确性、可控性的控制技术，工件负重载时的翻转清洗技术，适用于机加工的移动控制信息系统（MCIS）技术，RFID（射频识别）技术在物流系统的应用等一系列关键技术，研制成功了能自动转换工件，可同时加工多种不同形状的工件，具有工件在线自动测量、自动检测和刀具在线测量及破损检测等众多功能的高精度大规格柔性自动生产线。这种集当今先进技术于一体的柔性自动生产线的研制成功并在机床企业成功运行，使我国精密柔性自动生产线的研发制造水平跻身国际先进水平。

现在，昆机已完成从单台制造到成线提供、从大型到大重型产品并举、从普通到精密、超精密的技术升级、产品升级，产业价值链的升级，成为我国批量生产数控卧式镗床、精密卧式加工中心、大重型数控落地铣镗床、刨台铣镗床、龙门铣镗床、精密柔性生产线、精密转台等的重点骨干企业。

夯实基础做百年

百亿不为奇，百年弥珍贵，走过75年的昆机，正在不断夯实基础，走在百年名企的路上。

为了持续提高自主创新能力，昆机从2008年就开始了产品研发制造的数字化进程，进入云南省科技创新强省计划，强力实施"昆机大（重）型精密数控落地铣镗床系列产品数字化综合集成技术开发及应用示范"项目。经过两年多的艰苦努力，应用PDM系统，集成CAD、CAE、CAM功能技术，构建起大（重）型精密数控落地铣镗床产品研发的集成创新平台，建立了企业集中共享的电子产品设计数据库，实现了公司的设计数据的管理。同时，通过研发信息系统的实施，在全体设计人员中全面推行了科学直观的三维设计模式，从产品结构设计到零部件设计普遍运用了"自顶向下"（top-down）设计方法，从而大大提高了研发设计效率，大大缩短了新品从研发到实现商品化、规模化生产的距离。昆机在成为国家高新技术企业之后，又被国家科技部确定为制造业信息化科技工程应用示范企业，成为我国工业信息化的标杆企业。

不仅在产品精度，而且在产品精度保持性和性能的稳定性、可靠性上也要全面达到世界先进水平，为此，昆机正在与西安交通大学、浙江大学、天津大学、重庆大学、昆明理工大学等多所高等院校开展长期合作，共同开发和进行结构优化设计、热变形、抑震等基础技术及共性技术的研究。在承担国家科技重大专项研制高精度精密卧式加工中心过程中，就联合开展了动刚度分析与抑振技术、精密主轴动态检测技术 、精密主轴实时预紧技术、整机热变形及补偿技术、精密卧式加工中心伺服系统优化技术、精密卧式加工中心系统误差补偿技术、精密卧式加工中心防碰撞系统 、多轴联动卧式加工中心加工工艺技术等10项基础及共性技术的研究，并使研发的THM46100和THM65100两种精密卧式加工中心的精度及精度性能的稳定性、可靠性都实现了历史性的突破。与此同时，公司还投资近亿元，规划建设CAD/CAE/CAT及仿真试验室、机床整机及关键功能部件性能试验室、机床整机及关键零部件检测试验室、工艺试验室、光机电液一体化技术集成试验室等五大实验室，通过深入持续的试验研究，把产品的高精度及精度性能的稳定性、可靠性，建立在对基础理论、基础技术及共性技术的研究把握上。

在坚持自主研发的同时，昆机坚持两条腿走路，积极开展与国外知名企业的技术合作，引进消化吸收再创新，继与德国西门子、捷克TOSV等取得卓有成效合作成果之后，昆机又与德国希斯公司签订了引进其数控龙门镗铣床等产品专有技术的协议，力争在引进的产品及相关功能部件的设计、分析、制造工艺、调试、检测等方面全面达到国际先进水平。

随着各项基础工作的不断夯实，在精度上可以做到接近纳米，在自动化程度上，可以实现设备柔性、工艺柔性、产品柔性、维护柔性、生产能力柔性、、扩展柔性、运行柔性等智能化功能，在切削能力上，可以做到大规格、大扭矩，在稳定性、可靠性上越来越接近世界先进水平，昆机正与世界知名企业全面对标，朝着国际化、世界级知名公司大步迈进。

（贺承明）

华能云南滇东能

华能云南滇东能源有限责任公司（以下简称华能滇东能源公司）成立于2003年8月18日，位于云南省富源县境内，是国家实施“西部大开发”能源战略政策的重点建设项目之一，是云南省最大的招商引资项目，于国家“十五”期间开发建设的特大型煤电一体化企业，自2010年1月1日起由中国华能集团公司所属的华能国际电力股份有限公司100%控股。华能滇东能源公司下属有滇东矿业分公司、滇东发电厂、雨汪发电厂和滇东风电公司等4家单位，是云南省总装机容量最大的火力发电企业，是西南地区最大的能源企业。

华能滇东能源公司规划总装机容量560万千瓦，现已建成投产滇东电厂4台60万千瓦和雨汪发电厂2台60万千瓦亚临界燃煤机组，雨汪发电厂二期工程2台100万千瓦超超临界燃煤机组正在开展前期工作。所辖矿区无烟煤煤炭地质储量24亿吨，可采储量17亿吨，是长江以南最大的整装煤田，以优质无烟煤为主，规划建设5对矿井，年生产能力1260万吨，预计从2014年开始陆续投产。其中白龙山煤矿一井（300万吨/年）和雨汪煤矿（300万吨/年）正在建设；白龙山煤矿二井（180万吨/年）已获得核准，正在积极办理开工准备工作；白龙山煤矿三井（300万吨/年）已取得“路条”；雨汪煤矿二号井（180万吨/年）正在开展前期工作；规划每个煤矿配套建设一个3万千瓦的瓦斯发电站，竭力打造滇东“煤电基地”。

在全力开发建设好滇东“煤电基地”的同时，华能滇东能源公司加快转变发展方式，积极向风电、水电、天然气发电等清洁能源领域发展，并迅速在云贵区域先后获取了18个风电场约181万千瓦风电资源开发权，现已建设29个测风塔开展测风工作。其中云南省富源县的胜境（4.8万千瓦）风电场、贵州省盘县的大爬山（15万千瓦）和轿子顶（18万千瓦）风电场已取得发改委“路条”。规划在云南省楚雄州建设4台9F（30万千瓦）燃气热电联产机组，一期工程2台机组已于2011年12月31日获得云南省发改委核准。

华能滇东能源公司自成立以来始终牢固树立科学发展观，以提升经济效益为中心，不断夯实安全生产基础，积极创新管理，全力保障企业又好又快发展。截至2011年底，华能滇东能源公司已累计完成现场投资200多亿元，预计完成五对煤矿、风电、天然气发电等项目建设总投资将超过700亿元；累计完成发电量750亿千瓦时，实现销售收入近190亿元，上缴各项税金超过14亿元，捐款、捐物、修路、支教等公益事业支出累计达5亿元，外围辅助岗位为地方百姓提供了2000多个工作岗位，大量的工程建设、电煤供应等拉动地方相关产业迅速发展，为地方百姓脱贫致富和地方经济社会发展做出了突出贡献，先后获得“全国企业管理现代化创新成果二等奖”、“全国火电大机组（60万千瓦级）竞赛一等奖”、云南省“劳动关系和谐企业”、云南省2009年度“电力保障突出贡献奖”等荣誉称号。

为实现企业可持续健康发展目标，华能滇东能源公司坚持以华能“三色文化”为引领，以科学发展观为指导，认真秉承“开发能源、创造效益、回报股东、造福职工、服务社会”的企业宗旨，按照“简约、有序、科学、高效”的管理理念，用心承担社会所赋予的责任，持续改进、创新发展，竭力打造“资源节约型、环境友好型、本质安全型、管理精细型、效益优异型”的现代化一流能源企业，为促进国民经济又好又快发展贡献力量！

2011年，滇东能源公司认真贯彻落实云南省各级党委政府关于安全生产各项战略部署，坚持“安全第一、预防为主、综合治理”的方针，坚定“人员零伤亡，违章零容忍”的工作目标，以保障全省电力供应为己任，以创建本质安全型企业为主线，落实安全生产责任制，进一步修订完善安全管理规章制度，大力开展安全管理“四大工程”、安全性评价、反违章和隐患排查专项治理等活动，有效解决安全生产“有责、知责、尽责”三个重点问题，全面加强外包工程和承包商安全管理，加大对不安全事件的查处力度，安全生产基础进一步夯实。公司被国家电监会授予“第26届世界大学生夏季运动会保电先进单位”荣誉称号。

2011年，华能滇东能源公司积极克服云贵区域矿难频发、贵州省多次“封关”，以及主要供煤渠道长

源有限责任公司

时间、多次中断等重重困难，全力以赴高价采购、储存电煤，艰难地维持生产运营，努力确保机组安全稳定运行。全年累计采购电煤747万吨，同比减少11.34%。其中主供煤渠道富源老厂矿区供应电煤 475万吨，同比增加6.34%，占富源无烟煤产能的69%，重点合同兑现率72.04%；采购贵州区域电煤211万吨，同比减少43.79%；加大补充煤源采购力度，全年采购烟煤62万吨，同比增加200%。标煤采购单价（含税）815.07元/吨，同比上涨161.7元/吨，燃料采购成本增加7亿元。全年完成发电量174.61亿千瓦时，同比增长1.83%，占云南省统调火电发电量的36.26%，为全省电力供应和地方经济社会快速发展作出了积极贡献。全年实现销售收入47.57亿元，同比增长5.95%。

2011年是“十二五”节能减排目标的第一年，华能滇东能源公司认真贯彻落实省政府节能降耗目标要求，积极开展“两型企业”创建工作，加大节能降耗工作力度，全面开展节能诊断，机组能耗指标不断优化。开展了汽轮机汽封改造，煤耗降低约4.85克/千瓦时；开展了磨煤机综合节能技术改造和GGH密封改造，厂用电率降低约0.2%；电除尘节能改造，节能效率达50%；热力系统改造、循泵和凝泵电机改变频等改造项目，节能效果非常明显。

在生产经营举步维艰的情况下，华能滇东能源公司认真贯彻落实省政府有关环保方针政策，加大环保工程投资力度，竭尽全力为云南省环保事业贡献力量，努力保障云南的蓝天碧水。一是加强脱硫系统技术改造。充分利用汛期机组调停备用的机会，全面开展6台机组脱硫系统GGH密封改造和浆液循环泵入口滤网改造，改造效果明显。GGH密封改造后，GGH漏风率由原来的3%以上降低至1%以下，每年可减少二氧化硫排放9702吨。浆液循环泵入口增加滤网后，脱硫效率平均提高0.5%以上，每年可减少二氧化硫排放2426吨。二是加强氮氧化物减排工作。一方面全力加强雨汪电厂2号机组脱硝系统运行维护管理，切实加大投资开展脱硝系统技术改造，脱硝效率大幅提升，全年共减少氮氧化物排放2800多吨。另一方面积极推进滇东一厂1号机组脱硝工程建设，已完成可行性研究报告收口工作，已上报华能股份公司，待批复开工建设。项目建成后，每年可减少氮氧化物排放6930吨。顺利通过国家环保部年中、年度总量核查工作。

以加快煤矿建设为重心，认真破解制约矿井建设的难题，严格执行煤矿领导带班下井制度，强化两个“四位一体”综合防突措施执行力，积极开展矿井六大避险系统建设，确保煤矿施工安全。优化施工组织设计，加快试验区建设步伐，缩短煤矿建设周期。加强矿井瓦斯治理，推动瓦斯科研项目，增强防突施工力量，提高瓦斯抽放效果，有效促进煤电协同发展。

2011年，滇东能源公司坚持以科学发展观为指导，加快转变发展方式，加大清洁能源开发建设力度，事业发展稳步推进。一是加快煤矿前期工作。“白龙山煤矿建设方案调整”获得批复；富源二矿获得“核准”；富源三矿取得“路条”；富源五矿采矿许可证已通过国土资源部审议；富源六矿地质勘探野外施工工作完成，并列入国家“十二五”煤炭规划。二是加大风电项目开发力度。在云贵区域先后获取10个风电场约99.5万千瓦风电资源开发权；在12个风电场建设了26个测风塔开展测风工作，效果良好。其中，富源胜境风电场（48MW）取得“路条”，一期工程可研报告（初稿）、环境影响评价报告以及相关专题报告已编制完成。三是积极开发建设天然气发电项目。楚雄天然气热电联产项目一期2台9F（300MW级）机组于2011年12月31日通过云南省发改委核准。

2011年，滇东能源公司虽然生产经营异常艰难，全年亏损近7亿元，但是我们还是坚持认真履行社会责任，积极捐款捐物帮助周边困难百姓，努力为周边百姓做我们力所能及的事情。全年累计捐资8.54万元。其中资助富源县十八连山镇细冲村委会修建进村公路5万元；捐助富源县黄泥河镇普克营村衣物367件、文具及日用品121件、粮食7件，共计1.5万元；无偿为黄泥河镇普克营村修建村村通公路提供水电，累计费用0.8万元；资助富源县黄泥河镇普克营村小学共计1.24万元，用于购买文具、粉刷教室、制作牌板等，每周二派两名职工助教，每月资助老师200元生活费，为构建和谐社会、造福地方百姓做出了积极贡献，营造了良好的地企关系。

（撰稿人　辜良君）

云南省小龙潭

党委书记、局长杨宏在省科学技术奖颁奖大会上获科技进步奖

云南省小龙潭矿务局始建于1953年，是云南省重要的能源生产基地，也是国家大型煤炭基地建设重点矿区之一，主要承担着滇南火电、煤化工、其他工业和民用煤的重要供煤任务，2011年承担着全省电煤供应总量的四分之一。

矿务局下辖小龙潭和布沼坝两个露天煤矿，目前两矿核定生产能力为1190万吨/年，全局有干部职工4000余人，辖区总人口2万余人。矿区为一山间盆地，南盘江和昆河铁路从中穿过，探明煤炭储量10.93亿吨，为单一巨厚煤层，最大厚度223米，平均厚度72米。煤种为褐煤，发热量3000～4000大卡/公斤，煤层埋藏浅，为露天开采，平均剥采比为1:1。

50多年来，小龙潭矿务局依靠科技进步，不断建设发展，曾在国内首家试用斗轮挖掘机——胶带运输机——排土机连续开采工艺；在运输上率先采用长距离胶带廊道直接向坑口电厂送煤。经过四期扩建和三次技改，形成了连续、半连续、间断工艺组成的综合开采工艺。目前进行的第五期扩建工程是国家发改委核准立项，被列为云南省“双百”重点建设项目、省政府20个重大建设项目和国家大型煤炭基地重点矿区建设项目之一，建成后煤炭生产能力将达到1490万吨/年。在推进五期扩建期间，从德国引进半移动式锤式滚轴破碎站，对成本高、不适应现代化生产的老旧设备进行更新，改进半连续生产工艺，建成了国内较为先进的变频控制系统，提高了生产能力。2011年，生产褐煤1166.43万吨，第三次创下了千万吨级记录。连续5年进入中国煤炭企业100强，连续2年排名于中国煤炭产量50强行列，连续6年入围云南100强企业，先后荣获“全国煤炭工业特级安全高效露天矿”、“全国模范职工之家”、“全国文明单位”等省部级荣誉称号80多项。涌现了一大批先进集体和个人，有全国劳模2 人，全国五一劳动奖章获得者1人，省部级劳模8人。

在生产安全方面，矿务局坚持“安全第一、预防为主、综合治理”的方针和“安全发展”的指导原则，建立了完备的安全生产管理制度和教育培训、监督、考核、应急救援等体系，采用GPS卫星定位系统进行全范围边坡监测。安全质量标准工作通过省一级标准化验收，两露天矿安全等级均达到了A类标准，至2011年底，实现连续11年无工伤死亡事故，百万吨死亡率、千人重伤率均为0，为降低云南省煤炭行业百万吨死亡率作出了贡献，连续多年被省委省政府评为安全生产先进单位。

获省五一劳动奖状

矿务局

省政法委领导调研时与技术能手合影

在科研方面，针对露天矿生产安全的课题多次获云南省科技进步奖，仅2011年，有6人获省科技进步一等奖，有4人获省科技进步三等奖，1个QC小组获国家级QC成果奖，3个QC小组获省级QC成果奖，被省科学技术厅、省委宣传部、省科学技术协会授予“云南省十一五科普工作先进集体”荣誉。这些科技成果均及时投入生产建设，解决了矿山生产中的关键性技术难题，使科技成果迅速转化为生产力，企业经济效益连续几年持续增长。

为谋求更长远的发展，矿务局依托煤炭资源优势，抓住国家建设大型煤炭基地的机遇，内强素质、创新管理，开创了褐煤热电气多联产项目，形成了以煤为主、多业发展的格局。通过信息化建设，建成了视频会议系统，组建了较为完善的音视频生产、安全、设备监控报警系统，提高了生产安全技术水平和生产管理水平，并自主开发了办公管理系统，建成了局域网，实现了无纸化办公。为进一步提升管理水平，矿务局实施了一系列管理改革，借助国内知名咨询公司的先进管理理念，对管理制度、流程、标准等进行重新梳理设计，推进精细化管理，构建新的管理模式；并整合煤炭开采的设备、人员、修理等资源，实施大机修管理改革，加强设备及生产现场管理，有效提高了资源利用率和设备效能。矿务局还利用褐煤热电气技术，开创了褐煤热电气多联产项目，充分延长了褐煤产业链，极大地提高了褐煤的综合利用效率，该技术的成功运用在全国是首创，将为全国褐煤资源的综合利用开辟出一条新路。

矿务局积极参与社会公益事业，除投入数亿元为搬迁村庄建设现代新农村外，每年投入上百万元在开远、丘北、绿春、蒙自等地进行定点挂钩扶贫，每年支持周边民用燃料煤30多万吨；在绿春和青龙街等地援建了多所希望小学；先后为州、市及周边县市市政建设、道路建设等捐资数百万元；2010年在抗旱救灾中，向扶贫点和希望小学送水、捐物，捐款180万元，被开远市委市政府表彰为“抗旱救灾先进集体”。

当前，面对新的发展形势，小龙潭矿务局以科学发展观统领全局，提出了“建设全国一流煤炭企业”的目标，开展“学敢超，争创一流”活动，以“学习先进、敢走新路、超越自我”的理念，开拓进取，努力做强做优煤炭企业，为全省经济社会和谐发展、全面建设小康社会作出新的更大贡献。

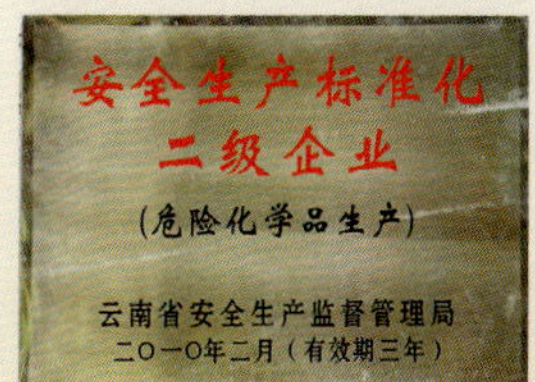

云南省能源投资

2012年2月21日，省政协主席、常务副省长罗正富，省委常委、省委秘书长、副省长曹建方，省政协副主席罗黎辉，省政协副主席顾伯平共同为云南省能源投资集团有限公司揭牌

云南省投资控股集团有限公司董事长、党委书记保明虎在揭牌仪式上致辞

云南省能源投资集团有限公司法人代表段文泉在揭牌仪式上致辞

云南省能源投资集团有限公司（以下简称“云南能投集团”或“集团”）是云南省委、省政府在“十二五”期间为加快推进云南建成中国面向西南开放的重要桥头堡，进一步实施云南省工业强省战略，做强做大能源产业，推动云南经济社会全面协调可持续发展而组建的。2012年1月11日，经云南省人民政府云政复〔2012〕4号文批复同意组建。云南能投集团的成立，对打造能源龙头企业，加快能源产业发展，发挥能源产业的基础支撑作用，提高全省能源保障，把能源优势转化为经济优势，推动云南由能源资源大省向能源强省转变，推进云南新型工业化道路进程具有重要意义。

云南能投集团是由云南省投资控股集团有限公司以全部电力及有关股权资产出资组建、云南省国有资产监督管理委员会履行监管职能的省属重点企业，注册资本金101.89亿元，总资产约185.86亿元。作为云南省能源战略的实施平台，云南能投集团是云南省人民政府授权的能源投资项目出资人代表及实施机构，是云南省能源资源开发、建设、运营和投融资主体，云南省电力、煤炭和相关能源资源、资产的整合主体。主要业务涵盖电力、煤炭、环保、新能源等投资、建设及生产经营管理；油气资源及管网项目的投资和开发；与能源相关的技术、物资、信息服务等。

云南能投集团成立后，将加快资源整合，盘活存量资产，做大增量规模，逐步实现对省内能源资源的掌控，并着力打造四大主要业务板块：一是水电。实现参股水电的提质增效，以控股梯级开发为主推动“三江”流域大水电开发。以流域为主整合省内中小水电，提升其资源价值。按照建设“桥头堡”要求，积极实施“走出去”战略，面向南亚、东南亚国家积极开展对外

集团有限公司

能源合作开发；二是火电与煤炭。按照“水火同济”发展原则，控股建设好一批大中型火电、煤电一体化和燃气发电项目，优化我省能源供应结构。同时，通过市场化运作，积极参与省内煤炭资源的整合与开发；三是新能源。加快对云南省新能源资源的开发利用，以风电、太阳能、生物质能等发电为重点，并积极推动其他新型能源产业的发展；四是节能及能源相关其他产业。开展节能和合同能源管理业务，实施我省能源“节能管理”工作，落实云南省节能减排目标。打造云南电力装备制造板块，推动云南省高端电力装备制造业、高新技术及新能源装备产业的发展。

云南能投集团在加快发展、做大规模的同时，将脚踏实地，一步一个脚印地着眼未来，开拓发展思路，励志创新。认真落实省委、省政府能源发展战略，按照云南省国资委关于省属企业转方式、调结构的具体部署和“目标倍增、布局合理、结构优化、效益优良”的要求，搭建好云南省“十二五”能源发展创新平台。积极推动云南能源产业跨越发展，落实资源、工业强省战略，结合云南资源优势和产业优势，以掌控的电力装机和电量，积极探索大用户及点对点直供电模式，支持好云南优势有色矿业和载能工业的发展，加快推进云南新型工业化道路的进程；推进产融深度结合，加快云南优质能源资产与资本市场的直接对接，创建云南能源产业整合基金，把云南能投集团建设成为全国一流的能源投融资平台，为云南省能源产业发展、能源资源整合提供有力的金融支持；积极实施产学研一体化发展，依托能源产业优势，延伸产业链，引进吸收国内外先进能源技术，建设具有较强竞争力的能源产业园区，促进云南能源产业的科技创新和产业升级；按照现代企业管理制度，强化集团科学化、规范化和精细化管理，建设独具特色的企业文化，紧紧围绕云南“十二五”社会经济 “四个翻番”、“两个倍增”发展目标，不断推进云南能投集团科学发展、和谐发展、跨越发展。

展望未来，云南能投集团将坚持发展为第一要务，秉承务实进取、开拓创新的精神，以创新谋发展，以发展壮大促进云南能源产业的崛起。按照集团发展战略规划，到2015年，集团总资产将超过1000亿元，电力权益和可控装机规模突破1500万千瓦，年煤炭产量达到500万吨，年销售收入200亿元；到2020年，力争总资产超过1500亿元，电力权益和可控装机规模达到2000万千瓦，年煤炭产量达1000万吨。在发展成为云南大型能源龙头骨干企业的同时，立足云南“桥头堡”战略和建设 “三基地一枢纽”国家能源基地的战略构架，履行好以能源促进云南经济快速、创新、跨越发展的重要使命，树立高原情怀，践行大山精神，以坚忍不拔的意志，勇往直前的气概，务实奋进，锐意进取，贡献、支持、服务于云南社会经济全面协调可持续发展。

云南云维集

电石渣综合利用日产3000吨熟料水泥项目奠基仪式

云南云维集团有限公司隶属于云南煤化工集团有限公司，多年以来，云维集团依托曲靖地区的煤资源优势，依靠科技进步和技术创新，致力发展煤化工产业，集团现有资产总额217亿元，2011年主营收入111亿元，公司现有员工12000余人，人均产值96.7万元。辖有一家上市公司云维股份（600725）及云南大为制焦有限公司、云南大为制氨有限公司、曲靖大为焦化制供气有限公司、云南泸西大为焦化有限公司、云南大为化工装备制造有限公司等45个分、子、控股公司。

作为云南省首批工业企业创新试点企业和首家通过专家认定评审的省级新技术特色产业基地的骨干企业，云维集团坚持走创新型循环经济的科学发展道路，形成了煤焦化（年产全焦420万吨、煤焦油加工30万吨、甲醇65万吨、甲醛4万吨）、煤气化（年产合成氨74万吨、尿素60万吨、纯碱和氯化铵各20万吨、复合肥35万吨）、乙炔化工（聚乙烯醇3万吨、电石18.5万吨、水泥50万吨、醋酸20万吨、醋酸乙烯11万吨、1，4丁二醇2.5万吨）、化工装备制造以及煤炭资源板块为一体的产业集群,焦炭、甲醇、聚乙烯醇、纯碱、合成氨、尿素分别占有省内45%、85%、80%、60%、21%、25%的市场份额，尿素、纯碱、甲醇、氯化铵、聚乙烯醇、醋酸乙烯、复混肥等七个产品入列云南名牌产品，企业荣获云南省“五一劳动奖状”、省名牌产品30强企业和省质量效益先进型企业，圆满通过ISO9000、ISO14000和OHSAS18000管理体系认证。

2011年，完成固定资产投资147487万元，其中生产装置投资87487万元，用于煤矿并购60000万元。2011年，累计实现工业总产值1151746万元，与上年同比增加了296551万元，增长率34.68%，完成年度预算的105.28%；累计实现工业增加值123283万元，与

兴发煤业公司揭牌仪式

引进瑞典技术建设的年产10万吨甲醛装置

上年同比增加了28760万元，增长率30.43%,完成本年预算的94.33%；累计实现营业收入1106734万元，与上年同比增加了192571万元，增长21.07%，完成年度预算的107.66%。

2011年集团抓住国家整合煤矿资源的历史机遇，积极筹集资金投入到煤炭行业，重点控制主焦煤和无烟煤资源，主要通过控股并购方式整合公司生产急需的煤种，全年共计投入资金6亿元，整合煤矿6对，并在短时间内相继完成了煤矿挂牌、班子搭建、人员抽调以及相关工作的启动。到目前为止，公司所属（所管）煤矿共计14对，其中生产型煤矿9对，新建和改扩建煤矿5对。公司所属选煤厂共计3家。所属矿井全年共计生产原煤77.5万吨。上述煤矿的整合，不仅为集团全年生产稳定运行提供了强有力的支撑，同时也优化和改善了公司的产业结构和资产结构。

公司经过多年的发展，在花山区域形成了初具规模的煤化工产业链，但随着同行业产业规模的迅速扩张以及原料成本的持续上升，公司依托现有的存量资产，从技术方案、投入产出比、运行成本、投融资的可行性等方面做了大量的方案比选，经过全集团的集思广益，反复论证，确定了煤、焦、冶、化一体化资源集约高效利用的发展方向。

采用荷兰壳牌粉煤气化技术年产50吨合成氨气化装置

集团内共有建设项目17个，其中重点控制项目10个，非重点控制项目7个。重点控制项目中有6个已建成投用，5月份完成了贵州盘县120万吨/年选煤项

拥有自主知识产权的全国首家5.5米侧装捣固焦炉

目，6月份完成了大为焦化焦炉烟尘治理项目，9月份完成了宣威10万吨/年电石及200万吨/年石灰石矿山项目，10月份完成了富源团结煤矿改造项目。贵州盘县120万吨/年选煤项目全年实现利润1000万元，已经发挥出良好的投资效益。

2011年，集团公司被云南省总工会等五单位联合评为“2010年度云南省质量效益型先进企业”。集团公司产品：花山牌工业甲醇、云维牌乙酸乙烯酯(VAC)、珠源牌工业碳酸钠分别荣获2010、2011年度“云南名牌”产品称号。

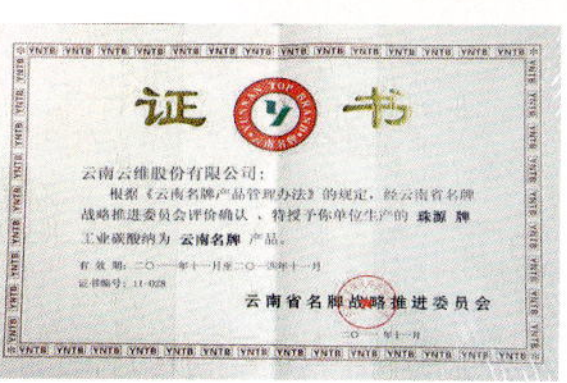

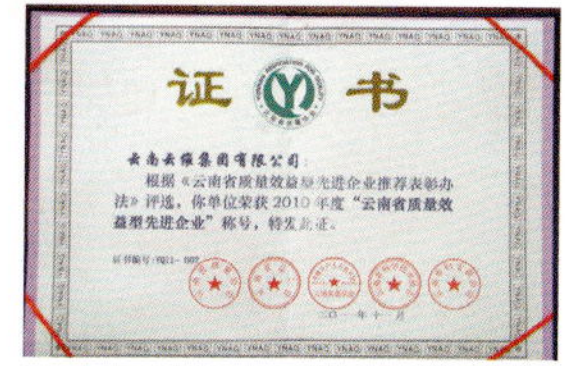

楚雄经济

省委书记、省人大常委会主任秦光荣，省政府副省长孔垂柱到楚雄工业园区考察

2011年是“十二五”规划实施的第一年，开发区党委、管委在市委、市政府的正确领导下，团结和带领全区广大干部群众，励精图治、克难奋进，紧紧围绕“调结构、扩内需、保增长、保稳定、促和谐”的工作大局，采取各种有力的应对措施，经过全区上下的共同努力，工业经济指标实现了平稳较快增长，为“十二五”规划的顺利实施打下了坚实的基础。

2011年，全区完成工业总产值703404万元，比上年增长32.28%。其中：规模以上工业产值655860万元，增长26.88%；规模以下工业产值47544万元，增长1.07倍。规模以上工业完成销售产值621944万元，比上年增长35.99%。实现工业增加值155149万元，比上年增长27.36%。其中：规模以上工业增加值142312万元，增长22.44%；规模以下工业增加值12837万元，增长81.89%。完成主营业务收入633896万元，同比增长40.21%；实现企业利税总额34351万元，同比增长34.83%；实现利润19509万元，增长28.69%。

2011年，全区年产值达亿元以上的重点工业企业达10户，比上年增加两户。10户企业中，除云南开关厂产值仍然下降外，其余企业都实现较好增长。至年末，10户企业实现工业产值615968万元，占全区工业总产值的87.57%，增加产值187402万元，拉动全区工业产值增长35.24个百分点。10户重点企业产值同比增、减情况是：新投产企业楚雄鑫华化工有限公司新增产值15038万元、天腾化工有限公司公司增长203.65%（现价比，下同）、云南广泰生物科技有限公司增长86.78%、楚雄滇中有色金属有限公司增长43.18%、云南楚雄仁恒化肥有限公司增长29.50%、云南岭东印刷包装有限公司增长13.93%、云南盘龙云海药业有限公司增长8.12%、云南楚雄思远投资有限公司增长13.50%、云南国资水泥楚雄有限公司增长

国家工业和信息化部原部长李毅中到楚雄工业园区调研

开发区

0.55%、云南开关厂下降10.43%。

新增工业企业生产顺利，工业经济发展后劲增强。新世纪中药饮片公司、草本堂药业、鑫华化工公司、昆钢奕标公司投产顺利，产值贡献突出。到2011年末，4户新投产企业实现工业产值34744万元，拉动全区工业产值增长6.53个百分点。

规模以下工业生产保持强劲增长。2011年，规模以下工业完成产值47544万元，同比增长1.07倍，拉动全区工业产值增长6.36个百分点。

中国关工委主任顾秀莲、楚雄州委书记张太原为云南广泰科技有限公司关心下一代工委揭牌

2011年，区党委、管委在上级党委、政府的领导下和各主管部门的指导、帮助下，认真贯彻落实国务院及省、州、市一系列鼓励支持和引导个体私营等非公有制经济及中小企业发展的文件精神，以科学发展观为统领，围绕年初既定的发展目标，狠抓落实、开拓创新、扎实工作，坚持抓好招商引资和项目建设工作，采取有效措施，加快工业园区建设和商贸经济发展，加大对非公企业和中小企业的帮扶力度，为非公经济和中小企业创造良好发展环境。

2011年，区内非公有制经济实现增加值213345万元，比上年增长21.82%。增加值占当期GDP的比重达69.69%。至年末，在开发区工商部门登记的私营企业达811户，比年初增加138户，增长20.15%。从业人员达14010人，比年初增加886人，增长6.75%，其中，投资者1622人，增长15.41%；注册资金184254万元，增长23.88%。实现税收19692万元，增长9.69%。全区个体经营户达到3947户，比年初增加380户，增长10.67%，从业人员9197人，比年初增加944人，增长11.44%；注册资金24009万元，增长38.05%。实现税收4358万元，比上年增长63.71%。

州委书记张太原到工业园区调研

2011年，楚雄经济开发区经过全区上下的共同努力，18户重点工业企业经济指标实现了平稳发展，实现了开发区“十二五”规划的良好开局。

嵩明杨林

2012年3月24日，省委书记秦光荣，省委副书记仇和，副省长和段琪，省政府秘书长丁绍祥等领导出席杨林工业园区入园企业的开工仪式

全省40个重点省级园区之一的杨林工业园区，20年来始终坚持创新发展，开拓奋进，不断壮大发展。尤其是近两年来，作为现代新昆明、嵩明“空港新城”建设中的现代化新型工业城区，按照“三年倍增、六年跨越”目标，杨林工业园凭借良好的资源禀赋、创优的投资环境，在创建省级一流园区、创建国家级开发区中不断实现新突破、新跨越。

目前，以“临空经济主线、多元产业开花”为特色的杨林工业园如今正依托资源特色优势，科学建园。按照市、县规划部署，园区主导产业正按照建设大园区、引进大项目、发展大产业、实现大集群的发展思路，以汽车及零部件配套产业为核心支柱，以机械装备制造、食品饮料、新材料、国家战略及信息化等4大产业引导的“1+4”产业布局，着力培育发展有利于主导产业链健康成长的发展环境。具有先进的现代临空经济产业特色的“1+4”产业布局成为杨林工业园的核心竞争力。

签约仪式

近两年来，云南嵩明杨林工业园区各项主要经济指标增速连续多年稳居全省前茅，综合实力也提升了工业园区的综合经济竞争力，在云南省级开发区综合实力排名中稳居第一，是云南省增长速度最快、最具活力、最具潜质的省级开发区之一。

生机勃勃的现代园区

2011年，杨林工业园区坚持大集团引领、大项目支撑、集群化推进、园区化承载，全力推进大突破、大发展、大跨越，充分发挥云南嵩明杨林工业园区的交通区位、产业基础、资源禀赋等比较优势，加快培育主导产业，推动产业发展规模化、高端化、集约化、特色化，以大项目打造大产业，以大产业打造大基地，以大基地打造大集群，具有先进临空经济特色的现代产业发展格局取得重大突破。

截止目前，园区入驻企业达到156户，已建成投产企业98户，规模以上工业企业34户，世界500强企业2家，国内500强企业4家，亿元以上投资企业38家。

产业集聚效益明显

目前的杨林工业园区科技创新优势突出，产业培育方兴未

工业园区

艾，园区科技产业基地建设和产业集群发展提供支持，形成了一批具有自主知识产权的核心技术。2011年，园区高新技术产值占工业总产值比重为2.5%，拥有30个专利，建有企业技术科技研发（R&D）经费支出占GDP比重为2.24%，大专以上学历就业人数占就业总人口的37%。

主要经济指标完成情况　2011年，云南嵩明杨林工业园区完成工业总产值64.2 068亿元，同比增长48.06%；完成规模以上工业主营业务收入62.1 083亿元，同比增长37.61%；完成规模以上工业增加值14.8 591亿元，同比增长33.6%；完成全社会固定资产31.89亿元，同比增长83.6%；完成利税总额2.5047亿元，地方财政一般预算收入7826万元，同比增长34.4%；从业人员达到5526人，初步形成了以机械装备制造、食品饮料、新材料为主导产业的工业体系。

招商引资　2011年以来，园区管委会始终把招商引资工作作为第一要事，着力加强园区软环境建设，切实推进招商引资工作，全面推行每个项目专人负责的项目负责制，为提高园区项目建设吸引力，增强园区综合竞争力奠定了基础。

截止2011年12月，招商引资内资协议投资额1 081 000万元，协议外资投资总额3.5亿美元，实际到位内资304 607万元，占县下达全年任务数235 000万元的129.6%，外资到位325.18万美元，其中二产项目58个（其中结转项目29个,市内县外9个，市外项目36个），累计到位资金179 507万元；三产项目1个，累计到位资金86 992万元，基础设施项目6个，累计到位资金37 433万元。

工业固定资产投资完成28.03亿元，完成省工信委下达目标任务的额186%，增速为全省产业园区排名第一。

2012年12月21日，省委书记秦光荣，省委常委、昆明市委书记张田欣到杨林工业园区视察

中外项目签约仪式

基础设施建设　2011年，杨林工业园区注重用好“精力向园区集中、资源向园区汇集、政策向园区倾斜”的优抚政策，坚持“开发一片，建成一片，收益一片，繁荣一片”的原则，全速加快路网、管网、污水处理厂等配套基础设施建设步伐。共完成基础设施建设投资任务4.5亿元，投入标准化厂房建设资金16.74亿元，实现了“项目定位到哪里，基础设施就推进到哪里”的目标，截止2011年底，工业园区已建成面积达7.4平方公里，园区大道通途，路网便捷，水电、通讯等设施完善，园区载体功能得到进一步完善。

（撰稿　何智惠）

调峰调频发电公司

2011年1月，调频发电公司总经理张滇生到鲁布革电厂调研　（摄影　侯海琳）

2011年11月，调频发电公司党组书记林涛到鲁布革电厂调研　（摄影　侯海琳）

鲁布革电站位于云南省罗平县与贵州省兴义市交界的黄泥河上，是珠江上游南盘江左岸支流黄泥河上的最后一座梯级电站，装机容量600MW（4×150 MW），以单一发电为开发目标，尾水与天生桥一级水电站的水库相衔接。具有高堆石坝（坝高103.8米）、高水头（最大水头372.5米）、长引水隧道（9387米）和全地下厂房（长125米、宽18米、高39.4米）等特点，引用流量214立方米/秒，是我国第一座使用世界银行贷款、主要机电设备从国外引进、部分工程采用国际招投标建设的电站。电站于1983年开工，1985年11月截流，1988年12月第一台机组并网发电，1991年6月第四台机组并网发电，1992年12月通过国家竣工验收。

在电站的建设过程中，由于率先采用了工程招投标制、项目法人负责制和施工监理制等新型施工管理手段，工程取得了巨大成功，探索出鲁布革经验，掀起了“鲁布革冲击波”，在中国水电建设史上留下光

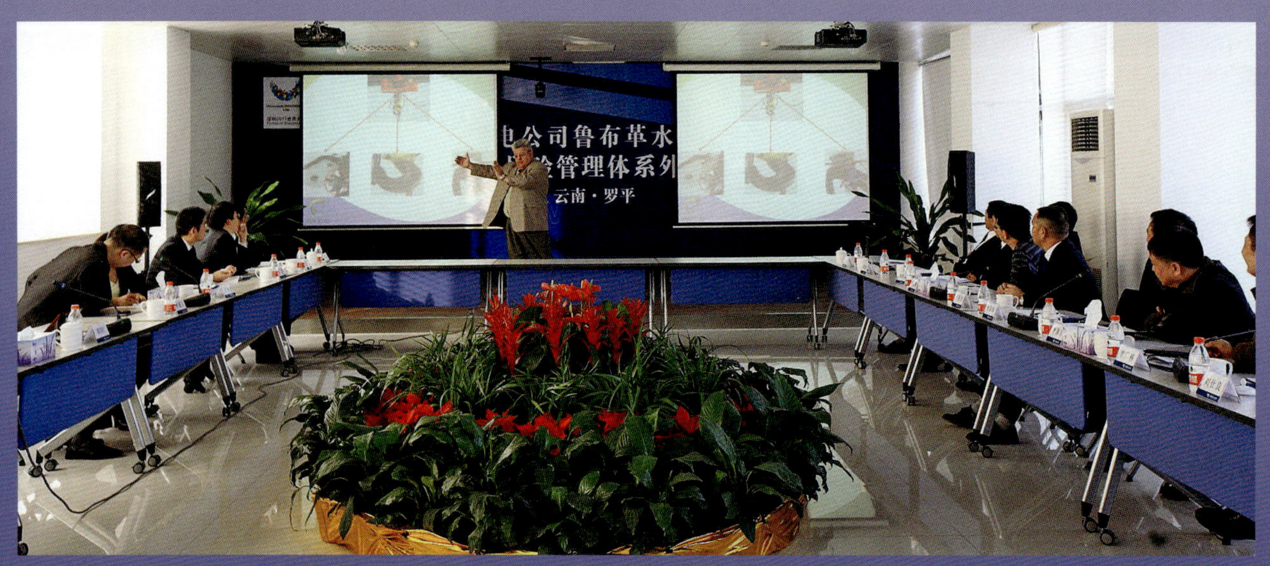

2011年11月，安全生产风险管理体系达到3钻　（摄影　何莉英）

鲁布革水力发电厂

辉的一页。1986年11月18日，时任国务院总理的赵紫阳和李鹏副总理视察鲁布革工地，对工程质量和管理经验给予高度评价。建设时期，鲁布革工程创造了14项全国纪录，荣获“国家优秀勘察（金质）奖”、“国家优秀设计（金质）奖”和“建筑工程鲁班奖”。2009年，鲁布革电站入选“新中国成立60周年百项经典暨精品工程”，与北京天安门广场建筑群、长江三峡水利枢纽工程、中国载人航天发射场工程等重大工程一同载入了新中国建设与改革发展的史册。

鲁布革水力发电厂成立于1986年10月，随着国家电力体制改革的实施，2003年3月11日，作为调频电厂划转中国南方电网有限责任公司，由南方电网超高压输电公司代管，2006年10月，划由南方电网调频发电公司管理。进入南方电网公司以来，鲁布革电厂在企业改革发展的过程中，在做好各项工作的过程中，形成和凝练了五种精神：艰苦奋斗、自强不息的精神；知难而进、百折不挠的精神；兢兢业业、勤奋踏实的精神；开拓创新、追求卓越的精神；永不自满、锐意进取的精神。这五种精神，成为促进企业持续发展的精神财富。

经过不懈的努力，鲁布革电厂于1996年实现以罗平为行政指挥中心的基地化管理；1999年成为国内第一批“一流水电厂”；2005年4月27日，成为我国首家实现厂房无人值班运行管理的常规水电厂；2008年1月，建成罗平集控中心，实现对电站主辅设备的远方控制。截至2012年6月24日，累计安全生产3146天，累计发电534.95亿千瓦时，为经济社会发展做出了积极的贡献。先后荣获全国五一劳动奖状、全国文明单位、全国模范职工之家、国资委中央企业“四五”普法先进单位、全国大型水电厂（站）劳动竞赛先进单位、第三届全国电力行业设备管理工作先进单位、云南省文明单位、云南省国资委“先进基层党组织”等荣誉称号。

2011年3月，全国20县市区人大工作研讨会代表参观鲁布革电厂 （摄影 胡普明）

2011年3月，机组检修期间，工作人员在回装水轮机导水叶 （摄影 侯海琳）

云南黄金矿业集

云南黄金矿业集团股份有限公司（前身为云南地矿资源股份有限公司），成立于2001年8月，是一家产权多元化的股份制大型矿业企业。主要经营范围：矿产资源勘查、开采、选冶；矿产品经营；矿业权经营等。公司主要产品有黄金、白银、电锌、锌精矿、铅精矿、黄龙玉等。现有18个分（子）公司及参控股公司，员工3218人，是一支探采选冶一条龙、科工贸一体化的专业技术门类齐备、人才结构合理、研发能力强，富有朝气与活力的团队。

公司已探明的储量与黄金产量位居全省第一位，铅、锌、铜、铁有色金属及银、铂、钯等贵金属的储量也较为丰富。累计探明保有资源量黄金250吨，铜100万吨、铅+锌200万吨、铁矿石1亿吨、铂钯45吨，银2000吨。

目前公司下辖有鹤庆县北衙金矿、金平县长安金矿、文山州广南金矿、勐海县热水塘金矿与光贺金矿、楚雄市小水井金矿、巍山县扎村金矿等7座黄金矿山；保山市珑阳椅子山铁锌矿、保山市珑阳金厂河铜铁多金属矿、沧源县金腊铅锌矿等3座有色金属矿山；弥渡县金宝山铂钯矿山1座。在昆明建有黄金提纯加工中心（滇金投资有限公司），并通过了上海黄金交易所合格精炼厂认证，并被列入国家火炬计划项目。

公司系云南省黄金产业的龙头企业，公司黄金资源储备占全省的1/3，黄金产量占全省的1/2以上，系上海黄金交易所综合类优秀会员，公司以自行申请注册的“滇金”品牌，向市场提供标准金锭，并被上海期交所认定为履约交割金锭。

公司具有固体矿产勘查甲级资质、水-工-环地质调查乙级资质、地球物理、地球化学勘查乙级资质、地质岩矿实验测试乙级资质。公司质量管理体系已通过GB/T 19001-2008—ISO9001：2008认证，管理规章制度完备、人力配备齐全、装备精良。

公司秉承“开发一座矿山，造福一方百姓；闭坑一座矿山，还一片绿水青山”的开发理念，十分注重资源的综合利用、注重绿色职业健康与环保安全，努力构建矿山和谐社区，除税费按国家规定依法上缴外，每年都从利润中让渡一部分给当地群众受益，并尽可能安置当地富余劳动力在矿山就业，让人民群众享受发展的成果。

公司2011年生产滇金16.89吨，白银20吨，电锌1.05万吨，铅锌精粉1万吨，铁精粉80万吨，年实现销售收入65.33亿元，上缴税费4.29亿元，实现生产增加值25.15亿元。

公司拥有一支集云南省地矿局第一至第五地质

公司主打产品“滇金”，具有2000多年的悠久历史

弥渡县金宝山铂钯矿

团股份有限公司

大队技术骨干组成的勘查找矿队伍，具有丰富的找矿经验。承担的多个勘查项目获得国家和省、部级奖励。其中公司参与的“西南三江铜、金多金属成矿系统与勘查评价项目”荣获国家科技进步一等奖，国土资源部科技进步一等奖；2006年公司荣获云南省政府授予的“地质工作先进单位”称号，2007年被国土资源部授予“全国地质勘查行业先进集体”称号，2007年鹤庆县北衙铁金矿、金平县长安金矿荣获国土资源部“全国地质勘查行业优秀地质找矿项目”一等奖，2011年“云南省鹤庆北衙金多金属矿详查（四期）”项目获得全国十大地质找矿成果奖。

下一步，公司将按照云南省第九次党代会精神，秉承“带德尽责，持续改善，追求卓越”的核心价值观，肩负“为公司谋发展，为员工谋幸福，为社会谋和谐，为国家做贡献”的使命，云南黄金集团重新修订了“十二五”发展规划，“十二五”期间计划完成产值600亿元，税收42.3亿元，到2015年实现销售收入200亿元。

获得的荣誉

2010年被昆明市盘龙区授予“文明单位”称号

2010年被授予“昆明市和谐企业”称号

2010年被授予上海黄金交易所黄金交易十大企业

2011年被授予中国黄金销售收入十大企业、矿产金十大企业、中国黄金经济效益十佳企业

2012年被中华全国总工会授予“全国五一劳动奖状”

2012年被云南省政府授予“劳动关系和谐企业”

云南黄金集团2011年云南100强排名：

营业收入位列第23名

利润位列第9名

人均利润位列第8名

利润增长率位列第18名

所有者权益位列第30名

滇金投资公司（原黄金提纯中心）

金平县长安金矿

文山州广南金矿

保山市隆阳椅子山铁锌矿

矿长　代云

党委书记　杨大惠

举办企业文化知识竞赛

信息化办公室

云南省后所煤矿始建于1970年5月，位于云南省富源县中安镇，是云南省国有重点煤矿之一，现隶属于云南煤化工集团东源煤电股份有限公司。主要从事煤炭开采、洗选加工等生产经营活动。现有在册职工3890人，2011年，生产原煤158.56万吨，实现销售收入85509万元，利润总额达3215万元。先后获得"全国依法生产先进煤矿"、"中国企业文化先进单位"、"全国环境保护优秀企业"、"云南省经济技术创新活动先进集体"、"守合同重信用企业"等殊荣，2012年被列为国家级绿色矿山试点单位。

科技进步求发展

多年来，后所煤矿始终坚持科学技术是第一生产力，积极推广新技术、新工艺，原煤生产从炮采到高档普采再到综合机械化采煤，采煤机械化程度达100%，掘进从炮掘到综掘，洗煤从跳汰工艺到全原煤重介工艺等，原煤生产矿井采用网络构架，并结合自动化、信息化、计算机、网络、通讯的新理论和新技术，利用世界先进的自动化产品、网络产品和工业控制软件、数据库软件，实现了"采、掘、动、风、水、电、安全"等生产环节信息化，真正做到了"管控一体化"，煤矿安全生产在全省井工矿中保持领先水平。

企业文化树形象

实现企业文化管理是后所煤矿又一新的尝试。2010年，矿提出了系统的企业文化发展思路和构想，坚持以人为本管理为核心、学习创新为动力、企业发展为宗旨、先进的理念引导人、优秀的文化塑造人、良好的环境培育人的管理理念，进一步提

后所煤矿

炼、提升，逐步形成具有后矿特色的“以人为本、以动为源、以和为体”的三为企业文化体系。“三为”文化体系的建立，为后所煤矿的管理指明了方向，实现从“制度管人”到“文化管人”的转变，提升了管理水平，增加了职工的使命感和责任感，推动企业健康稳定和谐可持续发展。

后矿人将始终坚持“以职工为本、以煤为主、以矿为家、职工与企业共谋发展”的企业文化理念，在“三为”文化的体系的引导下，为企业创造效益、为社会创造财富、为职工谋求福祉。

绿色矿山促和谐

长期以来，后所煤矿高度重视矿区环境建设及周边的稳定和谐。立足于依法办矿、规范管理、综合利用、技术创新、节能减排、环境保护、土地复垦、社区和谐、企业文化等工作，并得到了国家认可，被列为国家级绿色矿山试点单位。后所煤矿将以创建国家级绿色矿山试点单位为契机，实施矿区的绿化、美化、亮化工程，进一步改善职工的生活环境，提高职工生活质量。积极支持地方三村四化建设、农田水利建设、小康村建设、民族中学及小学校的建设、电网改造、高压线架设、人畜饮水工程建设、乡村道路建设、联防基地建设、造林育林、村委会公益事业等，与地方政府共同建设企地和谐长效机制，为实现企地共建和谐、共促发展搭建了平台。

办公大楼

展望未来，后矿人踌躇满志，充满信心，将在已取得成绩的基础上，再接再厉，攻坚克难，高歌猛进，服务社会，造福职工，实现可持续发展，再创企业新辉煌。

（丁　锐　杨虎雄）

先进的机械化采煤

矿灯管理室

云南德春绿色

云南德春绿色食品有限公司成立于1999年，占地面积为6000平方米，注册资金500万元人民币，现有员工116人。主要从事藕粉的生产及加工。

藕粉是以新鲜莲藕为原料，经清洗、去节、粉碎、分离、过滤、脱水、烘干等工艺制成的纯藕粉，或以纯藕粉为主要原料，配以其他食用辅料，经干混、湿混、制粒、干燥、筛粒、分装等工艺制成的藕粉系列产品。

澄江县地处滇中高原，土地肥沃，生态环境优异，种植之荷藕，只开花不结莲蓬，地下块茎粗大肥壮、粉多、味浓。此地所产荷藕具有清热润肺，凉血行瘀的功效；其中所含的黏液蛋白、膳食纤维和鞣质，具有健脾止泻的作用；富含的铁、钙等微量元素，植物蛋白质、维生素以及淀粉有明显补益气血的作用；另外还含有大量的单宁酸，有收缩血管、止血生肌的作用。澄江藕粉更是久负盛誉的传统滋养食品。目前我公司藕粉销售额占云南市场一半以上，并且自主开发的新产品比市场传统产品具有较高的先进性，得到广大消费者的喜爱，公司管理科学，技术力量雄厚，从成立至今，先后开发出50余个系列藕粉和礼盒。新研发出的藕全粉系列产品保留了鲜藕中的所有营养成分，满足了现代人对膳食纤维的需求。近两年，又开拓了重庆、四川、湖北、广东、广西等省外市场，取得了较好的成绩。藕粉是中国特有的传统食品，口味很容易得到消费者的认可，目前国外市场仍属空白，公司在东南亚国家做过展览宣传，收效较好，向国外出口我们的产品是必然的趋势。

公司采取每批产品自行出厂检验制度，每个季度送样至玉溪市质量技术监督局进行检验，并且，省、市、县级质量技术监督局不定期抽样检验，产品质量稳定，近几年从未出现质量问题。2009年通过了ISO9001和HACCP认证，2010年通过了HALAL清真食品认证。

食品有限公司

2008年收购了湖北汉川百信藕业有限公司，并于2009年投资500余万元新建了8000平方米的厂房、购进了一套世界领先技术的藕淀粉生产设备，集造粒烘干、藕粉包装于一体，年生产能力600余吨，已经投入市场，正致力于周边省份的市场开发。

为了取得更好的成绩，在今后的工作中，将继续推陈出新，推出品种更多、口味更佳、营养更全面的“德春牌”系列藕粉，开发出更广阔的市场。

车间工人正在进行装箱

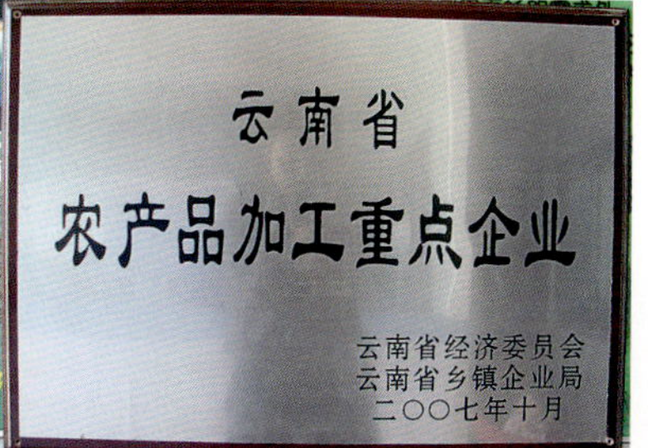

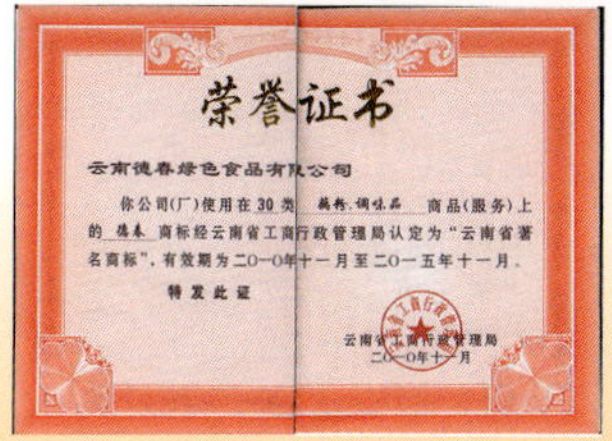

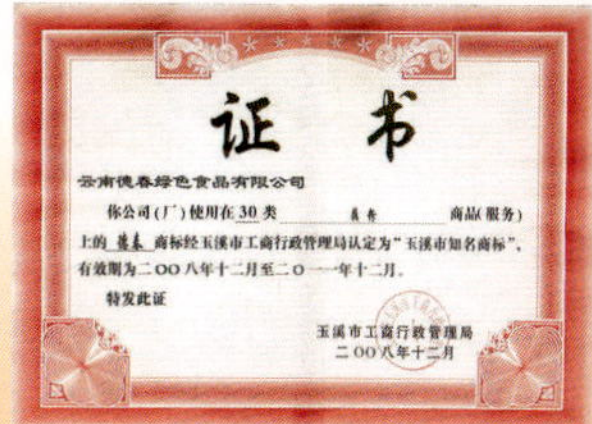

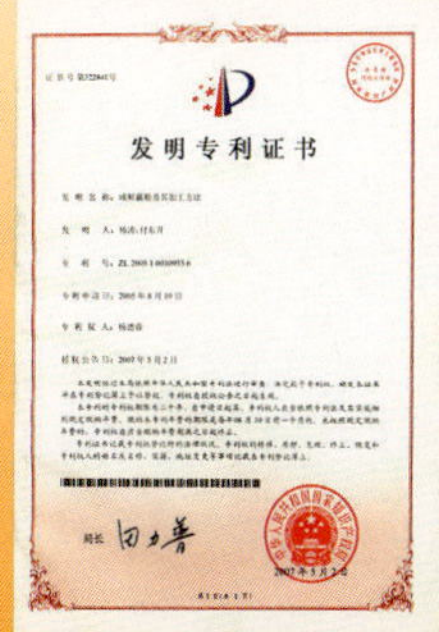

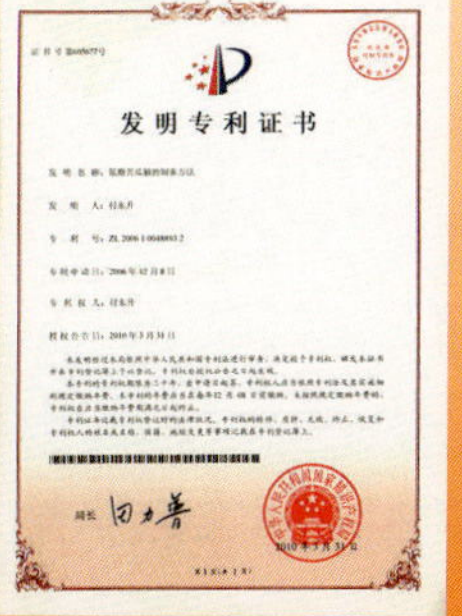

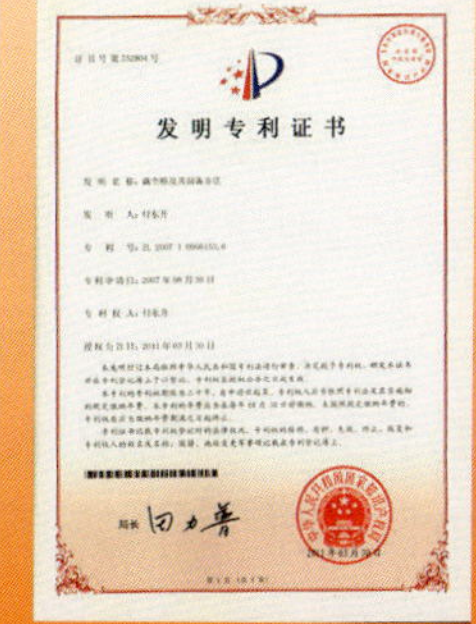

公司地址：云南省澄江县龙街镇
联系电话：0877-6767168　6767955　　传　真：0877-6767169
公司网址：http://yndechun.cn/　　淘宝地址：http://shop64450465.taobao.com/
无线网址：手机用户登陆www.wap.cn，搜“德春”即可直达

云南侨通包装

董事长许经振（左）、总经理周劲（右）在公司庆典仪式上合影

云南侨通包装印刷有限公司（以下简称公司）成立于1993年5月5日，是香港侨威集团与昭通市开发投资有限公司、红塔集团昭通卷烟厂共同投资兴办的以纸制品包装印刷和设计制作为一体的滇港合资企业。公司注册资本为3800万美元，投资规模9138万美元，总资产5亿多元，年销售收入超5亿元。公司现有员工800余人，2011年含税销售收入5.35亿元。从1993年建厂至2011年底，公司已累计实现销售收入64.7亿元，实现利税18.08亿元，缴纳税收5.85亿元，为昭通经济社会发展做出了积极贡献。

公司引进了世界一流的瑞士BOBST凹印机、烫金模切机、折盒机、德国海德堡胶印机、瑞士吉士卷到卷烫金机等世界领先包装印刷设备。目前，公司拥有大小进口先进设备60多台套，是一家拥有瑞士BOBST设备最多、配套最齐全、档次最高的包装印刷企业，具有较强的供货保障能力和品质保障能力,能够快速满足不同客户对商标生产的需求。

公司于1999年9月通过了ISO9002质量管理体系标准认证；2009年又通过了ISO9001质量管理体系、ISO14001环境管理体系和GB/T28001职业健康安全管理体系三标整合认证。为此，建立了涵盖质量、环境和职业健康安全管理系统标准，并能够满足客户要求的具有公司特色的QES管理体系文件系统。通过不断地管理创新，公司已形成了包含六大管理模块的企业管理模式，即“以质量为核心的产品管理，以人为本的经营管理，以科技为先导的研发管理，以高效为目标的信息管理，以成本为中心的财务管理，以健康为宗旨的安全管理”。通过不断管理变革，推动了企业的科学、规范和可持续发展，使公司的管理更加规范，为公司未来和市场开拓奠定了坚实的基础。

公司从建厂开始就重视技术创新，在创新引领市场思路的指引下，公司上下形成了追求新、奇、特、美的精品意识，并在新工艺、新技术、新材料的应用上取得了可喜的成绩。到目前为止，公司已获得国家专利18项，40多项工艺技术在同行业中处于领先地位，并率先使用。多项包装设计获得金、银、铜奖。这些技术创新项目不仅推动了公司的发展，树立了公司的品牌优势，更引领和推动了中国包装印刷业发展。

公司市场覆盖云南、四川、贵州、重庆等省市，产品包括烟标、酒盒、药盒等。目前公司客户主要有红塔集团、红云红河集团、贵州中烟工业公司、川渝烟草集团、重庆太极集团、四川郎酒集

分公司、技术中心成立

印刷有限公司

瑞士吉士烫金机

团、云南白药集团等。公司致力于以烟标为主，为国内大型著名的烟草集团、酿酒集团以及制药集团提供配套服务。

公司本着生于昭通，奉献昭通的企业经营理念，为汶川地震捐款44万元；向昭通冰凌雪灾捐款100万元，捐资40万元设立基金救助山区困难学生；捐资300万元援建8所希望小学；积极响应政府号召，参与扶贫工作，投资50万元在扶贫点帮助发展养殖业、助学、修路、建桥等，为新农村建设贡献力量。诸多捐资彰显了公司对社会的责任和爱心。

公司先后荣获：中国包装龙头企业、中国侨资百强明星企业，外商投资先进技术企业、全国诚信印刷企业、云南省高新技术企业、云南省知识产权优秀试点企业、云南百强工业印刷企业等，并获得“全国信用AAA级企业”、“全国重合同守信用企业”、“云南省希望工程十大慈善企业”等荣誉称号。

公司立足包装印刷主业，在实现稳健经营、快速成长的同时，围绕主业通过外延式扩张以及参股合作等方式实现企业做大做强。2006年，在昆明高新技术开发区投资5000多万元建立侨通昆明分公司和侨通技术中心，为云南生物制药企业配套提供高档商标，以较强的研发能力为云南乃至全国包装印刷行业提供最新研发成果，对云南包装印刷业的发展起到了强有力的推动作用。目前已拥有昆明分公司、昆明技术中心、安徽侨丰包装印刷有限公司、昭通昭阳富滇村镇银行、昭通风池中学、昭通新侨包装印刷有限公司等6家运营良好的控股或参股企业。

在企业文化的支撑和推动下，公司形成了“厚德自立，至善至美”的企业精神和“生于昭通，奉献昭通”的经营理念，并最终形成了具有侨通特色的具有丰富内涵的企业文化。通过公司内部的“两刊”、“两网”搭建了公司企业文化宣传平台，使公司管理具有规范、协调、精细、人性、透明的特点。

公司是先进技术型企业，通过创新管理使企业走上了规范化管理的轨道，使公司由小到大，由弱到强，在艰苦的条件下走过了不平凡的旅程。展望未来，在新的发展时期，公司将继往开来，在“厚德自立，至善至美”的企业精神的指引下，与社会各界朋友携手并进，共谋发展，为和谐世界印刷更多的精彩！

德国海德堡胶印机

瑞士凹印设备

普洱工业园区

2011年2月24日，国务院安委办副主任、国家安全生产监管总局副局长兼国家煤矿安全监察局局长赵铁锤到入园企业视察安全生产工作

2011年3月5日，省国土资源厅党组书记、厅长和自兴在副市长杨林的陪同下到园区调研

截至2011年12月，普洱工业园区新增片区累计完成投资20.9029亿元（其中天士力投资4.0464亿元和建峰水泥厂三线投资2.81亿元），其中基础设施投资5.1074亿元（天士力0.0065亿元，供电供水1.2163亿元）。

2011年实现工业总产值10.81亿元（天士力0.9亿元），同比增66.2%，实现工业增加值4.32亿元（天士力0.4亿元），同比增89.8%，实现销售收入11.02亿元（天士力0.3365亿元），同比增61.7%，完成税费收入0.991亿元（包括耕地占用税0.3541亿元，工业税收0.39亿元，规费0.1465亿元，建安税0.1亿元）。累计入园企业99户（规模以上36户），60户建成投产，工业经济发展平台已初步建立,经济社会效益初步显现。

2011年，园区及时、依法依规为已落实用地指标的8户企业办理了国有土地使用权证手续，11户企业进入办证程序，对41户企业的60宗1096.716亩土地进行了公开挂牌，普洱市第四批城市建设用地（550亩）报件已报省国土厅待批。

2011年共建设标准厂房14.365万㎡，其中：续建5.7万㎡，新建8.65万㎡，目前已竣工8.16万㎡，在建6.2万㎡。累计完成投资1.3亿元，共争取市级配套补助资金800万元，省级补助资金920万元。

围绕普洱市的绿色产业优势，普洱工业园区按照生物产业基地建设和生态工业园区建设的要求，全力打造以绿色生态为主要特征的多业并举的现代化综合工业园区，初步形成了以普洱茶加工、咖啡加工、绿色食品生产和生物制药为主的绿色产业集群。

结合城市规划调整，按建设妙曼普洱的要求，园区总规进行了相应调整，调整后新增了倚象和宁洱两个片区，由四个片区增加到六个片区，总规划面积由原来的21.06平方公里增加到55.1平方公里（远期63.8平方公里），把冶炼和林产林化等产业调整出普洱城区。目前，《工业园区总体规划（调整）》已通过市政府审批，报省工信委备案。

2011年5月10日，省委常委、昆明市委书记仇和在市委书记沈培平和市长李小平的陪同下到入园企业考察

2011年5月22日，最高人民检察院副检察长姜建初在市长李小平的陪同下到入园企业视察

2011年3月8日，省工信委副主任周赤在原市工信委主任李忠明的陪同下到园区调研

玉溪高新技术开发区

2011年，玉溪高新技术开发区认真贯彻党的十七届五中、六中全会、中央经济工作会和省第九次党代会精神，以科学发展观为指导，紧紧围绕市第四次党代会、市三届人大四次会议和市政府三届八次全会提出的各项目标任务，进一步统一思想、深化认识，积极应对复杂的经济发展环境，强化措施，攻坚克难，使园区经济持续快速健康发展，社会事业管理水平不断提高，和谐园区建设成效明显。

2011年高新区生产总值（不含红塔集团，下同）达42.21亿元，按可比价格同比增长 17.5%；园区经济总收入（技工贸总收入）116.6亿元，同比增长32%；工业总产值（现价）74.45亿元，同比增长26.9%；规模以上工业增加值23亿元，同比增长35.8%；地方财政一般预算收入3.16亿元，同比增长43.3%；社会消费品零售总额22.8亿元，同比增长19.7%；招商引资到位资金11.14亿元，同比增长69%；全社会固定资产投资13.14亿元，同比增长25.4%；进出口总额3240万美元，同比增长50.3%。

全年园区共实施重大基础设施建设项目12项，计划总投资1.7亿元，其中新建项目8项，续建项目4项，重点项目有序推进。

2011年全年招商引资到位资金11.14亿元；新增签约项目5项，项目资金总额11.6亿元；新增在谈5000万元以上的项目共9项，协议意向投资总额39.9亿元；新开工项目8项，在建工业项目12项。

维和制药股份有限公司远景

高新区南片区一角

周记众佳生产车间一

富民工

富民工业园区开发建设起步于2007年年初，于2008年年底纳入省级工业园区管理，是昆明市委、市政府批准建设的全市重化工产业区和钛产业基地。近年来，富民工业园区管委会在县委、县政府的正确领导下，按照“一园多区、一园多片”的发展思路，全力以赴加快园区建设、持之以恒抓好招商选资、全神贯注致力工业经济发展，切实加快新型工业化发展进程。新修编的《富民工业园区总体规划（2010～2030）》通过市工信委审批和县人大审议执行，工业园区规划面积从10.22平方公里扩展到56.36平方公里，覆盖全县6个镇（街道），缓坡、未利用地占开发面积的88.2%;依托近郊区位、资源优势，确立了钛盐化工、机械制造、新型建材、清洁能源、环保科技、食品加工、商贸物流七大主导产业，全面加快推进八大专业化产业基地开发建设。工业园区成为推动富民县域经济发展的主引擎、体制机制创新的先行区、统筹城乡发展的主力区。

东元生态食品园标准厂房一

天之骄子、盛泽医药现代物流配送中心

按照“工业上山”、向山坡要地的开发建设思路，2008年以来，工业园区已累计收储和开发工业用地6122亩，采取市场化建设方式投入各类建设资金4亿元，完成基础设施项目29个、在建9个；工业园区开发建设面积累计达到6平方公里，建成区面积累计达到4平方公里。投资5350.8万元的东元3.6万平方米标准厂房（一期）和1500米市政道路建设全面竣工。以北营钛产业、东元生态食品加工、

业园区

大营新型建材产业、麦竜环保科技产业、哨箐机械加工、麦竜精细化工、火梨板中小企业创业为重点的专业产业片区建设已初具规模。省工信委将富民县列为“省级新型工业化示范县”，并列入省级重点工业园区。

2011年园区产业招商共申报招商引资项目55个，到位内资15.53（以县考核办提供数据为准）亿元，全部为工业项目，为市级下达8亿元目标任务的194.13%；引进外资1108万美元，为市级下达300万美元目标任务的369.33%。

2011年，园区实施招商引资项目共计44个，协议投资82.54亿。其中：亿元以上项目16个，协议总投资71.33亿元；已开工项目20个，协议总投资13.06亿元，其中亿元以上项目新开工3个，协议总投资5.1亿元。截至2011年12月底，富民工业园区共入驻企业103家，其中：建成投产企业55家、在建企业共48户。规模以上工业企业21家、销售收入过亿元企业5家；省、市认定企业技术中心1个、高科技企业1户。2011年，富民工业园区钛白粉年产能规模达到10万吨，预计2013年达到15万吨、2015年达到20万吨，生产规模居全国前列。

远方生物

光波电线电缆

富民正业彩印

康业医疗器械生产

香香食品

曲靖煤化工工业园区

曲靖煤化工工业园区（原云南煤化工曲靖基地）成立于2004年，位于珠江源头的沾益县境内，是全省40个重点工业园区和省拟培育的30个销售收入超百亿园区之一，在全省首家通过“云南省高新特色产业园区”认定，被纳入曲靖国家级经济技术开发区建设范围。园区分为花山煤化工、白水冶金能源、天生桥煤焦物流、城西轻工业四个功能区，调整规划面积55.12平方公里。围绕“工业上山”和工业园区“三年倍增、五年翻两番”目标，以企业为主体，项目为支撑，以工业园区建设为平台、载体和抓手，按照布局集中、产业集聚、土地集约、生态环保的原则和“有规划、有龙头、有品牌”和“政策聚焦、要素聚集、力量聚合”的“三有三聚”思路，建设“全省重要的煤化工、铝产业基地”，力争到2015年，实现工业总产值570亿元，年均增长30%以上；增加值160亿元，年均增长25%以上。到2025年，园区规模达100平方公里，产值达1300亿元，花山片区、白水片区、天生桥片区实现连片发展，建成规模聚集效应明显的国家级知名园区。

2011年，园区建成面积15平方公里，入驻企业40余户，从业人员13339人，资产总额306.33亿元。实现工业总产值186.30亿元，比2010年增42.55%，占全县工业总产值的80%；实现工业增加值42.81亿元，比2010年增31.04%，占全县工业增加值的77.48%；主营业务收入188.32亿元，同比增32.24%；实现税金4.69亿元，同比增22.50%。建成标准厂房10.5万平方公里。

大为制焦厂景

根据省委关于“工业上山”的决策部署，结合产业发展实际，沾益县委、县政府安排进一步对园区进行规划，使工业向园区集中、向山地布局，多用上坡地、丘陵地、荒坡地、疏林地。园区现已开始规划修编实施方案，将规划面积扩大到55.12平方公里，其中花山煤化工片区14.62平方公里，白水冶金能源片区20平方公里，城西轻工片区14.5平方公里，天生桥片区6平方公里。成立沾益县三泰投资开发公司,负责园区土地收储、融资和土地一级开发和基础设施建设等工作。结合“工业上山”和园区扩编，认真做好土地收储工作，在城西轻工业片区依托标准厂房建设项目，计划收储土地800亩，用于9户企业项目建设。

目前，园区内的花山煤化工、白水冶金能源及建材、城西生物资源和机械加工等六大产业，已占全县工业经济总量的90%以上，在各自增长领域保持规模性扩张态势,发展势头普遍高于全市平均水平。随着煤化工产业链进一步延伸，形成了西南地区产业最完整、行业技术最密集、规模效益最大的煤化工产业。云维集团壳牌气化技术、低压甲醇合成技术、焦炉煤气制甲醇技术、大型化工装备制造安装技术，煤炭精细化加工技术等均处于行业领先水平。

保山市水长工业园区

保山市水长工业园区总体规划布局为“一园三片”（一园即保山水长工业园，三片即蒲缥、水长、华兴工业片区），规划总面积46平方公里。蒲缥片区规划面积28.6平方公里，规划为冶金、建材、物流等产业。水长、华兴片区规划面积18.01平方公里，规划为化工、特色建材、生物资源、新能源开发产业。2011年12月，市委、市政府决定保山市水长工业园区实行“市县区共建，以市为主”的实体化管理体制。2012年3月保山市水长工业园区被批准为云南省省级重点工业园区并被省委省政府列为全省重点培养的30个销售收入超百亿园区。

2011年，园区实现现价工业产值11.2亿元，同比增长71.25%；实现销售收入8.83亿元，同比增长36.27%；完成工业增加值2.8亿元，同比增长27.15%；实现利润1.19亿元；上缴税金0.64亿元，同比增长4.92%。自园区成立以来，入园企业累计实现现价工业产值18.96亿元，累计实现销售收入18.63亿元，累计完成工业增加值6.3亿元，累计实现税收1.72亿元，累计实现利润3.49亿元，入园企业累计完成固定资产投资额达16.2亿元。

云南双友冶金股份有限公司生产区场景

2011年，园区管委会共新签约4个入园项目，项目协议引资10.76亿元，其中保山昆钢嘉华水泥建材有限公司日产4000吨水泥熟料项目，总投资5.8亿元；500万立方米/年混凝土搅拌站项目，总投资0.46亿元；保山市力元祥米黄大理石石材现代化深加工200万平方米/年大理石材生产项目，总投资4亿元。其中三个项目正在开展前期工作，500万立方米/年混凝土搅拌站项目前期工作已投产运行。

保山昆钢嘉华水泥建材有限公司远眺

截至2011年12月底，工业园区基础设施建设完成投资5060万元，完成计划的101%。现工业园区已签订了162亩土地收储协议，划拨给保山市水长投资开发公司进行开发经营。正在制定位于园区规划范围内的保山市种猪场收储方案，准备收储后由保山市水长投资开发公司进行开发经营，从而尽快形成支撑水长工业园区建设的投融资平台。

临沧工业园区

2011年5月11日，和段琪副省长（左二）一行莅临临沧工业园区视察

2011年，园区全面完成或超额完成全年目标任务，被省政府评为优秀工业园区 。园区主要经济指标均实现两位数以上的增长速度，呈现出较强劲的增长态势。园区实现工业总产值13.45亿元，同比增长33.8%，其中：规模以上工业企业产值9.63亿元，同比增长23.1%；实现工业销售收入13.83亿元，同比增长48.2%；实现全部工业增加值6.38亿元，同比增长31.5%，完成市级考核目标5.5亿元的116%；实现规模以上工业利税总额1.23亿元，同比增长48.4%，完成市级目标1.1亿元的112%；实现规模以上工业利润总额0.79亿元，同比增长80.4%，完成市级目标0.2亿元的396%。实现财政总收入11017万元，同比增长62.1%，完成市下达收入任务数10290万元的107.1%，首次突破1亿元大关，其中：地方一般预算收入完成6953万元，增长86.5%；上划中央和省、市级税收收入完成4064万元，增长32.4%。

2011年5月18日，省商务厅王建伟副厅长一行莅临临沧工业园区承接东部产业转移招商引资项目卡蒙特纺织服装制造有限公司生产车间检查指导工作

全年新增入园企业12户，新增注册资本金2.82亿元，园区招商引资项目实际到位资金12.19亿元，其中市外4.73亿元，完成市政府下达4亿元任务的118.2%，园区企业户数已达81户，注册资本金达17.35亿元。

2011年，园区共实施43个项目，完成投资20.54亿元，同比增长79.5%，完成园区考核目标14.9亿元的138%。

2011年2月25日，省招商局局长杜勇一行莅临临沧工业园区鑫圆锗业公司检查指导工作

2011年，园区按照保护耕地促进城镇化科学发展的要求，超前规划论证园区东部延伸布局，重点抓好土地供应和资金保障，抓好城市管理标准化建设，加快园区配套设施建设，为入园企业和公益事业提供良好的发展环境。园区共投入1.29亿元建设资金，完成公租房等13项工程，同时，全力以赴保障缅宁大道、过境路、保障性住房、体育运动中心、佤文化广场、学校、医院、泛华林业等全市重点工程（项目）建设用地，完成征收土地面积155.5亩，供地335.3 亩，“一书两证”发证率达100%。

临沧工业园区承接东部产业转移招商引资项目卡蒙特纺织服装制造有限公司生产车间一角

2011年，园区加大与省市金融部门及相关政府部门工作对接力度，全年实现各类社会融资1亿多元，落实到位上级专项补助资金1926.4万元，其中：园区建设补助资金1000万元，企业发展扶持资金926.4万元。

官渡工业园区

根据昆明市委、市政府《关于加快开发区及工业园区发展的意见》（昆发〔2008〕10号）精神，2008年官渡区政府规划实施了官渡工业园区开发建设，按“一区四片”构架布局园区，总体规划面积89.72平方公里。其中，西冲片区：规划面积25.05平方公里，重点开发昆明国际包装印刷产业基地项目，大力发展包装印刷产业及配套产业、原辅材料生产制造、配送和综合服务等；宝象片区：规划面积12.31平方公里，依托正在建设的昆明新机场，重点发展技术含量高、附加值高的生物医药及相关配套产业和现代物流配送产业；小哨片区：规划面积46.87平方公里，打造国际化、生态化、现代化的新昆明临空经济新区；方旺片区：规划面积5.49平方公里，重点发展机械加工等现代装备制造业及相关配套产业，同时，因势利导，整合提升现代物流业，发展第三方物流及其他物流增值服务。2008年经云南省工业和信息化委员会批准纳入省级工业园区管理。

根据昆明市人民政府《关于昆明空港经济区与官渡工业园区实行一体化管理的批复》（昆政复〔2009〕21号），由昆明空港经济区管委会统一领导和管理原昆明空港经济区、原官渡工业园区管理范围内的经济和社会事务，全面负责相关工作。至此，官渡工业园区与昆明空港经济区利用“省级工业园区”和享有市级经济行政管理审批权限的优势，进一步整合有利资源，按照“空港国际化、新城空港化、发展一体化”的目标，切实推进体制机制创新，积极开展各项相关工作。2009年，鉴于昆明空港经济区与官渡工业园区实行一体化管理，云南省工业和信息化委员会支持将昆明空港经济区与官渡工业园区一样视同省级工业园区。

目前，根据新批准的昆明空港经济区总体规划，规划控制范围396.6平方公里，规划建设面积154.23平方公里。按照组团发展、生态交融、依托交通，南北延伸的模式，昆明空港经济区（官渡工业园区）形成“两区一带”的带状组团型空间布局。国门空港区：位于空港经济区西南侧，规划面积20.6平方公里，主要发展商务会展、信息服务、科技金融。生态休闲区：位于空港经济区北侧，规划面积69.3平方公里，主要发展商务度假、生物科技、航空教育培训。临空产业带：位于空港经济区东侧，规划面积64.4平方公里，主要发展航空物流、高新轻制造、航机维修。

2011年，昆明空港经济区（官渡工业园）规模以上工业主营业务收入完成90.57亿元；规模以上工业增加值完成22.08亿元；规模以上工业利税总额完成6.82亿元；工业项目固定资产投资完成27.50亿元，完成全年目标任务25.2亿元的109.13%；基础设施完成投资25.81亿元，完成全年目标任务20亿元的129.05%；地方财政一般预算收入完成1.96亿元，完成全年目标任务1.53亿元的128.10%；标准厂房完成建筑面积26.62万平方米，完成全年目标任务20万平方米的133.1%。

园区—昆明国际包装印刷产业基地共招商88家企业（包括一期入驻的58家用地类企业、二期951片区入驻的11家用地类企业以及入驻标准厂房A区、B区的16家企业,企业闲置厂房招租3家），1家金融单位。预计总投资约为40.28亿元，预计产值可达78.76亿元。

2011年，招商引资实际到位内资21亿元；实际引进到位外资349万美元。亿元以上工业项目开工4个（空港小商品加工基地一期、空港垃圾焚烧厂、云南三一机械有限公司生产基地、云南君和印务包装有限公司生产基地）；亿元以上工业项目竣工2个（昆明仙织塑业有限公司生产基地、正太利金）。

2011年9月15日，由省工信息委牵头，对空港经济区（官渡工业园）管委会省级重点工业园区申报工作进行检查验收，通过检查验收被省工信委列为省级重点工园区。

腾冲经济开发区

2011年腾冲经济开发区管委会坚持以《关于进一步加快腾冲工业发展的意见》为指导，结合腾冲工业实际，以招商引资为核心，以项目建设为重点，以加强自身建设为保障，以优化提升园区为目标，进一步加快经济开发区的建设步伐。

2011年8月21日，国家工信部原部长李毅中在省工信委主任刘绍忠陪同下考察腾冲工业园区

经济开发区完成固定资产投资3.3亿元，实现工业总产值18.06亿元，工业增加值7.4亿元、销售收入17.9亿元，完成税收2.16亿元，同比增50.5%、53.21%、50.04%和96.36%，全面完成工业产值13亿元的目标考核任务。中电投金属构件厂、驼行古典家具加工等项目相继入驻石头山园区，全年进入石头山园区投资建厂的企业有11户，引进计划投资1.91亿元。同时家具产业园区、生物产业园区等一批重点项目正在洽谈中，这些项目的入住，可增强开发区发展后劲。开发区经济呈快速增长态势，经济聚集示范作用更加明显。

腾冲县古林木业有限责任公司年产21万立方米中高密度纤维板生产线外景

根据腾冲县委、县政府“做足矿电，做优建材、主攻生物资源”，建设工业“一园三片区”格局的发展思路，腾冲经济开发区管委会将石头山工业园区与“三片区”（滇滩重工业片区、猴桥外向型加工片区、芒棒工业片区）纳为一个整体进行规划并聘请中国西部规划研究院修编腾冲工业园区总体规划。

2011年，园区规划建设标准厂房14.7万平方米，已全部建成

泸西工业园区

原省委书记白恩培视察泸西工业园区

原省政协主席王学仁视察泸西工业园区

省人大常务副主任晏友琼到泸西工业园区视察

红河州委书记刘一平到泸西工业园区调研

2011年是“十二五”开局之年，同时也是工业园区加快发展、富有成效的一年。全年园区完成企业项目固定资产投资49000万元，同比减少27%；实现工业总产值199749万元，同比增长56%；完成工业增加值71403万元，同比增长59%；实现主营业务收入189638万元，同比增长54%；实现利税15672万元，同比增长39%；争取省工信委基础设施建设扶持资金200万元。

2011年，工业园区基础设施建设重点围绕前期各项配套设施工程的扫尾完善和准备新建的配套工程开展工作。完成了物流通道路面硬化，并于3月28日通车运行；投资80余万元完成了物流通道中央隔离带的绿化工程和路面渠化工程，制作规范了交通标识牌，提升了园区形象，有效地防范了道路交通事故隐患；协调配合云南电网公司完成了总投资18932万元的220KV吾者输变电站项目工程建设，于9月24日通电、28日正式向大为焦化公司受电；按照年初确定的工作计划，开展了重化工片区连接弥泸师公路的南侧通道建设前期工作；委托云南省城乡规划设计院对生物食品加工片区进行控规设计，10月9日，县规划评审委员会组织相关人员对控规进行了评审。

2011年，工业园区着力构建产业聚集、布局集中、资源集约和可持续发展平台，重点抓项目落地和建成投产，做到在谈项目促签约，签约项目抓开工，开工项目抓投产，努力开创项目建设新局面。总投资2.8亿元的日产2500吨新型熟料干法水泥生产项目土建工程全面完成，进入设备采购及安装工作，累计完成项目投资2.2亿元；总投资1.5亿元的泸西大为焦化公司年5万吨双氧水建设项目，于2011年12月中旬全面完成土建工程建设及部分设备安装，完成建设投资1.4亿元；总投资4000万元的泸西大为焦化公司精煤调湿系统建设项目，11月中旬与山西化二院赛鼎公司签订了BOT投资协议。

2011年，工业园区继阿庐旅游食品有限责任公司年5000吨荞系列食品生产项目入驻生物食品加工片区建设后，按照具有一定科技含量、符合国家产业政策、投资规模较大的原则，选定了曲靖博浩生物有限公司万寿菊加工、云南丽都花卉发展有限公司香料玫瑰加工、昆明乾兴农业科技开发有限公司速冻蔬菜加工、泸西兰益酿酒有限公司年5000吨荞醋饮料等4个重点招商项目入驻生物食品加工片区投资建设。总投资1.3亿元的曲靖博浩生物有限公司年产2000吨万寿菊叶黄素浸膏建设项目启动建设；总投资1亿元的云南丽都花卉发展有限公司香料玫瑰加工基地建设项目及总投资0.8亿元的昆明乾兴农业科技开发有限公司速冻蔬菜加工项目完成意向性选址，正进行可行性研究报告编制工作；总投资1.2亿元的泸西兰益酿酒有限公司年5000吨荞醋饮料项目完成项目备案工作。

红塔工业园区

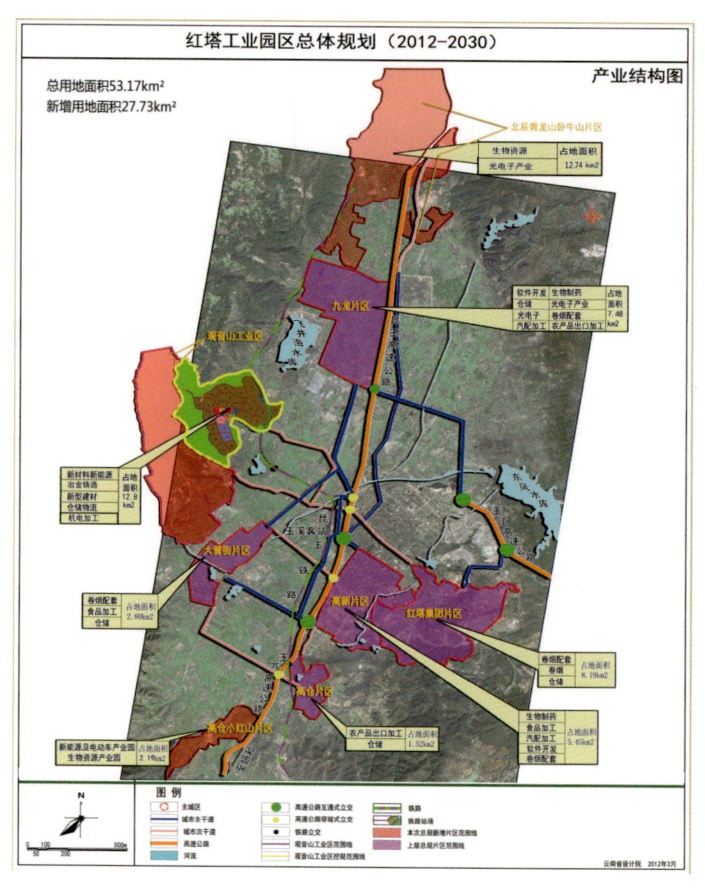

玉溪红塔工业园区是全省40个省级工业园区之一，规划范围由“一园五片区”组成，包含红塔集团片区、高新技术园片区、大营街片区、高仓片区和九龙片区；总规划面积为25.44平方公里；主导产业是卷烟及配套产业、生物制药产业、农特产品加工、高新技术产业。是全国唯一以烟草及配套产业为主导产业的工业园区。2011年园区完成工业总产值569.95亿元，工业增加值380亿元，税金253.74亿元，利润44.87亿元，入园企业127户。

2011年招商引资到位资金11.1亿元，新增签约项目5项，项目投资总额11.6亿元，新增在谈5000万元以上的项目共9项，协议意向投资总额39.9亿元；全年共实施园区重大基础设施建设项目12项，总投资1.7亿元。

2011年共组织上报市级以上各类专项48项。推荐上报云南省创新型试点企业2户，新增高新技术企业3户，新增市级企业技术中心2户，市级行业工程技术研究中心1户。成立了玉溪高新区生产力促进中心，并被云南省科技厅认定为省级生产力促进中心。

2011年，结合红塔区产业布局要求，按照“统一规划、分期开发”的原则，以现有红塔工业园区总体规划为基础，对总体规划进行了修编，把观音山片区17平方公里、北城青龙山、卧牛山片区7.86平方公里，高仓小红山片区3.4平方公里，洛河片区1.87平方公里。约30.13平方公里纳入红塔工业园区扩区范围进行统一规划，进一步拓展红塔工业园区建设范围。规划修编后，红塔工业园区总体规划面积55.57平方公里。玉溪市工业和信息化委员会于玉工信〔2011〕397号批复同意红塔工业园区总体规划修编，已委托云南省设计院已开展规划修编工作。园区紧紧抓住云南省〔2011〕185号“关于加强耕地保护促进城镇化科学发展的意见”实施的契机，将红塔工业园区观音山工业区17平方公里作为低丘缓坡土地综合开发利用的试点区，完成实施方案的申报工作。

在红塔工业园区发展的基础上，2011年完成了“十二五”红塔区工业发展规划纲要、铸造产业、装备制造业、卷烟配套产业、特色生物制药产业、食品加工业、光电子、太阳能等专项发展规划，2011年10月25日通过了省工经联的专家评审。

华坪工业园区

原省委书记白恩培到华坪工业园区调研

华坪工业园区是华坪省级经济开发区的重要组成部分，是省政府确认公布的省级重点工业园区之一，近年来，华坪工业园区在市、县党委、政府的正确领导下，在相关部门的大力支持帮助下，抓住华坪被列为全省40个重点工业强县、华坪经济开发区被列为全省20个第一批循环经济试点及第一批11个全省新型工业化示范基地、工业园被列为全省10个重点产业循环经济示范园、全省10个工业循环经济试点工业园的契机，依托攀（攀枝花）西（西昌）工业经济圈和大香格里拉旅游经济圈大力发展工业经济，创造了开发区“一区多园”发展模式，走出了一条“工业立区、产业兴园”的路子，初步培育起了以“煤化工、冶金、新型建材、电力、生物产业”为代表的产业特色，经济开发区和工业园区已成为发展经济的重要支柱和重点区域。

目前，华坪工业园区总规、可研已由云南开发规划设计院编制完成，已通过省级、市级评审；工业园区控规正在修改完善当中，工业园区规划环评已经完成市级评审。华坪工业园区总规划面积66.5平方公里，控规面积20平方公里，根据产业分布和区域特点，按“一园三片”进行规划布局，主要包括：石龙坝(煤化工、有色金属冶炼、电力)片区、兴泉(建材)片区和新规划建设的荣将生物产业片区。其中，石龙坝片区总规43平方公里，控规10平方公里，主产业为煤化工、有色金属冶炼、电力产业；兴泉片区总规18.5平方公里，控规7平方公里，主产业为新型建材产业；荣将生物产业片区总规5平方公里，控规3平方公里，主产业为生物产业。

工业园区现有工业企业69户，2011年工业园区工业企业完成工业总产值19亿元，同比增长31%，完成销售收入20亿元，同比增长37%，实现税收2.3亿元，同比增长38%，实现利润1.5亿元，同比增长27%，就业人数6013人，规模以上企业完成工业总产值13亿元，规模以上企业完成销售收入13.5亿元，规模以上工业增加值7亿元，2011年新入园工业企业5户，完成固定资产投资3200万元。“十一”五以来，工业园区产值、税收年均增长都达35%以上，成为县域经济增长较为明显的版块。

结合华坪资源及产业现状，完成了招商引资及开发区“十二五”发展规划，配合完成了《华坪与攀西经济圈经济合作发展规划》，根据规划及八大产业（煤炭产业、能源产业、石灰石产业、水泥产业、钒钛产业、机械制造产业、电冶化工产业、石墨产业）做好了重点区域特色产业和优势项目的包装推介，增强园区项目对外资、央企、民企的吸引力。筛选了41个达180亿元的重点招商引资项目进行了推介，其中石龙坝片区项目21个，兴泉建材片区项目7个，荣将生物产业片区项目13个，其中投资1～10亿人民币的项目有8个，投资10～50亿人民币的项目有4个，投资100亿人民币以上的项目有1个，投资500万～1亿项目28个。

目前，投资18亿元2×15万千瓦煤矸石综合利用发电项目和云铝投资30亿元一期规模30万吨/年高韧高强铝合金中厚板材项目已签订投资协议，两项目选址华坪工业园石龙坝片区，将于年内争取核准动工，建设期两年，预计2014年底竣工投产，投产运营后，预计年产值可达60亿元人民币，财政税收达到7亿元人民币，同时还将带动上下游相关产业发展。中铝投资100亿元规模100万吨/年铝型材项目也正在积极洽谈引进，华坪工业园区已经成为华坪县集群经济的重要载体，成为华坪县最具潜力的经济发展核心区域。

玉溪研和工业园区

4月21日，玉溪联合企业棒材厂成功开发φ14mm热轧带肋钢筋四切分轧制工艺，这是玉溪联合企业棒材厂继成功开发φ12mm四切分、φ16mm三切分和φ22mm二切分工艺技术后的又一次新的突破

玉溪研和工业园区是以钢铁冶金及延伸加工产业、数控机床装备产业、新能源产业、中小企业特色产业和现代物流业为特色的省级重点工业园区。园区分为"一园三片区"，规划总面积31.86平方公里，其中：研和核心片区规划面积20.82平方公里，峨山双小片区规划面积8.62平方公里，洛河片区规划面积2.42平方公里。2007年4月，市委、市政府决定成立玉溪研和工业园区管委会，明确要求把研和工业园区建设成为全市工业强市战略实施的主战场、新型工业化的产业基地、辐射带动全市经济发展的核心区。

2011年（研和核心片区）实现经济总收入151.78亿元；工业总产值100.31亿元，年平均增长31.5%；增加值19.92亿元，年平均增长36.7%；税收2.15亿元，年平均增长19.8%；财政总收入3.34亿元，年平均增长35.9%；地方财政收入1.34亿元，年平均增长44.9%；累计完成固定资产投资41.23亿元；从业人员15313人，比2006年11426人的增34.0%。

研和工业园区从成立之日起，就始终坚持把抓大项目、大企业、大集团引进，建设产业基地，促进大发展作为一切工作的重中之重，并已基本形成钢铁及钢铁延伸加工片区、数控装备制造产业片区、新能源产业片区、中小企业特色创业片区、现代仓储物流片区五大产业片区及研和新型工业卫星城市片区的格局。

研和工业园区管委会在园区建设发展中，始终抓住"土地、资金、招商引资、服务体系、标准厂房建设"五个重点工作，不断促进工业园区展翼奋飞。2011年5月30日，在市委、市政府的正确领导下，成功举办了玉溪数控机床产业园以商招商系列活动，参加活动的有来自国家部委、省直部门的领导和行业协会、科研院所的专家学者，有来自德国、西班牙、日本、韩国、台港地区的重要客商和企业家，总计达1000余人。在招商推介会上，共签约项目33个，涉及光机、整机、功能部件等，协议总投资金额达37亿元，是玉溪乃至全省招商引资工作的一次成功创举。标准厂房建设主要采取企业自建、代管代建、BT、BOT四种模式，使有限的土地资源发挥最大的集约效应。现整个园区在建标准厂房达到50万平方米。通过标准厂房建设，为园区产业发展提供了强有力的支撑。园区标准厂房建设得到了省政府和省工信委的充分肯定。

2011年12月底，研和工业园区被列为全省低丘缓坡土地综合开发利用的试点单位，并成功举行了项目启动仪式。开发整理总规模23251亩，项目实施后，劣质耕地净减少2506亩，占总规模的11%，新增建设用地面积达17005亩。

晋宁工业园区

晋宁县工业园区总规划面积65.87平方公里，是云南省省级重点工业园区，是昆明市发展工业的重点区域，也是晋宁招商引资的重要载体和实施“工业强县”战略的主战场。基本形成了以精细磷化工、商贸物流、精密机床、食品加工、新型建材、高新技术产业、汽配装备制造及家具等为主的“一园八基地”的发展格局。其中，二街基地规划面积15.35平方公里，重点发展精细磷化工及有色金属、冶金产业。青山基地规划面积11.81平方公里，重点发展商贸物流产业。宝峰基地规划面积11.82平方公里，重点发展生物资源、食品加工和绿色环保产业。上蒜基地规划面积2.93平方公里，重点发展旅游文化和新型建材产业。晋城基地规划面积10.56平方公里，产业定位为发展装备、机械制造及配套产业以及汽配产业等。乌龙轻工产业基地规划面积为2.88平方公里，重点发展服装、电子、光学仪器等产业。轨道交通基地规划面积2.29 平方公里，将以昆明市轨道交通建设和南车城市轨道、时代电气等2个中央入滇项目落地为契机，建成以轨道交通车辆制造、维修、检查、新能源装备为主，兼有生产和生活配套的高科技专一产业园。泛亚家具产业基地规划面积为8.14平方公里，建成后将成为中国西南地区最大的家具生产、开发、销售、流通中心。晋宁工业园区基础设施日臻完善，水、电、路、给排水、通讯设施齐全，能满足企业发展的需要。

2011年，园区地方财政一般预算收入完成0.8亿元；实现利税总额4亿元，规模以上工业企业数完成34户；规模以上工业总产值46.54亿元；完成规模以上工业增加值完成11.08亿元；完成工业固定资产投资40.27亿元。全年完成基础设施投资额6.30亿元；完成土地预收储5614亩。新开工建设亿元以上工业项目8个；竣工亿元以上工业项目4个；园区共引进国内市外到位资金27亿元；全年完成实际引进到位外资760万美元。

晋宁县委书记蔡德生（左二）等县领导调研入园企业

截至2011年年底，园区共引进招商引资项目388个，其中，已竣工项目104个，落地及在建项目241个。现落地及在建项目中有9个外资项目，协议总投资9645万美元；232个内资项目，协议总投资287亿元。其中，亿元以上重点项目49个（含入园央企入昆项目4个、世界500强企业投资项目1个）。截至2011年年底，到位资金内资75亿元，外资1194万美元。

中国南车昆明南车城市轨道车辆有限公司生产基地

华宁工业园区

盘溪磷化工片区中轻依兰华宁磷化工公司黄磷成品车间

新庄工业片区建成投产的年产金鹿牌工农-16K型系列拖拉机10000台生产流水线生产车间

2011年，按照“经济发展项目化，产业发展园区化，园区工业新型化”的思路和“以园招商、以商建园、强企兴园、协同发展”的导向，华宁县工业园区管委会紧紧围绕县委、县政府“工业强县”战略部署，重点把握园区平台建设、土地收储开发、项目招商引资、企业入园发展等关键，突出土地征用、基础设施配套、项目落地开工、项目推进与竣工投产等重点，全面推进工业园区建设。1～12月新增投资1000万元以上企业5户，竣工投产企业3户，入园企业总数达47户；资产总额166597.2万元,同比增长22.4%。完成固定资产投资56017万元（园区管委会下属华宁县华融投资有限公司投资4200万元），同比增长7.2%；工业总产值完成125000万元，同比增长47.1%；工业增加值完成37500万元，同比增长44.2%；实现销售收入126000万元，同比增长38.5%；利润总额-1774万元，同比减亏40.2%；上缴税金3789.1万元，同比下降15%；从业人员3181人，同比增长11.2%。园区投资规模、经济总量、就业水平、经济效益不断提高，磷化工、陶瓷建材、生物资源加工三大产业成为园区支柱产业，工业园区成为华宁开放型经济的重要载体和产业聚集的重要平台。

园区认真贯彻落实省政府185号文件精神，启动《云南省华宁磷化工循环经济特色工业园区建设总体规划》修编；完成《华宁县低丘缓坡土地综合开发利用华宁工业园区新庄片区实施方案》编制上报工作，用足用好用活土地新政策，拓展园区发展空间；按照县政府出台的《华宁县工业园区土地收储实施意见》，投资3000万元，完成园区710亩土地收储开发，保障项目用地需求。

莲花陶瓷建材产业片区2011年建成投产的华宁星程活性氧化钙有限公司日产2×400吨回转窑活性氧化钙项目

鲁甸工业园区

市委夜礼斌书记（左二）深入企业调研

市、县领导为万隆化工有限公司第一项目硫酸厂竣工投产剪彩

鲁甸工业园区管委会于2009年11月挂牌成立，管委会设主任、党委书记、副书记各1名，并成立企业家协会和总工会，园区管委会内设办公室、规划室、招商办、财务、建设5个科室和国土、安监、环保、公安4个分局，现有人员23人。园区总规面积17.33平方公里，布局以县城为轴心，形成“一园三区、两翼齐飞”之势。其中，文屏工业片区规划面积为4平方公里，主要以农特产品加工业为主，茨院工业片区规划面积为7.29平方公里，主要以矿冶建材业为主，桃源工业片区规划面积为6.04平方公里，主要以化工业为主。至2011年末，工业园区入驻企业36户，其中规模以上10户，产值超亿元企业8户，园区企业实现工业总产值28亿元，占全县工业经济总量的80%，实现工业增加值10亿元，实现主营业务收入22亿元，实现利税2.95亿元，吸纳农村富余劳动力1.2万余人。

在加快园区经济发展的同时，高度重视园区招商引资工作，2011年，新签约项目32个，协议引资15亿元，在建项目和新签约项目到位资金达10.76亿元，其中，新签约项目到位资金3.2亿元，同比增长33.5%，占市下达任务的134.5%，同比增长46.8% ，成功引进三一重工等知名企业落户鲁甸发展。

签约仪式

县委、县政府召开企业家庭谈会，为企业发展营造良好环境

鲁甸工业园区建设推介会

邓川工业园区

云南力帆骏马车辆有限公司邓川拖拉机装配厂

洱源县邓川工业园区始建于2002年，是全省56个重点工业园区之一。园区规划面积20.72平方公里，分“一园三片区”（邓川片区、炼铁片区、焦石片区、炼城片区）。邓川片区主要发展机械制造及装配、乳制品、农特产品加工、新型建材、生物资源开发等产业。炼铁和焦石片区主要发展以钛、金、铜、铁、铅为主的矿冶业和以风能、太阳能为主的新能源产业，形成矿电结合的产业格局。2011年，完成工业总产值31.62亿元，增加值7.53亿元, 分别均比上年增长22%和28%，入园企业50户，新增入园2户，规模以上企业8家，省级企业技术中心1户，高新技术企业2户。

为进一步完善园区基础设施建设，较好地满足入园企业生产经营和招商引资工作，2011年管委会多方筹措资金，围绕水、电、路，积极启动一批建设项目：一是投资200多万元，实施完成214线至锦洋血清厂道路硬化工程，启动邓川片区骏马路面维修硬化，管网、绿化亮化等附属工程。二启动总投资300多万元焦石片区自来水供水工程建设，统筹协调解决片区用水。三是实施邓川片区土地收储项目。年内共收储邓川片区802亩国有土地，重点用于邓川片区打造“石材城”建设、生物资源加工区建设及成立工业投资开发公司等项目，改变了过去以“点”、“线”开发建设为主向“规划建设一片、配套完善一片、开工投产一片”方式转变，使园区基础设施服务功能不断优化完善。

2011年园区重点培植和引导园区产业发展。一是提升传统优势产业。做大做强以拖拉机为主的生产装配产业集群，配套发展配件、部件生产，增加附加值，延长产业链。着力扶持新希望邓川蝶泉乳业有限公司拓展现有产品结构，力争在植物蛋白饮料、高端水牛奶产品上有较大突破。扶持邓川农特产品开发公司、洱宝公司、邓川泰昌公司、西南红饲料厂等企业的技术创新和提质增效。二是培育发展矿冶业。重点支持大理矿业、灵云矿业、锦泰矿业、盛地矿业等公司的矿产资源采选冶及技改项目。支持大理矿业公司投资2.2亿元，年产4.5万吨高钛渣冶炼项目的选址，开展项目核准前期工作等。三是加快推进新型能源产业发展。重点支持实施华能洱源风电有限公司、大唐洱源风电有限公司等建设项目。四是鼓励发展新型建材产业。协调支持洱源县鑫宝石业公司二期项目、恒旺林畜产品加工项目，苍山雪动物食品加工项目、新型墙材页岩砖建设两个项目立项、征地等前期工作。

园区紧紧抓住国内外产业转移的机遇，积极承接符合全县工业发展方向的产业，引进有利于延长、补充产业链的项目。推行重点项目领导联系制、跟踪责任制，实行一条龙服务、一个窗口审批，提高园区服务质量。创新招商引资方式，突出工业招商、定向招商、以商招商、以企招商、以园招商、以外资招商。要开阔“无中生有、变无为有”的视野、思维，从资源、区位、产业、政策、科技等多领域探寻发展优势，多层次、宽领域地做好园区项目策划、包装、储备、推介。2011年，园区共洽谈引进或正在引进入驻园区企业项目7个，计划总投资4亿多元。其中，完成征地项目1户，选址4户，正在选址2户。

大理州洱源县鑫宝石业有限责任公司

云南新希望邓川蝶泉乳业有限公司

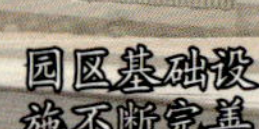

园区基础设施不断完善

永胜工业园区

2011年4月28日，省工信委主任刘绍忠到园区检查指导工作

2011年4月2日，县委书记陈星元陪同市委书记王君正到园区检查指导工作

永胜县委、县人民政府立足自身实际，在国家产业政策和云南省主体功能区规划的框架下，充分利用特色优势，确立了以开发农业、生物、水能、矿产、旅游和人文六大优势资源为重点的产业发展方向，并采取政策调动、投入驱动、科技推动、规划引导等措施，为切实满足永胜县工业产业增速发展的需求，使工业园辐射范围更广，涵盖范围更大，更加有利于永胜县社会经济的发展，更加有利于建立符合资源特点的区域化、规模化、专业化产业集聚区，结合资源特点和产业基础，及时开展了工业园区规划修编工作，修编后的规划按照“一园五区”的模式规划布局，即：以生物资源开发和特色农产品加工为主的特色农产品加工产业区、以煤炭开采和煤炭深加工为主的煤化产业区、以螺旋藻养殖加工为主的绿A微藻养殖和精深加工产业区、以水泥产品为主的建材产业区及以水能资源和有色金属开采加工为主的清洁能源、有色金属产业区。园区总体规划面积为19.3平方公里，其中：特色农产品加工产业区2.5平方公里、建材产业区2.7平方公里、绿A微藻养殖及精深加工产业区7.3平方公里、清洁能源和有色金属加工产业区1.5平方公里、煤化工产业区5.3平方公里。工业园区发展取得的主要成效：

一是工业体系基本形成。形成了以中源公司、雷特公司、三川火腿公司、天瑞公司等为龙头的农特产品加工产业群；以云南绿A生物工程有限公司、丽江保尔生物开发有限公司等为龙头的螺旋藻产业群；以永保公司为龙头的建材产业；以群力水电公司等为龙头的小水电产业群；以宝坪铜业、鑫欣煤业公司等为龙头的矿产资源开发产业群，到2011年底共有入园企业23户。二是工业经济快速增长，总量大幅提升。2011年，全年园区工业总产值达15.62亿元、规模以上工业总产值达2.45亿元，分别是2007年的4.85倍、5.07倍，全省56个省级工业园区考核模拟测算排名第26位。三是产业集聚效应进一步凸现。随着园区基础设施的不断完善和服务环境的明显优化,一批投资规模大、有一定科技含的企业相继要求入驻园区，仅2011年就有7户企业落户特色农产品加工园；四是市场开拓取得实效。产品销售范围不断扩大，永胜特色工业产品远销海外，2011年获外贸出口权企业达12家，出口总额1647万美元，出口创汇占全市的55.4%。

县长张佐到园区检查指导工作

禄劝工业园区

2011年，市委工作会观摩禄劝工业园区，县委书记段俐娟向观摩组做工作汇报

2011年，省工信委园区处调研园区建设情况

禄劝县委副书记、县长李开德（左一），县政府副县长、工业园区管委会主任张俊（左二）检查园区2011年昆交会展位布展情况

2011年建成投产的乾华竖炉球团项目远鸟瞰图

禄劝工业园区管委会成立于2006年4月，2009年2月被省工信委纳入省级工业园区管理。规划控制范围28.8平方公里，规划用地范围14平方公里，布局分为“一园三片”，即：崇德片区、屏茂片区、普渡河片区。崇德片区规划用地范围11.24平方公里，以钛产业、磷化工、建材等为主导产业；屏茂片区规划用地范围1.82平方公里，以农特产品加工为主导产业；普渡河片区规划用地范围0.94平方公里，以水电、电石乙炔为主导产业。

2011年，实现规模以上工业增加值1.7827亿元，完成目标任务数的117.28%；规模以上工业主营业务收入完成5.56亿元，完成目标任务数的118.29%；完成规模以上工业企业利税总额0.58亿元，完成目标任务数的103.57%；地方财政一般预算收入完成0.3676亿元，完成目标任务的306%。完成基础设施投资1.6108亿元,完成目标任务数的107.3%；协议收储土地931.1057（预收储）亩，完成目标任务的116.3%；工业固定资产投资完成8.17亿元，完成目标任务数的129.27%；新增规模以上工业企业1户，完成目标任务数的100%；亿元以上工业项目开工2个，完成目标任务数的200%；亿元以上工业项目竣工4个，完成目标任务的400%；实际引进到位内资额为8.54亿元，完成目标任务数的106.75%；实际引进到位外资额为200万美元，完成目标任务数的400%。

2011年签约项目顺利入驻，新入园项目7个，年底入园企业达55户，其中规模以上企业12户，年内新开工项目顺利推进，在建项目实现快速推进，部分企业已完成设备安装，进入试生产阶段。竖炉球团项目、恒安电冶电石、铅厂电站、鲁基产电站等亿元项目相继建成投产。

弥勒工业园区

省工信委园区处调研红阳公司标准厂房建设

核心区1号主干道验收

云南金粒种子公司

云南碧奎天然石材厂生产车间

2011年，弥勒工业园区现有康和集团、烟用物资公司、红河云牛乳品有限公司、云南金粒种子有限责任公司、弥勒浩翔科技有限公司等企业30户，从业人员4400人，年工业总产值达26.79亿元。园区基础设施建设取得突破性进展：完成了总投资2240万元的核心区东西1号主干道A段工程；概算投资1169万元,开工建设核心区南北1号次干道工程，到2012年5月份底完工；完成核心区35KV变电站及输电线路的设计工作，并投资400余万元购置变压器、微机保护装置及1980米输电线路，完成2.1754万平方米的标准厂房建设工作。

弥勒工业园区原规划面积15.59平方公里，采用“一园两区”的格局,即由弥阳工业区和朋普工业区组成。近年来，随着工业经济形势的发展和变化，结合省委省政府关于城镇上山和工业项目上山的指导思想及省第九次党代会提出的发展要求，弥勒工业园区将按“一园五区，山水相依”的格局进行调整。调整后的弥勒工业园区包括弥阳、小石山、东风、新哨、朋普五个片区，总面积约为41平方公里，主要产业包括：烟草及其配套产业、生物资源开发利用、煤（焦）化工及建材产业、林（竹）浆纸一体化产业、装备制造及机械加工，新材料、环保、高新技术等产业。

以推进弥勒工业园区基础设施、软环境建设为重点；以建设烟草及其配套产业、生物资源开发利用、煤（焦）化工及建材产业、林（竹）浆纸一体化产业为主体；以红云红河集团红河卷烟厂及红河烟叶复烤公司、红河雄风印业公司迁入园区为契机，加快园区产业结构调整和规模快速发展，充分发挥引导资金作用，不断改善投资环境，提升工业园区发展水平和质量，逐步建立支撑工业循环经济发展的园区服务体系。通过不懈的努力，把弥勒工业园区建成云南重要的烟草及配套产业园区，红河州的循环经济示范园区，弥勒县新的经济增长极和工业集聚区。

寻甸特色产业园区

园区远景

先锋化工

寻甸县是云南省40个工业发展重点县、昆明市新兴的重化工业和能源基地和重要的农副产品生产、加工和供应基地。寻甸特色产业园区是云南省8个特色产业园区之一，寻甸特色产业园区于2006年11月组建园区筹建领导小组办公室，2008年4月30日正式成立园区管理委员会，管委会为县委、县人民政府派出机构，采取以实体化管理为主。园区规划核心区总面积33.2平方公里，2011年末，园区共有入园企业 54户，其中规模以上工业企业17户，从业人员7560人，已开发面积达6000亩。

2011年，寻甸特色产业园区各项开发建设稳步推进，工业增加值完成10.32亿元，完成目标任务10.31亿元的100.09%；主营业务收入完成42.25亿元，完成目标任务42.23亿元的100.05%;工业利税总额完成4.11亿元，完成目标任务4.11亿元的100%；地方财政一般预算收入完成0.666亿元，完成目标任务0.64亿元的104%；基础设施投资完成3.14亿元，完成目标任务3亿元的104.7%；新建标准厂房3.8万平方米，完成目标任务3万平方米的126.7%；工业固定资产投资完成25.2亿元，完成目标任务24.98亿元的100.8%；新增规模以上企业3户，完成目标任务1户的300%。2011年完成土地收储2523亩，完成目标任务2500亩的100.9%。

2011年新引进中国•昆明泛亚国际林业产业园、华卿亿安生物有机肥、黄玉建筑塑料模板、陶粒砖、PVC-U塑料型材、园区天然气利用、改性沥青和乳化沥青生产、医药包装用丁基橡胶瓶塞、天然橡胶子午线轮胎橡胶和塔吊生产等项目10个，完成招商引资内资15.7亿元，完成目标任务8亿元的196.6%，完成外资300万美元，完成目标任务120万美元的250%。

彝良工业园区

2011年8月16日，旺立达矿业有限公司碳素项目举行奠基仪式，省、市县相关部门领导出席

2011年9月1日，省级重点工业园区考评组在深入彝良工业园区检查考评

彝良县工业园区的雏形是2004年3月市委、市政府批准成立的“彝良县洛泽河矿冶加工基地”，属于全市“三基地一屏障”发展战略的重要组成部分。2008年8月彝良县委批准成立了“彝良工业园区”，与“彝良县洛泽河矿冶加工基地”合署办公。彝良县工业园区由“一园五区”组成，总体规划面积20.22平方公里。“五区”指“新场工业区”、“大寨龙潭工业区”、“柳溪工业区”、“奎香工业区”、“小草坝工业区”五个工业深加工区。园区班子设工委、管委、纪工委，下设党政办公室、综合科、科技咨询中心；县直单位派驻机构有国土分局、安监分局、环保分局、检察室和派出所；园区组建下属公司有彝良乾润融资担保有限公司、彝良永昌矿电开发投资有限公司。

截至2011年年底，批准入园企业19户，其中，铅锌企业1户，煤矿企业8户，煤炭深加工企业3户，建材企业2户，水电开发企业3户，硅矿企业2户。

2011年，实现工业总产值172 587万元，同比增长69.5%；2011年完成投资129 367万元，同比上升41%。园区全部企业增加值为74 067.86万元。

新场工业区吴红二级路全面贯通，同时，昭彝二级路、彝岔二级路已全面贯通，即将启动彝牛二级路建设，正在对新场工业区道路交通和供排水管网进行设计。目前，新场工业园区内的新场110KV变电站和发界220KV变电站已建成，小草坝110KV变电站和奎香110KV变电站已启动建设。

园区于2011年6月已完成土地收储整理开发项目实施方案编制、土地报批等前期准备工作。计划投资13 732.5万元收储土地面积980.031亩，其中自筹3 732.5万元，向银行申请贷款10 000万元。

2011年3月16日，彝良县工业园区正式迁入新建的办公楼

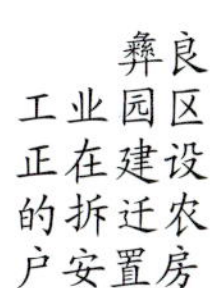

彝良工业园区正在建设的拆迁农户安置房

石林生态工业集中区

2011年8月17日，省委副书记李纪恒视察生态工业集中区建设情况。县委副书记、县长张勤勋汇报生态工业集中区建设情况

2011年1月5日，省委常委、昆明市委书记仇和视察石林工业园区建设工作

2005年6月16日，石林县委、县政府审时度势定方略，深谋远虑作决策，石林生态工业集中区管委会于正式组建成立，石林工业经济从此走上了聚集化、集约化、现代化发展的路子。2008年11月20日，省工信委下发了石林生态工业集中区《总体规划》和《可研报告》通过省级审查的文件，石林县生态工业集中区升格为省级工业园区。

按照“科学规划、全面统筹”的方针，高起点、高标准对工业园区进行规划，2009年10月14日，经昆明市经委组织省市专家对修编后的总体规划及可行性研究报告进行评审，修编后的石林县生态工业集中区规划面积从10平方公里扩大到28.65平方公里，由“一园五片区”组成，即：核心区、大屯片区、北大村片区、西街口片区以及圭山片区，其中核心区面积9.89平方公里，大屯片区1.37平方公里，北大村片区6.97平方公里，西街口片区5.68平方公里，圭山片区4.74平方公里。

园区以实施“11237”工业突破战略。以“工业强县”为目标，以生态工业集中区为载体，以科技创新、品牌创建为动力，以土地开发利用、基础设施建设、招商引资项目落地为突破口，着力发展以特色旅游商品加工、农特产品加工、先进制造、生物制药、新能源产业、石材深加工、煤炭工业为主的七大产业，坚持把生态工业集中区作为招商引资的主阵地、工业强县的主战场，按照工业园区化、园区城市化、产业高新化、布局专业化、机制市场化的要求，加快生态工业集中区开发建设，强力提升全县工业整体素质和综合竞争力，走出一条科技含量高、经济效益好、资源消耗低、环境污染少、人力资源优势得到充分发挥的具有石林特色的新型工业化路子，增强工业在县域经济中的支撑作用。

2011年，石林生态工业集中区共引进入园项目42个，新增入园项目7个，开工项目7个，其中亿元以上工业项目开工3个。全年实际引进国内（市外）资金6.781亿元；国(境)外资金746.45万美元。完成基础设施投资2.6072亿元，规模以上工业增加值4.3924亿元，规模以上工业主营业务收入11.0768亿元，园区规模以上工业利税总额1.0579亿元，工业固定资产投资完成13.7134亿元，园区建成区面积3638亩，建设标准工业厂房6.04万平方米。

宾川工业园区

2001年，宾川县首次提出建设工业聚集平台——工业小区。2003年，宾川县首期征用148亩土地，建设杨公箐工业小区，先后引进14户企业入住，2008年小区建设已达到饱和状态。随着县域工业化进程的不断加快，原有小区远远不能满足工业发展需要。2009年县委、政府提出了“一园多区”的建设思路，并把园区命名为“宾川福源工业园区”，园区规划总面积为12.74平方公里，园区由生物资源产业区、加工制造产业区、能源产业区三区组成。2012年县委、县政府研究决定，将原“宾川福源工业园区”变更为“宾川工业园区”，园区规划总面积调整为30平方公里以上，园区由生物资源产业区、建材产业区、山地片区、能源产业区共四分区组成，新增山地工业片区。

生物资源产业区规划面积为4.6平方公里。主要发展以葱蒜、葡萄、橘果、核桃等农特产品精深加工业、食品加工、饮料制造、包装印刷、冷藏和仓储物流等产业。

建材产业区规划面积为5.6平方公里。主要发展水泥及水泥制品加工、新型建材、石材加工、卫生洁具等产业。

山地工业片区规划面积约20平方公里。主要发展装备制造、机械加工、零部件生产、家具制造、旅游产品加工等产业集群。该片区地域开阔，扩展空间大，是宾川工业发展的核心增长极、是支撑销售收入超100亿元的主要区域，也是宾川未来五年重点打造的万亩山地工业片区。

能源产业区是虚拟型产业区。主要发展水能发电、风能发电、太阳能发电和采矿业等。

2008年以来，引进央企4户、台企2户、滇企4户，为宾川工业发展提供了强大的动力。

2011年，园区完成工业总产值241325万元，同比增长33.42%%；完成工业增加值58215万元，同比增长26.4%；完成工业税金12653万元,同比增37.6%，税收超500万元企业达7户，其中超千万元企业达4户。规模企业中有5户企业发展为亿元企业，其中：有两户产值超2亿元，全县有6户企业产值超亿元。全年新增规模企业2户，规模企业达11户。实现出口创汇5614万美元；年末从业人员达13500人。

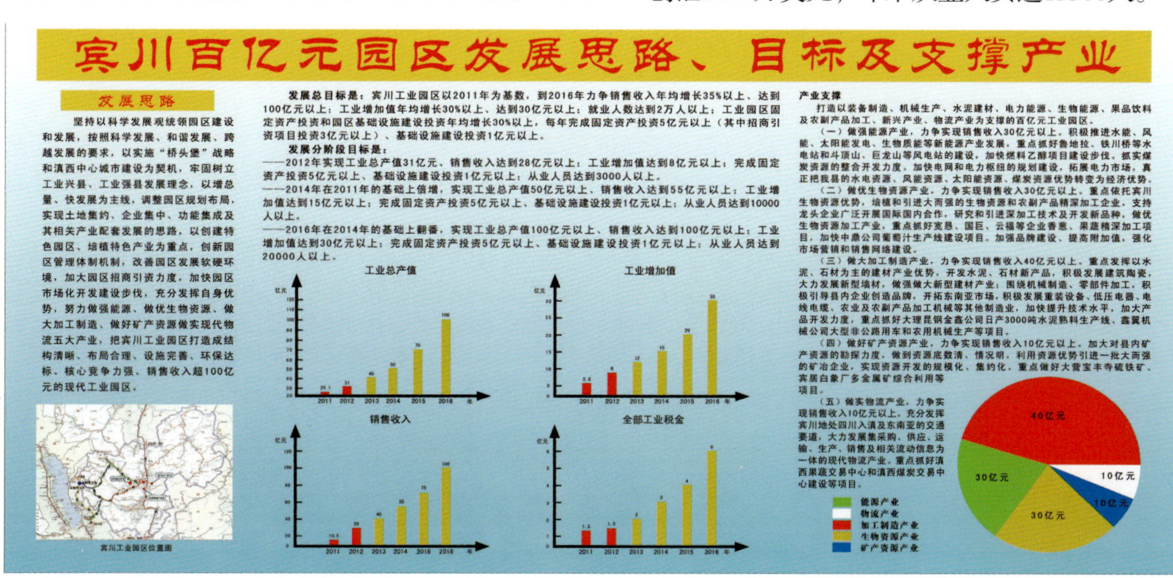

2012年工业园区展板

镇雄工业园区

省长李纪恒视察镇雄工业园区华电镇雄电厂

昭通市委、市政府镇雄工业园区建设推进会

中共镇雄县委常委会工业园区建设专题（扩大）会

镇雄工业园区设“镇雄县工业园区管理委员会”（以下简称“管委会”）作为园区管理机构。镇雄工业园区是以煤电煤化工产业为龙头，以生物资源开发与加工、现代物流、建材及其配套、硫化工为扩充，以现代服务业为保障的特色工业示范园。园区定位为“煤电煤化特色工业园区”，辖“一园五片”，总面积34.5平方公里，分别是：10.2平方公里的塘房、泼机煤电煤化建材及配套片区；6.1平方公里的坪上煤电煤化及配套片区；6.1平方公里的五德大火地生物资源开发与加工片区；5.1平方公里的以勒现代物流片区；7平方公里的芒部松林煤化工、硫化工片区。

园区定位目标：“十二五”期间，力争把镇雄工业园区升格为省级煤电煤化特色工业园区和生物资源加工园区；到“十二五”末，将工业园区打造成为行政效率高、投资成本低、服务环境优的一流平台，成为县域经济发展最具优势的增长极。

产业发展目标：围绕煤电（主要依托东源、华电）、煤化工（以烯烃为代表）、硫化、建材、生物资源加工五个产业为重点，打造镇雄新型工业化核心区，同时培育壮大以勒现代物流园区（依托成贵、隆黄铁路）。

经济发展目标：“十二五”末，镇雄工业园区力争实现工业总产值100亿元以上，工业增加值50亿元以上，税费10亿元以上，入园企业达到30户以上（其中20亿元以上规模企业3户，10亿元以上规模2户，1亿元以上规模15户）。

截至2012年5月，镇雄工业园区入园企业共有五家，分别是云南华电镇雄电厂、东源煤业集团、三和建材、五德电石厂、牛场黎明化工。

禄丰工业园区

土官片区云南钛业股份有限公司年产2万吨钛材深加工项目生产车间

截至2011年年末，禄丰工业园区会入园企业达35户，园区内工业企业实现工业总产值92.14亿元，同比增长17.4%；工业增加值14.9亿元，同比下降8%；主营业务收入89.16亿元，同比增长16.9%；利税总额10.26亿元；完成固定资产投资18.22亿元。2009年以来，累计建设标准厂房25万多平方米。2012年2月，被省人民政府授予“云南省优秀工业园区”荣誉称号；2012年4月，被州委、州人民政府授予“先进工业园区”荣誉称号；2012年5月，被云南省总工会等7厅（局）授予“云南省劳动关系和谐园区”荣誉称号。

至2011年底，禄丰工业园区形成了“一园三片区”的发展格局，包括金山、勤丰、土官三个片区，总体规划面积80.15平方公里。金山片区位于县城所在地金山镇，规划面积56.5平方公里，规划定位为以冶金、建材产业为主体，配套发展化工、机电及高新技术等产业的现代化工业聚集区。现有云南德胜钢铁有限公司、云南德胜煤化工有限公司、云南奕标水泥集团有限公司、云南云马缸套制造有限公司等16户企业。2011年，根据发展需要，编制并报批了金山片区棠海物流建材加工区（21平方公里）总体规划和规划环评，进一步完善了发展的前置性条件。勤丰片区位于禄丰县东部的勤丰镇，规划面积9.9平方公里，规划定位为以冶金、化工产业为主体，发展新型物流产业为生产配套服务的工业聚集区。现有云南新立有色金属有限公司、云南禄丰勤攀磷化工有限公司、云南金丰矿冶有限公司、禄丰中胜磷化工有限公司等12户企业。土官片区位于禄丰县东南部的土官镇，规划面积13.75平方公里，规划定位为以金属钛材深加工、食品加工、轻型制品加工为主的特色片区。现有云南钛业股份有限公司、云南昆钢钢结构有限公司、云南燃二化工有限公司禄丰玻瓶厂、云南美乐陶瓷有限公司等7户企业。在土官片区总体规划中，重点规划了6787亩的楚雄昆钢产业园，作为土官片区的“园中园”。

2011年9月以来，禄丰工业园区管委会结合省委、省人民政府“两上山”精神，抓住被省列为“十二五”期间打造的“销售收入超千亿元园区”的机遇，抓紧对各片区规划进行调整完善，调整后的工业园区规划拟增加碧城片区，形成“一园四片区”的发展格局，规划定位总体保持不变，规划面积拟由80.15平方公里调整为76. 78平方公里。今后，将紧紧围绕冶金制造、钢铁及延压加工、能源化工、新材料、装备制造、新型建材、现代物流业和中小企业创业基地八大产业集群，推动园区建设发展。

禄丰工业园区土官片区云南钛业股份有限公司厂景

土官片区云南昆钢钢结构有限公司年产20万吨民用钢结构项目宽大的标准厂房生产车间

昆明海口

西山区领导到园区调研

2011年是"十二五"规划的开局之年，也是园区建设的关键之年。园区各项工作取得了良好的成绩，实现了"十二五"的良好开局。

截至2011年9月份：

规模以上工业增加值完成18.91亿元，完成目标任务23.13亿元的81.76%，超进度6.76个百分点，同比增长42.18%；预计10月份，工业增加值完成20.41亿元，完成目标的88.2%。规模以上主营业务收入完成91.59亿元，完成目标任务117.63亿元的77.86%，超进度2.86个百分点，同比增长34.34%；预计10月份，主营业务收入完成100亿元，完成目标的85%。利税总额完成6.63亿元，完成目标任务8.84亿元的75%，平进度，同比增长122.5%；预计10月份，利税总额完成7.37亿元，完成目标的83.7%。地方财政一般预算收入完成5900万元，完成目标任务7900万元的75%，平进度，同比增长31.11%；预计10月份，地方财政一般预算收入完成6600万元，完成目标的83.5%。

工业固定资产投资完成21.02亿元，完成目标任务29.19亿元的72%，塌进度3个百分点；同比增长39.2%；预计10月份，工业固定资产投资完成24.33亿元，完成目标的83.4%。基础设施投资完成3.1亿元，完成目标任务4.5亿元的69%，塌进度6个百分点，同比增长34.78%；预计10月份，基础设施投资完成3.8亿元，完成目标的84.4%。完成土地收储面积620亩，完成目标任务1200亩的51.67%。标准厂房完成40000平方米（申报资料已报，等待市

云南三环中化化肥有限公司

云南新铜人实业有限公司生产线

工业园区

工信委的审核确认）。

2011年实际引进到位内资15.05亿元，完成目标任务21亿元的71.67%，塌进度3.33个百分点，同比增长30.87%；预计10月份，实际引进到位内资完成17亿元。亿元以上工业项目开工4个，竣工3个，分别完成目标任务的100%和150%，（竣工指标已超额完成）；

2011年，园区完成污水处理厂83个点、1号路北延线40余个点、小海口片区观摩点道路建设28个点、光学片区5条道路建设70余个点等区域的地勘协调地上附着物赔付工作；并顺利完成了昆明华润燃气公司等企业的地上附着物赔付电杆拆迁工作，确保了园区基础设施建设、企业落地、项目施工的前期工作顺利进行。

按照区委、区政府“高起点、高标准、高品位”规划编制要求，园区在《昆明海口工业新城概念性总体规划》基础上，通过公开招投标程序，于2011年4月确定艾斯弧（杭州）建筑规划设计咨询有限公司、云南省城乡设计研究院分别进行《海口片区总体规划》、《昆明海口工业园区总体规划修编》、《昆明海口工业园区新区控制性详细规划调整》、《光学片区控制性详细规划设计》、《昆明海口工业新城控制性详细规划及城市设计》的编制工作。

2011年，园区和云南碧鸡集团有限公司达成参与园区土地一级开发合作协议，双方合作开发的第一个项目是昆明海口工业园区安置房建设白塔安置点土地一级开发整理项目，该项目占地约300亩，主要是承接园区内村子搬迁及建设部分公租房满足企业的需求。社会资本的引入，将极大缓解园区的资金压力，推进园区建设步伐。

增荣鑫塑料工贸有限公司

云南云天化氟化学有限公司

昆明普尔顿管业有限公司

勐海工业园区

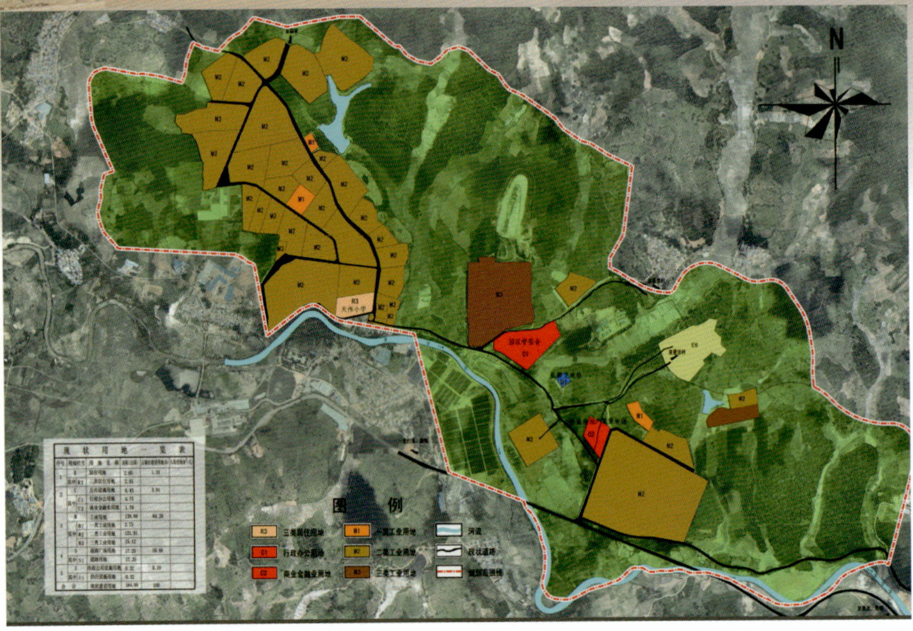

园区用地规划图

勐海工业园区是一个以汉麻产品加工为主、茶叶加工和其他农林产品加工为辅的新型化工业园区。位于勐海县城东北方向，流沙河北岸，国道214线旁，距勐海县城8公里，距西双版纳州府所在地景洪市区37公里。勐海工业园区规划面积7平方公里，经过多年的建设和发展，部分片区已初步具备水、电、路、电讯、邮政、电视等“六通”基础条件，已开发建设4平方公里，成功引入汉麻、石斛、茶多酚、精制茶、竹产品、木薯燃料酒精、新型墙体材料等工业加工项目。

2011年，共有入园企业42户，新增3户。园区管委会在县委、政府、州工业和信息化委员会的领导下，深入贯彻落实科学发展观，以“农业强县、工业富县”为目标，以“企业入园、项目入园、品牌入园、失地农民入园”为主要任务，不断加强园区基础设施建设、努力改善投资环境，营造良好的发展氛围。

2011年完成工业总产值3.1亿元，与去年同期相比增长15.2%；工业增加值1.7亿元，同比增长19.7%；完成固定资产投资1.31亿元；完成标准厂房竣工面积22100㎡。

勐海工业园区2011年建设用地主要利用云南省国土资源厅已批复的勐海县2005年度第一批次城市建设用地、勐海县2006年度第一批次城市建设用地。新报批的土地有光明食品集团云南宏晟生物制品有限公司使用的69亩和汉麻产业投资控股有限公司使用的76亩土地，共计145亩土地。

茶叶加工区远景

陈升茶厂

昆明国家高新技术产业开发区

【经济发展综述】 2011年，昆明高新区全年实现总收入1088.6亿元，净增182.6亿元；实现规模以上工业产值576亿元，工业增加值120.5亿元，现价增速达28.2%；规模以上工业利税总额29.5亿元，同比增长35.3%；完成工业固定资产投资79.9亿元，同比增长41.2%；实现进出口5.2亿美元；实现地方财政一般预算收入14.8亿元，增收3.3亿元，增长28.8%。

【产业规划】 根据科技部统一部署和昆明高新区实际，确定了建设国际知名国内一流创新型特色园区的总目标，制定了1年完善规划布局，3年取得显著成效，5年实现规模提升的“三步走”工作路线图。一是完成了“十二五”国民经济和社会发展规划（纲要）的编制和上报，编制了《创新型特色园区建设试点方案》，并通过了国家科技部组织的专家评审；二是围绕有色和稀贵金属新材料、生物医药产业、装备制造产业、水科技产业等特色优势产业的创新发展，编制完成专项规划，并取得重要进展。组织了国家生物多样性产业基地新城产业园、昆明水科技园的挂牌，有色金属和稀贵金属新型工业化示范基地建设通过国家工信部审查；三是按照工业、城镇上山的要求，完成了新城基地土地利用总体规划的编制调整，新增开发建设用地11平方公里；四是全面启动了建成区的城市设计，完成了前期调查研究和初步设计，明确了建成区的目标定位，为产业结构调整和城市形象提升奠定了基础。

【招商引资】 2011年，昆明高新区引进外资项目20个，实际利用外资26612.95万美元，引进内资项目175个，实际引进市外到位资金额为116.1亿元。2011年，高新区设立了投资促进一局、二局、三局和重点项目督导组，形成围绕产业抓招商、围绕项目强服务的工作格局。有色和稀贵金属新材料产业领域实现工业产值500.8亿元，占全区工业总产值的57%，云铜股份、云锡股份、黄金矿业、贵研铂业等重点企业经济持续增长，云锗落户高新区，锗深加工项目开工建设；生物医药产业领域实现工业产值130.5亿元，占全区工业总产值的15%，云南白药、滇虹药业、昆明制药、云南生物谷灯盏花等重点企业实现快速发展，引进了东方不老、浙江长海食品药品包装等项目，完成宏绿辣素项目场地平整工作；水科技及环保产业领域：云南亚太环保等重点企业快速发展，引进了城投碧水源、云南水务产业投资有限公司等一批项目，与北控水务、首创股份、安徽国祯环保、新加坡吉宝集团、凯发集团等业内骨干企业进行了多轮合作洽谈；在装备制造产业方面，昆明电缆、通变电器等企业保持平稳发展，与北京航空航天大学、捷克运动飞机公司等就发展通用航空产业进行了多方面洽商，取得重要进展。此外，百事可乐一期项目如期建成，二期工程当年开工当年投产，云南民爆集团、伟建彩印、娃哈哈等一批企业实现稳定增长，为园区经济发展作出了积极贡献。

【基础设施】 大力推进新城高新技术产业基地（马金铺）基础设施建设。完成公园南路、化林路、东大道等15条（段）道路建设，并实现通车，进一步改善了新城基地的交通环境；收储土地3756.7亩，完成目标任务的104.4%，实际供地2983.3亩，完成目标任务的286%。拆除了化城、林塘、化古城村影响道路建设房屋197栋共56527平方米，为彻底打通高新大道、公园北路奠定了基础；保障性住房开工建设公租房548套，新型社区一期已开始回迁安置，城中村改造开工40万平方米，竣工20万平方米的目标任务如期完成；结合市政雨污分流再次开展源头的查污堵口和截污导流工作，全面开展建成区河道的清淤、保洁工作，加强了梁王河、南冲河水环境综合整治，进行基地内全流域景观河的工程建设，确保河道“三无一畅”，对河道及支流沟渠、水库、坝塘、池塘、公园湖面、小区景观水面的水葫芦控制性种养工作，2011年总计完成水葫芦种养56.375亩；完成绿地建设70.2公顷，栽种乔木4.2万株，攀援植物79万株，营建了“学习杨善洲纪念林”，开展了城乡绿化造林“百日会战”活动，渔浦寒泉公园按期建成并顺利开园；生态建设方面：制定了《生态工业园区建设管理办法和实施方案》，ISO14001环境管理体系获得中国质量认证中心认证。

【金融财税】 2011年，在国际国内异常严峻的金融形势下，为确保财政金融和资产的健康运行，昆明高新区采取了一系列措施并取得了显著成效。一是加强土地收储和金融管理，成立了上市办、土地收储分中心，改组了国资公司，积极构建适应开发建设需要的投融资体系；二是切实加强财税征管。管委会领导多次走访云铜、云锡、黄金矿业等税收大户和骨干企业，税务部门加大税收征管服务力度，实现了税收稳定增长，完成财政总收入35.8亿元，同比增长33.3%，增收8.9亿元。完成政府性基金收入26.4亿元（含城中村改造），同比增长243.7%；三是认真做好融资工作，全年实际融资10亿元；四是参与发起成立了“宝赢股权投资基金”和“鼎耀股权投资基金”两个基金公司，资金募集和项目选择工作有序开展。

【土地收储供应】 市政府下达的2011年土地收储任务为3124.103亩，昆明高新区依据制定的实物储备土地31宗的计划，完成33宗土地实物储备，完成4146亩土地实物收储入库，完成市政府下达目标任务的132.7%，超额完成年度储备任务目标；市政府下达的全年土地供应任务1042.73亩，昆明高新区实现土地供应面积2983.27亩，完成比例为286.1%。

【机制建设】 2011年，昆明高新区切实加强机关自身建设，全面推进法制政府、责任政府、阳光政府和效能政府四项制度建设；强化服务意识，主动走访骨干企业和科研机构、大学等驻区单位，加强沟通联络，切实解决进区企业和单位的实际困难；坚持深入一线，靠前指挥，现场踏勘，把任务落实在一线，问题解决在基层；坚决贯彻民主集中制原则，坚持重大问题民主决策，科学行政、民主行政和依法行政的水平得到提高；坚持改革创新，努力提高行政效率，推行管委会机关大部制改革，成立了综合管理部、党群工作部、经济发展与投资促进部、园区建设部、财税和资产运营部、人才和社会事业管理部、综治维稳管理部七个大部，为加快推进新城高新技术产业基地基础设施和产业承载能力建设，组建了“昆明高新技术产业开发区新城高新技术产业基地建设指挥部”，下设一分部、二分部和三分部；切实加强党对群团工作的领导，工会、共青团、妇联等人民团体和社会组织的作用得到发挥；认真落实党风廉政责任制，推进惩防体系建设，筑牢拒腐防变的坚固防线。

【城市管理】 在城市管理工作中，坚持网格化管理机制，采用机动灵活的巡查值守方式，切实做到分区分片、定人定位、责任到人。全年共受理案件6405件，结案6370件，结案率达99.45%。在城市管理综合考评中，取得了全市最高分，三个开发（度假）区第一的好成绩，其中快速处置管理模式成为了数字城管工作中的亮点，在全市得到推广。

【人才工作】 完成了《昆明高新区中长期人才发展规划》编制工作，制定下发了《昆明高新技术产业开发区关于引进和扶持留学归国人才创新创业的实施意见（试行）》、《昆明高新技术产业开发区加强院士专家工作站、博士后科研工作站建设办法》等人才文件。组织区内技能人才、农村乡土人才参加首届“昆明市有突出贡献高技能人才暨昆明市优秀技术能手”和第四批“云南省拔尖农村乡土人才”评选，其中有1名同志被评为“昆明市优秀技术能手”，推荐1名专业技术人员享受“云南省政府特殊津贴”。完成中组部第三批海外高层次人才创新创业基地申报、答辩等工作，协调2家企业申报了博士后科研工作分站，完成了第九批“昆明市中青年学术和技术带头人及其后备人选”的选拔工作，有4人入选昆明市第九批带头人及后备人选称号。组织区内企业第五批-第七批昆明市中青年学术技术带头人及后备人选23人的考核工作。挂牌建立了云南省高层次创新创业示范基地，进一步加大高层次人才引进力度。全年共引进博士19名，共发放博士津贴96.2万元。

【法制建设】 完成行政执法制度清理工作，编制完成了《昆明高新技术产业开发区管理委员会行政指导手册》，包括行政监管预警制度、行政监管劝勉制度、执法事项提示制度、轻微违法警示制度、违法行为纠错制度和重大案件回访制度共六项制度，完成规范性文件清理，开展法律顾问管理协调工作，聘请律师作为管委会法律顾问，共为有关部门提供法律意见书30份，为6位社区居民和6家进区企业提供法律咨询，参与协调各类纠纷25件（次）。制定了《昆明高新区关于在全区开展法制宣传教育的第六个五年规划（2011~2015年）》，召开了全区“五·五”普法表彰大会，全面总结了我区“五·五”普法工作成果、经验、表彰先进集体和个人，共表彰奖励了21个先进集体，44名先进个人。抓好普法工作，不断提高全民的法律素质，2个社区被命名为昆明市第四批市级“民主法治社区”。做好重大决策听证工作，推进决策民主化、科学化，全年组织了《昆明高新区中低产林改造规划（2011~2020年）》、《昆明高新区林火阻隔系统规划》、《昆明市创建国家森林城市昆明高新区实施方案》、《昆明高新区前所、沙沟尾涉及西北部控规调整》，《昆明高新区“十二五”医疗机构设置规划》等五个听证会。

昆明经济技术开发区

【工业经济指标完成情况】 2011年，全区实现工业总产值290.09亿元，同比增长29.03%，实现工业增加值81.35亿元，占全区GDP的比重为59.221%，工业对GDP增长的贡献率达到52.1%，拉动全区GDP增长13.47个百分点。

2011年，全区规模以上工业企业实现主营业务收入274.79亿元，同比增长31.68%；实现利税22.39亿元，同比增长25.16%，其中，实现利润总额14.18亿元，增长29.2%，盈利企业占工业企业比重达到84.96%。规模以上工业企业产品销售率达到97.92%。

2011年，主导产业实现工业总产值208.38亿元，增长17.23%，占全区工业总产值的比重为71.83%，对全区工业经济增长的贡献率为58.8%。其中：装备制造（含光电子）、生物医药及食品饮料、烟草及配套业分别实现工业总产值135.18亿元、38.55亿元和34.65亿元，占全区工业总产值的比重分别为46.6%、13.29%和11.94%；实现工业增加值31.2亿元、16.37亿元和13.16亿元，分别占全区工业增加值的38.75%、20.33%和16.34%。

2011年，高新技术企业实现产值89.1亿元，比上年增长17.42%，占全区工业总产值的比重为30.71%；高新技术产业实现增加值36.52亿元，较去年同期增长25.24%；高新技术工业企业全年实现主营业务收入85.6亿元，同比增长19.7%，实现利润1.7亿元，同比下降56.07%。

2011年，全区工业主营业务收入超亿元的工业企业达52家，比上年增加8家，合计完成主营业务收入249.48亿元，占全区规模以上工业主营业务收入的90.79%。亿元工业企业中收入超10亿元以上的有7家，比上年增加4家。亿元以上企业中，新投产企业有5家，累计实现产值9.58亿元，完成主营业务收入8.77亿元，分别占全区规模以上工业产值和收入的3.49%和3.19%。

【主要产品产量】 2011年，全区规模以上工业企业统计的36种主要工业产品中，产品产量比上年增长的有20种，占产品总数的比重为55.56%。其中，排前五位的是："商品混凝土"同比增长127.7%、"牙膏"同比增长100.31%、"纸制品"同比增长65.19%、"饮料酒"同比增长61.85%、"精制茶"同比增长58.41%。

【节能减排】 2011年，全区积极开展节能工作，认真落实节能减排目标责任制和考核制度，加强对工业企业的能源监控力度，全区节能工作取得较好成效。2011年规模以上工业万元增加值能耗预计下降7.9%，完成市政府下达的目标任务。

【招商引资】 2011年，按照招商选资原则，精选规模大、效益好的用地类项目，兼顾影响大、税收高的非用地类项目；大力开展产业链招商，开展总部经济、税源型经济、金融及衍生品经济的招商；持续完善招商促进政策，制定出台了《昆明经济技术开发区关于2011年促进招商引资若干政策的规定》、《昆明经济技术开发区管理委员会2011年招商引资工作实施意见》、《昆明经济技术开发区关于进一步加强对非用地类企业管理的办法（暂行）》等促进招商引资的相关政策；不断改进项目局长评审会机制，转变项目评审方式，由室内评审变到现场评审，切实解决项目落地实际问题，有效地推进了全区招商引资工作的开展。2011年经开区全年实际引进市外内资到位资金147亿元，完成全年任务的101.4%；全年新批准设立外商投资企业10家，合同利用外资5023.66万美元，增资项目7个，实际利用外资2.69亿美元，实际利用外资是上一年的1.16倍。

【科技创新】 2011年，经开区制定出台了《2011年高新技术企业认定事实办法》，组织企业积极争取国家、省、市科技项目27个，获国家、省市科技资金扶持3044万元；新认定国家高新技术企业13家，云南省院士专家工作站3个，省级企业技术中心2个，省级工程技术研究中心3个，市级企业技术中心4个，获得省科技进步二等奖1个、省科技进步三等奖2个、市科技进步二等奖1个、市科技进步三等奖1个、市科学技术奖专利奖二等奖3个；科技创新政策服务体系不断完善，扶持规模逐年增加，科技水平持续提高。

【节能及清洁生产】 2011年，经开区继续抓工作措施落实，明确职责任务分工、建立完善节能工作协调机制和目标责任制，继续向相关部门、重点耗能企业下达节能目标任务。持续推进用地项目固定资产投资节能评估，推动企业清洁生产审核，积极开展节能宣传周和财政补贴高效照明产品推广活动。经开区"十一五"节能目标任务顺利通过市节能减排办的考核。截至2011年，累计推动176家企业开展清洁生产审核，120户企业通过清洁生产审核验收。累计实施无低费方案2279个，中/高费方案206个，方案投入资金12466万元，年产生经济效益12781.8万元，节电842.1万度，节水16万立方米，减少废物排放877吨，减少废水排放23万吨，取得了节能、降耗、减污、增效的阶段性成果。2011年规模以上工业万元增加值能耗同比下降6.02%。

【土地收储】 2011年，持续稳步推进土地收储工作，全区完成土地收储面积6663.527亩，完成全年目标的185.1%，超额完成全年目标任务。

【园区开发建设】 全面推进园区基础设施建设。全年累计完成基础及配套设施投资14.571亿元，完成全年目标的112%。2011年共建设白皮书道路10条，全长25.4千米，道路建设实际总投资高达38亿元，其中5条道路已基本完工。2011年建成其他道路9条，在建道路16条，呈黄路、广福路东延线等重点道路工程正稳步推进。

全区供水工程、供电工程、煤气工程、通信工程同步实施。新建信息产业基地和出口加工区4条自来水管网的建设，完成园区2条主干道自来水管网敷设，全区日供水能力达8万吨。配合昆明供电局建成Ⅲ回10千米110kV输电线路，完成信息变1期是潜伏电力线路建设；完成信息变两台主变调试，可为园区提供56兆伏安用电容量。完成螺蛳湾小商品加工基地10kV一期供电工程，确保了螺蛳湾小商品加工基地100万平方米标准厂房的生产使用。完成园区2条通讯管道工程建设，3条煤气干管敷设工程，区域市政基础设施配套和城市功能更加完善，投资环境明显优化。

园区项目建设。信息产业基地、出口加工区、洛羊物流加工片区及大冲工业片区项目建设逐渐形成规模，螺蛳湾小商品加工基地、子弟食品、云内动力、南天电子、紫云青鸟、国际汽车城、出口加工区工业北标准厂房等一大批产业类续建项目建设速度良好，王家营标准厂房、西南广物流、金诚信、工投总部、电投实业、深圳农产品以及新加坡工业园内多个项目已陆续开工建设，阳光基业、昆发塑业、南天电子等项目相继投产。同时，成功引进华鑫信托、昆明贵金属交易所、西安国际信托、上海村镇银行、云南滇美等共计100亿以上的总部经济及金融衍生品项目入区。2011年度，全区新开工项目21个，涉及开工面积2648.87亩，涉及项目总投资125.56亿元，其中亿元以上开工项目17个，涉及开工面积2506.09亩，涉及项目总投资122.68亿元。

【任职领导名单】

主　　　　任　张　宁
副　书　记　张正坤
副　主　任　谭翔浔
　　　　　　吴勇刚
　　　　　　齐　江
　　　　　　孟光寿
　　　　　　李丕方
副书记、纪工委书记　李　刚

玉溪高新技术产业开发区

【经济指标完成情况】　2011年，玉溪高新开发区生产总值（不含红塔集团，下同）达42.21亿元，按可比价格同比增17.5%；园区经济总收入（技工贸总收入）116.6亿元，同比增长32%；工业总产值（现价）74.45亿元，同比增长26.9%；规模以上工业增加值23亿元，同比增长35.8%；地方财政一般预算收入3.16亿元，同比增长43.3%；社会消费品零售总额22.8亿元，同比增长19.7%；招商引资到位资金11.14亿元，同比增长69%；全社会固定资产投资13.14亿元，同比增长25.4%；进出口总额3240万美元，同比增长50.3%。

【基础设施建设】　全年园区共实施重大基础设施建设项目12项，总投资1.7亿元，其中新建项目8项，续建项目4项，重点项目有序推进。一是完成高新区九龙片区规划环评的编制，经过专家评审，最终取得省环保厅批复。九龙片区控制性详细规划的编制已完成，园区路网规划调整相关事宜正在积极协调落实。二是沃森生物科技产业园发展用地规划初步确定，沃森研发中心建设完成选址正在开展前期工作。以创新公司为龙头的烟草配套产业园规划建设正在推进。三是加大协调力度，全力支持和协助供电部门完成九龙片区220KV高鼓楼和110KV春和两个变电站建设的同时，加快园区配网建设。四是全面启动了九龙片区所有干道及相关管网建设，完成了一经、二经、三经、五经、二纬、六纬、七纬路及沙沟路改造工程。完成了三经、四经、五纬路供水工程，九龙片区二次供水工程已完成大部分管道铺设，水池及泵站可研已完成。五是如期完成了九龙片区燃气供应年储供应750万立方米的燃气站配套建设。六是加快科技创业园建设步伐，创业大厦、孵化大楼、服务中心内装进入收尾，室外工程有序推进。七是明珠路与南祥路交叉口绿化进行了改造，完成了九龙路南北两侧大部分人行道铺设工程。八是根据市政府的统一安排部署，率先启动了1000多套的公租房建设。九是加强规划管理工作，全年共办理选址意见书和用地规划许可证26份，建设工程规划许可证23份，竣工验收14项。

【招商引资和项目建设】　一是认真贯彻实施《玉溪高新区投资项目管理暂行办法》，招商引资工作有了新的进展。全年招商引资到位资金11.14亿元；新增签约项目5项，项目资金总额11.6亿元；新增在谈5000万元以上的项目共9项，协议意向投资总额39.9亿元；新开工项目8项，在建工业项目12项。二是进一步落实部门责任，加大在建项目的建设力度。沃森二期、达利食品、云锡同乐等重点项目已建成投产。沃森三期已完成基础工程建设。三是认真组织相关企业和项目单位参加第十九届昆明进出口商品交易会。与玉溪创新材料股份有限公司等三家企业签订投资协议，协议投资金额达3亿元。四是制定出台了《玉溪高新区科技创业园管理办法》、《玉溪高新区科技创业园管理办法实施细则》、《玉溪高新区科技创业园入驻项目工作流程指导》和《玉溪高新区科技创业园物业管理规定》，为科技创业园专项招商创造了条件。五是对入园多年，但尚未完成投资协议、未达产和生产经营长期不正常的项目进行清理，落实具体整改措施。六是对完成投资的玉溪明珠花卉公司项目和玉溪爱西贝特传输系统（云南）公司的项目进行了竣工综合验收。

【升级建设国家级高新区工作】　一是省政府于1月17日正式向国务院书面上报关于玉溪高新区升级建设国家高新区的请示。二是高劲松市长率相关部门于4月21日到高新区召开了推进玉溪高新区创建国家高新区工作现场办公会，对创建国家高新区工作提出了明确具体的意见。三是科技部调研组6月30日到玉溪对高新区升级工作进行了调研考察。调研考察组对玉溪高新区经济社会发展取得的突出成就给予高度肯定，并在高新区战略定位、创新创业服务体系建设、管理体制机制等方面提出了重要建议，为玉溪高新区通过“以升促建”，加快建设玉溪国家高新区指明了方向。四是省委副书记李纪恒、省人大常务副主任晏友琼分别在8月初率省属相关部门领导和部分全国人大代表到玉溪高新区进行专题调研，鼓励玉溪市和玉溪高新区加大高新区升级工作推进力度。五是省科技厅龙厅长、侯副厅长、市政府高市长、王副市长及相关部门领导一行专程于8月中旬赴京，就建设玉溪国家高新区纳入部省会商和落实专家组考评意见的情况向科技部领导进行了专题汇报。六是市委孔祥庚书记率队于8月31日到高新区调研民营经济发展和园区建设，并在高新区主持召开了民营经济发展和园区建设座谈会，对高新区近几年所取得的成绩给予了充分肯定，对创建国家高新区工作提出了希望和建议。七是科技部和云南省政府于10月11日在昆明进行了部省会商，玉溪创建国家高新区工作列入了云南省与科技部工作会商的重要内容，引起了科技部万钢部长和省委秦光荣书记的重视。陈小娅副部长代表科技部发言时表示将进一步加强统筹规划和指导，加快玉溪高新区的建设步伐，为升级国家高新区奠定基础和条件，支持玉溪高新区升级为国家高新区。八是省发改委、省住建厅、省国土厅领导在9月份分别到国家发改委外资司、住建部城乡规划司、国土部土地利用司等部门进行了沟通和对接，得到了相关部委的支持。九是根据专家组的意见和建议，省科技厅和市政府于10月27日向科技部上报了《关于以升促建带动玉溪高新区跨越式发展的情况报告》。

【土地管理】 按照“主动介入、跟进服务、用好政策、提升保障、不断创新、规范管理”的要求，结合园区实际，不断强化土地的收储、供应和管理。一是土地征管得到进一步强化。修改完善的《玉溪高新技术产业开发区投资项目管理及促进办法》，对项目用地明确了6条具体的规定和要求，规范土地市场，合理开发，提高土地利用率。在增加土地收储的同时，全面清理项目用地，盘活存量土地，对未经批准、长期征而未用和擅自转为它用的，依法依规给予收回。二是基本完成了高龙潭片区土地收储和现有企业的搬迁拆除工作。三是完成了九龙片区中所铁厂、龙池燃气站的搬迁工作；组织上报了高新区九龙片区第七期和高龙潭片区的农用地转用报批工作。四是在强化土地监管的基础上，完成了“公租房项目”、“T地块”、“Y地块”、“IIH地块”商住用地及中汇电器等13个项目的土地供应工作。积极跟踪协调处理已收储土地后续问题成效明显。五是加大对闲置及低效利用土地整治，对因项目资金长期不到位，项目无法推进实施，长期闲置的云南红蚯蚓生物工程有限公司用地24亩实施了收回，并完成重新挂牌出让工作。六是做好土地二级市场的抵押审核工作。规范了土地抵押贷款的审批，增加了由建设环保局、投资促进局审查，对拟贷款单位进行严格审查，全年审核项目单位抵押贷款15个。

【加强经济运行监测，全力为企业发展服务】 按照全年经济发展目标及科技重点工作任务，进一步细化分解，明确责任，狠抓落实，全力推进各项工作。一是积极与市发改、工信、商务等部门衔接，按时完成了高新区2010年固定资产投资、工业经济发展、外贸进出口等年度考核责任目标完成情况的考核及2011年年度计划的上报。二是积极与市科技、工信、发改、商务等部门协调沟通，抓住项目申报机遇，深入企业调研，组织企业做好各类项目申报。全年共组织上报市级以上各类专项48项，全年省市共下达园区各类扶持专项资金累计2000万元。三是积极与省市科技主管部门协调，推荐上报云南省创新型试点企业2户（创新彩印、玉溪沃森）。完成高新技术企业初审上报3户（思达门业、山水生物、明珠花卉）。四是积极与省市工信委协调，完成市级工程技术中心建设评审2户（恩典科技、德新纸业）。完成市级行业工程技术中心评审1户（玉溪红塑软包行业工程技术中心）。五是根据工业经济发展考核责任目标，实施并验收了企业清洁生产审核3户（荷乐宾、天宏、化肥厂），清洁生产合格单位创建1户（创新彩印）。六是全力支持和推动企业技术中心和研发机构的建设，支持和鼓励企业引进高端科技人员和经营管理人员，加强与大专院校、科研院所合作，大力引进和消化、吸收科技成果，实施产业化，切实提高企业可持续发展能力。七是充分发挥科技创业园的平台作用，积极引进了中小科技公司，推动科技人员实施科技孵化和科技创新，引进了云南新材料孵化器有限公司入驻园区并开展工作。八是生产力促进中心的建设成效明显。成立了玉溪高新区生产力促进中心，并被云南省科技厅认定为省级生产力促进中心。九是完成了“十一五”评价和“十二五”规划的研究和编制工作。

【财税和投融资工作】 一是从强化税收征管、提升服务水平、充分挖掘税收增长潜力入手，千方百计抓收入，确保了地方税收收入的持续稳定增长，为完成全年的税收任务打下了良好的基础。二是做好全年财政预算资金和其他融资资金的收支计划，优化支出结构，在保管委会机关运转、招商引资资金、适当安排企业扶持资金的基础上，保证了科技创业园建设、九龙片区基础设施建设等重点建设项目的资金支出。三是配合市审计局做好2010年度高新区财政预算执行情况和其他财政收支情况的审计。四是委托平安债券公司发行融资债券5亿元，发行期7年，现大部分工作已完成。五是圆满完成了“玉溪财富”的兑付工作。新增融资六年期贷款5000万元。

【园区综合管理】 一是加强市政设施的管理，完成了明珠路高原明珠段排水管道等市政改造工程。做好城市照明系统的管理维修改造工作，确保园区路灯的正常运行，亮灯率均在98%以上。二是全面完成道路交通安全综合整治工作。配合交警部门完成了明珠路、抚仙路、秀山路道路中间隔离栏，抚仙路、龙潭路等交通标线，东风路与龙潭路、抚仙路与创新路两路口闯红灯系统与交通设施工程。三是按照市政府拆临拆违工作部署，积极完成园区“拆墙透绿”工作。拆除违法临时建筑约1000平方米，安装透视围栏约250米，拆除园区破旧、不美观的广告约300块。四是做好绿化管护及绿化改造工程和园区燃气管理工作。五是以整顿规范市场经济秩序和推进市场监管制度改革创新为重点，提高服务水平，严格把好经济主体准入关，全年对辖区内820户企业进行了年检，年检率占辖区企业总数的98%；对2165户个体工商户进行了验照，验照率占辖区个体工商户总数的67%；对连续两年未参加验照和年检的442户个体工商户和19户企业进行了吊销。全年新增个体工商户805户、私营企业101户。六是认真贯彻落实云南省推进商标战略工作，进一步推进高新区商标战略的实施。全年共申报注册商标6件、著名商标3件、知名商标3件。七是加大投诉处理力度，健全投诉调解机制，提高调解投诉水平。全年调处消费纠纷的结案率达到99%以上。八是按照GMP规定，加强园区制药企业生产全过程的监督检查，采取重点监管和突击检查的方式，检查覆盖面达100%。九是按照“严格准入、科学监管、依法行政、注重实效”的工作原则，紧紧围绕药械生产、使用以及特殊药品经营使用过程中存在的突出问题和薄弱环节，采取一手抓日常监管、一手抓专项整治，做好辖区内药械监管工作。十是大力培育名牌产品。围绕符合高新区结构发展方向，突出自主创新，以高新技术产业、先进制造业、现代农业和节能、环保等产品为重点，进一步完善名牌培育和发展机制，积极规划、扶持、培育名牌产品。2011年有4家企业获得了云南名牌产品称号，1家企业通过了云南名牌产品复审，全年辖区内共有5家企业的13个产品获得了云南名牌产品称号。十一是全面加强食品质量安全市场准入监管，开展巡查、定检和监督抽查，全年共巡查食品企业24户，抽检食品生产企业生产的食品5批次，及时消除食品安全隐患。

【任职领导名单】

管委会主任　李明荣

党 委 书 记　陈兴隆

曲靖经济技术开发区

【综述】 曲靖经济技术开发区是1992年8月省政府批准成立的省级开发区。2010年6月，经国务院批准，曲靖开发区升级为国家级经济技术开发区，区内有西城工业园区、南海子工业园区2个省级重点工业园区和1个国际合作的曲靖农业食品科技园区。

2011年是开发区全体干部职工以“十二五”期间，开发区要实现“3年倍增、5年跨越”为奋斗目标，努力打造全市“新型工业的聚集区、高新技术的示范区、改革开放的试验区、珠江源大城市新区”，招大选优引项目，责任包保抓投资，配套延伸强产业，做优环境树形象，圆满完成了全年确定的各项目标任务，产业聚集得到大推进，招商引资取得大突破，新区面貌实现大改观，经济社会迈上了发展提速、质量提升、突破跨越的振兴之路。2011年，开发区入园投产企业20户。

【主要经济指标】 2011年，全区实现生产总值（GDP）117.8亿元，按可比价计算，增长30%；工业总产值完成290.34亿元，增长45.02%；工业增加值87.02亿元，增长38.5%；固定资产投资完成80.12亿元，增长31.75%；财政总收入21.76亿元，同比增长10.13%，财政一般预算收入完成7.25亿元，增长14%；社会消费品零售总额可达9.22亿元，增长22.9%；城镇居民人均可支配收入可达19647元，增长16.1%。

【招商引资】 2011年，开发区先后组织了2次招商项目集中签约仪式，签约引进了曲靖光学材料基地、江之源数控机床、众力来福手机振动器、云大科技农化、古柏气囊包装、工业气体充装、矿山物联网、烟叶复烤中心和卷烟物流配送中心等一批大项目、好项目，部分项目实现了当年引进、当年建成、当年投产。成功引进并建成了安费诺手机配件、家乐福超市2家世界500强企业，提高了区域经济外向度。先后向国内知名企业发出招商函件140多份，吸引了多家企业前来洽谈，确定了重点在谈项目16个。2011年，开发区到位国内资金22.5亿元，增长30%，实际利用外资1082万美元，增长116.4%，新签约工业项目11个，项目总投资达52.4亿元。

【重点项目建设】 坚持把抓投入、抓项目作为加快发展的第一要务，成立了六个重点项目包保责任组，采取按月督促检查、定期考核评比、现场协调推进、投资进度包保等方式，大力推行“问事必问人、问人必问责、问责必问效”的项目推进机制，推动了项目投资的快速增长。2011年，开发区22个省、市重点项目完成投资20多亿元。驰宏公司阴阳极板项目顺利竣工进入设备调试，稀贵金属综合回收项目、有色金属物流中心、北方驰宏光学材料基地等项目的前期工作快速推进，以驰宏公司为龙头的有色金属产业进入了配套延伸、做大做强的快车道；南海子工业园区年产3000吨多晶硅项目正式投产，500兆瓦硅片制造项目、三元德隆年产5万吨铝型材项目的征地补偿、地勘、场地平整等工作快速推进，以多晶硅为龙头的光伏电子产业初具规模；恒邦电动车、维克达汽车制动器、长力春鹰钢板弹簧、交通集团车辆保养厂、重机公司车架技改扩能等一批汽车装备制造项目全部竣工投产。20万平方米标准厂房及道路、绿化亮化等配套工程全部完工，安费诺手机配件、先锋印刷、卓异矿山救生舱、众力来福等一批好项目快速建成投产，以标准厂房为载体的特色轻工产业聚集效应进一步增强；云南（曲靖）农业食品科技园完成新增投资5.33亿元，园区场馆建设、污水处理厂等项目平稳推进。烟厂生活小区、多晶硅生活小区、老年颐康服务中心等生产、生活配套项目基本建成，开发区以园区带动产业集聚、以配套促进新区建设的后发优势更加明显。

【基础设施建设】　启动实施了157平方公里的管理范围内的片区总体规划修编工作，严格控规全覆盖，坚持工业化、城市化、城乡一体化“三位一体”，通盘考虑城市规划区、工业聚集区、居民安置区和生态保护区的科学布局，着力实施城乡空间、产业空间、生态空间的统一规划、统筹建设和同步推进，进一步完善了新兴产业示范园、南海子一区控制性详规等产业规划，提高了加快发展的质量和水平。南海子工业基地南海大道中段、南海一号路顺利竣工验收并投入使用，南海新区污水处理厂、新田水库除险加固工程已接近尾声；西片区胜峰路、教苑小区支路、标准厂房配套工程及三江大道、和兴街绿化亮化等基础配套工程全部竣工。进一步加大与省工投的合作力度，采取了统一规划、量身定做、企业自建等方式，建成标准厂房37万平方米，为企业招商入驻提供了更大的发展平台。公租房建设、城市电网改造、高压线迁改、宁州路拓宽等工程的前期工作顺利推进。驰宏公司紧急供水管网快速建成，两江口污水厂至南海子供水管线的抢险救灾工程推进迅速。白石江沿岸截污干管及白石江支流上坝河治理工程顺利竣工，白石江水体环境明显改善。

【任职领导名单】

麒麟区委书记兼管委会主任　傅学宾
党委书记　杨文有
管委会副主任　桂　桦
　　浦冬云
　　孙伟增

楚雄工业园区

【基本情况】　楚雄工业园是云南省30个省级重点工业园之一。楚雄工业园区总体规划面积23.7平方千米，规划布局为一园四区的结构体系。四个区分别为：一是以制药业为主的庄甸天然药物产业片区，规划面积2平方千米；二是以绿色食品、生物医药为主的赵家湾生物产业片区，规划面积3.04平方千米；三是以冶金、化工、建材、机械制造及加工和造纸印刷等二、三类工业项目为主的桃园冶金建材化工区，规划面积2.44平方千米；四是以发展烟草及配套产业、装备制造及配套产业为主的富民工业区，规划面积16.22平方千米。其中，桃园冶金建材化工区、庄甸天然药物产业区、赵家湾生物产业区由开发区管委会实施。富民工业区由楚雄市开发建设。

【主要经济指标完成情况】　2011年，开发区工业园实现工业总产值68.41亿元，同比增长44%；工业增加值13.97亿元，同比增长32.55%；主营业务收入64.59亿元，同增长44.5%；实现利润1.89亿元，同增长23.28%。至2011年底止，开发区累计入园工业企业39户，累计引进批准立项项目921项，计划投资额达223.07亿元；引进外资3181.7万美元；建成项目541项，完成项目投资155.72亿元。

【基础设施建设】　2011年，完成了42平方公里分区规划修编，西片区35平方公里概念性规划和城市设计编制工作加快推进，城市功能定位和布局进一步优化；苍岭工业片区规划开发工作有序开展，总体布局规划深化、控制性详细规划编制工作加快实施，为拓展发展空间、提升工业产业发展承载力奠定了基础。基础设施建设加快推进，按照“总体规划，分步实施，逐步配套”的思路，完成投资1.05亿元，实施了康居路、长青路、新瑞路等11条道路和程家坝山咀子拆迁安置小区边坡治理等一批城市及园区配套项目，城市功能及产业发展环境进一步优化，创业环境进一步改善。至2011年年底，城镇化率达62.0%，建成区面积达15.8平方公里。同时，完成了建成区提升改造、工业园区道路骨架为重点的一批市政基础设施建设项目，开发区整体形象不断提升，承载能力不断改善。

【园区基本建设】　庄甸天然药物产业片区。该片区位于楚雄东郊东瓜镇庄甸村，规划面积2平方公里，2001年2月动工建设以来，已完成了一期500亩的开发建设任务。目前已引进了盘龙云海、老拨云堂、云中制药、天利药业、本草堂、新世纪药业等21户企业。2011年实现工业总产值8.63亿元。2012年，开发区又将进行8万平方米标准化厂房二期建设项目，改善园区投资环境，全面提升园区的基础设施配套功能。

赵家湾生物产业片区。该片区以绿色食品、生物医药产业为重点，规划面积3.04平方公里。于2002年初启动，现完成了园区征地、主干道路以及供水、排水等基础工程建设。2011年7月，利用楚雄工业园整体规划修编的机会，开发区上报省工信委并已批准该片区由原绿色食品加工片区调整为生物产业片区。现已引进企业14户，在建项目5个。2011年，该片区实现工业总产值7468万元。

桃园冶金建材化工区。该区位于开发区东面东瓜镇桃园村，重点发展冶金、化工、建材产业，规划面积2.44平方公里。目前，已引进入园企业18户，在建项目2个。随着产业项目的聚集成长，冶金建材化工产业片区呈现出较好的产业支撑带动效益，成为开发区经济发展的主要增长极。2011年，该片区实现工业总产值59.03亿元。

富民工业片区富民工业片区是楚雄工业园区的重要组成部分，位于楚雄市东南新城。2011年6月经规划调整面积为16.22平方公里，分北片区和南片区。北片区规划面积11.19平方公里，南片区规划面积5.03平方公里，作为预留发展用地。北片区以红塔集团楚雄卷烟厂为主的烟草加工及配套产业组团区和机电机械加工，以及装备制造加工产业组团区构成。红塔集团楚雄卷烟厂、岭东包装有限公司、宏桂绿色食品有限公司、华丽包装有限公司、鹿城彩印有限公司等一批烟辅企业已相继入园。机电机械片区一期已初具规模。现有入园工业企业20户，有规模以上工业企业8户，新入园项目4个。2011年，完成固定资产投资8.25亿元；实现工业总产值7.17亿元，增长97%；实现主营业务收入5.7亿元，增长56.6%；实现利润0.41亿元，增长13倍；实现税金0.17亿元，增长1.1倍；从业人员1075人。2011年，富民园区主要修建了9号路和32号路。9号路长1094米，宽40米，于2010年5月开工建设，项目总投资1920.50万元，现已完成投资1000万元。32号路长567米，宽24米，项目投资767.08万元，现已完成投资430万元，于2010年8月19日开工建设，工程进展顺利

【招商引资】 2011年，全区完成立项审批项目66项，比上年增加32项，增长94.11%。项目立项投资额248788万元，比上年增长84.01%。其中：工业生产项目17项，增加8项，立项投资额67129万元，增长1.82倍；商贸、房地产、旅游项目19项，增加12项，立项投资额155306万元，增长79.92%；基础设施项目12项，增加6项，立项投资额18481万元，增长3.33倍；其他项目18项，增加6项，立项投资额7872万元，下降62.18%。完成州外到位资金203113万元，比上年增长30.14%，完成州政府下达任务目标19亿元的106.90%。其中，省外到位资金129097万元，增长69.96%，完成州政府下达任务目标9亿元的143.40%。

【土地收储】 据所收储土地性质，分为集体土地征收储备和国有土地收购储备。2011年征收集体土地910.30亩，收购储备国有土地4.49亩，共计收储土地914.79亩。

【节能降耗】 2011年，楚雄经济开发区认真按照州、市的要求开展好节能减排工作，采取有力措施，与区内能耗较高的企业签订目标责任状，加大宣传力度，做好监测工作，积极支持企业进行技改，提高生产效率，降低能源消耗，取得了很好的收效。区内19户规模以上工业企业综合能耗为33681吨标准煤，增长10.87%，万元工业增加值能耗为0.58吨标准煤，比上年减少0.06吨，下降9.38%。工业企业生产耗电9021万千瓦时，比上年增长35.13%。18户规模以上企业有8户万元增加值能耗同比下降，其中：宏源农化股份有限公司龙江磷化工分公司同比下降45.80%，云南天腾化工有限公司下降47.04%，楚雄仁恒化肥有限公司下降3.93%，楚雄源泰矿业有限公司下降20.64%，云南岭东印刷包装有限公司下降18.06%，云南国资水泥楚雄有限公司下降12.54%，云南滇能水电开发有限公司下降7.89%，云南云开电气股份有限公司下降3.77%，对全区能耗降低起到了很好的拉动作用。

【年度任职领导】

市委副书记、市长、开发区管委会主任 赵万祥

党委书记、管委会副主任 马军

管委会常务副主任 刘华

党委副书记、纪委书记 周明

管委会副主任 孙春荣

荆庆华

杨晋

（王银富　刘奕芬）

大理经济开发区

【综述】 2011年，大理经济开发区突出跨越式发展这一主题，继续加大基础设施投入，全面优化发展环境，不断拓宽招商思路，加大海东开发力度，全区经济和各项事业走上了健康的发展道路。2011年，全区固定资产投资完成30.91亿元，同比增长40%；辖区工业总产值完成52.93亿元，同比增长25.1%，其中，规模以上企业完成工业产值30.88亿元，同比增长30.1%；财政总收入完成7.03亿元，同比增长35.03%，其中，地方一般预算收入完成4.25亿元，

同比增长38.21%。全区主要经济指标增幅连续几年保持在20%以上，全区经济结构进一步优化，经济实力稳步提升。

【基础设施建设】 2011年初，全区确定的包括城市主干道、供电、供排水、绿化、亮化等十几项基础设施项目已全部铺开。全面完成环海东路、新区1号路等项目的扫尾工作，完成1号路Ⅰ标段路面工程、2号路华营村至中和村段未验收路基工程及海东城市次干道扫尾工程、完成大理市第二（海东）污水处理厂及中水回用工程、海东新区大小坪地农业灌溉工程；加快推进大理市海东城市新区排水管网（一期）工程、大理市第二（海东）垃圾综合处理场、大理市第六（海东）自来水厂、满江片区市政路网工程、菠罗江满江段河道整治工程等项目建设。截至2011年年底，海东山地城市开发基础设施建设累计投入资金约16.68亿元。

【招商引资】 2011年，开发区始终坚持把招商引资作为加快经济发展的第一抓手，按照州市的总体部署，强力推进招商引资工作，新签订6个投资协议，分别为：云南实力集团满江新区国际旅游运动休闲城、上和置业半岛假日酒店项目、大理康师傅矿物质水及相关包装饮料生产线、云南太阳能光伏发电设备生产项目及云南长江电力装备基地制造项目、大理满江片区服装来料加工项目、大理满江片区电子来料加工项目。协议总投资达126亿元人民币，其中协议利用外资约720万美元。2011年开发区招商引资责任目标考核申报项目（州外国内合作项目）25项，累计到位资金26.3亿元。

【产业项目建设】 以产业培植、海东山地城市建设为重点，高度重视招商引资和产业开发，在改善投资环境上下功夫，创新方式，做好项目管理与服务工作。华彬健康之都项目、省城投海东新区城市开发建设项目等15个项目已开工，投资额共计约295亿元，累计到位资金约16亿元。禅意之大理度假村、大理工业产业开发项目一期等6个项目已落地，投资额共计约158亿元。大理康亚生物科技有限公司抗癌天然药物紫杉醇原料药产业化开发项目等5个项目在谈，投资额共计约131亿元。晋湖产业园基础设施及标准化厂房建设项目等5个储备项目，投资额共计约12.7亿元。项目涉及休闲旅游、生态农业、房地产、物流、新能源等产业。截至去年，签约项目18项、协议资金约491亿元。2011年，我区通过各种渠道积极向上争取补助资金1.72亿元，并于年底获得发行6.5亿元城投债的国家发改委批文，保证了全区基本建设项目的顺利推进。

开发区针对项目不同的进展情况，采取了不同的措施：一是对续建项目加紧了督促，加快了建设进度，争取早日建成发挥效益。二是对新建项目完备了手续，成立了项目推进领导小组，确定了项目领办人，积极协调理顺关系，解决项目开工过程中存在的具体问题，保证施工顺畅。三是对已立项项目，加快项目前期工作，促其早日开工，做好跟踪服务。在实施过程中，严格实行领导包抓责任制，所有项目逐一落实包抓领导和责任单位，提出完成标准和时限要求。

【城乡规划体系逐步完善】 完成《大理市满江片区市场体系专项规划》、上登工业区控制性详细规划的编制和评审工作；逐步开展海东片区控制性详细规划和道路、给排水专项规划的编制工作，为海东片区的规划管理奠定基础；逐步开展村庄规划、城中村改造规划和社会主义新农村村庄建设规划的编制工作；逐步完成满江片区统征统转和大丽铁路、大丽高速公路、2号路拆迁安置遗留问题的规划安置工作。

【土地开发利用】 2009年以来，全区累计征收土地32003亩，为海东山地新城区的建设奠定了坚实的基础。2011年，全区共征收土地3998.55亩，农用地转用和土地征收报批2017.97亩，获批21宗，面积2272亩，收取土地出让金5.5亿元。在加大土地征收报批的同时，积极盘活现有土地资源，按照国家和省州市要求，深入开展自查自纠，就建区以来土地征用、出让等各方面的问题进行了彻底清查和整改，加大对土地出让金债权清欠力度，对一些长期占地而又不能开工的项目，依法采取收回土地措施，有效防止了国土资源的流失。

保山市水长工业园区

【基本情况】 保山市水长工业园区总体规划布局为“一园三片”，一园即保山水长工业园，三片即蒲缥、水长、华兴工业片区。规划总面积46平方千米。蒲缥片区规划面积28.6平方千米，规划为冶金、建材、物流等产业。水长、华兴片区规划面积18.01平方千米，规划为化工、特色建材、生物资源、新能源开发产业。2011年12月，市委、市政府决定保山市水长工业园区实行“市县区共建，以市为主”的实体化管理体制。

【主要经济指标完成情况】 2011年，园区实现现价工业产值11.2亿元，同比增长71.25%；实现销售收入8.83亿元，同比增长36.27%；完成工业增加值2.8亿元，同比增长27.15%；实现利润1.19亿元；上缴税金0.64亿元，同比增长4.92%。自园区成立以来，入园企业累计实现现价工业产值18.96亿元，累计实现销售收入18.63亿元，累计完成工业增加值6.3亿元，累计实现税收1.72亿元，累计实现利润3.49亿元，入园企业累计完成固定资产投资额达16.2亿元。

【基础设施建设】 2011年投资5000万元，建设项目4项，即一道桥水库新建、朝阳水库扩建、蒲缥片区双友钢丝基材项目生产供水、标准厂房等项目。截止2011年12月底完成投资5060万元，完成计划的101%。其中一道桥水库工程项目概算总投资5452万元，主要负责云维化工电石项目及昆钢水泥二线的供水，水库总库容104万立方米，主要建设拦河坝34.7米、输水导流隧洞、溢洪道、输水管道和金属结构安装等，项目2011年完成投资659万元，2011年已建成投入供水；朝阳水库扩建工程项目总投资4310万元，总库容164.8万立方米，该工程是水长片区昆钢嘉华水泥二线及云维电石渣水泥等工业项目的供水水源，2011年完成投资2714万元，完成主坝和副坝工程建设；蒲缥片区双友钢丝基材生产供水工程，建设提水泵站及配套输水管道，为双友钢丝基材项目提供500m^3/日用水需求，2011年项目完成投资112万元；2011年标准厂房完成投资1500万元，完成标准厂房建设10200平方米；双友项目进厂道路修复改造完成投资75万元。

【招商引资】 2011年，园区管委会共新签约4个入园项目，项目协议引资10.76亿元，其中保山昆钢嘉华水泥建材有限公司日产4000吨水泥熟料项目，总投资5.8亿元；500万立方米/年混凝土搅拌站项目，总投资0.46亿元；保山市力元祥200万平方米/年大理石材米黄大理石深加工生产项目，总投资4亿元。其中3个项目正在开展前期工作，500万立方米/年混凝土搅拌站项目前期工作已完成。此外，管委会正努力协调云南煤化工集团加快云维保山有机化工有限公司10万吨/年乙醇制乙烯、5万吨/年醋酸乙烯、22.5万吨/年EVA等项目建设进度。与云南省煤化工集团东源煤电公司洽谈铝深加工项目，该项目估算总投资150亿元，主要建设80万吨/电解铝、50万吨/年铝材、40万吨/年碳素合金加工等。该公司现已委托沈阳铝镁设计研究院正在进行该项目的产业规划编制工作。同时园区管委会现正在积极推进已入园企业配套项目及下游产品开发项目和蒲缥大型现代物流园区建设项目招商引资工作。

【土地收储】 园区管委会已签订了162亩土地收储协议，划拨给保山市水长投资开发公司进行开发经营。正在制定位于园区规划范围内的保山市种猪场收储方案，准备收储后由保山市水长投资开发公司进行开发经营，从而尽快形成支撑水长工业园区建设的投融资平台。

【任职领导名单】

党委书记、主　任　杨根庆
党委委员、副主任　吴云龙
　　　　　　　　　闵晓怡

曲靖经济技术开发区西城工业园区

【简述】 西城工业园区位于曲靖中心城区西北部，地跨麒麟区西城和建宁两个街道办事处，是云南省确定的40个重点工业园区之一，建设用地规划面积20.37平方千米（西片区13.10平方千米，麻黄片区7.27平方千米）。分3期建设，即，全面启动期（2005~2010年）；整体建设期（2011~2015年）；完善提高期（2016~2020年）。规划区主要以外向型、科技型、低能耗、符合环保标准的生产性项目为主，是环保生态型规划区。主要发展有色金属综合利用及深加工、汽车配套及配件、特色轻工业及生物医药等主导产业；辅之以农副产品加工、汽车销售服务、印刷包装、新型建材、物流等产业。西城工业园区高度重视规划建设工作，委托省城乡规划设计研究院于2006年修编完成了《西城工业园区总体规划》并通过专家评审、论证。经过几年的发展建设，现已开发面积达10平方千米。

【主要经济指标】 截止到2011年年底，西城工业园区实现工业总产值391.10亿元，实现销售收入377.87亿元，实现利润40.22亿元，固定资产投资完成97.86亿元。2011年，西城工业园区实现工业总产值78.65亿元，固定资产投资完成22.36亿元，实现销售收入73亿元，实现利润3.10亿元，经济实力逐步增强，为开发区的经济发展奠定坚实的基础。

【项目建设】 截止到2011年年底，西城工业园区除农业食品科技园及麻黄基地外入驻企业34家，其中，已建成企业有曲靖药业有限公司、曲靖雄业制药有限公司、曲靖电力实业有限责任公司、曲靖东电电气有限公司、曲靖普和管业有限公司、云南中建博能科技有限公司、云南维克达汽车零部件有限公司、曲靖恒邦机械制造有限公司、曲靖长力春鹰板簧有限公司、曲靖安费诺科技有限公司、云南古柏气囊包装有限公司、曲靖先锋印刷有限公司等22家企业，总投资30.27亿元；在建企业有曲靖重型机械制造有限公司、云南曲靖塑料集团有限公司、浙江平阳乔治白服饰有限公司、云南曲靖交通集团有限公司等12家企业，总投资16.18亿元；拟入驻企业有昆明云大科技农化有限公司、江苏中科安矿科技有限公司、云南烟叶复烤有限责任公司、云南省烟草公司曲靖市公司、工业气体充装项目、光学材料基地等10家企业，总投资38.69亿元。西城工业园区项目建设稳步推进，为实现开发区经济又好又快发展增添亮点。一是百万平方米标准厂房一期项目累计完成投资2.6亿元，12.03万平方米的19幢通用厂房已全部完成主体工程建设，并于7月4日顺利通过验收，与厂房相配套的道路、绿化、停车位及雨污水网铺设等基础设施配套建设于2011年年底完工；二是雷神实业项目建设有序推进，累计回填土方量达8万立方米，现厂房已开工建设；三是曲靖长力春鹰项目顺利投产。一期年产量12000吨钢板弹簧项目于2011年5月27日正式投入生产，公司产品主要为一汽通用红塔公司配套，投产至2011年年底已生产汽车钢板弹簧1100吨，销售汽车钢板弹簧892吨，投产后营运良好；四是曲靖恒邦机械制造有限公司电动车生产线投入生产，全长40米的电动车生产线是曲靖恒邦机械制造有限公司今年新建设的一个项目，该项目总投资为1500万元，于2011年7月中旬正式投入生产，正常情况下满负荷运载，日生产量为280辆左右。

【标准厂房建设】 2011年，根据省、市的部署，西城工业园区按照“企业集中、资本集聚、产业集群、土地集约”的原则，在认真总结2009年、2010年成功经验的基础上，围绕轻工产业集中、集群发展的思路，力争年内建成30万平方米的标准厂房。西城工业办紧紧抓住省委、省政府、市委、市政府支持标准厂房建设的机遇，把标准厂房建设作为当前工作的重中之重来抓，进一步强化领导、精心组织、科学制定政策措施，始终坚持高标准、高水平、高速度建设，全力推进标准厂房建设。西城工业园区标准厂房建设以合作建设、企业自建为主，2011年预计建成标准厂房面积37.005万平方米，其中：已建成标准厂房30.505万平方米，包括管委会与省工投合作建设12.03万平方米，企业自建18.475万平方米，在建标准厂房6.5万平方米，即曲靖乔治白服装生产项目。

【招商引资】 西城工业园区以标准厂房建设为切入点，采取规划建设和招商选资同步进行，大力引进高新技术和支撑能力强的新兴产业项目，为园区增添发展动力。一是开展专题招商。按照招大引强和产业集群发展的思路，围绕5大产业，成立了5大产业招商小组，针对标准厂房开展了专题招商。二是开展小分队招商。先后赴珠三角、长三角、昆明等地开展小分队招商引资，加大对外宣传和招商引资力度，积极挖掘市场资源，快速推进标准厂房（一期）的招商引资工作。通过采取厂房招商、中介招商、专题招商等方式，重点引进专精特新的轻工企业，形成了开发建设一片、项目入驻一批、建成收益一片的发展格局，吸引了大批中小企业入驻发展。2011年，通过采取厂房招商、小分队招商、专题招商等方式，新引进项目16个，其中：已建成项目7个，即曲靖先锋印刷包装项目、云南众力来福手机配件生产项目、奥迪4S店、上海安费诺手机配件生产项目，云南古柏气囊包装生产项目、曲靖市和博电子科技有限公司、曲靖新典包装有限公司；在建项目1个，即乔治白服装生产项目；待建项目8个，即云大120项目、年产1万台数控机床项目、矿山物联网项目、昆明英继石化加油站、曲靖复烤加工仓储中心项目、卷烟物流中心项目、工业气体充装项目、光学材料基地项目。

【基础设施建设】 截止到2011年年底，西城工业园区基础设施建设累计完成投资9亿多元。2011年，西城工业园区继续推进和兴街一期工程、和兴街二期工程（三标段）、靖阳路、2号路、及新兴产业示范园区道路等道路建设，完成投资8700万元。新兴产业示范园道路包括三元路、胜峰路、翠和路、迎霞路、富靖北路等道路，5条道路已完成项目立项、环评、水保等前期工作。而教苑路延长线改扩建工程于9月3日开始施工建设，完成投资约300万。

【年度任职领导名单】

曲靖经济技术开发区管委会副主任　孙伟增

曲靖西城工业园区办主任　徐　勋

大理创新工业园区

【综述】 大理创新工业园区自2003年9月省政府大理滇西中心城市建设现场办公会之后开始建设，是列入《云南省新型工业化发展规划纲要》的首批省级重点工业园区，2008年被评为“云南省十大优秀工业园区”之一。2011年园区完成工业总产值80亿元，为创建之初3.8亿元的21倍，园区固定资产投资完成8亿元，园区财政收入完成近2亿元。

【科学规划】 大理创新工业园区规划面积47.32平方公里，涵盖凤仪大部分适宜开发面积及经开区上登工业区，园区范围南至三哨水库，北至上登工业区滇西水泥厂，东西至凤仪镇东西面山脚。园区定位是发展成为大理滇西中心城市建设的产业支撑，产业发展目标是大理市新增工业、搬迁工业的集聚地，物流产业的集聚地。园区采取集中连片式和组团式布局，“两园一区”的架构模式建设，分别用于发展新型工业、现代物流产业。

在为力帆骏马一期项目提供“三纵一横”道路配套之后，园区累计投资14961万元，建成包括给水、排水、电力、电信、路灯、绿化配套的园区道路14公里，实现了园区6平方公里土地的可开发建设。规划实施了由园区东山变电站向园区范围的输电线网的建设，共架设一条35千伏输电线路、两条10千伏输电线路，实现对园区用电的保障。园区用水计划在一至两年内达到日供水两万吨，同时实施三哨水库扩容改造，库容可由924万立方米扩大到1200万立方米，通过引水管道建设，可作为重要的生产生活用水来源。

【机构设置】 按照州市的有关要求，大理创新工业园区设立园区党委，依法按程序设立一级金库，实现园区财政的独立运行，设立园区土地收储中心，实现在一级市场上对园区土地的收储，通过落实相关的行政授权，实现在园区办理项目用地的相关手续、项目规划审批的相关手续、项目立项备案的相关手续，体现出体制顺、机制新、活力现的良好局面。

【产业发展】 园区产业发展按照历史传统的发展需要，形成以汽车及机械制造、纺织服装加工、食品及医药生产为主的产业发展方向，其中，在汽车及机械制造产业，云南力帆骏马车辆有限公司累计投入近20亿元，成为云南省最大的汽车制造企业，也是园区产业发展方面的主要力量。在力帆骏马一、二期项目建设、滇纺搬迁改造建设等重大项目完成后，园区以产业层次高、增值能力强的高新企业项目为引进重点，启动实施了一批新的重大项目。一是云南顺丰生物科技肥业开发有限公司生物有机肥生产项目，该项目是大理州党政一把手（州长）科技项目，全面完成投资将达1.2亿元，项目建成后有望成为云南省最大、科技含量最高的生物肥生产企业。二是大理药业针剂疫苗生产项目，项目用地120亩，项目已开工建设，该项目计划初期投资1.2亿元，通过后续追加，总投资可达2亿元以上，达产后可实现工业总产值6.8亿元。三是确定了嘉士伯100万吨啤酒在园区的投资建设，项目估算投资在35亿元以上，项目用地达600亩。

【科技创新】 园区从产业集中度较高的汽车、水泥等行业入手加强此项工作，引导鼓励相关企业加强科技创新能力的提升，加大科研经费的投入，先后有大理滇西水泥股份有限公司、云南力帆骏马车辆有限公司获得省级企业技术中心认定。园区获得省级“载货汽车制造”高新技术特色产业基地的认定，云南力帆骏马车辆有限公司、云南三环车桥有限公司获得产业基地骨干企业的认定，经省工信委确定，园区成为全省首批三个“信息化建设试点园区”之一。2011年，启动了估算投入6亿元的力帆骏马汽车研发中心建设项目，项目建成后，将使云南力帆骏马车辆有限公司的科技创新能力在同规模企业中处于领先水平。

【物流产业稳步发展】 以大理创新工业园区被确定为全省4大物流枢纽园区为契机，在前期完成大理铁路货运站以东仓储项目的基础上，完成了大理物流园区的核心区域2.51平方公里范围的控制性规划。通过加大招商引资力度，完善发展基础条件，实现了一批物流项目在园区的投资建设。一是云南物流产业集团的实施园区芝兰箐、飞来寺片区物流投资项目。二是云南中机公司在园区投资建设大理丰赢汽车城项目，该项目通过租用园区千户营村的土地实施建设，计划建设7座汽车销售4S店。三是通过大理州烟草公司投资，在园区已初步形成烟草物流配送聚集的发展格局，项目一期投资近2亿元，建成占地近400亩的烟草物流园。

【标准厂房建设】 园区实施的标准厂房一期已建设完成，规划占地108亩，建设标准厂房4.25万平方米，综合服务用房1126平方米，累计完成投资8100万元，并引进中材科技等7户企业入驻，厂房使用率达100%。

在完成标准厂房一期建设的基础上，园区已全面启动标准厂房二期建设工作，二期建设选址于标准厂房一期建设项目以东、千户营以南，河西村以北位置，该区域规划面积211亩，可用土地近190亩，项目已于2012年4月开工建设，计划2012年11月完成，此范围内建设6万平方米以上的标准厂房，目前确定入驻的项目为广东明阳集团的风电、太阳能光伏设备制造项目，项目计划投资近30亿元，完成后产值可达50至80亿元。

安宁工业园区

【综述】 2011年，安宁工业园区充分发挥地域区位优势，产业基础，坚持以加快转变经济发展方式为主线，切实落实建设桥头堡战略，以“一园一港六基地”为目标，坚持“建园即建城”理念，进一步完善安宁基础设施配套建设，并按照“突出特色、发挥优势”的原则，重点发展石油炼化、钢铁冶炼、磷盐化工等三大重点产业，构建横跨一、二、三产业、囊括传统特色产业和战略性新兴产业、结构优化、附加值高的现代产业体系。

安宁工业园区位于安宁市西部，东与安宁主城区、温泉镇相接，南与易门六街镇、县街乡接壤，西与陆丰县土官乡、腰站乡、勤丰镇接壤，北与昆明西山区团结镇及禄丰县勤丰镇接壤，规划涵盖草铺、青龙和禄脿三个街道办事处的行政辖区范围，规划控制面积395平方千米，其中建设用地约65平方千米。规划布局为“一带一点多组团”，重点发展钢铁、石油炼化、机电装备制造、高浓度磷复肥、精细磷盐化工、新型建材、工业物流业和高新技术产业。2011年，园区坚持“规划先行”原则，根据总体规划，完成了安宁工业园区道路及给排水专项规划编制工作。同年，取得长江水利委员会关于中石油项目安宁工业园区草铺片区排污口设置论证报告批复，进一步指明了园区未来的发展方向，快速推进了中石油项目等一批国家重大型战略项目的建设进程。

【工业经济稳步发展】　2011年，园区规模以上企业增至73户，规模以上工业增加值完成78.32亿元，同比增长26%，规模以上工业主营业务收入完成497.45亿元，同比增长10%；地方财政一般预算收入完成7.27亿元，同比增长10%；完成利税总额26.5亿元；工业总产值462.3亿元；就业人数32666人。

【基础设施建设】　2011年，园区始终将基础设施建设作为开发建设的着力点，大力推进以水、电、路为主的配套工程，努力做快、做优。全年，完成工业园区范围内基础设施8.2亿元，固定资产投资预计年度完成54亿元，同比增长56%，新建标准厂房8.8平方米，基础设施配套熟地占建成区面积的34.93%；完成土地收储2054.66亩。

【产业体系逐步转换】　按照我市“一园一港六基地”的战略，努力构建“一主三特三新”现代产业体系，提高产业的核心竞争力。全年，园区主导产业主要以黑色金属及磷盐化工产业为主，其中，黑色金属产业占工业增加值比重22.5%，磷盐化工产业占工业增加值比重26.9%，园区主导产业占工业增加值比重69.8%，新型产值占工业总产值比重18%，新型产业工业增加值增长率达18%，认定技术中心1个。

【招商引资】　认真执行招商引资服务机制，每个项目均有专人负责跟进，一般问题现场会商解决，重大问题及时报市委、市政府“一事一议”研究。2011年，完成招商引资内资33.63亿元，外资2340.24万美元。其中；年内新开工项目15个，亿元以上工业项目开工8个，竣工7个。

【融资工作创新突破】　在优化产业结构的背景下，园区投资公司抢抓政策先机，努力拓宽投融资渠道，采用多种方式为安宁工业园区投资公司增强造血功能，增加优质资产，提升公司综合实力。2011年，在我省首家开展了行业内并购贷款，获得富滇银行贷款1.5亿元；实施BT工程建设，完成投资0.205万元、BOT完成投资1.044亿元。同时，园区根据相关法律法规，结合园区实际情况，制定园区BT融资方案，突破融资政策瓶颈，园区开发资金压力得以缓解，为基础设施建设开工提供有力保障。

【创建大学生创业园】　为进一步优化安宁工业园区产业培育环境、认真落实创业政策、以创新创业就业模式为动力、以搭建创业就业平台为载体、以提高大学生创业就业能力为基础，充分发挥创业园的示范效应，吸引有创业意愿和能力的优秀人才在安宁工业园区创业，实现大学生充分就业，促进安宁工业园区特色产业稳定发展，通过制定方案、组织实施，安宁工业园区大学生创业园于2011年12月16日正式开园。大学生创业园的建立，充分展现出园区党工委对大学生创业政策的高度重视，同时将为大学生创业者提供优质的服务和资金支持。

昭阳工业园区

【综述】　昭阳工业园区是全省30个省级重点工业园区之一，规划总面积45.78平方千米，由“一园五区”组成，其中：箐门片区4.6平方千米，龙泉片区1.5平方千米，机电工业片区5平方千米，褐煤化工片区24.68平方千米，矿冶加工片区10平方千米，园区总体规划、可研报告、环评报告通过省级审查。昭阳工业园区自组建以来，在省、市、区委、政府的关心、帮助下，在上级各有关部门的大力支持下，坚持“科学规划、聚集发展、分步实施、滚动开发”的原则，稳步推进园区建设，取得了初步成效。2011年，纳入园区管理的24户企业实现工业总产值12.11亿元，同比增长42.3%；实现工业增加值3.29亿元，同比增长37.08%；实现销售收入10.95亿元，同比增长36.88%；实现税收0.93亿元，同比增长8.05%。园区各项经济指标继续稳步增长，为昭阳区经济发展注入了新的活力，使园区成为全区新的经济增长点。

【基础设施建设】　2011年，园区在建项目37个，其中，新建项目15个，续建项目19个，改扩建项目3个，涉及冶金、玩具、服装、物流、生物制药等各个行业。园区累计投资18.56亿元，其中，政府性投资4.68亿元，企业投资13.88亿元，不断加大基础设施建设力度。一是根据园区布局，首先启动箐门片区。在箐门片区完成园区一横、园区一纵、箐门二纵道路建设，与昭通中心城市主干道朱提大道连为一体，使该区域形成环状交通网络，水、电、路及绿化亮化等配套设施已完成。二是园区正积极与有关投融资公司洽谈，准备在今年采取BT模式全面启动玩具加工基地和驰宏厂区的路网建设。三是区政府于2011年10月13日与中国太平洋集团有限公司签订了《昭阳区基础设施BT合作项目框架协议》，拟由太平洋集团采取BT模式投资4.5亿元，建设长9.66千米、宽28米的煤化专用线。目前，该道路的工程设计方案已完成，区发改局已对项目建设进行了备案，现已进入招标阶段，今年底可开工建设。

【标准厂房建设】 一是园区投资7500万元建设的一、二期共4万平方米的标准厂房已竣工并投入使用，已有广东高州百越服装厂、湖北华生水泥包装袋厂、昭通张蝴绵蚕丝制品厂等3户企业进驻一期标准厂房生产，浦江水晶制品厂、云南嘉宏厨房设备有限公司、昭通正华德塑胶科技有限公司和广东佛山南海玩具2户企业进驻二期标准厂房生产。二是为满足广东佛山南海玩具转移需求，市政府于2011年6月6日在昆交会上与省工投签订了昭阳工业园区标准厂房暨商业开发合作协议，由昭阳工业投资开发经营有限公司及昭通市开发投资有限公司与云南省工业投资控股集团有限责任公司共同出资，在昭通市注册成立云南工投昭阳产业投资开发有限司，采取“曲靖模式”，按照“统一规划、产城一体、共同开发、分步实施”的开发思路，在昭阳工业园区投资建设50万平方米标准厂房和10万平方米办公科研用房、职工保障性住房，规划设计已初步完成，新公司已挂牌，已征土地500余亩，并于2011年7月25日举行奠基仪式。根据协议约定，50万平方米标准厂房及相关配套设施分两期建设，一期建设20万平方米，规划设计已完成，已开工建设。二期建设30万平方米，二年内可建成50万平方米的标准厂房及配套设施的综合开发，将昭阳工业园区打造成昭通产业化聚集区、工业化先行区和城市化示范区。

【招商引资】 针对全区及工业园区各片区产业发展情况，园区管委会积极采取“走出去和请进来”的方式，不断加大招商引资力度，引进企业入园发展，并针对入园企业投资额度，在土地、税收和财政扶持等方面分别给予不同的优惠，吸引企业入园建设。2011年，园区共签订招商引资协议12个，协议总投资66.6亿元。截至2011年年底，园区累计共签订招商引资协议50个，协议总投资突破120亿元。已有华新水泥、得云建材、永孜堂制药、云南中骏科技、宏联核桃仁加工等24户企业入园并陆续建成投产。驰宏10万吨锌冶炼、广东佛山南海玩具、浙江诸暨袜产业、昆钢钢结构、四川波鸿汽车配件、省工投利用褐煤生产炭质还原剂和曲靖众一褐煤精细深加工等25户企业即将入园建设。

【土地征用和储备】 2011年，在征地方面。园区共征地3960亩，支付征地拆迁款24200万元。其中：驰宏公司厂区、生活区共征地1650亩，支付征地拆迁款9200万元；玩具标准厂房区域征地550亩，支付土地款3300万元；机电片区征地250亩，支付土地款1657万元；石渣河社区三个农民安置点共征地900亩，支付土地款6000万元；汽车4S店片区征土560亩，支付土地款3752万元；葡萄井变电站建设征地50亩，支付土地款335万元。在土地报批方面。园区国土分局组织上报了3个批次建设用地共1483亩，其中，第5批次705亩，该批次现省厅已审核完毕，待省政府批复后省国土资源厅即可下批复；第六批次348亩，该项目省厅已受理，省国土资源厅于2011年12月26日派人到现场进行了实地核查；第八批次430亩，该项目建设地指标已经核准、占补平衡指标也已落实。土地处置方面。2011年，园区共处置土地31宗1112.5亩，其中，工业用地16宗345.8亩，商业用地15宗766.7亩。

【任职领导名单】

党工委书记　王传斌
管委会主任　夏维勇
管委会副主任　蒋仕奇
　　　　　　　秦明聪
纪委书记　秦明丽

（王永飞）

曲靖煤化工工业园区

【综述】 曲靖煤化工工业园区（原云南煤化工曲靖基地）成立于2004年，位于珠江源头的沾益县境内，是全省四十个重点工业园区和省拟培育的30个销售收入超百亿园区之一，在全省首家通过“云南省高新特色产业园区”认定，被纳入曲靖国家级经济技术开发区建设范围。园区管委会下设“一室三局”，即：办公室、招商引资局、规划建设局、投资服务局。园区分为花山煤化工、白水冶金能源、天生桥煤焦物流、城西轻工业四个功能区，调整规划面积55.12平方千米。围绕“工业上山”和工业园区“三年倍增、五年翻两番”目标，以企业为主体，项目为支撑，以工业园区建设为平台、载体和抓手，按照布局集中、产业集聚、土地集约、生态环保的原则和“有规划、有龙头、有品牌”和“政策聚焦、要素聚集、力量聚合”的“三有三聚”思路，建设“全省重要的煤化工、铝产业基地”，力争到2015年，实现工业总产值570亿元，年均增长30%以上；增加值160亿元，年均增长25%以上。到2025年，园区规模达100平方千米，产值达1300亿元，花山片区、白水片区、天生桥片区实现连片发展，建成规模聚集效应明显的国家级知名园区。

2011年，园区建成面积15平方千米，入驻企业40余户，从业人员13339人，资产总额306.33亿元。实现工业总产值186.30亿元，比2010年增42.55%，占全县工业总产值的80%；实现工业增加值42.81亿元，比2010年增31.04%，占全县工业增加值的77.48%；主营业务收入188.32亿元，同比增32.24%；实现税金4.69亿元，同比增22.50%。建成标准厂房10.5万平方米。

【招商引资】 坚持把项目建设作为增强工业发展后劲的重要抓手，加大力度引项目，加快速度建项目，以项目促投入、以投入促发展。由县级主要领导亲自挂帅，带领工信、财政等部门领导赴外地开展招商引资工作，引进了国内500强企业国内知名企业落户沾益发展。按照“投入一批，储备一批”的要求，对所有意向项目和招商线索，建立项目信息库，明确专人跟踪落实，提高入户率。依据我县特色资源和优势资源谋划项目，结合产业发展阶段谋划产业提升项目、关联配套性项目，大力开展平台招商、产业招商、企业招商、专业招商活动。按照签约项目抓开工、开工项目抓进度、在建项目抓竣工的要求，切实抓好项目建设。一方面领导常督办，按照“一个项目、一名领导、一套班子、一套方案、一抓到底”的要求，强化县级领导挂点督办责任；另一方面部门勤服务，建立和完善了项目全程代理制、特事特办制、一事一议制，各部门尽全力为项目建设做好协调服务。按照项目开工率、项目投产率、项目达产率的要求，做好跟踪服务，抓好以重点工业项目的开工建设和跟踪服务。森博特材料科技有限公司2200万平方米纸面石膏板、鸿森管桩建材技术有限公司200万米预应力混凝土管桩等项目实现当年引进，当年建设，当年投入生产。

【基础设施建设】 以标准厂房建设引领园区基础设施建设，配套实施水、电、路、通讯、网络和土地平整“五通一平”，强化功能完善，配套齐全，加快提升园区承载能力。投资0.6亿元建设花山片区大为焦化卫生防护区防尘网和民房拆迁工程，组织白水片区企业集资0.06亿元修建了1.1公里的工业大道，分别投资0.87亿元和1.75亿元建设曲靖铝业有限公司供电设施改造和新建铁路专用线。采取管委会与企业合建和企业自建的方式加快园区标准厂房建设，计划在2012年前在园区新建内标准厂房20万平方米。2011年建成10.5万平方米。

【土地收储】 根据省委关于“工业上山”的决策部署，结合产业发展实际，沾益县委、县政府安排进一步对园区进行规划，使工业向园区集中、向山地布局，多用上坡地、丘陵地、荒坡地、疏林地。园区现已开始规划修编实施方案，将规划面积扩大到55.12平方千米，其中花山煤化工片区14.62平方千米，白水冶金能源片区20平方千米，城西轻工片区14.5平方千米，天生桥片区6平方千米。成立沾益县三泰投资开发公司，负责园区土地收储、融资和土地一级开发和基础设施建设等工作。结合“工业上山”和园区扩编，认真做好土地收储工作，在城西轻工业片区依托标准厂房建设项目，计划收储土地800亩，用于9户企业项目建设。目前，可研报告已经编制完毕，并上报省市相关部门。

【产业结构调整】 坚持“延伸云维集团精细化工，做强白水铝产业一体化，做实曲靖电厂热电一体化”的思路，以结构调整为主线，以增量提质为核心，进一步做强和壮大煤化工、冶金、电力能源三大优势支柱产业。按照“减量化、再利用、资源化”的原则，以经济结构调整和转变经济增长方式为主线，以提高资源利用率和废物循环利用为核心，大力推进节能降耗。加大对成长性产业、潜力型产业的政策扶持，进一步拉长产业链，开发上下游产品，推动差异化竞争。通过技术改造和技术创新，促进传统产业优化提升，不断增强传统优势产业的发展后劲，促进产品结构调整，推动产业优化升级。曲靖铝业公司通过节能升级改造，产能从15万吨扩大到38万吨，年增产值达25亿元。曲靖电厂锅炉低氮（脱硝）燃烧器改造项目建成后，将有效减少氮氧化物的排放量。同时关闭了20万吨的焦化落后生产线1条，年减少煤炭消耗量25万吨。目前，园区内的花山煤化工、白水冶金能源及建材、城西生物资源和机械加工等六大产业，已占全县工业经济总量的90%以上，在各自增长领域保持规模性扩张态势，发展势头普遍高于全市平均水平。随着煤化工产业链进一步延伸，形成了西南地区产业最完整、行业技术最密集、规模效益最大的煤化工产业。云维集团壳牌气化技术、低压甲醇合成技术、焦炉煤气制甲醇技术、大型化工装备制造安装技术，煤炭精细化加工技术等均处于行业领先水平。

【任职领导名单】

主　　任　吕连松

第一副主任　柯小燕

专职副主任　舒学芳

兼职副主任　李金平

（陶安尧）

鲁甸工业园区

【综述】 鲁甸工业园区管委会于2009年11月挂牌成立，设主任、党委书记、副书记各1名，并成立企业家协会和总工会，园区管委会内设办公室、规划室、招商办、财务、建设五个科室和国土、安监、环保、公安4个分局，现有人员23人。园区总规面积17.33平方千米，布局以县城为轴心，形成“一园三区、两翼齐飞”之势。其中，文屏工业片区规划面积为4平方千米，主要以农特产品加工业为主，茨院工业片区规划面积为7.29平方千米，主要以矿冶建材业为主，桃源工业片区规划面积为6.04平方千米，主要以化工业为主。至2011年末，工业园区入驻企业达36户，其中规模以上10户，产值超亿元企业8户，园区企业实现工业总产值28亿元，占全县工业经济总量的80%，实现工业增加值10亿元，实现主营业务收入22亿元，实现利税2.95亿元，吸纳农村富余劳动力1.2万余人。

在加快园区经济发展的同时，高度重视园区招商引资工作，2011年，新签约项目32个，协议引资15亿元，在建项目和新签约项目到位资金达10.76亿元，其中，新签约项目到位资金3.2亿元，同比增长33.5%，占市下达任务的134.5%，同比增长46.8%，成功引进三一重工等知名企业落户鲁甸发展。

【各项指标完成情况】 通过近3年的努力，全县工业经济在用地难、用电难、用水难、融资难的严峻形势下继续保持高速增长，创下历史最好成绩。一是工业产值大幅增长。2011年，全县实现工业总产值35.02亿元，列全市第三位，增长40.5%，列全市第二位；完成增加值13.58亿元，增长30.8%；规模以上企业实现工业总产值28.44亿元，增长32.8%，规模以下企业实现工业总产值6.58亿元，增长97%。规模以上企业完成主营业务收入22.51亿元，增长25.5%；实现利税3.1亿元，增长57.4%。实现利润总额1.42亿元，增长529%。二是重点行业稳步增长。2011年，有色金属采选业实现产值11.21亿元，增长27.3%；冶炼业实现产值9.41亿元，增长69.9%；农副产品加工业实现产值2.32亿元，增长22.7%；水泥制造业实现产值2.22亿元，增长23%；电力行业实现产值2.27亿元，增长10.7%。三是重大工业项目建设扎实推进。2011年，全县非电力工业固定资产投资完成3.12亿元，完成市级下达任务2.5亿元的124.8%。昊龙80万方混凝土搅拌站项目、亿城建材年产18万立方米加气混凝土砌块项目和昊龙2万吨精馏锌、宏盛铁塔镀锌车间等5个重点工业项目正式投产。四是非公经济蓬勃发展。2011年，全县非公企业从业人员达到15440人，增长21.2%；上缴税金3.36亿元，增长20.8%；实现非公经济增加值18亿元，同比增长26.1%。

【工业园区管理】 近年来，鲁甸工业园区紧紧围绕市委、市政府提出的工业发展“三年倍增、八年翻三番”的总体要求，牢固树立“没有工业大发展、就没有鲁甸大发展，没有工业大发展、就没有县域经济大发展，没有工业大发展、就没有民生大改善”的理念，重点抓工业，着力抓招商，全力推进新型工业化进程。一是成立新型工业化领导组，组建了工业园区管委会，整合力量，合署办公，构建“一个拳头”抓工业的格局。设立400万元工业发展专项资金，成立了昊龙、理世小额贷款有限公司，采取贷款贴息、以奖代补等形式支持企业发展。预留工业发展空间，每年收储100亩以上工业发展用地。建立健全激励机制，加大工业人才队伍培养、招聘、使用力度。二是对工业企业实行“一条龙”服务和“一站式”审批，县内办理的审批手续3个工作日内办结，市级以上办理的，由对口部门在规定时限内代办完成。推行工业企业民主评议部门工作制度，每季度开展一次企业对部门服务满意度测评，对满意度低于70%的部门负责人进行问责。对重点企业实行挂牌保护制度，在县内推行“零收费、零检查”，营造宽松发展环境。三是围绕“抓开工、上进度、扩产能、破难题”四个重点，实行县级领导挂钩重点企业责任制，把任务落实到人、分解到企业，一月一检查，一季度一分析，人盯人、人盯事、人盯企业推进。推行领导干部和企业交纳风险金制度，严格考核，重奖重惩，对完成任务的按1:1奖励，对完不成任务的按1:2处罚。四是科学规划工业园区，改善园区基础设施条件，工业园区面积由5.1平方千米调整规划为17.33平方千米。坚持抓大不放小，加快引进一批技术新、投资少、用地省、周期短、见效快的中小企业入驻园区，改善工业经济结构，扩大工业经济总量。五是充分利用区位优、服务优、环境优等条件，制定出台招商引资优惠政策，按照“非禁即入”的原则，扎实开展“全员招商引资”活动，把县级领导和部门负责人分成10个招商组，每年必须完成不低于6亿元的招商引资任务，切实提高签约项目的落地率、开工率、进资率、投产率。

【园区经济发展规划】 “十二五”时期是鲁甸加快发展的关键期，能否实现经济社会跨越式发展，核心在工业，重点在工业，关键在工业，难点也在工业。结合鲁甸当前的发展态势和机遇，预计到“十二五”末，全县工业经济发展将实现“四个明显提高”即：一是工业经济总量明显提高。工业总产值达100亿元以上，年均增长30%以上；实现工业增加值42亿元以上，年均增长30%。重点支撑项目有：20万吨磷酸氢钙、60万吨电石、八宝银矿日处理1000吨生产线项目、云南爱地矿业、金亿源矿业、水磨鼎鑫长石粉采选等项目将于今年投产；预计黄角树电站首台机组今年6月份发电，年内有望四台机组全部发电；预计昊龙自备220千伏变电站今年6月份投入运行；三一重工项目已动工建设，年内有望建成投产；220千伏变电站已完成前期工作，年内可开工建设；昊龙20万吨重钙、6000吨多晶硅、10万吨电解锌、5万吨锌精炼等一批拟建项目正在开展前期工作，将在“十二五”期间建成投产。二是企业园区化、集群化明显提高。到“十二五”末，园区的矿冶、化工、建材、农特产品加工、装备制造等五大支柱产业产值将达到80亿元，增加值达到34亿元，增加值占GDP的比重达到60%以上，培育2户年主营业务收入超10亿元的企业，培育12户年主营业务收入超1亿元的企业。三是工业投入总量明显提高。固定资产投资累计达300亿元，力争突破400亿元，年均增长35%左右，把园区打造成产业配套、布局合理、最具竞争力的省级示范工业园。四是可持续发展能力明显提高。抓住园区被列为全省循环经济示范第二批试点园区的机遇，大力发展循环经济，将工业污染治理、工业废气排放总量等指标控制在国家允许的范围内，使工业固体废弃物综合利用率达到70%以上。

【任职领导名单】

管委会党委书记　余朝明

管 委 会 主 任　马　良（10月止）

陈富华（10月任）

管委会副书记　冯　靖

管委会副主任　张国泽

杨贵勇

玉溪红塔工业园区

【综述】　玉溪红塔工业园区是全省40个省级工业园区之一，规划范围由“一园五片区”组成，包含红塔集团片区、高新技术园片区、大营街片区、高仓片区和九龙片区；总规划面积为25.44平方公里；主导产业是卷烟及配套产业、生物制药产业、农特产品加工、高新技术产业。是全国唯一以烟草及配套产业为主导产业的工业园区。2011年园区完成工业总产值569.95亿元，工业增加值380亿元，税金253.74亿元，利润44.87亿元，入园企业127户。

【招商引资和和基础设施建设】　全年招商引资到位资金11.1亿元，新增签约项目5项，项目投资总额11.6亿元，新增在谈5000万元以上的项目共9项，协议意向投资总额39.9亿元；全年共实施园区重大基础设施建设项目12项，总投资1.7亿元，

【科技创新】　全年共组织上报市级以上各类专项48项。推荐上报云南省创新型试点企业2户，新增高新技术企业3户，新增市级企业技术中心2户，市级行业工程技术研究中心1户。成立了玉溪高新区生产力促进中心，并被云南省科技厅认定为省级生产力促进中心。

【科学规划，优化产业布局】　为更加深入地贯彻落实好《云南省人民政府关于加快工业园区建设的意见》、及省、市党代会确定的未来五年发展实施“四个翻番、两个倍增”的新目标，结合红塔区产业布局要求，按照“统一规划、分期开发”的原则，以现有红塔工业园区总体规划为基础，对总体规划进行了修编，把观音山片区17平方千米、北城青龙山、卧牛山片区7.86平方千米，高仓小红山片区3.4平方千米，洛河片区1.87平方千米。约30.13平方千米纳入红塔工业园区扩区范围进行统一规划，进一步拓展红塔工业园区建设范围。规划修编后，红塔工业园区总体规划面积55.57平方千米。玉溪市工业和信息化委员会于玉工信〔2011〕397号批复同意红塔工业园区总体规划修编，已委托云南省设计院开展规划修编工作。

紧紧抓住云南省〔2011〕185号“关于加强耕地保护促进城镇化科学发展的意见”实施的契机，将红塔工业园区观音山工业区17平方千米作为低丘缓坡土地综合开发利用的试点区，完成实施方案的申报工作。

【完成“十二五”发展规划】　在红塔工业园区发展的基础上，2011年完成了“十二五”红塔区工业发展规划纲要、铸造产业、装备制造业、卷烟配套产业、特色生物制药产业、食品加工业、光电子、太阳能等专项发展规划，2011年10月25日通过了省工经联合会的专家评审。

永仁工业园区

【综述】 永仁县工业园区管委会于2008年2月成立，几年来，紧紧围绕“科学发展、富民强县”的工作思路和着力打造“工业大县、经济强县”这一目标，坚持“工业立园，产业聚集”的发展战略和“依托城区，开发园区”的发展思路，充分发挥永仁区位和资源优势，筑巢引凤。突破了工业发展瓶颈，推动全县工业经济健康发展，已形成“一园四片区”的发展格局，入驻企业达28户。

2011年，工业园区工业总产值完成6.12亿元，同比增长144.8%，完成州考核目标任务3.5亿元的174.8%；税收完成2468万元，同比增长139.3%；工业投资完成41748万元，同比增长438%，完成州考核任务40511万元的103%；基础设施投资完成1138万元，同比增长127.6%，完成州考核任务675万元的168.6%；园区新入驻企业6户，总入驻户数28户，完成州考核任务3户的200%；园区完成标准厂房建设13700平方米，完成州下达任务10000平方米的137%。

【基础设施建】 水、电、路等基础设施建设稳步推进。一是经过努力筹措资金140万元，架通县城至永仁工业循环经济示范片区7公里的生活用水管道，解决生活用水问题。二是筹措资金60万元，在永仁工业循环经济示范片区的永定河麦拉段建设2#滚水坝，经测算蓄水4.5万方，能解决园区入驻企业2个月的工业用水。三是筹措资金350万元，架通6.985公里的35kV的输电线路一条，该条输电线路能解决2个企业年产3万吨高钛渣的生产用电。四是投资270万元，硬化宽6.5米长2.2千米园区道路，解决园区入驻企业交通不便的问题。五是投资30万元，修缮工业园区管委会办公用房。六是投资200万元，完善永仁生物产业示范片区的污水管网建设工程，将园区内入驻企业的生产污水全部排入县污水处理厂，彻底解决企业生产污水对周边群众生产生活的影响。七是投资2万元，完善园区的绿化，改善工业园区环境。

建好永仁工业循环经济示范片区廉租房建设工作。廉租房建设工作于2010年6月启动，园区廉租房80套4000平方米，2011年投入资金438万元，保证了园区廉租房在12月正式投入使用。

完成标准化厂房建设工作。2011年，永仁盛源钛业有限公司、永仁壮农农业科技经贸有限公司、永仁磊泰矿业有限公司投资1370万元完成13700平方米的标准化厂房建设任务。

【园区管理服务工作】 良好的投资环境是吸引投资和招商引资的重要条件，也是一个地方开放程度的重要标志。因此把投资环境作为园区发展的生命线来抓，摆上更加突出的位置，采取有力措施，进一步加强服务，创优投资环境。

一、加强完善了园区管委会制度建设。严格了职工考核机制，建立工作激励机制，增强了职工工作责任感，提高了服务意识。

二、面对百年不遇的干旱，抓好园区抗旱保供水供电工作，确保干旱缺水之年园区企业正常生产。一是及时召开入驻企业业主座谈会，充分认识当前旱灾的严峻性；二是加强园区水厂供水管理服务，积极向上争取资金，对企业供水管网及抽水站设备进行改造维修。提高供水保障率，减少供水过程中不必要的损失；三是组织精干人员，多方寻找水源、协调水源，保障水源能供水供足。采取导水、协调库坝放水、打深井等力保企业正常生产生活用水；四是积极向上争取用电指标，保障企业用电需求。从而达到工业循环经济示范园区内不因干旱缺水、缺电使一户入园企业停产，确保了企业的正常生产。

【信访工作】 把矛盾纠纷排查调处工作经常化、制度化、法制化，充分发挥调解工作“第一道防线”作用。及时发现调处、化解各种不安定因素，建立永仁县工业经济调解委员会调解机制，加强信息沟通，增强派出所、片区警务室、联防队、劳务监察大队等部门深入开展矛盾调解工作的力度，重点抓好了征地、企业用工、企业环境污染等矛盾纠纷调处工作，提高纠纷的调处率，妥善处置好群体性事件，防止和减少因处置不当而激化矛盾的现象。按照“零进省、少去州”的工作目标，切实做好重点人员的思想教育和稳控工作。2010年，共调处9起，调处率达100%；处理信访案件5起，化解5起，化解率达100%。把矛盾纠纷和隐患消灭在萌芽状态，做到了矛盾纠纷不激化，切实维护园区稳定大局，促进工业园区的健康平稳发展。

【做好企业协调服务工作】 一是继续实行重点企业挂牌保护制度，对原来已挂牌保护的企业继续挂牌保护，对新来的重点企业报纪委审查后挂牌保护，现挂牌保护的企业达15户，保护企业合法经营的浓厚范围已经形成。二是抓好企业的煤、油、水、电、运的协调工作，全年共协调煤、油、水、电、运44次，确保园区企业正常生产。三是加强与各部门的沟通协调，为投资者提供“一站式”服务，对工业项目的立项、证照办理、用地手续保件核定税费、子女入学等协助办理，坚持做到项目审批“一条龙”服务，建设中全方位服务，投产后全过程服务，解除投资者后顾之忧，促进项目的较快推进。

华坪工业园区

【综述】　华坪工业园区已被省政府列为了省级重点工业园区，近年来，华坪工业园区深入贯彻科学发展观加快新型工业化发展，紧紧围绕建设“云南省工业强县”、“丽江工业经济中心”的发展目标，抓住华坪被列为全省40个重点工业强县、华坪经济开发区被列为全省20个第一批循环经济试点及第一批11个全省新型工业化示范基地、工业园被列为全省10个重点产业循环经济示范园、全省10个工业循环经济试点工业园的契机，利用资源优势与区位优势，依托攀（攀枝花）西（西昌）工业经济圈和大香格里拉旅游经济圈大力发展工业经济，创造了开发区“一区多园”发展模式，走出了一条“工业立区、产业兴园”的路子，初步培育起了以“煤化工、冶金、新型建材、电力、生物产业”为代表的产业特色，经济开发区和工业园区已成为发展县域经济的重要支柱和重点区域。

华坪工业园区总规划面积66.5平方千米，控规面积20平方千米，根据产业分布和地域特点，按“一园三片”进行区域布局和产业定位，主要包括：石龙坝（煤化工、有色金属冶炼、电力）片区、兴泉（建材）片区和新规划建设的荣将生物产业片区。其中，石龙坝片区总规43平方千米，控规10平方千米，主产业为煤化工、有色金属冶炼、电力产业；兴泉片区总规18.5平方千米，控规7平方千米，主产业为新型建材产业；荣将生物产业片区总规5平方千米，控规3平方千米，主产业为生物产业。

工业园区现有工业企业69户，2011年工业园区工业企业完成工业总产值19亿元，同比增长31%，完成销售收入20亿元，同比增长37%，实现税收2.3亿元，同比增长38%，实现利润1.5亿元，同比增长27%，就业人数6013人，规模以上企业完成工业总产值13亿元，规模以上企业完成销售收入13.5亿元，规模以上工业增加值7亿元，2011年新入园工业企业5户，完成固定资产投资3200万元。

【机构设置】　为推进工业园区建设，根据省、市工业经济会议及全省园区管理相关要求，结合实际，县人民政府成立了副处级规格的华坪县工业园区管理委员会，与华坪经济开发区管理委员会实行两块牌子一套人马。管委会为县人民政府下属行政部门，是经过多次机构改革仍保留并加强的政府派出机构之一，具体负责工业园区建设以及运行管理中具体事务的组织协调。管委会下设有投资开发公司，主要承担工业园区投融资及资金运作和管理。

【基础设施建设】　为构筑园区开发建设工作平台，通过“筑巢引凤”和“引凤筑巢”相结合的措施，先后投资部分资金改善了工业园区基础设施，进一步增强了工业园区承载力和吸引力。华坪工业园区经过几年的发展，基础设施逐步完善，初步具备“三通一平”（通水、通电、通路、平整土地）。园区内投资1.3亿元总长4.45千米的石龙坝片区环区主干公路和荣将生物产业片区的主干公路正在进行测设和资金筹集等前期工作。为着力解决电力“瓶颈”制约，南方电网公司投资2.4亿元完成了220千伏华坪输变电一期工程和园区电网改造项目，新建了新庄河三级水电站，供电保障能力和供电质量明显提高；投资6000余万元的县城至工业园区供水管网及园区供水厂已建成投入使用，中国移动、联通、电信等网络全部覆盖了整个工业园区；10年内计划投资20亿元左右进行道路、标准化厂房、生态防护绿化工程、污水收集处理系统和雨污分流设施等建设，逐步完善工业园区的基础设施和功能体系。

【招商引资】　近年来，县政府把工业园区作为招商引资的平台和载体，通过不断优化发展环境，提升服务质量，出台优惠政策，充分利用园区促招商，拓展招商引资领域，新落户园区的企业和项目在不断增多，现有入园企业69户，企业的扩张速度进一步加快，园区内企业经济运行的质效明显提高，辐射带动作用进一步增强。定华能源公司、大华公司、金达公司等一批生产规模较大、技术含量较高的洗煤生产线、丽江水泥公司和定华建材公司日产2000吨新型干法水泥熟料生产线相继建成投产，为全县工业园区发展奠定了坚实的基础。扶持发展了乌木春茶业公司、洪全鲜玉米公司、金芒果公司等一批农产品加工龙头企业，培育了一批地方农产品品牌。工业园区入园企业累计完成投资近25亿元，其中实际到账内资约24亿元，实际到账外资3300万美元（拉法基投资），实现进出口总额300万美元。目前正在洽谈引进中铝公司100万吨铝型材项目、2×15万千瓦煤矸石综合利用发电项目、云铝30万吨铝型材项目等入驻园区，工业园区已经成为华坪县集群经济的重要载体，成为县域经济发展的核心动力。

【科技创新】　围绕节能、节水、节地、节材和资源综合利用，鼓励企业大力采用新技术、新工艺和新设备进行技术改造和提升，加快技术进步，调整和优化产业、产品结构，鼓励深加工，提高产品附加值。一立公司年产40万吨高镁石灰生产线等一批生产技改项目建成投产，100万吨捣固焦项目实现滇川合作。定华建材公司、丽江水泥公司、容大矿业公司、博石矿业公司和煤炭洗选企业先后引进先进专利技术和设备，基本实现了生产自动化、管理自动化、人才多元化。2011年，高新技术企业增加值占工业增加值的5%，大专以上学历从业人员870人，占就业总人数的15%，研发经费占增加值的5%，企业平均专利数0.12个，企业平均技术中心0.05个。同时，坚决淘汰落后产能，清理整顿洗煤、机焦和石灰石生产行业，关停了3条机焦生产线和113口石灰土立窑。2011年，工业园区单位生产总值能耗40000吨标煤/亿元，单位生产总值水耗1500000立方米/亿元，单位生产总值COD排放量70吨/亿元，单位生产总值废水排放量80000吨/亿元，单位生产总值二氧化硫排放量200吨/亿元，工业固体废弃物综合利用率60%，工业用水重复使用率达80%。

“十二五”期间，华坪工业园区将进一步加大招商引资力度，加快基础设施建设，创新机制、体制，改善投资环境，以建设“云南工业强县”、“丽江工业经济中心”为目标，积极推进新型工业化进程，走循环经济发展道路，努力将工业园区打造为云南省新型工业化示范基地、川滇毗邻地区对外开放的窗口，丽江市打造大产业、建设大项目、吸引大企业的平台，成为科技含量高、经济效益好、资源消耗低、环境污染少、人力资源得到充分发挥的百亿工业园区。

【任职领导名单】

主　任　方荣先

副主任　陈善涛

（谭志英）

景洪工业园区

【综述】 2011年，景洪工业园区完成生产总产值5.04亿元，同比增长368%；工业总产值2.92亿元，同比增长6.2%；规模以上工业总产值2.1亿元，同比增长41.9%；工业增加值1.05亿元，同比增长26.5%；完成财政一般预算收入4284万元，同比增长92%；新增入园项目7个，实际到位资金7.45亿元，同比增长6.1%；完成全社会固定资产投资13.6亿元，同比增长100%，其中工业投资完成2.8亿元，同比增长83%；农民人均纯收入5606元。从各项指标综合情况看，园区企业运行平稳，经济总量总体增长较快，实现了“十二五”的良好开局。

【项目建设】 项目是园区发展的“生命”，没有项目支撑，园区就失去了发展的基础。园区始终把推进项目建设作为核心工作抓实、抓好。2011年新增入园项目7个，累计入园项目28个，总投资额约为219亿元。园区紧紧围绕签约项目抓开工，开工项目抓投产，投产项目抓增效的思路，针对项目不同的进展情况，采取了不同的措施促进项目建设。抓好西双版纳国际旅游度假区、长安汽车、玉柴机器、罗非鱼加工、绿恒橡胶等重点项目的开工建设准备工作；抓好佛兴家具、众联橡胶等在建项目推进工作；抓好金星啤酒、天胶木业等骨干企业增资扩产、扩大经营规模工作，让企业尽快成为了园区经济的重要支撑。

【基础设施】 园区始终坚持加强基础设施建设就是优化发展平台、优化投资环境，全力加大基础建设投资力度，加快基础建设进度。一是绘制了园区内西双版纳国际旅游度假区、安厦等项目的强、弱电现状图，强、弱电线路改迁示意图，并做出了改迁概算；完成了园区6号路2公里弱电管沟建设。二是完成了11号、7号、14号路桥建设；完成了园区新办公楼建设并进行了验收；修复17号路河东段；完成了6号路1公里绿化工程初验、基路灯座建设和490米结构层及雨、污管等地下管网铺设。三是对“西双版纳国际旅游区”项目用地1期开发地块地上附着物进行了登记调查，完成了项目用地范围14个地块林业使用可行性研究报告和林地资源实地查验报告，2238亩办理了采伐许可证；进行了原A1、A2示范区清表工作，完成了599个点的地勘勘测，完成了市政道路及桥梁工程地勘招标工作，办理了用地规划许可证及工程规划许可证。

【规划调整】 贯彻《云南省人民政府关于加强耕地保护，促进城镇化科学发展的意见》精神和州委第15期专题会议要求，认真开展“3+1”规划编制完善工作，完成了土地利用总体规划调整、林地保护利用规划、城镇近期建设规划调整修编。新的土地利用总体规划面积11345.4亩，其中，耕地2645.4亩，园地8317.35亩，林地14.1亩，其他农用地300.3亩，自然保留地68.1亩；林地保护利用规划面积53100亩，其中，二级保护57.45亩，三级保护33亩，四级保护53009.55亩；城镇近期建设规划9.67平方公里。以《景洪工业园区嘎栋片区控制性详细规划》修改为重点，深化近期项目建设规划及村庄规划编制工作，对现有村庄和生产队进行分类，明确规划发展目标。对临近西双版纳国际旅游度假区项目规划区8个村民小组和1个综合队编制了“十图一书”规划；对距离规划区较远的2个村民小组编制了“三图一书”规划；对18个农场生产队编制了“三图一书”规划。坚持“高度、深度、精度”的工作原则，编制景洪工业园区“十二五”规划，按“突出工业、突破工业”的要求对规划进行了修改并上报了州级审查。

【城乡统筹】 园区是“小政府”，社会事务繁多，园区是“特区”，平安建设任务重。在发展经济的同时，园区始终坚持以人为本、执政为民的宗旨，全力促进各项事业的全面进步。一是建立昼夜巡逻守护队伍，构建了“打、防、控、管”一体的治安防控体系；开展了集“严打、严管、严防、严治”于一体的治安综合整治行动，参与了景洪市“长安杯”创建活动，开展了“大排查”、“大下访”、“大接访”活动，有效预防和妥善处置了突发性及群体性事件，营造了和谐稳定的治安环境。二是为不同类型企业编制不同的安全生产目标管理责任书，明确各自的安全生产工作重点；以宣传和治理为重点，开展好“安全生产月”活动；以预防为主，定期排查事故隐患，有效防止了安全生产事故的发生。三是在进一步调研了解的基础上完善增收计划，让失地农民长远生计有保障；安排45名失地农民到入园企业工作；抓好了新型农村养老保险、新型农村合作医疗工作，参保率达92%，参合率达到93%；顺利完成曼沙医院移交工作，成立了曼沙医院党支部，健全了医院领导班子和各种规章制度；规范了农村建设工程招投标工作，提高了建设工程质量，有效改善了村容村貌，保证了农村各项公共事业的顺利发展。做好了生态工业园区的创建工作，督促园区企业加大环保设施的投入，提升了园区的整体形象。四是扎实抓好新农村、新农场建设。实施了曼龙罕、曼贺勐创建富裕、和谐、文明、生态新社区试点村工作，把曼贺勐村民小组申报为省级重点建设村和西双版纳州生态村；按照省州要求，结合农场实际，制定了《曼沙农场普遍实行家庭承包经营实施方案》，妥善进行了承包、分配和转岗安置，狠抓承包经营管理各个环节，保障生产不乱，运转有序。

同时，针对部分农场群众土地将被征用的情况，在认真调查研究的基础上形成了《划拨转用曼沙农场国有土地一次性补偿安置方案（讨论稿）》和《划拨转用曼沙农场国有土地转岗人员安置补偿方案（讨论稿）》，并加大与农场职工群众沟通协调力度，积极探索失地农场职工群众生活更美好的新途径，确保被征地农场职工群众长远生计得到保障。

【党建工作】　景洪工业园区下辖1个农场党委、1个村党总支、28个党支部，500名党员。园区始终把党建工作作为事关成败的基础性工作来抓，全面推进机关、企业、农场、农村等各领域组织建设。一是坚持把学习理论和提高素质作为干部职工思想建设的关键，制定学习计划，规定每周五为学习日，并由园区党委领导班子成员轮流带领学习，每次学习安排1名以上局室负责人交流发言，既学习理论又交流心得，做到理论联系实际，学习推动工作。二是扎实开展“创先争优”活动，不断创新管理体制，全面加强制度建设。分门别类制定了农村、农场、机关、企业“创先争优”活动方案，以开展“公开承诺”、“授旗评星”、“领导点评”、“干部大走访”、“学习杨善洲”五项活动，与园区招商引资、改善民生、加强基层组织建设、创建和谐社区、失地农民增收、农垦改革发展六项工作相结合，不断把“创先争优”活动推向深入。同时，针对园区实际，建立健全一系列规章制度和办法，使各方面工作做到有章可循、按章办事，走上科学管理、规范管理的轨道。三是加强了农场党（总）支部、农场居民小组“两委”班子建设。按“三基本”要求，落实了村党支部办公场所，配齐了“村两委”成员，建立健全了相关制度，及时调整充实了班子成员，使“村两委”班子凝聚力、战斗力明显增强；将曼沙农场原10个生产队23个居民点建制改为20个居民小组建制，选举配齐党支部和居民小组班子成员，理顺关系、完善管理决策程序，逐步建立起以党支部为核心的管理体制机制；根据园区非公企业情况，组建了金星啤酒厂党支部。五是认真贯彻《廉政准则》，深入开展廉政文化建设，树立党员干部良好形象，发挥基层党组织的战斗堡垒作用和党员的先锋模范作用，有力的引领、推进、带动了景洪工业园区经济社会的又好又快发展。

陆良工业园区

【基本情况】　陆良工业园区始建于2005年，2011年9月被列为曲靖市级重点工业园区。园区规划修编面积48.8平方千米，其中青山片区10.1平方千米、大莫古片区28.3平方千米、召夸片区10.4平方千米。规划布局和功能定位为“一园三片”，即规划建设一个工业园区搭建新型工业化发展平台，重点打造以纺织服装、电子信息、生物资源加工为主的青山轻工业片区，以新型建材、木本油料等生物资源加工为主的大莫古综合加工业片区，以煤化工、硅化工等为主的召夸重工业和物流业片区。园区总体规划文本已经形成，10平方千米1:500的地形图测绘和青山片区、大莫古片区14平方千米的控制性详规编制全面完成。

【主要经济指标完成情况】　2011年是“十二五”开局之年。一年来，陆良县工业园区管委会在县委、县政府的坚强领导下，在各级各部门的支持帮助下，按照打造特色产业集聚区、区域经济带动区、技术创新先行区、循环经济示范区、城镇建设拓展区的工业发展方向，坚持科学规划、基础先行、项目支撑、优化环境的原则，着力在打基础、上项目、促招商、强管理、优服务上下功夫，深入实施“三年倍增、五年翻两番”工程，全力以赴加快工业园区建设步伐，有力地促进了全县工业经济快速发展。2011年，园区69户工业企业（规模以上30户），完成工业固定资产总投资12.5亿元，同比增27.9%；实现工业总产值54.72亿元，同比增25.8%；增加值15.55亿元，同比增11.8%。其中：规模以上企业实现工业总产值46.68亿元，同比增42.97%；增加值14.01亿元，同比增32.01%。

【招商引资】 精心制定了招商选资方案，围绕产业规划，狠抓项目包装，及时组织策划包装一批具有一定深度和代表性的招商引资项目，全力对外招商；采取“走出去招”与“请进来谈”相结合的办法，充分借助昆交会、珠洽会、东盟华商曲靖项目专场推介会等平台，抓住中东部产业转移的有利时机，积极开展对接，广泛进行推介；开展“一对一”、“点对点”招商活动，确保资源消耗低、环保条件好、经济效益佳的轻工项目招得来、稳得住、能发展。2011年，先后引进年产600万米绸缎、年产100万套服装、年产18万件套家纺产品、年产24万吨饲料等一批纺织服装、农副食品加工项目，总投资4.4亿元。跟踪洽谈香港嘉胜集团有限公司数码电子产品制造、福建大明科技有限公司LED光源暨应用灯具、浙江永康三人机械有限公司农用柴油机、昆明德和罐头厂肉制品加工、云南春城保温材料有限公司烟草珍珠保温材料、贵州盘县西部种业公司种子加工等项目，计划总投资14.3亿元。

【基础设施建设】 坚持“筑巢引凤”，基础先行，扎实推进园区基础设施建设，积极营造有利于企业发展的投资环境。2011年，投资1676.26万元完成青山片区一期道路基础设施建设；支持云南滇能控股协联电力有限公司投资5860万元建成全省首个热电联产集中供热项目；争取南方电网公司投资6.56亿元完成220千伏沙林变电站和110千伏太平哨变电站；建成标准厂房10万平方米，园区累计建成标准厂房25万平方米，有效改善了园区发展环境，提升了园区发展档次和水平。积极探索园区建设投融资体制，以财政资金为龙头，以土投公司、园区锦达投资公司抵押贷款为依托，积极引导吸纳民间资金参与园区开发建设，解决园区建设融资难题，形成了财政资金引导、社会资金参与、银行贷款支持的多元格局，为园区建设提供有力的资金保障。

【土地收储】 按照“统一规划、分期收储、统一供地、分片开发、滚动发展”的原则和“以县土地储备中心为主，工业园区为辅”的工作机制，通过财政投入、银行贷款、社会融资等方式筹措资金滚动收储项目建设用地。2011年，工业园区完成了青山片区二期746亩项目用地及520亩安置地土地收储工作，为项目的顺利入驻提供用地保障。

【任职领导名单】

主　任　陈　锐

副主任　陈志宏

　　　　程万军（专职）

　　　　梁乔陆（兼职）

（杨涛红）

禄丰工业园区

【综述】 2011年是“十二五”规划的开局之年，一年来，禄丰工业园区管理委员会紧紧围绕加快新型工业化建设的要求，按照工业园区化、布局专业化、机制市场化的目标，着力培育特色产业，以规模化、产业化、生态化为发展方向，以重点项目为支撑，以强化园区管理服务、推进园区标准化厂房建设和完善园区基础设施配套为重点，团结务实，真抓实干，开拓创新，使园区各项工作稳步推进，呈现出经济发展、社会和谐的良好态势。受从紧用地政策的影响，在新项目引进方面步伐放缓，但园区现有企业发展顺利，各项经济指标稳中有升。至2011年末，入园企业达35户，园区内工业企业实现工业总产值92.14亿元，同比增长17.4%；工业增加值14.9亿元，同比下降8%；主营业务收入89.16亿元，同比增长16.9%；利税总额10.26亿元；完成固定资产投资18.22亿元。2009年以来，累计建设标准厂房25万多平方米。2012年2月，被省人民政府授予“云南省优秀工业园区”荣誉称号；2012年4月，被州委、州人民政府授予“先进工业园区”荣誉称号；2012年5月，被云南省总工会等7厅（局）授予“云南省劳动关系和谐园区”荣誉称号。

【园区规划】 至2011年底，禄丰工业园区形成了“一园三片区”的发展格局，包括金山、勤丰、土官三个片区，总体规划面积80.15平方千米。金山片区位于县城所在地金山镇，规划面积56.5平方千米，规划定位为以冶金、建材产业为主体，配套发展化工、机电及高新技术等产业的现代化工业聚集区。现有云南德胜钢铁有限公司、云南德胜煤化工有限公司、云南奕标水泥集团有限公司、云南云马缸套制造有限公司等16户企业。2011年，根据发展需要，编制并报批了金山片区棠海物流建材加工区（21平方千米）总体规划和规划环评，进一步完善了发展的前置性条件。勤丰片区位于禄丰县东部的勤丰镇，规划面积9.9平方千米，规划定位为以冶金、化工产业为主体，发展新型物流产业为生产配套服务的工业聚集区。现有云南新立有色金属有限公司、云南禄丰勤攀磷化工有限公司、云南金丰矿冶有限公司、禄丰中胜磷化工有限公司等12户企业。土官片区位于禄丰县东南部的土官镇，规划面积13.75平方千米，规划定位为以金属钛材深加工、食品加工、轻型制品加工为主的特色片区。现有云南钛业股份有限公司、云南昆钢钢结构有限公司、云南燃二化工有限公司禄丰玻瓶厂、云南美乐陶瓷有限公司等7户企业。在土官片区总体规划中，重点规划了6787亩的楚雄昆钢产业园，作为土官片区的“园中园”。2011年9月以来，禄丰工业园区管委会结合省委、省人民政府“两上山”精神，抓住被省列为“十二五”期间打造的“销售收入超千亿元园区”的机遇，抓紧对各片区规划进行调整完善，调整后的工业园区规划拟增加碧城片区，形成“一园四片区”的发展格局，规划定位总体保持不变，规划面积拟由80.15平方千米调整为76.78平方千米。今后，将紧紧围绕冶金制造、钢铁及延压加工、能源化工、新材料、装备制造、新型建材、现代物流业和中小企业创业基地八大产业集群，推动园区建设发展。

【招商引资】 2011年，受项目用地报批困难因素的影响，禄丰工业园区管理委员会积极做好在建和续建项目的协调服务工作，努力为落户建设项目提供优质服务。积极研究解决项目引进和推进中遇到的各种新情况、新矛盾、新问题，按照建设一批、上报一批、催办一批、投产一批、储备一批的要求，切实做好项目带动文章。一是协助茅粮集团年产10万吨新型木瓜酒品项目、云南明宇钢结构有限公司年产5万吨民用钢结构项目、昆钢集团公司10万平方米标准厂房、100万吨/年不锈钢复合板项目前期工作。二是为云南钛业股份有限公司年产2万吨钛材深加工项目二期、云南昆钢钢结构有限公司年产20万吨民用钢结构项目二期做好跟踪服务，确保了两个项目在年内建成投产。重点推进云南勤攀磷化工有限公司年产10万吨浓缩磷酸及配套年产10万吨磷酸盐和4万吨粒钙磷肥技改扩能项目、云南新立有色金属有限公司禄丰分公司年产1万吨海绵钛生产线及年产6万吨氯化法钛白粉生产线、云南锦润数控机床工贸有限公司年产2.5万台铣床光机生产线、禄丰云铜锌业冶炼有限公司年处理6万吨锌挥发密渣综合利用改扩建项目、禄丰天宝磷化有限公司年产30万吨饲料级磷酸氢钙项目、云南云铜铁峰矿业化工新技术有限公司年产20000吨选矿药剂生产线等一批重点项目建设，确保项目按时间进度要求有序推进。三是与昆钢集团园区管理办公室保持工作对接，积极推进“楚雄昆钢产业园”项目前期工作。按照楚雄州人民政府与昆明钢铁控股有限公司签署的合作协议，实施好“以园招商、以商建园”的运作模式，支持以大企业集团和战略投资者为主体开发建设“园中园”。

【基础设施建设】 禄丰县继续把完善基础设施和软环境建设作为园区发展的基础性工作抓紧抓好。一是做好土官片区主干道路“云钛路”及主供水管线等基础设施建设后续工作，一方面完成项目验收、结算和BT项目回购款支付，并完善相关手续；另一方面将建好的水、电、路等基础设施按协议约定移交企业管理使用，确保相关配套基础设施建管并举，发挥好应有的作用。二是积极与昆明铁路局对接，做好金山片区棠海物流建材加工区工业大道项目和禄丰火车站物料场搬迁至棠海新建项目可行性研究报告编制和项目立项审批前期工作。三是督促抓好勤丰片区钛产业基地南、北进场道路后续工作。四是抓紧对企业建设标准厂房的管理和指导，共新建标准厂房3万多平方米。目前，金山片区相继建成了东河、石门水库至金山片区供水管线和金山南路南延长线、世纪大街南延长线等工程，水、电、路网等硬件建设得到较大改善。勤丰片区先后投入资金3.4亿元建设了腰站220kV变电站、沙龙水库建设工程及园区主输水管道、钛产业基地南、北进场道路和勤攀环线道路等基础设施。土官片区投入资金9589万元建成了“云钛路”及老鸦关水库至土官片区供水管线、洪山变电站、腰站变电站至指挥营供电线路等，并启动了老鸦关水库扩建工程及指挥营110KV变电站建设前期工作。

【任职领导名单】

副县长、管委会主任　陈玉洁

管 委 会 副 主 任　尹为清

（赵志伟）

保山工业园区

【综述】 保山工业园区于2004年2月被列入“云南省推进新型工业化发展规划纲要”中确定的30个重点工业园区之一。按照2010年9月省长保山专题工作会议和保山市委、市政府隆阳专题会议精神确定“四个一”工程（一条路、一条河、一个湖、一个工贸园区）中的建设一个工贸园的要求，以“双城联动、产城融合、产业引领、融入山水、错位发展”的思路，按50平方千米“一轴三区”（以天保高速公路为轴，布局启动区、产业区和智创区）规划布局，重点发展特色轻工业、生物资源开发、新材料、先进装备制造、光电子及信息、新能源和节能环保、生产性服务业等7大产业，并将建设成为东部沿海地区产业承接、转移、外嫁的重要基地，最终将其打造成滇西工贸新城，并在“十二五”期间全力做好8平方千米开发建设工作。

【机构设置】 保山工业园区管理委员会内设综合办公室、财务融资股、招商股、项目股、规划建设股、土地利用股6个股室，机构人员编制19人（暂定），在职人员17人，其中常务副主任1人，副主任2人，副主任科员1人，一般干部8人，工勤人员4人，事业人员1人。学历结构为：研究生1人，本科8人，专科6人，中专（职高）2人。主要承担园区开发建设工作。

【经济运行情况】 园区始终把提升对项目的服务质量放在突出位置来抓，采取“主动服务、跟踪服务”，全力加快新开工建设项目的建设进度，增强项目支持力度，确保园区经济较快发展。2011年，园区实现工业总产值14.5亿元，同比上年的10.67亿元增长35.9%；工业增加值4.35亿元，同比上年的3.08亿元增长41.2%；销售收入12.62亿元，同比上年的7.35亿元增长72.4%；上缴税金1.82亿元，同比上年的1.73亿元增长5.2%；入园企业累计达52户；安置就业人员4936人。

【固定资产投资】 2011年，园区完成固定资产投资达10.7985亿元（含园区基础设施建设投资0.4305亿元），同比上年的2.7246亿元增长296.3%，圆满完成区政府下达的考核任务。重点项目对固定资产投资的拉动作用比较明显，其中：深圳路华锂离子二次电池及配套项目完成投资1.15亿元（其中区政府和园区共投入6000多万元），占年度计划总投资5000万元的230%；年产10万立方米中（高）密度纤维板及配套项目完成投资1.11亿元，于12月27日正式投产；中国保山国际商贸城好人家国际广场项目完成1.155亿元，正在完成装修工作；保山鑫盛泰纸业有限公司纸制品生产项目完成投资1.09亿元，正在进行生产设备购置工作。

【基础设施建设】 2011年，保山工业园区基础设施建设完成投资4305万元，同比增长48%，完成年度计划的143.5%。板桥片区1.19千米园区道路、大小堡子工贸片区2.3千米园区道路、辛街长岭岗1.2公里园区道路已建成，工贸园区“两横六纵”道路已完成摸底调查工作，正在开展道路规划设计工作，“一横三纵”路网建设将于年底启动建设。王家山至辛街35KV线路已架设完成，完成昆钢锅炉厂及钢结构生产项目、钢化玻璃生产线项目、蓝光太阳能风能互补新能源项目等配套的水、电、杆线迁移等工程。

保山工业园区标准厂房建设项目主要围绕着农特产品加工及其配套产业、环保材料、新能源、新材料等产业，3年规划建设标准厂房100万平方米。截至目前，企业采用钢屋架结构，已建成标准厂房17.23万平方米，园区在建12.03万平方米。目前建成验收的有5750平方米。园区计划建设的6.25万平方米自建标准厂房一期工程正在建设中。已建成投入使用的标准厂房建设项目有：保龙公司、保山市疫苗厂、云迪纺织、云南景兰热作科技有限责任公司咖啡深加工、保山德森人造板有限公司中高密度板生产、大庄园食品有限公司核桃深加工等项目。

【招商引资】 通过全区各级各部门的积极配合，园区新引进项目11个，已开工建设的有海螺水泥项目、路华能源科技（保山）有限公司锂离子二次电池以及配套产品生产建设项目、保山昆钢锅炉有限公司锅炉厂及钢结构生产线建设项目、保山德森人造板有限公司年产10万立方米中（高）密度纤维板项目、云南优昊有机核桃深加工项目。并与云南新天力机械装备工业园和农机超市建设项目、保山复烤厂12000kg/h打叶复烤生产线异地搬迁项目、隆阳区太阳能风能互补新能源建设项目、重庆双庆集团年产50万辆摩托车产业园等6个项目签订了框架协议；正在与石材产业园项目、咖啡产业园项目、三一重工项目、再生资源等18个项目进行招商洽谈。

【任职领导名单】

常务副区长兼主任　成德君
常务副主任　罗汪福
副主任　孙正世
　　　　范志敏

（闵锦平）

弥勒工业园区

【综述】 2011年，弥勒工业园区管委会的内设机构逐步健全，设立了综合部、规划基建部、产业经济部，人员编制由6名增加至18名，实有13名。园区现有康和集团、烟用物资公司、红河云牛乳品有限公司、云南金粒种子有限责任公司、浩翔模型科技有限公司等企业30户，从业人员4400人，年工业总产值达26.79亿元。园区基础设施建设取得突破性进展：完成了总投资2240万元的核心区东西1号主干道A段工程；概算投资1169万元开工建设核心区南北1号次干道工程，到2012年5月份底完工；完成核心区35kV变电站及输电线路的设计工作并投资400余万元购置变压器、微机保护装置及1980米输电线路，目前正组织安装；完成2.1754万平方米的标准厂房建设工作。

【规划建设】 弥勒工业园区原规划面积15.59平方千米，采用“一园两区”的格局，即由弥阳工业区和朋普工业区组成。近年来，随着工业经济形势的发展和变化，结合省委省政府关于城镇上山和工业项目上山的指导思想及省第九次党代会提出的发展要求，弥勒工业园区将按“一园五区，山水相依”的格局进行调整。调整后的弥勒工业园区包括弥阳、小石山、东风、新哨、朋普五个片区，总面积约为40平方千米，主要产业包括：烟草及其配套产业、生物资源开发利用、煤（焦）化工及建材产业、林（竹）浆纸一体化产业、装备制造及机械加工，新材料、环保、高新技术等产业。

以推进弥勒工业园区基础设施、软环境建设为重点；以建设烟草及其配套产业、生物资源开发利用、煤（焦）化工及建材产业、林（竹）浆纸一体化产业为主体；以红云红河集团红河卷烟厂及红河烟叶复烤公司、红河雄风印业公司迁入园区为契机，加快园区产业结构调整和规模快速发展，充分发挥引导资金作用，不断改善投资环境，提升工业园区发展水平和质量，逐步建立支撑工业循环经济发展的园区服务体系。通过不懈的努力，把弥勒工业园区建成云南重要的烟草及配套产业园区，红河州的循环经济示范园区，弥勒县新的经济增长极和集聚区。

【园区招商】 一是制定出台《弥勒县重点工业项目投资奖励办法》、《弥勒县扶持发展规模以上工业企业实施意见》，制定各种优惠政策，努力简化各种审批程序，减少审批事项，鼓励单位、企业、个人开展招商引资工作，创造工业园区良好的发展环境。二是依托丰富的生物资源、矿产资源和人力资源，完善项目储备和项目库建设。三是以昆交会、珠洽会等为平台，精心包装，增强园区项目推介的针对性。

【任职领导名单】

管委会主任 莫永刚

管委会副主任 李云增

王晓玲

宣威特色工业园区

【综述】 宣威特色工业园区以1994年8月云南省人民政府批准成立的省级宣威经济技术开发区为主体，包括羊场磷化工基地、凤凰山循环经济基地、虹桥食品工业基地，规划总面积32.17平方千米，由“一区三基地”组成，其中：羊场磷化工基地2.4平方千米，凤凰山循环经济基地12.07平方千米，虹桥工业基地11.7平方千米，是全省8个特色产业园区之一。截至2011年年底，3个基地有工业项目128个，其中本年获批的入园工业项目8个，亿元以上的新开工工业项目5个，年末实有注册企业89户。

2011年，实现工业总产值98.5亿元，较上年增30.5%；固定资产投资30.4亿元，同比增30.5%；实现各级财政总收入8.64亿元，其中本级一般预算收入3.4亿元，分别比上年增19.4%和19.8%。园区经济已经成为宣威经济的最主要增长点。

【基地建设】 羊场磷化工基地2.4平方千米，现入园企业有：宣威磷电有限责任公司、云南远东亚鑫有限责任公司、宣威市凯联选煤有限责任公司。

羊场基地磷电6500吨/年泥磷制酸、2.5万吨/年磷酸、3.2万吨/年三聚磷酸钠项目建成投产，黄磷尾气净化发电项目已投资5000余万元，经多次调试改进现投入试运行；远东亚鑫投资5亿元建设200万吨/年磷渣水泥项目一期工程已投产。

凤凰山循环经济基地12.07平方千米，现入园企业有：宣威恒邦磷化工业有限公司、云维乙炔化工有限责任公司、云南四方云电投能源有限公司、四川金广集团、云南天浩集团、凤凰钢铁有限公司。

凤凰山基地云维乙炔化工公司10万吨/年电石和200万吨/年石灰岩矿山项目、恒邦10万吨/年中低品位磷矿粉综合利用项目、四川金广集团天峰铁合金公司一期12500KVA镍铁合金项目竣工投产；云电投2×300MW煤矸石综合利用热电厂项目的场平和地勘工作全面结束，办公楼装修进入尾声；云南天浩化冶科技有限公司投资3.2亿元的铟锗项目、凤凰钢铁公司投资8亿元综合利用废旧钢铁100万吨/年电弧炉钢坯等项目的前期工作进展顺利。

虹桥工业基地11.7平方千米，发展汽车、机电、轻工一体化加工制造业。现入园企业有：云南云河汽车有限公司、宣威市宣泰火腿有限公司、宣拓牧业有限公司、云南世民程皇投资公司。

虹桥食品轻工业基地中小企业服务平台、文化艺术中心项目建设接近尾声；云河汽车产业园生产厂区场平工作基本完成，正在进行厂房钢结构安装；中小企业服务平台已竣工，附属工程进入扫尾阶段，年内可投入使用；云南世民程皇投资公司1万吨/年马铃薯片深加工、宣威火腿产业园和体育运动中心、人民医院、金月湖大酒店等项目启动建设，进展顺利。

【招商引资】 采取节会招商、以商招商、网络招商、以园招商、上门招商等方式进行全方位、多形式的推介，促成了云南天浩化冶科技有限公司2.5万吨/年金属锌粉、2.5万吨/年氧化锌粉、35吨/年铟、15吨/年锗项目、12万吨/年硫酸、6万吨/年锌锗砂综合回收，云南云河专用汽车制造有限公司年产1万辆专用汽车，恒大地产集团投资70亿元建设金月湖旅游休闲娱乐中心项目，武汉凯迪控股投资有限公司投资45亿元建设综合性生物质能源项目，宣威凤凰钢铁有限公司综合利用废旧钢铁资源建设100万吨/年电弧炉钢坯/特钢、90万吨/年热轧光圆钢筋生产线技改项目、25万吨/年精密锻造件、280万件/年机械铸钢铸造件项目签约，且部分项目顺利启动实施，已到位资金达6.14亿元。同时，引导本地火腿加工企业退城入园，集群发展，走统一品牌、统一质量标准、统一销售价格的生产经营路子。

【基础设施建设】 累计投资5亿多元，建成或改造园区道路8条（向阳街、龙堡路、西宁路改造、和谐路、飞鸿路、凤凰山主干道、羊场进厂公路、振兴南路改造）10.9千米，铺设供排水管网83千米，架设高压输变线路55千米；投资5400万元建成集信息发布、会务、培训、办公、展览等功能于一体的中小企业服务平台即将投运，园区基础设施逐步完善，承载力和吸引力明显增强。

园区水、电、路和辖区市政设施建设。一是占地800亩投资2亿元的美奂山公园建成投用，给市民创造一个休闲、娱乐的场所，为宣威打造出一张靓丽的城市名片，展示了开发区的良好形象。对辖区内的怡鸿小区、西宁路、振兴街北段、龙堡路中段等的绿化带和市花喷泉进行了更新改造，美化、绿化、亮化效果显著。二是凤凰山循环经济基地完成3100亩征地、拆迁工作，建成标准安置示范小区1个，投资1.2亿元的羊过水—凤凰山供水管网即将投用，投资2600万元的园区主干道即将建成，投资1000万元新建黄凤110kV新电力线路20公里。三是羊场磷化工基地投资2000万元的入厂公路、投资2000万元的磷电天生河水库建成投用，投资1500万元的虹磷110kV电力线路架设完毕，解决了羊场基地的用电问题。四是虹桥基地投资2200万元建设振兴南路延长线至板桥收费站，投资1100万元完成振兴南路东侧土石填方工程，振兴南路西侧征地、拆迁、土地平整及路网工程启动。园区承载能力显著增强。

【土地收储】 2011年完成土地收储2800亩。

【任职领导名单】

书　记　包继朝
主　任　浦绍耀
副主任　肖光荣（专职）
　　　　朱碧桢
　　　　顾光海
　　　　董开儒
　　　　陈家学

（耿　芳）

文山三七药物产业园区

【综述】 2011年，在文山州委、州人民政府的正确领导下，在各级各部门，特别是省、州工信部门的关心、支持和帮助下，文山三七药物产业园区坚持以科学发展观为指导，牢牢把握全省建设“两强一堡”、全州建设“新高地”的战略机遇，狠抓园区建设、产业发展、招商引资等重点工作，园区逐步发展成为产业特色鲜明、服务功能齐全、基础设施完善、投资效益显著的新型工业园区。截至2011年，园区共有9家企业12个项目落地，园区累计完成投资8.6亿元，其中：基础设施完成投资1.6亿元。实现销售收入34亿元（含流通企业），工业总产值13.22亿元，工业增加值6.48亿元，税利3.1亿元，从业人员2077人。2011年5月27日，国家工商行政管理总局商标局依法认定“文山三七”为中国驰名商标。

2011年8月11日，国家卫生部副部长、国家中医药管理局局长王国强深入文山州调研中医中药工作，先后深入苗乡三七科技示范园、特安呐制药股份有限公司等调研，对文山州近年来加大发展以三七为主的中医药工作取得的成绩给予了充分肯定。

【招商引资】 按照“以园招商、以商建园、以企兴园”的政策导向，以基础设施和入园项目建设为载体，积极加强与国内以三七为原料制药的企业集团公司沟通协调，开展招商引资工作，国内知名企业云科药业、云南白药集团、天津天士力集团、大连美罗君元制药公司等开始介入文山三七产业开发，并签订了框架合作协议，开展了大量的项目前期工作。特安呐公司三七初加工中心项目和七丹药业公司三七饮片生产线建设项目已试车投产，苗乡公司标准厂房项目主体工程已完工，正准备安装生产线设备；云科药业、金三奇、金达利公司已启动项目建设；新鑫植物油、金旺、紫文、三七庄公司等三七系列产品生产线项目和人羞花公司日用化妆产品生产线项目正在开展项目前期工作，项目推进进展顺利。目前，园区加工业已初具规模，形成了12个生产性建设项目和年产值50亿元以上的生产能力。

【基础设施建设】 积极筹措资金开展园区水、电、路、排污、通讯、绿化等基础设施项目建设，截至2011年，园区累计投入资金1.6亿元建成1、2、3、4、5、6号路总长3127米的水泥砼路面及人行道、道路绿化、路灯、通信、供排水等系列工程，建成1457米的盘龙河防护河堤，建成35kV变电站；3、4、5号路延长线（总长844米）道路工程已基本完工，园区基础设施达到“五通一平”；园内企业宽带接入率达到100%；积极推进标准厂房建设，2011年园区标准厂房建设面积29264平方米，完成标准厂房补助政策的申报核实工作，申请资金补助704万元。为园区招商引资、引企入园工作的顺利开展提供了良好的条件。

（杨绍录）

文山马塘工业园区

【概述】　文山马塘工业园区始建于2003年，属省级40个重点工业园区之一，2008年被省、州政府分别评为“全省十个优秀工业园区”和“全州先进工业园区”。2011年以来，管委委紧紧依托全州及周边丰富的矿产资源、特色产品和“桥头堡”区位优势，按照省委、省政府“工业上山”和州委、州政府“扩权强园区”的总体要求，对马塘工业园区规划、功能、产业定位等重新进行优化调整。调整后的文山马塘工业园区以发展重工业为主，布局上以平文、文蒙、文都公路文山段为轴线，依托新建云桂等铁路网便利优势，形成“一园三区一中心”的发展格局。其中包括新开田冶金工业区、甲马石铝产业区、塘子寨建材工业区及文山马塘工业园区综合物流中心。整个园区的规划总面积由原有的41.13平方公里调整为30.336平方公里。产业定位为：以冶金、化工、铝产品深加工、建筑建材等产业为主，以综合物流、工业地产、劳动密集型、机械、化肥、科技研究等产业为辅的综合性工业园区。

2011年，按照“保工业就是保发展、保就业、保稳定、保大局”的工作思路，管委委协调相关部门，努力克服煤、油、运输价格上涨，特别是原材料、燃料价格持续高位增长，以及国家宏观调控和土地紧缩、政府资金投入不足和世界金融危机后续影响，坚定信心，科学应对，迎难而上，积极组织企业开足马力生产，力促园区各项经济指标快速增长。截至年底，共引进云南文山铝业有限公司等45户企业落户园区，累计完成投资63亿元，其中2011年完成投资10.5亿元，完成工业总产值22亿元、工业增加值8.8亿元、销售收入20.6亿元、上缴税金1.5亿元、利润2.1亿元、解决就业5562人，分别同比增长19.3%、18.3%、18.4%、16.5%、22.3%、21.5%。园区经济保持又好又快发展，各项指标已全面超过去年全年水平。

【重点项目建设】　年产80万吨氧化铝项目。按照州、市组织部门的安排，管委会主任郑周波同志到文铝公司挂职总经理助理6个月，直接参与氧化铝项目的建设工作，为该项目提供了全方位、全天候的服务。截至年底，氧化铝累计完成投资46.2亿元，其中:2011年完成投资10亿元。基础建设全部完成，各系统进行单体试车；卖酒坪矿山和红舍克矿山建成投入使用。10万吨烧碱、12万吨PVC项目。累计完成投资3.2亿元，场平施工全面完成，基础建设工作全面展开，完成工程的20%，预计2012年底建成投产。其他项目。铝都物流项目、30万吨石灰项目已建成投入运行；锌铟生产线技改项目已完成投资0.53亿元，基础工程及设备安装完成，正在进行试生产准备工作；年产60吨三七总皂苷生产线完成投资0.48亿元，项目基础建设已完成，目前正在安装设备；通用机械公司迁建项目进入厂房建设阶段。

【规划修编】　原有规划为“一园六片区”，但随着新修铁路、公路、水库的筹备或建设，尤其是为深入贯彻落实省“工业上山”和州“扩权强园区”的总体要求，从便于园区规范管理和规划范围的界定，有利于园区发展的角度出发，我委对马塘工业园区规划、功能、产业定位等重新进行优化调整。调整后的马塘园区以重工业发展为主，形成“一园三区一中心”的发展格局，整个园区的规划总面积由原有的41.13平方千米调整为30.336平方千米。一园为文山马塘工业园区，三区为冶金工业区、铝产业区和建材工业区，一中心为文山马塘工业园区综合物流中心。其中：新开田冶金工业区功能不变；甲马石铝产业区功能为：把该区作为马塘工业园区“工业上山”的先行者进行规划建设。规划空间布局结构为“一线、三个工业组团”。一线即氧化铝—电解铝—铝材加工线；三个工业组团分别是赤泥堆放及赤泥综合利用组团、烧碱PVC电石生产组团、综合行政服务组团，把该片区建成马塘工业园区的核心区和云南铝工业中心（云南铝业之都）。建材工业区在原有功能基础上，为体现工业上山要求，充分利用石料加工后留下的荒坡地，修建标准化厂房，承接东部沿海产业转移等项目；新规划文山马塘工业园区综合物流中心，面积6.716平方千米，布局“一中心、两市场”即马塘工业园区综合物流中心、机械交易市场和石材交易市场。目前，园区规划已完成可研报告和规划总体方案的编制，正开展各工业区地形图测量等工作。

【标准化厂房建设】　按照《云南省人

民政府关于加快工业园区标准厂房建设的意见》（云政发〔2010〕23号）精神，我委把工业园区标准厂房建设作为提高工业园区基础设施建设水平、提升园区建设质量、改善招商引资环境、推进产业聚集园区的重要举措来抓，强组织定规划，硬措施重推进，加快工业园区标准厂房建设进度。2011年计划建设标准厂房6.5万平方米。全年建成标准厂房5.5万平方米，完成投资5800万元。

【基础设施建设】 马塘园区按照"项目建设到那里，基础设施就跟进到那里"的思路，按照"政府引导、政企合作、市场运作"的模式，拓宽投融资渠道，加大资金投入力度，狠抓园区道路、供排水、电力和通信等基础设施建设，进一步优化了投资硬环境。2011年一是启动交警考试中心至幕菲和白革龙两段道路建设，已完成道路放线，占地丈量，施工设计，施工合同签订，正进行东大道石方开挖，西大道软基换填，道路施工设计变更。二是氧化铝厂经天生桥收费站至盘龙河排水沟建设，现已完成初步设计方案。三是文山马塘工业园区甲马石片区实施日供水50000方供水管网工程工程，建设包括架设引水管线总长18.9km，新建自来水处理厂1座，1200立方米水池和200立方米水池各1个。目前，完成取水初步设计，进入施工图设计。四是由乾塘变同塔双回供电至马塘工业园区甲马石氯碱项目界区线路，供电初步设计完成，正办理项目送电线路通道审批，供电工程设计委托、初步设计报审。园区呈现出通讯覆盖、水电充足、道路畅通，项目建设得到有效保障。

【软环境建设】 坚持"边规划，边招商，边建设"的原则，制定出台优惠政策，完善服务质量、营造良好的投资软环境。在认真落实国家和省、州、市已经出台实施的各项优惠政策的基础上，我们牢固树立"投资商的成功就是我们的成功，投资商的失败就是我们的失败"的理念，与投资商形成了一种风险共担的意识，完善《园区管理办法》、《园区服务承诺》，借助市政务服务中心平台，管委会推出"项目帮办制"，从夯实招商基础、引导企业发展、帮助企业解困、转变作风、精简审批事项等5个方面上下功夫，为企业开展办理项目申报、土地、城建等手续的全程服务，并把这项服务制度进行延伸和扩展，狠抓园区的服务工作。

【扩权强园】 按照州市党委、政府"扩权强园区"要求和工作安排，管委会由主要领导带队，组成专题调研组深入园区和企业，采取会议座谈、问卷调查、企业和部门负责人提供意见等方式，开展深入调查研究工作，全面掌握园区的基本情况，分析现有管理体制和园区建设存在的问题。通过广泛深入的调查研究，提供翔实的基础材料，并结合启动园区建设以来成功的经验，形成《关于成立文山马塘工业园区管理委员会的实施方案》和《关于成立文山马塘工业园区管理委员会的调研报告》，经反复讨论，几易其稿，制定出扩权强园区的改革实施方案，为州市党委、政府决策提供依据和决策参考。州委以（文复〔2011〕70号）文件批复，州政府以（文政发〔2012〕12号）文件下发执行。主要内容为提升园区管委会级别为行政副处级，增强和委会职能职责，扩大管委会人事自主权、财政管理和支配权、政务事务管理权，赋予园区更大的管理权限。

【任职领导名单】

主　任　郑周波

副主任　张运尧

（阴文革）

嵩明杨林工业园区

【综述】 杨林工业园区是全省40个重点省级园区之一，20年来始终坚持创新发展，开拓奋进，不断壮大。尤其是近两年来，作为现代新昆明、嵩明"空港新城"建设中的现代化新型工业城区，按照"三年倍增、六年跨越"目标，杨林工业园凭借良好的资源禀赋、创优的投资环境，在创建省级一流园区和创建国家级开发区的"两创"中不断实现新突破、新跨越。

以"临空经济主线、多元产业开花"为特色的杨林工业园如今正依托资源特色优势，科学建园。按照市、县规划部署，园区主导产业正按照建设大园区、引进大项目、发展大产业、实现大集群的发展思路，以汽车及零部件配套产业为核心支柱，以机械装备制造、食品饮料、新材料、国家战略及信息化等4大产业引导的"1+4"产业布局，着力培育发展有利于主导产业链健康成长的发展环境。具有先进的现代临空经济产业特色的"1+4"产业布局成为杨林工业园的核心竞争力。

近几年来，云南嵩明杨林工业园区各项主要经济指标增速连续多年稳居全省前茅，综合实力也提升了工业园区的综合经济竞争力，在云南14个省级开发区综合实力排名中稳居第一，是云南省增长速度最快、最具活力、最具潜质的省级开发区。

2011年，杨林工业园区坚持大集团引领、大项目支撑、集群化推进、园区化承载，全力推进大突破、大发展、大跨越，充分发挥云南嵩明杨林工业园区的交通区位、产业基础、资源禀赋等比较优势，加快培育主导产业，推动产业发展规模化、高端化、集约化、特色化，以大项目打造大产业，以大产业打造大基地，以大基地打造大集群，具有先进临空经济特色的现代产业发展格局取得重大突破。

截至2011年年底，园区入驻企业达到156户，已建成投产企业98户，规模以上工业企业34户，世界500强企业2家，国内500强企业4家，亿元以上投资企业38家。

2011年，园区高新技术产值占工业总产值比重为2.5%，拥有30个专利，建有企业技术科技研发（R&D）经费支出占GDP比重为2.24%，大专以上学历就业人数占就业总人口的37%。

【主要经济指标完成情况】 2011年，云南嵩明杨林工业园区完成工业总产值64.2068亿元，同比增长48.06%；完成规模以上工业主营业务收入62.1083亿元，同比增长37.61%；完成规模以上工业增加值14.8591亿元，同比增长33.6%；完成全社会固定资产31.89亿元，同比增长83.6%；完成利税总额2.5047亿元，地方财政一般预算收入7826万元，同比增长34.4%；从业人员达到5526人，初步形成了以机械装备制造、食品饮料、新材料为主导产业的工业体系。

【招商引资】 2011年，园区管委会始终把招商引资工作作为第一要务，着力加强园区软环境建设，切实推进招商引资工作，全面推行每个项目专人负责的项目负责制，为提高园区项目建设吸引力，增强园区综合竞争力奠定了基础。

截至2011年12月，招商引资内资协议投资额1081000万元，协议外资投资总额3.5亿美元，实际到位内资304607万元，占县下达全年任务数235000万元的129.6%，外资到位325.18万美元，其中二产项目58个（其中结转项目29个，市内县外9个，市外项目36个），累计到位资金179507万元；三产项目1个，累计到位资金86992万元，基础设施项目6个，累计到位资金37433万元。

工业固定资产投资完成28.03亿元，完成省工信委下达目标任务的额186%，增速全省产业园区排名第一。

【基础设施建设】 2011年，杨林工业园区注重用好“精力向园区集中、资源向园区汇集、政策向园区倾斜”的优惠政策，坚持“开发一片，建成一片，收益一片，繁荣一片”的原则，全速加快路网、管网、污水处理厂等配套基础设施建设步伐。

一是为进一步改善招商引资环境、加速企业入园步伐、促进中小和非公企业发展壮大，开工建设标准厂房44.35万平方米，目前已竣工34.25万平方米。

二是完成了杨林工业园区综合片区燃气规划编制、杨林工业园区总体规划修编、嘉丽泽总体规划中期方案、对龙河的保护规划、杨林工业品商贸物流中心控制性详细规划，组织编制了《杨林工业园区电力专项规划》，并通过了专家组评审。

三是完成了燕京南侧长649米，宽26米的毛路建设；南环路东段长331米，宽40米的毛路建设；景观大道2.54公里建设及景观大道4.3公里段的道路沿线拆迁政策宣传、厂房评估等相关工作；完成东环路北延线长2040米，宽50米的毛路建设及综合管网埋设工程；官军公路连接嘉丽泽段长2720米，宽60米的毛路建设工程；装备制造园一号路长1091米，宽40米的毛路建设及综合管网埋设工作及华狮路、天创路部分路段的补修工作。

四是新建110kV麦地塘Ⅳ、Ⅴ回线，以及开发区Ⅳ、Ⅴ回线；完成一批重大项目、重点项目的电力线路迁改。

2011年，共完成基础设施建设投资任务4.5亿元，投入标准化厂房建设资金16.74亿元，实现了“项目定位到哪里，基础设施就推进到哪里”的目标，截至2011年年底，工业园区已建成面积达7.4平方公里，园区大道通途，路网便捷，水电、通讯等设施完善，园区载体功能得到进一步完善。

【土地收储】 随着国家土地宏观政策的调整，土地日益成为制约园区发展的主要矛盾。一年来，园区管委会在努力争取项目用地指标的同时，也积极探索集约利用土地的新思路、新举措，以新的思路谋划土地的合理开发与利用，努力提高土地利用率和集约化程度，科学规划，统筹兼顾，合理安排园区发展用地，降低土地供给短缺给经济增长带来的影响。

一是根据长安汽车、浩鑫铝箔、矿山机械、康师傅、景观大道延长线等项目用地需要完成土地预收储3807.071亩，完成了云南恒宸标准厂房、长安汽车一期等14个项目的建设用地组件上报工作，面积3389.22亩，其中耕地2111.4亩。

二是加大土地供应力度，进一步巩固招商引资成果。到目前为止，完成供地2宗，面积128.43亩，成交价款1928.6928万元，实现收益376.1012万元。上报供地方案12宗，面积1161.61亩。

【任职领导名单】

党工委书记　王春燕

管委会主任　徐毅清

党工委常务副书记、管委会常务副主任　杨定和

党工委副书记、纪工委书记

段　颖（2月止）

高爱萍（2月任）

管委会副主任　蔡光敏

宁　波（6月任）

黄凤堂

苏志云

文明贵

（何智惠）

丽江南口工业园区

【经济运行情况】 2011年是“十二五”开局之年，园区经济保持平稳健康发展，新引进云南泰华食品、玛咔精深加工等2家企业入园。完成工业总产值5.62亿元，同比增长20%，占全县工业生产总值的67%，完成工业增加值1.82亿元，同比增长5%，占全县工业增加值的72%，实现销售收入4.59亿元，同比增长38%，占全县销售收入的55%，实现利税总额0.58亿元，完成出口创汇2072万美元，占全县出口创汇的100%。

【招商引资】 制定完善了丽江南口工业园招商引资政策措施，进一步完善了政策支撑体系，落实税收、用地和园区建设项目收费等优惠政策，全面营造良好的投资和发展环境。夯实招商引资基础，成立招商引资股，由专人负责，切实加强招商引资前期工作。创新招商引资的手段和方式，采取以园招商、项目招商等灵活多样的方式，进一步提升招商引资的规模和质量，加强与省内外工业园的联系和交流，拓宽招商引资渠道，严格园区项目准入，选择符合产业政策、技术含量高、能源消耗低、环境污染少、带动能力强、资源优势得到充分发挥的工业项目进入园区。

在园区开发和建设中，坚持政府引导、市场化运作的方式，采取以园拓商、以商建园等多种方式，鼓励民间资本参与园区建设，实现投资主体多元化。改选了园区投资开发公司领导班子。实行公司化开发建设，吸引社会资金直接投资。进一步促进工业园区与金融机构合作，拓宽园区建设资金渠道，组织召开银企项目合作推荐会，促进了银企合作，缓解企业融资难的问题。与此同时，进一步发挥好新型工业化专项资金的带动作用，促进工业园区加快发展。

园区采取“以园招商，以项目招商，以商建园，以商兴园”的市场运作模式先后吸引了映华集团，得一食品公司，玉元食品公司，华利公司等企业入园，并于2011年成功引入云南泰华食品有限公司，格林恒信玛咖生物科技有限公司2家企业入园。初步形成了生物制药和农特产品精深加工2大产业群体。在企业招商入园过程中，严格遵循了“三不准”和“三鼓励”原则，即有悖于园区产业导向的项目不准入园，污染严重的项目不准入园，高耗能的项目不准入园；生物资源精深加工的项目鼓励入园，科技含量高的项目鼓励入园，产业链长、带动效应高的项目鼓励入园。园区管委会还与入园企业签订了入园企业责任书，对企业在土地使用、项目投资、建设期限、规划许可、环境保护等方面应履行的义务作了明确界定。出台了《丽江南口工业园管理办法》，为园区的建设和管理提供了有力的政策保障，也为园区的持续健康发展提供了制度保障。

【基础设施建设】 根据《总规》的总体规划，按《详规》实施步骤的要求，一是投资1638万元完成了全长1260米的园区32米主干道一期工程项目。二是投资440万元完成了建筑面积3000平方米、占地面积2660平方米的园区多功能服务厅工程项目。三是投资2800万元完成了全长1820米的园区32米主干道二期工程项目。四是投资2100万元完成了全长1531米、宽20米的园区北环路一期工程项目。五是投资400万元修建了南口工业园信息中心机房，六是投资2230万完成了全长1990米的乐仁路项目，七是投资1560万元完成了全长1392米的云帆路项目。极大地改善了南口工业园乃至玉龙新县城的通信和网络设施，推进了园区信息化建设步伐。2003~2010年累计完成基础设施建设投资8000多万元。基础设施的建设逐步完善，使园区更具吸引力和凝聚力。

【土地收储】 一是拟盘活园区规划范围内工业用地。按照园区规划确定的工业用地，对园区辖区内可盘活土地进行整合。分期实施黑白水林业局家属区和原丽江种畜场职工居住区、玉龙县民族中学、粮食储备库以及劳教所等园区规划范围内的非工业性企事业单位迁建工程。按照“园区上山”，结合土地利用总体规划调整，将蛇山31.6公顷缓坡地列入园区工业用地进行开发。二是开展规划建设雄古工业区。充分利用国家给予云南的低丘缓坡土地综合开发利用试点政策，推进园区向适建低丘缓坡地布局，加快工业用地开发。针对丽江南口工业园区进一步发展壮大急需扩容的实际，在九河乡中古村委会雄古一组以北、大丽高速公路和丽香高速公路交叉以西的坡地，一次性征用5000亩作为工业用地，规划建设南口工业园区雄古工业片区，重点发展生物资源精深加工和农副产品加工等到产业。目前该区域已纳入土地利用总体规划和林地利用总体规划，并符合九河乡总体规划。我办现正进行测绘、控制性详细规划、可行性研究等前期工作。三是积极探索园区“飞地经济”和跨区域共建工业园区发展方式。充分利用丽江南口工业园区优越的区位优势、便利的交通条件和现有的发展基础，将丽江南口工业园区进一步拓展，进行跨区域建设，积极向南发展，目前，正在与古城区协调，计划将毗邻园区的古城区金山乡漾西村委会原玉峰水泥厂以北、火车路以东、蛇山公园以南的1000亩用地作为“飞地经济”模式进行开发并已完成测绘工作。重点布局农产品、生物产品、旅游产品等精深加工产业，加大招商引资力度，引进科技含量高、产品附加值高、竞争力强的生产企业入园。

祥云工业园区

【主要经济指标完成情况】　2011年，园区完成工业总产值78.4亿元，同比增长38.89%；完成工业增加值26.67亿元，同比增长39.85%；完成主营业务收入68.21亿元，同比增长36.05%；实现税收1.86亿元，同比增长41.4%；从业人员9268人，同比增长0.1%；完成工业固定资产投资6.06亿元，同比增长89.38%。2011年，园区有50家企业、85个项目，年内新入园企业4家、10个项目。项目总投资64302.45万元，完成投资24580万元。

【基础设施建设】　园区工业大道于2009年启动建设，道路全长14.7km，路宽12~32m，投资预算1.4亿元，辐射面积可达7000亩。现已建成通车；公共服务中心一期项目占地约107亩，项目投资约700万元，2011年4月动工建设，2011年11月竣工。2011年，园区管委会按照“统一规划，合理布局，分步实施”的原则建设标准厂房2万平方米，经验收核准向上级申报标准厂房补助面积9410.6平方米。并对已建成并验收的标准厂房面积61702.794平方米进行复核审查验收。

【土地收储】　计划收储土地1690亩，共分三片，其中祥云有色金属循环产业基地建设片区预收储890亩、祥云县财富工业园区农副产品加工区预收储500亩和祥姚路轻纺加工区预收储300亩。

【节能降耗】　2011年，园区万元产值综合能耗约为0.50吨标准煤，同比下降6%；万元增加值综合能耗为3.08吨标准煤，同比下降7%，实现了万元增加值能耗下降6%的控制目标。

【省州项目资金扶持】　2011年，共落实项目建设扶持资金645万元，分别为：省级新型工业化发展专项资金440万元（标准厂房，农业产业化整合重点项目），州级服务业综合改革试点项目前期工作经费补助15万元（工业园区生产性服务中心建设）、园区工业大道绿化费补助100万元、祥云县工业投资公司成立补助30万元及《大理州石油和化学“十二五”发展规划》经费补助60万元。

【兑现财政返还资金】　2011年，兑现落实2010年度财政返还资金121.91万元。其中：企业73.16万元，园区管委会48.75万元。用于企业发展和工业园区基础设施建设和软环境建设。

【重点项目建设】　飞龙公司30万吨/年浸出渣无害化处理项目于2011年初启动建设，项目总投资20057万元，2011年12月建成试生产。

品位公司2万吨农特产品精深加工项目于2010年启动建设，项目总投资4980万元，项目主体工程属于标准厂房建设，2011年11月建成投产。

中天公司1万吨精锑二期建设项目于2010年5月开始建设，项目总投资9800万元，至2011年，项目二期工程已建设完成，生产设备进入安装调试阶段，第二第三条生产线将陆续投入使用。

祥云工业园区加油站项目于2011年4月开始建设，2011年12月建成投入运营。项目由中国石油天然气股份有限公司云南大理销售分公司投资700万元，占地约3334平方米。

2011年11月，嘉阳公司1300万方/年混凝土生产项目入驻园区，项目总投资6000万元，年生产1300万方混凝土。

【园区总体规划备案】　由祥云县财富工业园区管委会聘请南京大学城市规划设计研究院编制完成的《祥云县工业园区总体规划》，经省州联合审查同意，云南省工业和信息化委员会于2011年4月8日以《云南省工业和信息化委关于对〈祥云县工业园区总体规划〉备案的函》（园区〔2011〕213号）同意予以《祥云县工业园区总体规划》备案。祥云县工业园区总体规划面积约35.05平方公里，空间布局形态为“一核、三片、两翼”，重点推动重工业向纵深发展。

【机构变化】　2011年8月，机构改革，机构名称由“祥云县财富工业园区管委会”更名为“祥云县工业园区管理委员会”，为直属县人民政府参照公务员法管理的事业单位，正科级。

【任职领导名单】

主　任　赵　云

副主任　秦能臣

　　　　杨　平

师宗工业园区

【综述】 2011年，师宗工业园区紧紧围绕“建设工业强县”的总体战略目标，以“一园两片区”建设为突破口，不断完善工业园区产业布局规划；以“建设现代化循环型、生态型产业园区”为目标，着力培育壮大煤化工、建材、冶金、机械制造、和特色农畜林药材产品加工产业，深入开展循环经济建设，大力开展节能降耗工作，推进园区产业结构优化；以“招大引强、以园招商、以商招商”的招商理念，注重引进投资规模大、产业链条长、市场效益好的项目进驻园区，园区建设成效迅速彰显；以“管委会+公司”的运作模式，积极筹措资金，强化基础设施建设，提高园区服务水平，着力打造工业大招商宽广舞台。

通过短短几年的努力，县域工业布局不断完善，投资环境不断优化，产业优势日益显现，新型工业化进程加快推进，工业园区已初步成为师宗工业经济发展的“助推器”和产业壮大的“孵化园”。

截至2011年年底，园区内共有企业项目51个，其中：投资超过10亿元项目2个，全部企业项目计划总投资806852万元，累计完成投资507293万元，建成企业接纳就业人数达20125人。

【主要经济指标完成情况】 管委会把对企业项目的服务工作放在突出的位置，采取“保姆式”、“跟踪式”全程服务，切实做好对企业项目的跟踪服务工作，全力加快新进项目的建设进度，确保园区经济又快又好发展。2011年底，园区共有已建成投产企业22个，总投资334125万元，实现工业总产值28.01亿元，同期增长93%；工业增加值9.36亿元，同期增长64%；产品销售收入27.03亿元，同期增长105%；上缴税额0.98亿元，增长115%；利润0.48万元。拟建项目16个，计划投资231883万元。

【招商引资】 管委会牢固树立“招大引强”的招商导向，创新招商引资的手段和方式，建立产业链招商机制，采取灵活多样的招商方式，提高招商引资项目的规模和质量，重点选择符合产业政策、技术含量高、能源消耗低、环境污染少、带动能力强，资源优势能充分发挥的大项目进入园区。

加强招商引资宣传工作，通过电视媒体、网络系统、广场宣传栏以及制作宣传册等方式，加大师宗工业园区的宣传力度；并积极参加昆交会，充分利用全省工业园区招商投资平台，集中优势，积极向国内外客商展示师宗魅力、展示师宗工业园、推荐师宗工业优势项目。在2011年昆交会上，签约项目3个，计划总投资311000万元，共发放宣传册1968份，接待国内外客商2081人次，其中，外商6人次，前来咨询、洽谈项目的客商有18家，涉外项目客商1家。除昆交会外，引进9个企业（项目）落户园区，即：曲靖交通集团师宗交通产业园项目（一期）、云南凯捷实业有限师宗战略装车点（一期）、云南天高镍业有限公司6×25.5MVA铬铁电炉工程项目、云南振轩建筑工程有限责任公司大同食品产业区物流中心建设项目、弘容食品有限公司年产3800吨农副产品项目、师宗雄壁蝇蛆薇生态养殖基地雄壁蝇蛆薇生态养殖基地晓叶加工厂、师宗轴瓦有限责任公司异地搬迁轴瓦生产线、师宗县红达塑料制品有限公司薄膜生产项目（异地搬迁）、师宗彤野食品有限公司食品生产项目。上述项目计划总投资134807万元，已完成立项、选址工作，正在开展其他前期工作。

【基础设施建设】 基础设施建设决定发展的速度，决定发展的质量。在县财力十分有限的情况下，千方百计筹措资金，扎实推进园区水、电、路等基础配套设施建设工作，全力打造园区新面貌。目前，共投入资金2.9亿余元，水、电、路等基础设施建设全面推进。

县城直达矣腊片区二级道路建设工程，长达15.8公里，总投资15600万元，已建设完成并已通车；矣腊片区一期路网工程，长4.135公里，宽30米，分4段建设，计划总投资7603万元，现已完成投资7647万元，完成道路路基工程，计划2012年5月启动路面硬化工程；大同片区一期路网建设（即：镍合金进厂道路），长1.324公里，宽30米，计划总投资3960万元，现已完成投资3565万元，已完成道路路基工程的90%，计划2012年9月启动路面硬化工程，年内通车

矣腊片区110千伏变电站至昆钢120万吨/年煤焦化项目用地红线1.772千米长的双回线路工程项目，总投资179万元，于2010年3月建成通电。

计划总投资2179.5万元建设园区一期供水工程项目，其中，投资421.5万元，铺设3.5千米长矣腊片区至东风水库的供水管道及修建水处理厂一座，以解决该片区一期5000m^3/天的供水问题，该项目于2010年4月开工建设，现已建成供水。

矣腊片区中心服务体系建设项目：根据《云南省人民政府关于加快工业园区建设的意见》（云政发〔2009〕79号）精神，按照市委、市政府的要求，结合工业园区总体规划、产业布局规划及当前园区建设发展的实际需要，为进一步地提高工业园区配套服务水平，增强城镇功能，为园区企业项目和员工提供便捷服务；促进区域经济快速发展，

推进师宗新型工业化和城镇化进程，实现师宗工业园区建设工作再上新台阶。该项目计划总投资2000万元，已完成投资1780万元，完成项目可行性研究报告、项目立项、土地手续报批及土建工程。

【土地收储】　师宗工业园区土地储备，按照“用地集约、产业集群、设施配套、生态良好”的原则，充分发挥政府在土地资源管理和土地储备开发工作中的主导作用，紧抓土地储备机遇，统筹产业发展和基础设施建设，为大项目、大企业落地创造条件，为园区建设拓展发展空间。2011年园区总收储土地700亩；其中，矣腊片区400亩，大同片区300亩。

【任职领导名单】

管委会主任　申忠

管委会常务副主任　徐泽林

管委会副主任　陈杰华

富民工业园区

【综述】　富民工业园区开发建设起步于2007年年初，于2008年年底纳入省级工业园区管理，是昆明市委、市政府批准建设的全市重化工产业区和钛产业基地。富民工业园区管委会按照“一园多区、一园多片”的发展思路，全力以赴加快园区建设、持之以恒抓好招商选资、全神贯注致力工业经济发展，切实加快新型工业化发展进程。新修编执行的《富民工业园区总体规划（2010~2030）》，将工业园区规划面积从10.22平方公里扩展到56.36平方公里，覆盖全县6个镇（街道），缓坡、未利用地占开发面积的88.2%;依托近郊区位、资源优势，确立了钛盐化工、机械制造、新型建材、清洁能源、环保科技、食品加工、商贸物流7大主导产业，全面加快推进8大专业化产业基地开发建设。工业园区成为推动富民县域经济发展的主引擎、体制机制创新的先行区、统筹城乡发展的主力区。

【经济指标完成情况】　2011年，富民工业园区有规模及以上企业21户，规模以上工业总产值27.32亿元，规模以上主营业务收入28.84亿元，占年度目标26.01亿元的110.88%，超进度10.88%，同比增长36.55%；规模以上工业增加值7.20亿元，占年度目标7.04亿元的102.27%，超进度2.27%，同比增长35.08%（现价）；利税总额1.53亿元，占年度目标1.57亿元的97.45%，实现地方财政一般预算收入0.33亿元，占年度目标0.25亿元的132.00%，超进度32%，同比增长47.32%。园区所有企业实现工业总产值30亿元，主营业务收入30亿元，工业增加值7.4亿元，利税总额1.6亿元，工业固定资产投资11.54亿元，占年度目标10.21亿元的113.03%，超进度13.03，同比增长58.30%。

【项目建设】　3月16日，富民工业园区2011年第二批8个产业类项目集中开工，项目总投资近5亿元。市领导仇和、张祖林、杨远翔、田云翔、李文荣等领导及富民县负责人出席项目开工仪式。开工的8个产业类项目分别是云南中石油昆仑燃气有限公司燃气储备、昆明光波电线电缆公司项目、昆明森江泵业有限公司水泵生产线、云南双融金属制品有限公司不锈钢制品加工项目、云南亿菱机械制造有限公司项目、昆明远实机械设备制造公司生产、昆明吉圣祥医疗器械有限公司生产销售及昆明康业医疗器械有限公司生产销售项目。

5月25日，富民工业园区2011年第三批6个产业类项目集中开工，项目总投资近5亿元。新开工的6个项目分别是：云南湘电众佳新能源有限公司风力发电项目、国电电力富民风力发电有限公司（二期）风力发电项目、云南吉人包装科技有限公司印刷包装科技材料生产项目（一期）、昆明广一建筑机械有限公司机械加工销售项目、云南天之骄子工贸有限责任公司休闲食品加工项目、云南彩丰油墨有限公司油墨生产项目。

9月6日，具有高科技含量、高附加值、高税收、环保特点的云南吉人包装科技有限公司印刷包装材料研发生产项目（二期）在东元片区正式开工，县领导杨相来、丁克明、李辽军、毕宏、黄梅、龙怒、李有科、徐玫娟出席开工仪式。

9月17日，富民县工业园区管委第四批产业项目在大营豹子沟建材工业片区开工。市委书记仇和、市长张祖林、县委书记赵学农、县长杨相来等领导及永定街道办事处、园区企业家代表、及100多名企业工人出席了富民浙江永康五金机电产业科技园项目、云南大互通钛业有限公司3万吨通用型锐钛型钛白粉技改扩能至6万吨锐钛型专用型钛白粉项目、云南国资水泥富民有限公司纯低温余热电站工程项目、云南精工塑料包装材料生产项目、云南吉人包装科技有限公司项目五大重点项目的开工仪式。

【招商引资】　2011年园区产业招商共申报招商引资项目55个，到位内资15.53（以县考核办提供数据为准）亿元，全部为工业项目，为市级下达8亿元目标任务的194.13%；引进外资1108万美元，为市级下达300万美元目标任务的369.33%。

4月14日，县政府举行招商引资项目签约仪式，与云南南磷集团股份有限公司、昆明金星啤酒有限公司、云南汇和集团等7家企业签下招商引资项目。协议投资总额达47.54亿元。

6月17日，举行2011年第二季度重点项目签约仪式。签约项目共4个，分别是：云南化工冶金研究所股份有限公司超细活性氧化锌等锌系列项目、昆明海德投资有限公司投资富民工业园区北营污水处理厂建设项目、云南文斌投资有限公司、昆明市政工程（集团）有限公司水泥制品项目、云南皇派实业有限公司塑钢扣板生产项目。

8月4日，县委、县政府在明熙苑山庄举行第三季度招商引资产业项目签约仪式，县级四套班子领导及云南盛德仓储物流中心建设项目、云南精工塑料包装材料生产项目负责人出席签约仪式。

【园区建设】 按照“工业上山”、向山坡要地的开发建设思路，2008年以来，工业园区已累计收储和开发工业用地6122亩，采取市场化建设方式投入各类建设资金4亿元，完成基础设施项目29个、在建9个；工业园区开发建设面积累计达到6平方公里，建成区面积累计达到4平方公里。投资5350.8万元的东元3.6万平方米标准厂房（一期）和1500米市政道路建设全面竣工。以北营钛产业、东元生态食品加工、大营新型建材产业、麦竜环保科技产业、哨箐机械加工、麦竜精细化工、火梨板中小企业创业为重点的专业产业片区建设已初具规模。省工信委将富民县列为“省级新型工业化示范县”，并列入省级重点工业园区。

工业园区公共租赁租房建设。项目选址于永定街道大营村委会大营上村，东至富民铝矿厂生活区，南至108国道，西至磨粉厂，北至安泰特种建材厂。2011年公租房项目指标300套（实际建设374套），规划总用地面积10118.56平方米（15.19亩），总建筑面积25378.65平方米，项目建设总投资约6561.64万元，项目于2011年9月30日开工建设。工业园区污水处理厂。项目位于北营村委会得乐村，占地面积46亩，已完成征地及场地三通一平，完成平面布置图及地勘。园区管委会于6月17日与项目合作方签订污水处理厂建设框架协议，于7月12日签订了项目投资协议，7月25日园管委会移交项目相关技术资料，投资方进场工艺方案已经确定。11月15日已完成环评报告并报请省环保厅组织专家评审。

【园区土地开发】 2011年收储土地面积1967.3548亩，“五通一平”面积达到650多亩。其中重点开发建设大营豹子沟建材片区，建成大小地块20多块，最大面积160亩，最小面积20多亩，满足了各企业不同建设规模的用地需要，到12月底，所有地块均已供给入驻企业，已有部分企业开始进行标准厂房的建设；同期建设的公共租赁住房配套建设项目，将有效解决周边企业职工生活需求，大营豹子沟建材片区将成为一个产业高度集中，配套较为完善的建材生产加工核心区。

【入园企业】 2011年，园区实施招商引资项目共计44个，协议投资82.54亿。其中：亿元以上项目16个，协议总投资71.33亿元；已开工项目20个，协议总投资13.06亿元，其中亿元以上项目新开工3个，协议总投资5.1亿元。截至2011年12月底，富民工业园区共入驻企业103家，其中：建成投产企业55家、在建企业共48户。规模以上工业企业21家、销售收入过亿元企业5家；省、市认定企业技术中心1个、高科技企业1户。2011年，富民工业园区钛白粉年产能规模达到10万吨，预计2013年达到15万吨、2015年达到20万吨，生产规模居全国前列

【机构设置】 富民工业园区管委会现设综合办公室、招商局、经济发展局、规划建设局、组织人事局、国有资产管理有限公司6个内设机构，共有干部职工40人，其中领导5人（含挂职1人），事业人员8人，抽（借）调5人，招聘22人。

【任职领导名单】

党工委书记、管委会主任　李灿辉
副书记　毕云强（至5月）
　　　　李有科（副县级6月任）
副主任　徐玫娟（副县级，挂职）
副书记，常务副主任　杨　键
副主任　王九飚（至3月）
　　　　昂敏辉（6月起）

华宁工业园区

【概况】 2011年，华宁县工业园区按照“经济发展项目化，产业发展园区化，园区工业新型化”的思路和“以园招商、以商建园、强企兴园、协同发展”的导向，重点把握园区平台建设、土地收储开发、项目招商引资、企业入园发展等工作，突出土地征用、基础设施配套、项目落地开工、项目推进与竣工投产等重点，全面推进工业园区建设。1~12月新增投资1000万元以上企业5户，竣工投产企业3户，入园企业总数达47户；资产总额166597.2万元，同比增长22.4%。完成固定资产投资56017万元（园区管委会下属华宁县华融投资有限公司投资4200万元），同比增长7.2%；工业总产值完成125000万元，同比增长47.1%；工业增加值完成37500万元，同比增长44.2%；实现销售收入126000万元，同比增长38.5%；利润总额-1774万元，同比减亏40.2%；上缴税金3789.1万元，同比下降15%；从业人

员3181人，同比增长11.2%。园区投资规模、经济总量、就业水平、经济效益不断提高，磷化工、陶瓷建材、生物资源加工3大产业成为园区支柱产业，工业园区成为华宁开放型经济的重要载体和产业聚集的重要平台。

【项目建设】　加强与项目业主沟通联系，及时协调解决项目建设过程中出现的困难和问题，全力推进总投资2亿元的云南中南长兴磷业有限公司4×1.25万吨黄磷、总投资1亿元的云南活发磷化公司2×1.25万吨黄磷、总投资4980万元的云南兴阜磷化工有限公司年处理120万吨磷矿石浮选、总投资1500万元的华宁同创工贸有限公司年产4万吨工业级轻质碳酸钙、总投资3000万元的华宁县农副食品加工小区等生产性项目建设，全年完成投资2.5亿元，累计完成投资6亿元。总投资3亿元的玉珠公司日产3000吨水泥熟料、总投资5000万元的华宁星程活性氧化钙有限公司年产40万吨活性氧化钙、总投资1300万元的云南科力电气设备有限公司年产600套电控柜等项目顺利建成投产；加强对已竣工投产的中轻依兰华宁磷化工公司2×1.25万吨黄磷、中泰鼎越陶瓷有限公司日产2.5万片琉璃瓦和3000平方米劈开砖、华宁昌盛工贸有限公司年产300吨食用核桃油、金鹿农机产业园年产10000台农用拖拉机等项目的协调服务，促进竣工项目达产增效。通过投产项目的达标生产、停产项目的恢复生产、在建项目的建成投产，确保新的产能增长，扩大园区经济总量。

【招商引资】　先后与省内外知名企业（集团）签订了年产120万吨氧化球团、年产600万平方米陶板、年产700万只纸箱等生产性建设项目投资合作协议，协议总投资6.5亿元，引进了一批投资规模大、创税能力强、新增就业岗位多的企业落户华宁；按照“签约项目抓开工”的工作要求，协助投资方在最短时间内完成土地征用、项目备案核准、环境影响评价、压覆矿产资源评估、供水供电等前期工作，力促签约项目早开工。总投资15870万元的华宁康宏球团工贸有限公司年产120万吨氧化球团、总投资1200万元的年产3万吨氯化钙和1万吨氟硅酸钠、投资1000万元的华宁县永诚药业生物科技发展有限公司年产1000吨金银花加工等项目顺利开工建设；总投资20000万元的云南活发磷化有限公司年产600万平方米陶板、总投资34500万元的华宁县顺昌工贸有限公司年产20万吨铸件、总投4399万元的云南华宁坤泰碳素有限公司年产10万吨再生双面白卡纸、总投资2500万元的玉珠水泥有限公司日产600吨活性石灰、总投资1330万元的云南汇鑫磷化工有限公司年产1000吨磷铜合金生产项目、总投资1300万元的云南华宁宁海包装工业有限责任公司年产700万只纸箱等项目前期工作有序推进。

【基础设施建设和土地收储】　充分发挥华宁县华融投资有限公司的作用，多方筹措资金进行园区基础设施建设。通过商业银行贷款、外商直接投资等方式，全年共融资4200万元，用于园区水电路建设和土地收储。投资1200万元，完成“一园四片区”水电路和排污、通讯基础设施项目建设；完成莲花陶瓷建材片区两条支道和临时供水工程，优化片区路网布局；启动实施35kV新城变电站至片区供电线路架设工程；完成老里箐调水及管网建设项目前期工作；完成总投资1000万元的新庄轻工业片区长1500米、路幅12米的主干道建设项目招标前期工作。认真贯彻落实省政府185号文件精神，启动《云南省华宁磷化工循环经济特色工业园区建设总体规划》修编；完成《华宁县低丘缓坡土地综合开发利用华宁工业园区新庄片区实施方案》编制上报工作，用足用好用活土地新政策，拓展园区发展空间；按照县政府出台的《华宁县工业园区土地收储实施意见》，投资3000万元，完成园区710亩土地收储开发，保障项目用地需求。

【任职领导名单】

主　　任　邓从寿

副 主 任　孙运鸿

主任助理　陈光云

（普文祥　郭世伟）

宾川工业园区

【基本情况】　2001年，宾川县首次提出建设工业聚集平台——工业小区。2003年，宾川县首期征用148亩土地，建设杨公箐工业小区，先后引进14户企业入住，2008年小区建设已达到饱和状态。随着县域工业化进程的不断加快，原有小区远远不能满足工业发展需要。2009年县委、县政府提出了“一园多区”的建设思路，并把园区命名为“宾川福源工业园区”，园区规划总面积为12.74平方公里，园区由生物资源产业区、加工制造产业区、能源产业区三区组成。2011年，县委、县政府决定将原“宾川福源工业园区”变更为“宾川工业园区”园区规划总面积调整为30平方公里以上，园区由生物资源产业区、建材产业区、山地片区、能源产业区共四分区组成，新增山地工业片区。

【主要经济指标完成情况】　2011年，园区完成工业总产值241325万元，同比增长33.42%；完成工业增加值58215万元，同比增长26.4%；完成工业税金12653万元，同比增37.6%，税收超500万元企业达7户，其中超千万元企业达4户。工业税金占财政总收入36726万元的34.5%；完成非电工业固定资产投资32781万元，同比增长50.96%。规模企业：完成主营业务收入105471万元，同比增37.9%；实现增加值33083万元，同比增长55.5%；实现利税总额5256万元，同比增长20.4%；实现利润总额2483万元，同比增长7.8%；规模企业中有5户企业发展为亿元企业，其中：有两户产值超2亿元，全县有6户企业产值超亿元。全年新增规模企业2户，规模企业达11户。实现出口创汇5614万美元；年末从业人员达13500人。

【规划及产业布局】 生物资源产业区规划面积为4.6平方公里。主要发展以葱蒜、葡萄、桔果、核桃等农特产品精深加工业、食品加工、饮料制造、包装印刷、冷藏和仓储物流等产业。

建材产业区规划面积为5.6平方公里。主要发展水泥及水泥制品加工、新型建材、石材加工、卫生洁具等产业。

山地工业片区规划面积约20平方公里。主要发展装备制造、机械加工、零部件生产、家具制造、旅游产品加工等产业集群。该片区地域开阔，扩展空间大，是宾川工业发展的核心增长极、是支撑销售收入超100亿元的主要区域，也是宾川未来5年重点打造的万亩山地工业片区。

能源产业区是虚拟型产业区。主要发展水能发电、风能发电、太阳能发电和采矿业等。

【项目建设】 鲁地拉电站建设概算投资208.588亿元的，装机216万千瓦，现已完成投资61.4亿元。装机4.2万千瓦，渔泡江铁川桥电站建设概算投资49988万元，现已完成投资44300万元；概算投资6758万元，容量50000KVA的110KV变电站项目项目前期工作有序开展；概算总投资5.4亿元装机49.5兆瓦斗项山风电项目，已完成项目规划设计、可研、进场道路、场内道路规划设计、立项报批及土地征占用工作；概算投资17600万元的年生产5万吨燃料乙醇、3万吨有机肥建设项目，已完成投资8923万元；概算2600万元的农副产品二期改扩建项目已于2011年3月启动建设；概算投资1710万元，年产加工1500万套农产品包装箱及冷库建设项目已于6月26日投产；投资1245万元的农副产品冷储及商品化处理加工项目已启动建设。日产水泥熟料2000吨的新型干法旋窑水泥生产线，2011年可生产水泥50.4万吨，日产3000吨水泥熟料生产线（配套石灰石矿山及7.5MW纯低温余热发电），现已完成水泥熟料项目的可行性研究报告及规划设计，2011年7月29日省工信委已同意开展项目前期工作；宾川川云铸造有限责任公司全年实现产值5438万元，上缴税金1589万元；宾川县大丰工贸有限责任公司投资11600万元、年洗选40万吨原煤生产线建设一期顺利投产，实现销售收入25554万元，上缴税金3075万元；概算投资6100万元的年产10000辆农用机械等生产线改扩建技改项目，一期工程已于2011年10月27日建成投产；概算投资1700万元，年产550万只泡塑生线技改项目，已于2011年4月建成投产。宾川鸡足山明泉有限责任公司年产9万吨矿泉水生产线技改项目已进入正常生产阶段。年产5万吨磁铁矿项目正开展选矿等前期工作；大营宝丰寺日处理600吨硫铁矿选厂建设，继续开展掘进采矿及水保、环保工作。

【基础设施建设】 杨公箐工业小区先后完成投资956万元，完成了小区规划、环评、五通一平、道路建设及绿化美化工程。完成了加工制造产业区投资870万元，长2.7公里的水泥道路建设。

【招商引资】 2008年以来，县委、县政府不断更新观念，创新举措，树牢“招大商、引大资”理念，强化“央企入宾，滇企入宾”招商工作，主动走出县门与大企业大集团洽谈，制定出台“一企一策”招商引资优惠政策，有效促进了全县工业招商工作的快速推进。3年来，引进央企4户、台企2户、滇企4户，为宾川工业发展提供了强大的动力。在能源开发方面：先后引进中国华电、中国大唐等公司开发水电项目，总装机222.36万千瓦，概算总投资221.18亿元，2011年累计投入资金达61.4亿元。引进概算总投资82.15亿元，分别由国投华靖电力、云南大唐国际、华能新能源等国企进行太阳能、风能发电项目开发项目。在生物资源开发方面：引进台资企业宽恳公司和国巨公司，重点投资农副产品加工项目，其中:宽恳公司已发展成为宾川第一户主营业务收入超亿元的工业企业；国巨公司概算投资3500万元建设年产9800吨葱蒜生产项目已投产运行。引进昆明钢铁控股有限公司对水泥生产线进行控股经营，先后成立了大理昆钢金鑫建材有限公司、云南华云金鑫生物科技有限公司、宾川大丰工贸有限责任公司，分别对水泥建材、燃料乙醇、煤炭洗选等项目进行开发。3个公司签约资金共计45160万元。引进中国众邦公司对宾川石材资源进行开发，协议资金6200万元。

【土地收储】 2008年以来，共完成工业用地收储754.3亩，其中：完成生物资源产业区343.4亩土地、加工制造产业区410.8亩。

【任职领导名单】

园区领导小组办公室主任　李　兴

园区领导小组办公室副主任　余　军

（江素春）

禄劝工业园区

【基本情况】　禄劝工业园区管委会成立于2006年4月，2009年2月被省工信委纳入省级工业园区管理。规划控制范围28.8平方千米，规划用地范围14平方千米，布局分为“一园三片”，即：崇德片区、屏茂片区、普渡河片区。崇德片区规划用地范围11.24平方千米，以钛产业、磷化工、建材等为主导产业；屏茂片区规划用地范围1.82平方千米，以农特产品加工为主导产业；普渡河片区规划用地范围0.94平方千米，以水电、电石乙炔为主导产业。

【各项指标完成情况】　2011年，实现规模以上工业增加值1.7827亿元，完成目标任务数的117.28%；规模以上工业主营业务收入完成5.56亿元，完成目标任务数的118.29%；完成规模以上工业企业利税总额0.58亿元，完成目标任务数的103.57%；地方财政一般预算收入完成0.3676亿元，完成目标任务的306%。完成基础设施投资1.6108亿元，完成目标任务数的107.3%；协议收储土地931.1057（预收储）亩，完成目标任务的116.3%；工业固定资产投资完成8.17亿元，完成目标任务数的129.27%；新增规模以上工业企业1户，完成目标任务数的100%；亿元以上工业项目开工2个，完成目标任务数的200%；亿元以上工业项目竣工4个，完成目标任务的400%；实际引进到位内资额为8.54亿元，完成目标任务数的106.75%；实际引进到位外资额为200万美元，完成目标任务数的400%。

【基础设施建设】　2011年，通过争取上级支持、县级投入、银行贷款等建设方式，园区基础设施建设实现快速推进，园区1号路二期、2号路路面硬化、3号路路基开挖、球团项目支路、新龙磷化工项目支路已建成通车，基本实现了园区主干路网互联贯通的目标，园区远期供水设施——战备水库大坝主体工程2011年全面完工，至此工业发展平台逐步完善，基本形成水电路配套，初步具备项目落地的园区发展格局。

【招商引资】　2011年签约项目顺利入驻，新入园项目7个，年底入园企业达55户，其中规模以上企业12户，年内新开工项目顺利推进，在建项目实现快速推进，部分企业已完成设备安装，进入试生产阶段。竖炉球团项目、恒安电冶电石、铅厂电站、鲁基产电站等亿元项目相继建成投产。

【任职领导名单】

书　　记　杨志武（兼）

管委会主任　张　俊（兼至11月）

管委会分管领导　杨文志

管委会常务副主任　赵　洪

管委会副主任段　光　银（兼）

（王成江）

寻甸特色产业园区

【概述】　寻甸县是云南省40个工业发展重点县、昆明市新兴的重化工业和能源基地和重要的农副产品生产、加工和供应基地。寻甸特色产业园区是云南省8个特色产业园区之一，寻甸特色产业园区于2006年11月组建园区筹建领导小组办公室，2008年4月30日正式成立园区管理委员会，管委会为县委、县人民政府派出机构，采取以实体化管理为主。园区规划核心区总面积33.2平方千米，2011年末，园区共有入园企业54户，其中规模以上工业企业17户，从业人员7560人，已开发面积达6000亩。

【主要经济指标完成情况】　2011年，寻甸特色产业园区工业增加值完成10.32亿元，完成目标任务10.31亿元的100.09%；主营业务收入完成42.25亿元，完成目标任务42.23亿元的100.05%；工业利税总额完成4.11亿元，完成目标任务4.11亿元的100%；地方财政一般预算收入完成0.666亿元，完成目标任务0.64亿元的104%；基础设施投资完成3.14亿元，完成目标任务3亿元的104.7%；新建标准厂房3.8万平方米，完成目标任务3万平方米的126.7%；工业固定资产投资完成25.2亿元，完成目标任务24.98亿元的100.8%；新增规模以上企业3户，完成目标任务1户的300%。

【招商引资】　2011年新引进中国·昆明泛亚国际林业产业园、华卿亿安生物有机肥、黄玉建筑塑料模板、陶粒砖、PVC-U塑料型材、园区天然气利用、改性沥青和乳化沥青生产、医药包装用丁基橡胶瓶塞、天然橡胶子午线轮胎橡胶和塔吊生产等项目10个，完成招商引资内资15.7亿元，完成目标任务8亿元的196.6%，完成外资300万美元，完成目标任务120万美元的250%。

【基础设施建设】　“凤龙湾”调水项目。工程预计投资1.75亿元，新建凤龙湾水库至园区金所片区引水管线及水处理厂一座，建成后可实现日供水15万立方米。2011年6月10日工程正式开工建设，进展情况为：全面完成工程设备招标；基本完成施工图设计；工程建设土地征用、安评、环评、矿产压覆、林勘等前期工作正在办理中；施工队伍已进场，正开展地勘、测量等工作。

道路建设项目。羊街片区装备制造园主干道A、B、C、D线路基工程建设，工程投资5021万元，A、B线分别于2月、3月开工，现已完工，C、D线因无征地资金，暂未动工；

园区金所片区原砖瓦厂住宿区道路建设，工程投资约600万元，3月开工建设，现已完工；园区金所片区5号路路基工程建设，投资530万元，2月动工，现已完工；园区金所片区1号路延长线路基工程建设，投资约560万元，6月开工，现已完工；园区金所片区1、5号路路面硬化、绿化和亮化工程建设，总投资4571.8万元，现已完工。

【土地收储】 2011年完成土地收储2523亩，完成目标任务2500亩的100.9%。

彝良工业园区

【综述】 彝良县工业园区的雏形是2004年3月昭通市委、市政府批准成立的“彝良县洛泽河矿冶加工基地”，属于全市“三基地一屏障”发展战略的重要组成部分。2008年8月彝良县委批准成立了“彝良工业园区”，与“彝良县洛泽河矿冶加工基地”合署办公。彝良县工业园区由“一园五区”组成，总体规划面积20.22平方千米。“五区”指“新场工业区”、“大寨龙潭工业区”、“柳溪工业区”、“奎香工业区”、“小草坝工业区”五个工业深加工区。园区设工委、管委、纪工委，下设党政办公室、综合科、科技咨询中心（规划发展科、招商引资办公室，待批）；县直单位派驻机构有国土分局、安监分局、环保分局、检察室和派出所；园区组建下属公司有彝良乾润融资担保有限公司、彝良永昌矿电开发投资有限公司。

截至2011年年底，批准入园企业19户，其中，铅锌企业1户，煤矿企业8户，煤炭深加工企业3户，建材企业2户，水电开发企业3户，硅矿企业2户。

【主要指标完成情况】 2011年，园区实现工业总产值172587万元（现价，下同），同比增长69.5%（现价，下同）。其中铅锌企业实现工业总产值53266.8万元，同比上升73.8%；煤炭企业实现工业总产值70491.2万元，同比增长57.4%；天力煤化有限公司实现工业总产值41303.2万元，同比增长182%；滇能洛泽河流域发电有限公司实现工业总产值5406.7万元，同比下降27.9%；毛坪水泥厂实现工业总产值1175.1万元，同比下降63%。完成税务费收入22670万元，其中税收13659万元，规费9011万元。

2011年，园区全部企业增加值为74067.86万元。其中铅锌企业增加值为24215.09万元；煤炭企业增加值为45655.46万元；滇能洛泽河流域发电有限公司增加值为2260万元；水泥厂增加值为495.19万元；天力煤化有限公司电石增加值为3442.12万元。

【固定资产投资】 2011年完成投资129367万元，同比上升41%。毛坪水泥厂完成投资10325万元；瑞源水电开发有限公司柳溪电站完成投资6412万元；格闹河水电开发有限公司完成投资22300万元；云南旺立达矿业有限公司（含小发路煤矿）完成投资26420万元，其中，30万吨高密度增温还原剂项目完成投资12210万元；天力煤化有限公司完成投资45506万元，其中，天力煤化有限公司20万吨电石项目完成投资6500万元，30万吨/年煤炭洗选厂完成投资4750万元，年产5万吨大规格碳素电极项目完成投资8850万元；云南驰宏矿业有限公司完成投资10391万元；昌盛煤矿完成投资3000万元；发路联营煤矿完成投资2000万元；巴抓正友煤矿完成投资2013万元；泽云鼎完成投资1000万元。

【招商引资】 2011年，新引进的企业有黑龙江七煤集团（后注册公司为：彝良县龙宇新型建材有限责任公司），进驻彝良进行新型环保砖的生产。

【基础设施建设】 彝良工业园区办公楼建成完工，已于2011年3月16日搬入正式办公。新场工业区吴红二级路全面贯通，同时，昭彝二级路、彝岔二级路已全面贯通，即将启动彝牛二级路建设，正在对新场工业区道路交通和供排水管网进行设计。目前，新场工业园区内的新场110kV变电站和发界220kV变电站已建成，小草坝110kV变电站和奎香110kV变电站已启动建设。

【土地收储情况】 园区于2011年6月已完成土地收储整理开发项目实施方案编制、土地报批等前期准备工作。计划投资13732.5万元收储土地面积980.031亩，其中自筹3732.5万元，向银行申请贷款10000万元。通过努力，10000元贷款已于12月底获得。

【年度任职领导】

工委书记　向树阳
管委会主任　马　灿
管委会副主任　唐毅
纪工委书记　韩自勇

永仁工业园区

【综述】　永仁县工业园区管委会于2008年2月成立，几年来，紧紧围绕“科学发展、富民强县”的工作思路和着力打造“工业大县、经济强县”这一目标，坚持“工业立园，产业聚集”的发展战略和“依托城区，开发园区”的发展思路，充分发挥永仁区位和资源优势，筑巢引凤。突破了工业发展瓶颈，推动全县工业经济健康发展，已形成“一园四片区”的发展格局，入驻企业达28户。

2011年，工业园区工业总产值完成6.12亿元，同比增长144.8%，完成州考核目标任务3.5亿元的174.8%；税收完成2468万元，同比增长139.3%；工业投资完成41748万元，同比增长438%，完成州考核任务40511万元的103%；基础设施投资完成1138万元，同比增长127.6%，完成州考核任务675万元的168.6%；园区新入驻企业6户，总入驻户数28户，完成州考核任务3户的200%；园区完成标准厂房建设13700平方米，完成州下达任务10000平方米的137%。

【基础设施建设】　水、电、路等基础设施建设稳步推进。一是经过努力筹措资金140万元，架通县城至永仁工业循环经济示范片区7千米的生活用水管道，解决生活用水问题。二是筹措资金60万元，在永仁工业循环经济示范片区的永定河麦拉段建设2#滚水坝，经测算蓄水4.5万方，能解决园区入驻企业2个月的工业用水。三是筹措资金350万元，架通6.985千米的35kV的输电线路一条，该条输电线路能解决2个企业年产3万吨高钛渣的生产用电。四是投资270万元，硬化宽6.5米长2.2千米园区道路，解决园区入驻企业交通不便的问题。五是投资30万元，修缮工业园区管委会办公用房。六是投资200万元，完善永仁生物产业示范片区的污水管网建设工程，将园区内入驻企业的生产污水全部排入县污水处理厂，彻底解决企业生产污水对周边群众生产生活的影响。七是投资2万元，完善园区的绿化，改善工业园区环境。

建好永仁工业循环经济示范片区廉租房建设工作。廉租房建设工作于2010年6月启动，园区廉租房80套4000平方米，2011年投入资金438万元，保证了园区廉租房在12月正式投入使用。

完成标准化厂房建设工作。2011年，永仁盛源钛业有限公司、永仁壮农农业科技经贸有限公司、永仁磊泰矿业有限公司投资1370万元完成13700平方米的标准化厂房建设任务。

【园区管理服务工作】　良好的投资环境是吸引投资和招商引资的重要条件，也是一个地方开放程度的重要标志。因此把投资环境作为园区发展的生命线来抓，摆上更加突出的位置，采取有力措施，进一步加强服务，创优投资环境。

一、加强完善了园区管委会制度建设。严格了职工考核机制，建立工作激励机制，增强了职工工作责任感，提高了服务意识。

二、面对百年不遇的干旱，抓好园区抗旱保供水供电工作，确保干旱缺水之年园区企业正常生产。一是及时召开入驻企业业主座谈会，充分认识当前旱灾的严峻性；二是加强园区水厂供水管理服务，积极向上争取资金，对企业供水管网及抽水站设备进行改造维修。提高供水保障率，减少供水过程中不必要的损失；三是组织精干人员，多方寻找水源、协调水源，保障水源能供水供足。采取导水、协调库坝放水、打深井等力保企业正常生产生活用水；四是积极向上争取用电指标，保障企业用电需求。从而达到工业循环经济示范园区内不因干旱缺水、缺电使一户入园企业停产，确保了企业的正常生产。

【信访工作】　把矛盾纠纷排查调处工作经常化、制度化、法制化，充分发挥调解工作“第一道防线”作用。及时发现调处、化解各种不安定因素，建立永仁县工业经济调解委员会调解机制，加强信息沟通，增强派出所、片区警务室、联防队、劳务监察大队等部门深入开展矛盾调解工作的力度，重点抓好了征地、企业用工、企业环境污染等矛盾纠纷调处工作，提高纠纷的调处率，妥善处置好群体性事件，防止和减少因处置不当而激化矛盾的现象。按照“零进省、少去州”的工作目标，切实做好重点人员的思想教育和稳控工作。2010年，共调处9起，调处率达100%；处理信访案件5起，化解5起，化解率达100%。把矛盾纠纷和隐患消灭在萌芽状态，做到了矛盾纠纷不激化，切实维护园区稳定大局，促进工业园区的健康平稳发展。

【做好企业协调服务工作】　一是继续实行重点企业挂牌保护制度，对原来已挂牌保护的企业继续挂牌保护，对新来的重点企业报纪委审查后挂牌保护，现挂牌保护的企业达15户，保护企业合法经营的浓厚范围已经形成。二是抓好企业的煤、油、水、电、运的协调工作，全年共协调煤、油、水、电、运44次，确保园区企业正常生产。三是加强与各部门的沟通协调，为投资者提供“一站式”服务，对工业项目的立项、证照办理、用地手续保件核定税费、子女入学等协助办理，坚持做到项目审批“一条龙”服务，建设中全方位服务，投产后全过程服务，解除投资者后顾之忧，促进项目的较快推进。

镇雄工业园区

【综述】 镇雄工业园区是以煤电煤化工产业为龙头，以生物资源开发与加工、现代物流、建材及其配套、硫化工为扩充，以现代服务业为保障的特色工业示范园。园区定位为“煤电煤化特色工业园区”，辖“一园五片”，总面积34.5平方千米，分别是：10.2平方千米的塘房、泼机煤电煤化建材及配套片区；6.1平方千米的坪上煤电煤化及配套片区；6.1平方千米的五德大火地生物资源开发与加工片区；5.1平方千米的以勒现代物流片区；7平方千米的芒部松林煤化工、硫化工片区。产业发展目标为围绕煤电（主要依托东源、华电）、煤化工（以烯烃为代表）、硫化、建材、生物资源加工五个产业为重点，打造镇雄新型工业化核心区，同时培育壮大以勒现代物流园区（依托成贵、隆黄铁路）。截至2011年年底，镇雄工业园区入园企业共有5家，分别是云南华电镇雄电厂、东源煤业集团、三和建材、五德电石厂、牛场黎明化工。

【机构设置】 镇雄县工业园区设“镇雄县工业园区管理委员会”（以下简称“管委会”）作为园区管理机构。设4个科室，即党政办公室、规划建设科、重点项目办、综合科。

【招商引资】 园区管委会认真落实县委政府出台的招商引资优惠政策，多渠道多形式开展招商引资工作，并取得初步成效。先后引进了江苏雨润集团、福建新同兴针纺织有限公司两个大项目，并签订了投资意向协议。

雨润集团计划投资3.5亿元，建年屠宰200万头生猪加工项目，并与县委政府签订了《年屠宰200万头生猪产业化项目协议书》，公司名称为“镇雄福润肉类加工有限公司”。注册资金1000万元，项目建成投产后将实现年产值40亿元，利税6000万元。同时，市县领导高度重视，不断加强与雨润集团的对接联系，雨润方又与我县签订了年产30万吨饲料加工协议，计划投资1.5亿元。

福建新同兴针纺织有限公司计划投资12亿元，建纺织、印染和服装加工项目。2011年10月20日，该公司与镇雄县委政府签订了投资意向协议书，在县委政府和有关部门的大力支持下，建设前期各项工作正有序推进。该项目建成投产后，预计年产值可达20亿元。

【基础设施建设】 2011年，管委会紧紧围绕县委“123456”的发展思路，紧盯“工业强县”发展战略，按照“总体规划、分步实施、快速推进”的原则，扎实推进五德片区基础设施建设工作。迅速开展了该片区标准化厂房、市镇道路、污水处理厂等项目的详规、地勘、招投标、施工设计等工作。一是积极加强与国土部门的对接联系，聘请中介机构做好项目用地报件，确保项目建设用地的规范化、合法化。二是加强与供电公司的协调联系，在供电公司的不断努力下，该片区110kV变电站立项申请已经省发改委核准。三是五德大火地片区供水厂施工图设计工作已完成，即将进入建设施工阶段。四是五德片区北部安置小区修建性详细规划及设计工作已完成并通过评审。五是园区标准化厂房、市政道路、污水处理厂项目设计招标工作已全面完成，现已进入施工图设计阶段。六是园区通讯、广播电视、网络等配套设施已完成项目规划，管委会正加紧协调相关部门尽快启动建设。

【土地储备】 为做好园区基础设施及拟建项目的用地储备，经县人民政府同意，管委会与具备土地勘界资质的昆明杰宏测绘科技咨询有限公司签订了土地勘测定界协议。完成了五德大火地片区400亩土地和芒部松林片区100亩土地的勘测定界。

【任职领导名单】

主　　任　朱嘉友
副 主 任　蒋　勇
　　　　　刘　志
工委书记　邓书举

昆明船舶设备集团有限公司

大型机场行李处理系统翻碟式分拣机

昆明船舶设备集团有限公司隶属于中国船舶重工集团公司，是军民结合的高新技术企业集团,在我国烟草制丝成套设备、打叶复烤成套设备、自动化物流系统及装备、民用机场通用装备等领域处于技术领先地位。资产总额逾60亿元。

昆明新机场国际行李到达水平转盘

昆船公司凭借多年自动化物流装备制造和系统集成的技术和经验，依托装备制造、系统集成、单机开发的优势，投入巨资，以昆明新机场建设工程为平台和载体，精心组织实施昆明新机场行李分拣系统、信息工程、弱电工程，开发了翻碟式分拣机、DCV、转盘、弯道机、水平分合流、值机、推板分流等十余类具有自主知识产权、能够替代进口、打破国外垄断的行李处理专用设备，昆明新机场行李处理系统除托盘分拣系统外，全部采用国产化设备，大大降低了项目的建设和维护成本。

昆明新机场值机岛开包间CT安检

项目获得国家发改委、财政部、工业和信息化部的重大装备国产化立项，列为第一批智能制造装备发展专项项目，云南省人民政府与中船重工签订战略合作协议，全力支持昆船打造成为中国最强最大的现代民用机场通用装备研发及产业化基地，高效、优质、规范形成国产重大装备的创新成果。

自动化的空筐回收系统可以实现行李筐从分拣目的地自动回流到各个出发值机柜台

昆明新机场大件行李处理系统

行李分拣360度条码识别隧道式扫描系统

威信县大湾煤矿

市委书记夜礼斌（左三）到大湾煤矿检查工作

2012年8月20日，市委书记夜礼斌（右二），市政府副市长郎学超（右一）到大湾煤矿检查工作并听取煤矿相关领导工作汇报

2012年8月20日，大湾煤矿总工程师潘为才向到煤矿检查工作的市、县领导汇报煤矿安全监测监控相关情况

威信县大湾煤矿是由原来的小煤窑改建而成，注册资金560万元，自1999年12月建矿，2003年5月投产至今正常运行。煤矿位于威信县城北部，距威信县城约10km，行政区划属威信县扎西镇小坝办事处大湾社。地理坐标：东经105° 04′ 14″ ～105° 05′ 10″ ，北纬27° 53′ 46″ ～27° 54′ 20″ ，呈北东～南西向不规则条形体。矿区向北经威信至四川宜宾主干公路至四川珙县火车站100km，至四川泸州180km，交通较为方便。

大湾煤矿采矿权范围走向约1.64km，南北宽约0.33km，矿区面积0.4597km²，原设计能力为6万t/a，核定能力为4万t/a。为适煤炭市场不断增加的需求，大湾煤矿拟技改扩建，扩大生产规模和生产能力，由原年产6万t拟达年产9万t。

大湾煤矿矿权范围内现保有资源储量188万t，保有可采储量150万t。按矿山技改扩建后生产能力为9万t/年，回采率80%计算，其服务年限11年。

大湾煤矿工业广场占地面积约30亩，总投资4600万元，是威信县安全生产较好的煤炭生产企业。

大湾煤矿属于股份制企业并按照《公司法》和煤炭行业的要求，建立健全了各项规章制度和操作规程；企业由唐遵武先生担任法人代表，下设总经理办公室、矿长、矿总工程师办公室，安全生产办公室、防突工程队、掘进工程队、回采（采煤）工程队、机电设备/运输队、行政/后勤部、设备维修部等部门，现有职工120余人，其中包括总经理1名、矿长1名、总工程师1名、工程师1名、副矿长4名、专业技术人员49名。并通过合法程序取得采矿许可证等证照，为大湾煤矿的发展提供了强有力的保障。

大湾煤矿拥有合法开采权和品位优质的煤炭资

威信县大湾煤矿领导研究采掘工作

源，本着善用资源、科学开采、保护环境的发展原则，大量采用先进的安全生产技术和开采工艺，统一思想，坚持“安全发展、预防为主，以人为本，以诚信谋发展"的经营管理理念，认真贯彻国家对煤炭行业专项整顿精神，坚持以科学发展观为指导，重点着眼于产业结构调整，立志将大湾煤矿建设为稳定的、有序的、健康的，全面协调的可持续发展的优质煤炭企业。

威信县煤炭局局长丁开研（左一）到煤矿听取安全生产工作汇报

总经理　唐遵武

威信县大湾煤矿总经理、矿长、总工向到矿检查安全工作的相关领导汇报工作情况

威信县大湾煤矿矿长、总工等领导班子合影

矿领导研究安全生产工作

云南云酒投资

原省委书记白恩培出席展销会时，到云酒集团展位视察

省委常委、省委统战部部长黄毅到云酒江苏办事处视察

云酒入选中国国宾馆协会指定用酒

“云酒”是受省委、省政府“做大做强云酒产业”政策支持的项目和品牌，云酒集团投入巨资将被省外抢注的云酒商标带回云南，解开了云南人期盼的心结，“云酒”回归，是云酒集团对云南白酒行业的重大贡献。

目前，云酒集团聘有专兼职国家正高级酿酒师、高级品酒师8人，拥有位于云南安宁的白酒生产灌装基地，从事生产职工约1000人，营销及管理团队500多人。

“云酒”目前有三个系列产品：“云酱”、“云浓”、“云清”。它们即保留了云南独有的小曲清香型的味道，又能和目前中高端白酒市场流行的“酱香型”、“浓香型”等主流风格相融合，在酒体风格上各有侧重。定位于行政商务接待用酒的云酒，严格执行国家标准，追求高品质，打造“品质时代，云香典范”的云南白酒楷模。

2009年10月，云酒集团首提“云香”概念。云酒人首提云酒的“云香”概念，意在促成我国白酒家族中独树一帜的“云香”香型，“云香”概念的提出，是云酒集团对云南白酒行业又一重大贡献。

“云香”借鉴国家有关白酒标准，结合云南小曲清香型白酒地方标准，取各香型之所长，使“云酒”产品兼有浓香型白酒的绵柔，又有酱香型白酒的厚重，更有符合云南人民消费的小曲清香白酒的净爽，可谓三香兼备，得到云、贵、川三省白酒专家的充分肯定。

2010年10月，云酒集团云南云酒文化产业园在各级政府支持下正式立项启动，在不远的将来，一个以云南酒文化为主题，集研发、生产、博览、教育培训、营销、体验及行业相关配套为一体的主题文化产业链园区的全面建成，将极大地带动、提升云南酒企共同规范发展。

（集团）有限公司

中国国民党荣誉党主席珍藏云酒

“云酒”系列产品，严格执行国家质量标准，以其高贵的外形气质和上乘的酒质取得了和谐统一，必将成为品质时代云南白酒行业的出省名片和楷模。2012年11月6日，经云南省著名商标认定委员会评审、云南省工商行政管理局认定，云酒“云”牌商标被评定为云南省著名商标。

短短三年时间，云酒“云”牌商标从回归云南到云酒诞生到被评定为云南省著名商标，是云酒集团品牌战略的一个个重要里程碑，云酒集团以振兴云南白酒行业、做强做大云酒产业为企业使命，“立足本省，面向全国”，力争在未来3年做到云南“第一酒企、第一品质、第一团队、第一品牌”,成为云南白酒行业的第一个中国驰名商标。

云南云酒投资集团有限公司自成立伊始，始终以弘扬民族文化、打造民族品牌、振兴民族产业为企业的发展使命，其产品得到了市场的一致认可和消费者的广泛赞誉。云酒集团将通过利用整体资源和网络优势展开生产经营活动，以中兴云南白酒产业为企业使命，携手云南白酒业内同仁，为让云酒走出云南、走向全国、美誉全球而矢志不渝，不懈奋斗。

生产基地

酒库中心

中国酒业渠道影响力奖

证 书

云南云酒投资集团有限公司

产品名称：雲 云酱系列鉴藏、祥云、紫云白酒；云浓系列瑞云、吉云、彩云白酒；云清系列锦云白酒

全国质量检验稳定合格产品

（2010-2012年汇编宣传证明）

中国质量检验协会

二〇一二年六月二十六日

编号：中检协证明（2012）HB353号

在线查询：中国质量网（http://www.11412365.cn）

全国质量检验稳定合格产品

证 书

云南云酒投资集团有限公司

全国质量诚信承诺示范企业

（2010-2012年汇编宣传证明）

中国质量检验协会

二〇一二年六月二十六日

编号：中检协证明（2012）CN353号

在线查询：中国质量网（http://www.11412365.cn）

全国质量诚信承诺示范企业

地址：云南省昆明市滇池路799号滇池大厦五楼 网址：www. yunjiu. net 客服热线：400—88—95989

滇云酒业有限公司

滇云酒业有限公司位于云南昭通。是一家拥有精良技术和独特酿造方式的现代专业白酒酿造企业，根据云南省关于开发省内自主酿酒工业项目的规划，厂区选址紧邻金沙江、白水江、赤水河畔的盐津县中和镇工业园区，重点发展“滇和液”品牌白酒酿造、储存、包装及相关配套产业。我们秉承社会责任，促进社会和谐，致力于打造中高端商务接待品牌用酒，团队致力于“精心酿酒，诚信做人”的原则，以科学的管理模式，现代的经营理念稳步发展。并以实行总经理责任制，设置科学的生产管理系统。

企业优质白酒生产基地为配合中和镇的古镇模式，依托当地的人文气息及绝尘净域，将云南的多彩文化注入到产品内涵之中，“滇和液”酒意味着“和谐、高贵、笃定”，和则谐，和为贵，和之美，滇和液酒之和，因谐而高贵为善，因笃而谦和之美，传承滇昭神韵，和谐天成；以五谷为品，以甘泉为格。要让消费者在品酒的同时还能品味出一种让人神往的云南味道。在当地政府领导重视，

企业还配合中和镇打造风情水乡的目标，投入大量资金对生产基地进行绿化和水体打造，用分级筑堤的方式，将清冽的小溪沟形成环绕整个基地的水体，致力打造一片园林式观光型白酒生产基地，用以彰显企业的形象和文化，向参观者体现拥有云南地方特色的园林工程，要让参观者在领略美丽园区风光的同时，还能有“水是酒的生命，好酒须上水”的感悟。

公司始终坚持秉承五粮浓香古法酿造技术，在公司先进的酿酒设备以及顶尖酿酒人才的带领，严格按照传统工艺和现代改革的科学方法进行生产，依靠科技进步和人才的引进，将白酒品质在首位，再加上100%的纯粮打造，其自然健康，且更是给人一种甘香浓郁，甘而不腻的美感。“滇和液”系列名优白酒从酒类生产、化验、勾兑、包装等环节严格把关，保证产品质量，不断创新白酒酿造技术，并从选粮、做曲、粉碎、发酵、蒸馏、分级取酒到分级储存都形成了一套规范的生产流程，力争做品质，树品牌。

通过企业员工的不断努力，滇云酒业技改项目已列入2011年云南省工程重点工业项目和“十二五”酒产业发展专项规划，“滇和液”品牌已列入云南省政府重点培育的具有民族特色、文化内涵的、优势品牌酒，跻身云南省八大名酒之一。“滇和液”酒在第十九届中国昆明进出口商品交易会暨第四届南亚商品展上更是重点品牌推荐项目之一。

公司在不断巩固发展酿造技术的同时，加强管理建设，建立健全组织管理机构，不断完善质量管理体系，凭借着质量稳定的产品赢得了消费者和广大行业同仁的一致认可。

云南省昭通市滇云酒业新厂区方案总图

华夏银行昆明分行

华夏银行昆明分行行长杨伟与云南省旅游局签订战略合作协议

华夏银行昆明分行副行长陶锋与云南晋商商会签订战略合作协议

华夏银行昆明分行成立于1997年12月，成立14年来，在经营业绩，形象塑造，内部管理等各方面实现了跨越式发展，资产、存款、贷款、利润等主要指标连年快速增长，资产质量始终保持较好水平。华夏银行昆明分行共设立了20个营业网点，打造了一支700多人的行员队伍，并形成了一整套适合企业发展、独具特色的企业文化体系，成为云南最具影响力的银行之一，各项业绩始终在云南股份制银行中保持领先。多年来，华夏银行昆明分行不断解放思想，锐意改革，始终秉承稳健经营、规范管理的企业理念，先后荣获由中央金融工委授予的“全国金融系统文明建设先进单位”、“云南省金融服务与创新年活动先进单位”、第二届中国银行业“好分行—社会责任奖”等各项荣誉。

随着业务结构的调整，华夏银行昆明分行深入实施“中小企业金融服务商”战略，按照银监会“六项机制”和“四单原则”，全新打造小企业金融服务体系，根据小企业不同成长阶段的融资需求特点，推出创业通舟、展业神舟、卓业龙舟三大体系共34个专项融资产品和金融服务方案，具有“小、快、灵”的特点：专注于小，满足每一个微小需求；致力于快，保证每一次快捷服务；着眼于灵，支持每一项灵活变化。全力为小企业客户提供优质高效快捷的服务和个性化金融服务方案，支持和服务云南实体经济发展。

中小企业信贷部昆明分部成立

华夏银行昆明分行客户经理走访小企业客户

云南白药集团

云南白药集团是云南省十户重点大型骨干企业、云南省百强企业，也是首批国家创新型企业，2009年获高新技术企业证书。云南白药商标被评为中国驰名商标，是公众喜爱的中华老字号品牌。近十年云南白药打造完成了从上游中药材种植加工、产品研发到下游精品生产销售流通的完整产业链。集产、学、研于一体；具备了国内一流的生产工艺、设备和物流流水线，是拥有两个国家一级中药保护品种，自有产品和核心技术的大型现代化制药集团。2011年，云南白药集团实现营业收入113.12亿元，同比增长12.28%；净利润12.11亿元，同比增长30.74%,总资产90.91亿元，同比增长19.1%继续保持良性发展态势。主要经济指标年均复合增长率保持在30%以上。

云南白药集团物流中心信息化集成运用项目由云南白药和九州通医药公司结合云南白药物流实际共同设计开发。是国内最大、最先进的全自动医药物流中心之一，也是西南地区最大、最先进的现代化医药物流信息中心。

目前，公司拥有国家技术中心、博士后科研工作站、云南白药研究院及其各事业部研发实验室，同时与国内各科研院所保持着良好的合作关系。公司科技人员295人，其中高职30人，省级创新人才7名，享受国家津贴2人、省级津贴5人。公司博士后工作站已培养4名博士后并已顺利出站。

多年来，公司在重楼、金铁锁、三七等名贵珍稀药材种植研究和基地建设上投入已超过8000万元。公司武定基地收集和整理中药材品种达2200余个,试种重楼、金铁锁、云黄连、云木香、云当归、岩白菜等特色品种60余个；收集和保存野生重楼23种,发现和命名3个新种,建成世界上最大的重楼种质资源库和重楼种植基地。

公司近年实现科技成果转化21项，获得专利权165件，其中发明专利45件，外观专利116件，新型设计4件。企业主持和参与标准制定总数106件，其中：国家标准36件、地方标准4件、企业标准66件。2011 年我公司共申请专利24 项（其中发明专利2 项、实用新型专利4 项、外观设计专利18 项）；获准授权专利47 项（其中发明专利7 项、实用新型3 项、外观设计37 项）；申请商标注册49件中国内申请32 件，国外及港澳台地区17 件；获准商标授权92 件（其中国内授权87 件，国外及港澳台地区授权5 件）。目前公司共有云南白药系列药品、宫血宁胶囊、血塞通注射剂、风热感冒颗粒、风寒感冒颗粒、云南白药牙膏等14 个产品获云南省名牌产品称号。“云南白药”、“云丰”、“宝相花（图形）”、“云健”、“七花”、“金口健”、“千草堂”等10 件商标被认定为“云南省著名商标”。公司共登记版权4 项，在国内外已建立完善的联合商标及防御商标体系，公司生产经营服务、为集团健康产品后续发展奠定基础；

“云南白药集团整体搬迁建设项目”（包括呈贡新区产业基地及七甸原料药中心）为云南省20项重点工业建设项目之一，总投资为15.97亿元，将对集团工业制造、商业物流、科研开发、行政办公实行整体搬迁。整体搬迁项目一期工程设计产能100亿元生产规模，并配套实现商业物流规模100亿元。

2011年12月25日“云南白药产业基地落成典礼”成功举行。随着云南白药产业基地落成，整体搬迁工作顺利实施，促进了公司的产业升级、管理升级和服务升级

“云南白药集团大理制造中心建设项目”总投资为1.5亿元，项目主体工程已进入收尾阶段。按计划，项目将于2011年一季度建成投产，当年即可实现1亿元以上销售规模，能带动公司产品结构调整和产业升级，提高企业竞争力。

“十二五”期间，云南白药将围绕“新白药、大白药”的发展目标，坚持内生性增长与外延式扩张并举、销售拉动与科技创新同步的发展思路，做强主业，发展大健康产业，力争五年时间实现销售再翻一番，跻身中国医药行业第一集团军。

云南无线电有限公司

云南无线电有限公司是云南无线电厂通过“以存量吸引增量”方式引入战略合作伙伴“北京三方杰科技有限公司”，于2005年12月26日改制成立的以军工电子信息装备为主业、具有研制生产能力的国有控股企业。公司注册资本金5352万元，其中，云南省工业投资控股集团有限责任公司持国有股权81.3%，北京三方杰科技有限公司持股18.7%。

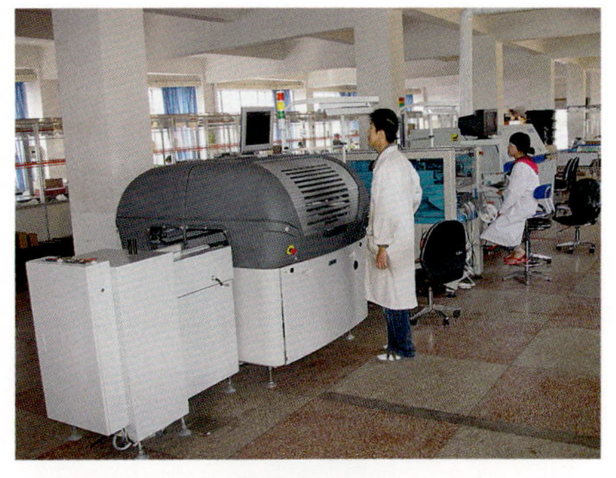

公司生产区位于昆明市教场西路39号。占地面积100余亩，建筑面积46035平方米。在职职工330人，工程技术人员69人，高级职称12人，工程师25人，大专以上学历123人。

公司前身云南无线电厂于1969年建厂，是云南省最早的无线电整机厂、是云南省国有中型企业、国家二级企业，属于昆明市高新技术企业。具有30多年通讯产品和军品的科研及生产实践经验，有核化报警、无线通信、卫星定位、遥控遥测数据传输和处理领域的优势，具有云南领先水平的模具制造、箱柜制造和机加工能力。早在1970年，就完成了国家“705工程”用示波器的攻关任务，研制成功中国第一台SD-12双踪交替扫描示波器，用于我国发射科学实验卫星，受到中央军委的通报嘉奖。通过“十五”、“十一五”两个五年的发展，公司产品门类逐渐丰富并形成系列，已建设成为我军防化电子装备的骨干企业和重点支撑单位。国庆60周年阅兵式上，30个阅兵装备方阵中有19个方阵列装和试装了公司产品。

在长期的生产经营实践中，公司不断拓展产品领域和服务范围，不断进行制度和机制创新，逐渐走出了一条有云无特色的发展之路，生产经营保持良好发展，经济指标保持稳定增长，2011年，公司主要经济指标再创新高，实现工业产值13000万元，营业收入12700万元，这对于公司顺利启动“十二五”计划，努力完成“工业三年倍增目标”具有重要意义。“十二五”时期，公司以“强军固本、壮民兴业、军民融合、协调发展”为指导方针，走“专、精、特、新”创新发展道路。“十二五”末，将紧紧围绕提升民用品市场竞争力，努力建设成为西南地区有知名度和影响力的机加工、钣金件、模具制造商。

滇西纺织
DIANXI TEXTILE

大理滇西纺织有限责任公司

大理滇西纺织有限责任公司位于云南省大理市凤仪镇大理创新工业园区。为大理市国有资产经营有限责任公司全资子公司，属国有独资有限责任公司。注册资金3000万元人民币。获自营进出口权、IS09000质量体系认证。企业经营范围为棉、麻、丝纺织品、服装及床上用品的制造销售；进出口业务；纺织原料及纺织机械配件供销；纺织技术咨询及设备安装、维修、调试。

公司现有生产规模：6万锭棉纺，无梭织机158台，一条服装生产线。年生产能力：纱6000吨，布400万米，服装20万件。年产值和销售收入12000万元，利税1500万元，现有职工1000人。

主要产品：10～150英支纯棉纱，1～3.4米幅宽提花坯布，各类学生服、劳保服及床上用品。

主要生产设备：拥有进口意大利3.6米剑杆织机和自动络筒机，进口日本3.4米喷气织机，和小提花、大提花装置，以及国内领先水平的清梳联合机、精梳机、细纱机、浆纱机等。

产品销售市场：产品注册商标为“苍山牌”棉纱，“三塔牌”’坯布。棉纱全部直接出口销往东南亚地区，坯布间接出口销往国内及欧美市场，出口量占坯布产量的90%以上，产品供不应求，深受用户虫子评。

企业通过对设备的技改填平补齐后，生产技术水平和产品质量、品种达到国内先进水平，产品附加值高，市场前景广阔。

地址(Add)：中国·云南省大理市凤仪创新工业园区

邮编(P C)：671005

电话(Tel)：0872-2482226

传真(Fax)：0872-2482226

Email：dfdqx01@163.com

云南省富源矿厂

云南省富源矿厂建于1951年，是省监狱管理局下属的监狱企业，总部位于富源县城，现有炼铁高炉有效容积620m³，发电装机容量8250kW，企业人员2227名，在曲靖市50户重点骨干工业企业中排名第三十三名。2011年，生产生铁188127.89吨，发电3692.16千瓦时，完成工业总产值5.88亿元，实现万元产值节能量15095.46吨标准煤。

为继续挖掘节能潜力，克服资金紧缺实际，企业采取合同能源管理模式，引资2453.3万元安装了5台套变频器，通过对设备实现软启动和变频调速，在有效提高设备控制性能，延长设备使用寿命的同时，每年可节电约1200余万千瓦时，节约1500余吨标准煤。

2011年12月2日，按照云南监狱体制改革的总体要求，挂牌成立云南金马集团富益实业有限责任公司。新公司设立综合部、财务投资部、生产技术部、人力资源部、基层管理部（包含基一、二、三部）共七个部门，撤销或合并了劳动人事部、建材厂、运输公司等11个机构，主要任务是在云南金马集团有限责任公司的管理和指导下，保障并逐步优化罪犯劳动改造项目，为监狱改造罪犯提供劳动改造岗位，为改造罪犯服务。新公司进一步理顺了管理体制，精简了管理机构，强化了管理职能，为企业迎来了一个充满机遇和挑战的新时期。

云南金马集体富益事业有限责任公司成立授牌大会

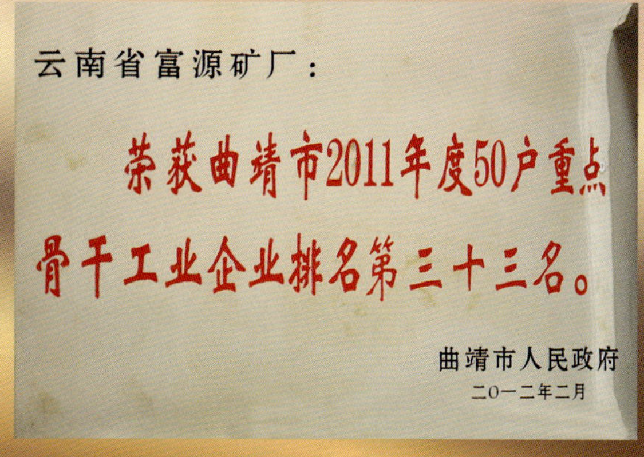
云南省富源矿厂：
荣获曲靖市2011年度50户重点骨干工业企业排名第三十三名。
曲靖市人民政府
二0一二年二月

变频器

云南省富源矿厂：
荣获曲靖市2011年度50户重点骨干工业企业排名第三十三名。
曲靖市人民政府
二0一二年二月

匾　牌

云南中建博能工程技术有限公司

省委常委、常务副省长罗正富（左一）陪同国家发改委领导到公司视察

云南中建博能工程技术有限公司成立于1996年，注册资金1000万元，是一家以太阳能光热光电设备、节能环保设备、智能化烤烟设备研发生产、安装、服务为一体的国家级高新技术企业。

公司已通过ISO900-2008质量管理体系认证；通过ISO14001:2004环境管理体系认证；负责起草了空气源热泵辅助的太阳能热水系统国家标准（标准号：GB/T26973-2011），制定了“不锈钢水箱（塔）”和“智能化烤烟设备”两项企业标准。公司生产的太阳能产品是西南地区唯一一家通过了国家发改委、联合国开发计划署、全球环境基金会联合授予的金太阳认证。拥有云南省建设厅太阳能热水器生产、安装服务壹级资质和国家住建部颁发的康居认证证书。与上海大学、清华大学等国内知名的大专院校、科研院所建立了良好的科技合作关系，并在上海大学建立了联合研发中心。在公司建立了西南地区唯一的“空气源热泵检测实验室”，还建立了“太阳能热水器检测室”和“电气设备高低温老化实验室”等相关研发实验平台，研发、实验、生产基础设施齐全。

公司建立了市级企业技术中心，开展科技创新，取得了“农村瓦屋面分体式实用太阳能热水器”、“双内胆直插式太阳能热水器”、“阳台壁挂双内胆承压式太阳能热水器”、“烟叶烘烤全程自动控制装置”、“耐高温高湿风机”、“复合换热烟叶烘烤热风炉”、“一种采用太阳能和热泵辅助热源的烤烟设备”、“一种太阳能、小功率热泵和煤联合烤烟设备”和“优质烟叶烘烤曲线”等九项国家专利，其中“优质烟叶烘烤曲线”为发明专利。公司承担的《云南省路桥花园小高层住宅太阳能热水器利用示范》项目，通过国家建设部太阳能试验中心检测和验收，被国家住建部列为新型太阳能热利用示范推广样板项目。承担的《高效空气源热泵冷气综合利用开发》项目通过省科技厅验收，并获曲靖市麒麟区“第二届科学技术奖特等奖”。

公司生产的“中建”牌太阳能热水器、热泵热水器多次荣获“云南省消费者喜爱商品”称号。公司获得“云南省太阳能行业八强企业”和“云南省成长型中小企业”称号。太阳能热水器产品连续三年在全国家电下乡项目中标。

恒温发泡　多工位数控转塔冲床　位于曲靖经济技术开发区西城工业园区内的公司车间

国投曲靖发电有限公司

云南电网公司副总经理杨卓、副总工程师邹立峰等领导到公司调研

国投华靖公司董事长、曲靖电厂董事长胡刚到公司检查工作

2011年，国投曲靖发电有限公司（以下简称“公司”）坚持以安全生产为基础，以经济效益为中心，坚持科学发展观，树立“在生产中经营，在经营中生产”的理念，深入贯彻“增收节支、节能降耗、创新管理”工作方针，积极应对外部市场变化，不断强化内部管控，千方百计采取有效措施做好煤炭供应保障工作，加强设备运行维护管理，最大限度地避免了因缺煤及设备原因导致减出力或停机的情况发生；进一步完善原煤信息管理系统，优化煤炭采制化管理，有效控制热值差；不断开拓创新，大胆探索，逐步摸索出一套适合公司机组安全运行的煤炭掺烧调度管理模式，结合#4机组热力系统优化改造等多项节能技改项目的实施，有效提高机组运行可靠性和经济性。

公司在巩固NOSA安健环体系三星建设取得的成效的基础上，坚持贯彻“安全第一，预防为主，综合治理”的方针，认真落实安全生产责任制，进一步完善安全管理制度建设和提高制度执行力，强化现场安全文明生产管理，重点加强承包商安全管理，积极推进两个体系建设；继续开展安全和谐班组建设，加强全员安全培训，提升全员安全管理意识和防范能力；进一步加强重大危险源分析，完善各项应急预案，加强应急演练，使安全管理可控在控，实现全年安全生产365天，圆满完成年度安全生产目标任务。

公司严格执行国家、电力行业和云南省政府关于节能减排的有关法律法规和各项工作要求，按照“十二五”节能减排的有关要求，进一步加强环境保护工作，完善脱硫系统BOT运营管理机制，确保达标排放，努力降低排放量。2011年四台机组运行时间27092小时，脱硫装置运行时间26968小时，脱硫系统投运率99.53%，脱硫效率96.11%，全年SO2减排量112416吨。

2011年1月，公司党委书记、总经理朱基伟同志被评为“国投集团2010年度优秀管理者”；公司第四党支部被评为“国投集团2010年度先进基层党组织”；党委委员尹利生同志被评为“国投集团2010年度优秀共产党员”；第五党支部书记俞维砚同志被评为“国投集团2010年度先进党务工作者”；发电运行部周学楚同志和燃料管理部刘自全同志被评为“国投集团2010年度先进工作者”。云南省电监会授予公司“云南省2010年电力监管统计先进单位”荣誉称号；4月，云南省人民政府授予公司“云南省‘十一五’期间节能减排工作先进单位”荣誉称号；12月，云南省商务厅授予公司“云南省2010年度外商投资优秀企业”荣誉称号。

公司组织开展“重温红色文化，弘扬革命精神”纪念建党90周年系列活动，党员到遵义会场学习场景

云南曲靖越钢控股集团有限公司

云南曲靖越钢控股集团有限公司始建于1969年11月，是由原曲靖越州钢铁厂通过改革改制成立的民营企业。集团下辖3个直属厂、2个分公司、1个全资公司、10个控股公司，是集冶金、煤化工、建材、发电和房地产开发为一体、工业废弃物充分得到综合利用的循环经济企业。现拥有年产生铁105万吨，焦机360万吨、水泥36万吨、新型墙体材料10万M3，煤气发电装机2.6万KW的生产能力。现有职工5399余人，其中有冶金、煤焦化、电器、机械、经济管理等各类专业技术人员1242余人。

2011年底，越钢集团拥有总资产62.19亿元，实现销售收入 58.15亿元，实现税利4.82亿元，其中税金2.65亿元，利润2.17亿元。

集团公司于2000年取得了自营进出口权，于2002年通过IS9001:2000国际质量体系认证。2007年被评为“全国民营企业500强”，通过云南省清洁生产审核验收，获得了中国产品质量协会授予的“质量信誉AAA等级”称号；2008年7月被评为云南省“优强工业企业”；2011年被评为“云南百强企业”，排序第27位；2006年、2008年两次被云南省委表彰为“先进基层党组织”，被列为云南省非公企业党建工作和创先争优示范点；公司工会组织也获得了全国“模范职工之家”、云南省“五一劳动奖状”等荣誉称号。

云南曲靖越钢集团有限公司
2011云南100强企业排序
第 27 位
云南省企业联合会
云南省企业家协会
二〇一一年八月

公司开发的小区

绥江县浙浦水泥有限责任公司

市、县领导到公司调研

召开资源综合利用终审会议

公司举行文体活动

绥江县浙浦水泥有限责任公司系原国有企业烟囱坝水泥厂于2003年12月整体改制出售而成，注册资金3000万元，2008年3月18日，在绥江县新滩镇新滩村26组迁建技改一条2000t/d熟料水泥生产线，于2009年6月竣工试车投产。

目前，公司拥有员工245人，其中，管理人员20名，大专以上学历占25%。生产线建成投产至今，生产经营状况良好，累计创税达6000余万元。为了提高企业的竞争力，公司于2011年8月通过“ISO9001”、“ISO14001”、“职业健康安全管理体系规范”三大体系认证。11月被云南省工信委认证为昭通市水泥建材行业唯一的“资源综合利用”企业。根据国家产业政策的要求，做好清洁生产工作，2011年7月投资3000余万元对生产线进行技改。技改后，公司产能将达到120万吨，同时，环保工作更加完善，有效地控制了粉尘、NO_2、SO_2的排放。

公司本着高度的社会责任感，奉行“以人为本，质量为先，诚信经营”的经营理念，始终以顾客为关注焦点，坚持以顾客利益为重，以完善的检测手段、规范的服务和现代化的管理为基础，立足市场、服务客户。

优美的职工住宿区

云南永保特种水泥股份有限公司

董事长　谭国仁

2011年，在永保公司董事长、总经理谭国仁带领下，公司全体干部员工，认真学习贯彻党的各项方针政策，践行“三个代表”重要思想，以开展科学发展观和创先争优活动为契机，紧紧抓住发展这个强企兴企的第一要务，围绕公司奋斗目标，大力发扬“团结、实干、创新、进取、敬业、奉献”的永保企业精神，公司水泥、螺旋藻生产经营目标和任务圆满完成，产值、利税与去年相比都取得了稳步的增长，公司发展战略计划稳步推进。通过各种业务知识的学习，不断创新工作思路，进一步提高了公司员工的业务水平和技能，公司在生产经营和新产品研发、技术专利申报等方面取得了显著的成绩。

丽江金山分公司4500t/d水泥熟料生产线通过不懈努力，项目已于2011年10月中旬完成单机和联动试车，进入试生产准备阶段。永胜总公司3000t/d水泥熟料生产线土建工程已经扫尾完成95%工程量，部分主机设备已于2011年11月初进行安装，各项工作正按计划进度实施。年产10万吨金属镁及3万吨镁合金项目在完成项目备案、环评、水保、规划、土地等相关手续后，已于2011年10月30日举行开工典礼，正式开工建设。

丽江金山分公司一角

云南永保特种水泥股份有限公司总公司

永保水泥浇筑的金安桥水电站大坝

丽江金山分公司生产线

永保总公司一角

云南省凤庆糖业集团有限责任公司

营盘公司一角

云南省凤庆糖业集团有限责任公司前身为凤庆县营盘糖厂，始建于1984年12月，建厂规模为日处理甘蔗500吨，是凤糖集团的发源地。1997年11月，凤庆县委、县政府本着“盘活国有资产、扩大对外开放”的原则，以当时效益最好的营盘糖厂招商引资，与广西阳光糖业公司强强联合，成立了云南省凤庆糖业集团有限责任公司，成为云南省第一家跨地区、跨所有制的制糖企业。目前，集团下辖云南省凤庆糖业集团营盘有限责任公司、云南云县甘化有限公司、云南省云县幸福糖业有限公司、景东恒东制糖有限公司、景东恒漫制糖有限公司五个生产经营实体，有员工近1300人、季节性从业人员1000多人；生产规模为日处理甘蔗10500吨，年产白砂糖160000吨、产酒精10600吨，是云南省百强企业、农业产业化龙头企业和云南省创新型试点企业之一。

目前，集团已通过ISO9001质量管理体系和ISO22000食品安全管理体系认证，白砂糖已通过采用国际标准和绿色食品A级产品认证。公司生产的白砂糖、食用酒精曾获“中国知名品牌”、“中国优质产品”、“质量、服务、信誉AAA品牌”、“全国制糖行业中国名优产品十佳著名品牌”、“产品质量优秀奖”等荣誉，其中“晶菱”牌白砂糖连续两年获“消费者喜爱的云南食品”，并于2004年起连续三届获“云南省著名商标”，2009年获“临沧市知名商标”和“云南名牌产品”；集团公司曾获“全国质量稳定信誉保证企业”、“质量诚信消费者满意单位”、“诚信综合等级AAA①级企业”、“云南省百户优强工业企业”、“云南省创新型试点企业”、“‘十一五’云南糖业发展先进单位”、“云南省‘十一五’期间节能减排先进单位”、“临沧市优强中小（非公）企业”等荣誉，历年来被临沧市委、市人民政府评为“纳税大户”。

复混肥（凤庆集团营盘公司生产的甘蔗专用复混肥）

“晶菱”牌食用酒精（凤庆集团甘化、幸福和营盘公司生产）

甘化公司一角

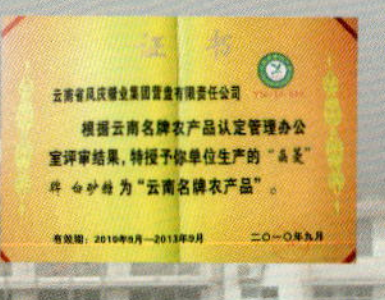

云南富源德鑫集团有限公司

董事长　朱德芳

公司董事长朱德芳与全国政协副主席、全国工商联主席黄孟复亲切交谈

省委常委、副省长李江在市、县领导的陪同下到公司检查指导工作，公司董事长朱德芳向各位领导介绍公司情况

云南富源德鑫集团有限公司是云南省民营百强企业，属省、市、县重点企业，是曲靖市30户重点骨干企业之一。集团下属云南曲靖德鑫煤业股份有限公司、汇鑫经贸有限公司、华鑫能源开发有限责任公司、德鑫杨家山煤矿、德鑫镇雄河口煤矿、德鑫大河洗选厂、德鑫酒店等企业实体。占地面积2000余亩，职工3000余人，固定资产35亿元，净资产32亿元，是集采煤—煤选—煤焦—煤化—煤电—煤制油—煤制天然气为一体的循环经济现代企业。

公司曾被授予“中国质量信誉服务AAA级企业”、“全国诚信守法乡镇企业”、“全国再就业和社会保障优秀企业”、云南省“五一”奖章企业、“云南省私营企业百强企业”、“云南省先进私营企业”、“云南省诚信单位”、“云南省重点保护非公有制企业”、“云南省参与国企改革先进企业”、“曲靖市重点企业”等荣誉称号，属云南省循环经济工业园区示范企业（全省20户），2011年云南省百强企业排第58位，还被推选为中国乡镇企业协会理事单位。公司董事长朱德芳同志现任中华全国工商业联合会执委，中国乡镇企业家理事，云南省政协常委，云南省工商业联合会副主席、商会副会长，云南省光彩事业促进会副会长，曲靖市工商业联合会副主席、商会副会长，曲靖市政协委员，富源县政协副主席，富源县工商业联合会主席、商会会长，也因功勋卓越，曾被授予全国“创业之星”、全国“五一”劳动奖章、全国“先进民营企业家”、“全国乡镇优秀企业家”、云南省十大杰出民营企业家、云南省优秀工业企业家、云南省优秀乡镇企业家、云南省非国有企业优秀企业家、“云南省优秀中国特色社会主义事业建设者”、云南省个体私营经济组织劳动模范称号、云南省中小企业暨非公有制经济优秀企业家、曲靖市中小企业暨非公有制经济优秀企业家等荣誉称号。

泸西县兰益酿造有限公司

2011年西部（昆明）酒业博览会，省政协副主席顾伯平到公司展位参观

省、州工信委领导到公司调研

泸西县兰益酿造有限公司前身是“国营泸西县酒厂”，成立于1953年9月，已有近60年的酿造历史。2001年深化体制改革，变更为自然人出资的有限责任公司。

目前，公司占地总面积60余亩，总资产4625万元，在职职工376人，其中：高级管理人员10人，技术管理人员40人（高级职称5人，中级职称4人），市场营销人员110人。年产白酒6000吨，2011年销售收入12400余万元。利税总额543万元，净利润 407 万元，资产负债率59.8%，银行信用等级AA级。

2005年和2008年被云南省酿酒科学研究所和昆明市酒类行业协会两次评定为“云南八大小曲酒生产企业”；2007年7月被云南省酒类行业协会选举为“云南省酒类行业协会副会长单位”； 2008年6月被中国县域经济发展中心评定为“县域经济和谐发展：科技创新成果示范企业”；2009年1月获得中国质量认证中心“IS09001质量管理体系”认证。

自2004年起，“兰益”连续三次被省工商局评定为“云南省著名商标”；2010年12月被云南省工商行政管理局评定为2008至2009年度云南省“守合同重信用”企业；2009年6月获得云南省商务厅“云南商务管理体系（YC）认定”；2008年6月在北京钓鱼台国宾馆举行了科技创新成果发布会；1997年8月“兰益荞酒”荣获第六届中国专利新技术新产品博览会金奖；1999年4月“松子酒”荣获第七届中国专利技术博览会金奖；1999年12月“兰益牌松子酒”在国际（天津）发明、专利及新技术新产品博览会荣获金奖；2001年4月“兰益牌松子酒”在第七届北京国际博览会上被定为推荐产品。

公司与当地有关村委会建立了松子、荞麦、小麦和大麦的收购协作关系，涉及种植面积1.2万亩，农户4800户，2011年户均增收达4200元。有效促进了该县荞麦基地的建设，拉动了农业和农村经济的发展。

公司于1995年在云南省率先开发的杯装酒，极大地方便了消费者，至今仍保持云南第一杯的美誉。公司已有实用新型、外观设计共9项专利。

公司2011年实施了年产10000吨荞酒、松子酒生产车间改扩建项目。公司总投资1.2亿元的年产5万吨苦荞醋酸发酵新型健康饮料新建项目已获批立项，于2012年开始实施。

公司的战略目标：用10至15年时间，将“兰益”打造成国内驰名松子露酒、发酵荞醋饮料品牌，将公司打造成国内知名企业。

2012年兰益酿造经销商大会上公司领导、代言人吴京与获奖经销商合影

楚雄源谋仁食品有限公司

CHUXIONG YUANMOUREN FOOD CO.,LTD.

企业全面通过ISO9001国际质量管理体系认证

国内一流的小番茄果糕、酸角果糕、芒果糕等果糕生产线

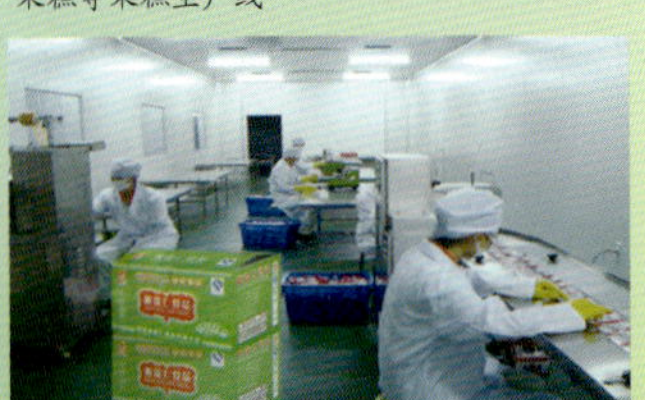
食品包装车间一角

食品自动生产线

检测化验室及科技研发中心一角

元谋是东方人类的故乡，属燥热河谷区，光热资源充足，气候、生态独特，最适宜番茄、酸角、芒果等蔬菜、水果的生长，被誉为“中国冬早蔬菜之乡”，又是我国酸角的发源地，境内至今保留有1600年的野生酸角林。

楚雄源谋仁食品有限公司属元谋县委县人民政府在农产品精深加工领域重点招商引进的龙头企业。公司致力于元谋特色果蔬产业化开发，精选优质蔬菜、水果为原料，利用先进设备和高新技术，提升当地果蔬深加工水平，打造绿色产业品牌，实现农民增收、县域经济发展、企业做强做大的目标。

在各级党委、政府及相关部门的关心支持下，公司顺利实施了《果蔬精深加工项目》一期工程，总占地48亩，建成果脯、果糕精深加工现代化生产线和检测化验以及科技研发中心等。

公司首推上市的主要产品有“小番茄果脯”、“圣女果”、“酸角蜜饯”、“番茄果糕”、“芒果果糕”、“酸角果糕”等系列产品。为满足不同层次的需求，精心设计了20余种时尚包装。

企业已全面通过ISO9001:2008国际质量管理体系认证和国家生产许可QS认证。

公司奉行“质量第一、信誉第一、服务第一”的宗旨，热诚欢迎各级领导莅临指导！诚邀各界朋友、客商与我公司洽谈合作，共创果蔬产业辉煌！

云南创森环保科技有限公司

大门

窑尾大除尘器工程应用

云南创森环保科技有限公司是一家集环保设备和输送设备产品研发、生产、销售，各类工业领域废气净化系统工程设计、工业环境污染治理技术开发以及国内外环保产品、配件代理销售于一体的现代化、专业化环保节能高新技术企业。

公司总部位于云南省昆明市高新区，工厂位于云南省玉溪市易门县工业园区，工厂占地40余亩，制造车间1万余平方米。公司拥有CS LMC系列长袋脉冲袋式除尘器、CS QMC系列气箱脉冲袋式除尘器、CS DMC系列脉喷单机袋式除尘器、CS QMC(M)系列煤磨防爆型袋式除尘器、扁袋除尘器以及NE系列提升机、FU系列板式链运机等环保节能技术和产品；同时，公司对可再生利用工业固体废弃物也进行着积极的研究和技术开发，尤其是对磷石膏的综合开发利用有着深入的研究和探索，逐步掌握了该领域新的综合利用技术，拥有磷石膏制备石膏砌块、利用磷石膏制造纸面石膏板、磷石膏制硫酸联产石灰等行业领先技术；另外，公司也代理全国相关知名企业的产品及配件。

云南创森环保科技有限公司积极采用国际、国内先进的企业管理体系，秉承“以严治厂、以质取信、以新取胜”的创业宗旨，建立了“专业、敬业、诚信，为用户服务”的企业精神，致力于推动我国环保节能的技术进步，向国内外的各类工业企业提供更高效、更节能、更可靠、更完善的环保节能技术和服务。

公司地址：云南省昆明市高新区云南软件园A座8楼云南省玉溪市易门县工业园区
邮编：650100
电话：0871-68108766 68103962　　传真：0871-68109799
网站：http://www.ycxdi.com　　邮箱：post@ycxdi.com

云南创兴建材新技术有限公司

公司总部

水泥厂

云南创兴建材新技术有限公司是2001年底由云南省设计院建材部门机构改制，并由社会有识之士参股组成的有限公司。公司主要业务是：从事建筑材料、节能、环保等方面的新技术、新产品的研究、开发及推广应用；与云南省设计院合作，专业从事水泥工厂的设计、技术改造及工程总承包工作；开展建筑材料、节能、环保等产业的产品、设备及材料的批发零售、成套供应。　　云南创兴建材新技术有限公司自成立以来，共完成大小水泥厂设计改造近100项。其中，思茅建峰水泥厂、云南宜良金珠水泥有限公司、云南易门大椿树水泥有限公司、湖南长沙印山集团、云南远东水泥有限责任公司、水城钢铁(集团)有限责任公司、贵州鑫晟煤化工有限公司均属大中型水泥厂，承担设计了多条日产1000吨、2500吨新型干法水泥生产线，目前已有20余条生产线投入运行。云南创兴建材新技术有限公司将本着“专业、敬业、诚信”的精神，以低的成本、高的质量为用户服务，为西部建材工业的发展做出新的贡献。

公司地址：云南省昆明市高新区云南软件园A座8楼
云南省玉溪市易门县工业园区
邮编：650100电话：0871-68108766　68103962　传真：0871-68109799
网站：http://www.ycxdi.com　邮箱：post@ycxdi.com

云投集团
YUNNAN INVESTMENT GROUP

云南云景林纸股份有限公司

生产区全景

苗圃基地

思茅松人工林

云南云景林纸股份有限公司（以下简称云景公司）是云南省首次利用亚行贷款，以当地森林资源开发及木材永续利用、振兴边疆少数民族地方经济为目的，按照林纸结合模式兴建的国内第一家林纸一体化企业，是云南省“八五”至“九五”期间的重点建设项目。公司通过10余年的经营管理，探索和总结出了一条林产业实现可持续发展之路，创造了“生态有利、林农有利、企业有利”的破解“三农”难题的“云景模式”，实现了林农增收、财政增长和企业增效的有机统一，为云南省林浆纸产业发展积累了丰富的经验和打下了坚实的基础。云景公司“三针”牌纸浆为云南省名牌产品，主要产品“三针”牌漂白硫酸盐针叶木浆、桉木浆、木竹混合浆，市场前景广阔，供不应求，畅销10多个省、市。

目前，云景公司拥有员工1400余人、年产10万吨浆厂一座、9万吨煤矿一个、106.85万亩原料林基地，总资产达22.6亿元。2012年5月，云景公司9万吨纸浆技改项目已建成投料试生产，该项目实现达产达标后，新、老生产线年纸浆生产能力有望达到25万吨左右、产值10亿元以上、利润1亿元以上、上缴税费1.5～2亿元左右。云景公司作为地方经济社会发展的标志性企业，被云南省列为重点扶持的林业、农业龙头企业，成为带动地方经济社会发展和解决“三农”问题的支柱产业，是云南省发展林浆纸产业的基础和平台。

“三针牌”纸浆

桉树人工林

文山龙欢酒业有限责任公司

集团公司总部

文山龙欢酒业有限责任公司是原国营龙欢酒厂改制而成，由恒丰集团控股经营。主要生产“龙欢”牌系列白酒及三七酒，年销售收入1000多万元，年创利税300多万元。酒厂始建于1976年，经过多年的努力，质量管理等各方面取得了较大的提高。2001年于文山首家取得《全国白酒生产许可证》，2002年获得“云南省标准化管理”先进单位，2007年实行食品市场准入后，于文山首家通过审查，2011年获“食品生产安全示范企业”荣誉。

“立足食品安全，生产安全食品”是公司永远不变的宗旨，是公司质量安全管理的路线方针。多年以来，酒厂始终坚持传统的纯粮固态发酵工艺，严格遵守《食品安全法》，严格执行《产品标准》，牢记宗旨，严谨管理。产品历经市场考验，深得人们喜爱，并先后荣获：“大西南名牌产品博览会”银奖，“全国食品博览会”金奖，首届“文山国际三七节”金奖，第三届“中国特产文化节”指定用酒，文山“建州50周年大庆”接待用酒，云南省“第十三届运动会”接待用酒。为适应市场需求，不断增强发展后劲，公司新征土地60亩，投资5700万元，进行整体搬迁技改，建成一个规模化、规范化、现代化的酒业公司。项目预计2012年底投入使用，预计年产酒5000吨，实现销售收入8500万元，实现利税3500万元，解决人员就业200人，带动周边养殖600户以上。

公司将紧紧抓住云南省大力打造“云酒”的历史机遇，紧紧抓住文山州“‘十二五’酒产业发展规划”的契机，立足“食品安全”、坚持“以人为本”，不断探索和提高质量管理水平，加快发展，做强做大，以优越的成绩迎接美好的明天。

文山缘酒盒

10年陈土窖

三七酒礼盒

龙欢老酒

三七系列酒宣传画

发酵中的粮醅

礼品三七酒

文山缘酒

南华鸿发核桃产业开发有限公司

南华鸿发核桃产业开发有限公司是一家主营开发、生产、加工核桃等系列绿色农产品的个人独资（加工、贸易型）私营企业，同时也是南华县核桃等农产品收购加工的州级农业产业化龙头企业，林业省级龙头企业。公司成立于2007年4月，公司注册资本680万元，公司经营范围：核桃及其他农副产品收购、加工、销售。公司现有员工24人（大专学历6人），其中：管理人员6人，技术人员9人，公司在经营旺季期间季节用工达600多人，同时还常年聘请行内的专家为公司顾问，与广东加德行贸易有限公司、浙江义乌一鸣食品有限公司、大理漾濞核桃有限责任公司、香港三元贸易公司等企业建立了长期合作关系，截至2011年12月公司资产总额达3824万元。

2011年4月，公司拟定实施核桃深加工生产线技改扩建项目，计划至2012 年 9 月完成。桃深加工生产线技改扩建项目的实施，将使农产品加工升值，每年新增加90人的就业岗位，通过项目实施，将对提高南华林果产业质量、调整产业结构具有现实意义，最终实现县域经济持续、快速、健康发展。将每年为政府增加税收650万元，同时，使上千农民间接参与到项目建设、原料生产供应中来。

领导深入公司调研

公司将以南华“中国核桃之乡”丰富的核桃等农产品资源和良好的交通区位优势为依托，以产品的质量和市场经营为核心，以“追求卓越品质，创建一流品牌，树立公司形象”为宗旨，遵循纯天然，绿色，健康的经营发展理念，致力于加工生产优质核桃果，核桃炒果，碧根果，夏威夷果，杏仁，瓜子，松子等系列产品。公司将以优质的服务，上乘的产品质量，诚迎国内外客商前来携手合作共同发展。

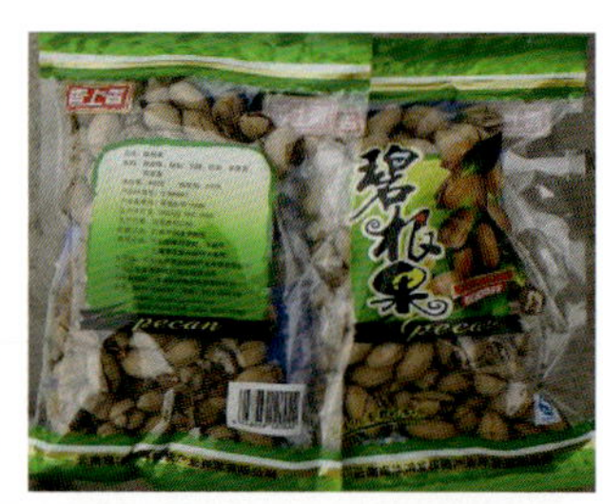

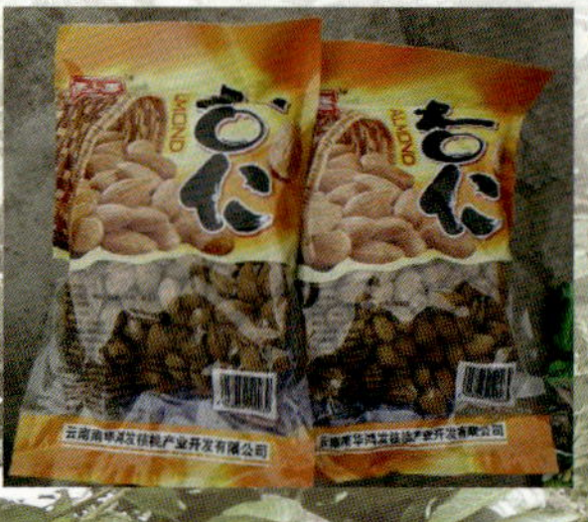

文山州隆兴矿业有限公司

董事长兼总经理　刘科龙

副总经理　刘科勇

文山州隆兴矿业有限公司成立于2006年1月，是一家大规模露天开采低品位的大型矿业公司，公司注册资本：8000万元人民币，注册地：云南省广南县，主营业务：集锑矿、地质勘探、金矿露天开采、选冶、加工、黄金产品、销售。

公司拥有1家全资控股的广南县隆兴矿业有限公司及1家分公司西畴县曼龙沟金矿分公司，还拥有权属的9个探矿权，探矿权面积334.47平方公里，采矿权2个，开采面积6.2293平方公里，主要分布在广南县、西畴县、富宁县、罗平县等，为公司发展提供了坚实的资源保障。

公司成立了以经营班子领导的总经理办公室、监察审计室、人力资源部、财务部、物资后勤供应部、工程部、生产技术部、安环部8个职能管理部门，推行现代化管理架构及一系列内部监控程序以确保高效运营，对权属的矿权进行综合开发利用。

广南县底圩金矿是公司目前主要生产矿山，经过由小到大、由弱到强的市场竞争过程，用积累扩大生产规模，坚定不移地走规模化经营的发展道路，截至2011年12月，有职工1800余人，其中管理人员30人，工程师、专业技术人员108人。有生产设备挖掘机61台，推土机17台，装载机22台，生产生活用车47辆、工程车214辆。

公司顺应改革大潮，将紧紧围绕做精、做专、做优、做强目标，牢固树立“资源有限、创新无限，干事创业、和谐发展”的理念，以金矿为本、多元经营、科技兴企，不断增强市场竞争能力，努力建成大型现代化民营企业集团，实现企业可持续发展。

文山州隆兴矿业有限公司积极回报社会，几年来，累计捐赠和做公益事业1000多万元。年内，被文山州安全生产监督管理局、文山州安全生产委员会办公室评为“文山州2010年度重点企业安全生产工作先进集体”；被中共广南县委、广南县人民政府评为“‘十一五’宣传思想文化建设工作”称号；被文山壮族苗族自治州红十字会评为“爱心捐赠单位”称号。

机械作业

喷淋场地

云南省化工高级技工学校

云南省人力资源和社会保障厅厅长解毅（右二）到学校检查指导工作

云南省化工高级技工学校原名云南省化工技工学校，建于1972年，现隶属于云南省人力资源和社会保障厅，位于云南省开远市，是云南省最早开办的化工类职业学校之一，设有10余个与化工相关的专业和工种，并建有与之相配套的数十个近现代技术实训室。学校教师队伍本科以上学历的教师占81%，中级以上技术职称的教师占54%，其中一体化教师占84%。

学校1997年在云南省首家开办高级技工班，2001年在云南首家开办技师培训班。在全国化工高级技工教育教学指导委员会规划编写的全国化工中高级工教材中，由学校教师主编、主审的《化工自动化》、《过程控制与计算机控制系统》、《电工与电子技术》和《化工安全与环保》等十余本教材已由化学工业出版社出版并向全国发行；自主研发、加工、装置和调试的DCS系统和筛板精馏塔实习装置2004年和2008年分别被中国职协评为全国技工学校技术开发优秀成果一、二等奖。学校学生参加全国化工职业院校中职组学生技能竞赛，参赛选手多次分别获得过个人全能、理论单项及操作技能单项的一、二等奖及团体一、二等奖。电工专业2005年毕业生邱光浩2006年被云南省政府授予“兴滇技术能手”，多年来学生就业率保持在98%以上，稳定率在95%以上。

在云南省技工学校中，学校是首批8家省级重点技校之一、首批5家国家级重点技校之一、首批2家高级技校之一。2003年在云南省职教界首家通过ISO9001质量体系的社会认证，是云南省第92职业技能鉴定所、是全国化工高级技工(技师)教育教学指导委员会副主任学校、是云南省高级技能人才培训基地、是石油和化工行业职业教育与培训全国示范性实训基地。被国家多部委评为“全国职教先进单位”。被中国职工教育和职业培训协会评为职工教育和职业培训科研“优秀研究单位”，被云南省人民政府评为“云南省职工经济技术创新工程先进单位”。

2011年参加第四届全国石油和化工行业职业技能竞赛获化工仪表维修工中职学生组团体一等奖

2005级毕业生邱光浩2006年被云南省政府授予“兴滇技术能手”称号

2004年学校自主研发的“DCS过程控制系统实训装置”获中国职协优秀成果一等奖

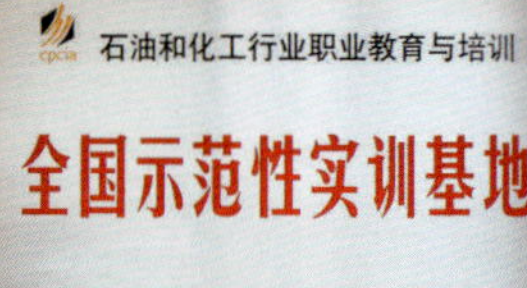

2009年获石化行业全国示范性实训基地

在云南省职教界首家通过ISO9001质量管理体系认证

昆明川金诺化工股份有限公司

昆明川金诺化工股份有限公司始创于2005年6月，是一家专业从事磷化工产业的股份制企业。公司坐落于素有“千年铜都”之称的昆明市东川区，总投资已达3.5亿元人民币，年产“裕殖”牌饲料级磷酸钙盐35万吨（其中饲料级磷酸氢钙20万吨、磷酸二氢钙10万吨，磷酸一二钙5万吨）；肥料级磷酸氢钙10万吨，铁精粉10万吨；配套硫酸30万吨，浓缩净化磷酸6万吨，工业石灰4万吨，3000KW余热发电机组；拥有职工1000余人，各类专业技术人员260多人。川金诺公司的快速发展，被行业内誉为“后起之秀”、“最具行业竞争优势”、“最具成长性”的磷酸盐生产企业。

川金诺公司在充分吸收国内外先进管理经验及企业文化的基础上，不断致力于工艺的创新，采用现代化的管理模式，精细的中间环节控制，严格的质量品控监测体系为广大合作伙伴提供优质的产品。在公司不断整合产业链条的过程中，利用研发中心的科研成果及技术创新，力求将上游原材料购进环节通过资源整合投资转变为公司的配套生产系统，形成了“硫、磷、钙、铁、电、汽”完美结合的独特川金诺生产模式，保持公司在同行业内优异的成本竞争优势；并立志实现以适应客户和市场的需求，弹性生产各种指标的磷酸钙盐产品，成为客户采购供应链条上的“上游生产车间”，以此传导川金诺公司的市场经营理念，保持公司产品在市场上具有领先的竞争力。

川金诺公司本着“富裕养殖，服务中国农牧业”的理念，自产品问世以来，缘于公司对质量的卓越追求和对客户“一诺千金”的诚信保证，已和国内外众多饲料企业和优秀经销商建立了稳定的合作关系，公司产品深受广大合作伙伴的青睐和信任。

“逆水行舟，不进则退”，川金诺将继续坚持为“打造行业结构最优，为客户提供最优质的产品和最佳的服务”而不懈努力。也将一如既往地坚持“诚信为本、质量第一、客户至上、共同发展”的企业宗旨，愿与所有新老朋友精诚合作，共同开创更加美好的明天！

安宁合瑞混凝土有限公司

安宁合瑞水泥制品有限公司草铺站

合瑞员工植树节植树活动

安宁合瑞混凝土有限公司成立于2007年9月，是一家专业从事商品混凝土生产经营的中小型私营企业。公司具备三级预拌砼生产资质，现有四条混凝土生产线，年生产能力达120万m^3以上，配有45台10m^3的搅拌运输车，5台汽车泵，1台柴油泵等。公司试验室拥有专业试验室资质，有200多名员工，有各类专业技术人员，并外聘有多年经验的专家亲临指导。公司实现了混凝土生产的专业化、商品化和社会化。

公司生产预拌砂浆及C10至C50各种不同强度等级及特殊要求的商品混凝土。公司商品混凝土供应建成及在建项目有珍泉路立交桥、保利•宁湖峰境、安宁市人民医院大楼、扬帆学院、冶金工校、财兴盛商业广场、万辉星城、柳树小区、华楚国际汽配城等多处大型建筑工程，并在建筑行业市场树立了良好的信誉与口碑。

公司依托自身的技术实力，专业的服务精神，不断加强管理，本着为客户精诚服务的宗旨，运用先进的管理模式，努力打造高效、和谐的工作团队，铸就充满生命力的品牌。

随着安宁和周边地区的不断发展，以及政府加强推行商品混凝土的使用，公司将不断扩大规模，推动商品砼的应用，满足安宁及周边地区快速发展的市场需求。

企业理念：和谐、真诚、知礼、务实

安宁合瑞混凝土有限公司（和平站）
电话：68682726　68690828（营销）　调度室：68682239
地址：安宁市和平村尊王钢构旁
安宁合瑞水泥制品有限公司（草铺站）
电话：68723078　68723728　　调度室：68723755
地址：安宁市草铺镇草铺村马槽地（金地化工对面）

公司供应建成的部分项目：

珍泉大桥

太平主干道隧道

安宁市人民医院大楼

云南腾众新能源科技有限公司

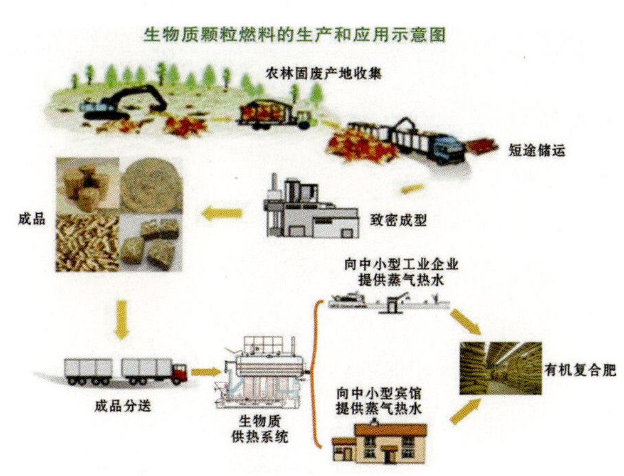

固体生物质能源热力产业化应用示意图

云南腾众新能源科技有限公司是专业从事集生物质能源研究、开发、生产、销售、服务于一体的高新技术企业，为全国首批将生物质固体燃料用于热力产业化开发的企业之一。

经过长期不懈的努力，公司针对秸秆、稻壳、烟秆、油菜秆、核桃壳、坚果壳、橡胶籽壳、树皮、锯末、小径木材等多种农林废弃物以及竹子、紫茎泽兰、水葫芦等植物的特性，设计和研发了专用、高效、系统的加工设备。公司拥有自主知识产权的草木复合基生物质颗粒燃料突破了传统压块的诸多缺陷,生物质颗粒燃料加工技术装备水平和产品质量已达到云南省内领先，国内先进。

公司目前在昆明市建成的一期年产3万吨生物质颗粒燃料生产线是云南乃至西南地区规模最大的生物质固体燃料产业化利用项目。二期年产10万吨生物质颗粒燃料的生产线已开工建设。一期项目实施后可实现年替代标煤1.71万吨，减少二氧化碳排放4.45万吨，二氧化硫410.4吨，氮氧化物119.7吨；实现了农林废弃物的高效、合理利用，极大地提高了周边县市及滇池流域合理利用生物质资源的水平，具有较高的生态和经济效益。

公司将生物质颗粒燃料利用与高温气化清洁燃烧供热系统有效结合，在昆明滇虹药业有限公司中药提取车间建成了替换2台2吨/h蒸汽产量的燃油锅炉的示范项目。项目年提供约10000吨蒸气，直接节省燃料费用大于40%，节约成本100万元以上。经云南省环境监测站监测，项目排放达到国家《锅炉大气污染物排放标准》(GB13271-2001)中燃气锅炉污染物允许排放标准，被云南省环保厅确认属于清洁能源。经云南省工信委节能技术服务中心监测项目供热系统热效率达到89%。

生物质燃料高温气化清洁燃烧供热系统适应范围广泛，不但能满足商业企业(宾馆、酒店、娱乐场所)和居民集中供热需求，而且在中小型工业企业或工业园区使用效果尤为显著；其特有的生物质燃料特性和先进的气化直燃技术，使系统在替换燃油、燃气供热装置方面具有成本低、效益高和清洁环保的优势。

近年来，国家相继出台系列利好政策支持生物质能产业的发展，开展了绿色能源示范县和新能源示范城市和产业园区的建设。公司将继续秉承“绿色、环保、高效”的发展理念，依托独创的生产模式、合作模式、赢利模式、管理模式和技术创新优势，围绕打造绿色热力产业领军者的目标，进一步加大资金投入和市场开发力度，为固体生物质能源热力产业利用书写新的篇章！

成品冷却包装系统

生产基地

云南康丰糖业（集团）有限公司

龙山硅车间

云南康丰糖业（集团）有限公司现有资产总额13亿元，年创产值10亿元，年缴税金1.2亿元，拥有员工1800人。公司以制糖业为主，是云南省四大糖业集团之一，下设龙塘、勐糯、旧城、龙坪、昌宁康丰五个制糖公司。生产规模为日处理甘蔗10000吨，日产酒精12万升，蔗区面积31.7万亩，辐射保山、临沧及德宏三州市七个县（区），带动20余万当地群众的经济发展和生产生活，是保山市跨县域扶持农户面积最广的农业产业化龙头企业。公司同时下设龙山硅、龙陵天潭、勐糯复肥、龙陵宾馆、保山康丰房地产、中泰小额贷款、中泰轻型建材七个子公司，经营范围涉及糖、酒精、饮料、金属硅、酒店服务、商贸、房地产开发、水电、建材等多个行业。公司已通过ISO9000国际质量管理体系认证、ISO22000食品安全管理体系认证、商务管理体系（YC）以及国家食品（QS）认证。在生产经营中，康丰公司内强素质、外树品牌形象，充分发挥“团结、务实、开拓、创新”的企业精神，营造先进的企业文化，坚持以改革创新促发展，在激烈的市场竞争中打造了“龙珠”、“天潭”等多个知名品牌，同时拥有省级技术创新中心1个。公司先后被国家相关部门授予“中国中小企业创新100强”、“全国轻工业先进集体”、“全国模范职工之家”、“国家扶贫龙头企业”等荣誉称号。

2011年集团公司在保山市各级党委政府的关心支持下，认真贯彻落实科学发展观，紧紧抓出桥头堡建设发展机遇，带领全体员工扎实工作，圆满完成各项任务，实现了“十二五”良好开局。2010/2011榨季甘蔗产量92万吨，共生产白糖近10万吨。2011年度，集团公司及其下属子公司共实现营业收入10亿元，实现税收1.2亿元。

2012年公司将团结带领全体员工围绕加快发展、做大做强做优这一主题，坚持以糖为主、多元化发展的战略，2011/2012榨季入榨甘蔗达到100万吨，产糖13万吨，主、辅产业实现两翼齐飞，全面发展，为实现“十二五”规划目标，为保山市经济社会的和谐发展作出应有贡献。

龙塘分公司

天潭公司生产线

宣威市浦记火腿食品有限公司

宣威市浦记火腿食品有限公司是集宣威火腿生产、加工、销售为一体的农业产业化经营市级重点龙头企业。公司组2005年6月在宣威市注册成立，注册资金1260万元，注册商标有“浦家”和“老浦家”两个，占地面积12000平方米，2011年末职工人数153人，其中，大、中专以上28人，各种专业技术管理人员有23人。

公司坚持以科学发展观为指导，以特色优势农业为依托，以“公司+基地+农户”为载体；坚持“科、工、农、贸”整体推进，致力于技术、工艺、设备、产品、管理等创新研发。“老浦家”牌产品现有生、熟两大系列60多个品种，市场前景看好。目前公司已建成上万平方米的火腿生产加工体系，并在全市26个乡镇街道设有收购网点，除宣威销售部外，在昆明、大理等地设有分公司及销售门市，并进入沃尔玛超市，2011年销售火腿1000多吨，资产总额5195.8万元，年产值7000多万元。

公司始终坚持“质量第一，安全第一，信誉第一、顾客至上”的原则，加强管理，走质量效益型道路，促进企业生产经营暨产品经济持续、稳定、健康发展，增强企业经济的综合竞争力。产品生产全方位实行质量安全监控，各生产工序均建立有效运行的质量保障体系，严格执行质量监管“四原则”和“五把关”，即：“不合格鲜腿不收购、不合格原腿不入库、不合格品不转入下道工序、不合格产品不出厂销售”；“把好原料关是前提、把好腌制关是基础、把好仓储关是保障、把好加工关是关键、把好出厂关是保证”。所生产的系列产品实现外观形象与内在质量有机统一，品牌打造与创新研发有机统一，企业效益与社会效益有机统一。

公司坚持以“质量第一”、以“质量求生存”的指导思想，对产品精于求精，实现专职检验与自检、互查相结合的“三检制”。公司及产品先后被各级政府授予：“国家质量信得过产品”、“食品卫生等级A级单位”、“农产品营销大户”、“宣威火腿加工工艺技术推广三等奖”、“云南省成长型中小企业”、“市级企业技术中心”、“农业产业化市级重点龙头企业”、云南省著名商标等。2008年公司生产的产品符合宣威火腿行业协会的要求并取得了宣威火腿证明商标使用权；2009年取得了宣威火腿中国驰名商标使用权；2011年公司共申请专利7项（发明专利1项，实用新型专利3项，外观设计专利3项）且全部受理。

企业和产品获得的多项殊荣，充分体现了宣威市浦记火腿食品有限公司在宣威火腿产业中占有前沿地位和轴心地位。公司充分利用中国地理标志产品及中国驰名商标——宣威火腿品牌优势，与自身拥有的技术优势、规模优势、管理优势、资金优势、市场优势相融进行优化整合，着眼产业链集合效应，成为行业发展领军之首。

公司通过多年努力，拥有一个团结奋进的公司领导班子，关心和支持技术创新研发工作；拥有一支同舟共济的科技活动队伍和求真务实的研发人才，在宣威火腿产业中有着雄厚的实力和竞争力。公司应用现代肉类加工先进设备和技术，研制年产2000吨宣威火腿系列产品，较传统的家庭式、作坊式生产实现了行业及产品的优化集合，在原料优化选择、资源优化利用，产品市场优化组合等方面都具有明显优势，在宣威火腿加工业中确实起到了典型示范作用。公司以宣威地方资源优势为依托，在全市范围内建立收购网点20多个，带动地方农户规范养殖，从而保障公司年加工2000吨宣威火腿系列产品的需要，实现农民增收，企业增效。

昆明专卖店

宣威专卖店

玉溪汇溪金属铸造制品有限公司

玉溪汇溪金属铸造制品有限公司（简称汇钢）由玉溪大营街实业有限（总）公司投资组建于2006年6月。位于被誉为“云南第一村”、“中国西部小康之星”的云南玉溪大营街黑龙潭工业区，处于昆曼公路和泛亚铁路的物流集散中枢，交通便利、运输发达。

汇钢先后投入资金20多亿元，采用国内先进的生产技术和环保设备，严守“以质量求诚信，以诚信求互利，以互利求发展”的经营理念，现已形成集原料、制氧、烧结、炼铁、炼钢、轧钢等主体的西南地区大型现代化钢铁企业。汇钢重点围绕钢铁供应链、技术链、资源利用链加大内外部资源整合力度，提高竞争力，提高行业地位，经过多年的努力，汇钢的发展充分得到了大家的肯定，先后被各级党委、政府、行业主管部门和金融财税系统评为“优强工业企业”、“优强企业”、“先进企业”、“突出贡献企业”、“爱心慈善企业”等。

公司自成立之初就坚持以人为本的管理理念，不断完善公司的组织机构，逐步建立完善各项管理规章制度，坚持尊重人才，人尽其才的用人方针，通过外聘内招，为各类专业技术人员和普通职工提供了多渠道竞争上岗的机会和才能展示舞台。公司现有员工3200余人，其中管理人员260多人，大专以上学历500多人。

汇钢立足钢铁主业，生产高技术含量、高附加值钢铁产品，现公司以生产各种型号的带钢、型钢、线材为主，产品经过各级质量部门的检验，品质优良，除畅销本省外，还销往四川、重庆、广西、广东和东南亚市场，供不应求，备受客户的青睐。汇钢将一如既往遵循“发展、壮大、集聚、提升”的战略发展理念，融入“致富思源、富而思进”的发展思路，实现三个转变：从钢铁到材料，从制造到服务，从全省到全国。提升四个方面能力：技术领先、服务先行、环境经营、产融结合。公司始终以科学发展观为指导，坚持走新型工业化道路，推进产品结构调整，促进发展模式转变，立足云南，倚身全国，走出一条有汇钢特色的经营之路，不断推动公司由优秀走向卓越，为云南省经济社会发展作出新的更大的贡献。

昆明傲远管业有限公司

总经理代志春在新品推介会上作新品介绍

昆明傲远管业有限公司是专业从事市政给、排水管道及市政强弱电缆管生产的高新技术企业。公司基地位于安宁市石安公路旁，距市区1.5公里，占地面积20000多平方米，总投资5000多万元，现有专业技术管理人员160余名，年生产能力达18000多吨，年产值2亿元。成立以来，公司专注于绿色环保，集研发、生产、销售及售后施工安装服务为一体，拥有雄厚的技术力量和先进的生产设备以及高效的管理、完善的售后服务。

昆明傲远管业有限公司以高科技为依托，始终坚持以科技进步为主导，以科技成果产业化为己任，不断探索，勇于创新。企业先后通过了ISO9001质量体系认证、ISO4001环境管理体系认证，所生产的“傲远”牌系列产品经过省市专业部门多次检测，质量达到国内先进水平。

昆明傲远管业有限公司始终把顾客需求作为关注焦点，以不断改进管理，不断提高产品质量和服务水平作为价值取向；以追求投资者、员工、客户三者满意作为公司共同的价值观；以满足社会需求，让越来越多的消费者用手称心满意的放心管材，服务社会、造福桑梓作为理想和发展目标。坚持科学的发展观，秉承“诚信、团结、求实、创新”的经营理念和“傲然之美、远驰天下”的企业文化理念，实施名牌发展战略，努力打造西部化工建材行业的顶尖企业。

公司主营产品

1.钢带增强聚乙烯（PE）螺旋波纹管
2.钢丝网骨架塑料聚乙烯（PE）复合管
3.HDPE中空壁缠绕管
4.HDPE给水管
5.HDPE双壁波纹管
6.C-PVC电力管
7.UPVC多孔管
8.市政工程非开挖式管道顶进施工

PE塑料检查井

钢带增强聚乙烯(PE)螺旋波纹管

市政工程非开挖式顶进

公司名称：昆明傲远管业有限公司　地　址：安宁市石安公路旁
电　话：0871-68237885　传　真：0871-68237885　网　址：http://www.kmaygy.com

云南高山生物农业有限公司

云南高山生物农业有限公司，是由浙江康恩贝集团与浙江旺旺野生植物开发有限公司全体股东，在云南省普洱市共同投资设立的。主营珍稀濒危植物的深入研发、人工组培、标准化种植及产品加工等产业化项目，注册资金：5000万元人民币，法定代表人：朱明旺。现已建年产约2800万丛种苗的组培中心与2000多亩符合GAP标准并通过有机认证的“康恩贝高山铁皮”石斛种植基地；已自主开发上市康恩贝高山铁皮枫斗、铁皮石斛花茶、铁皮枫斗浸膏、铁皮枫斗晶等“康恩贝高山铁皮”系列保健食品，并试生产铁皮石斛芝参胶囊和铁皮石斛中药饮片。公司计划前期投入3亿元人民币重点发展铁皮石斛的农业产业化项目后，再斥资超过2亿元人民币进一步开发其他云南特有中药材的农业产业化项目。切实将本公司打造成全国最大的铁皮石斛产业化基地和特色珍稀濒危药材的植物培育、规范化种植及精深加工产业化基地，并实现资本市场的上市目标。为加快普洱绿色经济试验示范区与云南“桥头堡”建设作出应有的贡献。

公司地址：云南省普洱市工业园区
联系电话：0879—2312899

云南生物谷灯盏花药业有限公司

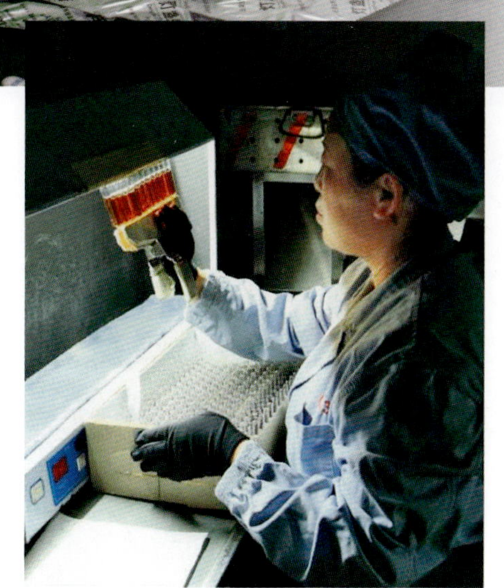
灯检

生产线-1

生产线-2

云南生物谷灯盏花药业有限公司成立于1999年6月，注册资本6000万元。公司是国家高新技术企业，云南省农业产业化龙头企业，云南名牌产品30强企业，企业博士后科研工作站，国家认定企业技术中心，云南省特色植物药工程技术研究中心。通过了ISO9001：2000质量管理体系认证和ISO2001：14001环境管理体系认证。全部药品生产线都通过了国家药品GMP认证。

公司致力于植物药的研究、开发、生产和销售，在灯盏花药物的研发和规模化生产方面已达到行业领先水平，是目前国内从事灯盏花系列药品生产企业中产销规模最大、品种最多、专业化程度最高、自主知识产权最多的制药企业。公司目前已申请发明专利54件，其中发明专利39件。目前已拥有灯盏花系列品种8个，已上市的灯盏细辛注射液、灯盏生脉胶囊、灯盏花滴丸、灯盏细辛软胶囊4个品种均具有自主知识产权，属独家品种。其中灯盏细辛注射液和灯盏生脉胶囊进入了《国家（2010）版药典》，并被列入国家基本药物目录和医保目录。截至2011年止，公司累计创造工业产值逾35亿元、实现销售收入约35亿元，实现利税9亿多元，以上三项指标连续数年均名列云南省医药工业企业前列。

公司计划于2013年投产运行高新区产业基地项目，该项目总投资约人民币4.9亿元。建成后公司将拥有集药品研发、药品及保健品生产与销售为一体的现代化产业基地。

生物谷制药秉持“责任、合作、发展”的经营理念，以先进的科研生产、经营管理和市场销售创立“生物谷”知名品牌，打造灯盏花系列名牌产品，用于治疗严重威胁人类健康的心脑血管疾病，形成整合种植、研发、生产、营销等环节完整产业链的心脑血管疾病防治领域主流产品制造商。

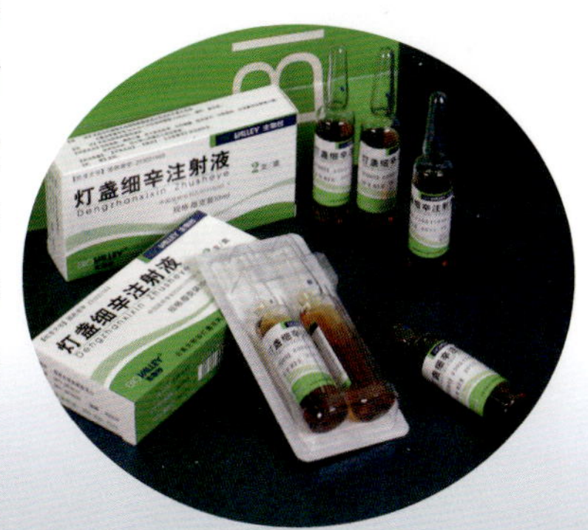

灯盏细辛注射液

云南高滇矿业有限公司

集团领导视察物流基地建设

集团和公司领导考察洗煤厂

研究矿山开发方案

集团所属煤矿

云南高滇矿业有限公司是北京金昆仑煤业投资集团旗下的在滇企业，于2011年1月12日在云南省工商管理局注册登记，注册资本金500万元，主要经营矿产品贸易。

公司成立以来，按照现代企业的要求，本着“诚信、务实、开拓进取”的企业精神和“以人为本”的企业文化，树立“专业、科学、行动”的管理理念，秉承“聚才、育才、选才、惜才、尽才”的人才观念，广开渠道，创新机制，整合资源，组建了一支具有专业实力、综合管理能力和市场开拓执行力的企业团队，在煤贸易、铁矿石经营等方面小有建树，培育了原料基地，理顺了物流渠道，初步建立了灵活的经营机制和健全的管理体系，为下一步更好、更快的发展提供了坚实的基础。

公司将依托集团资源，增强自身实力，拓展更大空间，自立市场竞争之林。

集团和公司领导考察发运场地

地址：昆明市青年路389号志远大厦27楼A座　　联系电话：0871-63107931

耿马泰兴发展有限责任公司

省政协副主席陈勋儒到公司视察时与公司部分职工合影

省工信委主任刘绍忠、副主任许云到公司检查指导工作

耿马泰兴发展有限责任公司于2006年1月登记注册，注册资金2000万元，公司董事长兼法定代表人罗权万，公司总资产11.09亿元，主要是从事原料林基地建设及木材综合精深加工和贸易，是临沧市对木材资源进行专业化、规模化精深加工的重点企业之一，2010年被云南省林业厅列为林业产业龙头企业，也是云南省林业产业协会会员单位，厂区占地面积166.3亩，位于耿马县城耿孟路三公里处，距离昆明市580公里，交通便利。

公司经营的主业是木材精深加工。按照“产品一流、服务一流、信誉一流”和“质量第一、服务三农、回报社会”的经营理念，不断调整和完善产品市场需求，实现加工生产固体污染的零排放，加工产品价值的最大化，即走深加工和精加工的现代化工业之路。企业投巨资购入先进的设备和生产工艺。公司现有年产200万m^2实木地板和实木复合地板条生产线1条，年产1.5万m^3集成指接材生产线1条，年产1万件（套）家具生产线1条，年产10万m^3建筑模板生产线一条，年产500万m^2全自动刨切生产线一条，公司制材车间年加工能力设计为22万m^3，主要产品有耿泰地板、建筑模板、集成板、刨切单板、旋切木片、优质木薄片、实木家具和机制木炭等。其中公司的油漆地板条生产线，于2010年1月国家技术监督局颁发“生产许可证”。其产品耿泰实木地板被中央电视台列为推荐品牌，并于2011年9月1日获得中国中轻产品质量保障中心认定的“全国地板产品质量公证十佳品牌”证书和“国家合格评定质量信得过产品”证书，成为国内知名品牌，产品销往全国各地，产品供不应求，深受用户好评，得到当地党委、政府的支持，也得到了当地农户的认可，2012年3月被耿马县工会评为劳动关系和谐企业，2010年公司董事长被中国民营企业联合管理会评为优秀民营企业创业家。2012年9月被临沧市委市政府评为临沧市优秀中国特色社会主义建设者称号，2011年被临沧市评为“质量管理示范企业”，先后通过了ISO9001：2008质量管理体系认证和ISO14001：2004环境管理体系认证。

公司以发展速生丰产林和名贵树种为基础，把发展特色林产业作为森林云南建设的重要内容，促进经营理念转变和产业升级，在卡斯特地貌石漠化严重地区及荒山荒地，大力植树造林，打造新型独特生态绿色工业原料基地，不断提升公司林业的国内竞争力，增强林业话语权，为林业发展注入新的活力。截至目前公司已拥有商品林基地36万亩，其中通过“公司+基地+农户”模式建设基地达6万多亩，现在每年都以2万亩的速度迅速推进并在2010年开始根据不同区域，种植濒危树种海南黄花梨、黑木相思，目前试种成功，现有珍贵用材林2万亩，公司计划在2012年开始大面积种植濒危树种。预计到2013年底建成商品林基地50万亩，到2015年最终达到70万亩的目标。公司近几年植树造林成绩突出，董事长罗权万被云南省绿化委员会表彰为“全省绿化先进个人”。

市委书记杨洪波到公司指导工作

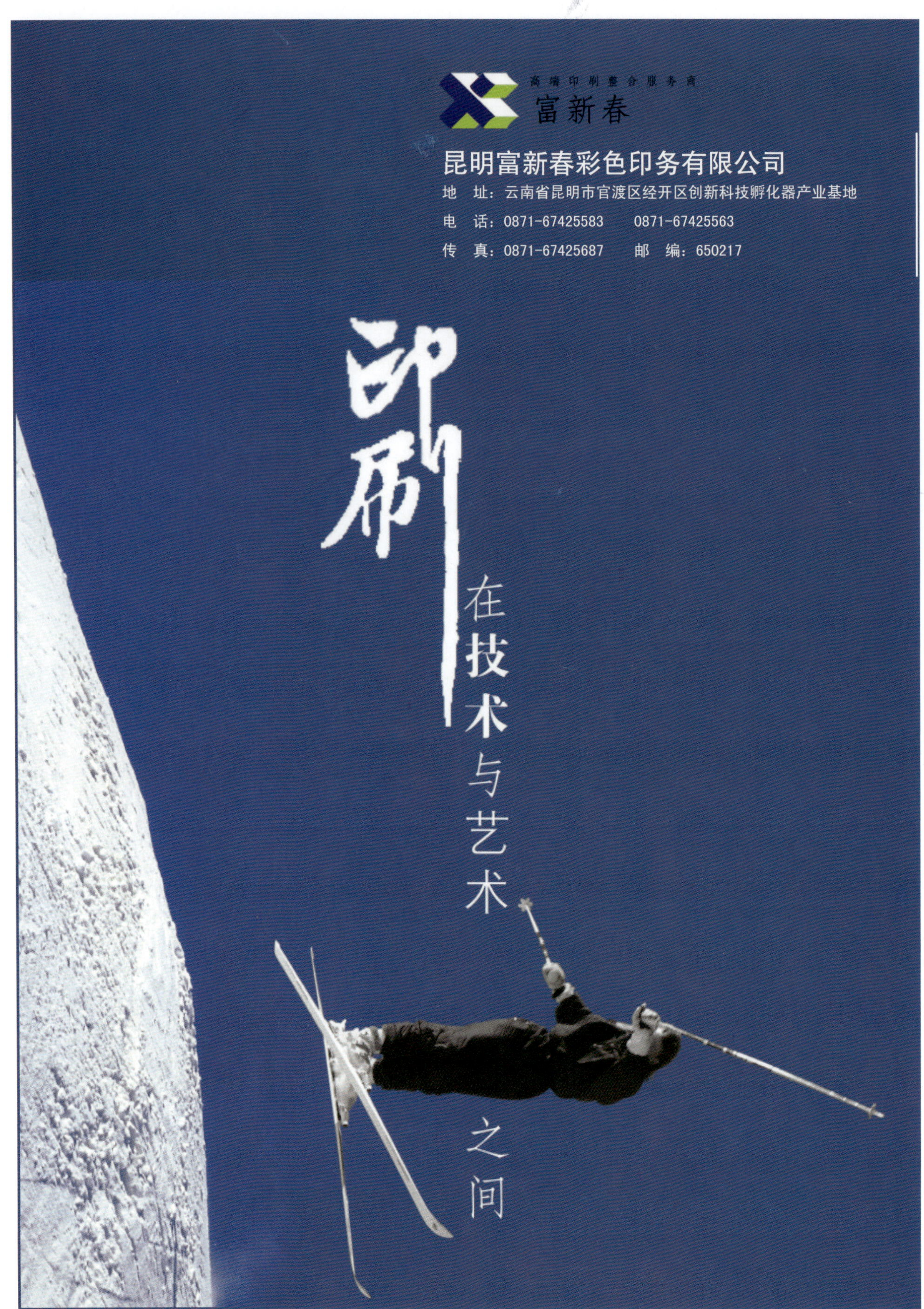
高端印刷整合服务商
富新春
昆明富新春彩色印务有限公司
地　址：云南省昆明市官渡区经开区创新科技孵化器产业基地
电　话：0871-67425583　　0871-67425563
传　真：0871-67425687　　邮　编：650217
印刷在技术与艺术之间

云南易通电气设备有限公司

2009年3月19日，省长秦光荣到易通公司视察

2010年3月，和段琪副省长到公司视察

云南易通电气设备有限公司生产基地坐落在昆明新城国家高新区云南电力装备产业基地内，公司总部位于昆明市关上关兴路288号万裕国际商务大厦14楼。

云南易通电气设备有限公司是昆明国家高新区十大重点企业，云南省重点企业，云南省明星企业，云南省高新技术企业，云南省“重合同，守信用”企业。荣获昆明市知名商标、云南省著名商标，公司拥有员工600余人，其中享受国务院特别津贴专家2名，各类工程技术人员150人，营销人员120人，企业拥有总资产1.5亿元，净资产9880万元，注册资金6000万元，占地面积5.5万平方米，建筑面积4.8万平方米，年产值逐年递增，2010年实现产值1.8亿元。公司主要产品有高、低压开关柜，高、低压母线，电缆桥架等。

清华大学四位教授到公司指导工作

公司通过了ISO9001:2000质量管理的体系认证、ISO 14001:2004环境管理体系认证、GB/T28001-2001职业健康体系认证、国家强制性产品认证（CCC认证）、国家高压电器质量监督检验中心认证、西安高压电器型式试验、云南省产品质量检验中心认证等。

易通公司与国际知名公司ABB建立紧密合作伙伴关系

公司拥有现代化厂房和先进的生产设备，系我国西南地区最大的输配电设备生产商、供货商。并集研发、设计、生产、销售于一体的现代化高科技企业，具备设计、制造、安装、工程配套一系列的生产服务能力。

石林生产基地——鸟瞰图

先进的加工设备、卓越的产品品质、完善的服务体系，使“易通电气”产品深得用户的青睐。

云南富州物流有限公司

董事长　沈令恩

总经理　沈令森

公司成立于1980年，是云南省规模最大的运输企业之一。在20多年的创业历史中，现公司已拥有各型运输车辆100多辆。仓库面积达300多平方米，公司设在货运地理位置优越的昆明东郊关上，与昆明火车货运东站相邻，经营货物运输，集装箱运输，冷藏运输，大件、特大件运输，危险品运输，同时向省内外客户提供货运代理业务，包括货运信息交易、配载及货物中转，仓储等安全、快捷、有效的优质服务。特、大件运输是公司的支柱项目，具有云南省最强大的特、大件运输能力，多年承担昆明大型机械厂，各地州糖厂等企业运输。完成周转量为千万吨／年，为我省物流行业发展起到了一定的作用。

公司坚持“完整无损，万无一失”的物流服务宗旨；坚持以质量求生存，以服务求发展。成立10余年来，先后为国家重点工程攀钢、鲁布革电站、昆明钢铁集团、大湾电站、深圳变电站、小湾电站、“亚洲一号”、天生桥一、二级电站等安全运送大型设备数百件，多次受到交通部的表彰和奖励。近年来，公司积极参与国家西部大开发建设，多次为“西电东送”项目云南大朝山电站、宝峰变电站、贵州黔北电厂、乌江渡水电站、纳雍水电厂和广西天生桥换流站、南宁变电站、深圳南山电厂、厦门后石电厂、柳州钢铁集团技改工程、云南化工技改工程、玉林换流站提供了物流服务，赢得了客户的广泛赞誉，受到业内专业人士的认可和媒体的普遍关注。

多式联运是云南富州物流有限公司新开展的一项业务。公司根据不同运输物品的形状、规格及所处的地理环境，综合运用多种运输手段(包括海运、空运、铁路、公路)将物品运送到指定地点。多式联运相较于其它业务，它更显运输的技术密集性和复杂性，体现了公司的技术实力和在不同环境下作业的能力。公司愿以现代运输条件，全方位的优质服务与省内外朋友真诚合作，共创美好未来，为促进我省物流业发展做出应有的贡献!

云南玉林泉酒业有限公司

云南玉林泉酒业有限公司坐落在玉溪市峨山县玉林泉水资源自然保护区内，距省城昆明120公里，玉溪市30公里，这里青山环抱、四季如春，甘冽的泉水，清新的空气，造就了得天独厚的酿酒生态环境。

玉林泉酒源于清朝中叶，民国初期便扬名滇中，距今已有三百多年历史。1977年正式组建“玉林泉酒厂”，结束了数百年来民间零散作坊的态势；1984年，玉林泉酒厂转制为地方国有企业；1997年进行了第一次改制，按照公司法组建了有限责任公司；在2002年，公司又进行了第二次改制，以公开拍卖形式转制为民营企业。

2005年9月，泰国TCC集团独资并购成立了“云南玉林泉酒业有限公司”，成为中国白酒行业第一家外商独资企业。目前，公司注册资本1.6亿，现有职工600余人，年产量7000吨。

泰国TCC集团并购玉林泉酒业以后，加大技术投入和技改力度，加强专业技术人才的引进和培训，逐步形成酿造、储存、勾调、化验、鉴评、罐装一体化的质量管理体系；投资4000多万元，新建8000余平方米的别墅式酿酒车间，引进先进成套产品灌装设备，把现代生物发酵工程技术、先进质量控制手段与传统生产工艺相结合，增加产品技术含量，将玉林泉酒品质推上新的台阶，同时，也使玉林泉的产能从收购前的年产3000吨提高到7000吨，2011年上缴税金3902万元。

玉林泉相继获得了“国标”、“国礼”、“国优”等一系列国家级荣誉，被权威专家誉为“国曲”：

2008年7月，成为“中国小曲白酒国家标准制定企业”

2009年9月，获得“中国白酒小曲香型代表”称号，与茅台、五粮液等共同列为国家礼品酒。

2009年12月，通过“中国酒类产品质量等级优级认证”，是全国首家通过该认证的小曲白酒生产企业，也是云南省唯一通过该认证的白酒生产企业。

2007年4月，玉林泉组建成立了酒业技术中心，2009年8月通过了市级企业技术中心认定，2010年11月通过了省级技术中心认定，中心拥有国家级白酒专家一名，国家级白酒评委二名，国家注册高级品酒师多名，省级白酒评委多名，其整体技术实力居云南白酒行业乃至中国小曲白酒行业的前列。

玉林泉酒业始终坚持云南特有的传统小曲小罐发酵工艺，古法木甑蒸馏，纯粮酿造，经过近40天的酵制，一年以上的储存周期，使产品具有色泽晶莹剔透、香气清香淡雅、回味绵甜悠长的特点，深受消费者青睐，也得到国内知名白酒专家的高度评价。

玉林泉酒业开创了云南白酒低度化先河，在全国范围内首家彻底解决了低度白酒水解的技术难题，先后开发了32°、29°、12°等系列低度白酒，其中12度超低度白酒经专家鉴评为：“全国首创，中国唯一”。

作为“中国小曲白酒香型代表”，玉林泉酒在2005、2010连续两届被推选为中国国家级白酒评酒委员考试样品酒。

2008年，受中国酿酒工业协会和中国轻工白酒行业职业技能鉴定中心授权委托，承担了中国轻工业白酒行业职业技能培训及鉴定《白酒酿酒师》、《白酒品酒师》统一培训教材的编撰工作。

2008年和2009年，公司编制和参与审定《云南小曲清香型白酒地方标准》、《云南小曲清香型白酒质量等级认证技术规范》，得到了国标委和国家认监委的批准并发布实施。

2008年7月，中国酿酒工业协会、中国白酒标准化技术委员会在重庆召开的“中国小曲白酒标准制定会议”上，确定云南玉林泉酒业为“小曲固态白酒国家标准”的主要制定企业，2008年至2010年，公司参与编制和审定《中国小曲清香型白酒国家标准》。

2009年10月，玉林泉酒业与茅台、五粮液等15家大型名优白酒企业及中国科学院等三家科研院校共同承担起了中国白酒“169计划”科研项目，这是建国以来白酒行业最大的一次国家级科研项目。

昆明国家高新

新城产业基地水科技园

2011年，昆明高新区全年实现总收入1088.6亿元，净增182.6 亿元；实现规模以上工业产值576亿元，工业增加值120.5亿元，现价增速达28.2%；规模以上工业利税总额29.5亿元，同比增长35.3%；完成工业固定资产投资79.9亿元，同比增长41.2%；实现进出口5.2亿美元；实现地方财政一般预算收入14.8亿元，增收3.3亿元，增长28.8 %。

根据科技部统一部署和昆明高新区实际，确定了建设国际知名国内一流创新型特色园区的总目标，制定了一年完善规划布局，三年取得显著成效，五年实现规模提升的“三步走”工作路线图。一是完成了“十二五”国民经济和社会发展规划（纲要）的编制和上报，编制了《创新型特色园区建设试点方案》，并通过了国家科技部组织的专家评审；二是围绕有色和稀贵金属新材料、生物医药产业、装备制造产业、水科技产业等特色优势产业的创新发展，编制完成专项规划，并取得重要进展。组织了国家生物多样性产业基地新城产业园、昆明水科技园的挂牌，有色金属和稀贵金属新型工业化示范基地建设通过国家工信部审查；三是按照工业、城镇上山的要求，完成了新城基地土地利用总体规划的编制调整，新增开发建设用地11平方公里；四是全面启动了建成区的城市设计，完成了前期调查研究和初步设计，明确了建成区的目标定位，为产业结构调整和城市形象提升奠定了基础。

2011年，昆明高新区引进外资项目20个，实际利用外资26612.95万美元，引进内资项目175个，实际引进市外到位资金额为116.1亿元。在总结高新区发展经验教训的基础上，昆明高新区明确提出了产业招商的工作理念，并据此调整了工作部署，强化了产业招商队伍建设，设立了投资促进一局、二局、三局和重点项目督导组，形成围绕产业抓招商、围绕项目强服务的工作格局。在有色和稀贵金属新材料产业领域：实现工业产值500.8亿元，占全区工业总产值的57%，云铜股份、云锡股份、黄金矿业、贵研铂业等重点企业经济持续增长，云锗落户高新区，锗深加工项目开工建设；在生物医药产业领域：实现工业产值130.5亿元，占全区工业总产值的15%，云南白药、滇虹药业、昆明制药、云南生物谷灯盏花等重点企业实现快速发展，引进了东方不老、浙江长海食品药品包装等项目，完成宏绿辣素项目场地平整工作；在水科技及环保产业领域：云南亚太环保等重点企业快速发展，引进了城投碧水源、云南水务产业投资有限公司等一批项目，与北控水务、首创股份、安徽国祯环保、新加坡吉宝集团、凯发集团等业内骨干企业进行了多轮合作洽谈；在装备制造产业方面，昆明电缆、通变电器等企业保持平稳发展，与北京航空航天大学、捷克运动飞机公司等就发展通用航空产业进行了多方面洽商，取得重要进展。此外，百事可乐一期项目如期建成，二期工程当年开工当年投产，云南民爆集团、伟建彩印、娃哈哈等一批企业实现稳定增长，为园区经济发展作出了积极贡献。

昆明高新区大力推进新城高新技术产业基地（马金铺）基础设施建设，交通设施建设方面：完成公园南路、化林路、东大道等15条（段）道路建设，并实现通车，进一步改善了新城基地的交通环境；征地拆迁方面：收储土地3756.7亩，完成目标任务的104.4%，实际供地2983.3亩，完成目标任务的286%。拆除了化城、林塘、化古城村影响道路建设房屋197栋共56527平方米，为彻底打通高新大道、公园北路奠定了基础；保障性住房方面：开工建设公租房548套，新型社区一期已开始回迁安置，城中村改造开工40万平方米，竣工20万平方米的目标任务如期完成；河道整治方面：结合市政雨污分流再次开展源头的查污堵口和截污导流工作，全面开展建成区河道的清淤、保洁工作，加强了梁王河、南冲河水环境综合整治，进行基地内全流域景观河的工程建设，确保河道“三无一畅”，对河道及支流沟渠、水库、坝塘、池塘、公园湖面、小区景观水面的水葫芦控制性种养工作，2011年总计完成水葫芦种养56.375亩；绿化方面：完成绿地建设70.2公顷，栽种乔木4.2万株，攀援植物79万株，营建了“学习杨善洲纪念林”，开展了城乡绿化造林“百日会战”活动，渔浦寒泉公园按期建成并顺利开园；生态建设方面：制定了《生态工业园区建设管理办法和实施方案》，ISO14001环境管理体系获得中国质量认证中心认证。

2011年，在国际国内异常严峻的金融形势下，为确保财政金融和资产的健康运行，昆明高新区采取了一系列措施并取得了显著成效。一是加强土地收储和金融管理，成立了上市办、土地收储分中心，改组了国资公司，积极构建适应开发建设需要的投融资体系；二是切实加强财税征管。开发区管委会领导多次走访云铜、云锡、黄金矿业等税收大户和骨干企业，税务部门加大税收征管服务力度，实现了税收稳定增长，完成财政总收入35.8亿元，同比增长33.3 %，增收8.9亿元。完成政府性基金收入26.4亿元（含城中村改造），同比增长243.7 %；三是认真做好融资工作，全年实际融资10亿元；四是参与发起成立了“宝赢股权投资基金”和“鼎耀股权投资基金”两个基金公司，资金募集和项目选择工作有序开展。

新城产业基地全景图

第六编

Zhong Dian Da Zhong Xing
Gong Ye Qi Ye

重点大中型工业企业

红塔烟草（集团）有限责任公司

【概况】 红塔烟草（集团）有限责任公司前身是创立于1956年的玉溪卷烟厂，1995年改制为玉溪红塔烟草（集团）有限责任公司，2005年12月2日，正式更名为红塔烟草（集团）有限责任公司（以下简称“红塔集团”）。截至2011年底，红塔集团以母分公司形式拥有云南省内玉溪卷烟厂、楚雄卷烟厂、大理卷烟厂、昭通卷烟厂4家不具有法人资格的生产厂；控股海南红塔卷烟有限责任公司、红塔辽宁烟草有限责任公司、香港红塔国际烟草有限公司、老挝寮中红塔好运烟草有限公司；参股吉林烟草工业有限责任公司；拥有云南红塔集团有限公司和云南红塔烟叶物资有限责任公司（2011年8月取消法人资格）2个全资子公司。截至2011年年底，红塔集团拥有总资产961.32亿元，其中，固定资产净值118.04亿元、流动资产595.48亿元，资产负债率为30.91%。共有在岗员工9792人（含玉溪、楚雄、大理、昭通卷烟厂），其中，拥有博士学位11人、硕士学位240人、学士学位2167人；拥有专业技术资格3837人，其中：高职55人、中职1310人，初职2472人。

2011年，红塔集团调整完善品牌发展规划，明确“5211”发展新目标，进一步提高市场营销、基础管理水平，夯实原料基础，深入开展优秀卷烟工厂创建活动，加强技术创新、国际市场开拓和思想作风和人才队伍建设。品牌发展实现新突破，经济运行质量和效益显著提高，超额完成全年经济目标和各项发展任务，实现了“十二五”时期的良好开局。

2011年，红塔集团在中国企业联合会、中国企业家协会发布的“2011年中国企业500强”中排名132位，位列滇企之首，烟草行业第二位；被国务院国有资产监督管理委员会表彰为“2010年重点企业信息报送先进单位”；《红塔集团年鉴》（2010）被中国出版工作者协会年鉴工作委员会评为“第五届全国年鉴编校质量检查评比一等奖”。玉溪卷烟厂被国家安全生产监督管理局、全国总工会评为“全国安全生产督导人员培训先进集体”；玉溪卷烟厂工艺质量科被全国总工会授予“全国五一巾帼标兵示范岗”；玉溪卷烟厂制丝二车间电气修理作业区被共青团中央评为“全国青年文明号”。

【卷烟生产经营】 2011年，红塔集团境内外卷烟总产量（包括集团省内四厂内销与出口、合作生产、境外生产）集团境内外生产规模为562.71万箱，同比增加30.01万箱，增长5.63%。其中：省内四厂生产359.42万箱（含出口卷烟7.22万箱），同比增加7.7万箱，增长2.19%；品牌合作生产192.02万箱，同比增加21.56万箱，增长12.65%；境外加工11.27万箱，同比增加0.74万箱，增长7.03%。

集团境内外销售540.37万箱，同比增加19.97万箱，增长3.84%。其中：省内内销卷烟337.8万箱，同比增加3.05万箱，增长0.91%；合作生产品牌销售184.09万箱，同比增加17.55万箱，增长10.54%；一般贸易出口和境外加工销售18.48万箱，同比基本持平。

集团省内实现卷烟销售收入503.18亿元，同比增长13.71%。实现税利425.85亿元，同比增长25%，其中利润56.41亿元。三项费用率为9.82%。红塔辽宁公司实现税利37.49亿元，同比增长20.28%。海南红塔公司实现税利10.33亿元，同比增长24.76%。

【品牌建设】 2011年8月，红塔集团推出源自中国第一座烟草庄园、中国第一包有机烟——“玉溪（庄园）”，第一次让“有机”从概念走向现实，定位为高端消费群、行业高端品牌中的尖端规格。年内，“玉溪（庄园）”在13个省区市的29家分公司上市，形成一定影响力，高端突破取得一定成效。全年，“玉溪”品牌商业销售95.77万箱，同比增加27.03万箱，增长39.32%，排名行业一类烟商业销量第2位，商业批发销售收入472.8亿元，排名第8位；“红塔山”品牌商业销售311.16万箱，同比增加36.64万箱，增长13.35%，是中国卷烟销量第一大品牌，商业批发销售收入548.03亿元，排名第6位，其中100元及以上价位产品销售87.7万箱，同比增长24.03%。

【科技创新】 红塔集团技术中心成立于1997年，1998年被国家经贸委、国家海关总署、国家税务总局认定为“国家级企业技术中心”。2001年5月，经国家人事部、全国博士后管理委员会批准设立企业博士后科研工作站。2003年3月，技术中心质量监督检测站通过中国实验室国家认可委员会认可，成为国家认可实验室，并于2008年再次通过中国合格评定国家认可委员会（CNAS）现场复评审。

2011年，技术中心紧紧围绕集团“努力打造世界领先品牌”愿景目标和实施“5211”品牌发展规划，以提升品牌结构、提高产品单箱盈利能力为着力点，大力增强自主创新能力，突出产品特色，在稳定产品质量的同时，提升产品市场核心竞争力，取得显著的成效。集团科研项目获奖16项。其中：国家局2010年度科技进步奖2项（三等奖2项），云南省科技进步奖4项（二等奖2项，三等奖2项），云南中烟科技进步奖10项（特等奖1项，一等奖2项，二等奖3项，三等奖4项）;获集团科技进步奖77项（特等奖1项，一等奖4项，二等奖22项，三等奖25项，鼓励奖15项）；申报专利104项（发明专利10项，实用新型专利49项，外观设计专利45项），获授权专利94项（发明专利4项目，实用新型专利45项，外观设计专利45项）；发表科技论文38篇，其中:国内核心期刊31篇。参与制（修）订标准55项〔烟草行业标准5项，本企业标准制（修）订46项，部门级标准制（修）订4项〕。卷烟产品“玉溪（软境界）”在国家局、云南省烟草专卖局的感官质量和综合质量抽查中屡获行业第一。

【品牌营销】 品牌发展规划2011年，围绕国家局提出的“532”、“461”发展目标，红塔集团适时地将品牌发展目标由原来的“51518”调整为“5211”，即到2015年，“红塔山”实现年销量500万箱，“玉溪”实现年销量200万箱；“红塔山”年商业销售收入达到1000亿元，“玉溪”年商业销售收入达到1000亿元。

营销管理制订《市场营销中心宣传促销项目管理规范》，修订《市场营销中心组织结构概况及部门（省区）职责》等标准12个，形成包含30个标准的《市场营销中心部门级标准汇编》。制订《宣传促销项目管理实施细则》，规范促销工作流程，完成《市场营销中心宣传促销项目管理规范》，细化宣传促销管理程序。修订完善与宣传促销相关的管理制度6项，加强对宣传促销项目的管理和监督力度。评审新品上市推广及专项活动方案1200余份，保证评审质量和及时性。制订《2011年营销中心省区营销预算分配方案》《2011年营销中心省区追加营销预算分配方案》。借助工商协同平台，在吉林、海南、广州、北京、江苏、广西、西安、天津等省区市开展标准店、形象店、灯箱等终端建设项目25个，投入经费2500万多元，营销体系建设从工商互动协同覆盖到工、商、零全价值链，推进工、商、零共同面向消费者，促进传统终端向现代终端转变。深化协同营销工作，全年与山东烟台、威海、菏泽等6个地市烟草专卖局（公司）签订“工商协同营销品牌培育合作意向书”，与广东签订发展战略合作协议，与北京、江苏共话发展。

【多元化经营】 1993年11月10日，云南红塔（集团）总公司成立，注册资本56亿元。1996年1月29日，云南红塔（集团）总公司申请注销，改制为云南红塔实业有限责任公司。2001年7月24日，公司更名为云南红塔投资有限责任公司。2003年12月25日，公司更名为云南红塔集团有限公司，为红塔烟草（集团）有限责任公司全资子公司，负责多元化经营管理。云南红塔集团有限公司投资项目涉及能源、交通、金融、化工、酒店房地产、医药、建材机电、汽车等多个领域。

截至2011年年底，云南红塔集团有限公司参与投资项目65个，总投资额167.59亿元。按投资行业分布计算，金融证券行业投资16项，投资额68.89亿元，占投资总额的41.11%；能源交通行业投资5项，投资额43.42亿元，占投资总额的25.91%；酒店房地产行业投资14项，投资额29.56亿元，占投资总额的17.64%；烟草配套及材料行业投资18项，投资额13.74亿元，占投资总额的8.20%；其他行业投资12项，投资额11.98亿元，占投资总额的7.15%。2011年，云南红塔集团有限公司纳入统计的47家企业实现主营业务收入472.27亿元，实现税利120.767亿元，公司本部实现利润7.35亿元。

【质量管理】 2011年，红塔集团围绕“降低产品市场投诉率，为消费者提供高质量卷烟产品”目标，构建以研发链、供应链、制造链、物流链为主线的产品质量安全体系，发布实施《关于烟草行业产品安全标准体系表实施方案》，起草《产品质量安全工作职责》，形成《红塔集团制造链产品质量安全危害分析管理方案》和《红塔集团制造链产品质量安全体系标准明细表》2项管理标准。持续推进全面质量管理，QC小组活动成效显著，获全国烟草行业QC成果一等奖1项、二等奖1项、三等奖1项。

【安全管理】 2011年，红塔集团落实安全生产主体责任制和“一岗双责”制，与各部门及员工签订部门及岗位安全承诺书；抓好安全检查和专项整治，查出隐患488项，提出整改意见2项。推进安全设施建设，落实安全预算9951.8万元，兑现2010年安全奖600余万元。开展交通安全宣传和职业病防治知识竞赛。推进安全文化建设，编印发放《玉烟安全文化手册》6500册，开展安全生产月活动。完善安全标准体系，新发布《消防设施配备标准》《特种设备配备标准》《安全检测仪器配备标准》和《武装工作经费标准》安全标准4项。加强劳动防护，落实安全防范措施。集团全年安全生产态势平稳，未发生大的、影响集团发展和社会安全稳定的事故案件，一般事故、案件低于前3年平均水平，实现“四个为0”和“四个100%”的安全工作目标。

【标准化管理】 2011年，红塔集团优化企业标准体系，制订《有机烟叶综合标准》，年底拥有技术标准598项、管理标准286项、工作标准2194项；持续开展“三标一体”内审员培训和内部审核、管理现场调研和管理体系自查等基础管理活动。参与行业标准制修订，有3项标准被列入年度行业标准制（修）订项目，1项由国家局批准发布实施。成功申报烟草行业重点专业领域重点标准研究室，成为行业首批6个重点标准研究室之一。

【企业文化建设】 2011年，红塔集团秉承“两个至上”行业共同价值观，注重文化落地、丰富品牌文化，开展红塔山、玉溪品牌故事征集活动，发布“红塔经典品牌故事”10个，以故事传播文化；推进行为文化建设、以文化规范员工行为，举办行为文化巡回展示展演、制订下发《红塔集团员工行为规范手册》，引导员工讲标准、重规范，促进行为规范化；加强文化创新，以玉溪（庄园）上市为契机，推出生活专刊《山水》和多种形式媒体宣传活动，多角度阐释庄园文化，创建与集团发展相适应的企业文化；运用国家局企业文化评价体系工具，对所属单位企业文化建设进行定性、定量管理和评价，明晰企业文化建设现状，规范企业文化建设过程，实现文化建设向文化管理迈进，企业文化建设迈进精细化管理新阶段。

【公益事业】　红塔集团热心社会公益事业，2011年累计为公益事业捐款近7000万元。向德宏州捐赠抗震救灾款300万元。扶贫帮困、资助教育事业捐款3100多万元，其中，向德宏州、贡山县捐赠教育扶贫资金260多万元；向盐津县柿子乡捐赠扶贫款47万元；向元江县洼乡定点挂钩扶捐款20万元；向昭通市昭阳区扶贫捐款95万元；购买扶贫物资20多万元；向玉溪、楚雄、大理、昭通市教育捐款2300多万元；向云南省儿童少年基金委员会春蕾计划捐款90万元；玉溪市第二幼儿园捐款98万元；向玉溪师范学院捐款100万元；玉溪“百名贫困学子大学圆梦”助学捐赠款70万元；向宾川县州城完小运动场建设捐款20万元。

其他捐款600多万元，其中，向大理州乡村道路建设捐款共340万元，老年活动中心建设工70多万元；向元江县青龙厂镇芒果产业发展捐赠经费30万元；向牟定县左脚舞文化节捐款10万元；向禄丰县彩云镇新农村建设捐款10万元；向姚安县太平镇陈家村基础设施建设捐款共40万元；向云南道路交通安全协会高速公路捐赠款10万元；向楚雄市老干局捐款8万元；向大理州南诏史研究会捐款8万元；捐赠彝良县公路建设款85万元；向云南老龄事业发展基金会捐款20万元；向玉溪市老年人体育协会捐款6万元。

（曹晓军）

红云红河烟草（集团）有限责任公司

【概况】　红云红河烟草（集团）有限责任公司（简称红云红河集团）成立于2008年11月8日，由原红云烟草（集团）有限责任公司和原红河烟草（集团）有限责任公司红河卷烟厂、新疆卷烟厂合并组建，下辖昆明卷烟厂、红河卷烟厂、曲靖卷烟厂、会泽卷烟厂、新疆卷烟厂、乌兰浩特卷烟厂，控股山西昆明烟草有限责任公司、内蒙古昆明卷烟有限责任公司，拥有商贸、印刷、运输、酒店、学校、医院等公司和企业，核心品牌“云烟”、“红河”为“中国驰名商标”、“中国名牌产品”。

截至2011年年底，红云红河集团总部下设5中心15部室，即市场营销中心、技术研发中心、生产制造中心、物资采购中心、物流中心、党政办公室、人力资源部、经济运行部、财务部、审计部、原料部、信息管理部、海外拓展部、宣传策划部、基建技改部、多元化投资管理部、党群工作部、纪检监察部、工会综合办公室、调研室。

2011年集团品牌规模保持行业第1、效益居行业第3位，列中国企业500强第147位、制造业500强第68位，获“全国扶贫开发先进集体”、“云南省思想政治工作先进集体”、“云南省质量效益型先进企业”等荣誉称号。

【卷烟生产经营】　2011年，集团共生产卷烟491.47万箱、同比增长3.3%，销售卷烟498.8万箱、同比增长7.1%，实现销售收入618.48亿元、同比增长17.05%，实现税利499.81亿元、同比增长21.63%，实现利润75.99亿元、同比增长9.06%。其中，集团省内生产卷烟370.57万箱、同比增长2.08%，销售卷烟379.52万箱、同比增长7.46%，实现销售收入507.27亿元、同比增长17.48%，实现税利415.88亿元、同比增长21.35%，实现利润64.06亿元、同比增长6.97%。

【品牌培育】　面对行业快速发展的新形势，按照国家烟草专卖局“高端强势、中端引领、国际领先”的要求和“重在高端突破、重在持续创新、重在加强宣传、重在夯实基础”的指示精神，集团结合自身实际，坚持规划统领，进一步明确了品牌“4215”发展目标：即到2015年，力争云烟品牌规模达到400万箱、红河品牌规模调控在200万箱左右、云烟商业批发销售额1500亿元。云烟一类确保120万箱、力争150万箱，高端云烟确保15万箱、力争20万箱，二类云烟突破30万箱，三类以云烟（紫）为底线规格向上整合，使一、二、三类比例更趋合理；红河全部为三类以上规格，积极拓展一、二类市场，大力推动低三类向高三类转换，商业批发销售额确保350亿元、力争400亿元。

围绕“规模、价值、低焦低害并举”的品牌发展思路，把资源要素更加向云烟和红河品牌聚集。云烟着力突破高端市场，云烟（大重九）2011年8月面世后市场反响热烈，年底在全国5个城市选点上市，成为超高端市场的焦点产品，进一步强化了云烟高端定位，提升了云烟品牌价值。推进云烟印象、珍品系列和红河（道）拓市上量，一类小熊猫、呼伦贝尔和软金雪莲整合至云烟品牌，三类小熊猫向红河整合，加快红河四类向三类转移，以三类为主做大体量，推动云烟和红河两大品牌结构整体上移。努力拓展低焦市场，积极培育云烟（软印象）、云烟（5mg印象）、云烟（金福）、云烟（win）等低焦产品，加紧研发储备高端低焦新品，稳步推进在线产品降焦，推动品牌“低焦高质”发展。加强合作生产，全年共签订合作生产协议77.6万箱，其中云烟系列37.5万箱、红河系列40.2万箱，品牌合作规模持续扩大。

【市场营销】 深化协同营销，全年开展恳谈宣讲和文化交流434场次、受众2万多人次，签署合作协议14家。强化全员营销，集团领导分工挂片市场，协调市场规划布局，赋予新疆、乌兰浩特两厂和山昆、蒙昆两公司营销主体责任，巩固拓展当地市场。开展专业化分工、项目制管理，将目标分解落实到每个市场部，加大以销售业绩为依据的考核力度。着力精准营销，选择重点规格、重点市场、重点环节在全国16个省区开展云烟印象等精准营销。做实终端建设，以旗舰店、专卖店、标准店等形式参与11省市29个终端项目建设，搭建网络营销互动平台。拓展海外市场，立足缅甸、香港、印尼、南部非洲、马其顿等合作项目，推进境外实体化运作，调整外销产品线，扩大一般贸易出口。

【原料保障】 加强基地建设，集团优质原料基地扩大为7省18市46县80个单元，以“红大”、K326等为主栽品种，派驻95名科技人员全程参与烟叶生产；推进云烟印象烟庄建设，石林园进入实质运作，红河、曲靖、腾冲园的选址及资料收集已经开展；推进昆明卷烟厂老厂房改建原料仓库、曲靖南海子烟叶仓库及红河烟叶仓储基地建设，整合压缩库存等级，进一步优化原料结构；制定烤烟工艺分级标准，完成昆明、红河、曲靖3大烟区复烤模块化配方打叶设计，统一调配烟叶，集中打烤；抓紧烟叶采购，分品种单收单调单储，着重提高烟叶纯度和工商交接合格率，2011年，烟叶采购完成376.59万担，占采购计划的90.66%，同时采购调入进口烟叶14.7万担。

【科技创新】 转化应用最新科研成果，完成云烟（5mg印象）、（软印象），红河（硬）和云烟（清甜香）、（大紫）等24个新品研发，云烟（大重九）以专属原料、专用配方、专门工艺、专线加工充分彰显“清、甜、津、润”。依托“云烟专线”优化流程、精控参数，云烟（印象）、（软珍）、（紫）等品质普遍提升。加强减害降焦和降焦提质，推动云烟（6mg清甜香）、（3mg超细支WIN）等低焦新品研发，2011年集团在线卷烟产品焦油加权平均值降至12.02mg/支、同比下降0.54mg/支。突破传统调香模式首创田间、烘烤、陈化、赋韵“四级调香”技术体系，牵头完成的“中式卷烟风格感官评价方法”达国际领先水平，内源性微生物产香技术推广应用，特征香味物质定向包埋及释放技术取得突破，掌握了卷烟抽吸干燥感形成的部分机理。集团全年共承担各级科研项目88项，申报专利79项，获授权专利62项、软件著作权3项，13个科研项目获上级奖励，其中云南省科技进步一等奖1项、三等奖2项，云南中烟特等奖1项、一等奖2项、二等奖5项、三等奖2项。2人分别被认定为行业卷烟调香师和高级调香师，1人被认定为行业卷烟调香方向学科带头人，1人被认定为云南中烟科技领军人才，2人被认定为云南中烟学科带头人。

【生产制造】 在昆明卷烟厂实施技改搬迁过程中，曲靖卷烟厂承担云烟（软珍）、云烟（紫）生产任务，在红河（硬）置换过程中，红河、曲靖、会泽、乌兰浩特卷烟厂及山昆、蒙昆公司开展转换生产。落实“体系目标化、管理流程化、流程信息化、基础规范化、改进持续化”五化要求，开展管理目标检查和体系文件交叉审核。深入推进现场管理，加强成本控制，推广设备优秀操作法，对照行业10项主要经济技术指标，集团创优达标率83%；开展对标项目攻关，2011年集团31指标同比有所提高、26指标优于行业平均水平。构建了涵盖原料、添加剂、烟用材料等169项企业标准的质量安全控制体系，全年集团产品质量行检、抽检、商检合格率均为100%。昆明卷烟厂2011年5月新厂区竣工投产、曲靖卷烟厂卷包中庭改造主体工程完工、会泽卷烟厂组织施工招标、新疆卷烟厂联合工房主体结构基本完工、乌兰卷烟厂技改收尾工作进展顺利、红河卷烟厂组织地质勘探招标。

【基础管理】 认真执行预算分级负责、归口管理、统一审批的制度，严格编审各单位部门年度预算，强化预算执行跟踪监控。推进办事公开民主管理，细化公开目录与内容，做好职代会提案回复；强化工程投资、物资采购、宣传促销管理，工程建设项目、十二类卷烟材料采购、宣传促销项目及促销品等严格招标、竞标、评标。加强信息化建设，集团ERP（企业资源管理系统）项目于2011年年底上线运行，实施MES（生产制造执行系统）、协同办公、主数据管理等信息系统建设，协同办公系统顺利运行，预算编制系统投入使用。加强内部监管，加大重点领域和关键环节监管力度，深入开展工程建设领域突出问题和“小金库”专项治理、“六五”普法及烟叶收购廉政教育等活动；加强审计工作，2011年完成经济合同汇审3486项、工程结算审核1602项，审减金额1.74亿元，招标比价项目721项，节约资金3.36亿元。

和谐建设加强党的建设，在7个基层党委〔38个党总支（含1个分党委）、148个党支部及4760名党员〕着力推进党建创新和创先争优，持续健全惩治和预防腐败体系，严格权力运行和干部选拔任用监管，健全深化“国家利益至上消费者利益至上”长效机制；加强队伍建设，全年调整、聘任（任命）中级管理人员450人次，评审认定初级职称64人、中级职称33人，申报高职10人，聘任科研及工程系列专业技术人员214人，组织各类培训797起34200人次，6人获云南中烟技术能手称号，9名员工获云南省（1名）、昆明市（2名）和云南中烟（6名）劳模表彰；实施集团总部及各厂工改，精简岗位岗级，严格定岗定员定编。加强宣传工作，集团网站访问量突破3000万，全年《红云红河烟草报》出刊35期、发行量近40万份，《今日红云红河》杂志出刊12期、发行量近30万册。支持公益事业，持续推进会泽、巧家县“挂钩扶贫”和镇康、富宁、沧源县“兴边富民”对口帮扶，签订了新三年、共计2400万元的兴边富民工程帮扶协议；在云南省内继续扩大“红云园丁奖”、“红河助学金”捐助设立范围，全年在13所高校投入1320万元，对优秀教师和品学兼优的贫困学生提供更多的支持和帮助，集团获“云南省十一五扶贫开发工作先进集体”等荣誉称号。

【大事记】　2011年，集团投入1320万元在云南大学、昆明理工大学、云南财经大学、云南农业大学、云南师范大学、云南民族大学、云南中医学院、昆明医学院、云南艺术学院、昆明学院、保山学院、红河学院、曲靖师范学院设立“红云园丁奖”、“红河助学金”，对优秀教师和品学兼优的贫困学生进行奖励资助。

5月20日，集团昆明卷烟厂易地技改项目落成仪式举行。国家烟草专卖局局长姜成康，云南省委副书记、省长秦光荣，省委常委、常务副省长罗正富，省政府秘书长丁绍祥等领导出席仪式。

8月8日，云南省委副书记、省长秦光荣，副省长曹建方，省政府秘书长丁绍祥对云南烟草“十二五”规划进行专题调研。调研期间秦省长到集团红河卷烟厂视察，深入了解卷烟生产的相关情况。

8月30日，由中国卷烟销售公司主办，云南中烟工业有限责任公司承办的“玉溪（庄园）·云烟（大重九）品牌培育座谈会”在北京召开，“云烟（大重九）”正式亮相。

11月18日，集团举行“十二五”兴边富民工程启动签字仪式，与镇康县、富宁县和沧源县签订兴边富民工程帮扶协议。12月6日、7日，集团分别与会泽县、巧家县签订新三年挂钩扶贫帮扶协议。

【任职领导名单】

董　事　长　姚庆艳

监事会主席　魏志刚（3月止）

　　　　　　田东明（3月任）

党委书记　许力为

总　　裁　武　怡

副 总 裁　谷　宏

　　　　　毕凤林

　　　　　和国刚

　　　　　李　恒

　　　　　冯　斌

　　　　　王家寿

党委副书记、工会主席　朱俊英（3月止）

纪委书记　魏志刚（2月止）

党委副书记、纪委书记　代　伟（3月任）

工会主席　田东明（3月任）

（杨裕萍　朱　懿）

昆明钢铁控股有限公司

【综述】　2011年，昆明钢铁控股有限公司钢铁主业与非钢产业实现销售收入603.9亿元、工业增加值80亿元、利润17.2亿元、利税31亿元，与上年同比分别增加17.53%、23.17%、13.46%、-4.08%（因工程设备抵扣进项税大幅增加）。全年对外贸易进出口总额7亿美元，同比上年增长184%，创历史新高。全年共节约标煤35.4万吨。安全、节能减排、环保等主要指标均完成各级政府的考核要求。

2011年，昆钢总资产达到561亿元，与上年同比增长23.3%。完成固定资产投资76亿元，同比增长9.48%；资产负债率64.38%、总资产周转率1.19次/年，存货周转率9.17次/年、应收账款周转率67.45次/年、流动比0.78，均优于前一年度。2011年，昆钢克服了6号高炉大修，四季度钢价大幅下跌等诸多不利因素，不断优化生产组织，加大节铁增钢力度，坚持市场导向，调整运营机制，实施成本倒逼，全年生产钢604万吨、铁587万吨、材667万吨，实现销售收入337亿元、利润4.1亿元，红河钢铁公司销售收入突破100亿元，取得了难能可贵的经营业绩。投资50亿元淘汰落后、节能减排、环保搬迁的草铺新区一期项目主体工程基本完成，开始进入投产准备。本部炼钢6号连铸机、玉溪联合企业1080立方米高炉、红河钢铁公司60万吨型钢生产线等先后建成投产。至2011年12月，昆明钢铁综合产能已经达到年产钢1000万吨。

2011年，昆钢围绕发展战略布局，在怒江、德宏、昭通、文山等16个地州市以及四川攀枝花地区进一步拓展了一批发展项目，进一步加快相关多元产业的发展速度。（一）资源型产业实现销售收入160亿元，利润15亿元，比上年分别增长24.42%、38.06%。矿业板块扎实开展探矿找矿工作，积极开展降尾提量增效攻关活动，大红山矿业公司扩产工程三选厂投入使用，全年自产铁成品矿630万吨，综合尾矿品位降至13%以下。2011年，昆钢铁成品矿自给率达到51.58%，新增铁矿石资源储量6280万吨。昆钢水泥建材集团通过新建生产线和重组整合，控制产能达到2000万吨，全年生产销售水泥、熟料、微粉共1069万吨，成为省内最大的水泥建材生产企业。煤焦化公司“借壳”重组马龙产业，实现“云煤能源”成功上市，师宗煤焦化甲醇装置、昆明焦化制气厂干熄焦项目相继建成，化工产品深加工能力不断增强。（二）新材料产业实现销售收入52亿元，利润0.2亿元，比上年分别增长30%、169.73%，钛板材和不锈钢复合板制造已处于国内先进水平。昆钢与迪庆等州市达成合作协议推广建设节能环保的KDRH法还原铁项目如期推进。昆钢重装集团3150吨快锻机制造的30吨锻件、单件浇铸200吨的大型铸钢件均填补省内空白。昆钢粉末冶金科技年产2万吨直接还原铁制粉项目建成投产，产品已进入省内外市场。（三）现代服务业实现销售收入74亿元、利润4.11亿元。大红山管道扩能项目顺利推进，管道运输业务不断拓宽。昆明、大理等物流基地开工建设，物流能力快速提升至省内前列。绿色产业、节能环保、职业教育、酒店旅游等产业都有进一步发展，逐步成为新的经济增长点。2011年，昆钢相关多元产业合计实现销售收入286亿元。与上年相比，增加80亿元，增长38.8%。

【改革创新】 一是内部改革不断深化。昆钢坚持“立足社会大市场、服务昆钢小市场”的市场化导向，鼓励子（分）公司走出昆钢拓市场、求生存、谋发展，注重公司整体利益和协同效应的发挥，培育建立“内部竞争，外部协作”的机制。资产经营责任制、多元化用工方式、收入分配激励机制改革进一步深化，扩大了基层单位的经营自主权。绩效考核和薪酬分配的激励导向作用进一步发挥，有效调动了单位和职工的主动性、积极性和创造性；二是管理水平进一步提升。昆钢以开展“管理水平提升年”活动为契机，基础管理和制度创新不断深入，全年实施了81项管理改进措施，管理水平提升年工作获省国资委充分肯定，在国资委2011年管理考评中被评为优秀企业。信息化建设取得显著进展，及时准确的信息平台已成为具有昆钢特色实用的管理信息交流方式。电子商务成功投入运行。全年共有5项管理创新成果获省部级以上奖励。其中，2项管理创新成果获国家级管理创新成果二等奖，3项管理创新成果获中国钢铁工业协会管理创新成果三等奖。大红山矿业公司获第四届全国冶金矿山“十佳厂矿”荣誉称号；三是科技创新再迈新步。昆钢不断加快技术改造升级，加强自主创新研发，科技贡献率在效益中的比例逐步提升。昆钢自主研发的《HRB500E高强度抗震钢筋产业化技术开发及应用》获云南省科学技术进步一等奖，是昆钢获得的省内最高奖项，产销量继续保持全国第一。着力提升产品和工艺过程的技术含量，部分钛产品已经替代日本、美国的同类进口产品。昆钢石油输送管通过中石油新产品鉴定并进入中缅石油管线工程。不锈钢复合板（卷）开发及产业化、KDRH还原炼铁、降低尾矿铁品位、钒钛铁精矿综合利用、石头造纸等一批重大关键核心技术攻关取得阶段性成果。矿业开发、水泥建材、重型装备制造、管道运输、煤焦化等先后成立了技术研发中心，科技研发组织平台不断完善。与昆明理工大学、中国钢研科技集团开展战略合作。组织了8名昆明理工大学博士到昆钢公司下属单位挂职。入选了昆明市首批“质量走廊”创建活动示范点。参与了1个国家标准和2个行业标准的研究制订任务。全年专利申请量达到226件，获授权专利123件，专利申请量比去年增加42件，授权量比去年增加63件，申请登记计算机软件著作权37件，均为历年之最。全年共获得国家重点产业振兴和技术改造中央预算内投资资金2905万元，云南省级财政企业技术改造资金550万元，获国家节能技改项目奖励2800万元。不断拓展与国外知名企业合作的深度和广度，成功为孟加拉国AK集团提供技术服务，向美国VTI公司出售阀门管控系统软件和阀门部件，达成在昆钢合资生产阀门的备忘录，将与荷兰伟尔矿业公司配套制造隔膜泵部件，从乌克兰史瑞杰公司引进资金和技术生产EB炉，与德国海瑞克公司达成进一步扩大合作，制造隧道掘进机的意向，外经外贸能力逐步提升，领域不断拓宽。

【和谐建设】 2011年，昆钢坚持以人为本，始终把顺应职工群众过上幸福生活的新期待作为一切工作的出发点和落脚点，职工群众物质文化生活水平不断改善。成倍增加职工夜班津贴，大幅增加保健津贴，提高了12个岗位工资标准，按政策增加退休人员、老工伤和供养遗属待遇，持续提高职工和离退休人员春节、中秋慰问标准，在岗员工人均年收入同比提高11.47%。为671名集体企业退休人员办理了参保手续，妥善解决职教、幼教退休教师待遇问题，职工基本医疗保险平稳移交昆明市医保中心运行良好，启动包括离退休人员在内的第三轮职工体检。编制昆钢“十二五”人力资源发展规划，努力把提升员工综合素质和业务技能作为最大的福利抓紧抓好，全年共举办各类培训班284个，培训员工22330人次。持续改善职工居住条件，大力推进保障性住房建设，2948名职工购置了经济适用房，728户职工分配入住廉租房。为5149名退休人员发放住房补贴2.55亿元。关注困难群体生活，招收142名职工子女为合同制员工，329名家庭有困难的红钢、玉溪联合企业职工调回本部工作；云南省职工医疗互助全年补助5948人，金额334万元。共向3529人次发放昆钢帮困解困补助金436万元。助学127人，助学金22.65万元。进一步完善职工民主参与企业决策、管理、监督的体制机制，首次签订工资集体协商专项协议，厂务公开、职工代表巡视、群众性经济技术创新活动有效开展，劳动关系更加和谐稳定。组织了形式多样的文体活动，展示昆钢风采，丰富职工文化娱乐生活。群团工作、社会治安综合治理、信访、统战、离退休人员管理有序推进，群众工作水平进一步提高。高度重视安全管理，大力开展节能减排、环境治理等工作，钢铁主业全面实现负能炼钢，全年自发电11.8亿千瓦时，回收利用各类固体废物344.6万吨，在人民大会堂发布了昆钢社会责任报告，被授予全国绿化先进集体。从资金、技术、管理等方面帮助边境、民族、贫困地区解决实际困难，培育造血机能，全年公益性捐助达1974万元。

（陈昆林）

云南冶金集团股份有限公司

【综述】　云南冶金集团股份有限公司是以铝、铅锌、锰、钛、硅产业为主，集采选冶、加工、勘探、科研、设计、工程施工、装备制造、内外贸、金融、物流、房地产以及冶金高等教育为一体的大型企业集团。2008年年底重组改制为混合经济所有制的股份公司，云南省国资委、云南省投资控股集团公司、汕头市百联兴业投资公司持股比例分别为70%、15%、15%。集团现有控股企业77户，其中拥有云铝股份、驰宏锌锗2家A股上市公司，在职职工3万余人。集团连续10年入围中国企业500强，综合实力位居中国有色金属行业和云南省属企业前列。2011年，面对复杂多变的内外部环境和非常繁重的改革发展任务，云南冶金集团全体干部职工凝心聚力，攻坚克难，实现了“十二五”发展良好开局。全年生产金属总产量107.08万吨，其中铝53.06万吨、锌16.38万吨、铅9.72万吨、铁合金22.54万吨、工业硅近3.6万吨；实现工业增加值42.6亿元、营业收入200.82亿元、利润5.01亿元，生产经营保持增长，发展规模迈上新台阶。

【产业项目建设】　坚持产业发展战略，积极推进一批项目建设，加大在能源、资源等优势突出区域布局产业力度，从转型升级、结构调整、产业链延伸等方面继续提升集团可持续竞争力。全年累计完成固定资产投资85亿元，完成省政府和省国资委考核目标。云南文山铝业有限公司80万吨氧化铝、云南云铝润鑫铝业有限公司10万吨铝合金棒材、云南云铝涌鑫铝业有限公司30万吨铝项目；云南驰宏锌锗股份有限公司会泽16万吨铅锌及渣综合利用项目、呼伦贝尔20万吨铅锌冶炼项目进展顺利。建锰公司20万吨锰系铁合金节能减排技改工程全部建成投产，设备运行主要指标较好，标志着在设备大型化方面率先取得重大突破。云南新立有色金属有限公司8万吨高钛渣项目运行良好，1万吨海绵钛、6万吨钛白粉项目顺利推进，被列为国家重点支持的3个钒钛资源综合利用产业基地之一，标志着在钛产业发展上取得新进展。新材料公司3000吨多晶硅项目建成投产，部分产品达到电子级标准，被评为全国化学工业优质工程，成为国内第一批取得多晶硅行业准入条件的企业。

【资源保障】　提出了集团“十二五”资源保障战略和目标任务，明确了资源工作重点和方向。各企业不断拓宽视野，积极掌控国内外一批有前景的资源项目，支撑产业可持续发展的能力进一步增强。驰宏公司通过股权收购等方式，在黑龙江、西藏和俄罗斯等地取得一批重要矿权，逐步从传统铅锌产业向多金属产业转变；通过大量的基础工作，在老区和新区地质找探矿取得重大突破，资源增储前景十分可观。云铝公司积极主导老挝铝土矿资源开发项目，着力推进前期工作。文山铝业公司去年新增铝土矿储量近7000万吨。溢鑫公司整合重组科鑫公司，以铝土矿资源为依托，推进石油压裂支撑剂项目建设。斗南公司筹备设立南非公司，积极推进南非锰矿资源基地建设。此外，玻利维亚、马达加斯加、澳大利亚等境外资源项目前期工作积极推进。全年获准国家矿产资源节约与综合利用项目5个，资金补助2500多万元。

【深化改革】　深化改革步伐加快，整体发展活力有提升。驰宏公司收购澜沧公司、永昌铅锌公司、大兴安岭云冶公司股权，集团内部产业整合、消除同业竞争取得新进展；与北方夜视集团合资成立北方驰宏光电公司，着力打造锗产业。驰宏公司荣获中国证券金紫荆奖，被香港《大公报》评为“十二五”期间最具投资价值上市公司。积极培育发展服务业，有色设计院、正基公司、金吉安公司等发展步伐加快；设立集团投资公司，参与发起云南盈川新材料产业创业投资基金，参股诚泰财产保险公司，创立正达矿业小额贷款公司，探索调整集团盈利结构。财务公司不断提升金融服务规模和水平，积极发挥“资金池”作用，在社会融资成本大幅攀升的情况下，有力地支持了企业的稳定运行。全年集团直接融资超过30亿元，新增其他债务融资近90亿元，基本保证资金需求和安全。此外，冶金专科学校安宁校区成功启用，国家高职示范院校建设顺利通过验收；冶金技校晋升为国家重点技工学校。

【科技创新】　坚持科技创新引领战略，集团科技大会明确“十二五”科技创新的主要目标和重点项目，为加快创新发展奠定了基础。全年申报的重大科技项目中，“高品质海绵钛生产关键技术研发”、“铝工业烟气脱硫及资源化利用”、“5万千伏安矿热电炉冶炼锰系合金关键技术联合研究及产业化应用”等5项获国家立项，省级立项6项，共获专项资金近8000万元。全年申请专利158项，其中发明专利63项；获授权专利28项，其中发明专利13项。获5项云南省自主创新产品，2项云南名牌产品；3个中国驰名商标，实现零的突破并一举成为我省中国驰名商标大户；“驰宏锌锗”牌铅锭在上海期货交易所注册。新增国家高新技术企业3家和云南省企业技术中心1个，获认定省创新型试点企业2家、省2011年重点培育技术创新示范企业3家，云南省铝合金铸造及轧制新技术研究创新团队和云南省钛产业技术创新战略联盟已通过认定。获省级以上QC成果奖29项，云南省质量效益型先进企业5家。集团和云铝公司、驰宏公司获中国有色金属工业科技工作先进单位称号。

【基础管理】 基础管理不断加强，各项指标进一步优化。各企业通过加强标准化、精细化等基础管理，优化指标、控制成本，努力减少外部影响造成的损失，取得了较好的效果。全年纳入集团考核的42项技术经济指标稳定改善。积极创建安全生产标准化企业，集团省内6个矿山企业全部达到新标准三级以上，基本完成安全避险“六大系统”建设任务，1家危化品企业通过二级标准化验收。全年较大以上事故为零，安全生产形势整体较平稳。驰宏公司环保工作成效明显，曲靖分公司周边居民搬迁工作取得进展。驰宏公司、云铝公司被列为全国第一批“资源节约型、环境友好型”试点企业，集团获“十一五”全省节能工作先进单位称号，云铝公司获“十一五”全省减排工作先进单位称号。

【管控探索】 结合省国资委和省财政厅总体部署，开展管理水平提升年和内控规范建设试点工作，其中内控规范建设进入体系建立阶段。结合实际调整优化集团本部职能部门设置，增强了现代企业的管控职能。探索提升营销管控能力，启动营销管控咨询项目并进入调研访谈阶段；与昆明泛亚黑色金属交易所签署战略合作协议，搭建产品营销新平台。建立完善激励机制，新出台直接融资、工程建设、资源勘探、科技研发等单项奖励办法。依托信息技术推进制度手段化，投资超过1亿元的集团数字化生产集成管理系统通过国家发改委、工信部核准，完成集团本部基础数据编码规范等5个项目开发，启动实施财务信息集中管理系统灾备中心建设等7个项目。驰宏公司系统研究总部机构改革方案，矿山管理中心已率先运行；设立驰宏国际商贸公司，推进大营销战略；建成以财务成本为核心，产、供、销及科研一体化的管理信息化。云铝公司积极延伸标准化管理，加强母子公司协同效应，定期召开生产经营、价格期货等协调会；推行试点“阳光采购”系统，完善供应商评价体系，取得较好效果。斗南公司对控股子公司重要会议、重大交易、关联交易等信息进行控制和管理。

【和谐企业建设】 深入开展企业文化建设年活动，集团和驰宏公司分别获中国企业文化建设优秀案例奖和优秀成果奖。坚持与职工共建共享改革发展成果，高度重视企业社会责任。在发展中同步提高职工收入和福利，努力为职工建盖成本价住房，建水盛世临安小区一期等项目已建成，马街廉租房等一批在建项目积极推进。按照加强和创新社会管理的要求，加强信访维稳工作，制定完善《群体性上访现场处置实施步骤》等制度，省内第一家试行重大事项社会稳定风险评估机制。全年用于慰问职工、困难帮扶、金秋助学等经费超过200万元；在“送温暖、献爱心”活动中，捐款近45万元、捐衣被2.6万余件；捐助1200万元建设的兰坪民族中学已建成；捐助公益基金120万元。集团被省政府授予2010年度社会扶贫先进集体称号。2011年，集团中获省五一劳动奖状1家、全国工人先锋号1个、全国模范劳动关系和谐企业1家；全国五一劳动奖章1人，全国五一巾帼标兵1人，省劳动模范4人；集团再次被评为全国有色金属行业AAA级信用企业。

（陈志飞）

云南铜业（集团）有限公司

【概况】 云南铜业（集团）有限公司（以下简称“云铜集团”）成立于1996年，是以铜、锌金属采选冶为主，综合回收金、银等稀贵金属、稀散金属、黑色金属，集地质勘探、科技开发、铜材加工、物流、磷化工、期货经纪、房地产开发等相关多元发展的大型国有有色金属企业集团。截至2011年12月末，云铜集团拥有全资和控股二级企业31户、直接参股企业13户，总资产483亿元，净资产181亿元，从业人员22504人。拥有19个系列、180余种产品。公司主产品“铁峰”牌高纯阴极铜在伦敦金属交易所注册交易，荣获“中国名牌”、“云南名牌”称号。“铁峰”牌黄金、白银在伦敦金银市场协会及上海黄金交易所注册交易，享誉海外。

【生产经营情况】 2011年，云南铜业

（集团）有限公司实现销售收入401.1亿元，总资产483亿元，净资产181亿元。2011年，完成矿山自产铜金属9.59万吨、生产精炼铜43.74万吨、锌产品9.82万吨、黄金6176千克、白银477.10吨、硫酸160.31万吨、铁精矿97.32万吨。

【运营转型稳步推进】　经过15年的发展，云铜集团各项管理工作都有了非常大的进步，但与同行业相比，云铜的基础管理、专业管理、盈利能力、竞争能力还有一定差距。云铜集团要走好、走远，要做强、做大，必须抓好基础管理。运营转型是强化基础管理的重要抓手，通过实施运营转型，可以有效促进云铜集团的管理提升。自2011年6月份开始，云铜集团在所属的4户企业启动运营转型试点工作，按照“试点先行、典型带动、总结推广、全面推进”的工作思路，采用“外部专家与内部专家”相结合的形式，以点带面，点面结合，循序渐进推进运营转型工作，截至2011年年底，全集团有10户企业启动了运营转型工作。各试点企业运营转型实施效果良好，保证了运营转型与生产经营两不误、两促进，在成本控制、质量管理、生产效率、员工增收、文化培育等方面亮点突出、成效显著。各企业通过实施运营转型，运营管理正在由粗放型向精益型、经验化向科学化、低效率向高效率、低质量向高质量转变。

【构建风控体系】　为梳理优化企业内部流程和制度，制定并落实重大风险的管理策略和解决方案，有效提升企业管理水平，2011年7月8日，云铜集团全面风险管理体系建设工作启动。历时40余天，圆满完成了云铜集团的全面风险管理构建工作，取得了较好的成绩。此次全面风险管理工作，共完成了风险识别、风险评价、风险控制自评估、重大风险分析及管理策略应对四个阶段的工作任务，初步形成云铜集团的风险事件库和风险分类框架，共识别风险事件276条，评价出风险数量72个，重大风险（高级）13个，中级风险22个，低级风险37个，找到控制缺陷54个，编制重大风险分析及管理策略报告11份，全面风险管理报告和内部控制自评估报告各1份，编印了“云南铜业（集团）有限公司全面风险管理体系建设成果汇编”。

【总部建设】　云铜集团机关总部是公司生产经营和改革发展的指挥中心，是服务上下、沟通左右、联结内外的协调中心，是公司治理和运转的管控中心，总部工作事关公司生产经营、改革发展的全局和成败，2011年，公司领导班子审时度势，作出了加强总部建设、建设“六型”（效率型、责任型、学习型、创新型、廉洁型、和谐型）总部的工作部署，出台并实施云铜集团“六型”总部建设方案，切实提升工作能力、工作效率、工作作风，增强责任感、危机强、使命感，通过抓队伍素质建设，抓职能管理建设，抓规范运作建设，抓考核绩效建设，抓督查督办工作，促进基层听指挥、总部树权威，上下齐心联动，营造团结干事氛围，进一步提高集团管控能力。

【“双控三改”工作】　“双控三改”是2011年云铜集团深化管理改革创新、强化人力资源管理的重点工作。云铜集团将“双控”列为红线、高压线，超控制目标以外的工资不追加、人员不认可，并追究相关责任，职工人数和工资总额得到了有效控制，实现了并表单位全部劳动关系人员与2010年相比减少了500余人。职工工资总额使用计划，严格计提，从严考核，全年发放职工工资12.6亿元，与中铝下达的基数比增长了19.8%，与2010年相比增长了12%，实现了公司生产经营任务完成与职工收入同步增长的目标。以干部人事制度改革为契机，全力推动了云铜集团机关和各基层企业机关的全员竞聘上岗工作。本轮改革，全司中层管理人员同比减少3.83%，管理机构同比减少17.9%，一般管理人员同比减少13.74%，实现了职能优化、机构压缩、人员精简、分配完善、提升管理的改革目标。把想干事、能干事、干成事、不出事的干部选到了合适岗位，进一步激发了广大干部职工的激情和责任，全司树立起了“在状态、有激情、强本领、敢担当”的工作氛围。

【信息化建设】　云铜集团所属的云铜股份ERP（企业资源计划）一期项目于2011年4月份实现甩账运行，结束了SAP系统与用友财务系统并行21个月的局面，完成了7大类历史数据的清理，梳理了21条业务流程，拟定了7个业务部门日清日结规范，制定了3个日清日结考核方案和制度等。ERP项目的成功实施，开创了国内有色金属冶炼企业实施ERP+MES信息化的先河，其实施范围之广、实施时间之短、实施系统之复杂在中国企业历史上均属罕见，“铜、金、银”的拆分是有色企业信息化大胆尝试并成功的先驱；云铜集团被列为全国重点产业振兴和技术改造重点项目的4S1P项目于2011年6月13日正式启动，截至2011年年底，已完成了六大系统（人力资源管理、财务管理、投资管理、健康安全环保、矿山资源管理、生产管理）和企业门户的需求调研、蓝图设计、系统开发、配置、培训、测试和数据收集、试点上线等进度工作。OA（办公自动化）办公平台继续推广普及，云铜集团所属楚雄矿冶、滇中有色、稀贵公司、西科工贸、云铜钛业、赤峰云铜继云铜总部机关之后，实现了无纸化办公。此外，云铜集团、云铜股份外网通过中国互联网信息中心监督评定与认可，分别被授予中国“可信网站示范单位”荣誉称号。2011年5月云铜集团被工业和信息化部信息化推进司授予“2011工业信息化运行形势样本企业”称号。2011年10月14日，云南铜业股份有限公司MES信息化项目已被工信部列为首批“两化融合”促进节能减排重点推进示范项目。

【投资管理】　云铜集团以2008年6月

为时间节点，彻底对在建项目进行了认真清理，下发了《项目规范管理工作情况通报》，全面揭示了各个项目存在的问题和整改要求。开展了工程项目合同专项检查工作，采取自查、抽查和现场调研的方式，抽查了24户企业771份工程合同中的307份，对11个单位进行了现场检查调研，提出了下一步的工作要求。成立了“工程质量督查组”和“有色云铜质监站”，成功搭建起云铜集团首支有色质量监督工程师团队，为下一步建立长效机制，提升竞争实力奠定了坚实的基础。

【安全管理】 2011年，云铜集团深入开展“违章行为综合治理年”活动，共查处管理违章132条，现场违章5658条，并严格进行整改。全面深入推行安全生产标准化建设，截至2011年12月31日，共有10家矿山、8座尾矿库通过了国家安全标准化矿山外部评审。及时启动了班组标准化建设。狠抓外协队伍整治，召开了经验交流会，全面开展为期一个月的安全生产检查督查及执法行动，对68家外来采掘施工队伍专项整治工作进行亮牌，其中：亮“绿牌”23家、“黄牌”39家、“红牌”取缔6家。认真组织了“回头看”活动，进一步夯实安全环保基础管理，形成了《公司安全环保管理制度、记录、台账、档案》，2011年实现了安全环保“六为零”目标。

【结构调整】 按照持续改进的管理要求，云铜集团不断加大管理层级整合的工作力度和深度，对效益不佳、非主业企业进行清理，彻底优化云铜管理结构。截至2011年12月31日，共完成35户公司的清理整合，计划完成率为94.59%，其中，减少了12家四级公司，16家三级公司。

实行区域、同行业整合，缩短管理半径、增强竞争力。将弥渡九顶山矿业有限公司、大理红蜘蛛矿业有限公司生产经营管理权限进行合并，统一调配人、财、物；将洪鑫矿业有限责任公司管理权划归云南迪庆有色金属有限公司管理，缩短管理半径；将中国有色金属工业昆明勘察设计研究院、云南铜业矿产资源勘查开发公司施行“一套人马、两块牌子”，优化资源配置；将西科公司生产经营权划归云铜股份冶炼加工总厂管理，优化延伸了产业链。

【资本运作】 2011年，完成云铜股份非公开发行，募集资金29.77亿，本次募集资金用于购买云铜集团持有的云南达亚有色金属有限公司等四家标的公司股权、投资大红山铜矿3万t/a精矿含铜–西部矿段采矿工程建设项目，募集资金项目的实施将较大幅度减少上市公司的关联交易，并提高云铜集团矿山资源储备及原料自给率；海外资本运作取得重大突破，云铜澳洲上市公司融入资本金约1312.7万澳元，超过了1000万澳元的融资计划额；短期融资券发行工作取得实效，云铜股份2011年实现10亿元短期融资券的发行，节约财务费用1190万元，云铜集团完成15亿元短期融资券的发行，有力地缓解了集团的资金压力。

【科技创新】 2011年，实施浮选柱流程改造提高难选资源选矿指标应用研究、大平掌铜多金属矿成矿规律研究及找矿预测、窑渣中有价金属回收工艺研究等科技项目124项，其中重点项目33项，完成年度科技经费总投入1.6亿元。

“四院二所”（矿山研究院、云铜设计院、冶金研究院、地质与岩土工程研究院、材料研究所、锌铟研究所）建设步伐加快，云铜地质与岩土工程研究院、锌铟研究所正式成立。冶金研究院调整充实了领导班子，完成火法冶金实验室、湿法冶金实验室、机电实验室和铜深加工实验室建设方案，牵头开展了“冶炼工业污水零排放工艺研究与改造”等4个重点项目和“烟气治理”等2个探索性项目研究。云铜设计院设计合同金额超过2000万元。矿山研究院Dimine三维软件在大红山、迪庆矿业、凉山拉拉等矿山开展推广应用。

2011年，云铜集团实现科技创效1.24亿元、争取外部科技资金1631万元。在科技创效活动中，云铜股份冶炼加工总厂开展降低渣含铜科技攻关，由0.87%下降到了0.746%，年创效2200万元；云铜锌业开展“窑渣中有价金属回收工艺研究”，创效4500万元；迪庆矿业公司应用浮选柱等措施，创效2690万元；思远公司“电铜厂浸碴再选”，项目创效1572万元。

2011年，云铜集团申请专利18项、获得专利授权9项，获得省部级科技成果二等奖3项、三等奖3项。2011年云铜集团被评为中国有色金属工业“十一五”科技工作先进单位、云南省“十一五”科技计划管理先进集体、中铝公司“十一五”科技工作先进单位、优秀科技创新团队。

【节能减排】 2011年，云铜集团能源消费总量为39.64万吨标准煤，可比价产值能耗节能为15253吨标准煤。工业废水排放达标率、工业废气处理率、工业废气排放达标率、厂界噪声达标率、主要污染物排放达标率均达100%。云铜集团荣获云南省2010年、节能减排先进单位、云铜股份荣获云南省“十一五”期间节能减排先进单位荣誉称号。

【和谐企业建设】 云铜集团积极履行社会责任，建设和谐企业，实现社区和企业合作发展、互利共赢。2011年云铜集团“云铜甘露资金”共计特困救助1462人，医困救助147人，寒窗助学157人，补助金额达136.9万元。组织职工参加第七期职工医疗互助活动，补助人数3317人，补助金额达到181.6万元，公司先后有147名干部与困难职工结成帮扶对象，对3933户困难职工家庭开展送钱、送粮、送油、送衣被、送信息的“五送”帮扶活动。确保了“四不让”（不让一个职工生活在社会最低保障线下，不让一个职工因生活困难看不起病，不让一个职工子女因家庭困难上不起学，不让云铜出现一户零就业家庭）目标在云铜的实现，维护了企业的和谐、稳定发展。

2011年通过技术改造、扩大产能等，提供就业岗位1000多个，为缓解地方就业压力、维护稳定起到了一定的促进作用。

云铜集团及所属企业2011年度共拨付、使用扶贫资金239万元（云南省内拨付、使用扶贫资金185万元，不含村建村建公路施工、生态造林等项目建设），积极履行了国有企业支持扶贫事业发展的责任。

2011年，云铜集团共支付各类捐赠、公益活动费用139.34万元，支持云南盈江地震灾后重建110万元，支持义务植树1000余株。

（张劲锋　黄绕生）

云南锡业集团（控股）有限责任公司

【综述】 2011年是“十二五”开局之年、起步之年。面对国际经济复杂多变、国内宏观调控力度不断加大、有色金属价格大幅波动的形势，云南锡业集团（控股）有限责任公司（以下简称云锡控股公司）紧紧抓住国家深化西部大开发和将云南建设成为面向西南开放重要桥头堡的战略机遇，以科学发展为主题，以转方式调结构为主线，全面贯彻落实集团第九次党代会确立的“1188656”发展纲要，推进实施“十二五”规划，体制机制改革深入推进，“三大体系”进一步健全完善，管理水平有效提升，企业转型升级进一步加快，六大产业板块加快发展，资源拓展成效显著，市场营销工作进一步加强，科技创新能力不断提升，人才队伍建设不断加强，人力资源结构进一步优化，企业发展能力、竞争能力和综合实力大幅度提升，企业凝聚力、执行力和自主发展能力进一步增强。2011年各项生产经营目标和任务，继续保持了快速发展的良好势头，企业发展迈上了一个新台阶。全年完成营业收入205亿元，利润总额10.2亿元，利税总额21亿元，企业增加值48亿元。完成有色金属总产量24.56万吨，同比增长45.3%。其中：产品锡5.62万吨，铜产品2.59万吨，铅产品9.62万吨，锌产品6.56万吨，电镍产品1344吨。完成锡材1.81万吨，锡化工1.43万吨。完成贵金属369吨，催化剂产品109万升。

【“双创一加强”工作】 结合管理创新、科技创新和加强基础管理工作，认真开展了“管理水平提升年”各项工作。根据省国资委《关于省属企业管理水平提升年工作安排意见》的要求，控股公司研究制订了《贯彻落实云南省国资委省属企业管理水平提升年工作实施意见》，召开了动员大会，成立工作领导小组和督导组，确定4大工作目标、10大工作重点以及工作要求。各单位积极按照控股公司要求，结合实际制定方案，积极开展对标活动，认真查找薄弱环节，抓好整改措施落实，强化基础管理，健全管控体系，优化管理流程，提升管控水平，积极探索适合发展需求的管控模式。冶炼分公司、铅业分公司、大屯选矿厂、贵研催化剂公司的整体管理水平达到了国际同行业先进水平，其他单位正向国内先进企业迈进。企业管理水平提升成效显著，整体管理水平迈上新台阶。

生产管理进一步加强，劳动生产效率显著提升。认真制定生产组织方案，切实抓好生产运行管理。加快矿山重点项目建设，完善矿山生产系统，进一步增强矿山持续生产保障能力。积极做好矿山、选厂采选平衡和满负荷生产，巩固提高自产原料供给水平，注重选矿金属回收，提高资源利用效益。充分发挥冶炼新工艺优势，稳定提高锡冶炼生产水平，加快铅冶炼达产达标及综合利用工作。抓好锡、铜、铅、贵金属、二次物料等原料采购工作，实现企业持续均衡生产。加大力度推进现场标准化建设，不断提升全司现场管理水平。抓好设备管理，巩固“创无”成果。大力实施节能更新改造，严格单耗指标考核，挖掘节能潜力，单位工业增加值能耗比2010年下降16.50%。针对电力供应持续紧张情况，加强用电调度管理，积极争取用电指标，及时制定应急预案，把电力紧张对生产造成的影响降到最低。进一步深化细化九大挖潜创效工作，不断提升技术经济指标，全年累计挖潜创效6.8亿元。

加强战略管理。制定了云锡控股公司“十二五”发展规划和各专项规划，以及转方式调结构发展规划、贯彻落实云南省加快建设面向西南开放重要桥头堡实施方案。云锡控股公司所属单位根据云锡控股公司发展战略要求，结合自身实际，认真编制了本单位“十二五”规划。

加强投融资管理。投资工作进一步规范，投资规模进一步加大。积极跟进资源整合、建设工程、房地产开发、股权收购等重大投资项目，不断加强前期调研和论证评审工作；扎实开展好工程建设领域突出问题专项治理，对各单位整改规范阶段的工作进行重点检查，阶段性专项治理任务得到全面落实。积极拓展融资渠道，优化资产资本资金结构，提升企业多元化资本运作能力，为重点产业项目建设提供资金保障。锡业股份12亿元公司债券发行工作已完成；40亿元非公开发行股票中国证监会已正式受理，现正接受环保核查审批公示。

贵研铂业2.7亿元再融资工作已完成。

风险防范能力进一步得到提升。锡业股份、贵研铂业两个上市公司内控制度进一步健全完善。拟定了《贯彻落实“三重一大”决策制度的实施办法》，进一步规范了决策行为、严格了决策程序。加强法律事务管理，切实维护公司合法权益。

财务管理进一步加强。围绕经营效益的提升，按照“三增两减”（增加营业收入、增加利润、增加职工收入，减少人工成本在总成本中所占比重、减少总成本在营业收入中所占比重）总要求。扎实做好成本要素分析工作，挖掘内部潜力，降低成本费用。严格执行“收支两条线”原则，严格资金集中统一调度管理。认真做好银行账户清理工作，深入开展清欠压占活动，盘活流动资金，保证云锡控股公司生产经营和重大项目投资需要。

进一步规范和完善物流管理，制定《物资供应管理办法（试行）》；创新采供模式，规范招投标管理，提升物流效率。

加快信息化建设步伐，以信息化促进管理现代化，进一步提高管理运行效率。生产管理信息系统已在卡房分矿、大屯选矿厂、冶炼分公司、化工材料分公司等部分生产单位试运行，推广应用初见成效。完成了财务资金信息系统、人力资源信息系统建设的前期准备工作。

【产业板块打造】 ——有色金属产业板块。个旧东部区域矿山主体框架工程基本形成。1800平台全面贯通，老厂与松矿1600平台实现贯通，1360平台顺利推进；中央竖井、“大马芦”竖井和南部竖井工程施工按计划顺利推进；生产系统优化成效显著，供电、压气系统建设工作顺利完成，井下快速运输系统已进入工程化实施阶段。矿山采选生产基地建设加快推进，生产力布局不断优化。老厂三个500吨/日硫化矿生产基地、松矿高峰山1000吨/日硫化矿基地建设快速推进，采选分公司高峰山1500吨/日硫化矿生产基地实现达产达标。老厂3000吨/日锡铜硫化矿选厂和卡房3000吨/日多金属采选项目处理能力显著提高，大屯选矿厂300吨/日精选厂和郴州屋场坪锡矿1500吨/日采选项目达产达标，大屯选矿厂8000吨/日硫化矿选厂改扩建工程、花坟尾矿库恢复使用工程加快推进。华联锌铟210万吨/年采矿扩建项目和8000吨/日选矿扩建项目各项工作加快推进。

启动红河州内锡、铜、铅、锌冶炼项目联动发展机制，积极构建云锡区域性“大冶金”格局。锡冶炼异地搬迁升级改造项目前期准备工作加快推进，2200吨/年锡烟尘处理老厂基地工程顺利完工，云湘矿冶1万吨/年锡冶炼技改工程全面完成，二次金属物料综合回收利用基地建设加快推进。10万吨/年铅熔炼系统达产达标，10万吨/年铜项目即将竣工投产，10万吨/年锌项目有序推进。

加快锡精深加工产品提质提级。完成了锡酸钠工艺技改工程前期工作。开发出了甲基锡YT-189、锡锌喷金丝等系列新产品，并已投放市场。郴州锡材深加工产业基地投入试生产。

——贵金属产业板块。“400万升催化剂产业项目”、“多品种、小批量军用贵金属新材料科研生产基地”和“稀贵金属综合利用新技术国家重点实验室”等项目的申报和建设有序推进，“贵金属二次资源综合利用产业化项目”一期建设已竣工投产。汽车尾气净化催化剂国4产品实现批量配套生产，电真空钎焊料、蒸发金材料等贵金属合金材料产业龙头地位进一步提升，贵金属化学品及电子浆料产品市场份额持续增长。以银二次资源回收为主的湖南永兴公司经营运作成效显著，“贵研”牌白银得到市场广泛认可。商务贸易平台业务领域和规模快速拓展，跨地域合作运营取得实效。成功引进催化剂技术及市场开发团队，优化专业技术团队结构，进一步提升了贵研催化产业的技术研发和市场开拓能力。

——新能源产业板块。乾元光能公司“LED衬底用人造蓝宝石项目”通过验收；“100兆瓦多晶硅片建设项目”稳步推进；“冶金法多晶试验项目”完成阶段性试验；启动“杨林县云锡新能源材料生产研发基地”选址工作。云锡同乐太阳能公司光热一期项目建成投产，正加快市场拓展。圣比和公司被省科技厅认定为“云南省动力电池材料工程技术研究中心”，在云南省锂电行业的龙头地位进一步巩固；“云锡昆明动力电池研发中心”、“2000吨/年镍基正极材料技改项目”、“1000吨/年动力电池正极材料磷酸铁锂建设项目”和“2000吨/年钴酸锂技改项目”建设加快推进。

——建筑房地产产业板块。房地产公司沉着应对国家宏观政策调整，寻找机遇，顺势而谋，做好项目推进和项目储备工作；调整管控模式，促进管理转型；加快项目经理和专业人才队伍的建设；严格资金管理，化解项目风险，提高项目运营质量。昆明北市区经济适用房、个旧云锡俊园、文山巴厘岛等项目已竣工，重庆渝北、石林、安宁、龙都、螺蛳湾、煤机厂等项目正抓紧推进。建设集团认真做好云锡工程建设项目，充分利用云锡品牌优势和自身资质优势，主动出击，拓展外部市场，扩大市场占有份额，加快个旧地区“三地块”房地产开发；以整合云锡墙材厂，新建商品混凝土搅拌站为契机，发展建筑建材产业。

——传统优势特色产业板块。结合传统优势特色产业的实际和特点，系统全面地对传统优势特色产业进行调研，科学分析产业现状及发展优势，进一步明确了打造西南地区一流重矿机械企业、红河云锡物流中心、红河州最大最强供水企业和全国最大锡工艺产品生产基地等传统优势特色产业的发展方向、发展目标和重点发展项目，产业项目提质升级改造各项工作快速推进。重矿机械制造水平和产品设备质量进一步提升。物流管理模式不断创新，物流效率进一步提升。水资源管控力度进一步加强，供水企业整合快速推进，供水市场进一步拓展。锡工艺品市场不断扩大。民爆产业按照国家政策要求有序实施。积极筹划老虎山酒厂2000吨/年技改扩建项目。传统优势特色产业的自主生存能力、市场拓展能力和内部服务水平进一步提升，产业发展步伐进一步加快。

【资源拓展】 加大力度推进实施资源拓展战略，在省内初步搭建起了红河州、玉溪地区、滇西资源平台，深化了四川、内蒙古、新疆、湖南、澳洲等资源拓展工作。加大资源项目的并购和整合力度，在资源拓展上取得重大突破，在资源平台搭建和资源项目拓展方面取得进展。

个旧矿区找矿持续取得好效果，新增有色金属资源18.7万吨。老厂东铜锡矿接替资源勘查等三个全国危机矿山项目圆满完成，云锡控股公司被国土资源部评为“全国危机矿山接替资源找矿先进集体”。西区资源整合取得实质突破，整装勘查工作正顺利推进。

红河州内资源整合取得重大突破，与六个县市签订资源整合框架协议。建水官厅—虾洞矿区资源整合取得实质性突破，分别与建水县虾洞冶金矿业有限公司和建水县鑫隆矿业公司签订了股权转让意向书。石屏、元阳、金平、红河资源整合正积极推进。元阳老集寨地质勘查工作取得新效果。

省内资源拓展工作正在积极推进。与文山州人民政府签订战略合作协议，为拓展滇东南资源创造了更加有利的条件。永德云岭矿区资源整合、宾川铜金矿勘查等工作有序推进。对迪庆、大理、保山、普洱、永德、昆明、昭通等地州市30多个资源项目进行了考察。

积极拓展省外资源项目。积极推进湖南郴州地区资源整合。内蒙古赤峰黄岗铁锡矿技术合作取得实质性进展，签订了技术与资源合作协议。开展了四川凉山等地区资源项目考察。通过与恒昊公司合作，积极构建新疆资源拓展平台。

组织了多支专业技术队伍对美国、俄罗斯、玻利维亚等海外资源考察和论证工作。重点推进YTC资源公司的赫拉金矿开发和融资工作，已获省国资委批准备案，各项工作正积极推进；认真组织管理好雷尼森锡矿项目，获得较好经济效益和原料保证；澳洲资源勘查项目获国家境外风险勘查资金支持。

【市场营销】 加大力度做好六大产业板块发展的营销体系建设。结合产业板块发展需要，完善了与其相适应的营销策略。组建了云锡（香港）资源公司，搭建了香港贸易平台，建立了云锡同乐营销队伍，完善了贵研贸易与期货业务联动工作机制。加强产购销联动，提升了产品盈利能力和原料保障能力，增强了应对市场变化的能力，市场盈利水平不断提高。

【科技创新和人才培养】 编制了“十二五”科技创新专项规划。紧紧围绕云锡控股公司发展中存在的一系列重大技术问题，组织开展好重大项目技术攻关工作，进一步提升科技的支撑和带动作用。个旧地区地质找矿技术综合研究工作取得新进展；区域性矿山建设和采矿方法变革取得新突破，快速运输系统的综合研究顺利推进；黄岗铁锡矿选矿工艺试验及设计顺利实施；雷尼森锡矿选矿工艺试验取得良好效果；有色金属和贵金属二次资源综合利用技术取得新突破；贵金属磁性靶材研发生产线建成投产；成功研发出达到国外同类水平的两大系列国5汽油机催化剂产品；蓝宝石晶体制备技术引进和工业化试验取得成功。

加大与中国地质大学、中南大学、昆明理工大学等院校科研合作力度，云锡控股公司整体技术攻关水平和能力进一步提升。云锡研究设计院和昆明贵金属研究所“一院一所”研发平台作用进一步发挥。全年累计组织实施科技计划项目69项，投入科技活动经费7.28亿元。申报各类政府科技计划项目20余项，其中6项重大科技项目进入科技部“十二五”科技支撑计划项目库；“含砷锡烟尘（渣）综合利用”等一批重点项目获得政府5000万元以上专项资金支持；获批云南省院士工作站2个。组织申报专利25项，其中发明专利21项；获授权专利18项，其中授权发明专利13项。获国家科技进步奖二等奖1项，中国有色金属工业科学技术奖二等奖2项，省级科技进步奖二等奖1项、三等奖2项。云锡控股公司被省政府授予“十一五”省科技计划组织管理先进集体。

编制了《2011~2020年人力资源规划》，明确了“十二五”期间人才工作的目标，全力打造适应云锡跨越式可持续发展需要的人才队伍。加大人才培养力度，加快人才队伍建设，不断提高培训的针对性和实效性。修改完善《员工培训管理办法》《岗位练兵、技能比武竞赛试行办法》。全年共完成员工培训10700人次，组织开展13个岗位（工种）408人参加的岗位练兵、技能比武甲级赛活动。选送两批管理人员67人到美国斯坦福大学学习，选送正副处级干部45人到清华大学高级经理研修班培训，选送12名干部到大连高级经理学院学习。邀请国内外知名专家到云锡举办“打造国际一流矿业企业”、“套期保值与风险管理”、“财务管理”等重点专项培训，拓展国际视野，提升经营管理人员素质。拓宽人才引进渠道，招聘大学毕业生240人，引进中高级专业技术人才5人、引进优秀管理干部4人。加大对职业技术学院的投资力度，不断改善办学条件，促进精致学院内涵建设。云锡控股公司荣获“有色金属行业职教先进单位”称号。

制定了《人力资源准入试行办法》《关于优化人力资源结构的指导性意见》等人力资源管理办法。职业技术学院毕业生从控股公司包分配改为“双向选择”。不断优化人力资源结构，加强合同工及各种灵活用工规范管理，合理有效控制从业人员规模；对岗位富余人员稳妥进行分流安置，拓宽人力资源退出渠道，降低用工成本；不断加强对劳务派遣人员的考核管理，将工作表现好的劳务派遣工转为劳动合同工，有效调动劳务派遣人员工作的积极性。通过积极争取政策支持，老工伤人员纳入工伤保险统筹，医疗保险由“双基数”调整为“单基数”缴费，企业社保费用支出得到合理调整和控制。

进一步深化分配制度改革，按照分类和差异化考核原则，修改完善了《工资总额调控办法》和《企业负责人薪酬考核管理办法》。提高工龄工资和协议工资标准，加大协议工资执行范围和激励力度，建立了职工收入增长与劳动生产率和经济效益同步增长的机制。

【安全、环保和质量工作】 全面贯彻国务院《关于进一步加强企业安全生产工作的通知》，加大安全投入，认真落实企业安全管理主体责任，着力构建本质安全型企业，全面提高安全保障能力。编制了《安全生产“十二五”规划》，明确了“十二五”时期全司安全生产工作目标。不断深化“安全生产年”活动，有序推进安全标准化建设，新建矿业公司、马矿公司通过红河州安监局国家三级安全生产标准验收。云锡控股公司被国家安监总局确定为“安全生产标准化建设示范企业”，冶炼分公司被国家安监总局确定为“有色冶炼行业安全生产标准化建设示范企业”。老厂分矿、大屯选矿厂、化工材料分公司等8个单位通过省安监局验收，被命名为“国家二级安全生产标准化企业”。加强企业安全文化建设，职工安全生产教育培训成效明显。强化矿山采掘承包企业安全监管，严格督促其履行安全管理主体责任，规范安全生产管理。认真开展安全专项督查，治大隐患、防大事故。成立专业矿山应急救援队，不断完善应急预案，加强危险源点监控，安全生产应急能力得到进一步加强。成功承办了云南省非煤地下矿山安全避险六大系统（人员定位、监测监控、通信联络、紧急避险、压风自救、供水施救系统）建设现场推进会，云锡六大系统建设得到省安监局充分肯定。持续巩固职业病防治工作成效，职业健康安全管理体系运行良好。

不断扩大质量、环境和职业健康安全管理体系的覆盖范围，确保三体系持续改进和有效运行。云锡控股公司顺利通过中国质量认证中心年度监督审核，铅业分公司、同乐太阳能公司通过“三体系”认证。完成了《氧化亚锡》《焦磷酸亚锡》等8个企业标准的制订和修订，云锡控股公司为主修订的《铸造锡铅焊料》国家标准被评为“云南省标准化技术创新奖”。推进云锡牌商标国际注册工作取得成效，完成了“云锡牌”商标在第一类、“YT”商标在第六类的马德里国际注册工作。完成了硫醇甲基锡、氯化亚锡云南名牌产品的复评，锡锭等六个产品继续保持云南名牌产品荣誉。进一步强化生产过程质量控制，加强和规范原矿交收检验工作。质量管理QC小组活动持续有效开展，云锡控股公司再次荣获“全国质量管理小组活动优秀企业”称号，2个QC小组被评为全国优秀QC小组，1个质量班组被评为全国质量信得过班组，34个QC小组被评为全国有色行业、云南省优秀QC小组，9个质量班组被评为全国有色行业、云南省质量信得过班组。云锡控股公司被评为“中国质量诚信企业”、“云南省企业标准化良好行为4A级示范企业”，荣获“云南省质量效益型先进企业特别奖”。

环境保护工作进一步强化。编制了《重金属污染综合防治“十二五”规划》。快速推进锡业股份、贵研铂业两个上市公司融资环保核查工作。建设项目“三同时”和清洁生产审核验收工作有序推进，卡房分矿3000吨/日多金属项目等6个项目分别通过省、州环保部门组织的竣工验收，大屯选矿厂等5个单位通过了省环保厅强制性清洁生产审核验收，老厂分矿等5个单位通过红河州清洁生产审核评估验收。甲基锡生产废水治理取得新突破，废水治理设施已投入使用；有机锡基地生活污水处理设施已建成投入运行。锡冶炼烟气低浓度二氧化硫回收利用项目开工建设。各单位环保设施运行正常，继续保持了污染物稳定达标排放。

【企业文化及和谐企业建设】 大力宣传实施《云锡控股公司企业文化建设方略》，成立云锡控股公司企业文化建设领导小组，引进北大纵横专业管理咨询团队，凝练独具云锡特色的企业文化，从整体上构筑云锡企业文化体系。

以庆祝中国共产党建党九十周年为契机，开展了深入学习杨善洲先进事迹活动和“党在我心中”知识竞赛、“光辉的历程”职工大型演唱会等系列活动，评选表彰了2010年度“感动云锡”十大人物。

进一步丰富职工文化生活，开展矿工节文化月、云锡青春形象大使选拔赛活动、青年歌手大奖赛、职工篮球比赛和健身操表演赛等系列活动，进一步提升了广大干部职工对云锡的认同感、荣誉感和忠诚度，形成了广大干部职工学先进、赶先进，积极主动投身企业建设，与企业共谋发展，共建和谐的良好氛围。

厂务公开工作不断深化完善，职工民主管理工作进一步加强和改进，职工合法权益得到切实维护，职工的首创精神得到充分尊重。松树脚分矿和研究设计院分别荣获全国及云南省“厂务公开民主管理先进单位”。

始终立足职工队伍的稳定，持续改进和完善保证职工共享改革发展成果和帮扶困难职工的七条保障线，全力解决职工困难和问题。认真组织好节日慰问劳模、困难职工（家属）、离退休人员、困难党员、工病亡遗属等送温暖活动。提高退休人员节日慰问金和增发退休人员2011年度补贴。妥善解决好有就业经历未参保人员养老保障遗留问题，按上级规定落实职教幼教退休教师生活补贴。努力改善职工住房条件，加快保障性住房建设，金盆家园等三个项目已竣工交付使用，德政家园等四个项目正加快建设。

社会治安综合治理及和谐平安企业创建工作不断向基层延伸。依靠州市两级政府的大力支持，形成了联网互助的治安防范体系。适时组织开展了矿山专项治理整治行动，严厉打击偷盗抢团伙及不法分子。完善维稳工作机制，积极开展矛盾纠纷排查工作，确保企业生产生活平安和谐稳定。

【荣誉】　云锡控股公司被国家列为云南个旧多金属“矿产资源综合利用示范基地”；被国土资源部评为“全国危机矿山接替资源找矿先进集体”；被国家安监总局确定为“安全生产标准化建设示范企业”；被省政府授予“十一五”省科技计划组织管理先进集体；被评为“中国质量诚信企业”、“云南省企业标准化良好行为4A级示范企业”。云锡控股公司再次荣获“全国质量管理小组活动优秀企业”称号，荣获“有色金属行业职教先进单位”称号和“云南省质量效益型先进企业特别奖”。云锡控股公司为主修订的《铸造锡铅焊料》国家标准被评为“云南省标准化技术创新奖”。

（杨　林　单国松）

云天化集团有限责任公司

【综述】　云天化集团是以云天化集团有限责任公司为母公司，控股一批生产经营型子公司的产业集团。云天化集团有限责任公司的前身云南天然气化工厂，是我国20世纪70年代引进国外成套设备建成的13家大化肥企业之一，始建于1974年，1977年建成投产，1991年被评为云南省首家国家一级企业。1997年，云南天然气化工厂整体改制为云南省人民政府授权经营的国有独资有限责任公司。

改制以后，云天化集团开始了在搞好生产经营的前提下，走低成本扩张道路发展壮大企业的探索。特别是进入新世纪以来，集团紧紧抓住一系列重大历史性机遇，打造了磷复肥、玻纤新材料、磷矿采选等一批在国内外具有比较优势的产业平台。集团化肥总产能943万吨/年，其中高浓度磷复肥产能800万吨/年，产能规模亚洲第一、世界第二；聚甲醛生产能力10万吨/年，产能规模全国第一；玻纤新材料产能53.9万吨/年，产能规模全国第二、世界第三；磷矿石开采能力1200万吨/年，采选规模全国第一。与此同时，云天化集团经营业绩全面增长：2005年集团营业收入超过100亿元，2007年营业收入超过200亿元，2008年营业收入超过300亿元，2011年营业收入超过400亿元。2011年，云天化集团总资产超过800亿元，员工38000余人，拥有26家一级子公司，控股云天化、云南盐化2家上市公司，排名中国企业500强第211位、中国制造业企业500强第105位、中国化工企业500强第2位。

【主要经济指标完成情况】　2011年是云天化集团着力巩固恢复性增长势头、实现“十二五”发展良好开局的一年。集团全年实现营业收入461.39亿元、利润总额16.27亿元、利税总额42.17亿元、工业增加值87.09亿元，四项指标同比增长22.50%、57.10%、52.51%、17.80%，其中营业收入、利税总额、工业增加值三项指标均创历史最好成绩，集团全面步入正常发展轨道。

【主要产品产量】　2011年，集团各生产企业按照目标任务，加强工艺指标控制，优化工艺和设备管理，发挥生产装置能力，各生产装置保持长周期稳定运行，除玻纤、尿素、烧碱、PVC等产品受市场及外部原料供应影响外，其他产品均超额完成年度生产计划，并再创历史新高。集团对外加大能源、资源供应的协调，维持了天然气、电力供应紧张条件下产品的生产；对内强化磷矿石、合成氨生产的供应和协调，使各生产装置生产链得到有效衔接和运行。共生产合成氨127.2万吨，尿素56万吨，磷酸二胺313.4万吨，聚甲醛9.15万吨，季戊四醇1.22万吨，玻璃纤维42.87万吨，食用盐41万吨，烧碱8.8万吨，聚氯乙烯7.5万吨，黄磷7.32万吨，磷矿开采1297.7万吨。

【管理创新】　云天化集团努力推进管理创新，制订了集团“管理水平提升年”工作实施方案，提出了“六个结合”的具体措施（即提升企业管理水平一是要与生产经营工作相结合，二是要与转方式调结构相结合，三是要与资本运作相结合，四是要与“两型”企业建设相结合，五是要与全面风险管理工作相结合，六是要与党建工作相结合），推进管理水平提升年工作。集团各子公司制定具体实施方案，把重点放在提高管理现代化水平以及对存在的突出问题进行整改上，确保各项目标任务落到实处。开展企业管理工作专项考核，总结了2007年以来集团管理创新工作取得的成效。强化全面风险管理与内部控制体系建设工作，聘请外部咨询机构，通过内外配合、优势互补，进一步健全了风险管控制度，提高了风险防范意识。2011年，云天化集团被国家财政部列为2011年“企业会计准则通用分类标准”

首批实施试点单位，项目完成后荣获财政部会计信息化委员会授予的“企业会计准则通用分类标准实施卓越实践奖”。

【技术创新】 2011年，云天化集团发挥集团技术委员会及专业委员会的技术支撑作用，开展重大研发方向和项目的决策论证，集团技术创新决策程序进一步规范。围绕集团产业发展重点，以推进转方式、调结构工作为着力点，组织完成集团“十二五”技术创新规划编制。

推进高新技术企业、创新型企业认证及产业技术创新战略联盟构建工作，集团公司被国家工信部和财政部确认为首批55家“国家技术创新示范企业”之一，这也是云南省唯一一家被认定的企业；云天化股份、磷化集团通过国家高新技术企业认定，企业将获得国家税收、财政等政策的优惠和支持；云天化股份、云天化国际申报省级技术中心获得批准，云天化国际、磷化集团省级创新型试点获得批准，企业的技术创新管理水平和创新能力将进一步提升；“可溶性固体钾盐矿资源高效利用产业技术项目”列入云南省产业技术创新战略联盟试点项目，为全面研究和解决老挝钾盐资源开发利用提供技术支撑奠定了基础。围绕集团资源循环利用开展工作，磷化集团与武汉工程大学共同申报的“国家工程技术研究中心”获得国家科技部批准立项，列入国家2011年建设计划；“高品质五氧化二磷新工艺及装置产业化技术开发”项目通过专家论证，进入省科技厅项目立项程序；中寮矿业承担的国家技术产业化示范工程5万吨/年氯化钾项目通过国家发改委验收。集团全年共获得省级以上科技项目经费1085万元。

2011年，磷化集团中低品位磷矿综合利用项目获国家科技进步二等奖，重庆玻纤“工程塑料用高性能玻璃纤维短切纱项目”获中国工业经济联合会颁发的“中国工业大奖表彰奖”；集团企业获云南省科技奖2项、中石化工业联合会科技奖3项。集团全年安排技术研究开发项目74个，申请专利93件（其中发明专利74件），获得授权专利12件（其中发明专利9件），累计拥有授权专利72件，集团公司荣获省知识产权局授予的“第一批云南省知识产权优势企业”称号。

【产业结构调整】 2011年，云天化集团结合自身发展实际和行业特点，制定下发了集团《“十二五”规划》和《转方式调结构促进科学发展实施方案》，并按照“三新一补”（以新配置、新产业、新材料为重点，以商贸物流为补充）的产业结构调整战略，大力推进集团转方式、调结构工作。

在传统产业的新配置方面，天创科技电子级磷酸项目生产出达到设计要求的产品，将在精细磷化工产品结构调整和产业链延伸方面发挥作用；三环中化磷铵项目产能达到120万吨，单位产品生产成本进一步降低；青海云天化二期磷复肥项目建成投产，形成百万吨产能；金新化工5080项目、水富煤代气技改项目建成，将在原料结构调整方面发挥作用；磷化集团450项目中的大型柱式浮选应用在我国属于首创；云天化国际启动10万吨/年湿法磷酸精制技改项目，将有利于集团磷化工产业的优化调整并增强市场竞争力；天达实业黄磷厂泥磷酸实现管道点对点直供云天化国际富瑞分公司重钙装置，降低了运输成本，发挥了园区协同效应。按照有进有退的原则，出于环保和效益的考虑，关停了云南盐化天塑分公司3万吨/年聚氯乙烯、3万吨/年烧碱装置。

在新产业方面，全力推进云天化集团云南千万吨级炼油基地配套石化项目前期工作。该项目的实施，有利于促进西部大开发和“桥头堡”战略的深入推进，对实现云南石化产业的跨越式发展及优化云南工业产业结构具有重大战略意义。集团于2011年5月成立石化项目部，全面启动石化项目建设工作；编制丙烯深加工、精对苯二甲酸项目可研报告，与中石油西南销售公司签订原料协议，开展工艺技术引进谈判，项目选址、环评、土地、铁路专用线等专项前期工作有序推进。其他新产业项目也开展了部分前期工作。

在新材料方面，集团以现有玻璃纤维、聚甲醛等产业平台为基础，通过下游延伸、功能化开发及与新能源配套新材料的研发和产业化生产，提升了新材料产品的市场竞争力。云天化股份实施聚甲醛产品差异化战略，开展中高端产品改性研究和产业化生产，提升了产品附加值和市场占有率。重庆纽米科技锂离子电池隔膜生产线投产及重庆新材料研发中心投入运营，促进了集团新材料产业的战略转型和产业升级。重庆玻纤收购成立巴西玻纤公司，新增产能3.77万吨；同时，按照“以销定产”的原则，发挥细纱、风电纱、多轴向纱、短切纱等新兴产品优势，调整产品结构，加大差异化产品销售比重，玻纤新兴产品市场份额稳步提升。

在商贸物流补充方面，集团充分利用自身的产业、资金、品牌优势，有效衔接生产、流通、消费环节，推进商贸物流工作，既扩大了经营规模和市场信息渠道，又开辟了新的利润来源。云天化股份通过股权收购方式独立运作天驰物流公司。云天化国际开展粮食贸易，现有的大豆、玉米等农副产品贸易取得较好成绩，成为贸易产品利润的新增长点。联合商务加强两种资源、两个市场的互动，在硫磺资源地设立迪拜有限公司，确保硫磺原料的稳定、均衡采购；在越南设立海防有限公司，开展化肥出口和硫磺进口贸易。集团全年实现商贸物流收入168亿元，商贸流通成为集团产业发展的重要保障和有效补充。

【环境保护，清洁发展】 云天化集团坚持清洁发展理念和“环保优先、综合整治、标本兼治”方针，落实企业环保主体责任，夯实环保管理基础，强化环保行政许可监督管理、规章制度执行力、污染物达标排放监督和环保突出问题整治，推动两型企业建设。完善集团化环保管理体系，实施环保责任目标管理，强化过程跟踪和结果考核，15户企业有效运行ISO14001环境管理体系。强化环境排放监督管理，加强环保设施建设和运行监督管理，环保设施完好率100%并与生产装置同步运行；推进环境排放在线监测，全集团共有在线监测46套，推进污染物减排，5户企业保持生产废水“零排放”。强化危险废物管理，举办固体废物管理培训班，开展环境风险大排查、危险废物和金属排查治理，推进昆明盐矿电石法聚氯乙烯汞减排清洁生产示范项目、红云氯碱历史盐泥及土壤治理项目。开展清洁生产，召开集团强制性清洁生产审核专题会，集团累计28户企业通过清洁生产审核、7户企业创建云南省清洁生产合格单位。推进矿山复垦植被建设，全年投入3648万元，完成复土植被2375亩，昆阳磷矿、海口磷矿成为首批国家级绿色矿山。推进“三废”综合利用，磷石膏综合利用项目继续推进，天安化工煤灰渣综合利用项目、中轻依兰磷渣生产保温棉项目投产。2011年集团环保投入1.6亿元。集团公司及下属4家企业荣获“十一五全国石油和化学工业环境保护先进单位”称号。

【节能减排】 2011年，云天化集团全面完成节能减排目标任务，集团以提高能源利用效率和建设“两型”企业为目标，以调结构、转方式、推进节能减排技术进步为根本，把节能技改和资源综合利用作为集团调整经济结构、转变发展方式的重要抓手，推进节能减排精细化管理，强化目标责任制考核，启动“两型”企业创建工作，大力实施节能减排项目。集团全年投入节能技改资金2.71亿元，实施35个节能减排技改项目，其中9个项目列入云南省重点节能项目，取得较好的节能效果。2011年，集团综合能耗为258.71万吨标煤，万元可比价产值（2010年可比价）能耗为1.089吨标煤，较上年同期下降1.24%，节能量为3.24万吨标准煤，各产品单位能耗均较上年同期有不同程度的下降，能源利用效率进一步提高。2011年，集团公司荣获“‘十一五’全国石油和化工行业节能减排先进单位”和云南省“‘十一五’节能减排先进单位”称号。

【安全管理】 2011年，云天化集团以“落实责任、治理隐患、防范事故”为目标，深入开展“安全生产年”活动，持续强化安全生产基础建设、基层建设、基本功训练，强化新改扩建项目“三同时”和试生产监督管理，保障安全标准化持续有效运行，巩固隐患排查治理长效机制，提高风险管控能力和应急装备水平。加强生产过程安全管理领导责任，严格执行集团领导班子安全生产值班值守制度和生产企业领导24小时带班制度，切实保证非煤地下矿山领导班子成员与工人同时下井、同时升井。全面推行安全标准化，集团各非煤矿山生产企业、危化品生产企业全部达到安全标准化三级以上。健全各级安全生产管理机构，提升安全管理队伍专业素质，集团各企业负责人及安全管理人员全部持证上岗，注册安全工程师达到306人。集团全年投入安全生产资金2.21亿元，全年无死亡事故发生。云天化股份荣获国家安监总局授予的“全国安全文化建设示范企业”称号。

【重点项目与投资】 2011年，云天化集团大批项目建成投产或即将投产。云天化股份重庆纽米科技高性能锂离子电池微孔隔膜项目（一期）、珠海复材搬迁技改项目、三环中化120万吨/年磷铵二期工程、云南盐化80万吨/年真空制盐项目等一批重点项目建成投产；天创科技晋宁3万吨/年电子级磷酸项目建成并进入试运行；云天化股份金新化工5080项目和水富煤代气技改项目联动试车；磷化集团450项目的浮选装置联动试车；中寮矿业5万吨/年氯化钾示范项目正在开展装置整改与地下井巷开拓工作。云天化股份天安化工50万吨/年合成氨项目、云天化国际富瑞分公司一、二期836项目通过总体竣工验收，其中天安化工50万吨/年合成氨工程荣获2010～2011年度中国建设工程鲁班奖。集团全年完成投资48.96亿元，其中省内项目投资32.29亿元，完成了与省政府签订的投资责任目标；集团申报国家、省各类财政专项资金支持项目9个，获得财政资金1.59亿元。

2011年，云天化集团3个项目列入国家重点产业振兴和技改专项，1个项目列入国家矿产资源综合利用示范基地专项，1个项目列入国家产业技术研究与开发高技术产业发展项目，6个项目列入云南省“三个一百”重点建设项目计划，1个项目列入省政府确定的18个重点督查的工业建设项目，6个项目列入省工信委“212”工程重点工业项目，9个项目列入省工信委2011年重点节能项目，3个项目列入省工信委2011年技术创新项目计划，5个项目列入2011年省工信委重点技术改造项目计划。

【切实履行社会责任】 2011年，云天化集团根据省委、省政府“生态立省”的战略部署，启动云天化国际天湖分公司、红云氯碱“退二进三”项目，完成天丰农药员工分流安置工作。坚持开发式扶贫的工作方针，全年下派干部、新农村建设指导员、支教老师共计18人，投入各类帮扶资金787.73万元，帮扶项目21个，捐赠复合肥480吨；向德宏州盈江县“3·10”地震灾区捐款346.08万元，帮助灾区群众重建家园。充分利用国家政策机遇解决员工的住房问题，大力协调保障性住房建设，集团企业1个棚户区改造项目、4个廉租房建设项目、2个经济适用房建房项目列入政府资金计划并启动建设，全年投入资金1.41亿元，建设廉租房1205套、总面积6.52万平方米，建设经济适用房604套、总面积4.14万平方米。集团公司和云南盐化积极应对3月中旬爆发的全国食盐抢购风潮，使食盐抢购风潮在短期内得到平息。2011年，集团公司荣获“新三年兴边富民工程先进单位”称号。

（莫永平　尤芳雯）

云南煤化工集团有限公司

【综述】 2011年，云南煤化集团克服原燃材料供应短缺、云南持续干旱限水限电、融资困难、财务费用大幅上升的影响，加快结构调整，转变发展方式，产业规模不断扩大，销售收入持续增长，企业抗风险能力得到提高，经济运行水平有了一定好转，集团保持了持续稳定发展的良好态势。2011年销售收入264亿元，同比增加56亿元，增长率26.9%；工业增加值38亿元，同比增加8.7亿元，增长率29.7%；利税总额12.55亿元，同比增加1.3亿元，增长率11.6%；利润总额2亿元。全年完成固定资产投资46.8亿元。

【生产经营管理】 2011年是省属企业管理水平提升年，集团按照省国资委的要求，及时制定出台实施方案，在全集团广泛开展管理提升工作。活动与转方式调结构相结合，与管理创新、技术创新相结合，与生产运营、战略规划相结合，与投资管理、风险管控相结合。通过管理提升活动，全集团管理水平得到了提高。

生产组织能力显著提高，装置盈利能力得到改善。在原燃材料短缺的情况下，加强资源的统一调度配置，确保了生产经营的稳定有序。通过加强生产管理，实现了消耗持续降低，有效抵御了原材料价格上涨所带来的压力，亏损单元亏损幅度降低，盈利产品盈利水平不断提高。云维公司大为制氨、沾化分公司亏损得到有效遏制；炼焦板块在持续低负荷生产中仍实现盈利；东源公司努力提高机械化装备水平，提高劳动生产率，在政府4次煤矿安全停产整顿中，仍然实现产量增长。解化合成氨装置运行经济性大幅改善，产量屡创新高。

产品结构调整成效显著，企业应变能力有所提高。各公司根据市场变化，通过经济性分析，适时调整产品结构。解化公司形成以硝铵为主导来安排生产的思路，市场拓展有力，产品盈利能力得到大幅提升。东源公司及时调整高灰、低灰精煤的比例，洗选适销对路的煤种。云维公司加大三级冶金焦的生产，避免同质化竞争；在聚乙烯醇亏损的情况下，果断转产醋酸甲酯；沾化装置在亏损严重、扭亏无望的情况下停产减亏；在原料煤极端紧缺的情况下，果断出击，开拓海外购煤渠道，进煤20余万吨。纵观全年，各公司不等不靠，在急剧变化的形势面前反应灵敏，决策果断，措施有力，企业应变能力得到显著改善，抗风险能力得到显著提高。

市场营销取得突破，销售能力得到增强。积极拓展煤炭销售市场，拓展了高硫无烟煤的销售渠道，确保了昭通公司、镇雄公司、罗平片区煤矿投产后的产品销售；拓展了褐煤用户和硝铵省外市场，为发挥产能创造了有利条件，提高了产品的议价能力。

推进组织结构调整，提高企业管控能力。集团清算注销志立公司，经贸公司进行业务合并、清理注销分支机构。云维公司成立市场管理部加强市场监管，成立煤炭事业部对整合煤矿实施统一管理。解化公司着手进行营销统一，二甲醚祥云储备站移交解化实现生产销售一体化。东源石林公司进行销售统一。组织结构的调整，有效提高了市场的掌控能力和风险管理能力。

调整考核方式，促进增长方式转变和结构调整。加大企业绩效考核力度，建立工资总额预算密切与经济效益挂钩的薪酬激励机制。制定《非经营管理人员激励办法》，鼓励员工立足岗位实现自身价值，为企业发展作贡献。

加强财务管理，降低财务费用。加强现金管理，盘活存量资金；调整债务结构，降低短期负债比重，控制财务风险；推进资金集中管理，提高资金利用率，千方百计降低财务费用。

加强财务审计，规范工程建设项目的中介机构招投标管理工作。进一步加强建设项目管理，深入开展工程建设领域突出问题专项治理工作，制定工程造价审计和竣工决算审计中介机构招投标管理办法，规范了中介机构的选择，通过招标选择中介机构6家，涉及工程项目总投资11.8亿元。

经济运行水平逐步改善。一是产品消耗普遍降低。二是消化了同比2010年上升的财务费用9亿元、税费3亿元、工资2亿元。三是公司盈利时间较2010年有所提前。四是亏损单元的亏损幅度得到有效遏制，盈利产品的盈利能力得到显著增强。五是贸易公司、地产公司经营良好，利润顺利完成，资金占用有所降低，部分债权得到回收。六是云维、东源两大公司营业收入突破100亿元大关；解化公司盈利能力大幅增强，利润突破1亿元。综合分析，2011年公司的经济运行水平得到改善，管理水平得到提升，抗风险能力得到提高。

【重大项目建设】 一批项目建成投产，形成新的经济增长点。富源团结煤矿改造项目、贵州盘县120万吨/年选煤、宣威60万吨/年电石一期项目、长岭一号矿井建成投产，形成新的经济增长点。

一批技改项目实施，有效提高生产的稳定性和降低生产成本。解化新增2台气化炉投运，为装置的达标达产奠定了坚实的基础；带式输送机运煤项目的投运，为解化降低运煤成本、提高经济效益创造了条件。

在建项目克服重重困难，按计划推进。续建项目14项，其中：朱家湾、塘房、清水沟矿井，先锋煤业改扩建，煤矸石综合利用电厂建设进展顺利；先锋煤矿300万吨/年改扩建项目稳步推进。新开工项目泸西焦化5万吨/年双氧水、大为制焦5万吨/年炭黑、5万吨/年顺酐、保山3000吨/日水泥、东源公司镇雄选煤厂建设顺利。

整合收购一批煤矿，有效提升盈利能力。继续抓好炼焦煤资源整合，收购9个煤矿。抽调技术人员、管理人员进入收购煤矿，加强生产管理。积极投入资金进行改扩建，扩大产能，在炼焦煤供应严重紧缺的情况下对焦化产业的生产稳定起到了重要的补充作用。

积极争取政府资金，促进项目建设。争取到5000万元矿产资源节约与综合利用资金、4410万元煤矿棚户区改造补助资金，获得节能减排专项资金2740万元。

【安全生产】 加强安全培训，集团分5期对1077名班组长进行安全培训。深化安全质量标准化工作，加强基础建设，提高基层安全管理水平。加强应急救援队伍建设，完善机制，加强演练，提高救灾能力。深入开展安全隐患排查治理行动，对重大危险源进行有效监控。深入开展煤矿瓦斯专项治理工作，矿井瓦斯治理水平得到明显提升。东源公司矿井安全避险“六大系统”除紧急避险系统外的五大系统已经建成。加大安全投入，不断改善安全生产条件，启动集团1亿元的安全生产基金。

【节能减排】 加大资金投入，抓好节能减排技改项目的实施和已建成投用环保设施的运营，切实处理好“三废”治理。淘汰落后产能，继2010年关闭小电解铝厂和4家煤矿小电厂，2011年又关闭恩洪煤矿电厂、圭山煤矿电厂，既降低了能耗又减少了亏损。采用先进技术，淘汰高耗能设备，能源消耗不断降低，环境治理效果明显。全年实施节能技改项目19项个，总投资1.42亿元；预计实现节能量18万吨标煤，完成率120%。

【投融资】 融资能力进一步增强。集团获得银行授信334亿元，比2010年增加46亿元。开展股权融资和采矿权融资，完成5亿元的股权质押融资、10.5亿元的信托融资；云维股份发行10亿元公司债券。集团对子公司提供融资担保122亿元，比2010年增加41亿元，集团总部已经成为支持各公司维持生产经营和发展的重要融资平台。

【技术创新】 技术创新取得新进展。申报国家科技计划项目2项，申报省科技计划项目2项。获得省科学技术奖二等奖1项、三等奖1项。双螺杆挤出醇解工艺生产低醇解度聚乙烯醇研究、理化室检测平台建设等项目进入省科技厅专项计划。

积极筹建科研平台。筹备组建由14家单位参加、集产学研一体的“多联产煤化工产业技术创新战略联盟”。煤基新材料工程实验室被命名为第四批省级工程实验室，获得产业化研究项目资金支持。云南省橡胶制品监督检测站具备省级资质。

云南白药集团股份有限公司

【概况】 云南白药集团是云南省十户重点大型骨干企业、云南省百强企业，也是首批国家创新型企业，2009年获高新技术企业证书。云南白药商标被评为中国驰名商标，是公众喜爱的中华老字号品牌。近十年云南白药打造完成了从上游中药材种植加工、产品研发到下游精品生产销售流通的完整产业链。集产、学、研于一体；具备了国内一流的生产工艺、设备和物流流水线，是拥有两个国家一级中药保护品种，自有产品和核心技术的大型现代化制药集团。2011年，云南白药集团实现营业收入113.12亿元，同比增长12.28%；净利润12.11亿元，同比增长30.74%，总资产90.91亿元，同比增长19.1%继续保持良性发展态势。主要经济指标年均复合增长率保持在30%以上。

【信息化建设】 公司多年来不遗余力投入巨资与本土IT企业和国际信息技术公司合作，走出了一条适合本企业发展的信息化群组开发道路。

通过云南白药集团供应链管理系统项目建设，云南白药集团多个事业部的客户、品种、供应商等数据已经完全统一管理，避免了原有多套系统客户、供应商形象破碎的情况，并提供全面的数据参考；将整个销售流程成功前置到了各个事业部的办事处，加速了销售审批；后端流程由仓库延伸到了车间和质量检验，保障了质量控制、成本管理的有效性，能够提供更加充足的市场反应时间；实现了完全意义上的销售、生产、财务一体化；通过对各个分支机构的人力资源进行了统一规范的合理调配、实时监控和指导，实现了人力资源管理标准化，明显提高了业务流转速度。

企业信息化技术的应用使公司管理费用平均降低60%，库存占用资金压缩20%，产值提高50%~100%，管理人员平均减少1/3，生产周期缩短20%~50%。由于企业信息化的推动，云南白药已经从传统思维管理下的企业转变为快速发展的新生代企业。

云南白药集团物流中心信息化集成运用项目由云南白药和九州通医药公司结合云南白药物流实际共同设计开

发。是国内最大、最先进的全自动医药物流中心之一，也是西南地区最大、最先进的现代化医药物流信息中心。中心内安装有自动化立体仓库堆垛机、立体存储货架、U型在线拣选平台、八层A品拣选平台、八层螺旋输送线、电动叉车、电子标签拣选系统、拣/补货输送设备、复核输送线、复核分拣机、高速滑块分拣机、PDA、指纹识别器、温湿度自动调控设备等大量先进的物流设备。集成信息系统包括采购进货管理信息系统、销货出货管理信息系统、库存储位管理信息系统、营运绩效管理系统、决策支持系统等。项目完成后物流信息中心可储存药品35万箱，日均出库量为18000箱，其中日均整件出库量为14400箱，日均拆零出库量为3600箱，支持年销售额80~100亿元，年节约运营成本2000万元，增加利润6000万元。

【技术创新】 医药产业是产品先导型行业，产品品质决定着市场生存状态。公司结合自身研发技术力量，同时加强与国际优秀企业合作，不断进行产品二次开发、关键工艺技术攻关，从而为市场拓展提供了技术服务支撑。

“云南白药胶囊技术改造”项目，对云南白药作用机理展开了深入研究；创新了针对处方来源保密的中药复方的体内外生物谱构建技术；项目研究成果应用于临床安全用药的指导；项目研究成果对于中药新药研发与大品种改造具有极为重要的科学意义。本项目的临床试验规格高，技术水平先进，参与单位权威，试验的成功及后续优质论文的发表，拓展了云南白药胶囊在骨科、耳鼻喉科及口腔科围手术期更广泛的应用，有助于提升产品的综合竞争力，提高在医疗终端的纯销量，从而拉动云南白药销售的增长。项目开展以来，云南白药近年销售额有了较大幅度的增长，2010年的销售额较2008年增长46.55%，本项目的技术成果对提高“云南白药”这一名优中药制剂的科技含量、质控水平、临床疗效、安全用药等方面具有深远的影响，产生了显著的经济效益和社会效益。

目前，公司拥有国家技术中心、博士后科研工作站、云南白药研究院及其各事业部研发实验室，同时与国内各科研院所保持着良好的合作关系。公司每年投入的科技开发费用在3%以上（占母公司工业销售收入比例），研发体系目标是建设面向全省医药行业提供新品研发、种植研究、制剂研究及产业化设计的创新平台，主要完成：天然药物及民族药研究开发平台、中药材优质种源繁育研究及种质资源评价平台、中草药芯片高通量药物筛选平台、中试基地、知识产权管理室及人才创新平台等，能够满足产品从研发到产业化全流程设计。公司科技人员295人，其中高职30人，省级创新人才7名，享受国家津贴2人、省级津贴5人。公司博士后工作站已培养4名博士后并已顺利出站。

【推进GAP基地建设】 医药产业资源型特征明显，上游资源的每次市场波动都会给产业带来很大冲击。为系统解决资源瓶颈问题，公司始终将GAP基地建设置于战略地位。

多年来，公司在重楼、金铁锁、三七等名贵珍稀药材种植研究和基地建设上投入已超过8000万元。公司武定基地收集和整理中药材品种达2200余个，试种重楼、金铁锁、云黄连、云木香、云当归、岩白菜等特色品种60余个；收集和保存野生重楼23种，发现和命名3个新种，建成世界上最大的重楼种质资源库和重楼种植基地；按照“公司＋基地＋农户”的模式，发挥示范效应带动周边3个乡（镇）农户推广种植中药材10000多亩。同时，为三七药材从源头实现“真实、优质、稳定、可控”的目标，公司联合文山苗乡三七，在石林、砚山等地建成了5000余亩集种植、加工为一体的规范有序的现代化三七GAP生产基地。

【品牌建设与管理】 实施自主品牌战略和知识产权战略，鼓励发明创造，建立健全企业的技术标准体系、质量保证体系、品牌建设体系和财务核算体系等。“云南白药”的品牌战略由单一的产品剂型向多剂型拓展、使产品在药品领域不断得到丰富，核心价值得到极大的提升。通过提高品牌的思想认识；出售优质产品；建立完善的服务体系，让品牌深入人心；注重品牌文化含量，拓展品牌效应；对“云南白药”假药进行严厉打击，保护自主品牌，让“云南白药”品牌能够持续深入人心，品牌价值持续提升。

公司近年实现科技成果转化21项，获得专利权165件，其中发明专利45件，外观专利116件，新型设计4件。企业主持和参与标准制定总数106件，其中：国家标准36件、地方标准4件、企业标准66件。2011年我公司共申请专利24项（其中发明专利2项、实用新型专利4项、外观设计专利18项）；获准授权专利47项（其中发明专利7项、实用新型3项、外观设计37项）；申请商标注册49件中国内申请32件，国外及港澳台地区17件；获准商标授权92件（其中国内授权87件，国外及港澳台地区授权5件）。目前公司共有云南白药系列药品、宫血宁胶囊、血塞通注射剂、风热感冒颗粒、风寒感冒颗粒、云南白药牙膏等14个产品获云南省名牌产品称号。“云南白药”、“云丰”、“宝相花（图形）”、“云健”、“七花”、“金口健”、“千草堂”等10件商标被认定为“云南省著名商标”。公司共登记版权4项，在国内外已建立完善的联合商标及防御商标体系，公司生产经营服务、为集团健康产品后续发展奠定基础；

【重点项目建设】 云南白药集团整体搬迁建设项目（包括呈贡新区产业基地及七甸原料药中心）为云南省20项重点工业建设项目之一，总投资为15.97亿元，将对集团工业制造、商业物流、科研开发、行政办公实行整体搬迁。整体搬迁项目一期工程设计产能100亿元生产规模，并配套实现商业物流规模100亿元。项目将建设包括:胶囊剂、散剂、气雾剂、片剂、颗粒剂等14个剂型生产，包含原料、净药材前处理，提取，制剂，外包等全部药品生产的工艺流线和工艺方案，共包含40余条现代化的药品生产线。工业制造板块将基于前期企业信息化建设成果，通过引入先进设备、优化工艺流程，实现生产制造体系的资源优化配置、自动化控制、在线监控和数据采集，进一步提升白药集团生产的自动化水平和生产效率，降低产品制造成本。同时项目将充分考虑新型环保材料和新型清洁能源的运用，达到节能减排、高效优质、循环发展的目标。

2011年12月25日“云南白药产业基地落成典礼”成功举行。随着云南白药产业基地落成，整体搬迁工作顺利实施，促进了公司的产业升级、管理升级和服务升级

“云南白药集团大理制造中心建设项目”总投资为1.5亿元，项目主体工程已进入收尾阶段。按计划，项目将于2011年一季度建成投产，当年即可实现1亿元以上销售规模，能带动公司产品结构调整和产业升级，提高企业竞争力。

沈机集团昆明机床股份有限公司

【主要经营指标完成情况】　2011年，沈机集团昆明机床股份有限公司完成收入18亿元，比上年增长11.47%；完成机床产值15.64亿元，比上年增长19.24%；完成机床产量1793台，比上年增长27.98%；实现数控化率67.53%，实现海外收入365万美元，全年利税总额1.5586亿元。

【技术创新】　抓住国家振兴高端装备制造业的机遇，公司承担了4个国家“高档数控机床与基础制造装备”科技重大专项项目；参与了5个国家重大科技专项项目和1个863计划项目；承担了省级科技攻关项目5项。其中，承担的THM系列（46100/65160）精密卧式加工中心国家重大科技专项，2011年4月通过了国家机床质量监督检验中心的检测，全部指标达到合同任务书和相关标准要求。完成的另一国家重大科技专项TGK46100高精度卧式坐标镗床，各项精度均达到亚纳米，配AC头可进行五轴联动的复杂曲面加工，能切削铝钛合金等多种特殊材料，该机床采用高刚度整体式床身、“箱中箱”式重型高刚性大组尼龙门封闭框架、直结式中央出水机械主轴、直驱式回转工作台、双驱式直线进给系统等前沿技术，通过对机床机电耦合系统优化匹配、低应力制造与装配、热平衡设计及热变形实时监测与补偿等关键技术的攻关研究及应用，使机床具有极高的静、动、热态性能，满足了高精、高速、高效、高可靠性的切削性能要求，实现了传统坐标镗的“质”的飞跃，使之成为集传统精密制造技术与现代机、电、光、液、气和信息控制技术为一体的高科技产品。公司还应用户的要求，为上海临港三一重机公司研制出了三条集当今先进技术为一体的柔性自动生产线，该三条线均是集光、机、电、液、气、信息、控制、网络的系统集成创新为一体，能自动转换工件，可同时加工多种不同形状的工件，具有工件在线自动测量、自动检测和刀具在线测量及破损检测等众多功能。突破了国内大规格、高精度、重承载柔性制造关键技术，填补了国内空白。一次就能为用户提供三条柔性自动生产线，标志着公司实现了柔性自动生产线这种高端装备的批量化生产，真正迈上了高端制造的新台阶。与此同时，公司还丰富和完善龙门镗铣床系列产品，相继研发出了定梁动龙门、动梁动龙门镗铣床，还丰富完善高性能机床功能附件，进一步增强了公司主机市场竞争力

按照精益制造的理念，在公司制造系统全面推行准时生产、标准制造、分序装配的生产组织方式，在此基础上进行资源再整合、生产流程再造、体系功能完善等改革，实现了规模化生产跨越式发展。其中，在卧镗装配线实施“流式”装配模式，有效提升了产能，创造了年平均月产卧镗产品超100台的历史最好水平；在核心零部件加工制造上，为突破轴系加工瓶颈，实施并完成了精密轴系加工岛工艺调整，建立起了高水平的精密轴系加工生产线，为主机配套的平旋盘、铣头等功能部件由机床功能部件事业部进行配套，实施专业化生产，既使公司69系列数控落地铣镗床市场占有率继续保持全国第一，也为公司精密卧加的精度继续保持全国第一奠定了坚实的基础；为使机床外观上档次，公司还投资兴建了一条集焊接和外观贴面制作于一体的生产线，使公司机床产品内在品质和外观双双赶上国际先进水平。

【基地建设】　乘国家振兴高端装备制造业和云南建设面向西南桥头堡的东风，公司大力加强高端装备研发制造基地建设。一方面依托国家级技术中心及创新平台建设，组建了六大技术创新团队，即数控坐标镗床、精密卧式加工中心创新团队；数控落地式铣镗床创新团队；数控立式车床、数控龙门镗铣床创新团队；数控卧式铣镗床、数控刨台式铣镗床创新团队；功能附件创新团队；

试验研究创新团队。同时加强研发实验室建设，投资近亿元，初步建立起了六大实验室，即CAD/CAE/CAT及仿真分析实验室；机床整机及其关键部件性能实验室；机床精密制造工艺实验室；机床整机及关键零、部件精度检测实验室；机床光机电液一体化技术集成试验室；机床可靠性实验室。在省科技厅、省机械行协的关心和支持下，还组建了由昆明机床牵头、全省相关机床及配套生产企业、大专院校、科研院所等16家单位共同发起的云南省高效精密数控机床技术创新战略联盟，这是我省首家成立的产业技术创新战略联盟。这一技术创新战略联盟的组建，将使以昆机等为代表的我省精密数控机床具有的比较优势得到充分发挥，并形成我省数控机床共性技术研究新机制，减少技术研究的重复性投入，形成资源共享、优势互补、利益共享、风险共担的技术创新合作组织，共同推进我省数控机床的更大发展。另一方面，公司积极引进消化国外先进技术，赶超国际先进水平，其中，为提升大、重型产品技术水平，积极承接了德国希斯技术引进项目，经过两年多的艰苦谈判和相关程序，公司投资17944万元，引进德国希斯公司大重型、高精度、数控机床的产品技术项目于2011年7月正式通过和生效。第一台原型样机VMG6数控动梁龙门移动镗铣床产品试制签署协议，启动了技术培训工作，力争用13个月的时间完成第1台原型机的试制。第三方面，为落实公司产品向数控、精密、大重型方向发展的战略，公司认真实施数控重型精密机床制造及铸造基地建设项目，一期项目于3月24日正式开工建设，公司投入自有资金1.5亿元进行建设，至2011年年底主体厂房已基本完工，该项目的实施，为公司解决当前大、重型产品制造瓶颈及后续产品发展奠定了一个坚实的基础，将使从德国西斯引进项目研发出的高端产品迅速形成规模化生产。

（贺承明）

中国移动通信集团云南有限公司

【综述】 中国移动通信集团云南有限公司（以下简称“中国移动云南公司”）隶属于中国移动通信有限公司，是中国移动有限公司在云南设立的全资子公司。公司实行省、市、县三级管理，为客户提供清晰的语音服务、点对点短信、彩信、彩铃、互联网接入等基本业务和包括手机报、飞信、139邮箱等50多项服务在内的多样化移动信息服务以及G3视频电话等3G业务，拥有家喻户晓的客户品牌“全球通”、“动感地带”、“神州行”和为企业、政府等集团客户服务的“动力100”。中国移动云南公司拥有完善的客户服务系统和先进的信息技术系统，拥有规模庞大的热线服务中心（10086）和遍布全省各州市县“沟通100”服务厅、专业的客户经理队伍以及客户自助服务网站。

公司自1999年8月成立至今，中国移动云南公司在省委省政府的正确领导下，认真贯彻落实集团公司发展战略，坚持以客户为中心，开展创新管理，坚持科学发展，公司整体保持了平稳较快增长，企业的核心竞争能力不断提升，在经营业绩、网络建设、客户服务、企业文化等各个方面都得到了社会各界的充分肯定。公司先后荣获中华全国总工会授予的“全国五一劳动奖”、共青团中央授予的“青年创业就业见习基地”、省委省政府授予的“文明行业”，全国“扫黄打非工作小组”授予的“全国整治互联网和手机媒体淫秽色情专项行动有功集体”、工业和信息化部授予的“进一步深入整治手机淫秽色情专项行动先进集体”，工信委授予的“无线电管理台站数据库建设先进单位”等多种荣誉称号。

2011年，中国移动云南公司实现运营收入超过150亿元，在全省服务客户超过3000万，年度缴纳各项税收近20亿元，成为推动本地移动通信事业发展的中坚力量。

中国移动云南公司在全省设立16个州市分公司和129个县（市、区）公司，省公司本部设22个部、室、中心。根据收入及客户规模，中国移动云南公司将分公司和县公司分别分为五类管理，实现资源的优化配置。全省拥有员工近15000人。

【网络建设】 围绕“标本兼治、打造一流网络”的要求，中国移动云南公司不断推动网络向宽带化、智能化、数字化、个性化和安全化方向发展。在全省范围内建成基站超4万个，网络信号实现对所有州市、县区、乡镇和行政村的100%覆盖；全力以赴，加快国家自主创新战略的TD-SCDMA网络建设，提高客户TD感知；加强WLAN规划建设发展，提升WLAN的数据承载能力，大力覆盖校园、写字楼等区域，提高业务使用便利性；配合2G无线网和TD网络建设，综合考虑LTE网络建设需求，积极跟踪LTE技术发展、产业链成熟情况，提前为LTE建设准备部署。

积极落实省内重大项目信息化建设工作，大力推进共建共享工作，联合各通信运营商推进螺蛳湾商贸城和昆明新机场的信息化建设，全面助力打造有线、无线、话音和高速数据业务相结合的国际枢纽。

【业务服务】 在农村，全面开展“136农村移动信息富民工程”，带动农信通、农政通等信息业务服务的普及深化，夯实农村服务营销体系，推进农村信息化建设；在城市，开展“139贴心服务工程”，建立一体化、规范化、系统性的中高端客户的服务营销体系，结合党委政府和社会民生关注，不断拓展集团信息化服务，探索新领域全面信息化。扎实推进无线城市门户建设和接入服务，完善无线城市业务规范，引入内容资源、精品业务，深化无线城市行业信息化应用，全省16个州市全部启动无线城市建设，对已具备接入条件的应用快速完成接入，将实现信息化网络覆盖滇中经济区的各个角落，渗透社会各行各业。

客户服务上，持续打造以客户感知为中心的服务营销体系，以“便捷服务，满意100”为主线，落实六大提升，重感知，优管理，2011年客户标准满意度、投诉整体质量、营业厅整体质量均列全国前列。

【经营管理】 2011年，中国移动云南公司围绕“定制度、理流程、强内功、重执行”，横向以效益为中心，纵向以提升执行力为基点，全面提升管理力，力促“管理冗余”向“快速到达”转变，管理工作有条不紊，顾大局，争先进，再谱新篇。

进一步完善管理体系和制度流程。战略、预算、绩效、薪酬的闭环管理体系更趋成熟，集中管理力度加大。财务集中管理继续深化，全面推行预算管理；法律风险管理体系推进实施，合同管理集中化取得成效，法律支撑保障水平得到提高；加大竞争性选人用人力度，提升人力资源配置效率，人才队伍整体效能更好发挥；切实加强和改进党建工作，基层党建工作更加标准化和规范化；创先争优活动深入开展，持续推进惩治和预防腐败体系建设，取得良好成效；积极开展关爱员工活动和卓越班组建设，创建“五型”工会，坚持以人为本，开通员工内部热线，接受员工建言献策；重视创新，组织创新大赛。

【履行社会责任】 2011年，中国移动云南公司继续以“数字鸿沟跨越行动”、“气候变化应对行动”、“信息应用惠民行动”、“特殊群体关爱行动”和“责任通信保障行动”和“可持续能力提升行动”六大行动为企业社会责任工作主线，以实际行动回报社会，为构建和谐社会做贡献。

2011年是“中国温暖12·1爱心基金——中国移动关爱行动”实施的第四年，中国移动云南公司先后在瑞丽、芒市组织两期对艾滋病致孤儿童爱心家长的培训，并在12月1日世界艾滋病防治日到来之前，积极配合云南省艾滋病防治局，制作公益慈善宣传环保袋2万个，宣传资料《中国温暖12·1爱心基金——中国移动关爱行动：项目介绍》宣传折页30余万份，以云南省艾滋病防治局的名义下发各州市人民政府卫生局的防艾办进行宣传。中国移动在云南资助的艾滋病致孤儿童已达2989名，约占全国的30%。

2011年，中国移动云南公司在基站建设中共建共享，节约资源；在能源使用上精细化管理，节能减排；在技术创新上提高能源利用率，提升新能源使用量；在日常行动上从行动到分享，设置“绿箱子”收集废旧手机及电池，减少环境污染，传播低碳理念，公司提前实现“十一五”节能减排的目标。

2011年，中国移动云南公司在腾冲地震、师宗矿难等重大灾害和事故中迅速启动应急预案，网络部门快速反应，通信保障分队紧急行动，火速驰援灾区执行救灾通信保障任务，圆满完成应急通信保障任务。

2011年，中国移动云南公司配合集团公司完成中小学校长“影子培训”及“东部校长西部行”活动，近三年来，携手云南省教育厅共组织了270名边远山区的中小学校长参加“影子培训”，1500名中小学校长参加了网络远程培训，在提高中西部农村中小学校长的整体素质和管理实践能力的进程中，培养出了一批推进学校改革创新和实施素质教育的带头人。2011年，“东部校长西部行”专家校长调研团深入昆明、普洱、西双版纳3个州市，实地探访、跟踪报道“影子校长”们的学习感受，多方面了解中国移动关心和支持西部教育事业发展的积极实践。

中国联合网络通信有限公司云南省分公司

【经营指标完成情况】 2011年，通信服务收入同比增长14.87%，收入增幅高于13.4%的行业平均水平。全省主营业务收入市场份额比2010年年末提升0.02个百分点，达到8.37%。3G收入月均环比增长10.9%；宽带收入同比增长45.1%，客户增长速度及收入增长速度均超过中国联通集团平均水平。投资较2010年投资总额增幅30.19%。

【网络建设】 大力加强县城以上区域2G、3G网络深度覆盖，A类建筑物的室内覆盖率达85%，全省高速公路的2G网络覆盖率由87%提升到97%，并对部分高速公路及交通干线的2G网络覆盖进行了EDGE升级，用户数据业务使用感知明显改善。积极启动全省FTTH建设，加强新区域覆盖和大客户接入项目建设。持续开展网络专项优化和隐患整治，实施了移动网质量专项提升和面向宽带、集团客户的接入段优化工作，各项运维指标均达标。全面开展移动和宽带服务承诺，移动投诉率由年初的1.06%下降到0.74%，装移机48小时完成达标率为90%，修障24小时达标率为84%；创新集团客户解决方案，圆满完成信息岛、太平洋保险查勘、中国石油等全省行业标杆客户的服务响应工作，省内集团客户业务开通及时率达到99.92%，故障处理及时率达到98.33%。信息化能力上，面向市场、服务、管理，及时完成关键营销活动的支撑、新客服系统上线、多个全集团性项目的建设和账单优化、客户短信提醒等客服系统功能的优化，提升了客户感知，并在全集团首家进行试点，实现了自助终端自动佣金结算，彻底扭转了手工结算佣金的被动局面。客户服务上，成立了服务效能监察工作组，持续完善"客户心声"通报及处理机制，客户投、申诉热点问题解决效率有效提升；开展全渠道客户接触点体验对标工作，查找服务差距点，积极推进44项服务短板问题的整改，逐步解决服务管理与客户感知差异问题；实施3G、宽带服务提升计划，成立了3G和宽带服务提升专项小组，重点对网络质量、增值业务、宽带障碍修复等32个服务短板实行限时办结，限期整改，全省移动客户总体满意度较2010年底均有所提升。建立"服务、维系、营销一体化"的专职VIP客户经理队伍，现有专职客户经理166名，VIP资料完备真实率达到98.34%，提升了8.46个百分点；重点开展"唤醒沉默，提升价值"3G流量提升、送太平洋保险、合约到期客户维系等活动，促进了客户保有率与高端客户价值提升。

【管理创新】 积极推进重点区县战略，强化职能，调整优化了组织机构，保证运维、网建、营销、人力、车辆等各类资源向一线营销单元倾斜。突出重点，对州市分公司实施综合绩效考评，在省分公司本部，对前后台、职能部门分别加大了效益、经营支撑、内部评议指标的考核力度。创新激励机制，建立本部与州市分公司绩效联动、员工绩效与公司收入利润完成、省分部门人员缺编与薪酬激励挂钩等机制。将数据及信息业务的销售职能、任务和考核指标纳入产品创新部，构建了数据及信息业务营销工作管理体系。建立健全了集团客户经理激励约束机制，完成了全省集团客户营销体制的调整优化。

通过2G产品、佣金补贴"两优化"及促销活动、客户资料"两规范"，加强了经营基础管理。继续推进财务管理的信息化建设，加强预算的过程管控和分公司自主对标管理，深入开展全成本管理核算体系和全省联通发票专项检查和"小金库"专项治理"回头看"等工作。通过系统整合、银企直连及营业欠款通报、考核制度的完善，有效降低营业欠款风险，占收比较2010年平均水平下降3.03个百分点，清缴效果明显。有效开展了长期暂估资产清理工作，长期暂估资产从年初的17.67亿元下降到1.16亿元。注重投资效益和项目管理，提高了投资有效性。进一步规范招投标管理工作，全面开展物资清查核对，加强库存物资管理，库存占用额由年初的4.2亿下降到5500万元。突出市场导向，强化资源配置，全面启动和推进了2012~2014年发展规划编制工作。持续实施审计监督，强化审计成果应用和审计发现问题的整改，推进内控长效机制建设。认真开展效能监察，完善法律风险防范体系，为公司生产经营发展保驾护航。开展通信机楼消防设施设备普查和"千分制"自查，消除事故隐患。积极推进企业管理创新，客服支撑综合运用系统获集团公司2011年管理创新成果优秀奖。

【队伍建设】 通过培养人培养、培训、实践锻炼、学习考察及进修等多种方式，加强后备干部选拔、培养、管理，推动干部"能上能下"。推进"KPI+三度"综合考评体系，以"岗位+能力+业绩"为导向，完善员工职级薪档正常升降机制；按照人工成本向市场前端和生产一线倾斜的原则，实施了统一、公允、透明的人工成本基数分配方案，全年全省联通工资总额与2010年实际使用数相比增幅18%。其中，本地网分公司实现同比增幅21%，省分公司本部同比增幅11%，激发了各分公司经营活力；通过薪酬激励政策的优化调整，岗位等级5级及以下员工人均工资增幅达34.8%，6~9级员工增幅11.9%，10级及以上员工增幅5.5%，实现了基层生产一线岗位员工工资收入快速增长，较高岗位等级员工收入平稳增加，极大调动了市场前端、生产一线员工的工作积极性；以岗位价值贡献为核心，理顺岗位设置，开展岗位评估，为实现人岗匹配奠定了基础。加强了一线人员体验式营销培训、客服人员专属培训和运维人员专业培训等各类培训，全年共举办培训班976期，共培训2.2万人次。积极开展"为民服务创先争优"活动，组织优秀红色短信征集评选活动，落实党风廉政建设责任制，开展反腐倡廉警示教育，推进民主管理，强化员工主人翁意识，举办了多项员工喜闻乐见的文体活动，营造积极向上的企业文化氛围，员工积极性、责任心和紧迫感不断增强。

【发展2G、3G、宽带业务】 3G业务方面。坚决贯彻落实集团各项经营政策和营销方案，按照"三领先"、"六统一"要求，着力实施终端、渠道、产品、体验策略，继续抓好明星终端发展，定制终端带动新增合约计划用户9.5万户；开展"社会渠道自备机入网赠费"、无线上网卡产品推广、"3G行动计划"和"精彩沃体验"等活动，加强移动互联网和行业应用产品的推广，积极推广青少年产品沃派，3G业务实现了快速增长，3G收入占移动业务收入比重为22.2%，对公司新增收入贡献率达到103%，3G客户户均流量由年初140.3MB提高到188.3MB。

2G业务方面。实施渠道转型促销量举措，推行了"一村一员"渠道建设工程，新增村级服务网点达到5274个，有网络覆盖的乡村渠道服务网点覆盖率达到96%以上；锁定校园、老年人、农村等重点目标市场，开展校园营销、务工市场营销、金秋增收计划、网龄升级计划等多项活动；实施话务量和GPRS流量“双量经营”，其中，GPRS出账用户户均流量提升明显，12月较年初增长了104.5%；聚焦高价值、高离网客户，实施网龄升级计划，多措并举开展存量精准维系，2GVIP拍照客户保有率达到78%。

宽带业务方面。加强项目建设和新区域覆盖，开展社区促销、提速提价及阶段性优惠提速营销，通过沃家庭、高带宽产品、提速包销售等多种手段，保持了宽带快速增长，客户市场份额达到14.5%，宽带收入同比增长45.1%，一直保持高增长势头，高于南方21省分公司平均水平；净增宽带客户同比增长32.5%，新增4M以上宽带客户占比为57.6%，并呈逐步上升趋势。

【集团客户发展】　积极推进“521”行业应用工程，针对重点工程、重点区域和重点客户市场开展深度营销，成功实施省安监局移动办公及执法、中石油综合业务、信息岛等重点项目和昆明市公安局五华分局、云南人保等集团整体转网，发展行业应用6.79万户，签署全网性重大项目战略协议33个，实现了快速发展。

【数据与信息业务】　通过整合渠道资源、加强协同营销，抓好传统业务与核心业务的专业化运营，开展“沃爱生活”和“精彩沃体验”，重点推广手机电视、手机音乐、微博等业务和产品，自主开发“七彩飞云”、“七彩云南”等本地自有业务，数据及信息业务占收比达30%。通过拓展空厅代理渠道、投放农村话机、开展ECS促销活动等措施，电子渠道业务量实现快速递增，销售收入同比增长116.9%，占公司主营业务收入的19.01%。

云南德胜钢铁有限公司

【综述】　云南德胜钢铁有限公司是四川德胜集团的两大核心企业之一，创立于2000年8月，是在国家西部大开发的号召下，积极参与国企改革，依法收购原禄丰钢铁厂的基础上成立的。原国有企业禄丰钢铁厂始建于1956年，20世纪90年代后，由于经营管理不善，资产负债率高达214%，于1999年3月宣告破产。在禄钢破产过程中，楚雄州委、州政府按照“依法破产，争取政策，资产重组，对外联合，安置职工，确保稳定”的方针，广泛征寻合作伙伴，成立了专门的领导机构，派人与省内外上百家国有钢铁企业联系，发出上百封信函，同时在网上发布招商合作信息，但许多国有企业都被禄钢沉重的包袱“吓跑”。在争取省内同行企业昆钢未果的情况下，经多方筛选，并经过多轮艰苦谈判，2000年8月，楚雄州人民政府与德胜集团正式签订合作协议，由德胜集团出资8600万元，收购禄丰钢铁厂破产资产，注册成立云南德胜钢铁有限公司，接收安置2200名职工。

经过11年的艰苦创业，投资50亿元，云南德胜钢铁有限公司与集团旗下的楚雄德胜煤化工有限公司、楚雄德胜物流有限公司、武定德胜矿业有限公司、牟定德胜矿业有限公司、腾冲矿业有限公司、南华德胜煤业有限公司、云南德邦行实业有限公司、云南德智鑫实业有限公司、楚雄德胜房地产开发有限公司一道，形成了从矿山资源开发、国际贸易、煤化工、钢铁冶炼、钢材贸易、地产投资、物流运输的“一条龙”产业链。公司也逐步发展成为具有年产150万吨铁、钢、材综合生产能力，楚雄州冶金龙头企业、继昆钢之后省内第二大钢铁联合型企业。公司已被列入《云南省黑色金属产业发展规划纲要》，纲要中明确提出要把公司发展成为500万吨级及以上的具有区域竞争力的大型钢铁企业集团。

作为云南省民营企业参与国有企业改革的先进单位，11年来，云南德胜钢铁有限公司累计上缴税收28.4亿元，总资产已达61.2亿元，连续多年名列全国民营企业纳税百强排行榜前十位。解决了州内5500人的就业问题，员工收入逐年增长，两次荣获全国就业与社会保障先进民营企业。同时，公司勇于担当社会责任，高度重视环境保护，是云南省光彩事业和节能减排先进单位。

2011年，公司努力克服诸多不利因素，克难奋进，取得了产销两旺的好成绩。全年生产铁127.97万吨，钢140.09万吨，材138.58万吨，发电4.12亿度；完成工业总产值57.7亿元，营业收入62.7亿元，分别比上年增长3.4%和12.3%，实现利润总额5亿元，净利润4.25亿元，上缴税金3.41亿元，各项经济指标明显高于国内同行业平均水平。

【企业管理】　多年的发展过程中，云南德胜钢铁有限公司始终把建设科学、规范的现代化企业作为目标，积极采取各项改革和改进措施，相继建立和完善质量、装备、测量、能源、环保五大管理体系，实现科学有序管理，公司热轧带肋钢筋、热轧光圆钢筋产品经云南省质量技术监督局监督抽查全部合格，获得云南省质量效益型企业称号。

实施人本战略，打通人才成长通道，创新人才培养模式，结合员工物质生活水平逐步提高的工作任务，建立起科学合理的评价体系，推行薪酬改革，员工收入逐年递增，实现了员工与企业的共同发展。

公司高度重视党建和工会工作，把"立足岗位做贡献，创先争优当先锋"的理念与公司"坚强、德仁、负责、高效"的核心理念相结合，扎实开展创先争优活动和各项企业文化主题活动，科学民主，发掘、培养企业优秀模范典型，树立了良好的工作氛围，促进了公司企业文化建设，实现企业和谐发展，被评为省内唯一的中央创先争优活动信息直报点，企业凝聚力不断增强。

通过成立物业服务公司，员工食堂、员工小区等后勤保障设施相继完善，员工工作、生活环境得到显著改善，为培养人才，留住人才，不断提高员工对企业的认同度和归属感创造了条件。

在企业发展的同时，公司积极践行社会责任，先后参与抗震救灾、捐资助学、社会扶贫等工作，累计捐款捐物3000余万元。

面对激烈的市场竞争，国内钢铁市场不景气，原材料价格居高不下的现状，公司坚持诚信经营，两次被评为"云南省重信用，守合同优秀企业"，同时，创新经营模式，深入产业上下游，与省内外多家大型企业建立了良好的战略伙伴关系，参与国家、省内重点工程建设，以全局性、系统性、开创性的思维做好原料采购和销售工作，建立健全营销网络，公司产品品牌和市场份额得到显著提升，

【资源保障】 强有力的资源供给是钢铁企业持续发展的重要保障。在稳定现有矿山资源的基础上，公司积极收集信息，到省内外进行实地考察，从战略角度做好矿产资源开发和经营工作，重点开发州内铁矿和煤炭资源，相继成立武定、牟定、南华、东川矿业公司，跨省参与贵州资源煤炭整合工作，企业资源保障和矿石自给率得到较大提升。

【节能减排】 作为全国重点节能企业，"十一五"期间，公司累计完成节能量236846吨标准煤，完成目标值164843吨标准煤的143.6%。节能项目累计投资2.3亿元，主要建设了高炉煤气余压发电（TRT）、高炉煤气余热发电机组、能源计量改造工程及其他节能减排设施。减排项目累计投资累计0.7亿元，主要建设了烧结烟气脱硫项目、污水回收循环利用项目，完成年削减化学需氧量300吨、二氧化硫2300吨的任务。

为落实云南省淘汰落后产能计划，公司200m3高炉于2010年9月30号停炉拆除，2×22MW、2×6MW高炉煤气发电机组资源综合利用项目获得省工信委认定，22MW高炉煤气发电二期项目通过中央财政补助节能量复审核查。

【科技创新】 多年来，随着公司技术创新力度不断加大，生产工序能耗大幅下降，自发电量逐年增长，燃料比持续下降，各项技术指标节节攀升，并成功开发不含Nb四个规格（Φ6、Φ8、Φ10、Φ12）的HRB400盘螺钢，含V和含Nb两种微合金化的HRB500钢；抗震钢筋比例明显提高，达到98%以上；HRB400钢完全实现无铌化，并实现规模生产，进一步降低了生产成本。

云南昊龙实业集团有限公司

【综述】 云南昊龙实业集团有限公司于1998年3月注册成立，是集铅锌矿采选冶、水电开发、建筑建材、房地产开发为一体的集团化民营企业。现有23个控股子公司、4个分公司，8个参股公司，集团总资产达68亿元。在十四年的发展历程中，集团累计实现销售收入82.58亿元，上缴税金11.04亿元，为社会各项公益事业捐款已超2亿元（不包括支持鸭子塘新农村建设投入资金），为7000名从业人员提供了就业岗位，其中包括了350名下岗职工和100名残疾人。公司先后跻身于昭通市私营企业50强、云南省民营企业100强、云南企业100强、云南省优强企业、中国民营企业综合竞争力50强之列。

2011年集团共实现销售收入15.68亿元，上缴税金3.04亿元，年上缴税金首次突破3亿元；固定资产投资完成8.32亿元。新增就业人员733人，其中大专以上共61人，带动相关产业就业近3000人，有效缓解了地方就业压力。

在发展的同时，公司努力承担社会责任，社会慈善事业不断推进。2011年公司共向社会捐资达2000万元，善款惠及教育、卫生、扶贫济困、文化等。按照"发展思源、共同富裕"的理念，大力扶持鸭子塘合作社开发建设并取得显著成效，集镇建设和合作社经营稳步推进，产业群建设、工业反哺农业已取得初步成效，得到了广大群众的拥护和各级领导的赞许。

【主要产业】 云南昊龙集团以矿冶、水电开发为主，建筑建材为辅，走电矿结合、发展循环经济，不断延伸产业链的发展道路。通过14年的努力，昊龙重点发展了以下产业：一是矿冶产业。现已建成的有矿山14座，铅锌采选厂6个，年产铅锌精矿8万金属吨，年产10万吨电炉锌厂、年产5000吨氧化锌粉厂；年产10万吨电解锌厂即将启动建设。10万吨镁矿开发、10万吨铝土矿开发正在做前期工作。二是建筑建材业。按照国家对水泥产能政策的调整，2008年将原年产20万吨立窑水泥生产线技改

为年产60万吨的悬窑生产线。依托云天化充足的煤渣，在水富建成年产60万吨粉磨站。根据白鹤滩电站建设的需要，在巧家建成年产100万吨的悬窑水泥生产线巧家白鹤滩水泥厂，并于去年3月份正式投入生产。这几条水泥生产线的建成，为地方经济社会发展提供了有力帮助。三是化工业。为优化资源配置，实现资产整合重组，加快发展化工产业，收购了茨院年产硫酸8万吨、过磷酸钙20万吨的昆华化工厂。在鲁甸工业园鸭子塘化工片区投资8000万元建成一条年产10万吨硫酸生产线，于2010年4月正式竣工投产，这条现代化的生产线拥有全国最先进的技术。富民钛白粉项目以及为建材化工配套的编织袋项目相继建成并投产。年产20万吨氢钙生产线正在建设，预计今年6月份可建成试产。60万吨电石一期工程20万吨预计今年10月份可建成试产。电石PVC项目、醋酸乙烯、年产20万吨重钙、多晶硅等项目正在进行前期准备工作。四是水电产业。目前，公司开发的电站总装机70余万千瓦。梭山黑石河流域电站和张家湾电站已建成发电；牛栏江黄角树电站于2011年1月15日成功实现大坝下闸蓄水并通过验收，预计2012年可实现两台机组发电；昆明禄劝普渡河铁索桥电站将于2012年6月底建成发电；牛栏江陡滩口电站、巧家清水河电站和参股建设的盐津牛栏沟电站正在建设之中。这些电站建成后，将为走电矿结合之路提供强有力的电力保障。

同时，集团还积极参与房地产、酒店餐饮等行业的开发和市场拓展，基本上形成了以矿业、水电、房地产开发为主，化工、建材建筑等为辅，产业多元化的基本架构。

公司在发展过程中，坚持科学发展观，实施可持续发展战略，注意节约资源，重视环保，走资源综合利用和发展循环经济的道路，公司五大业务版块也是一个有机的联合体，各项业务版块除自身上下游产业链较为完整外，版块之间也能做到相互补充，形成了电矿结合，循环经济的发展模式。特别是铅锌和水电两者关联度最为紧密。具体来说，集团的铅锌业务具备采矿、选矿、焙烧、冶炼四个环节的完整产业链，各个环节之间原料自给率达到100%，各环节生产的产品均能独立对外销售。且各环节产生的废料能被下游环节综合利用，如焙烧产生的尾气可回收制成硫酸，硫酸又用于生产化肥和选厂选取硫精矿。水电站建设需要的水泥由水泥厂直接供给，水电站生产的电力可以满足铅锌业整个产业链的耗能需求，而水泥制造需要的矿渣又由铅锌冶炼厂提供。在房地产开发方面，公司具备建材供应、工程施工和房地产开发完整的产业链。公司通过电矿结合、循环经济的发展模式，可以大大降低产品成本，提高公司的核心竞争能力。在冶炼方面，电炉锌项目处于全国领先水平，实现了单台产量最大，能耗最低，直收率最高，并获得一项国家发明专利，两项新型实用型发明专利，基本上实现了从产品初加工到产品深加工，并形成了一条循环产业链。通过长期以来的不懈努力，集团产业链不断延伸，循环经济不断完善。2011年，集团被省政府纳入循环经济示范单位，提高资源综合利用率、矿电结合的发展模式得到社会各界的普遍赞许。

【切实履行社会责任】 14年来，企业在自身发展过程中，在做大做强企业的同时，一直没忘履行自己的社会责任。致力于回报社会，尽其所能参与和支持家乡的各项公益事业，为社会各项公益事业捐款超过2亿元。

一是解决社会就业，维护社会稳定。为7000名从业人员提供了就业岗位，其中包括350名下岗职工和100名残疾人。

二是参与抗震救灾和抗旱救灾，支持灾区建设。2003年11月，鲁甸发生5.1级地震后，昊龙集团积极支持家园重建工作，企业生产的水泥让利费和捐款共计1000余万元；2008年5月12日，汶川大地震发生后，集团公司克服资金困难，捐款1120万元；2008年，捐款600万元帮助鲁甸县乐红乡灾民搬迁；2010年在公司受较大损失的情况下，仍向巧家县小河镇特大泥石流自然灾害区捐款100万元，向昭通旱灾区捐款750万元；2011年向乐红灾民搬迁捐款100余万元，捐赠水泥折价300余万元；2011年向盈江地震灾区捐款50万元。

三是支持社会文化事业建设。2004年，捐资198万元修建鲁甸县文化广场，捐资40万元修建鲁甸崇文阁；2010年捐资200万元作为鲁甸文化发展基金；垫资2000多万修建伊斯兰城堡工程。2011年，为支持昭通市民族文化建设捐资1160万元。

四是捐资助学。捐款498万元建设鸭子塘集镇和学校；2010年7月28日，在昊龙公司成立十周年庆典仪式晚会上，捐资600万元成立昊龙助学基金；2007年，向云南民族文化发展基金会捐款40万元，用于资助云南省边疆少数民族地区贫困大学生的奖助学金。

五是扶贫济困。2004年，向昭通市光彩事业促进会捐款270万元；2005年，先后出资或垫资1000多万元，为鲁甸多个村庄兴建人畜饮水工程，解决了上千人的饮水困难，捐资100万元修建乐红乡村公路；2007年，向昭通市光彩事业促进会捐款270万元，云南省光彩事业促进会捐资100万元；2008年一次性向云南省光彩事业捐资1560万元；2010年捐款350多万元用于桃源乡公路建设；2011年向鲁甸梭山乡政府捐款300万元，用于基础设施建设。

六是创新社会服务体制。昊龙集团按照“发展一方经济，富裕一方百姓，改善一片环境，创新一种模式，创出一条路子”的思路，大力扶持鸭子塘合作社，推动鸭子塘新农村建设。已初步走出一条“集资建镇、以地入股、共建共享”的新路子，为实现“以工促农、以城带乡”的发展模式率先走出一步。选派企业骨干帮助合作社建立相关管理制度，指导帮助合作社民主管理、科学管理、规范管理。帮助合作社规划建设公共服务设施，兴建幼儿园、老年活动中心、公园、敬老院等公共服务场所，不断提升农村文化品位、促进乡村文明。支持农村民房恢复重建，改善农村道路交通滞后现状。

昊龙集团由于践行社会责任，得到了政府和社会的认可，马永升总裁先后被国家、省、市评为“优秀企业家”、“云南省劳动模范”、“优秀中国特色社会主义事业建设者”、“中华慈善奖”、“中华慈善突出贡献人物”、“中国光彩事业突出贡献奖”、“全国关爱员工优秀民营企业家”、“抗震救灾先进个人”、“云南省非公有制企业公益之星”、“全市民族团结进步模范个人”、“感动中华2009年度十大风云回商”、“2010中国穆斯林企业家十大年度人物”、“云南省首届少数民族优秀民营企业家”、云南省第一届“光彩之星”等称号。

云南特安呐制药集团公司

【综述】 2011年，云南特安呐公司发扬“团结、务实、勤俭、创新”的企业精神，齐心协力，抢抓机遇，顽强拼搏，各方面工作都取得了显著的成绩。2011年完成工业总产值7.8亿元，完成销售收入6.25亿元，实现利润2685万元，上缴税金3800万元。

【安全生产管理】 2011年，公司的安全工作坚持软件与硬件双管齐下，软件上做到人员落实，机构落实，责任落实。硬件上坚持经费落实，设施配套。一是以案为鉴，狠抓制度建设。元月19日，公司发生了一起严重交通事故。公司针对这起事故，重新制定和完善了车辆管理办法，坚持公务用车归口管理和统一派遣制度，避免随意派车和车辆动用频繁等问题。二是加大经费投入，强化硬件设施建设。投入经费37万元，用于制药公司、三七国际交易中心消防设施改造和专家楼小区电路改造，从根本上消除火灾隐患。三是加强质量建设，确保公司产品安全可靠。对产品生产过程的每道工序严格检验控制，确保公司生产的药品、功能性食品质量安全。经投放市场和医院临床应用，公司生产的产品未发现质量问题，公司在社会公众中始终保持了良好的形象。四是加强监督检查，把安全隐患消灭在萌芽状态，把安全问题解决在初始阶段。公司坚持定期不定期组织联合检查组对安全工作进行督查，及时发现问题，限期整改，做到防微杜渐，有效预防和遏制安全事故，为公司集中精力谋发展营造了良好的内部环境。

【市场营销】 通过广大业务销售精英奋发拼搏和广大一线生产工人的辛勤工作，公司始终保持了强劲的发展势头，生产和销售业绩取得突破性进展。一是加大宣传，努力提高公司产品知名度。全年投入宣传费728万元，宣传效果明显，促销业绩突出。二是在文山州委、州人民政府的大力关心支持下，公司与上海浦东新区中医药事业发展联席会议办公室、上海浦东新区卫生局，分别签订了《关于三七产业开发合作的框架协议》和《中医药事业发展合作协议》，公司生产的三七胶囊顺利中标上海市医药集中采购。三是通过大力开辟销售途径，市场拓展取得了新的进展，特安呐牌血塞通片全面进入全国大部分二级以上医院销售。四是加大对昆明市场的开拓力度，努力破解公司产品就地和就近销售难题。通过不懈努力，突破了层层障碍和阻力，公司生产的调经养颜胶囊在昆明市和云南部分地州占了一席之地，为将特安呐产品推向更广领域和更高层次奠定了基础。

【内部管理】 一是加强和完善制度建设，营造了团结、紧张、严肃、活泼的工作氛围。制度建设是企业行政管理的重要内容，是理顺工作关系，规范员工言行的重要措施。修改完善了《行政管理规定》、《员工考勤规定》、《车辆管理规定》、《早操管理规定》和《财务管理规定》及《公司例会规定》，进一步明确了各级各类人员的职责、任务，建立了正规的工作秩序。二是加强人力资源管理，优化员工队伍结构。人力资源管理严格执行政策规定，坚持员工选拔标准，严把员工入口关，员工队伍的年龄形成梯次结构，个人综合素质明显提升。三是加强财务管理，为公司正常生产经营提供资金保障。强化融资还贷、银行授信、项目资金筹措等工作，加强与银行和投资企业的合作，广辟融资途径，按期还贷，不仅为公司发展提供了充分的资金保障，而且始终保持了特安呐公司诚实守信的良好形象。

【基础设施建设】 投资200万元，完成了制药公司污水处理工程建设，解决了长期困扰制药公司生产排污的问题。投资200万元，完成5条中药饮片生产线技改工作，公司生产规模取得重大突破。

【积极参与社会公益事业活动】 3月26日至4月6日，2011年国际网球（ITF）女子巡回赛在文山举行，公司出资30万元冠名赞助本次赛事，受到国家体育总局、省体育局和文山州、市党委政府的高度赞誉。5月18日，公司赞助文山州旅游局10万元，用于文山州旅游文化宣传事业。6月1日，公司向文山市新开田小学捐赠价值1万元的《青少年公共安全预防与自救》科普图书500册。9月4日，文山州广播电视局邀请四川攀枝花市、贵州兴义市、广西百色地区广播电视局和丽江、普洱、红河广播电视局等新闻媒体齐聚文山，对“文山·中国中药生物谷”项目进行户外现场直播，公司赞助10万元和组织员工参加现场直播活动。通过上述活动，彰显了特安呐公司良好的社会形象。

（王武山）

鲁布革水力发电厂

【综述】 2011年，鲁布革水力发电厂牢牢把握“转型”这个关键，紧紧围绕一体化建设，规范化管理，安全生产风险管理体系建设、创先争优等重点工作，积极应对有气象记录以来最为干旱的天气，同心协力、超前思考、主动工作、全厂各项工作扎实开展，取得了良好的成效。2011年，发电量11.53亿千瓦时，同比-51.1%

【安全生产】 推进安全生产风险管理体系建设。重点从依从性、人员培训入手，充分发挥内审员作用。按照“分层、分级、按需”的原则，全年共培训12次，员工对体系建设的认知水平不断提高。体系建设推进小组多次深入部门、班组，重点对依从性进行检查、指导，及时对体系建设发现机会整改情况进行通报。认真梳理安全检查发现问题和体系审核发现机会，印发整改通知，明确整改时间、工作要求和责任人，全年共完成122项整改工作，闭环管理和依从环节取得长足进步，体系建设达到3钻目标。

高质量完成设备年度检修预试改造工作。按计划完成年度检修及预防性试验工作，先后开展了#1机组水轮机大修、#2、#3、#4机小修及线路的检修预试。在设备年度检修过程中，除按要求完成所有标准项目外，还结合大修技改实施计划，完成#2机调速器换型，#2、#3、#4机水轮机在线监测安装调试、主变油泵更换、110kV系统保护装置换型改造等项目。开展了乃格生活区10kV双电源改造、通信系统双网改造，提高了生产现场供电和通信网络可靠性。设备检修预试过程中，进一步强化检修质量的过程管控，设备检修质量得到有效控制，检修后评估结果显示，#1、#4机在年度检修后未发生非计划停运事件。

进一步强化生产规范化管理。严格执行公司《检修现场规范化管理标准》，从规范检修现场隔离围栏、标示标牌、废料处理等入手，进一步规范现场作业环境。认真开展任务观察、内务检查、入场人员安全知识培训等工作，对工作中存在的不安全现象、不规范行为及时纠偏，充分利用检修协调会平台，总结文明检修、标准检修方面存在的不足，提出针对性改进措施，持续推进生产规范化管理。

强化生产技术指标过程管控。按照安全生产责任制管理要求，将生产技术指标管控责任分解到各部门。针对2011年流域严重干旱，全年来水仅14.46亿立方米，比多年平均偏少71.8%，机组长期小方式运行，启停频繁，非计划停运事件出现几率上升的情况，通过对运行数据、生产流程的监测分析，提高机组运行状况的掌控能力，有针对性地开展发电设备的巡视、维护、消缺，为年度指标的实现提供了技术保障。在全年开机1627次，较2010年增加70.9%的情况下，开机成功率提高0.22%。

充分发挥技术监督的预警作用。根据公司颁布的16项技术监督管理标准，对技术监督项目及周期进行清理修编。完成水轮机在线监测系统安装调试，建立数据分析平台，将主变油色谱、母线套管、水轮机在线监测数据进行集中分析和管理；补充购置变压器绕组直流电阻测试仪、油质运动粘度等仪器仪表，技术监督手段得到加强。结合设备年度检修，开展#1机稳定性试验、#1机水轮机连接螺栓及尾水管焊缝探伤检查等工作，依托技术监督，发现#2机定子铁芯#55穿芯螺杆绝缘降低、#1机B相母线第三组母线套筒电蚀等异常，及时消除隐患，确保了设备的安全运行。

【一体化建设】 顺利完成组织机构一体化调整。按照南方电网公司组织机构一体化工作“指导意见”和“实施方案”，认真进行工作单元划分与职责定位，完成“九部三中心”模式的机构调整，构建了界面清晰、权责明确、制衡规范、运转高效的一体化组织架构。根据公司组织架构、业务流程、管理界面等要求，编制岗位设置方案，明确岗位设置和职责权限，统一岗位名称，建立类别清晰、层级精简、权责明确、通道顺畅的一体化岗位体系，编制了136个岗位的岗位说明书。

安全生产一体化进一步推进。修订并发布68项安全生产管理标准，进一步明确管理范围、职责、内容和方法、记录等环节的要求。修订《安全生产责任制》，进一步明确各级人员的安全生产职责、权限、义务。《电力安全事故应急处置和调查处理条例》、《中国南方电网有限责任公司安全生产令》颁布后，立即采取会议、网络、短信等形式进行宣贯，使全厂员工及时掌握、了解新制度、新规范。修编并发布了V4.0版作业指导书，按相关标准要求将作业指导书具体到设备单元，并在设备检修预试过程中对作业指导书的应用情况进行实时监控。

物资一体化取得成效。主动跟进公司物资一体化工作，及时对公司有关制度、招标管理信息系统、物资管理信息系统进行宣贯培训，快速适应招标管理方式的变化。加强招标计划工作，较好地应用招标管理信息系统，实现与公司招标管理的无缝隙对接，招标管理更加规范，全年共组织完成12个项目的公开招标、签订合同212份。加强承包商、供应商的评价管理，建立和评价供应商承包商46家。完成仓库搬迁、物资编码、物资数据模块清理工作。开展标准化仓库建设工作，在网公司38家仓库标准化建设达标抽检单位中，得分90.7分，名列第8位。

信息一体化建设初步落地。根据公司统一规划，整合原有信息资源，优化网络结构，新门户系统顺利上线运行，实现了相关管理标准、业务流程在信息系统中的落地。强化信息系统安全管理，严格按照国家信息网络安全管理要求，切实开展信息系统安全认证准入、隔离、防入侵等工作，确保信息系统安全稳定运行，全年未发生信息系统安全事件。积极开展安全生产信息系统深化及推广应用，在公司系统EAM应用年度考核中取得了第一名成绩。

【经营管理】 调整预算管理方式，突出计划管理，以生产经营的业务需求确定项目计划，以计划项目引领资金使用，下达两批综合计划共47个项目、强化工作签报，有效控制费用发生的随意性，提高资金的使用效益。严格执行公司会计集中核算、预算集中管控、资金集中管理等财务一体化要求，对照公司财务检查指导意见，认真组织研究，逐项落实整改，财务管理进一步规范。

【队伍建设】 加强干部管理。对中层干部提出了提高“三种修养”，增强“四种能力”，倡导“五种风气”的要求。认真组织职工对中层干部进行民主测评，85.8%的在职员工对干部履职情况进行了客观评述。严格按照公司干部管理制度规范干部考核考察工作，民主测评结果在职代会上公开。改变半年工作座谈会的形式，厂领导对分管部门的工作进行点评，在肯定成绩的同时，重点指出存在的差距和不足，使各部门明确了努力方向。干部管理能力和水平明显提高。

队伍活力明显增强。强化教育培训的系统性、针对性和实效性，举办“提升职业素养，打造阳光心态”培训班，举办PPT制作培训、班组学习论坛，开展钳工技能、测试设备操作技能等劳动竞赛活动，组织学习《百分百负责任》等书籍，不断提升员工素质。改变新春团拜会、七一晚会等大型活动的策划，起到良好的成效。在工作上严格要求、严格管理的同时，生活上力所能及的关心、帮助员工，体现企业的温暖，形成工作紧张有序、生活轻松愉快的氛围。重视新员工的培养，通过座谈会、学习分享、知识竞赛等形式，关心新员工学习、工作和生活。员工素质明显提升，团队活力进一步增强。

【党建工作】 党的建设全面加强。组织开展贯彻《调峰调频发电公司党建工作管理体系实施纲要》软课题研究，修订《领导干部民主生活会制度》等11项制度，提高党建工作标准化水平。通过编写《中心组学习参考》资料、党员上讲台、开辟“党员学习论坛”等形式，大力开展学习型党组织建设。以“争旗创星”活动为载体，认真组织开展党员和支部承诺、领导点评工作，推进创先争优活动，制定《“争旗创星”评分标准》，量化“争旗创星”评比指标；坚持一个支部一个主题，将各部门的主要工作与创先争优紧密结合起来，积极开展支部“先锋旗”和党员“模范星”争创活动；结合党员先进性测评、民主评议党员，使创先争优活动融入企业的中心工作中。认真执行领导干部联系点制度，深入基层、联系群众，开展调查研究，为基层解决困难，为员工解疑释惑。组织“幸福南网”大家谈活动，推进企业的和谐发展。

党风廉政建设不断强化。以公司《审计工作要点》和厂《纪委工作要点》为指导，全面落实党风廉政建设责任制。组织党员干部和重要岗位人员到云南省第四监狱进行警示教育、组织参加公司反腐倡廉知识测试、开展专题讲座、用手机发送廉洁短信等活动，进一步增强了党员干部诚信做人、规矩做事的廉洁理念。通过开展“#1水轮机大修”和“转变工作作风”效能监察，干部员工工作作风得到转变，责任意识得到增强，工作效率得到提高。加强审计监督，共参与14项厂内组织的公开招标项目审计监督，完成合同签证监督212项，全年未发生违规、违纪现象。

【工会和共青团工作】 推进“活力工会”、“活力共青团”建设。扎实推进民主管理，全年召开专业组会议5次，听证会2次，组织职工代表巡查2次。坚持把员工关心的热点、难点、焦点问题作为厂务公开的重点，全年共公开141项次。以提高员工素质促发展为目标，组织开展#1机组水轮机大修劳动竞赛等15项劳动竞赛。在建党90周年之际，开展“红歌唱响鲁布革”、“我与祖国共奋进”演讲比赛等系列庆祝活动。以推进和谐企业建设为目标，大力开展多种多样的文体活动，积极举办篮球比赛、羽毛球比赛等活动，形成大型活动季季有，小型活动不断线的良好氛围。积极搭建有利于青年员工成长成才的平台，厂团委《团组织吸引力和凝聚力研究与实践》的课题论文获南方电网公司一等奖。

【获奖情况】

第三届全国电力行业设备管理先进单位

全国大型水电厂（站）节能环保先进单位

全国电力行业电力设施保护先进单位

云南省“安康杯”竞赛优胜企业

云南省文明交通示范企业

南方电网公司红旗基层党组织

南方电网公司先进基层党组织

南方电网公司信息工作先进单位

史云雁获“云南省劳动模范”称号

孙忠生被评为感动南网一线员工

赵小昆被评为南方电网公司创先争优活动优秀党务工作者

梁尧昌获“南方电网公司迎峰度夏暨防风防汛工作先进个人”称号

何莉英获“南方电网公司思想政治工作先进工作者”称号

张正杰被评为云南省国资委优秀共产党员

胡道平被评为调峰调频发电公司优秀青年班组长

杨关友被评为调峰调频发电公司青年岗位能手

（高　洁）

第七编

Fu Lu

附 录

云南省盐业管理条例

（2011年7月27日云南省第十一届人民代表大会常务委员会第二十四次会议通过）

第一章 总 则

第一条 为了保护和合理开发盐资源，加强盐业管理，促进盐业规范、有序、可持续发展，保证盐产品质量和食盐专营，保护公民身体健康，根据有关法律、法规，结合本省实际，制定本条例。

第二条 在本省行政区域内从事盐资源保护、开发和盐业生产、购销、运输、储存及其监督管理等活动的单位和个人，应当遵守本条例。

第三条 县级以上人民政府应当加强对盐业发展的领导，做好食盐安全保障工作，完善盐政监督管理体制，所需工作经费由同级财政予以保障。

第四条 县级以上人民政府应当明确盐业行政主管部门，负责本行政区域内的盐业管理工作。

盐业行政主管部门应当明确专人具体负责盐业管理工作。

县级以上人民政府卫生行政主管部门负责碘缺乏危害防治的宣传和食盐安全监督管理工作。

公安、工商、质监、价格、国土资源、交通运输等行政主管部门应当按照各自职责，做好有关盐业监督管理工作。

第五条 省盐业行政主管部门负责编制全省盐业发展规划，报省人民政府批准后实施。

第六条 建立食盐储备制度和特困人群食盐保障制度。具体办法由省盐业行政主管部门拟定，报省人民政府批准后实施。

第七条 县级以上人民政府和有关部门应当对在盐资源保护、开发和监督管理工作中做出突出成绩的单位和个人，给予表彰或者奖励。

第二章 盐资源的保护和开发

第八条 盐资源的保护和开发应当遵循统一规划、合理开发和综合利用的原则。

第九条 省盐业行政主管部门应当会同省国土资源行政主管部门依法划定盐资源保护区，报省人民政府批准，并向社会公布。

在盐资源保护区范围内，禁止下列行为：

（一）新建、改建、扩建对盐资源造成破坏的建筑物、构筑物；

（二）挖砂、取土、采石和开采地下水；

（三）贮存、排放和倾倒有毒有害物质；

（四）其他可能对盐资源产生严重危害的行为。

第十条 开采盐矿资源，应当经省盐业行政主管部门审查同意，按照《中华人民共和国矿产资源法》等有关法律、法规的规定办理采矿许可证。

开办制盐企业应当按照国家有关规定办理审批手续。

制盐企业扩大生产规模，应当报省盐业行政主管部门审批。

第十一条 开采盐矿资源、开办制盐企业或者制盐企业扩大生产规模，应当符合以下条件：

（一）符合国家产业政策；

（二）符合全省盐业发展规划；

（三）有相关的专业技术人员；

（四）具备符合要求的生产设备、工艺装备；

（五）法律、法规规定的其他条件。

第三章　生产管理

第十二条　省盐业行政主管部门应当按照国家下达的食盐生产计划组织食盐生产。

第十三条　制盐企业应当建立产品质量检验制度，按照国家有关规定对盐产品进行质量检验，未经检验或者检验不合格的盐产品不得出厂。

第十四条　食盐实行定点生产制度。持有食盐定点生产企业证书的企业方能从事食盐生产。

申领食盐定点生产企业证书，应当经省盐业行政主管部门审查同意后，报国务院盐业行政主管部门审批。

第十五条　生产、加工有国家标准、行业标准和地方标准的新品种食盐，应当经省盐业行政主管部门审核，并报国务院盐业行政主管部门审批。无上述标准的，生产、加工企业应当先制定企业标准并报省卫生行政主管部门备案后，再按照规定程序办理审批手续。

第十六条　生产、加工有国家标准、行业标准和地方标准的新品种非食用盐产品，生产、加工企业应当将有关产品资料报送当地县级盐业行政主管部门备案。无上述标准的，生产、加工企业应当制定企业标准并报当地县级质量技术监督部门和盐业行政主管部门备案。

第十七条　生产、加工的盐产品，应当按照国家有关规定进行包装。零售的食盐应当为小包装，其标识按照相关规定执行。非食用盐应当在包装物的醒目位置标注“禁止食用”字样。

除食盐定点生产企业外，任何单位和个人不得从事食盐分装加工。

食盐包装物由省盐业行政主管部门监制和管理。

第十八条　生产加碘食盐所使用的碘剂应当符合国家食品安全标准，并由省盐业行政主管部门监督管理。

第四章　购销和运输

第十九条　国家下达的年度食盐销售计划，由省盐业行政主管部门负责安排，各级食盐批发企业组织实施。

第二十条　制盐企业应当与制碱企业签订制碱工业用盐购销合同，并在合同签订后10日内报省盐业行政主管部门备案。

第二十一条　企业经营其他用盐的，应当向县级盐业行政主管部门提

出申请，经州（市）盐业行政主管部门审核同意后报省盐业行政主管部门批准。

用盐单位和个人应当向经批准的经营企业购进其他用盐。

第二十二条　食盐批发、转（代）批发实行许可证制度。未取得食盐批发、转（代）批发许可证的，不得经营食盐批发业务。

申领食盐批发许可证，由申请人向州（市）盐业行政主管部门提出申请，经审查后报省盐业行政主管部门核发，并报国务院盐业行政主管部门备案。

申领食盐转（代）批发许可证，由申请人向县级盐业行政主管部门提出申请，经州（市）盐业行政主管部门审核后报省盐业行政主管部门核发。

第二十三条　食盐批发企业应当按照国家下达的计划向食盐定点生产企业购进食盐；食盐转（代）批发企业应当向食盐批发企业购进食盐，并按照规定的销售范围经营食盐批发业务；零售和用于食品加工的食盐，应当向当地取得食盐批发、转（代）批发许可证的企业购进。

第二十四条　食盐批发、转（代）批发企业应当设立未加碘食盐供应点，保障对因患疾病不宜食用加碘食盐人群的未加碘食盐供应。

第二十五条　特种食盐仅限于在特定地区销售，不得与其他地区的食盐相互流通。

第二十六条　禁止将下列盐产品作为食盐销售和用于食品加工：

（一）液体盐、卤水；

（二）工业用盐；

（三）利用井矿卤水晒制、熬制的盐产品；

（四）工业生产中产生的副产品盐；

（五）其他不符合食盐标准的盐产品。

第二十七条　食盐运输实行准运证管理制度。食盐在运输途中应当货、证同行。没有准运证的，任何单位和个人不得承运，购盐单位不得入库。

跨省运输的食盐准运证由省盐业行政主管部门开具，省内运输的食盐准运证由发货地州（市）盐业行政主管部门开具。

第二十八条　食盐的储存、运输应当做到防晒、干燥、安全、卫生。食盐应当与非食用盐隔离存放，并设置明显标志。

食盐不得与有毒、有害物质混放或者同载运输。

第二十九条　制碱工业用盐和其他用盐实行运输监督管理制度。需要制碱工业用盐和其他用盐的企业，应当向当地盐业行政主管部门进行登记，由当地盐业行政主管部门开具运输证明，运输证明随货同行。

第五章　监督检查

第三十条　县级以上盐业行政主管部门应当加强盐政执法监督管理，依法查处盐业违法案件，并有权采取以下措施：

（一）对用盐单位的盐产品进行实地检查；

（二）对盐产品的生产、储存、经营场所和运盐工具进行检查；

（三）对涉嫌违法的盐产品及其生产加工设备、包装物、运盐工具等物品进行暂时查封、扣押；

（四）对当事人和相关人员进行调查、询问；

（五）查阅、抄录和复制与案件有关的证据材料。

第三十一条　对涉嫌违法的盐产品及其生产加工设备、包装物、运盐工具等物品采取暂时查封、扣押等措施的，应当经县级以上盐业行政主管部门主要负责人批准，并在15个工作日内作出处理决定。

对涉嫌违法的暂时查封、扣押的盐产品等物品，所有人不明的，经公告满60日后，仍无法确定所有人的，盐业行政主管部门可以按照无主物依法处理。

第三十二条　盐业、工商等行政主管部门应当加强对食盐终端零售市场的监督和管理，及时、高效处置食盐突发事件。

公安、工商、卫生、质监等行政主管部门依法处置没收的违法盐产品时，应当告知同级盐业行政主管部门。

第三十三条　依法设立的盐产品质量检验机构负责对盐产品的质量进行检验。

第三十四条　当事人和相关人员应当配合盐业行政主管部门和其他有关执法部门进行的盐业监督检查，如实反映情况，提供材料，不得拒绝、隐瞒或者阻碍。

第三十五条　盐业行政主管部门应当加强盐业行政执法队伍建设，开展盐业行政执法人员法律和业务培训，建立健全行政执法责任制，定期开展行政执法评议考核。

盐业行政执法人员应当文明、公正执法；为举报盐业违法行为的单位、个人以及对被查阅、抄录、复制的文件资料保密；履行职务时佩带统一的执法标志，执法时执法人员不得少于两人，并主动出示执法证件。

第六章　法律责任

第三十六条　盐业行政主管部门和盐业行政执法人员在盐业管理工作中玩忽职守、滥用职权、徇私舞弊的，由其所在单位、上级主管部门或者监察机关依法给予处分；构成犯罪的，依法追究刑事责任。

第三十七条　违反本条例第九条第二款规定的，由盐业行政主管部门责令改正，情节严重的，处1万元以上3万元以下罚款；造成损失的，依法承担赔偿责任。

第三十八条　违反本条例第十条规定的，由盐业行政主管部门责令改正，没收违法盐产品，并处5万元以上10万元以下罚款。

第三十九条　违反本条例第十四条第一款、第十五条、第二十一条第一款、第二十二条第一款规定的，由盐业行政主管部门责令停止生产，没收违法盐产品和违法所得，情节严重的，处违法盐产品价值1倍以上3倍以下罚款。

第四十条　违反本条例第十七条第一款、第二款、第二十五条规定的，由盐业行政主管部门没收违法盐产品和违法所得，并处违法盐产品价值1倍以上3倍以下罚款。

第四十一条 违反本条例第二十一条第二款、第二十八条第二款规定的，由盐业行政主管部门责令改正，给予警告，情节严重的，处2000元以上1万元以下罚款。

第四十二条 违反本条例第二十三条规定的，由盐业行政主管部门责令改正，没收违法购进的食盐，并处违法购进的食盐价值1倍以上3倍以下罚款。

第四十三条 违反本条例第二十六条规定的，由盐业行政主管部门责令停止销售、使用，没收违法盐产品和违法所得，并处违法盐产品价值2倍以上5倍以下罚款；对食盐批发、转（代）批发企业，由省盐业行政主管部门吊销食盐批发、转（代）批发许可证。

第四十四条 违反本条例第二十七条第一款、第二十九条规定的，由盐业行政主管部门没收违法运输的盐产品，可以对货主并处违法运输盐产品价值1倍以上3倍以下罚款，对承运人并处违法所得1倍以上3倍以下罚款。

第四十五条 明知生产、销售假冒伪劣盐产品而为其提供运输、保管、仓储等便利条件的，由盐业行政主管部门没收违法所得，情节严重的，处违法所得1倍以上3倍以下罚款。

第四十六条 违反本条例规定的其他行为，依照相关法律、法规的规定处罚。

违反本条例规定构成犯罪的，依法追究刑事责任。

第七章　附　则

第四十七条 本条例下列用语的含义：

盐资源，包括岩盐、天然卤水。

盐产品，是指以卤水、石盐矿石为原料制得的满足不同需要的产品，包括固体氯化钠、氯化钠溶液以及以氯化钠为主要成分的产品，但药品除外。

食盐，是指直接食用或用于食品加工的盐产品，包括添加营养强化剂、调味辅料或经特殊工艺加工制得的多品种食盐，以及酿造盐、腌制盐、泡菜盐等食品加工用盐。

制碱工业用盐，是指用于生产纯碱、烧碱的盐产品（包括液体盐）。

特种食盐，是指为防治疾病，在加碘食盐中同时添加其他营养强化剂或者药物的食盐。

其他用盐，是指除食盐和制碱工业用盐以外的盐产品。

第四十八条 肠衣盐、畜牧用盐、渔业用盐，适用本条例中有关食盐的规定。

第四十九条 本条例自2011年10月1日起施行。2000年5月26日云南省第九届人民代表大会常务委员会第十六次会议通过的《云南省盐业管理条例》同时废止。

云南省工业和信息化委关于印发《云南省工业产品质量控制和技术评价实验室管理办法》的通知

各州市工信委（经委），各有关企业、行业协会，有关单位：

为深入贯彻实施质量兴省战略，提高我省工业产品质量控制和评价能力，根据工业和信息化部《关于印发〈工业产品质量控制和技术评价实验室管理办法〉的通知》（工信部科〔2010〕93号）、《关于印发〈工业产品质量控制和技术评价实验室核定细则〉（暂行）的通知》（工信部科〔2010〕143号）文件要求，结合我省实际，我委组织制定了《云南省工业产品质量控制和技术评价实验室管理办法》。现印发给你们，请参照执行。

二〇一一年二月二十五日

云南省工业产品质量控制和技术评价实验室管理办法

第一章 总 则

第一条 为适应新型工业化发展，贯彻实施质量兴省战略，加强我省工业和信息化系统质量基础工作，提升工业产品质量控制和技术评价能力，根据工业和信息化部《工业产品质量控制和技术评价实验室管理办法》，制定本办法。

第二条 工业产品质量控制和技术评价实验室（以下简称实验室）是指经云南省工业和信息化委员会核定，在相关行业工业产品质量控制和技术评价能力居省内领先水平，并在推动开发品种、提升质量、创建品牌、改善服务中发挥重要作用的工业产品质量检测、检验、评价、调查分析的服务机构。

实验室可以设立在企业、事业单位、科研院所和中介组织。

第三条 云南省工业和信息化委员会负责对实验室进行核定和管理。

各州、市工业和信息化主管部门、有关综合性行业协会配合省工业和信息化委员会对本地区、本行业实验室进行指导和管理。

第二章 实验室应当具备的基本条件、工作内容及义务

第四条 实验室应具备的基本条件：

（一）符合国家法律法规和产业政策的相关规定；

（二）通过省级以上（含省级）实验室资质认定、认可审查，或者实验室所依托的技术服务机构通过省级以上（含省级）企业技术中心认定；

（三）在相关技术领域，具备国内或者省内领先的专业设施条件和高水平的技术带头人，具有较强的专业人员队伍和产品质量验证、检测、分析、评价服务能力；

（四）对促进行业或区域产品质量提升发挥重要作用，并在核心业务领域有较好的业绩表现；

（五）建立了按规定要求开展质量检验检测技术服务、调查分析服务等管理制度规范。

第五条 实验室的工作内容：

（一）跟踪国内外先进质量控制技术发展趋势和政策动向，及时为政府部门提供相关领域技术发展报告和政策性建议；

（二）定期评估省内相关专业领域的产品质量状况，分析省内外产品技术质量水平和差距，为指导全省工信系统质量管理和解决重大质量安全问题提供科学的技术依据；

（三）受各级工业主管部门委托，参与行业质量规划、法规、政策、标准的研究制定，承担行业管理的技术检测、认定、评价等工作（行政许可事项涉及的检测业务按主管部门的相关规定办理）；

（四）代表行业开展相关领域产品质量控制与技术评价活动；

（五）开展专业技术人员质量培训，推广先进质量控制方法，为企业提供产品全寿命周期的质量检测、评价、分析、验证等服务；

（六）承担各级工业和信息化主管部门、行业协会委托的其他任务。

第三章 工作程序

第六条 申请核定的实验室（简称“申请机构”）由州市工业和信息化主管部门、行业协会按本办法第四条规定向省工业和信息化委员会推荐。省属企业集团和中央企业可直接向省工业和信息化委员会申报。

第七条 实验室核定程序

（一）申请机构需提供以下材料：

1、《云南省工业产品质量控制和技术评价实验室申报表》；

2、实验室资质认定、认可证明或者企业技术中心认定证明；

3、申请机构基本情况介绍；

4、申请机构核心业务及在质量检测、检验、控制、调查分析等方面的主要业绩事例；

5、其他有关能力证明。

（二）资料审查：

州市工业和信息化主管部门、综合性行业协会负责对申请机构的申请材料进行初步审查，提出审查推荐意见后，报省工业和信息化委员会。

（三）能力评定：

省工业和信息化委员会组建专家技术委员会，根据申请材料和相关信息对申请机构的能力进行评定，必要时可进行实地考察，提出评定意见。

（四）审查批复：

省工业和信息化委员会根据专家技术委员会的评定意见进行审核。对符合条件并具有能力优势的申请机构，正式核定为“云南省工业（产品门类）产品质量控制和技术评价实验室”。

第八条 实验室名录在省工业和信息化委员会网站公布。

第四章 实验室的管理

第九条 实验室应当加强自身能力建设，按照产业发展方向和企业服务需求，不断提高业务能力和服务水平，并自觉接受省工业和信息化委员会和州市工业和信息化主管部门及行业协会的指导。

第十条 实验室应于每年1月31日前，向省工业和信息化委员会提交上年度业务发展报告。

第十一条 省工业和信息化委员会将在专项资金安排方面，对核定实验室的能力建设给予重点扶持。

第十二条 省工业和信息化委员会每三年对实验室进行一次确认，对不符合规定要求的实验室发布公告予以撤销。被公告撤销的实验室3年内不得再次申请。

第十三条 实验室如有下列行为之一或违反本办法规定的，由省工业和信息化委员会依次给予书面警告、通报直至发布公告撤销的处理：

（一）接受可能对其检验公正性产生影响的个人和组织资助的；

（二）从事可能影响公正性的产品开发、生产，或参与其检验的产品经营活动的；

（三）因弄虚作假、检验或评估结果严重失实、牟取不正当商业利益，造成严重经济损失或社会不良影响的；

（四）违反国家保密规定，泄露、窃取企业技术秘密，造成严重后果的；

（五）未经批准，参与社会组织的商业活动，或擅自对外披露委托任务信息，造成社会不良影响的；

（七）不按规定上报年度业务发展报告，或不能按规定要求完成委托任务的；

（八）未尽到对实验室自身人员管理职责的；

（九）违反国家法律、法规及其他相关规定的。

第五章 附 则

第十四条 本办法由省工业和信息化委员会负责解释。

第十五条 本办法自发布之日起执行。

附件：1.云南省工业产品质量控制和技术评价实验室核定细则（试行）

2.云南省工业产品质量控制和技术评价实验室申报表

3.云南省工业产品质量控制和技术评价实验室申报表填表说明

附件1

云南省工业产品质量控制和技术评价实验室核定细则（试行）

第一条 根据《云南省工业产品质量控制和技术评价实验室管理办法》，特制定本实施细则。

第二条 云南省工业和信息化委组建工业产品质量控制和技术评价专家技术委员会（以下简称专家技术委员会），组织实施工业产品质量控制和技术评价实验室（以下简称实验室）的核定和管理工作。

第三条 专家技术委员会下设秘书处，具体承担实验室核定、管理、监督及申诉受理等日常工作，秘书处暂设在云南省工业和信息化委技术创新处。

第四条 专家技术委员会在有色、钢铁、化工、建材、机械、电子、轻工、烟草、食品药品等专业建立相关领域工业产品质量控制和技术评价专家库，并组建专家评审组。专家评审组具体承担实验室能力评审工作，提出评审意见。

第五条 实验室核定工作程序分为填报材料、受理申请、形式审查、能力评定、审查批复和授牌发布等流程。

第六条 填报材料：

（一）申请机构在云南省工业和信息化委网站下载《工业产品质量控制和技术评价实验室申报表》（以下简称《申报表》）并按要求填报；

（二）《申请表》填写完毕后，加盖公章连同有关其它能力证明材料复印件等一并提交到所在州、市工业和信息化主管部门（申请单位属省属以上单位的，可直接提交到秘书处）。

第七条 申请受理：

（一）州、市工业和信息化主管部门在收到申请机构的申报材料后，负责组织对申请材料的完整性、规范性和符合性进行初步审查，提出审查推荐意见；

（二）州、市工业和信息化主管部门将通过初步审查的申报材料提交给秘书处；

（三）省直属单位的申报材料由秘书处组织进行初步审查。

第八条 形式审查：

（一）秘书处对通过初步审查的申报材料进行登记、综合汇总，并对材料进行形式审查。

（二）对于未通过形式审查的申报材料，将秘书处的有关意见反馈给申请机构和相应的州市主管部门及有关企业。

第九条 能力评定：

（一）秘书处对通过形式审查的申报材料按照不同地区、不同行业领域进行分类，制定评审计划；

（二）根据不同领域的分组情况和回避原则，秘书处从工业产品质量控制和技术评价专家库中抽取专家，组建技术专家组，以集中会议评审的方式对通过形式审查的申报材料进行书面评审；

（三）如确有必要，由秘书处组建技术专家组对申请机构进行实地考察，实地考察主要是考察申请机构的工作状态、技术服务规模与技术水平、质量控制与技术评价服务能力和创新能力、仪器设备设施和技术人员情况以及质量控制和技术评价工作开展情况等；

（四）秘书处需于实地评审10个工作日前通知相应的申请机构，并向相关的地方主管部门通报，接受实地评审的机构应当为评审专家组进行实地考察提供必要的工作条件；

（五）会议评审或实地评审结束后，由技术专家组提出评审意见并报秘书处；

（六）专家技术委员会根据申报及评审情况，不定期召开专题会议，对技术专家组提出的评审意见进行集中审查，提出评定意见并核定实验室名称。

（七）秘书处将评定结果在省工业和信息化委员会网站进行公示，公示期为发布之日起15个工作日。

第十条 审查批复：

对符合条件和要求并经公示无异议的申请机构，由秘书处报省工业和信息化委员会领导批准；对不符合条件和要求的申请机构，秘书处将评定结果和意见反馈给相应的州市工业和信息化主管部门或有关省属企业。

第十一条 授牌发布：

（一）通过核定的实验室的相关信息，由秘书处在省工业和信息化委员会门户网站进行发布；

（二）每年6月和12月，秘书处对通过核定的实验室集中授予统一制作的“工业（产品门类）产品质量控制和技术评价实验室”铜牌。

第十二条 通过实验室核定的机构在3年有效期限内，其组织机构、法定代表人、联系人、办公地址、实验室资质等重大信息发生变更的，应当自发生变更之日起60日内向秘书处提交变更申请，并抄送相应的州市工业和信息化主管部门，由秘书处更新相关资料信息。

第十三条 取得实验室核定的机构在3年有效期届满6个月前，应重新提出申请，由专家技术委员会组织进行再次核定。

第十四条 本办法由省工业和信息化委员会负责解释。

第十五条 本办法自发布之日起执行。

云南省资源综合利用认定管理实施细则

（云府登783号，云南省工信委公告2011年第1号）

第一章　总　则

第一条 为贯彻落实国家资源综合利用的鼓励和扶持政策，加强资源综合利用管理，鼓励企业开展资源综合利用，促进资源综合利用健康发展，根据《关于印发〈国家鼓励的资源综合利用认定管理办法〉的通知》（发改环资〔2006〕1864号）、《关于印发申报国家发展改革委审核的资源综合利用电厂认定管理暂行规定的通知》（发改环资〔2007〕1564号）和国家有关政策法规精神，结合云南省实际，制定本办法。

第二条 本办法所称资源综合利用认定，是指对符合国家和省资源综合利用鼓励和扶持政策的资源综合利用工艺、技术或产品进行认定；所称资源综合利用鼓励和扶持政策，是指资源综合利用税收优惠政策及其他优惠政策。

第三条 本办法适用于在本省行政区域内的资源综合利用认定工作。

第四条 云南省工业和信息化委员会（以下简称：省工业和信息化委）负责本辖区内的资源综合利用认定与监督管理工作；省财政厅负责加强对认定企业财政方面的监督管理；省国税局和地税局负责加强税收监督管理，落实国家资源综合利用税收优惠政策；其他部门或单位负责落实相关优惠政策。

第五条 省工业和信息化委会同省财政厅、省国税局、省地税局、财政部驻云南省财政监察专员办事处组成云南省资源综合利用认定委员会（以下简称：省认定委），负责资源综合利用认定审定工作。省认定委下设办公室，办公室设在省工业和信息化委，具体落实认定审核工作。

第六条 各州（市）工业主管部门会同同级财政和税务部门以及有关行业技术专家组成州（市）资源综合利用认定初审委员会（以下简称：初审委），负责属地企业资源综合利用认定申请的初审工作。

第七条 省工业和信息化委根据企业申请认定的资源综合利用事项，聘请云南省资源综合利用专家库的相关行业技术专家参与认定审核工作。

第八条 经资源综合利用认定生产资源综合利用产品或采用资源综合利用工艺和技术的企业，按国家有关规定申请享受税收及其他优惠政策。

第二章　申报条件和材料

第九条 申请资源综合利用认定的企业，必须具备以下条件：

（一）生产工艺、技术、产品符合国家和省产业政策和相关标准；

（二）综合利用的资源、生产工艺、技术、生产的产品、综合利用资源的比例及认定技术标准符合税收优惠政策及其他优惠政策规定。认定技术标准指：《财政部国家税务总局国家发展改革委关于公布资源综合利用企业所得税优惠目录（2008年版）的通知》（财税〔2008〕117）中规定的技术标准和《财政部国家税务总局关于资源综合利用及其他产品增值税政策的通知》（财税〔2008〕156号）中规定的有关标准；

（三）生产型企业应实施清洁生产审核；

（四）资源综合利用产品能独立核算；

（五）所用原（燃）料来源稳定、可靠，数量和品质满足相关标准和要求，水、电等配套条件落实；

（六）符合环保要求，不产生二次污染。

（七）申请资源综合利用认定的发电（机组）企业，还应具备以下条件：

1.按审批（或核准）权限规定，经投资主管部门审批（或核准）建设的发电机组。

2.利用煤矸石（石煤、油母页岩）、煤泥发电的，必须以燃用煤矸石（石煤、油母页岩）、煤泥为主，其使用量不低于入炉燃料的60%（重量比）；利用煤矸石（石煤、油母页岩）发电的入炉燃料应用基低位发热量不大于12550千焦/千克；必须配备原煤、煤矸石、煤泥自动给料显示、记录装置。

3.垃圾发电应当符合以下条件：垃圾焚烧炉建设及其运行符合国家或行业有关标准或规范；每月垃圾的实际使用量不低于设计额定值的90%；垃圾焚烧发电采用流化床锅炉掺烧原煤的，垃圾使用量应不低于入炉燃料的80%（使用农作物秸秆及壳皮不低于70%，比率为重量比），必须配备垃圾与原煤自动给料显示、记录装置，并且生产排放达到GB13223-2003第1时段标准或者GB18485-2001的有关规定。

所称垃圾（下同），是指城市生活垃圾、农作物秸秆及壳皮、树皮废渣、污泥、医疗垃圾。

4.以工业生产过程中产生的可利用的热能及压差发电的企业（分厂、车间），应根据产生余热、余压的品质和余热量或生产工艺耗气量和可利用的工质参数确定工业余热、余压电厂的装机容量。

5.回收利用煤层气（煤矿瓦斯）、沼气（城市生活垃圾填埋气）、除焦炉煤气以外的工业炉气（含转炉煤气、高炉煤气）、火炬气和生物质能等作为燃料发电的，必须有充足、稳定的资源，并依据资源量合理配置装机容量。

第十条　申报材料

（一）申请认定资源综合利用以及变更利用资源种类或产品品种的企业，应当备齐以下材料，并一式三份：

1.资源综合利用认定申请报告；

2.云南省资源综合利用认定申报表（见附表1）；

3.申请资源综合利用认定项目的竣工环境保护验收文件和县级以上环保行政主管部门出具的环保达标排放证明或环境监测报告；

4.国家和省级有关部门核发的生产许可证书（正副本）复印件；

5.省级以上质量技术监督部门认定的具有产品质量检验资质的机构出具的近期申报认定产品质量检验报告复印件；

6.利用资源的来源和量的供货合同或证明；

7.具有检测资质单位出具的综合利用资源的检验分析报告（省内无该检测项目的，由申报单位提供）；

8.工商营业执照（正副本）和国税、地税登记证（正副本）复印件；

9.企业对所提交的申报材料真实性负责的承诺书。

（二）申请资源综合利用认定的发电（机组）企业，应当备齐以下材料，并一式四份：

1.资源综合利用电厂（机组）认定申请报告；

2.《资源综合利用电厂（机组）认定申报表》（见附表2）；

3.工商营业执照（正副本）和税务登记证（正副本）复印件；

4.建设（或改造）综合利用发电工程项目的批复和竣工验收合格文件复印件；

5.县级以上环保行政主管部门出具的环保达标排放证明或环境监测报告复印件；

6.并网调度协议复印件；

7.有资质的检测机构提供的锅炉运行年度检测报告复印件；

8.入炉燃料检验分析报告；

9.煤矸石、煤泥、煤系共生、伴生矿产资源、垃圾（城市生活垃圾、医疗垃圾除外）等供货合同及燃料来源证明；

10.城市生活垃圾、医疗垃圾由县级以上环卫主管部门出具数量及品质的证明材料（限于申请利用城市生活垃圾、医疗垃圾生产电力或热力认定企业）；

11.灰、渣销售合同（限于申请利用煤矸石、煤泥、垃圾等发电的认定企业）；

12.锅炉使用燃料量季报在线纪录数据；

13.企业对所提交的申报材料真实性负责的承诺书。

（三）变更企业名称、法定代表人或地址的企业，需备齐以下材料，并一式二份：

1.变更认定申请报告；

2.云南省资源综合利用认定变更申报表（见附表3）；

3.变更内容的有关证明文件；

4.变更后的工商营业执照（正副本）和税务登记证（正副本）复印件；

5.原认定证书。

第三章　申报及认定程序

第十一条　申报及认定程序

（一）申请认定资源综合利用以及变更利用资源种类或产品品种的企业，申报及认定程序：

1.登陆省工业和信息化委网站（www.ynetc.gov.cn）下载《云南省资源综合利用认定申报表》或《资源综合利用电厂（机组）认定申报表》，如实填写，并备齐申报认定的材料，报所在地工业主管部门。

2.各州市工业主管部门在收到完整合格的申请认定企业材料之日起20个工作日内，组织认定初审委成员单位和技术专家进行现场查验，形成现场查验报告（见附表4），并附上企业申报认定材料，行文报省工业和信息化委。

3.省工业和信息化委在收到完整合格的申请认定材料之日起45个工作日内，负责组织省认定委成员单位或委托有关单位和行业专家进行现场查验后，提出审核意见报省认定委，省认定委召开全体会议，对认定事项进行最终审定。

4.省工业和信息化委根据省认定委全体会议审定结论，对审定合格的资源综合利用企业在本委网站上予以公告，自发布公告之日起10日内无异议的，由省工业和信息化委颁发《资源综合利用认定证书》，对未通过认定的企业，书面通知告知不予认定理由。

（二）变更企业名称、法定代表人或地址的企业认定程序：

1.登陆省工业和信息化委网站下载《云南省资源综合利用认定变更申报表》，如实填写，并备齐变更材料，报所在地工业主管部门。

2.各州市工业主管部门在收到完整合格的申请变更材料之日起10个工作日内进行初审，并附上企业申请变更材料，行文报省工业和信息化委。

3.省工业和信息化委在收到完整合格的申请变更材料之日起20个工作日内，负责审定工作。

（三）属于下列情况之一的，由州市工业主管部门于每年4月底前将相关材料上报省工业和信息化委，由省工业和信息化委提出初审意见，报国家发展和改革委员会审定：

1.单机容量在25MW以上的资源综合利用发电机组工艺；

2.煤矸石（煤泥、石煤、油母页岩）综合利用发电工艺；

3.垃圾发电工艺。

第十二条　申请认定或变更的企业对初审认定和认定结果有异议的，可向省认定委提出重新审议。省认定委在收到重新认定申请之日起45日内作出重新审议的结论。企业对重新审议的结论仍有异议的，可向国家发改委提出申诉。

第十三条　州市工业主管部门在受理企业申报资源综合利用认定或变更材料时，对不属于资源综合利用认定范围的，应当即时将不予受理的意见告知申请企业，并说明理由；对申报材料不齐全或者不符合规定要求的，应当场或在收到申报材料后5日内一次告知申请企业需补齐的材料。

第十四条　省认定委每年进行4次集中认定审查。省工业和信息化委每年12月份在本委网站上公布翌年的集中认定审查时间。

第十五条　州市工业主管部门应按照省工业和信息化委公布的集中认定时间将申请认定材料提前1个月上报省工业和信息化委。

第四章　认定内容

第十六条　认定内容：

（一）材料审查

1.审查企业是否按照第十条的要求，提交认定或变更材料；

2.审查企业提交的认定或变更材料的复印件与原件是否相符；

3.审查申请认定或变更回收利用的资源、产品、资源综合利用比例及认定技术标准是否在国家资源综合利用优惠政策规定范围。

（二）现场核查

1.对申请资源综合利用认定的核查内容：

（1）审查生产设备、技术、工艺是否符合国家和省产业政策；

（2）审查生产的产品是否符合质量标准；

（3）审查是否符合环保要求，不产生二次污染；

（4）审查申报认定的资源、综合利用比例及认定技术标准是否符合国家资源综合利用优惠政策规定；

（5）审查综合利用的资源来源是否可靠，供应是否稳定；

（6）审查综合利用的资源是否单独堆放，名称标识是否清晰；

（7）审查是否对综合利用资源的掺入量单独计量，并实行微机控制；

（8）审查申请认定的产品是否独立计算盈亏；

（9）审查财务制度是否建立健全，购进综合利用资源的凭据是否合法有效。

2.对申请资源综合利用电厂（机组）认定的核查内容：

（1）核查所用发电燃料能否稳定供应；

（2）核查机组设备运行情况和企业生产情况；

（3）核查灰渣等废弃物排放情况和综合利用情况；

（4）对企业提供的发电工艺及相关数据进行推算、比对和判断；

（5）核查综合利用的发电燃料的掺入量及入炉燃料应用基低位发热量是否符合要求；

（6）核查所用锅炉是否符合相关要求，是否属于超期服役设备；

（7）核查是否符合环保要求，不产生二次污染；

（8）核查申请认定电力是否独立计算盈亏；

（9）核查财务制度是否建立健全，购进综合利用资源的凭据是否合法有效。

第五章　监督管理

第十七条　参与认定的工作人员要保守资源综合利用认定企业的商业和技术秘密。

第十八条　通过资源综合利用认定的企业，持认定证书和相关材料向所在地的县级主管税务机关申请享受相关税收优惠政策。主管税务机关按照资源综合利用税收优惠政策审核无误后，给予办理减免税。

第十九条　按照有关资源综合利用税收优惠政策的规定，需取得《资源综合利用认定证书》的税收优惠项目，《资源综合利用认定证书》是各级主管税务机关审批或备案登记资源综合利用税收优惠的必要条件。企业未按规定取得认定证书的，各级主管税务机关一律不得办理税收优惠手续。

第二十条　减免税金应优先用于资源综合利用新技术、新设备、新材料、新产品的研发或应用以及实施清洁生产审核。

第二十一条　获得资源综合利用产品或工艺认定的企业，因综合利用的资源原料来源等原因，不能达到认定所要求的资源综合利用条件的，应主动向州市工业主管部门报告，由省工业和信息化委终止其认定证书，并在省工业和信息化委网站予以公告。已享受税收优惠的，应自条件发生变化之日起15日内向主管税务机关报告，由主管税务机关停止享受税收优惠政策。

第二十二条　《资源综合利用认定证书》有效期为两年。《资源综合利用认定证书》监管实行抽检。抽检不合格的认定证书，由省工业和信息化委终止其认定证书，并在省工业和信息化委网站予以公告。

第二十三条 州市工业主管部门应加强对认定企业的监督管理，尤其要加强对大宗综合利用资源来源的动态监管。对综合利用的资源无法稳定供应的，要及时清理。各级财政、税务部门要加强对资源综合利用优惠政策实施情况的监督检查，加强与同级工业主管部门的信息沟通，对在监督检查中发现的问题要及时交换意见，协调解决。

第二十四条 州市工业主管部门会同财政、税务部门每年要对属地的认定企业和关联单位进行监督检查和了解，并于翌年3月底前专题报告省工业和信息化委。检查报告内容主要包括：

（一）认定工作情况（包括资源综合利用企业认定数量，认定发电机组的装机容量等）；

（二）资源综合利用认定企业综合利用大宗资源情况及其来源情况（包括资源品种、综合利用量、供应等）；

（三）资源综合利用认定企业的监管情况（包括抽查及处罚情况等）；

（四）资源综合利用优惠政策落实情况。

第二十五条 获得资源综合利用产品或工艺认定的企业（电厂），应当严格按照资源综合利用认定条件的要求，组织生产，健全管理制度，完善统计报表，按期上报统计资料。

（一）获得资源综合利用认定的企业，认真填写《云南省资源综合利用认定季度报表》（附表5），完成资源综合利用统计软件的统计数据电子文本的制作。并分别于每年4月、7月、10月和翌年1月15日前将上一季度资源综合利用数量、综合利用资源的来源、享受税收优惠及减免税金使用情况报州市工业主管部门，州市工业主管部门汇总、分析后，分别于4月、7月、10月和翌年1月25日前将汇总情况和分析报告及其电子版报省工信委。

（二）获得资源综合利用认定的企业，认真填写《云南省资源综合利用认定年度报表》（附表6），完成资源综合利用统计软件的统计数据电子文本的制作；总结年度资源综合利用、综合利用资源的来源（包括品种、数量）和享受税收优惠以及减免税金使用等情况，形成书面报告和电子版。并于每年1月15日前将年度报表、统计数据电子文本、书面报告及其电子版报送所在地的州市经委。各州市经委汇总后，于4月底前上报省工业和信息化委。

第二十六条 任何单位和个人，有权检举揭发骗取资源综合利用认定资格和优惠政策的行为。

第二十七条 对弄虚作假，骗取资源综合利用优惠政策的单位，一经发现，由原发证机关收回《资源综合利用认定证书》，并由有关行政主管部门取消享受优惠政策的资格，三年内不得再申报认定，主管税务机关依照《中华人民共和国税收征管法》及有关规定给予处罚。

第二十八条 对伪造《资源综合利用认定证书》者，依照有关法律法规追究责任。

第六章 附 则

第二十九条 本办法自2011年3月1日起施行。原《云南省资源综合利用认定管理实施细则（暂行）》（云经资源〔2007〕326号）同时废止。

云南省清洁生产专家库管理办法

（云府登834号，云南省工信委公告2011年第4号）

第一条　为规范清洁生产专家库的管理，充分发挥行业专家在清洁生产技术咨询服务中的重要作用，不断提高清洁生产水平，根据《清洁生产审核暂行办法》（国家发展改革委、环保总局令2004年第16号）有关规定，结合本省实际，制定本办法。

第二条　本办法所称清洁生产行业专家（以下简称：专家）是指已入选云南省清洁生产专家库（以下简称：专家库）并受云南省工业和信息化委员会（以下简称：省工业和信息化委）委托，以独立身份从事和参与清洁生产培训、评估、验收、规划、指标体系编制论证和项目咨询论证的相关行业专业技术管理人员。

第三条　省工业和信息化委按照数量适中、行业齐备、适时更新的原则对专家库进行监督和管理。专家实行聘任制，聘期三年。任期满后自行出库。

第四条　省工业和信息化委负责或委托有关单位组织清洁生产合格企业验收工作，各州（市）工业清洁生产主管部门组织企业实施清洁生产审核评估工作，所组成的验收组和评估组，其专家从专家库中随机抽取。

第五条　专家入选程序

（一）省工业和信息化委根据工作需要和专家库的情况，不定期向各州（市）工业清洁生产主管部门、大专院校、行业协会和相关企业下发推荐所需专家候选人的通知。各州（市）工业清洁生产主管部门负责组织辖区内、其他有关单位负责组织本单位专家候选人的推荐和汇总上报工作；

（二）凡经本人同意被推荐的专家候选人需填写《云南省清洁生产行业专家候选人推荐表》（见附表1）；

（三）专家候选人所在单位根据其基本条件填写推荐意见，由负责组织推荐汇总的部门和单位审核后填写推荐意见，连同《云南省清洁生产行业专家候选人推荐汇总表》（见附表2）和《云南省清洁生产行业专家候选人推荐表》一并报省工业和信息化委；

（四）省工业和信息化委在推荐的专家候选人范围内遴选，对选定的专家候选人进行清洁生产业务知识培训后，由省工业和信息化委行文批准其入选专家库，并颁发聘书；

（五）省工业和信息化委对聘期已满且有续聘意愿的专家，只要其符合第六条规定，所在单位同意，可按本条第四款直接将其入选专家库。

第六条　专家应当具备下列条件：

（一）具有良好的政治素质、业务素质和职业道德；

（二）具有较强的专业知识和丰富的实践经验，具有中级或副高以上专业技术职称。其中，具有中级专业技术职称的，其获得中级专业技术职称后从事职称相关岗位工作还应满8年；

（三）身体健康，能正常从事技术审查工作，年龄原则上不超过65周岁；

（四）没有违法违纪或被取消专家资格等不良记录。

第七条　专家的工作职责

（一）了解、掌握和研究清洁生产有关政策法规以及发展动态，及时向省工业和信息化委提供相关信息和提出推行清洁生产的对策、建议；

（二）参与清洁生产发展规划和清洁生产评价指标体系编制、研究或论证；

（三）参与企业实施清洁生产审核工作，重点在清洁生产实施方案的提出、筛选和确定方面给予技术指导；

（四）参与对企业实施清洁生产审核的评估和清洁生产合格企业的验收工作，提供专业技术咨询和指导服务，提出客观、公正、科学的评估和验收意见；

（五）参与清洁生产培训工作；

（六）参与对清洁生产新技术、新工艺、新材料、新装备等推广应用项目的咨询论证；

（七）承担省工业和信息化委委托的其他工作。

第八条 专家享有下列权利

（一）根据受托工作的需要，可以现场提问和查阅相关文件资料，认为材料不完整和不符合规定的可以提出补充要求；

（二）提出的论证、评估、验收意见，不受任何单位和个人的干预。在参与论证、评估、验收过程中充分发表个人意见，并可保留个人意见和建议；

（三）专家有权直接向省工业和信息化委反映问题和情况；

（四）专家参与论证、评估、验收工作的酬劳，按有关规定由组织单位负责。

第九条 专家应当履行下列义务

（一）遵守职业道德，客观、公正、科学地履行论证、评估、验收工作职责；

（二）独立提出论证、评估、验收意见，并对自己所提出意见承担相关责任；

（三）定期参加清洁生产业务培训或协助省工业和信息化委开展清洁生产业务培训工作；

（四）不得无故不参与省工业和信息化委委托的论证、评估、验收工作。由于健康及其他原因确不能参加的，应提前告知省工业和信息化委；

（五）参与评估、验收工作的专家，不得以任何方式收受企业任何形式的酬劳。不得接受相关企业以及与其有关的中介机构或有关人员的馈赠，不得私下进行可能影响到公正评估和验收的接触；

（六）保守企业技术和商业秘密，严格遵守工作纪律，不得以专家的名义私自组织任何论证、评估、验收工作。

第十条 受托参与对企业实施清洁生产审核评估或清洁生产合格企业验收工作的专家，已参与了该企业的清洁生产审核相关工作或存在与本人有利害关系的事项，应当主动向省工业和信息化委申请回避，并不得参与对该企业的评估、验收工作。

第十一条 对省工业和信息化委委托的论证、评估、验收工作，一年内，连续三次拒绝参与的专家，由省工业和信息化委发文取缔其专家资格。

第十二条 对违反法律、法规，丧失职业道德和违反本办法的专家，省工业和信息化委有权终止其专家资格并从专家库中除名；情节严重的，追究其行政和法律责任。

第十三条 本办法自2011年6月1日起施行。省工业和信息化委于2010年8月1日发布的《云南省清洁生产相关管理办法》（云工信资源〔2010〕616号）中的《云南省清洁生产专家库管理办法》同时废止。

云南省工业和信息化委关于印发《云南省装饰石材行业准入条件》的通知

各州、市人民政府，省直有关委、办、厅、局，中央驻滇单位，各州、市工信委，省石产业促进会、省石材行业协会：

根据《云南省人民政府关于加快石产业发展的意见》（云政发〔2011〕23号），为规范装饰石材行业发展秩序，淘汰落后产能，抑制低水平建设，促进又好又快发展，我委组织编制了《云南省装饰石材行业准入条件》。经省人民政府同意，现印发你们，请遵照执行。

附件：《云南省装饰石材行业准入条件》

二〇一一年九月十二日

云南省装饰石材行业准入条件

为规范装饰石材行业发展秩序，淘汰落后产能，抑制低水平建设，促进又好又快发展，依据《云南省人民政府关于加快石产业发展的意见》（云政发〔2011〕23号），结合国家有关法律法规和产业政策，按照“优化布局、调整结构、节约资源、保护环境、持续发展”的原则，制定本准入条件。

一、行业范围界定

装饰石材指具有可锯切、研磨、抛光等加工性能，在建筑物上作为饰面材料的石材，包括天然石材和人造石材。天然石材指广义的天然大理石（石灰石）板材和天然花岗岩板材；人造石材包括水磨石、人造大理石、人造花岗岩和其它人造石材。本准入条件装饰石材行业涵盖开采广义的天然大理石（石灰石）和天然花岗岩荒料，以荒料为原料进行荒料板材加工，以荒料板材为原料生产饰面石材、墙体石材、铺地石材、装饰石材、生活用石材、艺术石材、环境美化石材、电器用石材等范围内的企业。

二、产业布局

（一）新建或改扩建装饰石材荒料开采及加工项目应当符合《云南省石产业发展规划》和区域发展规划布局的要求。

（二）新建装饰石材荒料开采项目必须在城市规划红线3千米以外。主要河流两岸、湖泊、公路干线、铁路、桥梁及重要地下管网两旁、居民聚集区1千米以内，国务院、国家有关部门和省、州（市）、县人民政府规定的生态保护区、自然保护区、风景旅游区、历史文化遗产保护区、饮用水源保护区内，严禁新建装饰石材荒料开采项目。已在上述范围开工建设或投产的开采矿山，应依据相关法律、法规及区域规划，通过搬迁、转产、停产等方式逐步退出。

（三）新建或改扩建装饰石材加工项目应靠近资源相对集中、荒料开采保障能力强、交通运输条件便捷或距目标市场较近的工业园区内建设。鼓励有条件的州（市）、县规划布局发展石材加工园区，引导现有装饰石材加工企业入园进区聚集发展。不符合上述规划布局要求的现有装饰石材加工企业，应依据相关法律、法规及区域规划，通过搬迁、转产、停产等方式逐步入园进区或退出装饰石材加工行业。

三、荒料开采

（一）条件与规模

1. 荒料开采主体原则上同下游装饰石材加工企业相一致，独立的荒料开采主体应具有300万元以上自有资金。荒料开采主体必须依法取得采矿许可证和工商营业执照。

2. 开采主体必须具有专职技术负责人，并配备与矿山规模相适应的地质、采矿等专业技术人员和健全的技术管理制度。

3. 开采主体应依据大中型矿山详查报告或小型矿山普查报告，委托有资质单位根据《装饰石材露天矿山开采技术规范》编制矿山开发利用方案和矿山设计，开展环境影响评价、矿山安全评价和地质灾害评估，制定水土保持及修复方案，并取得相关部门行政许可后方可建设。

4. 新建荒料开采项目规模应在年3万立方米及以上。2013年底前取缔现有年开采荒料规模1万立方米以下的矿山，2015年底前完成1万立方米及以上、3万立方米以下现有矿山改造升级。

5. 单元矿床宜由单一矿山企业开采。单元矿床若由多家企业开采时应独立形成开采、运输系统，矿界不得相互穿插、包含。同一山坡不得在垂直方向上划分为上下两个以上采区同时开采。

（二）设备与管理

1. 荒料开采应具备压气、凿岩、锯切、吊装运输、废渣清理及排水等主、辅助设备，并按照各种设备安装使用要求进行安装和操作，制定设备操作规程和设备检查保养制度，按期进行维护和检查。

2. 矿山设备应符合矿山生产和安全要求。矿山选用设备交付时应提供出厂合格证。实行许可生产制度的设备还应提供生产许可证。严禁配置和使用非法改装和未经安全检验、鉴定的各种矿山开采、吊装和运输设备。

3. 矿山及机械制造企业与科研部门研制开发、试验并符合国家鼓励开发政策、技术领先的新型开采机械和采矿工艺，须经相关部门鉴定后方可投入荒料开采使用。

4. 按照材料使用寿命和承载能力要求及相关规定，定期淘汰和更换矿山生产所使用的各种辅助材料，不得超期或超越承载能力使用。

（三）工艺与技术

1. 矿山采剥线布置及推进方向应结合矿体产状、矿床类型、地形地貌、节理构造、流线和流面构造特征确定，原则上应自上而下分台阶开采。

2. 根据矿山地质条件，合理确定经济剥采比。依据经济剥采比，科学圈定和调整最终开采边界。一般矿山剥采比不超过0.5-1，稀有品种可视具体情况确定。

3. 视石材矿山特点和企业实际情况，合理确定凿岩劈裂法（人工劈裂法、液压劈裂法）、凿岩爆裂法（导爆索爆裂法、黑火药爆裂法、金属燃烧剂爆裂法、静态爆裂法）、机械锯切法（金刚石串珠锯、臂式锯、圆盘锯锯切法）、射流法（火焰切割法、高压水射流切割法）及联合开采法等荒料开采技术。严禁采用硐室爆破、吊索式大理石土拉锯等开采技术。

4. 露天矿山最终开采水平一般不低于当地侵蚀基准面，视技术经济情况实施延伸或凹陷开采，最大限度地延长矿山服务年限。最终开采水平底盘宽度应不小于20米。

5. 天然大理石、花岗石荒料率的最小荒料规格应符合《天然大理石荒料》（JC/T202）和《天然花岗石荒料》（JC/T204）要求。其他装饰石材及特殊用途的石材矿床最小荒料规格具体指标应满足充分利用资源的原则。

（四）安全与管理

1. 矿山安全评价应由具有资质的安全评价机构承担。矿山安全技术和设施必须做到与矿山建设和生产同时设计、同时施工、同时投入生产和使用。矿山安全应符合《金属非金属矿山安全规程》（GB16423）要求。

2. 根据边坡岩石稳定性能及工程地质条件确定开采边坡角度，边坡角度设定应满足安全生产要求。

3. 矿山采用公路运输开拓时，其公路建设应符合《厂矿道路设计规范》（GBJ22-87）要求。

4. 工作面长度应根据采矿方法和采矿设备类型确定。最小工作平台宽度应满足荒料分离、分割、整形、吊装运输、清碴等工艺设备和安全要求。机械化开采时最小工作平台宽度应大于30米。

5. 爆破物品储存、运输、搬运和使用应符合《爆破安全规程》（GB6722）要求。矿区正常的采矿工艺爆破安全距离为200米。采用中深孔爆破时，爆破安全警戒线为200米；浅孔爆破时，视情况可临时设置300米爆破安全警戒线。

（五）环保与资源综合利用

1. 装饰石材露天矿山应规范建设排土场，实施矿山剥土及开采废料集中堆存。开采废料及碎石应设计可行的综合利用方案，并按照方案实施。

2. 必须配套建设开采中产生的泥浆及污水收集沉淀处理系统，实现水资源循环利用。严禁未经沉淀处理的泥浆和污水向自然水系直排。

3. 矿山闭坑后应按照修复方案对地形地貌进行修复。

四、成品加工

（一）条件与规模

1. 以荒料为基础，原则上由每个装饰石材加工企业实施荒料板材、抛光、切边、成品、包装及检验等全过程生产管理。

2. 新建或改扩建装饰石材加工项目必须在石材加工园区内，且投资规模（含固定资产投资和铺地流动资金）原则上不小于2000万元。其中，企业自备金率不低于25%。

3. 装饰石材加工企业年加工能力不小于20万平方米。

（二）装备与管理

1. 装饰石材加工企业应具有与装饰石材加工规模相匹配的金刚石圆盘锯或金刚砂锯，抛光、切边及给排水、收尘等主、辅助设备，并按照各种设备安装使用要求进行安装和操作，制定设备操作规程和设备检查保养制度，按期进行维护和检查。严禁使用国家明令淘汰的落后石材加工设备和没有安全防护或环保不达标设备。

2. 荒料板材加工、打磨抛光、切边、雕刻车间必须配备通排风和收尘装置，必须为员工配备防尘、防噪声用品。

3. 装饰石材加工企业应基本配备干燥水饱和、弯曲强度、体积密度、真密度、真气孔率、吸水率、镜面光泽度等质量检验检测设备，并按期进行维护和检查。

（三）环境与资源综合利用

1. 石材加工园区或暂时独立的装饰石材加工企业必须综合设置污水回收处理系统、水资源再生利用系统、固体废弃物处理系统。

2. 沉积石粉、石渣等固体废弃物资源化再利用率达到100%，水实现内部循环再生利用，严禁外排。

3. 使用石材化工产品除锈、除斑、清洗、漂白、石胶等废弃液体，必须采取集中收集处理措施。严禁未经处理的石材化工产品直接排放或随意倾倒掩埋。

（四）质量控制标准

1. 装饰石材放射性核素限量符合《建筑材料放射性核素限量》（GB6566-2001）标准要求。

2. 天然石材术语符合《天然石材术语》（GB/T13890-2008）标准要求。

3. 天然石材编号符合《天然石材统一编号》（GB/T17670-2008）标准要求。

4. 天然花岗石装饰石材质量符合《天然花岗石建筑板材》（GB/T18601-2009）标准要求。

5. 天然大理石（石灰石）装饰石材质量符合《天然石灰石建筑板材》（GB/T23453-2009）标准要求。

6. 装饰石材企业应建立产品出厂检验制度，未经检验合格产品不得进入市场。

五、监督与管理

（一）县级及以上工业主管部门负责装饰石材行业新建、改扩建项目及现有企业的准入与管理，综合协调相关部门推进装饰石材行业规范发展。

（二）相关部门参照本准入条件，在投资管理、土地供应、环境影响评价、水土保持方案、安全生产评价、职业卫生评价、信贷融资等方面为荒料开采及装饰石材加工企业提供便利服务条件。

（三）对不符合准入条件的新建、改扩建装饰石材荒料开采或加工项目，国土资源部门不得提供土地和办理采矿权证，环保、水利、安监、质检等部门不得办理审批手续，金融机构不提供信贷支持、水电供应部门依法停止供应水电。各级工业主管部门依法决定撤销或责令关闭的企业，有关部门应依法撤销相关许可证照，工商部门依法办理变更登记或注销登记。

（四）各级工业主管部门负责本区域内准入条件执行情况的监督检查。省石产业促进会、省石材商会、州（市）、县石材协会进一步强化行业自律，服务行业规范发展，协助政府部门做好监督和管理工作。

（五）省工业和信息化委将对符合准入条件的装饰石材荒料开采及装饰石材加工企业实施公告。符合准入公告条件的企业，可优先配置生产要素，并作为享受财税、项目补助、电价、运输等优惠政策的主要依据。

六、附则

（一）本准入条件适用全省范围内所有类型的装饰石材荒料开采及加工企业。

（二）本准入条件自2011年11月1日起实施，由省工业和信息化委负责解释。省工业和信息化委将根据国家有关产业政策和全省装饰石材产业发展状况对本条件适时进行修订。

2010年认定省级企业技术中心名单

序号	企业技术中心名称
1	云南航天工业总公司技术中心
2	云南铝业股份有限公司技术中心
3	贵研铂业股份有限公司技术中心
4	云南建工水利水电建设有限公司技术中心
5	云南建工第四建设有限公司技术中心
6	昆明台成精密机械有限公司技术中心
7	云南龙润集团有限公司技术中心
8	云南希陶绿色药业股份有限公司技术中心
9	昆明王国食品集团有限公司技术中心
10	云南英茂通信股份有限公司技术中心
11	云南山灞图像传输科技有限公司技术中心
12	昆明智合力兴信息系统集成有限公司技术中心
13	曲靖众一精细化工股份有限公司技术中心
14	玉溪矿业有限公司技术中心
15	云南天宏香精香料有限公司技术中心
16	云南玉林泉酒业有限公司技术中心
17	云南省昌宁恒盛糖业有限责任公司技术中心
18	红河千山生物工程有限公司技术中心
19	红河云牛乳业有限责任公司技术中心
20	云南文山七丹药业股份有限公司技术中心
21	大理啤酒有限公司技术中心
22	云南红瑞柠檬开发有限公司技术中心
23	德宏后谷咖啡有限公司技术中心
24	丽江程海保尔生物开发有限公司技术中心
25	香格里拉酒业股份有限公司技术中心
26	云南澜沧江啤酒企业（集团）有限公司技术中心
27	云南永德糖业集团有限公司技术中心
28	昆明华奥航星电气有限公司技术中心
29	云南昆钢煤焦化有限公司技术中心
30	云南省煤田地质局技术中心
31	云南省珠宝玉石质量监督检验研究院技术中心
32	云南省机械研究设计院技术中心

2011年认定省级企业技术中心名单

序号	企业技术中心名称
1	云南铜业科技发展股份有限公司技术中心
2	云南驰宏锌锗股份有限公司技术中心
3	玉溪大红山矿业有限公司技术中心
4	云南云天化国际化工股份有限公司技术中心
5	云南云天化股份有限公司技术中心
6	云南华卿亿安生物工程有限公司技术中心
7	云南省通信产业服务有限公司技术中心
8	云南机场集团有限责任公司技术中心
9	云南省轻工业科学研究院技术中心
10	云南省第二建筑工程公司技术中心
11	云南官房建筑集团股份有限公司技术中心
12	云南昆钢水泥建材集团有限公司技术中心
13	昆明电器科学研究所技术中心
14	云南爱迪科技有限公司技术中心
15	昆明茨坝矿山机械有限公司技术中心
16	云南飞隆劳尔设备有限公司技术中心
17	昆明云海印铁制盖有限公司技术中心
18	昆明方大春鹰板簧有限公司技术中心
19	云南昆钢重型装备制造集团有限公司技术中心
20	云南九九彩印有限公司技术中心
21	昆明春叶塑料制品有限公司技术中心
22	云南红塔蓝鹰纸业有限公司技术中心
23	云南绿宝香精香料股份有限公司技术中心
24	云南人羞花化妆品有限公司技术中心
25	云南金泰得三七产业股份有限公司技术中心
26	云南新海丰食品有限公司技术中心
27	云南宣威升达火腿食品集团有限责任公司技术中心
28	维西县康邦美味绿色资源开发公司技术中心
29	云南良方制药有限公司技术中心
30	呈贡三人食品有限公司技术中心
31	云南汉德生物技术有限公司技术中心
32	昆明南疆制药有限公司技术中心
33	云南金碧制药有限公司技术中心
34	云南大姚亿利丰农产品有限公司技术中心

2011云南企业100强排序

名次	企业名称	地区	营业收入(万元)
1	红塔烟草（集团）有限责任公司	玉溪	7726123
2	红云红河烟草（集团）有限责任公司	昆明	6605405
3	昆明钢铁控股有限公司	昆明	6038876
4	云南电网公司	昆明	5444268
5	云天化集团有限责任公司	昆明	4613894
6	中国石油化工股份有限公司云南石油分公司	昆明	4124601
7	云南铜业（集团）有限公司	昆明	4010573
8	云南煤化工集团有限公司	昆明	2619587
9	云南建工集团有限公司	昆明	2429521
10	云南锡业集团(控股)有限责任公司	红河	2116237
11	云南冶金集团股份有限公司	昆明	2008235
12	昆明铁路局	昆明	1737600
13	中国移动通信集团云南有限公司	昆明	1629738
14	云南白药控股有限公司	昆明	1151639
15	中国水利水电第十四工程局有限公司	昆明	1130056
16	云南物流产业集团有限公司	昆明	1094568
17	十四冶建设集团有限公司	昆明	1050020
18	华能澜沧江水电有限公司	昆明	887560
19	高深（集团）有限公司	昆明	819117
20	云南力帆骏马车辆有限公司	大理	813308
21	云南南磷集团股份有限公司	昆明	761607
22	云南省投资控股集团有限公司	昆明	746654
23	云南玉溪仙福钢铁（集团）有限公司	玉溪	665042
24	云南黄金矿业集团股份有限公司	昆明	653335
25	云南俊发房地产有限责任公司	昆明	642638
26	云南德胜钢铁有限公司	楚雄	632605

续表

名次	企业名称	地区	营业收入(万元)
27	云南奥宸房地产开发有限公司	昆明	609717
28	云南曲靖越钢控股集团有限公司	曲靖	595139
29	中国电信股份有限公司云南分公司	昆明	563110
30	云南玉溪玉昆钢铁集团有限公司	玉溪	562682
31	云南省活发集团	玉溪	525353
32	西南交通建设集团股份有限公司	昆明	495982
33	华能云南滇东能源有限责任公司	曲靖	475804
34	安宁市永昌钢铁有限公司	昆明	422568
35	玉溪汇溪金属铸造制品有限公司	玉溪	409398
36	云南祥云飞龙有色金属股份有限公司	大理	407273
37	云南省工业投资控股集团有限责任公司	昆明	405313
38	云南出版集团有限责任公司	昆明	379185
39	云南民爆集团有限责任公司	昆明	344709
40	临沧南华糖业有限公司	临沧	311004
41	云南乘风有色金属股份有限公司	红河	292863
42	昆明中铁大型养路机械集团有限公司	昆明	288003
43	云南英茂集团有限公司	昆明	276691
44	云南南天电子信息产业股份有限公司	昆明	265684
45	云南金格百货集团有限公司	昆明	259670
46	云南祥丰化肥股份有限公司	昆明	250661
47	云南省曲靖双友钢铁有限公司	曲靖	250636
48	云南东方糖酒有限公司	昆明	245105
49	昆明制药集团股份有限公司	昆明	243401
50	昆明云内动力股份有限公司	昆明	232831
51	云南省小龙潭矿务局	红河	228057
52	昆明星耀集团实业有限公司	昆明	225237

续表

名次	企业名称	地区	营业收入(万元)
53	云南鸿翔一心堂药业（集团）股份有限公司	昆明	221851
54	中国联合网络通信有限公司云南省分公司	昆明	219277
55	昆明船舶设备集团有限公司	昆明	212017
56	云南德宏英茂糖业有限公司	德宏	210684
57	蒙自矿冶有限责任公司	红河	209404
58	云南富源德鑫集团有限公司	曲靖	203838
59	楚雄德胜煤化工有限公司	楚雄	203808
60	名流置业集团股份有限公司	昆明	181327
61	沈机集团昆明机床股份有限公司	昆明	180486
62	云南文山电力股份有限公司	文山	174827
63	一汽通用红塔云南汽车制造有限公司	曲靖	173713
64	国投曲靖发电有限公司	曲靖	173260
65	云南阳光基础建设有限公司	昆明	172420
66	昆明电缆集团股份有限公司	昆明	168571
67	云南曲靖呈钢钢铁（集团）有限公司	曲靖	165491
68	云南保山电力股份有限公司	保山	163110
69	云南金鼎锌业有限公司	怒江	159270
70	云南第二公路桥梁工程有限公司	昆明	158797
71	云南昊龙实业集团有限公司	昭通	156868
72	昆明聚仁兴橡胶有限公司	昆明	154525
73	云南CY集团有限公司	昆明	152454
74	云南东骏药业有限公司	昆明	151087
75	云南曲靖交通集团有限公司	曲靖	149432
76	昆明康辉旅行社有限公司	昆明	147370
77	云南正成工精密机械有限公司	昆明	145997
78	国电阳宗海发电有限公司	昆明	144393

续表

名次	企业名称	地区	营业收入(万元)
79	昆明家乐福超市有限公司	昆明	143037
80	云南省邮政公司	昆明	142836
81	昆明自来水集团有限公司	昆明	142664
82	国电宣威发电有限责任公司	曲靖	141252
83	曲靖市盛凯集团有限责任公司	曲靖	140037
84	云南广电网络集团有限公司	昆明	138691
85	云南振兴实业集团有限责任公司	红河	136386
86	云南丰瑞油脂有限公司	昆明	135955
87	云南澜沧江酒业集团有限公司	临沧	130269
88	昆明醋酸纤维有限公司	昆明	128001
89	云南永保特种水泥股份有限公司	丽江	126208
90	云南罗平锌电股份有限公司	曲靖	125785
91	腾冲县恒益矿产品经贸有限责任公司	保山	125116
92	云南玉溪百信商贸集团有限公司	玉溪	123994
93	云南通变电器有限公司	玉溪	116982
94	个旧市自立矿冶有限公司	红河	115162
95	云南农业生产资料股份有限公司	昆明	114499
96	云南健之佳健康连锁店股份有限公司	昆明	112500
97	云南华联锌铟股份有限公司	文山	109283
98	云南特安呐制药股份有限公司	文山	107439
99	国电开远发电有限公司	红河	107416
100	云南大唐国际红河发电有限责任公司	红河	103328

中国企业联合会和中国企业家协会–2012中国企业500强　中国企业联合会和中国企业家协会主办的“2012中国企业500强发布暨中国大企业高峰会”于2012年9月1日–2日在长春市举行。

2011中国企业500强名单

名次	企业名称	营业收入（万元）
1	中国石油化工集团公司	255195093
2	中国石油天然气集团公司	238127823
3	国家电网公司	167535929
4	中国工商银行股份有限公司	70955700
5	中国建设银行股份有限公司	57957800
6	中国移动通信集团公司	56597234
7	中国农业银行股份有限公司	54622700
8	中国银行股份有限公司	52761100
9	中国建筑工程总公司	49149463
10	中国海洋石油总公司	48819940
11	中国铁道建筑总公司	46188331
12	中国中铁股份有限公司	46072022
13	中国中化集团公司	45895329
14	中国人寿保险（集团）公司	43492820
15	上海汽车集团股份有限公司	43480395
16	东风汽车公司	40672043
17	中国南方电网有限责任公司	39138167
18	中国第一汽车集团公司	36852527
19	中国五矿集团公司	35240263
20	中国中信集团有限公司	31897579
21	宝钢集团有限公司	31624500
22	中国兵器工业集团公司	31131604

续表

名次	企业名称	营业收入（万元）
23	中国交通建设股份有限公司	29537049
24	中国电信集团公司	29202423
25	中国华润总公司	28084506
26	神华集团有限责任公司	28029695
27	中国兵器装备集团公司	27902743
28	中国华能集团公司	26817338
29	中国航空工业集团公司	26399877
30	中国邮政集团公司	25875158
31	河北钢铁集团有限公司	25034171
32	中国平安保险（集团）股份有限公司	24891500
33	中国冶金科工集团有限公司	24316627
34	首钢总公司	23349783
35	中国铝业公司	23170175
36	百联集团有限公司	22741719
37	中国人民保险集团股份有限公司	22558820
38	中国航空油料集团公司	22208907
39	武汉钢铁（集团）公司	22148880
40	交通银行股份有限公司	21814231
41	冀中能源集团有限责任公司	21761831
42	中国联合网络通信集团有限公司	21627705
43	中国国电集团公司	21063069
44	江苏沙钢集团有限公司	20750672
45	中国铁路物资股份有限公司	20682328
46	华为技术有限公司	20392900

续表

名次	企业名称	营业收入（万元）
47	北京汽车集团有限公司	20077517
48	天津物产集团有限公司	19703668
49	国美电器有限公司	19600000
50	苏宁电器集团有限公司	19473387
51	中国建筑材料集团有限公司	19409221
52	中国机械工业集团有限公司	19295713
53	中国大唐集团公司	19116766
54	中国远洋运输（集团）总公司	18616997
55	联想控股有限公司	18307801
56	中国电力建设集团有限公司	18288685
57	中粮集团有限公司	18225205
58	河南煤业化工集团有限责任公司	18049846
59	中国化工集团公司	17912484
60	中国电子信息产业集团有限公司	16823613
61	浙江省物产集团公司	16701187
62	中国华电集团公司	16337131
63	中国船舶重工集团公司	16255968
64	山东魏桥创业集团有限公司	16101478
65	广州汽车工业集团有限公司	15998660
66	山西煤炭运销集团有限公司	15860928
67	中国太平洋保险（集团）股份有限公司	15793400
68	中国电力投资集团公司	15774566
69	山东能源集团有限公司	15600946
70	鞍钢集团公司	15573577

续表

名次	企业名称	营业收入（万元）
71	浙江吉利控股集团有限公司	15099498
72	海尔集团公司	15092957
73	绿地控股集团有限公司	14787372
74	新兴际华集团有限公司	14761161
75	开滦（集团)有限责任公司	14558782
76	招商银行股份有限公司	14196800
77	中国民生银行股份有限公司	13599800
78	江西铜业集团公司	13549328
79	美的集团有限公司	13411615
80	中国通用技术（集团）控股有限责任公司	12984580
81	正威国际集团有限公司	12801904
82	太原钢铁（集团）有限公司	12702036
83	山西焦煤集团有限责任公司	12538413
84	山西潞安矿业（集团）有限责任公司	12538411
85	山西晋城无烟煤矿业集团有限责任公司	12537059
86	中国医药集团总公司	12501324
87	光明食品（集团）有限公司	12455402
88	山东钢铁集团有限公司	12433831
89	陕西延长石油（集团）有限责任公司	12365267
90	中国能源建设集团有限公司	12220893
91	金川集团股份有限公司	12182333
92	大同煤矿集团有限责任公司	11998656
93	阳泉煤业(集团)有限责任公司	11976128
94	中国平煤神马能源化工集团有限责任公司	11921921

续表

名次	企业名称	营业收入（万元）
95	兴业银行股份有限公司	11843900
96	中国中煤能源集团有限公司	11538699
97	中国航天科工集团公司	11191632
98	天津中环电子信息集团有限公司	11028125
99	大连大商集团有限公司	11010716
100	新华人寿保险股份有限公司	10920900
101	大连万达集团股份有限公司	10510228
102	天津钢管集团股份有限公司	10409205
103	黑龙江北大荒农垦集团总公司	10400731
104	上海建工集团股份有限公司	10390000
105	中国外运长航集团有限公司	10311252
106	天津天钢集团有限公司	10300017
107	陕西煤业化工集团有限责任公司	10074123
108	中国航空集团公司	9926836
109	潍柴控股集团有限公司	9826166
110	天津汽车工业（集团）有限公司	9696768
111	铜陵有色金属集团控股有限公司	9403158
112	海航集团有限公司	9389178
113	中国南方航空集团公司	9322152
114	上海电气（集团）总公司	9284032
115	马钢（集团）控股有限公司	9229817
116	本钢集团有限公司	9193926
117	上海烟草集团有限责任公司	9110435
118	雨润控股集团有限公司	9074651

续表

名次	企业名称	营业收入（万元）
119	中国北方机车车辆工业集团公司	8923411
120	中国东方航空集团公司	8889947
121	华晨汽车集团控股有限公司	8750507
122	徐州工程机械集团有限公司	8713785
123	天津冶金集团有限公司	8689609
124	中兴通讯股份有限公司	8625446
125	中国光大银行股份有限公司	8596744
126	天津天铁冶金集团有限公司	8525589
127	中联重科股份有限公司	8480577
128	酒泉钢铁（集团）有限责任公司	8442378
129	兖矿集团有限公司	8400427
130	湖南华菱钢铁集团有限责任公司	8396468
131	万向集团公司	8354223
132	珠海格力电器股份有限公司	8351725
133	厦门建发集团有限公司	8285683
134	杭州钢铁集团公司	8284861
135	中国南车集团公司	8263113
136	泰康人寿保险股份有限公司	8028546
137	新疆广汇实业投资（集团）有限责任公司	8020696
138	三一集团有限公司	8020000
139	中国黄金集团公司	7912335
140	南京钢铁集团有限公司	7844459
141	江苏悦达集团有限公司	7824522
142	国家开发投资公司	7738102

续表

名次	企业名称	营业收入（万元）
143	红塔烟草（集团）有限责任公司	7726123
144	四川长虹电子集团有限公司	7655369
145	珠海振戎公司	7574454
146	新希望集团有限公司	7538106
147	安徽海螺集团有限责任公司	7271887
148	湖南中烟工业有限责任公司	7251504
149	北京建龙重工集团有限公司	7212870
150	海信集团有限公司	7157576
151	山西煤炭进出口集团有限公司	7116297
152	广厦控股集团有限公司	7103764
153	淮南矿业（集团）有限责任公司	6960140
154	中国保利集团公司	6879579
155	上海浦东发展银行股份有限公司	6791767
156	杭州娃哈哈集团有限公司	6785504
157	海亮集团有限公司	6779700
158	神州数码控股有限公司	6747188
159	山东大王集团有限公司	6605515
160	红云红河烟草（集团）有限责任公司	6605405
161	厦门国贸控股有限公司	6584846
162	广东物资集团公司	6559131
163	中国诚通控股集团有限公司　6500944	
164	中国国际海运集装箱（集团）股份有限公司	6412505
165	中国有色矿业集团有限公司	6408199
166	南山集团有限公司	6360389

续表

名次	企业名称	营业收入（万元）
167	中国海运（集团）总公司	6331566
168	广东省广新控股集团有限公司	6323500
169	中天钢铁集团有限公司	6265259
170	恒大地产集团有限公司	6191819
171	武汉商联(集团)股份有限公司	6145372
172	陕西有色金属控股集团有限责任公司	6127444
173	TCL集团股份有限公司	6075155
174	天津市一轻集团（控股）有限公司	6015152
175	中国中材集团有限公司	6001024
176	广州铁路（集团）公司	5938111
177	浙江省能源集团有限公司	5934469
178	包头钢铁（集团）有限责任公司	5880885
179	福建联合石油化工有限公司	5842851
180	安徽省徽商集团有限公司	5800207
181	上海复星高科技(集团)有限公司	5798111
182	天津渤海化工集团公司	5782479
183	北大方正集团有限公司	5765741
184	天津百利机电控股集团有限公司	5666007
185	浙江恒逸集团有限公司	5629501
186	湖北宜化集团有限责任公司	5604919
187	庞大汽贸集团股份有限公司	5545514
188	中国港中旅集团公司	5515152
189	上海东浩国际服务贸易(集团)有限公司	5501946
190	上海医药集团股份有限公司	5489987

续表

名次	企业名称	营业收入（万元）
191	内蒙古电力（集团）有限责任公司	5444412
192	浙江省兴合集团公司	5428860
193	江苏华西集团公司	5384760
194	广东省粤电集团有限公司	5342692
195	河北津西钢铁集团股份有限公司	5296009
196	恒力集团有限公司	5229566
197	日照钢铁控股集团有限公司	5177050
198	无锡产业发展集团有限公司	5163102
199	新华联合冶金控股集团有限公司	5149035
200	河南省漯河市双汇实业集团有限责任公司	5032467
201	山东省商业集团有限公司	5029869
202	江苏新长江实业集团有限公司	5007567
203	湖北中烟工业有限责任公司	4950378
204	中国东方电气集团有限公司	4908802
205	比亚迪股份有限公司	4882690
206	四川省宜宾五粮液集团有限公司	4872960
207	安阳钢铁集团有限责任公司	4856940
208	三胞集团有限公司	4820320
209	北京建工集团有限责任公司	4794807
210	广发银行股份有限公司	4782419
211	天津荣程联合钢铁集团有限公司	4626240
212	中国核工业集团公司	4618671
213	云天化集团有限责任公司	4613894
214	杭州汽轮动力集团有限公司	4592990

续表

名次	企业名称	营业收入（万元）
215	大秦铁路股份有限公司	4500704
216	江苏汇鸿国际集团有限公司	4464024
217	新余钢铁集团有限公司	4421302
218	青岛钢铁控股集团有限责任公司	4361364
219	中国化学工程股份有限公司	4353800
220	山东黄金集团有限公司	4348309
221	中金再生资源（中国）投资有限公司	4345043
222	浙江中烟工业有限责任公司	4315413
223	上海城建（集团）公司	4310000
224	上海纺织（集团）有限公司	4299799
225	上海华谊（集团）公司	4299642
226	广西玉柴机器集团有限公司	4292060
227	淮北矿业（集团）有限责任公司	4287851
228	奇瑞汽车股份有限公司	4270954
229	重庆建工集团股份有限公司	4264581
230	河北敬业企业集团有限责任公司	4257824
231	浙江省国际贸易集团有限公司	4228172
232	江苏三房巷集团有限公司	4192708
233	江苏西城三联控股集团	4173937
234	江西萍钢实业股份有限公司	4109451
235	江苏苏宁环球集团有限公司	4102800
236	大冶有色金属集团控股有限公司	4063253
237	内蒙古伊泰集团有限公司	4024572
238	重庆商社（集团）有限公司	4008678

续表

名次	企业名称	营业收入（万元）
239	厦门海翼集团有限公司	4007330
240	临沂新程金锣肉制品集团有限公司	3982268
241	紫金矿业集团股份有限公司	3976392
242	黑龙江龙煤矿业控股集团有限责任公司	3929141
243	隆基泰和实业有限公司	3860158
244	四川华西集团有限公司	3772125
245	中国工艺（集团）公司	3765347
246	内蒙古伊利实业集团股份有限公司	3745137
247	江苏申特钢铁有限公司	3703425
248	浪潮电子信息产业股份有限公司	3668253
249	安徽江淮汽车集团有限公司	3664316
250	太平人寿保险有限公司	3625401
251	广东省广晟资产经营有限公司	3608244
252	雅戈尔集团股份有限公司	3603107
253	厦门象屿集团有限公司	3597454
254	滨化集团公司	3581864
255	北京控股集团有限公司	3555879
256	北京金隅集团有限责任公司	3543837
257	浙江省建设投资集团有限公司	3532060
258	绿城房地产集团有限公司	3530000
259	通威集团有限公司	3525196
260	广东格兰仕集团有限公司	3517642
261	红豆集团有限公司	3517139
262	新华联控股有限公司	3516633

续表

名次	企业名称	营业收入（万元）
263	金龙精密铜管集团股份有限公司	3505197
264	中天发展控股集团有限公司	3495609
265	浙江荣盛控股集团有限公司	3485658
266	中国中纺集团公司	3483519
267	浙江省商业集团有限公司	3474645
268	北京首都旅游集团有限责任公司	3462653
269	江苏扬子江船业集团公司	3461903
270	吉林亚泰(集团)股份有限公司	3390318
271	盾安控股集团有限公司	3383134
272	广西建工集团有限责任公司	3368893
273	中国恒天集团有限公司	3362386
274	华侨城集团公司	3355300
275	华夏银行股份有限公司	3354380
276	南方石化集团有限公司	3345223
277	广州医药集团有限公司	3307758
278	四川省川威集团有限公司	3295502
279	广东振戎能源有限公司	3253530
280	北京市政路桥集团有限公司	3250590
281	海南大印集团有限公司	3250024
282	哈尔滨电气集团公司	3218506
283	义马煤业集团股份有限公司	3217603
284	奥克斯集团有限公司	3209693
285	青山控股集团有限公司	3200000
286	天津一商集团有限公司	3199774

续表

名次	企业名称	营业收入（万元）
287	广东省丝绸纺织集团有限公司	3195849
288	宁波金田投资控股有限公司	3150260
289	湖南省建筑工程集团总公司	3138910
290	陕西汽车集团有限责任公司	3136574
291	重庆钢铁（集团）有限责任公司	3134818
292	江苏阳光集团有限公司	3132445
293	远大物产集团有限公司	3128623
294	江铃汽车集团公司	3110904
295	四川宏达(集团)有限公司	3090273
296	广东省交通集团有限公司	3088660
297	北京城建集团有限责任公司	3082122
298	河南神火集团有限公司	3081679
299	广州市建筑集团有限公司	3076281
300	郑州煤炭工业（集团）有限责任公司	3064417
301	唐山瑞丰钢铁（集团）有限公司	3064204
302	江阴澄星实业集团有限公司	3056368
303	广西投资集团有限公司	3054523
304	成都建筑工程集团总公司	3047944
305	青建集团股份公司	3042666
306	陕西东岭工贸集团股份有限公司	3030988
307	山东泰山钢铁集团有限公司	3030960
308	合肥百货大楼集团股份有限公司	3030000
309	山东招金集团有限公司	3028718
310	阳光保险集团股份有限公司	3025797

续表

名次	企业名称	营业收入（万元）
311	长城汽车股份有限公司	3008948
312	中国盐业总公司	2990465
313	中国轻工业品进出口总公司	2970108
314	中国煤炭科工集团有限公司	2962654
315	申能（集团）有限公司	2919784
316	山东金诚石化集团有限公司	2903978
317	桐昆集团股份有限公司	2903279
318	中国国际技术智力合作公司	2896600
319	天狮集团有限公司	2890657
320	杭州橡胶（集团）公司	2871992
321	陕西建工集团总公司	2852235
322	腾讯控股有限公司	2849607
323	唐山港陆钢铁有限公司	2834638
324	中国广东核电集团有限公司	2831461
325	张家港保税区日祥贸易有限公司	2828153
326	扬子江药业集团有限公司	2810802
327	海澜集团有限公司	2801268
328	山东京博控股股份有限公司	2800372
329	中南控股集团有限公司	2750000
330	重庆机电控股（集团）公司	2746262
331	广州富力地产股份有限公司	2737009
332	河北普阳钢铁有限公司	2735432
333	华泰集团有限公司	2720066
334	江苏南通二建集团有限公司	2712983

续表

名次	企业名称	营业收入（万元）
335	重庆化医控股（集团）公司	2694469
336	福建省三钢（集团）有限责任公司	2693169
337	山东晨鸣纸业集团股份有限公司	2688961
338	世纪金源投资集团有限公司	2688906
339	安徽省皖北煤电集团有限责任公司	2673782
340	万基控股集团有限公司	2668122
341	昆明钢铁控股有限公司	2666719
342	百兴集团有限公司	2663325
343	人民电器集团有限公司	2657124
344	盛虹集团有限公司	2650231
345	华盛江泉集团有限公司	2632688
346	云南煤化工集团有限公司	2619587
347	四川德胜集团钢铁有限公司	2619416
348	晶龙实业集团有限公司	2618725
349	山东时风（集团）有限责任公司	2615282
350	旭阳控股有限公司	2610381
351	江苏国泰国际集团有限公司	2609515
352	重庆市能源投资集团公司	2607722
353	河北省物流产业集团有限公司	2605480
354	华芳集团有限公司	2605193
355	北京京城机电控股有限责任公司	2602824
356	山东太阳纸业股份有限公司	2585783
357	湖南博长控股集团有限公司	2568853
358	东营方圆有色金属有限公司	2554060

续表

名次	企业名称	营业收入（万元）
359	重庆龙湖企业拓展有限公司	2530133
360	南京医药产业（集团）有限责任公司	2529861
361	山东中烟工业有限责任公司	2521379
362	重庆轻纺控股（集团）公司	2520496
363	浙江前程投资股份有限公司	2518770
364	正泰集团股份有限公司	2515732
365	江苏南通三建集团有限公司	2508002
366	西部矿业集团有限公司	2500703
367	海城市西洋镁矿有限公司	2500000
368	中国新世纪控股集团有限公司	2497183
369	贵州中烟工业有限责任公司	2496829
370	西王集团有限公司	2489802
371	河北文丰钢铁有限公司	2484514
372	九州通医药集团股份有限公司	2483868
373	泸州老窖集团有限责任公司	2462383
374	浙江省交通投资集团有限公司	2445751
375	天津友发钢管集团有限公司	2440771
376	中国贵州茅台酒厂（集团）有限责任公司	2429810
377	云南建工集团有限公司	2429521
378	上海人民企业（集团）有限公司	2413666
379	天津二轻集团（控股）有限公司	2412039
380	福建省能源集团有限责任公司	2391485
381	上海华冶钢铁集团有限公司	2374837
382	徐州矿务集团有限公司	2362996

续表

名次	企业名称	营业收入（万元）
383	天音通信有限公司	2353700
384	安徽国贸集团控股有限公司	2344526
385	河南豫联能源集团有限责任公司	2343163
386	广东省建筑工程集团有限公司	2323889
387	青岛啤酒股份有限公司	2315805
388	东北特殊钢集团有限责任公司	2315199
389	沈阳煤业（集团）有限责任公司	2315060
390	天正集团有限公司	2310051
391	天津市医药集团有限公司	2308748
392	北京外企服务集团有限责任公司	2303171
393	亚邦投资控股集团有限公司	2302923
394	南金兆集团有限公司	2297778
395	四川公路桥梁建设集团有限公司	2296702
396	安徽建工集团有限公司	2288571
397	山东如意科技集团有限公司	2275501
398	华勤橡胶工业集团有限公司	2264099
399	宁波银亿集团有限公司	2259246
400	新疆特变电工集团有限公司	2253721
401	东方国际（集团）有限公司	2228308
402	北京能源投资（集团）有限公司	2225958
403	天津港（集团）有限公司	2211000
404	丰立集团有限公司	2209692
405	浙江中成控股集团有限公司	2208876
406	德力西集团有限公司	2208842

续表

名次	企业名称	营业收入（万元）
407	湖南晟通科技集团有限公司	2208552
408	春风实业集团有限责任公司	2203483
409	山西省国新能源发展集团有限公司	2190414
410	石家庄北国人百集团有限责任公司	2187276
411	白银有色集团股份有限公司	2185429
412	上海国际港务（集团）股份有限公司	2177886
413	中太建设集团股份有限公司	2168205
414	广西柳工集团有限公司	2157159
415	辽宁铁法能源有限责任公司	2151142
416	阜新矿业（集团）有限责任公司	2150426
417	江苏省苏中建设集团股份有限公司	2139315
418	广州万宝集团有限公司	2133479
419	山东博汇集团有限公司	2123890
420	云南锡业集团(控股)有限责任公司	2116237
421	河北建工集团有限责任公司	2112999
422	老凤祥股份有限公司	2112640
423	江苏金浦集团有限公司	2103148
424	福佳集团有限公司	2101800
425	山东石横特钢集团有限公司	2099539
426	同方股份有限公司	2096205
427	郑州宇通集团有限公司	2095208
428	利华益集团股份有限公司	2091663
429	黑龙江省建设集团有限公司	2088357
430	山东东明石化集团有限公司	2080062

续表

名次	企业名称	营业收入（万元）
431	传化集团有限公司	2079132
432	亨通集团有限公司	2074786
433	河北建设集团有限公司	2074164
434	北京银行	2072773
435	山东高速集团有限公司	2070570
436	中国长江电力股份有限公司	2070038
437	山东胜通集团股份有限公司	2064332
438	苏州创元投资发展（集团）有限公司	2059404
439	江苏省苏豪控股集团有限公司	2059192
440	万达控股集团有限公司	2056319
441	冀东发展集团有限责任公司	2050480
442	新疆天业（集团）有限公司	2042809
443	四川省达州钢铁集团有限责任公司	2040650
444	江苏双良集团有限公司	2036762
445	江苏高力集团有限公司	2029466
446	广西北部湾国际港务集团有限公司	2028587
447	无锡尚德太阳能电力有限公司	2026749
448	沈阳远大企业集团	2024443
449	甘肃省建设投资（控股）集团总公司	2020003
450	正邦集团有限公司	2018954
451	维维集团股份有限公司	2017836
452	精功集团有限公司	2017818
453	云南冶金集团股份有限公司	2008235
454	长春欧亚集团股份有限公司	1990319

续表

名次	企业名称	营业收入（万元）
455	山西建筑工程(集团)总公司	1979123
456	内蒙古鄂尔多斯羊绒集团有限责任公司	1958837
457	内蒙古伊东资源集团股份有限公司	1952233
458	沂州集团有限公司	1942497
459	西林钢铁集团有限公司	1939398
460	大汉控股集团有限公司	1936912
461	浙江宝业建设集团有限公司	1936233
462	江苏法尔胜泓昇集团有限公司	1926051
463	远东控股集团有限公司	1925335
464	山东科达集团有限公司	1921025
465	浙江八达建设集团有限公司	1913338
466	上海外高桥造船有限公司	1908827
467	江苏华厦融创置地集团有限公司	1906715
468	利群集团股份有限公司	1905687
469	嘉晨集团有限公司	1900016
470	弘阳集团有限公司	1897848
471	杉杉控股有限公司	1892041
472	天津市津能投资公司	1880770
473	北京首都创业集团有限公司	1873198
474	深圳市中金岭南有色金属股份有限公司	1866905
475	山东大海集团有限公司	1860235
476	河北兴华钢铁有限公司	1857676
477	隆鑫控股有限公司	1839548
478	江西省煤炭集团公司	1835923

续表

名次	企业名称	营业收入（万元）
479	三河汇福粮油集团有限公司	1835019
480	浙江昆仑控股集团有限公司	1834575
481	宜昌三峡全通涂镀板有限公司	1832998
482	青岛港（集团）有限公司	1827548
483	澳洋集团有限公司	1821700
484	河南豫光金铅集团有限责任公司	1821497
485	波司登股份有限公司	1821341
486	重庆力帆控股有限公司	1819979
487	重庆华南物资（集团）有限公司	1814852
488	宁波富邦控股集团有限公司	1812280
489	重庆农村商业银行股份有限公司	1809345
490	河北新金钢铁有限公司	1806371
491	新华锦集团有限公司	1803929
492	山东淄博傅山企业集团有限公司	1801934
493	沈阳机床（集团）有限责任公司	1801128
494	天瑞集团有限公司	1792252
495	山东昊龙集团有限公司	1786123
496	大连机床集团有限责任公司	1785273
497	江苏金辉集团公司	1779431
498	广州轻工工贸集团有限公司	1773397
499	武安市裕华钢铁有限公司	1763688
500	哈药集团有限公司	1750696

2012中国制造业企业500强

名次	企业名称	营业收入（万元）
1	中国石油化工集团公司	255195093
2	上海汽车集团股份有限公司	43480395
3	东风汽车公司	40672043
4	中国第一汽车集团公司	36852527
5	中国五矿集团公司	35240263
6	宝钢集团有限公司	31624500
7	中国兵器工业集团公司	31131604
8	中国兵器装备集团公司	27902743
9	中国航空工业集团公司	26399877
10	河北钢铁集团有限公司	25034171
11	首钢总公司	23349783
12	中国铝业公司	23170175
13	武汉钢铁(集团)公司	22148880
14	江苏沙钢集团有限公司	20750672
15	华为技术有限公司	20392900
16	北京汽车集团有限公司	20077517
17	中国建筑材料集团有限公司	19409221
18	联想控股有限公司	18307801
19	中国化工集团公司	17912484
20	中国电子信息产业集团有限公司	16823613
21	中国船舶重工集团公司	16255968

续表

名次	企业名称	营业收入（万元）
22	山东魏桥创业集团有限公司	16101478
23	广州汽车工业集团有限公司	15998660
24	鞍钢集团(微博)公司	15573577
25	浙江吉利控股集团有限公司	15099498
26	海尔集团公司	15092957
27	新兴际华集团有限公司	14761161
28	江西铜业集团公司	13549328
29	美的集团有限公司	13411615
30	正威国际集团有限公司	12801904
31	太原钢铁(集团)有限公司	12702036
32	光明食品(集团)有限公司	12455402
33	山东钢铁集团有限公司	12433831
34	金川集团股份有限公司	12182333
35	中国航天科工集团公司	11191632
36	天津中环电子信息集团有限公司	11028125
37	天津钢管集团股份有限公司	10409205
38	天津天钢集团有限公司	10300017
39	潍柴控股集团有限公司	9826166
40	天津汽车工业(集团)有限公司	9696768
41	铜陵有色金属集团控股有限公司	9403158
42	上海电气(集团)总公司	9284032
43	马钢(集团)控股有限公司	9229817
44	本钢集团有限公司	9193926
45	上海烟草集团有限责任公司	9110435

续表

名次	企业名称	营业收入（万元）
46	雨润控股集团有限公司	9074651
47	中国北方机车车辆工业集团公司	8923411
48	华晨汽车集团控股有限公司	8750507
49	徐州工程机械集团有限公司	8713785
50	天津冶金集团有限公司	8689609
51	中兴通讯股份有限公司	8625446
52	天津天铁冶金集团有限公司	8525589
53	中联重科股份有限公司	8480577
54	酒泉钢铁(集团)有限责任公司	8442378
55	湖南华菱钢铁集团有限责任公司	8396468
56	万向集团公司	8354223
57	珠海格力电器股份有限公司	8351725
58	杭州钢铁集团公司	8284861
59	中国南车集团公司	8263113
60	三一集团有限公司	8020000
61	中国黄金集团公司	7912335
62	南京钢铁集团有限公司	7844459
63	江苏悦达集团有限公司	7824522
64	红塔烟草(集团)有限责任公司	7726123
65	四川长虹(微博)电子集团有限公司	7655369
66	新希望集团有限公司	7538106
67	安徽海螺集团有限责任公司	7271887
68	湖南中烟工业有限责任公司	7251504
69	北京建龙重工集团有限公司	7212870

续表

名次	企业名称	营业收入（万元）
70	海信(微博)集团有限公司	7157576
71	杭州娃哈哈集团有限公司	6785504
72	海亮集团有限公司	6779700
73	山东大王集团有限公司	6605515
74	红云红河烟草(集团)有限责任公司	6605405
75	中国国际海运集装箱(集团)股份有限公司	6412505
76	中国有色矿业集团有限公司	6408199
77	南山集团有限公司	6360389
78	中天钢铁集团有限公司	6265259
79	陕西有色金属控股集团有限责任公司	6127444
80	TCL(微博)集团股份有限公司	6075155
81	天津市一轻集团(控股)有限公司	6015152
82	中国中材集团有限公司	6001024
83	包头钢铁(集团)有限责任公司	5880885
84	福建联合石油化工有限公司	5842851
85	上海复星高科技(集团)有限公司	5798111
86	天津渤海化工集团公司	5782479
87	北大方正集团有限公司	5765741
88	天津百利机电控股集团有限公司	5666007
89	浙江恒逸集团有限公司	5629501
90	湖北宜化集团有限责任公司	5604919
91	上海医药集团股份有限公司	5489987
92	江苏华西集团公司	5384760
93	河北津西钢铁集团股份有限公司	5296009

续表

名次	企业名称	营业收入（万元）
94	恒力集团有限公司	5229566
95	日照钢铁控股集团有限公司	5177050
96	无锡产业发展集团有限公司	5163102
97	新华联合冶金控股集团有限公司	5149035
98	河南省漯河市双汇实业集团有限责任公司	5032467
99	江苏新长江实业集团有限公司	5007567
100	湖北中烟工业有限责任公司	4950378
101	中国东方电气集团有限公司	4908802
102	比亚迪股份有限公司	4882690
103	四川省宜宾五粮液集团有限公司	4872960
104	安阳钢铁集团有限责任公司	4856940
105	天津荣程联合钢铁集团有限公司	4626240
106	中国核工业集团公司	4618671
107	云天化集团有限责任公司	4613894
108	杭州汽轮动力集团有限公司	4592990
109	新余钢铁集团有限公司	4421302
110	青岛钢铁控股集团有限责任公司	4361364
111	山东黄金集团有限公司	4348309
112	浙江中烟工业有限责任公司	4315413
113	上海纺织(集团)有限公司	4299799
114	上海华谊(集团)公司	4299642
115	广西玉柴机器集团有限公司	4292060
116	奇瑞汽车股份有限公司	4270954
117	河北敬业企业集团有限责任公司	4257824

续表

名次	企业名称	营业收入（万元）
118	江苏三房巷集团有限公司	4192708
119	江苏西城三联控股集团	4173937
120	江西萍钢实业股份有限公司	4109451
121	大冶有色金属集团控股有限公司	4063253
122	厦门海翼集团有限公司	4007330
123	临沂新程金锣肉制品集团有限公司	3982268
124	紫金矿业集团股份有限公司	3976392
125	内蒙古伊利实业集团股份有限公司	3745137
126	江苏申特钢铁有限公司	3703425
127	安徽江淮汽车集团有限公司	3664316
128	雅戈尔集团股份有限公司	3603107
129	滨化集团公司	3581864
130	北京金隅集团有限责任公司	3543837
131	通威集团有限公司	3525196
132	广东格兰仕集团有限公司	3517642
133	红豆集团有限公司	3517139
134	新华联控股有限公司	3516633
135	金龙精密铜管集团股份有限公司	3505197
136	浙江荣盛控股集团有限公司	3485658
137	江苏扬子江船业集团公司	3461903
138	吉林亚泰(集团)股份有限公司	3390318
139	盾安控股集团有限公司	3383134
140	中国恒天集团有限公司	3362386
141	广州医药集团有限公司	3307758

续表

名次	企业名称	营业收入（万元）
142	四川省川威集团有限公司	3295502
143	哈尔滨电气集团公司	3218506
144	奥克斯集团有限公司	3209693
145	青山控股集团有限公司	3200000
146	宁波金田投资控股有限公司	3150260
147	陕西汽车集团有限责任公司	3136574
148	重庆钢铁(集团)有限责任公司	3134818
149	江苏阳光集团有限公司	3132445
150	江铃汽车集团公司	3110904
151	四川宏达(集团)有限公司	3090273
152	唐山瑞丰钢铁(集团)有限公司	3064204
153	江阴澄星实业集团有限公司	3056368
154	广西投资集团有限公司	3054523
155	陕西东岭工贸集团股份有限公司	3030988
156	山东泰山钢铁集团有限公司	3030960
157	山东招金集团有限公司	3028718
158	长城汽车股份有限公司	3008948
159	中国盐业总公司	2990465
160	山东金诚石化集团有限公司	2903978
161	桐昆集团股份有限公司	2903279
162	天狮集团有限公司	2890657
163	杭州橡胶(集团)公司	2871992
164	唐山港陆钢铁有限公司	2834638
165	扬子江药业集团有限公司	2810802

续表

名次	企业名称	营业收入（万元）
166	海澜集团有限公司	2801268
167	山东京博控股股份有限公司	2800372
168	重庆机电控股(集团)公司	2746262
169	河北普阳钢铁有限公司	2735432
170	华泰集团有限公司	2720066
171	重庆化医控股(集团)公司	2694469
172	福建省三钢(集团)有限责任公司	2693169
173	山东晨鸣纸业集团股份有限公司	2688961
174	万基控股集团有限公司	2668122
175	昆明钢铁控股有限公司	2666719
176	百兴集团有限公司	2663325
177	人民电器集团有限公司	2657124
178	盛虹集团有限公司	2650231
179	华盛江泉集团有限公司	2632688
180	云南煤化工集团有限公司	2619587
181	四川德胜集团钢铁有限公司	2619416
182	晶龙实业集团有限公司	2618725
183	山东时风(集团)有限责任公司	2615282
184	旭阳控股有限公司	2610381
185	华芳集团有限公司	2605193
186	北京京城机电控股有限责任公司	2602824
187	山东太阳纸业股份有限公司	2585783
188	湖南博长控股集团有限公司	2568853
189	东营方圆有色金属有限公司	2554060

续表

名次	企业名称	营业收入（万元）
190	山东中烟工业有限责任公司	2521379
191	重庆轻纺控股(集团)公司	2520496
192	正泰集团股份有限公司	2515732
193	西部矿业集团有限公司	2500703
194	海城市西洋镁矿有限公司	2500000
195	中国新世纪控股集团有限公司	2497183
196	贵州中烟工业有限责任公司	2496829
197	西王集团有限公司	2489802
198	河北文丰钢铁有限公司	2484514
199	泸州老窖集团有限责任公司	2462383
200	天津友发钢管集团有限公司	2440771
201	中国贵州茅台酒厂(集团)有限责任公司	2429810
202	上海人民企业(集团)有限公司	2413666
203	天津二轻集团(控股)有限公司	2412039
204	河南豫联能源集团有限责任公司	2343163
205	青岛啤酒股份有限公司	2315805
206	东北特殊钢集团有限责任公司	2315199
207	天正集团有限公司	2310051
208	天津市医药集团有限公司	2308748
209	亚邦投资控股集团有限公司	2302923
210	南金兆集团有限公司	2297778
211	山东如意科技集团有限公司	2275501
212	华勤橡胶工业集团有限公司	2264099
213	新疆特变电工集团有限公司	2253721

续表

名次	企业名称	营业收入（万元）
214	德力西集团有限公司	2208842
215	湖南晟通科技集团有限公司	2208552
216	春风实业集团有限责任公司	2203483
217	白银有色集团股份有限公司	2185429
218	广西柳工集团有限公司	2157159
219	广州万宝集团有限公司	2133479
220	山东博汇集团有限公司	2123890
221	云南锡业集团(控股)有限责任公司	2116237
222	老凤祥股份有限公司	2112640
223	江苏金浦集团有限公司	2103148
224	山东石横特钢集团有限公司	2099539
225	同方股份有限公司	2096205
226	郑州宇通集团有限公司	2095208
227	利华益集团股份有限公司	2091663
228	山东东明石化集团有限公司	2080062
229	传化集团有限公司	2079132
230	亨通集团有限公司	2074786
231	山东胜通集团股份有限公司	2064332
232	苏州创元投资发展(集团)有限公司	2059404
233	万达控股集团有限公司	2056319
234	冀东发展集团有限责任公司	2050480
235	新疆天业(集团)有限公司	2042809
236	四川省达州钢铁集团有限责任公司	2040650
237	江苏双良集团有限公司	2036762

续表

名次	企业名称	营业收入（万元）
238	无锡尚德太阳能电力有限公司	2026749
239	沈阳远大企业集团	2024443
240	正邦集团有限公司	2018954
241	维维集团股份有限公司	2017836
242	精功集团有限公司	2017818
243	云南冶金集团股份有限公司	2008235
244	内蒙古鄂尔多斯羊绒集团有限责任公司	1958837
245	沂州集团有限公司	1942497
246	西林钢铁集团有限公司	1939398
247	江苏法尔胜泓昇集团有限公司	1926051
248	远东控股集团有限公司	1925335
249	山东科达集团有限公司	1921025
250	上海外高桥造船有限公司	1908827
251	嘉晨集团有限公司	1900016
252	杉杉控股有限公司	1892041
253	深圳市中金岭南有色金属股份有限公司	1866905
254	山东大海集团有限公司	1860235
255	河北兴华钢铁有限公司	1857676
256	隆鑫控股有限公司	1839548
257	三河汇福粮油集团有限公司	1835019
258	宜昌三峡全通涂镀板有限公司	1832998
259	澳洋集团有限公司	1821700
260	河南豫光金铅集团有限责任公司	1821497
261	波司登股份有限公司	1821341

续表

名次	企业名称	营业收入（万元）
262	重庆力帆控股有限公司	1819979
263	宁波富邦控股集团有限公司	1812280
264	河北新金钢铁有限公司	1806371
265	山东淄博傅山企业集团有限公司	1801934
266	沈阳机床(集团)有限责任公司	1801128
267	天瑞集团有限公司	1792252
268	山东昊龙集团有限公司	1786123
269	大连机床集团有限责任公司	1785273
270	江苏金辉集团公司	1779431
271	武安市裕华钢铁有限公司	1763688
272	哈药集团有限公司	1750696
273	山东渤海实业股份有限公司	1728834
274	攀枝花钢城集团有限公司	1722662
275	四平红嘴集团总公司	1722256
276	北京燕京啤酒集团公司	1716231
277	浙江元立金属制品集团有限公司	1704473
278	宝胜集团有限公司	1699240
279	三角集团有限公司	1683275
280	天津纺织集团(控股)有限公司	1676839
281	上海良友(集团)有限公司	1672855
282	广西有色金属集团有限公司	1669036
283	玲珑集团有限公司	1661503
284	北京二商集团有限责任公司	1657379
285	浙江龙盛控股有限公司	1654089

续表

名次	企业名称	营业收入（万元）
286	河北新武安钢铁集团文安集团钢铁有限公司	1653240
287	太极集团有限公司	1650315
288	江苏新世纪造船有限公司	1642408
289	西子联合控股有限公司	1633851
290	江苏三木集团有限公司	1632347
291	太原重型机械集团有限公司	1613368
292	杭州富春江冶炼有限公司	1612810
293	维科控股集团股份有限公司	1608204
294	福田雷沃国际重工股份有限公司	1600232
295	福星集团控股有限公司	1597553
296	凌源钢铁集团有限责任公司	1593851
297	江苏华宏实业集团有限公司	1569986
298	河北新武安钢铁集团明芳钢铁有限公司	1568914
299	杭州华东医药集团有限公司	1565202
300	富海集团有限公司	1530727
301	四川科伦实业集团有限公司	1529474
302	天能电池集团有限公司	1526364
303	永鼎集团有限公司	1526155
304	逸盛大化石化有限公司	1515670
305	杭州锦江集团有限公司	1514953
306	上海美特斯邦威服饰股份有限公司	1502262
307	双胞胎(集团)股份有限公司	1487749
308	三环集团公司	1477637
309	山推工程机械股份有限公司	1470205

续表

名次	企业名称	营业收入（万元）
310	北方重工集团有限公司	1459830
311	中国西电集团公司	1452030
312	广西农垦集团有限责任公司	1451211
313	环宇集团有限公司	1448862
314	德龙钢铁有限公司	1447792
315	庆铃汽车(集团)有限公司	1446896
316	河南济源钢铁(集团)有限公司	1434992
317	唐山三友集团有限公司	1422377
318	海马汽车集团股份有限公司	1421430
319	宗申产业集团有限公司	1420726
320	广西中烟工业有限责任公司	1411888
321	江西赛维LDK太阳能高科技有限公司	1392985
322	升华集团控股有限公司	1392769
323	红狮控股集团有限公司	1386905
324	天津天士力集团有限公司	1381080
325	浙江东南网架集团有限公司	1380334
326	奥康集团有限公司	1372982
327	江西稀有金属钨业控股集团有限公司	1362330
328	正和集团股份有限公司	1360610
329	金海重工股份有限公司	1349006
330	天津有色金属集团有限公司	1338924
331	超威电源(集团)有限公司	1337205
332	方大特钢科技股份有限公司	1333398
333	成都神钢工程机械(集团)有限公司	1330312

续表

名次	企业名称	营业收入（万元）
334	宁夏宝塔石化集团有限公司	1321360
335	山东垦利石化有限责任公司	1317862
336	沪东中华造船(集团)有限公司	1317028
337	威高集团有限公司	1313239
338	巨化集团公司	1305405
339	兴达投资集团有限公司	1304192
340	卧龙控股集团有限公司	1302640
341	沈阳化工集团有限公司	1300727
342	山东华星石油化工集团有限公司	1296179
343	京东方科技集团股份有限公司	1274141
344	江苏洋河酒厂股份有限公司	1274092
345	河北前进钢铁集团有限公司	1273238
346	春和集团有限公司	1266673
347	华新水泥股份有限公司	1263804
348	四川九洲电器集团有限责任公司	1252918
349	精工控股集团有限公司	1247465
350	大连重工・起重集团有限公司	1245068
351	湘电集团有限公司	1240253
352	纳爱斯集团有限公司	1227332
353	惠州市德赛集团有限公司	1221208
354	福建省汽车工业集团有限公司	1216858
355	华立集团股份有限公司	1215723
356	美锦能源集团有限公司	1212814
357	双星集团有限责任公司	1211210

续表

名次	企业名称	营业收入（万元）
358	柳州五菱汽车有限责任公司	1206687
359	山东金岭集团有限公司	1204249
360	崇利制钢有限公司	1201161
361	天津农垦集团有限公司	1201139
362	山东鲁北企业集团总公司	1200515
363	天津市建筑材料集团(控股)有限公司	1196006
364	江苏大明金属制品有限公司	1194100
365	浙江大东南集团有限公司	1191948
366	厦门钨业股份有限公司	1191040
367	湖北稻花香集团公司	1188564
368	大连冰山集团有限公司	1186459
369	新凤鸣集团股份有限公司	1184194
370	上海胜华电缆(集团)有限公司	1180153
371	广西洋浦南华糖业集团股份有限公司	1175197
372	邢台钢铁有限责任公司	1169516
373	山东临工工程机械有限公司	1166606
374	金发科技股份有限公司	1154696
375	山东联盟化工集团有限公司	1151461
376	龙岩烟草工业有限责任公司	1148302
377	华鲁控股集团有限公司	1145296
378	云南白药集团股份有限公司	1131232
379	潍坊特钢集团有限公司	1127578
380	江西中烟工业有限责任公司	1122744
381	武汉邮电科学研究院	1119546

续表

名次	企业名称	营业收入（万元）
382	重庆烟草工业有限责任公司	1118712
383	宜昌兴发集团有限责任公司	1116632
384	五得利面粉集团有限公司	1115955
385	诸城外贸有限责任公司	1108606
386	红太阳集团有限公司	1106999
387	华峰集团有限公司	1101853
388	江苏天地龙集团有限公司	1099665
389	辛集市澳森钢铁有限公司	1099013
390	陕西法士特汽车传动集团有限责任公司	1089638
391	浙江天圣控股集团有限公司	1088420
392	浙江栋梁新材股份有限公司	1087387
393	华通机电集团有限公司	1079104
394	河北钢铁集团龙海钢铁有限公司	1069886
395	兴乐集团有限公司	1067398
396	山东神驰化工有限公司	1067227
397	上海奥盛投资控股(集团)有限公司	1053748
398	杭州金鱼电器集团有限公司	1052866
399	山东泉林纸业有限责任公司	1046014
400	利时集团股份有限公司	1043614
401	唐人神集团股份有限公司	1041771
402	祐康食品集团有限公司	1032830
403	山东澳亚纺织有限公司	1032504
404	沈阳鼓风机集团股份有限公司	1030327
405	四川郎酒集团有限责任公司	1030000

续表

名次	企业名称	营业收入（万元）
406	山东鲁花集团有限公司	1023267
407	天津大桥焊材集团有限公司	1020000
408	海天塑机集团有限公司	1018049
409	澳柯玛股份有限公司	1017444
410	唐山东华钢铁企业集团有限公司	1012000
411	重庆市博赛矿业(集团)有限公司	1011205
412	山东恒源石油化工股份有限公司	1010014
413	江苏上上电缆集团有限公司	1009374
414	河北新武安钢铁集团烘熔钢铁有限公司	1000000
415	东辰控股集团有限公司	990401
416	成都亚光电子股份有限公司	975158
417	山东创新金属科技股份有限公司	974364
418	重庆小康工业集团股份有限公司	973007
419	浙江翔盛集团有限公司	970307
420	福耀玻璃工业集团股份有限公司	968941
421	铜陵精达铜材(集团)有限责任公司	960994
422	富通集团有限公司	955990
423	兰溪自立铜业有限公司	945381
424	天津塑力线缆集团有限公司	938005
425	厦门烟草工业有限责任公司	932447
426	鲁西化工集团股份有限公司	931645
427	浙江富春江通信集团有限公司	928023
428	景德镇市焦化工业集团有限责任公司	922320
429	森马集团有限公司	912800

续表

名次	企业名称	营业收入（万元）
430	厦门银鹭集团有限公司	908463
431	宁波申洲针织有限公司	904344
432	人本集团有限公司	901133
433	惠州市华阳集团有限公司	899436
434	五矿营口中板有限责任公司	899062
435	胜达集团有限公司	880287
436	铜陵化学工业集团有限公司	879423
437	开氏集团有限公司	878475
438	三花控股集团有限公司	877116
439	中国第一重型机械集团公司	874940
440	湖北新洋丰肥业股份有限公司	871705
441	上海浦东电线电缆(集团)有限公司	871528
442	文安县新钢钢铁有限公司	867918
443	青岛即发集团控股有限公司	862249
444	浙江航民实业集团有限公司	860191
445	宁波博洋控股集团有限公司	860150
446	花园工贸集团有限公司	853433
447	杭叉集团股份有限公司	834245
448	广州广船国际股份有限公司	829643
449	兴惠化纤集团有限公司	829601
450	山西建邦集团有限公司	821596
451	西宁特殊钢集团有限责任公司	821505
452	大化集团有限责任公司	819091
453	富丽达集团控股有限公司	812692

续表

名次	企业名称	营业收入（万元）
454	东北制药集团有限责任公司	809440
455	上海致达科技集团有限公司	805973
456	万丰奥特控股集团有限公司	801669
457	安徽楚江投资集团有限公司	798920
458	中国华录集团有限公司	793863
459	鲁泰集团公司	779323
460	北京纺织控股有限责任公司	764837
461	云南南磷集团股份有限公司	761607
462	深圳华强集团有限公司	759905
463	北京顺鑫农业股份有限公司	758020
464	山东华兴机械股份有限公司	758017
465	龙大食品集团有限公司	751878
466	江西江锂科技有限公司	749847
467	四川化工控股(集团)有限责任公司	738537
468	黑龙江烟草工业有限责任公司	735000
469	安徽淮海实业发展集团有限公司	731013
470	辽宁禾丰牧业股份有限公司	723401
471	杭州诺贝尔集团有限公司	721300
472	天津市恒兴钢业有限公司	712726
473	新疆中泰化学(集团)股份有限公司	712242
474	振石控股集团有限公司	710668
475	闰土控股集团有限公司	706506
476	霸州市新利钢铁有限公司	704999
477	常熟市龙腾特种钢有限公司	703524

续表

名次	企业名称	营业收入（万元）
478	龙达集团有限公司	702015
479	湖北枝江酒业集团公司	701040
480	中国四联仪器仪表集团有限公司	699977
481	农夫山泉股份有限公司	688769
482	华菱星马汽车(集团)股份有限公司	685369
483	金洲集团有限公司	684084
484	江苏隆力奇集团有限公司	677892
485	青海盐湖工业股份有限公司	677756
486	浙江诺力机械股份有限公司	675000
487	邯郸市正大制管有限公司	672000
488	江苏华亚化纤有限公司	662691
489	温州开元集团有限公司	661428
490	林州市林丰铝电有限责任公司	656926
491	华翔集团股份有限公司	654475
492	瓦房店轴承集团有限责任公司	654303
493	广州无线电集团有限公司	654103
494	青岛九联集团股份有限公司	652518
495	太原煤炭气化(集团)有限责任公司	648713
496	安徽叉车集团有限责任公司	645852
497	天津金耀集团有限公司	645754
498	福娃集团有限公司	645534
499	河北曲寨集团有限公司	643337

云南煤化工集团

——三年倍增再创新辉煌

省委书记秦光荣视察云南煤化工集团

2012年4月13日，省长李纪恒、副省长和段琪到云南煤化工集团视察

2011年2月23日，云南煤化工集团与昭通市政府签署开发褐煤资源发展煤化工产业合作协议

2011年9月22日，解化分公司投资2.57亿元跨距6.3公里的皮带运煤装置成功投产

一、三年倍增指导思想：贯彻落实省第九次党代会精神，坚持科学发展观，调整产业结构，转变发展方式，大力发展新型煤化工和清洁载能产业，大力发展循环经济，培育现代产业集群，提高企业发展质量和效益，增强企业可持续发展能力，实现三年倍增。

二、三年倍增目标

项目投资: 400亿元。

销售收入:2014年达到530亿元。

三、发展战略

整体发展战略：做大煤炭，做强化工，加快发展清洁载能产业。

建设四大产业集群：

（1）煤化工产业集群（曲靖）；

（2）清洁能源产业集群（昭通）；

（3）新型化工材料产业集群（昭通、保山）；

（4）铝产业集群（曲靖、昭通、楚雄）。

四、发展思路

充分利用国务院把云南桥头堡建设提升为国家发展战略的机遇，积极参与云南连接南亚和东南亚大通道建设和滇中经济圈建设，加快产业结构和产品结构调整，立足云南，面向全国，加快产业布局，以培育产业集群的方式，实现科学发展，和谐发展，跨越发展，实现三年倍增的目标。

调整产业结构：发展新兴产业。加快传统煤化工向新型煤化工的转型，加快向煤制油、烯烃、二甲醚新兴产业的转变，加快向新能源、新材料产业的发展。

改造提升传统产业。一是通过新技术、新设备的应用和填平补齐、淘汰落后产能提升传统产业。二是通过提高资源、能源综合利用率和配置效率改造提升传统产